1978–2018

中国农村改革与发展研究 上册

农村发展研究所建所40周年纪念文集

魏后凯　闫　坤　主编

中国社会科学出版社

图书在版编目（CIP）数据

中国农村改革与发展研究：农村发展研究所建所 40 周年纪念文集：全 2 册/魏后凯，闫坤主编．—北京：中国社会科学出版社，2018.8

ISBN 978 - 7 - 5203 - 2694 - 0

Ⅰ．①中…　Ⅱ．①魏…②闫…　Ⅲ．①农村经济—经济体制改革—中国—文集　Ⅳ．①F320.2 - 53

中国版本图书馆 CIP 数据核字（2018）第 128597 号

出 版 人	赵剑英
责任编辑	刘晓红
责任校对	王纪慧
责任印制	戴　宽

出　　　版	中国社会科学出版社
社　　　址	北京鼓楼西大街甲 158 号
邮　　　编	100720
网　　　址	http：//www.csspw.cn
发 行 部	010 - 84083685
门 市 部	010 - 84029450
经　　　销	新华书店及其他书店

印刷装订	北京君升印刷有限公司
版　　　次	2018 年 8 月第 1 版
印　　　次	2018 年 8 月第 1 次印刷

开　　　本	710×1000　1/16
印　　　张	64
字　　　数	1082 千字
定　　　价	299.00 元（全二册）

凡购买中国社会科学出版社图书，如有质量问题请与本社营销中心联系调换
电话：010 - 84083683

序

　　中国社会科学院农村发展研究所（1985 年以前为农业经济研究所）成立于 1978 年，是中国社会科学院成立后新建的第一批研究所之一，至今已度过 40 个春秋，参与和见证了中国农村改革发展 40 年的变迁。建所 40 年来，农村发展研究所坚持聚焦我国农业农村具有全局性、战略性、长期性重大问题以及热点、焦点问题，长期深入农村基层，进村入户，展开深入研究，发表了一批具有重要学术价值和重大社会、政策影响的研究成果，培养了一批有影响的著名专家学者和顶尖人才，为创新发展中国特色的"三农"理论，推进农业农村现代化做出了积极贡献。

　　农村发展研究所是我国"三农"研究的学术重镇，具有深入农村、求真务实的优良传统。40 年来，农村发展研究所的人员组成虽然发生了很大变化，但深入农村调查研究、敢于说真话的传统从未发生改变。农村发展研究所成立后承担的第一项任务就是完成院交办的农村改革调查任务，为我院主持起草的中共十一届三中全会有关文件提供第一手资料。在建所初期，农村发展研究所曾全力支持杜润生领导的"中国农村发展问题研究组"，为中央"三农"决策建言献策。多年来，农村发展研究所一大批专家学者从不同方面、多个视角、围绕如何破解"三农"问题、加快农业农村发展、减缓农村贫困、改善生态环境、推进城乡一体化等进行了大量深入研究和积极探索，形成了众多有价值的学术成果，为中央决策提出了许多具有重要参考价值的政策建议，许多建议得到了党和国家领导人的重要批示。

　　本书是农村发展研究所建所 40 周年纪念文集，所收入的文章是研究人员建所 40 年间发表的一部分代表性成果。这些研究成果思想深刻，方法前沿，有前瞻性，回应了我国农村改革不同时期中出现的重大现实问题，具有很高的学术文献价值，对当时中央下决心推进农村土地承包制改革、转变农业生产和农村发展方式、引入发展新理念、启动生态环境保护工程、保障农民民主权利、维护农民经济利益等作出了重要贡献。例如，1980 年发表的《包产到户是一个重要的理论和政策问题》和1981 年发表的《论包产到户》等一批论文，对中央下决心推进农村土地承包制改革作出了重要贡献。1979年发表在《光明日报》上的"长江有变成第二黄河的危险"一文，在1981—1982 年形成了我国有史以来第一次生态意识普及活动，并引起党和政府高度关注，促成了"长江中上游防护森林体系建设一期工程"和"长江上游水土保持重点工程建设"两大工程的立项和实施。

当前，中国特色社会主义进入新时代，社会主要矛盾已经转化为人民日益增长的美好生活需要和不平衡不充分的发展之间的矛盾。这种不平衡不充分的发展体现在诸多方面，但主要集中体现在农村发展方面。可以说，当前城乡发展的不平衡是不平衡的发展的突出表现，农村发展的不充分则是最大的发展不充分。为解决农村地区的不平衡不充分的发展问题，实现全面建成小康社会和建设社会主义现代化强国的战略目标，党的十九大报告明确提出实施乡村振兴战略，强调坚持农业农村优先发展，加快实现农业农村现代化。乡村振兴的伟大实践为"三农"理论和政策研究提供了广阔空间，农业农村发展迎来了新的春天，农村发展研究所将大有作为。

在当前新的形势下，我们一定要顺应新时代的要求，尊重科学发展规律，坚持为人民做学问，面向国家和社会需求，立足国际化的广阔视野，以我国"三农"领域重大改革、理论与政策问题研究为己任，发扬深入农村、关注农民、求真务实、开拓创新的优良学风，更加注重实地调查研究，全面了解农业农村情况和农民呼声，多出精品、多出人才，真正"把学问做在农村大地上"，努力将农村发展研究所建设成为集学术研究、决策咨询、人才培养、编辑出版为一体，国内领先、国际一流的国家"三农"研究中心、人才培养基地和新型高端智库，为繁荣和发展我国哲学社会科学做出新的更大贡献，在新时代再创农村发展研究所新的辉煌。

魏后凯

2018 年 6 月 2 日于北京

目　录

农民合作社与产业化

农地制度与农村金融

（下　册）

农业发展与粮食安全

农村扶贫与农民福祉

财税制度与乡村治理

生态经济与环境保护

农村改革与发展的
历史探索

完整执行"农林牧副渔并举"方针
加快农业现代化步伐

詹　武

党的十一届三中全会决定从今年起，把全党工作着重点转移到社会主义现代化建设上来。这是一个具有伟大意义的战略决策。全会还号召全党，坚决地、完整地执行农林牧副渔并举和"以粮为纲，全面发展，因地制宜，适当集中"的方针，集中主要精力，把农业尽快搞上去。这充分反映了全国人民的强烈愿望。要高速度地发展我国农业，实现农业现代化，必须坚决地、完整地执行农林牧副渔并举方针。毛主席在生前曾多次指出："在发展农业的同时，必须发展林业、牧业、副业、渔业，做到五业并举，全面发展。"① 在粉碎"四人帮"后，华主席和邓、李副主席又多次强调了这个方针。这是中国和外国正反两方面的经验所反复证明了的一条规律。

一　一些发达国家现代化农业的发展趋势

欧美一些发达国家和日本等，都已在 20 世纪五六十年代建成了高产稳产的农业，具有较高的现代化水平，在较大程度上摆脱了自然条件的影响。这些国家农业经济结构的一个显著特点，是农林牧三者紧密结合，农林牧都实现了现代化，得到了高度的发展。

他们在重视发展种植业的同时，十分重视发展畜牧业。不仅在大规模的牧区，以牧为主，兼营种植业，而且在广大的农区，也普遍发展畜牧业。他们实行轮作制，各地都划出一定面积或不宜种谷物的坡地种上牧草，放牧牲

---

① 转引自 1960 年 8 月 2 日《人民日报》。

口。在法国巴黎盆地这样的谷物生产基地，处处都有与麦田相邻的小块草场放牧牛群。在甜菜生产中心和大城市附近的蔬菜农场中，也利用甜菜渣、废料养猪养牛。这种农牧业紧密结合的经营方式，在西欧很普遍。丹麦就有87%的农户养牛、养猪。澳大利亚的小麦地带，也是主要的养羊地区。小麦收割后，利用茬地放牧羊群，这是有效地利用小麦副产品和提高土地肥力的一种方式。由于畜牧业的高度发展，种植业中种植饲料的占比也日益提高。丹麦耕地中有30%—40%种植牧草养牛，有60%耕地种植谷物，而这些谷物的90%又用作饲料。西德谷物总产量中70%用作饲料。日本每年进口饲料的数量几乎等于全国稻谷的总产量。他们认为畜牧业这样普遍发展，农牧业这样紧密结合，表面上看减少了谷物种植面积，实际上却有利于谷物生产的发展，好处较多。主要是：第一，在一些贫瘠土地上种牧草，有利于草田轮作，改良土壤，保持水土。第二，牧业的发展为种植谷物提供了大量的厩肥，对农作物生长和培养地力，作用很明显。他们认为这是带方向性的"有机农业"，比大量施化肥、农药的"无机农业"优越得多。法国把厩肥同化肥混合施用的混合肥，就占到总施肥量的2/3。第三，这样的农牧紧密结合，对于劳力的均匀安排，很有好处。

现在，这些发达国家由于畜牧业的高度发展，畜牧业的产值一般已超过了种植业而居于首位。例如美国，畜牧业产值占农业总产值的50%以上，法国占55%、英国占66%、丹麦占90%。日本、意大利等少数国家畜牧业产值略小于种植业。

这些发达国家对发展林业也非常重视。他们发展森林，不仅为了取得木材及各种林产品，更重要的是他们都把发展森林作为改造人类生活环境，保障农业、牧业高产稳产的一项长期的、具有根本性的战略措施来对待。世界上很多国家对待森林和草原，一般都经历过盲目砍伐开垦、战争破坏、火灾等，给农业生产和人民生活带来了严重的灾难之后，人们才逐步认识到森林和草原的重要性，然后采取各种措施，恢复和发展起来的。例如美国，1933年前，由于大量移民开垦，大片森林和草原被毁，水土严重流失，曾使美国多次发生"黑风暴"，遭到巨大灾难。1934年发生的一次最大的"黑风暴"，连续刮了三天，越过美国2/3的大陆，刮走了3亿多吨土壤，使当年小麦减产102亿斤。因此，各国都十分重视恢复和发展森林，保护草原，把农田水利基本建设同植树种草紧密结合起来，颁布了一系列保护发展森林和草原，加强水土保持工作的法令；规定了森林复被率指标；采取了保护林业，奖励造林以及从国外进口廉价木材，减少国内采伐量，使林业资源得到保护等各种措施。他们的经验是：一个国家森林复被率达到30%左右、分布又比较均匀的时候，就能起到调节气候、减少灾害、保持水土、防风固沙，保障农牧业高产稳产的作用。像日本（68%）、芬兰（61%）、瑞典（57%）、奥地利（44%）、加拿大（35%）、美国（34%）、瑞士（33%）、西德（30%）等国，森林复被率都在30%以上，分布又比较均匀，平川是农田，坡地是草牧场，山上是森林，农林牧用地交错分布，相互结合，地面到处种树种草，没有空地、没有荒山，河水很清，山上下雨径流少，涵养水分能力强，自然气候发生了很大的变化。这些国家雨量比较充沛，大的自然灾害比较少，是同森林复被率较高和合理分布分不开的。但是，林业的特点是生产周期长，破坏容易恢复难，还有不少国家虽然经过了长期努力，至今仍未能复原。例如英国，即使到20世纪末规划全部实现，森林复被率也只能从目前的7%提高到10%，丹麦目前也只有13%。

在一些有相当水产资源的国家，也非常重视发展渔业。例如日本目前鱼贝类年产1000万吨，接近全国大米的总产量。又正在积极发展"海洋牧场"，大搞海水、淡水养殖。渔业的产值占到农业总产值的16%，等于林业产值（8%）的2倍。

这些发达国家农业发展的另一个趋势是农业的工业化。这不仅指的是用现代技术装备了农林牧渔各部门，而且随着农林牧渔产品加工工业的不断发展，农业（包括林牧渔）的经营已不局限于生产和提供粮食、猪、牛、羊、皮、毛、奶、鱼、甜菜、葡萄、木材等原料，而是加工后向市场提供面包、糖、葡萄酒、罐头、鱼制品、肉制品、奶制品、皮革制品、毛制品、林木制品等工业品，使农、林、牧、渔业和工、副业紧密结合起来，协调发展。农工商联合企业也大大发展起来，使农、林、牧、渔产品得到加工和综合利用，产值和收入大大增加。东欧一些国家把建立农工联合企业作为发展农业的方向。这种农工联合企业规模大，技术装备好，商品率和劳动生产率高，除从事农业生产外，还把农产品就地加工成各种食品。这种企业比普通农场具有以下优越性：一是可消除农场、加工工业和商业组织各自为政的现象；二是可保证不间断地提供原料进行加工，减少农产品的损失；三是可调节季节性的劳动力，加工工业忙时务工，农忙时务农；四是可减少中间环节，降低运转费用，并可综合利用废料；五是有利于城乡结合，避免大中城市无限发展。现在美国把农场称为农业工业或粮食与纤维生产体系，它是由农牧场、为农业提供生产资料的工厂、农产品加工和商业销售三部分组成的。

这些发达国家农业发展的又一趋势，是人们食品消费结构发生很大变化。由于农林牧渔的高度发展，特别是畜牧业占了首位以后，人们食物消费结构由以粮食为主转变为鱼、肉、蛋、奶、油以及糖、水果等的消费超过了粮食。例如加拿大每人每年消费粮食 143 斤、肉类 192 斤、鸡蛋 25 斤、牛奶及奶制品 75 斤、土豆 181 斤、蔬菜 112 斤、食油 44 斤、水果 213 斤、糖 28 斤。美国每人每年消费粮食 200 磅、猪牛羊肉 193.8 磅、鸡肉 53.5 磅、鸡蛋 207 个、奶制品 540 磅。法国每人每年消费粮食 198 斤、肉类 146 斤、蛋 25 斤、奶及奶制品 233 斤、糖 55 斤、油 16 斤。亚洲国家的日本，1975 年与 1960 年比较，每人每年粮食消费量也从 281 斤降为 239 斤，肉类、鸡蛋、奶类等由 67 斤增至 169 斤，鱼贝类由 55 斤增至 69 斤。粮食只占食品的一半，每人每天不到 7 两。

这些发达国家的农业，正在转变成：用植物养动物，猪、牛、羊、鸡、鱼吃粮食、吃草、吃配合饲料，人吃肉、奶、蛋、鱼。他们已经从吃饱转为吃好，科学家们正在研究如何使食品多含蛋白，营养如何更丰富。

二 农林牧副渔并举,农林牧放在同等地位, 对我国人多地少耕地不足情况下加快 农业现代化,具有特别的重要性

从农业生产水平说，我们比上述这些发达国家落后很多年。他们现代化农业的发展趋势，值得我们借鉴。同时，总结新中国成立以来我国自己的经验，也必须走这条路子。

农林牧副渔五业并举，全面发展，对高速度发展我国农业，加快现代化步伐，意义重大，好处很多：

（1）只有农林牧副渔并举，才能多方面满足我国各族人民物质和文化需要。人民生活中不仅要农业提供粮食、食油，还要渔业提供鱼贝水产，要畜牧业提供肉、禽、蛋、奶，要林业提供木本粮食、木本油料和果品。人们穿衣，不仅靠棉、麻，还要畜毛、皮革。不仅烧柴、建筑、家具和一些民族用品需要木材，人们日常生活和文化生活需用的纸张也大部分依靠木材作原料。

（2）只有农林牧副渔并举，特别是搞好植树种草，提高森林复被率，

保护和建设好草原，才能涵养水源，保持水土，改良地力，防风固沙，巩固水利工程，调节气候，减少旱、涝、冰雹、风沙等各种自然灾害，为农业牧业稳产高产提供可靠保障。

（3）只有农林牧副渔并举，才能为农业、牧业、渔业提供大量有机肥料、饲料和各种生产资料，为农业机械化提供资金积累，为工业和交通运输建设提供丰富的原料、材料。

（4）只有农林牧副渔并举，特别是开展副业和多种经营，发展农林牧渔各项产品的加工和综合利用，实行农副工商一体化经营，才能使农业机械化后解放出来的劳动力有广阔的出路，能更好地组织起来向生产的广度和深度进军，才能提高劳动生产率，做到增产增收，使农业的机械化和现代化收到良好的经济效果。农业机械化和现代化才能得到广大农民的热烈拥护，从而进一步巩固工农联盟。

（5）只有农林牧副渔并举，才能为我国对外贸易创造不断增长的出口资源，增加外汇收入，用于引进国外先进技术装备，加快我国四个现代化发展的步伐。

（6）只有农林牧副渔并举，特别是搞好森林、草原和江河湖泊水面各项建设，才能保护环境，净化大气和水质，减少污染，做到祖国大地处处青山绿水，美化我国人民劳动、学习和生活的环境，也为旅游事业创造优美的条件。

（7）只有农林牧副渔并举，有了丰富多彩的农产品、林果产品、畜产品、水产品，才能改变我国人民的食物构成，提高食品中的蛋白质和营养价值，实现从吃饱到吃好的转变，改善人民生活，增强人民体质。实现毛主席生前所希望的："无产阶级专政的国家，一定可以做到有菜吃、有油吃、有猪吃、有鱼吃、有菜牛吃、有羊吃、有鸡鸭鹅兔吃、有蛋吃。我们应当有志气、有决心做到这一项在政治上经济上都有伟大意义的社会主义事业。"①

（8）只有农林牧副渔并举，搞好处于或靠近边疆海防前线的林区、牧区、渔区人民的生产生活，才能搞好战备建设，巩固边防海防，加强各民族之间的团结、加强保卫伟大祖国的力量。

我国是世界上人口多耕地面积少的国家，实行农林牧副渔并举的方针，更有其特殊重大的意义。我国耕地现在不到16亿亩。当然，我们还可以在

---

① 转引自华国锋《在全国财贸学大庆学大寨会议上的讲话》。

不破坏林牧渔资源和水土保持条件下适当扩大一些耕地面积，但这是有限的。更重要的是我们不要把眼光只盯在 16 亿亩耕地上。如果我们把眼光扩大到 960 万平方千米，扩大到 38 亿亩森林及宜林宜牧的荒山荒地，扩大到 43 亿亩草原，扩大到成亿亩的海涂和几亿亩的淡水水面，就可看到祖国处处有生机，实行农林牧副渔并举，实行靠山吃山、靠林吃林、靠牧吃牧、靠水吃水，一业为主，多种经营，把耕地以外的林牧副渔各业资源也充分发挥利用起来，并使它们之间互相促进，相辅相成，那么，我们可以得到的农林牧副渔产品将比现在成倍、几倍甚至几十倍地增加，我们的国家、集体和人民就可以大大富裕起来。毛主席说过：经过若干年的努力，把我们伟大的祖国，逐步建设成为 1/3 为农田，1/3 为牧地，1/3 为森林的社会主义美好江山。这种全面着眼于农林牧各业资源的综合利用和建设的伟大战略思想，我们一定要深刻领会和贯彻。

我国人口众多，吃饭是个突出的问题。现在我国按人口平均每人只占有 600 斤左右原粮，就是到 1985 年实现了 8000 亿斤的总产计划，也不过人均 800 斤左右，与世界先进水平仍差很远，仍不富裕，仍然没有过关。如果我们实行五业并举，将农林牧副渔各种产品都大大发展起来，特别是牧业、渔业大大发展起来，我们同样可以实现人民食物消费结构的转变，增加鱼肉蛋奶的比重，减少粮食消费的比重。如果把每人每年粮食消费水平从现在 400 多斤降到 200 多斤，那么每人平均 800 斤的占有量情况就不同了。而且这样改变食物消费结构后，食物的质量和营养提高了，人们体质也增强了。所以，我们对解决人民吃饭问题不应只将眼光盯在粮食上，应该同时甚至更多地在畜牧业、渔业上使劲，这才符合农业现代化的思想。毛主席说过："吃肉少则吃饭多，吃肉多则吃饭少，故喂猪增加肉食，不但为保持健康所必需，且在经济上亦是合算的①。"现在重温起来，觉得很有现实意义。

三 必须完整地执行农林牧副渔并举 方针，克服片面性和形而上学

怎样才算完整地执行农林牧副渔并举方针呢？我以为必须在思想上有全面的认识，在政策上有全面的规定，在计划上有全面的安排，在行动上有全

---

① 毛泽东：《经济问题与财政问题》，中原新华书店 1949 年版，第 129—130 页。

面的落实。

（1）必须全面地正确地理解"农林牧副渔并举"和"以粮为纲，全面发展，因地制宜，适当集中"的方针。全国各地区必须因地制宜、适当集中，搞好经济区划，做到农区以农为主，林区以林为主，牧区以牧为主，渔区以渔为主，一业为主，多种经营，全面发展。既不能搞清一色，一刀切，又不能主次不分，主次颠倒。

（2）在制订农业规划时，必须对农林牧副渔进行全面规划。毛主席早就说过："全国各县……做出一个全面规划，包括合作化，农林牧副渔业……各项内容。"① 不可只抓农业，更不可只抓粮食。

（3）在进行农业基本建设时，对基本建设的内容必须有广义和全面的理解。就是说不仅农田要搞基本建设，林业也要搞基本建设，畜牧业也要搞基本建设，渔业也要搞基本建设。要按照农林牧三结合和五业并举的原则，大搞草原基本建设，把43亿亩草原很好地建设利用起来，逐步建成水草林机四结合的高产稳产的基本草牧场；要大搞植树造林，封山育林，扩大我国森林复被面积；还要搞好远洋渔业船队建设，搞好制冰、冰库等冷藏设备建设，要开辟渔场，搞好水产养殖基本建设。还要搞好相应的交通运输以及各项社会服务事业的基本建设，使农林牧副渔都得到大发展。

在基本建设上那种只看到农业，忽视林牧渔业，忽视林区、牧区、渔区，或者把林牧渔业建设看成次要的观点，都是片面的。而且即使搞农田基本建设时，也必须做到山水林田路综合治理，治山、治水、修田、修路、植树造林，一气呵成，只搞单项治理，各搞各的，效益不会显著。在兴修水利时，必须同植树种草，同发展养鱼紧密结合起来。如果水库周围和上游没有相应的森林覆盖面积，将造成水库淤积和垮坝，给人民生命财产造成很大灾难。如果水库空废不养鱼，浪费也很大。这方面的经验教训很多。毛主席说：兴修水利要三救，即救鱼、救船、救木。我们必须认真执行。

（4）在安排农村劳动力的时候，必须根据各类地区的具体情况对农林牧副渔作全面统筹。究竟多少人搞农业基本建设、多少人搞秋收、多少人搞田间管理、多少人积肥、多少人搞农副产品加工、多少人搞植树造林、多少人搞牧业、多少人搞渔业等，而且林区、牧区、渔区劳动力的安排同农区又有不同，都要有个妥善安排，做到各得其所。

---

① 《依靠合作化开展大规模的水土保持工作是完全可能的》一文按语。

（5）农业机械化必须包括农林牧副渔各业。要把农林牧副渔各业都纳入农业机械化的规划中，要用现代科学技术装备它们，逐步实现农林牧副渔各业全面的机械化和现代化，使劳动生产率提高到这样的水平，即很少的人从事生产就可以提供丰富的农产品、畜产品、林产品、果品、水产品，来充分满足人民生活和工业生产的需要，并使农业劳动者从繁重的体力劳动中解放出来。现在林业、水产、牧业生产有的工序劳动强度很大，费工很多，机械化水平又低，有的还是空白，科学研究工作又很薄弱，特别需要用力气来抓。还要从农区、林区、牧区、渔区以及其他自然条件、经济条件的具体情况出发，研制出适合于各类型地区的农机和其他生产资料。

（6）在政策上，必须对农林牧副渔的全面发展都有妥善规定。要正确处理农业（粮食）和林牧副渔的矛盾。

一是要充分尊重生产队的集体所有制和经营自主权，要从物质利益上充分调动广大农民、牧民、渔民发展农林牧副渔各业的积极性。要鼓励社队和各单位植树造林、种草种花，鼓励社员个人在房前屋后种树种草种花，实行谁种谁有；积极发展集体饲养业，同时鼓励社员个人养畜养禽，包括养牛养羊，在数量上不加限制，只要不搞雇工剥削，不搞投机违法活动，不影响集体劳动，养得越多越好。要规定适当办法，使生产队和社员充分利用淡水水面把鱼养起来。在社队和国营农、林、牧、渔场内部都认真实行岗位责任制、按劳分配和奖惩制度，使管理人员和群众都能从经济利益上关心社队和企业经营的好坏。做到只要有一小块水面没有利用起来搞养殖，一小块空地没有种上东西，干部和社员就要睡不着觉，就要开动脑筋想办法。这样几百万个生产队的社员和干部都开动脑筋，各尽其力搞种植、搞养殖、搞采集、搞捕捞，搞一切能增加国家财富、个人财富的农林牧副渔各业的生产活动，就会使农产品、畜产品、水产品、林产品和果品成倍、成几十倍地增加，使全国人民都富裕起来。

二是在粮食政策上，必须处理好农业（粮食）和林牧副渔的关系。在粮食购销和口粮水平上，保证以林为主的林区、以牧为主的牧区、以渔为主的渔区，都能安心搞好主业，不能要求他们也搞"以粮为纲"或搞粮食自给。

三是在价格政策上，要切实解决工农产品剪刀差，并使林牧渔产品和粮食等农产品之间的比价合理。要自觉运用价值规律，促进农林牧副渔全面发展，不要以粮挤林、挤牧、挤渔。

四是在财政、信贷、物资供应上，要对农林牧副渔各业都作统筹安排。

对农业（包括林牧副渔）的投资比例必须提高，其中农林牧副渔各业都应占适当比例，而且必须分项供应、分项使用、分项考核，不应吃"大锅饭"，不能挪用。在税收税率、财政、信贷、物资体制上，要根据农林牧副渔各业发展的具体情况作必要的调整，以促进而不是妨碍各业的全面发展。

（7）各级领导思想要跟上农业现代化的需要。在指标体系上，要全面反映和考核农林牧副渔各业的产量、质量、商品率、劳动生产率、成本、经济效果，不可只重农业而轻林牧副渔，只重粮食而轻经济作物，只追求粮食亩产"上纲""过河""过江"而忽视其他。农业先进单位应该在农业、林业、牧业、渔业各方面都走在前面，不能只突出粮食一项。

但是，我们有些同志并没有完整地理解农林牧副渔并举的方针，说什么"粮食不上纲，林业牧业渔业顾不上"，"粮食是硬任务，其他是软任务"。在行动上，只抓粮食，不抓其他，甚至"以粮为纲，其他挤光"。这些年来，许多地方盲目围湖造田、围海造田，填塘种粮，毁林开荒，滥垦草原。结果，粮食并没有搞上去，而森林、草原和水产资源却遭到很大破坏。使许多地方水土严重流失，沙漠扩大，气候变坏，灾害增加，给农业生产和人民生活造成严重威胁。

为什么会出现这样的情况呢？首先是由于林彪、"四人帮"的干扰破坏。其次，也同我们有些同志思想方法上的片面性和形而上学分不开。第一，他们不理解农业这个国民经济的基础，是包含着农林牧副渔各方面的。不理解林牧副渔都是"基础"的重要组成部分。第二，只看到农林牧副渔五业之间存在着矛盾的一面，而看不到它们的互相依赖、互相促进、相辅相成的一面。第三，不了解农业现代化的发展趋势，用小农经济的老眼光看待现代化的社会主义大农业。认为只有吃粮食才叫吃饭，吃鱼肉蛋奶果品果脯等不算吃饭；认为只有抓粮食才能解决吃饭问题，未认识到必须农林牧副渔都高度发展才能有效地解决吃饭问题；只看到 16 亿亩耕地，看不到广阔的草原、森林、海洋、内陆水域的丰富资源和巨大潜力。

我们一定要响应党的十一届三中全会的号召，按照客观经济规律办事。凡是经过实践证明符合客观经济规律的正确方针，我们必须坚决地、完整地贯彻执行。我们要加快农业现代化步伐，把我国农业尽快搞上去，首先夺取今年农林牧副渔全面丰收，向国庆三十周年献礼。

（原文发表于《经济研究》1979 年第 3 期）

关于稻麦三熟制的几个问题

——在上海和苏南地区的调查

王耕今　朱镕基　林祥金

一　稻麦三熟制比两熟制增产，但有虚假因素

上海市郊、苏州地区和镇江地区的武进县，从 1970 年开始推广稻麦三熟制（一麦两稻，也称稻稻麦），到 1974 年已基本普及，除秧田外，水稻全部都种成了双季。从他们的统计数字上看，是增产的，但是不稳定，据群众反映，其中有许多虚假因素。

下面是各地计委统计的粮食产量：

表1　　　　　　　　　　　各地计委统计的粮食产量

年份	上海市郊		苏州地区		武进县	
	总产量（亿斤）	亩产（斤）	总产量（亿斤）	亩产（斤）	总产量（亿斤）	亩产（斤）
1970	40. 0	1208	58. 3	1070	13. 4	1119
1974	47. 4	1443	70. 5	1353	13. 5	1196
1975	43. 8	1343	64. 5	1236	—	—
1976	48. 3	1499	74. 0	1433	13. 6	1173
1977	39. 8	1242	60. 2	1114	10. 9	907

注：当我们调查的时候，晚稻还没有收完，据上海市和苏州地区预计 1978 年的粮食产量，可比 1977 年增产 20%—30%。武进县 1978 年把 60% 的三熟改成了两熟，获得了更大的丰收，预计可比 1977 年增产 50% 以上，超过了历史上最高年产量。这一带地势低洼是高程只有 2.7—3 米的河网地区，排涝困难，灌溉条件好，怕涝不怕旱。1978 年雨水少，霜期来得晚，为增产创造了有利条件。

这几个地区 1977 年由于自然灾害普遍减了产，减产的幅度都很大，武进县比 1970 年还减少了 2 亿多斤。从 1974 年到 1977 年看是两年增产，两年减产。上海 4 年平均亩产为 1382 斤，比 1970 年每亩增产 174 斤。苏州 4 年平均亩产为 1284 斤，比 1970 年增产 214 斤。武进县 3 年平均亩产为 1094 斤，比 1970 年反而减少了 25 斤。这些统计数字表明，三熟制生产是不稳定的。当地干部和群众反映，其中还有许多虚假因素，主要是播种面积不确实：

（1）按规定每市亩是 60 平方丈，有的地方 80 平方丈才算 1 亩，面积扩大了 30% 以上。

（2）有的把社员自留地的粮食算作集体收入，而又把集体的油菜算在群众的自留地上。

（3）有的地区把灌溉明渠改成了暗渠，把荒坡改成了耕地，但面积不算；还有的减少了绿肥、油菜和桑田的面积，增加了"帮忙田"。

（4）粮食产量有虚假，购留摆不平，就减少饲料，饲料减少了，牲口不会告状。有的同志强烈地反映："负责同志自己说假话，还不许别人说真话，应该说，有些假话是上边逼着说的。"

二 稻麦三熟制改变了粮食品种, 降低了粮食的质量和经济价值

推广三熟制，为了争取农事季节，他们把品质好但生长时间长的品种，换成了品质差但生长时间较短的品种。为此，这几个地区减少了粳稻和小麦的种植，增加了籼稻和大麦的面积。在推广三熟制以前，小麦面积占三麦（小麦、大麦、元麦）面积的 70% 左右，现在只占 30%—40%，大麦面积大大增加了。过去水稻一季种植全部是粳稻，现在种双季稻，早稻全部是籼稻，后季稻也有一部分改成了籼稻。

按照苏南地区的习惯，大麦既不作口粮，也不作饲料，按粮食部门规定：每百斤小麦可换大米 83 斤，而大麦每百斤只能换大米 70 斤。1974—1977 年 4 年中小麦平均亩产 384 斤，大麦平均亩产 358.5 斤，每亩大麦比小麦少收 25 斤，少换大米 46.6 斤，折稻谷 71 斤。两项合计 1 亩大麦比小麦少收 96 斤多原粮。每百斤小麦售价 13.3 元，每百斤大麦售价只有 9.5 元，比小麦少售 3.8 元，每亩少售 13.6 元，等于少收 100 斤小麦，两项合计，

小麦改种大麦，相当于每亩少 120 多斤粮食。

粳稻改籼稻，也有类似的情况。粮食部门规定：每百斤粳稻售价为 11.6 元，籼稻仅为 9.6 元，每百斤售价相差 2 元，按两季稻亩产千斤计，即少收入 20 元，也相当于少收 200 斤稻谷。同时，籼稻的出米率比粳稻低 10%。也就是说，水稻单产中有 10% 是虚数。

群众是很会算账的，这些变化的损失，他们计算得都很清楚。

三 稻麦三熟制使生产开支剧增，实际收入锐减

推广稻麦三熟制，据统计农业收入是有所增加的，但生产支出的增加却大大超过了收入的增加，其结果是净收入不但没有增加反而有显著的减少。根据吴县的统计，可以看得很清楚：

表2　　　　　　　　　　　**对吴县农业收入和支出的统计**

项目	1965 年	1975 年	1976 年	1977 年
面积（万亩）	81.1	80.2	80.1	80.1
农业收入（万元）	10889.7	12664.9	13671.1	11373.5
农业支出（万元）	3327.1	6218.5	7033.6	7119.9
每亩平均毛收入（元）	124.02	157.92	170.16	129.52
每亩平均支出（元）	41.02	77.54	87.26	88.88
每亩净收入（元）	83.00	70.38	82.90	40.64

1977 年的净收入比 1965 年减少了一半以上，从 1975 年到 1977 年的 3 年中，净收入没有 1 年是超过 1965 年的。按 3 年平均计算，每亩平均净收入为 64.64 元，还比 1965 年减少 18.36 元。这不仅是因为三季种植比两季增加了一季的开支，而且每一季也都比两熟制的时候投入更多的种子、肥料、农药等生产消耗物资（在 3 年总的开支中，肥料占 56%、种子占 17.6%、农药占 8.2%，这三项占总开支的 81.8%），否则，就不能保证一定收成。即使这样，仍然难以避免土壤肥力消耗过大，地力降低的趋势。有的地方已经呈现出土壤板结、病虫害增多和作物倒伏的现象。

四 稻麦三熟制的农事季节紧张，劳力强度大

这几个地区，实行稻麦三熟制，在时间的安排上一环扣一环，1 年中几乎是完全没有空隙的。种麦从 10 月下旬开始，到 11 月中下旬才可能种完，5 月下旬开始收割，三麦收割和早稻插秧是同时进行的。早稻育秧从 4 月 1 日开始，到 4 月 20 日结束，5 月 10 日至 6 月 5 日插完早稻，此后接着就是除草、追肥、治虫等管理工作，与此同时还要进行晚稻育秧。晚稻从 7 月下旬到 8 月初进行栽插，随之进行治虫、追肥、除草，10 月下旬开始收割，晚稻收割又同三麦的秋耕秋种同时进行，冬春季节还要修河治水。群众反映："一年三百六十天，天天战当前；另外五天，还要过个革命年。"又说："一年三熟九个抢，积肥还要打硬仗，冬春水利要大干，社员普遍吃豁（亏）粮。"社员们一年到头没有休息，在三抢大忙期间，1 天劳动达 15—16 个小时，要吃 6 顿饭。虽然他们每人的平均口粮定量为 520—600 斤原粮（1 人 1 天只合 1 斤米或略多些），但仍不够吃，特别是由于三熟制，挤掉了一些小杂粮和坟头、荒坡上的瓜菜，这些东西的减少，也增加了粮食的压力，劳动的强度又大，1 天 1 斤米是吃不饱的。上海市郊 10 个县，1977 年的储备粮比 1965 年减少了 150 多万斤；吴县在 1975 年当年储备只有 1.5 万斤，而动用的储备就有 4400 万斤。多是在青黄不接时社员寅吃卯粮借去的，据说一般都缺 1 个月的粮食，少数的缺 4 个月的粮食，这些地区是我国粮食的高产区，粮食的供应也是紧张的。

五 农村干部和社员对稻麦三熟制的意见和要求

稻麦三熟制是一个很复杂的问题，有的农业科学家也做过不少的研究和探索，对这个地区的土地少如何合理利用提出了一些改变这种种植制度的意见，领导也知道有问题，但是，认为三熟比二熟增产，每亩名义上可增产 200 斤左右，不搞三熟怕要减产，怕完不成国家的征购任务。因而，虽有问题，也不能改变（用形象化的话来说，就是"骑虎难下"），还是要求这几个地区继续贯彻稻麦三熟的制度，并且规定了许多详尽的方法，如哪天下种，哪天插秧，株距几寸，行距几寸等，并且要求严格执行，不得违反。

一些农村干部和广大社员群众，对于这样继续贯彻三熟制是不满意的：

（1）他们认为稻麦三熟制的种植方法，增加了一些产量，但是种子用得多，出米率下降，而且生产开支很大，实际是赔本的，减少收入的，甚至有人说这种方法，是"赔了夫人又折兵"，又费工，又赔钱。这几个地区社员的每人平均收入是比较高的，一般都在100元以上，高的达200元左右，低的也超过90元。但收入的主要来源是社队工业的补贴和转队工资。如果只算从农业收入的分配，吴县每人只有44.9元，其他地方，平均收入也只有50—60元，没有超过，甚至还没有达到全国社员平均分配的水平（全国社员平均收入65元）。社队工业给生产队的补贴占社员分配的50%—60%。所以社员们说："多收万斤粮，不如办个小工厂。"干部和群众都对发展社队工业有很高的积极性，而务农的积极性却不那么高，他们说："社员们种地不爱地，种粮不爱粮。"主要原因是社员认为三熟制比二熟制费力气，而分配却减少了。

同时，他们认为三熟制费工太多，为了保证稻麦三熟，挤掉了一些经济作物、瓜菜、小杂粮和副业生产。历史上苏州地区是我国有名的蚕丝产地，所说"上有天堂，下有苏杭"，就是因为蚕丝是过去当地农民一项重要收入，现在桑田减少了，其他生产也减少了。稻麦是其主要收入来源，但粮食价格太低，三熟制生产资料的价格太高，开支很大，支出的增加，大大超过了收入的增加，而且还减少了其他方面收入。所以他们反对三熟制也是有理由的。

（2）他们认为改变了现在实行的三熟制，也能保证完成国家的征购任务。只要把征购任务定下来，一定几年不变，让他们能在多收的时候多留一些，多吃一些，是可以因地制宜地用多种办法多产多收的，他们反对用强迫命令、不讲实质的办法来推行三熟制。武进县自实行三熟制以后，口粮水平是降低的，如1965年人均口粮是586斤，1971年降到571斤，1977年降到541斤，苏州地区的人均口粮比1970年增加了20多斤，但由于粮食品种的变化，实际上仍难多吃，他们是很不满意的。要求在国家计划的指导下（间接计划）让生产队自己安排自己的种植制度和种植方法，让他们在完成国家任务以后能多产多吃，而不必对他们的种植方法做死的规定。

这里的农民是勤劳智慧的，是有精耕细作经验的，也是热爱国家和热爱集体的，他们的意见是正确的，要求也并不高，只要能够使他们增产增收，他们也很愿为国家多做贡献，在党的正确领导下是能够做到这一点的。当然，农民的经验还有一些不科学的东西，需要根据自然条件和经济规律来进行改造。但是这种改造必须用进行农业科学教育和经过典型示范的方法，使农民认识到这种改进既可增产又能增收，他们是能够很快地接受的，农业生产是能够又好又快地发展起来的。

（原文发表于《农业经济丛刊》1980 年第 1 期）

包产到户是一个重要的理论和政策问题

杨　勋

近20年来，包产到户问题，成了我国经济生活和政治生活中的一个大问题。围绕这一问题的争论，时起时伏，从来没有中断过。全国人民特别是广大农民和农村干部，对这个问题极为关心。粉碎"四人帮"将近4年，现在应当是从理论上澄清、从实践上解决这个问题的时候了。

一　包产到户是集体农业经济的一种责任制形式

我国农业生产责任制的建立和发展，经历了复杂而曲折的过程。早在农业合作化初期，农民群众就创造了多种形式的生产责任制，诸如，初级社所属的生产队、生产组对社员实行的评工记分制（根据社员在一定时间内完成的劳动任务记工分）；高级社对其所属的生产队实行的包工制、包产制以及后来实行的"三包一奖"（包工、包产、包费用、超产奖励）的综合责任制；部分地区社队实行的"以产定工"、按产值或纯收入计工的生产责任制等。人民公社化和十年"文化大革命"期间，各种管理制度和办法，都被当作修正主义的"管、卡、压"而遭废除，农业生产秩序陷入混乱，许多地区又出现了合作化初期那种"出工听钟响，派活问队长""干活一窝蜂"、劳动"大呼隆"的无人负责状况。"四人帮"极力推行的平均主义的"大概工"，实际上是一种变相的强制劳动制度，更是严重地压抑了农民群众的主动精神，挫伤了他们的社会主义积极性。

粉碎"四人帮"以后，随着极"左"流毒的不断清除和党的农村经济政策的逐步落实，农业生产责任制又重新得到重视。一些地区还恢复或建立了联系产量的生产责任制。党的十一届三中全会通过的《中共中央关于加快农业发展若干问题的决定》（以下简称《决定》）指出，人民公社各级经济组织，必须加强定额管理，认真执行按劳分配原则，建立必要的奖惩制度，坚决克服平均主义。《决定》提出：可以按定额记工分，可以按时记工分加评议，也可以在生产队统一核算、统一分配的前提下，包工到作业组，联系产量计算劳动报酬，实行超产奖励。

中共十一届三中全会以后，各地农民和农村干部，在贯彻生产责任制方面，有了不少的新创造和新发展。实践证明，最能调动农民积极性，最能促进农业生产发展，因而也最受农民群众欢迎的责任制形式，就是联系产量的生产责任制。农业中的产量责任制，既不是单项农活责任制，也不是生产过程某一阶段的责任制，而是包括生产全过程各个环节的、全面的、常年的责任制。过去，农业生产合作社所实行的"三包一奖"制，就是以劳力、土地、牲畜、农具的"四固定"为前提的。现在，各地实行的农业生产责任制和农业生产合作社时期相比，虽然有所发展，但"三包一奖""四固定"的一套办法，至今仍然是构成它的基本内容。可见，二十多年来我们在农业经营管理方面，基本上没有什么前进。造成这种状况的原因是二十多年来我国农业的物质生产条件没有发生重大的变化。

前面所说的包工、包产等农业生产责任制形式，是根据生产责任的内容来划分的。如果从责任的承担者来划分，还可以分为集体责任制和个人责任制。在我国集体农业经济中，实行集体责任制的，有人民公社基本核算单位所属的生产小队和作业组；实行个人责任制的，则是社员个人。现阶段，我国农民加入集体经济组织，是以农户为单位的，农户既是农民参加集体劳动的单位，也是他们参与分配集体产品的单位。所以，承包任务的个人，通常就是户主，个人责任制实际上就是农户责任制。把产量责任制落实到个人（农户），这就产生了一个新概念——包产到户。

包产到户的合理性是极其简单、明白的，毫无费解之处。包产到户作为农业生产责任制的一种形式，在我国农村经济生活中，曾一再显示出促进生产、改善生活的积极作用。包产到户在一些生产技术落后、管理水平低下、长期落后的社队中，更是起着特别显著的作用，甚至被农民群众赞扬为"良方妙药""锦囊妙计"。至于包产到户的合法性，也是无可非议的。农民是劳动者，他们在农业合作化过程中，根据马克思主义的自愿原则，加入农业生产合作社，后来又转入人民公社的生产队。生产队是农民实行联合劳动的农业集体经济组织，是独立核算、自负盈亏的农业企业。国家宪法和党的政策明确规定，集体所有制经济组织的生产资料所有权和经营管理自主权，应当受到国家法律的切实保护，任何人不得加以剥夺或侵犯。责任制是经营管理的核心内容，一个独立的、自负盈亏的经济组织，从自身的利益出发，理所当然地要选用最有利于生产的责任制形式。既然许多地区的农民群众主张把包产到户作为责任制的一种形式，各级领导机关就没有理由强加干涉，而应当积极予以支持、引导和帮助。

但是，二十多年来，在极"左"思潮和极"左"路线的淫威下，包产到户一次一次地受到批判，许多推行过包产到户的农村干部遭到批判和斗争。在这种恶劣的政治气氛影响下，甚至一些比较实事求是的同志，也只能把包产到户视为不得已而采取的解决特殊困难的临时性办法，只承认它是"权宜之计"，而不敢把它作为一种责任制形式，公开承认其合理性和合法性。少数受极"左"思潮毒害很深、思想严重僵化的人，至今还把包产到户视为"复辟倒退"，百般加以反对。

实践是检验真理的唯一标准。我们必须彻底清除极"左"流毒，为包产到户及其实践者昭雪平反，使这种合理的责任制形式在社会主义农业经济管理中取得合法的地位，充分发挥它在四化建设中的积极作用。

二　包产到户的由来和发展

事实是最有说服力的，它能把谎言和偏见打得粉碎。为了进一步说明包产到户的合理性和合法性，让我们来探究一下包产到户的由来和发展过程。

包产到户作为农业生产责任制的一种形式，完全来自农民群众的创造，而不是长官意志的产物。

包产到户，在我国三年经济困难时期，最先出现于安徽省农村，开始叫作"责任田"。据说，这是安徽省委根据一位有社会主义觉悟的老农的建议提出来的。1960 年，安徽宿县有一位 70 多岁的老农，他的儿子得了肺病，失去劳动能力，不能再赡养老人。公社劝老人进养老院，老人不愿坐吃公家的饭。他向公社党委提出请求，要带着他的生肺病的儿子上山开荒，同时照顾儿子休养。老人说，如果开荒生产的粮食有余，就交粮给国家；如果不足，也不要求国家补助。公社党委同意了他的请求。他上山开了 16 亩荒地，当年就收了 3300 斤粮食，扣除口粮、种子、饲料 1500 斤以后，交给公社

1800 斤。此外，他还上缴了通过养猪、养鸡获得的现金收入 60 元。老人根据自己的实践经验向省委建议：集体经济最好能把田包给社员种，收入实行统一分配，以加强社员的责任心，避免由于责任不明而造成的混工现象。省委很重视老人的建议，并广泛征求群众的意见。社员群众同意老人的建议，并把这种办法概括为"定产到田，责任到人"。许多农业劳动模范和农村干部说："这种办法既不是单干，又能增强社员的责任心，提高他们的积极性。"有的农民还质问省委，为什么不相信农民，采纳农民拥护的办法？

　　1961 年春，安徽农村开始试行"定产到田，责任到人"的管理办法。省委下达的文件称为"田间管理责任制加奖励"。广大农民群众拥护这种办法，只有少数干部持怀疑态度。由于这种办法简明易行，收效显著，夏收以后，实行的生产队大大增加，达到生产队总数的 65.5%。此后，农民就简单明了地把"田间管理责任制加奖励"的办法叫作"责任田"。责任田的办法就是，在坚持土地、耕畜、大型农具归生产队集体所有，生产队实行统一经营（主要是统一制订生产计划）、统一分配产品和收入的前提下，由社员承担农作物田间管理责任，生产队根据社员的实际管理成果进行奖惩。具体做法是：首先根据各丘土地的土质、丰度、水利设施等生产条件，按作物品种和生产队的增产计划要求，定产到田；然后，再根据各等级劳动力的底分和各种农活的用工定额，将各丘田地的日常管理用工逐丘包到户，实行责任到人；年终，根据生产的最终成果——产量，实行奖惩。超产部分，除按一定比例提取并分给为全生产队公共作业服务的社员（如管水员、育种员、饲养员等）以外，其余部分完全归于承包田间管理责任的社员户。

　　由上可见，这种"责任田"办法，实际就是过去农业生产合作社所实行的"包工包产"办法的发展，即进一步把包工包产任务落实到户，把原来生产队集体的包工包产发展为社员个人的包工包产。这同社会主义工业企业把生产任务层层包干落实到车间、工段、班组和工人没有什么本质的区别。责任田办法，只不过是农业集体经济管理的一种责任制形式，它并没有改变作为社会主义企业根本特征的生产资料公有和按劳分配的性质。这种"责任田"办法，就其性质来说和社会主义工业企业所实行的计件工资制是基本相同的。工业中有集体计件和个人计件工资之分，农业中也有集体责任田和个人责任田之分。以集体为单位承担任务和计量报酬，还是以个人为单位承担任务和计量报酬，这取决于产品和生产过程的特点、生产工具状况和技术水平，以及企业的经营管理水平等因素。这个既适用于工业也适用于农业的道理，是不难理解的。

包产到户的含义是十分清楚的，它和分田单干有着本质的区别。但是，长期以来，主张"越大越好、越公越好"，幻想"跑步进入共产主义"的人们，总是怀着一种"左"倾偏见心理，不分青红皂白地硬把包产到户说成是分田单干。在他们看来，对包产到户进行历史的、具体的分析是多余的，制造"趁穷过渡"的舆论才是重要的。他们认为，包产到户，是大逆不道的单干歪风，于是，挥刀砍杀起来。

1961年安徽省委在试行包产到户时，是做了一番深入调查和苦心研究的。当时，省委在给中央的《关于试行田间管理责任制的报告》中指出："田间管理责任制加奖励的办法，只是社会主义集体经济的一种管理办法，它并没有改变生产资料的所有制，土地、耕畜、大农具仍然是集体所有的；它并没有改变产品收入分配的办法，包产以内的产品收入仍由大队统一分配，社员仍然是按劳取酬；它并没有改变集体的劳动方式，这不仅表现在大农活是统一做的，而且小农活也是为了完成总的包产任务而劳作的，所以仍然是集体生产的一个组成部分。这种生产的集体性与劳作的个别性，在任何社会主义的生产单位中，都是存在的。"省委的报告明确地得出结论："责任田的办法，不是单干。"实践证明，安徽省委的上述论断，是很有说服力的，是正确的。

从安徽的情况来看，包产到户，是农民群众在3年困难时期农业生产遭到"五风"的严重破坏、物质生活极端困难的情况下，集体自救的一种办法。当时农民把责任田称为"救命田"。安徽的"责任田"，河南的"借地"，在困难时期曾使不少农民免于饿死，是众所周知的。这一事实连反对包产到户的人也不能否认。包产到户不仅不是走回头路，而且是农民在困难的条件下，采取实事求是的态度，来坚持走社会主义道路的一种办法。包产到户在坚定克服困难的信心、恢复和发展生产、改善物质生活方面，显示了很大的优越性，起了不可磨灭的历史作用。当然，包产到户和任何其他事物一样，在其出现和发展的初期，总难免有这样那样的缺点和不足。对此，安徽省委当时就明确指出：这"是一个刚刚试行的办法"，"要经常从正反两方面进行研究"，"如果群众有更好的办法，应当采取群众的办法，不要要求千篇一律"。安徽省委的态度证明，我们的党在农村工作中，是坚持实事求是的优良传统的。尽管安徽省委对包产到户采取了这种十分谨慎的态度，仍未能免遭厄运。安徽的包产到户，只试行了1年，一俟困难渡过，就被当作"复辟资本主义"的"单干风"加以扼杀了。1962 年底，安徽省委正式做出决定：在全省限期彻底"纠正"责任田办法，说这个办法"迎合了农民的自发资本主义倾向"，"是方向性的错误"。这样，1962 年已占全省生产队总数 85.4% 的实行责任田办法的生产队，1963 年又回到了无人负责的"大呼隆"状态。随之而来的是对这种办法的无理指责和批判。"文化大革命"期间，对包产到户的批判和讨伐又进一步升级，全省因包产到户问题而遭批挨斗的干部，竟达几十万人之多。农村干部和社员群众伤感地说：困难时期定政策（允许包产到户），困难过去改政策（禁止包产到户），运动来了批政策（批判包产到户），以后再也不问"朝廷"的是非了。

此后，在很长的一段时期内，包产到户问题很少被人公开谈论了。包产到户似乎真的作为资本主义复辟的一个历史证据而被永远否定，似乎真的被批得臭不可闻、永远埋进历史的垃圾堆了。但是，生产关系必须适合生产力性质的客观规律是不可违背的，人民群众的意愿是不能无视的，历史是无情的。谁能想到，时隔若干年，在粉碎"四人帮"以后，包产到户又在它的发源地——安徽农村恢复和发展起来了。根据安徽省委 1980 年 1 月农业会议的报告，安徽全省已有 10% 的生产队实行了包产到户。1978 年秋最早实行包产到户的肥西县山南区，1979 年已有 77.3% 的生产队实行了包产到户。这个区在大旱的 1979 年创造了大幅度增产的惊人奇迹，粮食总产量比 1978 年增加 43.9%，总收入增加 28.4%，交售给国家粮食增加 72.3%，集体积累增加 23.7%，来自集体的社员人均收入增加 42.1%，超支户由 1978 年的 8104 户减少为 3491 户，超支款由 48 万元下降为 15.9 万元。区委书记汤茂林同志对我们说："从事农村工作 30 年，对如何搞好生产，想尽了各种办法：今天撤区并社，明天改变核算单位；一会儿学大寨，一会儿又赶郭庄。但是，生产总是搞不上去。真是像俗话说的那样，'玩马戏的，摔倒在地——法气尽了'。"没想到，百年未遇的大旱逼出了一个包产到户，才算找到了真正调动农民积极性的办法。山南区去年 90% 的土地包到户，今年已是 100% 了。现在，安徽省公开赞成包产到户的人越来越多了，反对的人越来越少了，指责包产到户破坏集体经济，"用牛累死牛""用水打破头"的言论，几乎听不到了。有些最反对包产到户的人，现在也改了口，说当初反对是因为听信了上级"不准搞"的精神，并非出于自己的本意。那些担心包产到户不利于照顾"五保户"和"四属户"（烈、军、工、干）的人，在事实面前也不再坚持己见了。农民群众说："只要多收了粮食，就不愁大家没饭吃，如果绑在一起穷，就是我家的老太太，也没法养活她。"在生产大发展的基础上，1979 年山南区社员的人均收入由 1978 年的 72 元增加为 99 元，增长了 38%。农民是通情达理的实在人、聪明人。他们说："实行包产到户，吃亏、讨巧都在明处，对"五保户""四属户"，既可以从公益金中照顾，也可以为他们代耕，唯独不能大家一起站在地里混时间，更不能不明不白地为别人干活。"

包产到户还有效地解决了多年来无法解决的农村基层干部和社员群众的关系这个老大难问题，促进了干部领导作风的转变。过去，少数干部不参加或很少参加集体劳动，所得的工分却比社员多。有的干部习惯于用老一套的官僚主义的办法指挥生产，无非是春天催播催种，秋后催征催购，很少从当地的实际情况和群众的切身利益出发，对生产和分配活动进行具体领导。群众对这种多吃多占、爱贪便宜的懒干部十分反感，说："这么小的穷集体，养不起他们这些'保长''保丁'。"实行包产到户以后，干部和社员一起包产，不给他们规定必须保证的劳动天数（过去对干部参加集体劳动的规定是，公社干部每年 100 天，大队干部 200 天，生产队干部 300 天），他们也都超额完成了。

安徽农村实行包产到户的实践证明：农民拥护社会主义的按劳分配制度，反对"分配—拉平"的平均主义办法；拥护责任制，反对"大呼隆"；拥护丰衣足食的社会主义道路，反对搞"绑在一起穷"的假社会主义。农民说，"大呼隆"只有利于懒干部和讨巧耍滑的"队老绅""大社员"，而不利于老实勤俭的、技术水平高的社员，也不利于认真、负责、能干的好干部。这就是广大农民群众赞成包产到户的直接动机，也是他们朴素的按劳分配观。共同富裕的科学的社会主义，只能通过合理经营和科学管理的办法来实现；而无人负责、浪费资源的"大呼隆"，只能越来越背离社会主义，而且只能导致以普遍贫穷为特征的社会大倒退。

我国农民群众在社会主义事业遭到严重挫折、农业生产和物质生活极端困难的情况下，通过包产到户的办法，坚持走社会主义的集体化道路，而不是一碰到挫折和困难就散伙单干。这是我国劳动农民拥护党的领导、信赖社会主义制度的表现。我们应当高度评价、十分珍惜农民群众的这种社会主义积极性，而不能眼看着农民贫困挨饿，"见死不救"，更不能迫使农民接受显然是损害他们的基本利益，甚至是剥夺他们的生存权利的超经济强制办法。

我国曾经是一个广泛而长期地存在着小生产和自然经济的国家，平均主义在农民中有着根深蒂固的影响。林彪、"四人帮"利用了这种社会基础影响，大搞危害社会主义事业的平均主义。现在，广大农民群众居然奋起批判平均主义的穷"社会主义"了，这实在是一桩令人振奋的、了不起的大好事。正如列宁多次指出的，在一个农民的国家里建设社会主义，农民的状况，农民的态度，无论如何是不可忽视的。现阶段，我国的社会主义建设究竟采取怎样的模式，走什么样的具体道路，以怎样的速度发展，在很大程度上还要取决于农村的状况和农民的意愿。这是我们的基本国情，是任何个人意志都不能无视的客观事实。

三 包产到户问题的争论说明了什么

包产到户是农业集体经济的一种劳动管理方式，一种生产责任制形式。它本身所涉及的问题，简单明晰，并不复杂。但是，长期以来，它却成了一个反复争论的大问题，不仅成了重大的经济问题，而且成了重大的政治问题。形成这种情况的原因是：包产到户问题直接触犯了长期横行的极"左"思潮和极"左"路线，这就是问题的症结所在。

包产到户，经过多年反复的实践和争论，在安徽广大农民和农村干部中，得到了越来越广泛的支持。目前，它正在全国更大的范围内，特别是在一些经济落后的地区，接受实践的检验。

围绕包产到户问题的争论，引起了理论工作者和实际工作者的高度重视，吸引着全国人民的深切关注。人们在问：包产到户在遭到多年的批判和禁止之后，为什么又在更大的规模上恢复和发展起来？在寻求这一问题的答案时，人们不约而同地想起了马克思关于历史唯物主义基本原理的精辟论述："无论哪一个社会形态，在它们所能容纳的全部生产力发挥出来以前，是决不会灭亡的，而新的更高的生产关系，在它存在的物质条件在旧社会的胎胞里成熟以前，是决不会出现的。"[1] 看来，我国农业的社会改革的确是超越了农业的技术改革，农业生产关系的变革的确是超越了农业生产力的发展水平。在我国农村，至今还存在着包产到户赖以发挥积极作用的物质条件——低下的农业生产力。这就是二十多年来包产到户一再顽强地表现出它

---

[1] 马克思：《〈政治经济学批判〉序言、导言》，第 3 页。

的生命力的经济根源。

　　包产到户是农业中劳动管理的一种形式。按照马克思主义的观点，劳动管理形式，是由劳动过程的特点决定的。具体地说，是由劳动工具的数量和质量、劳动对象的性质和特点、劳动力的数量和质量以及它们之间的结合方式决定的。劳动管理形式是和生产资料所有制的性质有内在联系的，但是，它和生产力的发展水平有着更紧密、更直接的联系。比如，机械化和自动化水平不同的纺织厂和炼钢厂，尽管都是国营企业，但它们的劳动管理形式是不同的。纺织厂可以根据每个挡车工的技术熟练程度，固定给每个工人看管一定数量的纱锭和织布机，完成工作定额以后，付给预先规定的岗位工资。自动化和联动化水平高的炼钢企业，就不宜对炼钢工人实行这种个人岗位责任制，而只能实行集体的班组责任制。同样的道理，在集体农业经济中，究竟应当实行个人责任制，还是实行集体责任制，归根到底，取决于各个集体经济的生产力发展水平，特别是取决于它的劳动工具状况和经营管理水平。黑龙江友谊农场五分场二队，使用美国万国公司供应的成套现代化农业机器，通过系统的机械化操作可以完成全部耕作过程。在这种情况下，农业工人的劳动，是直接由系统的机械化作业的总过程决定的，单个农工的个人手工操作已经变得不可能对生产成果起什么重大的作用，因而在劳动管理方面也就根本不可能产生包产到人的问题。中国科学院在河北栾城县的农业现代化基地，在一片平原上使用美国林赛公司提供的整套农业机械种植小麦。在使用精量点播机播种的同时，就施下了化肥、农药和除草剂，因而也就几乎不需要再有人从事"田间管理"。这样，以"田间管理责任到人"为主要内容的包产到户，也就失去了存在的根据。与此相反，在安徽农村以及全国许多边远落后地区，农业生产力水平极低，在劳动工具方面仍然以旧犁、铁锹、大锄等简单的手工工具为主，在动力方面仍然以人力和畜力为主，在这种情况下，农民个人的体力强弱、技术高低、劳动态度的好坏，对农业生产的成果起着决定性的作用。在这类落后地区，农民从实际情况出发，要求责任到人、包产到户，是很自然的。不顾农民的实际情况，强行禁止包产到户，就意味着对农民利益的直接损害，因而必然要受到农民群众或明或暗的抵制。马克思说："劳动的组成和划分视其所拥有的工具而各有不同。手推磨所决定的分工不同于蒸汽磨所决定的分工。"[1] 可见，对劳动分工、劳动

---

　　[1]　马克思：《政治经济学的形而上学》，《马克思恩格斯选集》第 1 卷，第 127 页。

管理起决定作用的，是作为生产力主要因素的劳动工具的状况。既然我们现在还不能用成套的现代化农业机器来取代简单的手工工具，我们就没有理由禁止适应手工工具的个人责任制形式——包产到户。

这里需要特别指出，我们并不认为，包产到户适用于全国一切地区的农业集体经济，也不认为包产到户将永世长存；只是认为，包产到户对于农业生产力水平低下的集体经济，是一种可供选择的生产责任制形式。在党的政策性文件中，对于像包产到户这样的问题，不应当采用简单生硬的"不允许""不准"之类的提法。"不允许""不准"的硬性规定，显然是违反马克思主义关于劳动者组织和经营集体经济的自愿自主原则的。

实践是检验真理的唯一标准。任何个人、任何政党的认识和行动，都要接受人民群众的社会实践的检验。既然广大农民群众多年反复实践证明，目前包产到户是行之有效的、为农民欢迎的一种责任制形式，我们就应当在政策上加以认可，在法律上加以保护。公开承认包产到户的合理性和合法性，将不仅使我们在不增加投资的情况下，多获得千百亿斤粮食和丰富的农产品，而且可以大得民心。至于包产到户适用于什么地区、什么条件，还有多少时间，农民群众会在实践中很自然地解决这些问题，现在大可不必为将来的事担忧。

（原文发表于《农业经济丛刊》1980 年第 5 期）

论 包 产 到 户

王贵宸　魏道南

近两年，我国农村社队改善经营管理，因地制宜实行了多种形式的生产责任制，对发展农业生产，巩固集体经济，增加社员收入起了重要作用。包产到户就是多种生产责任制形式中的一种。许多社队的实践证明，这种办法增产效果显著。但这个办法是否可行，人们却议论纷纷，因此有必要进一步探讨。

一

包产到户是联系产量生产责任制的一种形式，是集体经济经营管理的一项具体办法。

任何一个集体生产单位，要搞好生产，都必须建立和健全生产责任制，农民联合起来组成的集体生产单位也不例外。这在合作化初期制定的《农业生产合作社示范章程草案》中就已经得到明确反映，很多地方也都这样做了。

农业生产中，生产责任制基本上可以分为两种类型：一种是不和生产的最终成果相联系，即不联系产量的生产责任制；另一种则是和最终的成果相联系，通称联系产量的生产责任制。两种类型中又各有许多具体形式。

实行不联系产量的生产责任制，承包生产任务的作业组或社员个人，只对作业项目负责，完成一定的生产任务，领取一定的劳动报酬。有的生产队实行划分固定作业组，集体承包生产任务，定额记工，按质量和完成任务状况增减工分报酬。安徽省农村简称这种办法为"一组四定"，即划分作业组，定任务、定时间、定质量、定报酬。有的生产队则采用按工作项目组织临时作业组，实行小段包工。也有的生产队将一定的生产任务直接分派给社员，由社员个人承担生产责任，生产队给社员记工分，付给劳动报酬。

实行联系产量的生产责任制，承包生产任务的作业组或个人，要对生产的最终成果——产量（或产值）负责，完成了规定的产量（或产值）指标才付给一定的报酬。合作化初期实行的"三包一奖"（包工、包产、包费用，超产奖励，减产赔偿），就是联系产量的责任制。农作物生产过程中，各项作业质量是否符合要求，都直接影响最终产量。实行联系产量的生产责任制能够促使社员关心生产的全过程和每一项农活的质量。联系产量责任制有包产（或联产）到组、到劳力和到户等各种具体形式。对于包产到组和到劳力，很多人已承认是责任制的形式。对包产到户，有的人却不承认。其实，包产到户和前两者不同的地方，只在它是由社员户向生产队承包生产任务。但它与前两者一样，都体现了承包者与生产队的一种经济关系。这种关系只有在生产队这个集体存在的前提下才能存在。如果说已经分田单干，那么个体农户无须再向自己承包什么任务。所以包产到户不是分田单干，而是集体经济中生产责任制的一种形式。有的人把包产到户和分田单干等同，认为实行包产到户就瓦解了集体经济，动摇了集体所有制，这是对包产到户性质的误解。

目前农村实行的包产到户，做法多种多样。就我们了解到的，大致可以归纳成三种。

一是部分生产项目或作物包产到户。实行这种办法的生产队坚持生产资料公有，生产队统一管理、统一使用。在生产队统一计划、统一经营的前提下，将部分生产项目包给社员户，实行定产量（或产值）、定工、定费用，超产奖励，减产受罚的办法，生产队统一核算、统一分配。安徽省固镇县实行的只将"不动磙子作物"（即不需动磙子脱粒的作物，如玉米、山芋、花生、棉花等）包产到户的做法属于这一种。有的地方实行"水统旱分"（水田作物由生产队统一种植，旱地作物包产到户），有的地方实行小宗经济作物包产到户，有的地方将林、牧、渔业和部分副业生产按专业包产到户等，也都属于这一种。

二是全部作物包产到户。实行这种办法的生产队也是坚持生产资料公有，大、中型农机具由生产队统一管理、统一使用。耕牛、犁耙等作价，在保证价值不变的前提下，交户（一户或几户）管理、使用。生产队统一计划、统一经营、统一核算，把全部耕地、所有农作物生产都包到户，定产、定工、定费用和超奖减赔。包产以内的产品交生产队统一分配。实行这个办法的生产队，一般是社员户每样作物都承包一些。少数生产队实行某些作物专业分工承包。砖窑、粮食加工和其他集体副业生产项目，有的仍由生产队集体组织生产，有的分别包给有专门技艺的社员户。

三是全部作物包产到户，生产队对社员户实行大包干。实行这种办法的生产队也坚持生产资料公有，大、中型农机具有的由生产队统一管理、统一使用，有的由有技术的社员承包，按合同向生产队提交一定产值，保证农机具完好，保证农忙期间在生产队务农，农闲期间可以外出搞副业（如运输）。耕牛、犁、耙作价后，在保持原价值不变的条件下，交户管理、使用。有的生产队规定使用年限，由生产队逐年提取折旧费。实行这种办法，社员户只包完成向国家交售的各项农副产品任务，包上交生产大队和生产队的各项提留（包括大、小队干部补贴，民办教师、赤脚医生补贴，民兵训练补贴，公积金和公益金等），其余产品全部归社员户所有。

上述前两种办法，都是坚持生产资料集体所有，生产队统一计划、统一经营、统一核算、统一分配。社员户只是在生产队领导下，负责完成他承包的那一部分生产任务，他还是集体的一个成员，要对集体负责。他收入多少，除取决于他承包的生产任务完成情况外，还受集体经济经营好坏的制约。这样的包产到户，无疑是集体经济的一种责任制形式。有人把集体生产误以为集中出工干活。包产到户以后，在通常情况下，失去了很多人在一起干活这个特点，因此就认为它是分田单干，这显然是不恰当的。分田单干是生产资料分归农民私有，生产经营完全由各家各户自主经营自负盈亏，产品全部归各户自由支配。包产到户并不是这样，它和分田单干有本质区别。

至于上述第三种即包干到户的办法，应该看到社员户在生产经营上有较大的独立性，在保证完成一定的农副产品交售任务，和上交集体提留部分的情况下，可以不完全按照生产队下达的生产计划生产。收获的相当一部分产品归社员自由支配。有的生产队没有支付给社员户生产费用或支付很少，社员户在生产上近乎自负盈亏。因此，它在统一经营、统一核算、统一分配方面，和前两种办法比较，都有不同程度的变化。但是，它使用的生产资料仍然是集体所有，社员户还是在生产队领导之下，向生产队承包一定的生产任务。生产队通过合同，可以在相当程度上控制社员户的生产计划和保证社员户完成对国家和集体的上交任务，可以说，生产队对产品具有一定的支配权。生产队按比例提留一定数量的公积金作为集体经济的积累，有的生产队已经用它添置了农机具或牲畜，增加了生产队的集体财产。生产队还有权调配劳动力从事一些较大型的公共生产事业。显然，它和生产资料私有、独立经营的个体农户还有很大差别，所以，应该承认它仍然属于集体经济生产责任制的范围，还是包产到户的一种形式。如果以包产到户为名，实际上生产队这个集体名存实亡，各社员户已经成了单干的个体农户，这就不属于包产到户这种责任制的范围，也不是本文所要探讨的问题。

二

劳动组织和生产责任制是企业管理的重要内容，一个企业采取哪种劳动组织和责任制形式，是由客观条件决定的，不能随人们的主观愿望转移。生产队选择哪一种劳动组织和责任制形式取决于多种因素：

第一，取决于生产工具。马克思指出，"劳动的组成和划分应视其所拥有的工具而各有不同。手推磨所决定的分工不同于蒸汽磨所决定的分工"[1]。在农业生产以人畜力为主要动力、以手工工具为主的条件下，劳动组织的形式不同于农业机械化后的劳动组织形式。在前一种情况下，除某些作业项目需要协作以外，大部分作业项目，少数劳力甚至个别劳动力即可完成。随着农业机械化水平的提高，劳动组织就要相应改变。原来一个人干的农活，现在可能需要几个人分工协作；而原来要几个人、十几个人一起干的农活，现在只需一个人、一户的力量就可以完成。

第二，取决于生产项目及其规模。一个企业经营生产项目的多少对劳动组织形式有直接影响。单一经营与多种经营的劳动组织大不相同。在生产经营单一的企业，它的劳动组织形式比较单一；而在多种经营的企业中，它的劳动组织形式则要求组织各种专业组（或人、户），如在粮食作物组之外，组织经济作物组、牧业组、林业组等。同时，各项生产的规模对劳动组织也有很大影响。5亩的鱼塘与50亩鱼塘的劳动组织就不同。从责任制的角度来看，在同样生产力水平下，生产规模小的采取个人责任制较为合理，而规模大的则以采取集体责任制为宜。

第三，取决于干部的管理水平。干部能力的强弱，管理水平的高低，与劳动组织规模和责任制形式有密切关系。干部的管理水平较高，就能管理规

---

① 马克思：《政治经济学的形而上学》，《马克思恩格斯选集》第1卷，第127页。

模较大、较为复杂的生产经营活动。反之，干部管理水平不高，劳动组织的规模就宜小些，办法也宜简单些。

第四，取决于居住情况。农业生产，大多是在露天较大范围的条件下进行的，即所谓的"露天工厂"。劳动者居住集中还是分散，对劳动组织规模、责任制形式也有很大影响。生产队在组织生产劳动时，不能不考虑社员居住的远近，一般是就近组织劳动，以减少往返走路的时间。在山区的一些生产队，社员居住更为分散，劳动组织规模太大，又强调集中劳动，有的社员上工要翻山越岭，路途往返费时很多，就必然要影响生产。

由以上可见：一个农业企业究竟采取哪一种生产责任制形式，需要考虑多种因素，要权衡利弊，选择最有利的形式以使社员的生产积极性、创造性得到最大程度发挥，从而实现增产增收。

上面谈到，劳动组织形式同生产力发展水平有直接关系。随着农业机械化水平的提高，集体农业企业的劳动组织形式和责任制形式也会相应地改变。但是，作为生产责任制的两种形式，即集体责任制和个人责任制，是不会消失的。它们现在存在，将来也会存在。包产到户基本上属于个人责任制范围。将来，随着农业机械化水平的提高，从而劳动效率也大大提高之后，一个人能够管理现在需要几个人才能管理的生产项目，那时，原来的劳动组织和责任制形式就要改变，就有可能更多地采取个人责任制。现在我国一个生产队约有200—300亩耕地，和法国、西德每个农户拥有的农用地数量差不多。如果我国的农业生产力达到法国、西德那样的水平，一个生产队把全队的土地包给一个可以胜任的社员户从事农作物生产，组织队内其他农户的劳动力从事其他生产项目，也不是不可能的。这就是说，随着生产工具的改变和劳动生产率的提高，所引起的劳动组织形式的改变可能是原来规模的扩大，也可能是缩小。目前，有些同志常常引证前面提到的马克思关于生产工具决定劳动的组成和划分的论断。但是，他们只讲扩大，不讲缩小，似乎机械化水平越高，劳动组织的规模就越大，就越要集体责任制，以致消灭个人责任制，显然，这种看法是片面的。

当然，包产到户，特别是目前在一些地区实行的"小而全"的包产到户办法，会随着农业生产力水平的提高和多种经营的发展而向专业化方向发展（如组织专业组、专业户、专业人等）。目前，一些地方已经实行按专业分工承包生产任务的做法，但是这需要以生产力的发展和生产项目的增加为条件。没有这些条件，所谓专业组、专业户和专业人就成为空谈。需要指出，有的同志一面反对包产到户，一面又赞成搞联产专业户。其实，从本质来说，专业户承包也是包产到户的一种形式。

以上也谈到，一个生产队采取哪种劳动组织和生产责任制形式要由当地的客观条件来决定。真正做到这一点，就必须遵循因地制宜的原则，其中重要的问题是应该尊重生产队的自主权，要经过社员群众根据当地具体情况讨论决定。

生产队是劳动农民联合组成的集体所有制农业企业。它在坚持社会主义方向，遵守国家法律和接受国家正确计划指导下，有权因地制宜地决定本单位的生产，有权决定产品和收入的分配，也有权决定本企业的管理方法。所谓生产队自主权，就是社员群众当家做主的权利，是集体所有制企业所有权的体现。决定责任制形式要根据多种因素，各地情况又千差万别，因此也只有经过生产队和社员群众讨论，所采用的责任制形式才能最符合客观实际。

但在实践中，包括在像采用哪一种责任制的问题上，由某个上级机关硬性规定，损害生产队和社员群众生产自主权的现象是屡见不鲜的。有的社队根据具体条件，采用包产到户办法证明增产增收，却被某些领导一律认为歪门邪道而加以禁止。党和政府应该引导农民沿着社会主义的方向前进，只有这样，才能真正最终达到共同富裕。因此，在充分尊重生产队和社员群众生产自主权的同时，要重视对某些做法进行必要的引导。但是，这种引导应该是采取说服教育、典型示范的方式，使生产队和社员群众真正从思想上接受。那种把加强领导理解为可以用行政命令，硬性规定"准许"或"不准许"的做法，是错误和有害的。

三

下面再对当前议论较多的几个有关问题谈些看法。

（1）有的同志说，包产到户不符合大方向，是"倒退"。什么是前进？什么是倒退？衡量一种生产关系、一种管理办法是前进还是倒退，只能有一个标准，那就是看它是促进了生产力的发展还是束缚了生产力的发展。促进生产发展的就是前进，就是好办法；束缚生产发展的，就是退步、倒退，就不是好办法。许多实行包产到户的社队，实践都证明，在他们那里，这个办法确实能调动社员的生产积极性，能够做到增产、增收、增加对国家的贡献，如果把包产到户说成是倒退，是欠妥的。

（2）有人说，包产到户后，会出现富的富，穷的穷，两极分化。这里首先要搞清楚什么是两极分化。所谓两极分化是指阶级分化。它产生的条件是一部分人占有生产资料，无偿地占有他人的劳动成果发财致富；另一部分人因丧失生产资料，靠出卖劳动力为生，受人剥削而贫困，其关键是存在剥削。实行包产到户，坚持生产资料公有制，不准出租、买卖土地，不准放高利贷，不准投机倒把，不会产生两极分化。

包产到户之后，由于各户的劳动力强弱、技术高低不同，投入肥料、饲料的数量和质量也不尽一致等，因而产量有高有低，收入也会出现差别。据典型调查，实行包产到户后，各类户人均收入差距一般在2—3倍，少数户的差距在5—6倍，个别户差距还要大些。这种差别在社会主义阶段是正常的，不可避免的。这是富裕程度的不同，与由剥削关系而造成的两极分化有本质区别。

（3）有人说，包产到户影响战士、干部、工人的情绪，这样说不确切。对于"五保户""四属户"和困难户的生活情况，可以肥西县金牛公社为例说明：这个公社处于丘陵地区，在该县属于中等偏上。1979年，全社156个生产队中有135.5个队实行包产到户，全年粮食总产量比正常年景的1977年增加273万斤，随着生产发展，"五保户""四属户"户和困难户的收入和生活水平都相应提高。全社"五保户""四属户"和困难户共194户，801人。有数字可比的172户、699人，1979年人均收入99.6元，比1977年增长59.5%；人均口粮（包括超产粮）703斤，比1977年增长44.4%。在172户中有147户增加收入，11户持平，14户减少收入，减收户只占8%。这些户主要是缺劳力、缺技术、缺资金。针对这一情况，公社采取了以下措施：①对军烈属残废军人家属给予优待工分照顾；②对无劳力和缺劳力的"四属户"和困难户，在承包土地时从实际出发，能包则包，能少包则少包，不能包的由生产队供应口粮（个人交款）；③大农活由生产队统一安排，用工从非包产用工中支付或由生产队组织劳力多的户帮助；④在化肥、农药、贷款等方面给予照顾。因而，较好地解决了一部分"五保户""四属户"的困难。

（4）有人说，包产到户地块划小了，不利于农业机械化、现代化。对这一问题也应当进行具体分析。

第一，包产到户有多种做法，并不是所有的办法都妨碍机器的使用。例如本文第一部分讲过的一、二两种办法对使用机器就没有多少影响。因为，在这里，生产队均可组织专业组或专业人员保管和使用机械，统一安排机械作业。就是第三种办法，组织得好，也同样能使农机具发挥作用。

第二，农业机械多种多样，由于包产到户后，一部分农业机械的使用可能会受到影响，而不会是全部。在一些地方，包产到户后，生产队卖掉拖拉机，机耕面积减少了，但排灌、加工、运输、脱粒等方面的机械却管理、使用得很好，有的地方还有所增加。在一些地方，农民甚至迫切要求供应烘干机。

第三，对于一些社队卖拖拉机、机耕面积减少等，也要具体分析：其中有的是包产到户后，地块划小了，机械耕作不便；有的是拖拉机质量差，农机手技术低，成本高，农民感到不如使老牛稳妥、省钱；有的是相当部分拖拉机早已常年趴窝，用不上，社员认为，卖掉可以死钱变活钱。因此，把卖拖拉机、机耕面积减少完全归之于包产到户是不公平的。另外，有的地方在包产到户后，生产队与拖拉机手签订合同，实行"六定一奖"即定任务、定质量、定费用、定消耗、定报酬、定维修保养，超奖减赔的办法，效果较好。可见，这里还有一个组织工作的问题。

第四，有些地方，集体很穷，负债累累，群众生活困难。这样的生产队，一无资金，二无技术，还不具备机械化的条件。实行包产到户，调动群众的积极性，发展生产，增加收入，可以为机械化积累资金，也正是为实现农业机械化创造条件，迈出切实的一步。由上可见，把包产到户同农业机械化、现代化完全对立起来，是不符合实际的。

（原文发表于《经济研究》1981 年第 1 期）

历 史 的 结 论

——黑龙江省农业生产责任制考察

罗小朋　谢　扬　李卫群　余存龙

　　"阳关道"与"独木桥"之争，一段时期成为人们关于农业生产责任制讨论十分热烈的题目。黑龙江省农业发展所遵循的道路一时也成为人们争论的焦点。当 1979 年"包干到户"刚刚在安徽农村兴起，人们开始络绎不绝到凤阳参观学习之时，黑龙江省仍在接待一批批来自内地，特别是西北地区省份参观学习的人们。但是，作为"阳关道"样本之一的黑龙江省，并未如人们所想象的那样按老路子走下去。1983 年春，黑龙江省委顺应广大农民和干部的意愿，坚决而有秩序地在大部分地区落实了家庭承包责任制。其比重由 1982 年的 10% 猛增至 85%，成为农业生产责任制的主要形式。这是一个重要的历史性转变，它标志着黑龙江省农业发展进入了一个崭新的历史阶段。由于黑龙江是我国最后一个转向以家庭经营为主体的省份，这一转折有了更重要的意义。为此，我们进行了一次考察。

一　"阳关道"为什么走不下去

　　美丽富饶的黑龙江是举世瞩目的一块宝地，其广袤的沃土，丰富的资源，激起了许多人的神往和希望。新中国成立初期，黑龙江有已垦耕地 8000 多万亩，人均 8 亩。新中国成立以来尽管人口成倍增长，但是，已垦耕地增加到 1.8 亿亩，人均耕地仍达 6 亩，每个农业劳动力平均 44 亩，大大高于全国的平均水平。

　　优越的资源条件使黑龙江省的农业为国家的经济发展做出了突出的贡献。1949—1980 年的 32 年中，该省提供征购粮 2338 亿斤，农民的生活也较多数地区宽裕。到 20 世纪 70 年代中期，农村人均收入水平一直名列前茅。但是，得天独厚的资源条件对于社会发展并非总是产生积极的影响。一般来说，对大自然取之越易，则图强思变就越难。因此，一旦走上特定的发展模式，就更不容易挣脱出来。

党的十一届三中全会以来，我国农村生产关系的重大改革，之所以首先在最贫穷落后的地区兴起，正是因为这些地方按照原有的模式已经很难维持下去，而黑龙江省在这场历时 4 年的变革中却落在全国之后，一个很重要的原因就是它的日子相对比较好过。因此，在一些同志看来，老路似乎还能走得通。实际上，多年以来"左"的路线和政策对黑龙江农业发展的影响，其破坏程度并不比其他地区轻，只不过由于资源条件优越，掩盖着一种潜在的危机。

第一，农业生产的基本条件趋于恶化。最突出的表现为水土流失严重，土壤肥力急剧下降，全省水土流失面积达 7500 万亩，其中耕地占 6000 万亩，每年流失表土 2 亿吨。土壤有机质含量由开垦初期的 8%—12% 降至 2%—4%。开垦较晚的地区也下降到 3%—5%，每年下降速度达 1%—2%。对自然的掠夺性开发导致植被严重破坏，生态环境恶化。黑龙江粮食主产区的松嫩平原，西部出现了严重的风蚀，旱灾发生的频率和危害程度也加剧了，20 世纪 50 年代的受旱面积近 200 万亩，20 世纪 70 年代增加到 800 万亩，1980 年竟达到 2800 万亩。该区草场的退化、碱化、沙化的问题也十分严重，面积达 2000 万亩，占草原面积的 55%。人口增加，森林覆盖率却下降，为解决生活用柴问题更进一步造成了生态的恶性循环。

第二，黑龙江省粮食生产的增长很不理想，1949 年以来人口增长了 2 倍，而粮食却只增长了 87%。粮食单产增长速度更是极其缓慢，32 年间，平均每年增加不到 4 斤，总产增长主要靠扩大耕地。由于抗灾能力弱，总产波动幅度很大，丰歉年相差可达五六十亿斤，相当于总产的 15%—20%。

第三，更加严重的问题是农业生产的收益状况日趋恶化。在生产条件遭到破坏的过程中，不但没有积聚起能够扭转这种趋势的经济实力，反而越来越被动。20 世纪 60 年代中期，黑龙江省农村的集体经济尚有相当的实力，当年生产费用的 90% 来自集体自有资金。但随着生产投入的增加，产出和收入却不能以相应的速度增长，1970—1979 年的 10 年间，生产费开支增长 59%，而粮食总产量增长 10%，总收入增长 40%，社员人均集体分配仅增长 12%。有些地方社员收入增长更为缓慢。如绥化地区，20 多年间，平均每年每人增加收入仅 1 元。但债额却越来越大，全区基本核算单位 1981 年欠国家、集体和个人的款额已达 2.3 亿元，其中欠国家贷款 1.14 亿元，比 1975 年增长 2 倍。公积金从 70 年代开始超支，到 1981 年累计已达 1.08 亿元。28 万户、160 万农业人口欠集体 9800 万元，出现了集体欠债生产、农民背债度日的严重局面。全省到 1982 年底，累计陈贷达 12 亿元，居全国第二。这说明，农民依靠自身财力维持和扩大再生产的能力被大大削弱。

第四，农业生产结构长期得不到改善，农林牧比例失调。1949 年黑龙江省农业总产值中种植业（粮食）的比重为 78.7%，到 70 年代则上升至 80%。单一经营方针与资源的破坏，生产率增长缓慢与经济效益差互相影响、互为因果，陷入了恶性循环：粮食越紧，越要扩大垦殖，导致生态环境恶化；反之生态环境的恶化，又使单产难以提高，经济效益下降，粮食更趋紧张，就更要抓粮食生产。

可见，黑龙江省农业生产很大程度上是靠欠账发展的。首先是欠自然资源的账，以后又发展到欠国家的账。照这个路子走下去，拖的时间越长，付出的代价越大，给后人留下的困难就越多。这说明，就"左"倾路线危害的严重性而言，黑龙江并不存在什么特殊性，它的内部同样存在导致我国农村这场深刻变革的基本矛盾。由于资源条件好，在没有外部条件变化的情况下，它仍能沿着这条路走一段，但就发展趋势而言，变革或迟或早总要发生。

党的十一届三中全会以来，一系列来自内部和外部的重大变化，使黑龙江农村的矛盾以前所未有的速度尖锐化、明朗化。人们对老路子的认识经历了一个深刻的转变，终于导致了 1983 年的巨变。

第一个重大的变化是黑龙江省的农业机械化沿着旧的模式以前所未有的速度发展。

粉碎"四人帮"以后，我国面临着粮食供给严重不足的局面。土地资源丰富的黑龙江省自然成为国家关注的商品粮基地，国家拿出了很大的财力，以贷款的方式扶持黑龙江省的农业机械化。1981 年与 1979 年相比，农村人民公社大中型拖拉机增长 54.2%，小型拖拉机增长 60%，联合收割机增长 3 倍，机械总增长率为 58.6%，机械作业量增长 38.2%。农业机械的大量投放，一方面大大提高了集体的机械装备水平，另一方面，由于存在着严重的主观主义、命令主义、恩赐思想，总的经济效益并不理想。以机械化重点投入的克山县为例，该县在两年内实现了"全盘机械化"，总投入达

5000 多万元，社员收入不但没有增加，反而下降，粮食单产 1982 年仅 140 斤，比新中国成立初期增加 5 斤。由于劳动力比新中国成立初期增加 1 倍以上，所以，卖粮反而比以前少。一些机械化开荒点，也出现了大量亏损的局面。在旧的体制和模式下加速机械化，不但没有加强集体经济，反而进一步削弱了它的力量。

第二个重大变化是在 1980 年获得特大丰收后，连续两年遭受较严重的自然灾害。1980 年的丰收，使一些同志头脑发热，以更加冒进的方针推行机械化。把原来"先富先化"的方针（即先在集体经济实力较强的队实行机械化）改成先化后富的方针（即在较穷的队先搞机械化）。连续两年歉收，不少生产队的收支情况严重恶化。

第三个重大变化是黑龙江省委认真地落实了中央促进多种经营的方针，采取了各种改革刺激以家庭经营为主要形式的多种经营。例如，实行了扩大自留地政策、饲料地政策，以及经济作物包产到户等政策，取得了极大的成功。尽管 1981 年和 1982 年两年连续遭灾，但由于来自家庭经营的收入急剧增长，因此，农村人均收入不但没减少，反而持续上升。农民的收入结构发生了根本性的转变：来自集体的收入绝对或相对下降，而来自家庭经营的收入逐渐超过了来自集体的收入。

通过对富锦县三个不同水平的公社 30 户社员的家计调查发现，社员收入来自集体的部分 1979—1982 年分别为：69.8%、56.2%、41.4% 和 36.9%。如果将集体欠国家的贷款也考虑进去，则集体收入部分更小。

银行存贷款数字也从宏观上证实了上述变化。集体积欠的贷款逐年上升，而社员存款则迅速增长，由 1979 年的 2.67 亿元增至 1983 年的 7 亿元。

很显然，旧模式的集体经济对农民越来越失去了吸引力。过去，由于限制家庭多种经营，集体收入是农民收入的主要来源。而现在，集体欠债越来越多，家庭收入却在不断增长，农民就越来越不指望集体了。这种情况使集体的抗灾能力进一步下降，一遇天灾，工分就要贬值，农民就更加没有心思参加集体劳动。我们实行返销粮的政策也加剧了这种倾向。因为集体歉收了，国家供应低价口粮。另外，通过家庭经营可以解决农民花钱的问题。1981 年和 1982 年两年粮食因受灾而大幅度减产，但经济作物却持续增长，其奥妙就在这里。

南方各省，包干到户的出现和发展，是导致黑龙江省 1983 年第四个重大变化。1980 年以后，报纸、广播和亲友的书信，不断把南方实行大包干的消息传到黑龙江，在广大群众和干部中引起了极大的反响。一些因家乡贫困而"闯关东"的社员，竟然被复兴的家乡所吸引，重返故里。这一历史性的逆转引起了人们内心的震动和思索。

少数极端贫困的生产队，终于自发地和半自发地实行了包干到户责任制。当年包干，当年巨变，这些穷得出了名的"空壳队"（指集体财产抵不上债务），收入和粮食产量一跃赶上甚至超过了许多富裕的集体。

包干到户在黑龙江省内部获得成功，从根本上改变了多数干部和群众对这一具有强大生命力的责任制形式的认识。但是，有些领导同志，没有及时把握形势的脉搏，因而未能解除对家庭承包责任制的种种顾虑和限制。然而形势本身已不可逆转，1982 年大包干发展到 10%，没有包干的许多生产队明显地出现社员怠工的现象，一些"滑头"的社员认准了非搞大包干不可，开始悄悄地做准备，集体的绳索、马具不翼而飞。一些县社的干部也自发地跑到内地参观学习。富锦县拖拉机厂则预计大包干后必定出现"小拖热"，未雨绸缪，准备大批量生产。

人心所向是如此明了，被实践和广大群众摒弃的"阳关道"当然也不可能再走下去了。

二 无可替代的巨大优势

1983 年，黑龙江省实行包干到户责任制的农民，在自己选择的道路上经受了一次严峻的考验，取得了辉煌的成果。

入春以来，黑龙江省气候异常，4 月末，全省暴风雨雪成灾，广大干部同心协力，抗灾抢播，闯过了春种这一关。干部和群众普遍反映，要不是搞了大包干，照前两年的情况，这样恶劣的天气，地有一半会种不上。但1983 年播种速度之快、质量之好、增产措施（施肥等）之多大大超过往年。五六月份，大范围内连续出现低温、阴雨的灾害性天气。1969 年、1972 年和 1973 年的低温冷害都造成了大幅度减产。而 1983 年 5 月上、中旬的平均积温低于有记录以来的最低值。到 7 月，东部有效积温比历年平均少 100—150 摄氏度，西部少 80—100 摄氏度。雨季提前到来，4—6 月全省降水量达全年总降水量的 1/2，东部、北部的降水相当于常年的 4—6 倍，一些县整个 6 月只有 2—3 个晴天，几乎天天下雨。这种恶劣的天气，人们都说前所未见。面对这一形势，数百万农户并没有畏缩气馁，在广阔的田野上，出现了一幕幕全民奋力抗灾的动人景象。中耕时节，不少村庄几乎是倾巢而出，家家户户锁上家门，男女老少一齐出动，妇女们在地头支起伞，铺上塑料布，放下孩子，与男人们一齐下地。广大农民寸土必争，棵苗不让，硬是同老天爷争夺粮食。他们边除草边补苗，每块地都是苗青地净。这在"大帮哄"的年代是根本无法想象的。一个公社书记讲："往年是八成的苗变成了七成，今年是八成苗变成了十成。"

8月以后，老天爷似乎被农民的热忱所感动，日照充足，气温较高，秋霜推迟。于是，一个又一个丰收的喜讯接踵而来。

家庭承包责任制在黑龙江省创造了令人难以置信的奇迹，在人们记忆中灾情最重的一年，竟然实现了超历史最高水平的三突破：粮食总产达300亿斤以上，农业总产值达116亿元，社员人均收入达313元，分别比历史最高水平增长1.04%（1980年）、21.7%（1982年）和1.25%（1982年）。在大灾之年，一举突破了人们向往已久而为之奋斗多年的三大目标。

人们这几年喜欢讲发挥优势，黑龙江的优势确实不少。资源的优势、机械化的优势、运输条件的优势等。但是在过去仅凭这些优势并没有使黑龙江的农业摆脱被动局面。现在的巨变终于无可争辩地确认了这样一个事实：家庭经营是农业生产中一种不可代替的巨大优势，它是一种最优的经营形式，舍此，其他优势不可能在农业生产中得以充分发挥。同样还是那些土地，还是那些人，搞家庭经营与不搞家庭经营，效果是如此悬殊，其中的道理和奥妙，当然值得社会科学家们进行深入的分析与挖掘。但是作为坚持唯物论的共产党人，首要的是尊重千百万群众的实践所揭示的这个基本事实。

短短几年，中国亿万农民用自己亲身的实践，澄清了多年来理论上纠缠不清的一系列问题。尽管不少人还未能清醒地认识这场变革的深远意义，在面临新形势下出现问题时，仍习惯于用老眼光、老办法看待和解决问题。但是，联产承包责任制在我国农村的发展，业已使我国农村的格局乃至整个国民经济的发展变化，有了不可逆转的局面。谁要是仍旧企图用"拍脑袋""想当然"的主观意志去代替亿万农民的选择，必然是没有好结果的。

（原文发表于《中国农村观察》1984年第2期）

初 论 专 业 户

周其仁　杜　鹰

近年来，随着以家庭经营为基础的联产承包制的普遍确立，专业户如雨后春笋般地在我国农村涌现出来。目前它们在全部农户中所占比例虽然还不是很大，分布也不够均匀，但却相当普遍，而且质的提高和量的发展都相当快。这是我国社会主义农村分工分业新格局形成的一个先兆。

一　承包专业户和自营专业户的界限正在消失

专业户的产生是极其自然的。从发生过程考察，起初它们可以分为两种类型。

其一是所谓承包专业户。这就是原有社队把某些已形成的专业生产项目交给社员家庭承包。在这里最基本的承包经营层次是农户。在绝大多数地方，承包专业户也包种土地（一部分只种口粮田），一般不再遇到"专业承包，包干分配"中分配口粮和平衡各业收入那样的复杂问题。

例如湖北省应城县红旗公社红堂大队岗上生产队青年社员王花子，1981年春同生产队签订了 25 亩水面的养鱼承包合同。他在种好责任田的同时，精心养鱼。年初投放鱼种 6000 尾，年底收成鱼 800 斤，收入 800 元；塘里还存半斤左右大规格鱼种 3000 多条，价值 600 元。两项合计收入 1400 元，扣除开支 200 元，交生产队提留 100 元，自得收入 1100 元。1982 年初，他退掉原先包种的责任田，将吃商品粮的妻子从集镇上接回来，夫妻一道向三个生产队承包鱼塘 36 亩，投放鱼苗 36000 尾，年产值达 12000 元以上。扣除开支 5200 元和上交集体提留 750 元，家庭纯收入 6050 元。现在，这个大队共有王花子式的专业养鱼户 212 户，占总户数的 36.8%，共放养水面 413

亩，占可养水面的 91%。正是这种简单明了的经济关系，使得承包专业户比起典型的"专业承包、包干分配"形式来，能够更广泛、更迅速地发展。

其二是所谓自营专业户。这是在过去社员家庭副业基础上发展起来的。就其产生的历史线索来看，大体经历了"萎缩型家庭副业（'砍资本主义尾巴'时期）→发展型家庭副业（十一届三中全会之后）→家庭范围的多种经营①（联产承包之初）→家内重点项目形成→自营专业户"的进程。

联产承包之后，农户家内分工（即农民家庭内部某些成员专门从事某项经营活动）有了明显的发展。在适当的外部经济条件刺激下。家内分工的发展很自然地会将劳动力和资金集中到某几项以至某一项经营活动上来。这时，传统家庭副业的狭窄界限被突破了，家内经营重点以至专业经营项目形成，"副业"逐渐转变成主业。

例如，养鸡，我国农民家庭世代代大都要养上几只，即使在"砍尾巴"时期，许多农民的零星开支也都来自养几只鸡的收入，戏称"鸡屁股银行"。但目前农村的养鸡专业户却远远超出传统的规模，养鸡成为致富的经营性专业了。据甘肃省的调查材料，养 100—200 只鸡的专业户，一般当年可收回成本，第二年就可以收入 1000—2000 元。黑龙江省齐齐哈尔市调查：在 6000 个养鸡专业户中，饲养 50—100 只成母鸡的有 2432 户，饲养百只以上的 289 户，平均户交售鲜蛋 1172 斤。这些户所提供的商品鸡占全市商品鸡总数的 68.3%，提供的鲜蛋占全市商品鲜蛋的 83%。吉林省四平地区调查：这个地区有养鸡专业户 9838 个，占全区农户总数的 1.1%，全年交售鲜蛋 389 万斤，相当于国家兴办了一个 39 万只规模的鸡场。养猪业也是这样，出现了许多户售肥猪十几头、几十头以至上百头的实例。这说明农民自营专业户虽然从传统的家庭副业起步，但却达到了传统的家庭副业所容纳不下的规模。由于我国农村家庭副业具有十分广泛的社会基础，因此自营专业户的产生和发展，从一开始就不是什么个别现象，而是遍布各个区域，为数众多。实践表明，我国农民把一些家庭副业经营转变为重点经营，进而发展为专业经营，比较适合他们的经验和眼光，因此是一条通向农村生产社会化的切实可行的道路。

---

① "家庭规模的多种经营"与"家庭副业"不是一个概念。这是白南生同志提出来的，参见《农业经济丛刊》1982 年第 1 期、第 5 期。本文由于后面讲到的原因，改用"家庭范围的多种经营"这个提法。——笔者注

从一些地区的情况看，承包专业户和自营专业户的区别，仅仅在于它们产生的初始条件有所不同。前者，使用了集体的生产条件；后者，则是农户自有生产条件的应用。但是，经过若干个生产周期之后，以它们在农村分工分业进展中所起的作用而论，这条界限却模糊了起来。

先看承包专业户。这些户原先一般也操持着一些家庭副业，成为专业户后，就将原来投入家庭副业的劳动力、工具和资金，转向投入或合并于承包专业的经营。在不少地方，原有社队举办的某些专业生产项目由专业户承包之后，扩大再生产的积累职能主要转移到承包户手里，为扩大专业生产规模所追加的资金，主要来自承包专业户的收入（包括农户所得到的贷款）。随着专业规模逐渐扩大，承包专业户使用的属于集体的那部分生产条件，在专业户生产经营的整个过程中必然只起部分的作用；由集体提供的扩大再生产资金，也必然要同农户自筹的资金结合到一起。

再看自营专业户，他们大都也有一部分承包经营活动，成为专业户后，那部分承包经营（主要是包种的土地），不仅以粮食生产满足着他们的口粮需要（这是任何非土地专业经营和土地上的非粮食专业经营的基础），而且在自营专业户的种植、养殖业经营中，或者以直接的形式（如用一部分承包地种植经济作物），或者以间接的形式（如提供一部分饲料粮），同自营性专业经营融为一体。也就是说，在自营专业户的经营中，也有一部分集体的生产条件在加入。

至于"说不清算承包式还是算自营式"的专业户，在现实中就更为多见。例如黑龙江省安达县中本公社闻名全县的奶牛专业户刘希武户，就是这样。刘希武过去是队里的奶牛饲养员，历年积欠口粮款和私人债务 2800 元，是全大队出名的贫困户。1979 年，他借钱买了一头病奶牛，精心饲养和治疗，当年产奶 4.5 吨，还清买牛借款，结余 500 多元。1980 年末，他家承包了生产队的 5 头奶牛，成为全县第一个奶牛承包专业户。承包合同规定第一年向生产队交 1250 元，第二、第三年各交 2250 元；三年以内产母犊对半分，公犊归承包户；牛若死亡，根据死因由承包户全部或部分赔偿；生产队划给他家 225 亩草原，由刘自管自用。到 1982 年，刘希武户共承包奶牛 9 头，年交售鲜奶 30 吨，产母犊 9 头（按合同自用 4.5 头），当年纯收入 1.14 万元，人均 1266 元。当年买房 3 间，盖牛舍 3 间，购置小型拖拉机 1 台。

从这里可以看得清楚，刘希武自养病牛有了结余，才有实力承包队里奶牛；而承包奶牛又带来了更多的自有奶牛。1983 年他提出，年末承包奶牛合同到期后，把这 9 头牛转由其他农户承包。自己打算办一个家庭牧场，并为此要求长期承包草原，以便发展人工草场。安达县委支持刘希武的计划。这表明承包同自营的融合，将向更高级的程度发展。

可以说，承包专业户与自营专业户的界限，是在专业户走向成熟的过程之中消失的。这个趋势还普遍表现在各地农村评定专业户的标准上。

各地农村评定专业户的标准并不一致。就我们调查所见，比较普遍地包含着这样的意思：以户为单位的家庭经营；主要从事商品生产；主要劳力和大部分资金投入某一项专业经营。这可以看作专业户的质的规定性。至于量的规定，有的地方侧重于专业商品率；有的地方则侧重于专业收入在家庭总收入中的比重；也有的地方看商品的实物量。具体数额规定，更是千差万别。目前，只在一些县和地区范围内有统一规定。

各地对专业户的评定，不论差别有多么大，都是从其经营的总结果出发，而不计较（也无法计较）这个总的结果究竟是以哪种占有方式下的要素的投入得到的。这是因为，造成经营总结果的各投入要素，虽然起初可以看出分属于集体所有和社员个人所有，但在实际的经营过程中，却是由专业户结合到一起使用，经过筹划、决策、操作、产出、售卖，完成由要素到现实财富的转换。如果说，在一般的承包经营农户那里，承包经营部分和自营经济部分之间还有一条较为明显的界限的话，那么，这条界限在"专业户"的概念中却进一步模糊了。因此，我们的考察对象，只能是合一的专业户。

二　粮食专业户和"离土"专业户的产生及其意义

考察专业户应根据不同的专业内容在农村分工分业过程中的不同作用来分类。我们在这里首先考察对我国农村分工分业新格局形成具有决定性意义的两类专业户：粮食专业户和"离土"专业户。

粮食专业户是联产承包之后农村中出现的最引人注目的新事物之一。例如江苏省宜兴县，每年要向国家提供 3 亿多斤商品粮，是太湖地区较发达的县之一。全县 23 万农户中，责任田在 10 亩以上，同时家庭主要劳力务农的粮食专业户占总农户的 10%。这些专业户承包的土地虽只占全县的 25%，但 1982 年提供的商品粮却达 1.6 亿斤，占全部商品粮的 40% 左右①。江西省南昌县是全国商品粮基地之一，1982 年这个县的粮食专业户达 2 万个，占总农户的 13%，提供商品粮 2.15 亿斤，占全县商品粮的 37.7%；这些粮食专业户的商品率在 60%—80%，其中提供万斤粮以上的有 1.4 万户。2 万—8 万斤的有 2694 户，其中有两户超过 10 万斤。② 山西省雁北地区 1983 年交售商品粮万斤以上的有 22000 户，占总户数 4% 弱。这不到 4% 的户，可售粮 3.4 亿斤，相当于全区上年粮食交售总数的 75%。就单个户讲，1982 年交售最多的是 4.2 万斤。

粮食专业户产生的条件一般是人多劳强，同时又经营着较多的土地。后面这个条件，往往是土地承包方式初步改进的结果。为了分析的便利，我们从调查材料中举出几个粮食专业户的实例。

山西省朔县祝家庄大队张权户，全家 15 口人，7 个劳动力，1982 年除经营 53 亩承包地和自留地外，还承包了集体 47 亩"机动田"，专门为全队选制优良品种。年终，这 100 亩地共生产粮食 78500 斤，全家交售 39200 斤，人均 2600 斤。

江西省新区县象湖大队张桂基户，全家 9 口人，5 个劳动力。他所在的队耕地很少，但邻近渔业生产队水田分散又多数较远，渔民不愿承包，张桂基便承包了邻队的 72.5 亩水田。经营结果 1982 年共收稻谷 10.3 万斤，交售 9.4 万斤，商品率达 91%。

浙江省永嘉县江北公社二大队朱炳新户，全家 5 口，2.5 个劳动力；除了自家包种的 5.25 亩水田外，还为 7 户社员代包耕地 22.95 亩。全年产粮 4 万斤，交售粮食 2.1 万斤，平均每亩交 744 斤，粮食经营的纯收入 3000 元。

山东省栖霞县亭江公社鲍家泊大队刘培卿户，全家 7 口人，2.5 个劳动力，1982 年作为粮油专业户承包了 46.8 亩责任田（当地实行两田制），其中 38 亩种粮，总产粮食 37280 斤，花生 4900 斤。

江西省南昌县大港公社十四队交粮 10 万斤的熊炳其户，全家 10 口人，6 个劳动力，1981 年秋承包了 38 亩水田，后又以交队 1.4 万斤粮食、1700 元积累的条件，投标承包了年年亏损的大队综合场 89 亩水田和 23 亩旱地，合计承包 150 亩耕地。同时保本保值使用大队的 2 头水牛，1 台 14 马力柴

---

① 见 1983 年 4 月 13 日《人民日报》的报道。

② 见 1983 年 4 月 19 日《人民日报》的报道。

油机、1 台打谷机，贷款买了 1 台手扶拖拉机和 2000 多斤化肥。1982 年，熊炳其户产粮 12.54 万斤，全年粮食收入 1.9 万元。

粮食专业户产生于我国农产品价格体系，特别是粮食作物价格体系刚刚有所调整之时，意义尤为重大。它表明，充分发挥农户家庭承包经营的潜力，我国农村能够找到摆脱"平面垦殖"①的突破口，能够在其他各业专业户对粮食和饲料需求量增大的同时，以粮食专业户的勃兴来达到农村分工分业变动中的新平衡，创造出分工分业新格局形成的初始条件。

与粮食专业户相辅相成发展起来的，则是"离土"专业户，即以非土地经营为专业的农户。这是联产承包制实行以来，农村经济活动过程中更为进步的现象，对分工分业的发展意义更大。

绝大多数地区在联产承包之初，几乎"家家包地，户户种田"。也就是说，几乎全部农村人口和劳动力，都均等地同土地结合在一起。显然，由承包农户或承包农民转化为非农户或非农人口，必定是以原来初次土地承包关系发生某种变化为条件的。

一类变化是在稳定联产承包制的基础之上，调整土地承包办法，减少按人口承包土地的比例，增加按劳力承包，进而按务农劳力承包土地的比例，使一部分农户脱离土地经营。

例如，山西省沁县 1981 年底按人口承包土地的生产队占 60%，按人劳比例承包的占 40%；到 1983 年初，按人口承包的只占 1%，按人劳比例承包的占 84.7%，按劳动力承包的占 14.3%。而在实行人劳比例包地的 1044 个生产队中，劳动力田由全部劳动力承包的只有 49 个队，占 4.7%，按务农劳力承包的达 995 个队，占 95.3%。这就使得不务农的劳动力，可以脱离土地经营。目前全县已有 8079 户成为"离土"专业户，占总农户的 22.4%。在应县，由于实行"按能承包"，目前已有 4060 个农户不承包土地，占总农户的 6.9%。②

另一类变化则是承包农户之间土地转包关系的出现，导致一部分专业户在同土地保持有弹性的联系的前提下，成为"离土"专业户。

---

① 我们认为，中国农村生产力的一个基本特征，是"平面垦殖"。这个概括的基本意思是，中国农村生产力历来陷于土地的不断垦殖，却并不相应改善生产的结构，不能对多种自然资源综合开发利用，以致路子越走越窄。参见《"重新组合"的历史性要求及其在联产承包制中的实现》，《学习与探索》1983 年第 5 期。

② 这里引用了王西玉、衷崇法同志的调查材料，见《农村问题论坛》1983 年第 20 期。

我们不妨从后一类土地转包关系中抽取几个实例来做些分析。

浙江省丽水地区缙云县新建区，近年中发展起"两户"共 4700 户，其中最兴旺的是养鸭户。1982 年此种专业户共养鸭 120 万只，户均 754 只。那里的养鸭方式是大群"游牧"，一般是 400—800 只鸭为一群，每群由 3—4 个劳动力（可有 2 个是辅助劳动力）看管，边走边养，利用沿途水塘、小河和收禾后的稻田为天然饲料库，南到福建、广东，北至上海、江苏，西抵湖北，直达需求量大、出价高的市场。这种养鸭方式成本低、收入高，但是周期短则一年，长则 2—3 年。养鸭户的主要劳动力以至全部劳动力，常年脱离土地，他们所承包的土地，不得不转包给别的农户。土地转包的一个例子是东川公社笕川大队。该大队共 3200 人，800 户，其中养鸭专业户达 200 户（另有在家养鸭的 50 户），1982 年养鸭 20 万只，共外出劳动力 600 多人。已发生土地转包关系的 81 户，占总农户数 10.1%。其中 49 户包的 150 亩地转包给本大队农民；32 户包的 81.9 亩地转包给农技站。转包的土地共占耕地的 11.6%。其他 110 个养鸭户，家中还有老人照看，农忙请工种地。

笕川大队土地转包的办法大体有两种：①转入户负担全部土地的征购提留，同时按生产队过去核定的口粮标准，向转出户供应平价口粮；②转入户负担征购提留同上，同时向转出户每亩无偿提供 300 斤稻谷。发展趋势似乎是后一种方式，但引起的争议比较大。

为了弄清其中利害，我们在实地调查中算了几种农户的账。

（1）土地转入户。如施如必户，全家 5 口人，3 个劳动力，有牛。原来承包 4.8 亩地，去年又转入两个养鸭户的 6.37 亩地，采用第一种办法，要向土地出包户提供平价口粮 4600 斤，按队内价每担 9.5 元计，可收入粮款 437 元；但若将这些粮食作为超购粮卖给粮站，每担值 17.5 元，可卖 805 元；若到集市出售，收入会更多一些。也就是说，施如必户事实上至少花费了 368 元的代价才转包到 6.37 亩耕地，每亩的转包代价为 57.7 元。但在平价购买口粮的形式下，这样事实上的有偿转包表现为平等交换。

若按第二种办法，施如必户每包入 1 亩地须交 300 斤稻谷，按每担 17.5 元计，等于付出 52.5 元。比前一种办法低 5.2 元。施如必说："明年他们还是希望我包，我算过这个账，还是每亩给他们 300 斤谷合算。"

这样施如必户共承种 11.7 亩地，总产稻谷 17000 斤（有 1000 斤是糯谷），加上杂粮和经济作物，每亩土地收入 202.7 元。就 6.37 亩包入地而言，每亩再扣去实际上给出包户的 57.7 元，实际每亩劳动的净收入为 145

元。施户亩均用工 29 个，每个劳动日即有 5 元纯收入，高于当地打零工劳动日收入 20%—30%。

施户以务农为专长，多包入 6.37 亩地，可以增加 923.65 元净收入，觉得出点代价也划算。另外，耕作规模由 4.8 亩扩大到 11.17 亩，还获得一些规模效益。1982 年施如必共售粮 7440 斤（未计入供应转出户的 4600 斤口粮），粮食商品率为 43.7%，和前年这三户售粮总额 6832 斤相比，同样 11.17 亩土地，向社会提供的商品粮增加 8.9%。

（2）土地转出户，如丁旭登户。全家 8 口人，整半劳动力共 6 个。1982 年养鸭 1800 只，外出共卖蛋 18381 斤，卖鸭 1716 只，总收入 36516.78 元，各项开支 27344.29 元，纯收入 9172.49 元。按 6 个人在外 8 个月计，每个劳动日净收入 6.37 元。丁户 1981 年靠种田，每个劳动日净收入只有 3.29 元。他将承包地 6.2 亩全部转包出去，按第二种办法得到 1860 斤粮食，主要用于在家时口粮和过冬母鸭的饲料。外出口粮及饲料靠购买集市粮，或以蛋换料。

（3）请工种地户，如丁玉菊户。全家共 7 口人，女儿、女婿及 14 岁的外孙女外出放鸭已两年，另有三个 10 岁以下外孙儿女，丁本人 67 岁。家里承包的 5.56 亩地，主要靠请零工种。去年土地总收入 1074.5 元，共请工 130 个，每工农忙时 5 元，闲时 4 元，花费 500 多元，再上缴农业税提留和扣除成本 141 元，净收入 433.5 元。亩均 77.97 元，高于将土地转包给别人耕种而得到的补偿收益，但自己也要付出一部分劳动。

笕川大队上述几笔账告诉我们：对于转入土地的种植业劳动者来说，为多耕作一亩土地所支付的代价，最少的是第二种办法，合 52.5 元；其次是第一种办法，57.7 元；不转入土地而为他人当耕作零工，实际上等于每亩付出代价 77.97 元。

如果把浙江的上地转包看作是近年农民"离土"方式的典型，那么另一种类型则是发生在城镇周围、带有恢复原已达到的社会分工水平性质的土地转包。例如云南省澄江县城关公社城区 15 个生产队，截至 1983 年 1 月底，已有 68 户全户离土，占总户数的 4.2%，包括 96 个劳动力、214 人；另 173 户中有 191 个劳动力、216 人"离土"。合计"离土"劳力占总劳方 9.7%，"离土"人口占总人口 6.3%。这里的农民有不少是原来的城镇居民，现在他们离土的方式是：①户口仍留在生产队，但退包生产队的地，不参加生产队的经济活动，不从生产队获取口粮；②依靠从事工商各业取得经济收入，由当地粮食部门发给《议价粮供应证》，按规定购买议价粮；③生产队保留机动田 136.6 亩，暂由强劳动力户承包。"离土"专业户、专业人如不能继续专业经营，可再回生产队承包土地。同时，"离土"专业户要向生产队交纳管理费并出公益义务工。

澄江的办法所以行得通，在于具备三个条件：第一，县城为本地经济中心，市场容量大，致富门路多。20 世纪 50 年代县城完全不务农的居民户有400 多户；60 年代还有 300 多户。现在只有 226 户、349 人，只相当于县城总户数的 13.8%。近年来城乡商品经济的发展，需要一大批工商业劳动者。第二，澄江县是主要粮食产区，1981 年收购议价粮 900 万斤，1982 年收购1130 万斤，地方掌握的机动粮增加。第三，"离土"农民中大部分本来就是手工业者、小商小贩，不擅农事，却对工商经营有专长。再如云南省红河县城关大队 181 户中，新中国成立前真正务农的只有 1 户，1966 年建队时划给他们的 255 亩水田，这两年已成了他们放开手脚、发挥专长的障碍。1981年起各生产队将水田承包给勐龙公社勐龙大队的六个生产队耕种，按平价买回口粮，实行"粮田队间承包"，大大促进了生产力的发展。1982 年城关大队工副业总收入 26.4 万元，比土地转包出去之前的 1980 年，增长了 2.87倍，人均收入由 94 元增加到 340 元。勐龙大队的六个生产队，按平价卖给城关大队稻谷 32.5 万斤，超产 5000 斤，共收入现金 2.8 万元，占这个队1982 年总收入的 33%。参加承包粮田的 128 户、700 人，户均增收 213 元，人均增收 54 元。

据 21 个省区 40 个县市农村的调查，截至 1983 年 4 月底，转包土地的农户，占总农户的 0.9%；转包的耕地，占承包耕地的 0.7% 左右。大体看得出土地转包的总规模，其中有偿转包的占 85%，直接因为专业生产的发展而引起的土地转包占 30%。

目前土地转包依据自愿有偿的原则进行，对于"离土"专业经营是必要的。

首先，任何"离土"专业的发展，归根结底离不开土地生产率的提高。因此，土地转包并不能只是简单地要求把人口从土地上转移出来，而必须保证转包之后土地产出率的提高。

土地转包的代价，既可以补偿出包耕地的农民对土地加工的投资（这就有必要给土地评出等级，把转包时的土地状况同最初承包时的状况加以比较。例如，山西省武乡县有"以地定产，以产定等，以等作价"的做法）；

又可以补偿他们"离土"后因购买市价粮而增加的粮食消费开支。同时，这个代价也包含着对他们从事非土地经营、开发新的经营项目所遇风险的一部分补偿。

其次，土地转包的有偿，也是对提高土地生产率的一种推动。因为只有真正的务农能手，才有能力在多支出承包代价之后，仍然经营有利。这会有效地防止转包之后的土地经营，效率低于或仅仅等于原来的效率。

"土地转包"必须自愿进行，允许转出之后再按照一定手续收回。这是因为农村"离土"专业的产生，除了要以土地生产率的提高和足够的粮食供给为条件，还受到资源、技术、需求、运销、信息传递等多方面因素的制约，涉及更复杂的生产要素组合。同时我国农村多年单一化的生产结构，使得各种要素组合的通道十分不畅。在这样的条件下，指望新的分工分业结构经过一次或几次组合即能成型，是不切实际的。农民找寻合适的新组合需要积累经验和适应市场需要的时间。这是我国农村新产业兴起、专业化生产发展必经的过渡阶段。在这个时期，农民同土地的联系不宜一下子切断，否则就使这方面的风险太大而减少作分工分业的尝试。在我们看来，我国农村必须经过这么一个充满选择风险、需要勇敢的尝试、有进有退的过渡时期，才能走向真正的生产专业化和社会化。形成分工新组合要求由农民同原有组合之间不确定的、有弹性的关系来支持。只有保证承包的完全自愿，才能满足上述要求。社会应当对土地转包的自愿性，进行有效的监证。

联产承包制普遍实行之后，从农户家内分工中产生了一定数量的"离土"劳动力；经过"土地转包"，又在提高土地产出效率的基础上，产生了更多的"离土"农户。这样，我国农村非农业人口和非农业户的出现，就有了加速发展的趋势。据新华社报道，目前我国有将近一亿农民脱离了土地经营，其中很大部分是近年来产生的"离土"劳动力，但也有不少"离土"专业农户（这里所说的"离土"劳动力或专业户，是指以非土地经营为专业，但并不一定意味完全脱离土地经营活动）。据安徽、江西、辽宁、山西、河北、内蒙古、天津、福建、青海、甘肃、宁夏、黑龙江12个省、市、自治区专业户的分类统计，在528.93万个专业户中，养殖专业户占32.5%，商业、服务、运输业专业户占13.6%，加工业专业户占11.7%，共计305.72万户，占专业户总数的57.8%。如果按此推算，全国"离土"专业户，当有800万—900万户之多。这些专业户，不同于以前的农户转为非农户，他们立足于农村，同土地保持着有弹性的联系，稳扎稳打地开拓着农村非土地经营的各个领域。这是新一代农村居民，他们以自己的行动，正在摸索一条适合中国情况的农业剩余劳动力离开土地的发展道路。

三 保持兼业的形式而又不同于传统的"小而全"

目前我国农村的专业户，尽管有较强的经营专业性，但是他们之中真正专门经营一业的情况还属极少数。一般而言，经营粮食或各种"离土"项目，凡单项收入占到总收入 50%—70%、总收入又达到一定绝对额的农户，就可以评为专业户。这就意味着，专业户还有 30% 以上的收入，来自经营主业以外的其他项目。从我们调查得到的材料来看，有相当数量的专业户，同时从事着不少的非主业项目的经营。"专业户并不十分专"，这是一个值得注意的情况。

我们可以用比较发达地区中一些拔尖的专业户的材料，来说明这一点。

南京市郊 1982 年全面实行家庭联产承包制，专业户和重点户发展很快。当年底，全市交售粮食超万斤的有 499 户，这些户的户均交粮 13670 斤，人均 2358 斤，每个劳动力平均 3400 斤，粮食商品率在 50% 以上；家庭收入超万元的有 310 户，户均年总收入 13400 元，人均 1830 元，多种经营产品的商品率都在 90% 以上。这两种户，平均每元投资年收益 3.5 元，平均每户纯收入 9600 元，人均 1300 元。这些指标在专业户中都是拔尖的，更大大超过了一般农户。但是，根据调查，这些专业户的绝大多数都不是只营一业，更没有百分之百地从事商品生产，而是将家庭主要劳动力和资金，集中在商品率较高的主要项目上，而以另一些自给性的项目为补充。

例如江浦县星甸公社解放大队杜家英户，7 口人，5 个劳动力，共承包 44.7 亩责任田，一个 40 多亩水面的水库。全家农副兼营，产粮 32200 斤，交售 20200 斤；产成鱼 7000 斤；养鸭鹅 280 只，产蛋 1100 斤；另养三头猪；加上儿子在外做木工，全家总收入 14600 元，纯收入 11000 元，人均 1500 元。这种兼业经营、突出主业的方式，在南京市郊专业户中是比较典型的。

湖北当阳县 12 个万元户的调查则表明，在兼业中把主要精力和资金投入到一两个主要项目上去，逐步形成"拳头"商品，形成批量生产能力，是他们致富较快的秘诀。这个县规定，单项经营收入在全家总收入中占

50%以上者为专业户。根据这个标准，12个万元户中有粮食专业户3个，养猪专业户1个，养鱼专业户2个，养鸭专业户4个，机械和运输专业户2个；而无论哪一种专业户，都有兼业。例如5个从家庭饲养副业发展起来的养殖专业户，副业总收入已达45582元，占到总收入的79.2%。但他们责任田没少包，集体提留也没有少交，只是责任田的收入已成为全家经济收入的"搭头"。在他们的经营中，责任田超产的粮食和许多副产品，都是家庭饲养业不可缺少的原料；而家庭饲养业又为种好责任田提供了十分优越的条件，两者相辅相成的关系并不完全由收入比例表现出来。有的户，则以家内分工见长，例如长坂公社群力五队杨纪运一家12口，7个劳动力，户主操持责任田，老伴生豆芽菜出售，几个儿子经营马车运输业，1982年全家收入已达万元。

安徽省肥西县1982年全县出现的14个拔尖户，户均收入13183元，人均1864元，为全县人均收入的4.5倍。这14户中，种植业为主的3户，养殖业为主的5户，加工业为主的3户，运输业（包括贩运）为主的3户，共计经营21个生产项目。其总收入中，农业收入占30.7%，多种经营收入占69.3%。除一个养蜂专业户和一个木器加工专业户各自专营一业之外，都是一业为主，兼营二、三业。比如高店公社双半大队刘大姜户，1982年总收入21154元，其中农业收入占6%，养成鸭收入占10.28%，办孵化场收入占81.7%。馆泽公社已岗大队胡洪山户，1982年总收入11614元，其中农业收入占29%，生产花卉收入占51.5%，贩运树苗、花卉收入占17%。化岗公社粉场大队陆住新户，1982年总收入19319元，农业收入占6%，汽车营运收入占94%。这些户的主要力量，明显集中到一两个经营项目上去，但并没有完全放弃兼业。他们家内劳动力的分配，则是根据季节和农活情况来安排，有主有次，有分有合。例如高刘公社张五大队养殖专业户刘邦明，全家8口人，1982年承包10亩耕地，养3头母猪、61头仔猪、8只羊、1头牛、45只鸡，还有30棵桃树、50棵梨树、3分地商品菜园，并在自挖鱼塘中放养1000尾鱼。平常刘邦明经营果园、菜园，老伴喂养畜禽，大儿子、儿媳从事农活，两个小儿子放学之后放牛、羊，抬畜粪，从不请人帮忙。当年总收入11020元，其中农业收入占37.5%，其他各业收入占62.5%；纯收入10075元，每个劳动力平均2878元。像这样人口较多、家内劳动力参差不齐的农户，在农村不少，具有一定典型意义。

即便在单项经营收入更拔尖的专业户中，我们还是可以看到兼业的特点。例如前述南昌县熊炳其户，尽管 1982 年户售粮食 10 万斤，但在他全家总收入 23710 元中，还有经济作物收入 2740 元，养殖业收入 1600 元，合计占 18.3%。又如福建省"售粮冠军"、建宁县黄场公社芦岭大队隘上生产队李广东户，1982 年承包 74.5 亩耕地，总产干谷 5.2 万斤，交售国家 4.1 万斤，但同时依然饲养猪、鸡、鸭、鱼等，并在家庭总收入中占据一定比重。

一般的粮食专业户和"离土"专业户，专业化程度大都不如上述拔尖的专业户，因此他们经营中的兼业特点，也就更加明显。

在粮食专业户同"离土"专业户之间，还有一类不少地方称为"种植专业户"的，主要从事耕地上或非耕地上的经济作物种植，经营项目品种繁多。这类专业户，相比之下更加不"专"。

各地还评出大量的"重点户"，他们其实只是在专业收入率、专业商品率、专业劳力投入比例等数量指标上，比专业户略逊一筹，因此他们的兼业部分更大一些。目前重点户在各地"两户"中，一般占 60%—70%，即在 1500 万"两户"中约占 1000 万户。

此外，各地统计的专业户总收入，并没有完全反映他们经济活动的总量。多数专业户中，总有一定数量的产品和劳务，是留作自用的。一般说来，专业户的消费水平高于普通农户，因此自用产品与劳务的绝对量，也比较大；此外比如饲养专业户，通常还要自留更多的饲料粮。这部分自用的产品和劳务，在各地或者完全不计算，或者只计算一部分到家庭总收入中去。如果充分计入，那么不仅会使专业户的专业收入率、专业商品率相应下降，加重兼业的色彩，而且显示出目前我国农村专业户实际上大都兼有商品性经营和自给性经营。

综上所述，可以得出如下结论：目前我国农村的各类专业户，还程度不同地带有兼业的特点。他们不仅兼营几种商品性生产，而且还从事着一部分自给性生产。专业户同普通农户的差别，在于他们已经将经营的重点集中到几个商品性较强的项目上，而兼营的其他项目和自给性生产，只占家庭全部经济活动中较小的比重。

深刻认识农村专业户仍有兼业的状况，对于把握专业户的发展方向和我国农村分工分业的前景，都具有重要意义。为此，我们认为有必要对农村分工分业的特点，做一些理论上的初步探讨。

农村分工的发展，总是意味着农村总劳动分割成彼此独立而又联系的部分，以及农村劳动者固定分配在不同劳动职能上。然而，在农村分工分业发展的条件和途径、各种职能的独立程度及层次间的联系等方面，毕竟带有某些特殊性质。

我们知道，作为农村分工分业基础的农业劳动，本身具有一些不同于其他劳动的根本特点。正是这些特点，制约了农村分工分业的进程。换言之，生产力性质的不同，也会引起分工分业特点的不同。

第一，农业劳动过程的可分解程度，比工业劳动的可分解程度要低得多，因而农业中分工的机会比工业中少。这主要是由劳动对象的不同而引起的。在农业劳动中，无论劳动手段多么发达，只要仍以有生命力的动植物为劳动对象，就总要受到生物生长规律的种种制约。例如，在种植业中，首先是连续的操作必须按生物生长过程循序进行，不可能通过工序或环节的分工而缩短生产周期。其次是从播种到收获之间或两个生产周期之间，总有部分农闲时期，构成农村副业劳动的基础。这种副业劳动，势必受制于生长着的作物状况，而后者又由于生物、大气、土壤的复杂变化而变动，使副业劳动可能投入的人力和时间不确定，农、副劳动的交替无法程序化和标准化，而难以分别独立出去。我国一方面人多地少，另一方面物种丰富，因此历来应用复杂的轮作间作以提高土地利用率，这就导致对兼业经营的更多依赖。所以，种植养殖业劳动的专业化，或者本身就意味着兼业，或者意味着劳动过程的不连续和出现季节性闲暇，这是同工业意义上"专业化"不同的地方。工业劳动不以生物为劳动对象，因此从技术上说，它的整个过程甚至每一个工序和操作环节，都可以分解为独立而又分别连续的作业过程。

第二，农业劳动中分工分业对效率的促进作用，比在工业活动中要低。工业劳动的专门化，可以使劳动效率几十倍以至几百倍地提高。但是在农业中问题则复杂得多。例如，一部分农业劳动者专门插秧，另一部分人专门收获，虽然可能使插秧同收获的效率分别获得提高，但其总的生产效率反而会因为破坏了劳动过程的连续性而大大下降。因此，即使最先进的农业机械，也总是追求复合的作业功能，而从不要求单一化。因此农村的分工分业，往往因为不利于总效率的提高，甚至会引出负效应，而不能以工业那样的方式进行。

第三，即使是利于提高效率的分工，在农业中也往往要比在工业中支付更昂贵的代价。这多半是由土地的不可移动性决定的。农业劳动的基本特点，是以移动的劳动力和劳动手段，去对固定地点的动植物进行操作。因此，这方面分工分业的成本往往比较大，不像在工厂劳动中，分工分业可以带来设备厂房费用等的节约。我国国营农垦系统在大型农机具尚少的年代，曾经尝试以同一批机耕队在全国范围内流动作业：利用区域温差，春天从海南岛逐步耕向北大荒。设备利用率当然提高不少，但同时运输和管理费用却增加得更多。另外，固定场所的劳动加上农业生产周期长的特点，也容易使更专门化的人力和工具更长时间地闲置，从而加大开支。

第四，农业劳动受自然环境的直接作用，受到许多不可控因素的影响，环境一旦有变化，就会影响到农业分工分业的稳定性。农业劳动自身的变动，不仅会引起农村分工体系的变动，甚至还会引起整个国民经济分工体系的变动。这都是不同于工业劳动的特点造成的。

总之，农业比之于工业，不能不更多地保留兼业的特点。以大机器生产为中心的近代工业，不论以多么先进的装备武装农业，农业的兼业特点依旧保持着，它虽然具有了不同于自身传统的许多内容，但明显地没有循着工业领域的分工道路发展。就是在最发达的国家例如美国，至今也未能形成完全工厂化的农业生产体系。

用传统工业的眼光来看，农业保留兼业无疑是落后的。对以机器为中心的技术体系来说，兼业必须打破，分工必须彻底进行。但是，继发达国家的"石油农业"陷入困境之后，以生物技术为主体的现代农业技术体系正在日新月异地发展起来。它高度重视生物学过程本身的内在联系，不再以有生命的物质循环过程去适应无生命的机器及其技术体系；它着重研究和开发旨在提高生物过程中能量循环和物质变换的综合效率的各项技术，使无机技术越来越居于从属地位；它十分强调利用农业劳动本身特有的综合性，以便更有效地发挥以生物技术为主体的综合技术体系的功能。面对这样的技术前景，人们完全有理由对农业领域的兼业特点做出新的评价。还应指出的是，已经展现了崭新发展方向的未来农业与古老的传统有机农业之间，有着惊人的相似之处，尽管在现代化过程中，传统有机农业的基本内容和结构将得到不断的改造，但这仍提示我们，具有灿烂的古代农耕文明的中国，完全有可能在前沿科学技术的引导下，利用传统，改造传统，以较小的代价和更短的时间实现农业现代化。

据此，我们认为，农村兼业特点的保持，可能将是专业户发展中一个长期趋势。进一步变动的方向可能不单是经营项目由多变少，而且也会包括在新的意义上的由少到多。支持上述判断的例证在现实的专业户中就不难找到。例如在湖南浏阳县，专业户的单项生产获得一定发展之后，又开始追求一业为主、综合经营：粮食专业户同时发展养猪业；养鸡专业户亦普遍利用鸡粪养猪；养鱼专业户则搞起了小仔猪场；出现了一些家庭经营的鱼猪鸡综合饲养体系。这显然既非工业式的分工，又非传统的"小而全"。在广东，不少专业户凭借主业提供的积累，搞起了花样繁多的新式农业，丰富性大大超过了传统的"桑基鱼塘"。不过，为了更普遍地验证这里的判定，却不能局限于搜寻一些个别的例证，而需要采取新的观念和运用新的方法，对农村专业户的丰富多彩的实际状况作更全面、更深入的研究。

四　在家庭经营的基础上也可以提高规模效益

专业户的蓬勃发展，显示了联产承包制普遍实行之后农村生产要素重新组合的方向：在家庭经营的基础上，寻求规模效益的提高。

联产承包特别是包干到户，突破了"一大二公"、集中劳动的旧模式，造成了普遍的小规模组合，使农民家庭经营成为我国农村最基础的经营层次。这个深刻的变动，由于适合农业经营的特点和我国国情，因此极大地解放了我国农村生产力，创造了农村变革的新局面，获得社会普遍的好评。这可以看作是农村生产要素组合的第一次优化：以小取胜。

但是无论从什么角度研究我国农村现代化，都容易发现只凭一次优化解决不了根本问题。在有效地解决了农民温饱问题，并大大发展了农村经济之后，农村生产力本身的运动就提出了继续优化的问题。那么，进一步的发展，将遵循什么方向进行？是不是已经开始追求规模效益？而追求规模效益，需要不需要突破家庭经营的框架？

这些都是有待回答的问题。

有一种见解认为，家庭经营无论如何也谈不到规模效益，因为家庭经营总是同小规模经营连在一起的。有意味的是，这种见解经常以两个对立的极端形式表现出来。一种说法认为现代化终究要有大规模的生产，并且收集发达国家小规模经营的比重有所缩小的材料，把规模经济同家庭农场经营对立起来，以生产和资本的集中趋势，预言家庭经营注定灭亡，反对"小规模经营亦即家庭经营的永恒论"[1]。另一种说法是肯定农业领域中家庭经营的

---

[1]　中国社会科学院世界经济研究所：《国外农业简况和农产品比价问题》，中国财政经济出版社1979年版，第48页；［苏］德拉基列夫：《国家垄断资本主义——共性与特点》，上海译文出版社1982年版，第445页；［美］麦克坎：《美国经济概貌》，钟流译，世界知识出版社1982年版，第92页。

普遍适用性的，但为了反驳前一种说法，则提出"现代化与生产规模没有必然联系"，因为小规模的家庭经营可以走向社会化和现代化。① 两种说法，看来截然对立，但根本的命题却是相同的：家庭经营总是小规模的。

但是专业户发展的实践却表明，在农村以家庭经营为基础，也可以扩大经营的规模，从而求得规模效益。这个趋势在当前专业户的发展中隐蔽于家庭兼业经营的现象之后，不易直接看到，因此有必要展开分析。

需要指出，这样一种发展趋势，在传统农业时代的确是无法想象的。但是在现代条件下，首先是"经营规模"这一概念有了更丰富的含义，它不再仅仅是指人力的多少、占据空间的大小，而且还包括了各种现代生产要素的集约程度和组合比例。②

我们知道，经营是为了一定的经济目的而将各生产要素组合起来投入运行的活动，因此，经营规模无非就是要素组合的规模。在传统农业条件下，生产要素主要就是土地和劳动力，生产规模的扩大一般也就是土地面积的增大和劳动力的集中，那时家庭经营一般来讲也只可能是小规模。但是现代农业生产条件却使经济链条变长，使更多种类的要素能够投入农业产品的生产过程。除开大自然给予的土地要素之外，人口要素以及工业生产所提供的要素（化肥、农药和农用机具）、科学生产要素（技术和信息）、发达的社会交往所提供的要素（多种信息及运输通信等条件），以及随着这些复杂要素投入而相应起作用的经营者的眼光、气魄、组织能力等要素，也都一起具有经济意义，并且对最终产品的形成有着越来越大的作用。这样，要素组合的丰富性以及重要性就大大超过了传统农业，经营规模也就绝非几个简单的指标可以判定。例如，有了大功率复式作业拖拉机组，现在美国一个家庭农场可以经营100—500英亩耕地，尽管经营主体是一个农户，但却不能叫作小规模经营。全美国1981年平均每个农场经营土地429英亩（等于2347.6市亩），比1950年的平均213英亩扩大了1倍多，但由家庭经营的农场仍占到农场总数的87.3%强；另有9.7%是合伙农场，多为几个有亲属关系的农户

---

① 林子力：《论具有中国特色的社会主义农业发展道路》，《中国社会科学》1983年第2期，第116—117页。

② 在英文中，"return to scale"（规模效益）的"scale"一词，不仅有大小之意，而且有等级、比例、水平等意思，比中文"规模"一词只有"范围"的含义要丰富。同时，英文中讲经济规模时，有时还用到另一个词，即"size"，它的意思主要是"尺寸、体积、尺码、身材"等，同"scale"不尽一样。这两个英文词译成中文时，一般都译成"规模"，使得一些细微的差别消失了。

合作经营。① 此外由于现代集约技术的发展，即使农户只经营几亩耕地，也可能同巨额资金组合到一起，形成例如园艺型或科研型农业。其资本有机构成甚至远高于现代工业企业。这种"微型化经营"，产品销售额可以达到 10 万美元以上，进入以销售额为指标划定的大型农场的行列。从这个观点来看，现代化同生产规模是有内在联系的，只是家庭经营同现代农业需要的规模却并不相悖。这里的关键是，必须转变仅仅以活劳动聚集程度为评价生产规模的唯一标准那样一种传统农业的眼光。

我们讨论经营规模同经济效益之间的关系，应当认识到：能够引起效益变化的，是与经营规模有关的一系列内外条件的变化。经营规模变大还是变小，只是其中一个从属性因素。

很显然，首当其冲影响到效益的，是究竟有哪些要素进入了经营过程，这些要素分别具有什么样的资源背景和技术背景；以及有没有不断引入现代要素的要求和机制；等等。假定一个经营组合全部由传统要素组成，而提供这些要素的资源已经枯竭，或者提供的技术已经十分落后。并且这个经营组合又十分保守，拒不引进新的要素，那么谁都不难断定，无论这种组合是大是小，都注定不会有良好的经营效益。

但是，仅仅不断引进现代要素（即使它们的资源和技术背景都比较优越），也还不能保证效益一定良好。因为各种新引进的和原有的要素之间，必须按照一定的技术要求组合，并且合乎一定的比例。这也就涉及经营规模的一个基本含义——比例。要素之间没有适当的比例，实际经营就不会有好的效益。例如过量施用化肥，会杀死庄稼。这里所谓"过量"，就是相对于一定土壤成分和一定面积的土地而言，并且依作物品种、灌溉条件等的不同而不同。

组合比例甚至是衡量经营规模大小的一个标准，因为如果没有比例的变化，仅有规模绝对量的变化，所可能引起效益的变化是很小的。例如 100 个劳动力耕作 200 亩地，同 2 个劳动力耕作 4 亩田地，其规模大小可以说基本上同属一个数量级。而我们过去单纯把"归大堆"看成是规模的扩大，实际上是很片面的。

进一步说，还应提到各种不同要素之间的互相适应。例如，以劳动者的

---

① 卢文：《美国的家庭小农场》，《世界农业》1983 年第 6 期；文中家庭农场比例系 1978 年数字。

较高文化素养去适应现代生物技术的引入，大力培育适合本地气候条件的良种，等等，都是"规模大小"的概念所不能反映的，但对效益变化有重要影响。

以上都只是从经营规模内部结构的角度去考虑的。此外，还有必要考虑经营组合同其外部活动条件之间的关系。

不难看到，今天农业生产系统的功能日益复杂化了。恐怕任何巨型农场，也无法完整地拥有从基础科研直到实际操作、加工、销售、市场预测等全部职能。现代农业发展的趋势是：农业职能同非农业职能交织，在日益扩大的社会范围内由各种各样的组织分层次承担。这样，单个农业经营组合的"规模—效益"关系，日益取决于同许多个别层次、个别组织以及个别组合的联结方式。群众在实践中创造的社会主义农村合作经济的多种形式，有利于通过多种渠道把家庭经营与整个社会化经济灵活而紧密地联结在一起。其间，经济职能分解是否合理、互相之间物质和能量的流动是否顺畅，彼此的信息通道是否发达，都有力地影响着规模效益。经营规模不仅有内部结构，而且还以一个经营组合同其他经营组合之间的结构，对效益的实现起作用。我们可以用"规模结构"这一新的概念来表示功能不同、大小不一、分属各个层次的经营组合之间的关系。规模结构约束着经营规模，规模变化再影响到效益，这是尤其值得研究的复杂过程。

最后，经营组合及其体系，怎样应对农业生产环境的变化，也对"规模—效益"关系产生深刻影响。

农业生产环境的突出特点是不确定因素多，因而经营风险比较大。[1] 为了减少风险，就对农业经营规模提出一些特殊的要求。一般而言，规模大使得克服风险的能力强、回旋余地大；规模小则使风险分散、变换对策灵便。为了具有一定实力，同时又比较灵便地同风险作斗争，"适度规模"是必要的。对规模的另一个要求是，为了在不确定性较强的生产领域从事高效的经营，决策一般不宜远离现场来做。一方面，农业总要求因地制宜，因为各种季节的、空间的、机械的以及生物的微妙变化，都需要随机处理。另一方面，农业的现代化过程要求不断投入新的、高级的、作为智能发展而产生的

---

① 参见中国农村发展问题研究组《"重新组合"的历史性要求及其在联产承包制中的实现》，《学习与探索》1983年第5期。

要素，并时时注意投入之后的反馈信号。远离现场决策，就得不到足够的信息。[1] 经营者必须在现场对这一切做出综合，决策失误才可能最大限度地减少。这也就严格约束了规模，特别是在经营面积、范围等意义上的规模的大小。

概括起来，经营规模结构变化和适应环境方式的变化，都会引起效益的变化。影响经营规模的因素，包括要素特性、比例、职能分解的层次、各组合间的网络以及风险和不确定性，是非常之多的，并且综合发生着作用。脱离这一切，孤立地讨论经营规模的大和小，没有什么意义。

从实际材料来看，专业户的发展大体从以下几个方面开始改变传统的经营规模。

（1）普遍增多原有要素组合之中资金、技术等的投入量，在有条件的地方，则扩大土地（不仅指耕地，而且包括荒山、荒坡、荒涂和荒水等）经营面积，形成以某一种要素为主的集约式的农户家庭经营。

各地专业户投入的生产资金多于一般承包户，是明显的事实。据我们在浙江、江苏、山西、广东等地区调查收集的材料，一般万元产值以上的专业户，生产费用总要在2500—4000元。宁波地区一些海涂养殖专业户，投资在7000元以上；山西大同县的粮食专业户，成本在5000元以上的也不在少数。除了自有资金之外，专业户和重点户一般也敢于借更多的贷款。如辽宁海城等县，"两户"从农业银行和信用社得到的贷款，平均为一般农户的4倍。据山西、山东、湖北等七省区的不完全统计，1982年对专业户共发放贷款1.2亿元。[2] 专业户对科学技术的渴望、汲取、钻研和应用，以及他们做出的智力投资，更是构成提高经济效益的主要因素。至于扩大土地经营面积的，在上面讲到粮食专业户时已举出过一些例证。而承包荒山几千亩的林业专业户，在福建、江西、云南等地都有所见。由于专业户的发展，大量农村剩余劳动力被吸收，同时也引起请工、帮工等现象的发生，尽管经营决策还由专业户做出，但劳动力集聚已略大于原有家庭的规模，正引起社会的广泛关注。

（2）专业户加快了经营活动的运行节奏，通过对有限时间的充分利用，事实上扩大了经营规模。

---

① 参见 Theodore W. Schultz, *Transforming Traditional Agriculture*, Chapter 8。

② 见 1983 年 1 月 10 日《经济日报》的报道。

例如，南京市郊，一般大型畜牧场的基建投资，每头奶牛约在 4000 元以上，每头母猪 500 元，每头肥猪 100 元，每只蛋鸡 40—50 元；至少两年才能投产；开始几年还不能盈利。而专业户无须国家投资，用贷款也不是很多，大都当年投产，当年见效。比如大厂区葛塘公社潘营生产队社员潘继华，1982 年办家庭养鸡场，投资 202 元，养 200 只蛋鸡，当年创产值 1270 元，平均每元投资创造产值 6.29 元。这类例子比较普遍。

在广东，可以看到说服力更强的例证。那里的饲养专业户，集约投入资金、技术之后，饲养周期大大缩短。同样的场地、圈舍和其他器具，可以起到几倍于前的作用，无形中扩大了规模。那里不少养猪专业户，一批养上百头猪，一年养两批，高的可达 300 头，提供商品猪肉 4 万—5 万斤。养鸡专业户，现在养土种鸡 120 天出手，养良种鸡的只有 60 多天。东莞县万江公社毛边大队刘耀林户，养鸡只养一段，从雏鸡到中鸡，每批 20 天，每批 7000 只。别人养一批算一回账，他每天计算热能、蛋白、营养，一天一结账，盈亏了如指掌。

在种植业专业户，特别是在经营蔬菜、瓜果、药材、花卉等的园艺型专业户中，改良品种、加快周转，也是很普遍的趋势。至于手工业专业户或购销专业户，则更是如此。

商品生产的发展，日益提供出自然经济条件下无法想象的将时间转化为空间的可能。这对提高规模效益的影响，在我国农村应该说还只是刚刚有所显示。专业户对时间资源的利用和开拓，前景十分广阔。

（3）专业户具有极大的示范作用，一户带多户，多户带一片，出现了一些"专业村"、专业乡以至农村专业市场，使专业生产的外部条件有了初步改善。

例如，在山西阳城县，出现了一批这样的专业村：以同一种经营项目为主的专业户占全村总户数的 40% 以上；从事该项专业的劳动力占全村劳动力的 60% 以上；其收入占全村总收入的 60% 以上。如董封公社的"养蚕村"岩山大队，仅蚕桑一项户均收入 500 元以上的有 24 户，户均收入 300 元以上的有 170 户；全村共有地埂桑 14 万株，人均 150 株，此外还有"种山芋村""制耐火砖村"，以至"机械制造加工专业村"。

在黑龙江省安达县，则出现了一批奶牛村，例如，羊草公社火星大队，共 450 户社员，1983 年 6 月共养奶牛 613 头。养牛户共 380 户，占总户数的 84.4%。全村 1982 年交售鲜奶 1150 吨，共收入 46 万元，超过全大队农业总收入。每个养牛户平均售鲜奶 3.2 吨，人均鲜奶收入 170 元，等于全大队集体人均收入的两倍。这个奶牛专业村，相当于两个 300 头奶牛规模的大型牧场，如果由国家办，起码需要 100 万元投资。

在辽宁省北镇县，同类专业户占总农户 50% 以上，单项专业纯收入占全部纯收入 50% 以上的专业村，已有 22 个。著名的"葡萄村"，鲍家公社元觉寺大队，426 户社员，除一个"五保户"外，家家葡萄满院。1982 年全村产葡萄 40 万斤，1983 年可达 70 万斤，收入 25 万元，人均 160 元。目前，种葡萄热已扩展到全公社，有 61% 的农户栽上了葡萄，几年后，就能形成葡萄专业社。制瓦专业村西沙河大队，出现了更有意义的变化：随着制瓦业的发展，出现了 13 个推销户，96 个运输户，110 个制瓦户。专业户之间关联紧密。

在浙江省永康县，基于专业村萌生出专业市场。据笔者在芝英区调查，各类手工专业户已占总农户的 50%，其中有 2000 户利用大工业下脚料，生产市场奇缺的衡器配件。胡库公社塆塘大队 170 户中有 160 户从事此业，并在塆塘村形成衡器配件的批发市场，每周一市，每市从各地前来购货订货的客人多达数千人，产品销往十几个省区。在河北省蠡县，还有规模更大的腈纶加工专业市场，1982 年销售总额达 1.4 亿元，超过全县农业总收入。

这些专业村，既发挥了各个不同区域的优势，又发挥了各个农户的专长。在专业村里，即便是每个专业户的经营规模都保持原有水平，也会由于全村形成了批量商品生产，在解决诸如普及新技术、加工、运输、销售、信息传输等问题时，都更容易些。这使得专业户同外部的经济联系加强，户际"规模结构"得到初步改善，从而提高了规模效益。同时，很可能从中走出一条既不同于国家投资兴办农产品基地也不同于社队办乡村工业的新路子，更多样化地推动农村分工分业的展开。

（4）专业户逐步摒弃了"小而全"的经营方式，对产前产后的社会化经济联系产生了新的要求。这就进一步从质上改善了农村经济的规模结构，提高了效益。

随着专业户经营规模的优化，他们的经营能力日益集中到某一项或几项商品的批量生产过程中，这样，为直接生产服务的某些经营环节，就不能不在更大程度上依靠社会来解决。这是专业户发展中最迫切需要解决的问题，从中也反映出更多的社会化经济要素，已经并将更加大量地进入专业户经营的要素组合之中。以改变专业户产前产后联系的结构性变动，来扩大农村分工分业的规模，这对分工新格局的形成，具有深远的影响。目前，专业户对资金、技术、种畜、种禽、种苗、词料、肥料农药、建材、专用设备和器具、防疫治病、植保、加工、运输、市场信息等多方面的迫切要求，主要通过建立各种形式的农村经济联合体来满足。同时，不少地方充分发挥国家、集体和农户本身的力量，兴办了许多农村技术经济服务中心，把一般承包农户、专业农户和农村多种技术的、经济的组织，联结成一个新的网络，则是更适应专业户发展要求的社会化服务体系。

社会化服务体系的发达，并没有改变农户家庭经营的现实，两者不能混为一谈。因为社会化服务提供的只是经营的条件，并不能代替经营决策。在具体的经营活动中，接受哪些服务，接受到什么程度，基本上依然由农户决策；决策的风险，也基本由农户承担。但是，有没有良好的社会化服务体系，对专业户以及整个农业系统的经济效益，却有极大的影响。例如浙江省象山县在养鹅专业户大发展的基础上，以食品厂冷冻库为中心，向农民提供优良的种鹅种蛋，给予放养商品鹅的资金、饲料，把饲养专业户看作是冷冻厂的"第一车间"，然后又以优惠的价格加运输服务收购专业户的产品鹅，冷冻加工出口。自1978年以来，全县每年养鹅从12万只发展到30万只，其中经冷冻厂加工的冻鹅就有25万只。出口384吨，换汇180万美元。全县农民仅养鹅一业增加收入百万元；冷冻厂上缴国家利税也达百万元；同时分蘖出一个羽毛加工厂，1982年已盈利8万元。这类例子在全国已可以举出许多。这里专业化生产的规模显然不能再限于家庭经营的范围来考察，而必须考虑到纵横交错的社会化经济联系，放到整个社会主义经济的更广阔的活动背景下来评价。

专业户是我国社会主义农业迈向专业化社会化的一个极有意义的创造。它以家庭经营为基础，长久保留兼业的形式而又不断更新兼业的结构，并从多种角度追求规模效益的提高，包括发展各种合同的、合作的关系，与其他各个层次、各种组合相联结，构成社会主义农村经济的网络和系统。这些特点，使得专业户在我国农村有广泛的发展基础和广阔的发展前途。可以预计，它在今后具有中国特色的社会主义农业现代化的进程中，将会显示出更强大的生命力。

（原文发表于《中国社会科学》1984年第1期）

发展联营 携手振兴农村产业

杜 鹰

一

我国农村普遍实行联产承包责任制后，农村分工分业正在全国各地蓬勃发展，这就为农村产业的发展创造了有利条件。制定相应的产业政策，努力促进从千家万户起步的富于变化的分工分业萌动向稳定保持宏观经济效益的产业转化，进而形成合理的农村产业结构，是近期农村经济工作的重要内容。应当充分认识到，农村食品加工、饲料加工、建筑建材、能源交通等产业能否迅速发展起来，不仅关系到整个农村建设事业的繁荣，而且关系到能否通过农村产业环流的形成，建立起分散的农户家庭经营同国民经济整体的稳固联系，最终从物质基础上巩固家庭联产承包制。因此，提出振兴农村产业，具有十分重大的经济意义和社会意义。

但是，振兴农村产业面临着两大难题：一是要在短期内跨越一般发达国家产业发展经历的各个阶段，我们的物质后备、技术后备、管理后备还相当薄弱。二是在产业环流中如何协调好行政、经济隶属不同而又数量众多的各方利益。历史经验表明，发展农村产业，不能没有农民的实际加入，否则农业人口难以从土地上转移出来，尤其是不能不顾及农民的实际利益，否则产业发展迟早要成为无源之水。另外，又不可能脱离国民经济已有的分工体系，全部由农民去"另起炉灶"。因此，农村产业的发展不可避免地要涉及产前产后农工商运各家、条条块块各部门和各地区的利益。利益协调得好，发展产业的阻力就小；协调不好，不仅产业上不去，而且足以使有限的投入在摩擦中消耗掉。在这个意义上，利益协调无疑是振兴产业首先要处理好的关键问题。

现实经济生活中，有两类利益主体是不能不承认的：

一类是所谓地区或部门所有制。这实际上是指地区或部门各自拥有的对计划制订、物资调拨、劳动就业、财政收支等的管理权限。部门分工与地区分工是国民经济分工体系的基本框架。在一定历史阶段上，分工体系本身只能同时就是功利体系。对地区利益或部门利益的这种合理性是必须承认的。至于这种分工变成画地为牢的割据，引出无穷的扯皮摩擦，导致通常所说的条条专政或地区封锁，那正说明偏废哪一方的利益都是不行的。事实上，无论是经济管理体制的改革（如市管县、成立经济协作区），还是财政体制的改革（如财源共享的分税体制），都不是要取消哪一方的利益；相反，是要在承认它的基础上变革和协调相互关系。

另一类是经营主体的自主权。部门经济和地区经济又包含着许许多多的经营主体。概括近年来包括农村在内的经济改革，其基本过程就是围绕调动直接生产者的积极性，使利益和经济职能适当分解，生成有活力的个别利益主体，以期重新组合成实在的整体利益。例如农村联产承包制的实行，供销社的改革，城乡一些事业单位的企业化，以及工交系统企业扩权等都是如此，从而使利益多元化了。承认这些经营主体的利益是不可逆转的，因为发展商品生产必然意味着对个别利益的承认。

从宏观的地区部门到微观的经营单位，不考虑各家的利益来发展农村产业，是行不通的。设想一家大包大揽，更是不切实际的幻想。

因此问题在于，没有相关产业的发展，农村的微观效益就无法转化为宏观效益，整体利益就不能实现；而没有切实可行的协调利益的有效手段，产业就绝无振兴可言。

用什么手段协调各方面的利益呢？近年来在供销社改革中广泛开展的联营，就是一种行之有效的方法。

联营是四川大竹县供销社在改革试点中最先实行的，之后在全国各地迅速推开，其内容从最初单项的一次性的购销联营向综合的长期的联营发展，包括了从生产到流通的各个环节，形式也更加丰富多样。从联营的主体看，有供销社与农户的联营；供销社与社队企业、集体商业、个体商业的联营；基层社之间、基层社与专业公司的联营等。联营的范围远远超出了行政区划的界限。

供销社是一肩担两头的经济组织，它既要对农民负责，又要对国家负责。因此联营大规模地从这里发展起来就不是什么偶然的了。但联营并不是供销社专有的，其他主体之间的联营也是存在的。如国营企业同社队直接挂钩的联营，社队与社队、农民与农民之间的联营等。为了说明发展联营对于振兴农村产业的重要意义，我们有必要以供销社开展的联营为线索，先来考察一下联营的具体做法。

二

供销社联营的最初形式是购销联营。一般做法是，供销社成立联营经理部，与农户签订购销合同，议价收购农户完成国家征派购任务以外的农副产品，经营利润除缴纳所得税外，农户、供销社、公社"五、四、一"分成。如四川盐亭县富驿区供销社 1982 年 2 月同全区 1884 户种养重点户签订总值 50.4 万元的购销合同，利润 35553.36 元，向国家缴税 14006.43 元，纯利 21551.93 元。根据《农商联营章程》规定，向生产者返利 50% 金额 10210.53 元。联营户交售种植业产品在 200 元以上、养殖业产品在 100 元以上者返利。全区实现返利标准共 776 户，占签订合同户的 41.2%，交售总值 24.6 万元，占合同总额的 48.8%。平均百元产品返利 4.1 元，户均 13.36 元；四级组织分利 10%，其中区公所 1%，公社、大队、生产队各 3%，金额 2155.1 元；供销社 40%，金额 8620.81 元。联营费用支出 565.43 元。1983 年 1 月召开农商联营红利分配兑现大会当场兑现，推动了联营的发展。截止到 4 月 20 日，全区参加联营的农户达 5882 户，占总农户的 40.8%。联营金额 121 万元，占收购计划的 79%，产品计有海椒、红麻、黄花、白蜡、鸡、鸭、蛋、蜂、鱼、粮食和猪肉等，范围也由区内扩大到区外、县外。

山西省长子县晋义供销社是该省最早开展购销联营的，他们采取的一户带十户和环形联营的方法很有特色。供销社付给牵头户 40 元手续费，牵头户负责组织指导其他几户的生产，并保证完成购销合同。在党参育秧、种植上签订环形合同，育秧户保证向种植户提供秧苗。联营后两年与联营前两年相比，农副产品收购总额达 48.5 万元，翻了一番，实现利润增长 2.7 倍，14886.19 元。其中上缴国家税收 4390 元，生产队和农户分红 4763 元，公社 1190 元作为扶持生产资金，供销获利 4540 元，各方面都尝到了联营的甜头。

联营的形式要取决于产品的供求状况，零星产品和紧缺产品可搞购销联营，滞销产品则要搞推销联营。如江苏东台县溱东公社的蒲包和浙江长兴县横山公社的竹根洗帚，都是当地传统的家庭副业，但销路长期不好。这两个地方的供销社便与熟悉业务的农民签订合同，由农民负责推销。利润分配按合同规定或比例分成，或按推销量提取手续费。结果很快打开了销路，使这些传统产品的生产得到恢复。

实行多渠道流通后，供销社为避免多家争利造成不必要损失，开展了商商联营。一是供销社同民办贸易货栈的联营，如甘肃民勤县双茨科供销社和红中村办商店各投资 1 万元，双方出劳动力，利润对半分成；二是供销社同二级站的联营，如山东昌邑县石埠供销社与潍坊二级站合办联营商店，从二级站进货后，按三级批发给供销社和个体商户，批发利润四六分成；三是县社同基层社的联营，如浙江富阳县的土纸经营，改变过去基层社为公司代购代销的关系，共同组成土纸联营处，实行购、销、调联合经营，分配由过去付手续费改为利润分成，公司和基层社四六开。这样 3 个月就销出土纸 6.4 万担，实现利润成倍增长，过去的消极扯皮变成了现在的积极合作。

农商联营发展的普遍趋势是从购销联营到生产（产销）联营。通过这种联营，生产者进入流通领域，经营者进入生产领域，两者的界限被打破了。其做法是，供销社提供信息、资金、物资、技术服务，生产者定期偿还投资，并按合同把产品的全部或大部交售给供销社，经营利润按比例分成。

在供销社改革试点县河北望都，县联社与东关大队联办食用菌种厂，县联社投资 20 万元，大队原资产折价投资 3 万元，另提供土地 10 亩，年租金 2000 元。利润分配县联社 45%（其中 35% 作为归还投资），大队 40%，食用菌种厂 15%。投资归还后，按三、五、二比例分配。1981 年实现利润 3 万元，1982 年 7 万元，1983 年预计 10 万元。

黑龙江宁安县果品公司、江南供销社和该公社的 30 个专业户联营种植西瓜 3060 亩。每垧地投资 2047 元，其中果品公司投种子和包销费用 394 元；供销社投农药、化肥和技术指导用工 124 元；专业户投土地（负担 50 元农业税和产值 15% 的提留）、农家肥和生产用工 1529 元。分配根据实际销售总额扣除投资和经营成本，按投资比例分成，农户得 75%，果品公司得 20%，供销社得 5%，并在分配前拿出 2% 作为占用粮田面积的补偿给公社，由公社补贴给其他产粮生产队（由于四舍五入最后合计不等于 100%）。

在盛产毛竹的福建建瓯县，农贸公司与迪口公社签订毛竹生产联营协议。由公社出货款 20 万元，作为毛竹生产的专项基金，用于修筑行山公路 13.5 千米，垦复竹林 5000 亩和留笋养竹 1 万亩。由农贸公司承担利息，迪口公社要保证完成每年 15 万根毛竹的交售任务。

在生产联营中，还有以技术服务或新技术推广为主的技术联营。例如黑龙江宁安县兰岗供销社与 8 个生产队的种烟户实行烤烟种植联营，山西山阴县北周庄供销社在 3 个大队推广西瓜种植地膜覆盖技术，都是由供销社派出技术员定岗指导，如达不到承包产值，由供销社包赔，超过产值则按比例分成。这种技术联营最受农民欢迎。

在农村产业中，食品加工业和饲料加工业占有重要的地位。由于加工业本身的技术要求复杂，以及在现有价格体制下加工利润较大等特点，阻碍产业发展的各种矛盾实际上多集中在这个领域里。而开展加工联营有助于矛盾的解决，在这方面也有不少成功的经验。

如辽宁海城县东房身大队水果资源丰富，1980 年与鞍山罐头汽水厂合办罐头厂。大队提供原料、劳力、厂房、仓库和部分现金，汽水厂提供设备并负责安装、技术资料、工人培训，使用厂方注册商标等。纯利润厂方提取 49%，大队提取 51%。各方提供的固定资产仍归各方所有，每年以 4% 的折旧率从联营厂提取折旧费。1980 年投产后两个月，实现产值 9 万元，利润 4750 元。通过联营，厂方原料不足和运输损耗问题、大队水果优势难以发挥问题都同时得到解决。

浙江长兴县生产资料公司 1982 年集资新建了一个拥有 100 平方米库容的冷冻制品厂，设计能力为年产冷冻制品 1000 万件，清凉饮料 1000 吨，取代了原来 9 个基层社产品难以达到食品卫生标准的小型棒冰加工厂。但是，他们并不是简单的取消，而是采取了系统联销、厂方让利的办法，使基层也同时得到好处，这样供应网点扩大了 1 倍，冷饮品种也增加了，丰富了市场供应。

山西山阴县的山药和豌豆近年来除完成国家计划收购、外贸出口和农民自食外，每年都剩余 2000 万斤和 456 万斤左右。该县计划组成三级联营加工网。第一级加工成粉面，由供销社供应粉碎、沉淀设备和包装物，组织群众生产；第二级加工成粉条，由基层社同社队联营，在 7 个重点产区各设一个加工作坊，加工利润双方分成；第三级精加工成粉丝，确定由县联社、商业局和史家屯公社联办一个粉丝厂，年产量 300 万斤，目前已联合投资 20 万元。

浙江长兴县畜产公司和水口、夹浦、煤山3个公社的有关大队开展裘皮、猪鬃、鸡毛加工联营。合同规定，公司负责提供原料、技术，包销产品，加工单位负责组织劳动力安排生产，盈利商农二八分成。经过几个月实践，使废物转化成23.3万元的产值、2.3万元的利润，还培训出32名技术人员，使206人得到就业机会。

饲料加工往往被认为无利可图，甚至赔钱，但联营后问题解决了。如河南武陟县供销社为解决饲养户所需配合饲料，与农户联办饲料加工厂。办法是先议价收购粮食加工成饲料，然后用饲料与农民换原粮，以实物对换的形式解决了议价进原粮加工赔钱、平价进原粮农民不愿出售的矛盾。又如沈阳市东陵区供销社与南塔养鸡场的饲料加工联营，办法是由供销社议价进粮食，添加贝壳粉、树叶粉、鱼粉等加工成配合饲料，每斤成本0.24元，批发价0.25元，获微利0.01元。但养鸡场的下架鸡和鸡蛋由供销社议价经销。

最后，在联结生产和流通的环节上，贮藏联营和运输联营也发展起来了。如山东昌邑县围子供销社，投资25万元自建土窑一座，与南宫大队搞苹果贮藏联营，南宫大队的苹果由供销社按牌价收购贮藏。淡季上市后因季节差价所获利润双方各半。更普遍的做法是，由果农自建土窑贮藏水果，供销社先按产季价格付款；季节性差价扣去双方费用支出及损耗外，商农三七分成。目前，山西雁北地区的山阴、阳高、灵邱、浑源等县都实行这种形式的联营。

运输联营，如浙江长兴县和平、吕山等供销社，根据当地水运条件和业务需要，分别与运输专业户签订合同，由供销社投资扩大运输能力，运输户负责护理维修和航运，航次和运费采取定额包干的办法，效果较好。如和平供销社3个月中共运商品570吨，运输户收入2250元，供销社节省运费1470元。

三

联营作为一种经营方式，当然不是唯一的。但是，在农村商品生产刚刚活跃起来、产业环流尚不流畅、生产要素在不同经营主体中的分布极不平衡的情况下，如要发展农村产业，就不能忽视非独资经营的联营方式。实际上就是在商品生产发展以后，随着经济关系日益复杂化，联营也仍然是利益协调和利益共生的有效手段。我们从上述实例中可以清楚地看到，生产要素是如何通过联营转化为现实生产力的，不同的利益主体是如何通过联营这条经济纽带联结成为新的利益共同体的，这些都是农村广大干部群众的伟大创造。尽管这些联营的做法有些很粗糙，还很不完善，但是值得与发展农村产业有关的各方认真思考的是，联营在自身发展进程中体现出来的那些原则。

联营首先是对独立利益的承认。但是长期以来，在农村经济运行中存在着所谓"供给制"的管理方式和"白给白拿"的种种做法，实际上抹杀了不同主体各自独立的经济利益。农村经济的一系列变革改变了主体之间的这种关系，这就为联营打下了坚实的基础。没有各自独立的并被对方承认的利益，就没有联营。所谓联营，无非是在遵循一定法则基础上的个别利益之间的协合。因此，联营中的服务只能是有价服务，投资也只能是有偿投资。

看不到或不承认个别利益是有害的，看不到或不承认整体利益也是不对的。两者同样会阻碍农村产业的发展，同联营的原则也是相悖的。

联营的根本法则是自愿互利，风险共担，利益均沾。没有互利很难有真正的自愿，而互利的自愿往往要建立在对共同利益预期的基础上。这就需要一种眼光，需要一种思想方法，必须懂得"将欲取之，必先予之"的道理。如果看不到共同利益会随着关系的调整而增大，斤斤计较眼前得失，热衷于摩擦扯皮，结果不但共同利益受损，个人所得也会减少，这是蠢人的做法；如果能够看到利益的广泛存在，能够预见到协调会产生新的利益，对人欲取姑予，于己投桃报李，结果共同利益会增大，个人所得也会增加，这是聪明人的做法。联营就是聪明人的做法，这是从联营的实践中不难看到的。

但是，如果联营的结果并未使利益增大，不过是徒加了几个利益分享者，那么这种联营即使减少了摩擦扯皮，也不能说是成功的。也就是说，并非只要是联营，就一定会使各方的利益自动增大。联营必须以更高的效率为前提。这就涉及在具体条件下联什么、怎样联的问题。从成功的经验看，在母产业上，在开发性经营、新技术应用等领域中，联营的成效更为显著。例如母产业，一般都具有需求的收入弹性大、生产率的上升率高、产品系列长等特点，因而对要素投入的容量大。另外，母产业作为一个环流，又要求各个环节有良好的衔接，而处在其中某个环节上的个别经营主体往往不具备疏通环流的必备条件，因此联营对于母产业的系统发育不仅是可能的，而且也是必要的。还应该指出，在价格机制不能完全起调节作用的情况下，虽不获利，但需要联合经营才能办到的事，也应该服从系统发育的要求去办，这时可以考虑采取以肥补瘦的综合联营等变通方法。

综上所述，联营可以协调产业环境中各方的行为；可以吸收闲散生产要素举办一家无力办的事业；可以解决农村产业发展中技术扩散和信息传递上的困难等。但是，联营的意义并不限于眼前的生产。还可看到，联营作为一种经营方式，同时也是一种经济形式。在它的一般原则中包含着合作经济的一些最重要的本质规定。在联营中，个别利益受到应有的承认，并始终是共同利益的基础；在联营中，共同利益作为分成利益被自觉地认为是能够扩大每个个别利益的保证；在联营中，联结个别利益和共同利益的是自愿互利的原则；在联营中，参与联营各方原来的所有制关系都不变动，但同样形成了你中有我、我中有你的新的真正的利益共同体，这些不正是合作经济所包含的内容吗？由此看来，那些一提共同利益，就以为只能把一切都统而一之；一提合作经济，就以为只能是所有制关系由小到大合而并之的看法和做法是不正确的。因此，联营的发展，不仅能够有效地推进农村产业的兴旺发达，同时也在锻造着我国农村合作经济可能的具体形式和内容。

（原文发表于《农业经济丛刊》1984 年第 2 期）

农业面临比较严峻的形势

陆学艺

党的十一届三中全会以来，农村形势一年比一年好，农业连续 6 年大丰收。1985 年粮棉突然大减产，面对这一事实，有两种不同看法，一部分同志认为，粮棉减产是计划安排的不必过虑；另一种看法是，不能小看这次减产，对农业不能掉以轻心。根据我在农村蹲点调查的见闻，认为 1985 年减产不是偶然的，当前农业面临比较严峻的形势，希望引起有关领导的足够重视。

一　对 1985 年粮棉大减产原因的分析

1985 年粮食减产 566 亿斤，比 1984 年下降 7%，棉花减产 4094 万担，比 1984 年下降 33.7%。一年减少这么多粮棉，这在新中国成立后还是第一次。就粮食来说，新中国成立 36 年，29 年增产，7 年减产，其中减产最多的是 1959 年和 1960 年，分别比上年减少 600 亿斤和 530 亿斤，但这两年减产的原因是众所周知的。

1985 年减产的原因，有关部门的同志分析有三条，"一是播种面积调减 6500 万亩左右，改种了经济作物和其他；二是自然灾害较多，持续时间长，成灾面积比往年大；三是化肥等农业生产资料涨价太猛，以及其他一些原因，使农民投入减少"。我认为这都没有揭示出这次大减产的本质原因。按上述分析三条原因中，自然灾害和调减播种面积是主要的。可是据中国农业科学院报告："六五"期间气候比较正常。"1981 年部分地区春旱秋涝，1985 年南旱北涝，这两年虽灾情较重，但没有出现波及全国的大灾年"。1985 年是一个平年，全国旱灾成灾面积 1.66 亿亩，比 1980 年的 1.869 亿亩和1981年的1.819亿亩都要轻。1985年辽河、松花江大水，但比1981年长江大水，1982年黄河大水，1983年淮河、汉江洪水，1984年黑龙江大水受灾面积要小，灾情也轻。为什么1980年以来年年有灾，还年年大丰收，1985年灾情并不重，反而大减产呢？据水利电力部同志讲，1985年辽河大水，流量2000立方米/秒，并不是特大洪水，比1951年14200立方米/秒、1953年12100立方米/秒小得多。20世纪50年代中期辽河安全泄量是5000立方米/秒。1985年只有2000立方米/秒就造成大灾，这同我们近几年水利设施失修是有关系的。我国幅员辽阔，水旱洪涝年年有，通常年景是有丰有歉。1985年的水旱灾害只是局部的，为什么除山东、河北、内蒙古的粮食略有增产外，全国80%的省市都减产呢？在这种自然灾害并不严重的平常年份，粮食却在全国普遍减产，这是值得我们深思的。

1985年粮食播种面积调减6500万亩，这不是国家计划安排的，而是计划失控的结果。1978年全国粮食播种面积为18.088亿亩，1984年为16.9576亿亩，6年减少10505万亩，年均递减1%。1985年一年就减少3.83%，超过往年递减数近3倍，步子跨得太大。为什么一年骤减这么多？鉴于棉粮库存过大，大量减种棉花，适当减少粮食种植面积是正确的。但由于上半年对粮食形势估计过于乐观，放松了领导，特别是调减粮食收购价格和生产资料涨价，种植成本提高，收益降低，挫伤了农民种粮的积极性，致使1985年粮田面积调减过多。这是粮食大减产的主要原因。但为什么调整的规模失控，一年减少这么多粮田面积，这还有更深刻的原因。这不是偶然的，更不要把减产的原因归之于自然灾害，要作细致的调查研究。

1985年粮食大减产是一个信号，不要等闲视之，它是我国农村出现的新问题。党的十一届三中全会以来，我国农业连续6年增产增收，在较短的时期内，农村发生了历史性的变化。1985年突然大减产，会不会成为我国农业发展的一个关键点，从此又转入停滞徘徊的局面？应该说，这种可能性是有的。我们要正视它、解决它，引导农业生产朝着稳定发展的方向前进。

二 对1986年和今后农业发展的预测

有关部门估计，1986年的"粮食生产，现在看来回升的可能性较大"，"只要不发生更大的自然灾害，并在保护农民积极性方面适当地采取措施，恢复几百亿斤的产量是有希望的。"有的同志估计，"1986年的粮食生产，增也不会增得太多，减也不会减得太多。"这些短期的预测，有一定的根据。但是从发展前景看，农业面临比较严峻的形势，令人忧虑。

党的十一届三中全会以来，农业之所以有如此突飞猛进的发展：一是党的方针政策正确，改革了农村经济体制，全面实行联产承包责任制，极大地调动了农民的积极性。二是国家在1979年、1980年提高了主要农产品的收购价格，刺激了农业生产。三是新中国成立以来进行了空前规模的农田基本建设，兴修水利，发展农机，提供大量的化肥、农药和优良品种，建立了推广农业科技组织，到1978年全国农村集体经济公共积累已达1000多亿元，这些都是新的生产力，是农业生产的"老本"，因而才产生了连续6年的农业生产大发展。1984年粮食达到8000亿斤，棉花1.2亿担和其他农产品均创纪录的新局面。

1985年粮棉大减产，这是影响农业生产的多种因素的综合反映。它标志着这些年来，我国农业原有的生产条件和生产潜力的利用已达到一定的水平，而且有的生产条件在变坏，也就是说，"老本"已经被吃得差不多了。同时，由于生产资料涨价，多种负担加重，农民的生产积极性不仅没有被进一步调动起来，反而有下降的趋势。1985年的大减产正是这两个主要因素的反映。

1986年和今后的农业生产将怎样发展？决定于影响农业生产的几个主要因素的变化情况。从这几年的趋势看，下列十一个方面都是很令人忧虑的：

第一，耕地日益减少。从1980年以来，我国每年减少耕地1000多万亩。四川省最严重，1984年、1985年两年共减少耕地280万亩。由于城乡占地失控，滥占耕地的势头还在继续，而且都是高产良田。

第二，大量水利工程失修，灌溉面积减少。现在全国有50%左右的水利工程设施不能正常发挥效益，有70%的大中小水库带病运转，有43个大水库是重点险库。全国有机井255万眼，很多已淤塞无水，仅山东省1980—1984年就报废2.88万眼。灌溉面积自1980年以来每年平均减少700万亩。

第三，土地肥力减退，土壤恶化。这两年，农民无心种粮食，不仅有机肥少施，而且连化肥也用得少了。1985年全国化肥施入量普遍减少20%以上。据辽宁省统计，1985年氮肥少施26%，磷肥少施40%。南方人不罱河泥了，农民不再进城镇挑粪。过去农民进城清厕买粪，现在居民给钱也不来。由于粮食不值钱，生产资料涨价，这两年农民是有水不浇，有肥不施，宁愿少产出，也不多投入。

第四，生态环境继续恶化，于农业发展大为不利。据中国林学会第六次会议报告，近5年我国森林面积减少1亿多亩，平均每年减少2000多万亩。我国东北天然屏障正在受到严重毁坏，水土流失严重，每年有几十亿吨土壤流入江河，河床淤塞，不少河流正在由利河变成害河。西北、内蒙古一带，沙漠扩大，沙进人退，每年减少耕地上百万亩。近几年农村乡镇工业发展，污染严重，又无力采取防污措施，现在不少县已没有一条净水河。

第五，实行责任制后，没有适应新的情况，制定相应的农业现代化政策。现在全国大中型农业机械，实际保有量和使用量均大大减少。许多农机需要更新大修，农民只使用不修，国家又无补贴，再过几年，大中型农机将损失殆尽。农民不买新的，使一些大中型的农机严重滞销，好几个大拖拉机厂都在考虑转产。

这两年小化肥、小磷肥和国产农药也出现全国性的滞销，仓库大量积压，致使许多小化肥厂、小磷肥厂和农药厂被迫停产。如果不制定新的农机、化肥、农药政策，我国的农用工业就岌岌可危，农用工业破产了，农业现代化还有什么指望呢！

第六，各行各业冲击农业，行行都比搞农业强，农民无心种田。农村放宽搞活以后，由于农产品价格低，搞工、商、副、服务等业都比搞农业收入多，所以凡有一点办法的都弃农去搞别的，农业上只剩下一些老人、妇女和孩子。城市郊区和商品经济发达地区已普遍出现耕地撂荒现象，有的地区还出现转让土地倒贴钱的情况。农民无心种田的结果，是使原来像苏南、胶东和大中城市郊区等一类高产地区，近几年农业普遍减产，特别是粮食大幅度减产，一般都下降30%—40%，有的已从粮食大量调出区变为粮食调入区了。

第七，农民负担逐年加重，已成为农村一个老大难问题。据山东省1985年对99个乡、3845个村、71.6万农户调查，1984年农民共有11大类96项负担。每个农民年平均负担53.8元，占人均年纯收入的11.5%，为各项农业正税（7.02元）的7.66倍（按全国8.4亿农民计，全国农民在交纳农业税以后，还要缴纳各种负担451.92亿元，这是一个令人震惊的数字）。据调查，现在农村的负担，大多数地区都是按人头摊派，不分男女、老少、贫富，每人50多元（多者达百元），每户就是200—300元，有的上缴后，生活都成了问题,更多的是影响生产的投入,没有钱买化肥、农药。因而秋后收入也少,形成恶性循环。有位县的农工部长对我们说,如果现在能豁免或减轻对贫困户的负担,那大部分贫困户就不贫困了,这是最大最有效的扶贫。

第八,农村的自然经济正在向商品经济转化,但流通体制改变甚小,农民买难卖难的问题有增无减。农民在初步解决了温饱问题之后,正在逐步由自然经济向商品性经济发展。但供销体制,基本格局未变;少了赶、多了砍的政策未变;官商经营作风未变,致使亿万农民望"市场"兴叹,面对瞬息变化的商品信息,他们无法把握自己的命运。农村少数能人捷足先登,而绝大多数群众感到致富无门、销售无路,出现了卖猪难、卖兔难、卖蛋难、卖茶难、卖棉难、卖粮难!目前我国多数农民的农本很小,一次卖难,就可能倾家荡产,丧失扩大再生产的能力。农民不仅卖难,买优良品种也难,买优质化肥难,买低毒高效的农药难,买实用价廉的农具难。长期的买难卖难,直接打击了农民生产积极性,也影响了农业生产的发展。

第九,农民要扩大再生产,要发展商品生产,深感一家一户力不能行,许多事办不了办不好。迫切需要通过各种形式的合作、服务,以解决农户在机耕、灌溉、收割和加工、储运、销售等方面的困难。农民对于合作、联合有着内在的客观要求。但是主观上却对以前的合作化有着痛苦的记忆,又怕回到集中统一的"大锅饭"年代。农民说,"天不怕,地不怕,就怕第二次合作化。"对于农民的这种客观困难和矛盾心理,我们并没有采取措施及时有效地予以解决。下一步农村的专业合作、地区合作到底怎么搞好?这在理论上和实践上都还有一系列问题没有解决。所以目前多数地区的合作和联合处于停滞、自流的状态。农业生产发展在客观上要求合作,这种要求得不到实现,也就必然影响农业生产。

农民要扩大再生产,发展商品经济,信贷资金的周转是不可缺少的。近几年农业贷款增加不多,特别是去年国家紧缩银根,首当其冲的是大量压缩了农贷,使正在转化中的农业遭到严重的阻碍。出现了国家收购粮棉不给现金,打白条,农民到信用社提取存款拿不到钞票。就是国家给一部分农业贷款,不仅数量少,而且大多数贷给乡镇企业和专业户,真正缺少农业生产资金的农户,却得不到农业贷款,这当然也就打击了农业生产。

第十,农村基层组织半瘫痪,干群矛盾有所发展。实行家庭联产承包责任制以后,农村的经济基础有了很大的变化,因此上层建筑也要与之相适应，要求县、乡、村（即县、公社、大队）三级的机构设置、干部配备、工作内容、工作方法、工作作风都要有相应变化。实际上，这几年在这几方面没有实质的改变，很不适应新的形势。据几个省的调查，目前农村基层组织处于瘫痪、半瘫痪状态大约各占20%，许多村干部、党支部成员都外出经商做工去了，乡党委、乡政府开个干部会也召集不起来。这种瘫痪、半瘫痪的地方，农村工作无人过问，为农户服务的一类事更谈不上，就是勉强能维持门面工作的，由于对新形势下如何领导组织好农业生产和有效的服务，多数人也是感到束手无策。但是，不管瘫痪、半瘫痪或勉强维持工作，干部们的补贴还是沿袭人民公社时的老办法照拿。这些都是向群众摊派的，也是群众负担的一个重要方面，占多种负担总数的15%—25%。另外，近几年农村基层干部的不正之风也有所抬头，农民群众同干部之间的矛盾有一定程度的发展。干部中比较普遍存在的问题是：侵占、挪用、贪污原来集体的财物；多占宅基地；低价承包集体的农机、房屋和社队企业；截留、多占国家给农民的平价化肥、农药、贷款、救济；在农民办的企业中入干股分红，排斥打击农村中的能人。他们在承包时，多分好地、好农具、好牲口，他们的关系多、门路广、信息灵，可以借到贷款和搞到物资，所以一部分干部富得比群众快，专业户、万元户中有相当一部分是原来的或现任的干部，甚至出现了新的强迫命令和滥加处罚群众（罚钱罚粮）的问题。所有这些都使目前农村中干群矛盾有所恶化，不少地区还出现干部打群众或农民打干部的问题，干部逼群众、农民仇杀干部全家的恶性案件也有所发生。

第十一，最大的忧虑是自上而下不重视农业，不安排农业投资，农民也不投资，不搞农田基本建设。我国早在20世纪50年代末就提出了农业是国民经济的基础，这对马克思主义理论是一个新贡献。但在实践中却常常轻视农业，只有当农业出现困难时，上下才重视农业。我国在三年困难时期以后，对农业投资很重视。1978年农业投资为53.34亿元，占全国基建总投资的10.6%，1979年为57.92亿元，占11.1%。党的十一届三中全会的农业决定提出，农业投资要逐渐提高到占基建总投资的18%。可是联产责任制实行不久，国家就大量减少农业投资，1981年只有29亿元，占全国基建总投资的6.6%，以后逐年减少，1985年仅占6%，据说"七五"计划只安排200亿元，只占基建总投资5000亿元的4%，实在是太少了。

国家投资减少，地方减少得更多。如四川省1979年农业投资占全省总投资额的 11%，1983 年降到 3.5%，1986 年安排还要下降。福建省 1978 年的农业投资占全省总投资的 19.85%，1985 年只有 6.6%，1986 年预算安排只有 2.85%。江西省 1978 年的水利投资为 7200 万元，1985 年只有 2500 万元。地区和县的财力有限，拿不出钱来进行农业基本建设，而且往往还把上级拨下的农业投资挪作他用。山东惠民地区 1980 年水利投资 2200 万元，1985 年减到 231 万元，减少 89%。这样少的水利投资，维护都难保住，更谈不上发展了。而农村的集体经济大多数已经没有经济实力去从事农田基本建设，就连小型水利的维修沟渠、机井毁损严重也无力解决。农民这几年经济情况虽有所好转，但也不向农业投资：一是怕政策变，总觉得土地不是自己的；二是家底太穷，有一点钱先要造房子、置家具；三是农田基建投资大，个人无能为力。但更主要的是靠农业致富不容易，所以他们不向农业投资。有资金也是去从事商业、工业、运输业、服务业等，最后才是向农业投点资。据对山东陵县 144 户农户调查。1984 年人均纯收入为 559 元，平均用于生产积累的只有 51.5 元，占全年纯收入的 9.2%（主要是用于购买役畜和农用机械）。目前我国农业正处于由自然经济向商品经济转化，由传统农业向现代农业转化的阶段，农村的水利、电力、机械、交通、仓储、加工服务等现代化设施，都需要大量投资才能建立起来，不投资或少投资，实现农业现代化只能是一句空话。农业固定生产资金的稳定增长是现代化农业稳定增长的基础。1977 年美国拥有农业固定资金 1974 亿美元（不包括房地产），与 1950 年相比，平均每年增加 60 亿美元，递增率为 6.7%。1978 年美国 1 美元农业产值，有 1.86 美元农业生产固定资金作后盾（西德为 1：3.35）。而我国 1983 年农业固定生产资金 1141 亿元，比 1978 年增加 164 亿元，平均每年增加 32.8 亿元，递增率只有 3.2%，每元农业产值的物质装备基础只有 0.40 元，与美国、西德等相差很大。这是靠活劳动的增加投入来弥补，但不能长久维持。1985 年的减产，正是农业物质基础削弱的表现。

上述十一个方面的问题，综合起来看，主要还是两条：一是我国农业发展的物质基础这几年不仅没有得到应有的加强，反而在这几个重要方面削弱了。二是农民的生产积极性特别是生产粮食的积极性受到一定的挫伤。要保持农业稳定持续地发展，这些问题必须及早解决。1986 年及今后农业生产将怎样发展，取决于我们为加强农业发展的物质基础所下的力气和进一步调动农民生产积极性的政策和措施。

三 近几年农业基础削弱的几点教训

党的十一届三中全会以来，我们在农村的改革取得了巨大的成功，它有着深刻的理论意义和历史意义。但是，在这个伟大实践中，也有失误。为了使农村改革能够继续深入，更好发展农村的大好形势，及时总结实践中的经验教训是完全必要的。

第一，对农业形势估计过好。长期以来，解决几亿人民的社会温饱问题，我们曾采取过很多办法，但农业总是徘徊不前。党的十一届三中全会以后，我们实行了家庭联产承包责任制，农业生产发展很快，这是出乎许多人的意料的。但是近两年农村出现了一部分先富起来的农民和村庄，特别是出现了一些万元户，就认为农村富得很了，农民很有钱了，农业问题解决了，粮食已经过关了等。这是对我们贫困了几千年的十亿人口的大国，建设农村的长期性、艰巨性认识不足，过高地估计了农村的大好形势，过高地估计了农村改革的成就，过高地估计了农民的富裕程度，由此引出了一系列的问题。这些年各行各业支援农业不提了，不少支农的项目撤了。财政上支农产品补贴取消了，农机补贴没有了，对贫困社队的救济扶持款改为贷款了，供销社专门扶持和指导农副业生产的支援资金也取消了等。而且各部门都想借助农民的力量，多办本单位的事业，如教育部门要改善办学条件，广播电视部要普及有线广播，能源部门要办沼气，卫生部门要搞计划生育，军事部门要办民兵训练基地……都是要农民出钱的。这几年农民的负担成倍地上升，据调查，农民60％的负担是中央和省两级以红头文件下达的。1977年以后，年年讲要减轻农民负担，让农民休养生息，为什么年年在加重？这是需要认真研究解决的大问题。

第二，削弱了农业的基础。近几年我们不仅没有在财政上、信贷上支援农村的改革，反而大大减少了对农业的投资和多种补贴。这不仅削弱了农业的基础，而且对于实行家庭承包责任制后的合作经济体制的巩固和发展是极不利的。列宁说："任何社会制度，只有在一定阶级的财政支持下才会产生。不待说，'自由'资本主义的诞生曾花了许多万卢布。目前，我们应该特别加以支持的社会制度就是合作制度，这一点我们现在应该认识到并使它实现。"① 但是我们在联产承包责任制刚刚开始普及的 1981 年，就大量削减农业基本建设投资，以后又减少或取消了各项支农的基金和补贴。当时有一种论点，认为农业靠政策，靠调动农民积极性就行了。实践证明，这种说法是片面的，其后果是极其严重的。

第三，对农村第二步改革心中无数。联产承包责任制是在党的领导下，我国农民群众的伟大创造，其效果十分显著，我国成功地实现了农村的第一步改革。但是，农村第二步改革是什么？至今莫衷一是。有的说第二步就是产业结构调整；有的说下一步改革是农村流通领域的改革；有的说是发展商品经济；有的则说农村第二步改革已经实行过了，就是人民公社改为乡镇，大队改为村。总之，还没有一个统一的说法，多数地区在等待观望。因而使许多应该解决的问题，长期得不到解决，有些地方还有走回头路的。

第四，农村合作经济体制怎么完善和发展，在理论上未弄清楚。由于没有一个统一的认识，也未制定相应的政策，以致在实践中放任自流。农民需要合作但又怕合作化。而我们的领导看到不搞合作不行但又怕提出合作，加重群众怕变的心理，影响生产。看来，抓这个问题现已晚了两年。一是客观上需要，要使农村实现专业化、商品化、现代化就必须搞合作。二是为保护原有的集体财产，也必须抓。目前许多农村原来的集体财产损失很大。据统计，集体经济原有积累 1000 多亿元，有 500 亿元已分包到户，因多种原因损失一些，现在只剩 300 多亿元了，而且还在继续减少。怎么用好管好这笔公共积累，也是我们农村工作的一大任务。

第五，城乡改革不同步。农村实现了第一步改革之后，出现了商品生产大发展的势头，客观上需要城市改革以至国民经济整个体制改革与之相适应。要求在市场机制、购销制度、价格体系、流通渠道、交通条件等方面有相应的改革，促进农村商品生产的发展，但城市改革既复杂起步又晚，而且又往往首先考虑解决自身的问题，较少考虑如何面向农村，适应农村改革的需要。时至今日，城乡通开，城乡一体的问题并未解决，农民买难卖难的问题长期解决不了，就是一个突出的表现。农村实行包产到户，这一步改革局限于农业，独立性强。第二步改革要大力发展农村有计划的商品经济，这步改革的范围更加广泛、更加复杂，涉及国民经济的多个部门，以至涉及上层建筑部门。这些部门的改革跟不上，改不好，农村的改革就会受到阻力。这

---

① 《列宁选集》第 4 卷，第 683 页。

几年农村改革进展困难，就源于此。城市经济体制改革已经全面展开，如何使城乡改革同步进行，互相促进，有些问题是需要专门研究解决的。

四　几点建议

1985 年粮棉减产传给我们一个信息，应该通过它看到目前农业面临的严峻形势，纠正对农业发展不正确的看法，采取切实有效的措施，巩固和发展农村的大好形势，加强农业的物质基础，扭转农业将会出现的萎缩、徘徊的趋势。为此提几点建议供领导决策参考。

第一，要统一对于农业问题的认识。对于农业基础的削弱，对于农业发展面临着停滞、萎缩的危险，农口的不少同志是看到了，但是农口的同志和其他部门的同志之间、领导与领导之间、上下之间在农业问题上的看法还是不同的。建议中央能像 1981 年那样，组织各部门负责人和骨干到各地农村去，就水利建设、粮食状况、土地管理、流通渠道、合作体制、乡镇企业、农用工业、农民生活状况等问题进行实地的调查。以统一对农村形势、农村改革和农民富裕程度的认识，进一步摆正农业在国民经济中的地位，研讨各行各业支持农业，加强农业基础的战略措施。

第二，要制订增加对农业投资的具体方案。国内外的实践都证明，农业要现代化，要持续稳定地增产，不增加农业投资，不改善农业的物质基础是达不到的。1981 年以来削减农业投资是一个大的失误。前几年农业这架机器带病运转，光吃老本，这样下去是难以为继的。不要等到农业不行了，到那时不仅花的钱会更多，而且在政治上的损失也会更大。特别是水利等的建设，不是当年投资就能见效的。1990 年计划生产 9000 亿斤粮，现在就该下本钱了。要下决心给农业投资，第一步，农业基建投资恢复到 1979 年占国家基建总投资 11% 的水平，第二步达到党的十一届三中全会农业决定要求的 18% 的水平。另外还要重申各省市自治区，要把地方财力的 50% 用到农业上。

第三，要拯救、振兴我国农机、农药和化肥等农用工业。中国农业要现代化，要靠我国自己农用工业提供现代化生产资料武装，靠进口是不行的。但目前我国的农机工业、小化肥工业，特别是农药工业，面临停产、转产、破产的危机，不能适应农村市场的需要。国家又大量减少对农用工业的投资，1978 年农机、农药、化肥工业投资为 21.5 亿元，占全国基建投资的

4.3%，1983年降到7.16亿元，只占1.2%。国家还取消了对农机购买修理的补贴，外贸部门大量进口农药，使国产农药滞销。要解救农用工业目前的困境，必须制订新的方案，才能使农用工业振兴起来。

第四，妥善解决好粮食问题。从目前农业发展趋势看，很可能出现两种情况：一是农村经济形势很好，第二、第三产业发展很快，但农业下来了。二是农业形势好，牧业、渔业、副业发展很快，但粮食紧张。我国是10亿多人口的大国，靠买进口粮吃是不行的。我们吃了20多年进口粮，苦头尝够了。如果拿外汇买外国人的粮食，不如投点资拿人民币买本国农民的粮食。实践已证明，我们的耕地，养10亿人口是没有问题的，不必靠进口。

粮食问题说到底是个价格问题。如与工业品相比，农产品价格低（1980年后，主要农副产品价格稳中有降，工业品普遍调高，这5年剪刀差又扩大了）。在农副产品中，粮食价格最低（据江苏调查表明，现在种1亩粮食的年纯收入是100元，种1亩棉花是200元，种1亩桑养蚕是300元，种1亩瓜是400元，种1亩菜是500元）。农民种粮吃亏，因而普遍不愿意种粮食。今年准备采取措施稳定16.5亿亩粮田面积，减少定购粮食基数，实行以工补农、以工补粮，对卖粮农民奖售优质化肥等，这会产生一定的效果，但要从根本上解决问题，还必须理顺关系，制定正确的价格政策。可以有以下几种选择：

一是改革粮食作为特殊商品的地位，粮食购销价格都要放开，有计划、有步骤地按照价值规律进行调整。这是根本出路，但这样做，涉及的方面很多，要从长计议。

二是先调整收购价格。把1200亿斤合同定购数作为任务分配下去。对各地区和农民在合同定购以外交售的粮食，国家按不同的地区，分别加价收购，使加价收购价大致等于市场价格。

三是把粮权逐步放给各省。国家对各省规定调拨基数和粮食购销补贴数额，其他都由各省自己决定，包括自定购销价格，各自解决好本省的粮食问题。

四是在不增加国家财政负担，保持农产品总的价格水平的条件下，适当调整粮食和其他农副产品的比价。把1983年以来调减棉花等农副产品价格的钱，用来提高粮食价格，改变粮价是锅底的现状，调动农民种粮的积极性。

第五，积极稳妥地完善农村合作经济体制。要在领导干部和群众中统一思想，在理论上认清农村合作制的必要性和必然性，弄清这次完善合作体制绝不是走回头路，重复人民公社吃"大锅饭"那套做法，而是要在坚持家庭联产承包责任制的基础上发展新型的多种形式的合作经济，促进农村商品经济的发展。在实践上，要分地区、分阶段、有计划地进行，切忌再犯一哄而起的错误。

第六，1980年以后，全国每年冬天开一次农村工作会议，交流新情况，总结新经验，上下沟通，集思广益，研究解决新问题的政策和措施，形成新的农业文件，这是我们党在新时期领导农村工作的一种好形式。鉴于农村问题复杂繁多，诸如：农业投资、农村流通体制、供销社改革、粮食购销、土地管理、生态环境保护、农民负担、剩余劳动力转移、乡镇企业、农村合作体制、农村基层组织建设、县级体制改革等，都应该解决。但一次会议，不可能都解决，有些问题，提一下，泛泛讨论是解决不好的。建议今后每年根据实际需要和条件，选择2—3个问题，事先安排，做好调查研究，准备好各种方案，专题讨论，定出能够比较彻底解决问题的政策，形成文件（有些可形成法律草案提供给有关部门），使这些问题逐个得到解决，把我国农村现代化事业一步步向前推进。

（原文发表于《农业经济丛刊》1986年第5期）

论农业经营形式的选择

——着重于社区合作组织的经济学分析

蔡　昉

我国农村经济改革打破了人民公社的体制，确立了家庭经营在农村经济中的地位。今天，很少有人怀疑这一改革的巨大成功，但究竟家庭经营的生命力何在，是否为权宜之计，社区合作或地域性合作是否必要，并且其是否具备成功的可能性，目前在理论和政策上仍然存在争论。本文拟从产权理论分析出发，结合农业的经济特点，从理论上回答上述问题。

一　私人产权，公共品和"公共池塘"资源

在经济生活中，大多数生活必要的消费品及生产过程中的要素投入品分别要求由消费者和生产者直接占有，并且这种占有应该而且可以是排他的。以公众认可的形式将这种排他地占有产品和要素的行为规范起来，就构成了通常所说的私人产权制度，采取直接的私人占有形式的财产（包括其作为生产手段的资源形式和作为生产结果的产品或服务形式）具有易于分辨、分割、界定和保护的特性。换句话说，这类财产或资源的使用中以及所提供的产品和服务具有较小的外部经济效应，如果不能对某种财产进行辨别，私人占有权就是模糊的，如果即使这种财产可以分辨，却不能加以分割，私人占有权就不能真正在使用中或交换中实现，就只是一纸空文而已，但某种财产的分辨、分割可以进行，而产权边界无法维持清晰和稳定，产权就会违背所有者的意愿转移或流失；产权的保护更为重要，如果某种财产天然具有不易保护的特征，它必然是不适宜于作为私人产权形式的占有对象。

除此之外，还有一种不适宜私人占有的生产性资源或财产，从而私人不

愿意提供的产品和服务即公共品。通常，这是一个公众共同占有、使用和生产的领域。公共品具有两个不同于私人产品的特征，一是其使用并不能排他，二是其使用为无限量的。在这个领域里，要么资源的占有，要么产品和服务的提供，皆具有很强的外部经济效应，由于这种特性，私人生产者对公共品的经营不感兴趣，通常要由政府出面组织和经营这类经济活动，提供必要的服务。

纯粹的公共品在使用上很难做到排他，同时可以提供无限量的收益。但还有另外一种次级公共品，其一方面无法排他地使用，另一方面却只能提供一种有限性、扣除性的收益。最典型的例子可以是一个山村里的唯一一方池塘。首先这池塘的面积是有限的，其次，它对于当地居民来说是有使用价值的，最后，人们很难做到允许一些人使用之而禁止另外一些人使用之，因此，每个村民都希望尽可能多地使用这个池塘，而一些人的使用会减少另外一部分人的使用。由于这种典型性，这类产品（或财产、资源及其所有权）与私人产品、公共品并行，成为一个独立的分类，经济学家称为"公共池塘资源"（维德，1987）。经济史表明公共池塘资源是一种潜在的引起使用者蜂拥而至、过度使用从而降低其生产能力，乃至被消耗殆尽的资源类型。通常，公共池塘资源的使用是一个集体行动的领域。这里所讲的集体行动包括比较广泛的含义，其行动类型从订立一个公共规则让所有使用者共同遵守，到使用者共同占有这种资源及其共同进行与这种资源使用有关的生产活动，最为典型的形式便是地域性的合作经济组织。

二　农业特点和外部性的解决方式

一切资源曾经都是公共资源，是免费使用的，随着使用者与资源数量的比例发生变化，资源开始具有了稀缺的性质，原来的公共资源也便根据其各部分的自然、经济属性，被区分为私有资源、公共资源和"公共池塘"资源。占有、使用、让渡各类资源的形式或权利从而产生，在众多形式之中的选择也就成为经济主体不断的行动和经济学的永久话题。一般地讨论经营形式和所有制类型，超出了本文的目的，这里只拟结合农业的经济学特点，讨论农业中公共池塘资源的使用形式问题。

具有较强的外部性，是农业区别于其他产业的重要经济特征。所谓外部性，是指经济主体因第三者进行的经济活动而获得无须支付报酬的收益，或遭受无法索取补偿的损害。其来自于社会边际净产值与私人边际净产值之间的差额。英国经济学家皮古最先区分了这两种资源边际净产值概念，并揭示其含义（林富松，1982）。所谓社会边际净产值，是指在任何用途及任何地点，由于资源的边际增量所产生的实物产品及服务的净产值的总和，而不管其各部分为何人所获得。而私人边际净产值是指，在一定用途及地点，由于资源的边际增量所产生的实物产品及服务的净产值总额中由资源的投入者所获得的部分。社会与私人边际净产值之间的差额就是所谓的外部经济效应。它可以是正的（外部收益），也可以是负的（外部成本）。也就是说，边际社会收益等于边际私人收益与边际外部收益之和，边际社会成本等于边际私人成本与边际外部成本之和。外部性广泛地存在于经济生活之中。但是，农业作为一个生产部门，显然具有外部性较强的特点，或者说外部性对于农业生产活动具有较大的影响效果。农业生产活动强烈地依赖于自然、生态环境。气候、土壤、植被、水体等皆对于农业活动有直接的影响。同时，农业又是与外界环境进行交换的生产活动，其发展反过来影响或改变自然、生态环境。因此，农业中私人成本或收益，总是与社会成本或收益有一个较其他产业为大的差别。这种外部性表现在两个方向上，一方面私人耕作者对环境的侵害，提高了农业的社会成本；另一方面，整个环境的恶化又给有关的农业经营者带来很大的私人成本。相反，每个经营者积极地改善和优化环境的努力，会降低社会成本；整个环境的改善又能给私人经营者带来正的社会收益。如果说，与环境所进行的物质交换导致生产活动中社会收益与私人收益之间的差别，在许多产业中或多或少都存在的话，农业作为"没有围墙的工厂"则在资源使用、产权保护等方面具有更为独特的外部性。由于农业生产场所没有围墙，不能像工厂、商店那样把自己的生产资料和生产成果锁起来保护，因而对于偷盗、侵权占用防不胜防。经营者常因他人的产权侵犯而付出较高的私人成本。同时，他也常有机会通过侵犯他人产权而获得较高的私人收益，因此，农业中保护产权的费用是很高的。这种交易费用主要有两种支出方式，根据不同的具体情况而采用：其一，承认偷盗者的权利，留出一部分利益以为不致丧失全部产权的代价。其二，坚持所有者的权利，付出代价直接保护自己的资源和成果，以排斥他人分享和侵占。

对于外部经济问题，皮古主张依靠政府的介入加以解决。例如，采取征税或补贴的方式弥合边际社会收益（或成本）与边际私人收益（或成本）之间的差异。概括地说，对于外部性的"皮古解决"是惩罚那些造成外部成本的人，或向他们课税，而补偿或补贴那些引起外部收益的人（马达拉和米勒，1989）。对于外部性的"科斯解决"是截然不同的，科斯否认外部性的存在导致政府干预的必要性，如果为把当事各方召集到一起，进行谈判并达成协议的交易费用很小的话，私人之间可以自行达成协议，解决外部性问题，而无须政府的介入，在科斯著名的"牛吃麦"的例子中，使用了两种相反的假设来推论其"科斯定律"。一种假设是在"对损害负有责任的定价制度"下，种麦人有权向损坏庄稼的牛的主人索取赔偿的情形；另一种假设为在"对损害不负责任的定价制度"下，牛的主人有权让牛吃邻人的庄稼的情形。他的结论是，无论是牛的主人向麦地的主人支付牛吃麦的赔偿，还是麦地的主人向牛的主人支付不要牛吃麦的补偿，都不影响资源的配置（科斯，1991）。

三　农业中经营形式的选择

在前述"牛吃麦"的例子中，科斯假设了不存在交易费用。但我们可以推论，在产权界定清晰和市场机制健全的基础上，经济当事人总可以选择一种组织形式来处理外部性，使得协议之后增加的社会净产值与交易费用之间的差额最大。因此，我们找到了农业经营形式的选择中需要考虑的三个主要变量：产权的界定方式、外部性的程度和交易费用的多少，其中第一项是依赖变量，后两项是独立变量。综合权衡两个变量之后，无论是采取私人的生产方式，还是集体行动，抑或国家干预，目标都是将外部性的处理安排在一个对社会来说最适的状态。以图 1 来说明这种安排。在减少外部成本的活动中，经济主体要付出代价，这包括技术上要求的费用、交易费用和其他非生产费用，因而随着减少外部成本的程度由低到高，经济主体付出的代价递增或边际社会成本提高。相应地，经济主体获得的净收益或边际社会收益则下降。这样，可以想见，经济主体将愿意把外部成本减少到 Q^* 的水平。因为，如果处在 Q_1 的程度，继续减少这种外部成本可以由所获边际社会收益弥补所付出的边际社会成本，经济主体因而愿意继续做出努力和付出代价以减少外部成本；如果处在 Q_2 的程度，经济主体和社会不能用其减少外部成本所获得的边际收益弥补付出的边际成本，他们会缩减其努力和代价。所以，最后的均衡点则为 Q^*。

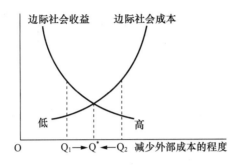

图1　处理外部性的社会最适状态

人们有意或无意地创造或接受一种农业中的外部性要求把农业经济当作公共品生产部门来对待的神话。例如，有人以灌溉、植保、农业科研和推广，以及农业基础设施建设等需要某种程度上的相互配合或集体行动和国家参与为理由，否定农业经营的家庭本位制，但这种批评具有方法论上的缺陷。我们承认，农业中的外部性不仅广泛存在，而且比其他产业来得更为明显。但是，正如前文已指出的，适当经营形式的选择或产权界定层次的决定，并不取决于是否有外部经济存在，而是取决于外部性的程度和交易费用的高低。农业中制度选择的历史和理论，已经把农业中的外部性划分为三个可以相互比较的层次，并依据节约交易费用的原则，赋予这三个层次的外部性以三个相对适宜的形式。

第一，农业的直接生产过程，适宜于在严格界定了私人产权的家庭中进行。首先，农业中的家庭经营也像在任何其他私人产权制度下一样，使生产者获得最大收益，给消费者带来最大剩余，使社会的资源使用效率达到最佳。其次，对于一部分生产过程中的外部性，家庭经营提供了最适宜的解决方式。除了人们讨论颇多的"免费搭车"现象的解决方式外（林毅夫，1989），还有一个饶有趣味的蜜蜂的例子。我们知道，放蜂可以给作物生产者带来外部收益。但在不同的产权界定形式下，对于放蜂人的态度，从而对蜂群外部经济的利用程度是不一样的。在第一种情形下，作物或植物资源为国家所有，国家经营或委托经营。对于放蜂带来的外部收益，没有哪一个具体人得到即时的好处；相反，凭借资源的所有权对放蜂人征税，可以增加财政收入，而财政状况从来是考核在位领导人政绩的重要指标。因此，当蜂群到来时，国有资源管理人倾向于征税。在第二种情形下，作物或植物资源为集体所有，且由集体经营。放养蜜蜂的外部收益，对于集体中的每个人来说过于间接，而且微不足道。蜂群在这里遇到的是漠不关心，来去由之。在第三种情形下，作物或植物资源为私人占有，家庭经营，私有者直接体会到放蜂带来的外部收益，并且愿意付出一定的代价来争取这种外部收益。这个例子可以推广到一系列农业生产中的外部性问题。

第二，对于农业经济过程中，具有强烈而大范围外部性的某些服务，确实需要国家或政府的参与。国家或政府本来就是一系列社会必要服务的制度供给者。在经济领域，除了经济法规的制定和监督执行外，外部经济强的公共品生产领域是唯一适宜于国家直接插手经营的。在农业中，这样的领域无疑是存在的。例如，大范围（跨社区）的水利设施的建设以及管理，是农民家庭和社区集体所无力且没有激励从事的。除了筹集建设资金的能力之外，更重要的是这类设施在使用中的外部性。一个大型水库所提供的服务，常常遍及于一大片地区，各个层次的灌溉渠道往往要通过不同所有者的领地，要排他地使用几乎是不可能的或需付出高昂的保护费用。另一个例子是农业科学研究。这种经济活动，是一种需要投入稀缺资源并生产有用信息和产品的专门活动，超出了迄今为止各种形态的单个农民的能力和兴趣（这个领域技术十分易于模仿，知识创新权的保护费用很高），农用工业企业也只愿意在其可以直接获利的方面提供有限的应用研究。因此，正如舒尔茨明确指出的，"对待现代农业研究的唯一有意义的办法是将大多数农业研究归到公共品的生产领域"（舒尔茨，1982）。

第三，在一定程度和范围的外部性存在，私人的市场解决方式导致过高的交易费用，同时国家出面解决又会制造免费搭车现象，集体行动是一种较为适宜的制度安排。最为典型的便是在"公共池塘资源"的使用中。例如，社区性的生产性基础设施的建设和使用，需要寻求此类服务的私人生产者，通过协商，签约和共同遵守，共同监督等集体行动来完成。一旦以社区为单位达成了这种集体行动的协议，往往便形成了外在于私人产权单位的社区组织，相对独立地提供有关服务。这种制度使得"公共池塘资源"免于因蜂拥而至、过度使用而退化、失效以至消耗殆尽。

四 集体行动效率的理论说明

前面把农业中外部性划分为三个层次和程度，分别建议了三种解决形式。但是，在理解本段论述时，必须注意两个问题：第一，对于外部性的三个层次和农业经济的三种组织形式，并非可以很容易地"到位"。这里面有十分复杂的交叉和多重性质问题等。有时同一生产过程，外部性分别以三种层次的形式表现出来，选择在何时何地利用何种组织形式，是困难的，需要支付相应的学习和试验费用。第二，对于外部性的三个层次和农业经济的三种组织形式，并非一经"到位"，便具有完全的效率。事实上，私人、政府或集体（社区）作为具有经济理性的经济人，会对各种各样的外部环境做出反应。例如，政府作为公共品的提供者，服务及其质量常常会受各种利益集团和压力集团游说行为的左右；社区的集体行动中常常会产生免费搭车现象；私人产权的保护费用常常会过于高昂；等等。好的制度的含义就在于它本身具有适应性创新机制，在制度调整的动态过程中，资源配置趋于最佳。在农业中，集体行动是最富特色的，也是争议颇大、经验教训甚丰的内容，这里拟作为重点来考察。

沃德通过把集体经济（"伊利里亚经济"）与典型的资本主义企业（即产权明确界定的私人经济组织）相比较，揭示其资源配置至少在长期过程中是有效的（沃德，1983）。根据定义，这种集体经济中劳动者和管理者是没有物质动机上的区别的。在只考虑劳动一种可变投入的场合，集体行动成员的利益动机是把生产安排在这样一个水平，在该生产水平下，每个成员的平均收入与平均成本之差最大。我们可以把这个差额与假设的一个原始工资之和称作"充分工资"。在假设一切条件相同的情况下，资本主义企业则是要把其生产安排在边际产出等于由市场决定的工资时的水平上。因此，如果使集体行动中的"充分工资"与资本主义企业中的工资相等，从而在两种企业中边际产出相等，就能使它们两者的产出相等，而做到这一点的条件是利润为零。在考虑多种投入要素的场合，由于集体行动中与劳动的边际产值相等的"充分工资"包含利润份额，因而这里劳动的成本较高。与资本主义企业相比，集体经济倾向于使用较少的劳动，生产较少的产出。但如果市场价格降低到这样的水平，使利润为零，无论集体企业还是资本主义企业都会缩减其投入和生产水平，一直到零利润点或集体企业的充分工资与资本主义工资相等点为止。在竞争的市场中，各种要素通过流动寻找其最优使用，在长期均衡的条件下，要素的配置达到最适状态，因而利润为零。因此，在长期均衡中，集体行动与资本主义企业具有相同的决策结果，因而也具有相同的效率。

阿尔钦与德姆塞茨则考察了这种集体行动的内部激励问题。根据他们的判断标准，"如果经济组织的计量能力很差，报酬与生产率之间只有松散的联系，生产率将较低，但如果经济组织的计量能力很强，生产率就较高"，得出这种集体行动可能会因免费搭车而使效率下降（阿尔钦和德姆塞茨，1991）。在集体行动中，每个成员都有一个包含收入和闲暇的消费函数。正如任何具有经济理性的个人一样，这个集体行动中的个人会根据实际收入与闲暇的边际替代率来调整其消费，使效用最大化。如果对于集体行动中每个人的实际劳动付出不能给予准确和充分的计量和监督，则个人的闲暇成本则低于集体的闲暇成本。这种情形就造成了偷懒，引致集体行动的无效率。事实上，由于农业生产的季节性和空间扩散性，对劳动努力程度的监督典型地具有难度大、费用高的特点（林毅夫，1989）。

在不考虑劳动计量问题的情况下，理论上集体行动是有效率的。而在引进了劳动计量和监督问题以后，又得出因缺乏劳动激励而导致集体行动无效率的结论。虽然人们讨论了通过潜在的集体行动参与者对偷懒的集体成员的竞争，即由于集体成员在集体中是可以获益的，则他们就要顾忌别人是否会将其替换出这个集体，或者这个集体可能因过度承受免费搭车的负担而解体，从而可以把偷懒限制在可以接受的限度之内。但是，既然计量和监督劳动的努力程度，在这里是根本的难题，因此，潜在的竞争者也因难以识别真正的偷懒者以及偷懒的程度从而无法决定替换谁，以及这种替换在经济上是否有利。同时，对于集体行动是否会流产，常常因集体与个人闲暇成本的差别太大而使这种威胁并不对偷懒行为构成约束。此外，在相当多的场合，集体行动是以地域性为特征的。这种社区性质的集体行动有时并不能随心所欲地排斥某些参加者。在一定的范围内，集体行动必须对所有人兼容并蓄，这些人便成为具有天然参与权的集体成员。

五 社区合作的必要性及成功的条件

如果囿于前面提及的两个对集体行动的理论说明及其结论，则人们必然会陷入集体行动能否成功的争论中。但事实是，集体行动在古今中外都有成功的事例，也有失败的覆辙。可以说，在今天这个世界上，集体行动仍然在成功着，同时也在失败着。因此，对这个问题，我们应该讨论的是，集体行动是否必要，其成功的条件何在。正如前面已经证明的，如果集体行动的收益在减去计量、监督劳动的费用之后，仍然大于集体成员单个活动收益之和，则集体行动就是必要的。

在我国，目前人们把农业中的集体行动区分为两大类型：一种被称为专业性合作经济组织；另一种被称为地域性或社区性合作经济组织。所谓专业性合作经济组织，是农民自愿组合起来共同完成（通常是流通、金融领域的）某些特定的服务项目的合作形式。在这种合作中，农民寻求的是那些单个农户不容易自我供给或成本过高的服务，并为这个服务支付代价。他们愿意支付的代价必然小于他们由此获得的收益。所以，这种合作行为本身就说明它存在的必要性。当人们认为有必要将这些以及另外一些服务的提供在一定区域内固定下来，从而形成了农民共同拥有和使用生产资源的领域时，合作经济组织往往就成为地域性的或社区性的。最为典型的情形就是在"公共池塘资源"使用的场合。由于这类资源使用中的外部性，以及这种资源的不可分割性，集体行动就成为必要。归根结底，合作抑或不合作，由其收益的高低来决定，而与是否存在免费搭车现象和是否能够有选择地进行奖惩无关。但后者却能使合作流产。那么，究竟什么是社区合作成功的条件呢？换句话说，在什么情况下，合作最容易成功呢？

第一，这种合作必须是可以选择的，因此，必须存在当合作不再必要时的归宿。让我们假设一种极端的情形，这里有众多的资源使用者，而资源的边界是不清晰的，人们广泛分布在大片地区里，规则十分容易被破坏。而随着需求的增长，公共资源无疑要遭到破坏。因此，这时需要有两种选择，即根据这些资源的特点，分别实行私有化和国家干预。而在这两极之间，就留出了社区性合作经济存在的空间或选择的余地。同时，私有产权和国家干预为社区合作提供了最后的归宿，也是其能够进行选择的必要保障和制度前提。

第二，资源的特点也构成了社区合作成功与否的条件。合作使用的资源越是具有较小的外部性，其产权界定越清晰，合作成功的可能性就越大。这是因为资源的外部性大小及产权界定的明确与否决定了在这个社区组织中监督和计量的难易程度和费用高低。合作经济的存在取决于合作所创造的额外收益减去监督和计量费用后的差额是否为正值，所以低的监督和计量费用有助于合作的成功。同理，合作使用的资源越是与使用者的居住地相重合，社区合作成功的可能性越大。这一条件是相对国家干预和参与而言的。如果所使用资源难以界定其产权边界，并且具有较大的外部性，国家的干预使用便是适宜的制度形式。

第三，资源排他性的技术也影响着社区合作的成功与否。这种技术的成本越高，合作成功的可能性越大。因为如果这种排他性技术的成本很低，资源的划分和产权保护就不仅是可能的，而且是可行的，则合作经济有必要让位于私人经济。

第四，合作成员的特征是合作成功与否的一个十分重要的因素。合作成员对合作所提供的服务需求越强烈，这种服务越是生存所必需的，他们则越愿意为维持这种合作做出努力或牺牲，从而这种合作的成功概率就越大。同时，合作成员数越少，或合作规模越小，相互间达成协议越容易，监督和计量便越容易，其费用也越低，合作成功的可能性也就越大。

第五，社区合作的组织形式及组织水平影响着合作的成败。通常这种社区性的合作宜与以有着天然凝聚力的团体为单位，包括在地缘上具有凝聚力的，如村一类组织；也包括在血缘上具有凝聚力的，如以家族为中心建立合作。为了避免合作社领导人腐败或社区管理集团的贪污等现象发生，社区合作的内容要严格限制在非私人产品或服务的提供方面，而不卷入其他活动。集体行动的范围和程度被界定清楚了，执行人的权利也就明晰了。此外，还应该建立健全有关民主决策的制度，越是能够使合作成员了解合作行动的含义和特点，合作成员也就越能自觉地维护合作组织，成功的机会就越多。

参考文献

[1] 罗伯特·维德：《公共资源的管理：寻求合作的解决办法》，《世界银行研究观察》1987 年第 2 号第 2 卷。

[2] 林富松：《福利经济学的先驱——皮古》，允晨文化实业股份有限公司 1982 年版。

[3] 马达拉、米勒：《微观经济学：理论与应用》，麦格劳—希尔图书公司 1989 年版。

[4] 科斯：《社会成本问题》，载科斯等《财产权利与制度变迁——产权学派与新制度学派译文集》，上海三联书店 1991 年版。

[5] 林毅夫：《我国农业家庭责任制改革的理论与经验研究》，《发展研究通讯》1989 年第 24 期。

[6] 舒尔茨：《经济学与农业研究》，载达伊编《经济分析与农业政策》，依阿华州立大学出版社 1982 年版。

[7] 沃德：《伊利里亚的企业：市场工团主义》，载《社会主义经济模式问题论著选辑》，人民出版社 1983 年版。

［8］阿尔钦、德姆塞茨：《生产、信息费用与经济组织》，载《财产权利与制度变迁——产权学派与新制度学派译文集》，上海三联书店 1991 年版。

（原文发表于《经济研究》1993 年第 1 期）

乡镇企业与农村劳动力转移

国民经济的格局变动与乡镇企业的发展

陈锡文

1984 年，全国乡镇企业的产值，占到了我国社会总产值的 13.3%，[①] 乡镇五级工业企业的产值合计，占到了全国工业总产值的 16.1%。乡、村两级企业拥有的固定资产净值，已相当于 1983 年全国独立核算国营工业企业固定资产净值总额的 14.11%，而在乡镇企业中就业的非农劳动力，则已相当于 1983 年全民所有制各部门非农就业劳力总数的 62.27%。1984 年，国家财政收入净增数的 14.5%，全国税收金额新增部分的 19.5%，来自于该年乡镇企业新增缴纳的税金[②]；全国能源生产总量的 19.7%，来自乡镇企业的原煤产量。[③] 这些数据都表明，在我国现实经济生活的许多方面，乡镇企业都已占有了不容被人轻视的份额；对乡镇企业地位和作用的评价，再也不应该仍局限在农村内部。

近年来，乡镇企业进入了一个高速增长的阶段。1984 年，乡镇企业的总产值比上年增长了 40%；而 1985 年第一季度，乡镇企业的产值比上年同期又增长了 51%。[④] 这种超高速度的增长，使乡镇企业又一次成为整个经济界舆论关注的焦点之一。对乡镇企业高速增长可能带来的利弊，当然需要进行认真的研究，但要分析清楚乡镇企业之所以会高速增长的原因，却不能不涉及对国民经济增长原有模式和机制的评价，也要涉及对今后国民经济发展及其格局变动的判断。因此，即使是只对乡镇企业的发展速度问题进行评价，也应当将乡镇企业与整个国民经济的格局问题联系起来分析。本文谈些

---

① 见《经济日报》1985 年 6 月 10 日。
② 同上。
③ 同上。
④ 同上。

粗略的意见。

一

与其他国家相比较，中国特殊性的一个重要方面，就是哪怕只从经济的角度分析，也不能将农村问题简单地归结为农业问题。这个问题之所以必须首先提出，是因为在我国农村中至今尚滞留有数量惊人的超过农业需要的人口。

据世界银行统计，1982 年，我国人口约占世界总人口的 22.1%，但我国的城市人口却只占世界城市人口总数的 11.6%，而我国的农村人口则占世界农村人口总数的 29.2%，其中处于劳动年龄（15— 64 岁）的我国农村人口，占全世界农村处于劳动年龄人口总数的 32.7%。① 也就是说，全世界每三个处于劳动年龄的农村人口中，就有一个是分布在我国的农村。但我国的农业自然资源，在世界总量中所占的份额却远没有这样高，例如耕地，我国只占有世界耕地总面积的不足 9%。② 占世界总数 1/3 的农村劳动人口，只能与世界耕地总面积的 1/11 相组合，这就是中国农村发展所面临的极其严峻的困难之一。显然，要使中国农村富裕起来，必须通过一条相当独特的发展道路，以改变这种明显不合理的农村资源配置才有可能。

在世界范围内与其他国家进行一些必要的比较，既有利于加深对我国农村发展所面临困难的理解，也有利于我们在选择经济发展道路时保持清醒的头脑。从世界银行对 126 个国家 1982 年经济状况的统计数据中③，我们可以得出这样三点认识：

（1）除个别天赋资源丰厚而人口较少的国家外，一般国家在达到人均国民收入 800 美元时，农业劳动力所占社会总劳力的比重都低于 60%。

（2）大国④在人均国民收入超过 800 美元时，农业劳动力所占比重一般都低于 50%，而城市人口大多占总人口数的 40% 以上；特大国家⑤在人均国民收入超过 800 美元时，农业劳动力所占比重比大国更低，而城市人口占

---

① 见世界银行《1984 年世界发展报告》。
② 对于我国的耕地面积，近年来有多种说法，此处按 20 亿亩计算。
③ 这些统计数据，见世界银行《1984 年世界发展报告》。
④ 国际上通常将人口超过 2000 万的国家列为"大国"。
⑤ 这里系指人口超过 1 亿的大国。

总人口的比重较大国更高。

（3）与人均国民收入或人口总数方面较为接近我国的特大国家①相比，我国或是在农业劳动力的比重上显得过高，或是在农村人均耕地占有量上显得过低。

到20世纪末我国要实现的经济目标之一，就是实现人均国民生产总值800美元。要实现这一目标，从上述三点认识来看，结论只能是设法降低我国的农业劳动力比重，同时提高城市人口的比重。所有已经达到人均国民收入800美元的国家，尽管所走过的发展道路各不相同，达到人均国民收入800美元之后的状况也有巨大差异，但在劳动力结构和人口分布的变动方面，却无疑都与上述结论具有一致之处。我国当然没有理由忽视这种世界性的经验。

但是，如果农业劳动力比重的降低，与城市人口比重的提高，在我国也能够同步发展，中国农村发展所面临的困难就远不至于如此严峻，中国经济的发展道路也就不会有其相当的特殊性。

我国曾经参照苏联经济发展的模式走了30余年。从斯大林关于"工农业产品交换的剪刀差"的大量论述中可以看出，早在20世纪五六十年前，苏联政府就在自觉地建立这样一种经济发展模式：先从农业中提取城市和工业发展的资金，然后再在城市和工业发展的基础上，通过对农业的财政补贴、技术援助和吸收农村劳动力的途径，来提高农业的集约度，实现农村的发展。且不论这一发展模式曾给苏联农民带来过怎样的遭遇，但从60年代开始，它毕竟在苏联显示出成功的一面：苏联农业劳动力的比重，从1960年的42%降低到1982年的14%，而同期城市人口则由占总人口的49%提高到63%②。显然，我国采用苏联的经济成长模式，至少在劳动力结构与人口分布的变动上，并没有取得像苏联那样的成功。其原因是多方面的，需要另作专门的分析和研究。但能凭直观判断的重要原因之一，是苏联不曾遇到过像我国这样的巨量农村人口。由于存在着这样巨量的农村人口，按苏联模式发展国营工业的资金动员能力当然也是巨大的。但是，由于原经济体制造成了工业投资效益的低下，致使国营工业体系的发展，甚至还不能完全满足城市人口自然增长所提出的对新就业岗位的需求。因此，我国在国民经济的成

---

① 这里指的是印度尼西亚和印度。
② 见世界银行《1984年世界发展报告》。

长过程中，不仅参照了苏联那种工农业分离发展的模式，而且不得不采取比苏联更为严格的城乡基本上隔绝的措施，以保证城市居民的就业和收入水平能与他们看得见的国营工业的发展水平大体相称，于是，我国农村发展面临困难的症结，就可归结为：国营工业体系发展所新创造的就业岗位，不能被有效地用于农业劳动力比重的降低，由此也就直接抑制了城市人口在总人口中比重的提高，同时也抑制了农业劳动生产率的提高。

在参照苏联模式发展经济的过程中，我们在很长一个时期内对城市工业化吸收农业劳动力的可能性估计过高，因此，事实上并没有意识到要去另辟一条农民从耕地上转移出来、发展非农就业的有效途径。结果，在坚持30余年城乡基本上隔绝的体制下，造成农村滞留了大批的劳动力。正是从这个角度，我们有理由认为，在我国农村，就业问题比农业问题存在更大矛盾。诚然，在城市工业化的进程中，国家在财力和物力上对农业给予了大量的返还，然而，农业集约度的提高，如果不能导致单位面积耕地上活劳动消耗的减少，那么投资本身也就失去了它的经济意义。而事实上，也正是由于现代工业提供的物质技术装备对农业的投入，才更使农民感到了必须有更多劳动力离开耕地的那种经济上的压力。但是，面对原体制下无法打破的城乡隔绝状态，农民只能在农村内部寻找非农就业的岗位。农民的这种愿望，在不允许他们从事非农行业的政策限制和缴纳负担较重的情况下，当然没有实现的可能。党的十一届三中全会后，农村经济体制的成功改革，农副产品收购价格的较大幅度提高，使农民具备了将这种设想付诸实施的政治的和经济的条件。于是，乡镇企业才获得了蓬勃发展的可能性。

在城乡隔绝的体制下，发展乡镇企业无疑是降低农业劳动力比重的唯一可行途径。到1984年底，在乡镇企业中就业的农村劳动力，达到了5206万人，约占农村劳动力总数的14%；[①] 其中非农就业者，有4924万人，相当于1983年国营工业系统职工总数的138.6%。如按目前农村平均每一劳动力负担的人口（1.91人）[②] 折算，在乡镇企业中就业的非农劳动力，负担着约9400万人口的生活；而这部分收入可以不再依赖于农业的人口，相当于1952—1976年我国市镇人口增加的总和。[③] 我国户籍制度下的市镇人口，

---

① 见《农民日报》1985年5月3日。
② 见《中国统计年鉴（1984）》。
③ 同上。

再加上这部分由乡镇企业发展而造就的非农人口，已使我国实际上的非农人口比重，占到总人口数的32%左右。同时，由于这部分非农人口的产生，使我国每一农业人口和农业劳动力的平均耕地占有量，在统计上增加了13.7%和17.9%，这对于我国农业扩大经营规模、提高集约化程度的前景，无疑也带来了新的希望。

由此，从乡镇企业的发展中，我们找到了一条有别于其他国家的降低农业劳动力比重的特殊发展道路，这就是，从耕地上转移出来的农业劳动力，可以不大量涌入城市，开辟自己扩大非农就业的途径。很明显，对于我们这样一个农村人口众多，而城市人口又需享受大量财政补贴的国家来说，乡镇企业的兴起，其意义已经远远超出了农村本身的发展，它对于国民经济体制的总体改革，对于实现我国在20世纪末实现人均国民生产总值800美元的目标，都具有直接的推动作用。

二

乡镇企业的蓬勃发展，表现了我国农村极其丰厚的劳动力资源不甘囿于20亿亩耕地，而要求加入到国民经济大系统运转中来的强烈愿望。这种愿望的实施，将从一个侧面对改变我国现有的工农、城乡、就业、收入分配等格局起到有力的推动作用。改变8亿农村人口在国民经济系统中的地位和作用，显然与国家制定的在20世纪内要实现的经济目标具有高度的一致性，因此，乡镇企业的发展绝不仅仅是农民的事情。乡镇企业已经表现出的巨大能量，要求将它的发展纳入整个国民经济全局的视野之内，并将它与国民经济已经和将要发生的格局变动联系起来作通盘的考虑。

乡镇企业中比重最大的是工业。1984年，乡镇企业的工业总产值达1254亿元，相当于1983年华北、西北和西南三大区除四川省外其余14个省、市、自治区全民所有制工业总产值之和；在乡、村两级工业企业中就业的职工人数达3232.4万，相当于1983年全国全民所有制工业部门职工总数的91%。这样一支规模宏大的"农民的"工业队伍，显然需要尽快在我国的工业体系中找到它的恰当位置。

众多发展中国家的经验和教训都证明，在从一个农业国向工业国的发展过程中，工业的发展战略必须能够同时满足多重的经济目标，其中应当包括工业生产能力的提高、更多就业岗位的提供和日趋合理的收入分配体系的形成，否则，就难以避免社会落入"双重经济结构"的窠臼。在落后国家中，不建立起一系列大规模的现代化工业企业，就不能形成自己相对独立的工业体系。但是，现代化的大型工业企业，往往一方面需要最大限度地使用国内已有的基础设施，吸收国内技术和管理人才中的精华，另一方面则免不了要采用进口的技术和设备。因此，这类企业的分布一般都难以离开城市或已有的工业区，同时，它所需要的巨额投资与它所能创造的就业岗位往往极不成比例。因此，现代化的大型工业企业，有可能成为向工业化提供积累资金的重要源泉，也能够成为提高国内整个工业体系技术层次的向导，但在创造充足的就业、实现城乡及区域间合理的收入分配格局等方面，却显然并非是其所长。所以，不能将工业化等同于单纯地发展大规模的现代化工业企业。

从这个意义上讲，落后国家的工业发展战略，应该使整个工业体系表现出技术和规模上的层次性，从而使工业的发展能够提供与国内劳动力资源相称的就业机会，并以此来实现城乡及区域间的收入分配的相对平衡。

我国乡镇工业的发展，已经为建立工业体系中低技术和小规模的层次做出了巨大的贡献。现在，它迫切要求与城市的国营工业系统进行某些必要的分工，以避免与城市国营工业系统在低技术层次上对低档次产品的过度竞争。没有这种分工，所谓的乡镇工业与城市"大工业"争原料、争能源、争市场的矛盾就不可能得到根本上的解决；没有这种分工，不仅将影响乡镇工业发展空间和农民非农就业机会的扩大，而且也将使我国的城市国营工业系统继续受低技术层次和低档次产品的拖累，难以实现产业的高度化。这显然将降低城市基础设施的使用效率，并使高质量的技术和管理人才得不到合理的使用，从而降低整个工业的素质和作用。

在这两个工业系统之间进行必要的分工，首先，需要通过技术和经济上的联系，将这"两张皮"贴到一起，使其成为一个完整的国内工业体系；其次，需要对国内外的市场需求，做出某些粗线条的划分，以确定用不同技术层次的加工能力，来满足不同的市场需求；最后，还要区分某些同一产品的不同加工阶段，使产品加工链条上能够分解的各环节，在不同的技术层次中逐步完成。这样，就可能使我国的工业化过程，与城乡一体化的发展结合起来，使不同技术和规模层次的各种工业企业，能够互为补充、相得益彰，从而最大限度地提高每一层次工业企业的生产效益。

总之，对可能在较长时期内都将处于低技术和小规模层次上的乡镇企业的作用不可低估。乡镇工业不仅对国民收入的增长具有它不容人们轻视的贡献，更重要的是，它在创造就业岗位，并以此可以较直接地实现城乡及区域间收入分配的相对平衡方面，具有国营大工业难以比拟的长处。在我国，如果乡镇工业的发展受阻，巨量农村人口的就业和收入就只能都依赖于农业，这无疑将导致农产品成本不断提高。如果不想因此而扩大城乡之间的收入差距，它的后果，只能或者是降低城市居民的实际收入水平，或者是提高国家财政对农业的补贴，这显然又背上了原经济模式解不脱的老包袱，将对国民经济的体制改革和格局变动形成巨大的障碍。因此，必须使乡镇企业的发展能够有继续开拓的空间。而这需要国营大工业系统努力提高自己的技术层次和产品档次，逐步实现产业的高度化来做保证。

三

在以往严格的计划经济管理体制下，乡镇企业基本存活于计划外的空间，乡镇企业的成长过程，就是它们在计划的缝隙中碰撞的过程。在提出有计划的商品经济之后，由于保障商品经济发展的许多必要章法还来不及健全，而长期囿于自给半自给经济的农村人口，也还缺乏从事商品经济活动的经验，因此，在乡镇企业的发展过程中，难免存在着某些盲目性和混乱现象。克服这些问题，是使乡镇企业纳入国民经济大系统的必要前提，也是乡镇企业保持健康发展势头的重要条件。而经济全局目前要求控制基建投资和消费基金盲目扩大的宏观背景，正使乡镇企业遇到了认真进行必要整顿的极好机会。

乡镇企业的整顿，既有微观经营层次上的内容，也有中宏观管理层次上的内容。

在微观层次上，乡镇企业需要认真对待产品质量不高、产销不对路和财务管理混乱等方面的问题。据有关部门的统计分析，江苏、山东、河南、山西、湖南五省乡镇企业目前的产成品资金约占全部定额资产的42%，应收款约占全部流动资金的36%。定额资产中产成品比例大，流动资金中应收款项多，虽然可能是由于多种因素综合作用的结果，但产品销路不畅、企业财务管理混乱，无疑是其中的两个重要因素。按有关部门的匡算，目前全国乡村两级企业中多占用的产成品资金和各种应收款项，相当于1984年乡镇企业贷款总额的2/3。在国家严格控制信贷规模的条件下，如不认真提高产品质量，根据市场需求的变动来组织适销品的生产，以降低产成品资金的比重，同时积极地清理应收款项，乡镇企业发展所需的流动资金就将进一步短缺。这对于现有乡镇企业的正常生产，不能不说将是一个极为严重的困难。

在中宏观层次上，应当强调完善对乡镇企业的管理体制，使这种管理体制既能督促乡镇企业遵纪守法，又能对乡镇企业的发展起到积极的促进作用。最近一个时期以来，揭露出了极少数乡镇企业在不法分子的把持下，大肆制造和推销伪劣产品的违法现象，对这些不法分子和违法现象，当然必须给予严厉的打击。但是，应该看到，这种违法活动的产生，与乡镇企业的发展并不存在本质上的联系。重要的问题在于，这些违法活动的存在，暴露出乡镇企业管理体制上的混乱和漏洞。完善乡镇企业的管理体制，当然不仅仅是为了打击极少数不法分子，它的重要任务在于，训练出一大批懂得商品经济规则，讲社会主义道德的乡镇企业家，使乡镇企业的发展不脱离社会主义经济的轨道。乡镇企业的蓬勃发展，已经使它成为许多地方财政收入的重要来源之一。正因为如此，在不少地方的乡镇企业管理部门中，出现了两种值得注意的倾向。一是不顾当地的实际能力和条件，盲目批准或制定大上新项目的乡镇企业发展计划。据今年上半年对9个省市的调查，上年开工转入今年续建的乡镇企业新项目有7196个，今年新上的乡镇企业建设项目又有9917个，两项共需设备和流动资金贷款28.3亿元，相当于这些项目总投资额的57.8%，是该9省市农业银行和信用社今年支持乡镇企业新上项目贷款承受能力的3.7倍。这种盲目鼓动和支持乡镇企业大上新建项目的后果，是造成资金使用分散，缺口越开越大，使不能正常生产的企业和半拉子工程大量增加，既增大了信用机构的贷款风险，也使农民承受了意想不到的投资风险。二是有些地方，特别是某些乡、县政府，将乡镇企业看作是自己的"后院经济"和"小金库"，处处向乡镇企业伸手。据有关部门统计，1984年乡村两级企业参加分配的纯利润中，有43.86%上缴给了主管部门，主管部门提取的纯利润额，是企业用于扩大再生产的纯利润额的137.6%，相当于乡镇企业目前设备贷款总额的94.1%。主管部门随意提取乡镇企业利润的做法，不仅削弱了乡镇企业自身的积累功能、加大了对信贷资金需求的压力，而且也会因此形成各种复杂的既得利益关系，使整个农村的管理体制和机构改革增加难度。

对乡镇企业在微观经营和中宏观管理两个层次上的整顿，必将导致一批产品不对路、管理混乱、经济效益差的企业收缩，也将使各地筛选出一批值得大力扶持、发展前景诱人的乡镇企业。应该说，没有这种必要的收缩和对发展方向的进一步明确,乡镇企业的整顿就不可能取得什么实质性的效果。因此,要将乡镇企业的整顿与收缩和发展联系起来。当前,乡镇企业的发展,不仅仅是存在资金短缺的问题,即使是现有资金能有效使用,也还存在着必要物资的供应问题。据湖北省黄陂县的调查,1984年能安排给乡镇企业的电、煤和钢材,分别只占乡镇企业需求量的47.8%、26%和12.3%。各地的情况也都与此大同小异。物资供应紧张,不仅造成物资价格上涨、企业生产成本提高、利润下降,而且使大家都吃不饱,开工不足,造成了相当部分企业生产能力的闲置。因此,必须将"整""缩""发"联系起来,根据实际情况作通盘考虑,运用各种经济杠杆,尤其是运用金融这个杠杆,使该"缩"的企业"缩"下来,该"发"的企业能继续得到支持。

乡镇企业当前的发展还需要认真研究解决资金短缺的问题。1985年,国家银行安排的新增信贷规模中,给乡镇企业的份额只占2.8%,这对于产值已占社会总产值13.3%的乡镇企业来说,当然不能算多。但应该看到的是,乡镇企业内部挖掘自身资金的潜力还是存在的。一是应当认真搞好企业利润的分配和合理使用。1984年乡村两级企业的纯利润中,只有32%被用于扩大再生产,其余的基本都被"上面抽光、企业分光"。可见,通过严格财务制度和银行监督等措施,将企业利润转化为生产基金的潜力还相当大。二是要完善乡镇企业固定资产折旧的制度,并合理使用折旧基金。按1984年乡村两级企业拥有的固定资产净值计算,如果所有企业都能按8%的综合折旧率提取折旧基金,一年提取的折旧费即相当于目前乡镇企业设备贷款总额的60%左右,如能保证这笔折旧基金的提取并做到专款专用,无疑就使乡镇企业在进行技术改造和改扩建等方面,有了一个可观的资金来源。三是要清理应收款、降低产成品比例和处理各种积压物资,这三笔款项如能清理出1/3,也将相当于1985年国家计划给乡镇企业贷款增加额的3—4倍。四是应注意适当控制乡镇企业工资基金的扩大速度。据统计,1984年,乡村两级企业职工的人均年工资收入为621元,比上年增长了14%,已相当于1983年全民所有制单位职工平均工资的72%,相当于城镇集体所有制商业服务业职工平均工资的101%。据有关部门估计,1985年乡村两级企业的工资总额将比上年增加25%左右,因此,乡村两级企业职工的年工资收入可望达到700元左右。从中筹借10%左右的份额,对于职工的生活不会带来多大的影响,而整个乡镇企业则可多增加二三十亿元的资金来源。从经济体制改革的全局来看,适度控制乡镇企业工资基金的增长,也有利于城市职工对改革在近期内可能带来的收入提高，有一个恰当的期望，从而使城市改革中的摩擦系数进一步降低。

在国家严格控制信贷规模的宏观背景下，乡镇企业发展所需的资金，应当主要依靠自身的积累来解决。但挖掘乡镇企业自身积累的潜力还只是问题的一个方面，如何把握乡镇企业资金运动的特点，根据乡镇企业资金运动的规律来实现资金的融通，则是问题的另一个重要方面，而我们在金融工作中显然对后一个方面还重视不够。1984 年，乡镇企业的总产值中，第二、第三产业的产值占 96.9%，这表明，乡镇企业的资金运动，实际上并不具有农业资金运动的特点和规律。因此勉强地将乡镇企业的资金与农业资金混同起来，交由一个金融机构管理，这往往不是对乡镇企业的发展带来不利的影响，就会在某些时段内对农业的发展带来不利的影响。尽管农业银行目前已将乡镇企业的信贷资金进行单独管理，但它的主要目的在于严格控制乡镇企业的信贷规模，而不在于充分照顾乡镇企业资金运动的自身特点，因此，它很难起到使乡镇企业在资金运动方面与整个社会的第二、第三产业建立必要联系的作用。乡镇企业由于其自身内部产业构成的特点，使得它的资金运动更趋近于工商业资金运动的特点。在乡镇企业发展规模已经相当大的今天，应该考虑将乡镇企业信贷资金的管理，逐步从农业银行中分离出来，建立专业性的乡镇企业银行或小企业银行，至少也应使具体负责乡镇企业信贷资金管理的部门具有相当的独立性，并注重与主管工商业基建和流动资金的专业银行沟通信息。只有这样，才能使工商业的投资方向、生产与网点布局等跳出原来那种城乡隔绝的模式，从而使乡镇企业真正加入到国民经济的大系统中来。

乡镇企业的发展，使人们进一步认识到农村、农业和农民这三个概念之间的联系与区别。中国的特点和已经走过的发展道路，并没有使农村的概念逐步单纯化为等同于农业，而是使农业只成为农村中的一个产业。由此而来的，就是对中国的农民，提出了在农村中选择不同就业岗位的必要性。显然，传统意义上的"农民"概念，已经不能包括今天中国的农村人口。这正是乡镇企业的发展所带来的农村经济格局和农民就业格局大变动的结果，它正改变着我们国家传统的收入分配格局，从而也改变着我们国家传统的城乡格局。不难想象，乡镇企业的进一步发展，将怎样有力地推进整个国民经济格局的变动，使其更顺利地朝着我们民族在 20 世纪内要实现的经济目标发展。

（原文发表于《经济研究》1985 年第 10 期）

新发展方式与中国的未来

邓英淘

一 引言

中国能否实现四个现代化，以及如何、何时实现四个现代化，这些问题一直在困扰着每个中国人。然而，它们的答案，随着时光的流逝却变得越来越不明确。当前的所谓"球籍"问题的讨论就充分说明了这一点。

（一）提出问题的背景：困难而复杂的"三体"问题

实际上，上述问题的答案，尽管与当前我国所进行的体制改革的具体内容有着极为紧密的联系，但却远不是它所能独立地予以解答的。还有两个基本问题，也对上述问题的答案有着不可忽视的重大影响。其一是中国应该选择一种什么样的长期发展方式——这是本研究报告的主题；其二是中国应该在国际经济、政治和战略格局中扮演何种角色，发挥何种作用，受到这种国际大格局的何种影响，以及中国应该如何处理国际关系，使其向利于自身的方向演进。

应该说，这个"三体"问题——中国的外部环境、内部构造及它的目标和演进轨道——之综合解，直接决定了中国现代化的方式与成败。在这"三体"之间既有相互联系的侧面，又有彼此独立的内容。

例如，即使找到了一种合理的体制，但如不能寻求到一种合理的长期发展方式，中国的现代化能否成功仍是疑问；又如即使在这两个方面都有正确的选择，但如在国际关系方面出现重大决策失误，也会使中国的现代化难以成功。

在内部构造方面，我们自己的经验和教训已充分证明了这个问题的重要性，尽管如何做出正确的选择还远未完成。但另外"两体"却还未引起人们的足够重视。仅仅从我们自身的经验来看，确实难以说明这"两体"的重要性，以及相关的错误决策的灾难性后果。为此，必须从世界各国发展的历史经验和教训中吸取更多的教益。

第二次世界大战后，许多非西方欠发达国家以西方发达国家实现现代化的发展方式（我们称之为"经典的发展方式"）为楷模，采取了一系列对西方开放，引进国际资本，输入西方科学技术和以经济增长为优先目标的发展政策。许多西方发达国家还在联合国的主持下，在技术、资本和资源等方面给非西方欠发达国家较大援助。从 1960 年至 1970 年，许多非西方欠发达国家也确实实现了经济（确切地说是 GNP）的大幅度增长，其年平均增长率达到 5.2%，高于同期发达国家的 4.9%。

但是，一个明确的事实是 GNP 虽然增长了，经济结构（无论是国内还是国际方面的）却日益恶化了。这主要表现在以下几个方面：第一，尽管有些欠发达国家和发达国家之间的差距已经缩小，但大部分穷国与发达国家之间的差距，无论是在名义收入还是在实际收入上都变得更大了。第二，贸易条件长期恶化，甚至在制成品出口贸易方面也处于不利的地位。第三，发达国家的跨国公司几乎渗透到不发达国家每一个经济部门，控制了欠发达国家的许多经济命脉。第四，发达国家的任何一种经济波动和不景气，都可以通过国际贸易和跨国公司的活动，成功地转嫁给欠发达国家，使欠发达国家蒙受巨大的损失。第五，欠发达国家的外债负担日益加重。总之，绝大多数非西方欠发达国家 30 多年来的发展实践证明，"经典的发展方式"对于它们来说是行不通的。而且通过实施这种发展方式，一个以西方发达国家为主导、以不合理的国际分工为基础的世界经济格局已经形成，它正成为欠发达国家自身现代化发展的严重障碍。

这种历史经验表明了以下几点重要的判断：第一，这些欠发达国家的意识形态各异，经济和政治体制也不相同（其中不乏采用市场经济体制的国家），但普遍采用了"经典的发展方式"，结果是平均成绩不佳。由此可见，发展方式的选择有其独立的意义，并不会因政治、经济体制的选择而自然地解决。

第二，我们不可能指望发达国家对欠发达国家采取一种宽宏和真诚援助的态度。撇开意识形态、政治制度、经济体制这些因素不谈，在发达国家之间存在着一种战略上的默契，即维持乃至强化历史上形成的不合理的国际经济格局——这是它们共同的根本利益的核心和要害，因为这样最有利于保持它们的优势地位。如果认为，发达国家会帮助欠发达国家强大起来（尽管在发达国家中确有少数这样的政治家），那就未免过于天真了。在这种性命攸关的要害问题上，发达国家的绝大多数政治家、企业家，是从不会含糊和动摇的，他们的基本哲学十分明确，那就是：弱肉强食。

在生态学中，捕食者（如狐狸）和被捕食者（如兔子）的模型从唯象的角度对上述现象做出了形象的说明。因此，长足的发展和进步，必须想办法扭转自己在国际经济格局中所处的不利地位——被捕食者的地位。第二次世界大战后 30 多年的历史经验表明，大多数不发达国家的开放方式并不成功。尽管它们早已实行了不同程度的对外开放（不少国家还相当彻底），但对自身不利的、不合理的国际经济格局不仅没有被削弱，反而有所强化。这种深刻的历史教训，非常值得我们重视，那就是不同的开放方式的后果是极不相同的，甚至可能是完全相反的。因此，问题不能仅仅归结为是否对外开放，更为重要的是如何开放。由此，我们不难看出，不发达国家采用何种方式处理国际政治经济和战略关系的问题，有其独立的重大意义。当前，南南合作以及建立国际经济新秩序的各种呼声和活动，说明了欠发达国家的觉醒：必须调整自己的对外开放方式，加强相互间的合作，打破那种已经形成的、存在很大惯性的不合理的国际经济关系格局。

第三，西方的现代化理论认为，西方国家与非西方国家具有同样的历史，都要经过传统和现代化两个阶段，二者的区别只不过是有先有后、时间有长有短而已；而依附理论则认为，西方国家与非西方国家虽然都曾经有过"未发展"的历史，但自从两者相互接触以后，便开始了完全不同的历史，前者由"未发展"阶段进入了"发达"阶段，而后者则由"未发展"阶段进入了"欠发达"阶段。

这种看法在一定程度上，可由现代数学中的分歧理论作出唯象的解释：非线性系统对初始条件极为敏感。也就是说，早发达国家由于特定的初始条件，以"经典的发展方式"实现了现代化，而这个过程恰恰又使上述初始条件不复存在。因此，在第二次世界大战后，大多数欠发达国家所面临的初始条件已和一二百年前大不相同。当前发达国家在国际经济格局中所处的主导优势地位，已成为欠发达国家目前所面临的新的初始条件的重要部分。我们猜测，战后大多数欠发达国家在进行自身现代化的过程中屡受挫折与此有着重要联系。

至此，可以引出一个自然的判断：面对当前不合理的国际经济关系，大多数不发达国家不仅要改变自己的对外开放方式，同时也要相应地调整自己的发展方式。这就说明了在对外开放方式和自身发展方式之间存在着密切关联。

总之，不发达国家，特别是中国，在上述"三体"问题上，同时面临着巨大的变革任务。充分吸取战后不发达国家的历史教训，在上述几个方面及其关系上少犯同样的错误，将会对我国的四化大业产生巨大的促进作用。

（二）本项研究的目的

我们研究发展方式的最初想法可以追溯到 1984 年底。当时我们明显地感到中国的现代化既不应该也不可能走发达国家的老路——"经典的发展方式"。同时，我还隐约地感到，当时在国内比较流行的，以满足人民的基本需要为主要目标的发展方式，对于实现中国的高度现代化，也存在很多缺陷和不足。正是两种直觉促使我们开始对这一基本问题进行研究。实际上，对于中国而言，现代化不仅意味着实现既定目标的最终水平，而且首先意味着对各种现代化目标的综合取舍（这当然包括对现代化过程中的很多表象进行识别和抛弃），以及对实现这些目标的发展方式或道路的选择。

为了看清这些问题的意义，有必要回顾一下大多数不发达国家在战后30 多年中，在选择发展方式方面所经历的艰辛历程。

前文已经说过，不发达国家在战后首先做出的选择是实施"经典发展方式"。尽管有极少数国家以此获得了较大的成功，但大多数国家则以失败而告终。随后，约在 20 世纪 70 年代中期，大多数欠发达国家放弃了这种发展方式，转向了以满足大多数人的基本需要为主要目标的发展方式。这种发展方式强调每人摄取热量、预期寿命和识字率等一系列综合指标。从当前的情况来看，这种发展方式取得了一定成绩，但总的说来，并不十分突出。不发达国家在一系列根本性的问题上，特别是普遍的贫困问题上，并没有得到较好解决。因此，目前这种发展方式渐渐不受重视而隐居幕后，而强调经济增长的看法又开始重新活跃起来。

中国的情况则有些例外。自 1949 年以来，我们的发展战略屡经变更，但重视解决人民的基本需要则始终被置于较高的地位。同时，从大多数社会主义国家的经验来看，原有的集中的计划经济体制在解决普遍的贫困问题上是卓有成效的，但在解决普遍富裕和高度现代化的问题上则遇到了很大的困难和障碍。对此，很多人把问题的症结仅仅归结为原有的经济体制。但是，通过前文的分析，不难看出，这个问题并不如此单纯，而是要复杂得多。

当今中国 90% 以上的人的温饱问题已经解决。因此，以满足大多数人的基本需要为主要目标的发展方式已无很大的用武之地。而战后大多数欠发达国家采用"经典发展方式"所经历的悲剧又给我们敲响了警钟：不能盲目照搬西方发达国家的现代化方式。在这种情况下，我们面临着一次新的重大抉择，即用何种发展方式来实现自身的现代化？中国能否成为一个新的例外：沿用"经典发展方式"实现高度现代化？如果不能，那么替代的发展方式是什么？对这些问题做出分析和判断，构成了本项研究的主要内容。

二 在双重压力下选择长期发展方式

在新的消费阶段到来之时，必须对新的消费需求的形成给予高度重视，它直接涉及长期发展方式的选择。

将对我国新成长阶段"需求形成"问题发生持续的甚至是决定性影响的，有两个迄今尚未引起人们足够重视的因素：第一，发展中国家一旦步入温饱有余的阶段，就会越来越强烈地感受到发达国家的生活方式对它的"示范"影响。第二，发展中国家的经济增长，在低收入阶段很少显现的物质制约，将随着经济总规模的扩张和生活质量的提高，愈益明显起来。在这双重压力的挤压之下，中华民族的全部智慧和能量能否凝聚起来，形成一致而有远见的民族意识，实在是同中国今后的长期发展命运攸关。

为了防止我国经济的发展受到短见的支配，为了防止在这些短见的支配下，经济增长所形成的有限剩余配量失当，从而失去为未来发展奠定可靠基础的可能，为了防止国民经济的结构变革反引出消极的后果，使我国长久地徘徊于新成长阶段的门槛，而不能取得社会经济的实质性进步，我们有必要对我国长期发展方式的选择问题进行更彻底的探讨。

（一）中国面临着协调人与自然关系的严峻考验

任何一个国家的经济活动都是在一定的资源限制内进行的。虽然技术和工艺的进步可以改变这种限制的程度、范围和形式，但并不能从根本上取消这种限制。在一个相当的程度上，这种限制直接和间接地影响着这个国家的经济活动类型，并对这个国家的生产和消费方式起着最终的制约作用。

1. 中国主要资源的人均占有量

表1把中国的主要资源人均占有量与世界平均水平加以对比。表中的数字都是以中国为10亿人、世界为45亿人计算的，时间约在1982年前后。

表1　　　　　中国主要资源人均占有水平与世界平均水平的比较　　　单位:%

资源	我国人均占有量为世界平均水平的百分比
国土	32
耕地	32
林地	13
草原	33
可用于农林牧业的土地（包括尚未开垦的荒地）	31
森林蓄积量	13
淡水	24
煤（地质储量）	47
其中：可开发水电量	40
石油（地质储量）	32—64
水能（总储量）	61
其中：可开发水电量	81
铁矿（探明储量）	48
铜（探明储量）	29
铝（工业储量）	33
钨（工业储量）	225
锡（探明储量）	70
稀土（工业储量）	338
钛（探明储量）	100
镍（探明储量）	25
铅（探明储量）	54
锌（探明储量）	100
硫（探明储量）	85
磷（探明储量）	52

从表1中可见，我国主要资源的人均占有水平，除了钨、稀土较高外，其他均低于世界平均水平，相当多的资源人均占有水平不及世界平均水平的

1/3。一些对经济的长期发展有重要制约作用的资源，如淡水、耕地、能源、铁矿等，我国的人均占有水平不及世界平均水平的1/2。

2. 中国主要资源的分布特征

若从黑龙江黑河至云南腾冲画一条线，大约90%的人口集中在这条线以东地区，而大部分资源特别是矿产资源分布在这条线以西地区。后一类地区多属山地、峡谷、高原、荒漠，地下资源虽丰富，但地面条件差，生存不易。这种人口与资源分布脱节的状况，给生产的合理布局和经济的协调发展带来较大的困难，而且不可能完全通过大规模的移民来解决。

我国的淡水资源人均占有水平不及世界平均水平的1/4，而且在空间、时间和形态方面的分布也很不均衡：从空间上看，大致是东南多、西北少，由东南向西北递减；从时间上看，全年60%的雨水集中于夏秋的3—4个月，而且多以暴雨形式出现；从形态上看，约有70%的地下水分布在地表水比较丰富的南方。

从能源和淡水资源的关系看，我国这两类重要资源的分布不仅极不平衡，而且极不相配。淡水资源丰富的南方，由于缺少能源，影响了经济的发展，而北方缺乏淡水资源，使其能源丰富的优势也难以有效地发挥。

总之，从水、土、能、矿、加工能力和人力资源（包括质量和数量）的分布看，我国的状况是极不均衡的，而且搭配也极其不利。

我国的生态和环境仍在进一步恶化，同时，资源人均占有水平低、资源分布极不均衡且搭配十分不利，构成了我国今后长期发展的物质制约。这对在12亿人口基础上实现人均1000美元收入的发展目标产生了不容忽视的强制性约束。在这种条件下，任何只顾近中期增长的短浅看法和政策，无疑会进一步恶化我国长期发展的物质基础。

（二）来自国际比较的压力

目前，我国已经感受到了发达国家"消费示范"的某种压力。这种压力来自中国与发达国家已有的社会、经济发展水平的差距。随着我国对外开放政策的实行，这种差距必将为更多的人民群众所了解。当我们使用中长期的眼光进行判断时，应当充分估计到，我国经济发展所承受的"消费示范"的压力将长期存在，并且会日益强烈起来。

1. 小康水平的比较

据世界银行的推算，1980年我国人均国民生产总值为300美元（1980

年美元）。假定 2000 年我国人口为 12 亿，并且假定实现了翻两番。那么，2000 年我国人均国民生产总值为 1000 美元（1980 年美元），约合 5000 元（1970 年美元）。这比 1960 年的世界人均国民生产总值还要低，只相当于日本 50 年代末的水平，看来这个估计偏低。

我们根据资料对世界银行的推算做了调整，估计 1980 年我国人均国民生产总值为 410 美元（1980 年美元），约合 205 美元（1970 年美元，下同）。如果上述假设不变，至 20 世纪末，我国人均国民生产总值为 700 美元，相当于 60 年代中期的世界人均国民生产总值和日本 60 年代初的水平，看来这个估计较为适当。

根据上述推算，假定将 1960 年和 1970 年的世界人均国民生产总值作为 2000 年中国人均国民生产总值的下限和上限，则这一档次上的世界消费水平，对 20 世纪末的中国来说，也是一种难以承受的重负。

如表 2 所示，到 20 世纪末，与世界 1960 年或 1970 年的水平对比，我国问题比较突出的项目有：一次能源、发电量、钢铁、汽车、化纤、硫酸、电冰箱、牛奶、捕鱼量和木材采伐量。

比照世界 1970 年的水平，到 20 世纪末，在一次能源生产方面，中国能源生产和发电量至少要翻两番；在化肥生产方面，氮肥约要翻两番，磷肥要增加十几倍，钾肥要增加上百倍；在化纤生产方面，要翻两番多；在电冰箱生产方面，要增加 14 倍（从 1984 年起）；在农业生产方面，牛奶生产要增加 49 倍，捕鱼量要增加约 2.5 倍，木材要增加 10 倍。在钢铁和汽车方面，即使比照世界 1960 年的水平，在 20 世纪末，我国钢的生产要达到 1.374 亿吨，汽车生产要达到 545 万辆。

通过上述简单的对比，不难看出，这些问题都直接或间接地与我国的资源结构有关。如与能源有关的一次能源、化学肥料、化纤等生产，都与我国能源构成中石油比重过低有关；电冰箱则与电力发展有关；钢铁、汽车与铁矿分布和开采有关；农产品的生产则与我国耕地、草地、林地的人均占有量低有关。毫无疑问，外部的"消费示范"压力向我国物质资源基础所施加的影响将十分强烈。

自 20 世纪六七十年代以来，世界人均国民生产总值的水平又有了新的提高。显而易见的是，中国在 20 世纪内所感受的压力将比上面的描述来得更为强烈。还应该指出，现实的压力往往不是来自与世界平均水平的比较，而是来自典型发达国家的影响，这将使我们面对更大的"反差"。

2. 实现高度现代化的已有方式及其后果

如果在 2000 年，中国人均国民生产总值达到 800 美元，并假设从 2000 年以后，中国每 20 年翻一番，而人口则稳定在 15 亿，那么，到了 2060 年，中国人均国民生产总值将达 5120 美元，折合成 1980 年美元则为 10240 美元，这比 1970 年美国的人均国内生产总值还要高一些。

这些假定的数字究竟意味着什么呢？为了看清它们的含义，我们还是通过对比来说明问题。选择的对象是美国和日本，以人均国民生产总值（或国内生产总值）5000 美元左右为比较基点。美国是在 1970 年达到人均国内生产总值 4794 美元的，日本则是在 1980 年达到人均国内生产总值 4436 美元。

如果按照美国的方式来实现高度现代化，在能源方面，2060 年中国的人均能源消费量为 10.87 吨标准燃料，总量为 141.31 亿吨标准燃料（人口按 12 亿—13 亿计），相当于世界 1970 年消费总量的 2.17 倍。在原材料方面，根据资料可算出，铝消耗约为世界 1980 年消费总量的 2.52 倍、铜为 2 倍、铁为 1.7 倍、铅为 1.5 倍、锡为 1.5 倍、锌为 1.6 倍、铬为 1.2 倍、黄金为 1.6 倍、镍为 2.3 倍、汞为 1.5 倍、钼为 2.4 倍、类白金为 1.8 倍、白银为 1.6 倍、钨为 1.3 倍。

如果按照日本的方式实现高度现代化，在能源方面，2060 年中国的人均能源消费量为 4 吨，总量为 52 亿吨，相当于世界 1970 年消费总量的 80%（如果按照等值能源单位计算，则会更高）。在原材料方面，至少也要占到世界 1970 年总消费量的一半以上。

不难看出，按照美国的方式实现中国的高度现代化是不可设想的；即使按照日本的方式，也同样困难重重。在能源方面，如果全部使用石油，则中国的地质储量不足 10 年之需，如果利用国际资源，则必将引起激烈的资源竞争。如果进一步考虑大多数发展中国家也走上这种发展道路，那么，整个世界的环境和生态肯定是无法支撑这种重负的。

迄今为止，凡是实现高度现代化的国家，无论是东方还是西方，无论是资本主义国家（如美、日），还是社会主义国家（如苏联），尽管其社会制度不同，但在耗用大量不可更新资源以加速经济增长方面却极为类似。如果这条无一例外的道路对于中国的未来是行不通的。那么，中国在实现现代化的过程中，有什么可以替代方式呢？

表 2　我国 1980 年人均消费水平与世界 1960 年、1970 年平均水平的比较

消费项目		单位	世界		中国
			1960 年	1970 年	1980 年
人均国内生产总值		美元	610—630	889	210
人均消费开支		美元	—	576	—
城市人口比重		%	—	36.52	—
每人每日摄入卡路里		千卡		2.4	2.165
每人每日摄入蛋白质		克	—	66	64.4
每人每日摄入脂肪		克	—	62.2	29.9
一次能源生产（人均）	固体燃料	吨标准燃料	0.6726	0.6243	0.1480
	液体燃料	吨标准燃料	0.5246	0.9456	0.1536
	气体燃料	吨标准燃料	0.1972	0.3624	0.0191
	电力	吨标准燃料	0.0314	0.0428	0.0245
	总计	吨标准燃料	1.4258	1.9751	0.3452
工业（人均）	发电设备装机容量	瓦	175	310	60
	发电量	度	760	1368	301.56
	钢	公斤	114.5	16.4	37.5
	生铁	公斤	79.8	118	33.5
	汽车	万辆/亿人	54.5	80.9	2.25
	其中：载重汽车	万辆/亿人	12.19	18.4	—
	拖拉机	万台/亿人	3.34	4.289	3.215（包括手扶）
工业（人均）	硫酸（H_2SO_4）	公斤	15.92	23.8	7.71（未折合）
	烧碱（NaOH）	公斤	33.31	6.2	1.948（未折合）
	纯碱（NaO_2CO_3）	公斤	33.79	4.59	1.634（未折合）
	氮肥（N）	公斤	3.568	9.00	10.12（未折合）
	磷肥（P_2O_5）	公斤	3.336	5.71	2.338（未折合）
	钾肥（K_2O）	公斤	2.874	4.937	0.62（未折合）
	化学纤维	公斤	1.094	2.24	0.455（未折合）
	水泥	公斤	104.7	156.9	81.91
	砂糖	公斤	18.16	20.49	2.603
	新闻纸	公斤	4.61	5.96	—
	收音机	万台/亿人	171.06	297.87	304.34
	电视机	万台/亿人	65.47	126.57	25.248

续表

消费项目		单位	世界		中国
			1960 年	1970 年	1980 年
工业（人均）	自行车	万辆/亿人	66.23	97.64	131.95
	缝纫机	万台/亿人	32.16	40.38	77.8
	照相机	万架/亿人	59.435	—	3.78
	洗衣机	万台/亿人	39.72	68.32	2.48
	电冰箱	万台/亿人	40.64	78.92	5.19(1984 年数)
	手表	万只/亿人	185.05	477.69	224.47
农产品（人均）	谷物	公斤	31.8	33.5	28.7
	茎块作物	公斤	—	126.5	29.64
	大豆	公斤	9.02	12.85	8.07
	其他高蛋白作物	公斤	—	24.97	7.79
	肉类（猪、牛、羊）	公斤	20.38	23.32	12.21
	牛奶	公斤	103.93	101.2	1.86
	鸡蛋	公斤	4.36	5.9	—
	捕鱼量	公斤	13.05	14.48	4.56
	棉花（皮棉）	公斤	3.6	3.24	2.74
	羊毛	公斤	0.835	0.765	—
	木材采伐量	公斤	0.593	0.653	0.0546

（三）突破经典的现代化发展方式

目前，中国在物质限制和"消费示范"的双重压力下推进现代化的进程，面临着深刻的选择。摆在我们面前的有三种可能的图景：①始终徘徊在高度现代化的门口。②由于选择了缺乏远见的、被动地应付眼前状况的政策，在近中期内继续沿袭发达国家已经走过的道路，但在不远的将来不得不做出仓促而急剧的调整并为此付出十分沉重的代价。③从现在起就开始准备，逐步做出适应性的富有远见的调整。

中国能够成功地实现第三种选择吗？

我们注意到，同样列入现代化行列的国家，由于生活和生产方式的选择差异，导致对资源的不同负荷。这样一些事实大大增强了我们寻求突破经典的现代化发展方式的信心。

1. 物质的消费与生产

由于缺乏系统而完备的数据，以下推算必然含有较大的误差。但我们的目的只在于说明一种新的非经典的现代化发展方式有着怎样的可能性，以及我们如何利用它的可能性。如不加以说明，下面的推算均以 1970 年美元作为单位，并以美国 1970 年人均消费 3020 美元、人均国内生产总值 4794 美元为比较基础。

在食品支出方面，美国人均 900 美元。根据美国 1970 年和日本 1980 年主要食品人均消费量的对比，日本的膳食方式可节约 150 美元。如果考虑到流通及加工费用的节约，在食物开支方面还可节约 167 美元，合计为 317 美元。

美国人均获得热量 3514 千卡，比日本 1980 年多 661 千卡；在每日人均摄入蛋白质方面，美国比日本 1980 年多 20 克；在每日人均摄入脂肪方面，美国比日本 1980 年多 80 克。造成上述差别的主要原因在于，美国每年人均动物类食物比日本 1980 年多 164 公斤。

一般认为，一个国家每天人均膳食能提供 2400 千卡热量、75 克蛋白质和 65 克脂肪，就基本达到了需要量。日本 1980 年上述指标分别为 2853 千卡、86.7 克、80.6 克，分别超过国际标准 18.9%、15.6% 和 24%；而美国则分别超过国际标准 46.4%、42.3% 和 44.6%；显然，美国的膳食方式是不合理的，而日本的方式就比较合理。

目前，世界上有三种主要的膳食方式：一种是以动物产品为主，以美、加、澳、苏为代表；一种是以动植物产品为重，以日本为代表；一种是以植物产品为主，以中、印为代表。从我国的资源情况以及未来的发展趋势看，我国应向第二种方式过渡，而要避免第一种方式。如果我们选择第二种方式，那么，今后中国的农业生产方式就会与美、加等国大不相同，这会进一步影响到农业人口比重、城镇化的方式、农产品流通和加工方式，等等。

在服装及个人零用方面，美国人均支出 420 美元，根据美国 1970 年和日本 1980 年的有关资料推算，日本的衣着消费方式可节约 106 美元。

在衣着的消费方式上有两类选择：一是多用布还是多用化工制品；二是更换频率。第一类选择将影响我国的农业种植结构和石油资源的利用方式；第二类选择将影响轻纺工业在国民经济中的比重。

在住房费用方面，美国人均支出 918 美元，根据苏联方式与美国方式的对比，若选择前者，可节约 546 美元。这对建材生产、城市建设和耐用品的生产方式，以及生活能源的消费量都会产生很大的影响。例如，当我们以几十升的小冰箱和保鲜袋结合时，无疑会对家庭用电、冰箱生产等产生很大影响；当我们对住房的保温和制冷系统采用太阳能时，会对家庭用电量和建筑材料产生很大影响，而这些都可以在不降低人均消费水平的基础上达到。

在交通支出方面，美国人均338美元。是采用一户一辆小汽车，还是采用以优良的公共交通系统为主的方式，效果也很不相同。当采用后者时，可节约254美元，这将对汽车、钢铁、原材料、道路、土地利用、污染等方面产生很大影响。

在医药费用方面，美国人均支出208美元，若采用普及基本医学知识，以预防为主等医疗体系，可节约140美元。其结果是为居民大量地免除了包罗各种医疗技术的庞大的工业化医疗体系。

在其他费用上，美国人均支出236美元，如果按照更为合理的方式支出，可节约118美元。

总结一下，上述节约费用总计1313—1480美元，约占原人均消费支出3020美元的43%—49%。也就是说，当我们合理地选择了替代的消费方式，就可用人均1540—1707美元，基本保持人均消费支出为3020美元时的生活。

当个人消费支出缩减时，必然会连带人均国内生产总值中其他部分：政府支出、投资、存货的相应缩减。假定经过这种缩减后的个人消费，仍然保持原来占人均国内生产总值63%的比例，那么，人均国内生产总值就可以从原来的4794美元降为2732—2445美元，而这并不意味着降低了高度现代化的质量。

2. 对长期发展方式的推断

上述分析并非虚幻的畅销。在瑞典的斯德哥尔摩，直属首相办公室领导的未来研究所已提出逐步淘汰私人汽车的建议。与此同时，他们建议大大扩展和改善公共交通运输系统，并辅之以扩大的出租汽车队伍，以供在特殊情况下使用。在美国威斯康星州的"军士林"镇，即使在零下15℃，镇上的600多户居民多半不开暖气。他们利用天然资源——太阳光来取暖。一个装有太阳能取暖设备的家庭，每年才付出900美元的暖气费，而另一个完全依赖暖气设备的家庭，则每月需付900美元才能保暖。我国青海刚察县泉吉太阳房，作为泉吉邮电所的营业室兼职工宿舍，从1979年10月建成后，阳光利用率高，冬暖夏凉，不用再烧火取暖。

　　无数事实使发达国家的一些有识之士对他们自己的生活和生产方式作出了深刻反省。应该强调,这种生活和生产方式是那些先进入现代化行列的少数发达国家在技术大大领先,且基本不存在物质限制的历史条件下形成的。尽管这种选择在当时看来是经济的,但事实上,它并未证明自身的合理性和唯一性。随着条件的变化,特别是 70 年代的石油危机后,"经典的发展方式"遇到了物质限制的严重影响。许多严肃的学者指出,如果不改变这种方式,人类的未来将不可避免地陷入困境。

　　改变经典的现代化发展方式,与其说取决于科学和技术上的突破,不如说取决于我们集体的意志加判断。我们应及早醒悟,已有的现代化发展方式对中国来说已不适用,必须尽快做出适应性的反应。中国再也不可能具有西方发达国家当初所面临的相对有利的资源条件了。而对我们相对有利的当代科学技术潜力,又是一把既能利己也能伤己的双刃武器。因此,对于我们这样一个不发达的巨国来说,根据我们周围的事实以及正在变化着的趋势,全面而认真地重新思考现代化发展的真正含义,是至关重要的。

　　《未来的经济》一书的作者明确提出整个物质经济的增长服从于 S 曲线增长的规律。这个命题实际上是说,在物质经济快速增长阶段所适用的发展方式不适用于它的成熟阶段——例如美国经济现在所处的阶段。

　　这个命题与中国的未来发展又有什么关系呢? 难道我们只能先沿用已有的现代化发展方式达到成熟阶段之后,再来思考成熟阶段的问题吗? 我们看到美国占世界 6% 的人口却消耗着 50% 的世界资源时,我们还能以这种方式来提出和解决我们自己的问题吗?

　　如果 20 世纪末我国人均国民生产总值达到 800 美元,那么再用 20—30 年的时间达到 2400—2500 美元,基本实现高度现代化,应该说并非十分困难。问题的关键在于,我们必须从现在开始进行准备,重新清理发达国家实现高度现代化的方式在我们头脑中印下的图像,吸收其合理的因素,抛弃那些表层的诱惑,举国上下形成一种求实的有远见的民族意识和信念,最大限度地调动凝聚起整个中华民族的全部智慧、力量和勇气,自觉地开始平滑的转变,以减轻未来震荡对我们还很脆弱的肌体的不利影响,真正有效地利用科学技术所提供的发展机会和潜力,才有可能完成这个史无前例的大突破。

　　下面我们仅仅指出,我国今后在进行长期发展方式的选择上,应该注意的一些必要的而非完备的基本特征:在资源的生产和利用上,应特别注意可再生资源的生产和利用,降低不可更新资源的消耗;在饮食的生产和消费上，应选择动植物平衡的方式，避免以动物食品为主的方式；以自行车、公共交通运输系统和出租汽车组成我们的交通运输体系，避免选择以私人小汽车为主的交通运输体系；以劳动和智力集约的方式经营和管理农业，避免石油农业的生产方式；重新规划城乡建设；大力扩展、完善物资和资源的回收与重复利用系统，避免用过即扔的高消费、高生产、高浪费的方式；对恢复和保护环境与生态投入更多的力量，而不是等到实在无法忍受了再来治理；下决心实现全民教育的超前发展，提高全民素质与技能；以各种经济、行政和法律手段限制目前资源制约严重的消费与生产活动；利用新型的通信技术增强社会的整合，降低流动的成本。所有这些，只要充分利用当代成熟的科学技术所蕴含的潜力，就可以使我们长期发展的现存基础大大改善，并为我们今后利用新的机会和迎接新的挑战准备好足够的条件。

3. 确立选择中的信念

应该强调，只有当长期发展方式的选择能够有效地作用于现实经济过程时，它才能给我国的现代化增长带来现实的积极影响。

各国经济管理的实践已经积累了现实经济活动中贯彻某种长远目标和选择的丰富经验。认真关注和总结这些经验，可以发现两种基本的类型：一种是对本国资源难以承受的"消费示范"压力，运用多种手段建立起防范和屏障，既抑制这类需求过早地在本国形成，也抑制供给对其做出反应。这方面较典型的例子是，英、德等国诉诸立法，无论价格高低，禁止生产耗油量过高的汽车，并为此制定了油耗临界标准。另一种类型是积极的防范，即摸索更为合理的生活方式，广泛利用教育、舆论和道德的力量并辅之以税收及进口调控等实际措施，影响本民族的价值观，逐步培养全民族对不适用的浪费型的生活方式和生产方式的内在抵制能力，唤起自觉创造更经济、更合理、更适合人类现代化发展要求的增长模式的热情和智慧。这方面可以从日本人对自己"饮食文化"的自豪感中得到验证。多数日本人认为，他们比美国人吃得更素些，但身体更健康、更长寿。

无可否认，在短期政策中贯彻长期发展目标，会遇到许多困难。我国对于在扩大利用市场机制的条件下，如何将长期目标的信息注入需求形成过程，尤其缺乏经验。对此，建立在无可争辩的事实基础上的信念，是至关重要的。那就是——后进国家进入新的消费需求阶段必须以富于远见的战略选择作为其发展实践的指导。这种信念将支持人们在社会、政治、经济的各个领域进行持久的艰苦努力，系统培养全体人民更经济、更合理的现代核算意识，进而有效地影响市场需求的形成和消费偏好的时尚。

必须明确，只有当国民经济新成长阶段的一系列变化同富于远见的发展方式和战略选择相适应时，我国的现代化才能有持续的高效增长和健康发展。

三 对"经典的发展方式"的重新反省

在对我国经济社会的长期发展方式进行探讨之前，认真反省一下在我们很多人心中若明若暗地存在和信奉着的、几乎是唯一的一种发展方式——发达国家曾经走过的道路（我们称其为"经典的发展方式"），想必是会有些益处的。

（一）一些引人深思的事实

迄今为止，凡是实现高度现代化的国家，尽管其社会制度、资源条件、历史起点和文化渊源，以及具体的消费方式都存在着这样或那样的差别，但在耗用大量不可更新资源和不断加速物质经济增长的方面却极为类似。这样一种发展方式，几乎被所有现在仍处于发展中国家的政府和人民奉为经典和圭臬，似乎舍此别无出路。他们希望沿着这条看来独一无二的道路，实现对发达国家的赶超。

但是，已经开始有更多的人对这种发展方式提出了越来越多的疑问，而随着这种发展方式所带来的未曾意料到的后果日益显现，事实和日益紧迫的问题也对这种发展方式提出严峻的挑战。在下面，我们要通过大量引证西方学者对发达国家所做的分析来说明这一点。

1. 食物、营养过剩及其生态学的后果

在美国食品系统所耗费的全部能量中，只有不到 20% 的能量用在粮食的种植上。在食品加工、包装、分发和配制的各个环节上却耗费了 80% 的能量。

每年在美国的食品里要补充 5 亿美元之多的化学合成物——2500 种添加剂。1979 年，每个美国人平均消费掉了 7 磅添加剂，几乎是 1970 年的 2 倍。当前食物供应系统一年要耗费 400 万磅染料，为 1940 年的整整 16 倍。今天，美国人吃下的合成、人工食物比不掺他物的食物还要多。而为了挣钱支付特制食物的价格上涨而花费掉的工作时间比起厨房里节约的时间还要多。

对大多数人来说，尽管想少摄入热量，但仍对高热量食物那么兴味盎然。因而，维持热量的平衡是困难的。很明显，造成这个问题的是下述三种类型的食物：第一，大量高度加工的、含高脂肪和（或）糖的食品；第二，酒精；第三，一些基本的食物，如肉和乳酪。

脂肪和糖除含热量高外，不含养分，其所有的养分与所含的热量不成比例。对于高度加工且比较缺乏养分的食品，已经有了一些专有名词，称为无效热量和假食品。显然大量食用这种食品，一方面热量过剩，而另一方面养分却又不足。然而，统计资料表明，普通美国人的饮食中，这种高度加工食品的百分比正在增加。

另外，肉类和乳酪含丰富的蛋白质和其他养分，但肉（甚至瘦肉）和乳酪也含有大量的脂肪。因此，大量食用肉和（或）乳酪亦可引起热量的失调。

在美国，人们普遍担心发胖和其他营养失调或营养不适当对健康的不良影响。从美国参议院特别委员会准备的《美国每日规定食品》的报告中可看出对这一问题的关注。该报告指出，当前美国供应的食品中，脂肪、糖和盐的含量都很高。并指出，这样的含量与高血压、心脏病、中风、某些癌症和糖尿病有关；有人劝告人们多食用五谷、各种蔬菜和各种水果，少食脂肪、糖和盐。

向食用更多的谷物和减少食肉量转变的一个同样有说服力的理由是，肉类生产的生态学代价极为高昂。对美国和其他富裕国家来说，大多数动物在很大程度上都是用栽培作物，主要是玉米和大豆来饲养。在美国，由于饲养牛、猪、鸡的谷物占全美国所有消费谷物的90%以上。换言之，美国所消费的肉类每年需花费2亿吨以上的谷物，相当于每人一吨。

在将谷物转变成肉类的过程中，大约有90%的有效食物被浪费掉。所以，从维持人们的生存而言，损失90%的有效食物是不必要的。把资源花在这种额外的生产及其所引起的不良环境影响，同样是不必要的。

个人决定减少肉类的消费，对于缓和环境的影响也同样起作用，这样做也有利于个人的健康。总之，以第三营养级为主的饮食方式是同极大的浪费相联系的一种奢侈。随着人口的不断增长和资源日益不足，人们是否能长期继续这种奢侈，是值得怀疑的。

2. 交通和运输中的浪费及其派生影响

美国的一个消费者收入的 1/4 用在汽车上，这些钱比他付在食物上的还要多。美国运输业每年要吞掉全部能量的 41%。汽车制造业消费掉美国的 20% 的钢材、12% 的铝、10% 的铜、51% 的铅、95% 的镍、35% 的锌和 60% 的橡胶。

据说，汽车可减少两地间来往的时间。然而，多数人并不是利用高速公路来节省上下班和买东西的时间，而是利用它们来保证住得更远，而路途所花时间不变，人们并未因此而节约时间。

从经济角度看，交通事故引起的生命财产损失要 10 倍于其他暴力犯罪的总和。1975 年，包括车辆在内的社会损失费用高达 370 亿美元。

道路的巨大发展竟占据了美国 53 个中心城市用地的 30%。在洛杉矶商业区里，大约有 2/3 的土地被辟为停车或行车专用地。城市规划者们在研究城市交通耗费因素时，已引进了一个新词——"汽车侵蚀"。

最后，还得考虑污染问题。当美国的 1.5 亿辆汽车行驶在公路上时，它们消耗的能量都以一氧化碳、氧化氮、碳氢化合物形式排出。今天，美国多数城市里的 60% 的空气污染现象是由汽车废气引起的。1971 年，由于空气污染造成的建筑物和财产的损失估计达 100 亿美元。有关方面承认，心脏病和癌症死亡人数剧增，也同汽车废气引起的空气污染有一定的联系。

3. 过度城市化所带来的问题

现代城市由于过分超越了地区能源环境的生产能力，因此，一旦达到了国内和国际能源基础的极限，它们便会很容易地走向崩溃。

现代城市的食物需求在这方面表现得尤为明显，一个典型的百万人口城市日需 400 万磅粮食。为此，它不得不完全依靠以矿物燃料为基础的农业系统。但是，我们已经看到，美国农业和运输业的脊梁——矿物燃料，正在日益减少和昂贵，这威胁到了现代城市的靠山——石化农业系统的生存。

在美国，建筑（多在大城市里）的营造和保养需要本国总电力的 75%，仅照明用电一项就占 1/4。没有各种形式的大量能源输入，城市便会溃烂，人们便会失业，城市生活便会变得难以忍受。

对城市的高能输入将会引起重大生态变化，大城市的年均气温要比周围地区高出 3—4℃。这是各种热污染以及公路和建筑物引起太阳反射变化所致。城市里的空气污染物要比农村多出 10 倍。

城市里的高水平能源消费和由此产生的垃圾，严重地影响了城市居民的健康。比起那些生活在较低能量环境的人们，城市居民也更容易表现出反社会行为。

4. 医疗系统的过分膨胀

今天，卫生保健是美国的第三大行业，占国民生产总值近 9%。投入医学领域的 1500 亿美元的很大部分是用来添置更复杂、更精密的技术设备。现代化医院和诊所里的诊疗器械多得过剩，患者为这些器械支付的费用正在猛涨。1950—1976 年，个人的保健费用从 76 美元涨到了 552 美元（按不变价计算，则实际增加了 2 倍，但同期内人的寿命却没有变化），费用上涨在很大程度上是为了支付不断增加的医疗机构的维持费用。

每隔 24 小时至 36 小时，50%—80% 的美国人便要服下一剂医生处方的药，尽管他们能暂时地缓解一下眼前的难受或疾病，但从长远看，药物对人体的坏作用肯定不会小。抗生素就是最明显的例子。它杀死了所有细菌，同时也摧毁了许多对维护人体具有至关紧要作用的体内有机物。大量使用抗生素还导致了新的细菌抗药能力急剧增强。

1962 年参议员小组委员会公布的一份详尽研究报告表明，美国过去 24 年中合法销售的 4000 种药品，几乎有一半的药品价值尚待科学证明。这些作者认为，目前药物副作用已"构成人们住院的 10 大原因之一"，而且应对每年 5000 万个住院者负责。

有关寿命延长的数据常被用来证明现代医学的丰功伟绩。而现实是，现代医学在消除那些主要的致命病因上根本未起任何作用。前几年的某些研究已表明，过去 150 年里，有助于寿命延长的重要因素是卫生设备、卫生状况和营养条件得到改善。美国自 1900 年以来死亡率不断降低的主要原因在于 11 种主要传染疾病已被消灭。除流感、百日咳、小儿麻痹症外，其他所有传染疾病几乎都在医疗手段干预之前就彻底降低了发病率。

美国人平均寿命延长一直持续到 1950 年，在 1950 年后便趋于稳定。今天，至少男人的估计寿命缩短了。有意思的是，这种寿命倒退恰好发生在医学向高技术医疗护理起飞的时期：在工业高度发达的环境里，疾病的主要原因来自非再生能源和矿物消耗所造成的环境污染。

5. 能源和原材料的大量浪费

1974 年，每个美国人平均用掉 10 吨矿产品，其中包括 1340 磅金属矿产品和 18900 磅非金属矿产品，每个美国人一生平均大约用掉 700 吨矿产品，其中金属近 50 吨。如果加进矿物燃料和木材，人均用量将翻一番，增加到 1400 吨，这还不包括水和食物需求。

很明显，世界不仅负担不了另外一个美国，甚至连一个美国都负担不起。一般说来，每天每人平均从食物中摄取 2000 千卡热量。但是，美国每个人的日常消耗量（汽车、电力特别是食品等）竟达 20 万千卡，为我们必需热量的 100 倍。尽管美国只有 2.25 亿人口，但在能量消费方面，却用掉了相当于 220 亿人口所需的能量。

6. 小结

考虑到对于 80% 的美国家庭而言，他们的家庭开支的 70% 以上是用于能源、食品、住房和医疗这四大基本需求上。这样，我们就不难通过上述事实看到至今仍被人们奉为"经典的发展方式"中所隐含的一般性问题：经济的需求大大超过合理的物质需要。在这种经济需求的背后，隐藏着巨大的"经济性"的浪费——经济增长中的挥霍性因索。这种浪费所带来的"益处"远远小于其损失。实际上，完全可以通过适当的方式，对此作出合理的安排，从而既可以大幅度减少物质的消耗及其派生出的一系列不良后果和防治费用，又可以不降低人们的生活水平。

耗费了这么多资源，却导致了如此不合理的生活和生产方式，这究竟是怎么一回事？简言之，"经典的发展方式"是用历史上曾经相对丰裕的资源，掩盖了挥霍性增长所带来的累积性矛盾。

（二）"经典的发展方式"的前提条件和实现机制

这样一种发展方式的产生和形成，是以那些少数最早发达的国家当时所处的一种独特的初始条件和边界条件——资源状况——为其前提的。

1. 资源的类型及其性质

为了便于讨论，可把资源分为三大类：第一，可更新的资源；第二，能重复利用的不可更新的资源；第三，不能重复利用的不可更新资源。根据物质不灭定律，任何自然资源都是由物质产生的，任何物质必然是从某处来又回到某处去。能够无限地维持物质资源的唯一方式，是通过某种重复利用和再使用的方式。

可更新资源是指那些通过比较迅速的自然循环来补充的资源。例如空气中的氧通过光合作用补偿；淡水通过水循环补充；生物产物（食物、纤维、木材）通过自然生长和繁殖的自然循环补充。一般说来，这种资源更新的时间尺度与人类时间尺度较为接近。

能重复利用的不可更新资源包括所有贮存于地壳里的非能源矿物资源，例如铜、铝等金属矿藏。从人类的时间尺度上看，它们是不可更新的。但是，至少在理论上，人们可以在利用这些物质或元素之后，把它们回收，然后重复利用。

不能重复利用的不可更新资源是指那些"矿物性的"能源资源，即矿物燃料（石油和天然气），目前它们为我们提供了90%以上的能源。矿物燃料是有机物质在亿万年以前的生物地质历史过程中沉积而形成的，从人类的时间尺度看，其不可更新性是显然的。此外，某种矿物的形成是由特定的条件和时期所决定的，现在的条件不能使有机物产生沉积而演生成大油田和煤田，其存量的有限性也是显然的。同时，由热力学第二定律不难看出它的不能重复利用的性质。

这三类资源并非相互无关，例如，作为一种可更新资源的农作物生产，石油农业需要大量地消耗诸如磷酸盐和其他肥料成分等不可更新资源；同样也依靠钢铁、铜和其他金属制造的机械以用于生产和运输农作物。能源广泛地用于生产和开动机械、生产肥料和农药、加工食品。所有农民、工人和其他人都需要食物和水来维持他们自己的生活。综合起来，不难看出，某一环节失调，很可能影响整个系统。例如，如果石油短缺严重，则必将使现代石化农业对可更新资源的利用无法正常进行。

从理论上说，可更新资源持续不断。但是，可更新资源的含义通常被理解为用不完的资源。而实际上，我们现在丢失可更新资源的危险比丢失不可更新资源的危险更大。这是因为所有可更新资源的更新都明显地受自然系统的限制，例如，在许多地区，地下水由于抽取的速度比恢复的更快而致干涸。

最重要的是，可更新资源可能被破坏。例如，只有当良好的土地被保护、不受侵蚀而且加入适量的有机物质，土壤才是可更新的。裸露、被侵蚀的土壤不但不能更新，而且变得越来越差。当前，不可更新资源的大量利用已使可更新资源变成不可更新的危险性正在增大。

最后，可更新资源除了可以受到过度的直接利用的破坏以外，也可能受其他因素的不利影响甚至完全毁坏。空气和水资源可能由于污染而降低质量或变为完全不能用。总之，我们只有对资源的使用维持在这个系统本身能够更新的能力之内，并且尽力地保护这个系统免受污染和生态环境破坏等因素的不正当的干扰，可更新资源才是可以更新的，才可以持续得到利用。

2. 资源分配制度中的根本缺陷

由于人类系统的时间尺度与上述不可更新资源形成的地质时间尺度有着数量级上的巨大差别，而在人类现有的资源分配制度中却基本没有表现这种差别的机制，由此造成了巨大的后果。

例如，对于价格和供给之间的一般关系而言，如果供给减少，价格就上涨。换言之，随着价格的上涨，在短期内利润可能增加，于是进一步提高了对已经过度开采的资源欲望，使资源开采达到完全不能恢复的程度——至少在人类的时间尺度上看，是不能恢复的。

最困难的问题是供求关系无法考虑长程性的时间因素。由供求规律决定的价格是以目前的可用性为基础的，它既不能预见，也不能防止将来的短缺。而实际上，即使有哪一个生产者根据最近几年将出现的短缺，企图提高矿产品的价格，都要受到只关心短期利益的竞争者廉价出售的挑战，或以哄抬物价而被诉之法庭。因而价格不会上涨，直至短缺突然到来，以致不能在所要求的时间里对重新利用或寻找代用品起刺激作用。

危险在于利用资源的指数增长能够非常迅速地把资源耗尽，以致从开始感到资源短缺到变得匮乏这段时间是这样的短，甚至没有足够的时间去采取诸如寻找和安排代用品及重复利用等缓和措施。当前的资源分配制度无法有效地解决这种根本性的问题。

经典经济理论以这种制度为前提，也根本没有考虑到后代的需求。在认为"看不见的手"会把一切事情办好的看法背后，隐藏着这样的信念：我死后，哪管它洪水滔天。实际上，就所有自然资源而言，我们的后辈天生就比我们穷得多。

因此，像市场价格这样一种资源分配制度，由于其调节的时间尺度是人类的时间尺度，因此从本质上说是无法与资源形成的地质时间尺度相协调的。有些学者认为当前的资源问题不是市场本身的缺陷造成的，而是由于很多资源（如空气）尚未彻底私有化而致。因此，必须把一切资源私有化——美其名曰内部化。而实际上，在很多私有资源上，近百年的历史已说明这种想法纯属无稽之谈（姑且不谈很多资源内部化的成本是极高的）。私有制加市场机制远不是解决人类基本问题的灵丹妙药。

3. 基本结论

现在可以回答"经典的发展方式"的前提条件和实现机制了。首先，那些最早发达的国家实际占有着在人类时间尺度上可看为近似无限的、世界性的自然资源，这当然是建立在少数国家对国际资源的经济或非经济剥夺基础之上的。这种独特的资源性质及其实际支配格局就是"经典的发展方式"的基本前提条件之一。这就注定了这种发展方式只对少数国家有实际意义，对多数国家则是根本不可能的，而对于整个人类将是灾难性的。例如，假设2000年有70亿人像现在美国人一样高的人均GNP，环境污染总负荷至少会是现在的10倍。

多数发展中国家不应该再幻想达到近几十年来美国的物质生活水平，占世界人口不到6%的美国人维持目前的生活水平，耗费了1/3—1/2的世界矿物资源年产量。因此，即使完全重新分配了世界资源，"经典的发展方式"在客观上也不可能是普遍适用的。道理很简单，这种发展方式的前提条件——资源条件，对于世界上大多数发展中国家而言压根就不存在。即便是对于少数发达国家，这种条件还能持续多久也颇值得怀疑。一旦不可更新资源耗竭的局面不可逆转，由挥霍性增长所积累下来的长期矛盾，只能大白于天下。

其次，现行的资源分配制度（包括市场分配机制，以及私有制），由于其时间尺度的根本限制，在地质时间尺度上形成的资源价值被大大地低估了。实际上，以供求达到平衡的、没有任何干预的市场机制极大地扭曲了资源的超长期相对稀缺程度的量度，从而巩固和加速了今天我们所看到的由经典发展方式所带来的种种问题。对于这种超长程性质的人类基本问题，"看不见的手"不仅用处甚微，甚至有害无益，它只是在事情累积到极为严重时，才把其后果突然显示出来。而有些极为不利的不可逆变化却注定要在长期中影响人类的未来，消除其不利影响需要人们付出更大的代价。

近年来，联邦德国、日本和英国都纷纷采取措施来提高新汽车的节油性能。联邦德国的汽车生产者在1979年石油涨价时，同意要把他们新生产的汽车节油性能提高10%—20%。日本在同一年通过法令规定到1982年新汽车的平均耗油量要控制在每加仑32英里的水平。这既不是间接控制，也不是经济手段，而是以法律为基础的直接干预，其目的无非是把纯粹市场机制所扭曲的价格再扭曲过来，这对于那些迷信"看不见的手"的人（他们认为任何干预都会扭曲价格，从而使资源配量效率降低）真是极大的讽刺。这些事例不过说明了人类未来的发展方式和水平是以其对自己未来的认识水平为基础和加以度量的。

（三）对一些基本概念的重新理解

随着更多的人认识到不可更新资源的有限性，以及这种资源的迅速耗竭，一些经常挂在人们嘴边的常识和概念也开始有了不同的含义。例如，对于什么是进步、什么是生产率……的看法，开始产生了不同的理解。

1. 进步和挥霍性增长的巨大差别及后果

对于应该减少资源消耗增长的各种建议，经常会遇到这种振振有词的反驳："你不能阻止进步。"实际上，人们经常混淆进步与挥霍性增长的巨大差别。在不可更新资源消耗与可更新资源破坏的后果还不十分明显的时候，这种巨大的差别被层层迷雾掩盖了，以至于人们不能对这两者作出明确的区分。

与在特殊条件下形成的"经典的发展方式"一起演进的人生哲学和文化基础，把人类生存的根本目的说成是满足所有可能的物质需求，却不管这种需求有多少意义；而挥霍性增长又恰恰在于它不考虑增长的方向。

当前的首要任务是应该全面地重新审查我们的努力方向和程度。看看这种努力是在资源限定的范围内继续改善人类的生活，还是仅仅为了满足短期利益和利润的增长而导致资源的枯竭和经济的崩溃。为此，是否需要改变我们的生活和生产方式，使其有利于人类社会和文明的进一步发展，而不是陷入更深的困境？下面的例子为这种重大抉择的含义提供了进一步的说明。

在西方，生产牛肉的工业界要使人们相信，在过去一些年里，牛肉的消费朝着高水平的趋向是"进步的"。但是，越来越多的证据证明，伴随着大量牛肉的饮食而大量吸收饱和脂肪，是引起心脏病、肥胖症和其他失调症的因素。此外，发展牛肉食品必须增加谷物的生产，这就大大增加了侵蚀、沉积，来自传统的营养物污染以及土壤流失。显然，任这种趋势继续发展，对个人和社会都毫无好处。相反，如果根据人们食用数量的需要来发展，使食物比较平衡，既更有益于健康，又减少对环境的影响。

本文的第二部分所引证的事实都曾被人们冠以"进步"二字，但在今天看来，其中相当大的部分应属于挥霍性增长，而并非进步。与此相反，任何能使人们用更少的资源作相同功率或功能的变化，才应被看成是进步的。

实际上，减少资源耗费的增长，并不意味着抛弃科学技术或者恢复原始生活方式，事实恰好相反。导致资源耗尽和引起经济崩溃的挥霍性增长，却是最可能使社会倒退到原始状况的。而认清限制资源利用的意义，减少挥霍性增长，使人类自身适应于在资源限定的范围内生活，才是使人类文明继续发展的办法。

2. 重新提出问题

多数人都认为日趋复杂的新技术能让效率更高的非人类能量来替代效率低的人类能量，从而创造出更多的财富，而所有这些都有助于大大减轻人类生活的负担。这就是通常所说的进步意义之所在。这种思维方式有这样一个前提，即单位时间的能量流通量越大，社会效率就越高，文明进步就越快，世界就越有秩序。

反之，如果把效率定义为减少工作量的话，那么，维持个人生存所需的能量越大，效率也就越低。这和流行的观点截然相反。所谓"工作"，归根到底就是对有效能量的耗费。现代工业化社会的每个成员为了维持生命所必需"用完"的能量比 100 万年以前的人要高出 100 多倍。如果我们自欺欺人地认为自己用机器代替了人力劳动，工作量就因此"减少了"，那就太可悲了。

直到目前为止，人们都是根据每个产量单位所需速度来给生产率下定义的。在现代工业经济中所浪费的能量，很大部分是为加快速度所付出的代价。

只要生产率仍按照单位产量速度来度量，将资源转成经济效用的过程就要耗费不必要的能量。然而，只要还有足够的矿物燃料和那些形成、维持工业化生产方式的金属矿产，用单位产量速度来解释生产率就还是合乎逻辑的。但由于现有的物质能量基础已日趋枯竭，以前经济活动的熵正以超出本系统吸收能力的速度积累起来，为了适应热力效率在生产和消费的经济过程中的要求，经济学家将要对他们的生产率观念做出重大改变。

当人们看到一辆汽车时，从以往的观念出发可能会提出这样的问题："我们应如何改造马达，使它做更多的功？"现在，我们则可能提出完全不同的问题，如："我们的生活果真缺少了汽车不行吗？""汽车是否有助于提高我们的生活、健康和文化水平？""今日的汽车是否剥夺了下一代维持生活的能力？"如果一件事首先是不值得去做的话，那么，这件事的成败就不足挂齿了。如果汽车不值得被人们拥有，那么用 1 加仑油跑 20 英里和 50 英里的汽车就毫无区别了。

上述几段话引自于文献，尽管该书作者在某些方面可能有失偏颇，但其仍不失为西方学者对经典发展方式所做出的最为彻底的审查范例。

实际上，在存量资源还相对丰富的年代里所形成的物质经济和经典发展方式，的确是消耗越来越多的东西来制造出越来越少的东西，那些目前收缩和衰退得最厉害的产业——所谓夕阳产业，正是那些过去浪费和挥霍得最厉害的工业。但是，一旦当存量资源迅速耗竭的局面已不可逆转时，立于这个基础之上的技术体系、发展方式和观念构架还能不发生变化吗？

看来，人们应对进步给出如下的新定义：在使可更新资源不受破坏的基础上，根据人类的基本需要和发展需要，并在资源限定的范围内，用比以往更少的不可更新资源的消耗，达到和以往同样的可更新资源利用水平，以满足人类的基本需要和发展需要。只有这样的变化，才是真正的进步，这似乎应该成为新发展方式取代"经典的发展方式"的基本原则。

总之，尽管新发展方式还有很多不明确和极易引起争议的问题。然而，有一点却毋庸置疑，那就是：面临着可更新资源破坏的日益严重和不可更新资源的迅速耗竭，在工业化时代所形成的常识和基本概念，如经济和不经济、效率高低等关系正在发生颠倒。同样明白无误的是，人们（特别是我们这样一个发展中大国的人们）应该，也不得不用新的眼光和更为彻底的看法，全面地重新审查和评价已经发生过的和正在发生着的每一件事的意义和后果。

四　新发展方式的基本原则

工业化社会的基本问题在于：把地质过程中形成的存量资源看成是源源不断的，而结果是这种资源的自然补充速度远远落后于三四百年以来人类的消耗速度。前文已指出，人类的资源分配制度存在着根本的缺陷，即无法度量不可更新的物质资源的实际折扣率。实际上，人类为达到现在的进步水平所付出的代价被大大低估，即"净进步"远比人们想象的要小。

不仅如此，由于这种缺陷的惯性，使人们产生了一种极大的错觉，即"经典的发展方式"似乎是人类发展的唯一的、普遍的道路。这不仅掩盖了人类发展的其他可能选择的方式，而且"经典的发展方式"在少数国家或地区的某种表面成效还使人们理智地做出新的选择过程更加困难，在感情上更加痛苦。

实际上，当人们超越了以温饱满足为中心的生产和消费阶段之后，选择发展道路的可能性是十分丰富的。下面将给出较原则的概括：

第一，在温饱阶段基本结束时，应注意立即着手控制存量资源消耗的速度，而不要等到面临困境时再迫不得已地进行调整。

第二，在温饱阶段结束前后，应主动地放慢动用存量资源来增加人造物质财富的过程，并以各种非物质财富和非人造财富（如景观、植被）来对其进行替代。

第三，对于各种互补的流量资源（如水）应针对其中的短线约束，保持整个资源的利用水平不致越过短线被破坏的限度。

第四，开发新的流量资源，并对已受到破坏的流量资源进行恢复性的工作。

第五，围绕着新型的流量技术来组织新的技术体系和生活方式、研究方式、教育方式。

第六，按照上述原则（流量资源的短线制约原则）来安排不可重复利用的不可更新资源的消耗，尽可能在充分利用流量资源的同时，压低存量资源的消耗。

第七，对可重复利用的不可更新资源的回收和重复利用，可在经济合理的范围内，尽可能地提高重复利用水平，并尽量节约这种资源的使用。

第八，对于基本生活需要满足之后的各种需要进行系统的研究，并提出一系列适度最低标准，对超标消费所耗用的不可更新资源要课以适当的重税，同时抑制供给和需求，并使生产者和消费者保持一定的选择自由。

第九，限制人口的增长，长期不懈地提高全民的文化水平和受教育水平。

第十，不断提高和增强国民的全球意识，逐步增强与自然和谐相处的意识和能力。

如果我们能依据上述原则来选择和安排我们的具体发展道路，我们至少使热力学第二定律发生的不利作用被限制在最小范围，从而在根本上摆脱工业化社会所面临的困境，使人类社会的长期发展前景光明。

（原文发表于《未来与发展》1989 年第 10 期，文章有删减）

中国的三元经济结构与
农业剩余劳动力转移[①]

陈吉元　胡必亮

一　引言

20 世纪 50 年代初期，阿瑟·刘易斯首先系统地建立起了用于分析发展中国家经济发展问题的理论模型——二元经济模型，对创立发展经济学和制定发展中国家的有关经济政策产生过重要影响。但是正如费景汉、拉尼斯、托达罗等经济学家指出的那样，这一理论模型又有很大局限性。刘易斯将发展中国家农村劳动力从农业部门的转出及城市现代工业部门对这部分劳动力的吸收，看成是一种毫无障碍的相互作用的过程，与一些发展中国家的现实经济生活相去甚远。从我国的具体情况来看，用刘易斯模型分析农业部门剩余劳动力向城市部门转移，不仅存在着与一些发展中国家相同的局限性，而且还存在许多与我国特殊的、历史性的制度选择相关的体制障碍，主要包括：①迄今为止，我国尚未建立起通过市场自由配置劳动力资源的调节机制。②由传统发展战略所造成的工业与农业比例失调、城市发展与农村发展比例失调等一系列不良后果仍然严重存在。③以城乡隔离为特征的户籍管理制度严重限制了农业部门剩余劳动力向城市部门的自由转移。因此，我们在借鉴刘易斯二部门模型的同时，必须从我国的实际出发，探索、建立适合国

---

① "三元经济结构"的概念并不是我们首先提出来的。本文的意义主要在于：一是对这一概念进行一些理论分析；二是将三元经济结构与农业剩余劳动力转移问题联系起来，把劳动力转移问题的研究引到一个新的理论框架之中，以期引起人们的关注。

情的理论模型，为制定相关的对策提供理论依据。

二　中国的三元经济结构分析

新中国成立初期，我国的经济结构表现出明显的二元特征。社会主义三大改造完成之后，尽管这种经济与人口的城乡分布格局发生了很大变化，其中最重要的变化是，1956 年，我国工业总产值占工农业总产值的比重首次超过了农业总产值所占的比重。但是，城市工业与以维持生计为主要目的的传统农业两大部门，仍然是构筑我国二元经济结构的主体。

1958 年以后，我国农村工业开始逐步发展起来。起初农民主要是利用传统手工业技术及本地资源，生产一些日用工业品及比较简单的农业生产工具，就地销售，拾遗补阙，以弥补城市工业品对农村供给的不足。

随着农村工业的发展，到 20 世纪 50 年代末期，我国的经济结构已经开始具备一些与其他发展中国家不同的特点，即农村工业部门从传统农业部门中成长并逐渐地独立出来，初步形成了与农业部门及城市现代工业部门相互联系又相互分离的另一支独立的经济力量，由此而构成了我国三元经济结构的历史起点。

此后，农村工业经过几十年特别是经过 1979 年实行改革开放方针以来的发展，虽然也曾历经磨难，但它不仅继续扩展了其领域和范围，因地制宜地建立了多种非农产业经营体系，而且还建立起了相应的制度体系。现在业已成为我国国民经济中一支举足轻重的力量。因此把以农村工业为主体的乡镇企业经济当作与农业经济及城市工业经济相并列的国民经济中的一元独立经济形式，不仅毫不过分，而且可以说是对我国现实经济结构的确切描述。

在农村发展非农产业经济特别是工业经济，中国并不构成世界的特例。那么，我们为何要建立一种独立的理论体系（三元经济）来解释这种现象，而不是像其他发展中国家那样将这部分经济活动放到一个附属的地位来分析呢？这除了中国乡镇企业所具有的强大的经济实力外，最根本的原因在于它所具有的、不同于农业部门及城市工业部门的制度特征。尽管它起初是以一种"非正式"活动的形式产生于传统体制之中的，但是，它在传统体制的"正式"组织的缝隙中，以市场（尽管这种市场并不完善）为导向在短期内得到了迅速发展。特别是中国实施改革政策以来，它的发展速度较改革前更加快了，它预示了中国体制变革的一种方向。所以，它应该作为中国国民经济变革的一股带头力量而受到充分的重视。

从以上分析可以看出，我们在本文中所指的三元经济结构是指由农业部门经济、农村工业部门经济及城市部门经济所构成的经济体系。其中，农业是我国国民经济的基础产业部门。它的体制基础在于土地集体所有制。农村工业原来是隶属于农业的一个附属部门，经过几十年的发展，其经济实力不仅已经大大超过了农业，而且也已经在很多行业与部门超过了城市工业的份额（如建筑、建材、煤炭、皮革等）。它的体制特征主要表现为所有制形式多样，非集体化倾向明显，经营活动以市场为导向。城市部门主要是指城市工业部门，它的体制特点主要表现为国家对这一部门具有比较直接的所有权。尽管城市改革实施以来，这一部门的所有制结构出现了多元化的趋势，但其主要部门仍属于国家所有制。

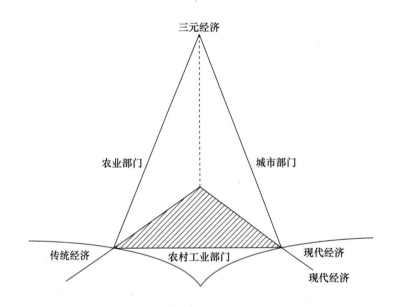

图1　中国经济结构形态的转换与变迁

与刘易斯提出的二元经济相比，我国的三元经济在维持生计的农业部门与城市现代工业部门之间增加了一元发源于农村但却与城市工业具有相同性质的新型经济主体，即农村工业经济（主要表现为乡镇企业的发展）。这样，发展中国家典型的、建立在资本主义工业部门与维持生计的传统农业部门主体基础上的"二部门模型"，在中国就变成了一种新的"三部门模型"了。进而，中国经济发展的目标与任务就不仅是消除二元结构的问题，而且要通过现代经济增长最终消除三元结构，才能实现由传统农业经济向现代经济的转变。

由于体制的差异，长期以来，这三元经济系统并不主要是通过市场在竞争中形成均衡的结构状态，而主要是通过计划制度下的一套行政管理办法来建立它们的经济流程与经济秩序的：农业部门按照国家计划（现以合同形式体现）在国家统一的价格下（现已逐步放开），优先为城市部门提供各种农产品，并按国家计划为城市部门输送部分劳动力，但数量很少，而且主要通过各种特殊的、与市场供给无关的途径实行。同时，农业还为农村工业部门提供部分原材料与原料、输送劳动力并负担他们的口粮供给；城市工业部门一方面通过政府的非经济手段从农业部门无偿取得部分剩余，并以此为基础实行自身的扩张与发展，另一方面也通过对它有利的贸易条件与农业及农村工业进行贸易活动，从农村获取更多的发展资金。其中一个广为人知的经济现象就是工农业产品价格"剪刀差"。这一现象比较集中地反映了农业部门在向城市部门提供农产品及城市工业部门向农村提供工业品的商品交换过程中，存在的有利于城市部门而不利于农业与农村发展的情况。这样做的结果一方面迅速地培植起了中国城市以重工业为主体的现代工业产业；另一方面，它也以资本对劳动力的相对高度密集配置（每人 1 万多元）而将大量的农村劳动力排斥到了城市现代工业经济之外。对于农村工业而言，由于它是从农业中孕育出来的一个新兴部门，又建立在农村地区，所以，它与农业及农村有着极其密切的联系。它从农业部门获取原始积累、劳动力、相当部分的生产原料及食品，同时为农业生产提供小型农机具及其他生产资料并为当地人民提供各种生活资料。起初，农村工业部门是与农业统一核算的，从事工业的劳动力回生产队参加分配。后来，尽管大部分地区将这两者的核算与分配分开了，但是，其联系仍十分紧密。不少地区的企业都采取了"以工补农、以工建农"等措施来促进农业的发展，有的地方（如苏南的许多乡、镇）还将农业经济作为农村工业的一个车间而纳入了统一核算、统一分配的轨道。

由此可见，在我国这种三元经济的流程运作中，市场自主作用的力度仍然较小。而且，由于城市工业特别是重工业的自循环能力很强，自循环成分很高，所以，它在改革前的几十年与农村的经济联系并不多，而政府通过强制手段转移农业剩余劳动力到城市工业部门的做法，更增强了这一部门在此方面的惰性。

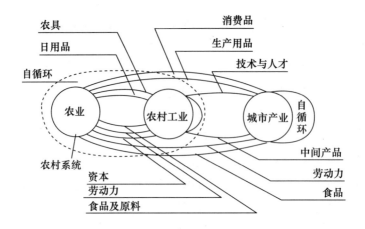

图 2　中国的三元经济流程图

三　中国三元经济结构下的农业剩余劳动力转移

（一）三元经济结构状态下农业剩余劳动力转移的机制分析

与其他国家一样，中国农业剩余劳动力转移的机制也是通过来自农业部门的推力所创造的供给量，及由来自非农业部门的拉力所引发的需求量之间的较量而得到说明与解释的。与二元经济结构相比，三元经济结构状态下的劳动力转移在拉力方面不仅受到来自城市部门的一个拉力因素的影响，而且同时受到来自农村内部的农村工业部门的需求拉动的影响，即它同时受两个拉力的共同作用。从推力方面来看，中国的情况也有其特殊性，主要体现为来自农业部门内部的推力与来自外部的由非经济因素所引起的推力并存，且后者具有很强的力量。

1. 推力与排斥力：来自于农业劳动生产率增长的影响

费景汉和拉尼斯（1964）的研究表明，农业剩余劳动力转移的主要推动力量来自于农业部门劳动生产率的持续不断提高。即使当农业部门已经在很大程度上得到了缩小，农业劳动生产率还必须进一步提高，以保持它能继续不断地排斥出新的剩余劳动力，维持劳动力的无限供给状态，促进整个经济过程的顺利进行。如果农业部门的劳动生产率停滞不前，从而不能不断地从农业中推出新的剩余劳动力，那么，工业部门的实际工资就会因为劳动力无限供给状态的消失或食品短缺而上升，进而，整个经济的扩张过程即由此而受阻。

中国的经济发展历史也充分地说明了这一点。新中国成立以来，农业劳动生产率水平提高的幅度总的来看是较低的，有些年份还是下降的。但在1952—1957年及1978年以后阶段的增长率却相对较高，而这两个阶段也正是农业劳动力向非农业部门转移速度较快的时期。

除了生产率水平的提高指标以外，促使劳动力从农业部门转向其他部门的相关经济因素还有农业劳动力的增长速度及农业劳均占有耕地面积。这两个因素实质上反映的是一个问题，而且都可以通过农业劳动生产率因素而得到解释。但是，考虑到人多地少这一矛盾在中国表现得比较突出，所以，这一方面也应引起我们的充分重视。

2. 拉力与吸收力：城市发展、农村工业化与农业剩余劳动力转移

发展经济学家在谈到拉力时，多是从农业以外部门的相对高收入角度入手进行分析的。刘易斯理论的重要基础之一就是假设城市工业部门的工资比维持生存的农业部门的收入高出30%左右（刘易斯，1954）。托达罗在他的理论中，引入了"预期收入"概念。他认为，决定劳动力从农业部门移往其他部门的主要动因并不是农业部门与其他部门间（或城乡间）的实际收入差距，而是部门（或城乡）间的"预期收入"差距（托达罗，1985）。不论是实际收入差距，还是预期收入差距，只要从事农业经营所得到的收入少于在其他部门就业所得到的收入，农业劳动力就从外部获得了一个很强的拉力。但是，这个拉力只是理论上的概念。现实的拉力究竟有多大，则完全取决于非农部门的经济发展状况对劳动力配置的实际需求。

从我国的情况来看，城乡间及部门间的差距是存在的，而且不仅表现为经济上的收入差距，还表现出各种非经济性的差距。经济上的差距是由三元经济结构造成的，非经济性差距则是由社会结构的差别造成的。

1991年，中国城镇居民家庭平均每人生活费收入为1544元，乡镇企业职工的年平均工资收入为1482元[①]，而农民平均年纯收入却只有709元，三

---

① 在此把乡镇企业职工工资与城镇居民家庭平均每人生活费收入及农民年均纯收入相提并论，并不完全合理，但因为乡镇企业职工家庭成员经济成分的复杂性，很难确定具有独立经济生活意义的乡镇企业家庭，所以，在这里不得不以职工工资代替乡镇企业居民家庭平均每人生活费收入。

者之间的经济收入比为 1∶0.96∶0.46（国家统计局，1992）。同年，农民除人均向国家缴纳 49.4 元的农业税、44.55 元的集体提留外，还需额外支付各种社会性集资、摊派、罚款、统筹、义务工等，1991 年这些杂项的人均总支出达 100 多元（孙鲁威，1992；王维友，1993）。如果再加上农民人均摊负的隐含在"剪刀差"之中的利润流失（人均负担 217 元），农民实际上从农业部门所取得的纯收入是少得可怜的。从另一方面来看，城镇居民不仅在收入上大大地高于农民，而且还能享受到各种农民享受不到的社会福利及社会保险。

在这种由制度所造成的极端的城乡利益（包括经济利益与社会利益）差距状况下，农民进入城市部门的主观拉动力量是很大的。农业部所做的一项关于沿海四省（广东、江苏、浙江、河北）的 130 个村、650 户的调查表明，在具有迁移意向的农民中，有 78.8% 的人愿意迁到城镇去，只有 13.5% 的人愿迁往其他农村地区，另外有 7.7% 的人愿迁往国外（农业部、美国东西方中心，1992）。需要说明的是，这是农民在"预期收入"观念下所做的选择。

但是，理论上的拉力并不构成现实的选择。农民都知道城市比农村好，都愿意由农业部门转移到城市有关部门。但是，由现实需求所决定的拉力却主要不是由人们对于高收入的追求程度而决定的，而是由一国在一定时期的国民经济发展水平、产业结构状况以及宏观制度环境共同决定的。在中国现实的条件下，加上一系列特殊的制度因素，农业剩余劳动力不可能主要地由城市部门吸收。当然，也有一部分"符合国家政策规定"的农村人口与劳动力是可以转到城市部门的，但数量很少；大量的农业剩余劳动力则主要是依靠农村工业而得到利用与吸收的。这样，中国的农业剩余劳动力就出现了双重吸收与双重转移的格局。

（二）城市部门与农业剩余劳动力的吸收与转移

我们已经谈过中国严厉的城市控制发展政策对农民进入城市部门的制约作用。但是，应该说城镇部门对于吸收农村劳动力还是起到了一定的积极作用的。而且由于不同时期政策制约的影响不同，这种积极作用也是有差别的。在从 1949 年到 1960 年期间，这种制约力量较小，劳动力的城乡配置主要是通过市场力量而实现的，所以，此时期有相当部分的农民由于城市建设的需要而转到了城市部门。据统计，1949—1952 年，进入城镇的农民共约

500 万人，占同期城镇新增就业人数的 30%。在此后的"一五"期间，平均每年进入城镇的农民为 165 万，占城镇新增劳动力总数的 29.6%。但 1958 年和 1959 年，农村劳动力向城镇涌入的规模迅速扩大，两年间，全国共有 2000 多万的农民进入了各类城镇，造成了城镇公用设施的过分紧张及城镇居民食品及其他物资供给的严重短缺。于是，政府开始用行政手段对农民向城市部门的转移进行严格控制。一方面是为了缓解城镇生活条件的紧张局面，另一方面也是为了增加劳动力向农业投入，以提高农产品总量。此后，这种用行政手段严格地控制农业劳动力进入城市的方法就一直延续下来了，直到现在也没有根本性变化，1984 年以后在此方面有所缓解。所以，在从 1961 年到 1978 年的 18 年间，农业劳动力向城市部门的转移量是很少的，而且多为非经济原因（如婚迁、复员军人转业、录取学生、落实政策返城、征用农民土地而使农民转业等）所致。1978 年以后，改革使体制制约的某些方面有所松动，于是，农业劳动力的城市转移规模也就越来越大了。

即使如此，城镇部门为农业剩余劳动力所提供的就业机会也是极其有限的。从全国的情况来看，在农业剩余劳动力的转移总量中，大约只有 12% 的劳动力转到了各类城镇部门，而约有 88% 的劳动力则仍然是在农村工业、商业及服务业部门实现产业转移的。

在这里，有一点必须予以特别说明，即在以上分析中我们十分强调制度对农业剩余劳动力向城镇转移的制约作用，并不是说其他制约因素不存在或者不重要，而是因为制度障碍是构筑中国三元经济结构的直接因素。其实，城市对农村劳动力的吸收约束不只是由制度一个因素引起的，还有许多其他因素。其中由于城市人力资源配置不当及人口增长过快所引起城市显性与隐性失业的长期存在就是一个很重要的因素。官方统计部门的资料表明，中国城镇的待业人员目前有 400 多万，待业率为 3.5%（国家统计局，1992）。实际上，抽样调查所得到的结果要比官方统计反映出的问题严重得多。

由此可见，由于体制障碍，加上城镇自身所面临的严重的就业问题，中国的城镇对农业剩余劳动力的实际吸收能力是很小的。所以，中国试图像发达国家那样依靠城镇发展而将农业剩余劳动力吸收完毕是不现实的，至少在目前是做不到的。我们必须从中国国情出发，充分考虑三元经济的结构特点，大力培植与发展新型的农村工业经济，以实现农业剩余劳动力向农村工业及其他非农产业的顺利转移。

（三）农村工业发展与剩余劳动力的吸收和转移

中国农村工业发展的主要意义体现在它有利于吸收农民就业，增加农民收入，提高农业的商品化与现代化水平，实现农村工业化与城市化。其中，吸收农民就业是基础，只有实现这一点，才能引发与此相关的一切变化。

1992 年，乡镇企业部门已经吸收了从农业部门转移出来的约 1.03 亿劳动力，占乡村劳动力总数的 24.2%，构成了中国农民就业的一个十分重要的渠道。其中，农村工业是农村非农产业吸收农村劳动力的主要力量，1992 年，它所吸收的劳动力占整个农村非农产业吸收农村劳动力总数的 61.4%。

新中国成立 40 多年来，中国的城镇部门仅仅从农村吸收了 1000 个劳动力，而在以后短短的十几年间，中国以农村工业为主体的非农产业部门却接纳了从农业部门转移出来的 1 亿个劳动力，这不能说不是一大奇迹。这一奇迹在中国发生的根本原因在于：与城乡间劳动力转移的机制相比，农业劳动力在农村内部从农业向农村非农产业的转移机制是一种十分有效率的机制。

1. 农村工业发展与农业剩余劳动力转移的机制分析

以上分析表明，中国的经济结构集中表现出三元特征，而三元经济又处于非均质的制度状态下，其竞争具有明显的非公平性。结果直接导致了具有国民经济主体性质的城市部门的非均衡成长。[①] 对于农村内部二元经济结构而言，尽管其体制条件不是完全均质的（农业经营还存在着很强的政府干预行为，而农村工业部门则很少），但其同质性要比城乡间的状况高得多。特别是对农业剩余劳动力在农村两个部门的自由选择而言，制度环境基本上是相同的。为此，我们认为，刘易斯理论的基本思路可以被借用来分析我国农村内部的农业经济与农村工业经济。

在中国三元经济结构状态下，农村内部的小二元经济（即农业与农村工业）的运行基本上是符合刘易斯所给定的假设条件的。需要说明的是：第一，尽管到目前为止的所有研究都不能对中国农村劳动力无限供给的假设做出精密的分析，但大量具有很强实感性的案例分析及很多科学预测都可以在很大程度上说明在相当长的历史时期内这种条件基本上是存在的。第二，

---

① 当然，这只是在目前制度状态下的情况，随着中国以市场取向为目标的体制转换的发展，这种情况会向相反的方向发展，而变得对农村内部的二元经济发展有利。为此，我们需作专门研究。本文的任务是对现实状态进行描述。

尽管农村工业部门劳动力的工资从账面上看呈上升趋势。但是，要是我们考虑到通货膨胀因素，其增长幅度实际上却是不高的。例如，在从1978年到1992年的15年间，乡镇企业职工的年平均工资增长率为11.8%，若我们减去此期的通货膨胀率（平均为6%—7%）后，实际增长的幅度并不很高。

现在，让我们分两种情况来讨论。第一种情况：当我国农村内部两部门经济运行的前提条件与刘易斯假设的条件基本一致时（包括农村工业部门劳动者的实际工资也不上升），从理论上讲，农业剩余劳动力是可以通过农村经济发展而全部被农村工业吸收完毕的。届时，农村将建立起一个实力很强的"第二国民经济"体系而与城市部门竞争，在大二元经济结构（城市经济与农村经济）下运行。至于它们的运行模式，则取决于中国体制变迁的未来格局。第二种情况：当农村内部两部门经济运行的某些条件与刘易斯模型中的假设不一致时，如当农村工业部门劳动者的工资出现大幅度上升趋势时，我们就可利用三元经济结构的优势，采取宏观调控措施将一部分农业资本向城市部门输出，一方面用于基础设施的改善与发展；另一方面用于扩展对外贸易。这样做可以达到良好的宏观效果：一方面城市部门可以借助农村发展的力量进一步提高经济发展的档次，提高它在国际高档商品市场上的占有率，同时改善基础设施条件，为农村经济的进一步发展创造更好的国际、国内环境；另一方面农村则可以利用城市力量承受资本积累增长带来的对就业吸收制约的压力，通过向城市转移资本而抑制农村工业部门劳动力的工资上升，以完成将农业剩余劳动力在农村内部全部吸收完毕的历史任务。

2. 关于几个相关因素的初步分析

根据费景汉和拉尼斯（1967）的研究，农业剩余劳动力转移在刘易斯假设的条件下是由以下关系式决定的：

$$\eta_L = \eta_K + (B_L + J)/E_{LL} \tag{1}$$

在这里 η_L 表示农业劳动力在工业部门就业数量（或称"劳动成长率"）；η_K 表示资本累积（或"资本成长率"）；B_L 表示劳动使用偏离程度；J 表示技术创新的程度；E_{LL} 表示边际生产率下降的幅度。

式（1）表明，农业剩余劳动力转移的刘易斯模型的影响因素主要包括：①资本形成；②技术创新。另外，市场制度也是一个重要的影响因素。

那么，让我们来看看我国的情况：

先看第一种状态，当前提条件与刘易斯所假设的条件一致时，中国农村内部二元经济发展的影响因素与式（1）相同，城市部门对农村经济发挥作用很小，农村将主要依靠自身力量解决发展过程中的农业劳动力转移问题。再看第二种状态，当我们所面对的前提条件与刘易斯假设不一致、农村企业职工的工资呈上升趋势时，式（1）就将以下面的表达式出现：

$$\eta_L = \{\eta_K + (B_L + J)/\varepsilon_{LL} - \eta_W/\varepsilon_{LL}\} + \eta_k^\mu \tag{2}$$

这里的 η_W/ε_{LL} 是指农村工业部门的工资呈上升趋势状态下而得到的一个工资上升影响系数，其中 $\eta_W \neq 0$，η_k^μ 是我们假设的一个外加的、来自城市部门的、对农村经济的均衡发展实施干预的外来因素。它通过农村资本对市场的流入抑制农村工业部门劳动力的工资上升。所以，$\eta_k^\mu - \eta_W/E_{LL} = 0$，从而通过改进刘易斯模型而使之适用于中国的三元经济结构分析。

由此可见，不论是在哪一种状态下，我们都能从理论上找到解决中国农业剩余劳动力转移问题的办法。而无论哪种办法，其基点都是农村工业的进一步发展。这正是中国农业剩余劳动力转移机制运行的基础。但是，要使这一转移机制保持正常运行状态，保证对式（2）中提出的各种要素的正常供给是一个十分重要的先决条件。

（1）农村工业发展的资本形成。历史地看，中国农村工业发展的原始资本积累主要来自于五个方面：一是已有的集体积累。因为农村工业主要是在1958年以后发展起来的，而在此之前，1956年我国的农业已经实行了集体化经营，并有了一定集体积累。当1958年人民公社成立以后，它利用其特有的"政社合一"的权力而无偿地将农业社集体所有的工厂、作坊、副业生产队（组）的工业生产设施收归（平调）公社企业所有。二是公社还将社员拥有的家庭副业、家庭手工业及家庭小工厂、私人作坊、自留地、家畜家禽等无偿没收，成为公社财产。三是国家为了支持公社企业的发展，将农村中原属于全民所有制的一些企业也下放给了公社，变成了公社企业。四是农业劳动力从农业部门转移出来后，使农业剩余相对增加并转为农村工业部门作为工资基金而起到十分重要的作用。五是城市部门的资金流入，如在"大办钢铁"运动中，不少部委都出资在农村帮助当地农民开办了一些工业企业等。

（2）农村工业发展的技术创新。我国农村工业技术创新的要点在于，运用中国传统手工业的技术工艺，在不影响劳动生产率水平的情况下，向争取更多地吸收劳动力的方面发展。中国有不少传统农村工业部门只要改变一下技术选择即可形成新的产业主体，而不致使劳动生产率水平下降（或下降很少），但却能较以前吸收更多的劳动力（劳动密集型的技术选择）。

（3）农村工业发展的制度创新。与城市经济部门相比，我国农村工业部门表现出明确的制度创新特征，包括引入市场机制、改善企业组织结构、改革职工收益分配制度等。这对提高企业的经济效益，扩张企业发展规模，吸收更多的农业剩余劳动力都具有十分重要的积极意义。

（4）农村工业部门职工工资自律性增长。因为农村企业职工的工资增长完全是以企业的经济效益提高为前提条件的，所以，其工资增长是有节制的，且能升能降，而不是像城市国营企业职工的工资那样，具有很强的刚性。

（5）小二元经济系统与大二元经济系统之间具有较强的协调刺激。这主要是在中国外贸经济不甚发达的情况下，城乡间的贸易显得对城乡双方都很重要。

3. 对中国的三元经济结构状况的评价

总的来看，我国农村工业的发展及三元经济的运行，正在逐步地形成一种新的经济秩序。在这一形成过程中，有些方面已经取得了一些令人鼓舞的成就。这主要可从以下两个方面来看：

第一，农村就业结构发生了很大变化，且变化趋势体现出了"成功型曲线"的特点，即农村非农产业劳动力占乡村总劳动力的比例呈现出明显上升趋势。

第二，农村非农产业的劳动就业增长率呈现出持续地大幅度超过农村人口增长率的趋势。

目前存在的主要问题也有两个：一是农村工业企业职工工资增长需要抑制，以克服它对利润的侵蚀，扩大工业扩张规模，进一步加快农业剩余劳动力的非农化步伐；二是由于在一个时期里政府有关部门对中国目前的三元经济存在的积极意义认识不足，从而没能采取必要措施对城乡经济的协调发展采取积极有效的措施，制约了双方的健康发展。

四 结论与政策建议

通过对我国三元经济结构与农业剩余劳动力转移的理论与现实分析，我们发现在我国特有的制度环境中，城镇对农村劳动力的吸收能量不大，而以农村工业为主体的农村非农产业却对吸收农业剩余劳动力具有决定性的作用。农村工业的蓬勃发展已使中国经济结构出现了世界上所特有"三元经济"格局，我们只有从根本上把握这种"三元经济"的特征，才能真正认识清楚中国农村工业发展与农业剩余劳动力转移的互动机制和实现由"三元经济"向现代经济转化之路。依据这一思路，我们提出以下几点相关的政策建议：

第一，充分认识中国经济结构的特殊性，扬弃有关"二元经济"体系的思想及由它引出的政策含义。把农村发展及农业剩余劳动力转移的基点主要放在农村工业发展上，并以此带动整个国民经济的发展。

第二，对于农村经济体系来说，目前及今后的政策要点应该主要放在以下几个方面：①有效地约束乡镇企业经营的社会目标的扩展，在不断提高经济效益的前提下，乡镇企业应扩大经营规模；②注意采用适用技术，大力发展劳动密集型非农产业，更多地吸收农业剩余劳动力；③坚决控制农村人口的过快增长；④加强农村工业的资本积累，有效地筹集发展资金。可考虑建立专门的乡镇企业银行为乡镇企业的进一步发展筹集资金。

第三，对于城市经济系统而言，其发展的政策要点应主要包括：①当好农村经济发展的协调"人"，利用其强有力的经济力量，根据农村发展需要而调节各经济要素的供求关系；②加强基础设施的投资、建设工作，为城、乡综合发展创造良好的物质条件；③大力推进产业结构的高度化过程，以占有国际市场为目标而组织高、精、尖产业开发与产品生产。

参考文献

[1] 王维友：《农民负担问题透视》，《中国国情国力》1993 年第 4 期。

[2] 中国农业部、美国东西方中心：《中国沿海四省农村劳动力转移与迁移调查报告》，《农村经济文稿》1992 年第 7 期。

[3] 国家统计局编：《中国统计年鉴》1978—1993 年各卷，中国统计出版社。

[4] 孙鲁威：《农民负担知多少》，《农民日报》1992 年 8 月 3 日。

[5] 农业部主编：《乡镇企业统计资料》1978—1992 年各卷，农业部乡镇企业司。

[6] 阿瑟·刘易斯：《劳动力无限供给条件下的经济发展》，载刘易斯编《二元经济论》（中文版），北京经济学院出版社 1989 年版。

[7] 费景汉、拉尼斯：《劳动过剩经济之发展》（中文版），台湾银行经济研究室编印 1967 年版。

[8] 托达罗：《第三世界的经济发展》（中文版），中国人民大学出版社 1988 年版。

（原文发表于《经济研究》1994 年第 4 期）

农业劳动力剩余及其转移规律初探

庾德昌

一 农业剩余劳动力转移的客观必然性和必要性

1. 比较利益的差异是促使农业劳动力转移的主观动因

在商品经济条件下，人们重视比较利益是十分正常的现象。大量的事实表明，我国农业的比较利益低。

表1 新经济联合体人均纯收入比较

	人均纯收入（元）	种植业与各业比较（%）
种植业	980.07	100
林业	629.50	64.2
畜牧业	1355.42	138.29
渔业	1282.05	130.81
工业	1329.07	135.61
建筑业	1173.18	119.70
运输业	2332.85	238.03
商业饮食业服务业	1417.5	144.63
其他	1134.79	115.79

资料来源：《中国农村统计年鉴（1985）》。

从表1中可以看出，种植业的人均纯收入除高于林业之外，均低于其他各业。在种植业内部粮食生产的比较利益低，也是普遍存在的现象。据广西梧州市典型调查，1985年每个工日的平均利润，水稻0.24元、糖蔗3.68元、养鱼7.44元、蔬菜2.27元、柑橙1.54元。以水稻每个工日利润为1，那么糖蔗是15.3、养鱼31、蔬菜9.5、柑橙6.4。由于农业生产比较利益低，而非农产业的比较利益高，农业劳动力就向非农产业转移。

2. 非农产业对劳动力的需求是农业劳动力转移的外在拉力

由于科学技术的进步，人类的社会分工越来越细，新部门、新行业不断产生。在一般情况下，农业剩余劳动力由于工资收入水平低（工资水平由农业的收入水平决定），新的行业和部门愿意吸收农业劳动力，以便赚取额外的收入。因而，只要新的部门和行业的工资略高于农业的收入水平，农业剩余劳动力就会源源不断地转移出来。

3. 农民追求自身发展的机会和条件

在自然经济条件下，农民所追求的是自给自足的田园生活，他们以满足温饱为目标。在商品经济条件下，农民的视野开阔了，所追求的是利润增长和自身的发展。特别是有知识的青年农民，他们要探求一种新的生活方式和生产方式。因此，在农业劳动力的转移中，青年农民是转移的主体。据我们对全国11个省区93个村的调查，1986年转移到外地的劳动力中，60.1%是18—35岁的青年农民；在就地转移中，18—35岁的青年农民也占到了53.5%。可见，转移中的大多数是有文化的青年农民。这部分农民有一定的文化知识，较少保守思想，容易接受现代科学技术，比较适应非农产业的需要。

我国是个以城市现代工业、农村传统农业并存为特征的二元经济结构。这种结构的弊病在于现代工业建立在传统农业之上，因而国民经济发展十分脆弱。其表现，一是经济发展缺乏稳定性，常常大起大落。二是经济效益差。高速度、低效益，是这种结构的通病。三是城乡发展不平衡，繁荣的城市与落后的农村形成明显的反差。因此，改变二元经济结构是我国面临的一项十分重要的任务。改变二元结构需要采取许多切实有效的步骤。关键是改变农业的落后面貌，用新的科学技术装备农业，提高农业的劳动生产率，实现农业的现代化。这一切有赖于农业劳动力的转移，因为只有农业剩余劳动力适时地转移出来，才可能用新的科学技术装备农业，才可能提高农业劳动生产率，农业的现代化才有可能实现。否则，大量的农业剩余劳动力积聚在农业部门而不能解脱，农业的现代技术装备就不能应用，依靠手工工具生产效率则不会提高，农民生活就难以改善。中国社会主义建设的成功与失败关键是农村建设的成败。农业剩余劳动力的转移，不仅是个经济问题，也是个政治问题。如果处理不当，游离出来的青年农民找不到适当的就业岗位，而在社会上游荡，对于社会治安则是一种不安定因素。

二 我国农业劳动力剩余及其转移的特征

1. 农业劳动力剩余的特征

（1）隐蔽性。隐蔽性是农业劳动力剩余的形态。这是因为我国的每一个农户都拥有一小块耕地。随着人口的增加，每个农民的耕地占有量越来越小，但无论怎样细小，在农事季节每个农业劳动者都有活干，在目前条件下都能糊口，维系生命的延续。因此，我国的农业剩余劳动力并不是由于丧失了农业生产资料，被迫从农业生产中游离出来，而是由于生产资料的不足，需要从农业生产活动中转移出来。这些劳动力，在转移出来之前，是隐蔽在农业生产之中。农业生产时间与劳动时间的不一致，是决定农业的隐蔽性剩余的内在原因。在农忙季节为抓住农时，能容纳大量的农业劳动力，而农田管理时期，少量劳动力就能承担，在冬季，特别是在北方地区，农业劳动力基本上被闲置。

（2）变异性。农业劳动力的变异性，主要表现在农业对劳动力的需求弹性大。农业对劳动力的需求受多种因素的影响，不是常数而是变数。这些因素主要有：①作物结构。不同作物对劳动力的需求量不一样，如同一亩耕地，种小麦需12个工日，种水稻需18个工日，种棉花需30个工日。因此，不同的作物结构，对农业劳动力的需求变化大。②地理位置，相同的作物结构，由于地理位置不同，对劳动力的需求也不一样。距离村庄近的地块，由于在途时间短，需要劳动力就少，而离村庄远的耕地，在途时间长，需要劳动力就多。③气候条件，在同一块耕地上种植同样的作物，风调雨顺（田间一些农活可以减少，如灌溉、排涝和治虫），需要劳动力就少，而灾害性气候则需要增加农业劳动力。④土壤条件。优质土壤需要劳动力就少，劣质土壤需要劳动力就多。⑤生产工具，使用农业机械，需要的劳动力少，而使用手工工具则需要的劳动力就多。⑥经营方式。粗放经营需要劳动力少，精耕细作，需要劳动力就多。

劳动力对农业的供给量由于下列因素的作用，不是常数也是变数。①劳动者的素质比较高的劳动者，供给量少也能满足农业的需要，劳动力素质低，供给量就要多，农业劳动力的供给量与劳动力的素质成反比。②劳动力资源量充足，供给量就多；反之，供给量就少。③非农产业劳动者的参与率高（非农产业的劳动者参加农业生产的比例），农业劳动力供给量就少，参与率低，农业劳动力的供给量就多。

因此，农业劳动力的剩余量是一种相对的量而不是绝对量，我们研究时必须注意这一特点，要充分考虑它的需求和供给弹性，要留有一定的余地。

2. 农业剩余劳动力转移的过程特征

（1）渐进性。渐进性是指农业剩余劳动力转移的过程特征。其表现在：①从地域上考察，是由近及远；由农村到城市的逐步转移过程。从我国农村实际情况看，先是离土不离乡，就地转移，然后是离乡不进城，在农村之间流动，随后是离乡进城。形成就地—离乡—进城的渐进过程。②从行业上考察，在一般条件下，农业剩余劳动力先是在农业内部转移，即由狭义种植业向广义种植业转移，随后向广义农业（林牧渔业）转移，再向非农产业转移，即由农业向非农产业转移。从转移的时间考察，先是季节性转移，随后是常年性转移。

渐进性特征是由农村经济发展水平和农民由自然人向社会人转化过程决定的。在转移的初始阶段，由于农村生产力水平比较低，所使用的劳动工具也比较简单，因此主要是利用当地的原料进行加工利用，属于一些手工作坊式的非农企业。这时的农民还未脱离自然经济的影响，属于一种自然人形态。因此，农业剩余劳动力的转移多数是就地转移，即平常所说的离土不离乡，进厂不进城。当农村生产力水平进一步提高，特别是农村工业发展到一定水平就会产生一种集聚效应，工业的空间布局必然要相对集中，同时，随着农民的商品意识和自我发展的意识增强，农业劳动力的转移就出现离乡进城的倾向。

（2）层次性。层次性是指农业劳动力转移的结构特征。农业劳动力的层次主要表现在三个方面：一是年龄，二是行业，三是文化程度。按年龄划分，有少年、青年、壮年和老年；按行业划分，有种植业、林业、牧业、渔业劳动力；按文化程度划分，有高等文化程度（大学以上）、中等文化程度（指高中和初中）、初等文化程度（指小学）、文盲和半文盲四个层次，层次不同，劳动力转移的方向、规模和速度不同，这是因为不同的层次能适应不同的需求，比如文化程度较高的劳动者，一般转移到技术密集型产业，而文化程度较低的劳动者一般转移到劳动密集型产业。青壮年劳动力较多的是异地转移，中老年劳动力较多的是就地转移。

三 农业劳动力的变化趋势

农业劳动力的变化趋势是指一定时期内农业劳动力的变化大致方向。把握农业劳动力的变化趋势，有利于更深刻地认识农业劳动力剩余及其转移规律。我国农业劳动力的变化是在二元经济环境中，自然经济向商品经济转化，传统农业向现代农业转化，由单一的农业部门结构向多部门产业结构转化的条件下产生的，因此出现以下趋势：

1. 农业劳动力弱化趋势

大量事实表明，在农业剩余劳动力的转移过程中，农业劳动力的素质在下降。主要表现在，从事农业生产的劳动者的年龄老化，文化程度下降和妇女劳动力比重增加等方面。据调查，不在劳动年龄段的辅助劳动力占农业劳动力的比例，河北固安县柳泉乡老虎营村为40%，内蒙古赤峰市元宝山风水沟镇兴隆坡村为33%。

农业劳动力的弱化趋势在国外也普遍存在，据报道：日本农业劳动力转移中，35岁以下的青壮年占转移总数80%—90%；苏联诺戈尔德州迁出人口中，30岁以下的年轻人占88.5%。

事实表明，农业劳动力弱化在国内外普遍存在。其原因，一是由于生产力水平提高，一些繁重的体力劳动被农业机械替代，辅助农业劳动力可以承受。农业生产中比较繁重的劳动如耕地、种地、排灌、耙地、收割、田间运输、脱粒等主要农活，由依靠人工变为机械用工之后，农业劳动的强度减弱，而一些辅助用工，则由辅助劳动力来完成。二是由于农业生产比较利益低，农村的强壮劳动力由农业向非农产业转移，以争取获得更多的效益，据对全国11个省（区）93个村的调查，由农业向非农产业转移的劳动力中，年龄在18—35岁的占60%左右，男性劳动力占70%左右，具有一定文化程度的劳动力占80%左右。因此，农业劳动力的弱化是一种正常现象。现在的问题是，我国许多地方由于农业机械不配套，劳动力弱化中没有用农业机械及时替代，产生一些副作用，在一定程度上影响了农业生产的稳定增长。解决这个问题的办法就是加强适用农业机械的研制和推广，完善农业生产承包制，使之有利于农业机械的使用。

2. 农村劳动力的兼业化趋势

农村兼业现象，在我国也是普遍存在的一种趋势。据对全国 11 个省（区）93 个村调查，1986 年转移劳动力 70216 人中，兼业人数为 41889，占转移总数的 59.7%。这是指兼业劳动力，即一个劳动力既从事农业也从事非农产业的生产经营活动。如果从兼业农户来考察，则更为普遍。内蒙古赤峰市元宝山区山前村、南荒村 90% 以上的农户兼业。

农村兼业化是许多复杂的社会经济因素共同作用的结果。首先是土地制度。那些土地分散、资本主义农业不发达的国家和地区，在其工业化过程中，农民不会轻易地放弃土地去从事非农产业。这是因为，农业是人们的衣食之源，农民将依靠它取得最基本的生活资料。农业又是农村劳动力的蓄水池和调节器，一旦经营非农产业遇到挫折，可以退回到农业加以休整和重新等待时机。因此，只要农民拥有一块土地，兼业现象就难以避免。其次是农业的承受能力。在商品经济运行中，分散的农业有较强的承受力，因为兼业可以分散市场风险。最后，农业生产时间与劳动时间不一致和周期性的间隔，使农业劳动者有可能从事非农产业活动。

兼业使商品农业进展缓慢，形成农村经济出现自给经济、商品经济长期并存的局面。在农业劳动力充分供给的条件下，兼业不利于科学技术的进步，农业劳动生产率提高缓慢，不利于农业基础地位的加强。但是，兼业能分散市场竞争风险，承担经营不善带来的损失，减少社会不安定因素，在产业结构变革中可以避免大的震荡，有利于协调发展。

3. 集中化趋势

集中化是工业社会存在的普遍趋势。随着农村工业化的进程，农村劳动力的集中化是不可避免的。劳动力的集中将有利于节约能源、节约土地资源、节约资金，有利于快速传递信息、交流科学技术，提高经济效益。劳动力集中需要一定的载体，这就是城市和农村集镇。据 11 个省（区）93 个村的调查，1986 年劳动力向外地转移中，外乡农村占 48.8%，农村集镇占 5.2%，县城及建制镇占 12.2%，中小城市占 29.4%，大城市占 3.8%，出国占 0.6%。分地区看，经济发达的地区劳动力进入城市的比重高。如上海占 79.2%、浙江占 75.4%、福建占 74.8%。而经济不发达地区进入城市的比重就低，如青海只有 17.4%（见表 2）。

从表 2 可以看出两种趋势：一是东部经济发达地区劳动力转移到城市的比重高，西部经济不发达地区劳动方转移到城市的比重低；由东向西递减。

表2　　　　　　　　1986 年农村劳动力外出转移去向结构　　　　　单位:%

	外乡农村	农村集镇	县城及建制镇	中小城市	大城市	出国
东部地区	21.7	6.1	9.8	53.9	7.0	1.5
中部地区	38.6	12.4	34.2	11.0	3.8	—
西部地区	74.5	3.6	11.2	9.8	0.9	—

　　注：①东部地区：上海、江苏、浙江、福建；②中部地区：河北、内蒙古、山西、黑龙江；③西部地区：广西、宁夏、青海。

二是农业剩余劳动力转移的载体主要是中小城市（镇），也就是说是相对集中的。这是我国农村劳动力移转的特点之一。

四　农业劳动力转移的基本原则

　　为了保证农业剩余劳动力顺利转移，必须遵循以下原则：

　　1. 协调原则

　　生产力各个要素之间总是以一定的方式和比例，组成有机整体。随着科学技术的进步，各个要素之间会形成新的比例关系，出现新的有机体。否则，由于比例失调和结合方式不合理，无法形成有机体，就会阻滞生产力的发展。比如，我国农业自然资源人均占有量少，农业劳动力配置不合理，导致农业劳动生产率下降，农业劳动者的积极性难以充分发挥，农村第三产业劳动者与第一、第二产业劳动者，人数不协调造成社会水平低、科技成果推广慢等弊端，可见，协调是经济运行的普遍原则。在农业剩余劳动力的利用和转移中，我们也必须遵循这一原则。其关键在于找出劳动力的就业结构与各部门经济发展的合理比例，如农业劳动生产率与非农产业劳动力增长的比例；劳动力在第二、第三产业之间的合理配置。

　　农业劳动生产率的提高是非农产业劳动力增长的前提，这是因为：①在正常情况下，只有农业劳动生产率提高才可能产生新的农业剩余劳动力；②只有农业劳动生产率的提高，才能保证非农劳动力增长对农副产品的需求。因此，农业劳动生产率与非农产业劳动力是一种正相关的关系。

　　在非农产业中，劳动力并不是任意分布的，它也是按照一定的比例组合而成的。第二、第三产业的就业构成发生畸形，第二产业与第三产业不成比例，同样影响生产力的正常发展。在我国，第三产业落后于第二产业的发展。特别是交通运输、邮电通信、文化教育与国民经济的发展不相适应。这些部门除了资金不足之外，劳动力投入不合理也是其主要原因。因此，应根据不同条件，确定劳动力的合理就业结构。

确定合理的比例，找出一定的"度"是十分困难的，因为事物都不是由单一的要素组合而成的，而是由多种因素组成的综合体。不过，我们可以根据历史的和国际的经验，考虑未来的变化，确定一个大致的数量界限，以保证农业剩余劳动力转移中的协调发展。

2. 替代原则

前面已经分析，在劳动力转移过程中，农业劳动力的弱化是一种经济运行的必然趋势，是正常现象。但是，农业劳动力的弱化必须以农业机械递补为前提。这就是农业劳动力转移的替代原则。

我们是个劳动力资源丰富的国家，特别是农村可以充分供给农业对劳动力的需要，是否可以不实行替代原则？否。农业劳动力的转移同工业部门不一样，工业部门转移出的劳动力一般是工业部门不需要和不适宜的，而农业部门转移的劳动力多数是农业需要的劳动力，如青壮年劳动力、有文化的劳动力、男性劳动力等。这部分劳动力退出农业部门之后，一定要有相应的机械来代替，才能保证农业生产的稳定增长。目前，我们一些地方没有实行替代原则粗放经营，使农业劳动生产效率下降，甚至倒退到用手工工具翻地的现象，这固然反映那里人口增长过猛，人均耕地少，农业劳动力大量剩余的事实。但从长远考虑，这是生产力的一种倒退，是不正常的现象。这是其一。其二，只有用机械替代才可能产生农业剩余劳动力，进一步提高劳动生产率，增强农业的基础作用。因此，即使在劳动力充分供给的条件下，也需要实行替代原则。

实行替代原则，要注意农业机械的配套使用。农业生产是一种综合性作业很强的部门，它由多项工序所组成。如果农业机械不配套，将大大降低机械的替代作用。在南方水稻区如果不使用插秧机械，在插秧时，农业劳动力是替换不了的。北方不使用收割机械，替换的劳动力也有限。同时使用农业机械要注意发挥农业机械的综合功能。目前，有些农业机械功能单一，如大型联合收割机只有在收割季节才能发挥作用，使用率不高，影响农民购置农业机械的积极性。有些机械由于受到动力和配件不足的限制，也不能正常发挥作用。解决好这些问题，就可以较好地实行劳动力转移的替代原则。

3. 效益原则

农业剩余劳动力的转移既是一种经济现象，也是一种社会现象。因此，讲究效益既要注意经济效益，也要注意社会效益，还要注意生态效益，做到经济、社会、生态效益的统一。

不言而喻，农业劳动力的转移要注意经济效益。从单个劳动者来看，只要工资水平高于农业的收入就是有效益，这是个人效益。但是，从企业收入看，新投入一个劳动力要增加一份收入，因此劳动力的增加要促进企业经济效益的增长，否则企业亏损，是难以为继的，这是企业效益。有些活动，从个人和企业的角度看，效益都不错。但是，从宏观经济效益看，则不可取，如兴建和扩大一些高耗能的工业企业，需要大量的能源，而我国的能源不足，加剧社会能源的全面紧张；一些乡镇矿业，由于技术水平、管理水平跟不上，造成矿产资源的浪费等。在这些企业，扩大招工，吸收农业剩余劳动力从宏观效益观察则是不经济的。

在城市和非农产业吸纳农业剩余劳动力有限的情况下，过早地把剩余劳动力从农业中分离出来，在城乡之间游荡，往往是导致社会不安定的重要因素，有些劳动力涌入城市，虽然可以找到某种职业，但因交通、住房和商品供应跟不上，也会产生一些社会问题。因此，农业劳动力的转移，既要注意经济效益，还要注意社会效益，否则，经济效益也不能持久。

劳动力的转移如果不采取相对集中的政策，而是分散经营，鼓励就地转移，实行乡乡办厂、村村冒烟的政策，那么农村工业的发展将污染环境，破坏生态平衡。因此，农业劳动力的转移要注意生态环境，避免和减少对生态环境的污染和破坏，要注意生态效益。

经济、社会、生态效益是统一体，我们要在维护社会和生态效益的前提下，提高经济效益，做到微观效益与宏观效益的统一。

（原文发表于《中国农村经济》1989 年第 2 期）

中国农村劳动力转移实证研究 *

刘建进

本文描述和分析了近年中国农村劳动力转移的状况，重点分析了 2001 年和 2002 年农村外出劳动力的状况和特征，以及农村劳动力转移对农村和城市部门劳动力市场及宏观经济的影响。

本文主要采用实证分析的方法，利用中国国家统计局农调队的全国 6.8 万农村住户劳动力抽样调查数据做统计分析和推断全国农村劳动力的就业和流动就业状况。由于国家统计局农调队的全国农村住户劳动力抽样调查具备良好的全国代表性［农村住户抽样调查的介绍可参见《中国农村住户调查年鉴（2004）》的"农村住户调查简介"部分］，在做统计推断分析时，我们采用简单统计推断而不使用加权推断方法。

本文着重对中国农村劳动力的转移和外出的宏观特征、区域特征和变动趋势进行描述和分析，并对农村劳动力外出对输入地和输出地劳动力市场及对农村经济和城乡收入分配产生的影响做出实证分析，但不着重于对中国农村劳动力转移的现象做出经济学解释和提供具体的劳动力市场政策建议。

一 中国农村劳动力和农村劳动力转移状况的特征

（一）农村劳动力的数量

中国农村劳动力的总数量的权威统计数据有两个来源：一是《中国统

* 本文来源于国家发展改革委就业和收入分配司与世界银行的《欧盟 ASEM 信托基金支持项目："中国劳动力市场发展与政策研究"项目》成果报告的分报告四，并根据近两年的农村劳动力就业数据做了适当修改。本文涉及的相关数据仅供研究参考，与国家统计局公布的数据有不一致的地方宜以公布数据为准。作者感谢国家发展改革委就业和收入分配司与世界银行提供的研究支持。

计年鉴》中的"乡村从业人员"指标数据；二是《中国农村统计年鉴》"农村基本情况和乡村从业人员"表中的"乡村劳动力资源数"，该表中同时给出"乡村从业人员"指标数据。"乡村劳动力资源数"是《中国农村统计年鉴》中近年才新增的统计指标，但到目前为止，未给出该指标的确切定义以及它与"乡村从业人员"指标在定义上的区别。

本研究利用国家统计局农调队 2001 年和 2002 年的全国农村住户劳动力抽样调查数据描述和推断中国农村劳动力和农村转移劳动力的基本状况和特征。在需要全国农村劳动力总数做统计推断基数时，一般采用"乡村劳动力资源数"，但也同时给出用"乡村从业人员"做统计推断基数的结果以供参考和比较。

中国农村劳动力的绝对数量见表 1。2004 年中国的"乡村劳动力资源数"为 53783 万，比"乡村从业人员"指标的数据 49695 万多出 4088 万。

表1   中国农村劳动力数量   单位：万人

年份	2004	2003	2002	2001	2000	1999	1998	1997
乡村劳动力资源数	53783	52919	52238	51810	51405	—	—	—
乡村从业人员数	49695	48971	48527	48229	47962	46897	46432	46962

资料来源：国家统计局农村社会经济调查司编：《中国农村统计年鉴（2005）》，中国统计出版社 2005 年版；中国统计年鉴编辑部编：《中国统计年鉴（2004）》，中国统计出版社 2004 年版。

（二）农村劳动力的就业结构状况

中国农村劳动力的就业的行业结构状况一般依据《中国统计年鉴》中的乡村劳动力的统计数据。但由于该统计数据以全面汇总上报为基础，难以及时、准确地反映农村劳动力外出流动务工的信息，而且无法反映由于农村劳动力外出就业引起的区域间农村劳动力就业结构的实际变动状况。我们用国家统计局农调队 2001 年和 2002 年全国 6.8 万农村住户劳动力抽样调查数据的统计结果反映全国农村劳动力就业的行业结构，（见表2）。

中国农村劳动力的就业特征之一就是有大量的中西部农村劳动力流动到东部地区寻找就业。因此按农村劳动力的来源地划分和按农村劳动力实际就业的地点（农村外出劳动力外出就业时间大于 6 个月的实际就业地点为就业地，外出就业时间不大于 6 个月的农村外出劳动力实际就业地点仍按劳动力来源所属地为准）划分得到的农村劳动力就业结构会有所不同。表 2 的统计数据结果反映出这种差异性是比较大的。

表2　　　　　　中国农村农户劳动力就业的行业分布和区域分布状况　　　　单位:%

年份		2002				2001			
行业	地区	全国	东部	中部	西部	全国	东部	中部	西部
按劳动力来源地划分	不分行业	100	25.09	45.35	29.56	100	25.16	45.36	29.47
	行业结构	100	100	100	100	100	100	100	100
	1. 农业	72.54	58.71	75.73	79.38	74.48	60.89	77.92	80.77
	2. 工业	8.30	13.16	7.32	5.67	7.41	12.09	6.32	5.09
	3. 建筑业	4.01	4.24	3.81	4.12	3.59	3.90	3.39	3.64
	4. 服务业	9.92	14.59	9.02	7.34	9.24	13.52	8.33	6.97
	5. 其他	5.23	9.30	4.11	3.49	5.28	9.59	4.04	3.52
按劳动力就业地划分	不分行业	100	31.04	41.50	27.46	100	30.35	41.97	27.68
	行业结构	100	100	100	100	100	100	100	100
	1. 农业	72.54	49.36	81.74	84.83	74.48	51.94	83.00	85.39
	2. 工业	8.30	18.36	4.41	2.80	7.41	16.94	3.90	2.65
	3. 建筑业	4.01	6.08	3.06	3.10	3.59	5.55	2.79	2.74
	4. 服务业	9.92	15.40	7.94	6.73	9.24	14.54	7.38	6.45
	5. 其他	5.23	10.79	2.85	2.54	5.28	11.03	2.93	2.78

　　注：(1) 东、中、西部地区的定义按经济区域划分：东部地区包括北京、天津、上海、江苏、浙江、福建、山东、广东和海南9个省（市）；中部地区包括河北、山西、内蒙古、辽宁、吉林、黑龙江、安徽、江西、湖北、湖南和河南11个省（区）；西部地区包括重庆、四川、贵州、云南、西藏、广西、陕西、甘肃、青海、宁夏和新疆11个省（市、区）。

　　(2) 由于四舍五入的关系，表中数据之和不等于100%。下同。

　　资料来源：国家统计局农调队6.8万农村住户劳动力抽样调查。

　　如果以农村劳动力的实际就业地点来划分，2002年在东部地区就业的农村劳动力的非农就业比例为50.6%，已经开始超过一半。但就全国总体状况而言，虽然中国农村中的农业劳动力的比重近年来一直以每年近2个百分点的速度下降，2002年仍然有72%的农村劳动力属于农业劳动力（以非农就业时间不超过6个月为标准）。虽然在中西部地区就业的农村劳动力中非农就业比例在上升，但仍有高达82%—85%的劳动力主要从事农业生产活动。

　　由于2002年举家外出的农村劳动力2350万仅占全国农村劳动力的比例不到5%，因此由于举家外出户不被抽样为农村劳动力抽样调查户对统计结果带来的误差影响不大。由于 2001 年和 2002 年的农户劳动力抽样调查方案无法得到农村外出劳动力就业时间小于 6 个月的行业结构的信息，因此还无法估计放宽农村劳动力外出和非农就业时间标准对中国农村农业劳动力比重数据的影响程度有多大。但如果按非农就业和外出就业时间 6 个月以上作为划分非农劳动力和农业劳动力的标准，2002 年中国农村中的农业劳动力占农村劳动力比例为 72.5%，比《中国统计年鉴（2002）》中乡村从业人员统计数据中的 2002 年中国农村农业劳动力（31991 万人）占农村劳动力（48527 万人）的比重 65.9% 高 6.6 个百分点。至于哪个数据更为符合实际状况，还是留待更为深入的学术研究。

（三）中国农村劳动力的年龄结构变化状况

如果国家统计局农村劳动力住户抽样调查数据能够反映全国农村劳动力的年龄结构分布，统计分析结果表明中国农村劳动力的老龄化趋势已经明显表现出来。不同年龄段的农村劳动力占全部农村劳动力比例的结构分布状况及年龄段的累计分布状况数据见表 3。

表3　　　　　　　　中国农村劳动力年龄结构状况　　　　　　单位:%

年龄段	2004 年	2002 年	2001 年	年龄段	2004 年	2002 年	2001 年
16—20 岁	8.7	9.83	10.39	16—20 岁	8.7	9.83	10.39
21—25 岁	12.5	11.87	11.78	16—25 岁	21.2	21.7	22.17
26—30 岁	9.4	10.14	10.61	16—30 岁	30.6	31.84	32.78
31—35 岁	10.4	11.15	11.63	16—35 岁	41.0	42.99	44.41
36—40 岁	12.7	14.39	13.92	16—40 岁	53.7	57.38	58.33
41—45 岁	11.7	10.61	11.39	16—45 岁	65.4	67.99	69.72
46—50 岁	12.9	13.62	13.49	16—50 岁	78.3	81.61	83.21
51 岁及以上	21.7	18.38	16.79	16 岁以上	100	100	100
全部	100	100	100				

资料来源：2004 年数据来源于《中国农村劳动力调研报告（2005）》，中国统计出版社 2005 年出版，第 3 页。2001 年和 2002 年数据来源于国家统计局农调队农村住户劳动力抽样调查的数据分析结果。

35 岁以下年龄组中，只有 21—25 岁年龄组的农村劳动力的比例在 2001—2004 年略有增加，其他年龄组的农村劳动力的比例在 2001—2004 年都呈下降趋势。而如果考虑表3右半部分的年龄组比例累计分布，50岁以下不同组别的农村劳动力的累计比例在2001—2004年都呈系统性下降趋势。16—20岁年龄段的农村劳动力比例的下降尤其迅速。

由于中国农村劳动力的总数仍在增加，我们需要知道不同年龄组的农村劳动力数量在这些年的变化趋势。我们根据表3的数据，并根据按"农村从业人员"和"乡村劳动力资源"两种口径得出的2001—2004年的农村劳动力总数，推断不同年龄组的农村劳动力数量的累计分布数据（见表4）。我们还可对表4中同一年份的相邻组别的数据做差分，可以得到不同年龄组别的农村劳动力的数量。

表4的数据表明，中国农村劳动力中的低年龄段的劳动力数量已经呈减少趋势，尤其以16—20岁年龄段最为显著。这种变化倾向必然会对农村劳动力市场的供给结构产生影响。

表4　　　　　　　　不同年龄组中国农村劳动力数量变化状况　　　　　单位：万人

农村从业人员口径				乡村劳动力资源口径			
年龄段	2004年	2002年	2001年	年龄段	2004年	2002年	2001年
16—20岁	4323	4770	5011	16—20岁	4679	5135	5383
16—25岁	10535	10530	10692	16—25岁	11402	11336	11486
16—30岁	15207	15451	15809	16—30岁	16458	16633	16983
16—35岁	20375	20862	21418	16—35岁	22051	22457	23009
16—40岁	26686	27845	28132	16—40岁	28881	29974	30221
16—45岁	32501	32994	33625	16—45岁	35174	35517	36122
16—50岁	38911	39603	40131	16—50岁	42112	42631	43111
16岁以上	49695	48527	48229	16岁以上	53783	52238	51810

（四）中国农村劳动力转移的基本状况和特征

下面我们将描述2001年和2002年中国农村劳动力转移的基本状况和特征。我们仅限于描述和分析农村常住户劳动力的外出务工状况，举家外出的状况因为没有更为详细的信息不在我们的讨论范围。数据来源为国家统计局农调队2001年和2002年的农村住户劳动力状况抽样调查。在做关于外出或转移绝对数推算时，我们采用《中国农村统计年鉴》中的"乡村劳动力资源数"作为全国农村劳动力的总数，我们有时也用"乡村从业人员数"指标数据作为全国农村劳动力的总数进行分析，以便了解 2001 年以前的状况。

按国家统计局农调队的统计口径，"外出农村劳动力"是指离开本乡到外地从业的所有农村劳动力，其时间定义为外出时间一个月以上；"农村转移劳动力"包括从农业转移到二、三产业的所有劳动力，同时还包括离开本乡到外地仍然从事第一产业的农村劳动力，并且时间严格定义为半年以上者。

2001 年和 2002 年中国农村转移劳动力的比例和数量见表 5。

表 5　　　　　　　　　　农村转移劳动力的分布状况　　　　　　单位:%，万人

年份	农村转移劳动力比重和数量	全国	东部	中部	西部
2002	农村转移劳动力比重	26.22	39.76	22.84	19.93
2001	农村转移劳动力比重	25.06	38.06	21.73	19.14
2002	农村转移劳动力数量推算	13697	5212	5412	3078
2001	农村转移劳动力数量推算	12984	4961	5100	2922

资料来源：农村转移劳动力比重来自于农调队农村住户劳动力抽样调查统计，农村转移劳动力数量根据抽样调查数据统计结果和《中国农村统计年鉴》的"乡村劳动力资源"数据推算。

（五）中国农村转移劳动力和农村外出劳动力

表 6 为关于基于全国性抽样调查方法对中国农村劳动力转移和外出状况的统计数据结果的比较。目前现有的关于中国农村劳动力外出的统计数据推断的来源有两个：一是国家统计局农调队的农村住户抽样调查；二是委托于农业部下操作的全国农村固定观察点的抽样调查。这两个抽样调查的统计结果都还没有形成固定的信息披露制度，而且调查指标和指标的定义也会随着年度的不同有一些变动，因此要得到一套在较长时期内具有不同年度间可比性的关于农村外出劳动力的统计数据还有困难。相对而言，国家统计局农调队的农村转移劳动力和农村外出劳动力的统计数据具备较好的数据可靠性和信息披露性。

（六）农村劳动力受教育程度和专业技能培训状况（略）

（七）农业劳动力的逐年减少趋势

国家统计局农调队的全国农村住户劳动力抽样调查的统计数据结果表

明，1997 年以来中国农村的农业劳动力一直保持每年逐步下降的趋势，并没有出现《中国统计年鉴》的"乡村从业人员数"表中的农业劳动力绝对数在 1996 年后出现回升的情况。笔者认为，通过农村住户抽样调查数据推断得到的中国农业劳动力数量的变化更为可靠，中国农村在 1992 年以来的农业劳动力绝对数量是一直下降的。中国农村农业劳动力数量变化的状况见表 7。

利用农调队抽样调查数据和农村劳动力资源数，我们通过统计推算得到的中国农村农业劳动力的数量 2001 年为 38588 万，比 2000 年减少 608 万；2002 年为 37893 万，比 2001 年减少 695 万。

2001 年和 2002 年，中国农村劳动力继续保持农业劳动力比重下降的趋势。2001 年农村劳动力中农业劳动力的比重为 74.48%，比 2000 年的 76.25% 下降了 1.77 个百分点；2002 年农业劳动力比重为 72.54%，比 2001 年下降了 1.94 个百分点。

表 6　　　　　　国家统计局农调队和全国固定观察点抽样调查　　单位:%，万人

年份	2005	2004	2003	2002	2001	2000	1999	1998	1997
外出务工劳动力比例（不包括举家外出劳动力）	20.2 (22.2)	19.1 (21.0)	18.5 (20.5)	16.8 (16.98) (19.37)	(15.15) (18.37)			(15.0)	
外出务工劳动力数量（不包括举家外出劳动力）	10038 (10824)	9353 (10260)	8960 (9820)	8120 (9400)	(8961)				
外出务工劳动力比例（包括举家外出劳动力）		23.8	23.2	21.7					
外出务工劳动力数量（包括举家外出劳动力）	12578	11823	11390	10470					
举家外出劳动力数量	2540	2470	2430	2350					
农村转移劳动力数量（包括举家外出劳动力）	未再提供数据	未再提供数据	16950	16460					
农村转移劳动力占农村劳动力比例（包括举家外出劳动力）	未再提供数据	未再提供数据	34.9	33.9					
农村转移劳动力数量（不包括举家外出劳动力）	未再提供数据	未再提供数据	14520	14110 (13702*)	(12983*) (13702*)	(12152*) (11338)	(10107)	(9547)	(8315)

续表

年份	2005	2004	2003	2002	2001	2000	1999	1998	1997
农村转移劳动力占农村劳动力比例（不包括举家外出劳动力）	未再提供数据	未再提供数据	29.9	29.1 (26.22)	(25.06)	(23.64)	(21.55)	(20.56)	(18.09)

注：按照国家统计局农调队的统计指标口径，"外出务工劳动力"是指离开本乡到外地从业的所有农村劳动力，其时间定义为外出时间一个月以上；"农村转移劳动力"包括从农业转移到第二、第三产业的所有劳动力，同时还包括离开本乡到外地仍然从事第一产业的农村劳动力，并且时间严格定义为半年以上者。但《中国农村住户调查年鉴（2004）》并未做说明是否严格按照上述统计口径，由于《中国农村住户调查年鉴（2004）》的农村转移劳动力数和农村外出劳动力数还依据全国7100个行政村的抽样调查数据，因此无法判断表中不同口径和不同年份间的数据一致性程度。

资料来源：（1）不带括号的数据来源于《中国农村住户调查年鉴（2004，2005）》或根据其上数据计算，2006年1月24日《国家统计局统计报告》第6期《2005年农村外出务工劳动力继续增加》及2005年3月16日《国家统计局统计报告》第18期《2004年农村外出务工劳动力继续增加》；我们注意到国家统计局农调队的2003年和2004年的不包括举家外出劳动力的农村外出务工劳动力比例和数量与包括举家外出劳动力的农村外出务工劳动力比例和数量这几个数据间存在一些微小的不一致性。《中国农村住户调查年鉴（2004）》中关于2003年农村转移劳动力和农村外出劳动力数据的推算根据不仅是从全国6.8万农村住户中抽样，而且加进全国7100个行政村的抽样数据。

（2）带括号的数据来源于劳动和社会保障部培训就业司/国家统计局农调队"中国农村劳动力就业及流动状况"课题组各年度的报告。

（3）带＊号的数据根据"乡村劳动力资源数"推算，不带＊号的数据根据《中国统计年鉴》中"乡村从业人员数"推算。

（4）带双括号的数据来源于对全国农村固定观察点系统的抽样调查数据的分析文章和新闻（中国去年外出就业农村劳动力超过9800万人，《央视国际》2004年4月13日；关锐捷、魏旭：《结构调整四年，出现八大变化——全国农村固定观察点农户调查实证分析》，中国农网，最新调查：去年农村劳动力外出就业超过9400万人，新华网，2003年1月16日；农业部产业政策与法规司、全国农村固定观察点办公室：2005年农村外出劳动力比上年增长5.5%）。

表7　　　　　　　　　中国农业劳动力减少状况　　　　单位：万人，%

年份	2002	2001	2000	1999	1998	1997
乡村劳动力资源数	52238	51810	51405	—	—	—
乡村从业人员数	48527	48229	47962	46897	46432	46962
农业劳动力比重	72.54	74.48	76.25	78.45	79.69	81.63
农业劳动力推算数	37893 (35201)	38588 (35921)	39196 (36571)	(36791)	(37002)	(37519)
农业劳动力比上年减少数	694 (720)	608 (650)	— (220)	— (211)	— (517)	—

注：括号中的数据根据乡村从业人员数据推算。

2002 年中国东部地区的农村非农劳动力比重为 41.29%，比 2001 年上升 2.18 个百分点；中部地区和西部地区的农村非农劳动力比重分别为 22.08% 和 19.23%，远远低于东部地区。

（八）外出式转移还是"离土不离乡"（略）

二 农村劳动力外出就业的状况

（一）农村劳动力外出就业的基本状况

2002 年抽样调查农户中的外出劳动力占农村劳动力的比重为 16.98%，比 2001 年该比例的 15.15% 增长了 1.83 个百分点。推算绝对数量：2002 年全国农村外出劳动力有 8870 万，比 2001 年的 7849 万增加 1021 万；2002 年外出就业半年以上的农村劳动力有 6721 万，比 2001 年增加 667 万；2002 年跨省外出的农村劳动力有 4115 万，比 2001 年增加 490 万，其中跨省外出就业半年以上的农村劳动力有 3480 万，比 2001 年增加 423 万。

2002 年和 2001 年中国农村外出劳动力的基本状况见表 8。

表 8　　　　　　　农村劳动力外出就业的基本状况　　　　单位:%，万人

	2002 年	2001 年	变化量
外出劳动力占农村劳动力比例	16.98	15.15	1.83
外出劳动力中男性劳动力比例	67.51	67.17	0.34
外出劳动力中外出 3 个月以上的比例	92.27	93.12	-0.85
外出劳动力中外出半年以上的比例	75.77	77.13	-1.36
外出劳动力中跨省外出的比例	46.39	46.19	0.20
外出劳动力中跨省外出就业 3 个月以上的比例	44.64	44.40	0.24
外出劳动力中跨省外出就业半年以上的比例	39.23	38.95	0.28
外出劳动力推算数	8870（8240）	7849（7307）	1021（933）
外出 3 个月以上的劳动力推算数	8184（7603）	7309（6804）	875（799）
外出半年以上的劳动力推算数	6721（6243）	6054（5636）	667（607）
跨省外出就业的劳动力推算数	4115（3823）	3625（3375）	490（448）
跨省外出就业 3 个月以上的劳动力推算数	3960（3678）	3485（3244）	475（434）
跨省外出就业半年以上的劳动力推算数	3480（3233）	3057（2846）	423（387）

注：括号中的数据为根据"乡村从业人员"推算的劳动力数据。

资料来源：比例数据来自比调队农村住户劳动力抽样调查，不包括举家外出。劳动力推算数根据《中国农村统计年鉴》"乡村劳动力资源"数和表中的比例数据做简单统计推算而得。

如果加上在本乡地域内非农就业的转移劳动力，2002 年中国农村转移劳动力比上年净增加了 713 万，外出半年以上的农村外出劳动力净增加了 667 万，占农村转移劳动力净增加数的 93%。也就是说，农村转移劳动力的净增加绝大多数以外出务工的形式，本地非农劳动力转移的净增加数仅占全部农村转移劳动力净增加的 7%。可以看出，中国农村劳动力的非农化转移已经转变依靠外出务工为主要方式。虽然本乡地域内的非农转移占农村转移劳动力的比例接近 50%（具体数据可参见国家劳动和社会保障部培训就业司课题组"中国农村劳动力就业和流动状况 2001/2002"报告），但该比例近年来一直在降低，而农村外出转移劳动力一直保持快速增长的态势。

由于 2002 年当年新增的农村转移劳动力有 31% 在本乡镇地域内实现非农就业，而在本乡镇地域内实现的非农劳动力转移的净增加数仅占全部农村转移劳动力净增加的 7%，那么当年一定有大量的本地非农转移劳动力返回为农业劳动力。我们可以推论在本乡镇内的农村非农就业转移的稳定性不高，容易返回为农业劳动力。

（二）农村外出劳动力的结构状况

农村外出劳动力的结构状况见表 9。

表 9　　　　　　　　农村外出劳动力的结构状况　　　　　　单位:%，万人

	结构		外出劳动力占农村劳动力比重	
	2002 年	2001 年	2002 年	2001 年
全国	100.00	100.00	16.98	15.15
东部（劳动力原属地）	23.44	23.16	15.87	13.94
中部（劳动力原属地）	45.35	45.22	16.98	15.10
西部（劳动力原属地）	31.21	31.61	17.93	16.25
全国	100.00	100.00	16.98	15.15
东部（劳动力就业地）	58.50	57.37	32.00	28.64
中部（劳动力就业地）	22.67	22.86	9.28	8.25
西部（劳动力就业地）	18.83	19.77	11.65	10.82
男	67.51	67.17	22.17	19.68
女	32.49	32.83	11.43	10.30
不分性别	100.00	100.00	16.98	15.15
文盲或半文盲	1.76	1.73	4.12	3.54
小学	17.12	17.93	9.52	8.73

续表

	结构		外出劳动力占农村劳动力比重	
	2002 年	2001 年	2002 年	2001 年
初中	65.92	65.68	22.53	20.17
高中	11.25	10.86	19.40	16.96
中专	3.16	2.96	25.60	23.00
大专及以上	0.79	0.85	23.50	24.76
不分受教育程度	100.00	100.00	16.98	15.15
受过培训	17.45	16.76	30.42	28.01
未受过培训	82.55	83.24	15.53	13.87
不分是否受过培训	100.00	100.00	16.98	15.15
就业地域类型	比重	比重	绝对数量	绝对数量
直辖市	8.36	7.87	742	618
省级市	20.90	21.38	1854	1678
地级市	27.25	27.00	2417	2119
县级市	21.13	21.14	1874	1659
建制镇	13.34	13.16	1183	1033
其他	9.03	9.46	801	742
不分就业地域类型	100.00	100.00	8871	7849
就业地域（6 个月以上）	比重	比重	绝对数量	绝对数量
县内乡外	20.37	22.26	1370	1347
省内县外	29.42	29.22	1978	1768
省外	50.07	48.40	3366	2929
国外	0.13	0.12	9.0	7.3
不分地域类型	100.00	100.00	6723	6051.3
就业行业(外出时间 6 个月以上)	比重	比重	绝对数量	绝对数量
农业	1.57	2.12	106	128
工业	31.21	29.82	2098	1804
建筑业	20.10	19.53	1351	1182
服务业	29.62	30.08	1991	1820
其他	17.50	18.45	1177	1117
不分就业行业	100.00	100.00	6723	6051

资料来源：比例数据来自农调队农村住户劳动力抽样调查，绝对数根据《中国农村统计年鉴》"乡村劳动力资源数"和表中的比例数据做简单统计推算而得。

外出农村劳动力中的男女比例 2002 年为 67.51：32.49；与 2001 年相比较，性别结构没有多大变化。男性农村劳动力外出就业的比例差不多是女性的 2 倍。

受过专业培训的农村劳动力选择外出就业的比例在增加。

与农村劳动力的地区分布结构数据相比较，农村外出劳动力来自东部地区的比例较小，来自中西部地区的比例较大，而外出劳动力更多地在东部地区就业。东部地区的劳动力倾向于在当地寻找就业机会，而中西部地区的农村劳动力则转移到东部地区寻找就业机会。

2002 年往省外流动的农村外出劳动力占所有外出劳动力的 50%，该比例比 2001 年提高 1.6 个百分点。往省外流动的比例在增加。这应当与中西部地区是主要的外出劳动力的来源有关系，中西部地区的农村外出劳动力倾向于向东部地区流动。

2002 年农村外出劳动力有 91% 在各类城镇就业，仅有 9% 的农村外出劳动力在非城镇地域就业。绝大部分的农村外出劳动力在城镇就业。

2002 年农村外出劳动力在不同城市规模就业的比例和数量呈现随城镇规模增大出现倒 V 形的关系，不同规模城镇的农村劳动力增量也随城镇规模呈倒 V 形关系。我们发现，地级城市在吸收农村外出劳动力就业总量和年度增长变化量上都是最高的。如果我们大体上以直辖市和省级市为大城市，地级市为中等规模城市，县级市为小城市划分，则可以发现农村外出劳动力趋于在规模较大城市就业。

（三）农村外出劳动力的年龄—性别分布状况（略）

（四）不同年龄段的农村外出劳动力对外出劳动力增长的贡献状况（略）

（五）具有什么特征的农村外出劳动力选择流向大城市（略）

三　农村劳动力输入地的状况

本部分内容将描述中国的主要农村劳动力输入地区（珠三角地区、长三角地区和京津地区）的劳动力市场中农村外出劳动力就业和务工收入的状况及其特征，讨论农村外出劳动力在输入地的劳动力市场上是否存在人力资本的正回报以及是否存在对性别和对来自不同区域的劳动力的歧视现象，我们还探讨农村外出劳动力在城镇的就业是否影响城镇劳动力的就业和工资水平。

（一）农村外出劳动力在不同输入地区的特征

我们下面比较农村外出劳动力在不同输入地的劳动力市场上就业状况的特征。我们选择珠三角地区（广东）、长三角地区（上海、江苏、浙江）和京津地区作为我们比较的不同典型地区。

表10　　　　　　典型输入地区的就业的农村外出劳动力占

全国农村外出劳动力的比重　　　　　　　单位：%

年份	珠三角地区	长三角地区	京津地区
2004	28.4	19.3	5.2
2002	27.65	16.87	5.30
2001	28.63	14.80	5.37

注：2003年数据缺失。

资料来源：国家统计局农调队全国农村住户劳动力抽样调查。

2001—2004年农村外出劳动力进入珠三角、长三角和京津地区的比例的总体的变化倾向是进入珠三角地区和京津地区的比例变化不大，而进入长三角地区的比例在稳定上升。

在不同典型地区就业的农村劳动力来源于东中西部地区的比例结构见表11。在珠三角地区就业的农村外出劳动力主要来源于中部和西部地区；而在长三角地区就业的农村外出劳动力来源于东部地区和中部地区，来自西部地区的比例很小；在京津地区就业的农村劳动力来自中部地区，来自中部地区的比例超过一半，而来自西部地区的比例较小。从表11我们可以发现在长三角地区就业的中西部地区劳动力有增加的趋势，而在京津地区就业的中西部地区的农村外出劳动力的比例有缩减的趋势。

珠三角地区农村外出劳动力的年龄小于全国平均水平，就业行业以工业为主，在服务业行业就业的比例低于全国水平，从事建筑业的比例低于全国平均水平，平均年务工时间明显长于长三角和京津地区，但年务工收入和汇寄款明显低于长三角和京津地区，而且汇寄款水平低于全国平均水平。

表 11 　　　　　　　　在不同典型地区就业的农村劳动力来源于

东中西部地区的比例结构 　　　　单位:%

		来自东部地区	来自中部地区	来自西部地区	全国
2002 年	全　国	23.44	45.35	31.21	100
	珠三角地区	23.10	43.90	33.01	100
	长三角地区	48.42	42.04	9.54	100
	京津地区	33.89	53.13	12.98	100
2001 年	全　国	23.16	45.22	31.61	100
	珠三角地区	24.78	43.55	31.68	100
	长三角地区	50.51	41.16	8.33	100
	京津地区	29.35	56.11	14.54	100

资料来源：国家统计局农调队全国农村住户劳动力抽样调查。

长三角地区的农民工年就业时间短一些，年均收入水平较高。珠三角地区农村外出劳动力年均务工时间较长，但年均务工收入和扣除必需的务工消费后的年均务工净收入不如在长三角地区和京津地区务工的农民工，而且必需的务工消费高于长三角地区和京津地区。

三个地区的农民工受教育程度都相差不多，与全国平均水平也相差不大，在京津地区就业的农村外出劳动力的受教育水平略微高些。

表 12 　　　**2002 年不同输入地的农村外出劳动力的特征和收入比较** 　　单位：元

	全国			珠三角			长三角			京津		
	女	男	全部	女	男	全部	女	男	全部	女	男	全部
年龄（岁）	25.22	31.1	29.16	23.83	27.15	25.64	26.13	31.17	29.41	26.55	30.7	29.64
平均受教育年限（年）	8.54	8.95	8.82	8.59	9.14	8.89	8.40	9.08	8.84	8.75	9.29	9.16
年务工时间（月）	8.61	7.63	7.95	9.29	8.92	9.09	8.58	8.24	8.36	8.97	8.12	8.34
年务工收入 A	4829	5470	5262	5106	5721	5440	5586	7321	6714	5499	7753	7184
务工消费 B	2100	2015	2043	2462	2661	2570	2227	2634	2492	2196	2349	2311
寄带款 C	2291	3020	2783	1993	2330	2176	2948	4131	3717	2970	4523	4131
年务工净收入 =（A - B）	2729	3455	3219	2644	3060	2870	3359	4687	4222	3303	5404	4873
储蓄 =（A - B - C）	438	434	436	651	730	694	411	556	505	333	881	742

资料来源：国家统计局农调队农村住户劳动力抽样调查。

表13　　　2002年农村外出劳动力在不同地区就业的行业结构分布　　单位:%

行业	农业	工业	建筑业	服务业	其他	全部
全国	1.57	31.21	20.10	29.62	17.50	100
珠三角	1.01	51.03	9.79	20.72	17.46	100
长三角	1.46	28.20	20.29	30.00	20.06	100
京津	2.01	14.94	30.32	38.00	14.73	100

资料来源：国家统计局农调队农村住户劳动力抽样调查。

（二）农村外出劳动力年务工收入的分布状况

2001年和2002年中国农村外出劳动力在不同就业地区的平均就业时间、年均务工收入、工资水平、年均生活消费支出、年均务工净收入和年均寄带回家的现金的分布状况数据见表14。

表14　　　　　不同就业地区的农村外出劳动力的平均

外出就业时间和务工收入状况　　　　单位：元

就业地区	平均就业时间(月)		年均务工收入		年均生活消费支出		年均务工净收入		年均寄带回家的现金	
	2001年	2002年	2001年	2002年	2001年	2002年	2001年	2002年	2001年	2002年
全国	8.02	7.95	5168	5262	2037	2043	3130	3219	2696	2783
北京	8.55	8.34	6645	6908	2382	2438	4264	4470	3862	4035
天津	8.90	8.32	7405	7917	2222	1973	5183	5944	3984	4384
上海	8.34	8.57	6894	8011	2703	3006	4192	5005	3585	4448
江苏	8.03	7.99	6294	6213	2105	2042	4189	4172	3775	3645
浙江	8.42	8.59	6281	6473	2558	2647	3723	3826	3270	3372
福建	8.44	8.31	5058	5472	2595	2615	2463	2857	2186	2459
广东	9.09	9.09	5378	5440	2538	2570	2840	2870	2298	2176
国外	10.54	10.03	43615	26615	15358	9237	28258	17378	10923	10131
东部地区	8.69	8.60	5784	5900	2426	2418	3358	3483	2829	2896
中部地区	7.29	7.03	4623	4519	1533	1477	3090	3042	2798	2855
西部地区	6.96	7.02	4009	4172	1494	1560	2515	2612	2193	2348
直辖市	8.34	8.35	6446	6884	2466	2649	3980	4235	3479	3714
省级城市	8.57	8.55	5605	5717	2324	2369	3281	3347	2824	2854

就业 地区	平均就业 时间（月）		年均务 工收入		年均生活 消费支出		年均务 工净收入		年均寄带 回家的现金	
	2001 年	2002 年	2001 年	2002 年	2001 年	2002 年	2001 年	2002 年	2001 年	2002 年
地级市	8.36	8.30	5312	5265	2230	2224	3082	3041	2552	2530
县级市	7.90	7.70	4854	4845	1872	1803	2982	3043	2650	2719
建制镇	7.60	7.48	4485	4626	1666	1606	2819	3020	2557	2780
其他	6.45	6.39	4354	4609	1369	1384	2985	3225	2470	2678

资料来源：国家统计局农调队农村住户劳动力抽样调查。

男性的农村外出劳动力的年务工收入高于女性农村外出劳动力的年务工收入。

农村外出劳动力的年均务工收入水平随就业地城市规模的扩大而增加。2002 年在直辖市务工的农村外出劳动力的年均务工收入为 6884 元，比当年农村外出务工年收入平均水平 5262 元高出 30.8%，比当年在建制镇务工的年均收入 4626 元高出 2258 元。而且容易看出，在大城市务工的农村外出劳动力的年收入高的主要原因是月收入水平比小城镇高。

农村外出劳动力在大城市的生活消费比小城镇高出不少。扣除生活消费后，2002 年在直辖市务工的农村外出劳动力的年务工净收入平均有 4235 元，在省级市务工的农村外出劳动力的年务工净收入平均有 3347 元，而在地级市、县级市和建制镇就业的农村外出劳动力的年均务工收入仅稍高于 3000 元。农村外出劳动力的年均寄带回家的现金也是随就业地的城市规模的加大而上升。在上海、天津和北京这些直辖市务工的农村外出劳动力的年均净收入和年均寄带回家的现金都远远高出全国农村外出劳动力的年均净收入和年均寄带回家的现金的平均水平。

总体上，农村外出劳动力的务工收入和务工净收入和寄带回家的现金都随着就业所在地的城市规模的增大而增加，这是近年来农村外出劳动力倾向于往大城市转移的原因。

值得注意的情况是：在 2001 年和 2002 年，虽然在广东省和福建省务工的农村外出劳动力的年均就业时间都高出全国农村外出劳动力的年平均就业时间，年均务工收入也大体上稍高于全国平均水平，但在这两省就业的农村外出劳动力的年均务工净收入和年均寄带回家的现金均低于全国平均水平不少。

（三）农村外出劳动力在输入地的劳动力市场上的教育回报

我们采用类似 Mincer 工资决定方程的回归模型来分析输入地的劳动力市场是否对农村外出劳动力有正的教育和培训技能回报，并观察劳动力市场对农村外出劳动力是否存在性别和地域上的歧视现象。因变量为农村外出劳动力当年平均月工资的对数，解释变量为性别、年龄、年龄平方、劳动力受教育年限、是否受过专业技能培训、工作地的城镇规模、工作地所属的地区（东、中、西）、劳动力来源地所属的地区（东、中、西）。普通最小二乘回归的结果见表 15。

表 15   农村外出劳动力平均月工资的 Mincer 方程 OLS 回归结果

因变量: ln（平均月工资）	2002 年			2001 年		
回归自变量	回归系数	t - 值	t - 值 显著性	回归系数	t - 值	t - 值 显著性
常数项	5.5536	163.66	0.0000	5.4368	149.78	0.0000
性别（0 = 女，1 = 男）	0.1233	17.53	0.0000	0.1282	17.24	0.0000
年龄（岁）	0.0531	28.62	0.0000	0.0589	29.05	0.0000
年龄 × 年龄	− 0.0006	− 24.00	0.0000	− 0.0007	− 23.81	0.0000
受教育年限（年）	0.0133	8.75	0.0000	0.0139	8.63	0.0000
专业培训（0 = 否，1 = 是）	0.0975	11.69	0.0000	0.1021	11.39	0.0000
工作地城镇规模哑变量 （直辖市为对照）						
省会城市	− 0.0928	− 7.18	0.0000	− 0.0956	− 6.87	0.0000
地级市	− 0.1563	− 12.58	0.0000	− 0.1377	− 10.2	0.0000
县级市	− 0.1863	− 14.45	0.0000	− 0.1886	− 13.54	0.0000
建制镇	− 0.2299	− 16.52	0.0000	− 0.2129	− 14.18	0.0000
其他地点	− 0.1890	− 12.24	0.0000	− 0.1867	− 11.35	0.0000
工作地区哑变量 （东部地区为对照）						
中部省份	− 0.0017	− 0.190	0.8530	0.0138	1.45	0.1460
西部省份	− 0.0182	− 1.670	0.0960	− 0.0794	− 6.87	0.0000
劳动力来源哑变量 （东部省份为对照）						

因变量: ln（平均月工资）	2002 年			2001 年		
来自中部省份	- 0.2581	- 29.27	0.0000	- 0.2939	- 31.60	0.0000
来自西部省份	- 0.3455	- 32.80	0.0000	- 0.3325	- 29.67	0.0000
观察样本量	31675			28038		
调整后 R^2	0.1325			0.1494		
F - 值	346.53			352.81		
F - 值显著性	0.0000			0.0000		

注：Mincer 方程的回归结果表明：

（1）农村外出劳动力具有正的受教育程度回报。农村外出转移劳动力的受教育年限的回报率 2001 年为 1.39%，2002 年为 1.33%。虽然回报率不高，但具有统计意义上非常显著的正回报率。我们进一步做不同性别组的 Mincer 方程回归，发现不同性别的农村外出劳动力在劳动力市场上都具有显著的正的受教育程度回报。

（2）专业技能培训具有显著提高劳动力工资水平的作用，受过专业技能培训的劳动力比未受培训的劳动力的工资水平高出 10%。

（3）在其他影响因素相同条件下，女性劳动力的工资率低于男性 12% 左右，劳动力市场对女性农村外出劳动力的歧视现象存在。

（4）年龄对工资水平的倒"U"形影响存在。

（5）所在工作地点的城市规模越大，工资水平越高，差异显著。

（6）在西部地区劳动力市场就业的农村外出劳动力的工资水平显著低于东部地区。

（7）其他影响因素相同条件下，劳动力市场上来自中西部地区省份的农村外出劳动力的工资水平显著低于来自东部地区的农村外出劳动力的工资水平。这意味着劳动力市场对来自不同地区的农村外出劳动力很可能存在着歧视现象。

资料来源：国家统计局农调队农村住户劳动力抽样调查。

四　农村外出劳动力对输出地的影响

本部分内容将讨论农村劳动力外出对输出地产生的影响。已经有大量的文献从农户微观和农村社区角度分析农村劳动力的外出对农户和农村社区的农业生产、农民收入、农村地区资源利用、贫困缓解等方面的影响。我们这里主要讨论农村外出劳动力返回当地后是否能够促进当地的非农就业的发展，以及描述和分析伴随着农村劳动力的流动产生的外出劳动力务工汇寄款的区域间流动的宏观格局。最后，我们讨论农村劳动力外出的务工收入对农村经济的影响以及分割的劳动力市场对城乡收入差距扩大的影响。

（一）农村劳动力外出的返回状况

从总体的净效果来看，中国农村外出劳动力数量在稳定增长。但是，这并不意味着对于农村劳动力个体而言，外出务工就业是稳定的就业选择。我们考察不同地区的农村返回劳动力数（这里的返回劳动力指的是地域返回的概念，也就是当年未外出但上年外出的农村劳动力）与农村外出劳动力数之比，发现总体上每年约有相当于外出劳动力的7%的数量为返回劳动力。返回劳动力与农村外出劳动力的比例与地区、性别、文化程度和受培训经历的关系明显（见表16）。东部地区农村返回劳动力的比例略低于中西部地区，东部地区女性返回劳动力比例略高于男性；未受过培训的农村外出劳动力的返回比例明显高于受过培训的农村外出劳动力返回比例；受教育程度低的农村外出劳动力的返回比例明显高于受教育程度高的农村外出劳动力返回比例。

表16　　　　　　　农村返回劳动力与当年农村外出劳动力之比　　　单位：%

年份	地区	全部	女	男	未培训	受过培训	文盲	小学	初中	高中	中专	大专以上
2002	东部	6.06	6.49	5.83	6.47	4.58	18.64	9.38	5.67	5.42	3.64	4.82
	中部	7.64	7.91	7.51	8.04	5.64	11.73	9.35	7.39	7.61	4.80	3.15
	西部	8.81	10.13	8.24	9.08	7.32	14.03	10.86	7.94	7.31	7.31	12.50
	全国	7.64	8.20	7.37	8.03	5.79	13.85	10.03	7.14	6.90	4.90	5.20
2001	东部	5.00	5.79	4.59	5.65	2.39	10.87	7.80	4.34	6.47	2.99	3.03
	中部	7.60	7.19	7.81	8.32	3.99	13.79	8.95	7.11	9.08	4.66	6.15
	西部	8.33	8.10	8.42	8.55	7.00	10.92	9.72	7.91	6.31	8.56	2.44
	全国	7.23	20.77	21.29	21.24	20.53	11.78	9.13	6.67	7.59	4.93	4.64

考察农村外出劳动力返回本乡镇后从事的行业，有86%的主要从事农业生产，以非农行业为主要就业选择的比例仅占不到15%；东部地区有40%左右的返回劳动力从事非农行业，而中部地区只有约12%的返回劳动力主要从事非农行业，西部仅有约5%的农村返回劳动力主要从事非农就业活动（见表17）。

表 17　　　　　　　　　农村返回劳动力从事行业分布　　　　　　　单位:%

年份	地区	农业	工业	建筑业	服务业	其他	全部
2002	东部	59.78	9.78	4.67	16.22	9.56	100
	中部	88.89	3.01	1.91	4.37	1.82	100
	西部	95.06	1.03	0.46	1.84	1.61	100
	全国	85.70	3.56	1.90	5.66	3.18	100
2001	东部	63.08	8.62	4.00	11.38	12.92	100
	中部	86.72	2.49	3.11	5.19	2.49	100
	西部	94.31	1.08	1.36	2.44	0.81	100
	全国	85.69	2.96	2.61	5.18	3.55	100

资料来源:国家统计局农调队农村住户劳动力抽样调查。

2001 年和 2002 年全国农村劳动力抽样调查的中西部地区的农村返回劳动力从事的行业结构分布数据与其他学者对四川和安徽两省 1999 年农民工外出回流所做的抽样调查的研究结果基本上相同(白南生、宋洪远, 2002)。

我们想进一步了解具有什么样特征的农村返回劳动力会在返回本地后更为可能继续以非农活动为主要的就业领域。为此,我们对 2001 年 2027 个农村返回劳动力样本做是否从事非农行业的 Probit 回归模型分析,自变量为返回劳动力的性别、培训经历、受教育年限、年龄、农户人均耕地面积、返回前外出就业地的城镇规模级别、劳动力所在省份的农民人均纯收入水平。Probit 回归模型的结果见表 18。

表 18　　2001 年农村返回劳动力主要从事非农就业的 Probit 回归模型结果

		观察样本数 = 2027				
Probit 模型回归估计结果		LRchi2(7) = 696.37				
似然函数的对数值 = −483.8885		Prob > chi2 = 0				
		PseudoR^2 = 0.4185				
因变量:是否非农行业就业(是 =1, 否 =0)	边际概率变化	回归系数	标准差	Z−统计量	P >	Z		自变量均值

续表

		PseudoR² = 0.4185					
回归自变量	性别*（女=0，男=1）	0.0279037	0.29698	0.10531	2.82	0.005	0.677356
	培训经历*（未受培训=0，受过培训=1）	0.1303722	0.78563	0.13110	5.99	0.000	0.101628
	受教育年限（年）	0.0051913	0.05093	0.02257	2.26	0.024	8.50814
	年龄（岁）	−0.0010277	−0.01008	0.00441	−2.29	0.022	31.9541
	农户人均耕地面积(亩)	−0.0156468	−0.15351	0.04071	−3.77	0.000	1.5966
	返回前就业地城镇规模级别	−0.0418912	−0.41098	0.02340	−17.57	0.000	3.29403
	劳动力所在省份农民人均纯收入水平(元)	0.0000544	0.00053	0.000055	9.80	0.000	2316.57
常数项			−1.68266	0.29604	−5.68	0.000	
观察样本为1的概率 P=0.1430686							
模型的预测概率 P=0.04927							

注：带 * 变量的概率变化数值表示自变量由 0 变为 1 的概率变化；Z 与 P＞｜Z｜是关于回归系数为零的统计检验；自变量"返回前就业地城镇规模级别"取值：直辖市=1，省级市=2，地级市=3，县级市=4，建制镇=5，其他=6。

Probit 回归分析的结果表明：返回劳动力中，男性比女性从事非农行业生产活动的可能性高出 2.8%；受过专业技能培训的农村返回劳动力比未受过培训的农村返回劳动力从事非农就业的可能性高出 13%；受教育水平高的农村返回劳动力更为可能从事非农活动，农村返回劳动力的受教育年限每提高 1 年，从事非农就业的可能性增加 0.5%；年龄低的农村返回劳动力比年龄高的农村返回劳动力更为可能从事非农就业活动，年龄每增加 1 岁，从事非农就业的可能性降低 0.1%；农户的人均耕地面积越多，返回劳动力从事非农就业的可能性就越低，农户人均耕地面积每增加 1 亩，返回劳动力从事非农就业的可能性下降 1.6%；返回前所在就业地的城镇规模级别越高，返回后主要从事非农就业活动的可能性就越大，返回前所在就业地的城镇规模级别每提高一级，返回后从事非农行业的可能性会增加 4%；返回劳动力所在省份的农民人均纯收入水平越高，农村返回劳动力从事非农就业的可能性也越高，农民人均纯收入水平每提高 100 元，农村返回劳动力从事非农就业的可能性增加 0.5%。

（二）外出经验是否有助于提高农村劳动力的本地的非农就业机会

虽然表 17 的数据表明农村返回劳动力仍是主要以农业为主要就业领域，但我们想知道劳动力的外出务工经验是否有助于返回劳动力在本地主要从事非农就业活动机会的提高。为此，我们对 2001 年国家统计局农调队的全国农村住户劳动力抽样调查样本中的在本乡镇地域内就业的 161189 个农村劳动力样本以劳动力是否主要从事非农就业为因变量，以农村劳动力的性别、培训经历、受教育年限、年龄、农户人均耕地面积、上年是否外出为自变量做 Probit 回归模型分析。我们分别对全国样本、东部地区样本和中西部地区样本做了 Probit 回归模型分析。Probit 回归模型分析的结果见表 19。

表 19　2001 年农村劳动力在本乡镇地域内从事非农就业的 Probit 回归模型结果

		模型1:全国样本			模型2:东部地区样本			模型3:中西部地区样本		
因变量: 非农行业就业(是 =1, 否 =0)		边际概率变化	回归系数	P>｜Z｜	边际概率变化	回归系数	P>｜Z｜	边际概率变化	回归系数	P>｜Z｜
回归自变量	性别*（女 =0，男 =1）	0.0407	0.2238	0.000	0.0564	0.1679	0.000	0.0444	0.3376	0.000
	培训经历*（未受训 =0,受过培训 =1）	0.2250	0.8486	0.000	0.3362	0.8924	0.000	0.1719	0.8205	0.000
回归自变量	受教育年限（年）	0.0170	0.00938	0.000	0.0222	0.0662	0.000	0.0127	0.0976	0.000
	年龄（岁）	−0.0008	−0.0043	0.000	−0.0040	−0.0119	0.000	−0.0004	−0.0034	0.000
	农户人均耕地面积（亩）	−0.0425	−0.2342	0.000	−0.1605	−0.4781	0.000	−0.0172	−0.1320	0.000
	上年是否外出*（否 =0，是 =1）	−0.0374	−0.2400	0.000	−0.0352	−0.1084	0.127	−0.0207	−0.1814	0.000
常数项			−1.4712	0.000		−0.2778	0.000		−1.9857	0.000
		观察样本数 =161189			观察样本数 =40697			观察样本数 =120492		
		样本为 1 的概率 P = 0.1524			样本为 1 的概率 P = 0.3108			样本为 1 的概率 P = 0.0989		
		模型的预测概率 P = 0.1046			模型的预测概率 P = 0.2786			模型的预测概率 P = 0.0675		

注：带 * 量的边际概率变化数值表示自变量由 0 变为 1 的概率变化；P >｜Z｜是关于回归系数为零的统计检验。

表 19 的 Probit 回归模型分析结果表明：农村劳动力外出经验无助于提高返回后下一年内从事非农就业的可能性，中西部地区农村外出劳动力返回后下一年内从事非农就业的可能性反而显著降低。东部地区的这一倾向也存在，外出经验对返回劳动力个体的本地非农就业的影响为负，但东部地区的这种负影响在 10% 的统计显著性意义下不显著。

由此看来，农村劳动力的外出就业经验在短期内并不能够有助于提高农村外出劳动力返回后的非农创业和非农就业的能力，农村劳动力外出经验能够提高农村劳动力回乡后的非农创业素质的假说尚得不到统计数据上的支持。相反，很可能是当地非农就业机会的不足和非农就业环境的限制迫使农村劳动力外出寻找非农就业机会。我们这里的分析结果不仅支持了白南生和宋洪远等关于农村外出劳动力回流无助于"回乡创业"的研究结论，还进一步发现了在其他影响因素相同条件下，农村外出劳动力返乡后的非农就业机会甚至低于未外出的劳动力。

其实，从近年来农村劳动力转移的主要方式已经越来越以外出务工为主要形式的趋势，我们应当可以预期有上述的结论。

农村劳动力外出经验是否有助于返回劳动力在长期时间意义上在本地的非农就业能力，由于没有相应的指标数据，我们还不能下定论。

值得注意的是，Probit 回归模型分析表明：影响农村劳动力在本地非农就业机会的最大因素是农村劳动力是否接受过专业技能培训。就全国范围而言，接受过培训的农村劳动力比未接受培训的农村劳动力的本地非农就业可能性增加 23%。而东部地区的这一特点更为显著，接受过培训的农村劳动力的本地非农就业可能性增加 34%。因此，促进农村地区非农发展的政策选择应当更多地放在对农村劳动力的技能培训和改善非农就业环境方面，而不是着眼于直接吸引更多的农村外出务工劳动力回流形成"回乡创业潮"。

（三）农村外出劳动力的流向和获得的务工收入及汇寄款状况

中国农村劳动力的流动就业主要是从中西部地区流向东部地区。2002年这种趋势进一步得到增强。农村外出劳动力在不同地区就业获得的年均务工收入的宏观状况见表 20。东部地区和中部地区的农村外出劳动力往其他地区流动就业获得的务工收入都大于在本地区中外出流动就业得到的务工收入，但西部地区的农村外出劳动力在本地区中外出流动就业得到的务工收入低于流向其他地区就业得到的务工收入。

表 20　　　　　农村外出劳动力在不同地区就业获得的年均务工收入　　　单位：元

			输入地			
			东部	中部	西部	全国
2001 年	输出地	东部	6886	8910	9412	7009
		中部	5058	4454	5336	4782
		西部	5201	4107	3860	4371
		全国	5784	4623	4009	5168
2002 年	输出地	东部	6983	8413	11757	7087
		中部	5253	4388	5958	4863
		西部	5180	4367	3990	4470
		全国	5900	4519	4172	5262

　　不过，东部农村外出劳动力在中西部地区外出就业的务工收入并不一定完全是劳动报酬收入，有可能这些往中西部地区就业的劳动力同时也是企业主或伴随有较多比例的非劳动要素收入的情况。但农调队的农户劳动力抽样调查中不包含这类信息，因此我们无法做更为深入的分析。可以大体推测东部地区的外出劳动力往中西部地区的流动的同时可能伴随有更多的非劳动生产要素的流动成分。

　　农村外出劳动力在不同地区的流动就业状况和由于流动就业带来的汇寄款的流动状况见表21。表21的右方的劳动力流动矩阵元素 ij 表示从输出地 i 到输入地 j 就业的农村外出劳动力占全国全部农村外出劳动力的比例；左方的汇寄款总计流动矩阵的元素 ij 表示所有的 i 输出地的农村外出劳动力从就业输入地 j 寄带回的汇寄款的总额占全国全部农村外出劳动力的汇寄款的比例（我们假设农调队的农村农户劳动力抽样调查的统计结果代表了全国农村劳动力劳动和汇寄款流动的宏观格局，以下不再特地重复说明）。

　　从表21可看出，2002 年全国农村外出劳动力中来自中西部地区的比例为 76.6%，但却只得到全国汇寄款总量的 67.5%。也就是说，中西部地区农村外出劳动力从外出务工收入汇寄回家的平均数额低于全国农村外出劳动力的平均汇寄款水平。我们把全国农村外出劳动力的平均汇寄款水平设为1，不同地区农村外出劳动力的汇寄款水平相对于全国农村外出劳动力的平均汇寄款水平的状况见表22。这样我们就清楚地看出东部地区的农村外出劳动力的汇寄款相对水平远远高于全国平均水平，中部地区的农村外出劳动

表 21   农村外出劳动力的区域间迁移流动和伴随的汇寄款流动状况   单位:%

| | | 汇寄款总计流动矩阵 | | | | 劳动力流动矩阵 | | | |
| | | 劳动力输入地 | | | | 劳动力输入地 | | | |
		东部	中部	西部	全国	东部	中部	西部	全国
劳动力输出地(2001 年)	东部	30.16	1.86	0.74	32.76	21.85	0.94	0.38	23.16
	中部	21.08	21.18	0.60	42.86	23.66	20.99	0.57	45.22
	西部	8.97	0.68	14.74	24.38	11.86	0.94	18.81	31.61
	全国	60.2	23.72	16.08	100	57.37	22.86	19.77	100
劳动力输出地(2002 年)	东部	30.37	1.32	0.68	32.38	22.41	0.74	0.29	23.44
	中部	21.53	21.19	0.65	43.38	23.82	20.93	0.60	45.35
	西部	8.95	0.74	14.55	24.24	12.26	1.00	17.94	31.21
	全国	60.85	23.26	15.89	100	58.5	22.67	18.83	100

注:汇寄款的流动方向与劳动力流动方向相反。

表 22   农村外出劳动力的年平均汇寄款比较 (以全国平均汇寄款水平为 1)

| | | | 输入地 | | | |
			东部	中部	西部	全国
2001 年	输出地	东部	1.3803	1.9787	1.9474	1.4145
		中部	0.8910	1.0091	1.0526	0.9478
		西部	0.7563	0.7234	0.7836	0.7713
		全国	1.0493	1.0376	0.8134	1.0000
2002 年	输出地	东部	1.3552	1.7838	2.3448	1.3814
		中部	0.9039	1.0124	1.0833	0.9566
		西部	0.7300	0.7400	0.8110	0.7767
		全国	1.0402	1.0260	0.8439	1.0000

力的汇寄款相对水平与全国平均水平相差不大,而西部地区的农村外出劳动力的汇寄款相对水平低于全国平均水平 20% 左右。

因此,虽然中西部地区的农村外出劳动力占全国农村外出劳动力的大多数,但从外出务工获得的务工汇寄款水平却低于全国平均水平,尤其是西部地区的农村外出劳动力。

值得注意的是,在东部地区就业的中西部农村外出劳动力的平均务工汇寄款水平甚至低于在中西部地区的平均务工汇寄款水平。无论其原因是在东部地区的平均务工收入相对低，还是必需的务工消费支出高，都将不利于中西部地区的农村劳动力继续向东部地区转移。

（四）农村外出劳动力对农村经济增长的贡献

中国农村劳动力的外出就业对农村收入的增长的影响程度如何？由于改革开放以后农户的生产经营自主权不断扩大，农户家庭的劳动力会不断地向边际劳动力生产率高的方向配置，以实现家庭收入的最大化。如果农村劳动力外出务工的工资收入高于农村劳动力在本地从事的生产经营活动能够得到的纯收入，农村劳动力就会选择外出务工就业。从经济学意义上，农村劳动力生产要素获得了更为有效率的配置，这将相对于如果农村劳动力不外出的状况带来农民人均收入的额外净增长。

下面我们将估算 2001 年和 2002 年中国农村劳动力外出就业由于相对劳动生产率的提高给农村人均收入带来的额外增长的幅度。

根据第一节的农村劳动力中的农业劳动力、农村转移劳动力和农村外出劳动力的基本状况的统计数据，我们已经知道：自 1997 年以来，中国农村中的农业劳动力占农村劳动力比重每年以大约 2 个百分点的速度下降，农业劳动力的绝对数量在减少，而农村外出劳动力的数量每年都在增加，农村转移劳动力在本乡内的绝对数量也没减少。因此宏观上农村劳动力的数量配置净效果在劳动力结构上是农村劳动力从农业部门向本乡内的非农产业和本乡外的务工性流动就业转移，农村外出劳动力的数量增加来自农业劳动力的转移。

这些年来农村劳动力从农业中转移出来（主要是从种植业中转移出来）都没有引起农业总产出的减少，相反地，农业产出保持每年递增的格局。而众多的关于农村劳动力转移的研究都证实中国农村的农业劳动力存在大量的剩余劳动力，农业的边际劳动生产率近乎为零。因此农村外出劳动力的增加带来的劳动边际生产率的提高几乎等于这些外出劳动力在外务工获得的工资性收入。

2001 年农村外出劳动力占农村劳动力比重为 15.15%，以农村外出劳动力绝对数量 7849 万和年均务工总收入 5168 元推算，2001 年全国农村外出劳动力带来的劳动效益提高为 7849 万 × 5168 元 = 4056 亿元；2002 年农村外出劳动力占农村劳动力比重为 16.18%，以农村外出劳动力绝对数量 8870

万和年均务工总收入 5262 元推算，2002 年全国农村外出劳动力带来的劳动效益提高为 8870 万 × 5262 元 = 4667 亿元。这些农村外出劳动力在东中西部地区流动就业的数量结构如表 23 所示：

表 23　　　农村外出劳动力在不同地区就业的数量结构　　　单位：万人

			输入地			
			东部	中部	西部	全国
2001 年	输出地	东部	1715	74	30	1819
		中部	1857	1648	45	3549
		西部	931	74	1476	2481
		全国	4503	1795	1551	7849
2002 年	输出地	东部	1988	66	26	2079
		中部	2113	1856	53	4023
		西部	1087	89	1591	2768
		全国	5188	2011	1670	8870

农村外出劳动力在东中西部地区流动就业带来的外出劳动力务工收入的数量结构如表 24 所示：

表 24　　　农村外出劳动力在不同地区就业获得的务工总收入　　　单位：亿元

			输入地			
			东部	中部	西部	全国
2001 年	输出地	东部	1181	66	28	1275
		中部	939	734	24	1697
		西部	484	30	570	1084
		全国	2604	830	622	4056
2002 年	输出地	东部	1388	55	30	1473
		中部	1110	815	32	1956
		西部	563	39	635	1237
		全国	3061	909	697	4666

相对于如果没有农村劳动力外出，2001 年占农村劳动力 15.15% 的 7849 万农村外出劳动力对农村部门带来了 4056 亿元的额外经济收入增加，

相当于 2001 年全国农村农民纯收入总额 2366. 4 元/人 ×93383 亿人 = 22098 亿元的 18. 35%。4056 亿元的额外经济收入增加也相当于 2001 年全国农业增加值 14610 亿元的 27. 76%。

相对于如果没有农村劳动力外出，2002 年占农村劳动力 16. 18%的 8870 万农村外出劳动力对农村部门带来了 4667 亿元的额外经济收入增加，相当于 2002 年全国农村农民纯收入总额 2475. 6 元/人 ×93503 亿人 = 23147 亿元的 20. 16%。4667 亿元的额外经济收入增加也相当于 2001 年全国农业增加值 16117 亿元的 28. 95%。

农村外出务工获得的额外收入增加主要来自在东部地区务工的农村外出劳动力获得的外出工资性收入。2001 年占全国农村外出劳动力 57. 4%的在东部地区外出务工就业的农村外出劳动力获得 64. 2%全国农村外出务工劳动力的总收入；2002 年占全国农村外出劳动力 58. 5%的在东部地区外出务工就业的农村外出劳动力获得 65. 6%全国农村外出务工劳动力的总收入。

五 城乡劳动力市场与城乡收入分配

根据《中国统计年鉴（2002）》，2001 年中国国内生产总值 GDP 为 106776 亿元①，其中劳动者报酬 54925 亿元，占 GDP 的 51. 44%。以 2001 年中国农村乡村人口 93383 万、农民人均纯收入 2366. 4 元和农民人均生产性纯收入 2231. 6 元推算，2001 年中国农村的劳动者报酬为 93383 万 ×2232 元 = 20843 亿元，占 2001 年全国劳动者报酬总额 54925 亿元的 37. 9%；用 2001 年农民人均家庭经营纯收入 1459. 6 元、农民人均工资性报酬 771. 9 元，其中人均外出工资性报酬 264. 2 元，本地务工工资性报酬 507. 8 元推算，农民从农村部门获得的人均劳动者报酬为（1459. 6 + 507. 8）×93383 万 = 18372 亿元，占 2001 年全国劳动者报酬总额 54925 亿元的比例为 33. 45%。

如果我们假设农民外出务工获得的工资性报酬全部由城市部门获得，2001 年占农村劳动力资源数 51810 万的 15. 15%的农村外出劳动力以平均年务工总收入 5168 元计算，农村外出劳动力由城市部门获得的劳动者报酬总

---

① 此处 2001 年中国国内生产总值是来源于《中国统计年鉴（2002）》表 3 - 10 "各地区国内生产总值项目结构（2001 年）"，与一般的生产法口径的 2001 年中国 GDP 总值 95933 亿元有差异。但这种数据差异属于不同口径下的 GDP 值的差异，不影响本文内容的结论。

额为 51810 万 ×15.15% ×5168 元 =4056 亿元①。农村劳动力由农村部门和城市部门获得的劳动者报酬总额为（18372 +4056）=22428 亿元，占 2001 年全国劳动者报酬总额的 40.83%②。

2001 年中国城市部门提供的劳动者报酬为（54925 - 18372）=36553 亿元③。农村劳动力在城市劳动力市场上获得的劳动者报酬占城市部门劳动力市场提供的劳动者报酬的比例为 4056 亿元/36553 亿元 =11.10%。

假设农村外出劳动力全部在城镇部门就业，《中国统计年鉴》中 2001 年农村劳动力就业数 48229 万、占全国劳动力就业总数 73025 万的 66.04% 和全国城镇就业劳动力总数 23940 万，2001 年农村外出劳动力的年平均外出就业时间为 8.02 个月，假设城镇劳动力的年均劳动时间为 12 个月，则 2001 年在城镇就业的农村外出劳动力劳动量占城镇就业劳动力总数的比重为 8.02/12 ×15.15% ×48229/23940 =20.40%。

根据上述的估算，我们得到 2001 年中国城乡劳动力市场的劳动收入分配的城乡结构宏观格局：占全国劳动力 66% 的农村劳动力获得的生产性劳动报酬仅占全国劳动者报酬总额的 41%；占全国城镇劳动力市场 20.4% 的农村外出劳动力获得的劳动报酬仅占全国城镇劳动力市场中劳动者报酬总额的 11.1%。这意味着在城镇部门就业的每个农村外出劳动力平均获得的劳动者报酬仅为城镇劳动力（非农村户口）平均获得的劳动者报酬的 48.7%，为城镇劳动力市场平均劳动者报酬的 54.4%。

以 2001 年全国城镇劳动力就业总数 23940 万和全国城市部门提供的劳动者报酬 36553 亿元计算，平均每个城镇劳动者报酬为 15269 元，在城镇部门就业的每个农村外出劳动力平均获得的劳动者报酬为 15269 ×54.4% =8306 元（假设城市和在城镇的农村外出劳动力的年劳动时间都为 12 个月）。根据《中国统计年鉴》数据，城镇家庭劳动力赡养系数为 1.9，即使我们假

---

① 如果按统计年鉴中的农村人均外出劳务性工资报酬占农民人均纯收入的 11.2% 计算，农村外出劳动力由城市部门获得的劳动者报酬总额仅为 2467 亿元，这一差异有可能来自计算农村人均外出务工工资性报酬时是用农民务工总收入还是用外出务工寄带回现金的不同。

② 注意上面的估算中我们实际上已经高估了农村劳动力从农村部门获得的劳动报酬，因为我们把农村劳动力的本地工资性报酬全部认为是从农村部门获得的，而实际上农村劳动力在本地的建制镇就业应当算为在城市部门就业，而且农村外出劳动力的工资性报酬中也有一少部分是从农村部门获得的。

③ 我们假设总体而言，中国的劳动力市场中城镇劳动力在农村部门就业获得的劳动性报酬的份额非常小，可以忽略不计。

设设没有这些在城镇就业的农村外出劳动力不会引起城镇平均劳动力报酬的增加，城镇部门由于使用农村外出劳动力导致的劳动要素成本的降低给城镇部门带来的额外经济效益将使得城镇居民人均 GDP 增加（15269 – 8306）/ 1. 9 ×20. 4% =748 元。即使不算上城市居民通过资产性报酬和收入再分配渠道从这些额外的增加值增长得到的收益，仅以城市劳动者报酬占城市部门 GDP 比重为 0. 45（2001 年北京市的该比重为 0. 457，全国的城镇部门的该比例平均值应当大于此值）估算，农村外出劳动力给城市居民人均收入带来的额外增加为人均 336 元，此数值大于 2001 年中国农村外出劳动力给农村人均纯收入带来的 264 元的增加。

也就是说，即使按照最为有利于农村部门和最不利于城镇部门的统计方法估算，由于目前的城乡劳动力市场的分割引起的劳动力市场的收入分配的扭曲，无论按人均 GDP 还是按人均收入衡量，农村外出劳动力带来的额外经济增长的利益在城乡部门间的分配都不能够使得城乡收入差距扩大的趋势得到校正。

事实上，自 1999 年以来，城镇职工的年平均实际工资增长率都高于 11%，而根据国家统计局农调队 2001 年和 2002 年中国农村劳动力抽样调查统计数据，2002 年农村外出务工劳动力的年均总收入增长率仅为 1.8%。2002 年前农村外出劳动力对农民人均纯收入增加贡献较大的原因主要是通过外出务工劳动力数量的增加而不是外出务工者的年收入的增加。这种农村外出务工者在城镇劳动力市场中的收入增长率与城镇职工收入增长率的差距使得农村外出务工者越多，农民人均纯收入与城市居民人均收入的差距越加拉大。

由于农村外出劳动力的地区间流动主要从中部地区和西部地区向东部地区流动，而且东部地区与中部和西部地区间的劳动生产率的差异巨大，在目前的劳动力市场扭曲未得到改善的背景下，农村劳动力的区域间的流动不可能带来区域间收入差距的缩小。笔者认为一些研究者得到的中国农村劳动力的区域间流动带来地区差距缩小的研究结论（姚枝仲、周素芳，2003；王小鲁、樊纲，2004）不可靠。因为姚枝仲、周素芳的研究方法所基于的理论模型的基本假设是劳动力输入地存在完全竞争的劳动力市场，这种基本假设没有得到实证的支持，作者也没有考虑这种假设的不满足会对研究结论带来多大的影响。而王小鲁、樊纲关于劳动力流动与地区差距缩小的结论基本上只是引用姚枝仲、周素芳的研究结果。事实上，如果以农村劳动力的区域间流动作为地区间收入差距的变化因素来考察，在输入地的本地劳动力的劳动报酬与外来农民工的务工收入的差距在扩大的现实情况和输入地的外来农民工的务工收入又高于输出地的劳动力收入（这是农民工流动的基本假设）的宏观格局下，农村劳动力的地区间流动在逻辑上不可能带来区域间的收入差距缩小。

虽然近年来农村外出劳动力获得的务工收入对农民人均纯收入增长的贡献不断增大，但是按照目前的城乡劳动力市场的劳动收入分配格局，无论造成这种城乡劳动者收入差距的原因是由于户籍制度引起的城乡劳动力市场的分割，还是中国农村劳动力的"无限供给"和城乡劳动力人力资本差异资源禀赋，不调整劳动力市场的初次分配的扭曲，仅从促进农村外出务工和通过收入再分配政策实现抑制城乡收入差距扩大的目标是不大可能的。

造成农村外出劳动力流动就业没有带来城乡差距和地区差距缩小的主要原因是在劳动力输入地不存在统一的城乡劳动力市场。农村外出劳动力与城镇劳动力的人力资本的差异固然会带来劳动者报酬的差异，但如此巨大的城乡劳动者报酬的差异是不应当归结于城乡劳动力之间的人力资本存在的差异，而应当是由于城乡劳动力市场分割带来的劳动力市场上的城乡劳动力间的初次收入分配扭曲引起的。

按上述分析思路，目前农村外出劳动力在城镇的流动就业的扩大不足以带来城乡收入差距的缩小，但有可能带来区域内农村部门内部的收入差距的改善，因为同一区域内的劳动力在更大范围的流动配置下获得的要素回报是趋同的。

在目前城乡分割的劳动力市场格局下，城乡劳动力的收入分配差别巨大，而且呈扩大的趋势。农村外出劳动力的增长虽然有助于农民人均纯收入的提高，也有利于城市部门得到低成本的劳动力，对全国城乡部门经济的增长是一种帕累托改善，但这种增长格局带来的负面效应是城乡人均收入差距的不断扩大，由此引发的不均衡增长的长期积累后果可能会威胁整个社会的和谐发展并最终危害经济增长的可持续性。改变这种状况的方向应当是校正由城乡劳动力市场分割造成的劳动力市场上收入分配的扭曲。

有些学者担心给农民工增加工资会影响中国经济的竞争力。不过从我们上面的分析数据可见，2001 年中国农村劳动力在城市劳动力市场上获得的劳动者报酬只占城市部门劳动力市场提供的劳动者报酬的 11.1%，只占全国劳动者报酬 54925 亿元的 7.4%，只占全国 GDP 总值 106776 亿元的

3.8%。如果仅从生产要素的收入分配角度考虑，2001年如果给农民工的工资收入增加10%，只在城市部门的劳动成本中增加1%，只相对于在全国的GDP总值中多分配0.4%给农民工。

有人建议政府通过提高最低劳动工资标准干预农民工劳动力市场，提高农村外出劳动力的劳动报酬，理由是目前的农民工在劳动力市场上与企业主进行工资谈判及维护劳动权益时的相对地位太弱。也有人建议将税收政策由目前的生产型增值税税收转变为消费型增值税税收，改变地方政府的财政收入来源激励，由注重生产环节转变为注重消费环节，使地方政府出面吸引外来人口在当地落户增加消费以增加地方财政收入，从而加快城市化进程。这些政策建议的可行性和操作性以及可能产生的实际影响效果都值得进一步认真研究。

参考文献

[1] 白南生、宋洪远等：《回流劳动力的从业结构》，载《回乡，还是进程——中国农村外出劳动力回流研究》，中国财政经济出版社2002年版。

[2] 国家劳动和社会保障部培训就业司/国家统计局农调队：《"中国农村劳动力就业及流动状况"课题组年度报告》1997/1998年、1999年、2000年、2001/2002年。

[3] 国家统计局农村社会经济调查司：《中国农村劳动力调研报告（2005）》，中国统计出版社2005年版。

[4] 国家统计局、劳动和社会保障部：《中国劳动统计年鉴（2002）》，中国统计出版社2002年版。

[5] 国家统计局、劳动和社会保障部：《中国劳动统计年鉴（2003）》，中国统计出版社2003年版。

[6] 国家统计局：《中国农村统计年鉴》（2001—2005年），中国统计出版社。

[7] 国家统计局：《中国农村住户调查年鉴》（2001—2005年），中国统计出版社。

[8] 国家统计局：《中国统计年鉴》（2002—2004年），中国统计出版社。

[9] 王小鲁、樊纲：《中国地区差距的变动趋势和影响因素》，《经济研究》2004年第1期。

[10] 姚枝仲、周素芳：《劳动力流动与地区差异》，《世界经济》2003年第4期。

（原文发表于《中国劳动经济学》2006年第10期，文章有删减）

关于股份合作企业性质问题的思考

陈瑞铭

20 世纪 80 年代初以来，一种被称为"股份合作企业"的新型企业组织形式在我国农村商品经济比较发达的地区蓬勃兴起，方兴未艾，构成乡镇企业的主要形式。例如，作为农村改革试验区的浙江温州市，就将股份合作企业制度建设作为主要试验课题。到 1990 年，全市各类股份合作企业已发展到约 2 万家，其中，工业企业 1.3 万家，工业产值达 31 亿元，占农村工业总产值的 60% 以上。目前，这类经济组织形式正日益受到人们的关注，对其现状、成因、作用、优势、性质、前景等议论纷纷，褒贬不一。尤其是关于它的性质问题，更是歧见纷呈，难获共识。

为了科学地判定股份合作企业的所有制性质，首先有必要搞清楚，什么样的企业才能称为典型形态的股份合作企业。对此，存在各种不同的看法。农业部 1990 年颁布的《农村股份合作企业暂行规定》（以下简称《规定》）提出了一个比较明确的定义："本暂行规定所称农民股份合作企业是指三户以上的劳动农民，按照协议，以资金、实物、技术、劳力作为股份，自愿组织起来，从事生产经营活动，接受国家计划指导，实行民主管理，以按劳分配为主，有一定比例的股金分红，有公共积累，能独立承担民事责任，经依法批准建立的经济组织。"这个《规定》的附件——《农村股份合作企业示范章程》还列举了一系列有关股东构成、收益分配、组织管理制度等条款。

从这一定义中可以看出：所谓股份合作企业是集股份制与合作制的特征与性质于一身的一种新型的企业组织形式，是以股份制的方式建立企业产权制度，并按照股份和合作的原则建立企业分配制度的一种企业组织形式。这种组织形式，一方面，具有合作经济的一些主要特征：①劳动者的联合，《规定》写明是"三户以上劳动农民"入股组成的企业，"以按劳分配为主"。②具备不可分割的公共积累。《规定》明确指出，股份合作企业必须将税后利润的 30% 作为不可分割的公共积累，用于企业的扩大再生产。③承认个人财产的所有权。《规定》中写明，身为股东的农民"对自己投入企业的股份拥有所有权"，并可以享有按股分红的权利。另一方面，这种组织形式又有私营股份经济的一些重要特征。诸如，允许单纯的资金入股和股金分红；允许税后利润的较大部分按股分给股东，记在他们的名下，用于企业的扩大再生产，并视同股金，计息增值；允许雇佣工人劳动的存在等。

股份合作企业虽然同时兼容了股份制与合作制的一些重要特征，但它却既不同于一般的股份制，也不同于传统的合作制：如在联合上，股份制是资金的联合，合作制是劳动的联合，而股份合作制是劳资双联；在收益分配上，股份制是按资分配，合作制是按劳分配，而股份合作制是按资分配与按劳分配相结合；在管理权限上，股份制实行一股一票，合作制实行一人一票，股份合作制实行劳股结合制；在经营目标上，股份制追求尽可能多的资产收益，合作制追求劳动集体更多的共同利益，股份合作制力求兼顾这两方面的价值取向。

正因为如此，这种企业的"杂交优势"比较明显：在微观层面上，它具有产权明晰、利益直接、风险共担、机制灵活、农民乐于接受等特征。在企业内部的收益分配上也比较合理，它兼顾了投资者、经营者、劳动者三方的利益。因此，它在相当程度上既克服了资本主义私营股份企业只追求资产增值而置雇佣工人的权益于不顾的弊端，又弥补了传统的合作、集体经济吃"大锅饭"、忽视投资主体、不讲产出效率的不足。在宏观层面上，它促进了不同地域、不同所有制、不同行业的劳动者自由选择投资空间，迅速集资，并实现了生产要素的合理流动与优化组合。因此它能适应市场竞争的需要，实现规模经营，提高产品档次，分担竞争风险，节省交易费用，而且便于国家对企业进行宏观管理和调控。可以看出，股份合作企业内在地具有自主经营、自负盈亏、自我积累、自我约束、自求发展的良好经营机制。所以，股份合作企业在现实经济生活中显示出强大的生命力。1989 年下半年以来，在全国性经济滑坡的严峻形势下，温州的国有企业、大集体企业迟迟走不出低谷，而股份合作企业却获得了高速持续发展。1990 年，全市工业股份合作企业总产值比 1989 年增长 19.2%。

股份合作企业的内部结构、运行模式在马列主义经典文献中找不到现成依据，在迄今的社会主义各国的实践中亦未见到先例。它尚处于初创阶段，有待于进一步规范化与完善，不能处处苛求它。但从马克思主义经济学的角度来看，以及从实际经济运行的管理工作需要出发，我们难以回避回答一个关系重大的问题：它究竟是属于什么性质的企业？

有人根据它具有劳动者的资产联合、按劳分配为主、一定比例的公共积累等合作因素的一面，肯定它就是社会主义的集体经济。另一些人则提出，股份合作企业连半社会主义性质的合作经济都算不上，更谈不上是社会主义集体企业。它是"假集体、真私营"，"名为合作、实为合伙"。其根据是：它保留有个人股份所有权，可以股金分红；股东可将相当大的份数的税后利润记在自己名下；还可以允许雇工经营等。这两类观点各执一端，相持不下，争论颇为激烈。

为什么人们对于同一事物的性质的看法会产生如此巨大的分歧，本文认为，问题出在三个带有形而上学倾向的"划一"上：第一，人们对不同地区、规模、性质、内部制度、发展阶段的各类企业，只要它由三个以上的股东组成，对企业资产负有有限责任并含有一定数额（哪怕它在税后利润总数里所占的比重微不足道）的公共积累，就"划一"地称之为"股份合作企业"。这就使得在"股份合作企业"这个总名义下所包容的企业类型十分广泛而复杂。第二，人们试图将包容度如此广泛的股份合作企业作为一个总体概念来"划一"地予以定性。第三，人们对之定性的标准都"划一"地只有两个选择：要么把它定性为"社会主义集体经济"，要么它就属于"资本主义私营企业"，非此即彼。

之所以产生这样的认识，在实际工作中有其深层的主客观背景：其一是力求提高当地公有制经济的比重。一个地区是不是"以公有制为主"，对该地区的党政领导来说始终是一个不容忽视的政治问题。其二是我国的民法、刑法、经济法中，只有公有制（含国有、大集体、小集体）和私有制（含个体、私营）两大类。如果对股份合作企业不按照这两大类标准来予以制定，那么，一切案件诉讼和外部配套政策都无法实施。而按照这三个"划一"，则将把讨论引入进退维谷的窘境：无论人们把股份合作企业"划一"地归入哪一类性质的企业，都会出现名实难以完全相符的情况。

为了摆脱当前对股份合作企业定性的困难，本文认为，有必要明确以下三个层次的思路：

第一个层次的思路是：应当看到，不同地区如浙江的温州、山东淄博地区的周村、安徽的阜阳等地，其股份合作企业的基本类型具有极大的差异性。例如，温州地区的大部分股份合作企业是由原来的个体、私营企业，按照协议，通过联户、联营、合股，增加公共积累，增加了更多的合作因素改造而来的。走的是一条由分散到联合、集中的路子。而周村的大部分股份合作企业则是由原来吃"大锅饭"，活力、效益差的乡镇集体企业通过折股、明晰产权，改变内部分配机制，使其具有更多的股份因素演变而来的，走的是一条由过分集中到适当分散的路子。虽然这两类企业都达到了股份制与合作制两方面优势杂交的目的，但它们在类型上、总体面貌上毕竟差别极大。当这种差别在各项指标上大到一定的程度时，就会导致企业所有制性质上的差异。阜阳涌现出来的大量"股份合作企业"，实质上是私营股份制的企业，如果也称为股份合作企业，就更容易把股份合作制的概念弄得混乱。

其实，就是同一地区的股份合作企业，在规模类型、成熟程度等方面也有很大差异。例如，温州地区目前主要存在三大类型的股份合作企业：第一类是全员入股型，即职工全是股东，而且职工之间股权基本相等。这类约占温州股份合作企业的10%。第二类是雇工经营型，即只有少数股东持股，绝大多数职工不持股，受雇于本企业，这类约占总数的60%。第三类是混合参股型，即不同经济成分的企业之间以及社会机构与个人互相参股，共同投资经营，这类约占10%。对于第一、第三类企业，只要第三类企业中个人参股的份额不过大，将它们定性为合作经济，属于社会主义集体经济的组成部分，争议并不大。但对于第二类企业，就不宜与第一、第三类企业等量齐观，而需要依据企业内部各项具体做法，尤其是收益分配与股金构成的情况来酌定其属性。

第二个层次的思路是：即使是对同一地区的同一类型企业，在给它们定性时，也必须对其产权归属、股份构成、劳动组合、分配原则、管理制度等方面进行定量分析后，才可得出结论。例如，对温州市占绝大比例的众多的雇工型的股份合作企业的定性，就非对一个个的具体企业作定量分析不可。根据温州市政府关于农村股份合作企业的一系列规定和政策，企业内部的分配制度大体如下：经营者的工资收入可高于职工平均工资的3—8倍。企业的税后利润应有50%以上用于企业扩大再生产，并作为新增资产记入股东名下，视作股金，计息增值。股金分红不得超过利润总数的25%。股东的股金可支取股息，计入成本，税前列支。必须提取15%的税后利润作为不可分割的公共积累基金。其余税后利润的10%作为集体福利基金和职工奖励基金。为了确定股东的收入情况，我们不妨根据以上规定来算一笔总账：

股东可得税后利润的 50% 继续投入扩大再生产，再加上 25% 的税后利润分红，而且在 15% 的公积金中以及 10% 的集体福利基金中他们也是有份的。此外，他们还可以支取股息。将这些收入全部加总起来，股东约可得税后利润的 80%。这里的确存在一个利益分配过分向股东倾斜的问题。因此，如果某个股份合作企业是属于雇工经营型的，而且规模也已相当可观，股份大部分又集中于较少的几个股东手中，那么，给它确定究竟属于什么性质的企业就必须十分慎重地对其进行定量分析。温州瓯海有一家生产复合软塑料包装的股份合作企业，共有 42 股，厂长一家就占了 21 股，该企业在 1990 年产值超过 1000 万元，税后利润用于股金分红的数额达 40 万元，厂长一家得 20 万元。支付股息约 20 万元，他一家人又得近 10 万元，全家总共得 30 万元。如果再加上税后利润的 50% 用于扩大再生产的这笔金额也记在股东个人名下，那么他的年收入数额就十分可观了。这种规模已相当大的股份雇工企业，如果按照温州市政府的有关规定进行内部收益分配，而在定性时，又与其他类型的股份合作企业一样看待，称为"集体企业"，并准予享受外部配套政策上的各种优惠，那就很难在道理上说得通，也无法摆平它与其他国有、集体企业以及其他类型的股份合作企业之间的利益分配关系。这样做的综合后果就会弊大于利。对于这样的企业，如果股东们不愿改变现行的内部分配制度，我认为，与其确定它为"集体性质的股份合作企业"，还不如称为"以资本增值为主的含有部分合作因素的私营股份企业"较为实事求是。

与上述温州市政府的《规定》比较，农业部的《规定》中关于股份合作企业的收益分配方案似乎就较能自圆其说。它规定：税后利润应有 30% 以上用于扩大再生产，归企业的全体股东集体所有；30% 以上用于不可分割的公共积累，为企业全体职工共同所有，这也属于用来扩大再生产的基金，股金分红不得超过税后利润的 20%；还有 20% 用于集体福利基金和职工奖励基金。根据这个收益分配条例来看，股份合作企业的税后利润可有 50% 以上（即 30% 以上的公共积累和 20% 的集体福利基金）属于企业全体职工共同所有。这就从具体数量上对股份合作企业属于社会主义集体经济性质这一点作了界定。自然，这将会在某种程度上影响股东们的投资积极性。这就需要在其他方面，如在税收、信贷、荣誉度上等给这类股份合作企业以某种倾斜性的支持和鼓励。

第三个层次的思路是：在工商行政管理部门的企业登记册上，迄今关于企业性质一栏只有公有制（国有、大集体、小集体）和私有制（个体、私营）这两大类。看来，这种规定需要有所改变。因为许多股份合作企业的确是既非集体也非私营的"半公半私"性质的企业，而它们却是在现实经济生活中适应客观形势需要自然地涌现出来并具有强大生命力与杂交优势的。其经营效益与多方面的作用往往优于目前的国有、集体企业，也强过纯粹私营的合伙企业和个体经济，那么，为什么不能给这类企业上一个"半社会主义性质"的或叫"半公半私性质"的企业户口，并给以相应的各项政策待遇呢？本文认为，要么把它们靠向集体企业，要么推向私营企业，这种"一刀切"做法是不恰当的。

综上所述，本文认为可以通过两条不同途径来摆脱当前对股份合作企业定性上的两难困境：一条途径是，严格制定关于股份合作企业的规范，使之以社会主义合作经济的因素为主，以按劳分配为主，严格按照农业部颁布的《规定》中所定比例来进行内部收益分配，并明确宣布它是社会主义合作企业，属社会主义集体经济的一个新型组成部分。这样一来，各地区众多不符合上述规范的"股份合作企业"要么予以改名，要么经过自动、自愿地改造、改组，使自己规范化，达到名实相符。

另一条途径是，放宽对股份合作企业的规范要求。一个企业，只要它不完全雷同于私营股份企业而包含某些合作因素的，或不完全等同于典型的传统集体企业而具有部分私人股份因素的，一律皆可称为"股份合作企业"。如果这样，那么，我们对于那些不同规模、类型和成熟程度的股份合作企业就有必要在定量分析的基础上予以分别定性。

本文认为，可将股份合作企业分成以下几种类型：即含有部分合作因素的私人股份企业，含有部分私人股份因素的社会主义合作企业，股份合作企业（以股份因素为主，如约占60%），合作股份企业（以合作因素为主，如约占60%），典型形态的合作股份企业（合作、股份因素并重，各约占50%）。股东们愿意使自己的企业成为哪一种类型的企业，由他们自愿选择。党、政府与工商行政管理部门不宜搞强制性的"升级""归类"，可以根据本地区客观经济发展的需要来确定对其实行的具体管理、引导措施与政策。与此同时，对于个体、私营企业，也不必增加外部压力，强迫它们一定靠向股份合作企业。只要它们有存在的必要与可能，那么，就让它们以补充者的身份与其他经济成分并存、开展竞争。

股份合作企业是我国广大农民群众以及地方党、政部门在党中央的"一个中心、两个基本点"的基本路线指引下进行的一项十分可贵而新鲜的探索。它的核心动因是试图在目前阶段找到一个效率与公平、搞活与坚持社会主义方向之间的较优结合点。它既想促使投资者、经营者愿意"大干、长干、好好地干",又想推动企业的广大职工具有更强的主人翁责任感和更高的劳动积极性。它希求在不较多影响股东们的利益和投资经营积极性、主动性的情况下,建立比较公平、合理的分配机制,以防范利益分配上的高低悬殊、两极分化和出现一个资本家阶级。

颇为耐人寻味的是:在国外的一些研究社会主义体制改革的学者中也曾产生过构建类似我国股份合作企业这样性质的企业形式的思路和设想。例如,捷克的著名经济学家奥塔·锡克在 1981 年春到我国讲学时,就曾提出过这样一种方案:他认为,社会主义国家有必要利用私营小业主的积极性来拾遗补阙。为了不让它们无限膨胀、快速发展起来而威胁到整个社会的社会主义性质,有必要采取措施对它们进行限制。这种限制不宜从雇工人数上去卡,最好是从调节利润分配入手来予以引导。为此,他提出了以下具体办法:先确定一个盈利的限额(例如规定业主的盈利收入不能超过熟练工人工资的 1 倍),在利润超过限额的部分中应将其绝大部分(比方说80%)交给社会。交的办法不是征税,而是转为企业投资。由这部分投资形成的资产属于劳动者集体。这部分集体资本是属于劳动者自己的,不是建立在资本家同无产者之间的对抗矛盾基础上的,因此可谓之"中立化"资本。这么一来,社会主义社会中就产生了一种新型企业,它既有业主的私人资本,又有劳动者的集体资本,锡克把它叫作"混合公司"。当前我国农村发展起来的股份合作企业在所有制性质上与锡克所主张建立的"混合公司"是差不多的。但股份合作企业在具体做法上较之锡克的"混合公司"的设想又有了不少的改进和完善:一是它糅进了股份制的一些做法,即提倡股东集资,企业资产不单纯局限于一个小业主的资本;二是它留归股东的部分要比锡克的设想多得多。这就具有了较大的可行性与可操作性,更容易为拥有资金或其他资产的人所接受,从而更容易达到在自愿、互利的基础上建立这类新型企业的目的。

我国农村改革中对于股份合作经济的探索,提供了丰富而有价值的经验,这种经验对于我国城市国营中、小型企业及大集体企业的深化改革,也是有益的启示与借鉴。

(原文发表于《经济研究》1992 年第 4 期)

乡镇企业产权改革、所有制结构及职工参与问题研究

杜志雄　苑　鹏　包宗顺

一　绪论

20 世纪 90 年代，被视为中国经济改革的决定性推动力量和经济改革成功的重要贡献之一的乡镇企业经历了一场如火如荼的产权改革。在乡镇企业产权改革初期，鼓励将企业大部分股份卖给企业职工的"股份合作制"被认为是能避免两极分化、有利于吸引职工对改革给予广泛支持、有利于企业解决资本要素短缺、有利于保障产权改革结果的公平和企业职工就业安全的重要措施，并视股份合作制为探索实现公有制有效形式的新途径。从而，将乡村集体企业改制成"股份合作制"企业的乡镇企业产权改革目标模式，得到中央和地方政府的广泛提倡，甚至还一度被中央政府视为城市集体和小型国有企业产权改革的首选模式。江泽民在中共十五大所做的工作报告中认可并推荐这一改革模式。

然而，尽管得到官方推崇，乡镇集体企业产权改革的深化及演进并未遵从其既定的"股份合作制"式的改革逻辑，改革的结果也远离其初衷，突出表现在，虽然"股份合作制"始终被推崇为乡镇企业改革的目标，但在此框架内，作为改制结果最主要方面的改制后企业产权制度安排已使"股

份合作制"变得有名无实。预期的企业职工广泛参与①的"股份合作制"未成为乡村集体企业产权改革的主要模式。与之形成鲜明对比的是，到20世纪90年代末这一模式被经理人员控制——"经理（层）持大股"所取代。

为什么股份合作企业（或职工所有制）这个自20世纪90年代初以来政府所倡导的改革模式没有成为中国乡镇企业产权改革的主导形式？概要地讲，国内外学界有两种不同的假设。一种假设是从提高企业制度安排的效率出发，认为股份合作制计划偏离了改革的正确轨道，因为职工平均持股的所有权结构存在制度安排上的无效率。这种观点认为企业管理者的激励对于企业经营是至关重要的，职工控制型企业无法解决这个问题，并且由于企业职工更关心的是工资高低和工作稳定性，若其持有大量股份，职工对决策过程具有更大权力，将使企业很难集中精力于财务目标，职工控制型企业的经营目标很难锁定在利润最大化；此外，股权的分散化不利于投资激励，企业将面临投资不足以及职工承担风险过高等问题（周其仁，1998；张晓山等，1998）。另一种假设则是从企业制度安排形式的决定性因素出发，认为产权改革从本质上讲是一个讨价还价的政治过程，其结果取决于参与此过程的各当事人之间的谈判能力。按照此观点，大多数乡镇企业的职工没有获得股权主要是由于其在组织中所处的不利地位（谭秋成，1998；Li，1999；Ho，Bowles and Dong，2000）。

本项研究运用针对改制企业及其职工进行的问卷调查获得的数据②，试图从实证的角度，对上述假设进行检验。本文的结构是：在第二部分我们首

① 企业职工参与具有多重含义，这里的企业职工参与主要是指职工对改制后企业产权的参与，即职工持有股份占企业总股份的比例。在本研究报告中，"企业职工参与"还有另外一层意思，即对"企业产权改革制度（包括改革目标、手段和方式等）设定和产权改革过程"的参与。职工企业产权参与和产权改革过程参与这两者之间本质上具有非常强的关联。在职工风险规避意识、经营能力等诸多相关因素既定条件下，假定职工对改制前企业的经营"实际"状况而非表面状况，进而对企业的长远价值预期具有充分信息，则职工是否进行产权参与以及参与程度，企业未来的价值增值能力具有决定性影响。但实际情形是，职工对改革过程参与能力不足（特别是无权参与是否允许将部分企业股份卖给职工的决策）可能在很大程度上影响其产权参与的结果。更重要的是，由于对改革过程参与不足，企业职工很难获得关于企业实际经营状况及企业长远价值的充分信息，因而即使产权改革允许职工购买股份，信息不对称也会影响职工的购买决策，从而导致股份安排结果的职工参与不足。

② 企业问卷调查在江苏某县进行，企业样本总量为100家。这些企业均为制造型企业，在抽样时事先排除了规模特别大或是不具有企业形态的特别小规模的企业。在问卷中，我们还收集了有关样本企业产值、收入、成本、税利、资产及负债、劳动等近50个指标1995—2000年连续6年的数据资料。职工问卷调查分别在江苏和山东两省共20家改制企业中进行，共回收有效问卷177份。

先对产权改革过程中改制的三个主要利益相关者改制动机、目标和态度进行理论辨析，以说明产权改革后企业的股份是如何在地方政府、企业经营层以及职工、社区农民等主要参与者之间分配的。重点在于指出改制后的股权结构实际上主要取决于地方政府和企业原经理层的态度和需要，取决于地方政府与企业经理层这两个不同利益主体之间的博弈；因而职工是否参与改制后的企业股权只能是被动的，被事先决定了的。在第三部分，我们运用企业调查数据，对职工股份参与程度不同的企业进行分组，分析和检验企业改制及不同股权结构对改善企业经营绩效的影响，所有权结构对就业水平的影响，以及所有权结构对投资行为的影响。最后，在结论部分对本项研究的主要研究发现进行总结，并指出其政策含义。

二 乡镇企业产权制度改革：
利益相关者及其博弈

（一）乡镇企业产权制度变革的必然性和改制动力

20 世纪 90 年代初以后买方市场的逐步呈现使低技术含量、低投资的乡镇企业竞争策略越来越难以为继；同时国有企业改革力度加大、更有竞争力的农村企业（包括私营企业和其他合资企业等）的崛起使乡镇集体企业原有的相对传统国有企业的体制优势大大退化；民权意识的复苏以及乡镇集体企业经营层对其自身利益更多关注导致的改革压力逐步增强；中共十四大后，社会主义市场经济体制被最终确立；等等，所有这些构成了乡镇企业改制的根本诱因和内在逻辑。

企业改制当然有其内生性的改革逻辑，但是，无论企业改制的内生性动力有多强，如果没有中央政府对于社会基本制度安排变迁的肯定，没有地方政府出于其财政硬约束需要来主动推动，这一改革进程也是枉然，企业改制不可能成为燎原之势，只能是星星之火。

我们对江苏 100 家改制企业调查数据统计结果表明，乡镇企业产权制度改革具有典型的"自上而下"发动的特征。对"企业产权改革最主要的原因"的分析表明，县及县以上政府、乡政府和企业经营者的考虑和积极性是企业产权改革最主要的推动力，几乎 100% 的企业改制是由这三个利益相关者主导的（见表1）。县及县以上政府推动改制的动机难以识别。可能的解释是，经历 20 世纪 90 年代初宏观财政体制变革以后，乡镇以上政府的财政约束增强，通过调整税收组织和征收方式是增加财政收入、减轻财政约束的重要手段。为此，有必要推动基层政府调整其与企业的财务关联、防止他们共谋避税①。从表 2 可以看出，1995 年以来的企业产权改革时期，企业实际税收绝对额稳定上升，2000 年 100 家企业上缴税金总额是 1995 年的 1.8 倍，5 年年均增长 12.6%。同时相对于企业总产出而言，税收比例虽年际间呈小幅波动，但上升幅度同样十分显著。5 年产值税率增加了 1 个百分点以上！这就不难理解为什么县及县以上政府有改制的积极性了。

表 1   **企业产权改革最主要的原因**

产权改革最主要的原因	企业数
市县统一布置	50
乡村政府的积极性	26
企业经营者的要求	1
企业内大多数职工的要求	0
政府和企业经营者都有积极性	23
其他	0

值得注意的一个现象是，表 1 显示，没有任何一个企业是应企业职工的要求改制的。这种现象的背后存在着两种可能性：一是企业职工对于是否改制没有任何要求；二是企业对职工的改制要求可以忽略不计。从我们所做的职工访谈中了解到，主要是由第一点所致，究其原因，是因为职工群体没有参与到企业的决策中，普通职工对企业不拥有任何控制权，也缺乏有关改制的必要信息。除了"市县统一布置"外，"乡村政府的积极性以及政府和企业经营者都有积极性"成为第二位的重要原因。之所以如此，我们从对乡村政府和原企业经营者角度改制动机的深入分析发现，乡镇企业产权制度变革具有动力和必然性。

1. 从乡村政府角度看

研究表明（周其仁、胡庄君，1987），乡镇企业的创办动机主要表现为

---

① 县及县以上政府推动改制的动机可能是一个非常复杂的问题。以往的研究涉及不足。本文根据有限资料试图给以最一般的解释。

增加社区居民收入和社区政府财政收入的社区福利最大化及提供社区就业机会等。但是传统的、乡镇政府通过发展乡镇企业实现自身收入流扩大的财政目标和动机越来越难以实现。乡镇政府通过发展乡镇企业实现自身收入流扩大的财政目标的实现具有多种显性和隐性渠道。很难弄清楚通过隐性渠道究竟为乡村政府创造了多大的财政收入及其演变趋向，据温铁军估计，乡镇企业利润中隐含了未计入的、高达70%以上的转移收益，并有很大部分转化为政府收入①。就显性渠道看，主要是通过企业利润上缴和以工补农、建农支出等。对100家乡村企业的统计表明，1995年后这些企业上缴乡村的利润虽有所增加，但增加幅度非常缓慢，而当年以工补农、建农支出则呈急剧下降的趋势（见表2）②。

表2　　　　　100家改制企业若干财务指标的变动情况　　　　单位：万元，倍，%

年份	1995	1996	1997	1998	1999	2000	2000/1995	年增长率
企业年总收入	138000	150778	163773	153816	167105	204048	1.48	0.081
上缴乡村利润	115.8	143.9	170	180.7	175.5	90.8	0.8	−0.047
当年支农建农支出	16.6	13.1	11.4	11.4	2.9	2.9	0.2	−0.295
当年实缴税金总额	4097	4137.6	4866.5	5435.6	6598	7422	1.8	0.126
税收/企业总收入	2.96	2.74	2.97	3.53	3.95	3.64	1.2	0.042

当然，乡镇企业发展还有另外一个目标，即为社区居民创造就业机会。这一对乡镇企业发展动机的解释可能只是在农村工业化受传统体制和政策约束、农村工业化受到人为抑制的早期阶段具有有效性。随着农村工业化的普遍展开，在发展农村工业的政治风险不再的条件下，它日益变成一种软约束。因为，由于政府发展乡镇企业财政目标始终存在，无论在集体产权下地方当局如何严重地干预企业经营③，虽然企业利润最大化尚不成为集体企业经营的普遍性现象，但无疑的是，企业经营越是逼近"有限的"④ 利润最大

① 温铁军：《乡镇企业资产的来源及其改制中的相关原则》，中经网，1997年12月4日。
② 由于这100家企业中有23家企业于1995年前即已经历企业内部经营制度的改革，乡村政府从显性渠道获得的收入大幅下降的状况，也可能是1995年前的改革的一种结果。但此前的改革，并非企业产权制度的根本变革，可以假定企业与地方政府间的利益关系调整幅度并未达到根本变革的地步。这种假设的合理性在于，事实上这些企业在此后的年份里又经历了"二次改革"即产权制度的根本改变。
③ 干预的动机除了地方领导人的寻租需要以外，同样还是为了政府财政目标的实现。
④ "有限的"利润最大化不同于一般意义上企业经营利润最大化。其有限性在于，企业经营利润最大化受到剩余索取权安排的约束。

化，越有利于地方政府的财政目标的实现。因而，殊途同归的企业经理和地方政府都有实现企业利润最大化的意愿，这样，就业目标就会成为次要的目标，它只是在保证财政目标实现的情况下才会成为有效的约束因子。这意味着就业目标可能要为企业利润最大化目标让路，只有增加就业成为企业扩张、实现利润最大化目标所必要时，才会去努力贯彻就业目标。这时，保证就业目标与集体是否一定要拥有企业产权这两者之间的联系越来越弱。就业目标便不再构成地方政府保有和固守企业产权的理由，而使地方政府更倾向于乐意接受让渡企业产权、实行企业改制。

由于地方（社区）政府在此特定条件下，具有推动企业改制的积极性，从而使改制具有必然性，使可能变为现实[①]。

2. 从企业经营者角度看

企业经营者在早期一般主要由乡村政府选派并是乡村政府利益的看护者和代理人。但是其对企业的直接控制很容易使其成为独立于乡村政府之外的单独的利益集团。由于其独立利益的成型和固化，使政府对企业及其代理人的监督变得日益成本高昂。这就使乡村企业一直以来实际上从未停止政府与其代理人对企业实际控制权通过谈判进行的调整，20 世纪 80 年代中期后，全员承包制、经营者承包制等的实施便是这种调整的形式和结果。经营者长期担任企业代理人产生了对己有利的两个结果：一是乡村政府和经营者之间日益严重的信息不对称问题强化了经营者对企业的控制强度；二是经营者在长期的实践中壮大积累了自己的人力资本。这是问题的一个方面。问题的另外一个方面是，虽然经理人员对企业的实际控制强度在不断增强，但由于政府缺乏有效渠道衡量企业经营绩效而适时改善对经理人员的激励包括实现其不断增加的人力资本积累的回报，这导致经理人员对企业的实际控制和其对企业剩余合法索取之间存在严重的不平衡。有证据表明经理人员往往采取多种方式来提高自己在企业剩余分配中的比例而使其实际所得与名义上由制度安排决定的收入水平存在日益严重的偏差。然而，这种非制度安排带来的收益增加毕竟是"不合法"的，存在政治上的不安全感。因而，长期以来在企业经理人员当中（特别是那些经营状况良好、企业价值具有长期增值潜力的企业经营者当中）始终存在着进行进一步制度变革和调整、使其"不

---

① 此外，姜长云（2000）还从乡村政府存在着希望尽快切断其与乡镇企业之间的债务链，以规避乡镇企业经营风险的倾向、减少监督成本等角度说明了企业改制的必然性。

合法的"对企业剩余索取的合法化的要求和动力①。企业人员中蕴含的乡镇
企业产权制度变革的上述要求一旦遇到合适的气候必然爆发出冲天动力。在
2002 年与我们座谈的企业家中，绝大部分是企业原经营者，他们指出，在
企业改制之前实际上就有企业产权变革的要求②。

另外，市场环境的改善、产品和要素市场发育完整等使得企业经营脱离政
府保护变成可能，也是促使企业经营者增加企业产权制度变革压力的重要诱因。

总之，在政府和原企业经营者当中，均蕴含企业改制的压力和动力。需
要和等待的只是适宜的制度和政策环境，一旦具备了这些条件，乡镇企业产
权改革的必然性就会演变成可能性。

（二）乡镇企业的利益相关者与乡镇企业产权制度改革的股权分配

在乡镇企业产权制度变革成为必然、制度空间日益变得无限的情况下，
乡镇企业产权制度改革的方案确定基本上就成了乡镇企业利益相关者谈判和
妥协的一种结果。

乡镇企业的利益相关者根据其与改制关系紧密的程度可以划分为乡村政
府、企业经营者、企业职工、社区居民等核心利益相关者和上层政府、银行
（信用社）、社区外居民和投资家等边缘利益相关者两大类③。后者更多的是
从企业改制后形成的市场关系中获取相关利益，很少参与企业改制的过程，
因而对企业产权制度改革特别是路径选择的决定性作用不大④。另外，社区

---

① 实际上，即使是企业经营状况不好的企业，经营者当中同样蕴含改制动力。在这种情况下，
经营者要求变革的动机可能与那些好企业经营者有所不同，他们希望通过改制从原企业脱身，以便
在体制框架内找寻到更好的工作职位。

② 虽然表 1 中直接回答改制是应"企业经营者的要求"的只有 1 个企业，但回答"政府和企
业经营者都有积极性"的共有 23 个企业。在企业家看来，无论其有多么大的改革需求，没有当地
政府的同意是不可能实现的。故其这样回答具有一定的合理性。

③ 姜长云：《乡镇企业产权改革的逻辑》，《经济研究》2000 年第 10 期。

④ 上层政府的作用主要通过政策行为产生影响，其可能影响制度变革方向和空间，因而，其
作用方式更多的是提供乡镇企业产权改革的宏观政策背景和条件，并且在上级政府日益退出基层
"日常"的活动之后，其对产权改革的具体路径选择等的影响日渐式微。改革实践中，产权改制具
体形式最后大大偏离政府的初期政策预期的事实充分说明了这一点。在完善的市场经济条件下，当
企业因经营不善而出现资不抵债时，银行、信用社可以行使控制权而接管企业；因而企业面对的信
贷约束是比较硬的。但在 20 世纪 90 年代中期以前，因为乡村政府与乡镇企业之间、乡村政府与上
层政府之间、上层政府与银行信用社之间的复杂联系，以及总体上相对较差的社会信用环境，这种
信贷硬约束是较少存在的。因而，银行信用社对于乡镇企业产权改革和股份合作制选择的影响，也
不突出（姜长云，2000）。

居民的利益在很大程度上是由乡村政府代表的（尽管由于乡村政府实际上也已经成为一个独立的利益集团，这种代表作用只是名义上的），同样地，企业普通职工的利益在改制中则是由企业经营者代表，统称为企业的利益（尽管两者是完全不同的利益主体）。经验表明，无论是社区农民，还是企业普通职工①在乡镇企业改制和产权安排方面的参与极其有限，前面对 100 家企业的调查已经显示，企业改制要么是来自上级政府的要求（50%）、要么是本地政府或企业领导人都有积极性（50%），唯独没有应广大企业职工要求改制的。它很典型地反映出企业职工在改制中没有决策参与权的地位。这与在企业访谈中以及各地乡镇企业改制所了解到的情况是一致的。这种现象的出现也是极为正常的。众所周知，乡镇企业在改制前普遍实行了承包制，尽管承包方式多种多样，但发包方一直是乡镇政府，而承包方则是企业经理（层），普通社区农民或职工基本没有参与进来。如果再往前推，他们从乡镇集体企业诞生之日起，就从未行使过所有者的权利。同样地，在乡镇企业产权改革中，路径依赖仍然发挥作用。

实际上，最后能对乡镇企业产权改革这个制度变迁过程产生影响的，实际上只剩下乡镇政府和企业经营者之间的博弈，而产权改革的结果也最终取决于这两个参与者的地位和由其决定的信息丰度的差异。其中，企业经营者的谈判力量主要来自其对所在企业的控制权和所拥有的企业家人力资本水平；而乡镇政府的谈判力量主要来自政府的经济、财政实力及主要官员的个人权威性。当然也不排除企业经营者与政府官员合谋、共同侵吞集体财产的现象发生。但是在此我们将它作为一种特例来处理，因为根据已有的经验，这种现象并不普遍②。

乡镇政府和企业经理人之间的博弈，比较接近进化博弈（鹰—鸽模型）的特征③。博弈策略有鹰—鹰、鹰—鸽、鸽—鹰和鸽—鸽的四种可能。

---

① 关于企业职工在产权改革中的过程参与，我们的问卷资料分析表明非常有限。

② 以江苏为例，这种现象受到制度的约束包括：第一，在调查中了解到，乡镇企业的资产评估几乎全部是由独立的市场中介组织如会计师事务所等完成的。参与评估的各方有关人员较多，评估结果公开。第二，在乡镇企业的长期发展中，已经形成了企业、政府两大对立的利益集团，政府官员在谈判中，不得不代表政府的基本利益要求。第三，乡镇集体企业财务制度基本健全，企业资产状况、经营状况的统计报表公开，属地方政府与企业的共享信息。因此，即使企业经理与某些政府官员利用信息不对称来合谋侵吞集体资产，在资产总水平上也是有限度的。

③ 有关进化博弈的基本原理参见青木昌彦、奥野正宽编著《经济体制的比较制度分析》，中国发展出版社 1999 年版。

（1）双方均选择鹰战略。它通常发生在政府和企业经理均认为自身力量比对手强大，并且能战胜对方时。无论是政府还是企业经理，选择鹰战略都要冒风险，他们必须权衡可能的收益与损失。

（2）双方均选择鸽战略。改制中鸽—鸽战略相遇多是出现在企业与政府双方谈判力量接近、信息相对对称的情况下。这时，双方均获得了采取相同策略下的最大利益。

（3）政府选择鹰战略、企业经理选择鸽战略。它发生在那些乡镇政府能够全面控制住所属的改制企业中。这时，政府获得全部博弈收益，而企业的收益则为零，但企业没有损失，保存了实力①。

（4）企业经理选择鹰战略、政府选择鸽战略。当乡镇政府认为自己根本不是企业的对手，而企业经理认为自己完全控制了企业、摆脱了乡镇政府时②。这时，全部收益被企业经理获得，政府收益为零，但是也无损失。

可见，在改制的谈判中，由谁来决定企业产权改革的方案，政府和企业经理各自最终获得的利益大小如何，主要决定于博弈双方的战略选择。而战略选择方案的确定依赖于政府、企业经理各自的实力、个人谈判策略，以及对方的谈判策略等因素。因此，最终的博弈结果是不确定的。一般情况下，实力强大一方的优势策略是采取主动出击的鹰战略，并可能获得较多的收益。同样地，实力相对较弱的一方，采取以守为攻的鸽策略，如果对手对己了解不足，也采取同样的策略，则有可能获得较大的收益；反之，如果对方十分了解自己，则最后的结果是无利也无损。以上可以解释为什么有的企业（或政府）对对方听之任之，而有的企业或政府则是与对方抗衡到底。如果参与者双方实力相当，则采取保守的鸽战略为最佳，双方都将保存实力，获得最好收益；如果非要争个鱼死网破，则可能导致两败俱伤。这可以解释在发达乡镇与发达企业中为何有的出现了双赢的改制结果：政府获得了一笔可

---

① 如笔者调查的南京市雨花台区板桥街道某村，是当地闻名退迩的集体经济先进村，经济实力雄厚，村书记享有较高的社会威望。据村某铸造厂经理介绍，企业改制时，村书记等集体主要领导找到当时任企业副经理的他，希望他买下企业的厂房和资产，土地采取租赁制。所有改制方案全部由村集体事前定出，其中很重要的一条是要求企业必须保证吸收本村村民就业。企业经理考虑到自己经营企业时间不长，今后与村集体的关系对自身经营较为重要，并且改制方案比较合理，于是全部答应下来。改制前企业职工中，村民职工占70%，改制时村集体要求外地职工一律登记，并将解决本村职工就业作为改制条件，结果改制后企业职工100%都是本村村民。在与村领导的交谈中了解到的情况也与之基本相符。在对诸多企业的调查中，此村反映出的情况具有代表性。

② 如在调查中，有的乡镇支柱企业领导人形象比喻道，"我们企业打个喷嚏、镇政府就要感冒"，在此情况下，当地政府从长远出发，大多对企业采取退让政策，放水养鱼。

观的集体财产收益，企业经理的人力资本得到了物化，并获得了企业的控制权；而有的则是双输的结局：在没有达成一致意见下，双方都付出了较高的改制成本，两者都有动力利用信息不对称，趁机挥霍集体资产，结果政府没有获得应有的集体资产收益，企业经理也没有实现应有的人力资本"价格"，甚至被"赶出"企业。在乡镇企业改制中，政府与企业经理无论是采取何种战略，都是以自身利益最大化为目标。如前面分析的，当市场经济体制逐步建立后，政府的首要目标是财政收入最大化，而企业经理的目标是实现个人人力资本的最大化。无论是哪一方，都不会以职工或社区农民的利益最大化为目标。因此，如果制度环境供给中的"强制性"政策——以实行"股份合作制"多寡作为官员政绩、职位升迁的重要评价指标和"诱导性"政策——以信贷和税收优惠为诱饵鼓励企业实行"股份合作制"逐步失效，外部制度环境变得自由、宽松，而市场机制逐步发挥作用，那么双方都不会选择职工为股东主体的股份合作制。如果是企业经理控制了改制方案，他更倾向于将股权全部控制在个人手中，即使出于企业融资、降低个人经营风险等的考虑吸收职工入股，也是有限度的，是一个人能够拥有企业的控制权以及剩余索取权为界。同样地，如果改制方案由政府决定，它考虑得更多的是如何将现有的企业资产现值最大化，并在改制后从企业中获得稳定的税收收入。在产品市场的硬约束下，它更愿意寻求有能力的企业家购买企业，而不可能放心将企业股权撒胡椒面似地分配给无经营管理决策经验和决策能力的企业普通职工。可见，在日趋完善的市场经济体制下，为了乡镇企业的长久发展，乡镇企业产权改革的决策者都无内在的激励将股权分配或出售给企业职工、社区农民[①]，这可以从一个侧面说明为什么股份合作制仅仅是在改制初期上级政府大力提倡之时昙花一现，而当20世纪90年代后期建设社会主义市场经济体制全面展开、股份合作制的政策优惠逐步消失，与此同时乡镇企业进入结构调整时期，买方市场格局基本形成后，股份合作制逐步被经理（层）持大股所取代。

对100家企业股权结构的统计分析表明：100家企业的改制主要发生于1995年以后（77个）。虽然调查时被调查企业注册的企业类型绝大多数仍为股份合作制企业（63个），但职工持有的股份比例和有普通职工持股的企

---

① 在此没有考虑社会公正问题。在个别地方的改制中，确有出于社会公正考虑而采取量化部分集体资产，实行社区股份合作制。

业数量均十分有限。就这 100 家企业整体而言，企业经营者持股比例平均高达 77%，企业职工持股仅占 12%，乡村政府持股 6%，其余 5% 被企业外部社会法人拥有。显而易见，经理（层）持大股在企业改制后已成为十分普遍的情形。进一步细分，经营者持大股的特征还要更加显著。在 43 个企业中，企业经理层拥有 100% 的企业股份，更有 22 个企业，其法人代表拥有 100% 的企业股份（表 7）。只有 40 个企业调查时仍有职工股份。

从改革时序角度进行分析表明，虽然早期改制企业经历二次改制后企业股份向经理（层）和企业法人集中，但后期改革较之前期鼓励"经理和法人持大股"的企业改制目标更得以贯彻和实施。换言之，随着时间的推移，企业职工产权参与的能力越来越弱。此外，数据统计分析还进一步表明，随着时间的推移，社会法人参与改制企业产权的比例在提高，并局部改变早期企业产权改革基本上限于企业内部改制的局面①。全部样本企业中，1998 年前改制的企业为 67 个，只有 4 个企业（占 6%）中有 2% 的股份被社会法人拥有，1998 年后改制的 33 个企业中，已有 7 个（占 1998 年后改制企业总数的 21%）企业将 9% 的股份开放给社会法人。

改制后企业产权分布的上述格局表明，地方政府及原企业经理层对改制结果（产权安排）的影响力远大于企业职工。这种格局可能既与上一部分地方政府及原企业经理层关于改制安排的博弈有关，也可能是乡镇企业职工相较于国有企业职工而言组织化程度较低，其对就业机会的重视程度远超过对其他权利的追求，企业职工对改制方式、方向等缺乏讨价还价的能力等有关。

尽管如此，仍然有一部分企业将一定份额的股份向企业职工开放，平均开放程度约 10%。有理由相信，即使有部分普通企业职工拥有有限的企业产权，但他们是否拥有企业股份可能并不取决于其自身对企业潜力评估后的一种主动行为，绝大多数情况下取决于地方政府的干部和原企业经理层作出

---

① 企业内部私有化是转型国家广泛运用的一种企业产权改革模式。其典型特征是，企业原有职工或其经理层从企业原所有者——政府手中将企业买过来，这种企业产权改革的模式在苏联、东欧国家普遍运用。在中国，特别是在其早期乡镇企业产权改革中同样也是采用了类似方法。但大量的研究表明，虽然内部私有化模式被广泛运用，但改革以后是否能够提高企业经营效率，结果却并非总是尽如人意。俄罗斯、捷克、匈牙利和波兰的私有化过程表明内部化产权改革可能由于资金和人力资本缺乏使提高企业经营效率困难重重，只有企业原经理人被更有才干的人替代，产权改革后的经营绩效才可能有所改善。社会法人参与改制后企业产权，对改制后企业经营绩效的影响及其演变前景有待进一步观察。这已超出本项研究范围，不再深入讨论。

的是否让职工购买、让渡多大的份额让职工购买等的改制决策。与企业职工的座谈获得的信息还进一步表明，在企业遭遇经营困难，特别是在信贷资金短缺的情况下，用拖欠的工资充作购买企业股份情况屡见不鲜①。

因此，是否允许职工购买一定的股份，主要出于企业筹集资金、分散企业经营风险的考虑。此外，在某种程度上还取决于企业经理层对它的认识如何。访谈中有的企业管理人员认为，让职工购买股份有一定的好处，如有利于调动职工的积极性、增强职工对企业的忠诚度、融洽管理层与职工的关系等②。

总的判断是，在中国农村乡镇企业产权改革过程中，企业职工可以购买一定比例的企业股份，但职工股份购买权、企业股份向非经理层开放的比例在很大程度上取决于企业经理层和地方政府领导人共同达成，或其中任何一方单方面进行的股份分配决策，在能否购买、购买多少等问题上职工缺乏自主权③。

---

① 我们在江苏和山东调查时，多次发现这样的现象：工资拖欠（或是部分拖欠）较为普遍。企业对职工的解释是，拖欠的工资转为企业的股份。但回过头来再问职工，他们甚至对其究竟拥有多少企业股份这样最基本的问题都不清楚。不论是在山东诸城还是在江苏南京板桥镇，在监督职工填写调查问卷时都发现一些职工不清楚自己有多少股份在企业中，个别负责任的女职工回到自己的办公室查找个人股权证以便搞清具体数额。但这些职工普遍是那些没有得到股金分红或分红额极少（如100元以内）的。对于他们而言，持股与否是一件无所谓的事情。此外，在以往的研究中不少学者已经注意到，有不少乡镇企业借股份合作制的产权改革之名，行集资、筹资、扩资等直接融资之实的现象。见姜长云博士论文《乡镇企业融资问题新探》。

② 如南京市雨花台原镇办某建筑公司在企业改制时，选择了股份合作制的形式，公司员工在解释其原因时指出，2000年6月企业改制时，江苏苏亚会计师事务所评估公司净资产为938万元，在当前建筑安装行业达到白热化竞争程度，面对这样一大笔资产，无人敢冒风险独资购下公司，因此与镇政府商议，进行讨价还价后，最后经职代表会讨论决定采取职工集体购买方式。其中，中层以上职工必须购买，小股东自愿。最后由30余名职工集体买下，其中中层以上14名职工平日工作关系就较融洽，他们当中有6个大股东，占40%的企业股权，重大决策主要由这6人核心层决定。企业改制后，职工积极性明显提高，但是资金回笼过慢、三角债问题仍旧困扰企业，企业无法影响整个行业的格局。此外，改制后与政府割断了联系，政府也不再像从前那样帮助企业联系建筑业务。此企业反映出的情况在以往的研究中大量地被指出。

③ 这里的"购买多少"是指在企业改制的股份安排中，向职工开放的股份比例。在此问题上职工并没有太多的参与决策权。但不排斥在职工股份安排既定的情况下，每一个职工个体购买股份具有自主权。在调查中，发现有一些极端的案例，企业职工不仅对改制后企业股份安排计划无发言权，甚至每个个体购买多少同样没有自主权，购买多少、购买方式（股金支付时间安排如一次支付或分步支付、支付方式如现金支付或工资抵扣等）完全由企业经理层和地方领导人决定。

三 产权改革、职工产权参与差异对企业经营的影响分析

（一）产权改革对企业经营绩效的影响①

1. 改制对企业经营绩效的总体影响

（1）改制前后比较。在此选取 1997—1998 年的 39 家改制企业，对其各主要指标前 3 年和后 3 年的平均数进行比较，看企业改制前后各指标的变化情况，以对企业改制的影响（换言之，企业改制的效益）进行评估。

表3 改制企业改制前后经营绩效情况的比较 单位：万元，%

	人均产出	人均资产	人均固定资产原值	人均负债	人均工资	资产负债率	资产产出系数	成本产出率
前 3 年平均数	8.90	6.85	3.60	4.78	0.52	1.01	1.28	0.99
后 3 年平均数	8.87	8.69	4.60	5.56	0.67	0.72	1.13	1.00
后 3 大于前 3 的企业数	25	27	31	25	33	18	18	23
后 3 是前 3 的百分比	1.00	1.27	1.28	1.17	1.29	0.71	0.89	1.01

表 3 显示，改制后，大多数企业的经营绩效高于改制前。最为突出的是企业的发展后劲明显增强，近 70%（27 家企业）的改制企业资本投入规模明显扩大，与改制前 3 年的平均数相比，改制后 3 年的人均资产增加了27%。同时，企业的资产负债率明显下降，改制后 3 年的平均数仅为改制前3 年平均数的 71%。它反映出企业通过改制资本结构得到优化，乡镇企业长期负债率偏高的状况有一定的改善。但是，人均产出改制前后变化不大，它可能与企业产品市场的需求约束有关。此外，工资成本明显上升，平均上涨28%，从访谈中了解到，这种情况与企业改善职工的社会保障有关。

---

① 由于缺乏企业详细会计统计资料，我们无法评估企业资产收益率等更接近企业经营绩效的状况。本文采用通常用来反映企业经营状况的人均产出、人均资产、人均固定资产原值、人均负债、人均工资、资产负债率、资产产出系数、成本产出率等指标来近似地反映经营状况。此外，企业经营状况的好坏除了企业股权结构这一因素外，还与企业所属行业、市场环境、企业技术构成状况及其先进性、企业处于产品生命周期中阶段等诸多因素相关。本文在研究改制对企业经营绩效的影响时未能排除其他因素的影响，具有一定的局限性。

因此，上述初步统计结果支持了国内学界关于企业改制有利于改善企业经营状况的主流观点。同时它也初步表明改制是企业经营绩效变化的一个必要条件，并非是充要条件。企业的经营绩效与外部市场竞争条件以及企业的战略决策等密切相关。但可以肯定的是，改制使企业有了长远打算，不再以短期行为为主，企业投资行为的改变是最明显的标志。

（2）改制企业与非改制企业比较（1995—1997年平均数）。在所有调查的98个有效样本企业中[1]，共有53个企业于1997年前改制。因此运用各企业相关指标1995—1997年的平均数，我们对53个改制企业和45个非改制企业的经营绩效指标进行比较，以评估企业改制对企业经营绩效的影响（见表4）。

表4　　　　　　　　改制与非改制企业经营绩效情况的比较　　　　单位：万元,%

	人均产出	人均资产	人均固定资产原值	人均负债	人均工资	资产负债率	资产产出系数	成本产出率
改制企业（53）	9.87	7.24	3.42	4.78	0.62	0.70	1.78	1.00
非改制企业（45）	8.82	6.88	3.61	4.87	0.53	0.97	1.32	1.00
所有企业（8）	9.39	7.08	3.51	4.82	0.58	0.82	1.57	1.00
改制/非改制企业	1.12	1.05	0.95	0.98	1.18	0.72	1.35	1.00

改制企业与未改制企业的横向简要比较结果显示，改制企业的经营绩效明显好于未改制企业。无论是在人均产出、人均资产、人均负债等指标，还是在企业资产负债率、资产产出系数等总量指标上，改制企业都优于非改制企业。并且在双方成本产出率相同的情况下，改制企业的工资水平高出非改制企业近20个百分点。这些结果进一步支持了经济学界对乡镇企业改制必要性的共识以及前面提到的改制有利于改善企业经营状况的观点。

2. 不同持股比例对企业经营绩效的影响[2]

下面我们考察股权集中化（经营者持大股）对企业经营绩效的影响。

---

[1]　因100家样本调查企业对不同问题的回答有效性各不相同，因此在对不同问题的企业汇总分析中，有效样本数量都不一致，有小幅波动，下同。

[2]　分散的企业所有权结构是否会降低经理人积极性从而会导致低生产率？在那些认为只有所有者——经理占有剩余索取权，企业经营才有效率的经济学家（如 Alchian and Demsetz, 1972）以及那些认为剩余索取权广泛共享更有效的经济学家（Putterman, 1984; Weitzman and Kruse, 1990）之间，这是一个存在长期争论的问题。有经验证据表明，在西方那些采用利润分享制的企业，它提高了劳动生产率（Kruse, 1993），但是对于完全由工人拥有的企业，其生产率是否会超过具有可比性的典型的资本主义企业，其迹象混杂，并没有确定的答案（Pencavel and Craig, 1994; Craig and Pencavel, 1995）。

从企业调查资料只可以获得 2000 年调查时各样本企业的股权分布情况，而无法获得股权分布情况的动态状况。从前面我们对样本企业改制时间分布可知，96% 的样本企业改制发生 1998 年前，因此到 2000 年，绝大多数企业已经经历企业改制两年以上。为考察股权集中化（经营者持大股）对企业经营绩效的影响，我们仍采用前面提到过的人均产出、人均资产、人均固定资产原值、人均负债、人均工资、资产负债率、资产产出系数、成本产出率等相关指标，把企业股权集中化程度以 51% 为界限，将样本企业分成两组进行分析，统计结果见表 5①。统计结果表明：没有明显的证据说明，企业所有权结构（无论是分散的还是集中的）与企业生产率之间有紧密联系。

从人均产出指标看，经理层持股小于 51% 的企业平均为 10.2 万元，而经理（层）绝对控股的企业平均是 9.56 万元，比前者低出近 10%，尽管双方的变异系数均不低，但是绝对控股层企业人均产出水平的变异系数相对低些，它说明，比较而言，经理层持股小于 51% 企业人均产出的相对差异较大，这可能与企业样本数量很小（15 个）、企业所从事行业、企业规模等的差异较大有关。同样的情况还出现在企业的资产产出系数指标上。

十分突出的是，2000 年，80 个经理持股超过 51% 的企业，26 个企业当年有新增固定资产投资，平均新增固定资产投资 437 万元，明显大于持股更为分散的企业平均新增投资 341 万元，平均高出 28%。

与产出指标不同，在反映企业投入的指标方面，如人均资产、人均固定资产原值（净值）、人均资产负债率以及人均工资指标等，经理层绝对控股企业都显示出其相对优势。以人均资产为例，经理层绝对控股企业达到 10.01 万元，高出非控股企业 20%。然而，其变异系数明显偏大，反映出经理层绝对控股企业的相对差异比较大，企业之间的人均资产规模明显不同。关于企业的效益指标，非经理层绝对控股企业的人均税前利润相对较高，并且企业间的变异系数相对较低，说明这些企业的人均利润指标普遍相对较好。但是，对于成本产值率指标，两类企业的指标值接近，经理层控股企业只偏低 1%，并且两者的变异系数都一样。

---

① 值得指出的是，由于数据的限制，我们只能针对 2000 年这一年进行统计分析。这难免使企业经营绩效这一需要进行长期观察的事物在运用某一年的状况进行反映时，具有一定的偏见。但由于没有更好的方法来估计，也只得如此。

表5　　　　　　改制企业不同股份安排与经营绩效

单位：万元，%

		人均产出	人均资产	人均固定资产原值	人均负债	人均工资	资产负债率	资产产出系数	成本产业率	人均固定资产净值	税前利润为正的企业数	人均税前利润	当年有固定资产投资企业个数	当年固定资产投资额	人均税收
全部企业	最大值	56.4	64	29.9	70.1	2.01	2.61	7.14	1.31	23.46		5.71		7500	6.14
	最小值	0.44	0.48	0	0	0	0	0.11	0.8	0		-2.3		1	0
	平均值	9.91	10.1	5.24	7.04	0.74	0.69	1.28	1	3.39	51(53.1)	0.09	32(33.3)	420	0.47
	标准差	9.56	9.14	5.63	8.32	0.28	0.36	1.14	0.07	4.12		0.83		1349	0.84
	变差系数	0.96	0.91	1.08	1.18	0.37	0.52	0.89	0.07	1.22		9.3		3.21	1.78
	样本数	95	95	95	95	95	95	95	95	96		96		32	96
经理（层）持股小于51%	最大值	38.9	21	10.33	11.4	1.02	0.99	3.78	1.12	6.87		1.66		1550	4
	最小值	3.02	0.83	0.51	0.29	0.33	0.1	0.48	0.86	0.33		-0.7		3.63	0.1
	平均值	10.2	8.37	4.53	6.03	0.68	0.72	1.37	0.99	2.78	9(56.3)	0.10	6(37.5)	342	0.87
	标准差	11.2	5.33	3.42	3.68	0.18	0.24	0.99	0.07	2.04		0.63		601	1.2
	变差系数	1.09	0.64	0.76	0.61	0.26	0.34	0.73	0.07	0.73		6.32		1.76	1.37
	样本数	15	15	15	15	15	15	15	15	16		16		16	0
经理（层）持股大于51%	最大值	56.4	64	29.9	70.1	2.01	2.61	7.14	1.31	23.46		5.71		7500	6.14
	最小值	0.44	0.48	0	0	0	0	0.11	0.8	0		-2.3		1	0
	平均值	9.56	10.1	5.2	7.03	0.74	0.69	1.28	1	3.51	42(52.5)	0.09	26(32.5)	438	0.39
	标准差	9.07	9.47	5.84	8.7	0.29	0.38	1.17	0.07	4.42		0.87		1478	0.74
	变差系数	0.95	0.94	1.12	1.24	0.39	0.54	0.91	0.07	1.26		10.9		3.37	1.89
	样本数	80	80	80	80	80	80	80	80	80		80		26	80

注：括号中的数字为适用企业数占该类样本企业总数的百分数。

因此，单从以上的指标分析，反映不出股权向经理层倾斜对企业经营绩效的积极影响情况。正如前面提到的，它可能与样本的选取缺憾有直接的关系，并且它还与企业无法控制的产品市场结构、外部市场环境、不确定因素等有关。这与其他许多对于职工所有制经营业绩的分析研究相类似。

（二）所有权结构对就业水平的影响

1. 企业改制对就业的一般影响

江苏 99 家改制企业，改制的时间不同，对其 1995—2000 年连续 6 年的调查资料，可以帮助我们考察改制企业与未改制企业、企业改制前后对就业的影响。众所周知，乡镇企业职工人数由于用工制度、企业经营状况等不同，具有非常大的不确定性和波动性。为了更加真实地反映这一问题，我们用同一（类）企业连续 3 年的平均数反映企业职工人数状况。表 6 表明，企业改制对就业的影响就全样本整体而言，虽有影响，但影响程度不大，职工总人数近 3 年平均数只比 1995—1997 前 3 年减少了 1.1%。进一步深入分析，可以看出：

表 6　　　　　　　　　　　企业改制对就业的影响

	1998—2000 年平均	1995—1997 年平均	人数减少的企业数	人数减少的企业数占全部样本的比例	后 3 年平均/前 3 年平均
99 个企业总计	13987.7	14143.7	48	48.48	0.989
1997 年前改制的企业（54）	7153.3	6841.3	22	40.74	1.046
1997 年后改制的企业（45）	6834.3	7302.3	26	57.78	0.936

（1）企业改制之初，为了尽快实现企业经营状况的好转，改制企业倾向于减少富余人员（这本是企业改制的初衷之一）；同时，通过裁员，保持对企业职工一定的工作安全性压力，也是尽快实现企业改制后治理结构和治理方式改变的重要手段。我们发现，1997 年后改制的 45 个企业，职工总人数由改制前的 7302 人减少为改制后的 6834 人，减员 6.4%；并且，58% 的改制企业（26 个企业）职工人数下降。这种特征可能与 1997 年后改制企业股权集中化—经营者持大股—改革取向有关。数据分析表明，在 99 个有效样本企业中，共有 22 个企业产权 100% 由企业法人代表拥有，其中 12 个企业（占 55%）是在 1997 年后改制的。在部分企业将职工持股与工作机会挂钩的情况下，产权分布的集中化趋势可能会对就业产生负面影响，特别是那

些人力资本专用性程度低的那部分职工更是如此。

（2）从根本上说，改制可以促进企业扩张，从而创造新的就业机会。对1997年以前改制的企业数据分析表明，改制企业经历2—3年的恢复，随着企业在新的产权结构和治理结构条件下的创新和发展，企业对劳动力吸纳能力逐步增强。在调查样本中，1997年前改制的企业共有54个，对这54个企业职工人数3年平均数的统计分析说明，随着改制时间的推移，企业创造就业机会的能力在增强。这54个企业1997年前共有职工6841人，而此后3年职工总人数达7153人，增加了4.6%。同时职工人数减少的企业所占比例与新改制企业相比也显著改善。1997年前改制的企业其职工人数减少的企业比例为41%，远低于近3年改制企业的58%。

2. 不同持股比例的改制方式对就业的影响

由于我们无法得到所有样本企业持股分布的动态情况，而只有调查时点的分布状况，因而要弄清楚职工股份参与状况，换言之"经理持大股"对就业的影响是件非常困难的事。由于1998年后"经理持大股"已被作为政策鼓励的方向，这里，我们假定，1998年以后改制的企业的股份分布情况在1998—2000年保持不变，并与调查时点（2000年）时的股份分布状况一致。在这样的假定下，我们选择1998年以后改制的33个企业为分析对象，以这些企业1997年的职工拥有量为原状，来比较和分析不同持股比例的改制方式对就业的影响。其统计结果见表7。

表7　　　　　　　　1998年后改制企业不同持股比例对就业的影响

	样本数	样本企业职工总数		每个企业职工平均数	
		2000年	1997年	2000年	1997年
经理（层）持股小于51%的企业	7	1274	1325	182.0	189.3
经理（层）持股大于51%的企业	26	4674	4350	179.8	167.3
1998年以后改制企业全部	33	5948	5675	180.2	172.0

（1）从就业总量看，33个改制企业2000年（经历改制后2—3年）共有职工5948人，比1997年即改制前的5675人增加了4.8%，明显高于全国乡镇企业同期就业职工0.02%负增长的情况[1]。由此可见，企业改制对创造

---

[1] 参见苑鹏《乡镇企业运行状况》，《农村经济绿皮书（2001—2002）》，社会科学文献出版社2002年版，第84页。

新的就业机会具有正效应（这与前面的分析保持结论的一致性）。这说明无论改制与否，随着企业的扩张和发展，改制企业客观上与"创造就业机会、促进农村就业"这一早期政府（社区）发展乡镇企业的主要目标是一致的，这就不难理解地方政府和社区为什么鼓励和推进企业改制。至于企业改制后是否仍旧雇用原有职工这一公平目标，政府（社区）实际上已考虑不多。

（2）由于"经理持大股"已被作为政策鼓励的方向，因而是否通过职工持股的方式增加就业安全变得不再重要。"经理持股小于51%"意味着企业职工和企业外部的社会法人持股的比例增加，至于职工持股状况至少和其他年份改制的情况差不多，数据表明即使经理（层）持股小于51%（意味着有更多的职工持股），这类企业的职工总人数反而是下降的，由1997年的1325人减少至2000年的1274人，减少了4.0%。这意味着改制后是否允许职工持股完全取决于政府负责改制的官员特别是原企业经理人员对职工持股的考虑，而与是否增加原有企业职工的就业安全无关。

（3）"经理持大股"对创造新的就业机会、促进就业具有总体上的正效应。统计表明，"经理持大股"企业无论是吸纳就业的总量还是企业平均职工人数规模都显著提高了，增加了7.5%。这显然与我们一般的"经理持大股"可能导致企业职工人数减少的预期相反。实际上，这一统计结果并不奇怪，如果深入分析其机理的话。假定企业经理（层）持大股意味着企业经理人员的经营激励（企业剩余索取权）增加，企业能更好地抓住市场机会、更有效地经营企业，企业的经营扩张是可以预期的，而企业扩张必然带来就业机会的增加，尽管有可能在改制初期企业家会为了提高经营效率而裁减部分富余人员[1]。我们对企业改制后经理持大股企业当年新增投资规模要大于非"经理持大股"企业，具有更强的投资冲动的信息，同样支持这一结论。

（三）产权改革及所有权结构对企业投资行为的影响

考察产权改革、企业所有权结构变化对企业长远发展的影响，企业投资行为的变化是一个重要的参数。这不仅是因为从一般意义上讲，投资既是企

---

[1] 为了进一步证实这一结论，我们又专门对1998年当年改制的27个企业职工人数变化情况进行了统计。其中21个企业采取经理持大股的改制模式。我们发现，这26个企业在改制当年，职工人数减少了4.6%，但到2000年即改制3年后职工人数在1998年的基础上增加了7.2%，甚至还比改制前的职工人数增加了2.3%。

业形成未来预期收益的重要来源，也是实现企业技术进步、提高企业素质的必要条件；而且从乡镇企业这些年实行承包制的状况看，它带来的一个突出问题是企业行为的短期化，竭泽而渔。因此，投资意向及其行为变化对于改制乡镇企业有着双重的意义。

1. 改制企业投资意向

在全部被调查企业中，有 80 家企业表示今后两年需要追加投资，其中用于扩大生产规模的有 29 家，占 36%；用于技术引进（技术改造或更新设备）的 25 家，占 31%；只有 1 家明确提出新增投资要用于追加流动资本；其余 25 家企业回答新增投资要用于以上两种或两种以上的用途。它反映出改制企业的投资方向主要是用于企业的扩大再生产、提高企业的技术水平，即以长期投资为主，表明企业经营行为的长期化取向。这与前面分析的企业改制后投资规模明显扩大是一致的。

表 8   **样本企业未来两年的投资意向和投资方向**

		企业数（个）	比例（%）
	在未来两年需要新增投资的企业	80	100
投资方向	技术引进（包括购买外部技术和 R&D 投入）	25	31
	扩大生产规模	29	36
	增加流动资本	1	2
	用于上述两种或两种以上用途	25	31

2. 改制企业投资规模变化

前面已经讨论过，企业改制前后，经理层控股企业的人均投资规模的扩大相对较快。表 9 列出 1995—2000 年有新增投资的样本企业数量及其当年固定资产投资额的变化。

表 9   **改制企业投资增长及变动情况**   单位：万元

年份	1995	1996	1997	1998	1999	2000
当年固定资产投资额	3606.01	5985.97	4047.26	10384.09	3823.80	13633.8
有投资的企业个数	27	33	28	33	37	35
平均投资额/年	133.5	181.4	144.5	314.7	103.3	425.3

自 1995 年以来，样本企业中当年追加固定资产投资的企业个数、投资规模虽有一定波动，但从整体上看，改制企业的投资规模总量以及企业的平均投资规模是处于波浪式上升的趋势。1995 年以来正是样本企业实施改制（第一次或第二次改制）的高峰期，也是乡镇企业全面进入结构调整、优化升级的时期，企业产品面临着买方市场的严峻挑战。样本企业固定资产投资的上述趋势说明，改制后企业的长期投资冲动及其投资力度呈现增强的态势，不再是承包制下的短期行为。结合企业的访谈调查，这种结果与改制使企业经理真正转向企业家阶层、经营行为长期化有较大的关系，当然它也与外部市场约束的日益强化不无关系。

3. 改制企业投资来源

2000 年，全部样本企业已被改制，并且 98% 的企业改制年龄超过两年以上。当年有 31% 的企业仍在加大企业固定资产的投资，投资总额近 1.5 亿元。表 10 的统计表明，行社贷款乃是企业新增投资的主要来源，贷款占新增投资的近 47%。可见，即使改制以后，银企关系主要还是受金融制度和金融环境的影响比较大，政府对银行信贷决策的影响力大大降低，银企关系与地方政府这个中介和桥梁作用已经关系不大。改制后的企业与银行已成为一种正常的市场关系。同时，在某种程度上而言，银企的这种关系又是改革的结果，这也是诱发乡镇企业产权改革和影响产权改革方向的重要因素。

表 10 　　　　2000 年改制企业的投资及投资来源状况　　　单位：万元，%

	投资总额	行社贷款	引进资金	自有资金	职工和社区集资	乡村投资	其他
全部适用企业样本数	32 *	16	3	15	4	2	6
投资总量	14855.5	6967.47	1005.26	6008.07	404.65	35	435.09
各种来源的资金占投资总量的比重	100.00	46.90	6.77	40.44	2.72	0.24	2.93
2000 年拥有贷款的企业个数	20 *	15	3	8	3	1	4
投资总量	13703.8	6637.47	1005.26	5571.19	324.65	0.00	165.23
各种来源的资金占投资总量的比重	100.00	48.44	7.34	40.65	2.37	0.00	1.21

注：* 表示全部企业样本数小于后面各项的企业数之和，原因在于有的企业投资来源大于 1 种。

此外，在全部样本企业中，2000 年共有43% 的企业获得过贷款。对获得贷款的企业进行产权细分的分析表明，产权越是向经理层集中的企业，贷款可获得性越强（47%）。这也表明信贷资金的可获得性已不再成为企业产权安排的重要影响因子。

四　研究结论和政策含义

（一）研究结论

1. 乡镇政府和企业经理共同控制了乡镇企业的改制，普通职工只有被动的参与权

社会主义市场经济体制初步建立后，计划经济体制下的政治、法律以及社会规则硬约束逐步解除，意识形态的约束逐步被弱化、所有制选择形式的禁锢被打破，而由市场发挥配置资源的基础性作用不断增强，产权、交易成本的重要性显现出来，在此制度环境背景下，乡镇企业的改制过程从最初的由外部制度供给框架严格限定逐步转化为改制相关利益群体间的微观主体行为，也即乡镇政府和企业经理的博弈过程。而以企业中本乡镇职工为代表的所有者因为从乡镇集体企业诞生之日起，就从未履行过所有者的权利，在这次的企业改制中也无例外：仍旧作为名义所有者被排除在决策层以外，只能被动地听从"上级"领导的安排。他们有限的信息、有限的经营管理经验与能力、有限的个人财产以及对就业稳定性的高度需求更加固化了其名义所有者的地位。

乡镇政府和企业经理在改制中的博弈可以用鹰—鸽博弈模式来解释，它们在博弈中的利益得失不仅取决于各自的实力（乡镇政府主要表现为政治权威性和经济实力，企业经理则主要表现为对企业的控制权和个人的人力资本），而且取决于各自的策略（如主动出击式"鹰战略"或是保守性"鸽战略"），以及对方的策略。如果双方各不相让、"战斗"到底，则存在着两败俱伤的可能性。因此，在改制中无论是乡镇政府还是企业经理，其利益获取大小具有一定的不确定因素，比较复杂。但是在双方议价实力悬殊的情况下，强大的一方往往采取主动出击的鹰战略，而无论对方采取何种战略总是有利可图。这可以解释为什么改制总是有利于势力强大的政府或实力雄厚的企业。

2. 改制的决策者：乡镇政府和企业经理均无选择股份合作制的动力

乡镇政府改制的直接目标是以尽可能低的交易成本将现有的集体资产价值最大化，预期目标则是从企业获得稳定的税收，实现财政收入最大化；而企业经理改制中的直接目标是实现个人人力资本的最大化，并尽可能地压低集体财产价格——如果他打算购买的话，预期目标则是实现企业的稳定发展。双方从自身利益出发，都不会以企业职工乃至社区农民的利益最大化为目标。可见，采取股份合作制只可能来自外部的施压、强制性的规定以及政策诱导（如税收和信贷的优惠）。然而，一旦制度环境变得宽松，诱导性的政策工具消失，那么乡镇政府也就没有了上级政府对其政绩评估的压力，企业经理也没有了获得贷款和税收，以及提高企业信誉度的制度诱惑，在此情况下，双方都不会选择职工为股东主体的股份合作制。

由此，我们可以初步地解释报告开头提到的理论界关于乡镇企业改制的两大假说。我们认为两大假说存在互补关系，它们在时间上继起、空间上并存的特性反映出乡镇企业改革的发展特点。

从乡镇企业改制的历史沿革过程看，在改革早期，制度环境在制度创新中发挥绝对主导作用，制度创新主体的创新方式选择被禁锢在制度供给的框架内。由于传统计划经济体制的惯性作用，乡镇企业产权改革初始界定模式的确定基本被限定为以股份合作制为乡镇企业改革基本模式。相应地，改制企业与乡镇政府的博弈基本发生在股份合作制这一有限的制度选择空间内，企业和乡镇政府双方的经济利益追求都是建立在敏感的政治安全性基础上。因此，当时理论研究的重点也主要是围绕股份合作制的既定制度安排进行分析，并指出了这种制度安排对企业经营者缺乏激励而导致的效率无效性，特别是在中国资本要素稀缺、劳动要素过剩的资源供给情况下。而当改革进入全面展开时期，尽管股份合作制仍被大力提倡，但是外部制度创新空间的约束被放开、实质性的政策优惠被取消，企业与乡镇政府更加遵循市场经济的原则进行自由选择，那时的乡镇企业改制方案确定更加体现为乡镇政府和企业双方的自主博弈，体现双方实力和智慧的较量，因此研究的重点也逐步转移到改制不同利益集团的博弈分析。

3. 企业改制对提高企业经营绩效具有积极影响，但股权结构对企业生产率的影响不明显

对江苏100家企业2000年经营情况的统计分析初步显示，所有权结构对于企业生产率的影响不显著。经理层绝对控股企业的人均产出指标和人均

利润指标均相对偏低，尽管其人均资产、人均资产负债率以及人均工资指标等都显示出其相对优势。除了样本选取存在缺憾外，并且与企业无法控制的外部市场情况、不确定因素等直接有关。它再次表明所有权结构只是生产率提高的必要条件，而不是充要条件。

4. 改制企业特别是经营者持大股企业对就业、企业长期投资产生了积极影响

对江苏 33 家改制企业的初步统计表明，改制企业促进企业扩张，创造新的就业机会，特别是在企业改制 2—3 年后，吸纳新增就业的能力明显增强，经营者持大股企业在此方面尤为突出。企业吸纳就业能力增强与其投资规模扩大有直接的联系，统计显示，1995—2000 年，改制企业的固定资产投资规模呈波浪式上升趋势，经营者持大股企业的固定资产投资规模增长尤为突出。

5. 改制促进了企业经营水平、市场竞争力的提高

100 家样本企业 1995—2000 年主要经济指标的变化显示，企业在投入规模、产出规模、盈利水平和投资规模等方面，全面呈现出波浪式上升的趋势。它初步表明，改制后，企业总体的经营实力得到改善，市场竞争力得到提升。

（二）基本政策含义

1. 加快从"全能政府"到"有限政府"的转变进程

乡镇企业的改制过程在某种程度上可被视为政府职能不断转化的过程：从早期事无巨细的"全能政府"向近些年来的"有限政府"过渡。股份合作制的兴衰再次表明，政府的职责是营造企业公平竞争的市场环境、法律制度，而不是参与到具体的企业制度安排中，政府介入微观领域的后果只能是增加企业改制的交易成本、浪费社会资源，阻碍改革步伐。因此，政府应当继续加快向"有限政府"的转变进程，当前一个重要的工作是大力宣传、落实《中小企业促进法》，并积极制定配套的政策，进而逐步以《中小企业促进法》取代现行的《乡镇企业法》。

2. 关注社会弱势群体、"为民服务"，而不是"为民做主"

从对乡镇企业改制过程的博弈分析中可以看到，博弈的参与人是由那些拥有政治权势或经济大权的精英们组成，既无政治资源又无经济资源的普通职工、社区农民被排斥在"游戏"之外，无发言权甚至无知情权。并且无

论是乡镇政府还是企业经理，他们都是从自身利益出发，追求各自利益的最大化，而处在社会弱势群体的广大企业职工和社区农民没有自身的利益代言人，只能采取自保乃至消极的态度。它表明市场机制本身并不能给经济社会中的各个集团带来公平的结果，因为不同利益集团的议价能力对比悬殊①。而这对于实现小康社会将是一个严峻的挑战。因此，中央政府应当义不容辞地强化保护社会弱势群体的功能。在当前，主要可能采取的措施有两种：一是切实落实《工会法》，监督并强制要求乡镇企业普遍建立职工工会组织，保证企业的工会领导来自第一线职工代表，以保护职工最基本的合法权益，如工作小时、工作安全、工资保障等。同时，监督企业主为所雇用的正式职工上养老、医疗、工伤、失业等基本社会保，加大政府的执法监督力度。二是进一步改革对地方政府官员的考核机制，评价指标体系从"对上负责"逐步转变为"对上负责"与"对下负责"相结合，以乡镇政府为例，除接受上级政府的考核外，所负责行政辖区内的农民代表、企业代表以及各界代表等对乡镇政府的评判打分也应当成为考核其政绩的主要指标，并逐步制度化，最终实现政府的"为民服务"，而不是"为民做主"。

参考文献

［1］ B. Craig, J. Pencavel, " The Objectives of Worker Cooperatives", *Journal of Comparative Economics*, No. 17, 1993, pp. 208 – 308.

［2］ Blasi, Joseph R., Kruse, Douglas L., *The New Owners: The Mass Emergence of Employee Ownership in Public Companies and What it Means to American Business*, New York: Harper Business, 1991.

［3］ Chang, Chun and Yijiang Wang, "The Nature of the Township and Village Enterprise", *Journal of Comparative Economics*, No. 19, 1994, pp. 434 – 452.

［4］ Cheung, S. N. S., " The Structure of a Contract and the Theory of a Non – Exclusive Resource", *Journal of Law and Economics*, No. 13, 1970.

［5］ Chris Cornforeh, Alan Thomas, *Developing Successful Work Cooperatives*, SAGE publications Ltd, 1988.

［6］ Edward S. Greenberg, "Producer Cooperatives and Democratic Theory: The Case of the Plywood Firms", Edited by Robert Jack and Henry M. Levin, Worker Cooperatives in American, University of California Press, 1984, pp. 180 – 181, 184 – 186.

---

① 参见奥尔森《集体行动的逻辑》，上海三联书店、上海人民出版社 1996 年版，第 141 页。

［7］ Hehui Jin , Yingyi, Qian, *Ownership and Institutions: Evidence from Rural China*, *Development Discussion Papers No.* 578, Harvard Institute for International Development, Harvard University, April 1997.

［8］ Henry Hansmann, "When Does Worker Ownership Work? ESOPs, Law Firms, Codetermination, and Economic Democracy", *The Yale Law Journal*, Vol. 99, No. 8, 1990, pp. 1749 – 1796.

［9］ Henry M. Levin, *Employment and Productivity of Producer Cooperatives*, Edited by Robert Jack and Henry M. Levin, Worker Cooperatives in American, University of California Press, 1984, pp. 18 – 20.

［10］ Henry M. Levin, Prospects for Worker Cooperatives in the U. S. , Edited by Robert Jack and Henry.

［11］ Henry M. Levin, *Worker Cooperatives in American*, University of California Press, 1984, pp. 278 – 283.

［12］ Ho, Samuel, Paul Bowles, and Xiaoyuan Dong, "Letting Go of the Small: The Political Economy of Privatizing Rural Enterprises in Shandong and Jiangsu", Working Paper, Department of Economics, UBC, UNBC, and University of Winnipeg, 2001.

［13］ Holger Bonus:《作为一个企业的联合会: 一份交易经济学的研究》, 埃瑞克·G. 菲吕博顿、鲁道夫·瑞切特:《新制度经济学》, 上海财经大学出版社 1998 年版。

［14］ Jean C. Oi, "Fiscal Reform and the Economic Foundation of Local State Corporatism in China", *Journal of World Politics*, Vol. 45, No. 1, 1992.

［15］ Joseph Blasi, Michael Conte, Douglas kruse, "Employee Stock Ownership and Corporate Performance in Public Companies", *Industrial and labour Relations Review*, Vol. 50, No. 1, 1997 .

［16］ Li, Yining, *Comments on Employee Shareholding Systems*, in Reform Guidelines for Small and Medium Enterprises , by Shandong Economic Institution Reform Commission and Shandong State Assets Management Bureau, Jinan: Qingnian shixiangjia Press, pp. 216 – 219.

［17］ Michael C. J. and William H. Meckling, "Rights and Production Functions: An Application to Labor – managed Firms and Codetermination", *Journal of Business*, Vol. 52, No. 4, 1979, pp. 469 – 506.

［18］ Olive Williamson:《对经济组织不同研究方法的比较》, 埃瑞克·G. 菲吕博顿、鲁道夫·瑞切特:《新制度经济学》, 孙经纬译, 上海财经大学出版社 1998 年版。

［19］ Ward, B. , "The Firm in Illyria: Market Syndicalism", *American Economic Review*, Vol. 48, 1958.

［21］ Weitzman, Martin and Chenggag Xu, " Chinese Township Village Enterprises as Vaguely

Defined Cooperatives", *Journal of Comparative Economics*, No. 18, 1994, pp. 121 – 145.

[22] Xiaoyuan Dong, "Ownership Structure, Employee Involvement and Property Rights Reform in China's Rural Industry", Working Paper, 1999.

[23] 北京大学中国经济研究中心：《经济学与中国经济改革》，上海人民出版社 1995 年版。

[24] 北京大学中国经济研究中心：《企业的企业家——契约理论》，上海人民出版社、上海三联书店 1997 年版。

[25] 大卫·艾德曼：《民主的公司制》，新华出版社 1998 年版。

[26] 丁为民：《西方合作社的制度分析》，经济管理出版社 1998 年版。

[27] 董迎：《"诸城模式"跟踪——山东诸城股份合作制企业跟踪调研报告》，《国研信息》2000 年 8 月 30 日。

[28] 范从来、路瑶等：《乡镇企业产权制度改革模式与股权结构的研究》，《经济研究》2001 年第 1 期。

[29] 冯曲：《从资金筹集机制看乡镇企业改制：制度变迁动力学的一个案例》，《改革》2000 年第 5 期。

[30] 海闻、周其仁：《中国乡镇企业的产权研究》，载海闻主编《中国乡镇企业研究》，中华工商联合出版社 1997 年版。

[31] 汉克·托马斯等：《蒙特拉贡——对现代工人合作制的经济分析》，上海三联书店 1991 年。

[32] 姜长云：《乡镇企业产权改革的逻辑》，《经济研究》2000 年第 10 期。

[33] 姜长云：《乡镇企业融资问题新探》（博士论文），山西经济出版社 2001 年版。

[34] 李韬葵：《轮转型经济中的模糊产权》，载海闻主编《中国乡镇企业研究》，中华工商联合出版社 1997 年版。

[35] 卢凤君、王隆建：《乡镇企业改制上市后经营效果分类比较分析》，《中国农业大学学报》2000 年第 5 期。

[36] 农业部乡镇企业司：《关于推行和完善乡镇企业股份合作制的通知》（1992），《中国乡镇企业》1993 年第 3 期。

[37] 农业部乡镇企业司：《农民股份合作企业》，法律出版社 1990 年版。

[38] 奥尔森：《集体行动的逻辑》，上海三联书店、上海人民出版社 1996 年版。

[39] 潘子江、武中哲：《乡镇企业改制与内部社会分化》，《广西社会科学》2001 年第 4 期。

[40] 青木昌彦、奥野正宽：《经济体制的比较制度分析》，中国发展出版社 1999 年版。

[41] 盛乐：《经营者人力资本产权界定和乡镇企业经济效率》，《中国农村观察》2002 年第 3 期。

[42] 斯蒂文·史密斯：《职工所有制经济理论与中国乡镇企业的产权改革》，载海闻主

编《中国乡镇企业研究》，中华工商联合出版社 1997 年版。

[43] 谭秋成：《从企业的性质看乡镇企业产权改革的方向》，《中国农村经济》1998 年第 3 期。

[44] 谭秋成：《乡镇企业中经理持大股：特征及解释》，《经济研究》1999 年第 4 期。

[45] 田振刚、汪小勤、李卫兵：《交易费用、风险规避与乡镇企业产权改革模式的选择》，《中国农村经济》2002 年第 3 期。

[46] 温铁军：《乡镇企业资产的来源及其改制中的相关原则》，中经网，1997 年 12 月 4 日。

[47] 叶平生：《精英理论视野下的乡镇企业发展研究》，中国农村研究网，2002 年 5 月 24 日。

[48] 苑鹏：《当代西方工人合作社理论》，《大变革中的乡土中国》，中国社会科学文献出版社 1999 年版。

[49] 苑鹏：《美国的 ESOPs 立法及其发展》，《中国工业经济》1997 年第 3 期。

[50] 苑鹏：《东欧转型经济中的职工所有制》，《经济体制改革》1997 年第 1 期。

[51] 张维迎：《产权、政府与信誉》，生活·读书·新知三联书店 2001 年版。

[52] 张晓山：《乡村集体企业转制十题》，《中国乡镇企业报》1999 年 12 月 21 日。

[53] 张晓山：《走向市场：农村的制度变迁与组织创新》，经济管理出版社 1996 年版。

[54] 张晓山、苑鹏、国鲁来、潘劲：《农村股份合作企业产权制度研究》，《中国社会科学》1998 年第 2 期。

[55] 支兆华：《乡镇企业改制的另一种解释》，《经济研究》2001 年第 3 期。

[56] 《中国农业年鉴（1999）》，中国统计出版社 1999 年版。

[57] 周虎城：《江苏乡镇企业发展落后于浙江的原因分析》，《中国农村经济》2002 年第 3 期。

[58] 周其仁：《"控制权回报"与"企业家控制的企业"——公有制经济中企业家人力资本产权的一个实例》，《经济研究》1997 年第 5 期。

[59] 周其仁：《企业产权制度改革和企业家人力资本——基于浙江、江苏和山东一些乡镇企业个案的研究》，载周其仁编《产权与制度变迁——中国改革的经验研究》，社会科学文献出版社 2002 年版。

（原文发表于《管理世界》2004 年第 1 期）

农民合作社与产业化

农民专业合作社的发展趋势探析

张晓山

2006 年 10 月 31 日全国人大常委会通过了《农民专业合作社法》，2007 年 7 月 1 日起实施。从此，中国农民的合作社第一次有了合法身份，能够作为市场主体之一与其他类型的经济实体在市场上进行交易，开展经济活动。但法律颁布一年多来，农民专业合作社的发展呈现什么样的特点，未来的走势又将如何？本文试图通过一些具体的案例来做一些探讨。

一 背景——中国农民专业合作社的发展现状

（一）《农民专业合作社法》颁布和实施后，农民专业合作社的总体发展呈现加速态势

目前农民专业合作社的总体发展呈现加速态势，覆盖乡村、农户的范围不断扩大；来自农业部农业经营管理总站的最新统计数据，全国农民专业合作经济组织已经超过 15 万家，农户成员 3486 万户，占全国农户总数的 13.8%。但 2008 年 6 月底，全国依法登记并领取法人营业执照的农民专业合作社有 58072 家，入社成员 771850 人（户），仅占所统计的农民专业合作经济组织的农户成员总数的 2.2%。由于合作社登记注册时需要提供每个成员的身份证复印件、全体出资成员签名、盖章的出资清单，因而在登记注册的合作社中形成了大量的隐形社员，全国平均每个合作社登记的成员仅 13 人。登记注册的相当一部分合作社是由公司领办或大户领办，绝大多数合作社没有建立起成员账户制度。

（二）十七届三中全会后，农民专业合作社的地位和作用越来越受到重视

党的十七届三中全会的《中共中央关于推进农村改革发展若干重大问题的决定》（以下简称《决定》）着重提到要"按照服务农民、进退自由、权利平等、管理民主的要求，扶持农民专业合作社加快发展，使之成为引领农民参与国内外市场竞争的现代农业经营组织"。中央的文件将农民专业合作社的地位和作用提到前所未有的高度，地方政府也越来越重视农民专业合作社的发展，一系列优惠政策正在落实，同时合作社的功能也逐渐增多。在中国农业和农村未来的发展与改革上，许多方面的问题都与合作社的发展紧密相关。

在保障中国的粮食安全问题上，《农民专业合作社法》第五十条规定，对"生产国家与社会急需的重要农产品的农民专业合作社给予优先扶持"。现在一些地方正采取措施鼓励和支持种粮农民兴办粮食专业合作社。

在农村土地承包经营权的流转问题上，党的十七届三中全会《决定》提出："在明确现有土地承包关系要保持稳定并长久不变的同时，按照依法自愿有偿原则，允许农民以转包、出租、互换、转让、股份合作等形式流转土地承包经营权，发展多种形式的适度规模经营。"目前，以土地入股发展农民专业合作社的试验正在一些地方进行。

中国农村金融改革的难点之一是农民所拥有，为农民提供金融服务的正规的农民合作金融组织很难发展起来。没有合作金融的支持，中国的农民专业合作社也很难发展壮大。党的十七届三中全会《决定》提出，"允许有条件的农民专业合作社开展信用合作"。

合作社的功能越多，享有的政策优惠越多，各个利益相关方就越有积极性来建立、利用和发展合作社这个平台。但同时，合作社在发展中又暴露出种种不规范的问题。在实地调查中发现的种种问题会使我们发问：这样发展的合作社是我们所期望的合作社吗？应该说，农村改革发展中暴露出来的问题也同样体现在合作社的发展中，中国农民专业合作社创立和发展的实践必然会丰富有关合作社的政策，促进相关法律的完善，正在发展的合作社也将不断面临挑战。

二 农业现代化的发展模式——农民专业合作社现阶段的发展特点是中国农业现代化发展道路和发展模式的具体体现

推进现代农业建设，符合世界农业发展的一般规律。但世界各国所走过的农业现代化道路与各自国家的历史背景、具体国情和社会形态密切相关。发展现代农业必然涉及要走什么样的农业现代化道路和采取什么样的发展模式的问题。不同的农业现代化道路和不同的农业发展模式必然在农业上有不同的制度安排和组织架构。

概括地讲，发展现代农业有两种不同的思路和模式选择。

一种思路是：发展现代农业，要尊重和保护农民的土地承包经营权，在家庭承包经营的基础上，鼓励土地向专业农户集中、发展规模经营和集约经营，使他们成为发展现代农业的主体、主力军。江泽民同志 1998 年在安徽考察工作时的一段讲话是这种思路的最好诠释："从实践看，家庭经营再加上社会化服务，能够容纳不同水平的农业生产力，既适应传统农业，也适应现代农业，具有广泛的适应性和旺盛的生命力，不存在生产力水平提高以后就要改变家庭承包经营的问题"（中共中央政策研究室农村组、中国农村杂志社，1998）。10 年之后，党的十七届三中全会《决定》提出"两个转变"，即"家庭经营要向采用先进科技和生产手段的方向转变，增加技术、资本等生产要素投入，着力提高集约化水平；统一经营要向发展农户联合与合作，形成多元化、多层次、多形式经营服务体系的方向转变"。一些学者认为这是对邓小平同志讲的"两个飞跃"和江泽民同志讲的"家庭经营加社会化服务"的具体诠释和发展。

但在发展现代农业时，长期以来也存在另一种思路和做法：西方国家的农业现代化道路，即农业资本主义化的历程。

西方各国发展现代农业的道路虽然不同，但无论是英国大地主阶级通过"圈地运动"建立的大地主土地所有制基础上的资本主义大租佃农场，还是德国保留封建残余的农业资本主义发展的"普鲁士式道路"，或是通过小农经济的两极分化产生出资本主义农业发展的"美国式道路"，都是先通过对小农的剥夺，在农业中形成和奠定了资本主义的生产关系。资本主义生产方式"在农业中，它是以农业劳动者的土地被剥夺，以及农业劳动者从属于一个为利润而经营农业的资本家为前提"（马克思，1975），在这个过程中形成了三个并存的而又互相对立的阶级——雇佣工人（实际的耕作者）、作为租地农场主的资本家、土地所有者（马克思，1975）。

在中国农业现代化道路的讨论和实践中，一些观点和做法也在不同程度上显现出西方农业现代化道路的印痕。如认为，中国发展现代农业的主体形式应当是企业，要形成一大批大规模从事农业生产的农业企业。在一些地方，大公司进入农业，连片开发，"反租倒包"，取得大片农地的使用权，直接雇工从事规模化的农业生产。与工商企业进入农业、大规模租赁农户承包地相联系的是从事农业的主体由家庭经营转为雇佣工人，有些地方也提出"大力培育和发展农业产业化经营主体，鼓励和支持农民向农业产业工人转变"。但不同的是在中国，农村集体是土地的所有者，而集体的成员——承包经营的农户一方面拥有土地的承包经营权，另一方面他们中的一部分又可能成为雇佣工人。

在现实的中国农业现代化进程中，我们在各地看到的往往是社会主义初级阶段的一种混合型、多样化的新模式，走的是一条兼容性较强的道路。农业现代化的主要形态一是出现对家庭经营的扩展和延伸，通过各种形式的土地承包经营权流转，专业种植、养殖和营销大户开展规模经营。二是当地的公司或合伙企业，或本地的外出创业的企业家回到地方上承包经营和进行产业化经营。三是工商外来资本或大企业进入农业，连片开发，反租倒包。这样的农业现代化发展模式必然影响到农村土地制度变革的方向、乡村治理结构的演进，同时也影响到农民专业合作社的发展和现阶段的特点。

但这样的农业现代化发展模式能否持续和长久？我们从经济基础和政策选择两个方面提出两个有待验证的判断：第一，在保持农村土地集体所有制，赋予农民更加充分而有保障的土地承包经营权，现有土地承包关系要保持稳定并长久不变的基本制度框架内，中国农业将呈现大量小规模兼业农户与少数专业农户长期并存，市场化、商品化和专业化的农业与口粮农业长期并存的局面。第二，中共中央2001年18号文件中提出，"不提倡工商企业长时间、大面积租赁和经营农户承包地"，而党的十七届三中全会《决定》审慎地提出，"鼓励龙头企业与农民建立紧密型利益联结机制"，"有条件的地方可以发展专业大户、家庭农场、农民专业合作社等规模经营主体"，文件也没有具体涉及公司进入农业、承包农民土地的问题。可以认为，在农村土地承包经营权流转、发展适度规模经营的问题上，决策层将继续保持现行的较有弹性的、软约束的政策举措。

如果上述两个有待验证的判断能够成立的话，多样化、混合型的农业现代化发展模式和经营形态在中国农村将长期存在，作为其重要载体的农民专业合作社也将长期呈现异质性和多样性的特点。我们下面对农民专业合作社的分析就将在这两个判断所支撑的中国农业现代化的框架中进行。

三 大户领办和控制的合作社在一些地区已成为合作社的主要形式

在现已登记注册的合作社中，大户领办的合作社往往成为主要形式。安徽芜湖市已经注册的136个专业合作社中，农村能人（大户）兴办型的125个，涉农部门领办型的4个，龙头企业带动型的5个，村级组织领办型的2个。从合作组织的发起人来看，有家族牵头，有种植、养殖或营销专业大户牵头，也有几个人合伙发起的。还应指出，合作社中大户领办和企业领办在界限上很难划清，许多所说的龙头企业往往就是当地大户自己牵头搞起的小公司或合伙企业。

长期以来，在全国各地农村一直就有大户领办、控股人主导的合作社存在。但从这些合作社具有合作性质的多少来看，它们并不是同质性的。有冠以合作社名称，但实际上是大股东控股型、家族型的经济组织，有一些具有合作社性质的经济组织，也有少数较为规范的合作社。

案例1：

2002年，笔者曾经考察过山东省某生猪运销合作社，从该合作社填写的问卷情况看，这是一个相当规范的合作社。该合作社成立于1999年4月，注册为股份合作制企业，注册资本为80万元，合作社章程经社员大会通过，由民主选举（一人一票）产生理事会和监事会。合作社有356个股东社员，400个工人，盈余50%按股分红，25%按照劳动贡献分红，10%留作公积金，10%留作公益金，5%为工人的奖励。

在实地调查中了解到，这个合作社理事会共由6人组成，包括：理事长，他的大儿子（负责经营管理），二儿子（负责外联），他的叔伯弟弟（负责质量检测），他的弟弟（负责财务），理事会中唯一的外人是镇供销社主任，他平常并不出席理事会议，理事长向镇供销社租了4亩地，每年支付租金 4000 元，这位供销社理事的任务就是保证租金的收取。合作社只有家族的 5 个人入股，他们对合作社的 2 辆卡车、设备和建筑物等拥有同等所有权。理事长以个人名义从银行贷款 40 万元，贷款利息和本金从每年利润中偿还。

合作社联系 230 多个运猪户，他们每人交 1 万元给合作社作为风险抵押，合作社年底支付他们 10% 的利息，运猪户用三轮摩托为合作社运猪，每运 1 头猪，合作社支付 5 元钱。

合作社联系约 200 个经纪人，他们同样每人交 1 万元风险抵押金，每为合作社介绍 1 头猪，得 5 元钱。

合作社还联系约 600 个养猪户，合作社以优惠价格（每斤比市场价低 1 毛）为他们引入 100 斤重的杂交猪，提供统一的防疫和饲料供应，当生猪长到 200 斤以上，合作社再收购回来，每斤比市场价高 2 毛，养猪户每头猪可得 250—260 元纯利。

从这个案例可以看出，这个合作社实际上是一个家族的合伙企业，通过合作社这个平台，获取稳定的货源、运输和销售渠道，最终实现多赢的格局，但它与规范的合作社相去甚远。

案例 2：

湖北省某苗木专业合作社，笔者在 2009 年 2 月的实地考察中了解到，合作社 2008 年 8 月在工商局注册，有 600 多名社员，他们共拥有 2000 多亩苗木；现在发展到 2000 多名社员，拥有 8000 多亩苗木。但经过进一步了解，这个合作社有 5 个发起人，也只有这 5 个人用苗木折价和现金入股，4 人是理事，其中 3 人分别拥有苗木 300 来亩，第 4 个人负责营销，有苗木 80 多亩；监事 1 人，是村党支部书记，有苗木 100 多亩；其余的社员并没有股份。这 5 户算是紧密型社员，其余人算是松散型社员。

案例 3：

湖北省京山县永兴镇峥嵘农庄种植专业合作社，合作社的发起人和理事长刘若峥，是河南农业大学种植业专业大专毕业生，2003 年来到湖北承包耕地，后组建合作社，2008 年 4 月 3 日在工商部门进行了注册登记。现有社员 212 户，分布在 4 个乡镇 18 个村，他们共承包农地 13487 亩，根据区域合作社社员构成情况选出 27 个理事。社员不缴股金也不交会费；合作社的主要业务是生产资料的团购，社员先按照市场价支付给合作社，合作社最后按照交易量的差额返利。

从决策机制、剩余分配、财务管理等几个方面看，这是一个较为规范的合作社。但这个合作社的特点之一是大户占主导地位。最初发起时是 5 个社员，刘若峥是第一大户，承包耕地 1290 亩，有一个社员是农技师，另外 3 个社员承包耕地共 900 亩。当时规定的入社门槛是承包农地 50 亩以上。此后，到 2008 年 7 月，决定取消门槛，入社人数剧增，后来不得不暂停入社。现在保留在 212 户的水平上。其中第二大户承包 480 亩，第三户承包 380 亩，承包 300 亩以上的有 10 多个，200 亩以上的有 7 个，都是刘若峥的河南老乡，来湖北转包土地。承包 50 亩以下的有 100 多户，都是取消限制后入社的。据统计，43 户河南籍社员承包的农地占社员承包农地面积的 60% 左右，169 户本地人承包的农地仅占 40% 左右。

通过刘若峥的案例可看出，与大户领办和主导合作社密切相关的一个问题就是入社的门槛。笔者 2004 年在浙江调研农民专业合作社时曾发现，农产品的专业合作社主要是以从事该种农产品生产为主业的达到一定生产规模和商品量的专业农户的联合，这种组织形式并不欢迎小规模的以农业为副业的兼业农户（张晓山，2004）。但这是否仅是发达地区合作社的特点呢？在此后的调研中发现，吉林省某农民生猪养殖合作社，2001 年 8 月组建，当时 8 户社员，养 516 头猪，理事长养 150 头，最少的社员养 30 头。到 2004 年合作社已发展到 36 户社员，还有 200 多户想参加。入社条件一是有介绍人，二是养猪要达到 50 头以上的规模。据四川省社会科学院农经所科研人员的调查，四川某养猪协会根据生猪出栏头数将大户作为核心会员，他们比普通会员获得更多的技术培训机会。某林竹协会目前只吸纳林竹大户。某茶叶协会虽按照茶农自愿入会原则，但也有种茶 3 亩以上才能入会的标准。他们调查的结论是：协会运作中有明显忽视中小农户（尤其是小农户）的趋向；协会的发展有追逐大规模的偏好。

在国外，玻利维亚的赛伯可可生产合作社联合会，36 家可可合作社的成员资格总的包括以下条件：成员至少 5 年是该地区的居民，至少种植有 1 公顷可可，新成员必须支付合作社 200—800 美元作为入会费。

西欧的一家豌豆公司（HFD），是单一目标的合作社协会，由一个县的 17 个农民发起成立。后来发展到 20 个成员，他们都做出了长期的承诺，要种植一定面积的豌豆（Diana Carney，1996）。

尽管合作社的普遍原则有一条是入社自愿，但国内外的一些农民专业合作社又都为入社社员设定门槛，其中有什么规律可循呢？这种现象从理论和实践上都可回溯到美国的合作社活动家和律师艾伦·萨皮罗（Aaron Sapiro，1884—1959）所倡导的"合法的垄断"。萨皮罗在20世纪20年代提出了一个计划（加利福尼亚计划或萨皮罗计划），要点是由合作社来控制某种农作物的较大销售比例，使其在市场上成为支配因素，达到合法垄断。即试图通过发展销售合作社，消除中间商和批发商的环节，来加强农场主的谈判地位。1925年，他的计划在美国已经有了89万成员。他被称为"走在时代前面的人"①。

萨皮罗的思想中有两点特别值得我们注意：第一，与合作社签署长期的、带强制性条款合同的入社农户应达到相当的比例。他认为，合同期长，才能使合作社的销售功能逐渐完善；签约人多，且承担义务向合作社交售某种农产品的全部，合法垄断才有可能实现。第二，成员应将产品全部或按照一定数量交售到合作社；并且要求成员必须种植一定数量或额度的产品（张晓山、苑鹏，1991）。

如果合法的垄断能促进农民专业合作社的发展和加强它们在市场竞争中的地位，社员显然就应具有较高的专业化程度和较大的种植、养殖或营销规模。中国农民专业合作社目前的发展呈现出异质性、多样化的形式，但就专业农户组成的单个合作社而言，又必须具有高度的同质性才有生命力，在这样的合作社中大户领办和在合作社中占据主导地位也就成为一种必然的趋势，但这就必然排斥农村中相对弱势的小规模兼业农户。一位英国的合作社研究者考察了沿海某地的农民合作社后，得出结论，"合作经济的改革有利于更具有企业家特性和境遇较好的农民来寻求新的市场机会，但创造一种机制来保护甚至增进贫苦农民的利益已被证明是越发困难了"（Jenny Clegg，2006）。

从现实情况看，没有大农（专业大户）的加入，没有合作社的企业家，就不可能有成功的合作社。目前，发展好的专业合作社，往往是大户主导，设立门槛，排斥小农。如果我们的基本判断能够成立，即当今中国农村农户的构成将长期保持少数专业种植、养殖和营销专业户与大量的小规模兼业农户并存的格局，在鼓励和扶持农村专业大户和技术能手组织起来、成立合作社的同时，在合作社内部大户社员和普通小农户社员之间能否建立一个合理的利益联结机制？这些大户及他们发起组织的协会或合作社能否起到示范效

---

① Aaron Sapiro, From Wikipedia, the Free Encyclopedia.

应和带动效应，把他们的技能、知识、管理和市场渠道扩散给其他的群众，尤其是村里的弱势群体，是否能建立一种机制促使和保证他们这样做？这两个问题是合作社能否健康发展、合作社能否恪守其基本原则和价值观念的关键。

四 原有的农业产业化经营中的"公司+农户"的形式或是内部化于合作社之中，或是公司越来越多地利用合作社作为中介来与农民交易

《农民专业合作社法》第十四条规定，"……从事与农民专业合作社业务直接有关的生产经营活动的企业、事业单位或者社会团体，能够利用农民专业合作社提供的服务，承认并遵守农民专业合作社章程，履行章程规定的入社手续的，可以成为农民专业合作社的成员"。按照这项规定，涉农企业也可以成为合作社的团体会员。《农民专业合作社法》颁布后，不少龙头企业，特别是一些大型龙头企业要求加入或领办合作社的积极性高涨，有些合作社本来就是公司领办的。

案例4：

安徽某养殖合作社是在龙头企业（某食品有限公司）牵头扶持下组建起来的，公司的总经理兼任合作社的社长（理事长），合作社共52人入股，注册资金30万元，社长本人股金5万元，约占总股金的1/6。该食品有限公司仅3个股东，社长是大股东。他本人就是养鸡大户，每一批养20万只鸡；合作社成立后，企业与农户社员利用合作社的牌子及政府给的优惠政策，联合购买饲料，统一组织销售毛鸡，合作社在发展中具有了一定的市场谈判地位，占据了一定的市场份额。2007年理事长的股金分红达19万多元。合作社2008年已发展到拥有社员156人，但新社员还没有入股。

从这个案例中可看出，这里的龙头企业实际上是由合伙企业转化的小公司，龙头企业组建的合作社与大户领办的合作社没有本质区别。

案例5：

安徽某茶叶农民专业合作社，235户社员，另外还有7个企业为团体会员。理事长也是某公司的董事长；合作社注册资金60万元，该公司的股份占51%；理事长个人入5股（25000元），社员最少入1000元，合作社销售

茶叶的利润按股分红。

为什么公司（龙头企业）对加入或领办合作社有积极性？《农民专业合作社法》第五十条提出，"中央和地方财政应当分别安排资金，支持农民专业合作社开展信息、培训、农产品质量标准与认证、农业生产基础设施建设、市场营销和技术推广等服务"。第五十二条提出，"农民专业合作社享受国家规定的对农业生产、加工、流通、服务和其他涉农经济活动相应的税收优惠"。一个政策出台，往往是与该政策相关的强势集团首先抢占制高点，充分利用政策上的优惠，合作社的问题上也不例外，如加工厂变成小麦合作社，肉联厂变成肉联合作社。龙头企业加入或领办合作社是出于自身利益的驱动，有其经济合理性。

关于公司领办和控制合作社的问题，一种观点认为，尽管农户与龙头企业之间在业务交易上存在供求关系，但从交易的本质看，他们都是以合作社服务的利用者和使用者而不是投资者的身份来加入合作社的，他们的目标一致。合作社中，同类农产品的生产经营者或者同类农业生产经营服务的提供者、利用者之间是一种典型的合作关系。持这种观点的同志希望农民专业合作社真正成为龙头企业与合作社成员实现利益平衡的平台。合作社成为"农民的靠山，企业的基石"。

另一种观点认为，作为投资者企业的公司或龙头企业，它们只能通过返还一小部分利润的方式对农户做一些让步，但它们与农民的根本利益是不一致的。按照目前的法律规定，许多非合作社性质的龙头企业都可以堂而皇之地挂起合作社的牌子，这样的结果会使真正的农民自我服务的合作社难以得到发展。

《农民专业合作社法》规定，合作社是"同类农产品的生产经营者或者同类农业生产经营服务的提供者、利用者，自愿联合、民主管理的互助性经济组织"。在现实经济生活中，服务的提供者和服务的使用者在很多情况下是利益交换的两方，如果提供农产品销售、加工服务的是龙头企业，利用服务的是农产品的生产者（农户），农户社员希望初级产品能卖个好价钱，并能分享加工、销售的增值利润；而公司社员则希望农产品的价格越低越好，公司的利润越大越好。这部法令本身已经蕴含着利益双方的对立统一关系。龙头企业成为合作社的成员，实质上是将农业产业化中的公司＋农户或龙头企业（公司）＋合作社（协会）＋农户的外部联结形式内部化于合作社之中，从而把不同利益主体之间的关系和矛盾内化于合作社中。

在农业产业化经营中，工商资本以龙头企业的形式进入农业，是剥夺小农呢，还是实现双赢、龙头企业和小农户成为利益共同体？这是一个不可回避的问题，同样的问题也出现在合作社的发展之中。龙头企业内部化于合作社中，外部矛盾转化为内部矛盾究竟是利大还是弊大？一些地方的实践表明，开展初加工、深加工和营销服务的多数是依托龙头企业创办的合作组织；农民自主创办的合作组织基本以技术信息服务和对产品进行简单包装为主。在合作社内部，龙头企业与农民社员如何建立紧密型利益联结机制？这种机制应该是公平合理的利益联结机制，它能否建立就要看合作社内部的所有权、控制权和受益权在作为社员的专业农户与龙头企业之间怎么划分。

在现实经济生活中，对所谓的龙头企业还应做具体的区分。合作社的一条重要原则是它扎根于当地社区之中，以促进当地社区的发展为其宗旨之一。一些本地农民兴办的企业领办合作社或专业技术协会，在他们自身受益的同时，也带动了其他农民增加收入，增强了他们抵御市场风险的能力，最终促进了当地社区经济社会的发展，这种经济现象有其存在和发展的合理性，即使这样的公司和农户社员之间的互利关系还不是完全平等的。

但对外来的工商企业，试图进入合作社或领办合作社，圈钱圈地、套取优惠政策，一定要保持警惕，防止侵犯农民社员利益和败坏合作社形象事件发生。

现实经济生活中，除了一些公司内部化于合作社之中，一些较大的涉农企业开始更多地利用合作社作为中介来和农户交易。

案例 6：

山西晋城市彤康食品有限公司①以公司 + 合作社 + 基地 + 农户的形式建立绿色农业种植基地 18000 余亩，种植无公害农产品，再进行加工销售。该公司选择泽州县高都镇大兴村的泽州县晋丰源种植专业合作社作为合作伙伴，该社于 2008 年 3 月在县工商局注册，发起社员共 5 户，现有社员 200多户（全村 230 户），社长是村支部书记，理事会 4 人，监事会 2 人。公司与合作社签订《无公害农产品种植基地种收合同书》，公司为合作社提供种子、技术指导，按照保障价格收购合作社上交的合格农产品。合作社保证种植农产品符合公司制定的《操作规范及要求》，并按要求完成合同收购量。合作社再和村民社员签订《农产品种植收购合同》，合作社按保障价格收购

---

① 一个国有企业与一个民营企业共同出资组建，2007 年 6 月注册，注册资金 1900 万元。

社员提供的合格农产品。合作社还将作为公司的代理与周围其他行政村的农民签订收购合同。

案例7：

湖北兴农粮食产业发展有限公司由中央储备粮荆门直属库控股95%，是集粮食仓储、加工、贸易、检测、物流于一体的综合性粮食产业化企业。该公司打出的口号是"强化社会责任，支持农民增收"。2008年，公司在湖北荆门市14个粮食主产乡镇牵头成立了14个优质稻产业协会，每个协会又以村为单位，选择一些群众基础好、连片种植程度高的村建立优质稻生产合作社，共成立了30多个农民专业合作社。在订单生产过程中，先由公司和各乡镇协会签订订单合同，乡镇协会再与合作社或农户签订协议。公司就这样通过建立公司＋协会＋合作社＋农户的产业网络来保证其优质稻的来源。

案例8：

湖北新美香食品有限公司是台资企业，1996年来钟祥市建厂，加工畜产品、水产品、水果、食用菌四大类产品。在食用菌的收购加工中，该公司2008年在几个乡镇中每个乡镇选一个村民小组，与小组中对食用菌种植感兴趣的农户签合同，公司派技术人员进行指导，按保护价收购，一共选了4—5个村民小组，希望能以点带面，扩展到其他农户，最终做到收购的农产品是放心和安全的。

以上三个案例各有不同，但可以看出，随着消费者和厂家对农产品的质量与安全越来越重视，农产品生产的整个流程都需要符合质量标准，最后到达消费环节的产品应具有可追溯性，而农产品收购加工企业又无法对大量分散的小农户进行技术指导、质量监督和追溯其产品来源，它们必须要找到中介来承担这些职能，这个中介可以是合作社，或是协会，或者是村社区组织。但随着《合作社法》的颁布实施，合作社成为市场经济中的合法的交易对象，合作社的中介作用逐渐突出。公司与农户之间、公司与合作社之间的不平等的互利关系正在发生微妙的变化，出现了天平逐渐向农户和合作社倾斜的迹象。

五 农民专业合作社和农村社区组织将会更多地碰撞、交错和融合到一起

关于中国合作社的发展，有的学者认为，对于东亚小农社会而言，比较

有效的发展合作社的方式是发展多功能的综合性合作社。

有的学者认为，中国应走日本综合农协的道路。发展以信用事业为基础，统筹销售、供应、保险、经营指导和医疗卫生等各项事业的综合农业合作社（山田定市，2005）。它一方面是综合性（多目标）的合作组织，另一方面又在很大程度上履行社区的职能。

以色列从事农村发展的学者曾提出，在从传统农业向现代农业转化之际，需要一个引导性合作时期（guided co - operation），这种合作社应建立在社区一级，它应是多目标合作社；是一个法定的团体，代表社区的所有成员与有关政府机构打交道；在一个社区内只应存在一个合作社，具有一定的垄断力量，由该组织为所有的社区成员提供服务。随着商品经济的发展，农户的经营规模逐渐扩大，生产的专业化程度提高，农户逐渐具备与市场交易的经验和资本，成为某些商品性农产品的专业农户，这时多目标合作社提供的服务逐渐满足不了这些农户的需求，这种大一统的合作组织应履行的功能也就越来越少，直至最终消失（张晓山、苑鹏，1991）。

中国在农村改革后，也试图建立将社区功能与多目标的服务功能结合在一起的社区合作组织。1984 年中央一号文件提出，"为了完善统一经营和分散经营相结合的体制，一般应设置以土地公有为基础的地区性合作经济组织"。中央文件《把农村改革引向深入》（政治局 1987 年 1 月 22 日通过）中明确提出："乡、村合作组织主要是围绕公有土地形成的，与专业合作社不同，具有社区性、综合性的特点。"尽管在以后的农村改革实践中，中央文件给社区合作组织规定的"生产服务、管理协调、资产积累、资源开发"4 项职能在大多数村一级组织中未能很好地履行，但包括农用地和农村集体建设用地在内的农村土地公有（集体所有）这一特性构成了村组社区组织从事经济活动的法理基础，正因为此，农村的社区组织不可能像一些学者设想的将来转化为类似城市居委会的组织。这一特性也就决定了农民专业合作社与农村社区组织之间的关系。我们在 1991 年曾提到，中国农村的社区组织是专业合作经济组织的母体和摇篮[①]；笔者在以后的调研中也感到，在专业合作社的发展进程中，土地承包经营权的流转、用水、用电等资源的配置和利用，都离不开村社区组织（张晓山，2004）。

在《农民专业合作社法》颁布后，随着地方政府重视程度的提高，专

---

① Aaron Sapiro, From Wikipedia, the Free Encyclopedia, 中国城市出版社 1991 年版，第 92 页。

业合作社的功能增加、作用增强。合作社经济上越是活跃,与村社区组织之间产生的经济联系就越多,中国村一级范围内的专业合作社与社区合作社的碰撞与融合的问题也就越来越突出。

案例9:

河南焦作市下属的孟州市河雍办事处东田丈村,1080人,286户,6个村民小组,共有1250亩耕地。2006年6月,在村双委(村委会和党支部)的指导下,组建孟香果蔬专业合作社,当时村中有30户入社。入社社员基本都入股,10元一股,总股金几万元。支部书记兼村委会主任入了700股(7000元);双委委员、村务公开小组组长任合作社理事长,入了500股(5000元);理事会共7人;监事会3人,村支书任监事长。该村以专业合作社作为土地流转的平台(主体)。全村1250亩耕地,大棚占地300—400亩,果园占地600亩,由合作社统一流转、统一建蔬菜大棚,再转给社员,现在已有200多户入社。

合作社为社员提供以下服务:①协调和组织贷款的还本付息。2007年社员从信用社贷款100多万元,合作社统一组织贷款户缴利息或还本金,组织严密,一户不落,全部还款或付息。由于建立了良好的信誉,2008年大棚户从信用社贷款近300万元(每户5万—10万元)。②投入品统一供应,从草帘子到种子、化肥,直到一根钢丝,全部由合作社在市场上以批发价进货,再提供给社员。③提供技术服务。④提供销售服务,了解各大市场的信息网络;合作社与市场敲定价格,每天合作社公布收购价。

合作社按照大棚地净面积向社员提取管理费,1亩净面积大棚提取500元,用于打井、修路、参观、架线和培训等。

在从事黄瓜专业生产的同时,合作社今后想建蔬菜批发市场,建冰厂、塑料泡沫厂、纸箱厂、拉膜厂等,争取把加工和流通的利润也留在社员手中。

这个案例是以村干部主导组建专业合作社,合作社的领导也就是村的领导,合作社与村双委之间的关系自然很紧密。库房是村委会无偿提供给合作社的;在农村土地集体所有制的框架内,土地流转也需要村级社区组织的扶持、协调和引导;合作社从事的一些基础设施建设又与社区组织的职能相交叉。这个村的专业合作社与社区组织在很大程度上功能是交叉融合的,这种类似的案例在各地农村并不少见。

六　结语

在审视中国当前涌现出的农民专业合作社时，必须牢记，我们处在社会主义初级阶段，《农民专业合作社法》是社会主义初级阶段的一部法律，它将随着合作社的发展而不断修改和完善。尽管《农民专业合作社法》已经对合作社的基本原则、成员构成、组织机构和法律责任等做了规定，有关部门也出台了《农民专业合作社财务会计制度》《农民专业合作社示范章程》等文件，但由中国农业现代化的发展模式所决定，处于社会主义初级阶段的合作社在实践中必然呈现异质性和多样性的特点，它们只有在发展中才有可能逐步规范。关键是合作社朝什么方向发展，在今后合作社的发展进程中，作为社员的农民（从事农产品专业生产或营销的专业农户）能否成为专业合作社的利益主体，他们在合作社中的经济利益是否能得到维护，民主权利能否得到保障，他们获取的剩余能否增加，合作社的资产所有权、控制决策权和受益权是否能主要由他们拥有，这应是农民专业合作社未来走向健康与否的试金石，而这也必须由实践来检验。如果农民专业合作社真正能以专业农民为主体，由他们在制度安排上进行大胆的探索，他们必能应对面临的挑战，解决令我们困惑的问题，其成功或失败的经历都将丰富合作社的理论与实践，并为国际合作社运动做出应有的贡献。

参考文献

［1］中共中央政策研究室农村组、中国农村杂志社编：《江总书记视察农村》，中国农业出版社 1998 年版。

［2］马克思：《资本论》（第三卷），人民出版社 1975 年版。

［3］张晓山：《促进以农产品生产专业户为主体的合作社的发展——从浙江农民专业合作社的兴起再看中国农业基本经营制度的走向》，《中国农村经济》2004 年第 11 期。

［4］Diana Carney, Box 1: El Ceibo in Bolivia, "The Role of Farmers' Organizations in Facilitating the Up－Take of Improved Technologies by Farmers", Sino－European Seminar on Farmers' Technical Association, Handan, China, 27－31, May 1996.

［5］张晓山、苑鹏：《合作经济理论与实践——中外比较研究》，中国城市出版社 1991 年版。

［6］Jenny Clegg, "Rural Cooperatives in China: Policy and Practice", *Journal of Small Busi-*

ness and Enterprise Development, Volume：13，Issue：2，2006.

[7]［日］山田定市：《现代合作社论》，辽宁人民出版社 2005 年版。

（原文发表于《管理世界》2009 年第 5 期）

合作社制度及专业协会实践的制度经济学分析①

国鲁来

本文所指的"专业协会"是目前我国农村中为农民所组建，具有"专业技术协会""专业研究会""专业合作组织"等称谓，不同程度地为农民提供产前、产中和产后服务的组织。本文的研究是以德国合作社为参照，这一方面是因为我国的农村专业协会基本上是按照国际通行的合作社制度和合作社原则而建立，另一方面是因为德国合作社发展至今已有一个半世纪的历史，由赖夫艾森和舒尔茨·德里奇创建的合作社制度和合作社理念也早已为世界各国所普遍认同，而且德国合作社有严格的制度规范，使制度分析较为便利。

一 制度变迁分析

诱致性制度变迁理论认为：制度变迁来自个人理性，正是个人的理性导致了对制度变迁的需求；同时个人的理性行为受有关知识的制约，而有关知识的有效供给，也就是制度变迁的供给。因此实行家庭承包制后，农民对于社会化服务的需求，反映了他们对于制度创新的需求，而对于市场经济和合作组织等经济组织的重新认识，就成为制度创新的供给。

---

① 最近我们对四川蓬溪和射洪两县的部分农村专业协会进行了实地调查，并对四川 25 个市、县 29 个乡（镇）的 31 个专业协会的负责人，以及四川蓬溪何家坝村、射洪棉农，甘肃张掖四闸村及北京房山千河口村的 200 个农户进行了问卷调查，本文就是在整理、分析这些调查资料的基础上完成的。在四川的调查中，省科协的罗远信等同志给予了我们很大帮助，在此谨致谢意。

家庭承包制相对于人民公社体制是一种新的制度安排，是一种由企业（人民公社）内部分工来实现纵向一体化生产的组织制度，转向由农户独自完成纵向一体化生产的组织制度安排。因此实行家庭承包制后，农户作为独立的生产经营单位，必须独自解决产前、产中和产后各个环节的各种问题。德姆塞茨（1999）指出，如果万事不求人的纵向一体化企业，做不到以平均最低成本生产同样数量的产品，就要承担生产无效率的后果。市场规模的扩大，可以使企业避免这种无效率，办法就是把纵向生产的不同阶段分成独立的行业，每个行业都有专业分工的企业，每个企业的人员和规模都根据主要生产阶段的规模经济标准而定。所以建立在农民家庭经营基础上的市场经济发展，导致了他们对于社会化服务的制度需求，并由此产生了农业社会化服务体系的制度供给。

农民对于社会化服务的需求意味着存在潜在收益，而农业社会化服务体系的制度供给使潜在收益转变为现实收益成为可能。这里的问题是，把潜在收益转变为现实收益需要成本，其中既有交易成本，也有服务本身的成本，不同的服务获取方式存在不同的成本支出，所以在其他条件一定的情况下，那种通过成本—收益的比较，能够达到个人收益最大化的制度安排，也就是最为符合农民理性的制度安排。与其他农村服务组织相比，专业协会的一个突出特点就是它是由农民自己所组建的。那么，农民组建专业协会的意义何在呢？

农业社会化服务体系是一组制度安排选择集合，其中既有国有商业、供销社、信用社、农村集体经济组织以及相关的职能部门等传统服务组织，也有新兴的乡镇企业、专业户和公司＋农户等经济组织，还有按照合作社模式建立的农村专业协会，由此向农民提供了多种制度安排选择。农民以不同的方式满足服务需求，反映了不同潜在成本的存在，"正是由于潜在成本的激励，人们才会采取行动去改善可能存在的外部性问题"（德姆塞茨，1999）。

虽然专业协会和其他服务组织的服务供给都是建立在分工的基础之上，但是以市场交易为特征的服务供给，是以市场替代企业的制度供给，由此农民可以在服务市场上以购买的方式使服务需求得到满足；而通过组建或加入专业协会，从而以组织内部分工的形式获得的服务供给，则是以企业替代市场的制度供给，也就是说，农民的服务需求不必通过市场，而是只要成为某一协会组织的成员，这个协会正是以那些需要从自己的纵向一体化生产中分离出去的环节为经营项目，由此也就得到了所需的服务。

以市场替代企业和以企业替代市场是我国农业社会化服务的两种基本供给制度。无论是以市场替代企业，还是以企业替代市场，两者均有其存在的合理性，问题只是在于成本和收益的相互比较。由于以市场替代企业，也就存在了市场交易的必要，因此必然产生交易成本。所以，如果交易成本超过管理成本，要实现收益的最大化，就要用企业来替代市场。[①]

市场经济的发展带来了社会收益的增长，也带来了新的社会成本——交易成本、市场风险及其他各种不确定因素。早在欧洲合作社发展初期，一些著名的经济学家，如穆勒、马歇尔、皮古及帕累托等，就曾强调团队经济的积极作用，并且指出，以增进社员利益为目标的合作社避免了市场调节不足的可能性，而且使外部收益内部化（哈内尔，1992a）。拉坦（1991）也曾提到合作社作为一种创新组织制度形式，其产生的原因与分割技术进步所带来的新收入流有关。勒普克（1992）具体指出了合作社的作用主要是降低经济活动的风险和不确定性、降低交易成本、取得规模经济和打破市场垄断。所以，合作社作为一种创新组织制度，其所带来的组织收益主要表现为降低交易成本收益、取得规模经济收益、减少不确定性及规避市场风险收益和维护经济地位收益。在以上四种收益中，前两种属于效率收益，后两种属于公平收益。[②] 在提供效率的同时，也要提供公平，这正是合作组织的特点。

合作社对于市场的替代并不是取消了市场，而是将外部市场内部化。因为合作社企业与社员企业之间的效率关系从属于社员与合作社企业之间的组织关系，因此在合作社与社员之间就形成了一个市场，也就是所谓的"合作社内部市场"（埃森堡，1992a）。因为合作社对外部市场的内部化不仅意在内部化外部收益，而且意在内部化外部成本——市场风险和不确定性等，所以，"当收益内部化的结果大于成本内部化的结果时，就需要建立产权来使外部性得到内部化"（德姆塞茨，1999）。这样建立合作社的可能性就存在了。

因此，营利服务企业与合作社的最大区别，就在于前者主要提供效率收益，而后者则在提供效率收益的同时也要提供公平收益。德国学者对20世

---

① 这里的"交易成本"和"管理成本"分别指通过市场和企业内部来组织资源所要付出的成本。

② 德国学者将两种收益分别称为"市场收益"（Markterfolg）和"扶持收益"（Fördererfolg）。本文根据我国理论界对此的一般提法，将其称为"效率收益"和"公平收益"。

纪70年代中期德国农民从农机合作社获得服务和以其他方式获得服务的货币支出进行了对比，结果表明：如果农民自我服务，每年要多花费12000马克；如果通过营利服务企业，每年要多花费1000马克；如果通过共同购买和使用农机组织，则每年要多支出750马克（勒普克，1992）。我国农村专业协会所开展的服务也多是免费或只收成本费，费用明显低于服务市场。我们对专业协会负责人的调查问卷也反映了这一情况（见表1）。

表1   专业协会的服务收费   单位：个

技术服务			生产资料供给			产品销售代理、中介		
回答	免费	成本费	回答	优惠会员	优惠所有人	回答	免费	收费
28	23	5	26	23	3	24	12	12

因此，农民对于社会化服务的需求和合作社的制度供给，产生了农村专业协会的制度创新，由此他们只要组建或加入具有合作社性质的专业协会，就既可获得效率收益，也可获得公平收益。这就是专业协会之所以在实施家庭承包制后得到快速发展的主要原因，也是其难以为其他社会化服务组织所替代的主要原因。我们对农户产品销售渠道的实际利用及个人主观评价的调查，反映了他们对于服务获取方式的选择意向，其中农户对专业协会的选择均处于第一位，显示出他们强烈的主客观认同感（见表2）。

表2   农户对现有农产品销售渠道的实际利用及主观偏好[①]

项目	回答总数（个）	国有商业（%）	供销社（%）	村委会（%）	商贩（%）	集市（%）	协会（%）	公司或企业（%）
实际利用	122	43.4	23.8	10.7	31.1	22.1	68.9	18.9
主观偏好	131	28.2	34.4	20.6	21.4	44.3	84.7	55.7

注：选择不唯一。

资料来源：张晓山等（2002）。

尽管与农业社会化服务体系中的其他制度安排相比，专业协会有自己的制度优势，但是目前建会较多的也只是山东和四川两省，从全国来看，其农

[①] 因甘肃张掖四闸村尚未建立专业协会，该村50个农户的调查数据本表未予反映。

户的总体覆盖率明显偏低。① 既然农民以不同的方式满足服务需求是因为存在不同的潜在成本，所以对此的合理的解释就是专业协会的制度实施成本相对较高。首先，协会的建立需要一定的人力（包括智力）、物力和财力支出，因此需要具有一定社会活动能力和献身精神的发起人。② 其次，协会的建立还需要一定的社会科学知识，尤其是有关合作社的知识。农民的文化水平和过去长期实行的人民公社体制都会限制个人的认知能力。最后，作为具有合作社性质的组织，协会的建立不仅需要管理成本和交易成本的比较，还需要内部化外部收益和内部化外部成本的比较，条件相对苛刻。所以可以认为，那些专业协会发展较好的地方，也就是制度实施成本相对较低的地方。实际上，目前各地专业协会的组织章程都是参照当地有关方面下发的示范文本制定；我们所调查的四川的 31 个协会，其发起者有 16 个是县、乡政府或下属职能部门，11 个是专业大户或科技示范户，其余也是供销社、企业或村委会。这些情况表明，有效分担或化解专业协会的制度实施成本，至少在许多地方都是推动其有可能转变为现实的必要条件。③

二 组织制度的理论分析

我国的农村专业协会是参照合作社的组织制度而建立的，尽管已有多年的实践，有关的研究也取得了令人瞩目的进展，但是对于专业协会制度安排的内在机理仍然存在一些模糊认识，因此有必要对一些事关组织健康发展的重要问题进一步加以澄清。

（一）合作社的制度特点

新制度经济学对于经济组织分析的一般逻辑是：低成本组织趋向替代高成本组织；如果发现高成本组织存在，就寻找组织中的隐藏利得或者契约规定对有成本行为的限制；如果不存在潜在利益或契约限制，就转向寻找阻碍

---

① 据中国科协统计，1998 年我国共有各类农村专业协会 11.56 万个，会员 620 余万，占全国农户总数的 3.5%。见王慧梅等：《农村专业技术协会的发展趋势与对策》，载罗远信《前进中的农村专业技术协会》，四川省农村专业技术协会领导小组 2000 年版。

② 合作社学者对此给予高度评价。勒普克（1992）认为：建立合作社的可能性不会自发地转变为现实性；没有合作社企业家就不会有合作社。

③ 勒普克（1992）认为要有效地发挥合作社的优越性，来自外部的对于合作社企业家的扶持必不可少，尤其是在合作社的创建时期和发展早期更是如此。

产权重新安排的政治约束（埃格特森，1996）。

对于类似合作社这种不以营利为目的的组织，德姆塞茨（1999）认为，由于它的管理者并不拥有剩余索取权，因而通过改善管理所得到的收益不可能资本化为管理者的个人财产，这就导致了投机取巧行为比之其他类型的组织更容易发生。与其他的经济组织相比，合作社的组织成本确实较高，其中之一就是为减少管理者的机会主义行为而监督成本较高，这可以从合作社周密的监督制度来印证。除此以外，合作社的高组织成本还表现在管理、决策、集资等诸多方面（国鲁来，1995）。尽管合作社的组织成本较高，但是其所以能够生存发展，显然还有其他原因。埃森堡（1992b）指出，合作社的组织效率只是手段，增进社员利益才是目的。这可以解释合作社作为一种经济组织形式却不能以效率作为演进目标的原因。德国合作社一百多年的发展历程也表明，恶劣的经济社会环境是推动合作社事业发展的主要动力（福斯特，1977）。这反映了合作社在提供公平收益方面的作用。哈内尔（1992c）对早期合作社和现代合作社的行为分析，说明了社会的不确定因素越多，社会成员对于合作社的制度需求也越大，从而合作社所提供的公平也越多，效率也越低。反之则相反。[1] "因为合作社也可以通过忽视甚至取消对社员的扶持而得到效率收益"（哈内尔，1992b）。

公平与效率是一对固有的矛盾，公平的实现需要费用，其数额等于效率损失的数额。既然合作社对于外部市场的内部化不仅意在效率收益，而且意在公平收益，这就决定了其组织制度与营利企业有根本不同，从而在以效率为原则展开的市场竞争中难免暴露一些问题。所以造成合作社效率损失的原因就在于为提供公平收益而做出的制度安排。这些特殊的制度安排及其对组织效率的影响主要是：①合作社的管理者只能以普通社员的身份参与剩余分配，以致经济激励不足，难以使他们产生创新冲动，还可能导致投机取巧行为时有发生。②对管理者层层设防的监督制度需要较高的实施费用。③社内的重大事务须经全体社员（或社员代表）共同决定，不仅效率损失严重，而且交易成本较高。④对入社者的资格审查制度使得资本（股金）来源受

---

① 哈内尔指出：在传统合作社中，合作社企业只是社员经济的执行机构，它不从事或很少从事非社员业务，其生存与发展也依赖社员对它的需要程度和对它所提供的服务的需求程度，因此它没有或只有很少的独立性；但是在市场合作社中，社员对于合作社的依赖大大降低，他们既与合作社企业，也与合作社企业的竞争对手建立业务关系，而合作社企业除了与社员保持业务关系，也开展非社员业务和其他以营利为目标的业务。

到限制。⑤由于对入社股金及股金分红的数量限制不存在投资激励。⑥社员退社可以退股，致使自有资本数量变化，不利于组织发展，也降低了组织的资信水平。① ⑦积累的共同占使社员在分配中倾向于将剩余尽可能多地归到个人名下，导致经济积累不足（国鲁来，1995）。

由于影响合作社提高组织效率的各项制度都是保证组织行为不致偏离组织目标的必要措施，从而也是合作社能够作为一种经济组织形式而独立存在的必要条件，因此所存在的高组织成本只能通过制度调整来削减，而不可能从根本上消除。② 德国对于合作社的制度调整从 19 世纪末便已经开始，第二次世界大战后，面对市场竞争的加剧和社员自身条件的变化③，《合作社法》也于 1973 年被重新修订，为法律认可的制度调整措施很多都是对传统组织目标的削弱：如理事会成员可以不再由社员大会直接选举，而是由小规模的专业委员会指定，以降低交易成本；理事会的业务管理权限可以不再受社员大会决议的约束，以提高决策效率；取消禁止合作社银行开展非社员业务的规定，以便同其他企业展开竞争④；合作社可以效仿营利企业，选择最佳的业务代理方式，以改善对管理者的激励等。这些制度调整虽然提高了合作社的组织效率，增强了市场竞争能力，但同时也是对社员平等产权的弱化，意味着合作社的公平供给相应减少，从而在客观上向营利企业趋近。

（二）合作社的本质特征

虽然提供公平是合作社的组织目标，但是哈内尔（1992b）认为，"不以营利为目的"并不足以反映合作社的本质特征。因为：第一，虽然合作社与营利企业不同，但是它也要获得利润，以调节组织内部的再分配、支付红利和筹集发展资金。第二，公益企业同样也是不以营利为目的。因此合作社与其他经济组织的根本区别是在于组织内部的同一性，即合作社的财产所有者和惠顾者（业务伙伴或顾客）同一，可以完全重合，如果二者出现错

---

① 对于这一问题，合作社的解决办法是将积累确定为不可分割的共同财产，社员在退社时无权带走，以期与变动不居的股金形成平衡，以此来保持自己的市场竞争能力和组织发展能力。另外，在章程中规定社员承担无限责任，也是一些合作社提高资信度的一个办法。

② 明克内尔（1992）认为：如果不是这样，合作社就不成其为合作社了。

③ 社员自身条件的变化主要表现为社员经济实力的增强和由此带来的抵御市场风险能力的增强，从而一些社员已经可以不必完全依赖合作社的内部市场，而是部分地由自己直接面对市场，甚至还有一些实力更为强大的社员已经退出了合作社。

④ 对于消费合作社的如此规定早在 1954 年即被取消。

位，并且错位达到一定程度，则合作社或者演化为营利企业，或者演化为公益企业。所以同一性是合作社的一项重要原则。

公平与效率是合作社的两大产品，其中"效率"是私人产品，其产权可以以较低的成本加以界定，不过"公平"却具有公共产品的全部特征，其非排他性的特点使得产权实施极为困难，所以，可以将合作社组织收益的实施者和受益者重合的同一性原则，理解为防止在公平的供给中出现外部性问题，也就是，同一性是确保"公平"能够由公共产品转化为合作社集体产品的必要条件，因此也是合作社得以与营利企业和公益企业划清界限的必要条件。

哈内尔（1992b）指出了合作社同一性错位的两种后果：一种是，如果合作社出于营利的目的而开展非社员业务，以致社员应得的扶持越来越难以实现，从而公平供给下降，社员与组织的关系不断疏远，逐渐等同于一般的顾客或业务伙伴，则合作社就转向以营利为目的的资合公司①。另一种是，如果合作社的非社员业务不是以营利为目的，公平的供给对社员与非社员一视同仁，则不仅社员的权利受损，而且他们作为合作社财产的所有者，还要承担由此带来的额外费用。这样公平就不再是集体产品，而成为公共产品，合作社也就转变为公益企业了。所以，任一朝向的同一性错位都将导致合作社组织性质的改变。②

奥尔森（1995）的研究表明，在组织内部，组织收益是公共性的，每一组织成员都有平等的权利来分享收益，而不论其是否为此付出成本。组织收益的这一特点使得组织成员都希望免费搭车，由别人承担全部成本，而自己只分享收益。合作社的同一性也可以理解为有助于解决类似问题。因为合作社的同一性要求组织财产的所有者和组织收益的享有者同一，所以内部化外部收益及外部成本的费用也要由财产的所有者——社员自己承担。社员对于合作社的费用支出既有维护组织的团结一致、遵守组织纪律和对管理工作进行监督等非物质支出，也有参与自有资本（股金）的形成、对经济积累的付出和承担经营亏损责任等物质支出，其中物质支出直观地表现在两个方

---

① 资合公司（Capital Company）即以公司的资本作为自己信用基础的公司，如股份公司、股份有限公司。合作社以营利为目的之所以会演化为资合公司而不是其他的企业形式，主要是因为其组织结构与资合公司相近。

② 由合作社转化为营利企业或公益企业在德国均有出现，其中前者多是合作社银行，后者多是消费合作社。

面：其一是社员入社时必须交纳股金，而且股金数额一定，以免义务的不平等；其二是社员必须付出等量财产，如对股金分红的数量限制和积累不归个人等。在此，非物质支出因其本身的性质很难做量的评估，免费搭车不可避免，但是平等的物质支出则有助于社员以相同的费用分享组织收益。

（三）合作社的激励机制

奥尔森（1995）指出，即使在组织成员同意分担实现组织目标所需成本的情况下，如果不对他们实行不同于共同利益的单独激励，则追求个人利益最大化的组织成员也不会采取行动，去实现共同的组织目标。因为社员对于合作社的费用支出既有物质的，也有非物质的，合作社的回报也是与此相对应，既有效率，也有公平，由此形成了合作社的贡献—激励机制。在诸种激励中，由于公平的集体产品特点和合作社对于入股及分红数量的限制，按交易额返还盈余就成为唯一可因成员而不同的组织激励。合作社的按交易额返还盈余，就是把惠顾收益的产权安排给个人，以此来推动社员与合作社发展的业务关系。

德姆塞茨（1999）认为，经济组织计量水平的高低，从而能否将回报和生产率紧密衔接，是关系生产率能否提高的关键环节。合作社的经营依赖社员作为业务伙伴和顾客的惠顾，激烈的市场竞争也要求合作社与社员保持稳固的业务关系。所以业务惠顾是社员对合作社的贡献，而交易额就是对社员贡献的准确计量，按交易额返还盈余也就是把"回报"和"生产率"联系起来，因此是合作社激励机制的重要组成部分，是其扩大市场份额、增强竞争能力的重要手段。同样，股金分红也是合作社激励的一个方面，只因需要限制资本的权利，分红率一般较低，而且社员的入股金额相等，分红量相同，从而激励效果较小。

既然社员从合作社得到的经济激励不仅有盈余返还，还有股金红利，在具体操作中，如何区分两者的来源就是需要解决的问题。哈内尔（1992b）认为，合作社开展社员业务所得不能视为利润，因为它必须向社员返还，"合作社的盈利只能是来自非社员业务和合作社企业的市场经营收益"。所以合作社来自社员惠顾的收入要按交易额实行返还，而来自市场经营的收入，则用于支付股金红利。

（四）合作社的制度演变

纵观德国合作社一个半世纪的发展历程，我们至少可以从中得出两点认识：

（1）合作社的组织收益的实现需要成本，这些成本表现为社员个人的费用支出，只有作为社员所带来的收益大于成本，成为社员或保持社员身份才会成为个人意愿；同样，合作社的公平的实现也需要费用，只有当公平带来的收益大于成本（由此所损失的效率），公平才会为社员所选择。所以合作社的组织制度安排不可能一成不变，根据社员对组织收益需求的变化来不断调整制度，是合作社保持旺盛生命力的必要条件。

（2）合作社的传统是团结互助，使团结互助成为现实是出于对公平的需求。德国合作社从早期的传统型到现代的市场型的转变，在组织制度上的变化就是社员平等权利的逐渐弱化和相应的资本权利的逐渐增强，从而公平供给逐渐减少，效率供给逐渐增加。公平的供给需要费用，付费的减少会造成供给量的下降。目前德国合作社实行的股金分红比例可以在章程中自行规定，这就在客观上使社员对公平供给量的选择成为可能。此外，社员在分配决策中倾向于将剩余尽可能多地归到个人名下，这也从一个侧面显示了他们对合作社的互助精神的需求程度，从而对公平与效率的价值判断。由此，也勾画出合作社的制度演进趋向。

因此，德国合作社在组织制度上的不断调整，反映了因社会环境和社员自身条件的改变而导致的社员对于合作社的组织收益需求的变化，如果合作社的组织制度已经不能容纳这一变化，新的制度变迁就产生了。对此，德国出现的一些合作社向以营利为目的的资合公司的转变就是最好例证。

三　组织制度的实践分析

我国的农村专业协会在组织制度上与合作社基本相同，因此也具有合作社的基本特点，如组织收益表现为公平收益和效率收益、有较高的组织成本、组织财产的所有者和业务惠顾者同一等。我们对协会负责人的问卷也反映了这一情况，只是目前我国对于专业协会尚无统一的制度规范，各协会的制度安排也就难免存在一些差异（见表3）。而且既然专业协会是为农民自己所组建，其组织制度也应反映他们的意愿。由表3可见，专业协会的现行制度与农民的意愿极为相近，这说明如此的制度安排可以符合他们的个人利益。

不过，目前在专业协会的实践中还存在两个与合作社制度差异较大的问题：

表3 专业协会的制度安排与农民的主观偏好 单位：%

项目	会员大会		入会股金		积累		剩余分配		退社	
	一人一票	一股一票	限制	不限	个人所有	共同所有	按股	按交易额	自由	限制
协会制度	83.9	16.1	76.0	24.0	9.1	77.3	75.0	10.0	92.9	7.1
农户偏好	65.8	19.8	38.0	29.6	5.3	94.7	86.6	13.4	73.8	26.2

注：在"协会制度"的"积累"中有13.6%的协会不提积累，在"剩余分配"中有15.0%的协会部分按股、部分按交易额分配。"农户偏好"数据见张晓山等（2000），其中"会员大会"中还有"按交易额投票"（12.6%）和"按个人生产规模投票"（1.8%），"入会股金"中还有"按交易额持股"（32.4%）。

（一）剩余分配

在表3的"剩余分配"中明显存在一个与合作社原则相悖的情况，这就是：无论是协会的现行制度还是农户的主观偏好，"按股分配"均占较高比例，表现出股份制，而不是合作制的倾向。这一现象在其他地方也较多存在，因此有必要探明原委，以利实践。

既然合作社的组织制度决定了社员对于组织既要有资本的贡献，也要有惠顾的贡献，因此既要股金分红，也要盈余返还。如果专业协会的剩余分配只是与会员的股权挂钩，仅对资本的贡献加以激励，那么就不仅不会存在对会员惠顾贡献的计量，也抹杀了惠顾贡献与组织盈利的关系，难免在会员与协会的业务交往中助长机会主义动机，而且这也会使协会的公平供给大打折扣，激励组织向营利企业趋近。不过，在"农户偏好"中提出"按交易额持股"的农民比重较大，这就说明了惠顾贡献在他们心目中的地位，也说明具有理性的农民不会对惠顾收益视而不见，体现出专业协会的组织制度安排的实际效果。其实，目前为许多协会提供的免费或廉价服务，可以视为盈余返还的另一种表现，因为"需要返还的盈余只能是来自会员的业务惠顾，服务价格的降低，意味着需要返还的盈余相应减少"（坡令，1992）。所以，对于以上现象，可能的解释是：或者是专业协会的免费或廉价服务已经使农民感到物有所值，或者是专业协会以其他的方式使农民的惠顾贡献得到补偿，否则，为其合作社的组织制度所决定，农民不可能仅仅关心资本回报。

专业协会对所施服务实行免费或价格优惠极为普遍。如表1所示，专业协会的免费服务主要是技术服务，生产资料供应一般要收取成本费（价格优惠），因此可以认为在这两个方面会员的收支相抵。专业协会的产品销售服务有多种方式（见表4），其中商贩收购和市场销售不会产生外部收益；自购自销是先买断再出售，与商贩行为相同，虽然协会可因购销差得到盈利，但是会员也不会对此提出异议，因为他们还可以分得红利。[1] 协会的代销业务一般是先销售，然后按实际成交价结算，协会从中收取一定的服务费。四川蓬溪何家坝柚子协会的代销办法就是会员将柚果委托协会去寻找买家，柚果售出后，协会再根据实际成交价与之结算，在结算中，协会只对每个柚果提取服务费 0.04—0.05 元。所以专业协会的产品代销服务也存在按交易额返还盈余的内涵。[2]

表4　　　　　　　　　　专业协会的产品销售服务　　　　　　　　单位：个

回答总数	自购自销	组织商贩收购	产品代销	自设市场
24	13	17	21	10

注：多数协会采取了三种以上销售办法。

显然，农民希望依照股权来分配剩余，并非他们只看重资本收益，而是惠顾收益在与协会的交往中没有出现外部性问题，因此也不必借助按交易额返还盈余来明确自己的财产权利。所以农民的如此倾向与专业协会的剩余分配办法有直接关系。[3]

---

[1]　这正是合作社的股金红利来自市场经营收入的具体体现。

[2]　蓬柚是四川名产，每个柚子的市场售价一般在 10 元以上。类似的服务费收取办法也为各地协会所普遍采用。

[3]　当然，产权的实施需要费用，但是作为农民个人意向的提出，不会存在成本—收益的比较问题。

（二）股份合作制协会

目前，在一些地方已经出现了少量的股份合作制协会。据四川省科协统计，1999 年该省共有农村专业协会 1.2 万个，其中股份合作制协会有 200 多个，约占 1.7%（罗远信，2000）。① 股份合作制协会的出现是会员对公平与效率进行成本—收益比较后的结果。不过在合作制中引入股份制的因素，这就程度不同地产生了组织制度的变化。在我们调查的 31 个协会中，除 5 个是一股一票，其余 26 个都是一人一票。② 一人一票与一股一票的最大区别，就是前者强调的是社员的权利，体现的是公平的原则（社员收益最大化的原则），而后者则强调了资本的权利，体现了效率的原则（资本收益最大化的原则）。由于突出了资本的权利，也可以顺理成章地产生按股分红和将积累量化到人等制度安排③，而且既然股东较多地承担了组织义务，其他的权利安排也就更多地向股东倾斜，从而非股东成员所得的组织收益也相应减少，这就致使同一性错位。从我们对四川一些股份合作制协会的实地调查看来，这些协会的成员一般分为正式会员（股东）和联系会员（非股东）两类，两种会员的权利与义务存在明显不同。

四川蓬溪鸣凤养羊协会为股份合作制协会，至 2000 年 5 月，协会共有会员 15916 人，其中正式会员（股东）有 476 人，占 3%，联系会员（非股东）有 15440 人，占 97%。协会规定：正式会员必须入股，每股 10 元，每人最多 100 股，1000 元；正式会员有选举权和被选举权，实行一股一票，并有监督理事会工作的权利；剩余分配实行按股分红，积累为正式会员共有。在协会的服务供给方面，全体会员均享有"六优先"，即可优先购买、饲养良种羊，优先配种，优先安排贷款，优先享受技术服务，优先回收良种羊和优先得到市场信息，但是服务收费对正式会员免费，而对联系会员费用减半。

股份合作制协会的产生，是合作社的制度演进趋向在我国的再现。这一

---

① 罗远信：《股份合作制农村专业技术协会对合作社原则的继承和发展》，载《前进中的农村专业技术协会》，四川省农村专业技术协会领导小组，2000 年版。

② 也有些股份合作制协会在股东大会上实行一人一票。

③ 也有些股份合作制协会其积累虽未分到个人名下，但也只是全体股东（不是全体会员）的共同财产。

制度变化也是源自农民的需求,[1] 它所带来的制度绩效也得到了社会各界的普遍认同。较高的组织效率和相应减少的公平供给是这一制度的主要特点。由此丰富了我国农业社会化服务体系的制度供给,使农民可以根据自己的理性判断,选用切合自己条件的服务获取方式。

四 服务功能分析

虽然农村专业协会可以起到替代市场的作用,但是它究竟能在多大的程度上替代市场,还要因具体情况而定。对此进行判断的依据就在于组织的管理成本和市场的交易成本二者边际价值的比较,由此资源或者由企业来经营,或者由市场来配置(德姆塞茨,1999)。因此,专业协会的服务供给是有限的,它不可能完全替代市场;反过来,如果要扩大专业协会替代市场的份额,就要降低其服务供给成本。

农村专业协会的市场替代能力目前还十分有限。据中国科协统计,1998年,在专业协会中仅能开展技术服务的占53%,能够提供产前、产中和产后综合服务的占38%,已经建立科研、经济实体,对初级农产品进行深度开发、加工增值的只有9%。[2] 导致这种情况的主要原因就是专业协会的服务供给成本相对较高。据我们调查,这些成本主要包括以下几个方面:

第一,业务成本。如资金、市场信息、专用技术、营销知识等。目前农村专业协会的自有资本规模过小。据农业部统计,1999年平均每个协会只有固定资产4.5万元。[3] 我们对协会负责人的问卷也显示了类似情况(见表5)。而且受农民的经济条件限制,会员的入会股金也一般较少,在得到回答的25个协会中,除6个是入股数量不限,有19个是交纳一次性会费或同等数量股金,其中最多者200元,最少者1元,有14个协会交费不超过20元。由于目前我国尚无具有合作社性质的金融组织,专业协会的融资也较为困难。据调查,协会的资金首先是来自会员集资,回答此项提问的23个协会,只有12个还从其他方面得到资金,其中6个是信用社等金融机构贷款,3个是信用社及私人等非金融机构贷款,1个是信用社及扶贫贷款,其他两

---

① 至少是那些经济条件较好的农民的需求。

② 王慧梅等:《农村专业技术协会的发展趋势与对策》,载罗远信《前进中的农村专业技术协会》,四川省农村专业技术协会领导小组2000年版。

③ 农业部统计资料(1999)。

个分别是区财政扶持和私人贷款。即使是股金总额在 20 万元以上的 7 个协会，也只有 3 个还有其他资金来源。资本规模偏小和融资成本较高，这些都限制了专业协会的服务供给，使其业务规模和业务项目难以扩大。

表 5 专业协会的股金总额

回答总数	5 万元以下	5 万—20 万元	20 万—50 万元	50 万元及以上	最少股金	最多股金
21	10	4	5	2	0.48 万元	410 万元

专业协会的市场信息和营销技能也是一个问题。四川蓬溪的柚子闻名遐迩，1994 年后蓬柚的种植面积逐年扩大，1999 年因产量陡增，柚子售价也由上年的每个 12 元下降为 5 元，为使会员得到更好的收入，当地柚协派人去省内各地推销产品，由于近年四川全省的柚子产量都大增，外省的柚品也大量涌入，结果外地果商出价更低，于是只好退回。虽然会员的柚果最终还是在本地出手，但是价格最低跌到每个 1—2 元。当地业内人士估计，虽然 1999 年蓬柚在外地售价较低，但是如果每个柚果能卖到 3.5 元，一亩柚田也可收入 2000 多元，效益还是非常可观。协会认为，之所以出现如此情况，是因为信息不灵和缺乏市场营销经验。

第二，与旧体制的摩擦成本。我们在调查中发现，专业协会尤其是从事传统农产品经营的协会，在业务开展中难免会与传统体制发生碰撞。四川射洪是该省棉花的重要产地，过去棉花生产均由当地领导以行政手段直接指挥，但是自射洪棉协对棉田实施技术承包，并且承包面积日益扩大后，[①] 棉花生产已经主要由协会来安排，行政领导在生产中的作用明显减弱，这就造成一些方面的不满，出现了以行政命令干预棉花生产的现象，如规定全县都要按技术部门确定的时间统一育苗等，给协会的承包工作带来很大困难，而且由此给棉农带来的损失也要由协会来承担（张晓山等，2001）。这种以行政权力配置资源的做法，在我国许多地方都有出现，严重干扰了专业协会的业务开展。

第三，市场交易成本。专业协会开展供销服务必须与市场打交道，但是目前我国的市场还存在许多部门和行业垄断，不平等的竞争条件使协会在市

---

① 2000 年射洪共种植棉花 14 万多亩，其中棉协就承包了 10 多万亩，约占全县棉花种植面积的 70%。

场交易中必须支出额外费用。例如射洪棉协为保证棉田承包质量，要求均由自己供种，但是目前棉种是国家授权农业部门独家经营，由于协会的棉田承包面积逐年扩大，近年的用种量已经占到射洪市场的70%，这就触及了部门利益，为此当地农业部门曾经发文，宣布取缔协会的棉种经营权。虽然此事经县领导协调，最终得到解决，但是其影响至今还难以完全消除。同样，射洪棉协为防止劣质农药影响承包效果，也要求承包棉田均由自己供药，因承包面积大，用药数量多，也引发了与拥有农药专营权的农资部门的矛盾，为此当地农资部门曾上告协会贩卖伪劣农药，并督促工商及技术监督部门前来检查，给协会的工作带来很大困难（张晓山等，2001）。

河北省科协的调查也表明，协会负责人的文化素质偏低，难以适应激烈的市场竞争，以及一些单位和部门将协会视为竞争对手，在用地、建房、办证、贷款、技术推广、技物结合开展服务等方面予以种种限制，这些都大大增加了专业协会的服务供给成本。①

德姆塞茨（1999）指出，企业为维持自己的运作需要花费多大开支，决定了企业纵向一体化扩张的边界；由于个人的能力毕竟有限，如果他不要求位于纵向生产不同阶段上的人提供服务，他就不能达到恰当的临界点。因此目前我国农村专业协会的服务开展状况，就是其在现有成本约束下的纵向一体化服务边界。只能提供技术服务的协会为数较多，反映了生产资料供给和产品销售服务需要较高的成本支出，为许多协会所不能承受。要使专业协会的服务供给边界在纵向上得到扩张，解决的办法，既可以是有针对性地采取措施，降低服务供给成本，也可以如德姆塞茨所言，"要求位于纵向生产不同阶段上的人提供服务"。由于第一种解决办法或者是不能为协会所独自胜任，或者是需要较长的等待时间，因此第二种解决办法目前已经为许多专业协会所采用（见表6）。

表6　　　　　　　　　专业协会从其他机构得到的服务　　　　　　单位：个

项目	乡政府	村委会	农技站	农经站	兽医站	供销社	企业	科研单位	科协	行政主管部门
市场信息	14	9	9	3	0	2	6	1	6	3

① 贾文善：《保护农研会合法权益初探》，载罗远信《前进中的农村专业技术协会》，四川省农村专业技术协会领导小组，2000年版。

项目	乡政府	村委会	农技站	农经站	兽医站	供销社	企业	科研单位	科协	行政主管部门
技术指导	10	8	10	0	1	1	3	10	1	2
农资购买	4	2	6	0	0	7	14	0	1	0
产品销售	7	7	3	0	0	1	9	1	0	0

注：各项提问的回答是：市场信息 24 个、技术指导 26 个、农资购买 23 个、产品销售 19 个。选项不唯一。

专业协会与其他社会服务机构形成业务对接，是其在现有条件下费用最低的扩大服务供给的办法，但是这种对接毕竟需要费用，而且有时费用可能不低。对此，射洪棉协的案例和农民对于协会服务的主观偏好已经说明了这个问题。所以，从保护农民的利益出发，如何降低专业协会的服务供给成本，扩大其纵向一体化服务边界，应该是首先要考虑的问题。

五　以上分析的政策含义

目前我国正处在市场经济蓬勃发展的时期，市场经济的发展打破了旧体制下的平衡，既给农民创造了发展机遇，也使许多农民面临着新的困难和挑战。农村经济总量的增长，体现了社会收益的增加，农民对于市场经济的不适应也说明了社会成本的存在。目前农民的增产不增收固然与产品结构有关，但是各种利益集团以行政权力和部门、行业垄断参与对农业新增剩余的瓜分也是客观存在的。面对我国即将加入 WTO 的现实，虽然农民的机遇会前所未有地增加，但是农业的形势也会变得更为严峻。严酷的经济社会环境是德国合作社发展的主要动力，严峻的经济现实也会是推动我国农民的自助组织——专业协会大力发展的有利条件。农民弱小的经济地位很难同强大的外部环境抗争，但是如果把他们组织起来，形成合力，就可以把握各种机遇，迎接各种挑战。因此，要使经济上弱小的农民在社会经济变革面前也能把握机遇，得到发展，也有能力参与对新增农业剩余的分割，就应当积极采取措施，促进农村专业协会的发展和完善。为此：

第一，根据合作社的组织制度和组织原则对专业协会加以规范。国外合作社上百年的实践已经证实了这一组织形式对于扶持社会弱小阶层的积极作用，尤其是它的公平供给更是有助于缓解我国社会经济变革时期的震荡和经济全球化所可能带来的震荡，因此有关的制度设计应以最大限度地发挥合作社的制度优势为出发点。此外，目前我国农民的经济状况还普遍较弱，远未达到发达国家水平，因此相应的制度安排也应考虑多数农民的利益，不宜过多地强调资本收益，以使各层次农民都有发展机会。

第二，国家要在经济、政策和道义上对专业协会给予多方支持。既然专业协会能够提供公平收益来降低社会成本、减轻社会负担，同时它又有较高的组织成本，在市场竞争中处于弱势，那么国家就有必要对其予以多方支持，而且要推进专业协会的发展，扩大其纵向一体化服务边界，国家的支持更是必要的。为此，国家既要有针对性地采取措施，降低专业协会的服务供给成本，也要对那些同一性特征明显，从而公平供给较多、组织成本较高的协会予以特殊扶持，以激励其供给更多的公平来降低社会成本。[1] 这也是降低制度发展成本（尤其是国家的经济、政策扶持成本）的一个办法。

第三，大力宣传、普及合作社知识。合作社作为一种经济组织制度，是致力于社会的经济弱小阶层也能参与对技术进步所带来的新收入流的分割，因此合作社制度与人民公社体制并无共性可言。拉坦（1991）指出，社会科学和有关专业知识的进步会降低制度发展的成本。因此应大力开展合作社知识的宣传教育，使专业协会能够尽快在农村普及。

第四，积极促进专业协会实现产业化经营。要保护农民利益，使农业新增剩余尽可能多地为农民所分享，就要积极推动专业协会向产业化经营发展。因此要为专业协会降低服务供给成本、扩大纵向一体化服务边界创造条件，使其产业化经营早日实现。

参考文献

[1] 德姆塞茨：《所有权、控制与企业》，经济科学出版社 1999 年版。

[2] 科斯：《企业的性质》，载《企业、市场与法律》，上海三联书店 1990 年版。

[3] 拉坦：《诱致性制度变迁理论》，载《财产权利与制度变迁》，上海三联书店 1991 年版。

[4] 奥尔森：《集体行动的逻辑》，上海三联书店、上海人民出版社 1995 年版。

[5] 埃格特森：《新制度经济学》，商务印书馆 1996 年版。

---

① 德国的政策是对合作社的市场经营收入征税，对社员惠顾收入免税，倾向非常明显。

［6］张五常：《企业的合约性质》，载《经济解释》，商务印书馆 2000 年版。

［7］张晓山等：《连接农户与市场——中国农民中介组织研究》，中国社会科学出版社 2002 年版。

［8］张晓山、罗远信、国鲁来：《农民专业技术协会——体制创新和科技创新的有效载 体》，载《WTO 与中国农村经济结构战略性调整》，中国农业出版社 2001 年版。

［9］罗远信：《前进中的农村专业技术协会》，四川省农村专业技术协会领导小组，2000 年版。

［10］国鲁来：《德国合作社制度的主要特点》，《中国农村经济》1995 年第 6 期。

［11］Eschenburg, Rolf, "Genossenschaft in der Marktwirtschaft", in: Genossenschaftliche Selbsthilfe und struktureller Wandeln, Marburg, 1992a.

［12］Eschenburg, Rolf, "Mitgliedschaft in der Genossenschaft", in: Genossenschaftliche Selbsthilfe und struktureller Wandeln, Marburg, 1992b.

［13］Münkner, Hans – H., "Die Leistung von Genossenschaftsunternehmen und interne Kontrolle", in: Genossenschaftliche Selbsthilfe und struktureller Wandeln, Marburg, 1992.

［14］Hanel, Alfred, "Genossenschaften und Wirtschaftsordnugen", in: Genossenschaftliche Selbsthilfe und struktureller Wandeln, Marburg, 1992a.

［15］Hanel, Alfred, "Zur Abgrenzung der Genossenschaft von Der Andernen Nichtgenossenschaftlichen Organisationen", in: Genossenschaftliche Selbsthilfe und struktureller Wandeln, Marburg, 1992b.

［16］Hanel, Alfred, "Genossenschaftsbegriff und Genossenschaftsarten", in: Genossenschaftliche Selbsthilfe und struktureller Wandeln, Marburg, 1992c.

［17］Pohling, Roland, "Förderungsleistung, Erfolgsmessung und Gewinn bei der Genossenschaften (genossenschaftliche Ergebnisrechnung)", in: Genossenschaftliche Selbsthilfe und struktureller Wandeln, Marburg, 1992.

［18］Röpke, Jochen, "Wirtschaftlicher Wandel und genossenschaftliches Unternehmertum", in: Genossenschaftliche Selbsthilfe und struktureller Wandeln, Marburg, 1992.

［19］Faust, Helmut, "Geschichte der Genossenschaftsbewegung", Frankfurt/M, 1977.

（原文发表于《中国农村观察》2001 年第 4 期）

中国农村市场化进程中的
农民合作组织研究 *

苑　鹏

一　引言

　　农民合作组织是市场经济的产物。它是处于市场竞争不利地位的弱小生产者按照平等原则在自愿互助的基础上组织起来、通过共同经营实现改善自身经济利益或经济地位的组织。一个半世纪世界合作运动的经验表明，农民合作组织是广大分散的小规模经营的农户进入市场、改善自身经济地位的有效选择。农民合作组织是当今世界最为成功的合作组织类型，也是当代世界合作运动的主体。

　　与一般营利公司相比，农民合作组织的制度安排具有较强的反市场性。在一个完全遵从自由竞争机制的市场环境下，其制度安排处在市场机制失灵的边缘，对政府的扶持具有某种天然的倾向性，因而在合作社的发展历史中，农民合作组织与政府的关系长期成为引人注目的一个焦点问题。

　　在合作社的发展初期，作为民间产生的自下而上的互助自救组织，合作社十分强调"政治的中立性"，即合作社既不需要政府的帮助，也不接受政府的干涉，并将此作为合作社的一项基本原则。但是进入 20 世纪以后，合作事业从西方发达国家传播到发展中国家，农民合作组织逐渐得到普及，合作运动赖以生长的经济环境和政治体制也发生了很大的变化。一方面是由于 30 年代以凯恩斯主义为代表的新古典综合派在西方经济学中占据了统治地

　　* 本项研究得到了中国青少年发展基金会"基金会发展委员会"的资助，特此致谢！

位，强调政府干预经济、认为政府是唯一有效的干预工具成为西方经济学关于政府作用的主流观点，同时也成为战后西方各国制定经济政策的主要理论依据。另一方面是发展中国家普遍实行命令经济体制，将政府视为万能的资源配置机构。这两方面作用的结果是使合作运动日益走向"自上而下"的合作机制，合作社不再完全是自发产生于民间，也不再完全是社员互助自救的经济组织，合作制度开始成为政府振兴农业、发展农村经济的有效途径，特别是在发展中国家，农民合作组织成为政府推行其经济或社会政策的有力工具，合作事业的首要目标是实现政府的社会经济政策，合作事业的发展也逐渐对政府产生了依赖，包括合作立法、合作企业的减免税特权以及合作资金等方面。在此背景下，合作社"政治中立性"原则也不得不放弃。

新中国的合作运动尤为如此，长达 20 余年的人民公社体制不仅使中国的农民合作组织变质，没有了"合作"的实质内容，而且使相当多的农民对合作组织产生扭曲的认识，对中国农村合作事业造成了久远的消极影响。改革开放以来实行家庭承包制，初步奠定了农户的市场经营主体地位。经过多年的发展，在农业专业化程度相对较高、市场经济发育较快的地方陆续涌现出各种不同形式的农民专业合作组织。它们既有完全由农民自发组成的合作组织，也有对传统合作组织进行改造基础上重新建立的合作组织，也有在政府直接扶持、参与下创建的合作组织，以及政府与农民联合共同兴办的合作组织等。据农业部经营管理总站的初步统计，到 1999 年，全国农村有各类专业合作组织 140 余万个，其中仅河北、山东两省就分别达到了 28.1 万个和 23.2 万个，占全国农村专业合作组织总量的 1/3 以上；初步形成规模、运行基本规范的有 10 余万个。从合作社的产业分布看，种植业和养殖业占80% 以上；合作社提供的服务以技术与信息咨询、农产品营销为主要内容（李惠安，2000）。

改革开放以来各类农民合作组织是如何发育起来的？为什么会形成不同类型的合作社？影响合作社发展的主要因素是什么？本文将以农民合作组织的个案剖析为主线对上述问题进行初步的探讨。

二　基本分析框架

从国家与合作社关系角度研究合作社的发展是一个古老而永恒的话题。在发展中国家影响力较大且基本被认可的观点是"国家与合作社之间是伙伴关系", 该学说认为合作社为实现自助目标, 必须寻求外界的帮助, 而外界的帮助最初只能来源于国家 (P. 杜伯哈什, 1970; 转引自张晓山, 1991)。今天, 学术界越来越达成一个共识: 合作社能够渗透到人们生活的方方面面, 并在许多国家的社会经济发展中发挥重要作用, 一个重要的原因是其背后有政府的立法和经济政策的支持和保护, 使合作社获得了诸如反垄断、税收等方面的优惠。然而, 在全球一体化的经济背景下, 一些国家的政府执行了放松管制、取消限制、自由竞争的政策, 这样合作社不仅面临国内生产市场的竞争, 而且直接面临国外的竞争, 它造成了对合作社模式稳定性的挑战, 也导致了一些大规模合作社的转型。

这一状况的出现得到了那些倡导自由贸易、反对政府干预的经济学家的肯定。然而合作学界的主流学派却提出了不同的观点, 认为: 自由化并不等于所有都自由; 最弱势团体成员完全有权要求受到法律保护; 放松管制不等于为政府确保少数人的平等找借口; 如果不支持合作社, 将导致经济或社会方面的灾难性后果; 为了社会公平, 政府应当为合作社创造一个良好的法律和政策环境以便使真正的合作社能够得到发展, 因为市场力量和私人部门是不适于向社会中的贫困者、弱者提供服务的, 这些人无力支付市场提供的服务价格。国际农业合作社联盟关于 WTO 农业谈判的魁北克声明指出, 农业合作社在世界食品生产、营销、加工和国际贸易中发挥着主导作用, 各国政府特别是发展中国家的政府应当有权通过制定政策来扶持农民, 进一步为他们提供良好的政策环境, 鼓励农业合作社参与到实现贸易和食品储备的政策中来 (ICAO, 1999)。

我国学界也十分强调国家在合作社发展中的作用。较具代表性的观点认为, 在市场经济刚刚起步阶段, 国家干预对合作组织的发展是不可缺少的, 可以作为"第一推动力"来弥补个人主动性的不足, 包括组织合作社教育、合作社立法、提供各种优惠服务及财政援助、传播技术和管理知识等。但这种干预存在潜在的危险性, 因此在合作社经济活动步入正轨后, 合作社应以自力更生为基点来处理与政府机构的关系 (张晓山, 1991)。并有观点强调指出, 鉴于我国以往的历史教训, 建立国家与合作社的"适当"的关系, 关键是国家不能不受限制地把行政干预扩张到合作社的内部事务中去 (范小建, 1999)。

总而言之, 从国家和合作社的关系角度来研究合作组织, 其主流是围绕国家在合作社发展中的作用、国家对合作社的单向关系进行的。而从合作社对国家的关系，乃至更为重要的国家与合作社之间"讨价还价"的互动关系进行的研究尚不多见，这种研究现状可能暗含着这样一种假设，在中国合作社的发展历史中，国家与合作社之间基本不存在互动关系，而是由国家控制着双方的关系。在经历了 20 年改革开放的今天，这种状况是否发生了改变，正是本文试图进行的讨论。

本文假定：①农民合作组织具有在农村市场化进程中发挥重要作用的潜能。国家与合作社的良性互动关系对于农民合作组织的健康成长，从而加速农村经济的市场化进程至关重要。②国家与合作社的关系是处在一种动态的、变化的过程之中，随着制度环境、经济发展阶段以及经济政策的变迁，国家与合作社的关系也在不断地演变。农村市场化进程中，国家与农民合作组织之间开始出现权利的分立，但是这种权利的分立并非简单的正式与非正式的对立两元体，而是一种非均衡的相互渗透、相互作用，一面是国家对农民合作组织的强大的作用和渗透力，另一面是农民合作组织的逐步独立和分化。根据以上假设，本文将运用个案研究的方法，在同一时间横断面上选择全国农民合作组织最为发达的河北、山东两省以及发展良好的广西壮族自治区作为调查基地，对较具典型性和代表性的不同类型农民合作组织的发展过程进行考察。

三　改革开放以来中国农村合作组织的案例分析

按照农民合作组织发起创办人与政府的关系，目前的农民合作组织可以分为自办、官办以及官民合办三种基本类型。

（一）自办型农民合作组织

自办型农民合作组织的产生主要是通过两条途径：一条是农民或其他民间团体在发展专业化生产中自发创办的合作组织；另一条是改造传统社区合作组织和农村供销合作社、对传统资源进行重新组合而产生的合作组织。

1. 社员自办型：广西桂平市赤岭特种水产养殖协会

广西桂平市赤岭特种水产养殖协会是在七星鱼养殖专业户凌勇的倡导下创办起来的。1997 年凌勇开始试养七星鱼并获得成功。1998 年，他以每亩2000 斤稻谷的价格在郊区租下水质良好的 4 亩农田，建立起了个人的养殖生产基地，当年就销售了 500 余斤七星鱼，那时正值七星鱼价格处于市场巅峰时期，每斤销价达到了 30 元，经济效益非常可观。

凌勇的成功在当地产生了较大的轰动效应，周围的一些农民马上效仿投资养殖七星鱼，养殖规模通常在几千尾左右，由于农民的养殖规模较小，销售遇到了困难，于是他们找到凌勇请求帮助。而凌勇也正在考虑扩大自己的影响，形成一个市场，因而双方一拍即合，成立起水产养殖协会，协会的中心任务是解决养殖户会员的销售问题，同时交流养殖生产技术。协会成立之初仅有 8 名会员，凌勇当选为会长，负责协会的中心工作，同时设 3 个副会长和一个秘书长，组成 5 人核心层。核心层的主要任务是讨论协会未来的发展方向、新品种的引进和市场的开拓等，最初他们的工作全部是义务性的，无个人报酬。为扩大协会的影响，会员亲自上门请附近的七星鱼养殖户加入协会，只要遵守协会章程即可填表入会，发给会员证。协会成立半年来，会员规模已经扩大到 30 余人，当地周围的七星鱼养殖户全部加入协会，并且还吸收了其他较远的外乡镇农民、干部等养殖户。

协会成立时间虽短，但在开拓市场和引进新品种方面取得了良好的效果。协会每月组织一次销售，由会员统一将产品运送到 500 千米以外的广东水产专业批发市场出售，设立协会自己的摊位，1000 斤的鱼一个小时就销售一空，解决了会员销售难的问题。此外，针对七星鱼市场价格起伏较大难以预测未来走势的状况，协会先后三次到广东佛山、深圳、珠海等地开辟市场，并与当地水产研究所联系引进新品种。协会从广东珠江水产养殖所引进了特种鱼品种，并选择技术较好的会员户进行试验，待技术过关后在会员中推广。另外，协会每个月组织一次会员活动，一是讨论决定核心层提出的市场营销计划；二是学习、交流养殖技术，针对季节变化和鱼的不同生长期，及时向会员提供技术服务。具体方式或是与当地水产局联系，请养殖专家讲授养殖技术；或是由专业大户传授实用技术，在会员中推广普及。例如，协会会长凌勇采用高密度养殖技术，每平方米养殖 400—500 尾，而一般会员的养殖密度仅为其一半。凌勇通过向养殖户传授技术要领，典型示范，帮助会员养殖户掌握了这一技术，使该技术在会员中得到普及。

为了扩大市场知名度，协会将当地的七星鱼养殖户组织起来，形成了一定的市场销售规模，吸引了广东等地的老板前来洽谈业务，七星鱼养殖在当地已经小有名气。

由于协会帮助会员解决了销售问题，并提高了会员的养殖技术，会员的养殖规模迅速扩大，协会成立半年，会员的平均养殖规模就达到了万尾鱼，会长凌勇的养殖规模达到了 10 万尾以上。

如今，协会运营的周转资金来自会员会费和会员向协会提供的服务佣金，其中，会费按季缴纳，每季度 15 元；服务佣金按照销售收入的 2% 提取。由于协会周转资金全部依靠自有资金，随着协会经营规模的扩大，日益感到了资金的短缺，协会希望当地政府能够帮助解决；与此同时，政府对协会的服务也逐步得到加强，有关部门经常提供养殖技术咨询和市场信息服务，并将协会作为全市科协科普基地，使其成为政府推进产业结构调整和推广普及农业技术的典型。

2. 重建社区合作组织：山东省高密市高家店村

高家店村有 240 户、870 口人，1080 亩耕地。到 2000 年，全村从事花生加工的农户达到 190 户，占全村总农户的近 80%，拥有各类加工机械 192 台、运输机动车 154 辆，年加工花生米达 3000 吨，加工花生收入占当年全村农民人均纯收入近 40%。全村初步形成了加工、运输、批发、营销一条龙，每个环节都是采取农户个人经营的方式。

以村"两委"为代表的村集体自身并没有统一的经营收入，村集体每年的收入主要来自村民上交的村提留，总量平均在 10 万元左右。针对自身的特点，村集体将其功能定位在提供公共物品服务上。具体包括：第一，电力扩容。村集体投资 10 万元，同时吸收农民集资 5 万元增加村供电设施，提高供电能力。第二，道路建设。村集体投资 11 万元，组织村民出义务工修路，将全村的四条街道、六条小路全部"硬化"，彻底改变了原来的下雨天车辆无法进村的状况。第三，工商行政管理服务。村集体统一为花生运销专业户办理牌照，办理车辆所需要的"三证"，并组织、协调花生加工专业户统一缴纳税金。第四，担保服务。针对个别农户家庭流动资金困难的状况，村集体为农户在信用社贷款提供资金担保。1999 年共帮助农户贷款 30 余份，每份为 3000 元/户，2000 年上半年又帮助农户获得贷款 36 份，贷款资金 108000 元。此外，村集体与生产花生加工机械的厂家联系，帮助那些资金不足的农户购买者赊账或分期付款。第五，组织科技培训。结合生产季节特点，请本地技术员对蔬菜生产户进行现场指导。第六，社会安全。村集体大力开展创建文明户活动，全村的文明户由几年前的 20% 增加到 2000 年的 80%，连续八年无民事、刑事案件，无赌博现象，吸引了众多的客户前来洽谈业务。

值得提出的是，村集体的带头人村支部书记原是经销布匹的个体户，致富有方，并热心社区公益事业。在村民的竭力推荐下，他于 1994 年正式担任村支部书记，从此，全村的生产经营开始走向良性发展的道路。目前，这个村已经成为当地政府推进农业产业化、调整农村产业结构的先进典型村。

3. 供销合作社改革：河北省涉县王金庄村花椒专业合作社

涉县王金庄村以盛产大红袍品种的花椒而闻名遐迩。该村作为国家级贫困县中的贫困村，花椒生产是当地农民收入的主要来源，也是脱贫的主要手段。然而由于信息服务和市场营销服务没有得到相应的发展，加之花椒市场行情波动较大，"卖难"成为制约当地农民脱贫致富的"瓶颈"问题。在这种背景下，应运而生了一批农民个体花椒营销队伍。然而由于这些农民的起点较低，个人资本金有限，经营规模相对较小，抵御市场风险的能力也比较弱。

王金庄村所在的井店镇供销合作社面对这一情况，出面与村中的农民个体花椒经营专业大户曹新江合作，供销社提供流动资金，曹新江负责营销。经过两年的合作，双方互惠互利，效果良好。井店供销社试图在此基础上进一步扩大规模，利用供销社的组织资源优势，以供销社为依托和后盾，通过从事花椒生产的专业大户将农民组织起来，共同联合应对市场。1996 年 7 月，在曹新江的带动下，王金庄村 33 户经营花椒的个体户农民联合起来组建起了花椒专业合作社。参加合作社的农户入股股金合计 20.5 万元。每股 100 元，最低的农户入股 2 股，最高的曹新江入股 12000 股，占总股本 58.5%。井店供销社将闲置在王金庄村的供销社分店门市部租赁给王金庄村花椒专业社，作为花椒专业社的收购库房。同时，井店供销社帮助花椒专业社解决 30 万元的流动资金贷款。在当地工商部门登记注册后，王金庄村花椒专业合作社正式挂牌运作起来。

在井店供销社的直接指导帮助下，王金庄村花椒专业社召开了第一次社员代表大会，社员代表按照社员与合作社交易额大小选举产生。社员代表大会通过了《花椒专业合作社章程》；选举产生了专业社主任，由股金额最高的专业大户曹新江担任；按照该章程规定，花椒专业合作社实行民主决策下的主任负责制。

合作社的主要职能是围绕着花椒产业的发展，为社员提供生产和经营的系列化服务。合作社从井店供销社采购优质化肥、农药和各种农机具，按照成本价供应给社员；每年请 10 多名林业部门的技术人员帮助农民修剪花椒树，配药治虫，传授栽培、施肥、病虫害防治技术，社员分摊支付给科技人员的劳务咨询费用；收获季节合作社上门收购社员的花椒，并按照市场价格向社员兑付现金，此外，专业社还根据年终盈余情况按社员与合作社的交易额比例将部分利润返还给社员。合作社成立4年多来积极扩大销售网点，由最初的县城和重庆两个网点扩大到8个，西南地区的对外窗口已经成为合作社的主要销售渠道。合作社长年在外从事营销的社员达到了近30人。在花椒销售的淡季，专业社还从事当地特产的核桃、柿饼、枣、中药材等其他农副产品的代购代销。2000年，合作社又与南京一家科研单位达成意向性的合作协议，试图利用这家科研单位的科研成果，以花椒为原料生产化工原料、提取药物，以延长花椒产业链条、转化更多的花椒，并提高花椒产品附加值。

几年来，合作社主营业务花椒的销售量逐年提高，到2000年合作社的花椒销售额已经占据全县花椒销售总额的50%以上，合作社已经成为全县花椒龙头企业。据合作社的初步估计，目前与合作社交易的农户已经达到了3000—4000户，远远超过了合作社社员的规模。合作社年平均销售规模超过了1000万元。按照《花椒专业合作社章程》，合作社的收益分配比例是：股份分红占20%，盈余返还社员占30%，社员特殊奖励金占10%，风险基金10%，以及公共积累30%。1996—1999年合作社累计向社员返还盈余44万元，其中1999年返还盈余13万元，比1996年的6万元增加了1倍以上。1999年社员的股金分红率达到了10%，交易额分红率也达到了5%。在同等条件下，由于合作社社员可以获得盈余返还，其单位销售收入平均高出非合作社社员的5%—6%。合作社社员人数从创建时的33户农民，增加到1999年的500户农民，2000年达到了660户农民，合作社的股金增加到60多万元。合作社社员分布在周围三个乡镇的10多个村庄，社员入社的方式也从最早的合作社发起人挨家挨户动员农民入社，发展到今天花椒种植户积极主动来合作社申请入社，社员感到入社后"省心、省力、省钱、风险小"。在合作社的带动下，近两年来全县又新栽花椒树550万株。并且涉县又建立起了7家王金庄式的花椒专业合作社，以及20个核桃、柿饼、豆类等农副产品专业合作社，全县在专业合作社从事经营的农民达到了千人以上，为寻求农民剩余劳动力的稳定就业门路、为提高农民收入开辟了新的途径。

（二）官办型农民合作组织

官办型农民合作组织是指在政府直接发动、政府（人员）直接投资入股、直接控制下创办的农民合作组织，合作社的决策层基本被政府所控制。

1. 山东省诸城市皇华镇巾帼股份合作社

皇华镇是山东省诸城市最大的山区镇，当地80%的妇女掌握钩针技术，并且有相当多的妇女在为零散的个体户加工绣花品，她们各自为战，没有统一的技术指导，货源没有保障，加工费低且不能及时兑付。而负责为她们提供订单的个体户也因没有较强的组织加工能力而无法承接大额订单。皇华镇政府了解到这一情况后，决定将广大妇女组织起来，与个体大户携手开拓手工绣品业。

在省市政府大力推行妇女合作社的政策背景下，皇华镇于1999年7月创办了由镇机关干部为主体、村妇代会参与、妇女绣工自愿参加的皇华镇巾帼股份合作社。入股金额合计10.6万元。其中，镇职能部门的妇女干部入股2万元，村妇女主任入股5.6万元，拥有订单的个体户入股3万元。合作社的董事长兼社长由镇妇联主席担任，副董事长由镇长助理担任，女副镇长担任合作社的名誉董事长。

合作社成立后，为社员提供"五统一"服务：统一制订工艺品生产计划、统一提供货源、统一质量标准、统一技术指导以及统一结算加工费。为了强化服务功能，合作社重点抓了技术培训和服务网点建设。合作社聘请外地技术人员对合作社社员分期分批进行工艺品生产的技术培训，并在全镇的九个管区各设立一个服务网点，就近为社员以及参与合作社工艺品生产的当地妇女服务。与那些为合作社加工相同产品的非社员相比，社员在获得货源、技术指导以及获得加工费方面有优先权。为了扩大合作社的经营规模，合作社积极开拓新的加工领域，先后发展了首饰加工、服装以及工艺品生产等项目。

镇政府直接参与了合作社的运营。一是向合作社注入人力、物力和财力。副镇长、镇长助理亲自在合作社董事会中任职，镇政府向合作社投入7万元财政周转金，并为合作社配备汽车及通信工具。二是积极协调合作社与各职能部门或企业的关系。为了解决合作社流动资金不足的问题，镇政府亲自出面协调，由镇集体企业提供担保，为合作社争取了8万元的信用社贷款。为解决合作社的生产场地，镇政府将镇财政所的16间平房腾出，作为合作社的生产车间，并协调电力部门，为合作社及时解决电力供应问题；合作社规模扩大后，镇政府又与镇供销社协调，租用供销社闲置仓库，并投资15万元进行装修改建。三是直接为合作社联系业务。镇政府主要领导利用外出参加会议、参观学习等一切机会，帮助合作社拓展业务范围，开辟新业务领域。镇政府先后与青岛、文登、招远、海阳、胶南、城阳和韩国等国内外客商建立了联系，确保了合作社的加工货源。

合作社成立不到一年就取得了明显的经营效果。2000 年合作社在社会投放的加工量累计达到了 60 万元，带动全镇近 50% 的中青年妇女劳动力参与合作社的加工，平均每个妇女增收 230 元左右，占当年农民人均纯收入的 7%。合作社已经开始着手将钩针、机绣、服装联合在一起建立企业，形成加工链条。

2. 高密市拒成河镇三八妇女肉鸡合作社

拒成河镇养殖肉鸡有十几年的历史，20 世纪 90 年代中期该镇成为山东凯远外贸公司的肉鸡生产基地后，肉鸡生产被当地政府确定为全镇的主导产业之一。凯远公司距镇政府 30 多里，农民自己去公司联系业务很不方便，希望能够组织起来。分管此事的党委委员、妇联主任钟某了解到这种情况后，向党委汇报，根据民意，成立了松散型的镇养殖协会。会员有 137 人，分布在 37 个村，以各村的村干部为主。协会的主要任务是宣传、发动群众养鸡，并实施镇政府出台的"百棚工程"优惠政策：建鸡棚占有的土地 3 年内不缴纳任何费用；建一个千只鸡规模的鸡棚财政补贴 200 元，基金会贷款 500 元，两项合计占总投资的近 50%。

1996 年底，高密市贯彻全国妇联与全国供销合作社号召发展妇女专业合作社的通知精神，组织各乡镇妇联干部到山东专业合作社的发源地莱阳参观学习，并向妇联干部发放合作社典型经验材料、合作社示范章程等宣传资料，模仿成功合作社的范式。拒成河镇政府与镇兽医站联合，以镇内养鸡专业户为依托，于 1997 年创建了潍坊市第一家妇女合作社，吸收妇女社员 597 人，入社股金为 500 元一股（按千只鸡规模折合，每只鸡 0.5 元）。当地的养鸡专业户基本被吸收进来。社员与合作社签订赊账养鸡合同时，以家庭财产作抵押，社员的股金也作为一部分风险抵押金。合作社的董事会由镇政府主要领导和兽医站主要成员组成，监事会成员全部是养殖户社员。合作社负责技术、购销等的专职人员全部来自镇机关的职工，他们加入合作社后，乡镇财政只负责其 60% 的基本工资，其余 40% 由合作社发放。

合作社成立初期，凯远龙头企业仍然是与乡镇政府签订合同，由乡镇政府进行财政担保，向养殖户发放鸡苗。1998 年起，龙头企业开始脱离政府，直接与合作社签订合同，按照每斤肉鸡 2 分钱向合作社支付管理费，乡镇政府帮助协调养殖户贷款。1999 年，龙头企业由于经营不景气，对鸡苗供应实行现金交易，不再赊销，合作社和社员不再签订合同，导致一部分社员退出肉鸡生产。合作社为保持社员的规模，积极寻求新的合作伙伴，发展养猪、养蛋新产业，并开始与非社员交易，1998 年合作社与非社员的交易额占合作社收入额的 20% 左右，1999 年该比例上升到近半。

合作社统一向社员提供 6 项服务：购买鸡苗、饲料和药品供应、防疫、技术指导和信息提供、资金筹措和肉鸡销售。加入合作社的社员只要自己建起鸡棚后，其他一切服务都由合作社提供。合作社设有销售饲料和药品营业部，对非社员现金交易，对社员则可以赊销。合作社成立的 3 年间，赊销社员饲料 13 万余元。合作社还帮助资金困难的社员贷款 4 万余元。合作社的流动资金依靠合作社的发展基金、合作社工作人员集资以及乡镇政府财政支持等渠道解决。1999 年，合作社的纯收入为 10 万元。合作社与社员之间没有盈余返还。合作社的盈余分配比例是 20% 用作妇联活动经费、80% 用作合作社发展基金。合作社对与合作社交易额较大的社员进行表彰，1999 年对养殖规模在 3000 只以上的社员给予物质奖励，共奖励 30 户，奖品近 1800元；对参加会议的社员发放纪念品，两项合计 2200 元，占当年合作社纯收入的约 2%。

（三）官民合办型：邯郸县抗旱服务专业协会

官民合办型农民合作组织是指在政府的组织引导下农民社员和政府有关部门共同参加组建的合作组织，合作组织的决策层由政府官员和农民共同组成。它与官办型农民合作组织最大的区别是农民享有对合作社的一定控制权。

历史上邯郸一直是十年九旱，年均降雨量不足 600 毫米，并且降雨量主要集中在汛期。20 世纪 90 年代以来，持续干旱缺水成为制约全县农业生产的主要障碍，邯郸县农民出现了购买机泵热，最高峰时期全县平均每眼井配备水泵达到了 2.5（台）套，导致抗旱季节灌溉出现无序混乱现象，甚至出现许多纠纷。为了改变这种状况，县委决定借助当地已有的、农民熟悉并认可的农村服务协会组织资源，建立抗旱服务专业协会，将广大农户有效地组织起来。

1994 年 4 月，在政府主管部门直接领导下，成立了群众自愿参加的官民合办的抗旱服务合作组织——邯郸县抗旱服务专业协会。协会由三级服务组织构成，最基层是 80 个村级"抗旱服务队"，它由村抗旱服务实体、浇地专业户及个体会员组成，以服务于本村农户为主，村抗旱服务队队长通过村会员大会选举产生，通常由村"两委"的有关领导兼任；第二层组织是在 11 个乡镇建立的"抗旱服务协会分会"，它由乡镇抗旱服务队、乡镇抗旱服务实体、部分村抗旱专业户以及个体会员组成，负责乡镇主抓水利、农业的政府领导兼任会长；最高一层是县抗旱服务协会，下设县抗旱服务实体以及三个区域性经营实体。三级服务组织之间是一种松散型的指导与被指导的关系。

邯郸县抗旱服务协会的运行机制是"组织会员制、产权股份制、服务合同制"。愿意从事抗旱服务、自身拥有抗旱机具的乡村集体或农户，以及自身没有抗旱机具的种田大户，均可成为协会会员。协会理事会是协会的最高权力机构，由会员（代表）大会按照一人一票制原则选举产生。抗旱服务协会的产权制度实行股份制，在不触动会员原有财产所有权的前提下进行互助合作。如果协会兴办服务实体，属独立经营法人，按照股份制原则吸纳入股资金，进行红利分配。截止到 2000 年 6 月，抗旱服务协会已建和在建股份制工程 76 项，股份制商品井 1846 眼，购置配套机泵 84 台，总投资达到 1480 万元。抗旱服务协会开展的各项服务活动通过与服务对象签订服务合同的形式进行，按照"保本微利"的基本原则提供有偿服务。抗旱服务协会服务的内容包括组织、协调缺水村、节水灌溉村以及旱田改造村等进行水利工程建设；提供中介服务，帮助有机户会员寻找更多的业务；开展机泵的中长期与短期租赁业务；无偿地定期或不定期地向农户发布旱情和墒情信息，组织会员技术培训，按成本价收取培训费；按照优惠价格提供维修、农机配件供应服务和售后服务。

到 2000 年，抗旱服务协会共签订服务合同 1.8 万份；实现旱田改造 8.6 万亩，节水灌溉 3.8 万亩，两项合计占全县总耕地面积的 20% 以上；年均服务面积 27 万亩，占全县耕地面积的 50%，占全县水浇地的 80% 以上；受益农户达到 1.4 万户，占全县农户总数的近 20%；先后解决了 1.74 万人及其牲畜的饮水问题；抗旱服务协会通过规范灌溉收费标准，实行让利销售机泵、机具等水利抗旱设备，降低了浇地的成本。抗旱服务协会自身的经营实力也得到不断的增强，固定资产已经达到 860 万元，流动资金 153 万元，拥有抗旱机械 1260 台（套），年均销售收入 760 万元，实现利税 72 万元。1996 年邯郸县被评为全国抗旱服务组织示范县，抗旱服务协会连续五年被邯郸市委、市政府命名为农业社会化服务先进单位。

四 结论与启示

（一）基本结论

从以上各种类型农民合作组织个案描述中，可以初步得出以下结论：

第一，无论是农民自发兴办的还是依靠政府发动而发展起来的农民合作组织，都顺应了农村市场化进程中以市场为导向的分散、弱小的独立经营小农渴望联合起来、保护自身利益、规避市场风险、减少不确定性、降低交易成本、实现规模经济的内在需要。农民合作组织是市场经济发展到一定阶段的产物，在市场经济条件下合作社这一组织形式有着广阔的发展空间。

第二，具有合作精神的企业家人才是合作组织产生的必要条件，在合作社企业家供给短缺的情况下，政府的有效介入填补了空缺。在合作组织的创立和早期发展中，具有合作思想的熊彼特式企业家必不可少，他们意识到合作社的优越性，并身体力行，通过民主管理的方式将从事相同或相近产业的小生产者带动起来，创立起自办型的农民合作组织，以平等互利的方式推进自身事业的发展，在个人业务获得较大发展的同时，也为那些小生产者贡献了自己的技术、市场以及经营组织才干等资源，充分体现了"我为人人、人人为我"的合作精神。当这类企业家供给不足时，一些政府临时扮演了替角，政府利用自身特有的一般企业家所无法比拟的社会动员能力、社会稀缺资源配置能力以及技术服务组织资源优势等推进合作事业发展，增加了有效供给，出现了官办民随、官民合办的农民合作组织形式。然而一旦这类合作组织运转起来，具有企业家精神的合作社领导人仍然是合作组织实现良性运转的重要保障。

第三，合作社作为一个独立的自负盈亏的经营实体，与当地政府之间存在着明显的权力分立，即便是在官办、官民合办的农民合作组织中也不例外。但是这种权力分立并不是通过民间组织对抗政府的形式出现，而是为了实现各自利益目标而相互利用、相互依存。地方政府通常将合作组织视为实现政府经济政策的有效组织载体，利用合作社推进产业结构调整，实现产业化，最终提高农民收入的经济政策目标。而合作社则尽可能地利用政府的特殊组织资源优势去协调外部关系，改善外部经营环境，提供依靠自身力量难以实现或交易成本过高的服务，实现自身的加速扩张。因此，国家与农民合作组织的关系，已经从农村改革前的国家对农民合作组织的全面控制发展到今天国家对农民合作组织的主导作用。这其中一个质的飞跃是农民由原来被迫性的、无个人选择的加入合作社转变到农民自主地、自我决定加入合作社，从而真正体现了合作社的自愿性。这个变化是经济体制改革、经济发展战略调整、合作指导思想转变以及农村民主化进程等多种因素共同作用的结果。但是从整体水平看，农民合作组织与国家的互动关系是非常不均衡的，国家与农民合作组织之间的良性互动关系还远没有建立起来，政府仍然占据绝对主导地位并拥有主动权，农民合作组织参与和影响政府活动的能力非常有限；相反，农民合作组织的发育和发展对政府有着较大的依赖性。这主要是由于农民合作组织发育仍然处于初级阶段，组织规模小而零散，形不成独立的体系，并且合作社的整体经济实力在整个农村经济中微不足道。

第四，官办和官民合办的农民合作组织如果长期在决策上高度依赖政府，将直接影响到合作组织发展的独立性乃至农民合作组织的性质，其结果将有可能蜕变为私人营利企业或产生新的政企不分。严格地讲，中国现存的农村合作组织往往是具有合作行为的组织，而不是真正的合作社（苑鹏，1999）。农民合作组织的基本特征可以概括为"社员所有、社员自治、社员自享"，在本文所研究的农民合作组织个案中，只有农民自办的合作组织基本符合这些特征。而官办和官民合办的农民合作组织由于无法实现社员所有的基本条件，社员自治和社员自享也就无从谈起，但是这些类型的农民合作组织在中国农村合作组织中占有相当的份额，在市场经济体制还没有建立健全的条件下有其存在的合理性。但是如果照此长期发展下去，这些农民合作组织将趋向"公司化"或出现新的政企不分。因此，当合作社经营步入正轨后，必须首先从产权关系上割断与政府的联系，加强普通社员与合作社的产权纽带联系，实现真正的"社员所有"。在此基础上，实现合作社对社员的盈余返还制度。同时，合作社经营者阶层应当实现彻底的身份转变，由政府官员和企业家的双重身份转化到企业家单一身份，合作社领导人的人选最终由社员大会表决通过。

（二）启示：政府在农民合作组织发展中的基本定位

从未来发展看，伴随着农村市场化进程以及经济全球化进程的加快，特别是WTO对中国农业所带来的冲击，中国农民生产经营的风险性和不确定性将进一步加大，农民对联合起来共同对付大资本、增强市场竞争力的需求将进一步增强，但是，在具有合作精神的熊彼特式企业家供给短缺、农民对合作社制度缺少了解和认识、合作社立法问题没有解决的大环境下，今后一段时期内，政府在农民合作组织发展中发挥主导作用的状况不会有较大的改变，国家与合作社的良性互动关系难以形成。因此，未来农民合作组织发展的核心问题在很大程度上就转化为政府在经济发展中的定位问题。

正如前面所提到的，合作社制度具有天然的反市场性，门户开放原则使得合作社的经营规模处在一个不稳定的状态中；限制资本报酬、服务社员目标影响合作社的资本筹措能力，使合作社难以提供必要设施服务社员，而民主管理与经营效率往往相互碰撞、相互排斥，造成社员的权责不对称，影响企业家稀缺资源的有效供给。由于制度安排的特殊性，在经济自由化的压力下，目前一些发达国家的合作社已经转向投资人所有的公司制。它反映出这样一个基本事实：作为弱势群体的农民合作组织凭借自身力量直接进入市场进行平等竞争是很困难的，它需要政府的扶持。如果任由其自然发展，那么这一弱势群体很可能在物竞天择、适者生存的市场法则下，被已经成长大的强者扼杀在摇篮中，导致富者更富、穷者更穷的"马太效应"。

有鉴于此，在促进农民合作组织的发育上，政府的作用首先应当集中在加速合作社的立法建设方面，为农民合作组织的发展提供一个健全的制度环境。鉴于当前中国合作组织发展的多样化、异质化以及发展极不平衡的特点和现状，较为可行的方式是先在合作事业较为发达的省份或地市制定地方性的合作社法规，待时机成熟，再进行全国性的合作社综合立法或专业合作社立法。

其次，政府应当将鼓励、支持农民合作组织发展作为一项长期方针，制定有效的扶持农民合作组织发展的经济优惠政策。其中最为重要的有两项：一项是实行减免税制度，对作为小农自助自救的农民合作组织实行所得税和营业税免征的政策；另一项是为农民合作组织的资金融通提供更多的便利。如对新建立的农民合作组织给予一定的财政补贴；通过（政策）银行帮助农民合作组织贷款，其中最为重要的是创造宽松环境支持发展农民合作金融。合作社发展的历史经验表明，一个完备有效的合作金融体系是合作社成功运营的基本保障。

最后，政府应当加强对合作社的培训教育工作。它包括两个方面的内容：一是利用政府的农村社会化服务网络体系，结合农业技术普及推广工作,对广大农民开展合作教育,宣传普及合作思想、合作原则以及合作社经营管理等知识,增强农民的合作意识。二是培养具有合作精神的企业家。可以通过建立合作教育学院,定期轮训农民合作组织领导人及经营骨干,建立一支合作社企业家后备队伍。

发展农民合作组织是推进农村市场化进程、应对 WTO 挑战的有效途径。政府对农民合作组织的作用更多的是应当体现加强合作社立法建设、制定经济扶持政策、提供公共物品等宏观方面,为农民合作组织健康成长营造良好的制度空间,而不是过多地介入到农民合作组织的日常经营决策中。尽管在农民合作组织的发展初期,这种介入有某种存在的合理性,但是当农民合作组织逐步走向独立后,政府必须及时退出来转变职能采取新的扶持思路,否则将重蹈政企不分的老路,阻碍农民合作组织的发展。

参考文献

[1] ICAO (International Co – operative Agricultural Organization), "The ICAO Quebec Statement on the WTO Negotiations in Agriculture", ICAO General Meeting, 1999 – 08 – 29.

[2] 蔡昉:《合作与不合作的政治经济学——发展阶段与农民社区组织》,《中国农村观察》1999 年第 5 期。

[3] 范小建:《关于我国农村合作经济发展有关问题的思考》,载《农村合作经济经营管理》编辑部《中国农村合作经济发展道路探索》,中国农业科技出版社 1999 年版。

[4] 李惠安:《中国农村专业合作经济组织发展的若干问题》,载李惠安主编《99 农村专业合作经济组织国际研讨会文集》,中国农业科技出版社 2000 年版。

[5] 罗宾斯:《过去和现在的政治经济学——对经济政策中主要理论的考察》,商务出版社 1997 年版。

[6] 孙立平:《"过程—事件分析"与当代中国国家—农民关系的实践形态》,载清华大学社会学系主编《清华社会学评论(特辑)》,鹭江出版社 2000 年版。

[7] 尹树生:《合作经济概论》,台湾三民书局 1983 年版。

[8] 苑鹏:《台湾农业合作社的历史演进与发展现状》,《中国农村经济》1999 年第 4 期。

[9] 张静主编:《国家与社会》,浙江人民出版社 1998 年版。

[10] 张晓山、苑鹏:《合作经济理论和实践》,中国城市出版社 1991 年版。

(原文发表于《中国社会科学》2001 年第 6 期)

中国农民专业合作社：数据背后的解读[*]

潘 劲

一 问题的提出

自 2007 年《中华人民共和国农民专业合作社法》（以下简称《合作社法》）实施以来，农民专业合作社得到迅速发展。截止到 2011 年 6 月底，在工商部门登记的农民专业合作社达 44.6 万个，入社农户达 3000 万户，约占全国农户总数的 12%。一些省（区、市）相继宣布已经消灭了合作社空白村，还有一些省（区、市）则表示要努力在一两年内消灭合作社空白村。从公开的资料不难看出，农民专业合作社已经在农村遍地开花，每十户农户就有一两户加入了合作社，农民专业合作社对促进农民增收起了很大的作用。而深入调查后会发现，农民专业合作社并未得到广大农民的认可，农民对合作社的反应很茫然和漠然；即使是在合作社有所发展的地区，仍有大量农户没有加入合作社；在已经成立的合作社中，又有相当数量的合作社不再运营；然而在运营的合作社中，又有大量合作社表现出与现行规制不相符合的特质。

学界有关合作社的研究文献十分丰富，从合作社产生的理由，例如可以获得规模经济、降低交易成本、减少中间环节等（Sexton，1986；Staatz，

---

    * 本文系中国社会科学院重大课题"农民专业合作社与现代农业经营组织创新研究"（课题编号：YZDA2009）的阶段性成果。本文的一些观点得益于与苑鹏研究员、杜吟棠研究员和郭红东教授的讨论，在此表示感谢。当然，文责自负。

数据来源：《全国实有农民专业合作社 44.6 万个》，《农民日报》2011 年 8 月 10 日。

1984；Fulton，1995），到合作社运作的不同方式（Sexton，1990；Zusman，1992；Hendrikse and Veerman，2001），直至合作社存在的不足，例如低效率、产权和代理问题等（Porter，1987；Cook，1995），都得到了很充分的阐述。有关中国农民专业合作社的研究文献也很丰富。以近期的研究专著为例，既有对中国农民专业合作社的理论与实践的综合性分析（张晓山、苑鹏，2010；徐旭初、黄胜忠，2009），也有针对农民专业合作社具体问题展开的分析，例如合作社的利益机制（孙亚范，2009）、合作社成员的异质性（黄胜忠，2008）、合作社的具体运作（韩俊，2007；郭红东、张若键，2010）。有关中国农民专业合作社的研究论文更是不胜枚举。

在上述有关农民专业合作社的理论研究中，尽管有针对合作社存在问题的研究，例如合作社发展中的股份化倾向（徐旭初，2005）、"假合作社"问题（付敏，2009），但都仅限于提出问题，指出合作社发起人的机会主义行为，并没有对其背后的深层次原因展开分析。鉴于此，本文拟从合作社发展数据背后所隐含的问题入手，重点分析这些问题产生的原因，并在此基础上做出总结性评述。

二 数据背后的问题

翻开相关部门提供的关于近几年当地农民专业合作社发展的资料，看到的都是每年几近翻番的发展数据和令人鼓舞的个案典型；访谈的合作社都有宽敞的接待室或会议室，室内墙上展示着不同层级政府及相关部门和组织颁发的奖状，张贴着合作社的各种规章制度，合作社章程也都明确载有民主的管理制度以及符合法律规定的分配制度；合作社负责人介绍的也主要是合作社所取得的成就及其对当地经济发展的促进作用，找来座谈的农户也都纷纷称赞合作社发展所带来的好处。然而在深入调查之后，尤其是在没有当地政府工作人员陪同的情况下走进村庄、走近农户之后，捕获的却是另一番图景：

（一）农民对合作社的茫然和漠然

许多农民没有听说过合作社，更不知合作社怎样运作，而实际上本村就有人领办了合作社；一些对合作社有所知晓的农户对加入合作社并不感兴趣，认为它起不了什么作用；还有的农户若不是笔者"按名索户"前往拜访，还不知自己是合作社成员……

（二）许多合作社没有开展活动

据东部沿海地区一个县级市农业经济管理部门介绍，在全市 300 多家农民专业合作社中，有 10% 的合作社没有开展活动，即是通常所说的"空壳"合作社。他们获得这一信息的方式是通过电话联系合作社的发起人。也就是说，是合作社的发起人自己反馈的信息。这说明，10% 还是个很保守的数据，因为很多发起人不愿承认自己的合作社是个"空壳"。据一个直辖市郊区的农经站人员介绍，在该区的 500 多家合作社中，有 50% 的合作社没有开展活动。这是他们"接管这一工作后，在 3 个月的时间里一个一个摸出来"的数据。而在笔者走访的一个村，在其三家合作社中，有两家没有开展活动；另一家虽在经营，但村民却认为是"某某自己办的"，笔者也没有看到这家合作社的牌子，只是"老板娘"介绍说自己经营的是合作社。

（三）大股东控股较为普遍

在笔者调查的合作社中，许多第一大股东在合作社中占有控股地位，而且其中不乏省、市示范社。如果说笔者的调查数量有限，欠缺代表性，不妨以浙江大学 2009 年 7—9 月和 2010 年 1—2 月组织学生对全国 10 个省 29 个地（市）的农民专业合作社的调查数据为例。在所调查的 442 家合作社中，第一大股东出资额占合作社出资总额的比例平均为 29.4%，有 25% 的合作社第一大股东的出资额所占比例超过了 30%，有的甚至达到 100%（郭红东、张若健，2010）。

三 成立合作社的目的及农户的选择

在农民专业合作社发展形势"一片大好"之下，许多农户却对合作社反应茫然和漠然，还有相当多的合作社没有开展活动，如何解释这种看似矛盾的现象？针对发展中国家农民专业合作社未能发展的现象，有西方学者曾指出，其根本原因是合作社的原则和价值观与这些国家的体制框架不相符（Attwood and Baviskar, 1988）；也有中国学者得出了影响比较广泛的中国农民"善分不善合"的结论（曹锦清，2000）。如果说中国农民"善分不善合"，又如何解释目前合作社在中国的发展？

（一）成立合作社：对潜在利润的追求

按照新制度经济学理论，"如果预期收益超过预期成本，一项制度安排就会被创新"。制度创新的诱因就是行为主体期望获得"预期收益"超出"预期成本"的部分，而且这部分收益是在现有制度安排下无法获得的，即通常所说的"外部利润"或"潜在利润"。可以说，对潜在利润的追求，是"诱致人们去努力改变他们的制度安排"的主要原因。只要这种潜在利润存在，就表明社会资源的配置没有达到最优状态，从而有可以改进的空间。而潜在利润的来源至少有以下几种：规模经济、外部经济内部化、分散风险、交易费用转移或降低（戴维斯、诺思，1991）。

农民专业合作社是一种制度安排。成立合作社的过程也是新制度建立的过程。对于"农民想从合作社寻求什么"这一问题，Rhodes（1983）有着比较明确的概括：第一，净的经济回报（包括惠顾返还）一直是重要的（有时候是支配性的）动因；第二，必须确保产品的销路没有问题；第三，农民可以通过合作社寻求一些抗衡力量；第四，合作社能够帮助农民维持和扩大产能。Rhodes强调指出，净的经济收益是影响农民做出加入或退出合作社决策的关键性因素。净的经济收益就是成立合作社的预期收益。

但是，创办合作社也是有成本的，它包括合作社的组建和正常运行所需要的费用。只有净的经济收益为正，即预期收益大于预期成本，合作社的创办才有可能。对于普通农户来说，由于生产规模小，他们对合作社所带来的收益预期有限，而组建合作社的成本却很高，因此，普通农户很难出面组建合作社。而对于专业大户来说，由于生产规模较大，他们对合作社所带来的收益预期很高，加之长期的大规模生产使他们建立起了一定的购销渠道，积累了不少经营经验和关系网络，从而能相应化解合作社的组建和运行成本。这也是目前中国很多农民专业合作社由专业大户发起的原因。这一点与发达国家农民合作社的发展历程有相似之处。

实际上，发达国家的农民合作社在创立初期并非如通常人们所想象的那样，是由农民自动组织起来的。例如，在瑞典，合作社最初是通过一些大农场主发起并说服众多小农场主参加而建立起来的（刘文璞等，1997）。日本农协在最初也只是由中上层农民组成①。大农业生产经营者在发达国家农民合作社的初期发展中起着主导作用。

不同于发达国家的是，中国农民专业合作社在组建伊始就处于农民高度分化、工商资本大量侵入农业的背景之下，合作社成员呈现出较强的异质性：既有从事农业生产的农民，也有从事农产品经销、贩运以及其他职业的农民，同时还有从事资本化经营的工商企业。出于稳定货源、获得投资收益等目的，同时又由于拥有社会资源从而可以承担新制度创新的成本，一些非生产性的农民和工商企业便牵头创办了合作社。

（二）政策优惠也是一种收益

合作社作为弱者的组织，在其发展过程中始终都能得到各国政府在财政、税收等方面的支持和优惠。这种支持和优惠也可以视作一种收益，从而使合作社的收益具有了多种来源。

通过规模经济、减少交易费用等形式所形成的净的经济收益，是合作社的持续性收益，伴随合作社运作的整个过程，不妨将这部分收益称作"合作收益"。除此之外，政府以资金、实物或项目建设等形式对合作社的补助，也构成合作社收益的一部分，尽管它是非经常性的；在税收减免等优惠政策下，由于减少或免除了合作社的一部分税费支出，合作社的收益从而也会相应增加。本文在此将这两部分收益统称为"政策性收益"。

既然成立合作社的目的是追求潜在利润，那么，这种潜在利润就既包括合作社运行过程中的持续性收益，即合作收益，也包括非经常性的政府补助、税费减免等政策性收益。换一种说法来说，对政府补助和税费减免等政策性收益的追求也是合作社成立的目的之一。这就在一定程度上解释了所谓"空壳社"及"假合作社"存在的原因。

注册一个合作社的成本很低。据一位合作社发起人介绍："只要提供5个人的名单，写上出资额，签上字，就可以了。镇工商所有现成的章程，不需要验资，也不收费。"合作社章程没有关于出资额的限制，出资额可多可少。同时，出资既可以是现金，也可以以实物折价。例如笔者调查的一个合作社，在当地农业经济管理部门提供的登记表上标明的出资额为300多万

---

① 资料来源：日本协同组合学会原会长白石正彦在"2008 东亚农业合作发展论坛（青岛）"上的发言，2008 年 10 月 18 日。

元，成员有5户。在深入了解后，其实际情况是，该合作社的注册出资额由5户村民的果树折股构成，有2户村民的果树各折价5万元，2户村民的果树各折价10万元，剩下的均为发起人的果树折价。据发起人介绍，"果树折价也只是我们几个人在一起商量估出来的。当时听朋友说办合作社有补助，就和几个朋友一起办了。可办了以后也没拿到补助。现在仍是各干各的，没折股"。而他的几个朋友也都以类似方式注册了合作社。

由此可以看出，该合作社发起人，包括他的朋友，没有产生任何现金支出便成立了一个合作社，可见成本之低廉。而他的预期收益——"政府补助"，无论其数额为多少，都是"净的收益"，这种"净的收益"，对于农村中头脑比较灵活的人，包括一些非农产业从业人士，无疑是个很大的诱惑。

公司组建合作社的目的就不只是获得政府补助了，税费减免也是其组建合作社的重要推力。找来公司的一些农民客户，做一个公司与农户的出资清单，就可以注册一个合作社。公司基本上仍以原来的方式运作，但由于挂上了合作社的牌子，就可以规避很多税费。不用花费多少成本，就可以获得较大的收益，这是许多公司纷纷注册合作社的原因。

当然，以获取政策性收益为主要目的的合作社只是少部分，多数合作社是在以获取合作收益为主要目标的同时，利用各种机会获取政策性收益。

（三）农户的选择

合作社的发展受制于很多限制性因素。例如，徐旭初（2005）、孙亚范（2009）分别从商品化水平、人们对合作社的认知程度、合作社企业家缺乏等角度予以了分析。正是诸如此类的限制性因素制约了合作社在很多地区的发展，也影响了不同地区合作社的发展水平。这也是广大农户没有加入合作社的重要原因。但是，对于同一地区相同环境下农户存在差异性选择的原因，即在合作社已有发展的地区，广大农户为什么仍然没有选择参加合作社或对合作社反应漠然，目前学界还没有给出令人信服的解释。这其中固然有农民对合作社不了解，或发起者为防止利益扩散而不接纳过多农户等原因，但同时，还有其他因素影响农户的选择。

按照戴维斯、诺思（1991）的观点，从认知制度变迁到启动制度变迁有一个过程，这个过程就是制度变迁的时滞，它包括"认知和组织""菜单选择""启动时间"等，具体来说，就是认知新制度的好处、在不同制度之间进行筛选、发起制度变迁等。辨识合作社所能带来的潜在利润，在合作社及其他组织之间选择和比较，宣传和发动民众加入等，都需要时间。由于存在诸如此类的时间阻滞，合作社发起人不可能在一个时点或某段时间内同时发起创立合作社，这就决定了合作社的产生是一个逐渐的发展过程。同样，农户在选择加入合作社时也存在时间阻滞问题。

尽管有研究显示，入社农户所面临的农业生产及销售问题远少于未入社农户[①]，但是，毕竟农民对发生在自己身边的制度变迁以及自己相应的行为选择有一个认知和判断的过程。预期收益如何，所付出的成本是否在自己可承受范围之内，对发起人信任与否，都在农户的考量之中。据笔者调查，收益预期不明，对发起者缺乏信任，是许多农户选择不加入合作社的原因。

不同人群存在着自然禀赋的差异。这种差异不仅是客观存在的，也是主观可以感知到的。资源禀赋低的农户能感知到自己的劣势，从而有动机构建防范机制，以避免损失。相对于强势的合作社发起人和核心成员，农户能够感知到自己在合作社中的劣势地位，这种地位使他们很难知晓合作社的具体运作情况以及收益情况。预期收益不明使农户在是否加入合作社问题上选择了观望。

对发起人信任与否也直接影响农户在是否加入合作社问题上的行为选择。即使对发起人信任，农户也不一定就选择加入合作社，因为还有其他因素的制约；但是，如果对发起人不信任，农户则会选择不加入合作社。农村这一熟人社会既有信任生成的土壤，也有不信任产生的温床。正由于是熟人，才对其行为和个性有较多的了解，肯定的则给予信任，否定的则给予不信任。合作社的发起人一般在农村比较活跃，头脑灵活，善于捕捉机会，而有些村民往往看不惯这类人，给予这类人一些负面评价，例如"油头滑脑""不靠谱"，内心深处对其存在排斥心理。选择不参与、不加入这类人所发起组建的合作社正是这种心理自然而然的流露。

四　合作社的本质属性

对于合作社的本质属性，各国乃至各思想流派都有其不同的表述。有的侧重于它的企业属性，有的侧重于它的联盟特点。但是，各种表述都具有以

[①] 在第四届农业政策与实践研讨会——"农民专业合作组织发展与制度建设"理论研讨会上，与会代表对该问题进行了较详细的阐述。参见李玉勤（2008）。

下共同特征：合作社是一种经济行为；合作社满足的是成员的共同需要；合作社是由成员所有和控制的（Nilsson，1996）。如果依此来审视当下的中国农民专业合作社，会发现很多值得人们深思的问题。

（一）合作社原则：最后坚守什么

合作社原则①是合作社的行动指南，是合作社的本质体现。在合作社160多年的发展历程中，合作社原则历经变迁，具体表述也有不同，但其核心内涵始终没有改变，那就是：成员民主控制；盈余按交易额返还；资本报酬有限。《合作社法》列明了中国农民专业合作社应当遵循的原则：成员以农民为主体；以服务成员为宗旨，谋求全体成员的共同利益；入社自愿，退社自由；成员地位平等，实行民主管理；盈余主要按照成员与农民专业合作社的交易量（额）比例返还。应当说，《合作社法》所列明的五项原则基本上反映了合作社的内涵。

然而，现实中的中国农民专业合作社却使许多学者和从事合作社管理的实际工作者陷入纠结之中：绝大多数合作社的盈余以按股分配为主；许多合作社没有按交易额比例返还盈余，即使有，也只是"意思"一下，以应付有关部门的评估考核；民主管理流于形式，"民主议决"成了"通告议决结果"，大家举手通过；大股东控股普遍，单个成员持股超过百分之八九十的并不是特例……

面对如此现状，一些学者也由对合作社原则的坚守转变为对现状的默认，这是对现实的无奈，还是与时俱进？

合作社原则，最后还能坚守什么？百分之八九十的股权掌控在单个成员手中，在这样的合作社中，还能有真正的民主吗？如果说合作社是低成本运作，没有多少盈余，从而不能按交易额比例返还盈余，人们对此还可以理解。那么，没有按交易额比例返还的盈余，却有按股分配的利润，这利润又是从何而来？如果合作社盈余全部按股分红，与交易额没有任何关联，这又与投资者所有的企业有何区别？

（二）合作社的产权及相关问题

合作社由成员所有并控制。成员通过投资入股，形成合作社产权。正如

---

① 对于合作社原则，不同国家、不同组织都有不同的表述，但最具权威性、在国际上通行的是国际合作社联盟所提出的合作社原则，尽管对这一原则存在不同的质疑之声。

美国学者菲吕博腾等（1991）所指出的，"产权不是指人与物之间的关系，而是指由物的存在及关于它们的使用所引起的人们之间相互认可的行为关系，是一系列用来确定每个人相对于稀缺资源使用时的地位的经济和社会关系"。产权的形成方式和结构决定了成员在合作社中的地位和相互关系：成员共同分享合作社的产权（所有权）和控制权。成员地位平等、民主管理是合作社的一大特征，而大体均等的股权结构是实现民主管理的基础。

当然，股权相差多少才属于大体均等，这是个见仁见智的问题。由于成员的异质性在不断增强，成员持股比例的差距也在拉大。但是，有一点是确定的，过于悬殊的持股比例，甚至单个成员的持股比例超过百分之八九十，则远超出了人们对"大体均等"的认知底线。2005 年实施的《浙江省农民专业合作社组织条例》规定，单个成员的股金最多不得超过股金总额的20%，这反映了该条例制定者的认知标准。在这一条例实施后，浙江省开展了合作社的规范化活动，一些合作社通过调整大股东股份，相应增加了合作社普通成员的持股比重。

但是，由于《合作社法》并没有限定单个成员的持股比例，这就使悬殊的持股比例差距脱离了法律的控制。尽管《合作社法》规定，出资额较多的成员按照章程规定可以享有附加表决权，附加表决权总票数不得超过本社成员基本表决权总票数的20%。但是，大股东并不满足这20%的表决权，他要全面控制合作社。在大股东持有合作社绝大部分股份的情况下，普通成员也会默认持大股者有更多的表决权和话语权，这就形成了事实上的大股东而非成员共同控制合作社的局面。大股东控制合作社，其最终目的是要使合作社的剩余以有利于自己的方式分配。

在成员同质性较强的合作社中，成员同为生产者，所持股份也大体相当，限制资本报酬、按交易额比例返还盈余尚可以被大多数成员接受。而在成员异质性较强的合作社中，由于既有生产者，又有非生产者即纯投资者，盈余主要按交易额比例分配则会受到挑战。如果持大股者同时又是生产大户，其经营规模远超过其他成员，是合作收益的最大受益者，那么，大股东也许可以接受盈余主要按交易额比例返还；而如果大股东是非生产者成员[①]或其生产规模并不很大，在大股东的控制下，合作社就不可能做出有利于普

---

① 在合作社中，大股东是非生产者成员的情况很普遍。大股东既包括个人，也包括公司等法人。

通生产者成员的盈余分配决策，按股分红就将是合作社的首选盈余分配方式。出于应付有关部门评估考核的需要，他们会在利润中拿出一小部分作为盈余按交易额比例返还。可以说，在这些合作社中，按交易额比例返还盈余仅仅是作为应付检查从而获得政策性收益所必须付出的成本。

其实，大股东的股金分红也不能完全看作股金报酬，其中也包含一部分人力资本报酬。大股东一般都是合作社的主要管理者，许多大股东在合作社中并不取酬，其收入均包括在一年一度的分红之中。这也就不难理解这样一种现象：合作社主要管理人员基本上都是持股比重较高者；主要管理人员之间持股比重相差不大，从而使其年终分红也大体相当——因为大家都付出了大体相当的人力资本。在管理人员少尤其是只靠一人运转的合作社，管理人员往往在合作社股金中持大股。只有通过股权占有的绝对优势，他才能获得高于普通成员的收入，从而使收入与其所付出的人力资本相匹配。因此，按股分红，大股东享有较高的投资回报，有一定的合理性。

但是，在合作社这一有着特殊内涵的组织中，股权差额应有个限度。针对一些合作社规定单个成员的股金不得超过股金总额的20%，曾有国外学者在考察时提出，是否四五个股东就可以在合作社处于绝对控股地位（张晓山、苑鹏，2010），而在大股东的股金超过总股金的绝大部分、盈余主要按股分红的合作社，就不是几个成员控股的问题了，而是一个成员就控制了合作社的绝大部分股份。这样的"合作社"，也就很难称得上是合作社了。

（三）合作社的成员边界

合作社是归成员所有并为成员服务的。农户通过入股成为合作社的所有者，同时也就成为合作社成员，从而有权利获得合作社提供的服务。投资入股是合作社成员身份的重要标志。

不过，中国农民专业合作社的成员边界很模糊，不同合作社有不同的成员边界。有的以投资入股为标志，有的以在登记机关注册为标志，有的以与合作社发生交易为标志。与此相对应，也就有了持股成员、注册成员和交易成员。

为什么农民专业合作社存在很多未入股成员？据笔者调查，主要原因有以下几点：第一，协会转制。《合作社法》颁布后，许多农民专业协会转变为农民专业合作社。然而，它们尽管挂上了合作社的牌子，但仍在以协会的方式运作，成员与原来的会员没有什么区别。第二，防止利益分散。一些合作社发起人和核心成员为了掌控合作社的话语权，使自身利益最大化，不愿将股份配置给普通农户。第三，规避风险。一些农户对合作社的预期收益不明，不愿入股，不愿承担风险，但又想获得合作社提供的服务。第四，一些农户"被成员"。有关这一点，将在后文详述。

《合作社法》并没有规定合作社成员一定要出资。出资与否、出资多少以及如何出资，均由合作社章程规定。《合作社法》只要求合作社"置备成员名册，并报登记机关"。由于成员边界模糊，合作社成员的数量具有很大的不确定性。在《合作社法》开始实施的一两年内，有大量合作社登记注册。按照要求，在登记部门注册的成员名册要载明成员的姓名、公民身份证号和住所，同时要提供成员的身份证明。由于工作烦琐，一些登记管理部门为了减轻工作量，在保证持股成员全部注册的前提下，要求合作社尽量减少非持股成员的注册数量，从而形成了持股成员少于注册成员、注册成员少于交易成员的局面。近两年，由于国家对合作社的扶持力度加大，为了达到扶持标准或增加考核的权重，合作社存在一种扩张成员的趋势，交易成员的数量不断增加，从而出现成员泛化现象。例如，一个直辖市郊区的《农民专业合作社规范化管理评价标准体系》列明：成员在 50 户以上得 2 分，每增加 50 户加 0.5 分；培训成员 100 人次以上得 2 分，每增加 50 人次加 0.5 分。按照这一考核标准，成员每增加 50 户，合作社就可以至少多得 1 分，如果增加培训人次数（这一指标很有弹性），则加分更高。在其他考核指标既定的情况下，增加分值就可以增大胜出概率。这样一来，合作社就有了扩张成员的激励，会通过各种手段将与自己交易甚至没有交易的农户变为合作社成员，从而出现许多农户"被成员"的现象——农户自己都不知道自己是合作社成员。

在成员边界问题上，合作社往往存在着两套标准：在寻求政府资助、争取项目以及应付各种考核时，合作社会尽可能地扩展自己的成员边界，以获得"带动农户数"的最高评分，这样，但凡与其交易的农户都成了合作社成员；而在涉及成员权益方面，例如在分享盈余以及政府补助量化时，又尽可能缩小成员边界，往往以持股成员或核心成员甚至少数发起人为基数，以减少利益外溢。

《合作社法》规定，合作社盈余主要按与成员的交易额比例返还；国家财政补助形成的财产要平均量化给成员。而在许多合作社，合作社盈余只分配给持股成员，政府财政补助也按成员的持股比例量化，甚至被变相转变为发起人的个人财产，非持股成员并没有分享到合作剩余和政策性收益。

五　总结性评述

通过上述对农民专业合作社发展数据背后所隐含问题的解析，可以得出以下观点：

（一）对合作社的发展数据应有理性判断，不要放大合作社对农民的实际带动能力

农民专业合作社在促进农户增收方面的确起到了很大作用，尤其在合作社比较发达的地区，这种作用尤为明显。但是，也应该看到，在合作社发展数据背后，还隐含着很多问题。例如，人们可能提出疑问：在40多万家合作社中，有多少没有开展活动？在开展活动的合作社中，有多少是由广大成员分享收益？在3000多万个合作社成员中，有多少属于没有开展活动的合作社成员？又有多少属于泛化的成员或"被成员"……

出于对潜在利润的追求，合作社得以产生，而由于种种原因，一些合作社处于停滞状态；同时又有新的合作社不断产生，还有合作社不断做大做强。以上种种，都符合组织的演进规律。但是，如果仅从合作社的数量、资金规模以及带动农户数等数据单方面解析合作社的发展情况，而忽略了有相当数量的合作社处于停滞状态，又有相当数量的合作社没有惠及全体成员，还有相当数量的成员被泛化，那么，合作社的真实发展状况就会被误读，而在此基础上制定的政策也就难以取得预期效果。因此，应对合作社发展数据进行理性判断，不要放大合作社对农民的实际带动能力。

（二）激励与监管并重的合作社发展政策，才能取得政策的正效应

以政府补助、项目支持等为内容的激励型合作社发展政策固然可以在短期内见效，为追求政策性收益，大批合作社建立起来。但是，由于疏于监管，各种不合规范的合作社也大量产生。这就陷入了一个悖论：政府希望通过合作社将农户带动起来，实现农民增收；而现实中，许多合作社由资本所有者和农村的精英群体主导，合作剩余和政策性收益并未被广大成员分享。当然，对于一些以合作社之名获取政策性收益的行为也不必过于苛责，善于利用政策捕捉获利机会也是一种理性选择。政府需要做的是完善政策体系，

减少直至杜绝出现政策的这种负效应。这就需要制定激励与监管并重的合作社发展政策，以激励促发展，以监管促规范，使合作社在符合法律规定的框架下运作，实现政策的正效应。例如，对于不符合法规要求的合作社，要责其整改，否则就取消其政策优惠；对于未按要求使用或未按成员人均量化的政府补助款，应督促合作社按要求使用和按成员人均量化，否则可以收回。这样，才能使合作剩余和政策性收益惠及广大合作社成员。

（三）持有股份是成员身份的重要标志，也是成员行使民主权利的基础

合作社由成员所有并控制。农户成为合作社所有者的前提是投资入股，获得使用合作社服务的资格，从而实现所有者与使用者的身份统一。一个单纯的合作社服务的使用者，称不上是真正意义上的合作社成员，而只是合作社的顾客，最多是在以潜在成员的身份与合作社发生交易。如果将所有使用合作社服务的农户都视作合作社成员，那也就无成员交易与非成员交易之别了。《合作社法》规定，合作社成员以其出资额对合作社承担责任。没有出资也就无法承担合作社的责任，从而也就失去成为合作社成员的资格。当然，在没有成员出资的合作社中，按照章程规定，可以不要求成员入股，但这必须以全体成员的统一约定为前提，而不能是部分成员出资，部分成员不出资。

实际上，许多未入股农户并未将自己视为合作社成员，也没有奢望分享合作剩余，他们仅以普通顾客的身份与合作社交易。合作社发起人出于规模扩张、获取政策性收益等目的，才把这些农户纳入合作社成员范围。当然，合作社发起人这样的行为无可厚非。但是，既然将其视作合作社成员，并以这些成员为基数争取到政府补助，就应该让这些成员享受到应有的权利。

因此，应该创造条件实现潜在成员持股，使其能在使用合作社服务的同时，承担起对合作社的责任，成为真正意义上的合作社成员。具体来说，可以通过以下方式促成潜在成员持股：其一，通过惠顾返还金留存的方式形成成员股金。惠顾返还金并非一定要以现金形式返还给成员，也可以全部或部分留存在合作社形成成员股金。其二，加强对合作社扶持资金的监管，形成财产的部分要严格按法律规定，平均量化给每个成员，使广大成员分享到政策性收益。

通过惠顾返还金留存和补助金量化形成成员股份，具有重要意义。首先，在合作社拥有一份股权，便能获得相应的年终分红和公积金量化份额，

尽管最初数额很小，但可以改变农户对合作社"事不关己"的心态，激励他们关注和参与合作社事务。其次，可以稀释大资本对合作社的控制力，缓解悬殊的股权差距。最后，同时也是最重要的，拥有合作社股权也就成为合作社的所有者，从而有权力参与合作社管理，并监督合作社在政府规制下运作，这就在投资者导向型合作社中为生产者成员增添了一分抗衡的力量。

（四）合作社的未来走向将取决于政府导向和合作社相关主体间的利益博弈

合作社的未来走向首先取决于政府导向。政府导向包括政府规制、政府的支持与监管等。《合作社法》《农民专业合作社登记管理条例》等有关合作社发展的法规相继颁布实施，对合作社从组建到运作都做了规制，政府也不断加大了对合作社的扶持力度。目前存在的主要问题是监管缺失，致使广大合作社成员没有分享到合作剩余和政策性收益。正如前文所分析的，政府希望通过合作社将农村中的弱势群体即小农户带动起来；而现实中的大多数合作社由农村中的强势群体主导，小农户受益有限。是严格规制、加强监管，使广大生产者成员分享收益，还是维持现状，保护资本所有者的积极性？在这一问题上，政府的政策比较游移。因此，能否制定激励与监管并重的合作社发展政策，将直接影响合作社的未来走向。

同时，合作社相关主体间的利益博弈也影响合作社的未来发展格局。合作社发起者或资本所有者与生产者成员在有关合作社发展方面存在不同的价值取向。合作社发起者发起组建合作社的目的就是要获取利益。他之所以选择合作社而没有选择其他组织形式，主要是由于合作社能给他带来更大的收益：既可以获得合作收益，又可以获得政策性收益。但是，作为资本所有者，他有最大化资本收益的本能。如果政府政策游移、监管不力，或政策性收益减少或中止，他就有可能突破政府规制，使合作社向资本所有者尤其是少数发起人和核心成员倾斜，而如果政府加大扶持和监管力度，惩戒违规行为，他就会使合作社在政府规制范围内运作，向生产者成员倾斜。

相对于强势的合作社发起者或资本所有者，生产者成员在合作社中处于弱势地位，缺少对合作社的参与，缺少话语权。但是，也应该看到，成员对合作社的参与也有一个由懵懂到觉醒的过程。在加入合作社之前，可能由于不了解、不信任，农民对合作社有一种不闻、不问、不参与的心理；当他们感觉加入合作社可以解决产品销路问题时，便随大流加入，但并没有过多地考虑产品销售之后的事情；随着与合作社交易次数的增多，尤其是随着对合作社知识的更多了解以及成员意识的增强，他们开始更多地关注合作社的运作、财务状况以及盈余分配等问题；进一步地，随着对相关法律知识的了解和维权意识的增长，生产者成员与资本所有者的谈判能力增强，从而能够参与到分割利润的博弈之中，为自己争得法律赋予的应得利益，促使合作社按照法律规定或力量不断增强生产者成员的意愿分配盈余。目前，在浙江省的一些地区，已经有成员向有关部门投诉合作社发起人，追讨应该分给自己的盈余返还和政府补助的量化份额。

随着规模的扩大和专有资产的不断增多，合作社对成员的稳定惠顾更为依赖。成员退出，选择与其他组织交易，或者另起炉灶组建新的合作社，都对现有合作社构成重大威胁。这些都可以促使合作社的利益天平由向投资者偏斜转为向惠顾者偏斜。

当然，成员力量的增长要以政府的政策导向持续倾向于生产者成员为前提，同时也取决于资本所有者是否愿意在政府规制下等待生产者成员民主参与意识的觉醒，从而使其积蓄力量与自己分庭抗衡。

参考文献

［1］ Sexton, R. J. , "The Formation of Cooperatives: A Game – theoretic Approach with Implications for Cooperative Finance, Decision Making, and Stability", *American Journal of Agricultural Economics*, Vol. 68, No. 2, 1986.

［2］ Staatz, J. M. , "Theoretical Perspective on the Behavior of Farmers' Cooperatives", Ph. D. dissertation, Michigan State University, 1984.

［3］ Fulton, M. , "The Future of Canadian Agricultural Cooperatives: A Property Rights Approach", *American Journal of Agricultural Economics*, Vol. 77, No. 5, 1995.

［4］ Sexton, R. J. , "Imperfect Competition in Agricultural Markets and the Role of Cooperatives: A Spatial Analysis", *American Journal of Agricultural Economics*, Vol. 72, No. 3, 1990.

［5］ Zusman, P. , "Constitutional Selection of Collective – choice Rules in a Cooperative Enterprise", *Journal of Economic Behavior and Organization*, Vol. 17, No. 3, 1992.

［6］ Hendrikse, G. W. J. and Veerman, C. P. , "Marketing Co – operatives: An Incomplete Contracting Perspective", *Journal of Agricultural Economics*, Vol. 52, No. 1, 2001.

［7］ Porter, P. K. and Scully, G. W, "Economic Efficiency in Cooperatives", *The Journal of Law and Economics*, No. 30, 1987.

［8］Cook，M. L. ，"The Future of U. S. Agriculture Cooperatives：A Neo – institutional Approach"，*American Journal of Agricultural Economics*，Vol. 77，No. 5，1995.

［9］Attwood，D. W. and Baviskar，B. S. ，*Who Shares*？*Cooperatives and Rural Development*，*New York ：Oxford University Press*，1988.

［10］Rhodes，V. J. ，"The Large Agricultural Cooperative as a Competitor"，*American Journal of Agricultural Economics*，Vol. 65，No. 5，1983.

［11］Nilsson，J. ，*Co – operative Principles and Practices in Swedish Agricultural Cooperatives*，in Monzòin Campos，Jose Luis et al. ：Co – operative Markets，Co – operative Principles，CIRIEC International，1996.

［12］张晓山、苑鹏：《合作经济理论与中国农民合作社的实践》，首都经济贸易大学出版社 2010 年版。

［13］徐旭初、黄胜忠：《走向新合作——浙江省农民专业合作社发展研究》，科学出版社 2009 年版。

［14］孙亚范：《农民专业合作经济组织利益机制分析》，社会科学文献出版社 2009 年版。

［15］黄胜忠：《转型时期农民专业合作社的组织行为研究：基于成员异质性的视角》，浙江大学出版社 2008 年版。

［16］韩俊：《中国农民专业合作社调查》，上海远东出版社 2007 年版。

［17］郭红东、张若键：《中国农民专业合作社调查》，浙江大学出版社 2010 年版。

［18］徐旭初：《中国农民专业合作经济组织的制度分析》，经济科学出版社 2005 年版。

［19］付敏：《部门和资本"下乡"与农民专业合作组织的发展》，《经济理论与经济管理》2009 年第 7 期。

［20］曹锦清：《黄河边的中国》，上海文艺出版社 2000 年版。

［21］［美］戴维斯、诺思：《制度变迁的理论：概念与原因》，载科斯等编《财产权利与制度变迁》，刘守英译，上海三联书店 1991 年版。

［22］刘文璞、杜吟棠、陈胜华：《合作社：农民的公司——瑞典考察报告》，《中国农村经济》1997 年第 2 期。

［23］李玉勤：《"农民专业合作组织发展与制度建设研讨会"综述》，《农业经济问题》2008 年第 2 期。

［24］［美］菲吕博腾、配杰威齐：《产权与经济理论：近期文献的一个综述》，载科斯等编《财产权利与制度变迁》，刘守英，上海三联书店 1991 年版。

（原文发表于《中国农村观察》2011 年第 6 期）

培育农业产业组织体系
推动农业产业化发展

刘玉满

农业产业化作为一个概念提出已5年多了。据考证，在全国最早提出农业产业化口号的是山东省潍坊市，并于1993年8月见诸于《农民日报》。但是，当时并未引起理论界和实际部门的重视。直到1995年12月11日《人民日报》发表了《论农业产业化》的社论后，农业产业化的提法才开始在社会上流行。自那以后，农业产业化便成为理论界和新闻媒介讨论的热门话题。但是迄今为止，理论界对农业产业化的概念尚未达成共识。这也就是说，目前正在全国各地轰轰烈烈地开展的农业产业化改革，是在理论界尚未搞清农业产业化概念的情况下进行的。在任何时候和任何情况下，用一种尚未确定的理论去指导实践都会导致偏差、失误甚至是错误。事实上，在有些地方农业产业化已经陷入误区。本文试图在阐述农业产业化概念的基础上，借鉴国外农业产业化的经验，探索适合我国国情的农业产业化道路，推动农业再上新台阶。

一 农业产业化的内涵：从传统生产 部门到现代产业的过程

从对农业产业化内涵的界定上看，理论界众说纷纭。例如，1995年12月11日《人民日报》发表的《论农业产业化》一文中，把农业产业化定义为："以国内外市场为导向，以提高经济效益为中心，对当地农业的支柱和主导产品，实行区域化布局、专业化生产、一体化经营、社会化服务、企业化管理，把产供销、贸工农、经科教紧密结合起来，形成一条龙的经营体制。"山东潍坊市市长王大海等把农业产业化定义为："以市场为导向，以效益为中心，优化组合各种生产要素，对农业和农村经济实行区域化布局、专业化生产、一体化经营、社会化服务，形成以市场为龙头，龙头带基地，基地连农户，集种养加、产供销、内外贸、农科教为一体的经济管理体制和运行机制。"潘国耀认为："按产业来组织和发展农业，即农业产业化。"陈吉元则认为农业产业化就是"市场化、社会化、集约化的农业"。牛若峰把农业产业化称为"农业产业一体化经营"，他认为农业产业化是"农工商、供产销一体化经营"的简称。对农业产业化的概念还有许多不同的解释。不难看出，目前理论界对农业产业化的理解还存在着分歧，并且停留在狭隘和微观层面上。

"农业产业化"一词可以分解为三部分，即"农业—产业—化"。对于"农业"一般解释为"通过培育动植物而取得产品的社会生产部门"。根据这一定义，农业本身并不是自然而然地就成为农业产业，因为除了生产部门外它还缺少构成产业所必需的加工部门、服务部门、营销部门，充其量只不过是国民经济中的一个生产部门，一个自给型和封闭型的传统初级产品生产部门。而对于"产业"，目前还找不到一种权威性的解释。例如，"产业"一词在《辞海》中的解释是"指各种生产、经营事业，特指工业"，而在《简明不列颠百科全书》中的解释是"指各种制造或供应货物、劳务或收入来源的生产性企业或组织"。以上两种定义是对"产业"的传统理解，是不准确的。我个人认为，"产业"应是一个物流的概念和组织的概念，它应包含产品从生产领域到消费领域所必须经过的所有物流过程和组织过程。它应具有两大本质特征，即物流过程中的专业化生产与社会化协作及产业组织。任何一个没有或缺乏专业化生产与社会化协作，没有产业组织或产业组织不完善的产业只能称为行业。就我国目前的农业生产状况而言，它基本上处于一家一户的小农式生产阶段，所生产的农产品大部分用于自身消费，商品率低；经营内容"小而全"，专业化程度低；经营规模小，规模化程度低；仍以手工劳动为主，传统经验和技术占主导地位，科技化程度低；户与户之间相对独立，尚未形成以分工分业为基础的专业化生产与社会化协作的格局，组织化和社会化程度低。这就是说，我国现阶段的农业还说不上是一种产业，只能算作传统的生产部门。因此，我认为，农业产业化是将我国现阶段的农业由传统生产部门改造成现代产业的过程，这是一个历史过程。农业产业化主要突出的是"化"字。"化"具有变革，创新、改进之意，"化"是一个从量变到质变的过程，即把一个旧事物改造成一个新事物。因此，农业产业化说到底，就是要把传统的农业改造成适合我国社会主义市场经济体制的现代化的农业产业体系。这一产业体系由农、工、商、产、供、销等环节构成。牛若峰教授已对构成这一产业体系的诸环节下了明确的定义。在传统的计划经济体制下，农业体系的各环节被不同的行政部门分割成条条块块，彼此之间不能有机地衔接起来，致使流通渠道阻力加大，降低了农业效率。农业产业化就是要在社会主义市场经济条件下，通过产业组织，把在计划经济体制下被分割成条条块块的产业链条重新组合起来，把农业的产前、产中、产后诸环节整合为一个完整的产业体系，减少流通渠道阻力，提高农产品流通速度，提高产业效率。简言之，农业产业化的本质就是提高产业效率，而不一定是让农户分享企业加工利润。这不同于目前理论界流行的观点。让农户分享企业加工利润实际上不但在我国做不到，在农业十分发达的西方国家也做不到。

农业产业化是一个宏观的概念，必须站在宏观的高度来理解它。一个企业、一个村、一个县的发展即使是采取了产业化的办法，也不能说就是产业化了。这是因为在一个狭小的空间内，难以容纳作为一个产业所要求的分工、分业和社会化大生产，难以形成产业组织，因而，在客观上也就失去了产业的形成条件。

二　农业产业化的核心：从微观组织化到宏观组织化

农业产业化是农业生产力发展到一定水平，农村经济发展到一定阶段的必然产物，走产业化道路是农业发展的大趋势。许多发达国家的农业已经实现了产业化，而我国则刚刚起步，还有很长的路要走。"龙头＋农户"或产业一体化固然是农业产业化的一个组成部分，但不是全部。真正意义上的农业产业化要比"龙头＋农户"或产业一体化复杂得多，是一项系统工程。农业产业化应具有以下基本特征：①专业化。这里所说的专业化是指农业产业化体系内部的分工分业，不同于专门化或专一化，是一个相对的概念。也就是说，在经营规模达到一定程度时，一个农户或企业可以兼业经营，可以以一业为主兼营他业，也可以几业并重，因为兼业经营有利于合理利用各种资源，降低经营风险，使收入达到最大化，因此，专业化并不排斥兼业化，在农业生产领域如此，在加工和流通领域也是如此。事实上，即使在西方农业发达国家，农场主的绝大多数都采取兼业经营方式，搞单一经营的很少见。但无论是搞生产还是搞加工或是搞营销，都离不开专业人才和专业知识。②社会化。社会化是专业化的前提和基础，离开了社会化，专业化就成了无源之水、无本之木。社会化包括社会化协作和社会化服务两方面内容，通过社会化协作和社会化服务完成产品在产业体系中的物流过程。③组织化。专业化生产与社会化协作都是通过产业组织协调来完成的，没有产业组织的协调，构成产业的各部门如生产部门、加工部门、营销部门就会各行其是，使产业处于一种无序运行状态。一个时期以来，农产品"买难、卖难"交替出现的原因归根结底是产业组织不完善。产业组织相当于人的中枢神经系统，在产业发展过程中发挥指挥、分析、决策等功能。因此，组织化程度是衡量农业产业化的一个重要指标。④规模化。规模化是专业化的前提条件，经营达不到一定规模就不可能实现专业化，因为只有规模化才便于形成规模效益，便于容纳新的科学技术，便于形成市场。规模化可以是单个经营实体的规模化，也可以是群体的规模化，即单个经营实体的规模都很小，但是集中连片，形成了群体规模。⑤市场化。市场化是指农业作为一个产业要有一个完善的市场体系，严格按照市场经济规律办事。农业产业应该是一个开放式的市场体系，产品、服务、生产要素都可以进入市场流动，让市场供求规律在资源配置中起基础性的调节作用，而政府可以利用经济的、法律的、行政的手段对市场进行宏观调控。⑥科技化。科技化是指产品在生产、加工、营销的过程中应以科技为先导，有很高的科技含量，通过科技投入来达到"两高一优"之目的。我国目前小规模的、兼业的、一家一户的小农式生产难以容纳先进的科学技术，是制约农业产业化发展的重要因素，只能通过产业组织进行联合，形成群体规模，才能吸收先进的科学技术。

根据以上提出的农业产业化的六个基本特征，我认为，目前我国农业产业化的最大制约因素是组织化，特别是宏观层次的组织化。因为只有宏观层次的产业组织才能充当社会化协作和社会化服务的载体，而我国目前农业产业化发展过程中所缺少的就是宏观的产业组织。从目前理论界所归纳的农业产业化组织形式上看，主要有"公司（企业）＋农户""合作经济组织＋农户""专业技术协会＋农户""农场＋农户""市场＋农户""基地＋农户"（通式为"龙头＋农户"）等。这里的"龙头"实际上就是一种微观层次上的产业组织。这几种产业组织形式，特别是"公司（企业）＋农户"的组织形式，从表面上看，已同农户之间形成了一种"风险共担，利益均沾"的经营机制并为农户提供各种必要服务，但是，这种经营机制毕竟是建立在企业利益驱动基础之上的，是以企业盈利为前提的。它与农户之间的联结是非常脆弱的，一旦市场发生波动，它与农户之间的联结就会发生断裂，使农户又回到原来的游离状态。这是由企业性质决定的，企业只有在盈利的条件下才能生存。这说明"龙头＋农户"的产业化模式具有很大的局限性。另外，这种微观组织化模式下的农业产业化，由于把农业产业化的概念简单化、形式化了，已对实际部门产生了误导效应。例如，有些地区一谈产业化就是建"基地"、抓"龙头"、搞"公司＋农户"，造成盲目投资、低水平重复建设、地区产业结构趋同等弊端。因此，发展农业产业化的核心问题是如何从微观组织化走向宏观组织化的问题。

三　农业产业化的基本模式：国外的经验

农业产业化是一个由初级阶段向高级阶段发展的历史过程。许多西方发达资本主义国家的农业已经进入农业产业化的高级阶段，而我国的农业产业化则才刚刚起步，正处于产业化的初级阶段。这些发达国家农业产业化的基本模式是"产业组织体系＋农户"。这里的产业组织体系包括属于农民自己的组织、政府部门的官方组织及有农民代表参加的半官方组织，其中农民自己的组织在产业组织体系中占据支配地位。产业组织体系是社会化服务体系的载体，农民组织兴办各种经济实体，经济实体向农民提供社会化服务，产业组织通过向农户提供社会化服务成为农户与市场联结的纽带，从而把"小生产"纳入了"大市场"的体系。由于各国国情不同，农业产业化的组织体系也有所不同，但基本结构和功能相类似。为了便于理解，这里分别介绍澳大利亚羊毛业的产业化组织体系和德国的农业产业化组织体系，它们分别代表农业中的一个专业生产部门的产业化组织体系和农业作为一个总体的产业化组织体系。

1. 澳大利亚羊毛业的产业化组织体系

澳大利亚是一个养羊大国，以饲养世界著名的美丽奴羊闻名于世，不仅养羊数量占世界第一位（达1.6亿多只），而且羊毛业产业化程度非常高，被誉为"骑在羊背上"的国家。澳大利亚的羊毛业具有健全发达的产业化组织体系，产业化组织门类繁多，涵盖了养羊业的方方面面，这里只能列举几个主要的组织。①全国农民联合会（National Farmers Federation）和澳大利亚羊毛理事会（The Wool Council of Australia）。它们是羊毛生产者组织，其作用主要是代表羊农利益与政府部门沟通情况，协调各种组织之间的关系。羊毛理事会侧重于对机械剪毛员和羊毛分级员的技术培训，经培训合格者发给合格证书，持证上岗。全国有1.3万多名合格的剪毛员和4万多名羊毛分级员，他们绝大多数是兼业性的，有的本身就是农场主。每逢剪毛季节他们就组成一支服务大军，应邀奔赴各农场，提供剪毛和羊毛分级服务，当然这种服务是有偿的。②澳大利亚全国羊毛销售经纪人（代理公司）理事会（National Council of Woo Selling Brokers of Australia）。该理事会负责统管全国的35个羊毛销售代理公司。农场主生产的羊毛经剪毛、分级、包装后交给代理公司，由代理公司代理以拍卖形式出售。澳大利亚有80%的羊毛是通过羊毛代理公司拍卖出售的，其余的20%被私人商贩直接从生产者手中买走。羊毛销售代理公司为农场主提供全方位服务，包括提供运输工具、抽取羊毛检测样本、羊毛储存、羊毛分类、羊毛鉴定、羊毛样品展示等。③澳大利亚羊毛出口商理事会（Australian Council of Wool Exporters）。该理事会统管全国所有的羊毛购买代理公司，控制羊毛出口业务。澳大利亚羊毛产量的95%进入国际贸易，其中80%是以原毛形式出口的。国外及国内羊毛需求的绝大部分货源是由大大小小的羊毛购买代理公司提供的。羊毛购买代理公司接受羊毛消费国的加工企业或羊毛贸易商委托，到羊毛拍卖市场以竞价方式购得羊毛，然后交给委托人进入企业加工或转卖。④澳大利亚羊毛检验局（The Australian Wool Testing Authority）。该检验局是澳大利亚政府法定的羊毛质量检测机构，下设一个实验室负责为生产者、经纪人、购买商及加工企业提供原毛、洗净毛、毛衣及毛织品质量的客观检测，维护澳毛在国内外的信誉，通过廉价、公正、高效的检测服务，使羊毛业的收益最大化。羊毛购买商就是根据该实验室提供的羊毛质量检测数据在拍卖市场上竞价购毛的。⑤澳大利亚羊毛公司（Australia Wool Corporation）。该羊毛公司是联邦政府认可的负责整个羊毛行业管理的法定机构，对全国的羊毛营销、促销、科研开发等活动负有广泛责任。其经费除少部分由政府提供用于羊毛的科研开发和促销活动外，绝大部分由生产者提供，约占生产者售毛毛收入的8%。公司董事会成员由11人组成，除了董事长和总经理外，有4位生产者代表，另有4位代表分别来自金融界、商业界和工业界，还有一位代表来自政府部门的第一产业与能源部。公司的主要业务包括：为生产者提供最低保护价（当羊毛拍卖价低于最低保护价时，羊毛公司则以保护价全部收购）；为生产者、剪毛员、分级员、购买商、经纪人培训机构、农业部门、加工企业等提供产业最新信息；开展各种促销活动；搞技术革新、技术培训与新技术推广；为生产者提供仓储设施及产业间联络等。以上是澳大利亚羊毛业20世纪80年代末期的基本情况，近几年来由于羊毛市场发生变化，有些组织机构作了调整，所以目前羊毛产业的组织体系有所变化，但基本框架和功能未变，为羊农提供服务的宗旨也未变。

2. 德国的农业产业化组织体系

德国有三大著名的农民组织在农业产业化中发挥着至关重要的作用。①德国农民联合会。该联合会成立于1948年，是一个非常强大的农民政治性组织，分为联邦级联合会和地方级联合会。农民联合会独立于任何党派和政府部门，为农民提供政治性保护。联邦级联合会的主要职责是代表农民利益，在参与联邦政府和欧盟制定农业政策过程中，为农民说话，反映农民的意见和要求。地区级联合会的主要职责是就会计、经济、法律及社会等问题为农民会员提供咨询服务，同时参与所在州政府的农业决策过程，为农民说话。②德国合作社与赖夫艾森联合会。这是一个以赖夫艾森个人名字命名的农民合作经济组织，分为联邦级联合会、地区级联合会和基层合作社三级。联邦级联合会的主要职责是对地区级联合会进行审计；聘请各方面的农业专家同政府的农业部门接触，为制定农业政策提供咨询；在欧盟总部设有办事机构，了解欧盟制定农业政策情况。地区级联合会的主要职责是对基层合作社进行审计，并为基层合作社提供贸易、产品储存、技术咨询等服务。基层合作社是直接为农民提供服务的农民经济组织，提供的服务包括销售服务、加工服务、农机服务、金融服务等。③农会。农会是一个半官方的农民技术性组织，下设若干个研究所，其主要职责是从事农业科研和技术咨询活动。科研活动一般是和分散在各大学中的研究机构联合攻关，取得的科研成果可以通过研究所办的刊物传递给农民，也可以向农民现场示范推广。农会向农民提供的咨询服务涵盖面很广，包括生产、技术、经济、投资、贷款、机械、建筑、就业等方面。

四　农业产业化的突破口：培育产业组织体系

农业产业化的发展过程实质上就是农业产业化组织体系不断完善的过

程，通过产业组织体系向农民提供社会化服务，通过社会化服务把农民与市场联结起来，使农民形成了自我组织、自我服务、自我约束、自我保护、自我发展的格局。借鉴澳大利亚和德国的经验，在我国实施农业产业化的突破口就是如何培育适合我国国情的农业产业组织体系。在农业产业化发展的过程中，真正起龙头作用的是产业组织体系而不是别的什么东西。

在由社会主义计划经济向社会主义市场经济转型时期，建立农业产业组织体系是不可避免的。无论是在计划经济时期还是在市场经济时期，客观上都需要商品市场的有序化，做到对商品的生产、加工和流通"管而不死，活而不乱"。而商品市场的有序化离不开产业组织的管理和调控。在计划经济时期，与农业有关的政府部门如农业部、商业部、外贸部、物价局等充当了产业组织的角色，对各种农产品的生产、加工和流通进行组织、管理和调控，保证了农产品市场的有序化。在经济转型时期，随着政府职能的转变，政府部门对许多农产品已不再进行组织、管理和调控，有些农产品已完全放开。与此同时，农民尚未建立和健全属于自己的产业组织，因而也就不能对农产品市场进行有效的管理和调控，使农产品的生产、加工和流通经常处于无序状态，加剧了农产品的"买难"和"卖难"。这在客观上要求尽快建立健全农业产业组织，对农产品市场进行有效的管理和调控。

我国是社会主义国家，在农业产业组织体系的模式上同资本主义国家必然存在差别。在我国，政府部门的一个重要职责就是保护农民的合法利益。政府部门的利益同农民的利益具有高度的一致性，因而没有必要像资本主义国家那样成立农民的政治性组织，形成农民与政府讨价还价的局面。但是，在社会主义市场经济条件下培育农民的经济组织是完全必要的，其目的就是让农民形成自我组织、自我服务、自我约束、自我保护、自我发展的格局。农民愿意办、能够办的事情尽量交给农民自己去办，尽量避免在计划经济体制下政府包办一切的做法。这样做既有利于引导农民走向成熟，又有利于减轻政府部门的负担。另外，政府部门本身就是农业产业组织体系的一个重要组成部分，在对一些特别重要的农产品如粮食和棉花的管理和调控方面政府部门一直充当产业组织的角色。在目前情况下，政府部门在社会化服务领域还发挥着极其重要的作用，特别是在农业投入品如农药、种子、化肥、科技、资金的供应等方面。在农业产业组织还不健全的情况下，靠农民自己的组织是无法解决这些问题的。即使将来农民自己的组织发展了，政府部门在社会化服务方面的作用也仍将是农民组织无法替代的。

农业产业组织应具有服务、管理和调控的职能。服务主要是指对农户提供的产前、产中和产后的社会化服务,以社会化服务为纽带把千家万户的小生产者组织起来,形成区域性的"小市场",由区域性的"小市场"向地区性的、全国性的、国际性的"大市场"辐射,形成"小市场"与"大市场"的对接。管理主要是指行业管理,制定相应的行规行约,对农产品生产加工、流通进行规范管理。调控主要是指对农产品的数量和价格进行有效调控,起到稳定市场供应和稳定市场价格的作用,既能维护消费者利益又能保护生产者利益。农业产业组织应具有层次性,应在微观、中观、宏观不同的层次上建立农业产业组织,它们彼此之间既有分工又有合作,互相协调,共同发展。农业产业组织应具有多样性,从分工上应有生产者组织、加工者组织、经营者组织、贸易者组织等;从构成上应有政府组织和非政府组织;从形式上可采取集团公司、合作社、协会、俱乐部等多种形式。

发展农业产业化的中心目的是提高农民的组织化程度,提高农业产业效率,通过产业组织对农民提供社会化服务,对农产品市场进行有效的管理和调控。农业产业化是一种经济组织形式,需要政府部门的扶植和引导。特别是在农业产业化发展的初级阶段,需要政府部门在政策上予以支持和引导,积极培育农民经济组织,为其发展创造有利条件。

参考文献

[1]《产业化是发展市场农业的重大战略选择》,《农民日报》1993年8月19日。

[2]《论农业产业化》,《人民日报》1995年12月11日。

[3] 牛若峰:《再论农业产业一体化经营》,《农业经济问题》1997年第2期。

[4] 王大海等:《造就一种新关系格局》,《人民日报》1995年12月13日。

[5] 潘国耀:《也谈产业化》,《农民日报》1996年1月11日。

[6] 陈吉元:《农业产业化:市场经济下农业兴旺发达之路》,韩俊、陈劲松、张庆忠主编:《产业化:中国农业新趋势》,中国农业出版社1997年版。

[7] 牛若峰:《农业产业化的理论界定与政府角色》,《农业技术经济》1997年第6期。

[8] 牛若峰:《农业产业一体化经营的理论框架》,《中国农村经济》1997年第5期。

[9] 刘玉满:《畜牧业产业化的国际经验及对我国的启示》,《中国农村观察》1997年第6期。

(原文发表于《中国农村经济》1998年第12期)

"公司＋农户"模式初探

——兼论其合理性与局限性

杜吟棠

在我国"农业产业化"热潮中,"公司＋农户"作为一种新事物、新模式,日益受到人们的重视和认同。那么,究竟什么是"公司＋农户"?"公司＋农户"模式是在什么背景下形成的?它为什么得以迅速发展?"公司＋农户"模式有哪些类型和制度特征?与其他企业制度相比,"公司＋农户"模式的制度合理性和局限性是什么?从长远观点看,"公司＋农户"模式的发展前景如何?这些都是本文试图予以回答的问题。

一 "公司＋农户"模式的起源和内涵

(一)"公司＋农户"模式的起源

"公司＋农户"的提法,最初见于河南信阳地委书记董雷发表的《发展农村市场经济的有效途径——"公司＋农户"》一文。据该文论述,当地农业产业化的历程大体经历了三个阶段:第一阶段是扶持千家万户发展种植业和养殖业,建立一批原料基地;第二阶段是商品基地形成规模,粮油、茶叶、桑蚕、林果、水产分别成为地区性支柱产业,并开始建立"龙头"经济实体;第三阶段是围绕支柱产业,以实体公司为龙头,联系农户,签订合作经营合同。所谓"公司＋农户",实际上就是指"以实体公司为龙头,联系农户,签订合作经营合同"的做法。文章指出,截至1993年,信阳地区已建立各种"龙头企业"196个,实行"公司＋农户"经营模式的产业涉及茶叶、桑蚕、林果、食用菌、种鸡等十几种产品①。

这一时期，国内其他一些地区也陆续形成了若干类似的模式。例如，吉林省德惠县，以农产品加工企业为龙头，带动农业发展，形成了所谓"龙型经济"模式。其中，最有代表性的是当地与泰国正大集团合资建立的德大公司，通过向农民提供种鸡、饲料，回购成鸡，培养了一批养鸡专业户。截至1993年，德大公司已建成种鸡场、孵化场、饲料厂、肉鸡加工厂等附属企业7个，发展养鸡专业户500多户，还带动了当地一批塑料包装厂和包装箱厂的发展②。

同一时期，河南省三门峡市以80多个企业为龙头，与18万农户签约，建立了多成分、多形式、多层次的"公司＋农户"一体化经营模式。其中有灵宝果品产业集团公司，内设技术服务、生产资料供应、加工包装、购销储运4个公司，在17个乡镇成立了分公司，与101个村的32000户果农签订了果品产销合同。仅1992年就培训果农3万人次，运销果品5000万公斤，还向农民提供化肥6000多吨、农药500多吨，新建冷库收储苹果3100万公斤③。

实际上，在此之前，在中国社会科学院召开的一次"如何引导农民走向市场"的座谈会上，就曾有人提出，对于小农占优势的中国，仅靠城市化、工业化，运用高新技术把农产品打入国际市场很不现实。现实的选择是在政府与农民之间找出联系的纽带和支点，这个纽带和支点就是各种服务性公司（如泰国的正大集团就是以农业、畜牧业为基础的大公司）。"公司与农民通过联系与合作，使利益一体化，把国家对农民的行为转化到公司"，"把农村发展经济、组织创新建立在非政府组织形式基础之上……发展扶持实力强的农村公司，组建大的集团公司，利用公司形式提高农民的市场竞争能力"④。

也是在此之前，余国耀等介绍了汕头市政府组建汕头农业投资公司，与农民企业家合作，租用当地农民弃耕农田，建立新农基地，从事水产养殖、

① 董雷：《发展农村市场经济的有效途径——"公司＋农户"》，《经济日报》1993年7月8日第2版。

② 王为农、吴晓华：《龙型经济：稳农富民的新模式——产粮大县德惠县的实践与启示》，《经济日报》1993年7月11日第2版。

③ 《"公司＋农户"——一种新的经济共同体》，《农民日报》1993年10月3日第1版。

④ 吴尚民、袁永康：《将农民引向市场的基本思路》，《中国农村经济》1993年第5期。

果树花卉等生产的事例。文章指出,公司从事农业经营的形式,除了与农民企业家合资以外,还有多种与农民联合的其他形式①。

回顾我国改革发展的历史不难发现,自从农村实行家庭联产承包责任制以后,原有的国有、合作商业企业就开始了直接面向农户的购销活动。但是,除了国、合商业企业以外,其他公司大举进入农业领域从事生产和购销活动,则是1992—1993年前后集中出现的一种新气象。

(二)"公司+农户"模式的内涵

"公司+农户"这一提法,并不是一个严格的理论术语,而是一种比喻性用语,用来描述我国分散和相对封闭的农户借助公司这一形式与市场发生联系的做法,因此,在理论上和实践中,人们对"公司+农户"模式内涵的理解和解释有所不同也就不足为奇。迄今为止,人们对于"公司+农户"模式的内涵,大体上有两种见解。

一种见解认为,"公司+农户"是一个特指范畴。所谓特指,也就是说,"公司+农户"仅指公司与农户之间通过签约形式建立固定供销关系的经营模式。这里所说的供销关系,不是指一般的供销关系,而是指互惠互利的供销关系。因为公司与农户订立一般供销合同的做法早已有之,而订立互惠互利供销合同的做法则是近年来出现的新举措。例如,董雷认为,"公司+农户"就是以实体公司为龙头,联系一定的农户,双方签订合作合同。公司有偿向农户提供生产资料和资金技术,农户按公司的生产计划和技术规范进行生产,产品由公司以合同价格收购销售②。《"公司+农户"———一种新的经济共同体》一文也认为,"公司+农户"模式的核心是用合同连接农户,"将生产者、加工者、销售者、经营者结成风险共担、利益均沾的共同体"③。

另一种见解则认为,"公司+农户"是一个泛指的范畴,它不仅指公司与农户以签约形式建立互惠互利的供销关系,还包括合资、入股的紧密型联合,也包括不受合同约束的松散型联合。例如在余国耀等的文章中,列举了

---

① 余国耀、鹿生伟:《汕头建立农业投资公司,加快农村经济向市场经济转变》,《沿海新潮(汕头)》1993年第2期。

② 董雷:《发展农村市场经济的有效途径———"公司+农户"》,《经济日报》1993年7月8日第2版。

③ 《"公司+农户"———一种新的经济共同体》,《农民日报》1993年10月3日第1版。

公司与农民企业家合资办农业企业；公司与农村专业户合作经营，农民出土地，公司出资金，收益按比例分成；农民出土地、劳力，公司提供生产资料，产后由公司定价收购产品，扣除投入成本，统一组织销售；公司与农户挂钩经营，公司提供技术、物资和服务，并收取一定的管理服务费。其中，第一种属于国有公司与农民企业家个人的资本联合，第二种属于国有公司吸收农户土地入股的紧密型联合，第三种属于公司与农户之间签约的互惠型联合，第四种属于双方没有严格约束关系的松散型联合。此外，有人认为，"公司 + 农户"模式还包括公司与农户之间实行"租地—雇工经营"[①] 或"土地反租倒包"形式的联合。

二 "公司十农户"模式形成与发展的历史背景

"公司 + 农户"模式是在怎样一种大背景下形成的，为什么会成为近年来农业发展中的一个热点，这是很值得在理论上深入探讨的一个问题。

(一) 农产品卖难现象，凸显农民组织起来进入市场的必要性

改革开放以前，我国农业经济基本上是以自给自足为主，少量剩余农产品通过国、合商业企业按计划进入流通领域。从 20 世纪 80 年代初到 1992 年，我国国民经济体制逐步从计划经济转向市场经济，在此期间农业商品生产的规模迅速扩大，计划流通的比重日益缩小。在这种情况下，自 1983 年以后到 1993 年以前，我国先后发生了两次大的农产品卖难现象。第一次发生在 1982—1984 年，当时，农村经济体制改革刚刚起步，农业生产从集体统一经营为主转向以家庭自主经营为主，部分农产品流通逐步退出统、派购序列，流通渠道也从国、合商业企业单一渠道转向多渠道自由流通。但是，随着农民家庭自主经营范围的扩大，部分退出统、派购序列的农产品总产量迅速上升，销售渠道不畅，于是出现了第一波农产品卖难。当时发生卖难的农产品，主要有茶叶、柑橘等，从而引发了某些地区砍茶树、砍橘树的现象。第二次农产品卖难发生在 1989—1992 年。1985 年全国取消了实施 30 年之久的农产品统购统销制度，代之以对少数农产品如粮食、棉花等实行国

---

① 关喆：《农村改革试验区的农业产业化实践》，《探寻农业产业化之路》，暨南大学出版社 1997 年版。

家定购制度，定购任务以外的农产品基本上都放开经营。在此期间，一些后放开经营的农产品，特别是与乡镇企业发展有着密切联系的纺织原料类农产品出现了大范围的供不应求现象，导致这些产品生产的盲目扩大。到1989年以后，这些产品市场已呈现饱和状态，加工、流通部门库存积压，于是发生了第二波农产品卖难。

两次农产品卖难说明，转向家庭经营以后的分散农户，无组织地盲目生产和自营销售，难以与经常变化的市场供求形势相合拍，农民需要组织起来进入市场已成为各方面的一个共识。

（二）国、合商业企业改革滞后，难以恢复农产品流通主渠道的地位

如何把分散的农户组织起来进入市场？最初人们把较大的希望寄托在原有的国、合企业身上。但是由于国、合企业改革滞后，不适应市场竞争环境，一直未能及时填补这一市场空缺。在统购统销体制下，我国农产品流通的主要渠道有两个：一个是国有商业渠道，一个是供销合作社渠道。其中，国有渠道又分为两块，一块是国有粮食系统，主要从事粮油食品收购、储运、加工和销售；另一块是国有副食系统，主要从事蔬菜、水产、肉、禽、蛋等鲜活产品的购销。供销合作社是另一个农产品流通主渠道，在其下面设有若干专业公司，主要从事农用生产资料，包括化肥、农药、塑料薄膜的供应，以及棉麻、蚕茧、羊毛、茶叶等农副、畜牧、土特产品的收购、储运、初加工和销售。

1982年特别是在1985年以后，随着粮食、棉花以外的各类农副产品逐步退出统、派购范围以及城、乡农贸市场的普遍建立，国有、供销合作企业在各类农副产品市场上的垄断经营地位被打破，经营环节多、经营成本高、经营方式不灵活等弊端日益突出，逐渐失去市场优势。加上在1985—1989年，部分国、合企业参与农产品抢购大战，致使其库存爆满、资金占压、亏损严重，最后被迫退出有关农产品市场。在这种情况下，各类农产品的流通渠道出现重大空缺，给其他企业进入农产品市场创造了良好机会。

（三）外国大公司的进入，给国内企业树立了榜样

20世纪80年代末90年代初，一批外国涉农企业进入中国市场，给国内涉农企业的发展树立了榜样。

最早进入中国市场的外国涉农企业要数泰国的正大集团。正大集团原是

泰国的一家以饲料加工为主、兼营其他农产品经营的大企业。早在 20 世纪 80 年代初，正大集团就率先进入中国，在深圳建立了第一家合资饲料厂。截至 90 年代初，正大集团在全国各地已投资建立了 100 多家企业和合资分公司。围绕畜、禽、水产饲料的生产和推销，正大集团还在中国建立了配套种鸡场、种猪场以及多级技术服务体系。例如，他们采取由中方联营公司与农户签约，向农户提供鸡苗、饲料、防疫药品和饲养技术，按预定价格回收成鸡等方式，推动各地养鸡业的发展，带动饲料销售。这种经营方式很快为国内其他一些饲料加工企业所模仿，出现了四川的希望集团、广东的温氏集团等一批大型饲料企业。其中温氏集团就是仿效正大集团，采取与农户签约，以提供技术支持和回收部分产品方式来扩大经营规模的。

外国企业进入中国农业生产、进行市场经营的另一个范例是瑞士的雀巢公司。雀巢公司的牛奶、咖啡产品早在改革开放初期就已经打入中国市场，在此后的近 10 年时间里，他们不断探索在中国直接建厂、就地生产的可能性。20 世纪 80 年代末，雀巢公司首先与黑龙江省政府达成了在双城建立一家合资奶制品厂的协议。1990 年，双城雀巢有限公司正式投产。为了保证奶源供应，雀巢公司在双城建立了一个面积达 1250 平方千米、覆盖 10 个小镇、156 个村庄、含 5.8 万农户的采奶区。公司不仅在采奶区建立了一套有效的牛奶采集网络系统，而且为农民提供饲料种植和奶牛喂养、牛奶采集方面的技术支持，从而提高了产品质量，降低了经营成本[①]。

1988 年，雀巢公司又与云南东莞糖酒集团公司合资，建立了东莞雀巢有限公司，开始在云南思茅地区发展咖啡生产。为了推广咖啡种植，东莞雀巢公司建立了咖啡苗圃，成立了专业培训部和两个咖啡收购中心。雀巢公司通过当地供销社与农民签订种植合同，由公司以赊贷方式提供树苗、化肥、农药，由农民在第一次收获后按成本价偿还。公司为农民提供生产技术培训，并规定了咖啡豆的质量标准和以生产成本为基础的每公斤最低收购价。在这样一种协议关系激励下，云南思茅地区的咖啡种植面积在 1991—1996 年期间扩大了 1700 公顷，产量从最初的 80 多吨增加到 2000 多吨[②]。这些外国公司的经营新理念、新方式，对"公司＋农户"模式的形成起了一个引路作用。

---

① 春秋编译：《雀巢开创的文明》，中国统计出版社 1998 年版，第 42—55 页。
② 同上书，第 56—71 页。

（四）农业产业化口号的提出，对"公司＋农户"模式的推出起了催化作用

1992 年党的十四大正式确立了建立社会主义市场经济体制的改革方针。如何把我国的传统农业纳入市场经济的轨道便成为当时各级实际工作部门和理论界所要解决的一个大问题，"农业产业化"正是针对这个问题而提出来的。农业产业化的口号最早是由山东省潍坊市于 1993 年初提出来的，后被山东省农委所做的一份调查报告所采纳，当年 7 月首次见诸《农民日报》，1995 年 12 月《人民日报》发表有关长篇报道并配发社论，1996 年被写入《国民经济和社会发展"九五"计划和 2010 年远景目标纲要》①。

随着农业产业化热潮的形成，人们归纳出多种推进农业产业化的组织形式，其中包括"市场＋农户""企业＋农户""协会＋农户""合作社＋农户"等。在这种背景下推出的"公司＋农户"模式，立即引起社会各界重视，并被视为农业产业化的一种重要组织形式，在随后的几年里得到各地的广泛认同和提倡。

（五）社会闲置资金寻找新的投资热点，加快了"公司＋农户"模式的扩散

改革开放以后，随着我国社会资金占有主体的逐步改变，出现了四大块闲置社会资金：第一块是各级政府部门的预算外资金；第二块是国有、集体企业的自留资金；第三块是个人资金；第四块是金融部门的信贷资金。以前我国所有建设性投资都是计划投资，闲置资金的增值问题不需要资金占有部门考虑，因此不存在闲置资金寻找出路的问题。但是，随着我国财政分灶吃饭、企业投资"拨改贷"、金融机构企业化管理以及鼓励个人投资政策的推进，闲置社会资金自我增值和寻找出路的问题便日益突出。

从 1985 年到 1996 年，我国闲置社会资金有过三次大的投资热。第一次是 1985—1989 年的乡镇企业投资热；第二次是 1992—1994 年的证券业投资热；第三次是 1994—1996 年的房地产业投资热。1996—1997 年，随着房地产业泡沫经济的消退，国内部分闲置社会资金急于寻找新的出路，而农业产

---

① 杜吟棠：《农业产业化——关键是实现生产方式的转变》，载《1997—1998 年：中国农村经济形势分析与预测》，专题扫描之二，社会科学文献出版社 1998 年版。

业化口号的提出，恰恰给这部分闲置社会资金提供了一个新的投资热点，于是在农业投资热的推动下，"公司＋农户"模式得到了更加广泛的认同和采纳。

三 关于"公司＋农户"模式的制度分析

（一）"公司＋农户"模式的类型划分与制度特征

"公司＋农户"作为一种内涵宽泛的制度安排，按照其龙头企业属性的不同、公司与农户结合方式的不同以及农户组织形式的不同，可以分为多种类型。

"公司＋农户"模式中的龙头企业，按照其资产属性的不同，大体上可以分为五种类型，即国有企业、集体企业、外资企业、私人企业和股份制企业（包括中外合资企业和国有、集体、私人、外资参股的混合所有制企业）。由于国有企业和集体企业在实行企业制度改革前缺乏利益激励机制，因此在"公司＋农户"模式发展的初期很少能发挥龙头企业的作用。随着现代企业制度和一体化经营方式的引入，一部分中外合资企业、国内私人企业和相当一部分在1993年以后组建起来的多成分股份制企业，相继成为"公司＋农户"模式中的龙头。公司与农户的结合方式，按其制度安排的不同，大体上有四种类型，即"互惠契约"关系、"出资参股"关系、"市场交易"关系、"租地—雇工经营"或"土地反租倒包"关系。其中，"市场交易关系"没有实现公司与农户利益的一体化，与以往的公司独自经营模式没有什么区别；"租地—雇工经营"或"反租倒包"关系，实际上也是公司独自经营的延伸形式。相比之下，"互惠契约"关系和"出资参股"关系与现代企业制度中的契约一体化、所有权一体化趋势相一致，体现了"公司＋农户"模式不同于其他模式的制度特征，因此是"公司＋农户"模式中最常见、最具代表性的结合方式。

根据案例调查，农户组织形式大体上可以分为四类：一是分散、独立的农户，二是通过乡、村行政领导部门组织起来的农户，三是通过各种专业技术协会组织起来的农户，四是通过专业合作社组织起来的农户。其中后三类，又分别被称为"公司＋基地＋农户""公司＋协会＋农户"以及"公司＋合作社＋农户"模式。由于我国农民的自组织程度较低，因此迄今为止，

"公司＋协会＋农户"和"公司＋合作社＋农户"模式的普及面较小。又由于公司直接与分散、独立的农户建立一体化经营关系操作成本较高,规模难以扩大。因此,通过乡、村行政部门把农户组织起来的"公司＋基地＋农户"便成为较常见的形式。

在实际生活中,不同的龙头企业与不同组织形式的农户建立一体化经营关系,演绎出各种不同的组合,使得"公司＋农户"模式的具体实现形式更加丰富多彩。

(二)"公司＋农户"模式的具体案例

1. 广东温氏食品集团有限公司

广东温氏集团是一个以养鸡业为龙头,兼营肉猪、水产、饲料、竹笋罐头加工,并拥有种鸡场、种猪场、饲料厂、孵化厂、育种公司、肉鸡屠宰分割厂、塑料编织袋厂、动物保健品研究室、育种研究中心等科研、生产、销售机构一体化的联合企业。公司下属企业 55 家,共有员工 2500 余人,其中正式员工 1300 人,技术、管理人员 250 人。

温氏集团最初是从 1983 年的 7 户 8 股发展起来的。当时的 8 股中,温氏父子各占一股,其他 6 户各占一股。7 户农民既是股东,又是劳动者。1988 年鸡场发展到 43 人,鸡场让员工投资入股,每股 4000 元。1990 年实行企业内部股票制,发行股票 1 万张,每张发行价 100 元,当时全场员工均有数量不等的股票。通过历年的分红(送股),公司现有总股本 185 万股,每股 122 元(公司内部估价),员工之间的转让价每股 175 元。

温氏集团目前的股本结构为:温鹏程个人有公司股票 6 万股,约占总股本的 4%,温氏家族有公司股票 36 万股,约占总股本的 20%。公司创始人中的四大家族(即加上黎汉灿、严北草、温泽星)拥有的公司股票占总股本的 70% 以上,剩下 30% 的股份,除以技术加盟的华南农大动科系拥有 6 万股外,分别由 1300 多名公司正式员工所拥有。

公司实行董事会领导下的总经理负责制。董事会是公司最高权力机构,重大问题由董事会决定。董事会有 10 名成员,每月例会一次。董事会对决策采取协商制,不采取投票制,多数人(70% 以上)同意即通过决策,否则则放弃。董事长主要是起召集人和协调人以及总体把握的作用。公司经理层负责执行决策。总经理领导五个副总经理,五个副总经理分管八大职能部门(办公室、销售部、饲料部、服务部、后勤部、技术中心、发展部、财务部）和若干区域性分公司。总经理办公会议每周一次，进行日常管理和日常决策。

从 1986 年开始，公司鸡场与养鸡户建立起一种新的合作经营方式，即场户合作，也就是"公司＋农户"模式。由鸡场向养鸡户提供鸡苗、饲料、技术和销售，利用养鸡户的场地和人力资源进行饲养，养鸡户每养一只鸡，向鸡场预交一定的成本金，由鸡场回收成鸡并销售后再与养鸡户进行最后结算。后来，鸡场又提出保护价政策，即无论市场价格如何变动，鸡场按事先商定的保护价收购成鸡。即使市场价格下跌，保护价也不变。

由于温氏集团讲信誉，合作农户迅速增加，公司规模越做越大。近来年平均每年有 1000 新养鸡户加盟，共有 8500 多个养鸡农户与公司建立了较密切的经营合作关系。20 世纪 90 年代以来，温氏集团在广东的新兴县先后建成竹区、捻竹区、车岗区和联营区四大养殖基地，在珠江三角洲地区以及河南、湖南、湖北、广西、福建等地开办了分公司。

温氏集团公司的这种一体化经营方式，构成了"职工持股公司＋各地代理分公司＋农户"的模式。

2. 连云港如意集团股份有限公司

该公司是以一个国有蔬菜冷藏厂为母体建立起来的农产品加工企业集团。集团公司创建于 1994 年，现有正式员工 200 人，生产工人 1000 余人，注册资金 100 万美元。多年来，通过多方投资合作和股票上市，目前如意集团主要股东的构成情况如下：连云港市蔬菜冷藏加工厂（国有法人股股东）持股 30.60%，远大（连云港）海洋集团有限公司持股 18.34%，连云港兴农农业有限公司持股 17.62%，珠海生兴贸易发展有限公司持股 5.3%。在如意集团下面，由集团公司控股的子公司包括：远大连云港花生食品有限公司（控股 90%），连云港来副如意食品有限公司（控股 75%），连云港艾利如意食品有限公司（控股 70%），浙江远大进出口有限公司（控股 52%），连云港味之素如意食品有限公司（控股 25%）[1]。

如意集团以蔬菜基地为依托，拥有多品种、大数量、高品质的原料供应，生产的主要产品包括冷冻蔬菜、保鲜蔬菜、盐渍蔬菜和罐头食品。集团公司除了发展国内市场外，还积极拓展国际市场，先后与日本、韩国、美

---

[1] 参见《股东情况介绍》，《连云港如意集团股份有限公司与子公司的产权关系图》，http://www.ideal.com.cn，2000 年 7 月。

国、加拿大、德国、东南亚等十几个国家和地区的 200 多家客户建立了业务关系。出口量较大的品种有速冻菠菜、荷兰豆、绿芦笋、牛蒡丝、金笋、青椒、藕片等①。

如意公司的生产基地有三种类型：第一种是集约化基地，通过租地、合营等方式取得直接的土地使用权和生产支配权，开展大规模商品化农业生产。第二种是合同化基地，通过公司与县农业局、技术推广中心、乡镇政府或社区组织签约，上述代理机构再与农民签约，公司向农民有偿提供种苗、技术指导、机械作业等服务，按规定标准和合同价格回收产品。合同价格一般高出市场价格 50%—100%。公司再按收购价的 15% 向县、乡代理机构支付手续费。第三种是协作化基地，主要是围绕在国际市场上有一定销路的大路货蔬菜，向农民提供市场需求信息，引导农民适度发展生产，以略高于市场的价格实行社会化收购②。

如意集团公司的这种一体化经营方式，构成了"国有上市公司＋基地＋农户"的搭配组合。

四　"公司＋农户"模式的发展趋势和前景

我国农村改革开放以来涌现出多种农产品加工、流通和中介组织形式，而"公司＋农户"模式之所以得到较为广泛的认同和采纳，有其内在的合理性。

第一，如前所述，自人民公社解体，农业生产体制从社队集体经营转为农户家庭经营以后，由于国、合商业企业改革滞后，导致农村商品流通渠道不畅，农产品卖难问题频发。这就给其他各类涉农流通、加工企业和中介组织进入农村市场提供了一个发展机会。

第二，我国大部分地区的农民一直以自给自足为主，农产品商品率很低。对他们来说，自己组织农产品大规模加工、运销活动的制度需求并不迫切，缺乏参与专业协会和合作社等农民组织创建活动的积极性。因此，迄今为止，农民专业技术协会和专业合作社的发展主要集中在我国东、中部

---

① 参见《公司简介》，http：//www.ideal.com.cm，2000 年 7 月。
② 持守江：《带领农民走向国际市场的实践与探索》，载《探索农业产业化之路》，暨南大学出版社 1997 年版，第 443—444 页。

地区。

第三，即使在中、东部地区，虽然农业生产商品率已经比较高，但分散经营的小农户要共同组织农民专业协会和合作社也面临谈判成本高、见效慢的问题。有些已经建立起来的专业协会和合作社，要想通过自身积累资金，扩大加工、流通规模，改进技术、设备和产品质量，提高市场竞争能力，仍需待以时日。

第四，先期进入我国市场的外国公司、新创办的私营企业以及经过改制以后的国、合企业，尤其是多成分股份制企业，无论是在资金融通、技术引进、设备改造、质量保障方面，还是在企业管理、市场开拓、信息收集、经营网点分布方面，都具有先天优势。

正是这些有利条件，使得"公司＋农户"模式的发展比其他模式具有更大的优越性。然而，在"公司＋农户"模式快速发展的同时，也不能不看到其固有的制度局限性。"公司＋农户"与传统的国、合企业相比，固然更符合市场经济环境的要求；与"市场＋农户"模式相比，也更符合现代企业制度向一体化经营方向发展的趋势。但是，与农民合作社相比，则缺乏与农民利益更紧密的结合。

其一，在经济发达国家，农民合作社实际上是农民所有的公司，农民是公司的股东。因此，在任何时候，合作社的发展宗旨都是为社员提供更好的服务。而"公司＋农户"中的公司，无论是国、合公司，还是外资公司，抑或是私人公司，以及多成分股份公司，其股东都只是投资者。在市场经济条件下，公司的发展宗旨是为投资者获取资本回报。所以，在农业经营可以获取丰厚利润的时候，公司会把资金投向农业；一旦农业经营的利润不再丰厚，公司就会转向其他投资领域。例如，四川新希望集团原来是靠饲料工业起家的私人企业，也是目前全国最大的饲料加工、营销企业。尽管在过去十多年里，希望集团为支持贫困地区的发展，曾在贫困地区投资设厂、捐款捐物，被誉为光彩事业的典范，但那仅是公司老板的个人善意行为，不是公司发展的必然逻辑。近年来为了获取更大利润，集团公司正逐渐把投资重点转向房地产业和金融业。

其二，经济发达国家的农民合作社在收益分配上遵循企业保本和社员回报最大化原则，通常在扣除经营成本之后将企业的全部纯利润层层返还给农民社员。合作社的扩大再生产能力完全取决于社员的再投资意向。因此，合作社的经营行为和发展方向是受农民制约的，合作社不能做不符合农民意愿的事。而"公司＋农户"模式中的公司，在收益分配上遵循资本增值最大化原则，并不承担将利润返还给农户的义务。即使有些公司对农户实行利润返还策略，其目的也只是稳定客户，真正的利润返还额在公司总利润中只占一小部分。公司的扩大再生产能力完全取决于公司本身的资本积累和对外部资金的吸引力（吸引力大小又取决于资本报酬的高低），与农户基本上没有关系，因此公司的经营行为和发展方向也不受农户的约束。例如，前面提到的如意集团公司本是一个以蔬菜加工、冷藏为主要经营业务的企业，近年来为了扩大融资规模，集团公司进行了多次资产重组，股东成分发生了很大变化。随着股东成分的变化，集团公司的投资重点也逐步从食品加工领域转向电子产业。这一趋势如果继续下去，最终使电子产业成为公司的主业，那么它是否还会致力于发挥其在农业中的龙头带动作用，从而保持与农户的互惠关系，就将成为一个疑问。

其三，在经济发达国家，农民合作社在掌握市场信息和供求规律的基础上，往往在协调社员生产和稳定市场价格方面发挥着巨大的自组织功能。而在"公司＋农户"模式中，公司的利润最大化目标与农户的收益最大化目标并不完全一致。面对波动的市场供求价格，公司很可能只起到信号放大器的作用，而不是起到稳定市场的蓄水池作用。例如，泰国正大集团进入我国市场以后，最初是以发展饲料业为主，后来由于我国养猪、养鸡业在市场波动中进入发展低谷，正大集团的投资重点大规模转向医药、房地产、摩托车、通信制造、金融业等。1999 年遭遇亚洲金融风暴，正大集团发生严重财务危机，收缩了它在中国一些地区的饲料、农产品经营业务，导致当地一些农户的挂钩合同期满后无从续签。

综上所述，在我国大部分地区的农业商品率还较低、农户生产自给程度仍较高、农民自组织能力也较弱的现阶段，"公司＋农户"模式的发展具有一定的合理性。特别是在传统的国、合企业改制过程中，通过与外资、民间资本结合，建立现代化股份制企业，依靠已有的乡、村组织，发展"公司＋基地＋农户"式的一体化经营，可以借助旧的制度外壳，培育新的生产关系，从而节约制度变迁成本。"公司＋农户"模式利用各类公司的资金优势、技术优势、市场优势、信息优势和管理优势，带动一大批农户从自给性生产转向商品化生产，可以有效地推动农业产业化进程。

但是，"公司＋农户"模式有着自身的局限性。随着农业商品化程度的提高以及专业农户的认同感和农民自组织能力的增强，这种"公司＋农户"

的模式就可能越来越多地被"公司＋协会＋农户"模式所替代，进而被"公司＋合作社＋农户"以至"合作社＋农户"模式所替代。从这个意义上讲，"公司＋农户"模式很可能在某种程度上会起到一种孕育"合作社＋农户"模式的孵化器作用。从长远观点看，"公司＋农户"模式也可能成为一种与"合作社＋农户"模式长期并存的竞争性制度安排。

（原文发表于《中国农村观察》2002 年第 1 期）

农地制度与农村金融

中国农村土地制度建设三题

韩　俊

新中国成立以来，中国农地制度经历了三次重大的变迁：一是20世纪50年代初的土地改革结束了土地封建地主所有制，实现了耕者有其田；二是50年代中期农民土地个人所有制改造为土地集体所有制；三是70年代末以后，实行家庭联产承包责任制，在土地集体所有制的前提下，农地由集体经营向以家庭经营为主变迁。

虽然以家庭联产承包为核心内容的农村第一步改革获得了巨大的成功，但应该看到，继续巩固家庭承包经营制度，使其日趋完善，在农村土地制度建设方面仍有大量的后续工作要做。适应整体经济环境的变化，建立规范的农村土地制度，仍然是今后农村深入改革的首要问题。在本文中，我们将着重对农村土地产权制度、土地流转制度以及土地税赋制度的建设进行探讨。

一　农村土地产权制度建设

人民公社体制解体后，中国农村土地产权制度的一个基本特征是，土地所有权继续归农民集体所有，农户则以承包方式获得土地使用权。这样一种独特的制度安排，虽然没有从根本上触动土地的集体所有制，但由于较好地解决了人民公社制度下普遍存在的集体成员"搭便车"问题，从而带来了生产率的巨大提高。由于农村土地制度的改革是在缺乏成熟的理论准备与系统的政策设计的情况下进行的，农村土地产权制度的不规范是难以避免的。虽然近年来为了完善农村土地产权制度，政府出台了一些重要政策，并试图使这些政策在法律上得到具体化，但农地产权制度仍不够完善。

（一）现行农地产权制度最主要的缺陷：地权的稳定性得不到有效保障

1. 集体土地产权主体不清与产权残缺

中国农村的土地归农民集体所有，这在《宪法》《民法通则》《土地管理法》《农业法》等重要法律中，都有明确的规定，但是，"集体"是指哪一级，法律规定较为含糊。如在《宪法》中，被笼统界定为集体所有；在《民法通则》中被界定为乡（镇）、村两级；而在《农业法》和《土地管理法》中则是乡（镇）、村或村内农业集体经济组织。农民对土地权利的观念在一定程度上可以反映土地产权的稳定性。大量的调查表明，多数农民对土地所有权的具体归属是模糊不清的，甚至农民的土地集体所有权概念是很淡薄的。例如，根据一项对 1080 户农民所做的调查，大多数农民（占 57%）认为是中央政府拥有农村土地；有些人则认为村庄拥有土地（占 16%）；认为是村民小组拥有的占 13%；以为个人拥有的仅 9%；而说乡级拥有的占2%（罗伊·普罗斯特曼等，1998）。而另一项对浙江、河南、吉林、江西 8个县 800 个农户的问卷调查显示，认为土地的所有者是村集体的比例与认为是国家的比例几乎是相同的，分别是 46.5% 和 48.3%，只有一小部分被调查者（2.5%）认为他们自己是土地的所有者（龚启圣等，1998）。

集体土地产权除主体不清外，存在的另一个问题是产权的残缺，农民集体不能充分行使土地的权利。这在集体土地征用过程中表现得最为突出。土地征用是我国集体土地转为国有土地的唯一途径。土地征用权是政府特有的权力，但国家只有为"公共目的"才能行使土地征用权，并且征用土地必须给予一定的补偿。而我国在土地的实际征用中，对"公共目的"的限定不足，存在土地征用权的滥用。更为重要的是，政府征用土地补偿费过低。例如，上海征地成本每亩约在 8 万元，而批租出让金高达 50 万—60 万元，甚至高达 100 万元（顾吾浩，1996）。

2. 农户土地承包权的不稳定性

家庭联产承包责任制的实行，实现了集体土地所有权与使用权的分离，按照通行的说法，农民所获得的土地使用权即是承包经营权。农村改革以来，政府也一直在探索加强和扩大农民土地使用权的途径。1993 年 11 月，中共中央、国务院在《关于当前农业和农村经济发展的若干政策措施》中规定："为了稳定土地承包关系，鼓励农民增加投入，提高土地的生产率，在原定的耕地承包期到期之后，再延长 30 年不变。开垦荒地、营造林地、治沙改土等从事开发性生产的，承包期可以更长。为了避免承包地的频繁变动，防止耕地规模不断被细分，提倡在承包期内实行'增人不增地，减人不减地'的办法。在坚持土地集体所有和不改变土地用途的前提下，经发包方同意，允许土地的使用权依法有偿转让。"1995 年国务院在批转农业部《关于稳定和完善土地承包关系的意见》中，除了重申以上政策外，又明确规定在承包期内，土地承包经营权允许子女继承。1997 年中央和国务院在有关文件中，再次重申了稳定土地承包关系的政策，明确提出，不提倡"两田制"，严格控制预留"机动地"。不允许借"两田制""小调整"名义，随意收回承包地，提高承包费等。然而，政府稳定土地承包关系的上述政策落实得并不好，其表现是现实中土地的频繁调整及土地承包期限短。在绝大多数地区，根据人口的变化，周期性地进行土地的调整是司空见惯的事。这种调整严重地损害了土地承包经营权的稳定性。而政府关于将土地承包期在原先耕地使用权 15 年的基础上再顺延 30 年的政策，只是在很小的一部分地区得到了执行。土地的频繁调整与过短的土地承包期限，使得许多农民对土地使用权缺乏安全感。

农民土地承包经营权不稳定，还表现在农民土地承包经营权的内容仍不够充分，例如，在现行制度下农民缺乏抵押土地使用权以获取银行贷款的权利。更为重要的是，农民在现实中缺乏充分行使自己土地权利的能力。虽然政府要求农户和集体之间要签订书面的土地承包合同，但在现实中，随意解除土地承包合同，侵犯农民合法权益的现象是经常发生的。而现行的法律还不能对农民的使用权实施有效的保护。另外，在不少地区，许多农民根本没有书面的土地承包合同。

（二）农村土地产权界定和稳定：农村集体产权及农户承包经营权

产权界定所要解决的核心问题是保障农村集体所有权和农户承包经营权的稳定性，这不仅涉及国家与农民集体之间的关系，也涉及农民与集体之间的关系。下面，我们先讨论集体所有权。

"集体产权"（Collective Property Right）或"集体所有制"的概念来自苏联。它是一个没有得到严格界定的概念。周其仁对这个制度的定义是："集体公有制既不是一种共有的、合作的私人产权，也不是一种纯粹的国家所有权，它是由国家控制但由集体来承受其控制结果的一种中国农村特有的制度安排。"这种制度"同时损失了监管者和劳动者两个方面的积极性，其要害是国家行为造成的严重产权残缺"（周其仁，1994）。这个定义强调了国家对集体产权的控制，大体是正确的，但不能过分夸大国家对集体地产经营的控制能力。国家，特别是中央政府，对基层社区的监督、控制是要支付成本的；通过多年的重复博弈，地方政府与农村社区发展出了一套对付中央政府控制的办法，这些办法被证明是行之有效的。在一些文献中，往往还把社区土地制度（Communal Tenure System）等同于集体土地制度。在非洲、拉丁美洲的内陆地区及墨西哥社区土地制度或其变形广泛存在。在社区土地制度下，土地是由社区而非个人持有，按照人口的增长，土地会周期性地在成员中进行重新分配。尽管社区中成员对土地的持有具有很高的稳定性，并且名义上有继承权，但他们对个人土地没有地权，而且不允许把土地卖给或出租给社区之外的人（格申·费达等，1998）。

"集体所有制"最基本的特征是每一个集体成员的"退出权"被剥夺。任何农民对集体土地的享有权是与生俱来的，不需要任何代价。当他的户籍关系脱离所在的集体时，也无法拿走任何一份集体财产。农民名义上作为集体土地的一个天然所有者，但他并不清楚自己在集体土地财产中所占有的份额。集体经济的实质是集体成员无差别占有生产资料。"集体产权"的这种特征，使得集体与作为集体主人的农民在权益关系上往往很模糊。在经济文献中，集体所有制总是与静态的和动态的效率损失相联系。

当然，"集体产权"与一般的"公有产权"相比也有它的一定优势。在土地集体所有制下，每一个集体成员不仅没有退出权，也没有进入其他集体的权利。这样一来，有一些自然条件好的集体，就有可能把级差收益留在自己的社区里，并使其成员获得好处。其他集体的成员要进入自然条件好的集体，受到严格的限制，一般是不可能的。这个规则在社区层次上承认了产权的排他性。这就包含了激励（党国英，1998）。

一个国家选择什么样的土地所有制形式是由多种因素决定的。效率高低是决定农地制度变迁的关键变量，但不是唯一变量，社会公平也是决定农地制度变迁的重要变量。纵观中国历史，由于人地关系的结构性失衡日趋严重，造成了中国封建社会周期性争夺土地产权的斗争，形成土地集中与均田交替行进的历史轨迹，使中国封建经济每经过一段时间的稳定与发展后就遭受一次伤筋动骨的冲击。中国的封建王朝实质上就是在这种争夺土地产权的斗争中不断被更替的，这是社会公平与效率的持久冲突。尽管土地私有制在微观上有效率，但它牺牲社会公平，并造成社会周期性震荡时，它的微观效率乃至社会宏观效率、它的短期效率乃至社会长期效率也就荡然无存了（朱有志等，1997）。

在人民公社解体过程中，为什么不实行土地私有化？当时宪法和意识形态等制度环境的制约无疑是最主要的障碍。如果没有这个障碍，土地私有化是完全行得通的。当时成年的中国农民仍然保留拥有家庭私有土地的梦想（周其仁，1993）。但在人地矛盾尖锐的情况下，土地私有化显然不能同时满足广大农民对效率和公平的要求。周其仁对这个问题给出了较好的解释：第一，不同的农民家庭处在其不同的家庭生命周期，有不同的劳力人口比率，因此对于土地分配有不同的变化着的要求；第二，把人口作为分配土地权利的依据，无论如何得不到稳定的产权边界。前面一点决定了土地私有化的程序困境，后一点则造成实质麻烦（周其仁，1993）。而继续保留社区作为最终所有者对付变动的人口对土地分配压力的某些手段，是包含着一部分效率损失，但有利于农民对公平的要求。世界银行的专家也持类似的看法，他们认为伴有周期性调整的社区土地所有制能提供一种保险替代和一种富有激励性的和谐的社会安全机制，使之能替代那些为达到相同目标的其他机制。历史上，尽管在认识到了集体土地所有制会减少投资积极性的地区，仍旧维持了这种所有制，因为效率损失是远被提供的保险福利所抵消。在这种情况下，只要存在一个有效的政府，社区土地所有制是能以低成本取得地权稳定的（格申·费达等，1998）。

从我国实际情况看，土地集体所有已实行了很长时间，若改为私有，不仅受到政治经济制度和社会意识形态的刚性约束，而且即使实行了土地私有制，也无法有效地解决当前土地经营中存在的诸多难题。我国土地资源极端稀缺，人地关系异常紧张，在今后经济增长过程中，地价必然会不断上涨，实行土地私有以后，土地作为一种不动产在农户资产中的地位会越来越重要，农户会把保有小块土地作为财产增值的手段而不轻易放弃。这同人口少、土地多，工业化和城市化高度发达的欧美国家是不一样的。从这个意义上讲，土地私有不仅不利于土地的流动和集中，还可能成为其障碍。纵观我国历史，随着人口的增长，地权关系的变化相当频繁，但土地私有并没有像欧美等国家那样，有效地促进地权的集中和农户经营规模的扩大。明清以后，随着人地关系的尖锐化，土地价格持续上扬，尽管社会上不乏占地数百亩乃至上千亩的地主，农产品的市场需求也愈益扩大，高度发达的民间手工业亦不乏农用工具改良的能力，但农业生产的集中趋势并未形成，中小农户的经营规模也越来越缩小。有关研究表明，在新中国成立前的几十年间，全国地权变化的总趋向已是越来越分散。

在公有土地制度下如果能有效地保证农户个人地权的稳定性，完全可以激励经营者增加投入和积累，实现土地微观配置的有效性。

1. 建立稳定的农村集体产权

保障农村集体产权的稳定性，就是要确定"谁"真正拥有土地，并明确界定土地所有者的权利和义务，并保证所有者能充分行使有关土地的权利。一般而言，以最低的一级集体组织作为土地集体产权的主体是最为可行的，因为这样有助于密切关注土地的人做出关于使用权的决定。根据这个原则，明确村民小组（原生产队）作为集体土地产权的主体是比较现实和稳妥的选择。改革以来农村土地集体所有权一直处在一种自发变动之中，在现实中，有不少地区农村集体土地的拥有者是行政村（前生产大队），有的甚至是乡镇政府。在界定农村集体产权主体时，不能不考虑业已形成的土地集体所有权的历史划分。现行的《中华人民共和国土地管理法》对此采取了承认现状的做法，规定："农民集体所有的土地依法属于村农民集体所有的，由村集体经济组织或者村民委员会经营、管理；已经分别属于村内两个以上农村集体经济组织的农民集体所有的，由村内各该农村集体经济组织或者村民小组经营、管理；已经属于乡（镇）农民集体所有的，由乡（镇）农村集体经济组织经营、管理。"这种做法操作成本是最低的。在承认现状的前提下，土地管理部门应当进行集体土地所有权的全面登记，核发统一的规范的土地所有权证书，这种证书是拥有土地的唯一的法律凭证。在对现行集体土地所有权进行确认之后，应当禁止随意改变不同所有权主体间的产权关系。

在确认了集体土地产权主体后，还应当在法律上明确界定土地所有者的权利和义务。集体土地所有者除进行土地发包以外，在国家法规政策允许的范围内，有权通过经营、出租、入股、抵押等形式实现其所有权。在两权分离、农户作为土地经营主体的体制下，集体还要加强对土地的管理和监督。例如监督农户按合同规定使用土地，防止荒芜、弃耕或任意转移土地的使用方向，并对农户对土地使用权的处置进行必要的登记、指导和管理等。

更为重要的是，应当保证集体能充分行使有关土地的权利。由于农地转为非农用地的制度不规范，集体土地所有者的有关权利就得不到充分保障。目前，普遍存在保护耕地的意识不强、制度不健全、措施不得力的现象。除了必要的建设和住房占用耕地外，各种乱占滥用耕地的现象屡禁不止，致使我国耕地每年以几百万亩的规模减少，保护耕地已到了与计划生育同等重要的地位。但保护耕地的全民意识、制度、组织、措施都远不如计划生育工作，甚至已有改革措施都很难落实。此外，农地转为非农用地引发的利益纠纷和冲突在一些地区已相当尖锐，成为农村社会不稳定的重要因素之一。这类矛盾产生的根源是集体土地转为非农用地后的增值收益分配不规范，集体土地所有者的权益得不到保障。随着城市化和各项建设事业的发展，农地转为非农用地中的此类矛盾也将继续积累，若不从现在开始就研究一套办法，必将贻害无穷。

完善农地转为非农用地制度，首先，应严格按国家规定划定基本农田保护区，对于擅自将承包的耕地转为非农用途的行为，各种毁坏耕地的行为，各种弃种和弃管等浪费土地的行为，分别制定具体的处罚措施。

其次，实行农村内部非农业建设用地有偿使用制度。对农户宅基地坚持严格的标准定额限制；对乡镇企业占地，结合乡镇企业产权制度改革，探索有偿使用的办法；小城镇建设提倡以改造旧城镇为主，在位置优越的乡镇鼓励建立工业小区，促进乡镇企业向小区集中；探索小城镇土地使用制度改革的办法，可采用拍卖的方式实现小城镇土地资产增值，为开发建设小城镇积聚资金。

最后，要完善农村集体土地的征用制度。建立规范的土地征用制度，不仅能保护农民集体的合法权益，而且也有利于保护有限的耕地资源。由于土地征用制度不规范，滥征耕地的问题十分严重。土地征用是政府为了公共目的强制性地将集体所有的土地收归国有，并给予合理补偿的一种政府行为。土地征用权是政府特有的一种权力。综观世界各国，征地的主体是国家，而国家只有为"公共目的"才能行使这种权力。我国土地征用制度存在的突出问题，一是"公共目的"的土地征用和商业目的的土地征用往往混杂在一起，存在滥用土地征用权的问题；二是土地征用的补偿费用不合理，农民存在明显的利益损失；三是征地程序不规范。完善征地制度，其一，应禁止任何商业目的的土地征用。如果土地是用于商业盈利目的，那么商业用地者应按市场价格支付地价，政府应对由之产生的收入征税。政府征用土地，只能用于"公共目的"。一般认为"公共目的"包括"公共使用、公共利益为内容的公共目的和实现特定经济政策目的的公共目的"（黄贤金，1995）。由于对"公共目的"的解释的不确定性，在一些国家存在对土地征用权的滥用。可以说，如何准确界定"公共目的"的范围是各国（地区）土地征用制度建设中的主要难题之一。其二，应该合理支付土地征用补偿费。土地征用补偿的内容，包括地价补偿、地上物（土地改良物）补偿及其他补偿。各国土地征用补偿的标准并不一致，有的是按市场价格补偿，即以被征用土地征用时在公开市场上能得到的出售价格为补偿标准；有的是按裁定价格补偿，即按法定征用裁判所或土地估价机构裁定或估定的价格补偿；有的则是按法定价格补偿，指按法律规定的基准地价或法律条文直接规定的标准补偿。我国新颁布的《土地管理法》对土地征用补偿费的规定是："征用土地的，按照被征用土地原用途给予补偿。征用耕地的补偿费用包括土地补偿费、安置补助费以及地上附着物和青苗的补偿费。征用耕地的土地补偿费，为该耕地被征用前三年平均年产值的六至十倍。征用耕地的安置补助费，按照需要安置的农业人口数计算。需要安置的农业人口数，按照被征用的耕地数量除以征地前被征用单位平均每人占有耕地的数量计算。每一个需要安置的农业人口的安置补助费标准，为该耕地被征用前三年平均年产值的四至六倍。但是，每公顷征用耕地的安置补助费，最高不得超过被征用前三年平均年产值的 15 倍。征用其他土地的土地补偿费和安置补助费标准，由省、自治区、直辖市参照征用耕地的土地补偿费和安置补助费的标准规定。"我国并不是按土地的实际价格进行补偿，而是按征用土地的原用途进行补偿，以征地前耕地若干年的产值为标准，虽然考虑了地租的因素，但却不是完整意义上的土地所有者价格。这样一来，农民就难以拿到土地转变用途后的增值收益。1986 年制定的征地补偿标准是以"征地前三年平均产值的三到六倍"为标准，1998 年新颁布的土地管理法适当提高了这一标准。但相对于土地的增值潜力而言，现行的补偿标准还是相对偏低。征地补偿费偏低，不仅损害了农民的利益，也不利于保护耕地。其三，征地过程应进一步透明化，任何政府机构或组织需要为"公共目的"征用集体拥有的土地，必须得到有关政府部门的批准并获得土地征用许可证；需要征地的政府机构或组织应该与被征土地的集体所有者代表（如行政村的村民委员会）进行谈判，听取被征地的农村集体组织和农民的意见。被征地的农村集体组织应当将征用土地的补偿费的收支状况公开公布，接受监督；土地征用补偿费应该在集体和农民之间合理分配。

2. 农民土地权利的界定

（1）从"两权分离"到"三权分离"：土地承包权的独立化。家庭承包经营制度的推行，实现了集体土地所有权与使用权的分离。由于农户的土地使用权是以承包方式从集体获得的，因而，人们一般又把使用权称为承包经营权。在文献中，对"使用权""承包经营权"一般并不作严格的区分。"两权分离"也被认为是家庭承包的基本特征之一。而近年来，一些地区在土地流转过程中，承包经营权又发生分离，演变成承包权与经营权两部分，从而形成了所谓的"三权分离"，即所有权、承包权和经营权的分离。例如，浙江省乐清县在深化土地制度改革过程中，实行"三权分离""稳制活田"。"三权分离"即明确规定所有权归集体，承包权稳定不变，并量化记入农户的土地承包证书，使用权可以合法流转；"稳制活田"即稳定家庭联产承包责任制，搞活土地使用权。广东南海市则在明确土地所有权是集体的、土地承包权是农民的前提下通过土地承包权入股的形式，把土地经营权集中起来，实行农地股份合作制。而安徽等地则采取"反租倒包"的方式，赎买农民的土地承包权。

承认农民拥有独立的土地承包权，由"两权分离"到"三权分离"，无论在理论上，还是在实践上都具有极其重要的意义。集体产权制度存在一个明显的缺陷，这就是集体财产缺乏人格化的产权主体，农民名义上是集体财产的天然的一个所有者，但他既不清楚自己在集体财产中所占有的份额，当户籍关系脱离所在社区集体时，也无法拿走任何一份集体财产。任何农民，对集体财产的享有权是与生俱来的，不需要任何代价。这样的一种财产制度，不利于使农户关心集体财产的增值，作为土地集体所有者主体的农民，在现实中相当一部分并没有意识到土地归集体所有。从本质上讲，是由于产权关系还不够明晰。在坚持土地集体所有的前提下，承认农户拥有独立的土地承包权，对于解决集体财产缺乏人格化的产权主体，探索集体经济的实现形式，具有重要的意义。土地承包权在某种意义上讲具有所有权的性质，农民拥有独立的土地承包权就是土地集体所有的人格化表现。承认农民拥有独立的土地承包权，有利于减少现行土地产权关系中内含的不确定性，有利于增加国家对农民的产权保护，有利于使农民形成长期的预期，有利于在发挥土地社会保障功能的同时，推动农地的市场化流转，从而提高农地的利用效率。应当指出，我国农地制度改革既不能实行国有化，也不能实行私有化，而是继续坚持集体所有制，但仅此还是不够的。

（2）土地使用权的长期化。土地使用期限长短，是影响地权制度稳定性的一个重要因素。无论是在公有制还是在私有制下，各国和地区一般都把延长土地租用期限作为完善地权制度的一项重要内容。澳大利亚、中国香港、新加坡等公有土地利用比较有效，很重要的一个原因就是它们都不同程度地采用了土地的长久性租用制。

1993 年，国家就明确宣布了将耕地承包期再延长 30 年的政策，我国新颁布的《土地管理法》又明确规定了这一政策，并允许非耕地采取更长的承包期。在现实中，根据人口变化经常进行的调整，使建立长期化的土地使用权的政策难以落到实处。许多调查表明，相当一部分农民赞成不调整土地的政策。为了保证农民土地权利的稳定性，应当停止对农户承包地每过几年进行一次全面的调整。在一些人地矛盾特别突出的地区，可以采取预留不超过限制的"机动地""动账不动地"（即家庭成员增加的农户支付较少的税费，而家庭成员减少的农户则得多交）等办法，来缓解矛盾。

近年来，我国对非耕地资源的使用制度进行了改革，主要是采取拍卖方式，将非耕地资源的使用权长期租给个人或公司使用。但目前的这种改革还缺乏制度性保证和约束，也没有相应的机构进行监管。对土地使用权出让缺乏规范，从而埋下未来发生产权纠纷和收益纠纷的隐患。考虑到非耕地资源在我国未来农业发展中的重要地位，以及目前堪忧的现实状况，进行这方面的制度性探索，寻找合理的解决办法已势在必行。严格界定非耕地资源的权属，由国有土地管理部门做好非耕地资源登记工作，并颁发统一的产权证书；制定非耕地资源拍卖的有关规定，包括审批制度，地价的评估，拍卖年限，如何形成公平、竞争的拍卖程序，有关拍卖金的使用和管理规定等；形成规范的合同文本，明确买卖双方的权、责、利，防止未来土地增值和有开发成果后出现产权纠纷；加强对拍卖地开发和使用的监督和管理工作。

（3）完善土地使用权的内容。我国农户土地使用权目前是很不完善的，深化农地使用制度改革，核心内容应是进一步完善农户的土地使用权。农户排他性地使用某块农地，必须能从中得到应得的经济收益，并且农户在所有者代表许可的范围内，应有权行使一部分土地的处置权。具体讲，农户的土地使用权至少应包含如下内容：①排他性占有权。农户在规定的租用期内，其使用土地的权利不应受到侵犯。②开发权。农户在租用期内有权优化土地配置，提高土地的产出价值，但无权自行将农用土地转化为非农用地。③农户应得到其应得的经济收益。这包括两方面的内容：一方面，农户必须从出售土地产品中得到其应得到的利益；另一方面，农户应得到其使用土地后因投入资本和劳动而增加了的土地改良价值。④转让权。转让土地使用权，获得一定报酬。可以通过建立土地使用权市场，通过使用权的商品化，来构造土地流转的内在机制。⑤租赁权。⑥抵押权。农户可以以使用权作抵押，来获得有关贷款等。⑦继承权。农户的土地使用权可以继承。由于我国农户土地经营规模太小，对土地的继承权必须施加一定的限制。随着条件的成熟，应逐步推行单嗣继承制。

赋予农民完整的土地使用权，重要的一项改革应是允许农民以农地使用权作抵押获取银行贷款。世界上许多国家为了融通农业资金，特别是为了筹措农业中长期发展的资金，都普遍建立了以农业土地抵押为特征的农地金融制度。如德国的土地抵押合作社、公营的土地银行及土地改良银行；美国的联邦土地银行合作社，联邦土地银行和中央土地银行；日本的劝业银行、农工银行及北海道拓植银行等。上述金融机构都接受农业土地作为抵押标的物，并通过发行土地债券筹措资金，向农民发放长期低息的资金。德国的农地金融制度是采取农民自下而上的方式自行建立的，即先组织各地的单位社——土地抵押合作社，然后向上发展而组成联合社和联合银行。美国的农地金融制度则是采取自上而下的方式建成的，即先由政府拨款作为联邦土地银行的股金，然后开始营业，发行土地债券，同时辅导农民分区组织联邦土地银行合作社（尹云松，1995）。

我国农业发展面临的一大难题就是资金十分短缺，尤其是用于农业中长期发展的资金投入更加不足。农地金融制度的建立对于筹措农业中长期发展资金具有十分重要的意义。农地使用权是农地使用权人对他人（即农村集体组织）所有土地的权利，是一种他物权，完全可以作为抵押的标的物（尹云松，1995）。以农地使用权作抵押构建农地金融制度是可行的。

二　农地规模经营、土地流转与政府干预

（一）农地规模与生产率的关系

国外许多实证研究表明，农场规模与生产率之间一般存在反向关系，即小农场的生产率一般高于大农场（格申·费达等，1998；罗尹·普罗斯特曼等，1996）。一些人据此对中国发展农业规模经营持怀疑态度。在此，有必要对农场规模与生产率之间存在反向关系作一些剖析。

农场规模与生产率之间存在反向关系，并不是一个理论假设，而是大量

实证研究观察到的一个事实。例如，世界银行对肯尼亚小农场和大农场的对比研究发现，规模在 0.5 公顷以下的农场的每公顷单产是规模在 8 公顷以上农场的 19 倍，前者的劳力用量也是后者的 30 倍。从全国范围来讲，这意味着农场规模减小 10%，产量要增加 7%，劳力用量也增加 8%。在印度，规模在 2 公顷以下的农场的每公顷土地收入比规模在 10 公顷以上的农场高出 1 倍多。在巴西，规模不到 1 公顷的农场每公顷土地纯收入比规模在 1 到 10 公顷的农场高出几乎两倍，比规模在 200 到 2000 公顷的农场则高 30 倍。科尼亚对 15 个发展中国家不同规模农场中各种农业投入、土地产出和劳动生产率之间的关系做了比较，他发现，农场规模与农业投入和每公顷单产成反比。普罗斯特曼和里丁格使用 117 个国家的数据表明，每公顷谷物产量最高的 14 个国家中有 11 个是小规模家庭农场占主导地位的国家（罗伊·普罗斯特曼等，1996）。

如果说农场规模经营与生产率之间的这种反向关系是十分确定的，那么，在市场力量的作用下，土地必然会不断地由大农转向小农。然而事实并非如此，无论是发达国家，还是发展中国家，在农业现代化过程中，小农场的比重不断下降，大农场的比重不断上升，农场的平均规模呈不断扩大的趋势。即使建立在小规模家庭农场基础上的东亚经济也不例外，土地改革后，农户的平均经营规模都扩大了。这说明，农场规模与生产率之间的联系是非常复杂的，不能简单地停留在二者关系的表面上，而应当对这种表面关系进行深入剖析。

在文献中，对农场规模与生产率之间的反向关系存在三种不同的解释（米切尔·卡特等，1992）：

第一种解释是将农场规模与生产率的反向关系归结为土地质量的差异。这种观点认为，土地质量更好的农场倾向于被分成较小的规模，无论在哪里，或出于什么原因，农民在不得不出售部分土地时，总是倾向于保留其最好的部分。因此，通常观察到的规模与生产率之间的关系，实质上是将土地质量与生产率之间的关系错误地看成是规模与生产率之间的关系。

第二种解释是将农场规模与生产率之间的关系与由人口变化引起的农民家庭规模和构成的变化联系起来。这种观点认为，在一个固定规模的农场上，随着家庭人口的增加，家庭的均衡消费水平就无法达到，如果他们希望达到从前享有的同样效用水平，他们就得更集约地劳动，因而使每耕地单位的生产率提高。

第三种观点则认为，农场规模与生产率之间的反向关系是多重市场失败的结果。例如，由于资本市场不完善，小规模农场的资本受限，会限制小农场通过购买或租入土地来扩大农场规模。卡特等指出，农场规模与生产率之间可能存在一种不对称的"U"形关系，即过小的农场表现出生产率与规模之间的一种反向关系，在农场可以得到外部信贷时，这种反向关系会发生改变，在某一转折点后农场的生产率会随农场规模扩大而提高，达到某一拐点后，生产率与规模的关系呈水平状。

由以上几种讨论可见，农场规模与生产率之间的关系是受多种因素影响的，它们之间的关系非常复杂，不能把这种复杂关系简单化。仅仅根据"农场规模与生产率呈反向关系"这一表面现象就否定扩大农场规模的必要性，根据是远不够充分的。中国农户的土地经营规模在全世界是细小的，在今后工业化和城市化进程中，必然伴随一个土地不断集中和农场规模不断扩大的过程，发展规模经营是中国农业发展的必然趋势。当然，发展规模经营，必须保证土地能从低生产率的使用者手中转到高生产率的使用者手中，这是由我国人多地少的国情所决定的。我们强调规模经济要"适度"，从某种意义上讲，这个"度"就是保证土地规模扩大后，不能降低土地生产率。

(二) 农地规模经营与政府干预

目前土地流转，既有在社区组织直接参与之下进行的，也有主要在市场机制的自发作用下进行的，由于我国不同地区社会经济和自然条件差距极大，土地流转的形式不同是很正常的，每一种流转模式都有其产生的特定条件和背景。但从整体讲，我国农村土地适度规模经营的实现应该以市场机制为基础，不能用政府干预代替市场机制。

市场是配置资源最有效的一种机制。促进土地流转最有效的方法应该是培育土地使用权市场，通过私人之间土地使用权的自愿转让，来实现农场规模的扩大。政府的作用应当主要体现在健全土地法规、界定土地产权和制定土地流转的规则上，而不是用行政命令手段，采取搞运动的方式去推进规模经营的发展。

目前的土地流转方式基本上都是采取行政手段，直接收回农民的土地承包权，重新进行土地的发包。用行政命令代替市场机制，就很难保证土地规模经营能在具备客观条件和尊重农民意愿的情况下进行。而如果社区领导人又试图通过控制土地承包权而控制农业剩余甚至试图为个人捞好处，规模经营的发展可能会步入歧途。

"两田制"在推行过程中暴露出来的问题就是最好的证明。在"两田制"发展之初，理论界的看法基本上是肯定的。在农村分工分业以后，"两田制"修正了小规模均田制的缺陷，兼顾了农户、社区、政府三者的利益。从本质上讲，"两田制"中的"口粮田"设计满足了农民稳定占有土地的心理，"责任田"的设计满足了政府和社区的利益，减少均田制下的不确定性和多余的交易费用（骆友生等，1994）。在实践中，"两田制"对于稳定粮食生产，完成政府粮食收购任务，提高务农者的收入，的确产生了积极影响。但是，在"两田制"的推行过程中，行政干预的色彩日益浓厚，有许多地区，甚至采取搞运动的方式推行"两田制"。

浙江省 A 县，在不到两年的时间里对符合商品粮任务在 5000 公斤以上、人均水田面积在 0.4 亩以上基本条件的 607 个村（占总村数的 52.4%，涉及 28.3 万亩水田）实施了"两田制"，共形成种粮 10 亩以上的大户 2843 人，承包经营水田面积 5.16 万亩，承担国家商品粮任务已达 3200 万公斤，占全县商品粮总数的 78%。"两田制"推广如此之快，是因为采取了"层层发动"的方式。为了统一干部群众的思想认识，保证"两田制"的顺利推行，该县政府在县级机关中抽调了 200 余名机关干部组成 28 个工作组，分赴各乡镇指导帮助工作，深入重点村，解决重点事，教育重点人，政法部门对实施过程中出现阻挠和干扰"两田制"工作的人和事，进行了及时的法制教育，为实施"两田制"保驾护航。

浙江省 B 市推行"两田制"的声势比 A 县还要大。该市从 1996 年 8 月中旬开始，在两个月的时间里对全市 767 个行政村中的 721 个村、58 万亩耕地，实行了"两田制"。该市的做法是，先召开由各行政村党支部书记，各镇乡、办事处党政、人大主要领导，市级各部门主要负责人参加的 1300 人大会，进行建立土地使用权流转机制的总动员、总部署。要求在两个半月时间里，市镇乡村三级集中精力，集中时间投入攻坚战。整个战役分三个阶段进行，8 月为宣传发动阶段，9 月为实施阶段，10 月为总结完善阶段。会后，市政委、市府、人大、政协四套班子领导下乡分成五片进行包干领导、现场指挥。市委抽调 165 名机关干部，其中有熟悉农村工作的副局级以上领导 78 名，组成 38 个工作队到镇、乡包干配合。各镇、乡、办事处抽调 2500 多名机关部门干部和市委工作队混合编组包干落实到 700 多个行政村，配合村干部夜以继日开展工作。在这样强有力的领导下，"两田制"顺利推广开来。

类似上面的例子还可以举出很多。地方政府和社区集体组织为什么对"两田制"倾注这么大的热情呢？它们的动机是什么呢？

地方政府和社区组织的第一个目标是稳定粮食生产和完成国家的粮食定购任务。在这方面，尤其是发达地区承受着来自中央政府的巨大压力。在均田制下，由于种粮收益低，农户不愿多种粮，保证粮食定购任务完成是令一些发达地区各级领导头痛的一个问题。而通过"两田制"，将"责任田"集中起来，实行规模化经营，则有利于稳定粮食生产，特别是有利于保证完成政府的定购任务。为此，一些地方政府和社区组织甚至不惜对"种粮大户"或"集体农场提供大量补贴"。

地方政府和社区的另一个重要目标是借助控制土地承包权，实现对农业剩余的控制，借以壮大集体经济实力。在"两田制"下，"责任田"一般采取公开竞争承包，许多地区规定，承包人需一次付清土地承包费，才能获得土地经营权。有不少地区还规定承包人每亩还要缴纳一定数额的风险抵押金。在一些地区，责任田的承包期很短，有的甚至只有1年。这就使得社区组织对农业剩余的控制能力大大加强，从实际效果看，推行"两田制"后，集体经济收入普遍增加。如前面讲到的浙江A县，通过实施"两田制"，土地承包款增加了20%以上。多数地区都是在"壮大集体经济实力""完善双层经营体制"的口号下，来推行"两田制"的。

"两田制"的推行涉及政府、社区、农民三方面的利益，那么"两田制"对农民的利益产生了什么影响呢？应该说，在"两田制"发展初期，由于步子比较稳妥，多数农民是能够接受的，但随着行政干预的日益加剧，农民的不满情绪开始流露。而当一些地区愈加不考虑客观条件和农民意愿，利用"两田制"强行收回农民的土地承包权，随意提高土地承包费，变相增加农民负担以后，农民对"两田制"开始表现出强烈的不满。

正是鉴于上述情况，1997年中央明确提出不提倡推行"两田制"，凡是没有搞"两田制"的地方，不要再搞。

"两田制"的案例是值得深思的。这一案例告诉我们，无视客观条件，无视农民意愿，用行政命令取代市场机制，一项制度创新可能会走向它的反面。

三 土地税赋制度建设

土地税赋是农民因耕种土地而向国家和集体缴纳的劳动剩余产品的总称。我国土地税赋的主要表现形式有：①按国家税法缴纳的农业税。由于农业税是根据土地的常年产量计征的，因而具有土地税的性质。②按照土地承包合同缴纳的"三提五统"费。"三提"指向村缴纳的三项提留，包括公积金、公益金、管理费；"五统"指向乡缴纳的五项统筹，包括乡镇办学、计划生育、优抚、民兵训练、修建道路。③在土地承包合同以外负担的各种摊派、集资。④农民向国家交售定购农产品所承担的价格损失，这实际上是隐性税赋。

家庭承包经营制度的基本分配原则是"交够国家的，留足集体的，剩下的全是自己的"。这一分配原则使农民获得了对部分剩余产品的支配权，极大地调动了农民的积极性，但在实行过程中，其不规范性也日益显露。现行土地税赋制度主要弊端是税轻费重，费大于税。我国的农业税条例是1958 年颁布的，近 40 年来一直未作实质性调整。国家当时确定的税率为15.5%，计税耕地为 13.5 亿亩，计税产量为 2800 亿斤。由于实际的粮食产量不断提高，目前已接近 10000 亿斤，而且实际耕地面积可能接近 20 亿亩，因而，实际的农业税率是逐年下降的，目前已经很低。农民实际负担的税率"二五""三五"时期为 11%，三年调整时期为 7%，"四五"时期为 6%，"五五"时期为 5%，"七五"时期不到 4%。按实物量算，目前的实际税率只有 2.5%，按价值量算，仅 1.5%（唐仁健，1995）。

根据 1991 年颁布的《农民承担费用和劳务管理条例》，农民负担的村提留费和乡统筹费以乡为单位不能超过上年农民人均纯收入的 5%。为了公平负担，1998 年以后将由以乡为单位改为以村为单位。如果能严格执行 5%这个限制，乡村提留统筹费农民是可以承受的。但在现实中，上述税费之外的其他收费、罚款、集资、摊派等，项目繁多，政出多门，随意性大，而且数额巨大。例如，根据河北省委政研室杨文良的调查，仅中央国家机关所制定的向农民收费的项目就多达 99 项，此外，还有要农民出钱、出物、出工的升级达标活动 43 项；从河北省的情况看，仅 18 个省直部门就清理出向农民收费的文件 56 个，收费项目多达 83 项；石家庄市 19 个县市总计清理出独自制发的涉及农民负担的文件 125 个，总计各类名目的收费、罚款、摊派、集资项目多达 852 项。河北魏县 1995 年全县"三提五统"费 2686.1 万元，其他收费负担 7372.9 万元，总计 10059 万元，是农业税 709 万元的 14.2 倍；若加上隐性负担 1999.2 万元（1995 年全县小麦定购任务 3065 万公斤，定购价 1.2 元/公斤，市场价 1.74 元/公斤，差价款为 1655.1 万元；玉米定购任务 465 万公斤，定购价 0.86 元/公斤，市场价 1.6 元/公斤，差价款 344.1 万元，总计 1999.2 万元），总计税外负担 12058.2 万元，是农业税 709 万元的 17 倍，是 1995 年全县财政收入的 3.5 倍（杨文良，1996）。

税轻费重，费大于税，弊端丛生。一是加重了农民的负担。农民负担沉重，根本原因就在于税收和"三提五统"费以外，各种名目的乱收费太严重。二是费强税弱，大大削弱了国家的宏观调控能力，影响了国家社会管理职能的发挥。三是由于各种费的收取随意性很强，透明度较低，其使用又难以监管，因而极易滋生腐败现象。

土地税赋制度涉及国家、集体、农民三者之间的利益分配关系。如何处理好这三者之间的关系，是我国国民经济发展中的一个全局性问题。现行土地税赋制度不能有效地保护农民的利益。建立规范的土地税赋制度是农村改革中亟待解决的一个重大课题。

为了从根本上解决农民负担问题，理顺国家、集体和农民三者之间的利益关系，从 1993 年开始，河北、湖南、安徽等地，开始探索现行的土地税赋制度的改革途径，其中影响最大的是河北省一些地区所实行的"公粮制"。

"公粮制"就是将现在的农业税和"三提五统"费合并，按农户所承包耕地前 3 年的平均常年产量的 8%—10% 无偿计征公粮，农民完成公粮任务的余粮可以随行就市自主出售，任何人不得干涉；同时，农民不再缴纳现行的货币农业税和"三提五统费"，并持县政府统一印制的"完税卡"抵制任何乱收费、滥集资，做到一道税，一次清；公粮的出售款按农业税和"三提五统费"的原有性质和用途进行划拨，税归财政，统筹归乡，提留归村。上述做法可简要地概括为"税费合一，折实计征，一定三年，不增不减，税归财政，统筹归乡，乡有县管，提留归村，村有乡管，专款专用，严禁挪占"（杨文良，1997）。

"公粮制"通过将税费合一，而且一定三年不变，从根本上改变了过去政出多门，四面八方巧立名目向农民伸手的问题，提高了透明度，减少了随意性，大大简化并规范了国家与农民的关系，保护了农民的利益。以最早实行"公粮制"的河北魏县为例，魏县1993年至1995年3年共发生集体上访198批4559人，其中因农民负担问题引发的占80%。1996年实行了"公粮制"改革，全县72万多农民没有发生一起因负担过重问题上访告状的。此项改革因其在实践中的显著效果而得以迅速推广。到1996年，河北省已有21个县、市的300多个乡镇实行了"公粮制"。而据农业部的统计，到1997年，全国已有70多个市推行了类似的改革。

"公粮制"以"征实"为特征，而且对粮食定购制度进行了重大改革。当初设计"征实"的主要目的是为了保证政府掌握必要的粮源。此项改革是在粮食定购价低于市场价的背景下进行的。由于各地"征实"的结算价格，一般是按定购价或低于市场价高于定购价的协商价，因而，"征实"不仅能保证各级政府的原有利益，而且还会带来"第三块资金"（即粮食按市价出售后而结余的资金），故地方政府和粮食部门对"公粮制"的热情很高。但1997年以来我国粮食市场出现了定购价高于市场价的新情况，粮食出现销售不畅。在这种背景下，地方政府及粮食部门对"征实"的积极性就大大降低。一些地区开始取消"征实"，改为"征币"，一些地区为了保证税费及时足额到位，不得不提高"征实"的数量。我们认为，从长远来看，折实计征是不必要的。控制粮源，平抑市场的职能应该由国家粮食储备系统来承担，而不应把这种职能与土地税赋的改革结合在一起。

"公粮制"的改革为我们探索土地税费制度改革提供了很好的思路。土地税费制度改革就是要从根本上改变当前税轻费重，费大于税的现象，彻底纠正各种费用收取的随意性。"公粮制"的"费改税"或"税费合一"的改革思路是非常正确的。费改税以后，如果从制度上能保证不再出现新的收费，则有利于从根本上解决农村乱收费和农民负担居高不下的问题。由于农业税与村提留和乡统筹费性质并不完全一样，不一定把它们合成一种税，可以将目前村级对农民收取的"三项提留"和乡镇对农民收取的"五项统筹"费改为"农村公益事业税"，其税负不得超过农民上年人均纯收入的5%，并将其纳入乡镇财政的预算管理，统筹使用。湖北省武冈市就是采取这种费改税的方法（张以坤，1996）。而现行的农业税继续作为一个独立的税种予以保留，并加以完善。我们赞成把查田定产和调整税率作为完善现行农业税的主要内容，即一是在现有农业普查的基础上，对于新增加的耕地要纳入征税范围，对于非农业用地不再征收农业税，而通过其他税收手段进行调节，彻底解决多年遗留下来的农业税因耕地变化而引起的有税无地和有地无税的问题；二是重新核定常年产量，以此作为农业税的计税依据；三是确定合理的税率，即降低原条例中的名义税率，适当提高现行实际税负；四是常年产量及其税率一定几年不变（苏明，1996）。这样的方案简便易行。

土地税费制度改革是一项涉及面很广的改革，必须与其他的改革配套进行。例如，要改革粮食的定购制度，停止通过低价收购给农民造成的隐性负担；要加快行政体制改革，下决心精简机构，裁减人员，大幅度减少政府开支；要加快立法进程尽快颁布《土地税赋法》，将土地税赋的征收和使用纳入法制化的轨道。

参考文献

[1] 罗伊·普罗斯特曼等：《法制化是中国农村土地权利保障的根本出路：对中国农村土地改革的调查及建议》，"中国土地制度改革国际研讨会"论文，1998 年 5 月。

[2] 罗伊·普罗斯特曼等：《中国农业的规模经营政策适当吗?》，《中国农村观察》1996 年第 6 期。

[3] 米切尔·卡特等：《土地制度与农业绩效：对全球经验的反思》，"中国农村土地问题国际研讨会"论文，1992 年 9 月。

[4] 格申·费达等：《世界银行土地政策的演变》，"中国土地制度改革国际研讨会"论文，1998 年 5 月。

[5] 龚启圣等：《农民对土地产权的意愿及其对新政策的反应》，《中国农村观察》1998 年第 2 期。

[6] 顾吾浩：《农村城市化与保护农民利益》，《中国农村观察》1996 年第 6 期。

[7] 周其仁：《中国农村改革：国家与所有权关系的变化》，《农村制度研究报告》第 1 号。

[8] 党国英：《农地制度：变革背景与变革趋势》，研究报告（未发表），1998 年。

[9] 朱有志等：《中国农地制度变迁的历史趋势》，《中国农村经济》1997 年第 9 期。

[10] 黄贤金等：《土地政策学》，中国矿业大学出版社 1995 年版。

[11] 尹云松：《论以农地使用权抵押为特征的农地金融制度》，《中国农村经济》1995 年第 6 期。

[12] 骆友生等：《家庭联产承包责任制后的制度创新》，《经济研究》1995 年第 1 期。

[13] 唐仁健：《农业税赋制度改革研究》，《中国农村经济》1995 年第 1 期。

[14] 杨文良：《深化三大改革是促进农村经济发展和社会稳定的关键环节》，研究报告（未发表），1997 年。

[15] 朱守银：《农业税费制度改革试验研究报告》，农业部农研中心 1997 年调研课题报告。

［16］张以坤：《"费改税"：分税制下乡镇财政的必然选择》，《财政研究》1996 年第 11 期。

［17］苏明：《农业税改革研究》，《财政研究》1996 年第 11 期。

（原文发表于《管理世界》1999 年第 3 期）

土地股份合作制的经济学分析

王小映

土地股份合作制在一定程度上实现了集体福利目标和土地利用效率目标的统一，比较好地协调解决了农村土地利用和社会经济发展中的诸多矛盾，一度成为许多人积极推崇的一种制度安排①。有关土地股份合作制的深入研究，刘守英（2001）、史金善（2000）等分析了这种制度安排产生的条件，朱守银等（2002）分析了从内部合约和管理机制完善这种制度安排的措施建议；崔智友（2002）、王小映（2002）等注意到了这种制度安排对农户土地承包经营权可能带来的侵害与剥夺。从具体实践来看，土地股份合作制在成功推行的地方得到了当地大多数农户的同意，并且不能否认的是，在这些地区这种制度安排确实使许多参与股份合作的农户获得了高出其他地区农民的收益。这其中的差异包含了解释土地股份合作制最为重要同时也最富有启示意义的因素。为了增进对土地股份合作制的全面深入理解，本文首先分析土地股份合作制产生的具体诱因，其次分析土地股份合作制的制度创新特征以及这种制度安排的后果，最后进行小结。

一 土地股份合作制产生的具体诱因

在制度经济学看来，制度创新是各类市场主体面临各种外部条件变化带来的获利机会而不断改进、创新制度安排以获取潜在收益的过程。因此，我们可以从制度创新的外部条件以及制度创新主体所追逐的潜在收益两个方面

---

① 有关这方面的讨论可参见《农村集体土地股份合作制理论与实践》，中国大地出版社 2000 年版。

来分析土地股份合作制产生的具体诱因。

(一) 土地股份合作制产生的外部条件

我国土地股份合作制形式的制度创新实践虽然在一些农区也有零星发生，但是，比较成功而又得以稳定持续发展的土地股份合作制实践则主要发生在珠江三角洲和长江三角洲等地带的大城市郊区农村，这些地区工业化和城镇化程度高，第二、第三产业极其发达，农业农村人口大量转移，正是这些因素成为土地股份合作制得以持续成功实施所不可缺少的外部条件。其中珠江三角洲地区以南海模式为代表，长江三角洲地区以上海模式为代表。

1. 南海模式

南海模式的土地股份合作制实践起始于 1992 年，是我国比较早得以成功实施的土地股份合作制。南海市（现为南海区）属佛山市管辖，与广州市毗邻，距离广州市中心区不到 30 千米。目前，全市已经建立农村股份合作组织近 1870 个，其中以村委会为单位组建集团公司 191 个，占村委会总数的 80%，以村民小组为单位组建股份合作社 1678 个，占村民小组总数的 99.8%（国务院发展研究中心课题组，2003）。

南海市土地股份合作制的基本做法是：①分区规划。即把全市肥沃的土地划定为农田保护区，并改分包经营为投包经营；把靠近城镇及公路的土地或山坡地划定为工业发展区；把靠近村庄的土地划定为商业住宅区。②土地及集体财产作价入股。将属于集体的各种固定资产和现存公共积累金扣除债务后按净值计算作价入股，将土地和鱼塘按照其农业经营收益或国家土地征用价格作价入股。作价入股后，把全村或全社的土地集中起来，由管理区（现行政村）或经济社（现村民小组）实施统一规划、管理和经营。在股权设置上，以社区户口为准确定配股对象，大部分村社设置了基本股、承包权股和劳动贡献股等多种股份，有的村社设置了集体积累股（约占 51%）和社员分配股（约占 49%），有的村社则没有设置或后来取消了集体积累股。③股利分配和股权管理。有集体积累股与社员分配股之分的村社，则按股权比例分红；只设社员分配股的村社，将扣除再生产基金、福利基金等后的剩余利润用于社员股利分红。股权在社区内可以流转、继承、增送和抵押（朱守银等，2002）。

南海市土地股份合作制的实施，有力地推动了农业适度规模经营和农业结构调整，促进了农村第二、第三产业的发展和农业劳动力的转移，使农民获得了稳定的集体土地资产收益，从而得到了当地大多数农民的认可。1994年到 2000 年间，多数地区农民的股份收益占到农民年人均纯收入的 1/4—1/3，有的高达 1/2（朱守银等，2002）。

2. 上海模式

根据上海市农村土地流转研究课题组（2001）提供的资料，在上海市农村土地流转中，一些地区正在运行或试运行或即将运行一种农村集体土地流转模式，这种模式的基本运作过程是，农民以土地使用权入股给集体（村小组或村集体），然后由集体再入股到乡（镇）或更高级的特定组织，由这个特定组织运作入股土地并以固定的报酬返还给集体，集体再将所得的收益分配给入股的农民。这种模式被课题组称为上海市农村集体土地股份合作制模式。

根据课题组（2001）的介绍，上海模式的土地股份合作制实践的具体做法是：集体内部的农民将承包土地入股给其所属的村（组）集体，村（组）集体将农民入股的土地连同未发包到户的机动地"打包"后，以集体的名义再入股到特定的经济组织；特定的经济组织将各集体入股的土地集中起来，打破原有的界限，进行统一规划整理后，以出让、出租等形式将土地推向市场，形成一级农村地产市场；地产经过一级地产市场到使用者手中后，在合同规定的期限内，使用者可以再依照法律和合同规定有偿流转。农民的股份可以继承、抵押、买卖，不过在同等条件下本集体经济组织成员享有优先权。特定的经济组织包括土地信托投资公司、土地信用合作社等，其担当的主要功能是：与村（组）集体签订合同，接受委托组织开展土地整理，提高土地价值；向市场供给土地，收取土地使用费；筹集、管理和投资股份土地基金，使其保值增值；支付集体和农民的所得。

上海模式的土地股份合作制实践取得了一定的成功。这种制度安排保证了在统一规划的引导下，促使农村居民住宅建设向规划住宅小区集中、工商业向非农产业区集中；保证了将土地收益投资于建设城镇基础设施，解决了城镇建设资金不足的问题；同时，也为农民从事非农产业、增加收入创造了条件。

（二）土地股份合作制产生的诱致性收益来源

按照制度经济学理论，规模经济收益、外部性内在化收益、垄断性收益、土地增值收益、规避风险和损失的收益、规避政府管制的收益等，都可能引致制度创新。但是，这些潜在收益也可以通过产品和要素的市场流动得以实现。那么，在这些大城市郊区农村，为什么会出现超越一般农地流转形式的土地股份合作制的制度创新呢？

首先，这种制度创新形式的出现，意味着这些地区面临着与其外部条件相联系的、其他许多地区尤其是一般农区不具有的潜在收益来源构成。我国土地资源禀赋存在地区差异，特别是各地区工业化、城镇化发展水平很不平衡，农民可获得的非农就业机会不同，因此，由农业农村人口向非农产业和城镇流动转移带来的土地集中和规模经营的潜在收益就存在差异。土地股份合作制的制度创新促进了土地集中和规模经营，有利于提高土地规模经营收益，因而不能排除土地规模经营带来的规模经济收益是引致这种制度创新的一种诱致性收益来源。但是，在我国许多人多地少的农业地区，规模经济收益诱致了农地流转，却并没有诱发持续成功的土地股份合作制实践。因此，仅仅从规模经济收益的角度是不能彻底解释土地股份合作制的制度创新的。而从土地股份合作制发生的外部条件来看，在土地股份合作制得以成功实施的城市郊区农村，由高度工业化、城镇化和经济快速发展引致的、与用途转换相关联的潜在土地增值收益成为一般农区不可与之比拟的一种潜在收益来源，这一点从建设用地市场价格的地区差异上就可以反映出来。在这些城市郊区的农村，农地转用过程中的潜在的土地增值收益要远远高于可能取得的土地规模经济收益，因而是潜在的土地增值收益（这种潜在的土地增值收益在农用地转变为建设用地后以建设用地的租赁收益等形式得以实现）主要诱致了土地股份合作制的制度创新实践。

这一点在南海模式和上海模式的土地股份合作制实践中都能够得到验证。据有关资料（刘季芸，2000），南海市1998年全市农村股份组织的经济总收入为16.74亿元，其中农业土地投包收入为2.16亿元，占总收入的12.9%；非农土地出租收入为4.5亿元，占总收入的26.9%；物业出租收入为6.89亿元，占总收入的41.2%；其他收入3.18亿元，占总收入的19%。可以看出，来自农业土地经营的收入只占很小一部分，而来自非农土地出租和物业出租的收入达到了68%。而就上海模式来说，按照上海农村土地流转研究课题组（2001）的总结，上海模式的土地股份合作制为农民提供了四个方面的效用：就业保障的效用、生活保障的效用、直接收益的效用、土地增值的效用。这就是说，上海模式的土地股份合作制在保证农民得到基本生活保障和社会保障的基础上，还保持了参与股份合作的农民从中取得的股份收益的稳定增长，而维持股份收益增长的途径之一就是农村集体土地的资产性收益特别是土地增值收益。

其次，这种制度创新形式的出现，意味着这些地区面临的、以土地增值收益为主的潜在收益只有通过制度创新才能为当事者所实际获得。土地股份合作制得以成功实践的地区，建设用地更为稀缺，一般具有很高的市场价格，与之相邻的农用地相应地具有很高的潜在增值收益，而这种潜在增值收益只有在土地用途由农用地转为建设用地后才能实现。对于农地转用，长期以来，我国实行农地转用的集中审批管理制度和统一征用制度。按照最早颁布的《土地管理法》，除乡镇企业用地、农村公共公益事业用地、农民住房用地，其他新增建设用地需要占用集体农用地的，必须经国家统一征用将集体土地转变为国有土地后由县（市）政府统一供应；如果集体经济组织兴办乡镇企业或者以集体土地与城市企业联营、入股的，可继续保留集体用地性质，无须由国家征用。1998 年修改后的《土地管理法》明确确立土地用途管制制度后进一步强化了这种农地征用制度，规定"任何单位和个人进行建设，需要使用土地的，必须依法申请使用国有土地；但是，兴办乡镇企业和村民住宅经依法批准使用集体经济组织农民集体所有的土地的，或者乡（镇）村公共设施和公益事业建设经依法批准使用集体所有的土地除外"。规定："依法申请使用的国有土地包括国家所有的土地和国家征用的原属于农民集体所有的土地。"同时规定："农村集体经济组织使用乡（镇）土地利用总体规划确定的建设用地兴办企业或者与其他单位、个人以土地使用权入股、联营等形式共同举办企业的，应当持有关批准文件，向县级以上人民政府土地行政主管部门申请，按照省、自治区、直辖市规定的批准权限，由县级以上人民政府批准。"国家征用意味着被征地者只能得到征地补偿费用，农用地转为建设用地的土地增值收益则要由县（市）政府以租税费的形式抽走。因此，在既定的法律制度和管理体制下，集体经济组织要想实际取得潜在的土地增值收益，就必须通过制度创新来规避国家土地征用的管制，而现行法律制度为集体经济组织这样做也提供了一定的依据，即集体经济组织可以通过兴办乡镇企业或者以土地联营、入股的方式直接向地产市场供应集体建设用地。也就是说，土地股份合作制形式的制度创新之所以成为必要，是因为只有通过制度创新实现对国家土地征用管制的合法规避，才能实际取得潜在的土地增值收益。

当然，我国长江三角洲、珠江三角洲的许多地方以及内地一些大中小城市郊区农村，农用地转为建设用地后的潜在增值收益普遍很高，但是，并没有普遍发生土地股份合作制的制度创新实践①，这其中的原因很多，概括起来主要有：大多数城市政府对城市郊区农地转用所做的管制一般都很严格，必须由城市政府统一供应建设用地，或者由城市政府批准成立的各类园区管理机构来统一征用集体农用地并在统一开发后统一供应建设用地；许多城市郊区非农产业和城镇化发展速度虽然很快，但是，并没有形成强劲的、持续的、大面积的建设用地需求，只存在集体经济组织以集体土地联营、入股的方式与外来企业合作的个别案例；一些城市政府通过其他方式，如允许集体经济组织组建房地产开发公司，对部分需要转用的集体农用地在形式上办理征用手续后由村（组）集体自主开发建设，村（组）集体直接从农地转用和房地产开发中获取了较高的土地增值收益，从而使土地股份合作制的制度创新没有了必要；等等。而南海模式的土地股份合作制创新之所以得以成功实施，不能不考虑到的一个极其特殊的区位条件是，南海市毗邻广州市区，但又属于佛山市管辖，其土地利用不受广州市的统一管制，同时南海市又是农业部确定的农业试验区，可以更好地利用区位优势和试验区的政策空间进行制度创新实践。上海和其他地区的土地股份合作制实践，显然受到了南海模式的启发。不管怎样，无论是南海模式还是上海模式的土地股份合作制，它们的共同特点是，通过制度创新实践，由村（组）集体直接向地产市场供应建设用地，从而合法规避了国家土地征用的管制，避免了由城市政府抽去土地增值收益，实现了由农村社区实际取得和分享土地增值收益的目的。

二 土地股份合作制的制度创新特征和后果

（一）土地股份合作制的制度创新特征

许多学者从合作制和股份制相结合的角度来分析土地股份合作制的制度创新特征，认为土地股份合作制是对股份制的改造，对合作制的发展。土地股份合作制把股份制引入合作制，实行劳动、资金及其他要素的联合，可以容纳多种所有制，聚集和融通各种生产要素，扩大生产经营规模，发展社会生产力。比如，牛若峰（2000）认为，股份合作制是股份制与合作制两者

---

① 据报道，成都市目前已开始试行股田制，见《中国经济时报》2003年7月25日。

的结合体，并从产权结构、要素联合、股权和决策制度、成员权利、利益分配、劳动者与生产资料的结合方式等方面分析比较了股份制、合作制与土地股份合作制的差异。

1. 合作化与一体化

从制度安排的形成分析，土地股份合作制一个最明显的制度创新特征是合作化，即土地股份合作制具有合作制的某些特征。这首先体现在这种制度安排在农户合作的基础上将分包到户的土地重新集合了起来，以便更好地取得合作带来的经济收益；其次还体现在这种制度安排为社区内每一个成员提供了均等的、基本水平的社会保障。

然而，土地股份合作制与其说是一种合作化形式的制度安排，不如说更是一种一体化的企业制度安排。与严格意义上的合作组织相比，土地股份合作制更类似于一种通过合作化的形式建立起来的一体化的企业组织。事实上，南海等不少地区的土地股份合作制就是以企业的形式出现的。上海模式的土地股份合作制，虽然表现为由农户、集体经济组织和特定组织组成的相互分离的多个组织体系，但是，将这些组织综合在一起来看，其本质的关系类似于企业内部的委托代理关系，其特定的经济组织如土地信托投资公司、土地信用合作社等类似于企业的经理人组织，集体经济组织和农户更类似企业的股东。牛若峰（2000）将土地股份合作制所具有的一体化的企业性质特征做了具体描述：具有独立的法人资格；具有明晰的产权关系；建立了有限责任制度，实行自主经营、自负盈亏；按照企业制度的要求，建立了内部管理机制和经营系统。

从理论上讲，土地股份合作制之所以是一种一体化形式的企业制度安排，是因为：土地股份合作制建立了包含土地、劳动要素投入的一系列长期契约关系；土地股份合作制通过要素合约，在农村社区内部实际上建立了一种企业内部管理关系。产业经济学所揭示的一体化的理由很多，包括降低交易成本、降低专用性投资风险、降低不确定性、降低信息费用、促进广泛协调、保障标准化的供应、消除外部性、避免政府干预、增加垄断利润、垄断某一产业、实施价格策略、消除市场垄断等。就土地股份合作制来说，这种制度安排显然能够保证合法地获取土地增值收益和垄断收益，并在更大的范围内协调土地利用。而从市场和企业的替代关系来看，黄桂田等（2002）对企业和市场关系进行的解释，对我们理解土地股份合作制的一体化特征无疑具有很大帮助。他们认为，企业契约是要素所有者之间为获得合作剩余而达成的协议，其基础是企业内分工和专业化带来的效益提高以及技术或资产的集中使用导致的规模经济、范围经济等。事实上，土地股份合作制不只保证了村（组）集体对土地增值收益的实际获得和集体分享，同时也方便了大规模的专业化生产。

2. 股份化与集中化

土地股份合作制在合作化的基础上实现了土地集中和规模经营，并按照农户参与入股的土地资产的多少，进行收益的股份分红。土地股份合作制显而易见的另一个基本特征是这种将土地资产进行股份量化以实现土地实物集中，并按照股份分享收益的股份制。股份制一方面是按照公平原则实现土地合作化的一种方式；另一方面它又是实现社区多重目标的一种制度安排形式。股份制照顾了农村社区的多种需要，比如为农村社区成员提供社会福利保障，为农村社区公共物品供给筹集资金，实现自身的盈利和积累等；在股权设置上包含了集体股和个人股、基本成员股和普通发展股等名目不同的股份，有的地方按照社区成员的年龄设置股份，并且社区人员发生变化股份要跟着进行调整。可以说，资产和收益的股份化是土地股份合作制与其制度安排建立的方式以及社区的多重需要相联系而必然具有的制度特征。

土地股份合作制另一个极其重要的制度特征是建立在一体化基础上的决策权的集中化。实行土地股份合作制的地区，在以股份合作化的形式实现组织和管理形式的一体化同时，将分散在许多农户手中的土地集中了起来，把原来由众多农户在土地利用、经营、投资、处置等方面各自行使决策权的分散决策机制，改变为由村（组）集体或一体化的土地股份合作组织集中统一行使土地利用、经营、投资、处置等方面决策权的集中决策机制。决策权的集中化至少体现在以下几个方面：①土地集中起来后，由村（组）集体或土地股份合作组织统一规划、统筹安排未来的土地利用方向，如统一划定农田保护区、建城区以及工业园区等；②按照统一规划，由村（组）集体或土地股份合作组织统一组织开展道路、供电、上下水、通信、煤气、绿化、公益事业、土地平整等基础性开发；③由村（组）集体或土地股份合作组织统一进行对外招标，统一集中行使土地处置权，统一向地产市场供应集体建设用地；④由土地股份合作组织统一集中收取地租或土地使用费等，统一进行土地资产经营性投资和土地资产经营性收益分配的管理。建立在土地集中基础上的决策权的集中化，意味着一种市场垄断力量的形成。面对日益增长的建设用地需求，这种市场垄断力量有利于最大限度地获取土地增值收益。

综上所述，土地股份合作制正是以股份化、合作化的形式实现了组织和管理形式上的一体化，以股份化的收益分配形式满足了社区内部的多重需要以及将市场风险分散化，在一体化的基础上以决策权的集中化实现了对土地增值收益、土地规模经营收益等各类潜在收益最大程度的挖掘。

（二）土地股份合作制的后果

1. 土地股份合作制下的农村社区内部关系

土地股份合作制是在土地承包制的基础上进行的制度创新。在土地承包制下，农村社区内部的土地经济关系主要包含以下几个方面：一是集体与农户之间以承包的方式按照政策和法律要求在土地承包合同中约定农户的土地权利与义务，由此农户对于承包地享有土地承包经营权，在土地用途管制下农户可以独立做出土地利用、投资、处置等方面的决策，农户可以将土地承包经营权进行转让、出租、继承；二是农户的土地承包经营权一经设立就具有一定的独立性和排他性，这种权利可以在一定的效力范围内对抗集体经济组织，非特殊情况（如发生自然灾害使大部分土地损毁、土地征用等）集体经济组织不得随意调整、收回和处置农户的承包地；三是村（组）集体按照人人有份的原则进行土地发包，并在特定条件下可以进行土地调整，承包地成为农民最基本的生活、就业保障。土地股份合作制的实行，在一定程度上改变了土地承包制下的农村社区内部关系。

首先，实行土地股份合作制后，农民在土地实物上的土地承包经营权转变为土地股份合作制中价值形态的股份，农民不再直接拥有土地实物上的权利。与此相联系，具有社员权、身份权和一定物权性质的土地承包经营权转变为股份制企业中的股权，农民的就业、生活保障由不动产上的物权保障转变为土地股份合作制下的股份收益保障。这种建立在股份收益上的保障和建立在直接附着于土地实物的土地承包经营权上的保障，具有了很大差别。建立在直接附着于土地实物的土地承包经营权上的保障是一种不动产物权保障，具有与不动产属性相关的稳定性、持续性。而土地股份合作制中的股份收益保障是一种相当于债权的保障，其保障程度将取决于土地股份合作制企业的收益水平和股份分红。如果股份合作制企业效益不好，股份分红很低，农民的土地权益、基本生活保障、就业保障等就很难保证不受侵害，而农民要想收回承包地也是不可能的。这在纯粹的农区必然是一个大问题，而在大城市郊区，伴随城市拓展和非农化进程，这种风险会随着城乡经济的迅速一体化而化解。

其次，实行土地股份合作制后，作为集体代理人的社区合作组织或合作企业成为实际的土地资产经营者和管理者，农民作为股份持有者在成为土地股份合作组织的股东的同时，也成为其雇佣者。虽然许多地方的土地股份合作组织设立了股东代表大会、董事会和监事会，但是董事长等重要职位一般仍然主要由村干部交叉兼任（朱守银等，2002）。这里可能存在的问题是，在农民个人股份极其分散、集体股一股独大的情况下，由于面临很高的内部监督成本和管理成本，很容易形成"内部人"控制的局面。

最后，实行土地股份合作制后，凭借土地增值收益和各类经营收益，农村社区的公共物品供给能力增强，农民家庭化的、以土地保障为主的生活、医疗、就业保障等部分地纳入了企业化、社区化的货币形式的保障体系。比如，南海市实行土地股份合作制后，大部分村（组）利用集体资产股收益为农民发放退休金和升学参军补助，提供合作医疗保障；通过修建道路、学校、幼儿园以及环境绿化等，改善农民的生活环境，提高农民的生活质量。

2. 实行土地股份合作制后的农村社区外部关系

在土地承包制下，按照有关法律，村（组）集体与外部的土地经济关系集中体现在因城市建设、经济发展等需要县（市）政府征用农村集体土地上，即县（市）政府根据建设需要，可以征用集体土地。土地征用后土地权属性质由集体转变为国有，并纳入国有土地供应渠道，经营性用地以出让的形式供应给企业和房地产开发商，县（市）市政府在农地转用、土地基础开发和土地出让环节收取土地增值收益；公益性用地则直接划拨给公共公益事业承担者。

土地股份合作制的实行，改变了农村社区与外部的这种土地经济关系。首先，实行土地股份合作制后，村（组）集体的集体行动能力和谈判能力增强，在此基础上由村（组）集体或土地股份合作组织按照统一规划，以联营、入股、出租等形式直接向城市企业等各类建设用地者供应工业区、商住区内的土地，合法地规避了国家土地征用的政府管制，形成村（组）集体通过土地股份合作组织直接向建设用地者供应建设用地的渠道，在一定区域范围内打破了县（市）政府垄断建设用地供应的格局，并将土地增值收益留归集体和农民，使村（组）集体和农民实际分享到了经济社会发展带来的土地增值收益。其次，实行土地股份合作制后，由于农民集体性地获得了土地增值收益，并且依靠这种收益由村（组）集体或土地股份合作组织区向农民提供社会保障和社会福利，从而使农民参与工业化和城镇化的机会成本大大降低。

三　结论和启示

（一）结论

第一，土地股份合作制是主要由土地增值收益诱致的一种制度安排。实行土地股份合作制可以把农民分散的土地集中起来由集体经济组织统一规划、统一安排基本农田和建设用地。这样做除了可以促进土地集中和规模经营、取得土地规模经营收益外，更重要的是可以在现行的法律框架内以土地联营、入股的方式直接向地产市场供应土地，实现对国家土地征用的合法规避，将农地转用过程中的土地增值收益留归村（组）集体。实际上，一些地区农村的土地股份合作制之所以成功并得以持续，主要的原因在于这种制度安排帮助农民获取了土地增值收益。可以说，是农地转用后的土地增值收益保障了土地股份合作制股份分红的不断增长，维持了土地股份合作制的稳定发展。

第二，土地股份合作制是一种特定条件下过渡性的制度安排。我国实行土地股份合作制并取得成功的地区往往是工业化和城市化程度高，第二、第三产业极其发达，农村人口大量转移的地区。那些农业份额依然较高、面临市场约束和政策管制土地"农转非"困难或者建设用地收益不够高的地区，如果实行土地股份合作制，由于农民的股份收益增长预期得不到满足，农民就会要求退出土地股份合作组织、收回自己的土地，这样土地股份合作制就难以持续发展。实际上，即使在南海市，也并非所有的土地股份合作制实践都取得了成功，在全市 1869 个股份合作社中有分红的股份合作社 974 个，只占 52%；在 191 个村委会一级的股份合作社中有分红的只有 34 个，仅占 17.8%（国务院发展研究中心课题组，2003）。显然，不具备特定条件的地区尤其是传统农区不可能大面积推行土地股份合作制。从长远来看，在成功推行土地股份合作制的大城市郊区农村，伴随城市扩张和非农化进程，实践中的土地股份合作制必将逐步向规范的现代企业演变，最终带动郊区农村融入城乡一体化的社会经济体中。

第三，土地股份合作制是一项实施成本相对较高的制度安排。从土地股份合作制的设立来看，对土地实物和其他财产的价值进行评估和股份量化，在农村地区本身是一项成本很高的工作。从制度安排的目标来看，土地股份合作制一般被赋予了多重目标，既要为农村社区的成员提供社会福利保障，又要为农村社区公共物品的供给筹集资金，还要实现自身的盈利和积累。制度安排所追求的多重目标从根本上决定了这种制度安排的运行成本相对较高。

总之，土地股份合作制不是一种具有普适性的制度安排，也不是一项经济而又稳定的制度安排，不可能成为我国农地制度改进的基本模式。从普遍的要求来看，我国农地制度建设的基本方向在于建立和完善土地承包经营权物权制度。

（二）启示

土地股份合作制本身具有其特定条件和局限性，但是，土地股份合作制的制度创新实践所昭示的事实却具有极其深刻的现实启示意义。

土地股份合作制的实践从一个角度说明，随着我国市场经济的不断发展和工业化、城镇化进程的不断推进，农地转用中的土地增值收益及其区域差异日益显现，如何在城乡之间公平分配这种土地增值收益，已经成为政府在土地政策改革和相关法律调整中必须予以正视和妥善处理的重要议题。在城市居民已经获得自有住房而可以获取土地、房屋等不动产增值收益的今天，必须改革现行农地征用制度和集体建设用地流转制度，建立具有普适性和可操作性的制度安排以保障农民集体性地参与分享农地转用过程中的土地增值收益，保障农民的土地财产权利免受不公正对待。

土地股份合作制的实践同时说明，我国大中城市的城乡接合部特别是一些大规模建设拓展地区的农村，完全可以走一条与一般农区不同的、由城市带动并与城市社会经济直接对接的主动型的农村工业化、城镇化发展道路。这种发展模式的具体内容可以概括为：发展与城市经济相配套的房地产业、加工业、观光旅游业、流通服务业、环保产业、生态产业、特色农业等，使农村产业直接与城市经济对接；农村集体经济组织直接向规范的企业化组织转变，如组建房地产开发企业、花卉园艺企业、物业管理公司、流通服务企业、物流配送企业等；农村土地资源开发利用，在保障农民个人权益、尊重农民意愿的前提下，由农户的分散决策直接向集中化决策转变，统一规划、统一建设工业园区、商务区、居住区、生态绿化区和城市特色农业园区等；在发展非农产业的基础上，农村社会保障由低层次的土地实物保障向企业化、社区化以至社会化的货币保障转变；户籍登记，由城乡分割管理向城乡一体化管理转变；社区管理由村委员会管理下的农村社区管理模式向城市街道居委员会管理下的城市社区管理模式转变。而要实现这种模式的发展，需要充分尊重农民享有的土地发展权，改革现行征地制度和集体建设用地流转制度，让农民参与分享土地资产性收益特别是土地增值收益；需要给予农民更多的自主权，让农民以企业化的方式组织起来，从事房地产业、加工业、服务业等第二、第三产业，促进经济结构转换和升级；需要配套改革城乡分割的户籍登记制度，向统一国民待遇的一体化管理转变；需要统筹协调解决农地转用、城镇建设、工业园区建设、基础设施建设、迁村并点、土地整理、农用地保护、生态环境建设、产业结构调整、劳动力转移、就业培训、社会保障、户籍登记、社区管理等重大现实问题。

土地股份合作制的实践还说明，在推进"三农"问题的解决过程中，让农民以适当的方式组织起来，提高其集体行动能力，让农民自己认知、表达并保障自己的利益，才能保证不被集体性地剥夺，才能保证其平等地参与分享改革、发展带来的收益。

参考文献

[1] 刘守英：《土地使用权流转的背景、原因及要注意的主要问题》，《国研报告》2001年11月16日。

[2] 国务院发展研究中心课题组：《南海土地股份合作制在探索中完善》，《中国经济时报》2003年5月16日。

[3] 刘季芸：《南海市农村土地股份合作制促进了土地资本化》，载《农村集体土地股份合作制理论与实践》，中国大地出版社2000年版。

[4] 朱守银等：《南海市农村股份合作制改革试验研究》，《中国农村经济》2002年第6期。

[5] 史金善：《社区型土地股份合作制：回顾与展望》，《中国农村经济》2000年第1期。

[6] 上海农村土地流转研究课题组：《上海市农村集体土地股份合作模式的研究》，《上海综合经济》2001年第7期。

[7] 崔智友：《中国村民自治与农村土地问题》，《中国农村观察》2002年第3期。

[8] 王小映：《土地股份合作制要慎行》，《经济学消息报》2002年1月4日。

[9] 牛若峰:《农民集体所有土地股份合作制的前提和根据》,载《农村集体土地股份合作制理论与实践》,中国大地出版社 2000 年版。

[10] 黄桂田等:《企业与市场:相关关系及其性质》,《经济研究》2002 年第 1 期。

（原文发表于《中国农村观察》2003 年第 6 期）

中国农地流转市场的发展及其
对农户投资的影响[*]

郜亮亮　黄季焜　Rozelle Scott　徐志刚

一　引言

农地使用权与农业投资的关系，是发展经济学界长期关注的一个问题。国际上，很多研究表明，稳定的土地使用权能够促进农户投资，特别是改良土壤质量的长期投资（Feder et al.，1987；Carter et al.，1991；Besley，1995；Abdulati et al.，2010）。对中国农地制度的投资效应也有很多研究。这些研究的重点几乎都落在使用权的稳定性对投资的影响上，他们认为使用权越稳定，农户的长期投资越多（Feder et al.，1992；Wen，1995；Li et al.，2000；何凌云、黄季焜，2001；Jacoby et al.，2002；俞海等，2003；姚洋，1998，2000，2004；许庆、章元，2005；赵阳，2007）。此外，尽管有部分学者强调了农地转让权（Besley，1995；Yao and Carter，1999）对投资的重要性，但几乎没有关于农地转让权，尤其是农地流转对投资的实证研究。这可以理解，因为中国的农地流转这几年才得到快速的发展。

最近十多年中国农地流转的发展为研究农地流转对投资行为的影响提供

---

　　[*] 本文为国家社会科学基金"中国农地'三权分置'改革的经验总结及效果评估"项目（编号：17BJY010）、中国社会科学院"农业现代化"重点学科建设项目、教育部重大课题"农地三权分置的实践研究"（编号：16JZD024）、农业部"家庭农场生产经营典型监测"项目、中国社会科学院创新工程项目"深化农村集体产权制度改革研究"的阶段性成果。感谢中国科学院农业政策研究中心（CCAP）张林秀研究员和她领导的 2000 年的调查团队；感谢北京大学中国农业政策研究中心黄季焜教授和他领导的 2009 年的调查团队。

了绝佳的机会。1990 年，全国发生转包、转让土地的农户数仅占农户总数 0.9%，转包、转让耕地面积占全国耕地总面积的比重只有 0.44%（农业部农村合作经济研究课题组，1991），到 1998 年参与流转的耕地占总耕地比例也只有 3%—4%（陈锡文、韩俊，2002）。进入 21 世纪后，农地流转得到快速的发展，根据第二次全国农普调查结果推算，到 2006 年全国农户土地流转率达到 16.0%（万举，2009）。农地流转的快速发展以及各种鼓励农地流转政策所预示的更宽松的流转环境表明，越来越多的农户将同时耕种这两类土地：自家地（包括自留地和责任田，简称自家地，下同）和从别的农户那里转包的转入地（简称转入地，下同）。因此，比较农户在自家地和转入地上的投资差异具有很强的政策含义①。

另外，对于效率导向的农地流转改革的负效应，特别是对土壤质量的影响也是亟待研究的问题。自 2004 年开始，中央连续发了 6 个一号文件号召要大力加强耕地质量建设，努力培肥耕地地力。同时，很多学者也强调要警惕因为较大比例的土地被佃农经营而可能有的土壤质量下降的负效应。例如，蔡昉等（2008）提到"如果土地不需要依靠长期投资保持土壤肥力，那么，它们在农户间的单纯转移有可能没有效率损失。"俞海等（2003）发现，和没有土地流转的样本相比，控制其他因素，有土地流转样本的土壤有机质含量平均下降 1.94 克/千克。这表明，农户之间非正式的土地流转可能不利于激励农户在现期增加对流转土地的长期投资，从而最终造成土壤长期肥力的损耗。本文将对这种负效应是否存在以及如何变迁的问题进行正式的经验研究。

本研究的目的是在分析农地流转变动趋势的基础上，研究农地流转对农户在其土地上的长期投入（有机肥）的影响。为了达到研究目的，第二小节讨论所用的数据；第三小节讨论农地流转市场发展趋势及特点，并提出待

---

① 以往文献在研究农地制度与投资问题时，主要是基于不同农地制度类型以及与它们各自相关的土地权利规定的差异来识别农地制度与农地权利对长期投资的影响。有的学者（Rozelle et al.，2002；Brandt et al.，2004）已经注意到这种把农地制度分为责任田、口粮田、自留地、承包田和开荒地的分类方法不能准确地刻画不同农地制度（即土地组织方式，或使用权类型）对农民生产和投资行为的影响。上述五种不同土地使用权类型的界限经常模糊也增加了评估困难。从现实角度看——也是我们想强调的——《农村土地承包法》《物权法》的颁布，农业税的减免使得上述五种使用权类型之间的界限更加模糊，再加上各种政策鼓励农地流转，农户面对的以及即将面对的或许就是两类土地：自家地和转入地。因此，比较农户在自家地和转入地上的投资差异具有很强的现实意义。

检验的假说；第四小节给出描述性证据；第五小节讨论计量模型与实证结果；第六小节为结论及政策含义。

二 数据来源和分析所用样本

本文所用的数据来自于两次调查。一是中国科学院农业政策研究中心（CCAP）于2000年11月进行的入户调查，利用分层随机抽样方法选取河北、辽宁、陕西、浙江、四川和湖北6省，每个省选取5个县，每个县选取两个乡镇，每个乡镇选取1个村，每个村选取20户。二是中国科学院农业政策研究中心（CCAP）于2009年4月对2000年的调查农户进行追踪调查。两次调查内容分别是关于2000年和2008年的农地制度以及过去5年的变动趋势。2000年有效样本为1189户；2008年有效样本1046户①（见表1）。

表1 2000年和2008年总样本和既有转入地也有自家地的农户样本情况

	总样本		同时有自家地和转入地的农户样本			
	户数	地块数	户数	地块数	转入地块比例（%）	转入面积比例（%）
总样本	2235	10896	353	1637	31.7	41.6
2000年	1189	6049	182	793	31.7	35.0
2008年	1046	4847	171	844	31.6	48.2

资料来源：笔者2000年和2009年的调查。

我们的思路是比较农户在自家地和转入地上的长期投资行为。这种思路在制度经济学实证研究中已有很长历史（Bell，1977；Shaban，1987），他们关注的问题是分成契约的效率。他们将所有者耕种自己的土地与其耕种通过分成契约或者固定租金契约租来的土地区别对待，从而保证了该农民在其他方面的特征不变。我们沿袭他们的思路，选取既有转入地也有自家地的农户作为分析所用样本，比较他们在两种土地上的投资行为差异。

具体地，我们在调查时首先把耕地分为自留地、责任田、转入地和承包

---

① 2008年由于汶川地震，导致四川省一个县的两个村没有调查。这样，应该有1160（1200 - 40）户样本。最后有效样本是1046。损失的114户样本中，89户已经不在农村生活，另外25户中要么是整个家庭消亡（7户），要么是不进行农业生产（18户）。

地。其中，自留地是不需要上缴农业税的，属于自己的地；责任田是村集体根据家庭人口分配给农户的土地，过去要上缴一定的农业税，但随着农业税的减免，责任田与自留地在土地权利稳定性方面的差异逐渐消失。因此，我们把它们合并起来，视为"自家地"。转入地是农户从其他农户转入的地。自家地和转入地是本文关注的目标①。

表1表明，在我们的总样本中，接近1/6的农户同时耕种着自家地和转入地，共353户，1637个地块（第1行）。在2000年调查的1189户中，有182户同时有这两种地（第2行），占农户总数的15%；2008年这一比例为16%（1046户中有171户，第3行）。从地块上看，这些农户的转入地块数占自家地和转入地的比例在2000年和2008年都大约为32%，但如果从面积上看，转入地在总面积的比例从2000年的35%提高到了2008年的48.2%。

三 中国农地流转市场的发展及其特点

本节对农地流转趋势和特点的统计描述所用的数据是来自所有样本（表1的第1列和第2列）。统计数据表明，转入地的比例从20世纪90年代后期一直快速增加，而责任田的比例有所下降。从表2中可以看到，1996年，流转市场刚刚起步，每个农户经营的耕地中，转入地平均来说仅占2.9%。到2000年，这一比例已经上升到10%，是原来的3倍多。到2008年，这一比例达到19%。也就是说，每个农户所经营的耕地中，平均有1/5是转入地。这是因为，随着经济的发展，非农就业机会的增加刺激了农户对流转市场的需求。而且，各种鼓励农地流转的政策法规纷纷出台，使得农户耕地的使用权越来越稳定。

表2　　　1996—2008年中国农户自家地和转入地面积结构变化

年份	自家地（%）		转入地（%）
	自留地	责任田	
1996	2.7	94.4	2.9

---

① 承包地是农户从村集体或者村小组那里转入的地（大多是机动地），在我们调查的样本中，承包地占农户经营耕地总面积的比例较小，在2008年仅为7.64%，2000年为10%，同时它同农户间的耕地转包在合约和经营等方面可能存在差异，为避免问题的复杂化，本文的研究不包括承包地。

续表

年份	自家地（%）		转入地（%）
	自留地	责任田	
2000	2.8	87.2	10.0
2004	3.0	85.5	11.5
2008	3.0	78.0	19.0

资料来源：笔者 2000 年和 2009 年的调查。

然而，农地流转表现出很大的地区差异。从图 1 中可以看出，浙江的农地流转市场发展要远远高于全国平均水平：1996 年全国平均 2.6% 的耕地面积发生流转，而浙江是 5.2%，是全国平均水平的一倍；2008 年全国平均 17.1% 的耕地面积发生流转，浙江是 41.5%，几乎是全国平均水平的 2.5 倍。这可能是因为浙江的经济发展水平高，农民非农就业机会多，从而把土地放在手里的机会成本大。这也预示着非农就业机会增加导致农村劳动力向外转移是耕地流转的一个重要原因。在经济相对落后的地方，例如陕西、河北和辽宁的农地流转市场发展比较缓慢。到 2008 年，在陕西农户的样本中，转入地占的面积比例也才有 5% 左右，河北和辽宁在 10% 左右。

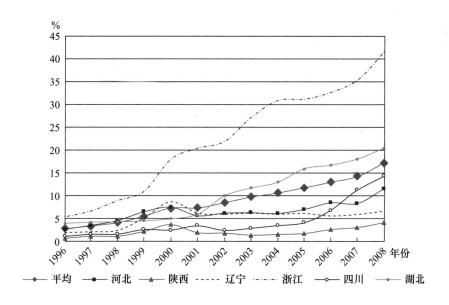

图 1　中国 6 个样本省 1996—2008 年的农地转入面积比

正如我们所预期的，中国农地流转更具民间的特征（见表3）。表3表明，在2000—2008年，有65.3%的农地流转是发生在亲戚之间，绝大部分（93.8%）为口头合同，只有6.2%是书面合同。更重要的，89.8%的合同都没有固定期限；即使那10.2的期限固定的合同的平均期限也才3.1年，其中47.2%的合同期限在1年内，43.4%的合同期限在1—5年，而5—10年的仅有7.5%，10年以上的仅有1.9%。这些流转特点表明，转入地相比自家地而言，其使用权稳定性较差，转入地随时有可能被转出者收回去。农地流转的这些特征，可直接导致农户在转入地上的长期投资达不到最优状态，进而影响转入地的土壤肥力。

表3 　　　　　　　　　　中国 **2000** 年和 **2008** 年转入地的主要特征

	平均	2000 年	2008 年
转出者关系			
亲戚（%）	65.3	66.9	63.7
非亲戚（%）	34.7	33.1	36.3
合同形式			
口头（%）	93.8	95.6	92.1
书面（%）	6.2	4.4	7.9
期限是否固定			
否（%）	89.8	91.2	88.4
是（%）	10.2	8.8	11.6
如果固定：			
平均长度	3.1	2.0	3.9
期限分布（%）			
≤1 年	47.2	68.2	32.3
1—5 年	43.4	27.3	54.8
5—10 年	7.5	4.5	9.7
10 年以上	1.9		3.2

资料来源：笔者2000年和2009年的调查。

可喜的是，2008 年相比 2000 年，这些流转特点都有一些改进（见表

3)，市场化行为更多、合同更加规范、期限更长。具体来讲，亲戚之间流转比例由 2000 年的 66.9% 下降到 2008 年的 63.7%，这表明流转的市场行为在增加。书面合同比例由 2000 年的 4.4% 上升到 2008 年的 7.9%，几乎上升了 1 倍，这从法律层面降低了违约风险，降低合约执行成本，可能会激励长期投资。固定期限的合同比例也由 2000 年的 8.8% 上升到了 2008 年的 11.6%，这可能会降低投资收益的"不确定性"，提高农户对流转地的投资意愿；而且，合同期限几乎翻了一倍（2 年变到 4 年），这提高了长期投资的收益权，有利于农户对转入地的长期投资。

本文选择有机肥作为长期投资的衡量指标。有机肥主要由动物粪便（猪粪、鸡粪、牛粪等）和秸秆构成。有机肥是一种改良土壤肥力的长期投资[①]，其肥力可以持续四到五年（Jacoby et al.，2002）。而且，像修渠、打井、灌溉等长期投资带有公共支出性质，大多是在政府或集体的主导下进行（赵阳，2007），而有机肥是农户自己收集，自己投入的长期投资，其最能真实体现农户的选择行为，从而能够科学评价土地使用权制度的投资效应。至此，我们可以提出两个假说：假说一：农户在自家地上的有机肥投入要高于在转入地上的有机肥投入；流转越规范，地权越稳定，有机肥投入越高。假说二：2008 年自家地与转入地上有机肥投入的差异要比 2000 年的差异小。

四 描述性证据

正如前面讨论的，为了研究农地流转对农户投资的影响，我们采用了同时耕种自家地和转入地的农户的调查样本，然后比较农户在其上的有机肥投入。2000 年和 2008 年样本省份和通过加权平均计算的全国转入地与自家地有机肥用量的结果如表 4 所示。从表 4 中可以发现如下几个事实。

---

① 最近，在大家认同有机肥是培育土壤肥力的同时发现有机肥对土壤造成一定的重金属污染（刘赫等，2009；曹生宪等，2008）。他们发现由于养殖业饲料有很多添加剂，导致动物粪便的某些重金属超标，进而造成土壤重金属含量增加，对农产品质量有不利影响。但也有研究表明这种影响是不显著的（田野等，2010）。不过，这些研究都是在强调有机肥重要作用的同时警惕要加强有机肥质量的管理。本文的研究对象是农户施用有机肥的长期"投资行为"。

表4　　　　　　　　　2000 年和 2008 年全国和各样本省份
转入地与自家地有机肥用量　　　　单位：吨/公顷

		自家地（1）	转入地（2）	差异（2）-（1）
所有样本	2000 年	8.7	5.1	-3.6
	2008 年	3.7	2.5	-1.2
浙江	2000 年	5.8	1.7	-4.1
	2008 年	2.3	1.7	-0.6
湖北	2000 年	10.7	5.3	-5.4
	2008 年	2.2	1.6	-0.6
四川	2000 年	18.0	16.2	-1.8
	2008 年	6.1	5.2	-0.9
河北	2000 年	3.1	2.1	-1.0
	2008 年	2.6	1.2	-1.4
陕西	2000 年	8.6	5.7	-2.9
	2008 年	1.8	1.3	-0.5
辽宁	2000 年	16.3	10.6	-5.7
	2008 年	4.8	2.5	-2.3

资料来源：笔者 2000 年和 2009 年的调查。

第一，从全国来看，不管是 2000 年还是 2008 年，农户在转入地上的有机肥用量要比在自家地上的用量少。例如，2000 年在转入地上，农民平均每公顷施用有机肥 5.1 吨，比自家地的（8.7 吨）少用 3.6 吨（第 1 行）；2008 年平均每公顷也少用 1.2 吨。

第二，在所有调查省份也出现农户在转入地上的有机肥用量比自家地上的用量少的现象。每个省份也表现出同样的现象。例如，浙江省，2000 年时转入地要比自家地平均每公顷少用 4.1 吨有机肥，2008 年也少用 0.6 吨。在辽宁省，这种差异更大。

第三，两种地上有机肥用量的差异随时间而缩小。例如，全国平均来看，这个差异由 2000 年的 3.6 吨下降到 2008 年的 1.2 吨（见表4）。在浙江、湖北这样的投资差异下降幅度更大，前者从 4.1 吨下降到 0.6 吨，后者从 5.4 吨下降到 0.6 吨。唯一的一个例外是河北省，但河北省有机肥用量相对较少。

表5　　　　　　　　　　2000年和2008年地块特征和有机肥用量情况　　　单位：吨/公顷

		平均	2000年	2008年
地块质量	低	5.7	5.7	5.5
	中	5.1	8.0	2.8
	高	5.8	7.9	3.4
地形	平原	3.7	5.4	2.1
	非平原	7.7	10.5	5.1
灌溉条件	可灌溉	4.0	4.9	3.1
	不可灌溉	7.9	11.7	3.7
离家距离	<0.5千米	6.1	8.9	3.9
	0.5—1千米	5.5	8.4	2.6
	1—2千米	4.3	5.5	2.9
	>2千米	3.6	3.3	4.0
地块面积	<0.1公顷	6.0	8.5	3.6
	0.1—0.15公顷	5.2	6.9	3.2
	>0.15公顷	3.6	5.0	2.5

资料来源：笔者2000年和2009年的调查。

　　第四，相比2000年，2008年农户不管是在转入地还是在自家地上都施用更少的有机肥[1]。这可能主要是因为随着经济发展，非农就业机会的增加[2]导致了劳动力机会成本增加，特别是对有机肥这种从收集到施用是劳动密集型活动而言更是如此。

　　因为很多因素可能同时影响农户投资，我们在深入分析土地流转与农户投资时，还需要尽量控制这些因素的影响。这些影响因素可能包括地块的质量、离家距离、面积大小、灌溉条件等。表5给出了这些地块特征与有机肥用量的关系，从简单统计上看，地形、灌溉条件、地块离家距离和地块面积似乎同有机肥施用有正（或负）的相关关系。例如，地块离家距离越远，托运有机肥的成本越高，故有机肥用量越少。

---

　　① 实际上，基于所有样本（表1中的第1和第2列）计算的2000年平均每公顷耕地有机肥投入为13.04吨，2000年下降到5.11吨。

　　② 根据我们的调查数据，村劳动力中外出务工人数比例由2000年的23%上升到2008年的43%；户主非农就业比例由2000年的25%上升到2008年的46%。

五 计量模型及估计结果

（一）模型设定

为了定量分析农地流转对农户有机肥投入的影响，我们对同一农户不同类型的地块进行比较，从而较好地处理内生性问题。计量模型如下：

$$M_{ipt} = \alpha + \beta_0 R_{ipt} + \gamma T_{2008} + \sum_{j=1}^{6} \delta_j D_{ipt}^j + g_{it}(Z) + \varepsilon_{ipt} \tag{1}$$

其中，M_{ipt}是第 i 个农户的第 p 块地在第 t 年的有机肥施用变量，我们用两种方式来衡量：①有机肥施用虚变量（$M=1$ 或 0）；②有机肥实际施用量（吨/公顷）；R 是土地类型，转入地取值1，自家地取值0。T_{2008} 是 2008 年的年份虚变量（2008 年 =1；2000 年 =0），用来衡量因时间而变的有机肥用量；D^j 是块地上的 j 特征，j 特征依次是地块质量（高质量和中质量两个虚变量，对照组为低质量）、地块类型（平原 =1，非平原 =0）、灌溉条件（可灌溉 =1；不可灌溉 =0）、离家距离（千米）、地块面积（公顷）6 个地块特征变量；Z 表示一系列的农户特征，它们对同一个农户不同地块来讲是不变的，这可以通过同一农户不同地块间的"固定效应"或"随机固定效应"来控制。模型中用到的相关变量的统计描述情况如表6所示。

表6 　　　　　　　　　回归所用变量的统计描述表

变量名称（符号）	含义/单位	平均值	标准差	最小值	最大值
有机肥用量（M）	吨/公顷	5.3809	10.2793	0	60
是否用有机肥（M）	0/1 变量	0.3897	0.4878	0	1
是否转入地块（R）	是 =1；否 =0	0.3164	0.4652	0	1
交互项（Rip × T$_{2008}$）	转入地与年份的交互项（2008 年的转入地 =1，其他 =0）	0.1631	0.3696	0	1
年份虚变量（T$_{2008}$）	2008 =1；2000 =0	0.5156	0.4999	0	1
地块质量（中等）（D – Middle）	中等 =1，其他 =0	0.5626	0.4962	0	1
地块质量（高等）（D – High）	高等 =1，其他 =0	0.2773	0.4478	0	1
是否平原（D – Topography）	是 =1；否 =0	0.5816	0.4935	0	1

变量名称（符号）	含义/单位	平均值	标准差	最小值	最大值
可否灌溉（D－Irrigation）	是＝1；否＝0	0.6371	0.4810	0	1
离家距离（D－Distance）	千米	0.6426	0.6782	0	7.5
地块面积（D－Area）	公顷	0.1213	0.2200	0.0013	3.3333

注：样本数为1637。

为了进一步识别转入地与自家地有机肥用量的差异是否随流转市场的规范化而减小，在模型（1）中加入"是否转入地"与年份 T_{2008} 的交互项，得到如下的模型（2）：

$$M_{ipt} = \alpha + (\beta_0 + \beta_1 \times T_{2008})R_{ipt} + \gamma T_{2008} + \sum_{j=1}^{6} \delta_j D_{ipt}^j + g_{it}(Z) + \varepsilon_{ipt} \quad (2)$$

这里，我们关注的是系数 β_0，其识别了转入地与自家地之间的差异。假说1预期 β_0 小于0，小于0表明转入地由于使用权的不稳定性导致了农户在其上的长期投资减小。假说2预期 β_1 为正的，即我们预期2008年自家地与转入地上有机肥投入的差异要比2000年的差异小。

（二）内生性

第一，如很多研究关注的一样（Jacoby and Mansuri，2006），如果转出者和转入者之间存在信息不对称，那么可能导致"逆向选择"问题：转出者有激励把低质量的地块转包出去。这样就会导致模型中的变量 R_{ip} 具有内生性。因为转入者也会理性地认识到这种信息问题，认为转入的土地很可能是低质量的土地，故影响投资行为。这时，变量 R_{ip} 所识别的并不一定是转入地与自家地使用权稳定性的差异对投资的影响，而代表的可能是地块质量对投资的影响。对于这个内生性问题，如果不存在这种信息不对称，问题自然消失。而实际上，流转几乎都发生在同一个村内，甚至同一个小组内；而且65%都是亲戚之间，要么就是熟人之间，所以这种"逆向选择"在现实中并不是大问题。即使有某种程度的信息问题，只要控制了"地块质量"，这个内生性就能得到较好解决。而变量 D_{ip}^j 中包括的6个地块特征变量从很大程度上能够较好地衡量一个地块的"地块质量"了。

第二，那些既影响一个地块变成转入地又影响在其上的投资行为的农户特征，会被"固定效应"方法所控制。

第三，转入地与自家地主要是因为在使用权的稳定性上的差异导致了投资差异。那么，变量 R_{ip} 本质上就是这种"使用权稳定性"的代理变量。R_{ip} 是一个虚拟变量，在某种程度上能够较好地衡量这种"使用权稳定性"，但这种衡量肯定不完美。因此，理论上讲仍存在"测量误差"导致的内生性。受限于数据，我们对此做一些改进。从文章思路上讲，在模型（1）中加入时间虚拟变量 T 和一个交互项 $R_{ip} \times T_i$ 是为了检验假说 2。但从计量经济学上讲，这个交互项 $R_{ip} \times T_i$ 在某种程度上进一步地衡量了转入地的"使用权稳定性"。因为，2000 年后，国家出台了各种鼓励、规范流转的政策和法律，这意味着 2008 年的转入地的"使用权稳定性"更好，而这个交互项就衡量了这种"使用权稳定性的改进"。所以，"测量误差"问题进一步得到缓解，内生性较好地得到了控制。

（三）估计方法

根据数据特征，我们设置了如下估计方法。第一，因为不少农户没有使用有机肥[①]，为了得到一致估计，在估计模型时采用了 Tobit 模型（当 M 为实际施用量时）。为了控制农户特征，直接估计相同农户不同地块（自家地和转入地）间的施用有机肥的差异，我们采用固定效应模型的传统估计方法，即把每个农户的虚拟变量加入模型，和所关注的解释变量一起估计（Wooldridge，2002）。这样，得到固定效应的 Tobit – FE 估计结果（见表 8）。并估计出 Tobit – FE 各个解释变量的条件边际效应 $E(M \mid M > 0, X)$，即有机肥用量大于 0 情况下的每个解释变量的边际效应。第二，为了考察"是否施用有机肥"问题，也估计了相应的 Probit（当 M 为虚变量时），并直接求出标准化的边际概率（见表 7）。第三，为了考察估计的稳健性，同时用固定效应的 OLS 方法估计了模型（见表 7）。第四，不管用什么估计方法，我们将分别用 2000 年和 2008 年的数据估计模型（1）和用两年混合数据估计模型（2）。

（四）估计结果

第一，不管用哪种方法估计，我们都可以发现土地类型变量 R_{ip} 的系数是负的，且统计显著（见表 7 和表 8 第 1 行），即假说 1 得到证实。具体讲，

---

① 有机肥用量 M_{ip} 共 1637 个样本点，其中 999 个等于 0，大概占 61%。

表 7 有机肥施用概率的 Probit – RE 模型与施用量的
固定效应 OLS – FE 模型估计结果

	Probit – RE（$M = 1$ or 0)			OLS – FE（$M =$ ton)		
	平均	2000 年	2008 年	平均	2000 年	2008 年
是否转入地块（R) （是 = 1；否 = 0)	− 0.20 *** (0.05)	− 0.24 *** (0.06)	− 0.06 * (0.04)	− 2.50 *** (0.56)	− 2.30 *** (0.69)	− 0.73 * (0.38)
交互项（$R_{ip} \times T_{2008}$)	0.11 (0.07)			2.03 *** (0.78)		
年份虚变量（T_{2008}) （2008 = 1；2000 = 0)	− 0.22 *** (0.08)					
地块质量（中等） （中等 = 1，其他 = 0)	0.12 ** (0.06)	0.22 *** (0.09)	0.02 (0.06)	0.86 (0.69)	2.19 * (1.12)	− 0.67 (0.75)
地块质量（高等） （高等 = 1，其他 = 0)	0.23 *** (0.06)	0.28 *** (0.09)	0.13 * (0.08)	1.42 * (0.76)	1.65 (1.21)	1.43 * (0.83)
是否平原 （是 = 1；否 = 0)	− 0.32 *** (0.07)	− 0.25 *** (0.09)	− 0.35 ** (0.15)	− 3.80 *** (1.16)	− 3.87 ** (1.68)	− 3.85 ** (1.60)
可否灌溉 （是 = 1；否 = 0)	− 0.40 *** (0.07)	− 0.50 *** (0.09)	− 0.21 ** (0.09)	− 3.33 *** (0.76)	− 3.68 *** (1.16)	− 1.77 * (0.91)
离家距离 （千米）	− 0.12 *** (0.04)	− 0.25 *** (0.06)	− 0.01 (0.03)	− 1.20 *** (0.36)	− 2.22 *** (0.70)	− 0.46 (0.33)
地块面积 （公顷）	− 0.15 (0.13)	− 0.32 (0.24)	− 0.03 (0.09)	− 2.49 ** (1.09)	− 11.26 *** (2.70)	0.01 (0.88)
观测值	1637	793	844	1637	793	844
组数	353	182	171	353	182	171
R – squared				0.08	0.15	0.06
Wald Chi2/F	99.70	72.79	34.21	6.107	6.230	2.68
Prob > Wald Chi2/F	0.00	0.00	0.00	0.00	0.00	0.01

注：①Probit 模型中的参数是标准化的系数，可以直接解释为"概率"的变化，其中交互项系数的 p = 0.109；②所有标准误都是稳健标准误。③ ***、** 和 * 分别表示在1%、5%和10%的显著性水平上显著。

表 8　　　　　有机肥用量的固定效应 Tobit 模型及其相应的边际效应估计

	Tobit – FE（M = ton）			条件边际效应（E（$M \mid M > 0, X$））		
	平均	2000 年	2008 年	平均	2000 年	2008 年
是否转入地块（R）	− 5.88 ***	− 5.69 ***	− 2.04 **	− 1.80 ***	− 1.86 ***	− 0.59 *
（是 = 1；否 = 0）	(1.19)	(1.39)	(0.92)	(0.36)	(0.45)	(0.26)
交互项（$R_{ip} \times T_{2008}$）	4.01 **			1.23 **		
	(1.69)			(0.52)		
地块质量（中等）	2.41 *	4.30 **	− 0.63	0.74 *	1.40 ***	− 0.18
（中等 = 1，其他 = 0）	(1.45)	(2.11)	(1.84)	(0.44)	(0.68)	(0.53)
地块质量（高等）	4.94 ***	4.70 **	4.53 **	1.52 ***	1.54 ***	1.31 *
（高等 = 1，其他 = 0）	(1.53)	(2.16)	(2.01)	(0.47)	(0.70)	(0.58)
是否平原	− 8.57 ***	− 9.19 ***	− 7.85 ***	− 2.63 ***	− 3.00 ***	− 2.27 ***
（是 = 1；否 = 0）	(2.21)	(3.22)	(2.99)	(0.68)	(1.05)	(0.86)
可否灌溉	− 8.57 ***	− 9.90 ***	− 5.16 ***	− 2.63 ***	− 3.23 ***	− 1.49 ***
（是 = 1；否 = 0）	(1.50)	(2.16)	(1.94)	(0.46)	(0.71)	(0.56)
离家距离	− 2.98 ***	− 6.99 ***	− 0.99	− 0.91 ***	− 2.28 ***	− 0.29
（千米）	(0.81)	(1.67)	(0.76)	(0.24)	(0.54)	(0.22)
地块面积	− 21.75 ***	− 32.36 ***	− 4.86	− 6.68 ***	− 10.57 ***	− 1.40
（公顷）	(4.59)	(6.67)	(4.36)	(1.41)	(2.18)	(1.26)
观测值	1637	793	844			
组数	353	182	171			
Wald Chi2	616.14	483.22	1133.19			
Prob > Wald Chi2	0.00	0.00	0.00			

注：所有标准误都是稳健标准误。***、** 和 * 分别表示在 1%、5% 和 10% 的显著性水平上显著。

例如表 7 中的 Probit – RE，不管是 2000 年还是 2008 年，农户在转入地上施用有机肥的概率显著低于在自家地上施用有机肥的概率（见表 7 第 2 列和第 3 列），2000 年降低了 24%，2008 也降低了 6%，且统计上都显著。混合两年数据估计方程（2）表明，转入地比自家地施用有机肥概率平均低 20%（见表 7 第 1 列）。再如，Tobit – FE 模型（见表 8）表明，农户在两种地上有机肥用量也存在显著差异（1% 的显著水平）。在所有施用有机肥的农户中①，控制了地块特征和农户特征后，2000 年的转入地要比自家地每公顷平

———————————

① 实际上，我们也估计了 Tobit – FE 模型的无条件边际效应 E（$M \mid X$），即在所有样本农户中，转入地上有机肥用量要比自家地上的用量平均每公顷分别低 2.29 吨（两年平均）、2.45 吨（2000 年）和 0.72 吨（2008 年）。

均少用有机肥 1.86 吨，2008 年少用 0.59 吨，两年平均来看少用 1.8 吨（见表 8 第 4—6 列）。而且，固定效应的 OLS 结果（表 7 第 4—6 列）也是一致的，且其估计系数与 Tobit – FE 的边际效应差别不大。总之，假说 1 的预期结果被证实，且实证结果稳健。

第二，从表 7、表 8 的第 2 行可以发现，土地类型变量与年份虚变量的交互项 $R_{ip} \times T_i$ 的系数符号都为正。除了 Probit – RE 方法中的交互项系数（表 7 第 1—3 列）的 p 值 = 0.109，即在 11% 的边际显著水平上显著外，Tobit – FE 方法中的交互项系数（见表 8 第 2 行）在 5% 的显著水平上显著。具体地，例如 Probit – RE 模型表明，农户在转入地上施用有机肥概率平均要比自家地上低 20%（见表 7 第 1 列第 1 行），但是 2008 年的转入地因为产权稳定性得到改进，故对长期投资有一个正的冲击（见表 7 第 1 列第 2 行），大概提高 11%。这样，2008 年时，转入地与自家地上的有机肥使用概率差就仅为 9%（20% – 11%）。Tobit – FE 模型估计的系数表明（表 8 第 4—6 列），在控制其他影响因素后，在 2000 年虽然转入地与自家地上有机肥用量的差异在 1.86 吨/公顷，到了 2008 年这个差异下降到 0.59 吨/公顷。由于 2008 年的转入地的产权稳定性得到改进，故对长期投资有一个正的冲击，大概提高 1.23 吨/公顷（表 8 第 4 列第 2 行）。这样，2008 年时，转入地与自家地上的有机肥用量差就仅为 0.57 吨/公顷（1.80 – 1.23）。而且，固定效应的 OLS 估计也给出一致的结果（表 7 第 4—6 列）。所以，假说 2 也被证实。

第三，从表 7 的第 1 列第 3 行我们还可以发现，年份虚拟变量 T_{2008} 的系数显著为负。这表明，无论是转入地还是自家地，2008 年时农户更少施用有机肥。有机肥从收集到施用都是劳动密集型过程，而经济发展带来巨大的非农就业机会必然导致劳动力的机会成本越来越大，因此这个发现符合我们的预期，这也从侧面证明了这些模型的合理性。

第四，至于其他地块特征变量的估计结果，不管是系数的符号还是显著性，结果几乎都是一致的。这再次表明估计结果的稳健性。例如，地块离家越远，有机肥用量就越少；地块是平原类型，有机肥用量越少；地块质量高，有机肥用量较多等。而且，这些发现与很多研究的发现一致（Jacoby et al.，2002；Li et al.，1998，2000）。

六 结论及政策含义

本文的研究表明，从 20 世纪 90 年代中后期开始，中国农地流转市场有了较快的发展。转入地面积比由 1996 年的不到 3% 上升到 2008 年的 19%。随着非农就业机会的增多，这种趋势还会增加。毫无疑问，正像家庭联产承包责任制为了实现效率、税收和公平功能而将农地分为自留地、责任田和承包地而导致了农户在责任田或承包地上长期投资激励下降的缺陷一样，农地流转在促进规模经营、提高生产要素配置效率的同时，也把农户在自家地和转入地上的投资差异，进而土壤肥力等问题摆到了我们面前。

本文的结果表明，转入户在自家地和转入地上的投资行为确实存在差异。在施用有机肥决策上，农户在转入地上施用的概率要比在自家地上施用的概率平均低 20%。在施用有机肥数量上，农户在转入地上的施用量也显著低于自家地上的施用量。这反映了农民对不同土地的使用权稳定性预期不同，自家地对农户来讲是 30 年不变或"长久不变"，但转入地块可能随时被收回去，在其上的长期投资收益不能有效收回，从而减少投资。这说明，土地使用权的稳定性对农户进行土壤改良等方面的长期投资非常重要。

同时，我们也发现，农户在转入地和自家地上施用有机肥的差异随时间而下降，这进一步论证了土地使用权稳定性的重要政策含义。我们的调查表明，虽然转入地比自家地在使用权缺乏长期的稳定性，但在过去十多年，其本身的稳定性也有所提高。这可能同许多因素有关，其中包括 21 世纪初以来政府颁布的《中华人民共和国农村土地承包法》《中华人民共和国物权法》等一系列政策法规。它们在法规、法律层面稳定了农地的使用权，促进了农地的流转，在一定程度上提高了转入地的使用权。本研究的结果也意味着，推进农地的确权、登记和颁证工作以及促进农地流转合同的形成和规范等方面政策措施都可能会提高农民对土地的投入，特别是对转入地的长期投资。

参考文献

[1] Abdulai, A., V. Owusu, and R. Goetz, "Land tenure differences and investment in land improvement measures: Theoretical and empirical analysis", *Journal of Development Economics*, 2010.

[2] Bell, C. , "Alternative theories of sharecropping: Some tests using evidence from northeast India", *Journal of Development Studies*, Vol. 13, No. 4, 1977.

[3] Besley, T. , "Property rights and investment incentives: Theory and evidence from Ghana", *Journal of Political Economy*, Vol. 103, No. 5, 1995.

[4] Brandt L. 、李果、黄季焜、Rozelle S. :《中国的土地使用权和转移权:现状评价》,《经济学季刊》2004 年第 3 卷第 4 期。

[5] Carter, M. , Wiebe, K. and Blarel, B. , *Tenure security for whom?: Differential impacts of land policy in Kenya: Land Tenure Center*, University of Wisconsin – Madison, 1991.

[6] 蔡昉、王德文、都阳:《中国农村改革与变迁:30 年历程和经验分析》,格致出版社、上海人民出版社 2008 年版。

[7] 曹生宪等:《典型有机肥——猪粪对重金属镉的吸持累计特性研究》,《南方农业》2008 年第 3 期。

[8] 陈锡文、韩俊:《如何推进农民土地使用权合理流转》,《中国改革》(农村版) 2002 年第 9 期。

[9] Feder, G. and T. , Onchan, "Land ownership security and farm productivity: Evidence from Thailand", *Journal of Development Studies*, Vol. 24, No. 1, 1987.

[10] Feder, G. , Lau, L. , Lin, J. and Luo, X. , "The determinants of farm investment and residential construction in post – reform China", *Economic Development and Cultural Change*, Vol. 41, No. 1, 1992.

[11] 何凌云、黄季焜:《土地使用权的稳定性与肥料使用——广东省的实证研究》,《中国农村观察》2001 年第 5 期。

[12] Jacoby, H. , Li, G. and Rozelle, S. , "Hazards of expropriation: Tenure insecurity and investment in rural China", *American Economic Review*, Vol. 92, No. 5, 2002.

[13] Jacoby, H. G. and Mansuri, G. , "Incomplete contracts and investment: A study of land tenancy in Pakistan", World Bank Policy Research Working Paper 3826, February 2006.

[14] Li, G. , Rozelle, S. and Brandt, L. , "Tenure, land rights, and farmer investment incentives in China", *Agricultural Economics*, Vol. 19, No. 1 – 2, 1998.

[15] Li, G. , Rozelle, S. and Huang, J. , "Land rights, farmer investment incentives, and agricultural production in China", 2000.

[16] 刘赫、李双异、汪景宽:《长期施用有机肥对棕壤中主要重金属积累的影响》,《生态环境学报》2009 年第 6 期。

[17] 农业部农村合作经济研究课题组:《中国农村土地承包经营制度及合作组织运行考察》,《农业经济问题》1991 年第 8 期。

[18] Rozelle, S. , Brandt, L. , Guo, L. and Huang, J. , "Land rights in China: Facts, fictions, and issues", *China Journal*, Vol. 47, No. 1, 2002.

[19] Shaban, R., "Testing between competing models of sharecropping", *The Journal of Political Economy*, Vol. 95, No. 5, 1987.

[20] 田野等:《有机肥料中重金属含量对农田土壤的影响》,《广州化工》2010 年第 12 期。

[21] Wen, G., "The land tenure system and its saving and investment mechanism: The case of modern china", Asian Economic Journal, Vol. 10, No. 3, 1995.

[22] Wooldridge, J. M., *Econometric analysis of cross section and panel data*, MA: MIT Press, 2002.

[23] 万举:《农地流转成本、交易体系及其权利完善》,《改革》2009 年第 2 期。

[24] 许庆、章元:《土地调整、地权稳定性与农户长期投资激励》,《经济研究》2005 年第 10 期。

[25] 姚洋:《农地制度与农业绩效的实证研究》,《中国农村观察》1998 年第 6 期。

[26] 姚洋:《中国农地制度:一个分析框架》,《中国社会科学》2000 年第 2 期。

[27] 姚洋:《土地、制度和农业发展》,北京大学出版社 2004 年版。

[28] Yao, Y. and Carter, M., "Specialization without regret: Transfer rights, agricultural productivity, and investment in an industrializing economy", World Bank, Development Research Group, Rural Development, 1999.

[29] 俞海、黄季焜、Scott Rozelle、Loren Brandt、张林秀:《地权稳定性、土地流转与农地资源持续利用》,《经济研究》2003 年第 9 期。

[30] 赵阳:《共有与私用》,生活·读书·新知三联书店 2007 年版。

(原文发表于《经济学(季刊)》2011 年第 4 期)

进城落户农民"三权"问题研究[*]

任常青

中共十八届三中全会提出要赋予农民更多财产权利，共享改革开放的成果。"十三五"规划和2016年中央一号文件同时指出要"维护进城落户农民土地承包权、宅基地使用权、集体收益分配权（以下简称'三权'），支持引导其依法自愿有偿转让上述权益"。"三权"是农民在农村最重要的财产权，也是他们最重要的财富来源。解决好进城落户农民的"三权"问题关系到我国城镇化发展的速度与质量，也关系到农村深化改革与发展的成效。农民与"三权"的关系既是一个重要的经济关系，也是一个重要的政治关系。近年来，各地就农村土地制度和集体产权制度进行了一些有益的改革探索，其中一些探索突破了现有的理论和政策界限，这些探索适应了我国城镇化和农业现代化的进程，具有一定的借鉴意义。

一　问题的提出

土地承包经营权和宅基地使用权是法律赋予农户的用益物权，集体收益分配权是农民作为集体经济组织成员应当享有的合法财产权利。维护进城落户农民"三权"的前提是赋权。赋权是新发展阶段农村集体所有制实现形式创新的客观要求。各地正在进行的农村土地制度改革和集体经济产权改革中赋权探索是一项重要且具挑战性的工作。与赋权相关的是成员权的界定和

　　[*]　该文是中国社会科学院农村发展研究所创新项目"土地流转效率与规模经营"的成果之一。此项目受中国社会科学院马克思主义理论学科建设与理论研究工程资助，项目序号2015mgchq009。中国社会科学院农村发展研究所郜亮亮副研究员，刘同山博士对此文亦有贡献，在此表示感谢。

权益的属性。对于日益融入城乡一体化浪潮的农村来说，"村庄从原住民的社区走向开放的社区，和人员流动的居住地，社区集体的概念将发生本质性的改变"。居住在农村的除了集体经济组织成员外，还有外来的社区居民，而有些集体经济组织成员常年在城市工作和居住。客观上提出了界定不同成员拥有不同权益的要求。这是改革发展中遇到的新问题，是城市化和农业现代化进程中遇到的新问题，也是亟待解决的问题。

依法自愿有偿转让"三权"权益，首先，要有法可依。现行的《土地管理法》《土地管理法实施条例》和《农村土地承包法》等都对农村承包地、宅基地和建设用地的权益属性做了明确的法律界定。但是，应当看到，一些约束性条款当时是适宜的，现在已不合时宜。其次，让农民自愿转让其权益，需要有一个开放的农村土地市场和产权交易市场。这样，其权益价值才能真正得以承认，权益的财产属性才能得以体现。中共中央十八届三中全会提出的"让市场在资源配置中起决定性作用"和"建立城乡统一的建设用地市场"都为农民转让权益提供了政策保障。最后，要重新定义农村产权市场的边界。如果仍然把农村产权交易的范围限定在本集体经济组织内部，就很难说是市场在起决定性作用。市场不能发挥作用的交易，其资源配置效率就不能得到保障。

维护进城落户农民的"三权"，引导其依法自愿有偿转让"三权"权益，要坚持从实际出发，将之放在我国城市化飞速发展和农业现代化进程不断加快的大趋势下统筹考虑，从有利于农村改革与发展，有利于维护农民利益，有利于发展壮大农村集体经济出发，坚持问题导向，从理论上和实践中解决集体经济组织的成员权界定，从权益角度区分农村社区居民和集体经济组织成员，从理论上探讨进城落户农民"三权"的产权内涵、性质和转让条件、范围以及相关影响。探索通过立法、修法或政策途径，为进城落户农民依法自愿有偿转让"三权"提供保障。

二 城市化进程中的农村产权制度改革

（一）城市化进程中的人口流动与财富流动

城市化的过程表现在人口方面就是居住在农村的人口不断减少，城市人口不断增加的过程。伴随着人口从农村向城市的迁徙，农村资金和财富也应相应地流向城市，以实现资金和财富在城市的最优配置。居住在城市的人口得以创业和就业，转型得以实现。要让进城落户农民放心进城，就要允许其带着"三权"进城，依法维护他们的"三权"，支持引导他们依法有偿转让上述权益。这是农村深化改革的重要内容，也是维护集体经济严肃性的需要，有利于发展壮大农村集体经济和提高城镇化的质量。维护进城落户农民的"三权"，要统筹安排农村土地制度改革、农村集体产权制度改革和乡村治理体制改革。

随着城市化进程的不断推进，我国进城落户农民的数量不断增加。2015年底，我国城镇化率为56.1%，按照户籍人口计算的城镇化率为39.9%。"十三五"规划纲要提出到2020年中国常住人口城镇化率目标达到60%，户籍人口城镇化率达到45%，也就是在未来还要提高5个百分点。

目前，户籍人口城镇化率与城镇化率相差16.2个百分点，意味着城镇常住人口中约2.1亿人仍是农村户籍人口。到"十三五"末，这一差距缩小为15个百分点，但相对应的农村户籍人口的总量并不少。他们既是城镇居民，在城镇居住和工作，同时，也是集体经济组织成员，在农村拥有承包地、宅基地和集体经济股权。

我国为人口流动提供了相对宽松的条件，而财富的流动仍有很多障碍和羁绊。进城落户农民关心他们在农村所拥有的集体财产能否随他们一起到城市来，因为这是他们作为集体经济组织一员应该享有的财产权益。这里一方面要维护他们原有的"三权"，另一方面通过有偿转让"三权"，使"三权"所对应的财产能与他们一起流向城市。解决这两个问题涉及农村综合改革的几个方面。第一，在坚持土地集体所有制的前提下，充分发挥这一制度具有的灵活性和包容性优势，通过土地制度改革，赋予集体经济组织成员更多的土地财产权利。依法保障农民土地承包经营权的用益物权属性。第二，正确处理宅基地使用权和房屋财产权的关系，改革宅基地分配制度，在严格村庄规划的前提下，赋予农民更为灵活的转让宅基地使用权的权利。第三，开展集体资产股权量化工作，探索集体经济的实现途径和发展壮大集体经济的体制机制。第四，改革农村社区的治理方式，借鉴城市街道社区治理模式，让农村成为农业生产经营者、农村非农就业者和农村居民的居住地。

（二）厘清进城落户农民与集体经济组织的关系

依法维护进城落户农民的"三权"的前提是要厘清进城落户农民与他

们原来所在的农村集体经济组织的关系。与农村改革之初相比，农村居民的成分已经非常复杂。住在农村的居民已不仅是世世代代生活在这个村庄的本地人，还有在这里打工、做生意的外地人，以及从该村庄出去的，退休后回来养老的原居民，转业军人等。同时，也有一些村民长期在外地打工、生活，甚至已经在城市落户。农村不再是一个只有本地人耕作、居住和生活的封闭村落，而是一个开放的社区。

农民"三权"是农民作为集体经济组织成员所被赋予的财产权益，是集体经济组织成员所创造的财富，应该由所有成员所享有。离开集体经济组织的成员，虽然其身份发生变化，但是其离开之前所创造的财富不应因其离开而被剥夺。这是对劳动者劳动创造价值的承认，也是我国分配制度的基本原则。

所谓集体经济的有效实现途径，就是"一方面，集体经济通过有效的经营运作发展壮大，增加集体财富；另一方面，又能确保增加的财富惠及全体成员，实现集体利益与成员个人利益的双赢"。长期以来，我国集体所有权的实现形式处于模糊状态，集体成员创造的财富与成员个人的关联不清晰。因此，集体成员对集体财产的保值增值不关心，集体经济组织的管理者对集体资产的经营不上心，集体收益分配不顺心。因成员在集体中的权益没有量化，分配的依据不固定，往往在分配的时候出现矛盾，使成员的积极性受到影响。长此以往，不利于集体经济的发展壮大。

集体资产产权改革的出发点就是厘清集体经济组织成员与集体资产的量化关系，明晰成员个人与集体经济组织的责任与义务，固化这种关系，便于在市场经济条件下实现资源的最优配置。固化了的成员与集体之间的量化关系，有利于发挥集体与个人的积极性，有利于资源的流动。也确保了集体经济组织成员退出后，其应有的财产权益不受侵害。

（三）通过土地制度改革创新土地集体所有制实现形式

土地的重要性毋庸置疑。对于国家来说，是保证粮食安全，农村稳定，经济发展的重要资源；对于农民来说，是赖以生存，取得收入的最基本生产资料。随着经济发展，农业在国民经济中所占份额逐渐下降。土地对于国家的重要性更加突出，对于农户的重要性在降低。农户离开土地的条件越来越成熟。特别是已经在城市落户，主要收入不是来自土地的农户，离开土地对于他们来说只是能否保障土地权益的问题。

根基于传统农业和家庭经营的土地制度逐渐与现代农业发展不相适应。我国农产品生产成本长期处于高位，农产品价格上涨乏力，对农业生产的影响越来越显著。农地长期处于碎片化，影响了农业机械的应用和新技术的采纳，劳动力价格刚性上涨，直接影响了农产品价格。目前，土地对于进城落户农民已没有明显的利用价值，但是，在征地"补偿"远高于其他补偿的现实存在下，这些农户不得不理性选择宁愿撂荒土地也要紧紧握着对土地的承包经营权，去期盼未来可能出现的理想补偿。由于土地的真实价格无法由市场决定，对未来土地价值的误判不仅损害了进城农民的利益，也影响了土地利用效率，进而提高了发展现代农业的交易成本。

土地制度改革的方向应该是保障农民的土地权益，充分发挥市场在资源配置中的作用，提高土地资源的利用效率。土地确权登记颁证是土地改革的基础性工作，做好了确权，农民的土地承包权益才有得到维护的基础。土地确权固化了拥有土地承包权的集体成员与土地之间的关系，土地集体所有制才找到了一条实现的途径。所谓的土地集体所有制应该理解为拥有土地承包权的农民共同拥有土地的所有权。只有每一寸土地都落实了承包经营权的拥有者，集体才能得以存在，集体所有制才能得以实现。承包经营权转让的同时也意味着土地集体所有的成员权的转让。没有土地承包经营权的农民，便不再是土地集体所有制下的集体成员。

土地承包经营权与集体成员的统一解决了承包经营权流转中存在的成员权模糊的问题。拥有土地承包经营权的人，无论是否居住在本村，这一权益都不应该被剥夺，都应是法律所赋予他的财产权益。只有通过依法自愿有偿转让给了别人，他的权益财产属性得以实现的同时，其土地集体所有的成员权丧失，有偿取得土地承包经营权的人自然取得成员权资格。这种处理方式确保了土地集体所有制下成员权与承包经营权的统一，也维护了土地集体所有制的存在。

（四）农村集体经济组织成员权的再认识

什么是农民？在我国，农民有不同的含义。农民可以是一种职业，是从事农业生产的人，即农业从业者。农民也可以理解为在农村居住的人。我国的户籍制度区分了农业户口和非农业户口，拥有农业户口的为农民。在一个村庄，户口在本村，居住在本村的人，就是本村的村民。而本村的村民也自然是本村集体经济组织的成员，这种习惯延续至今。

我国的土地制度脱胎于"政社合一"体制，农民一出生成为该村的村民，就自然取得该集体经济组织的成员资格，就可以无偿取得土地经营承包权，拥有宅基地使用权并取得集体资产权益分配权。同时，离开集体经济组织的成员也自然被剥夺上述权益。这种"户籍"决定资源权益的做法实际上是给予了农民"超公民待遇"，是计划经济时代的产物，已与市场经济体制不相容。

这种把一村居民等同于该村集体经济组织成员，即"村民即成员"的观念已经不适宜当前开放的农村，与农村经济多样化也不相适应。在农村，经济成分已经多元化，除集体经济组织外，还有民营经济、合伙经济、股份制经济甚至外资，呈多种经济成分并存状态。农村居民也不仅仅是生于斯长于斯的本地人，外来人口越来越多。我国已经开始了户籍制度改革，不再区分农业户口与非农业户口，以户籍论资格的做法也将不符合政策要求。

固守封闭村庄体系的传统做法，与市场经济的公平与效率原则不符，也不利于经济发展。因此，应该重新界定农民资格及其权益，改变传统的社员即成员，村民即成员的做法。应将村民的经济权益、社会权益和政治权益分置，改变一个人拥有一种权益，就必然拥有另外两种权益的习惯做法，居民按不同方式取得不同的权益。如果一个非集体经济组织成员继承了集体经济组织成员的财产或股份，那么，"他就获得了经济组织成员的资格。这样，经济组织的成员虽是变动的，但以财产划分的成员边界始终是清楚的"。

经济权益。按照集体产权改革的要求，按照设定的基准时间，符合条件的集体经济组织成员，便拥有农村集体经济组织的经济权益，包括土地承包权、宅基地使用权和集体经济收益分配权。按照承包地确权、宅基地确权和集体资产股权量化的要求，将上述所有权益量化确权到有资格的集体经济组织成员个人。实行"生不增、死不减、可转让、可继承"。将"三权"的权益区分清楚，分开对待，之间没有必然的联动关系。一个人可以同时拥有"三权"，也可以只拥有"三权"中的一种或两种。拥有哪一种权益，就是哪种集体经济组织的成员。

社会权益。居住在农村社区的居民，享有该社区的社会权益。他们既可以是本村居民，也可以是外来居民，只要每年在该村居住半年以上，均为本社区居民。社区居民参与社区治理，享有社区公共物品的权利和义务，参与社区公共事务。

政治权益。本村居民有参与村民自治的权利，享有该村的选举权和被选举权。根据《村民委员会组织法》享有规定的政治权利。

（五）给进城落户农民赋权并依法保护其"三权"

进城落户农民是农民群体的组成部分，他们曾经参与了农村集体经济建设，为集体经济的发展壮大做出了贡献，理应享有集体经济发展的成果。土地承包经营权和宅基地使用权是法律赋予农户的用益物权，集体收益分配权是农民作为集体经济组织成员应当享有的合法财产权利。这些权益不应因他们现在居住地的变化而被无偿收回。根据不同人员拥有不同权益的原则，即使不是农村社区的成员，如果他们拥有集体经济组织的权益，也仍然是集体经济组织成员。

要赋予进城落户农民拥有已经取得的"三权"。在进城落户之前，如果该户的成员已经拥有土地承包经营权，进城落户后应赋予其继续拥有土地承包权的权利，那么，该户成员仍是土地集体所有制中的集体成员。不能以退出宅基地作为进城落户的条件，要维护进城落户农民所拥有的宅基地使用权。进城落户农民在进城落户前已经取得的集体资产产权也应该予以保留。应当明确，农民已经拥有的农村"三权"不能因其居住地的改变而被收回。

依照《农村土地承包法》第一章第五条规定："任何组织和个人不得剥夺和非法限制农村集体经济组织成员承包土地的权利。"进城落户农民只要拥有土地承包经营权，那么就不能剥夺和非法限制其权益。对于宅基地使用权，中共十八届三中全会提出"保障农户宅基地用益物权，改革完善农村宅基地制度"。中央全面深化改革领导小组第七次会议审议的《关于农村土地征收、集体经营性建设用地入市、宅基地制度改革试点工作的意见》指出，对宅基地制度改革的试点条件和范围要严格把关，不能侵犯农民利益，同时不得以退出宅基地使用权作为进城落户的条件。这都为维护进城落户农民"三权"权益提供了法律和政策保障。

三 "三权"改革的实践与存在问题

（一）"三权"改革的实践

农村集体产权制度改革是一项综合性强，涉及面广，需要凝聚智慧，开拓创新的工作。各地在产权改革中，既考虑了产权形成的历史背景，又考虑到农村发展的现实需要；既坚持依法办事，按政策行事，又充分发挥村民自治的优势。

第一，改革中把维护和保障农民的财产权利作为出发点和落脚点。"三权"是农民在农村最大的财产权利，既要维护和保障他们的权益不受侵犯，又要使其财产权利保值增值，实现最大收益。

第二，"三权"转让基于农民自愿原则。已经确立的农民权益要真正交到农民手里，就不能依靠行政命令加以干预。农民是否转让，何时转让，以什么价格转让，转让给谁，应由权益持有者自主决策。政府要做的事情是制定规则，维护规则的严肃性，让农民在规则框架下做出自己的选择。

第三，打破传统集体组织边界促进"三权"转让。在农村人口持续向城镇迁移、集体成员人数不断萎缩的背景下，将受让人限制在原集体经济组织成员内部，就无法充分发挥市场的价格发现功能，也无法使农户上述权益的保障在增值层面上有所突破。只有打破原有集体组织边界，让更多人参与土地退出交易市场，才能发现农村土地和房屋的真实市场价值，才能更好地保障进城农户有关权益、保障土地退出者的经济利益。

第四，"三权"转让要处理好成员资格的认定、成员权的内涵之间的关系。退出"三权"后，如果原来的权益拥有者不再持有集体经济组织的任何权益，那么，该成员将自动失去集体经济组织成员资格。而转入者将因持有集体经济组织的权益而自动取得成员资格。集体经济组织的成员资格与其是否拥有权益有关。退出权益的农民，如果仍居住在该村，他仍是该村村民或居民，但不再是该村集体经济组织成员，不再享有与集体经济组织有关的权益。

第五，政府积极稳妥地推进相关工作，是"三权"转让顺利实施的重要保障。实践中，农村"三权"转让的实现方式，有的是政府主导，有的是政府支持下的市场行为。看上去无论是借助政府"有形之手"，还是市场"无形之手"都可以实现"三权"顺利转让，实际上是发挥了政府与市场的不同作用。

第六，制定可供选择的多种方案。农户分层分化是当前农村社会的重要特征，因此，不同地区、不同类型农户对"三权"转让有差别化的需求。由于农户的收入来源、经济状况、土地依赖程度等都有很大的不同，过于详细和"一刀切"的退出政策难以取得满意的效果。政策宜粗不宜细有利于处理退出过程中出现的各类复杂问题。

（二）改革实践中遇到的问题

1. 二轮承包期影响"三权"转让

第二轮承包期大部分地方将于 2027 年或 2028 年到期。中共十八届三中全会《决定》提出"稳定农村土地承包关系并保持长久不变"，但是如何实现"长久不变"，如何处理二轮承包和"长久不变"的关系，目前尚无定论。在"长久不变"落实之前，"三权"转让至少面临以下三个问题：一是超过二轮承包期的"三权"转让合同的法律效力问题。二是随着二轮承包期临近，土地承包经营权转让的价格将越来越低。三是在二轮承包期结束，开始下一轮承包时，如果集体经济组织成员权依然没有清晰界定的话，二轮承包期内已经有偿退出"三权"的农户，会否重新要求获得成员权，继而参与下一轮承包？

2. "三权"转让受让人的成员资格问题

如果"三权"转让的受让人是本村人，其在本集体经济组织的成员资格不存在问题；如果受让人不是本村人，其成员资格如何获得，目前还没有相应的政策。

3. 产权改革滞后影响进城落户农民的集体资产权益分配

进城落户农民尽管仍拥有集体资产权益分配权，但是，其权利难以实现，这与农村产权改革滞后有关。在集体资产股份量化之前，拥有的权益真正变为财富的渠道还不畅通。

4. 留在农村的人对进城落户农民拥有"三权"有一定的意见

主要原因是进城落户农民生活在城市，无法履行农村居民相应的义务，还要享受农村居民身份相关的待遇，权利与义务不对等。相当一部分农民认为，集体经济组织成员与户籍相联系，如果外出人员户口已经不在本村，且在外面有了稳定的工作，则不应该再保留土地承包权和集体收益分配权。

四 支持引导进城落户农民依法
自愿有偿转让"三权"

（一）赋予进城落户农民在农村的合法身份

农民进城落户后，由于他们拥有本村的"三权"权益，所以仍应是该集体经济组织的成员。如果拥有土地承包权权益，则仍是以土地集体所有为基础的集体经济组织成员；如果他们拥有宅基地和房屋，仍是社区成员，拥有社区成员权的权益。如果没有宅基地和房屋了，且大部分时间不在本村居住，则不再拥有社区成员权，不再享有社区成员的权利，也不再履行社区成员的义务。如果他们持有集体资产的股权，则仍是集体经济组织的成员；他们的政治权益依照《选举法》和《村民委员会组织法》的规定予以确认，根据《选举法》第四条规定的"每一选民在一次选举中只有一个投票权"，如果确认在落户的城市，则在城市拥有选举权和被选举权，否则就在本村参加选举。

（二）进城落户农民"三权"有偿转让有法可依

《农村土地承包法》第十条指出，"国家保护承包方依法、自愿、有偿地进行土地承包经营权流转。"而流转的方式在第三十二条规定："通过家庭承包取得的土地承包经营权可以依法采取转包、出租、互换、转让或者其他方式流转。"土地承包经营权的转让是法律允许的。中共十八届三中全会《决定》也指出，赋予农民对集体资产股份占有、收益、有偿退出及抵押、担保、继承权，保障宅基地用益物权，让集体土地真正成为集体成员可以拥有的财产。因此，法律和政策都允许进城落户农民依法自愿有偿转让其农村"三权"。

（三）有偿转让"三权"要依法打破村组的界限

农民自愿转让"三权"的一个重要前提是转让价格要符合预期，而价格是由供求关系决定的，供求关系与市场边界密切相关。市场由封闭到开放，供求关系就会发生相应的变化。如果转让的范围仅仅是本村居民，或本集体经济组织成员，那么，"三权"转让会因价格激励不足而无法实现。因此，支持引导进城落户农民依法自愿有偿转让其"三权"需要打破"三权"转让的边界，让市场为农民财产权的保值增值提供机会。

把农村"三权"转让的范围仅仅限定在集体经济组织内部，既不符合法律规定，也不利于"三权"转让。"农村产权流转交易市场的建设层级应与要素的性质和流转范围相适应，要根据流转要素的不同性质和交易范围探索建立不同层级的流转交易市场，确定市场的覆盖范围。"为了让农民获得更多的财产权利，《农村土地承包法》第三十三条规定的土地承包经营权流转应当遵循的原则中，其中的一个原则是"在同等条件下，本集体经济组织成员享有优先权"。这也就意味着，非本集体经济组织成员也可以流转承包地。而同等条件应该是本集体经济组织成员与集体经济组织之外的人之间的比较，这实际上已经打破了集体经济组织的界限。但在实际工作中，多数地方都限制了向集体经济组织之外的人流转土地承包经营。

（四）宅基地使用权退出需要规划先行

在各地进行的宅基地使用权退出试点中，始终坚守的一个原则是维持宅基地总量的零增长或负增长，这与我国目前宅基地面积过大，超额划拨宅基地有关。宅基地退出要以村庄规划、村镇规划为基础，在规划的基础上制定农户宅基地退出机制。

《物权法》同样把农民宅基地使用权作为一种用益物权，规定"宅基地使用权人依法对集体所有的土地享有占有和使用的权利，有权依法利用该土地建造住宅及其附属设施"。法律并没有对宅基地的使用权年限做出限制，可以长久使用。宅基地使用权是具有排他性的、直接支配的占有权，是具有占有性质的物权，具有财产属性。但是，现在实行的是宅基地的无偿分配，一户一宅以及不能向非集体经济组织成员转让的制度安排，"宅基地不是商品，更不是资本"。政府要保护进城落户农民在宅基地有偿退出中的权益不被侵害，使宅基地的财产价值得以充分实现，从而为进城落户提供资金。开放宅基地受让人的身份限制，打破村庄界限和城乡界限，通过村庄规划和宅基地总量控制避免村庄的无序扩张。

（五）进城落户农民的集体收益分配权转让

进城落户农民的集体收益分配权与其拥有的集体资产股权相对应。集体资产股权量化到个人后，该量化的股权是取得集体收益分配权的唯一凭据。集体经济组织要制定灵活的股权转让规则，以提高集体资产股权持有者转让股权的收益。进城落户农民持有的股权允许全部有偿转让。放松对股权转让受让方的限制，允许非集体经济组织成员受让集体资产股权，受让股权成功后，受让人便成为集体经济组织成员。

五 结论与政策建议

（一）应充分重视各地实践中的共同做法

各地在维护进城落户农民"三权"权益方面做了有益的尝试并取得了较好的效果。依法维护进城落户农民的"三权"，保障他们的权益不被侵犯，不把退出"三权"作为进城落户的条件是各地改革的共识。"三权"确权、量化是一项基础性工作，必须大力推进。在维护进城落户农民"三权"方面，各地均以不让其权益受损为出发点，以增加他们权益的财产价值为目的，以提高集体经济效率，提高集体经济组织收入为最终目标。在一定程度上扩展了转让的市场边界，打破了集体经济组织内部的约束，过程是稳妥的，效果也是显著的。

（二）以系统化思维推进相关改革

维护进城落户农民的"三权"权益不是一个孤立的事件，而是一项涉及农村集体产权改革的重大系统工程，需要我们重新审视和探索集体所有制的实现形式。在城乡一体化快速发展的大背景下探索土地家庭承包经营制的内涵与实现方式。"农村土地是农民的最大资产，土地制度改革要以完善家庭联产承包制，加速推进农业现代化为出发点，重视土地之于农民的财产属性，通过创新体制机制，让农民获得更大的土地财产收益。土地确权工作是一项基础性工作，做好这项工作对于土地制度改革至关重要。农民宅基地使用权是法律赋予农民的权益，也是农民的重要财产。"

（三）以依法自愿为原则支持引导进城落户农民有偿转让"三权"

第一，要为转让"三权"提供法律和政策保障。第二，打破转让边界能够提高"三权"拥有者的财产收益，同时也提高了集体经济组织的价值和社会认可度，有利于发展壮大集体经济。第三，为进城落户农民提供在城市生活的公共服务保障，降低其进城落户的成本，有助于他们转让"三权"。第四，加快农村产权交易的基础设施建设。

（四）创新推进集体成员资格认定工作

与农村集体资产产权改革紧密相关的工作是改革传统的"村民即成员"的习惯做法。按照经济权益、社会权益和政治权益分置的原则，不同的人拥有的权益不一样。如果一个人拥有土地承包权，不管他是否居住在该村，他都是土地集体所有制下的成员。也就是说，谁拥有土地承包经营权，谁就是该土地集体所有制的成员。同样，拥有宅基地使用权或房屋所有权的人，就是本村的居民，享有社会权益和政治权益，不管他是否拥有土地承包经营权或集体经济股权。在该村居住达到一定时间的人，不管是否拥有"三权"，他都应该享有宪法和法律赋予他的政治权益。通过对成员权益的确认，实现"政经分离"。

"政经分离"的改革不但不会把土地集体所有制改垮，反而更加巩固了土地集体所有制，是新发展阶段农村土地集体所有制新的实现形式。只要土地在，就有土地承包经营权的拥有者，集体就在，集体所有制就垮不了。可以预见，随着现代农业的发展，新型农业经营主体的培育，土地承包经营权转让的力度会不断加大，土地承包经营权拥有者的人数将会减少。

（五）积极稳妥扩大"三权"转让的市场范围

随着我国市场经济体制的不断完善和发展，农村集体经济组织只有面向市场，参与市场竞争，才有可能发展壮大。开放的农村需要开放的思维，要敢于打破禁锢，发挥市场在农村资源配置中的决定性作用。只有拆掉农村的"围墙"，才能提高农村经济组织的效率，农民的收益才会增加。土地承包经营权的转让、宅基地使用权的转让和农村集体资产股权的转让都要突破本村或本集体经济组织内部的限制，"尤其要允许城市居民在严格限定的条件下下乡流转农民的土地财产权"。要向市场要价格，让市场给集体经济组织估值。

（六）以二轮承包到期为节点完成相关改革

由于全国大部分地区二轮承包期在 2027 年或 2028 年到期，面临签署下一轮承包合同的问题。特别是，以后将实行家庭承包经营制长久不变，可以预见，下一轮承包所面临的难度更大，交易成本更高。为了避免这种情况的发生，应该加快农村产权制度改革的进程，二轮承包期到期之前，完成农村土地确权、登记、颁证工作，完成农村集体经济组织产权股份量化到人工作。按照集体经济组织成员资格认定办法和集体经济有效实现形式，完成集体经济组织成员权、农村社区成员权认定。以确权时点固化成员权资格，保护成员的集体财产权和收益分配权。通过建立农村产权流转交易市场，推动农村产权流转交易。下一轮承包以当时所拥有的权益大小为基准，签署长期承包合同。

（七）通过立法、修法、出台政策来维护进城落户农民的"三权"并引导其依法自愿有偿转让

第一，通过立法确定集体经济组织的成员资格，有资格的成员可按照《村民委员会组织法》和《物权法》享有基于成员资格的土地承包经营权、宅基地使用权和集体收益分配权。

第二，修订相关法律、法规和政策条文。例如，1981 年国务院发布的《关于制止农村建房侵占耕地的紧急通知》规定，分配给社员的宅基地，社员只有使用权，不准出租、买卖和擅自转让；2008 年住房和城乡建设部发布的《房屋登记办法》规定，"申请农村村民住房所有权转移登记，受让人不属于房屋所在地农村集体经济组织成员的，除法律、法规另有规定外，房屋登记机构应当不予办理"。2014 年 11 月中办、国办印发的《关于引导农村土地经营权有序流转发展农业适度规模经营的意见》指出，"以转让方式流转承包地的，原则上应在本集体经济组织成员之间进行"；2015 年 1 月中办、国办联合下发后经全国人大常委会授权的《关于农村土地征收、集体经营性建设用地入市和宅基地制度改革试点工作的意见》提出，进城落户农民自愿有偿退出或转让宅基地要在本集体经济组织内部；国务院 2015 年 8 月 24 日印发的《关于开展农村承包土地的经营权和农民住房财产权抵押贷款试点的指导意见》要求："对农民住房财产权抵押贷款的抵押物处置，受让人原则上应限制在相关法律法规和国务院规定的范围内。"

第三，我国正在进行户籍制度改革，建议修改《村民委员会组织法》第三章中，按户籍对参加选举的村民进行分类的条款，改为按社区成员资格确认其是否有选举权和被选举权。

第四，修改《农村土地承包法》第十五条与《土地管理法》第三章第十五条不一致的内容。建议将《农村土地承包法》第十五条改为"家庭承包的承包方可以是本集体经济组织的成员，也可以是本集体经济组织以外的居民，但，土地承包合同生效后，自动取得集体经济组织成员权"。

第五，修订《农村土地承包法》第二十六条，对迁入小城镇落户和迁入设区的市的不同对待，建议改为"承包期内，承包方全家迁入城市落户的，应当按照承包方的意愿，保留其土地承包经营权或者允许其依法进行土地承包经营权流转"。

参考文献

[1] 中国社会科学院农村发展研究所"农村集体产权制度改革研究"课题组、张晓山：《关于农村集体产权制度改革的几个理论与政策问题》，《中国农村经济》2015年第2期。

[2] 耿卓：《农民土地财产权保护的观念转变及其立法回应——以农村集体经济有效实现为视角》，《法学研究》2014年第5期。

[3] 黄延信：《发展农村集体经济的几个问题》，《农业经济问题》2015年第7期。

[4] 黄延信、余葵、师高康、王刚、黎阳、胡顺平、王安琪：《对农村集体产权制度改革若干问题的思考》，《农业经济问题》2014年第4期。

[5] 刘守英：《中国城乡二元土地制度的特征、问题与改革》，《国际经济评论》2014年第3期。

[6] 任常青、郗亮亮、刘同山：《中国城镇化进程中农民"三权"转让问题研究》，《价格理论与实践》2016年第5期。

[7] 郭晓鸣、张克俊：《让农民带着"土地财产权"进城》，《农业经济问题》2013年第7期。

（原文发表于《河北学刊》2017年第1期）

发展农村普惠金融的思路和对策

杜晓山

　　小额信贷或微型金融，以及对其进一步的提炼、发展和扩展而上升到普惠金融体系理论，这是一个实践不断推进和认识不断深化的过程。从本质上说是强调金融要为弱势产业、弱势地区和弱势群体服务，并应将其融汇到主流金融中，使其成为完整金融体系不可或缺的有机组成部分。

一　小额信贷和普惠金融的理论依据和基本思路

　　国内外的研究机构、相关国际组织、国际金融机构、专家学者对小额信贷和普惠金融的理论和实践有多方位丰富多彩的研究。

（一）联合国关于普惠金融的论述

　　联合国 2006 年《建设普惠金融体系蓝皮书》认为，普惠金融的目标是：在健全的政策、法律和监管框架下，每一个发展中国家都应有一整套的金融机构体系，共同为所有层面的人口提供合适的金融产品和服务。它应具备的特征是：

　　（1）所有家庭和企业都能够以合理的价格获得一系列金融服务，包括储蓄、短期和长期贷款、租赁、代理、抵押、保险、养老金、支付、本地汇款及国际汇款等，这些服务以前只被那些"银行可接受的"人所享有；

　　（2）拥有健全的机构，这些机构遵循合理的内部管理体系、行业业绩标准、市场监督机制，并且在需要时接受合理的审慎监管；

　　（3）具备财务和机构的可持续发展能力，这种能力是机构长期提供金融服务的手段；

（4）拥有多样化的金融服务提供者，并在任何可行的情况下，为客户提供具备成本效益考量且种类多样的金融服务（包括一系列私营、非营利性及公共金融服务提供者）。

要实现这一目标，我们应当把为贫困和低收入人口提供的金融服务看成是金融部门和各类金融机构的重要和完整的组成部分，利用各类机构的比较优势，并且发掘服务低端客户所涌现出来的商业机会。普惠金融应包括在所有金融部门的发展战略中。

（二）世界银行关于普惠金融的论述

世界银行"扶贫协商小组"（是世界银行属下的一个专门的小额信贷工作部门，英文简称 CGAP）2006 年出版了《服务于所有的人——建设普惠性金融体系》一书，阐述了什么是世行 CGAP 认为的小额信贷的基本原则、服务对象、发展历史和现状，以及目前国际最新流行的"普惠性金融体系"的基本概念。在此，做部分摘要描述。

1. 小额信贷的服务对象

一般说来，社会人群可分为 6 类：赤贫者、极贫者、贫困者、脆弱的非贫困者、一般收入者和富裕者。小额信贷的服务对象一般覆盖其中的 3—4 类：极贫者、贫困者、脆弱的非贫困者和一般收入者。

2. 小额信贷的基本原则

小额信贷的基本原则是：①穷人需要多样化的金融服务，不仅是贷款，还包括储蓄、保险和资金结算等；②小额信贷是与贫困斗争的有力工具；③小额信贷意味着要建设为穷人服务的金融体系；④小额信贷能够实现自负盈亏，而且如果它的目标是服务于非常大规模的穷人，它也必须这样做，也就是说它的服务收费应足以覆盖其运营的一切成本；⑤小额信贷的目标在于建立持久的地方金融机构；⑥小额信贷并不是万能的，对于那些没有收入或还贷手段的赤贫者，其他形式的扶持可能更有效；⑦利率封顶使小额信贷机构难以覆盖其运营成本，因此不利于对穷人贷款的供给；⑧政府的职责应是使金融服务有效，而不是自己去提供金融服务，政府自己几乎不可能良好地运作贷款业务，但它能营造良好的政策支持环境；⑨捐助者的资金与私营资本应是互补而不是竞争的关系，捐助者的补贴应设计为一定时期的支持，尤其是在机构启动时提供支持，以使它顺利发展到能够吸引私人资金的投入；⑩小额信贷发展的主要瓶颈是缺少强有力的机构和经营管理团队，捐助者的支持应集中在能力培训和提升上；⑪小额信贷机构需要发布准确和可比较的财务运营报告，例如还贷和自负盈亏状况，也需要社会发展状况指标，例如服务客户的数量和客户的贫困状况。

3. 普惠性金融体系框架

普惠性金融体系框架认同的是只有将包括穷人在内的金融服务有机地融入微观、中观和宏观三个层面的金融体系，才能使过去被排斥于金融服务之外的大规模客户群体获益。最终，这种包容性的金融体系能够对发展中国家中的绝大多数人，包括过去难以到达的更贫困和更偏远地区的客户开放金融市场。

客户层面：贫困和低收入客户是这一金融体系的中心之一，他们对金融服务的需求决定着金融体系各个层面的行动。

微观层面：金融体系的脊梁仍然为零售金融服务的提供者，它们直接向穷人和低收入者提供服务。这些微观层面的服务提供者应包括从民间借贷到商业银行以及位于其中间的各种类型。

中观层面：这一层面主要指基础性的金融设施和一系列的能使微观金融服务提供者降低交易成本、扩大服务规模和深度、提高技能、促进透明的中介机构。这涵盖了很多的金融服务相关者和活动，例如审计师、评级机构、专业业务网络、行业协会、征信机构、结算支付系统、信息技术、技术咨询服务、培训等。这些服务实体可以是跨国界的、地区性的或全球性组织。

宏观层面：如要使可持续性的小额信贷蓬勃繁荣发展，就必须有适宜的法规和政策框架。它包括：中央、地方政策法规支持、财税政策、机构合法性、利率政策、批发融资政策、信用环境、政府的作用，例如政府是否直接介入小额信贷的运营，等等。

（三）穆罕默德·尤努斯关于普惠金融的论述

我们还注意到，与小额信贷和普惠金融的理论依据有关的、对西方经济学带有颠覆性批评的一项理论创新是"社会企业"（Social Business）的理论。它是由世界当代小额信贷事业的开创者孟加拉国穆罕默德·尤努斯所倡导和践行的。

尤努斯认为："从某种意义上说，人们选择了忽略亚当·斯密所传达的一半信息。他的划时代的著作《国富论》吸引了人们的全部注意力，而他的同样重要的《道德情操论》却基本上遭到忽视。"

"目前的资本主义理论认为，市场是专门为唯利是图的人们准备的。这种解释把人当作具有单一片面性的动物，而人是多方面的，就像亚当·斯密两个半世纪以前所明确阐述的一样。虽然我们具有自私自利的一面，但是我们也有无私的一面。资本主义的主流理论以及围绕着这一理论建立起来的市场，没有为人的无私的一面留有任何余地。如果存在于人们心中的利他主义的动机可以被引入到商界，就会没有我们无法解决的问题。"

"有鉴于此，我提出了一种与现有的实现利润最大化的企业在同一市场上运营的新型企业。我把这些新的实体称为'社会企业'，因为它们是为了他人的集体利益而存在的。"

尤努斯认为："我们现存的资本主义理论的最大缺陷在于对人性的误读。在当前对资本主义的解释中，经营企业的人被描绘成一维的人，其唯一的使命就是利润最大化，而人类理应一心一意地追求这个经济目标。"

"这是对人类极其歪曲的描述，稍作思考，我们就能看到，人类并非赚钱机器。关于人类的基本事实是：人是多维度的，他们的幸福有多种源头，而并非只来自于赚钱。"

"然而，经济学家们建构的整个企业理论却基于这样的假设，即人们在经济生活中只会追求私人利益。这种理论还认为，只要个人能自由地追求私人利益，理想的社会结果就会出现。这种对人类的诠释否定了生活的其他层面——政治、社会、感情、精神、环境等的作用。"

"毋庸置疑，人是自私的动物，但人同时也是无私的。这两种特质同时存在于所有人身上。个人利益和追求利润的说法可以解释我们的很多行为，但如果完全从这个视角来审视人类许多其他行为则是毫无意义的。"

尤努斯认为："这种对人性的歪曲认识是导致我们的经济思维不完整、不精准的致命缺陷。……我们必须将经济理论中的单维度人换成多维度的人，即同时具有自私和无私特质的个体。当我们这样做之后，商界的景象会立即为之一变。我们会看到社会需要两类企业：一类为了私利，另一类则致力于帮助他人。……我把基于人性无私这种特质的第二类企业称为'社会企业'，这正是我们的经济理论所缺失的。"

（四）笔者的认识

就笔者自己的认识，从以上各方对普惠金融理论依据的阐述，可以看出，这些理论本身就是多元的、多维度的、有差异的。尤其是尤努斯的

"社会企业"理论和实践是"利他主义"思想的典型代表,是对"利己主义"的一种"批判",就金融领域而言,也是他对小额信贷和普惠金融理论的一种独特的极具启迪性的理论支撑。尤努斯的上述理论在某种意义上与我们社会主义国家所倡导的主流价值观是相似的、一致的。尤努斯的上述理论可能比目前人们看到的其他各种西方经济理论更鲜明透彻、更有震撼性,值得我们深思和进一步地探求。

市场规律不唯用于自利或利己,亦可用于利他。先公后私、利己与利他兼顾,也是社会主义的本质要求。温家宝总理也说过:"亚当·斯密写过两部有名的著作,一本叫《道德情操论》,一本叫《国富论》。《国富论》是讲市场经济这只'看不见的手'。《道德情操论》中有一段话很精彩,他说,如果社会财富只聚集在少数人手中,那是不公平的,而且注定是不得人心的,必将造成社会的不稳定。我觉得这个话是对的,所以要讲公平,要把正义作为社会主义国家的首要价值。"

而且,笔者认为,马克思主义经济学与我国的政治经济学论述的劳动创造价值的理论,与普惠金融理论有更天然的内在关联,因为普惠金融强调的是金融要为无资本或少资本的劳动者提供持续的、适宜的、有效的服务。

二 对小额信贷和普惠金融的理解和思辨

普惠金融体系和理论的产生是合乎历史发展逻辑的,是对过往小额信贷扶贫实践和理论认识的深化和发展。从这个意义上来讲,普惠金融体系是对小额信贷理论和实践的新的更高层面的理论概括和发展。

小额信贷,尤其是专事扶贫的小额信贷在帮助弱势群体方面能发挥极大的正面作用。它实际上是一种扶贫制度和金融制度的改革与创新的结合。从本质上说,原始意义上的小额信贷就是将组织制度创新和金融创新的信贷活动与扶贫到户项目有机结合成一体的活动,也是一种具有经济发展和社会发展功能相融合意义的发展工具。

我们在讨论小额信贷和普惠金融体系的健康可持续发展问题时,国际主流的观点是既反对长期依赖补贴式的做法,又反对过分商业化(以利润最大化为目标),也就是说应以为弱势产业、弱势地区和弱势群体提供金融服务为宗旨,同时追求机构自身组织上和财务上的可持续发展。简言之,对一个小额信贷机构和普惠金融体系的评价要同时考核它的社会业绩指标和业务业绩指标。这也是当前对小额信贷和普惠金融体系发展历程的一种经验总结和新认识，这一国际主流认识和观点对我国小额信贷和普惠金融体系的评价和发展是很有现实启迪作用的。以下，我们继续对小额信贷和普惠金融做更进一步的剖析和阐述。

（一）关于小额信贷的对象和额度

笔者根据自己的观察、学习和研究认为，小额信贷除了具有人们经常提到的提供小额存款、贷款、清结算、汇款、保险等各种金融服务的特征和含义外，其应有之义至少还要强调两点：第一，关于服务对象。如果把人群分为富裕、中等和贫困三类，那么小额信贷服务的应是后两类，这两类也是传统金融机构不愿或不能提供金融服务的弱势群体，这一点是当代小额信贷之所以产生的原因，也是它最初的出发点和落脚点。第二，关于单笔贷款额度。如果按目前世界银行有关教科书的标准或国际业内主流观点（mixmarket 网站），则单笔小额贷款的额度应不高于本国或本地区人均 GDP/GNI 的 2.5 倍。

实际上，人们对小额信贷的单笔贷款额度争论很多，有的甚至是当地人均 GDP 几十倍或上百倍的也被称为"小额贷款"。或者认为只要相对银行贷款而言，额度较小的贷款，就可以称为小额贷款。对这些观点，当然可以讨论，但是笔者不表示赞同，因为这样看，似乎不够严谨和科学，随意性太大，而且在实践中或制定相关政策时也难以界定和规范。

在我国信贷服务中，中小企业贷款都是"短板"，都是国家政策鼓励的，亟须加强的。但它们与小额信贷概念中的小额贷款是两回事，它们的市场客户主体不同，不能混为一谈。

（二）关于小额信贷与普惠金融的关系

近几年作为新名词引入的与小额信贷有关的话题，就是"普惠金融"。在一定程度上，它也是国内外为回答人们对"什么是小额信贷"的困惑和争论而提出的一种理论和实践解决方案。

普惠金融体系（Inclusive Financial System），从狭义上说，它是小额信贷的发展和延伸，除了小额信贷的业务，还包括了对小企业的金融服务。所以，小企业贷款和金融服务实际上属于普惠金融的范畴。简单或通俗地说，普惠金融 = 小额信贷 + 小企业金融服务。目前我国人们常说的"草根金融"

或小微金融（即小企业和微型企业金融服务）基本上就属于"普惠金融"概念的范畴。而且，普惠金融作为一个"体系"，除了它的微观层面的零售金融服务，还包括中观层面（金融基础设施和中介服务机构）和宏观层面（政府政策法规）的支持。现在业内也有一种观点认为，从广义上说，普惠金融就应该是金融体系本身，因为金融体系本身具有公共产品或至少具有准公共产品性质。

就我国而言，普惠金融体系三个层面的理论研究和实践均有待进一步深化完善。从微观层面上来说，目前我国正规金融机构主要是大、中、小银行业金融机构和新型金融机构（村镇银行、贷款公司和农村资金互助社及小额贷款公司等），涉及普惠金融的业务有了不同程度的发展，而他们开展的主要是商业性的小额信贷和小微企业金融服务，包括部分政策性或称福利性（即有外在的持续补贴）产品业务。也就是扶贫类的又追求供给机构自负盈亏和可持续发展的小额信贷的发展水平，以及民间借贷的小额信贷的规范均处于较为滞后的状况，我们希望政府今后能在这方面有所作为。当然对福利性和商业性的小额信贷机构的改革和发展也有很多值得改善的空间。从中观层面上说，我国的普惠金融体系的欠缺则尤为明显，例如征信制度、信用环境、行业协会和网络、批发机构、电算化管理信息系统、培训、咨询、评估和评级等的金融服务中介和基础设施建设均应建立和健全起来。从宏观层面上来说，中央和地方政府及监管当局的相关政策法规仍有待进一步调整和改善，也包括对公益性制度主义小额信贷和民间融资的小额信贷的具体政策法规的制定、支持和规范，应尽早提到日程上来。在这方面不能不说是个较大缺陷。

就总体而言，我国普惠金融体系的贯彻落实的主要挑战，类似于国际社会，主要也体现在三个方面：一是金融服务的广度，即规模是否能够最大限度地扩展到一切有金融服务需求的群体和地区；二是金融服务的深度，即能否涵盖过去没有享受过或较少享受金融服务的弱势和贫困群体，也就是低端客户市场中的低端，即穷人是否能获得金融服务的公平正义的享用权利和机会；三是金融服务的性价比或成本效益比究竟如何，是否能以较少的投入和成本获取更大的经济和社会效益，同时保证金融服务机构自身的可持续性。

（三）关于小额信贷的目的和利率

根据小额信贷的目的和利率，基本上可以将小额信贷分为两大类：福利主义小额信贷和制度主义小额信贷。前者是基于较为传统的理念，即对穷人应给予低利率贷款资金的补贴和扶持，也可称"输血式"小额信贷。后者则是目前国际的主流观点，主张以商业化运作方式（保障自身的收入大于支出）提供信贷服务，也称为"造血式"小额信贷。

福利主义小额信贷是一种传统的农村金融服务模式或此模式的变异，其规范的要求是追求贷款资金应有效地直接借贷于穷人（而不是贷款给企业，再由企业雇佣穷人），但它不追求服务机构自身的可持续发展。制度主义小额信贷是当今世界的主要流派，它要求同时实现两个目标：较大规模地服务于目标客户群体，同时也实现服务机构自身在组织和财务上的可持续发展。

值得注意而人们却往往忽视或容易混淆的是，制度性小额信贷又可再分为两类：公益性和商业性。公益性制度主义小额信贷以穷人为目标客户；商业性制度主义小额信贷则服务于更宽泛的目标群体，包括企业在内，而且以追求利润为主要或重要目标。孟加拉"乡村银行"或称"格莱珉银行"（Grameen Bank）是世界上历史最长、最杰出和规模最大的公益性可持续性发展的小额信贷的代表之一。印度尼西亚国有股份制商业银行"人民银行"的"农村信贷部"（BRI－UD）、玻利维亚的"团结银行"（BancoSol）等是国际公认的商业性可持续小额信贷的代表。就我国目前而言，失业人员、妇女创业小额担保贴息贷款和农村贫困农户小额贴息贷款等是福利主义小额信贷；扶贫基金会旗下的中和农信①小额信贷等约 200 个活动于中西部贫困县的小额信贷组织属于公益性制度主义小额信贷；农信社、农行惠农卡小额贷款、邮政储蓄银行的小额信贷基本属于商业性小额信贷；小额贷款公司的小额度的贷款也是典型的商业性小额信贷，而这些商业性金融机构发放的小企业贷款则属于普惠金融的范畴。

从目的或目标群体上看，福利主义小额信贷和公益性制度主义小额信贷都是为了扶贫，可以统归为公益性小额信贷，只是前者依靠补贴，后者主张自负盈亏和可持续发展。商业性小额信贷也就是上述的商业性制度主义小额信贷，它没有或缺乏扶贫的使命，服务的客户群体更广泛，并以追求利润尽可能多或最大化为目标。

各种类型的小额信贷都有长处和短处。例如，福利主义小额信贷的长处

---

① 中和农信是一家专注于农村小额信贷的社会企业。起源于 1996 年，前身是中国扶贫基金会小额信贷项目部，于 2008 年转制成公司化运作，专门负责小额信贷扶贫试点项目的实施与管理。

是对弱势群体的即期优惠扶持（包括低利率甚至零利率）十分清楚，传统上也易为人们所理解和穷人所接受。它可能的问题也是明显的。这种模式的缺陷主要是：政府或外部援助机构支付成本高；效率低下；强势群体侵占穷人利益；弱势群体易产生外部依赖；易发寻租和腐败行为；难以可持续发展，因而难以长期有效支持扶贫；等等。因此，世界当今的小额信贷的主流已逐渐过渡到制度主义小额信贷。但是，往往是一种倾向掩盖另一种倾向，在现在人们普遍热衷商业性制度主义小额信贷（高利率、高利润）时，却在有意无意地忽视公益性制度主义小额信贷。如何关注和真正支持公益性制度主义小额信贷的生存环境和健康发展，尤其在我国的现在，是一个需要大力呼吁、倡导和解决的突出问题。

在这里，我们重点讨论一下制度主义小额信贷的利率问题。制度主义小额信贷要争取自身的收支平衡或较高收入和可持续发展，从技术层面考虑，可采取的多种方法中，提高利率是最有效、最直接的手段。以追求利润为主的商业性小额贷款公司，即使排除发放的实际是小企业贷款，往往也追求尽量放大额和高利率的贷款，以争取高收入和高利润，它们的目标群体一般锁定在中上社会群体。但是公益性制度主义小额信贷以服务穷人为目标客户，并不以利润最大化为目的，它是否也应该是高利率呢？

以尤努斯为代表的"穷人小额信贷"的理论和实践的倡导者则坚决反对高利贷的做法。他不认同墨西哥 COMPARTAMOS 和印度一些像 SKS 那样的商业性小额信贷机构高利率的做法。他认为小额信贷应关注贫困，无须抵押、利率不应太高，但应自负盈亏和可持续发展（孟加拉乡村银行的一般存款和贷款利率分别为 12% 和 20%）。尤努斯身体力行和倡导的是公益性制度主义的小额信贷，他认为，小额信贷的贷款利率可以分为绿、黄、红三个区，收入覆盖了所有成本之后的利率加 10 个百分点以内的利润率是在绿区内，是合理可行的；从 10 个百分点加到 15 个百分点以内，在黄区内，尚可容忍；加了超过 15 个以上的百分点，就进入了红区，是不可接受的。孟加拉乡村银行一般贷款的名义年利率为 10%，实际年利率约 20%（尚未扣除成本），是在绿区之内。它的教育和住房贷款更低，而对其占有效借款（即有贷款余额）的总客户数 800 多万户的 1% 以上的乞丐贷款则为零利率，这些低利率的贷款业务形成的亏损则由一般贷款业务所获利润弥补。

（四）关于公益性小额信贷机构的新定位：社会企业

尤努斯与他的同事创建和倡导的乡村银行最大特点和最大创新之处不只是创新性地开办了公益性制度主义小额信贷组织和其金融产品、服务方式及各项机制的创新，而更主要的是从理论和实践上创建了一个全新的社会企业。乡村银行现在的所有者（股东）主要是借款的贫困妇女和一些男性穷人，他们占有银行95%以上的股份，而且每个股东（借款人）的股份是相等的，剩余的不到5%的股份归政府所有。而包括尤努斯在内的银行所有管理者和员工都只是领取工薪的银行雇员，不是股东，是为股东服务的。这也是真正的合作金融的一种形式。尤努斯并不只是认为，不应赚穷人的钱，他更看重的是倡导和践行"社会企业"的理念和实践。

社会企业就是用商业的手段创新性地解决社会问题。它的基本特征是：公益性的宗旨目标，商业性的运作手段（为了机构和财务的可持续），而且企业利润主要或全部用于公益和扩大再生产。也就是说，虽然企业的股东和管理人员经营盈利，但是并不以此为目的，股东不分红或分红远低于市场平均水平，经营目的在于解决社会问题，盈利是作为长期从事社会事业的手段。

所以，笔者认为，应该在鼓励支持发展各种类型的小额信贷和普惠金融的同时，大力提倡、宣传和支持追求扶贫助弱和自身可持续发展"双底线标准"的社会企业型的公益性制度主义小额信贷。这一类小额信贷既可消除福利主义模式的弊端，也能遏制和替代高利贷，而不是产生和实施高利贷。因此，观察和评论一个小额信贷机构时，同时考核它的财务（业务）绩效和社会绩效（或社会使命）指标，才能对该机构有一个比较完整的了解，从而形成一个比较全面的结论。目前，国际上小额信贷业内已较普遍地认同和接受要倡导和实施小额信贷机构的"双底线标准"，即财务（业务）绩效和社会绩效，并在努力发展和完善相关的评价指标体系。

三　农村普惠金融的政策框架及存在的若干问题

按笔者的理解，普惠金融的实质是扶持传统金融不愿或难以服务的弱势群体且能实现组织机构自身可持续发展的金融体系。

（一） 我国农村金融体系发展的基本要求和面临的问题

根据党中央自 2004 年起 11 年来历年的中央一号文件和其他重要文件精神，笔者所学习和理解的认识如下。我国当前和今后一段时期继续进行农村金融改革，建立完整农村金融体系的基本要求和目标应是：建立满足或者适应农村多层次金融需求的，功能完善、分工合理、产权明晰、管理科学、监管有效、竞争适度、优势互补、可持续发展的普惠性的完整农村金融体系。只有这样，才能真正解决农村地区农民贷款和金融服务难问题，促进当地农业和农村经济的发展，为建设社会主义新农村和构建和谐社会营造良好的金融环境。然而，要实现这一基本要求和目标依然任重而道远。

农村金融目前存在问题的具体表现主要是金融供求之间的不平衡，农村资金通过银行存款大量流失转移到城市，农村金融的覆盖面、供给规模以及深度与金融需求的满足都还有很大差距，农村金融适度竞争（不排除个别时段、个别地区的过度竞争）的局面还没有形成。另外，还存在整个金融市场的不均衡性，现在最重要的是银行业市场，或者叫信贷市场，约占全部金融资产的 80% 的份额，其次才是保险业和证券业以及其他的金融业形态。

人们还可以看到农村金融存在的其他不平衡，主要是地区之间的不平衡、大中小金融机构的不平衡；商业性、政策性和合作性金融机构之间的不平衡。例如，政策性金融机构少，而且政策性金融机构业务覆盖不完整，被称为合作性金融的农信社系统还被要求改制成商业金融，如不加以注意，合作金融恐将消失。从地域来看，东部农村地区金融与中西部的农村金融之间的不平衡将继续发展。

概言之，我国金融资源配置存在四大不平衡：大中小金融机构不平衡；东中西部金融不平衡；城乡金融不平衡；直接间接金融不平衡。此外，农村金融最大问题之一是政策性、商业性和合作性金融的不平衡，形成社会性和市场性的矛盾，造成商业性金融机构缺乏积极性。为此，人们普遍认为要对建立市场与政府扶持相结合的农村金融资源配置体系和发展农村普惠金融进行再思考。对农村普惠金融的战略规划、实施计划、具体举措和监督考核，需要做进一步深入研究和出台完整方案。

（二） 农村小微企业和农户金融服务存在的问题

总体上看，小微金融和"三农"，尤其是农户金融服务仍然是农村金融体系中最为薄弱的环节，资金约束仍然是制约小微企业和农户发展的最主要的瓶颈之一。

1. 小微企业和农户融资难、融资贵的问题依然突出

根据中国人民银行的统计数据，截至 2014 年第一季度末，银行业金融机构用于小微企业的贷款（包括小微型企业贷款、个体工商户贷款和小微企业主贷款）余额 18.46 万亿元，同比增长 18.9%；从户均贷款余额来看，大型商业银行和股份制商业银行小企业贷款的户均贷款余额在 1000 万元以上。实际上这些是银行上报的统计意义上的有水分的所谓"小企业贷款"，这些贷款实际并不属于或不完全属于小企业贷款，而属于中型企业贷款，因为银监会制定的小企业贷款的简要标准是贷款额度在 500 万元以下的经营性贷款才属于小企业贷款。

《中国经济时报》的一份 7 省区 17 个大中城市的调研报告，采访了十几个行业的 143 家小微企业主和各地的银行等金融机构、地方政府主管部门及研究机构。报告显示，2013 年小微企业面临的共同难题是招工难、成本高、融资难、税费高、人民币升值以及国内外市场不景气等，经营困局未得到根本性改善。从融资情况来看，24.8% 的受访者认为"融资难"是小微企业当前面临的最大难题，但这一比例低于 2012 年的调查结果（38.2%）。当前绝大多数小微企业的资金来源仍为自筹，占比为 79.5%；选择银行借贷的企业仅占 35.9%。另外，分别有 5.6% 和 3.5% 的企业通过民间借贷和内部集资的方式来进行融资。

根据不同的信息来源，小微企业获得银行贷款的比例在 20%—40% 不等。加上个体工商户从银行得到的贷款，获贷工商户约占所有小微企业（含个体工商户）的 5%。原中国银行行长李礼辉指出，在有银行借贷需求的小微企业中，62.5% 的企业不能获得贷款；仅有 8.6% 的小微企业获得所需的全部贷款；80% 的小微企业目前达不到银行的准入标准（《金融时报》2014 年 6 月 23 日）。

从农户贷款服务看，目前只有 26%—30% 的农户能够从农村信用社等正规金融机构获得贷款。长年来，农户借款中来自民间借贷的部分西部地区占到 40%，中西部高达 60%。据农行和西南财大联合开展的"中国家庭金融调查"项目提供的数据，2013 年有 43.8% 的农村家庭拥有民间借款，但只有 14.1% 的农村家庭拥有正规贷款。在农村地区，金融抑制现象更为严重，72.4% 的农村家庭受到信贷约束，其中，62.7% 的农村家庭需要资金但

是没有到银行申请，9.7%的家庭申请了贷款但是被银行拒绝。

2. 我国小微金融机构数量不足，竞争不充分

截至2013年底，全国共组建1134家新型农村金融机构（含筹建和开业），其中包括1071家村镇银行、14家贷款公司和49家农村资金互助社，地处中西部地区的占比达62%，其中，直接和间接入股村镇银行的民间资本占比达71%，各项贷款余额中农户贷款和小微企业贷款合计占比90%。

研究证明，在服务小微企业和农户方面，小微型金融机构较大型金融机构更具优势，所发放的小微企业贷款比例也明显高于大中型商业银行。在我国，小微金融机构主要为农村金融机构（农村商业银行、农村合作银行和农村信用社）、新型农村金融机构和小额贷款公司。从数量看，截至2012年末，县级行政区划内小微金融机构的平均数量仅为3.31个/县，机构数量显著不足。小微金融领域竞争性市场格局尚未形成。

3. 新型农村金融机构和小额贷款公司的规模普遍较小，服务小微企业的能力有限，并且地区发展不平衡

自2005年中国人民银行在五省（区）开始推动小额贷款公司试点，2008年在全国推行试点，小额贷款公司发展迅猛。截至2014年末，已开业的小额贷款公司达到8791家，实收资本8283亿元，贷款余额达9420亿元。小额贷款公司无论是企业数量还是贷款规模均呈现高速发展的态势。

2011年末，新型农村金融机构的平均贷款余额为1.7亿元，小额贷款公司的平均实收资本为0.8亿元、平均贷款余额为0.9亿元、平均员工人数为11人。

另外，小微金融在省际的发展不均衡。以小额贷款公司为例，从贷款余额来看，2012年末小额贷款公司贷款余额超过200亿元的省份有10个，这些省份主要分布于东部地区，而低于100亿元的省份有12个，这些省份主要分布于西部地区。从县均小额贷款公司数量来看，县均小额贷款公司数量超过3家的省份有8个，而低于1家的省区有5个。东部地区小额贷款公司的数量和规模相对较大，中西部地区小额贷款公司的数量和规模相对较小。

4. 小额贷款公司税收负担较重，财政支持不足

小额贷款公司未能公平地享受到税收政策优惠。已实施的金融企业贷款损失准备金税前扣除，金融机构单笔贷款在5万元以下的农户小额贷款免征营业税，所得税税基减少10%，针对县域内的农村金融机构和新型农村金融机构营业税按照3%的税率执行（大银行这一税率为5%）等优惠政策，

由于小额贷款公司没有金融许可证，无法享受这些优惠政策。

（三）发展我国新型合作金融的问题

长期以来，努力发展和有效规制我国新型合作金融的问题，一直没有引起有关决策部门的足够重视，好在 2014 年中央一号文件突出强调要重视和认真解决这一问题。笔者认为，在当前，我国农村新型合作金融形态主要有两类：一是在农民合作社（专业或综合社）和供销合作社基础上，开展信用合作，培育发展农村合作金融；二是坚持社员制、封闭性原则，在不对外吸储放贷、不支付固定回报的前提下，推动社区性农村资金互助组织发展。应该看到，目前我国现存的各类资金互助社的状况差异很大，可以说是良莠不齐、鱼龙混杂，亟待整顿、规范，亟须引导其健康可持续发展。

在此，笔者还想强调的是，当前应特别注意把贫困村互助资金项目尽可能地转变成贫困地区的可持续发展的资金互助社。从 2006 年至今，国务院扶贫办和国家财政部主导在以我国中西部为主的地区的约 2 万个贫困村推行开展了"贫困村互助资金"项目（又据 2014 年 7 月 3 日《金融时报》称，截至 2013 年末，中央财政支持 5000 多个贫困村的项目），现有近百亿元的资金在周转，这是非常现实、宝贵的合作金融的雏形和基础。这些贫困村互助资金项目中的多数开展得红红火火，形成了政府支持、农民自有、自管、自享的初级阶段的合作金融形态。然而，也有很多的此类项目，无论从外部有效监管，还是从内部规范运营的角度，都存在不少的问题。因此，对这近两万个贫困村互助资金项目应因地制宜、区别对待、分类指导、妥善处置。不应任其自生自灭，而应以此为基础，真正使之发展成为合规的、有前景的、可持续的农民资金互助社。由于这些项目都位于贫困地区，意义尤为重大。

这类合作金融的雏形和基础应尽力保留下来，加以专业培训和管理，进行有效运行和风险防范制度机制的规范引导，完善内部管理和外部监管，呵护其健康成长和发展壮大，建立起农民自己的真正的合作金融机构。如发展得好，在法律上承认其合法地位，政府和金融机构则应该进一步对其提供支持和帮助。

（四）对公益性制度主义小额信贷组织欠鼓励支持政策

近年来，我国政府一些小额信贷政策法规的出台对推动小额信贷的发展发挥了巨大的作用，功不可没。然而，我国支持各类小额信贷健康发展的政策法规还相对滞后，尚待健全完善。尤其是对公益性制度主义小额信贷组织，至今相关主管部门还没有具体的支持鼓励发展的政策法规，不能不说是一大缺欠。这类由社会组织或非政府组织开展的小额信贷活动，具有追求社会发展的使命、定位和功能，它们是我国当今小额信贷的先锋和探索者，也起着铺路石的作用。它们在欠发达和贫困地区的农村，所起的小额信贷扶持低收入和贫困农户的作用尤其显著。同时，在它们之中，也涌现了一批不辱社会使命又具有可持续发展潜力的小额信贷项目和组织。中央政府近年来多次重申支持和鼓励各种类型小额信贷组织的发展，人们翘首以盼相关的支持性政策法规能早日面世或进一步健全完善。这样的政策法规将会极大地推动公益性制度主义小额信贷的健康发展。当然，就小额信贷机构自身而言，加强自律，忠于职守，提高业务素质和经营管理水平，则是其首要任务。

四　加快发展农村普惠金融的政策建议和思考

为落实中央发展普惠金融的要求，需要从顶层设计上着手，进一步研究和制定包括政策性、商业性、合作性金融与民间金融协调发展和相互配合的完整的战略规划、执行计划、实施措施和监督考核制度。同时，也应鼓励自下而上"摸着石头过河"的改革发展的实验。

国家应继续加大支农、惠农、强农、富农的法律和政策扶持力度；要拓展和加强政策性银行的职责和能力，全面扶持"三农"；大型商业银行应履行社会责任为发展普惠金融做贡献，努力开拓支持"三农"发展的大中型项目和力所能及的小微项目，也可以把资金委托给中小银行或小贷公司，为小微企业和弱势群体服务；要进一步发展小型银行和金融机构，增强直接服务小微企业和弱势群体的力度。发展普惠金融既要运用传统金融业态，也要利用 POS 机、手机银行、网上银行等"无营业所银行"类的新科技手段，还要运用 P2P、移动支付等互联网金融新型金融业态。另外，过去合作金融的主要形式是农信社，当前全国正在开展农信社改制转轨，然而不应"一刀切"地把农信社全部变成农商行，应因社制宜，部分保留农村合作金融的形态，并努力发展新型合作金融形态。在此，重点提出几点政策建议。

1. 保障银行业金融机构农村存款主要用于农业、农村

设立普惠金融发展基金可能是一种可行的选择。保监会主席项俊波于

2010 年曾提出这一概念和设想，他的观点是可将所有金融机构每年营业收入（当时一年约 2 万亿元）的 1% 抽调出来放进设立的"农村金融普惠基金"。笔者认为这是一个可行的好主意。对设立的这一基金，可以由国家指定用途、运营机构、运作流程和监督管理规则，统一调度，用于"三农"为主，同时兼顾城市的弱势群体和小微企业。制定一套农村普惠金融发展基金管理办法来支持"三农"和城乡弱势群体对金融的需求，可以解决当前争论不休的农村、中西部地区用不了这么多钱的矛盾。也可能解决存款主要用于农村的实际操作问题。集中起来的钱统一调度，这样不会发生效率低下的问题，也不存在资金投不下去的问题。

2. 引导银行业金融机构继续支持农村小微企业和农户发展

一是以法律法规形式，要求商业银行将吸收存款的一定比例用于支持小微企业发展，监管部门应加快制定金融机构支持小微企业的考核办法并形成有效的激励约束机制。二是倡导商业银行创新小微企业业务和服务方式，各商业银行应建立小微企业服务专营机构和专门运营队伍及相关机制，创新信贷管理模式，提高小微企业服务水平。三是鼓励大型商业银行和邮储银行向农村金融机构、新型农村金融机构和小额贷款公司批发贷款，用于支持小微企业和农户的发展。

3. 积极培育新型农村金融机构和小额贷款公司

适当放宽新型农村金融机构的准入条件，允许民间资本控股村镇银行、县域中小型银行和金融租赁公司。应将小额贷款公司的法律定位从现在的"工商企业"改变为"非存款、非公众"金融机构，拓宽融资渠道，完善管理政策，加快接入征信系统。放宽小贷公司融资比例限制，通过评级给优秀的小贷公司增加杠杆比例，由 1∶0.5 放大到 1∶4 甚至更高，银行可以给小贷公司批发资金，应允许小贷公司跨区域经营，降低小额贷款公司转制村镇银行的门槛。

4. 出台支持鼓励公益性制度主义小额信贷组织发展的政策

对于我国现有的活跃在贫困地区，包括中国扶贫基金会属下的中和农信在内的约 300 个公益性制度主义小额信贷组织，至今相关主管部门还没有具体的支持鼓励发展的政策法规，不能不说是一大缺欠。这类由社会组织或非政府组织开展的小额信贷活动多数有 10 年以上的历史，具有追求社会发展的使命、定位和功能，并努力追求自身的可持续发展，它们是我国当今小额信贷的先锋和探索者，它们在欠发达和贫困地区的农村，所起的小额信贷扶持低收入和贫困农户发展的作用尤其显著。同时，在它们之中，也涌现了一批不辱社会使命又具有可持续发展潜力的小额信贷项目和组织。中央政府近年来多次重申支持和鼓励各种类型小额信贷组织的发展，我们希望，相关的支持性政策法规能早日面世。当然，最简单的权宜之策是设立一两亿元的专项批发基金，交由农总行或国开行管理和监督，因为它们已有这方面的实践和经验。

5. 培育发展多类型的农村合作金融

在合作金融方面，鼓励包括农信社系统在内的多类型的农村合作金融的发展。在管理民主、运行规范、带动力强的农民合作社和供销合作社基础上，培育发展新型农村合作金融，不断丰富农村地区金融机构类型。推动农村社区性，包括现有的中央和地方政府部门已支持多年的贫困地区的资金互助项目和组织的健康、可持续发展。

6. 加强小微企业和农村各类经济经营主体的信贷担保体系建设

世界上已有半数国家建立了小微企业信用担保体系，应加大政府对小微企业、农村新型经营主体和农户的信贷担保体系建设的支持力度，引导和规范各类经济主体投资设立担保机构，鼓励担保机构积极开展符合小微企业特点的担保业务。设立再担保基金，用于对民营担保机构的资金扶持。创新农村金融担保抵押机制，建立和完善房产、土地经营权、水域、荒山等资产抵押担保制度。

7. 各级政府和部门形成合力支持监督小微金融发展

应建立多个部委间的协调机制，统筹安排现有针对小微金融的优惠政策，包括财税政策。同时，完善国家监管部门和地方政府分工负责的分层监管框架，建议地方成立正式的金融管理局。凡是不涉及公众存款的金融机构，如小额贷款公司、典当公司、担保公司等，由地方政府来承担监管责任。此外，政府和有关方面应切实加强对农村小微企业和农户的金融教育培训、诚信意识教育培养，实施农村金融消费者权益保护工作。

8. 注意发挥直接融资、互联网金融和保险对小微金融服务的重要作用

一是应健全包括银行、证券、保险、期货、信托、租赁等在内的普惠金融市场体系。注意拓宽除信贷外的直接融资渠道，例如风险投资和私募股权投资、产业投资基金、集中性中小企业债券、发行股票等，还要规范和引导民间资金进入融资市场。二是基于电子信息等新技术的不断涌现，互联网金融也将成为提供农村小微企业和农户金融服务的一个重要组成部分，应鼓励

和规范互联网金融的健康发展。注意金融创新与防控风险的平衡。要注意民间高利贷和变相吸储、非法集资的问题。加强政府监管力度，防止出现严重的社会问题。三是加大农业保险支持力度。鼓励开展多种形式的互助合作保险，鼓励银保合作。提高中央、省级财政对主要粮食作物保险的保费补贴比例，鼓励保险机构开展特色优势农产品保险，有条件的地方提供保费补贴，中央财政通过以奖代补等方式予以支持。

9. 对普惠金融发展水平构建起一套科学的评估指标体系

为对普惠金融发展情况进行直接、清晰和科学的描述，更好地衡量和评价普惠金融发展的进程，有针对性地拓宽金融服务的深度和广度，人民银行济宁市中心支行结合国际上普惠金融指数的测算和中国普惠金融的实践，现已在山东省率先构建起一套评估指标体系，可运用具体化和数量化的统计数据，对普惠金融发展水平进行直接清晰的定量测度和描述。应该说这是一个很好的科学探索和有益的实践尝试。应该在此基础上，鼓励倡导更多的类似研究和实践，并注意普及推广和考核。

10. 努力改善农村信用环境。各地应结合当地特点，探索建设农村信用信息体系

发挥征信系统服务小微企业和农户的作用，扩大信用信息基础数据库的覆盖范围，建立具有较高可用度和可信度的企业和农户的信用评级标准。加强农村支付结算体系建设，形成一体化的农村金融基础设施体系。

11. 加快我国各项农村金融立法工作

对农村普惠金融的发展，应研究出台相关的法律法规。农村金融市场及其功能的完善与制度规范创新是关键和根本，必须通过构建农村金融的法律制度来营造良好的农村金融外部环境。当前，我国农村金融立法依然十分薄弱，这已经成为制约农村普惠金融发展和农村金融创新的瓶颈。一些重要的法律法规需要出台，例如合作金融法、农业保险法、民间金融法等。

参考文献

[1] 联合国开发计划署：《建设普惠金融体系蓝皮书》，http://www.themix.org，2006 年。

[2] 穆罕默德·尤努斯等：《企业的未来——构建社会企业的创想》，中信出版社 2011年版。

[3] 尹宏毅：《尤努斯认为世界应以消除贫困为目的重建经济和金融体系》，《参考资

料》2009 年 9 月 22 日。

[4] 杜晓山：《农村金融体系框架、农村信用社改革和小额信贷》，《中国农村经济》2002 年第 8 期。

[5] 杜晓山：《小额信贷的发展与普惠性金融体系框架》，《中国农村经济》2006 年第 8 期。

[6] 杜晓山：《普惠金融体系与小额信贷蓝海的形成》，载《小额信贷蓝海战略》，中国金融出版社 2009 年版。

[7] 杜晓山：《小额信贷与普惠金融体系》，《中国金融》2010 年第 10 期。

[8] 杜晓山：《对当前小额信贷及相关热点问题的思辨》，《金融时报》2013 年 3 月 4 日。

[9] 杜晓山：《中国小额信贷和普惠金融的发展现状及挑战》，《博鳌观察》2013 年第 4 期。

[10] 项俊波：《重视弱势金融体系的构建，着力推动社会主义和谐社会建设》，《金融时报》2006 年 10 月 25 日。

[11] 项俊波：《创建农村金融普惠基金，完善普惠农村金融体系》，中国农业银行，http://query. abchina. com/search/cn. jsp，2010 年 6 月 13 日。

[12] 王曙光等：《普惠金融——中国农村金融重建中的制度创新与法律框架》，北京大学出版社 2013 年版。

[13] 焦瑾璞、陈瑾：《建设中国普惠金融体系》，中国金融出版社 2009 年版。

[14] 焦瑾璞：《微型金融学》，中国金融出版社 2013 年版。

[15] 温跃、赵小亮、孙斌：《打造普惠金融的度量标尺——人行济宁市中支创新建立普惠金融评估指标体系》，《金融时报》2014 年 7 月 29 日。

（原文发表于《金融教学与研究》2015 年第 3 期）

村庄信任与标会[*]

胡必亮

一　问题的提出

长期以来，非正式金融[①]在中国一直都是一个颇具争议的议题。伴随新一届政府重新启动农村金融体制改革工作的开始，相关理论研究的重要性自然不言而喻。从政策角度来看，出于防范金融风险与稳定金融秩序的考虑，中国目前的非正式金融政策是十分慎重的，甚至可以说是相当保守的。从理论研究来讲，绝大多数与非正式金融相关的研究都是被界定在一个比较狭义的主流经济学，甚至仅仅只是利率分析的范围内进行的，因此，从这些研究

　　[*]　作者对 Carsten Herrmann - Pillath 教授的指导以及匿名审稿人的建设性意见与建议表示衷心感谢。本文的基本思想和主要内容曾先后在由国务院发展研究中心与世界银行合办的"农村金融国际研讨会"（2002 年 9 月 18—19 日）、经济合作与发展组织（OECD）举行的"中国的农村金融与信贷基础设施国际研讨会"（2003 年 10 月 13—14 日）以及由德国维腾大学（University of Witten/Herdecke）与北京师范大学联合举办的"中德第一届演化经济学研讨会"（2004 年 3 月 11—13 日）上分别做过介绍。初稿完成后，作者也曾先后被邀请到北京大学中国经济研究中心（2004 年 3 月 26 日）、英国利兹大学（University of Leeds）（2004 年 4 月 21 日）、德国波鸿大学（Ruhr - University - Bochum）（2004 年 5 月 19 日）以及德国马堡大学（Philipps - Univeisity - Marburg）（2004 年 6 月 4 日）为这些院校的部分师生报告过这部分内容。感谢何梦笔（Carsten Herrmann - Pillath）教授、陈平教授、蒂丽亚（Delia Davin）教授、费立民（Flemming Christiansen）博士、Andrzej Kwiecinski 博士、Wolfgang Klenner 教授、Alfred Schuller 教授和余蓓荷（Monika Uebelhoer）教授对作者的邀请以及为作者所做的各种非常周到的相关安排，也感谢他们对这篇文章的改进与提高所贡献的宝贵意见。张晓山、Thierry Pairault、Rainer Heufers、张军、张元红、Patrick Lohlein、冯兴元、李静、李人庆、刘强和李晖参与了初稿的讨论，项东村民为作者的调查提供了多方面的帮助与支持，中国社会科学院 B 类重大课题为该项研究部分地提供了资助，一并致谢。

　　[①]　中国的非正式金融具有多种形式，包括民间借贷、高利贷、私人典当、私人钱庄、各种各样的合会等。从中国的传统来看，非正式金融要比正式金融发达得多，农村地区尤其如此。

中所得出的结论（如非正式金融或民间金融的利率高于正式金融等）往往更增加了政府在这方面的担忧。而超越主流经济学和利率分析的关于非正式金融的研究却非常少。本文即试图以一个来自农村的具体案例为基础，将涉及非正式金融的经济与非经济因素的一些主要方面结合起来，尝试在这方面做出初步的分析与探索。

因为笔者所选择的研究案例来自温州农村地区，所以文中所涉及的各种相关要素也都与农村的联系更紧密一些，如村庄共同体、信任、网络与社会资本、乡村文化与传统、地方性知识等。实际上，将村庄共同体、信任、社会资本、民间传统（"小传统"）等要素纳入一定的分析框架早已为社会学、历史学、政治学、人类学等非经济学科的社会科学研究者所重视，并在这些方面做出了非常杰出的贡献。比如说，村庄共同体就是一个长期以来为这些学者所关注的学术论题，马克斯·韦伯[1]、施坚雅[2]、黄宗智[3]、杜赞奇[4]等在这方面的研究结论尽管有所不同，但他们的研究成果都是很有价值的。非正式金融之所以与这一论题相关，是因为不少乡村的非正式金融活动是在村庄共同体组织的结构框架内运行的，两者密不可分。再比如说，在商品（或服务）与现金之间的即时交易越来越分离的现代社会，信任作为一种普遍的社会规范的影响力越来越大。[5] 特别是对于民间金融而言，因为它是一

---

[1] 马克斯·韦伯认为，中国的村庄是具有比较强的地方自治性和很强的防御能力的联合体（Weber，【1920】1999）。

[2] 施坚雅（[1964—1965]1998）提出了"基层市场共同体"的概念。他指出，中国小农活动的中心并不仅在村庄，而在于以区域性集市为中心的整个地区。

[3] 黄宗智（【1985】2000）的研究结果表明：华北平原的许多村庄在20世纪20—40年代具有较高的自给自足性，村庄之间不仅很清楚地划分出了其居民的居住界限，而且也在某种程度上划出了其生产与消费的界限。所以，村庄基本上属于封闭、内聚、紧密的共同体。

[4] 杜赞奇（【1988】1994）在研究中国的村庄结构时则提出了"权力的文化网络"（Culture Nexus of Power）的研究范式。在他的这一范式中，更多地强调了村庄与外界之间存在的各种千变万化的组织与人际联系。

[5] 诺思认为：如果没有信任，就没有市场（North，1990）。Carsten Herrmann - Pillath 最近的研究表明：外贸交易的实质在于承诺（Promise）的交易，而不主要是商品（Good）的交易（Herrmann - Pillath，2003）。Luhmann（1979）、Sako（1992）和 Nooteboom（2002）皆认为信任使参与交易的双方（或多方）之间可以产生一些比较稳定的预期，从而使交易具有可预测性。遗憾的是，除了部分经济学家外，相当多的经济学家在他们的经济研究中是忽视了信任这一因素的。但是，在其他社会科学中，信任问题却得到了高度重视：Durkheim（1933）、Weber（1947）、Simmel（1950）、Elster（1979）、Giddens（1984）、Luhmann（1979）、Shapiro（1987）、Putnam（2000）、Fukuyama（1995）等都对信任在构建一个社会中良好的人际关系以及降低整个社会的交易成本中的重要性给予了充分肯定。

种典型的非正式制度，如果这种金融活动的参与者违反了规则，惩罚的方式通常都是社会性的或依靠自我实施的，而不是依靠正式的法律或合同以及政府机构来执行与实施的。应该说，信任是与非正式制度紧密联系的一个最重要因素。如果没有信任，不论是何种民间金融制度与组织，都是不可能存在的，更别谈悠久的历史延续与发展了。① 尽管我们认为信任具有普遍意义，但信任却不是抽象的概念，而是一个十分现实的要素。因此，它在不同社会环境中会表现出不同的形式，也就是说，具有不同社会经历的人群会遵从不同的信任方式。按照有的学者的研究，中国的信任是建立在亚社会群体（Sub‑societies）如家庭、宗族、村庄等基础上的特殊信任（Fukuyama，1995）；而瑞典的信任则更多的是建立在普遍信任基础上的（Casson，1991）。这样，信任问题实际上就与社会网络和社会资本②以及文化③问题衔接起来了，因为信任是从具有特定价值观以及具有特定情感的特定人群中生长起来的（Giddens，1984；Herrmann‑Pillath，2000a；Nooteboom，2000），那么，信任的边界与社会资本的边界及其与文化的边界就合为一体了（Granovetter，1985；Coleman，1988；Bourdieu，1993；Putnam，1993；Dasgupta and Serageldin，1999；Herrmann‑Pillath，2000a，2000b）。

本文正是将这样一些多方面的因素进行了综合，在综合的基础上提出了"村庄信任"这样一个新的理论概念，并用以解释温州地区农村的合会制度。全文共分四部分：除了在这一部分提出问题以外，第二部分介绍了调查点作为重要合会形式之一的标会的发展、运作、风险管理等情况，第三部分从理论上对调查点的标会进行了综合性分析，文章的最后部分是一个小结，并指出了该项研究的相关政策含义。

---

① 无息的民间借贷和高利贷在中国约有 3000 年历史（刘秋根，1992）；典当经营在中国大约始于汉代（刘秋根，1995）；私人钱庄出现于清朝（张国辉，1987）；合会在唐宋之间出现后，发展到现在也已经历 1000 多年了（王宗培，1935）。

② 关于网络和社会资本研究目前已经产生了许多优秀成果（Granovetter，1985；Coleman，1988；Burt，1992；Bourdieu，1993；Putnam，1993；Fukuyama，1995；Dasgupta and Serageldin，1999），但是，将网络、社会资本与信任、文化等结合起来所做的研究并不多。根据 Carsten Herrmann‑Pillath 的研究，网络是指在一定的社会群体范围内其成员所共享的精神的外部化（Externalities），文化就是关于这种外部化的会意性知识（Tacit Knowledge）；社会资本则是指存在于各成员经验之中的关于网络的"记忆"（文化）（Herrmann‑Pillath，2000a）。

③ 根据 North（1990）的研究，习俗、非正式制度都是以文化传统为根基的。

二 项东村的标会

笔者所选择的调查点是我们多年以来（自 1993 年以来）长期跟踪调查的一个位于浙江省温州市的村庄——项东村。它隶属于苍南县钱库镇，是中国闻名的地区经济发展模式之一——"温州模式"的重要组成部分。这个村位于浙江省最南端的地区，其东面和东南面各 10 千米左右就是东海，稍北一点为鳌江。所以，它位于北江南海之间的水网平原上，水陆交通十分方便。项东村的村民大部分姓项。据项氏族谱记载，项东这块土地的肇基始祖是项昭，原籍福建长溪，曾在当地做官多年。因不满当权者的暴虐与腐败，于是弃官携眷于公元 941 年来到了浙江省钱库镇的瀛桥（即现在的项东村所在地），距今已有 1060 多年的历史了，到项东村项氏中目前最小的一辈共经历了 35 代。

如中国大部分农村地区一样，项东村人均只有 0.3 亩地，户均 1.1 亩，属于比较典型的人多地少类村庄。正因为如此，该村从 20 世纪 70 年代以来，就一直很重视村办工业的发展。1972 年，该村创办了村庄发展史上的第一个集体企业——项桥日用制品厂，主要生产瓶盖、塑料制品、标牌等产品。经过 20 年的努力，到 1993 年，村里已开办了 18 家规模大小不等的工厂，主要从事印刷和包装制品生产。当年全村的工农业总产值达 2200 万元，其中工业产值 2000 万元，占 91%，农业只占不到 10% 的比重（王晓毅、朱成堡，1996）。不过，10 年后，由于不少比较富裕的村民从该村迁出，同时政府通过政策性移民方式在该村又安置了不少来自贫困山村的贫穷村民，所以现在村里的非农产业发展与十多年前相比反而有所衰减。

2002 年 9 月底至 10 月初，笔者到项东村专门就民间金融合会①（或称"钱会"）问题进行了为期十多天的调查。为了更好地了解情况，笔者本人还加入了村里的一个标会，成为该标会的正式会员。这使笔者有机会更深入地体验到了这种民间金融会的具体运作规则与特点。

1. 村民参会的范围与规模

当笔者到项东村调查时，大部分农户的户主都到外地做生意去了。所

---

① 作为资金融通的合会在表现形式上各不相同：有轮流坐庄的轮会，有通过摇骰子决定得会次序的摇会，有通过投标资金使用利息而决定资金使用次序的标会，有通过连会的形式而形成会会相连及大小会相套的抬会，等等。

以，我们在选择调查样本农户时，只能采取一种很特别的随机抽样方式，即挨家挨户地访问，凡是家庭中有主人在家的，就算是一个样本户；凡是家中只有老人和小孩，说不清楚家庭经济发展及合会情况的，就放弃。这样，我们一共访谈了 29 个农户家庭，其中有 24 户参与了合会，以户为单位计算的合会参会率为 82.8%。

24 个调查户在自 20 世纪 90 年代以来的十多年间，平均每户参加合会数近 10 个（9.3 个），差不多每户每年参加一个会，考虑到大多数会的会期都比一年长，所以就出现了我们目前所见到的不少农户都是同时参与两个或两个以上合会的情况，但不同农户参会的情况相差很大：有的户同期参会好几个，大多数农户则只参会 1—2 个。

如果按照我们从村庄调查中所得到的数据做一初步估算的话，82.8% 的合会参与率意味着全村 318 户中应该有 263 户参与了合会。但是，通过政策性移民在近两年从其他地方迁入该村的 45 户短期内根本无法融入这个村庄社区。因此，我们在估算时，应该将这部分政策性移民户去掉。这样，我们大致可以做出判断，全村实际参与合会的农户大约在 226 户。因为平均每户同期入会 1.7 个，以平均每个会 13 股计算，全村常年处于正常运行状况的合会数应该在 30 个左右（226×1.7/13＝29.6）。如果考虑到村民之间在入会方面所存在的相互交叉以及外村村民、亲戚朋友到该村入会的情况对于合会数量的影响因素（皆占 20% 的比重）的话，我们可以推算出该村实际处于正常运行中的合会数大约在 36 个。我们的实地调查表明，每个会的平均规模大约为 6000 元、平均运行周期大约为两年，这样，该村目前通过合会所形成的年融资总额大约在 130 万元。①

2. 村民参会形式：基本上都是标会

不论是我们所做的农户调查，还是村民典型访谈，都十分清楚地表明：项东村的合会形式基本上为单一的标会。标会是指在已入会会员之间通过对资金使用利息进行投标而决定资金使用先后次序的一种具有民间互助合作性质的资金融通制度。表 1 是笔者在该村加入村里的一个普通标会后得到的一张原始会单。由于笔者是外地人，在村里没有信任记录，所以，笔者只能与该村村长项方怀合用一个户头（以下简称"胡必亮等"），各负担一半的股金（会费）。

---

① 6000 元/会×36 个会×每年平均得会 6 次（两年做完一个会）＝129.6 万元。

表1   笔者所在标会（"项显良标会"）的原始凭单（"互助会会单"）

得标序号	会员姓名	得会时间（农历）	标息（元）	得会金额（元）
会首	项显良	2002. 4. 10	0	6000. 0
1	项方重	2002. 6. 10	70. 0	6000. 0
2	项方炜	2002. 8. 10	80. 5	6070. 0
3	项立线	2002. 10. 10	65. 8	6150. 5
4	黄意	2002. 12. 10	60. 5	6216. 3
5	项延斌	2003. 2. 10	68. 9	6276. 8
6	章兰芬	2003. 4. 10	48. 2	6345. 7
7	项方坑	2003. 6. 10	58. 0	6393. 9
8	项显凤	2003. 8. 10	62. 8	6451. 9
9	项炳石	2003. 10. 10	58. 0	6514. 7
10	项显藏	2003. 12. 10	80. 0	6572. 7
11	项显乡	2004. 2. 10	59. 0	6652. 7
12	胡必亮等	2004. 4. 10	0	6711. 7

注：①本会从国历（农历）2002 年四月初十开始，共 13 股，每两个月标会一次，每次每股付会钱 500 元，标会后加利息。标会时间定于到期当天的下午一点钟，准时开标，迟到者作自动放弃论处。标会地点在会首家中。

②会首拥有第一次得会的特权，且不需要付利息。

③当笔者于 2003 年 5 月准备本文的初稿时，这个标会只能反映出最初 6 个会员（不包括会首）的标会情况。从得标序号 7 开始，是笔者于 2004 年 6 月进行补充调查后取得的最新资料。

建立这个标会的直接原因在于村民项显良由于前两年治病而借了别人的高利贷 6000 元，每月需还 100 多元的利息。从表 2 中我们可以看出，会首项显良通过他首先得会的优势，不付利息就可以在他组会的当天从别人那里得到 6000 元现金。两个月之后，他才需要第一次付出 500 元，而且他还可以使用从别人那里取得的部分现金来支付这 500 元股金；再过两个月后，他需要第二次付出 500 元，直到两年后将他得会的 6000 元现金分期付完。很明显，项显良在两年时间内无息地使用了其他会员的 6000 元钱。这就帮他一次性地还清了因治病而形成的借款，而且无须支付任何利息，这就是他做会首的最大好处。问题在于，不论谁来组会、做会首，最重要的因素都是要有至少 10 个左右的会员入会并按期付费。这就涉及想做会首的人是否拥有一些基本的资源的问题，包括自己在村里的名声、信誉，本家族在村里的影响力，自己拥有亲戚朋友的数量，等等。这些都在客观上制约了会首的数量和会的数量。因此，组织合会、做会首也不是一件容易的事。

3. 标会范围基本上仅限于本村村民和邻近的亲戚、朋友之间

从项东村标会会员的构成来看，会首与会脚之间的关系要么属于本村村民关系，要么属于亲戚关系，要么属于相距很近的工友或朋友关系。仍然以笔者加入的标会为例，这个会的会员中除笔者外，其余的几乎百分之百为本村村民关系。① 笔者在村里所调查的"项素娇标会"则主要是以她的亲戚和朋友关系为主：11 个成员中有 4 人为会首的亲戚，占 36%；曾在一起工作过的工友 4 人，也占 36%；其余的 3 人为本村村民，并且都是其在娘家（项东村）的村民。由此可见，作为会首的项显良的融资关系基本上是建立在本村村民基础上的，而会首项素娇的融资基础则在于亲戚和邻近的朋友。有些比较特别的会，其成员甚至全都是自家亲戚。以现任项东村党支部书记项祖健做会首的一个标会（"项祖健标会"）为例：除了与会首共事的唯一一个村干部（王粉玉）外，其余的会员全都是会首的亲戚，包括自己的亲生儿女、亲弟弟、舅舅的四个儿子加上妻子的亲戚等。所以，该标会在其已经发生的几次对于利息的投标中，中标者所标出的利息都不高，比同期其他标会的利息要低出许多。这也说明，亲属关系越近的标会，资金使用的利率越低，其互助合作性也就越强。

4. 标会的主要功能并不是获利

从笔者调查项东村金融合会所得到的资料来看，村民主持或参与标会的主要目的都不是为了获利，而是为了互相帮助以解决家庭生活中因种种原因而急需用钱的现实困难。具体来看，村民组织标会的目的主要有三个：①通过标会筹资以解决困难家庭突发性的紧急需要，比如说治病、交纳学杂费等。②通过标会筹资解决普通家庭生活中的一些重大问题，如盖新房、儿子娶媳妇或女儿嫁人、孩子考上大学等。③通过标会帮助解决比较富裕家庭筹资办企业、做生意的问题。在笔者所调查的会员中，大约 50% 的会员属于第一种类型，40% 的属于第二种类型，10% 左右属于第三种情况。在不少其他地方出现的通过标会筹钱后再加入别的合会而获取利息收入的情况在项东村基本上不存在。由此可见，项东村的标会具有很明显的互利合作性，而不主要是以盈利为目的。

---

① "项显良标会"中有两名会员曾经是项东村民，但现在在离村仅 2 千米的钱库镇上工作。

表2　　笔者所在标会（"项显良标会"）的结构分析表

标会次序	会员姓名	每次付会金额（元）													付会总额（元）	收会总额（元）
		1	2	3	4	5	6	7	8	9	10	11	12	13		
会首	项显良	*0	500	500	500	500	500	500	500	500	500	500	500	500	6000	6000
1	项方重	500	*70	570	570	570	570	570	570	570	570	570	570	570	6770	6000
2	项方炜	500	500	*80.5	580.5	580.5	580.5	580.5	580.5	580.5	580.5	580.5	580.5	580.5	6805	6070
3	项立线	500	500	500	*65.8	565.8	565.8	565.8	565.8	565.8	565.8	565.8	565.8	565.8	6592.2	6150.5
4	黄意	500	500	500	500	*60.5	560.5	560.5	560.5	560.5	560.5	560.5	560.5	560.5	6484.0	6216.3
5	项延斌	500	500	500	500	500	*68.9	568.9	568.9	568.9	568.9	568.9	568.9	568.9	6482.3	6276.8
6	章兰芬	500	500	500	500	500	500	*48.2	548.2	548.2	548.2	548.2	548.2	548.2	6289.2	6345.7
7	项方坑	500	500	500	500	500	500	500	*58	558	558	558	558	558	6290.0	6393.9
8	项显凤	500	500	500	500	500	500	500	500	*62.8	562.8	562.8	562.8	562.8	6251.2	6451.9
9	项炳石	500	500	500	500	500	500	500	500	500	*58	558	558	558	6174.0	6514.7
10	项显藏	500	500	500	500	500	500	500	500	500	500	*80	580	580	6160.0	6572.7
11	项显乡	500	500	500	500	500	500	500	500	500	500	500	*59	559	6059	6652.7
12	胡必亮等	500	500	500	500	500	500	500	500	500	500	500	500	*0	6000	6711.7

注：①标序6及其以前的数据是从2002年9月、10月的村庄实地调查中取得的；标序7—12的数据是从2004年6月的补充调查中取得的。

②标有＊号的数为投标时的利息（元）。

5. 项东村标会的风险非常小

风险是所有金融组织都不可忽视的一个重要问题。对于作为一种民间金融组织而言的标会来讲，风险问题就显得更为重要了。在一个会里，只要出现一个违约者，这个会基本上就很难继续下去了。因此，入会的每一个会员都十分清楚预防和控制风险的极端重要性，会首所承担的压力往往尤其重大。项东村民控制风险的基本做法是：一个会里只要出现了不按期付费的会员，会首必须自己出钱垫上，自动地将欠费人的欠款从标会中的股份转为欠款人对会首的私人借贷，这样就不至于将不良影响扩大化，标会也就可以照常继续下去。为了防止出现这样的情况，会首通常在选择会脚时是非常慎重的；而且，会首在整个会的运行过程中，都会密切关注那些存在风险隐患的会脚的动向，经常走访他们，直接或间接地催他们按时交费，以将风险控制在最低水平。从笔者所调查的 20 多个会首和会脚的情况来看，在过去的十多年间，出现失信而不按期交费的案例只有 3 例，失信率不到 1%。实际上，即使在这 1% 的失信人群中，也没有一个人完全是因道德原因引起的故意行为。最近几年来，项东村标会的失信率已经达到了零水平。

三 村庄信任：对项东村标会的一种理论阐释

如上所述，作为一种比较典型的非正式金融制度，标会在项东村的经济与社会发展中起到了十分重要的作用。而且，该村的实践证明，通过标会融资的风险实际上并不高。这不免引发我们提出这样的问题：为什么这样一种传统的民间金融制度在项东村运行得如此有效？我们试图在这一部分根据对项东村标会的理解，从一个比较综合的角度、通过建立村庄信任这样一个新的理论框架对此做出初步的解释与说明。

1. 村庄信任的提出

村庄信任是一个综合性的概念。它是指在村庄共同体框架下，村庄里的每一个个体通过一定的与当地文化紧密相连的社会规范与社区规则嵌入（Embedded）村庄系统中而相互之间产生对于彼此的积极预期的一种社区秩序。很显然，这是一种具有自组织性质的民间秩序，是一种通过非正式制度的作用而形成的秩序。

在村庄信任这一概念体系中，村庄共同体的存在是前提条件，地方性习俗以及地方性的习惯法和社区规则、会意性知识（Tacit Knowledge）、地方性传统以及信任等都构成了村庄信任的重要内容。正是由于这样一个体系在项东村的现实存在与共同作用，标会才得以在这块土地上出现并历经如此长久的历史发展而不衰。

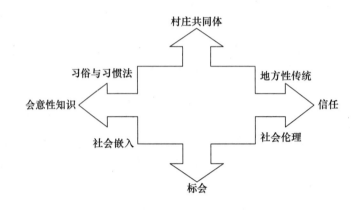

图1 村庄信任体系

（1）宗族与村庄共同体。

从我们长期以来观察、分析中国村庄发展的情况来看，村庄共同体概念对于相当多的中国村庄分析目前仍然是有意义的。特别是从本文所涉及的浙江省项东村的情况来看，由于以下的种种原因，我们认为用村庄共同体这一概念来分析问题是必要的：①从村庄内部来看，尽管经历了一千多年的发展，项东村直到现在仍然保存了其很完善的构成村庄共同体的许多基本要素，包括明显的项姓人口在村里占绝对统治地位（90%以上）、新近重建了豪华的项家祠堂、编辑整理得十分考究的项氏族谱、老人协会作为村级管理的顾问机构仍然发挥着十分重要的作用。②从项东村与其他村的联系来看，在从事像标会这样的活动时，项东村作为自然村庄的概念是非常明确的，除了亲戚关系外，相邻村民之间互相参会的情况并不多见，即使与项东村仅一河之隔的项西村村民也很少到项东村来参会。再比如说，过去每年端午节举行龙舟赛时，也都是以村为单位组织的[①]。这都表明项东村作为一个共同体的整体特征仍然是很明显的。③从语言来看，由于历史和文化的原因，项东村所在地区是一个典型的多方言区。在其周围十几个乡镇范围内（该县的

---

① 为避免因比赛而引发宗族械斗，地方政府已经强制性地将这一赛事取消了。

江南片），居民所使用的语言除了普通话外，还有 4 种方言：闽语（福建话）、蛮话（当地土语）、瓯语和金乡（乡名）语（王晓毅、朱成堡，1996）。在项东村所在的钱库镇仅 20 平方千米范围内，人们主要讲蛮语和闽语。项东村民主要是讲蛮话，但蛮话又有"北向腔"蛮话和"南向腔"蛮话之分。所以，即使是相距很近的相邻的几个镇，如龙港镇、谊山镇、钱库镇、金乡镇之间所讲的蛮话都是不同的。这样，即使是两个相邻村庄的村民所讲的话，很可能相互之间根本上听不懂。这种复杂的语言状况在一定程度上加强了各个村庄作为单一共同体存在的独立性。④从历史上讲，项东村所在的苍南县的江南片是一个典型的常年不断发生宗族械斗的地区。据不完全统计，在这样一个拥有 60 万人口的地区，1967—1991 年间共发生大小宗族械斗 1000 多起，死亡 20 人。尽管项东村不属于宗族械斗的多发村，但在 20 世纪 60 年代和 70 年代也各发生过一次宗族械斗（王晓毅、朱成堡，1996）。残酷的宗族械斗在一定程度上更加增强了人们对于家族和村落的强烈依赖感和归宿感。凡此种种，我们认为，项东村从严格意义上讲应该具有比较强的以项氏宗族为基础的村落家族共同体的性质。

（2）地方文化与小传统。

我们在文章开头曾提到过，项东村位于我国很有特色的地区经济发展模式——温州模式的核心地区，它所表现出的特征从很大程度上讲构成了温州模式的重要组成部分。那么，为什么以私人经营为主要特征的温州模式会在这个地区出现并不断得以发展呢？实际上，重要的原因并不在于现代经济政策的影响，更多地与这一地区的文化和历史相关。

在中国哲学和社会思想史上，有一个很有特色的学派，即浙（江）东（部）功利主义学派。①这个学派是由两个具有相同思想的分支组成的，即由同样都源于浙江的永嘉学派和永康学派所组成。浙东功利主义学派的核心在于极力主张功利主义和经世实用之学，反对儒家学说的只重义而不讲利的偏见，特别是反对以朱熹为代表的道学（即理学）。这两个学派都主张自由经济思想，反对政府干预民间经济活动，呼吁政府允许并保护私人根据其"好利"之心从事各种经济活动（叶适，1961；陈亮，1974）。作为浙东功

---

① 浙（江）东（部）学派原本也属于儒家学派，但它对于"义"与"利"等的理解与孔孟思想有较大差别。这个学派主张"以利和义"，义利并举，而不是以义抑利。

利主义学派的代表人物，叶适①就是出生于浙江省温州地区的永嘉县，而陈亮②则是浙江省金华地区永康县人。可见"温州模式"在这一地区的出现与发展并不是偶然的。这种模式及其背后的思想与文化传统对于这一地区民间合会的发展是具有一定程度的影响的。

（3）习俗与社区规范。

从表面上看，项东村应该说是一个比较开放的村庄，但它本质上仍然属于一个小型的、比较传统的乡村社会。在这样的社会里，道德的力量和影响力通常比较大，习俗以及相应的习惯法对于人们的制约仍然是比较强的。这些制约部分来自传统宗族力量的影响，部分来自家族及村民之间制度化了的行为规范。在村庄共同体特征表现比较明显的项东村，这些制约也就相应地表现得更加明显一些。比如说，在项东村，村民们都是将各种合会当成习俗来看待的。《浙江风俗简志》（1986）一书也是将流行于浙江各地的合会特别是各种钱会（包括我们所讨论的标会）当作一种风俗来介绍的。从经济发展的角度来看，合会本身就是一种在一个村庄边界内起作用的村庄规则。它主要是靠村庄里的村民以及各个合会的会员自己指定的仅供自己使用的内部规则实施的。

作为一个宗族与村落紧密结合的共同体，项东村民不仅受到来自具有自然秩序特征的习惯法的制约，而且也受到由宗族势力主宰的宗族秩序的制约（主要表现为受到项氏长房势力的影响）。双重制约的结果就是村民们都很清楚自己在这块土地上的地位与分量。在这样的环境中，村民们不仅共享他们之间的各种信息，而且基本上能根据自己的判断实施自我监督与管理。这在一定程度上可以解释为什么该村标会的风险一直很低。

（4）社会嵌入与村庄。

中国现代思想家梁漱溟先生曾经说："中国社会是以乡村为基础的，并以乡村为主体的；所以文化，多半是从乡村而来，又为乡村而设，法制、礼俗、工商业等莫不如是。"（梁漱溟，1992）这就是说，村庄是中国文化与中国社会的根基。不论是作为个体的人，还是作为因不同目的而创立的组织

---

① 叶适生活于南宋时代。他在总结了"永嘉九先生"（指周行己、许景衡等九人）已经取得的学术成果的基础上，形成了集永嘉学派之大成的一套有关"功利和社会问题"的思想。

② 陈亮与叶适同时代，以其著名的"社会功利论"思想及"欲望论"思想成为永康学派的代表人物。他主张"义利双行"，并认为要以功利上的成就来衡量仁义德行方面的修炼程度，即所谓的"功到成处，便是有德；事到济处，便是有理"（陈亮，1974）。

与机构，根据格拉诺威特（Granovetter，1985）的理论，如果嵌入到一种具体的社会关系与社会结构中，就会产生对于相互之间的信任，并彼此间和睦相处。这一点对于项东的标会而言，即为如此。正因为这种组织及其参与者融入到了这样一个村庄共同体之中，所以，不论是标会本身，还是参与其间的村民，都因此而成为很值得信任的组织和人。

2. 村庄信任：信任秩序的最高境界形式

在宗族与村庄共同体框架下，加上由习俗、社区规范制约所形成的信息共享特征与社区合作精神的存在，以及受地方传统影响所拥有的商业文化等因素的共同作用，按照 Shapiro 等关于信任的分类，我们从项东村体会到的信任应该说是属于信任秩序的最高境界形式，即它是处于"谋算型信任"与"了解型信任"之上的属于"认同型信任"的范畴的（Shapiro，Sheppard and Cheraskin，1992）。

我们知道，信任是一种非契约性因素（Hodgson，1988）。由于村庄的市场化程度与社会开放程度都比较低，所以，信任更容易在这样的环境中生存与发展。熊彼特（Schumpeter，1976）曾担心资本主义有可能因过度市场化而导致像信任这样的非契约因素消亡，进而也导致资本主义本身的消亡。这不是没有道理的。相反，在村庄共同体环境中，在一系列非正式制约下，信任的力量更为强大。

3. 村庄信任框架下村民参与标会的均衡博弈

除了从制度、传统、文化等方面分析标会外，博弈论当然也是一个重要的分析工具了。由于村庄里的信息基本上是充分、透明的，所以引入博弈论也是很有意义的。

通过我们的实地调查和以上的理论分析，项东村加入标会的会员既参加村里的标会博弈，也参加村里的各种社会交换博弈。特别是在项东村宗族与村落共同体特征表现明显的环境中，这两个博弈过程是不可分的。标会村民参与多次标会博弈的可能策略有两种：合作——还本付息；不合作——拒绝还本付息。

（1）合作状态下的成本：未得会会员为 C_{ij}，$i = 1, 2, \cdots, n-1$（C_{it} 是指将钱投入标会后的机会成本，t 为标会的期数）；得会人为 C_{nt} 利息支出（假定第 n 人为得会人）。

（2）合作状态下的总收益：在合作的情况下，不得会的人可以从合作中得到三种好处，即利息收入 R_{it}，$i = 1, 2, \cdots, n-1$（现值 $\sum \delta^t R_{it}$，其中

δ 为折现率)、未来标会的预期收入 $E[\sum_{t=0}^{\infty}\delta^t M]$ 和从村庄公共福利中取得的

其他好处 $\int_0^{\infty}\delta^t B_{st}(N)dt\{R_{it} + E[\sum_{t=0}^{\infty}\delta^t M_t] + \int_0^{\infty}\delta^t B_{st}(N_t)dt\}$ ；得会人也可以

得到三种收入，即来源于使用得会资金的收益 R_{nt} 以及另外两种与未得会者

相同的收益 $\{R_{nt} + E[\sum_{t=0}^{\infty}\delta^t M_t] + \int_0^{\infty}\delta^t B_{st}(N_t)dt\}$ 。

（3）合作状态下的纯收入：得会人为 $II_n = \sum[\delta^t(R_{nt} - C_{nt})] + \{E[\sum_{t=0}^{\infty}\delta^t M_t] + \int_0^{\infty}\delta^t B_{st}(N_t)dt\}$ ；未得会会员为 $II_i = (\sum\delta^t R_{it} - C_{it}) + \{E[\sum_{t=0}^{\infty}\delta^t M_t] + \int_0^{\infty}\delta^t B_{st}(N_t)dt\}, i = 1,2,\cdots,n-1$ 。

（4）不合作情况下的成本：不得会的会员为 $C_i = X, i = 1, 2, \cdots, n-1$（$X$ 为本金损失）；得会者为 $C_n = F + E[\sum_{t=0}^{\infty}\delta^t M_t] + \int_0^{\infty}\delta^t B_{st}(N_t)dt$（$F$ 为信誉损失；其他两项为失信后的不可能再得到入会机会的预期收入的损失及因失信后从村庄社区里失去的其他各种社会福利）。

（5）不合作情况下的收益：不得会的会员为0；得者会为 $(n-1)X$ 。

综上所述，在村庄共同体框架下项东村村民参与标会博弈的矩阵如表3所示。

表3   矩阵

	不合作	合作
不合作	0, 0	$(n-1)X - \{F + E[\sum_{t=0}^{\infty}\delta^t M_t] + \int_0^{\infty}\delta^t B_{st}(N_t)dt\}, -X$
合作	$-X_t, (n-1)X - \{F + E[\sum_{t=0}^{\infty}\delta^t M_t] + \int_0^{\infty}\delta^t B_{st}(N_t)dt\}$	$(\sum\delta^t R_{it}) - C_i + E[\sum_{t=0}^{\infty}\delta^t M_t] + \int_0^{\infty}\delta^t B_{st}(N_t)dt, \sum\delta^t(R_{nt} - C_{nt}) + E[\sum_{t=0}^{\infty}\delta^t M_t] + \int_0^{\infty}\delta^t B_{st}(N_t)dt$

如果只是一次性博弈，参会者都会选择不合作，标会根本上就不可能发

生；如果仅仅只是单一的标会博弈，而没有村里的社会交换博弈，尽管标会博弈过程是多次的，但由于对违约者的惩罚没有连带性，标会也很难连续不断地进行下去。正因为是在存在村庄共同体情况下的无穷多期博弈，对不合作者的惩罚 $P_n = F_n + E\left[\sum_{t=0}^{\infty} \delta^t M_t\right] + \int_0^{\infty} \delta^t B_{st}(N_t)\,dt$ 就不仅仅意味着其短期经济利益的损失，而且更意味着其长期的经济政治社会等的全面损失。这样的话，$P > (n-1)X$ 成立，所以人们会选择（合作，合作）。这是一个纯战略均衡。但当 $P \leqslant (n-1)X$ 时，由于预期到可能有人会选择不合作，标会也不会发生。因此，当 X（标会规模）较小时，$P > (n-1)X$ 成立，合作是唯一纳什均衡。相反，当标会规模越来越大时，不合作的概率也随之增加。当标会的规模变得非常大时，倒会的可能性也就比较大了。

四　初步的总结与政策含义

通过对浙江省温州市苍南县项东村民间标会情况进行初步调查与综合分析后，我们可以得出以下结论：第一，作为典型的非正式金融制度，各式各样的钱会在温州出现与发展不仅仅是一个经济现象，更多的是一个综合性的文化、社会、历史现象。作为一种习俗，它的根基已经深深扎到这一地区的整个社会系统之中。国家正式金融制度在农村的低效运行乃至缺失只不过在一定程度上更加坚定了农民在金融制度方面根据自己的实际情况做出自己的选择的决心与信念。因此，我们认为，民间金融的发展至少在中国农村地区可以说是大势所趋，不可阻挡。第二，标会是一种既从金融制度设计上讲很科学，又从操作层面上讲很简洁、比较合理的非正式金融制度安排。它既体现了经济效率，也融入了文化因素。因此，这是一种很有竞争力的金融制度。比如说，通过对资金的使用利息进行投标，既突出了利息在民间资本市场上的重要性，也体现了"以人为本"、区别对待①的原则。第三，在中国乡村社会，由于宗族、村庄共同体的存在，乡村的市场化程度不高，村民的社会流动性较小，加上标会的参与者多为本村村民及其亲戚朋友，标会的目的也主要以生活消费为主，规模不大。因此，它的风险是非常有限的。

相应地，这项研究所体现的政策含义主要表现在四个方面：第一，像项

① 利率在具有不同会员结构的不同会中是有明显差别的：全由亲属成员组成的标会的利率通常比较低。

东村这样的标会，应该说是真正的农村和农民的合作金融组织。因此，政府应该承认其合法的法律地位，不仅要允许其存在，而且还要以积极支持和鼓励的态度促其发展。事实上，即使政府不允许甚至定性为非法，这些钱会还是会照常经营的，只不过更隐蔽一些罢了。可以说，历经千年风雨而形成的这种社会习俗，政府用行政的力量基本上是消灭不了的。第二，政府在允许标会这样的非正式金融制度合法存在与发展的同时，应该加大推进农村金融改革的力度。改革的关键在于三个方面：一是要在农村逐步地建立金融市场；二是要在培育农村金融市场的同时，鼓励多种市场主体公平竞争，坚决反对任何形式的垄断经营；三是由于非正式的农村民间金融市场的利率在许多地区实际上早已放开，所以，政府可以考虑在农村率先放开正式金融市场的利率水平。第三，作为一种基本上可以自我实施的非正式制度，尽管像项东村这样的标会的风险已经很低了，但从理论上讲，我们还是不能仅仅信任信任的力量（Gambetta，1988），政府对农村民间金融的监管仍然是重要的。从以上讨论的均衡博弈模型中，我们发现：如果村庄是全面开放的、参会人中外村成员较多且没有亲戚朋友关系、标会的规模很大、标会的周期很短（一周、一天甚至以小时计）、标会的目的主要是为了赚取利息收入等，都将直接加大标会的风险。因此，政府监管就可以从这样几个方面入手展开，即分析钱会的成员构成与他们入会的目的、控制钱会的扩张范围、限制钱会的得会规模与得会周期等。这样，金融风险也就会随之得以控制。第四，政府的金融管理当局及法律部门应尽快开始制定中国的民间金融法，使之做到有法可依。我们在村里调查时，不少村民都提出了这样的要求。

参考文献

[1] 陈亮：《陈亮集》，中华书局 1974 年版。

[2] 杜赞奇：《文化、权力与国家：1900—1942 年的华北农村》，王福明译，江苏人民出版社 1994 年版。

[3] 黄宗智：《华北的小农经济与社会变迁》，中华书局 2000 年版。

[4] 梁漱溟：《梁漱溟全集》，山东人民出版社 1992 年版。

[5] 刘秋根：《试论中国古代高利贷的起源和发展》，《河北学刊》1992 年第 2 期。

[6] 刘秋根：《中国典当制度史》，上海古籍出版社 1995 年版。

[7] 施坚雅：《中国农村的市场和社会结构》，史建云、徐秀丽译，中国社会科学出版社 1998 年版。

[8] 王晓毅、朱成堡：《中国乡村的民营企业与家族经济——浙江省苍南县项东村调

查》，山西经济出版社 1996 年版。

［9］王宗培：《中国之合会》，中国合作学社 1935 年版。

［10］韦伯：《儒教与道教》，王容芬译，商务印书馆 1999 年版。

［11］张国辉：《清代前期的钱庄和票号》，《中国经济史研究》1987 年第 4 期。

［12］叶适：《叶适集》，中华书局 1961 年版。

［13］浙江民俗学会主编：《浙江风俗简志》，浙江人民出版社 1986 年版。

［14］Bourdieu, Pierre, "Forms of Capital", in J. Richardson (ed.), *Handbook of Theory and Research in the Sociology of Education*, New York: Greenwood Press, 1993.

［15］Burt, R. S., *Structural Holes: The Social Structure of Competition*, Cambridge: Harvard University Press, 1992.

［16］Casson, M., *The Economics of Business Culture: Game Theory, Transaction Costs, and Economic Performance*, Oxford: Clarendon Press, 1991.

［17］Coleman, J., "Social Capital and the Creation of Human Capital", *American Journal of Sociology*, No. 94 (supplement), 1988.

［18］Dasgupta, P. and I. Serageldin, eds, *Social Capital: A Multifaceted Perspective*, Washington D. C., The World Bank, 1999.

［19］Durkheim, Emile, *The Division of Labour in Society*, New York: Macmillan, 1933.

［20］Elster, J., *Ulysses and the Sirens: Studies in Rationality and Irrationality*, Cambridge: Cambridge University Press, 1979.

［21］Fukuyama, F., *Trust: The Social Virtues and the Creation of Prosperity*, New York: Free Press, 1995.

［22］Gambetta D., "Can We Trust Trust?", in D. Gambetta (ed.), *Trust: Making and Breaking Cooperative Relations*, 213 – 237. Oxford, UK: Basil Blackwell, 1988.

［23］Giddens, A., *The Constitution of Society*, Cambridge: Polity Press, 1984.

［24］Granovetter, M., " Economic Action and Social Structure: The Problem of Embeddedness", *American Journal of Sociology*, No. 91, 1985.

［25］Herrmann – Pillath, *Social Capital and Networks: A Proposal for Conceptual Integration*, Working Paper No. 63 (ISSN 1435 – 1676) University of Witten/Herdecke, Germany, Carsten, 2000a.

［26］Herrmann – Pillath, *Culture and Observation in the Study of Economic System*, Working Paper No. 52 (ISSN 1435 – 1676), March, University of Witten/Herdecke, Germany, Carsten, 2000b.

［27］Herrmann – Pillath, "The True Story of Wine and Cloth, or Building Blocks of an Evolutionary Political Economy of International Trade", Paper presented to *The Sino – German Workshop on Evolutionary Economics*, March 11 – 14. Beijing China, Carsten, 2003.

[28] Hodgson, G. M., *Economics and Institutions*, Polity Press, 1988.

[29] Luhmam, N., *Trust and Power*, Chichester: Wiley, 1979.

[30] Nooteboom, B., *Trust: Forms, Foundations, Functions, Failures and Figures*, Edward Elgar Publishing, Inc, 2002.

[31] North, Douglass C., *Institutions, Institutional Change and Economic Performance*, Cambridge and New York: Cambridge University Press, 1990.

[32] Putnam, R. D., *Making Democracy Work*, Princeton University Press, 1993.

[33] Sako, M., *Prices, Quality, and Trust: Inter - firm Relations in Britain and Japan*, Cambridge: Cambridge University Press, 1992.

[34] Shapiro, D., Sheppard, B. H., & Cheraskin, L., "Business on a Handshake", *Negotiation Journal*, No. 4, 1992, pp. 365 - 377.

[35] Shapiro, S. P., "The Social Control of Impersonal Trust", *American Journal of Sociology*, No. 93, 1987, pp. 623 - 658.

[36] Simmel, G., "Individual and Society", in K. H. Wolff (ed.), *The Sociology of Georg Simmel*, New York: Free Press, 1950.

[37] Weber, M., *The Theory of Social and Economic Organization*, (trans.), A. M. Henderson and T. Parsons (eds). New York: Oxford University Press, 1947.

（原文发表于《经济研究》2004 年第 10 期）

试论中国农村金融的多元化[*]
——一种局部知识范式视角

冯兴元　何梦笔　何广文

一　引论

当前各地农户和农村中小企业存在贷款难问题，这已成定论。几年来，整个中国农村金融体系存在着金融机构单一化和垄断化的趋势，金融抑制严重，尤其是对非正式金融的打击压制。另外，农村金融服务需求呈现多层次性和多样性。这样就提出了是否需要、如何推进农村金融多元化的问题。

本文首先对主要农村金融理论与实践范式作一梳理和整合，提出一个替代性的局部知识（Local Knowledge, Hayak, 1948）范式，并指出其意蕴为需要推行农村金融组织和活动多元化与建立农村竞争性金融秩序以充分发现利用分散在不同时间和地点的局部知识。本文其后按照金融机构的正式化程度提出中国现有农村金融机构的分类，按此分类框架分析农村金融市场供给面和农村金融机构结构的变迁，揭示供给面对农户和农村企业的金融服务需求所存在的一些功能性缺陷。基于局部知识范式，本文从满足农村金融需求角度出发论证了要推行农村金融组织和活动的多元化与建立农村竞争性金融秩序。这里，竞争性农村金融秩序的核心是存在一个良性运作的农村竞争性的商业和合作金融市场。这一农村竞争性商业和合作金融市场应该发挥核心作用，其供给面主体为商业金融和合作金融，政策金融和非正式金融都可以

　　*　本文为中国社会科学院 B 类重大课题"乡镇企业融资与内生民间金融组织制度创新"研究成果。

成为其补充。

二　农村金融理论与实践的范式转换

与其他许多学科不同，无论是在国外还是国内，农村金融理论更多来自实践经验的总结，因此农村金融理论往往既表现为理论范式，又表现为实践范式。对其拒斥抑或接受往往表现为一种试错过程。农村金融理论和实践范式由于来自实践经验的总结，对于农村金融政策的决策与农村金融发展又起着指导和借鉴作用。出台任何一项农村金融政策的背后，存在着一种支配性的范式。正确的范式导致积极的结果，错误的范式则相反。正因如此，范式讨论和转换至关重要。

（一）现有农村金融范式和相关范式评述

迄今为止有代表性的农村金融范式有两种，即农业补贴信贷范式和农村金融市场范式。另有两种传统的发展金融理论与农村金融发展密切相关，那就是肖的金融深化理论和麦金农的金融自由化理论，两者指出了发展中国家减少金融抑制、实行金融深化和自由化的重要意义（Shaw，1973；McKinnon，1973）。其观点已为学界所熟知。目前学界也较为关注斯蒂格利茨不完全竞争市场范式（Imperfect Market Paradigm，见 Stiglitz and Weiss，1981；Stiglitz，1989；张晓山、何安耐，2002），该范式属于一般金融市场理论，与国家干预论相呼应，但与农村金融有着重要关联。这里有必要对农业补贴信贷范式、农村金融市场范式和不完全市场范式进行较为详细的评述。

1. 农业补贴信贷范式

20 世纪 80 年代以前，农业补贴信贷范式（Subsidized Credit Paradigm）是农村金融理论界占主导地位的传统学说。该范式的隐含预设前提是：农村居民特别是贫困阶层没有储蓄能力，农村面临的是慢性资金不足问题。而且由于农业的产业特性（收入的不确定性、投资的长期性、低收益性等），它也不可能成为以利润为目标的商业银行的融资对象。该范式因此得出结论：为增加农业生产和缓解农村贫困，有必要从农村外部注入政策性资金，并建立非营利性的专门金融机构来进行资金分配。根据该理论，为缩小农业与其他产业之间的结构性收入差距，对农业的融资利率必须较其他产业为低。根据该范式，地主和商人发放的高利贷及一般以高利为特征的非正式金融使得农户更加穷困并阻碍了农业生产的发展，为促使其消亡，政府把大量低息的政策性资金通过银行的农村分支和农业信用合作组织注入农村。同时，以贫困阶层为目标的专项贷款也兴盛一时（张晓山、何耐，2002）。

农业补贴信贷范式虽然支持一种（信贷）供给先行的农村金融战略（亚当斯，2000），但其预设前提本身是错误的。事实上，即使是贫困农户，也有储蓄需求。许多亚洲国家的经验表明，如果存在储蓄的机会和激励机制，大多数贫困者会进行储蓄（Adams，2002）。许多经验表明，低息贷款政策很难实现其促进农业生产和向穷人倾斜的收入再分配目标。由于贷款的用途是可替换的，低息贷款不太可能促进特定的农业活动。低息贷款的主要受益人不是农村穷人，低息贷款的补贴可能被集中并转移到使用大笔贷款的较富有的农民身上（沃格尔，2000）。许多补贴信贷甚至被转移到许多本来就是商业可持续的项目当中，从而挤出了商业金融。补贴信贷最终的结果是造成了这类逆向选择问题，并扭曲了农村金融市场。补贴信贷还强化了人们有关农业就一定是低回报弱势产业的臆想，加重了农民对政府的依赖性。

2. 农村金融市场范式

20 世纪 80 年代以来，农村金融市场范式或农村金融系统范式（Rural Financial Systems Paradigm）逐渐替代了农业补贴信贷范式。这是国外农村金融理论和实践的重大范式转换。农村金融市场范式是在对农业补贴信贷范式批判的基础上产生的，强调市场机制的作用，其主要理论预设前提与农业补贴信贷范式完全相反（张晓山、何安耐，2002）：①农村居民以及贫困阶层是有储蓄能力的，没有必要由外部向农村注入资金；②低息政策妨碍人们向金融机构存款，抑制了金融发展；③运用资金的外部依存度过高是导致贷款回收率降低的重要因素；④由于农村资金拥有较多的机会成本，非正式金融的高利率是理所当然的。因此，农村金融改革是十分重要的（张晓山、何安耐，2002）：①农村内部的金融中介在农村金融中发挥重要作用，储蓄动员是关键；②为实现储蓄动员、平衡资金供求，利率必须由市场决定，实际存款利率不能为负数；③农村金融成功与否，应根据金融机构的成果（资金中介额）与经营的自立性和持续性来判断；④没有必要实行为特定利益集团服务的定向目标贷款制度；⑤非正式金融具有合理性，不应无理取消，而应当将正式金融与非正式金融结合起来。该范式完全仰赖市场机制、极力反对政策性金融对市场的扭曲，20 世纪 80 年代以来一直受到人们的广泛关注。

3. 斯蒂格利茨不完全市场范式

20世纪90年代后，人们认识到为培育有效率的金融市场，仍需要一些社会性的、非市场的要素去支持它。斯蒂格利茨的不完全市场范式为这种认识提供了一定的理论支持。其基本框架是：发展中国家的金融市场不是一个完全竞争的市场，尤其是放款一方（金融机构）对于借款人的情况根本无法充分掌握（不完全信息），如果完全依靠市场机制就可能无法培育出一个社会所需要的金融市场。为了补救市场的失效部分，有必要借助于诸如政府适当介入金融市场以及借款人的组织化等非市场要素（Stiglitz and Weiss，1981；Stiglitz，1989；张晓山、何安耐，2002）。

斯蒂格利茨对不完全市场、信息不对称（比如借款人和放贷人之间）问题的研究成果，对金融研究有着较大的影响。其信息经济学分析工具也成为金融市场分析中的重要工具。但是，斯蒂格利茨的结论是政府干预论。其隐含观点是，市场上的不完全信息问题作为"市场缺陷"可以用政府干预来解决。从知识论角度看，存在着一个悖论：政府相对于市场而言，存在着一种特点，即善于运用为众人所共知的全局知识（Global Knowledge）而不善于运用分散在不同时间和地点的局部知识。用较多的政府干预来解决不完全信息问题，往往可能是以政府之所短替代市场之所长。

（二）局部知识范式的提出与意蕴

在农村金融市场，局部知识的大量存在说明了不完全信息或者信息不对称情况必然大量存在。但这不应是政府干预的理由：恰恰可以主要依靠市场机制和竞争机制来发现和利用分散在不同时间和地点的局部知识，减少农村金融市场信息不对称的问题。有别于不完全竞争市场范式，本文强调哈耶克知识论中局部知识理念的重要性，并由此提出局部知识范式，它与农村金融市场范式相呼应，但是更多地考虑了如何从知识论角度出发解决不完全竞争和信息不完全问题。

哈耶克强调竞争是一种发现过程（Hayek，1968，1969）。也就是说，竞争是一种发现信息、减少不完全信息和信息不对称的过程。根据哈耶克的局部知识论亦即我们这里所指的局部知识范式，存在着许多分散在不同时间和地点的局部知识，只有通过知识的分工（Division of Knowledge）才能充分利用这些知识，而竞争有助于发现这些知识，促进知识分工，从而增进合作（Hayek，1937，1945，1948）。据此，在特定时间和地点的现场交易（包括现场金融交易）应该最能发现和利用局部知识，减少信息不对称。

局部知识范式的意蕴是：

（1）金融服务供给者应该贴近存在局部知识的具体的人和地方去提供金融服务，满足当地的金融服务需求，从中获取回报。

（2）金融组织或者活动的多样性可以导致更多金融工具的创新，使得该市场逼近或者近似于完全竞争市场。信息不完全可以通过促进竞争（比如促进机构多样性）得以缓解。

（3）农村分散的局部知识的最佳利用者，是那些着眼于贴近农村经济主体的合作金融机构、非正式金融、地方中小型商业金融机构、小额信贷机构等，它们应该成为农村金融市场的主体。这些金融组织机构（或活动）之间竞争的存在，对于农村金融体系的效率以及金融资源的优化配置是至关重要的。相应的农村金融市场，就是农村竞争性金融市场。

（4）自下而上建立的金融机构或组织，就地就近在农户和其他金融服务需求者身边利用局部知识作出决策者最能实现金融效率。自上而下建立的组织相对而言没有这一优势。

（5）由于政府不如市场主体本身更能因地制宜地发现和利用分散的局部知识，相对于商业金融、合作金融、非正式金融来说，政府在农村金融市场中的直接参与供给作用应该是辅助性的，政府补贴信贷的作用也一样。

（6）政府可在提供授能环境（Enabling Environment），建立与维持市场秩序框架方面发挥重要的作用。这一方面体现在金融监管当局对正式金融机构的监管，另一方面体现在对非正式金融的某种最低必要程度的监管。非正式金融市场行为具有交易成本低、信息对称、能够充分利用地方局部知识等特点，一般具有较高的效率，但也可能存在一定的负面影响，例如农村合会可能在有会员或者会首违约时出现倒会浪潮，这就需要某种最低程度的运作秩序框架。

（7）局部知识范式意味着金融监管当局在监管方面存在不完全信息问题，这说明金融监管当局监管需要社会监管（包括存款人监管）和所有人监管相结合。后两者在利用局部知识方面往往有着优势。金融监管当局对金融机构或者金融活动的信息披露要求是必需的，其实质是强制要求把所要求的那部分局部知识转化为全局知识、准全局知识或共享知识，从而为其实施监管创造条件。

（8）应鼓励金融服务供给者和需求者的自发的贷款安全制度创新，这些创新往往可以形成对监管的部分替代。比如，为避免农村金融市场存在不完全信息而导致的贷款回收率低下的问题，可鼓励组建借款人连带保证小组以及组织借款人互助合作。又如，为了防范金融机构的金融风险，可鼓励同类金融机构（如信用社）之间建立互助性保险基金。这里隐含的是一些自治性相互监控安排，其理念在于首先应利用局部知识的载体本身来监控、分散风险。

基于上述分析，可以进一步得出结论，即可以通过引入金融组织或活动多样化来促进农村金融市场竞争，来实现一种农村竞争性金融秩序。可以建设一种竞争性的金融市场。在竞争性金融市场的边际之外，也就是在竞争性金融市场不能发挥作用之处，政策融资工具（补贴、参与担保、金融租赁、促进小额信贷的商业化和财务上的可持续性等）可以发挥辅助性的作用。这样一种农村金融秩序框架是与局部知识范式兼容的。

三 现有农村金融机构的构成分析

我们把金融机构划分为正式、准正式和非正式金融机构。沿用亚当斯和费奇特的界定方法，可以把受到中央货币当局或者金融市场当局监管的那部分金融组织或者活动称为正式金融组织或活动，把所有处于中央货币当局或者金融市场当局监管之外的金融交易、贷款和存款称为非正式金融组织或活动，把介于正式金融和非正式金融之间的形式称为准正式金融（Adams/Fitchett，1992）。中国的特殊性在于，有些监管虽然来自政府部门，只是部分受制于中央货币当局或者金融市场当局监管，例如农村合作基金产生后，虽然其借贷活动受到中央银行的禁止，但其在中国农业部合作经济指导司的指导下一度发展规模可观。此类金融也可看作准正式金融。这样我们就区分了三类金融机构或活动（见表1）：

第一，正式金融。中国农村正式金融体系中，除了四大国有商业银行（其中包括中国农业银行）外，还有农村信用合作社、农村合作银行、农村商业银行、农业发展银行和邮政储蓄。股份制商业银行、城市信用社和城市商业银行发挥的作用不大，一般只涉及少数较大农村企业的融资。中国农业发展银行属于农业融资方面（尤其是国家粮棉收购融资方面）的政策性银行。除邮政储蓄之外，上述其他农村正式金融机构均由中国人民银行负责监管，邮政储蓄主要由国家邮电局监管，央行监管有限。①

表 1　　中国农村金融机构组织或活动类型、知识利用特点、监管方式和监管难度

	正式金融	准正式金融	非正式金融
组织或活动类型	四大国有商业银行、部分股份制商业银行、农业发展银行、农村信用合作社、农村合作银行、农村商业银行、邮政储蓄	小部分当铺等	亲友借款（包括计息或者不计息）、高利贷、各种合会、私人钱庄等
		农村合作基金（1999 年清理关闭）、小额信贷等	
知识利用特点	倚重全局知识和局部知识	倚重局部知识	倚重局部知识
监管方式	中央银行监管（邮政储蓄主要由国家邮电局监管，央行监管有限）	一般由政府部门批设，有所监管（如利率限制）	无监管，除亲友间无息借款之外，基本上视为非法
监管难度	较小	较大	最大

第二，准正式金融。准正式金融包括当铺和部分由政府管理、不归金融当局监管的小额信贷。其规模均有限。高度金融抑制导致中国农村在正式金融和非正式金融之间存在一个准正式金融断层。当铺本属于金融企业，但是根据中国法律归入工商企业。浙南等地存在一些当铺，其本身是依法设立的，不过以当铺之名，行"钱庄"之实（借贷活动）。② 过去一段时间，中国农村准正式金融体系还包括农村合作基金会，大部分由农业部有关部门管理，少数作为试点由地方体改委或者其他部门管理（如温州的某些农村合作基金会），也可算作准正式金融。1999 年 1 月，国务院发布文件，将其在全国范围内统一清理和取缔。

第三，非正式金融。该体系主要由亲友之间的个人借贷行为、个人和企业团体间的直接借款行为、经济服务部、金融服务部、高利贷、各种合会、私人钱庄等组成。经济服务部、金融服务部类似于信用合作组织，基本上均被取缔。合会（国外称轮转储蓄信贷协会）是各种金融会的统称，通常建立在人缘、地缘和血缘关系基础上，带有互助合作的性质。这些金融机构或活动既

---

① 由于人民银行对邮政部门的业务监管范围仅限于对邮政储蓄的账目进行监督核查，而无权查看邮政局的全部财务收支、费用利润账表和传票，并账核算就可能逃过监管。参见刘海文，2004。

② 当铺作为一种金融企业，其主要业务原本就应是办理以动产、不动产、权利质（抵）押为基础的"短期贷款"。

没有纳入中国人民银行的监管，又没有纳入政府部门监管，可归入非正式金融。部分以农村扶贫为中心的小额信贷活动也是如此，也可归入非正式金融。①

从知识论角度看，正式金融同时倚重利用全局知识和局部知识，准正式金融和非正式金融则倚重利用局部知识。而从监管来看，正式金融监管难度较小，准正式金融较大，非正式金融最大。后者迄今为止主要靠自治式监管、事前禁止（进入监管）和事后清理。

四　农村金融组织在满足金融需求方面存在的问题

中国农村金融服务需求存在多层次性和多样性。而农村正式商业和合作金融的发展趋势是单一化和垄断化，非正式金融受到严重压制，政策金融不良贷款包袱沉重，小额信贷存在机构和财务可持续性问题。有必要对这些问题进行总结和探讨。

（一）金融服务需求主体的多层次性和需求的多样性

农村金融市场上的金融服务需求是多种多样的，但这些需求的产生主体为农户、农村企业和政府。从需求来看，中国农户和农村企业这两类需求主体的信贷能力具有鲜明的多层次性特征，进而，不同的需求，应该需要不同的金融组织和不同形式的金融供给来满足（见表2）。

表2　中国农村信贷需求主体的层次性、主要信贷需求特性与满足方式

信贷需求主体层次[a]			主要信贷需求特征	可用以满足信贷需求的一些主要方式和手段[b]
农户	贫困农户		生活开支、小规模种养生产贷款需求	民间小额贷款、小额信贷（包括商业性小额贷款）、政府扶贫资金、财政资金、政策金融
	普通农户	一般种养殖业农户	小规模种养业生产贷款需求、生活开支	自有资金、民间小额贷款、合作金融机构小额信用贷款、少量商业性信贷
		市场型农户	专业化规模化生产和工商业贷款需求	自有资金、商业性信贷

① 还有一部分小额信贷是正式金融机构农信社和农行的金融工具。比如农信社的农户小额信用贷款，自然属于金融监管当局的监管范围。

续表

信贷需求主体层次[a]		主要信贷需求特征	可用以满足信贷需求的一些主要方式和手段[b]
企业	微型、小型企业	启动市场、扩大规模	自有资金、民间金融、风险投资、商业性信贷（结合政府担保支持）、政策金融
	有一定规模企业	面向市场的资源利用型生产贷款需求	自有资金、商业性信贷
	龙头企业 发育初期的龙头企业	专业化技能型生产规模扩张贷款需求	商业性信贷、政府资金、风险投资、政策金融
	龙头企业 完整形式的龙头企业	专业化技能型规模化生产贷款需求	商业性信贷

注：a. 这里未包括农村地区政府的信贷需求情况。b. 这里未列入商业信用。它对所有市场主体都发挥作用。

从知识论角度看，任何一类金融机构都只能解决部分农村金融问题。不同金融组织善于发现利用某些类型的局部知识，并在此基础上提供某些类型的金融服务。因而，需要金融机构和金融活动的多样化来面向需求提供各种差别金融服务产品。此外，只凭农村地区信贷机构也并不能完全解决中小型企业的融资问题：满足中小企业的融资需求，需要采取一些特殊的机制的配套安排，比如农业保险安排、商业性和政策性的信贷担保机制等。

（二）农村资金外流和正式金融垄断化问题

农村金融服务需求的满足需要大量储蓄和贷款支撑，但随着国有正式金融机构日益商业化，它们大规模收缩战线，压缩基层经营机构。同时，贷款权限也从基层上收，结果是大量储蓄资金上收和外流。1997年中央金融工作会议确定各国有商业银行收缩县（及以下）机构和发展中小金融机构的基本策略。其后国有商业银行日渐收缩县及县以下机构，1998—2001年撤并境内分支机构和营业网点4.4万个（钟笑寒等，2004），1998—2002年净减少人员约25万人（王丰，2004），而且撤并还在继续。1999年农村合作基金会被国务院清理取缔后，农村信用社在农村信贷市场上占据了准垄断地位。农村地区金融机构单一化、金融市场垄断化的趋势日益明显。国有商业银行撤并和退出也造成农村资金严重外流：2002年国有商业银行以吸储上存方式从农村流出的资金估计达 3000 亿元（张红宇，2004）。

农村资金大量外流的第二个途径是邮政储蓄。邮政储蓄机构只吸储不放贷。目前有近 3.2 万个营业网点吸收储蓄。2001 年该系统存款余额为 5911 亿元，其中 3781 亿元是从县及县以下吸收的，因其不发放贷款，这部分资金直接流出了农村。邮政储蓄资金外流与其他资金外流的差别是，邮政储蓄资金上存中央银行，中央银行又通过再贷款手段部分贷给农业发展银行、农业银行和农村信用社。[①] 截至 2003 年 8 月 1 日，邮政储蓄系统把储蓄资金转存入中央银行，以转存利率与吸储利率差额作为其收益来源。根据中央银行规定，2003 年 8 月 1 日起邮政储蓄新增存款转存人民银行部分，按照金融机构准备金存款利率计付利息，这样一来，其新增储蓄利息成本高于其转存中央银行的利息收入，这将迫使邮政储蓄系统为其新增储蓄另寻出路。[②]

农信社在农村金融市场的垄断化程度在提高。1997—2001 年，农村信用社农业贷款余额占金融机构农业贷款余额的比例从近 54% 升至 77%（李静，2002）。2003 年 11 月又从年初的 81% 上升到 84.53%（许志峰，2003）。1997—2000 年，农村信用社乡镇企业贷款余额占金融机构乡镇企业贷款余额从 69.5% 增加到 75.4%（李静，2002）。但农村信用社对农村发展的贡献仍然是有限的，农村信用社只接触到 20% 的最贫困农户（温铁军，2001；IFAD，2001）。从股金来源看，农信社属于民办，但是从其运作来看，其"官办"色彩强烈，偏离了原来的合作金融原则。农村合作银行和农村商业银行合计只有 4 家，均由原来的农村信用社改造而成。与农信社一样，这些改制产生的银行也不能满足农户和农村中小企业的金融服务需求，在当地农村金融市场处于准垄断地位。

2003 年，中国在 8 个省市进行第一轮农信社试点改革，除了改制为农村合作银行和农村商业银行试点之外，还进行以县（市）级为单位统一法人试点，这些试点均不会减弱而是会强化农信社在各地的准垄断化势头。

---

① 2000 年底，农业发展银行、农业银行、农村信用社再贷款资金分别约占其资金来源总额的 84.96%、5.8%、2.87%（何广文等，2002b）。1999—2003 年人民银行就对农村信用社一共安排 1238 亿元再贷款，重点支持中西部、灾区、粮食主产区及其他资金紧张地区的信用社发放农户贷款，2004 年又增加安排 50 亿元再贷款，用于粮食主产区发放春耕生产贷款（傅志寰，2004）。

② 2002 年 2 月以后，银行和邮政储蓄 1 年期储蓄存款利率为 1.98%，邮政转存人民银行利率为 4.347%。利率差为 2.367%。后来上存利率调低到 4.131%，而且从 2003 年 8 月 1 日开始新增邮政储蓄存款上存利率下调到 1.89%（即按准备金存款利率），而 1 年期存款利率为 1.98%，前者低于后者。若新增储蓄转存中央银行，邮政储蓄系统将承担负利率差。

从局部知识视角看，全国性国有商业银行和股份制商业银行由于是从上而下垂直控制其所有分支机构的，更多的是利用全局知识或者准全局知识来控制风险和决定放贷，其退出县域或者县域以下范围因而是可以理解的，其放贷权限的上收和仅对较大企业放贷也与其知识运用特点有关。较大企业的经营情况一般属于准全局知识或全局知识。即便是局部知识，银行也值得在审贷过程中花费成本获得这方面的知识。农信社的基层社一般设在乡镇一级，在一些村里还有代办点或者代办员。农信社在运用分散在当地的局部知识方面有着巨大的优势。但是，农信社的准垄断地位和所有权主体缺位问题可能导致其缺乏贴近农户和企业发现利用局部知识、提供更好的金融服务的激励。

（三）贷款难问题和正式与非正式金融的功能错位

近年来，中国农村正式金融机构不良贷款率虽然呈逐年下降趋势，但仍然很高。[①] 这导致其难以有效发挥金融服务功能。从当前掌握的一些数据看，贷款难已经成为学界的共识。据统计，全国乡镇企业贷款余额占全部贷款余额的比重很低，由 1997 年的 6.7% 下降到 2001 年的 5.9%。2000 年底，全国金融机构 99371.07 亿元各项贷款余额中，农业贷款余额仅占 4.92%（何广文等，2002b）。根据人民银行数据，2001—2003 年农业贷款所占比重有所上升，但仍然仅占 5.09%、5.24%、5.29%。而 2003 年农业增加值占中国国内生产总值的 14.8%（傅志寰，2004）。据江西省农调队对全省 2450户农户的抽样调查，2003 年有 574 户有借贷行为，占 23.4%，其中从银行或信用社得到贷款的有 120 户，仅占被调查农户的 4.9%；2001—2003 年，从银行或信用社得到的贷款仅占农户总借贷额的 13%—23%，而民间贷款所占比重为 76%—86%（傅志寰，2004）。

据国际农业发展基金的研究报告，中国农民来自非正式市场的借贷大约为来自正式信贷机构的四倍。对于农民来说，非正式金融市场的重要性要远远超过正式金融市场（IFAD，2001）。河南省南乐县 1999 年以来新增银行贷款低于新增民间借贷规模，2002 年温州苍南工业企业流动资金来源中银

---

① 农业银行 2003 年不良贷款占比按贷款五级分类法比上年下降 6 个百分点，参见袁满，2004。到 2002 年底，全国农信社不良贷款总额为 5147 亿元，占其贷款总额的 37%（韩瑞芸，2003），2003 年 11 月底占比为 29.57%（许志峰，2004）。农发行近年来形成的不良贷款占比约为40%（网易频道，2004）。

行贷款只占 20%，民间借贷占 45%，自有资金占 35%。[①] 据温州银监分局的调查，2004 年温州民间资金规模达 1200 亿—1500 亿元（参见《人民日报》，2004）。正式金融的缺位导致难以满足农村金融服务的需求，才使得民间借贷能够挤入农村金融市场。本来应当是正式金融高度发达以自然抑制或者挤出非正式金融，而实际情况则是许多地方农民的民间借贷比重高于正式渠道借贷，出现了正式金融和非正式金融功能错位。

目前，我国实行宏观调控，资金面骤然紧张。贷款难和正式与非正式金融功能错位问题更为突出。各地民间借贷利率普遍上升，反映了正式金融机构信贷收缩之后，民间信贷需求大增。[②]

从知识论角度看，非正式金融比任何正式金融更能发现和利用分散在各地的局部知识，而且许多局部知识不能通过正式金融机构的标准化操作所发现和利用。加上非正式金融都建立在明晰的私人产权和无限责任基础上，这也解释了非正式金融的高效率之根由。

（四）非正式金融非法生存问题

从总体上看，政府对民间金融的压制非常严重。除了部分小额信贷、不计息的亲友借款和企业团体间借款之外，其他绝大多数金融组织或活动均属于非法。只有少数是例外，比如 1991 年 7 月 2 日发布的《最高人民法院关于人民法院审理借贷案件的若干意见》规定，民间借贷的利率可以在超过银行同类贷款利率的四倍以下的范围内适当高于银行的利率。

合会属于互助资金性质，根据内部协议，将资金集中提供给一个合伙人使用一段时间，并支付约定的利息。合会适合于依赖社会网络的小规模融资。目前，各种合会在浙江、福建和广东等地仍然较兴盛。[③] 目前在温州存在的地下钱庄多采取股份制，放贷对象一般是本村的企业业主。企业在接到订单后，短时间内需要大量的资金，由于生产周期短，资金周转快，向地下钱庄支付的利息就相对低。而且，私人钱庄的存在能够明显地抑制高利贷的

[①] 苍南人民银行抽样调查数据。苍南的民间借贷形式包括担保抵押借贷、民间票据贴现、各种合会（成会、互助会等）、高利贷等（黎霆、姜业庆，2002）。

[②] 比如福建省晋江市仓苍镇 2003 年民间借贷月利率大约为 2 分，到 8 月初已经提高到 3.5 分（邹愚，2004）。

[③] 根据本文作者之一冯兴元最新的实地调查，福建省福安市合会 2004 年 6 月 16 日开始发生大规模倒会风波，涉及会款至少 7 亿—8 亿元。之所以倒会，则与当地兴盛赌博并把高息中标所得会款投放到更高利息回报的标会和赌场有关，这违背了合会本身的生存要求。

利率水平（李元华，2002）。

政府既不允许非正式金融活动的存在，也禁止民营银行进入银行业，这导致非正式金融走向两种归宿：一种是消亡，另一种是地下经济化。一些地方私人钱庄、"高利贷"的存在，实际上就是由各地企业和家庭的金融服务需求所驱动的非正式金融活动地下化的产物。

从演化的角度看，人们对非正式金融的感知在不断变化。中国官方已经承认，浙江等地非正式金融的发展对浙江地区非国有企业的成长和发展起到了至关重要的支持作用。此外，越来越多的金融业界人士也认识到，非正式金融常常还是金融创新的源泉。其实全世界最初的金融就是非正式金融和民间金融。今天有些正式金融活动，起初就是一种非正式金融活动。今天已经达到年规模数万亿元的同业拆借活动起初就是非正式金融。股票市场在20世纪80年代末期也还是非正式金融（贺军，2002）。这也说明，某些非正式金融的局部知识作为一种新知识，可能通过规范和推广成为一种全局知识，为正式金融所利用。

（五）农业政策性金融职能单一、经营效率低下问题

农业发展银行是旨在促进农业发展的政策性银行，一度在对粮食、棉花、油料作物等农产品购销信贷方面发挥重要的"专卖"作用。随着粮食和棉花市场的逐步放开，农业发展银行的作用将大大减弱。其只能有待调整。[1] 2004年下半年，农业发展银行把国有粮食企业，特别是粮食主产区国有粮食企业作为支持重点，明确粮棉油贷款方向（李柯勇，2004）。

中央银行用来自邮政储蓄上存资金，以再贷款的方式借给农业发展银行。而且上存利率和再贷款利率一度是倒挂的。[2] 过去几年中，农业发展银行主要把贷款发放给国有粮棉购销企业，支持了保护价敞开收购农副产品政策的实施，这是在中国政府实施的所有农业支持政策措施中，农民受益最大的政策。1994—2000年，为保证该项政策手段的实施，中国农业发展银行

---

① 中共中央和国务院一号文明确提出，"农业发展银行等政策性银行要调整职能，合理分工，扩大对农业、农村的服务范围"。

② 在2002年2月后，邮政储蓄存款利率为1.98%，上存利率一度为4.347%，再贷款综合利率为3.015%，农业发展银行贷款利率为4.94%—5.49%（唐成，2002）。这一格局保持到2003年8月1日。随着其后新增邮政储蓄存款上存利率下调到1.89%，如果有新增部分，这部分就不存在倒挂现象。

每年均要向国有粮食收购部门发放收购资金贷款 2000 亿元左右[1]（何广文，2002a）。但在国有粮食企业与农民的交易谈判中，国有粮食企业掌握定价主动权，同时，粮食企业从农发行获得贷款后又没有还贷的激励和压力，两头得益，并产生了较高的不良贷款，进而影响到中央银行再贷款资金的回收。中央银行不能回收再贷款资金，等于替财政出资支持农副产品收购政策，而本来粮棉价格支持政策一般应该由财政承担资金负担。

农业发展银行经营的症结所在是所有权主体缺位和预算软约束，国有粮食部门也一样。国家要求农业发展银行向国有粮食部门发放粮食收购贷款。两者所掌握的全局知识就是双方最终都不需为自己的行为埋单。而农业发展银行所掌握的局部知识往往要求其停发贷款和追还欠款。这样，粮食收购贷款发放任务与其可持续经营要求之间就形成一种张力。农发行不良贷款高居不下问题很大程度上可以归因于此。

（六）小额信贷的机构和财务可持续问题

中国农村小额信贷的资金来源一般为政府、国际机构、非政府组织和私人捐助者。农村小额信贷以农村扶贫和促进农村综合发展为主要目的，可分为五类：第一类为项目小额信贷，有项目期限，许多属于国际或者外国机构援助类小额信贷项目，是中国人民银行监管领域之外的金融活动；第二类属于由政府实施的小额信贷扶贫项目，即扶贫贴息贷款，目前由中国农业银行负责发放（参见政府主导型小额信贷管理体制课题组，2002）；第三类为非政府组织专业性小额信贷；第四类为正式金融机构操作的小额信贷业务，是政府要求农村信用社、农业银行对农户和农村微型企业发放的小额信用贷款或小组联保贷款，属于正式金融机构的一种金融工具；第五类如茅于轼所创办的山西临县"龙水头村民互助基金会"，是一种试验性项目（雒玉鳌，2001；冯春，2002）。小额信贷机构一般经由政府有关部门批设，[2] 政府对其利率有所限制。茅于轼的试验性项目未经任何政府部门批设，属于例外。

小额信贷资金投入规模相对于农村金融总量来说仍然有限，据保守估计，中国以小额信贷的名义累计投入的资金在 100 亿元人民币以上，有近

---

① 2000 年底，中国农业发展银行累计发放农副产品贷款 5829.47 亿元，余额 7303.96 亿元，其中，保护价粮食收购贷款余额为 2307.47 亿元。

② 批设后又不一定能得到中央银行认同。

3000 万人从中或多或少受益（政府主导型小额信贷管理体制课题组，2002）。政府限制所有小额信贷项目吸收强制性存款，也禁止其动员自愿性储蓄，并对利率水平给予一定的限制。所有小额信贷项目或者机构均面临机构或财务可持续性的考验。中央银行还没有批准小额信贷机构化，这影响了小额信贷项目的机构和财务可持续性。比如大多国际和外国小额信贷项目当前难以实现项目可持续经营，其存续时间与项目期长短有关。

政府实施的小额信贷扶贫项目，主要通过农业银行管理并发放扶贫贴息贷款，不同于国际上典型的小额信贷项目。扶贫贴息贷款由地方建立的相应小额信贷扶贫管理机构协助发放（政府主导型小额信贷管理体制课题组，2002）。2000 年，农业银行发放扶贫贷款 213 亿元，该项贷款余额达 705.73 亿元。根据国际经验，这种贴息贷款实际上可能导致逆向选择问题，即这些政策本来是针对贫困群体的，但最后仍然是其中较富裕农户获得了更大份额的贷款，从而造成贴息贷款排挤正常商业贷款，使农村金融市场发生扭曲。由于不按照财务可持续原则推行小额信贷扶贫，各地小额信贷扶贫普遍贷款回收率低下。比如陕西省从过去的全省平均贷款回收率 80% 上下，下降到 2001 年的不到 40%（杜晓山，2002）。此外，小额信贷扶贫项目中，有大量资金被挪用和展期（杜晓山，2002）。其深层后果就是农村金融市场被破坏，农民信用意识的灭失和商业伦理的沦丧。

按照中央银行的要求，农村信用社向农户发放小组联保贷款和农户小额信用贷款，不属于国际上通行意义上的小额信贷，只是正常意义上的农户贷款，前者基于农户信用评级提供授信额度，后者依赖小组联保，起到了缓解农户贷款难的作用。不论农户收入高低，均可以申请贷款，而且收入高的农户可以获得远比收入低农户高得多的贷款授信额度。因此，这类贷款并不是特定面向贫困者的贷款。

中央银行对储蓄和利率的限制，实际上有碍于国际小额信贷项目和非政府组织专业性小额信贷项目的商业化运作以及基于储蓄动员的小额贷款的操作。目前，国际上小额信贷的成功操作模式是基于吸收小额信贷客户（即特定贫困群体）的自愿性储蓄以及推行面向客户自愿性储蓄的小额信贷金融中介活动。今后小额信贷项目很可能朝着这个方向发展（Brian Branch of WCOCU，2002）。

值得注意的是，符合国际操作标准意义上的小额信贷可以成为一种最富有活力的农村金融类型。其成功与否却与该机构是否有能力充分利用分散在村庄中的局部知识有关。这既要求小额信贷机构和个人具有较高程度的商业金融操作知识和能力，也要求中央银行放开这方面的利率管制，更要求小额信贷机构工作人员贴近农户提供金融服务。

五 结论与建议：建立一个机构多元化的农村金融体系

基于本文的以上分析，可以得出如下政策性结论或建议：

（1）农村金融市场不是一个单一金融市场，而是由多个局部金融市场组成，存在大量有关有效金融服务需求的局部知识，需要金融组织或活动的多元化来充分利用这些知识，改善金融服务供给。任何一家金融机构、任何一项金融工具均不能完全发现和利用分散在不同时间和地点的局部知识，因而不能完全满足多层次、多样化的农村金融服务需求，组织多样性和工具多样化因其各自不同的功能而成为必需。

（2）应通过农村金融组织或活动多样性而在农村金融领域引入金融供给方的竞争，打破垄断或者准垄断格局。竞争能够带来效率，促进金融创新，扩大金融服务供给，促使金融机构按照服务产品的成本和风险实行风险定价。

（3）推行农村利率市场化，进一步扩大存贷款利率浮动幅度。只有贷款利率自由化，信贷机构才有可能根据每一笔贷款的预期风险进行定价，或者根据整个贷款资产组合的综合风险进行定价。[1] 如果不推行贷款利率市场化，金融机构或组织之间就不能充分展开竞争。另外，根据当前存款利率市场化试点经验，小幅度放开存款利率是无风险的，因为金融机构之间的变相高息吸储在许多地方本来就是公开的秘密。农户和企业可以直接从中受益。金融组织或活动多元化也为农户和企业选择金融服务供给者提供了空间。存在多元化的地方，也有更多的利率可供选择。存在利率管制的地方，往往存在严重的信贷配给（即所发放信贷额度低于所需要额度）问题，结果反而不利于满足农户和企业的信贷需求。利率管制是以限制金融供给者充分利用

---

[1] 德国平衡银行是一家政策性银行，其成功经验之一就是采用贷款资产组合综合风险定价法。这种定价的好处是虽然不知道具体哪一家企业会发生违约，但把一个可能的违约贷款比例考虑在内，这样就可以减少信息成本。这种风险定价技术可适用于商业银行（冯兴元，2002）。

广泛存在的有关盈利机会的局部知识为代价的。

（4）农村金融市场需要一个竞争性金融秩序，农村金融市场的主体应该是竞争性的商业金融和（真正意义上的）合作金融，政策性金融应该发挥辅助性的作用。国有商业银行、民营银行、农村信用社、合作金融、商业化小额信贷、非正式金融都可以成为竞争性商业金融市场的组成部分。竞争性金融市场最能发现利用分散广泛的局部知识。在竞争环境下，真正意义上的合作金融对其成员而言是合作性的，但是对外仍然需要按照市场规则运作，因而也是竞争性金融市场的重要主体。规范运作的商业化小额信贷，其效果要好于包括贴息贷款之类的一般政策性金融。商业化小额信贷目前已经成为小额信贷项目的主流发展方向，财务上的可持续性和资金自给成为其标准。外部援助和捐助应该面向促进现有和未来小额信贷项目的财务上的可持续性和自给。对于一些面向特定贫困者的、不能达到这些标准的小额信贷项目，如果社会收益远远大于社会成本，那么外部援助和捐助仍然可以考虑对之提供支持，但是应该促进项目朝着这些标准靠近（Morduch，1999）。农业银行的贴息贷款很容易产生弊端，容易扭曲和破坏竞争性商业金融市场。贴息贷款容易被较富裕农户获得，而不是较贫困农户，从而产生逆向选择问题。贴息必须直接针对特定贫困者的投资项目，也就是既针对特定贫困者，又针对项目。政策性金融除了上述领域之外，还可以在建立贷款担保体系、农业保险体系、农村金融组织结算体系、金融服务信息系统等方面发挥作用。比如，在粮棉购销市场放开的情况下，可将中国农业发展银行改组成为专业性的农村信贷担保银行，为政府推动的某种项目信贷计划提供贷款担保，而不是去执行补贴性信贷项目计划（何广文等，2002b）。

（5）改进监管，开放信贷业的市场准入，发展地方中小民营金融机构。发展地方中小民营银行等正式金融机构可以挤出部分非正式金融。比如，可以通过改革现有金融机构甚至地下钱庄发展民营乡村银行，还可以直接新建民营乡村银行。可以根据核准制审批新建中小民营金融机构，杜绝政府参股或干预管理决策。新建中小民营金融机构最容易实行资产负债管理和根据资本充足率来监管。温州一带地下私人钱庄和高利贷的存在均说明中小民营银行在农村金融市场中有生存和盈利的空间。

开放信贷业需要与强化监管相结合。首先要提高金融监管当局的独立性和公信力，其次要严格执行成熟市场经济国家已经使用的审慎监管手段，最后要结合社会监管（包括存款人监管）、所有人监管。此外，中小金融机构之间可以建立共同的存款保险基金来为其吸收存款提供一定程度的保险。

（6）允许非正式金融在一定的秩序框架内运作。非正式金融目前对农村发展提供了最大部分的信贷支持。简单宣布非正式金融非法是不合理的，简单宣布禁止也是禁不绝的。非正式金融在一定秩序框架下的存在有其必要性和合理性。在封闭的农村社区，由于社区内外人员流动性较低，非正式金融只要在人缘地缘血缘关系基础上运作，充分利用社会网络中的人际信任和社会排斥之类的非正式制裁机制，其发展空间非常可观。在相对开放的农村社区，由于社区内外人员流动性较高，仅仅依靠信任和非正式制裁机制还不够，这就要求某些类型的非正式金融在某种正式秩序框架下运作，实现部分正式化甚或完全正式化。如果说在封闭的农村社区人们完全可以依赖其所熟知的局部知识来运作非正式金融，那么在较为开放的农村社区，人们既需要利用这些局部知识，也需要利用法规政策之类的全局知识，以降低金融风险。

在非正式金融监管方面，金融管理当局可以发挥积极的作用，不是强迫其完全正式化或者简单禁止，而是应降低其风险，同时保持其活力。比如，利率高于中央银行规定的商业银行贷款利率4倍以上的民间借贷才应成为该打击的"高利贷"，利率低于"高利贷"利率的民间借贷，原则上可以用民法加以保护，尤其是在发生贷款违约纠纷的情况下。

对于合会，可以参照台湾的经验，从降低金融风险角度在民法中对其运作框架做出一定程度的标准化规定。结合中国的情况，可以要求合会就近简单备案，会首不得兼为同一合会之会员，无行为能力人及限制行为能力人不得为会首，也不得参加其法定代理人为会首的合会。合会的合法性与否，可以参照两个标准来确定：一是是否高于中央银行规定的商业银行贷款利率4倍以上，二是是否向不定向社会公众吸取存款或者变相吸取存款。利率的计算方式则可以作统一规定。对于"不定向"或者"社会公众"，还需要最高人民法院作一量化的司法解释。从理论上，较高利率的民间借贷也可以通过对之正式合法化并辅之以征收禁入性高税率的方式实施禁止：涉及其利率高于中央银行规定的商业银行贷款利率4倍以上的民间借贷，可对高出部分利息征以100%甚至120%的税率（前者相当于没收，后者为没收加罚金），那么民众就失去了以这一利率水平记取利息的激励。

（7）大力发展真正意义上的合作金融。合作金融的知识论基础就是社员共享有关局部知识，可以较好地解决限于一个地方经济主体的资金互助的问题以及利率市场化前提下商业金融贷款利率可能偏高的问题。在金融服务方面奉行成员优先的原则。真正的合作金融体系是自下而上建立的，其中，基层合作金融组织掌握经营决策权，上层机构一般为基层提供便利服务和开展基层合作金融组织共有的但又不能开展的某些业务。这也是合作金融体系的力量来源。合作金融也可以发展成为金融市场支柱之一，比如，德国的合作金融在德国金融业中起着重要的作用。根据《世界报》统计，德意志合作银行（DG）在德国属第七大银行。[①] 如果中国参照台湾地区农会信用部的做法，发展真正意义上的信用合作社，合作社风险原则上是可控的。台湾农会大陆信用部的具体做法是：信用部只对本会会员授受信用业务，对非会员存款的吸收必须符合规定，不得发放非社员贷款；多以乡镇为主设立，规模小，具有很强的区域性和业务经营上的季节性（马忠富，2001）。这样做的好处是，社区储蓄将主要留在本社区，用于本社区的农村企业和农户借贷。

参考文献

［1］亚当斯、戴尔·W.：《金融对农村发展的作用》，载何安耐、胡必亮、冯兴元编：《农村金融与发展——案例分析与培训手册阅读材料》，中国社会科学院农村发展研究所，2000 年 5 月。

［2］杜晓山：《小额信贷扶贫亟待改善质量》，《经济参考报》2002 年 8 月 28 日。

［3］冯春：《农村真正钱商如何得以成长》，《经济学消息报》2002 年 12 月 6 日第 2 版。

［4］冯兴元：《欧盟与德国——解决区域不平衡问题的方法和思路》，中国劳动社会保障出版社 2002 年版。

［5］傅志寰：《全国人大常委会关于金融支农问题的调研报告》，http：//ecupl. net，2004 年 6 月 30 日。

［6］韩瑞芸：《农信社改革——四大政策为历史包袱埋单》，载信合街网，5252. nease. net，2003 年 8 月 3 日。

［7］何广文：《中国农业信贷支持政策：措施、效果及其调整》，载范小建主编《加入 WTO 以后的中国农业政策调整》，中国农业出版社 2002 年版。

［8］何广文：《农村金融服务供求现状、问题及对策建议》，农业部"中国农业和农村经济结构战略性调整"课题组：《农村金融服务问题研究专题报告》，2002 年 8 月 10 日。

[①] 《世界报》的依据是各银行 1998 年的营业额（Welt Online，19. December 2002）。

［9］贺军：《民间金融的大机遇》，《新证券》2002 年 9 月 23 日。

［10］黎霆、姜业庆：《农村金融，到了最饥渴的时候》，《中国经济时报》2002 年 8 月 20 日。

［11］李静：《农村金融发展情况》，载《中国农村经济形势分析与预测》，社会科学文献出版社 2002 年版。

［12］李柯勇：《农业发展银行提出下半年粮棉油贷款方向》，载新华网，http：//news. xinhuanet. com，2004 年 7 月 21 日。

［13］李元华：《温州民间融资及开放性资本市场研究》，中国经济出版社 2002 年版。

［14］刘海文：《8800 亿元邮政储蓄变革悬念》，载中国证券网，http：//www. cnstock. com，2004 年 2 月 17 日。

［15］雒玉鳌：《龙水头扶贫基金基本运行情况报告》，载中国扶贫信息网，http：//www. help‐poverty. org. cn，2001 年 2 月 4 日。

［16］马忠富：《中国农村合作金融发展研究》，中国金融出版社 2001 年版。

［17］许志峰：《农村信用社全行业扭亏为盈》，《人民日报》2003 年 12 月 17 日。

［18］唐成：《中国的政策性金融和邮政储蓄的关系研究》，《经济研究》2002 年第 11 期。

［19］王丰：《四大国有商业银行"减员增效"》，《南方周末》2003 年 11 月 28 日。

［20］温铁军：《农户信用与民间借贷研究：农户信用与民间借贷课题主报告》，载中国网 50 人论坛，2001 年 6 月 7 日。

［21］沃格尔、罗伯特·C.：《储蓄动员：农村金融中被忽视的一面》，戴何安耐、胡必亮、冯兴元编：《农村金融与发展——案例分析与培训手册阅读材料》，中国社会科学院农村发展研究所，2000 年 5 月。

［22］《银监部门调查估算：温州民间资金总量约 1500 亿》，《人民日报》2004 年 7 月 13 日。

［23］张元红、李静、张军、张晓山、何安耐：《农村金融转型与创新——关于合作基金会的思考》，山西经济出版社 2002 年版。

［24］张红宇：《现阶段农村金融组织体系的功能缺陷》，中国货币网，http：//www. chinamoney. com. cn，2004 年 6 月 1 日。

［25］政府主导型小额信贷管理体制课题组：《政府实施的小额信贷扶贫管理体制需要进一步改善》，《中国农村发展研究报告》之三，2002 年。

［26］钟笑寒、汤荔：《信息模型：农村金融机构收缩影响的有效解释》，《中国金融家》2004 年 5 月。

［27］邹恩：《民间放贷者泉州报告民间资金借款年利率达 42%》，《21 世纪经济报道》2004 年 8 月 4 日。

［28］Die Welt, *Die Groessten Banken in Deutschland*, in：Welt Online, 19. December 2002.

[29] Adams, Dale W. and Fitchett, Delbert A. , *Informal Finance in Low – Income Countries*, Boulder, San Francisco and Oxford: Westview Press, 1992.

[30] Adams, Dale W. , *Filling the Deposit Gap in Microfinance. Paper for the Best Practices in Savings Mobilization Conference*, Washington, DC, 5 – 6. November 2002.

[31] Brian Branch of WCOCU, *Savings Mobilization: Conceptual Framework*, Paper for the Best Practice in Savings Mobilization Conference, Washington, 5 – 6. November 2002.

[32] Hayek, Friedrich August von, "Economics and Knowledge", In: Economica, Vol. 4, 1937, pp. 33 – 54.

[33] Hayek, Friedrich August von, September, "The Use of Knowledge in Society", *American Economic Review*, XXXV, No. 4, 1945, pp. 519 – 530.

[34] Hayek, Friedrich August von, "The Socialist Calculation II: The State of the Debate", In: Friedrich August von Hayek (Ed.), *Individualism and Economic Order*, 148 – 180. Chicago: Chicago University Press.

[35] Hayek, Friedrich August von, 1968/1969: *Der Wettbewerb als Entdeckungsverfahren*, in: derselbe, Freiburger Studien – Gesammelte Aufsaetze, Tuebingen, 1948, pp. 249 – 265.

[36] IFAD, *Double – edged Sword? Efficiency vs. Equity in Lending to the Poor*, IFAD's Thematic Study on Rural Finance in China, Evaluation Profile, No. 3, April 2002.

[37] IFAD, *Rural Financial Services in China*, Thematic Study, Volume I – Main Report. Report, 1. December 2001 No. 1147 – CN Rev.

[38] McKinnon, Ronald I, "Money and Capital in Economic Development", Brooking Institutes, Washington DC. Lampiran, 1973.

[39] Morduch, Jonathan, "The Microfinance Promise", *Journal of Economic Literature*, Vol. 37, December 1999, pp. 1569 – 1614.

[40] Shaw, Edward S. , *Financial Deepening in Economic Development*, New York: Oxford University Press, 1973.

[41] Stiglitz, J. and A. Weiss, "Credit Rationing in Markets with Imperfect Information", *American Economic Review*, No. 71, 1981, pp. 393 – 410.

[42] Stiglitz, J. , "Markets, Market Failures, and Development", *American Economic Review*, No. 79, 1989, pp. 197 – 203.

（原文发表于《中国农村观察》2004 年第 5 期）

农村合作基金会的行为与政府干预[*]

李 静

近些年来，农村金融供给不足问题已经得到了多数人的关注。对于如何扩大农村金融服务的供给，一般认为有两个途径：一是改革目前的农村金融体制，加快农村信用社的改制，使之成为真正自主经营、自负盈亏、行为合理的经营主体；二是发展新的民间农村金融组织，打破农村金融市场上的垄断，增加竞争。本文认为这两方面是并行不悖的，没有新的竞争者，信用社就不可能有创新动力。农村合作基金会曾经是在我国农村地区与信用社有过竞争关系的唯一的农村金融组织，因此，对农村合作基金会兴亡的研究不论是对于农村信用社改革还是对于新的金融机构发展都将具有一定的借鉴意义。本文选取了我国农村合作基金会发展史上两个具有代表性的农村合作基金会——四川省乐山市农村合作基金会（主要由政府控制和经营）和浙江省温州市农村合作基金会（主要由个人控制和经营）作为研究对象，在实地调研的基础上，将这两种类型的基金会进行对比，并用制度经济学中的相关理论工具分析和解释二者出现差异的原因。

一 农村合作基金会产生的背景和制度环境

四川省最早的农村合作基金会——乐山市市中区全福乡农村合作基金会产生于1986年，1988年四川省委发了第18号文件，要求在全省范围内广泛推广全福乡的经验。1988年底，乐山市就在各乡镇普遍成立了农村合作

* 本文是作者承担的中国社会科学院重大课题（B类）"农村金融组织行为与制度环境"的部分成果。

基金会。温州市农村合作基金会成立的时间较晚，最早的农村合作基金会——苍南县宜山镇农村股份合作基金会成立于 1992 年 8 月，大规模成立和发展是在 1993 年和 1994 年。1988 年和 1992 年是我国经济发展和体制改革史上具有关键意义的两年，从对农村合作基金会发展的影响看，这两个时期的制度环境是完全不同的。这种不同决定了两地基金会在产权结构以及管理体制等方面的不同。

乐山市农村合作基金会成立和发展于 20 世纪 80 年代中后期，当时的制度背景是：虽然国家早已实行了改革开放，但在意识形态上还强调我国的经济体制是计划为主市场为辅的社会主义商品经济；在所有权问题上，还是强调以公有制经济为主体；在农村的财产关系上，实行的是集体所有家庭经营的"统分结合"的双层经营管理体制，依然强调财产的集体所有，只承认集体财产的家庭经营权，不承认财产的家庭所有权和个人所有权，农户还不是法律上受保护的独立的财产主体和行为主体；农村信用社贷款发放和担保依然以村组集体为主，农户被排斥在资金供给的大门外。这种制度环境决定了乐山的农村合作基金会不可能是建立在个人产权基础上的经济组织，只能是建立在集体产权基础上的经济组织。

从法律上看，农村集体财产的所有者是村组集体，应由村委会等集体组织来行使所有者权力，但实际上，村组集体的财产在中国当时的农村却是由乡镇的农业经济管理站来管理的。乡镇的农经站属于农业行政管理部门，这是一个体系完整、上下贯通的组织系统，负责对农业经营管理活动进行政策指导和事业服务，负有监管农村集体财务，保障农村集体资产安全的基本职责。这种体制也决定农村合作基金会"依托乡农经服务站来建立"。

对于地方政府来说，20 世纪 80 年代中期以后，一是国家对财政体制进行了重大调整，改变传统财政统收统支方式，实行多种形式财政分级包干体制，其直接结果是地方政府支配自有财力的权限得到扩大，通过扩大投资强化自身财政实力的内在冲动变得十分强烈。在资金供需缺口日趋拉大的条件下，地方政府对建立与自身关系更为密切的区域性非银行金融组织表现出了极大的热情和积极性，希望通过其有效的融资活动增强对农村金融资源的控制力，缓解本地区资金短缺的矛盾。因此，在当时的制度背景下，乐山的农村合作基金会产权结构是以集体股为主，放款的对象也主要是农村的专业户、重点户等，经营管理由乡镇农经站负责。

温州的农村合作基金会最早成立于 1992 年，1992 年是我国经济体制出现关键转折、社会主义市场经济体制被正式确立的一年，邓小平的南方谈话破除了在姓资姓社和公有私有上的禁忌。个体、私营性质的经济组织在制度上得到了正式的认可。"大胆尝试""转变观念"成为当时经济工作中的时髦用语。这种认识上的突破推动了我国的经济从1992年始，出现了新一轮投资热潮和快速增长。同时，以个体、私营经济为发展动力的"温州模式"也得到了全国的认可和推崇。温州市的农村合作基金会就是在这个背景下成立和发展的，主要目的是解决温州市的个体、私营企业贷款难、民间借贷风险大的问题。同时，由于温州市是农村经济改革试验区，在组织创新和制度创新上被允许突破国家的政策限制，这使得温州的农村合作基金会从一开始就在合作基金会的组织形式和管理体制上走出一条不同于乐山的路子。这种不同表现在：

1. 制度创新的方式不同

全福乡基金会成立于1986年，这在全国范围内可以说是最早的，具有原创性，乐山市基金会大规模成立始于1988年，是全福乡模式的推广。在当时所处的政策和制度环境下，这种基金会的成立是一种诱致性的制度创新。制度经济学认为，由于人们所存在的知识局限性，一项制度创新并不意味着这种制度就是完美的。在当时刚刚对计划经济体制进行改革、对市场经济知识还不了解，还强调集体所有制背景下，这种制度创新只能由地方政府完成，同时也由于是政府操作的，组织者对合作基金会的组织性质、经营范围、业务性质等并没有按市场经济规则加以充分考虑，这为以后发展埋下了隐患。温州的基金会成立得较晚，是1992年才开始试验的，当时全国各地基金会已经有了充分发展，各种问题也开始有所暴露，温州市派人到各地做了认真的考察，在充分吸收各地在发展基金会方面经验和教训的基础上，才确定了温州市基金会的发展道路。这决定了温州基金会的产生是一种供给型制度创新。从对市场经济知识的了解看，当时中国的市场经济已经有了相当发展，而温州又是中国市场经济发源地之一。这样就使温州的基金会具有了某种后发优势，一开始就对基金会的性质、业务范围以及法律地位等进行了明确的规定，从而得以避免其他地区基金会所存在的问题。从知识论的角度看，乐山基金会的建立是一种突变性知识增长，温州基金会的建立则属于一种适应性的知识增长①。

2. 制度创新的出发点不同

乐山市农村合作基金会成立的出发点是管好用好集体资金，将这些资金借给专业户、重点户有偿使用，但有偿的目的不是经济效益，仅是使集体资金"保值增值"，这一出发点决定了乐山的基金会是非营利性集体资金管理组织。集体资金是一种共同财产，对它的保护和运用需要某种集中化和政治程序来决定，而运用政治权力会造成委托—代理问题，这是乐山农村合作基金会实际由政府控制和操作并造成灾难性后果的主要原因。而温州市农村合作基金会成立的出发点不是为了管好用好集体资金，而是为了解决乡镇企业贷款难的问题，由于政府本身没有可用的大量资金，掌管的集体财产又很少或者可以说是几乎没有。政府所能提供的是一种关于市场准入和竞争的公共政策或制度环境。这一政策目标是"资金商品化、利率市场化、银行企业化"②。这一出发点决定温州的基金会是一个产权明晰的营利性经济组织，使得温州基金会一开始就按市场化运营，以追求利润为目的。并且温州市农村合作基金会实行浮动利率，总体水平略高于国家基准利率，低于民间利率。

3. 制度推广的路径不同

乐山市农村合作基金会的成立是通过行政命令按一个模式推广成立的，在分布上是一乡（镇）一个，由农经站管理和经营，附属于政府部门，全省统一称作农村合作基金会。温州农村合作基金会是按申请—审批方式成立的，类似于企业的登记注册，谁都可以申请，只要符合所要求的条件③，就可以成立和营业，名称也可自定。根据制度经济学秩序理论，乐山市通过行政命令推广是一种计划秩序，温州市的申请—审批方式是一种自发秩序。计划秩序和自发秩序分别与不同的价值系统、思想态度和行为模式联系在一

---

① 突变性知识是指重大的创新性突破，而知识的适应性发展则是指稳定的创新流，它完成着各种微小的、渐进的改良，以对供求中的机会做出反应。突变性知识增长往往源于发现原先一无所知的思想，而知识和适应性增长则常常源于有计划的信息搜寻。参见柯武刚、史漫飞《制度经济学——社会秩序与公共政策》，商务印书馆 2000 年版，第 60 页。

② 中国人民银行温州分行：《关于温州市金融改革的几点意见》，1993 年 4 月 14 日。

③ 这些条件见温州市体改委和温州市人民银行的《关于试办农村互助金调剂服务部若干意见的通知》。

起，每一种秩序相连接的经验还形成和强化着不同的人类行为特征①，进而形成了路径依赖。路径依赖决定了乐山农村基金会在以后的发展中，也是遵循着计划秩序，其所有的行为都是通过行政干预和命令实现的②。而温州的基金会的发展则是遵循着自发秩序，它们经营是独立的，行为是自主的。这种自主性表现在温州基金会名称上的多样性和在时间分布、空间分布上的不均衡性。从名称上看，温州的基金会也不是都称农村合作基金会，而是由各基金会根据自己特点自主决定。从时间上看，在由体改委主管的基金会中，早的成立于1992—1993年，晚的成立于1994年；从地域上看，各县的分布很不均衡，龙港市基金会最多，一个镇有多家基金会，乐清市基金会最少，一个市也没几家。

二 农村合作基金会的产权性质和法律地位

尽管中央对合作农村基金会业务有种种限制，但实际上，农村合作基金会从事的业务是借贷业务，所进行的活动是金融活动。根据西方经济学史上一些著名经济学家对借贷活动的论述，借贷是财产的借贷，金融活动是不同独立财产所有者为实现各自财产利益最大化而进行的财产借贷活动。乐山地区和温州地区农村合作基金会虽然都从事金融活动，但财产所有的性质以及财产所有者的地位是不同的。

1. 合作基金会的组织性质和产权结构

就任何经济组织来说，具有决定意义的问题都是：谁享有最终利润或承担可能的亏损？如果拥有一个组织的合伙人不止一个，该如何分配利润或亏损？随之而来的问题是：谁控制组织的短期经营和长期经营？如果所有权和控制权是分离的，所有者如何控制经营者？对这些问题的规定一般体现在组织章程中，章程是一套关于如何运作和如何改变规则的一般规则，通常，组织内规则服从于组织章程，左右着组织资源的运用，并要向组织提供资源的各类所有者分配总利润。因此，研究农村合作基金会的章程对于研究农村合

---

① 柯武刚、史漫飞：《制度经济学——社会秩序与公共政策》，商务印书馆2000年版，第83页。

② 在乐山调研中，我们收集到当地政府关于农村合作基金会内部管理一系列文件，资金来源渠道、贷款投向、利率高低、利润分配、人员职责、工资、奖金等无所不包。而在温州，这方面的文件几乎没有。

作基金会产权性质具有重要意义。

乐山市井研县三江镇农村合作基金会章程规定："合作基金会是在党委和政府领导下，以本镇村组集体经济组织和农户按照自愿互利原则组织起来的社区性资金互助合作组织"，"我会实行股份式的资金合作，凡对我会投资并获得基本股和优先股的集体经济组织和农户均为本会会员，会员行使表决权，一人一票"。从这个章程的表面上看，合作基金会是一个建立在集体经济基础上的合作性质的经济组织，但是其中的"在党委和政府领导下"，则说明了农村合作基金会不是一个独立经济组织。如果说农业部的定义①还包含了合作组织的性质，那么这个章程则改变了合作组织的性质。因为从理论上说，合作性经济组织遵循的是一般性规则，一般性规则是指资源所有者基于自愿原则，以章程将单项资源所有者结合起来，一般性规则要求合作者独立判断，在组织中积极主动。

制度经济学认为，对一个组织来说，如果是基于自愿组织并在组织内服从于一般性规则的章程，那么这个组织就是一个经济组织；如果是基于政治权威组织，并服从于政治权威的指令，那么，这个组织一般是一个行政机构。因此，仅从乐山市农村合作基金会章程看，这里的农村合作基金会就不是农民的合作组织，甚至不是一个经济组织，而是一个行政机构，或者是行政机构附属组织。因此，乐山市的农村合作基金会从来就不是一个独立的经济组织，它的组建不是基于股东自愿组织，而是对政府文件的履行。它的发展、经营管理也从来就没有独立过。农民只是名义上的股东，实际上是由政府所有和控制的。

从实际运营中看，乐山农村合作基金会虽然有集体股和农户股，但这两种股都不是真正意义上的股份。因为产权中两个最重要的要素——独占权和转让权在这里是不存在的。真正股份制的股东不仅要独占经营所带来的利润，还要承担亏损所带来的损失；不仅股权是平等的，而且股东有退出的自由。但是在乐山市，集体股和个人股之间不仅不是同股同利，如1993年和1994年，农户股金和年息率为15%，而集体股年息率只有8.8%，而且限制集体股退股。再从乐山市对农村合作基金会清理整顿的做法上看，农户股

① 1993年，国家农业部（1993）农（经）字第8号文件，对农村合作基金会作了如下规范性定义："农村合作基金会是在坚持资金所有权及其相应的收益权不变的前提下，由乡村集体经济组织和农户按照自愿互利、有偿使用原则而建立的社区性资金互助合作组织。它的宗旨是：为农民服务，为农业生产服务，为发展农村集体经济服务。"

金保证了退还，集体股金则用于偿还债务。这些也说明，乐山市的基金会不是合作制，也不是股份制，只是一个行政机构或附属于行政机构。农户股金不是真正意义上的股份，只是基金会吸收的存款，集体股也不是真正意义上的股份，而是类似于金融组织的资本金。

"如果稀缺资源属于公有，就不会有独占权和转让权，当所有权属于公有时，通过实际使用资源就能获得独占权"①。在乐山，这种独占权是通过行政权力取得的，实际控制和使用基金会集体股金的是乡镇领导和农经部门。乐山市农村合作基金会的管理人员和工作人员几乎都是政府机关的工作人员。这进一步说明乐山市的农村合作基金会只是政府所有和控制的组织。

与乐山市甚至于其他地区的农村合作基金会相比，温州农村合作基金会最突出特点就是温州市的基金会 70% 以上是股份制的或者说是个人控股的②。只有不到 30% 的基金会是集体股为主的③，与其他地区的基金会类似。

温州的合作基金会由于性质不同，所以基金会章程也不同，归农经委管理的基金会章程类似于乐山市农村合作基金会的章程。对于那些个人控股的基金会，从温州市体改委和温州市人民银行《关于试办农村互助金调剂服务部若干意见的通知》中可以间接地看出其性质。这个文件的主要内容是："农村互助金调剂服务部（或农村互助合作基金会）是由乡村集体经济组织和农户按照自愿互利，有偿使用的原则而建立的社区性民间资金互助合作组织。服务部是实行独立核算、自主经营、自负盈亏、风险自担、民主管理、照章纳税，具有法人地位的经济实体"；"农村互助金调剂服务部统一由各县（市、区）体改委（办）会同人民银行负责审批，经工商行政管理部门办理登记手续并领取营业执照，方可开业。申报单位必须具备以下条件：实收股本在人民币 100 万元以上，由乡村集体经济组织和农户自愿入股，其中，集体股金占全部股本的 50%。股东总数不少于 20 个，一个个人股东所持股份不得超过股本总额的 5%，股份可以转让，但不得退股"；"实收股本须经有关金融机构验资"。"业务范围限于互助金调剂服务部所在的乡镇行政辖区内，互助金调剂（即调进、调出）的服务费可参照国家规定的基准

---

① ［美］哈罗德·德姆塞茨：《所有权、控制与企业——论经济活动的组织》，经济科学出版社 1999 年版，第 26 页。

② 温州市体改委和温州市人民银行的同志介绍。

③ 这部分基金会主要是由农经委主管的。

利率和资金市场的供求变化，按项目分档次实行浮动"；"互助金调剂服务部财务分配制度，参照温州市人民政府颁布的有关农村股份合作企业财务分配规定执行"①。

从这个文件中对基金会的规定看，温州的基金会是一个完全的、独立的经济组织，是一个股份制的金融组织。它的组织基础是个人之间的自由组合，并在自愿基础上形成契约，它不是根据政府行政命令统一组建的。因此，它不是一个行政机构，而是一个经济组织，具有法人资格。政府所做的是审核所提出的成立基金会申请，并对基金会进行常规监管。只要是符合政府所提出的标准，任何人或组织都可以成立基金会。

从温州市对基金会的审批条件看，虽然强调了基金会集体所有的性质，但这只是一个原则性规定，实际上并没有做到具体的严格核查。许多基金会的集体股都是虚假的，通过做账做出来的，这一点非常类似于温州当年戴"红帽子"的私营企业。另外"股份可以转让"的规定，则为农村合作基金会发展成为个人控股的基金会提供了条件，据温州市体改委和人民银行主管同志介绍，温州40%左右的基金会都曾经被买卖过，更换过大股东。从对基金会内部管理和财务分配制度的规定看，温州市也是把农村合作基金会当成规范的股份制企业看待。文件要求基金会的财务分配制度，"参照温州市人民政府颁布的有关农村股份合作企业财务分配规定执行"。众所周知，温州的股份合作企业多是民营企业（私营企业）。

根据以上的比较可以看出，在产权性质上，温州的农村合作基金会是股东所有的股份制金融公司，乐山的农村合作基金会是政府所有的金融组织。二者产权性质的不同决定了二地的基金会在组织行为上存在较大差异。因为产权的主要功能在于引导各种激励（机制），使资源配置的受益或受损的结果（外部性）在更大的程度上得以内部化。"共有产权导致了巨大的外部性。共有财产的某个所有者行为所造成的全部成本，不会直接落到他自己的头上，因而共有产权造成了所有人在行为上的不负责任。而私人产权的成本和收益都集中于所有者一人，就会激励他更有效地去利用资源"②。因而在行为上也更加负责任。

---

① 温州市体制改革委员会：《关于试办农村互助金调剂服务部若干意见的通知》，温体改字〔1993〕第6号，温银发〔1993〕082号。

② ［美］哈罗德·德姆塞茨：《所有权、控制与企业——论经济活动的组织》，经济科学出版社1999年版，第138页。

2. 合作基金会的法人地位和从事金融活动资格

合作基金会受到清理整顿的一个主要借口是农村合作基金会不是合法的金融机构，所从事的金融业务是非法的。从对乐山市农村合作基金会和温州市农村合作基金会的考察看，两地合作基金会的合法性和法律地位是不同的。这种不同的主要原因是乐山市和温州市农村合作基金会的产权性质不同，导致了组织性质的不同，进而导致了两地的基金会法人地位的不同。

由于四川的农村合作基金会是由乡（镇）政府和农经部门发起和操作经营的，经营权、管理权和决策权都在政府的手中，多年来一直没有独立的法人地位。直到1994年四川省才开始由农牧厅给农村合作基金会登记发证。农牧厅当时根据的是《民法通则》中关于法人资格的条件规定，参照农业部《关于进一步促进农村合作基金会稳定、健康发展的通知》和四川省政府印发的《四川省城乡股份合作制企业试行办法》等有关文件制定的，从对合作基金会资格认定条件的有关规定看，它只是把合作基金会看成是一个社区性资金管理组织，没有认定合作基金会的产权性质、行业特征和经营特点。这些条件并不能说明合作基金会是经营性法人还是社团性法人。另外，从资格看，四川省农牧厅也没有对经营性法人进行注册和登记的资格，只有国家工商部门才有这个权力，如果是金融机构还要人民银行的批准。由于农村合作基金会从来没有在国家工商部门取得过营业执照，所以从法律上看，它不是独立的、合法的经济组织和经营实体，它的经营性行为是非法的。这反过来可以证明后来对农村合作基金会的关闭是合法的。

乐山市的农村合作基金会联合会也是由各县农业局农经股实行"两块牌子、一套人马"办公，它同样没有在工商部门注册，因此，从法律角度看，乐山市农村合作基金会联合会实际上开展的一些业务也是非法的。但乐山市的基金会由于是政府经营，这种非法的活动多年来并没有受到法律的禁止和惩罚，从中我们可以看到权大于法。

温州的农村合作基金会法人地位问题分两类，一类是体改委和人民银行管理的有工商营业执照的基金会，它们是"照章纳税，具有法人地位的经济实体"[①]。另一类是后来成立的由农经委（办）管理的基金会，它们没有工商营业执照，只有农经委发放的经营许可证。从法律的角度看，由于前一

---

① 温州市体制改革委员会：《关于试办农村互助金调剂服务部若干意见的通知》，温体改字〔1993〕第6号，温银发〔1993〕082号。

类基金会是由工商管理部门批准的合法经济组织,是产权明晰的股份制金融组织,是独立的企业法人,应该受到法律的保护,后来统一对这类基金会的关闭则不具有合法性,甚至可以说是违法的。后一类没有法人地位,不能得到法律的保护。对这类基金会的关闭可以说是合法的。但在温州,合法基金会与不合法基金会能共存亡,说明法律的权威依然小于行政权威。

中国金融业是一种特许行业,想从事金融业务的组织或个人都必须得到中国人民银行的批准才能合法营业。尽管大家都承认农村合作基金会实际从事金融业务,但人们对农村合作基金会是否是一个金融机构以及是否是一个正规的金融机构存在着争论。对于乐山市基金会来说,虽然政府不承认基金会是金融机构,也一直没有得到过中国人民银行正式批准,但从 1995 年起却按金融机构上缴营业税。也就是说,从 1995 年起,从国家税务局的角度看,乐山市合作基金会是事实上的金融机构。从人民银行的角度看却不是合法的金融机构,不具备经营金融业务的资格。

温州农村合作基金会的情况要复杂一些,1993 年前后成立的基金会是由体改委和温州市人民银行共同审批的,这些基金会的金融业务是合法的。1994 年的清理整顿使农村合作基金会分成两类:一类是被人民银行认定为合格的纳入人民银行管理的基金会,它们获得了金融业务许可证,是合法的金融机构;另一类虽然没有纳入人民银行管理,没有金融业务许可证,但也对这些基金会收准备金,对基金会的人员进行培训,实际上承认了这些基金会从事金融业务的合法性。后来,中国人民银行浙江省分行又不再监管这类的基金会,并退回了准备金等。这样等于是又不承认这些基金会从事金融业务的合法性。农经委(办)管理的基金会没有金融业务许可证,也没向人民银行交过准备金或参加业务培训,可以说是非法从事了金融业务。但这类的基金会同乐山市的基金会一样,得到了各级政府和农业部门的支持,这有政府的文件为证。

总的说来,农村合作基金会是曾经得到中央到地方各级政府和中国人民银行的支持的,并且从乐山市的情况看,地方政府还参与了经营,这有各种各样的文件和资料证明,如果说农村合作基金会是非法的,那么是否意味着这些文件和地方政府不具有合法性?从上述比较和分析看,一些基金会尤其是乐山地区的基金会从一开始就没有合法性,却一直发展了很多年,温州的一些基金会一开始就是合法的,但后来一样受到清理整顿,这是否也意味着政府的文件大于法律?

三 农村合作基金会的组织行为

组织行为指一个组织成员中纵向的和横向的互动关系以及构造这一互动关系的各种制度。它是组织领导的一个重要组成部分。组织行为类型不仅取决于企业在其中运行的单个市场的多样性和动态性，还取决于更广泛的制度框架。在更广泛的制度环境与组织内部规章之间也存在一种类似的互补性①。对于农村合作基金会来说，它的组织行为一方面取决于农村金融市场构成和竞争，另一方面取决于农村合作基金会的管理体制。乐山的农村合作基金会是一个政府领导下的行政组织，它的经营管理是由政府操作的组织行为，它的行为直接体现为政府行为。温州的农村合作基金会作为一个独立经济组织，它的行为是自主的，它的行为也受管理体制和市场竞争的影响。

1. 两地基金会在管理体制上的差别

乐山市与温州市的基金会在管理体制上有三点明显的不同：一是乐山的基金会只有农业局一家管理，所有的基金会是一个模式或同样性质的；温州的基金会是分属体改委、人民银行、农经委三家管理，不同的基金会有不同模式或有不同性质。二是乐山市的管理部门和当地政府不仅是管理者还参与了基金会的经营和内部事务，是集管理者和经营者于一身；温州基金会管理者一般不参与基金会的经营和内部事务，仅负责行业管理和风险管理。三是乐山的基金会有县级联合会，温州政府不允许成立基金会联合会，因而没有基金会的县联合会，但有民间自发的基金会联谊会。

（1）管理体制的不同。乐山的基金会统一由农经站管理和经营，实际上形成了农业部门对农村合作基金会组建权和管理权的垄断，强化了农业部门的部门利益。在农村合作基金会的发展历史中，处处可以看到农业部门对农村合作基金会的热情和保护，其中的利益是不言自明的。实际上，乐山的基金会自从 1992 年全部归农业局管理起，各乡镇的基金会每年都要向县农业局上交不菲的管理费②。

---

① 柯武刚、史漫飞：《制度经济学——社会秩序与公共政策》，商务印书馆 2000 年版。
② 乐山市对农村合作基金会收管理费的意见见乐山市人民政府办公厅〔1991〕68 号文件《转发农经委关于建立农村合作基金会县级管理机构的意见的通知》。井研县农村合作基金会管理费提取的标准是按基金会服务收入的 3% 全县统一核算提取，见井研县农业局文件〔井农字〔1992〕4 号〕《井研县农业局关于提取农村合作基金会管理费的通知》。

温州的农村合作基金会分属体改委、农经委、中国人民银行温州市分行三个部门管理，而且各自管理的基金会的名称是不同的。温州基金会这种管理体制首先表现了温州农村合作基金会发展的多样性。其中，体改委和人民银行管理的基金会多为民营性质的股份制基金会，是温州市作为农村改革试验区进行改革试验的结果，在操作上具有探索性的特点。农经委管理的基金会多为集体制的基金会，是农业部门在全国推行农村合作基金会的结果，在操作上具有规范性的特点。这部分的基金会类似于乐山的基金会。不同的只是乐山的基金会由农业局的农经股负责管理，并通过农村合作基金会联合会直接参与乡镇基金会的经营。温州农口下属的基金会是由农经委的合作科负责管理。由于没有联合会，温州农经委不直接参与基金会的经营。

（2）对基金会内部事务的参与不同。乐山市的农村合作基金会的主管部门——农业局，不仅是一个主管部门，还直接参与了基金会的经营，这从各乡镇基金会的法人代表是农经站站长上可以看出。同时基金会的内部事务如人员职位、工资、奖金、资金投向、利润分配等都由县农业局决定。1994年以后又成立了县农村合作基金会联合会，由农业局农经股经营，农业局局长任董事长，这使农业局不仅介入了基金会的内部事务，更进一步直接地集管理者和经营者于一身。

温州的基金会的主管部门基本上不参与基金会的经营活动和内部事务，仅作为一个行业管理者承担行业服务和行业监管的职能，所提供的服务主要有业务培训和政策服务。所进行的监管主要是风险监管和行为监管。风险监管主要是对金融业务的常规监管，如风险保证金、存款准备金等。行为监管主要是监督基金会的行为是否符合政策、法规等，对违规行为加以处罚等。在中国普遍存在以收费代管理，或管理就是收费的环境下，温州的农村合作基金会的这几个主管部门也普遍存在以收费代管理的现象，一般是对每个基金会每年收费1万元以上（按资金规模递增）。由于是利益所在，主管部门对基金会的违规现象不仅没能及时发现并纠正，而且有时还利用所掌握的行政权力为下属的基金会提供某种形式的保护，更有管理部门的一些工作人员在基金会私下参股和为基金会提供担保①。在温州合作基金会清理整顿工作中发现，一些经营不良的基金会的不良资产形成主要是由于基金会的违规放

---

① 在清理整顿中，共查出有这类行为的党员干部达5597人。

贷造成的①，这些违规行为有两类：一是跨区拆借，二是"内贷"。同样，根据农村合作基金会清产核资的结果，不同部门下属的各基金会的业绩并没有什么差别，其中的金融服务社并没有因为是人民银行直接管理就在资产质量上好于其他的基金会②。

更有意思的是温州汀田镇的基金会虽然是集体所有的，与乐山市的基金会在性质上雷同，但它的经营业绩却较好。据该基金会的负责人介绍，其业绩较好的原因主要是该基金会严格按政策规定的业务范围和基金会的章程来经营和管理，不敢有什么违规的行为。不敢违规的原因是，由于缺乏经营管理人员，汀田镇的基金会没有在市农经委规定的时间内成立，等其成立时，农经委拒绝承认其资格，也拒绝收它的管理费，这样汀田镇的基金会因为没有主管部门就一直小心谨慎地经营，担心一旦违规就会被取缔，因为不可能像其他的基金会那样得到主管部门的保护。

（3）两地在农村合作基金会联合会发展上的差异。两地在农村合作基金会联合会发展上的差异主要是乐山市有县农村合作基金会联合会，而温州市有民间自发的基金会联谊会。前者属于政府的行政管理部门，后者是真正的民间性质的行业协会。

乐山的基金会联合会成立于1994年，是在省里的要求下统一成立的。乐山市农村合作基金会联合会的章程规定："联合会是在保障资金所有权、自主权和得益权不变的条件下，以乡镇农村合作基金会为主体，按照自愿互利原则依法建立的一种股份式资金互助组织的联合体。"从性质上说，联合会应是一个行业协会性质的社团法人，但实际上乐山市合作基金会联合会与目前的农村信用社县联社实际做法是相同的，联合会不仅直接开办营业部，还把各乡镇的基金会纳入了统一的管理，各乡镇基金会实际上成了二级法人。这样的结果是与基金会的管理体制相一致的，因为县联合会的董事长是农业局局长，主任是农经股股长。

温州市在一开始就不允许成立农村合作基金会的县级联合会，"县（市、区）政府所在地不设立农村合作基金会，各县（市、区）也不设立农

---

① 温州市体改办和人民银行的有关同志的介绍。

② 据永嘉县有关人士的介绍，转化为隶属于人民银行管理的基金会并不是都如清理整顿所要求的那样，资产规模和资产质量好于其他的基金会，其中多数是人为运作的结果。

村合作基金会联合会"①。一直到清理整顿时，温州始终没有正式的农村合作基金会联合会。但是受温州民间行会组织较发达的传统影响，温州曾有过自发的基金会联合会，即温州市股份合作基金会联谊会。这个联谊会不仅定期进行行业信息交流、不定期举办业务培训，还在其成员出现金融风险时给予及时救援，如1998年永嘉县桥头镇的金桥、振兴民融资金服务部出现不正常取款、瓯海区金桥基金服务社出现挤兑，由于该联谊会中的其他兄弟基金会的调款支持和市政府的工作才没有造成金融风波和社会不稳定。

2. 农村合作基金会内部管理上的差别

农村合作基金会管理体制和产权性质上的差别使两地农村合作基金会在内部管理制度建立和管理方法上都呈现出不同的特点。

（1）农村合作基金会的经营决策。乐山的基金会不是一个经济组织，而是一个行政组织或者说是行政部门的附属品，它们的领导人是兼职的。在乡镇级的基金会，拥有决策权的理事长和监事长是乡镇长和乡镇党委书记，他们同时负有对全乡镇的经济、政治、文化、教育等方面发展的职责，是一个政府组织的领导；作为行政领导，他们除了经济利益以外，更追求政治利益，并且在经济利益与政治利益发生冲突时，一般是牺牲经济利益，突出政治利益，乐山市基金会的大量的不良资产中，有相当一部分是当地领导为了完成诸如"普九"之类政治任务而迫使基金会的资金投入到无效益的活动中所致。另外，基金会的法人代表是乡镇农经站的站长，农经站作为一个县农业局下属的事业单位，除了管理和经营基金会以外，还有另外两个职能，分别是农民负担管理和村组财务管理。由于这两个职能不能给农经站带来合法的收入，而从事农村合作基金会却可以给农经站带来合法的更高收入，所以农经站常常利用另外两个职能为农村合作基金会谋利。由于乐山市农村合作基金会的领导层是兼职的，所以，农村合作基金会章程中所规定的规则就形同虚设，在规则不约束管理组织的领导人时，就会出现专断决策的可能。在乐山，基金会领导人专断决策不只是可能，而且达到了泛滥的程度。

组织领导人的兼业化，会带来组织行为目标的多元化，这不仅对乐山的基金会这种非经济性质的组织来说是如此，对温州多数的作为经济组织的基金会来说也是如此。从对温州农村合作基金会清产核资的结果看，少数一些

---

① 中国人民银行浙江省分行文件，浙银发（1993）212号：《关于对农村合作基金会处理意见的通知》。

资不抵债的基金会经营不好主要原因是基金会领导人的兼业。有些基金会的领导人控制基金会不是为了通过经营基金会而获得利润，而是为了给自己所经营的生产加工企业解决资金短缺的问题，即"内贷"，这样就使基金会的资金单纯地为个人利益服务，严重侵犯了其他小股东的利益。但从大多数经营较好的基金会情况看，这些基金会作为一个经济组织，其领导人不仅是专职的，而且他们投入基金会的资金是他们最主要的投资。他们为了追求利润，降低经营风险，在基金会的管理中多遵循一般性规则，并不追求专断决策。如永兴基金服务社参照农村信用社和城市信用社的管理方式，制定了一套管理规章，并在日常工作中予以严格执行，在决策上，是由经理（1人）、副经理（1人）、信贷员（2人）共同构成审批班子集体讨论决策，20万元以上的贷款共同研究决定。20万元以下的贷款，由其中的两人共同研究签字生效。

（2）基金会人员素质的差别。除了两地农村合作基金会在领导人上的差别外，两地合作基金会工作人员的构成也有重大差别。在乐山，无论是乡镇合作基金会还是县合作基金会联合会，其业务领导和业务人员没有一个是专业的金融从业人员，都是农业部门的行政人员。其中，具体的业务人员只经过短期的培训，而主管领导有的连培训经历都没有，完全是外行。如三江镇合作基金会原有工作人员5人，这5人中有4人是农经站的工作人员，1人是乡里的干部。金融业是典型的知识密集、信息密集和智力密集的行业，它历来对从业人员的专业素质和道德素质有着很高的要求，需要高度专业化的高素质人才，而合作基金会这样的人员构成，一来不具备专业知识，缺乏经营和管理的基本能力；二来容易出现道德风险即"败德行为"，因为其工作人员和领导是有铁饭碗的国家公务员，经营管理者更是兼职而不是专职，他们不必为自己的行为负责。

温州的基金会除了领导人以外的工作人员是从市场上招聘来的，这使基金会的领导人能够根据基金会业务发展的需要，选择具有专业知识和合作精神的人来从事基金会的具体工作。在内部管理上，可以灵活地运用业绩工资、企业文化等激励措施促进基金会内部的工作竞争，这一方面可以减少工作人员的败德行为，另一方面提高了工作效率。

3. 两地基金会在竞争行为和竞争环境上的差别

两地的基金会在发展过程中都一直存在与其他金融组织的竞争，尤其是与农村信用社的竞争。竞争目的主要是吸收存款，以扩大资金规模。两地在存款竞争行为上有一个共同点是高息揽储。不同点在于乐山的基金会直接动用行政手段为基金会揽储，温州的基金会是用经济手段揽储。

——在广告宣传上，乐山基金会的经营管理部门和领导直接动用宣传工具——广播、电视等免费向群众宣传基金会的集资政策，并以政府信用作为担保，以增强群众对基金会的信心；温州的基金会只能出钱在报纸和电视上做广告。

——在资金动员上，乐山的地方政府通过行政命令强迫某些单位或组织的资金必须存入基金会，如农经站一方面强迫村组的集体资金必须入股或作为代管金，并不得随意退股①；另一方面，利用代管村组财务之便随意将村组资金入股基金会或作为代管金。同时将基金会的发展纳入政绩考核指标，通过行政奖励和惩罚手段要求基金会完成任务指标。温州的基金会只能在做好服务上下功夫，实行 24 小时营业，并提供上门服务。

——在高息揽储方面，乐山的基金会的高息是由上级主管部门统一制定的，在利率的弹性和灵活性方面基金会自己没有自主权，例如，乐山市农业局历年的文件都强调一个原则，即会员股金所得股息和红利之和，一般要达到或略高于当地信用社一年定期存款利率；温州的基金会的利率是由基金会自主决策的，利率的高低根据市场情况经常浮动。

——在竞争环境方面，两地的基金会所面对的竞争环境都是不公平的竞争环境。不同的是乐山的基金会由于是政府经营和管理，所以在与农村信用社的竞争中受到了政府保护和支持。与农村信用社相比，在行政动员上占有优势。温州的基金会由于是民营性质的民间金融，在我国金融行业普遍存在所有制歧视情况下，在竞争中也受到不公平的歧视。这种歧视表现在：一是温州市政府和金融主管部门为了保护正规金融机构，制定了市场分割政策，为基金会的业务活动范围划定了禁区，不准基金会进入城市和政府所在地，也不准基金会成立联合会在区域之间调剂余缺；二是在竞争中金融主管部门明显偏袒基金会（温州人民银行管理的金融服务社除外）的竞争对手，如为信用社和金融服务社挂"合法金融机构的牌子"；三是对基金会的政策没有连续性，在基金会开始成立时，允许基金会的试验突破已有政策和制度限制，但以后又因为这种突破对基金会施以一次又一次清理整顿，清理整顿不仅破坏了基金会的经营预期，助长了短期行为，而且影响了基金会的社会形

---

① 见井研县农业局局长《刘洪言同志在全县农经工作会上的讲话》。

象，造成了挤兑等金融风险。

4. 农村合作基金会的经营业绩和风险形成上的差异

两地农村合作基金会在制度环境和组织行为上的差别最终体现在基金会的经营业绩和经营规模上的差别。根据清理整顿时清产核资的结果，两地基金会在经营规模和经营业绩上的差异如表 1 所示：

表 1　　　　　温州农村合作基金会与乐山市基金会的比较　　　　单位：亿元

	资产总额	存款余额	贷款余额	逾期贷款	呆滞贷款	呆账	资产负债率(%)
温州市合作基金会（191 家）	39.86	34.12	32.25	8.46	0.82	1.06	117
温州市金融服务部（34 家）	12.78	10.62	8.717				120
乐山市市中区农村基金会	1.512	1.506	0.96				99.6
乐山市井研县农村基金会	1.05	1.036	0.65	0.11	0.054	0.093	100.9
永兴基金服务社	0.97	0.86	0.65	0.028	0.03	0.033	120

注：永兴基金服务社的数据是 1998 年底的数据，其他的为清理整顿时的数据。

从表 1 中可以看出，乐山市农村合作基金会的建立虽然早于温州，但它的发展规模远远小于温州市农村合作基金会的规模，井研县农村合作基金会的贷款规模仅仅相当于永兴基金服务社一家的贷款规模。从业绩上看，乐山地区的基金会基本上是资不抵债，而温州的基金会资产远大于负债，不良资产比率很低。两地基金会发展规模的差别主要是由两地不同的发展水平和经济结构的差别形成的。而经营业绩的差别，除了经济发展水平的差别外，主要是与两地基金会不同的产权结构和不同的制度环境相关的。

从金融风险角度看两地的基金会，乐山地区农村合作基金会与温州的农村合作基金会金融风险的程度和成因是完全不同的。金融行业是一个高风险的行业，从资产质量上看，金融机构的金融风险主要来自不良资产，乐山农村合作基金会不良贷款的比例很大，约占贷款总额的 25%，温州农村合作基金会的不良资产只占贷款总额的 6% 左右，温州市约 70% 以上的基金会盈利，亏损的比例不到 30%，而乐山市的基金会总体上处于亏损状态。从造成不良资产的行为看，乐山的基金会不良资产主要是政府的行政行为所形成的，而温州的基金会不良资产的形成主要是由于基金会自身的败德行为和逆向选择。

四　农村合作基金会的清理整顿

对农村合作基金会的清理整顿是在全国范围内统一部署的，在清理整顿工作的组织领导、工作程序、清产核资、分类处置、存款兑付等工作环节上温州与乐山的做法大致相同，所不同的是在不良资产的责任认定和责任承担上，两地的政府在做法上有重大的区别。这个区别概括地说是乐山的基金会不良资产由政府承担无限责任，而温州的基金会不良资产是由资产所有者承担无限责任。

1. 乐山市对合作基金会不良资产处理的原则和方法

四川省对合作基金会不良资产处置的原则是：对冲销实际形成的呆账后资产大于负债的合作基金会，整体并入农村信用社；对资产质量不良的，将质量差的资产剥离出来，然后由地方政府注入资金并入农村信用社，或将农村合作基金会的有效资产和与之等额的股金划转给农村信用社；对资产质量太差的，全部清盘关闭，地方政府承担全部债务，承诺分期连本带息兑付给会员。

为了免除后顾之忧，井研县政府决定将基金会全部并入信用社。在井研县基金会的不良借款中，政府借款和政府担保的乡镇企业借款占大部分，其中，政府"普九"及农民对公负担借款（挪用）1178.97万元，加上乡镇财政和部门借款共达3000多万元，这一部分借款由政府负责注资。筹资的主要渠道有：①向县级党政机关（包括办事处）、事业单位干部职工借款，不计利息。②各乡镇通过五个方面筹资：一是大力催收呆滞呆账。二是偿还乡财政借款。三是采取置换方式筹款，可用所有者权益、呆账准备金、村社集体积累和代管金置换用作冲销呆账、呆滞。四是收取农民"普九"集资款，人均20元。五是乡镇比照县级机关、事业单位的借资办法和标准向所属机关、事业单位干部、职工借款。③申请统借统还贷款。经过以上渠道筹资，政府共向基金会注入资金3024.68万元，其中，用于冲销呆账794.2万元，用于"普九"借款1273.94万元，用于财政借款694.95万元，交通借款90万元，政府及其他部门借款144.62万元。

政府这种承担无限责任的做法，表面上看是政府的一种负责任的做法，因为这些基金会是政府经营和管理的，政府是实际上的所有者，不良资产也主要是政府违规造成的，但实质上，由于政府不是一个经营实体，政府出资实际上还是取之于民，是当地的百姓承担了政府违规造成的损失。合作基金会关闭以后，当地经济陷入停滞不前的状态，最终受害的也还是当地的百姓。

2. 温州市处理不良资产的原则与方法

温州市政府确定的不良资产处置的原则是：基金会的债务按"谁组建，谁负责；谁借钱，谁归还；谁担保，谁负相应责任"的原则处理，不得将基金会的金融风险转嫁给农民群众和其他金融机构，以防止出现支付风险，保持社会稳定。但在实际的清理整顿中，温州市的领导提出了农村信用社也要适当承担风险的原则。作为对信用社的回报，温州市政府向农村信用社承诺了一系列的优惠政策。

为了保证在规定时间内完成清理整顿任务，温州市除了在清理整顿期间采用各种手段催收贷款外，为了保证支付存款，有关的县（市、区）政府还向基金会注入资金达2.662亿元，存入承诺保证金约1.6亿元，共计4.26亿元，其中向省财政专项贷款3.29亿元。对于政府注入资金，温州市政府决定以法律和党纪政纪为手段加以回收，回收的渠道有三个：

一是公检法全面配合，用法律手段加强对呆滞账的收欠。各地在清产核资工作完成账面核对后，各县（市、区）成立专门打击逃废债办公室，各乡成立相应的基金会清算小组，专门负责对基金会的债务追讨。各地列出基金会呆滞账贷款户和"钉子户"名单，由清欠工作组直接追索，该起诉的由基金会起诉，法院及时立案，快审快结，并加大执行力度。浙江省高级人民法院为基金会的债务问题进行了专门的司法解释，出台了《关于加强对农村合作基金会借款纠纷案件审判工作的补充通知》[①]，明确由原基金会与借款及担保人签订的贷款合同、协议继续有效。

二是明确纪律，用行政的和法律的手段加强对广大党员、干部贷款的清收，下发了专门的文件，并召开党员干部贷款户清欠专题会议，严明纪律。对在规定期限内没有还清贷款和担保贷款的机关党员干部予以停职、停岗处理和免职、降职处分。据不完全统计，全市受到停职处理的党员干部达275人，受到党纪政纪处分的党员干部达51人。

三是明确基金会的股东和负责人是第一责任人，由股东注资。先是组织

---

① 浙高法〔2000〕16号。

基金会大股东和负责人学习有关文件精神和领导讲话精神，提高他们的思想意识，使他们主动注资或承诺注资。对于拒不接受注资要求的依法拘留，对恶意出逃的予以追捕。在实际的做法上，由于这些股东基本上都不愿意主动注资，温州市各级政府一般是寻找法律依据，将有关责任人先关押起来，直到股东实在无力偿还，才由政府注资。

乐山与温州在农村合作基金会清理整顿基金会不良资产上的不同做法，以及政府和股东在承担责任上的差别，进一步说明了乐山的基金会是政府经营和管理的非经济组织，政府有责任承担由于其经营管理不善带来的损失，只是由于政府不是一个经济实体，只能把这种损失外部化，由社会来承担了这些损失。温州的基金会主要是私人所有、大股东控制的经济组织。股东有责任承担经营管理不善造成的损失，并使损失内部化。只是多数基金会的关闭并非经营不善，而是形势所迫。

五　结论

1. 农村合作基金会的产生与发展是我国农村经济改革与发展的必然结果，在当时的制度环境下，农村合作基金会依附于政府产生，有一定的合理性

改革开放以来，农村家庭联产承包责任制建立，改变了村组集体在农村经济中的主体地位，农户家庭成了独立核算、自负盈亏的经营单位。除了土地以外，生产要素的配置也由集体转为农户，家庭成了农村资金需求的主体，但是从当时资金供给主体——农业银行和农村信用社的行为看，它们的资金供给并没有随着资金需求主体的改变而改变，贷款发放和担保依然以村组集体为主，农户被排斥在资金供给大门外，农户的资金需求得不到满足，甚至它们还在一定程度上从农村吸收资金向城市和非农产业转移，对农业特别是非农产业的资金支持相当不够。这就为农村合作基金会提供了市场空间，合作基金会的出现使农户这部分需求得到了部分满足。

在中国的经济管理体制下，经济发展很大程度上属于一种政府行为和政府职能。这与中国各级政府官员的考核体系以及地方财政包干等制度密切相关。在缺乏合理的财政平衡和转移支付条件下，一个地方经济发展的好坏直接决定了地方政府税收资源和可支配财力大小，左右着政府官员诸如城市建设、基础设施、教育、卫生等各种政绩完成的多少，最后也直接影响到政府

官员的升迁。在这种情况下，地方政府非常热心于直接干预投资、建厂、搞项目，千方百计地筹集发展资金。然而，随着中国金融体制改革的不断深化，金融机构逐渐向市场化、商业化方向转变，地方政府渐渐地失去了对这些金融资源的控制权。在这种情况下，地方政府十分热衷于创造一种新的组织形式来控制地方金融资源的流动，合作基金会这种新的组织形式就是地方政府这种欲望的直接产物。

改革开放是从引入市场机制开始的，但市场机制引入在当时却是不全面的和不均衡的，市场机制中两个最重要的要素——个人产权、平等竞争还没有完全形成，政府也没有创造一个保护个人产权的制度环境。这样的环境下，农村合作基金会就不可能作为一个在明晰的个人产权基础上自愿契约而形成的经济组织而产生，只能是通过政府行政力量介入而产生。农村合作基金会的控制权也不可能是基于要素所有者的产权而决定，只能是基于政府的行政命令。这是农村合作基金会尤其是乐山地区的农村合作基金会依附于政府产生的合理性所在。

2. 公有性质的集体产权和私有性质的农户个人产权不可能平等共存于一个组织之中，集体所有制与合作制是完全不同的

集体产权与私人产权是两种不同性质的产权，私人产权的决定性特征是排他性，它不仅意味着不让他人从一项资产中获益，而且意味着资产所有者要排他性地对该资产使用中的各项成本负责，包括承担确保排他性的成本，而集体产权的决定性特征是不排他使用或排他的成本太高而不可能。因此，私人产权和集体产权不可能共存于一个组织中；另外，从产权的运用看，集体产权需要以行政力量来分配和使用资源，是基于一种强制性的力量，而私人产权的运用和交易是基于私人自愿的选择。如果一个组织中有集体产权和私人产权，私人产权的权利一定会被行政力量所剥夺。

根据产权理论，人们通常所认为的"农村合作基金会是在坚持资金所有权及其相应的收益权不变的前提下，由乡村集体经济组织和农户按照自愿互利、有偿使用原则而建立的社区性资金互助合作组织"是不可能实现的，农户在其中不可能拥有所有者的权利。从农村合作基金会实际运营看，也可以看出集体股和个人股从来就没有平等过，要么是"集体产权、政府控制"，要么是"私人产权、大股东的控制"。温州的合作基金会大多数是个人控制的，没有集体股金，集体也没有参与过基金会的任何事务。

因此，不论是从理论上还是实践中，说基金会是"乡村集体组织与

农户的合作组织"是不成立的。同样，把集体所有制看成是合作制更加不对，因为集体所有制是一种共有产权，在集体经济组织内部需要通过行政力量使用和分配资源，这种行政命令是以个人权威和服从为基础的，合作制是建立在私人产权基础上的私人自愿组织，是个人在自愿性选择基础上形成的经济组织，合作制经济组织和集体制经济组织在本质上是完全不同的，但是我国多年来却一直把合作制等同于集体所有制，在关于农村合作基金会和农村信用社的性质上也是如此。

3. 农村金融风险的形成不是源于金融组织之间的竞争，而是来自政府行政权力的滥用

从乐山市井研县的农村合作基金会的情况看，井研县合作基金会关闭后，县审计局的审计结果显示：井研县农村合作基金会在未能移交信用社的不良债权中的82.5%是由违规放款造成①的。这些违规借款主要是政府借款和政府担保的乡镇企业借款。温州农村合作基金会不良资产形成的两大原因：一是自贷自用，二是跨区借贷，这是严重违反金融业的业务规范和管理规定的，但是温州基金会的主管部门却失于监察，只注重收取管理费，管理部门没有尽到管理者的职责，更有行政管理人员在基金会中参股和为基金会提供保护等现象，这进一步助长了基金会的违规现象。

与其他金融组织的竞争尤其是农村信用社的竞争并不是农村合作基金会不良资产形成的主要原因。二者除了在存款上的竞争以外，在贷款对象和贷款方式上并没有什么竞争，基金会贷款的客户都是那些没有列入农村信用社贷款对象的客户。贷款方式也主要是农村信用社不愿意采用的信用贷款或信用担保贷款。在乐山，基金会的贷款对象是农户和小型的乡镇企业，对农户的借款方式主要是信用贷款和村干部担保贷款；在温州，基金会的贷款对象主要是个体工商户和私营企业，这些客户都是很难从农村信用社得到贷款的。贷款的安全保证也是借助于传统的民间信用资源，而不是农村信用社所依赖的正式信用制度。因此，基金会与农村信用社在贷款方面的竞争，并不是争夺客户市场的此消彼长的竞争，而是市场互补的竞争。

与农村信用社在存款方面的竞争，确实加重了农村信用社的利息负担，但高息揽存不光是农村合作基金会与农村信用社之间的竞争，其他的商业银

---

① 见《井研县审计局关于农村合作基金会资产负债清理移交农村信用社及县供销社系统社员股金清理兑付情况的审计报告》。

行如农业银行、工商银行等也都存在着高息揽存的现象。这与当时的宏观大环境有关，从 20 世纪 80 年代末到 90 年代中期，中国为了遏止通货膨胀，实行了高息加保值补贴的利率政策，存款利息最高达 20% 以上，各金融机构之间为了争夺存款，对存款客户经常有一些额外的优惠。因此，农村信用社的利息负担主要是由于当时的利率政策和制度环境造成的。

众所周知，农村金融风险的主要形成原因是资不抵债，资产质量差。资产质量的好坏与存款的关系不大。根据温州市和乐山市清理整顿时清产核资的结果看，井研县基金会的资产质量总体上要好于井研县农村信用社的资产质量，温州市基金会的资产质量总体上也要好于温州市农村信用社的资产质量（尽管温州农村信用社的资产质量在全国是最好的），由于基金会在贷款方面与农村合作基金会的竞争是互补性的关系，而不是此消彼长的关系，农村信用社的不良贷款与农村合作基金会的加入是没有什么关系的。因此，可以说，农村金融风险的形成不是由农村合作基金会与信用社的竞争引起的，而是由于行政干预、权力滥用、监管不严等管理体制方面的因素造成的。

（原文发表于《中国农村发展研究报告（No. 4)》）

小额信贷在农村信贷市场中作用的探讨

孙若梅

一　引言

　　信贷要素的缺失和农村金融市场的不完善，已经被认为是制约农村发展的关键因素之一。穷人需要金融服务，但由于信贷市场的失灵，正规金融部门难以服务于贫困农村的穷人和低收入群体。小额信贷作为金融服务的制度创新，具有为穷人进入信贷市场提供平等的机会和促进农村信贷市场发展的潜力，这已日渐成为发展金融领域的共识。

　　农村金融系统由多个机构组成，总体上可分为正规部门和非正规部门。许多正规金融部门在农村金融市场中的业绩令人失望，而非正规金融部门在欠发达的农村仍然很重要，甚至超过正规金融部门。从经济的观点看，正规金融服务扩展到贫困农村地区比较昂贵；给地理上分散的、小规模的、用于高风险农业投资的放贷，交易成本很高。但是随着经济的发展和对金融服务的更多需求，正规金融部门越来越重要。小额信贷作为农村金融市场发展的组成部分之一，对改善穷人金融服务的可获得性有重要作用。这既是理论命题，更需要实证的检验。

　　本文利用样本调查数据，通过实证研究探讨两个问题：第一，分析农户的贷款规模、结构和用途，由此判断当地农村信贷市场的特征和小额信贷在当地信贷市场中对正规金融和非正规金融的补充和替代作用；第二，分析农户信贷分配的不平等程度，以及小额信贷在改善信贷分配不平等中的作用和改善信贷分配不平等中的潜力。

二 样本与数据

本文采用的是扶贫社（FPC）小额信贷项目[1]的两个县（河北省易县和河南省南召县）的农户问卷调查数据。为了理解小额信贷的作用，本调查收集了农户全面的信息，并选择非贷款户作为对照组进行比较分析。为了保证对照组与贷款组具有相同的社会经济活动特征，在项目村中同时选择贷款组和对照组。这种方法适合扶贫社的现实，即在一个项目乡中大多数村庄都开展了项目，而在大多数项目村中正在使用贷款的农户一般不到全村总户数的半数。对易县和南召县调查的时间，分别为2003年3月和2003年10月。

易县和南召县分别位于河北省保定地区和河南省南阳地区，两县均属于丘陵山区，对中部欠发达农村具有代表性。2002年底，两县总人口分别为56万和60万，人均耕地面积分别为1.26亩和0.75亩，农民人均纯收入分别为2156元和1460元。

（一）抽样过程

本调查采用分层随机抽样方法，步骤如下。

第一步：根据扶贫社的规模，确定出样本乡镇、村庄和农户的数量。具体方法为：在易县和南召县各选择2个乡镇，在每个乡镇选择4个村庄、120个样本户，贷款户和非贷款户各60户。

确定调查乡镇的原则是：项目运作3年以上且在该乡镇有一定的规模，2个乡镇的自然和社会经济条件具有一定的差异。

确定调查村庄和样本数的方法是：分别以易县到2002年12月底、南召县到2003年6月底的贷款户占全村农户的比例为标准，将村庄按这一比例从低到高分为4组，在每个组中随机抽取1个村庄为调查村，这样，在每个县确定的2个乡镇中抽出8个调查村庄。每个村样本数的确定方法是：①以

---

① "扶贫经济合作社"［简称"扶贫社"（FPC）］开始于1994年，由中国社会科学院农村发展研究所设计，主要由福特基金会、孟加拉"乡村银行"和私人企业家提供资金和技术支持，为效仿孟加拉国"乡村银行"模式的小额信贷扶贫项目，是第一次将小额信贷作为一种制度安排借鉴到中国。扶贫社设计的指导思想是，通过"乡村银行"模式的试点，为中国政府的信贷扶贫资金有效使用，提供一些可借鉴的国际经验。

该村有效贷款户①占本乡镇 4 个村总有效贷款户的百分比为权重；②用该村的权重乘以贷款户总样本数（60）得到需要调查的贷款户数；③按 1∶1 的比例得到非贷款户数。例如，在一个乡的 4 个样本村中，共有 N 个有效贷款户（在村庄 1、村庄 2、村庄 3 和村庄 4 的贷款户分别为 N_1、N_2、N_3 和 N_4），那么，决定样本数的权重分别为 N_1/N、N_2/N、N_3/N 和 N_4/N。4 个村庄的贷款户和非贷款户的样本数量则分别为 $N_1/N \times 60$、$N_2/N \times 60$、$N_3/N \times 60$ 和 $N_4/N \times 60$。

第二步：抽取样本户。抽取调查户采取分层随机抽样的方法。首先，利用全村花名册名单等距离抽出调查户，实际抽出的户数略大于设计的户数。其次，请村会计和村长协助，将全家已经迁出本村的农户和五保户剔除（这个比例一般为 5%—10%）；然后请扶贫社的村中心主任，将其中使用过扶贫社贷款的家庭挑选出来（包括历年曾经使用过贷款，但现在已经还清的农户）。最后，检查第一轮抽样中包括的贷款户（包括正贷户和曾贷户②）与设计要求的贷款户的差数。根据这一差数，利用扶贫社的正贷户名单，进行第二轮随机抽样，以满足设计要求。

（二）样本的实际构成

易县和南召县的样本数分别为 245 户和 243 户（见表 1）。易县样本构成：126 名扶贫社贷款户（包括 78 名正贷户和 48 名曾贷户），119 名非贷款户（包括 34 名顶替户③和 85 名未贷户）。南召县样本构成：139 名扶贫社贷款户（包括 67 户正贷户和 72 户曾贷户），104 名非贷款户（包括 11 户顶替户和 93 户未贷户）。

表 1　　　　　　　　　　　　易县和南召县调查样本分布

	样本村 有效贷户	设计 样本	实际 样本	实际样本构成			
				正贷户	曾贷户	顶替户	非贷户
易县	654	240	245	78	48	34	85
南召县	666	240	243	67	72	11	93

---

① 有效贷款户：指目前正在使用小额信贷的客户。

② 正贷户和曾贷户：分别指正在使用贷款户和曾经使用贷款户。

③ 顶替户：那些以自己的名字从扶贫社贷款，而实际上没有自己使用的农户，被称为顶替户。出现这种现象的原因是：扶贫社对每笔贷款额的上限有严格限定，一些农户为了使用超过限额的贷款，需要使用其他农户的名字。

三 农户借贷的规模、结构及特征

在样本调查地区，农户的贷款来源可以分为正规渠道和非正规渠道。正规渠道以农村信用社为主体，农业银行和其他商业银行也在县城和部分乡镇有营业所；非正规渠道是私人之间的借贷，以亲友之间的无息借贷为主，有息借贷同时存在。自 1994 年开始，在易县和南召县出现的扶贫社小额信贷项目为农户提供了另一种制度性的贷款选择。

农户的信贷规模是按到 2002 年底有外债家庭的借款额统计的，既包括 2002 年当年的借款，也包括 2002 年以前的借款；其中，扶贫社贷款是指有效贷款规模。农户的借贷规模以 2002 年底样本农户不同来源借贷的笔数和额度的份额来反映。

（一）规模

在 488 个样本中，有贷款余额的农户为 333 户，贷款总规模为 224.17 万元，其中，易县为 164.672 万元，南召县为 59.498 万元（见表 2）。农户借贷规模的差异与农村信贷市场结构和当地经济发展水平相关，表现为以下特征：

表 2   样本农户的借贷规模

	易县（N = 245）				南召县（N = 243）				合计（N = 488）			
	笔数	比例（%）	规模（元）	比例（%）	笔数	比例（%）	规模（元）	比例（%）	笔数	比例（%）	规模（元）	比例（%）
私人无息	302	74.0	871020	52.9	165	59.6	401780	67.5	467	68.3	1272800	56.8
私人有息	1	0.2	250000	15.2	18	6.5	36300	6.1	19	2.8	286300	12.8
扶贫社	78	19.1	180500	11.0	67	24.2	108800	18.3	145	21.2	289300	12.9
信用社	22	5.4	180200	10.9	27	9.7	48100	8.1	49	7.2	228300	10.2
商业银行	2	0.5	160000	9.7	0	0.0	0	0.0	2	0.3	160000	7.1
扶贫贴息	2	0.5	5000	0.3	0	0.0	0	0.0	2	0.3	5000	0.2
合计	407	100.0	1646720	100.0	277	100.0	594980	100.0	684	100.0	2241700	100.0

第二，非正规借贷由私人无息借贷和私人有息借贷构成。私人无息借贷

规模为127.28万元,其中易县为87.102万元,南召县为40.178万元。私人无息借贷发生在亲戚、朋友和邻里之间,绝大多数有口头协议,不需要抵押担保,没有固定贷款期限,以长期的社会关系为基础。南召县每个样本村都存在私人有息借贷,规模为3.63万元,其运作相对隐蔽,有的需要担保、有的则不需要,有的需要文字借据、有的则只有口头协议。

第三,扶贫社小额信贷实行统一贷款期限和每周还款制度,样本户的有效贷款规模为28.93万元,其中,易县为18.05万元,南召县为10.88万元。

(二) 结构

样本农户的信贷结构表现出以下特征:

第一,使用农村信用社贷款的有40户,其贷款余额笔数和规模的份额分别为7.2%和10.2%。其中,易县和南召县笔数份额分别为5.4%和9.7%,贷款规模的份额分别为10.9%和8.1%。另外,易县的商业贷款规模份额为9.6%,笔数的份额为0.5%,具有规模份额明显大于笔数份额特征,即少数农户得到了较大规模的贷款;南召县只有农村信用社独家在农村地区服务,且贷款规模的份额略低于贷款笔数的份额。总体上讲,正规金融机构的农户贷款规模和覆盖面都很小。

第二,使用私人无息借贷的有246户,其借贷余额笔数和规模的份额分别为68.3%和56.8%,即笔数占市场份额2/3强,规模占1/2强。其中,易县和南召县笔数份额分别为74%和59.6%,贷款规模的份额分别为52.9%和67.5%。私人无息借贷的规模和覆盖面远远超过正规金融。

第三,使用私人有息借贷的有17户,其借贷余额笔数和规模的份额分别为2.8%和12.8%,其中,易县和南召县的笔数份额分别为0.2%和6.5%,贷款规模的份额分别为15.2%和6.1%。需要指出的是,两个县私人有息借贷的份额呈现出不同的特点,即易县呈现出笔数份额小和规模份额大的特征,而南召县呈现出笔数和规模相一致的特征。

第四,使用小额信贷的有145户,其贷款余额笔数和规模的市场份额分别为21.2%和12.9%,即笔数的份额大约占1/5,而规模的份额大约为1/8。其中,易县和南召县笔数的份额分别为19.1%和24.2%,规模的份额分别为11%和18.3%。两县小额信贷的笔数份额大于额度的份额,即较小的贷款规模覆盖了较多的农户。

第五，进一步考察两县农户的借贷构成，可以发现：①以全部样本为总体，2002 年底没有任何借贷款余额的样本农户分别占 29% 和 34%；选择单一私人无息借贷渠道的比例分别为 33% 和 29%；选择单一扶贫社贷款的比例分别为 10% 和 15%；选择单一信用社贷款的比例分别为 1.2% 和 3%。②以选择单一借贷渠道的样本为总体，选择单一私人无息借贷的比例分别达 46% 和 43%；选择单一扶贫社借贷的比例分别为 15% 和 22%，选择单一信用社借贷渠道样本比例分别为 2% 和 4%（见表 3）。由此可见，样本地区大多数农户未得到正规金融服务，而是靠非正规渠道满足其信贷需求。扶贫社小额信贷起到了补充和替代非正规金融的作用。

表3   易县和南召县样本农户借贷选择

		各借贷渠道样本户数		各借贷渠道样本户数占有借贷余额样本的比例（%）		各借贷渠道样本户数占总样本的比例（%）	
		易县	南召县	易县（N = 173）	南召县（N = 161）	易县（N = 245）	南召县（N = 243）
单一渠道	扶贫社	25	36	15	22	10	15
	信用社	3	7	2	4	1.2	3
	私人有息	0	4	0	2	0	2
	私人无息	80	70	46	43	33	29
	扶贫贴息	2	0	1	0	0.8	0
多种渠道		63	44	36	27	26	18
无外债		72	82	—	—	29	34
合计		245	243	100	100	100	100

四　农户借贷的用途及特征

调查结果显示：农户借贷既有生产用途借贷也有非生产用途借贷。非生产用途为盖房、看病、婚丧、买消费品和还其他款；生产用途为种植业、养殖业、小买卖、加工业、打工。通过分析不同来源的贷款笔数和规模的份额以及平均贷款规模，揭示不同渠道借贷在用途上的差异和特征。

（一）农村信用社贷款用途

从农村信用社贷款笔数的用途构成看：易县和南召县均是 2/3 为非生产性贷款，1/3 为生产性贷款；从贷款用途的构成看：两县非生产性贷款分别占 53% 和 62%，即农村信用社贷款非生产性大于生产性用途。在非生产性用途中，易县以孩子上学和看病为前两位；南召县以看病和盖房为前两位。在生产性用途中，易县以种植业和加工为首位；而南召县则以小买卖居首位（见表4）。

表4　　　　　易县和南召县样本农户的农村信用社贷款用途

信用社贷款		易县			南召县		
		笔数构成（%）	规模构成（%）	平均规模（元）	笔数构成（%）	规模构成（%）	平均规模（元）
非生产性	盖房	4.5	8.3	15000	14.8	14.6	1750
	看病	18.2	7.2	3250	18.5	7.5	720
	结婚	9.1	2.2	2000	11.1	12.5	2000
	买消费品	4.5	1.2	2100	11.1	10.4	1667
	孩子上学	22.7	33.3	12000	3.7	5.2	2500
	还其他款	4.5	0.3	500	7.4	11.4	2750
	小计	63.6	52.5	6757	66.7	61.5	1644
生产性	种植业	13.6	14.2	8533	7.4	4.2	1000
	养殖业	0.0	0.0	0	7.4	8.3	2000
	小买卖	9.1	11.1	10000	11.1	9.4	1500
	加工	13.6	22.2	13333	3.7	12.5	6000
	打工	0.0	0.0	0	3.7	4.2	2000
	小计	36.4	47.5	10700	33.3	38.5	2056
合计		100.0	100.0	8191	100.0	100.0	1781

从农村信用社的非生产性和生产性贷款的平均规模看，易县分别为 6757 元和 8191 元，南召县分别为 1644 元和 1781 元。两县的生产性贷款的平均规模均大于非生产性贷款的平均规模，并且易县信用社贷款的总规模明显大于南召县信用社贷款的总规模，即两县的正规金融市场存在差异。

（二）私人借贷的用途

首先，私人无息借贷在易县和南召县用于非生产用途的笔数分别占82.3%和77.9%；规模分别占82.6%和76.3%。非生产性用途的笔数与规模构成总体上呈现出一致性。其中，非生产性用途中用于盖房借贷的笔数和规模的份额在两个县都是第一位；居第二和三位的在易县是看病和孩子上学，在南召县是看病和买消费品（见表5）。

表5 调查样本非正规借贷的规模和用途*

		易县			南召县					
		私人无息			私人无息			私人有息		
		笔数构成（%）	规模构成（%）	平均规模（元）	笔数构成（%）	规模构成（%）	平均规模（元）	笔数构成（%）	规模构成（%）	平均规模（元）
非生产性	盖房	25.5	27.8	3118	22.7	23.6	2670	27.8	13.8	1000
	看病	16.7	11.5	1972	14.7	13.7	2271	5.6	2.8	1000
	结婚	8.5	7.9	2656	11.0	16.3	3622	16.7	28.9	3500
	买消费品	10.5	8.9	2403	13.5	6.1	1120	5.6	5.5	2000
	孩子上学	15.6	24.7	4512	9.2	8.3	2220	27.8	33.9	2460
	还其他款	5.4	1.9	1011	6.7	8.2	2964	11.1	11.0	2000
	小计	82.3	82.6	2872	77.9	76.3	2397	94.4	95.9	2047
生产性	种植业	2.0	1.5	2067	3.7	2.7	1817	0.0	0.0	0
	养殖业	4.4	4.3	2792	6.1	4.4	1760	0.0	0.0	0
	小买卖	6.1	9.2	4300	5.5	2.1	944	5.6	4.1	1500
	加工	3.1	1.3	1222	4.3	12.1	6871	0.0	0.0	0
	打工	2.0	1.1	1550	2.5	2.4	2400	0.0	0.0	0
	小计	17.7	17.4	2815	22.1	23.7	2631	5.6	4.1	1500
合计		100.0	100.0	2862	100.0	100.0	2448	100.0	100.0	2017

注：①*易县私人无息302笔，总额度87.102万元，由于8笔贷款没有表明用途，故在表中为294笔的数据；南召县私人无息165笔，总额度40.178万元，有2笔没有标明用途，故表中为163笔的数据。

②表中数据约等于100%。

其次，南召县私人有息借贷几乎全部（只有1笔例外）用于非生产性用途，按规模构成的前两位用途分别是孩子上学和结婚，占到总借贷规模的65%，是对农户生活资金制约的缓冲。与南召县形成对照的是，易县调查样本中只发现一笔私人有息借贷，且用于小企业的经营。私人无息借贷的平均借贷规模在易县和南召县分别为2862元和2448元，且生产性和非生产性借贷平均规模相差不大，即易县和南召县的私人无息借贷市场有相似性。

（三）小额信贷的用途

比较样本的有效贷款用途，可以发现以下特点：第一，扶贫社贷款的大部分用于生产性用途，易县和南召县按照贷款额度分别占62.6%和78.9%，按照贷款笔数分别占71.8%和77.6%。第二，在生产性用途构成中，易县种养业贷款的笔数和规模的比例分别为38.5%和30.0%；南召县小买卖和加工业贷款的笔数和规模的比例分别为53.7%和60.4%。第三，两县各有少部分资金用于非生产性用途，从规模判断分别为37.4%和21.1%，扶贫社小额信贷与其他渠道贷款的最大区别在于其主要用途是生产性的（见表6）。

表6   **扶贫社有效贷款的规模和用途**

		易县			南召县		
		笔数构成（%）	规模构成（%）	平均规模（元）	笔数构成（%）	规模构成（%）	平均规模（元）
非生产性	盖房	7.7	12.7	3833	6.0	6.4	1750
	看病	5.1	6.9	3125	1.5	0.9	1000
	买消费品	1.3	1.7	3000	0.0	0.0	0
	孩子上学	10.3	10.8	2438	6.0	5.5	1500
	还其他款	3.8	5.3	3167	9.0	8.3	1500
	小计	28.2	37.4	3068	22.4	21.1	1533
生产性	种植业	15.4	13.9	2083	4.5	2.8	1000
	养殖业	23.1	16.1	1611	14.9	12.9	1400
	小买卖	20.5	19.9	2250	29.9	39.4	2150
	加工	11.5	11.6	2333	23.8	21.0	1425
	打工	1.3	1.1	2000	4.5	2.8	1000
	小计	71.8	62.6	2018	77.6	78.9	1650
	合计	100.0	100.0	2314	100.0	100.0	1624

注：表中数据约等于100%。

分析各种贷款用途的笔数和规模的构成可以看出：生产用途贷款占扶贫社贷款约 3/4，信用社贷款约 1/2，私人无息借贷的不到 1/4，私人有息借贷的不到 5%。这与扶贫社以提供生产性贷款为目标密切相关。尽管扶贫社有效贷款规模只占样本农户全部贷款规模的 13%，却提供了 30%—40% 的生产性贷款，满足了农户对生产资金的需求。

五 信贷的分配不平等

在掌握农户借贷规模和结构的基础上，可以计算出农户信贷分配的不平等程度，目的是了解农村信贷市场的结构和小额信贷在农村信贷市场中的地位。这里以信贷分配的基尼系数来衡量信贷分配的不平等程度。

（一）信贷分布

信贷分布与收入分布的差异之一是并非所有的家庭都有信贷需求。在易县和南召县的样本中，分别有 29% 和 34% 没有借贷余额。本文根据样本数据，将 2002 年底有借贷余额的农户为总样本进行统计（见表 7）。可以发现，两县的信贷分布差异较大。在易县，样本户有商业银行贷款（2 笔）和投资于企业的私人借贷（1 笔），信用社贷款额度也明显偏大，商业银行较大规模贷款和私人无息借贷同时存在，信贷的分配更加不平等；在南召县，以民间借贷为主体，不存在商业银行贷款，属传统结构，信贷分配相对平均些。易县和南召县的信贷分布呈现为两种类型，正规金融的差异可能是出现两种类型的基本原因，这反映出地区之间和不同经济发展水平之间信贷市场的差异。

表7　　　　　　　　　2002 年底样本家庭的信贷分布

家庭借贷档次	贷款额度（元）				本档次的贷款额占总贷款的百分比（%）	
	易县		南召县		易县	南召县
	标准	贷款总额度	标准	贷款总额度		
最低 1/5	2000 以下	33870	1000 以下	28700	2.1	4.8
第二个 1/5	2000—3000	75900	1000—2000	47200	4.6	7.9
第三个 1/5	3000—6000	154100	2000—3000	74500	9.4	12.5
第四个 1/5	6000—11000	276000	3000—5000	123380	16.8	20.7
最高的 1/5	11000 以上	1106850	5000 以上	321200	67.2	54.0
合计	—	1646720	—	594980	100.0	100.0

注：由于四舍五入的关系，表中数据之和可能不等于 100%；下同。

（二）信贷基尼系数的计算

基尼系数是衡量收入不均等程度的指标，在计算收入基尼系数时，采用户人均纯收入作为收入变量，对应的人口变量是每一样本户的所有成员（个人）。这里借用收入基尼系数的概念，计算信贷在样本户之间分配的不平等程度，采用户贷款余额作为信贷变量，将样本户贷款余额按递增顺序排列，对应的家庭变量是样本户数。

考虑到并非所有的农户都有信贷需求，在计算信贷基尼系数时，区分为两种情况：第一，将2002年底全部有贷款余额样本户的贷款额度排序，计算出有贷款余额家庭之间的信贷基尼系数（见表8）；第二，将没有余额样本户的贷款额度全部取零，再对全部样本按贷款余额排序，计算出全部样本的信贷基尼系数（见表9）。此外，因为调查中发现易县有一户私营企业，该县商业银行的大额贷款（140000元）和私人有息借贷（250000元）全部为这户所使用，所以，计算信贷基尼系数过程中，将易县区分为两种情况，以显示这户企业对基尼系数的影响。

表8　　　　　　　　　　信贷基尼系数（有贷款余额的样本）

	易县		南召县
	不包括企业贷款（N=172）	包括企业贷款（N=173）	（N=161）
全部贷款（包括扶贫社贷款）	0.53191	0.64302	0.48389
正规和非正规信贷（不包括小额信贷）	0.61246	0.71266	0.57251
小额信贷的影响	0.08055	0.06965	0.08862

表9　　　　　　　　　　　信贷基尼系数（全部样本）

	易县		南召县
	不包括企业贷款（N=244）	包括企业贷款（N=245）	（N=243）
全部贷款（包括扶贫社贷款）	0.67361	0.74793	0.65804
正规和非正规信贷（不包括小额信贷）	0.72681	0.79710	0.74179
小额信贷的影响	0.05320	0.04916	0.08375

为了揭示小额信贷对农户信贷分配的影响，本文分别计算全部贷款和扣除扶贫社小额信贷后的信贷基尼系数。计算结果显示：对全部样本和有贷款余额的样本，小额信贷都有缓解信贷在农户之间分配不平等的作用。具体表现为：第一，在没有企业贷款的信贷市场中，小额信贷对有贷款余额的农户的信贷分配影响最大，易县和南召县信贷基尼系数分别降低0.081和0.089；小额信贷对全部样本的信贷分配的作用是信贷基尼系数分别下降0.053和0.084。第二，当存在企业贷款时，小额信贷缓解信贷分配的作用减弱。对有贷款余额的样本和全部样本，基尼系数分别降低0.07和0.05。

（三）信贷基尼系数的分解

为了进一步量化不同信贷渠道贷款对信贷分配不平等的贡献率，这里利用Shorrocks（1984）对收入基尼系数的分解方法，分解信贷分配的基尼系数，以便观察不同信贷来源对信贷差异的影响，其分解方法如下（阎芳，2002）：

设有 K 种不同的信贷来源， $Y = \sum_{K=1}^{K} Y_K$ ，则第 K 种信贷来源对总基尼系数的贡献为 G ，即：

$$G = \sum_{K=1}^{K} S_K R_K G_K$$

其中， $S_K = Y_K / Y$ ，为来自 K 的信贷额度在总信贷额度中所占的份额； $R_K = \bar{G}_K / G_K$ ，为第 K 种信贷额度与总信贷额度之间的相对相关系数； G_K 为第 K 种信贷的基尼系数； $\bar{G}_K$ 为拟基尼系数（按照分析样本总体排序，而不是按分项的大小排序）。

通过比较各种借贷渠道的份额与这种贷款对总基尼系数的贡献率，可以判断每种借贷渠道是缓解或是强化了信贷的不平等。如果 K 种信贷额度占总信贷额度的份额大于这种信贷渠道对总基尼系数的贡献率，则起到缓解信贷不平等的作用；如果 K 种信贷额度占总信贷额度的份额小于这种信贷渠道对总基尼系数的贡献率，则强化了信贷不平等。利用样本数据按不同的借贷渠道进行分解后得出的结果见表10。分析如下：

第一，在易县的全部样本中，由于存在1户企业样本使用商业银行贷款和私人借贷，此时商业银行贷款占总贷款的比重约为9.7%，对基尼系数的贡献率为12.9%；私人有息借贷占总贷款的比重为15.2%，对基尼系数的

表 10 　　　　　　　　　不同信贷渠道对信贷不平等程度的影响

	第 K 种信贷的总基尼系数（G_k）	第 K 种信贷的拟基尼系数 $\overline{G}_K$	相对相关系数（R_K）	第 K 种信贷额度占总信贷额度的份额（S_K）（%）	第 K 种信贷渠道对总基尼系数的贡献构成（$G = S_K R_K G_K$）	第 K 种信贷渠道对总基尼系数的贡献率（%）
易县（1）						
信贷分配	0.7479	0.7479	1.0000	100.00	0.7479	100.00
小额信贷	0.7792	0.4233	0.5433	10.96	0.0464	6.20
私人无息	0.7435	0.6850	0.9214	52.89	0.3624	48.45
私人有息	0.9959	0.9959	1.0000	15.18	0.1512	20.22
信用社	0.9613	0.8342	0.8678	10.94	0.0913	12.21
商业银行	0.9949	0.9897	0.9949	9.72	0.0962	12.86
扶贫贴息	0.9943	0.1697	0.1708	0.30	0.0005	0.07
易县（2）						
信贷分配	0.6736	0.6736	1.0000	100.00	0.6736	100.00
小额信贷	0.7798	0.4259	0.5463	14.46	0.0616	9.15
私人无息	0.7435	0.6919	0.9306	70.20	0.4858	72.12
信用社	0.9647	0.8270	0.8572	13.31	0.1101	16.35
商业银行	0.9995	0.9549	0.9554	1.61	0.0154	2.29
扶贫贴息	0.9943	0.1745	0.1756	0.40	0.0007	0.10
南召县						
信贷分配	0.6580	0.6580	1.0000	100.00	0.6580	100.00
小额信贷	0.7919	0.3859	0.4874	18.29	0.0706	10.73
私人无息	0.7841	0.7257	0.9255	66.44	0.4821	73.27
私人有息	0.9632	0.7092	0.7363	7.11	0.0504	7.66
信用社	0.9484	0.6724	0.7090	8.17	0.0549	8.35

注：易县（1）：为利用全部样本（245）的计算结果；易县（2）：为利用剔除商业银行和私人有息借贷的企业样本（244）的计算结果。

贡献率为 20.2%；即商业银行贷款和私人有息借贷是强化信贷分配不平等的因素。信用社贷款的比重为 10.9%，对基尼系数的贡献率为 12.2%，也是造成信贷分配不平等的因素。扶贫社小额信贷的比重为 11.0%，对基尼系数的贡献率为 6.2%；私人无息借贷占贷款的比重为 52.9%，对基尼系数的贡献率为 48.5%。由此可见，在易县存在企业贷款的信贷市场中，小额信贷和私人无息借贷是缓解信贷分配不平等的因素。

第二，剔除这户企业贷款后，易县和南召县具有相似性。表现为：①扶贫社小额信贷的比重分别为 14.5% 和 18.3%，对基尼系数的贡献率分别为 9.2% 和 10.7%，具有改善信贷不平等的作用；②私人无息借贷比重分别占 70.2% 和 66.4%，对基尼系数的贡献率分别为 72.1% 和 73.3%，反映出此时私人无息借贷是造成信贷分配不平等的重要因素；③信用社贷款的比重分别为 13.3% 和 8.2%，对基尼系数的贡献率分别为 16.4% 和 8.4%，表明信用社贷款对易县信贷分配不平等有强化作用，而在南召县基本是中性；④南召县私人有息借贷的比重为 7.1%，对基尼系数的贡献率不到 7.7%，表明私人有息借贷不是造成信贷不平等的主要因素。

（四） 改善信贷分配的不平等

从上述分析可以做出一个判断：小额信贷是缓解信贷分配不平等的重要因素。第一，在南召县，只有小额信贷是缓解信贷不平等的因素，加大信贷不平等的因素主要是私人无息借贷；信用社贷款和私人有息借贷从方向上判断有加大信贷不平等的作用，但其贡献率非常微弱。第二，在易县，可分为两种情况讨论：①不考虑一个企业样本户时，也只有小额信贷是缓解信贷不平等的因素，加大信贷不平等的因素是私人无息借贷和信用社贷款；商业银行和扶贫贴息贷款从方向上也是加大信贷不平等的因素，但因其比重非常小，对不平等的贡献也很微弱；②考虑一户企业样本时，私人无息借贷和小额信贷同时构成缓解信贷分配不平等的因素，加大信贷不平等的因素主要来自商业银行和信用社贷款及私人有息借贷。

六　结论

根据以上分析，对小额信贷在农村信贷市场中的作用可归纳为：小额信贷是农户生产性贷款的重要来源，它补充和替代非正规金融和补充正规金融，具有改善信贷不平等的潜力。

第一，小额信贷是农户生产性贷款的重要来源。扶贫社小额信贷占样本农户生产性贷款的 50% 以上，并且具有周期短和还款频率快的特征。作为一种供给驱动和扶贫定位的农村信贷服务，小额信贷在样本村已开始成为根植于当地农村信贷市场的一种有效的服务，可以缓解农村信贷市场中生产性贷款不足的约束。

第二，小额信贷补充和替代非正规金融。扶贫社小额信贷中有 1/4 为非生产性用途，且与私人借贷的用途相似；并且私人借贷非生产性用途平均规模与小额信贷非生产性用途平均规模也很接近。可能说明，在易县和南召县的小额信贷和私人借贷一定程度上为替代关系。大多数的扶贫社贷款户同时从私人处借贷，即小额信贷可以服务于选择非正规借贷的客户。而私人借贷特别是私人无息借贷的农户没有从扶贫社贷款，即扶贫社补充或替代私人借款，反之则不成立。

第三，小额信贷补充正规金融。从信贷供给角度看，农村信用社几乎是唯一为当地农户提供信贷服务的正规金融部门，但两个调查县样本户信用社贷款余额的比例都不到 10%，即农村信用社信贷服务覆盖面狭窄，正规金融部门的缺位为小额信贷补充正规金融提供空间。从农户贷款用途判断，信用社贷款与扶贫社贷款的用途既有一致性，也有差异性。两者在信贷市场上为补充关系，很可能是通过增加市场资金的供给总量，满足不同客户的需求。两者在信贷市场上的替代关系，很可能是通过增加市场资金的供给总量，服务于相似的客户。

第四，小额信贷具有改善信贷分配不平等的潜力。尽管易县和南召县的农户信贷分布格局和不平等程度存在差异，但计算信贷基尼系数的结果显示，对全部样本和对有借贷余额的样本，小额信贷均有缓解信贷在农户之间分配不平等的作用，并且在没有企业贷款的信贷市场中，小额信贷对改善农户信贷分配不平等的影响更大些。可以支持这样的判断：扶贫社小额信贷主要是在微型企业融资中发挥作用。

参考文献

[1] 汪三贵、杨颖：《贫困地区农户的信贷状况及其变化》，第三次贫困与扶贫政策研讨会会议材料，2003 年 2 月。

[2] 赵泉民：《农村民间借贷兴盛的内蕴、效应及对策》，《农村经济问题》2003 年第10 期。

[3] 郭沛：《农村非正规金融：内涵、利率、效率与规模》，载《中国农村金融改革学术研讨会》论文集，2003 年 8 月。

[4] 朱守银：《中国农村金融市场供给和需求——以传统农区为例》，载《中国农村金融改革学术研讨会》论文集，2003 年 8 月。

[5] 吴国宝：《农村经济发展的地区差异》，载《1996 年中国农村经济发展年度报告兼

析 1997 年发展趋势》，中国社会科学出版社 1997 年版。

［6］阎芳：《农村内部收入差距及城乡收入差距》，载《2000—2001 年：中国农村经济形势分析与预测》，社会科学文献出版社 2001 年版。

［7］J. D. 冯匹斯克等：《发展中经济的农村金融》，汤世生等翻译，中国金融出版社，1990 年版。

［8］德尔·W. 亚当斯：《农村金融研究》，张尔核译，中国农业科技出版社 1988 年版。

［9］Adams, D. W. , Graham, D. H. and Von Pischke, J. D. , *Undermining Rural Development with Cheap Credit*, Westview Press, Boulder, Col. , 1984.

［10］Heidhues, F. , Schireder, G. , *Rural Financial Market Development*, http：// mfgdev. forumone. com/content/atri, 1 Jan 1999cle/detail/3030.

（原文发表于《中国农村经济》2006 年第 8 期）

从农户家庭资产负债表看农村普惠金融供给侧结构性改革[*]

孙同全

一　引言

解决农村金融的有效供给，尤其是对农户的信贷服务供给问题，是中国普惠金融发展战略的重中之重，也事关中国全面建成小康社会的国家战略目标的实现。一般情况下，市场交易达成的前提是供需双方互相满足对方的交易条件。在金融市场上，由于存在信贷配给问题，即均衡状态下信贷供给小于信贷需求，所以，金融市场常常表现为卖方市场，农村金融市场尤其如此。在这样的市场中，交易规则更多地掌握在卖方手中。所以，提高农村普惠金融的发展程度主要依靠金融服务供给方的改进。但是，金融服务供给方的行为受到制度环境的影响甚至制约。因此，农村金融供给侧结构性改革还应包括与农村金融密切相关的各项制度改革。

不论是金融服务供给方的改进，还是制度的改革，都应符合服务对象的现实需求；否则，不仅服务对象不会购买服务，而且服务供给方以及制度的任何改进都没有实际意义。因此，尽管农村普惠金融的研究归根结底需要讨论供给侧结构性改革，但仍应首先从微观层面上了解服务对象的特征及其金融服务需求的特点，并以此为研究和制定供给侧结构性改革政策的基本出

　　* 本文是中国社会科学院创新工程项目"农村金融创新与风险研究"的阶段性成果。本文得到了中国社会科学院农村发展研究所刘文璞研究员和杜晓山研究员的指导，数据处理得到了董翀、韩磊和陈方三位助理研究员的大力协助，作者在此深表谢意。

发点。

目前，关于农村普惠金融的研究概括起来主要有三类进路。第一类是从普惠金融的基本理论出发，结合某一地区金融发展的宏观数据，研究衡量普惠金融发展程度的指标体系（例如 Sarma，2008；Sarma and Pais，2011；肖翔等，2013）。这种研究能够很好地比较不同地区普惠金融的发展状况，也能为推动普惠金融发展提供方向和思路。但是，它显示的是普惠金融发展的抽象结果，并没有为理解普惠金融需求的特点提供足够的信息。第二类是从供给方出发，分析金融机构在农村地区的服务情况，包括治理结构、业务网点布局、产品种类、客户数量、风险管理、盈利能力、经营效率以及服务效果等（例如汪小亚，2014；谢平、徐忠，2013；沈明高等，2014；张承惠、郑醒尘等，2015，2016）。这种进路的研究能够发现各种金融服务机构的服务特点、优势、劣势、成绩和不足，但仍然缺少对需求方的充分分析，难以为宏观层面的制度改革提供微观层面有关需求方的充分证据。第三类是对农村金融服务对象进行考察，分析内容包括农户家庭资产、收入、生产经营活动、生产和生活开支等方面，这类研究更多地关注农户收入状况，以此来判断农户信贷需求的特点和满足程度等（例如甘犁等，2015）。其中有些研究尽管将供给和需求两个方面结合起来进行考察，但没有将这两个方面放在同一个严密的逻辑框架内，因而难以充分说明农村金融市场的规律性。

资产负债表原本是企业财务管理的基本工具，可以反映会计主体在某一特定时点的财务状况。农户家庭资产负债表可以基于金融机构的视角，反映农户家庭生产和生活财务状况，是农户家庭财务状况在金融机构头脑中的映像，能够体现金融机构的观点和思维。因此，农户家庭资产负债表把作为借款人的农户和作为贷款人的金融机构放入了同一个逻辑框架内。就微观视角而言，农户家庭资产负债表研究有助于更好地理解在信贷市场上贷款人对借款农户家庭财务状况及信贷风险的判断；就宏观视角而言，通过对农户家庭资产负债表进行汇总，并对各相关指标进行分析，可以发现农户家庭财务决策偏好的一般特征，从而有助于更准确地归纳农户金融需求的基本特点，也能够更好地揭示农村金融市场运行的特点和基本规律，为研究结论提供更坚实的论证基础。

本文以农业部农村固定观察点的农户数据为基础，构建中国农户家庭资产负债表，分析农村普惠金融发展的主要症结与出路，为农村普惠金融供给侧结构性改革提供参考。

二 居民家庭资产负债表研究综述

（一）国内外关于居民家庭资产负债表的研究

与企业资产负债表类似，居民家庭资产负债表也反映了居民家庭的财务状况，是衡量国家经济实力的重要依据之一，也是衡量居民家庭财富的重要手段（孙元欣，2006）。20世纪中叶，美国经济学家将资产负债表用于宏观经济分析，尤其是20世纪末拉美债务危机后，资产负债表成为债务危机问题的主流分析工具（李扬等，2013）。2008年国际金融危机爆发后，有学者（例如刘向耘等，2009）运用资产负债表分析美国次贷危机爆发和国际金融危机产生的原因，认为进行宏观分析时必须重视微观基础，而资产负债表分析能够很好地将微观问题与宏观问题结合起来。同时，通过资产负债表分析可以充分了解各类经济主体在资产市场和资产价格变动下的行为及其影响。

资产负债表被用于中国经济分析的时间较晚，且研究成果不多。对居民家庭资产负债表的研究更少，主要从微观和宏观两个层面展开。在微观层面，现有文献主要是对编制家庭或个人资产负债表的必要性、作用、方法以及相关指标进行分析。黄盛（2001）指出，编制个人资产负债表是建立借款人信用资料的有效途径，可据此评价个人资产负债和信用状况，这是发展消费信贷必不可少的基本条件。杨旭群（2006）认为，家庭资产负债表对居民家庭有三个作用：一是掌握家庭资产规模、流动性以及长短期偿债能力；二是梳理资产类别，结合家庭收支进一步进行家庭理财规划；三是度量家庭目标实现的进程。章昀（2008）对家庭资产负债表提出了三个方面的分析指标，包括盈利性指标（例如总资产收益率等）、财务风险指标（例如流动比率、资产负债率、家庭负债与可支配收入比率等）和专项资金分析指标（例如教育投资回报率等），并提出连续编制家庭资产负债表并分析相关指标的变化，可以为家庭投资理财、规避风险提供参考。

在宏观层面，居民家庭资产负债表研究主要分为两个方面：一是将居民作为国家资产负债表的一个部门，研究居民部门资产负债表的编制原理和方法（例如国家统计局国民经济核算司，1998；李金华，2015）；二是研究可能对居民家庭资产负债表产生影响的因素以及家庭资产负债表与宏观经济（尤其是金融危机）的关联性。孙元欣（2006）介绍了美国统计局如何使用家庭资产负债表进行宏观经济分析，分析指标包括家庭资产总量、家庭资产结构、家庭资产存量和增量、可支配收入与家庭资产关系等，并提出家庭资产结构合理化可以使消费效用最大化，进而影响国民经济中的消费部分，家庭资产对国民经济的长期发展发挥着"协调器"和"稳定器"的作用。在此基础上，孙元欣（2007）认为，准确识别中国居民家庭资产的变化趋势对于制定宏观经济政策、促进经济增长和社会稳定，均具有重大现实意义，并提出了中国家庭资产负债表的统计框架、编制方法和分析指标，指标主要包括家庭资产负债率、家庭负债与净资产比率、家庭负债与可支配收入比率等。刘向耘等（2009）编制了2004—2007年中国居民家庭资产负债表，对中国居民家庭资产结构与特征、居民家庭资产负债状况等进行了静态和动态分析，认为中国居民部门资产负债表的稳定性较强，这为中国应对国际金融危机提供了较好的基础。但是，也存在积累率过高，金融资产投资渠道狭窄、收益较低等问题。因此，应在保持风险可控的基础上进一步改善居民家庭资产结构。陈斌开、李涛（2011）研究了影响城镇居民家庭资产和负债状况的因素，认为家庭资产与户主年龄、受教育水平以及家庭收入水平正相关，而家庭负债与这些因素负相关；同时，居民家庭资产负债水平存在地区差异：东部地区资产水平最高、负债水平最低，西部地区资产水平较低、负债水平较高。李扬等（2013，2015b）分别编制了2004—2011年以及2004—2014年中国国家资产负债表以及包括居民部门在内的各部门资产负债表，发现中国居民家庭资产扩张较快，财富积累形式日益多元化，2008年以来居民家庭资产负债率和金融资产负债率均呈上升态势，但债务清偿风险与流动性风险较低。顾淳（2015）通过对比中美两国居民家庭资产负债表结构，研究了资产负债表结构与金融危机的关联性，认为可以通过家庭杠杆率的变化推测金融危机出现的概率。

上述两个层面的研究均没有区分城镇居民与农村居民（即农户），但由于城镇居民家庭财务数据的可得性远远优于农村居民，所以，这些研究成果主要反映的是城镇居民的家庭资产负债状况，而关于农村居民家庭资产负债状况的研究特别缺乏。

（二）中国关于农村居民家庭资产负债表的研究

中国尚无对农村居民家庭资产负债表的专门研究，但有若干关于农户[①]

---

① 本文中"农村居民"和"农户"意义相同，前者强调户口在农村的个人，后者强调共同生产和生活的家庭单位。

家庭资产负债状况的研究。朱玲（1994）编制了 1991 年 358 户农户的人均资产和负债情况表，内容包括生产性固定资产、非生产性固定资产、年末银行存款总额、年末负债总额和净资产。基于该表，她发现，农户债务偿还能力是其能否取得贷款的一个重要因素，即农户越穷越借不到钱，而得到贷款的往往是非贫困户。尽管因为缺少一些必要的数据，朱玲没有将这个表称为"资产负债表"，但这是笔者所能找到的反映中国农户家庭资产负债情况并将其作为分析工具的最早文献。中国农业银行联合西南财经大学中国家庭金融调查与研究中心 2014 年对全国 29 个省份居民的家庭资产负债情况进行了调查，获得了 28000 多个有效样本家庭的信息，其中农村家庭占比近 50%，调查内容涉及农村家庭收入和支出、资产及其结构、负债及其结构、正规信贷需求及其可得性，以及债务收入比和资产负债率等重要指标（甘犁等，2015）。这是迄今为止中国最全面的有关农户家庭财务状况的研究，但也未构建出中国农户家庭资产负债表。

三　农户家庭资产负债表的编制

（一）农户家庭资产负债表的基本表式

农户家庭既是生活单位，也是生产单位，可以参照企业会计基本准则编制其资产负债表。表 1 是账户式农户家庭资产负债表的基本表式①。表中资产分为金融资产和非金融资产。金融资产按照流动性由强到弱，又分为手存现金、存款、借出款和家庭外投资。家庭外投资又可以进一步分为股票、债券和其他投资。非金融资产包括实物资产、信用资产和其他非金融资产。实物资产可以进一步分为耕地、住房和生产性固定资产。负债主要是借入款，包括来自银行、信用社和私人等渠道的借入款。权益包括农户家庭纯收入和资产净值。其中，家庭纯收入是农户当年生产经营收入扣除生产经营费用和义务性税费之后可以用于家庭消费和生产性投资的货币化劳动成果，相当于企业的当年未分配盈余，是当年各项收入的净积累。资产净值是资产负债表

---

①　资产负债表可以是报告式，也可以是账户式。报告式资产负债表是上下结构，上半部分记录资产，下半部分记录负债和权益。账户式资产负债表是左右结构，或称水平结构，左边记录资产，右边记录负债和权益。

中的平衡项，是农户家庭拥有的资产价值减去未偿还的负债和家庭纯收入的价值，是农户家庭往年财富积累的结果。在农户家庭资产负债表中，相关项目的逻辑平衡关系符合以下等式，即资产合计＝金融资产＋非金融资产；资产合计＝负债＋权益。

表1　　　　　　　　农户家庭资产负债表（年　月　日）　　　　　　单位：元

资产	期末	负债与权益	期末
金融资产		负债	
手存现金余额		借入款余额	
存款余额		银行和信用社渠道借入款余额	
借出款余额		其他渠道借入款余额	
家庭外投资余额			
其中：股票			
债券			
其他投资			
非金融资产		权益	
实物资产[a]		家庭纯收入	
其中：耕地		资产净值	
住房			
生产性固定资产			
信用资产[a]			
其他非金融资产			
资产合计		负债与权益合计	

注：a 由于耕地和住房价值与信用资产价值具有一定的替代性，在实际分析中，一般情况下前两者与后者不会同时出现在资产负债表中。

　　尽管农户的耕地和住房一般都是农户家庭中价值最大的资产项目，但是，在金融机构看来，其价值能否全部或部分计入农户家庭资产负债表，存在很大的不确定性。这是因为，财产[①]的价值须经市场交易来体现。不具交易可能性或交易成本过高的财产，在金融机构眼中就不具有价值或价值极

---

　　① 财产是指其所有人可以依法对其占有、使用、收益和处分的物质或非物质财富，但不一定能够交易。如果财产不能交易，就难以估算其市场价格，也就无法计入资产负债表。资产是指能够带来收益的、能够在市场上交易的财产，其市场价格可以显示其价值，从而可以计入资产负债表。

低。中国农村集体土地和农民住房就面临这样的尴尬。尽管目前中国正在进行农村集体土地"三权分置"改革①及农村承包土地经营权和农民住房财产权抵押贷款试点，但根据现有法律，农村集体土地的承包权几乎不可能转让给非集体成员②。这些规定极大地降低了农村耕地和农民住房的可交易性，并增加了交易成本。在金融机构接受耕地和住房作为抵押物的情况下，农户家庭耕地和住房的价值就可以计入其资产负债表；反之，就不能计入。就笔者实地调研情况来看，金融机构很少经营"两权"抵押贷款，即使因为各方压力提供了类似信贷产品，也会要求借款人同时提供其他担保方式，如政策性担保公司的担保或第三方保证等，而且，真正发挥控制风险作用的也不是"两权抵押"。

实践中，农村金融机构主要依据对农户家庭的信用评级，在其授信额度内提供信用贷款。决定授信额度的因素是综合性的，包括经济与非经济两个方面。其中，经济方面的因素包括农户家庭劳动力的质量和数量、耕地数量、住房面积及质量、家庭收入等；非经济方面的因素包括家庭成员的人品与社会信誉等。授信额度反映了金融机构对农户家庭未来偿债可能性的预期。实际上，民间借贷的发生也主要依据借款人家庭信用水平，放贷人明示或默示地设定授信额度，并在授信额度内出借资金。可见，授信额度能够反映农户家庭的信用价值。因此，将信用价值计入资产负债表，在一定程度上可以对耕地和住房的价值形成替代，从而成为农户家庭的无形资产。这样的农户家庭资产负债表有助于农村金融机构对农户家庭的偿债能力做出准确判断。

---

① 中共中央办公厅、国务院办公厅《关于完善农村土地所有权承包权经营权分置办法的意见》在农村集体土地所有权和承包经营权分设的基础上，进一步将土地承包经营权分为承包权和经营权，实行所有权、承包权、经营权分置并行，其主要目的在于放活土地经营权，以发展多种形式的适度规模经营，提高土地产出率、劳动生产率和资源利用率，推动现代农业发展，http://www.gov.cn/zhengce/2016 - 10/30/content_ 5126200. htm。

② 中国《农村土地承包法》规定，家庭承包的承包方是本集体经济组织的农户；将农村土地发包给本集体经济组织以外的单位或者个人，应事先经本集体经济组织成员的村民会议 2/3 以上成员或者 2/3 以上村民代表同意，并报乡（镇）政府批准。这些规定使非本集体经济组织成员无权承包土地，或因过高的交易成本而难以达成承包协议。该法还规定，土地承包经营权流转不得改变土地所有权的性质和土地的农业用途。这些规定在保护农村土地集体所有制和保证其农地用途的同时，也大大降低了农村土地的可交易性和流动性，银行以农村土地为抵押物进行贷款的积极性也受到抑制。

（二）农户家庭资产负债表中耕地和住房资产以及信用资产价值的估算方法

在农户家庭资产负债表中，除了耕地和住房价值或信用资产价值之外，其他数据都可以通过直接调查获得。要估算农户耕地和住房作为资产的价值，需要参考其交易价格。农村耕地的价值可以显示为其所有权交易价格。当前，中国农村耕地所有权交易仅有土地征收这一种情况。农村耕地征收价格包括土地补偿费、劳动力安置补助费以及地上附着物和青苗补偿费等①。农村耕地征收价格基本上反映的是农村耕地的经济价值，尽管它存在种种缺陷，但仍然可以作为一种可行的参考标准用于估算农村耕地价值。据此，农户家庭耕地价值的估算公式可以表示为：耕地价值 = 单位面积耕地征收价格 × 耕地面积。农户家庭耕地面积数据可以通过调查获得。为了避免高估农户耕地价值，对于耕地征收的平均价格，本文采用了较为保守的每亩 3 万元②。对于农户住房价值的估算，也可采取同样的原则。由于农村住房的交易范围基本上只限于社区内部，且交易量极小，附加值有限，因而可采用住房建设成本来估算住房价值，即：住房价值 = 单位面积住房建设成本 × 住房面积。农户家庭住房面积数据可以通过调查获得。对于农户住房建设成本的平均值，本文也采用了较为保守的每平方米 400 元③。

如上所述，信用资产价值可以借助授信额度来表示。一般的农户调查数据中都没有授信额度信息。从笔者实地调研的情况看，农户从金融机构获得的借款余额一般为其授信额度的 20%—90%。假设农户各年末贷款余额都是其所获授信额度的 50%，则其授信额度可估算为其年末贷款余额的 2 倍。而农户年末贷款余额数据可以通过调查获得。这样，即可得到农户家庭的信用资产价值④。

（三）农户家庭资产负债表的构建

本文利用农业部"全国农村固定观察点调查系统"（以下简称"农村固

---

① 当然，不同地块价格的高低受被征土地的区位、当地经济社会发展水平、土地供求状况、土地征收后的用途及其市场价格等因素的影响，所以，全国各地甚至每个村的不同地块，价值都有差别。

② 2005 年全国土地征用补偿调查显示，作为永久丧失土地的代价，一般征地补偿费为每亩 2 万—3 万元，与本文对农民耕地价值的估算标准接近。参见陈锡文等（2009），第 60 页。

③ 2011 年全国"农村居民年末住房价值"单价为 654 元/平方米。参见李扬等（2015a），第 42 页。

④ 需要注意的是，因为需要通过贷款余额推算授信额度，所以，采用本文方法编制农户家庭资产负债表时，只有对有贷款余额的农户，才能计算其信用资产价值。

定观察点")中 2009—2013 年的数据编制农户家庭资产负债表,并在此基础上分析如何在制度和服务机制两个层面进行农村金融供给侧结构性改革,提高农村金融服务的可得性,推动农村普惠金融发展。

农村固定观察点包括 355 个行政村的 23000 个农户样本。全部样本分布于除港、澳、台以外的全国 31 个省(自治区、直辖市)。数据内容包括农户家庭人口与劳动力、农牧业生产经营、收入支出与消费、资金往来、主要资产和耐用消费品等信息,以及样本所在村庄基本情况等。本文根据研究目的和研究内容的需要对原始数据中的样本进行了筛选,并删除了异常值样本。2009—2013 年总有效样本数量分别为 20362、19599、19088、19196 和 19519,将总样本按年家庭人均纯收入分为五个收入组后,各年收入组样本量占比为 19.96%—20.04%,样本基本稳定且在合理范围内。

普惠金融的本质是给所有社会成员以平等的获得金融服务的机会。但有研究发现,农业生产信贷的可得性随农户收入增加而提高(甘犁、李运,2014)。因此,解决中低收入组农户的金融服务问题应是农村普惠金融建设的重中之重。将农民作为一个整体来研究农村金融供给侧结构性改革,虽然可以得到某些启发,但由于"眉毛胡子一把抓",难以准确识别不同收入水平农户的家庭财务状况和金融需求的特点,也就难以制定精准的政策并设计相应的服务机制和产品,农村普惠金融建设也就会笼而统之,难以产生实效。所以,有必要对农户按收入水平分组,并在此基础上进行资产负债表分析。为了与国家统计局关于城镇居民生活状况的统计口径保持一致,本文将全部有效样本按年家庭人均纯收入排序后均分为五组,即低收入组(以下简称"组 1")、较低收入组(以下简称"组 2")、中等收入组(以下简称"组 3")、较高收入组(以下简称"组 4")和高收入组(以下简称"组 5")。

借款并不是全部农户的行为。为什么有的农户借款,而有的农户不借款?借款户与非借款户的家庭资产负债表有何差异?这些都是确定农户信贷需求特征的重要依据。所以,在按收入水平分组的基础上,本文进一步按是否借款将各收入组农户分为借款户与非借款户,以便更加清晰、准确地揭示农户金融需求的特征。总之,本文利用上述数据分别编制出全部样本农户、各收入组农户、全部样本中借款户与非借款户、各收入组借款户与非借款户的家庭资产负债表[①]进行分析。

---

① 由于篇幅有限,本文无法将这些家庭资产负债表全部列示出来,详细内容可参见孙同全等(2017)。

四 农户家庭资产负债表分析

（一）借款农户家庭资产结构分析

通过分析各收入组借款户与非借款户的家庭资产结构，可以得出借款农户家庭财务的基本特点和借贷原因。在不计入农户耕地与住房的资产价值时，每个收入组借款户的资产结构都呈现两个基本特征：一是金融资产占比都小于实物资产占比，且在年度之间波动较大；二是其金融资产在家庭总资产中的占比始终低于非借款户，且相差幅度较大。如表2所示，2009—2013年，组1中借款户与非借款户的金融资产占比相差18.18（2011年）—56.50个百分点（2012年）；组2中二者相差42.97（2010年）—47.53个百分点（2013年）；组3中二者相差29.23（2009年）—54.82个百分点（2011年）；组4中二者相差40.25（2010年）—57.86个百分点（2013年）；组5中二者相差43.83（2009年）—58.69个百分点（2012年）。

表2　　　　　2009—2013年各收入组借款户与非借款户家
庭资产结构（未计入耕地和住房价值）　　　　　单位:%

资产类别	年份	组1		组2		组3		组4		组5	
		借款户	非借款户	借款户	非借款户	借款户	非借款户	借款户	非借款户	借款户	非借款户
金融资产	2009	15.23	56.66	22.86	67.31	44.82	74.05	27.30	81.17	28.64	72.47
	2010	19.97	58.84	24.99	67.96	37.93	74.35	38.11	78.36	30.49	78.92
	2011	38.14	56.32	21.64	68.61	21.58	76.40	33.25	79.15	18.24	73.33
	2012	10.79	67.29	29.19	74.47	25.33	74.81	27.31	78.48	18.16	76.85
	2013	13.93	64.09	22.15	69.68	39.63	77.36	23.18	81.04	29.4	80.38
实物资产	2009	84.77	43.34	77.14	32.69	55.18	25.95	72.70	18.83	71.36	27.53
	2010	80.03	41.16	75.01	32.04	62.07	25.65	61.89	21.64	69.51	21.08
	2011	61.86	43.68	78.36	31.39	78.42	23.60	66.75	20.85	81.76	26.67
	2012	89.21	32.71	70.81	25.53	74.67	25.19	72.69	21.52	81.84	23.15
	2013	86.07	35.91	77.85	30.32	60.37	22.64	76.82	18.96	70.60	19.62

在计入耕地和住房的资产价值后，虽然各收入组非借款户的金融资产占

比小于实物资产占比，但仍高于借款户的金融资产占比。2009—2013 年，组 1 中借款户与非借款户的金融资产占比相差 0.99（2011 年）—3.88 个百分点（2012 年）；组 2 中二者相差 3.17（2009 年）—6.08 个百分点（2013年）；组 3 中二者相差 3.97（2009 年）—6.92 个百分点（2013 年）；组 4中二者相差 7.05（2010 年）—12.37 个百分点（2013 年）；组 5 中二者相差 10.21（2009 年）—18.38 个百分点（2013 年）（见表3）。

表3 　　　　　**2009—2013 年各收入组借款户与非借款户**
家庭资产结构（计入耕地和住房价值） 　　　单位:%

资产类别	年份	组1		组2		组3		组4		组5	
		借款户	非借款户	借款户	非借款户	借款户	非借款户	借款户	非借款户	借款户	非借款户
金融资产	2009	0.52	2.57	0.88	4.05	2.44	6.41	1.41	8.84	5.39	15.60
	2010	0.69	2.92	0.84	5.03	2.46	7.16	2.14	9.19	5.87	18.83
	2011	2.39	3.38	1.43	6.16	1.71	7.74	1.55	10.39	3.95	18.17
	2012	1.27	5.15	1.72	7.24	1.57	8.75	2.92	11.29	3.94	19.03
	2013	0.56	5.38	1.44	7.52	3.18	10.10	2.26	14.63	6.69	25.07
实物资产	2009	99.48	97.43	99.12	95.95	97.56	93.59	98.59	91.16	94.61	84.40
	2010	99.31	97.08	99.16	94.97	97.54	92.84	97.86	90.81	94.13	81.17
	2011	97.61	96.62	98.57	93.84	98.29	92.26	98.45	89.61	96.05	81.83
	2012	98.73	94.85	98.28	92.76	98.43	91.25	97.08	88.71	96.06	80.97
	2013	99.44	94.62	98.56	92.48	96.82	89.90	97.74	85.37	93.31	74.93

可见，不管是否计入耕地和住房的价值，各收入组借款户的金融资产占比始终低于非借款户，而且在年度之间波动较大，尤以不计入耕地和住房价值时为甚。金融资产占比较低意味着家庭缺乏流动资金，其波动大则意味着家庭现金流不稳定。在这些情况下，农户需要通过借贷来弥补流动资金不足，平滑现金流。这应该是借款户借款的重要原因，反映出借款户家庭的基本财务特点，也是金融机构开展农户贷款所面临的基本现实和普惠金融建设的基本出发点。

（二）农户家庭资产负债率分析

通过对比计入和不计入农户耕地和住房价值或信用资产价值的农户家庭

资产负债率，可以发现农村普惠金融的基本障碍和改革方向。若不计入耕地和住房的价值，且不考虑信用资产价值，则 2009—2013 年各收入组借款户的家庭资产负债率较高。组 1 借款户的家庭资产负债率为 34.10%—106.87%，组 2 借款户达到 67.55%—119.88%，组 3 借款户达到 68.77%—119.44%，组 4 借款户达到 72.96%—95.83%，组 5 借款户达到 50.55%—73.25%（见表 4）。资产负债率超过 100% 意味着农户家庭负债额超过资产总额，家庭净资产为负值。可见，当农户的家庭资产中耕地和住房不能表现出价值，且不计入信用资产价值时，三个较低收入组借款户家庭可能出现资不抵债的情况，而两个较高收入组借款户的家庭资产负债率也处在较高水平。

表 4　　　　　　　2009—2013 年各收入组借款户家庭资产负债率

（未计入耕地和住房或信用资产价值）　　　　　单位：%

年份	组 1	组 2	组 3	组 4	组 5
2009	58.01	67.55	78.26	72.96	64.96
2010	87.15	83.93	76.80	81.13	66.71
2011	78.03	82.46	68.77	95.83	50.55
2012	34.10	119.88	75.58	75.22	73.25
2013	106.87	98.11	119.44	73.38	61.11

在表 4 的基础上计入耕地和住房价值后，各收入组借款户的家庭资产负债率大幅下降。组 1 借款户的降幅为 30.07（2012 年）—102.6（2013 年）个百分点；组 2 借款户的降幅为 64.94（2009 年）—112.81（2012 年）个百分点；组 3 借款户的降幅为 63.33（2011 年）—109.85（2013 年）个百分点；组 4 借款户的降幅为 66.21（2013 年）—91.37（2011 年）个百分点；组 5 借款户的降幅为 39.62（2011 年）—57.37（2012 年）个百分点（见表 5）。总体上看，收入水平越低，家庭资产负债率降幅越大。

表 5　　　　　　　2009—2013 年计入耕地和住房价值后

各收入组借款户家庭资产负债率降幅　　　　　单位：%

年份	组 1	组 2	组 3	组 4	组 5
2009	56.03	64.94	74.00	69.19	52.73

续表

年份	组1	组2	组3	组4	组5
2010	84.12	81.11	71.82	76.59	53.87
2011	73.14	76.99	63.33	91.37	39.62
2012	30.07	112.81	70.91	67.18	57.37
2013	102.60	91.72	109.85	66.21	47.20

由以上分析可知，耕地和住房的价值能够极大地增加农户家庭资产，大幅度降低其家庭资产负债率；对于金融机构而言，农户家庭债务清偿风险和流动性风险也相应地大幅下降，特别是低收入农户，降幅更大。可见，从法律制度上赋予农民可交易的耕地和住房财产权，能够极大地改善农户家庭资产状况，提高农户家庭债务清偿能力，从而提高农户的信贷可得性，改善不同收入水平农户获得信贷服务不均等的现象。

（三）信用资产对农户家庭资产结构与资产负债率的影响

如前文分析，在现行法律下"两权"抵押贷款试点难有突破，金融机构面临农户耕地和住房作为抵押物的"资源无效"问题，其开展农户信贷业务主要依靠的是农户信用评价体系。因此，可以通过引入信用资产代替耕地和住房，重建农户家庭资产负债表。根据前文所述信用资产估值方法，可以得出各收入组借款户家庭的信用资产价值。

总体上看，2009—2013年，各收入组借款户的信用资产价值整体上升。其中，组1从16340.30元升至37201.42元，组2从22707.00元升至45075.01元，组3从37761.84元升至81956.90元，组4从38394.62元升至72663.08元，组5从94586.36元升至169651.78元（见表6）①。同时可见，农户信用资产价值与收入水平呈正相关，2009—2013年，组5借款户的信用资产价值是组1的3.86—6.72倍。

表6   **2009—2013年各收入组借款户的信用资产价值**   单位：元

年份	组1	组2	组3	组4	组5
2009	16340.30	22707.00	37761.84	38394.62	94586.36
2010	22672.64	25642.68	47911.50	50526.94	118496.98

① 此表中数值与笔者在实地调研中发现的农村金融机构对农户的授信额度基本一致。

续表

年份	组1	组2	组3	组4	组5
2011	30204.02	36747.62	48780.62	62884.58	116597.98
2012	24673.14	44276.69	45019.06	79211.24	165731.06
2013	37201.42	45075.01	81956.90	72663.08	169651.78

这样，在计入信用资产价值之后，2009—2013 年各收入组借款户的信用资产价值在资产合计中的占比都超过了 40%；而且，除了组 1 在 2012 年之外，各年份各收入组借款户的信用资产价值在资产合计中的占比都超过了实物资产与金融资产之和的占比，成为农户家庭中份额最大的资产（见图1）。

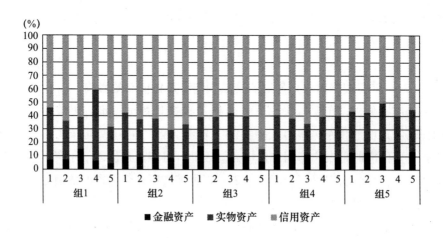

图1　2009—2013 年计入信用资产价值之后的各收入组
借款户资产结构（未计入耕地和住房价值）

注：横轴数字表示不同年份，即 1：2009 年；2：2010 年；3：2011 年；4：2012 年；5：2013 年。

在计入信用资产价值后，各收入组借款户的家庭资产负债率大幅下降，均低于40%（见表7），与未计入耕地和住房或信用资产价值时（见表4）相比，最小降幅为 25.41 个百分点（组 5 在 2011 年），最大降幅为 100.81个百分点（组 3 在 2013 年）。可见，将信用资产计入资产负债表后，信用资产能够发挥杠杆作用，有效缓解农户家庭"资源无效"的困境。因此，农户信用评价体系具有"资源创造"的作用，是农村金融机构开展业务的基本手段。

表7　　　　　　　　2009—2013 年计入信用价值后各收入组借款户
家庭资产负债率（未计入耕地和住房价值）　　　单位:%

年份	组1	组2	组3	组4	组5
2009	26.85	28.73	30.51	29.67	28.25
2010	31.77	31.33	30.28	30.93	28.58
2011	30.47	31.13	28.95	32.86	25.14
2012	20.27	35.28	30.09	30.04	29.72
2013	34.06	33.12	18.63	29.74	27.50

五　结论

通过分析不同收入组农户家庭资产负债表，可以总结出农户家庭的基本财务特点、农户信贷业务的基本障碍以及金融机构开展农户信贷的基本手段。首先，借款农户的家庭财务特点是流动资金不足，且年度之间现金流入不稳定，其借款的目的是平滑现金流，解决家庭金融资源不足的问题。其次，金融机构开展农村信贷服务的基本障碍在于农户家庭"资源无效"，即在现有农村产权制度下农户拥有的耕地和住房资产难以在融资时发挥抵押担保的功能，对低收入农户尤甚。可见，赋予农民可交易的土地和住房财产权，能够极大地改善农民的家庭资产状况，提高农户的负债能力，从而提高其信贷可得性，尤其是低收入农户会受益更多。最后，农户的家庭信用具有资产价值，农户信用评价体系具有"资源创造"的作用，是农村金融机构开展业务的基本手段，能够有效缓解农户家庭"资源无效"的困境。

根据上述结论，农村普惠金融建设的基本思路应该围绕克服农户家庭"资源无效"的困境，适应农户家庭财务的基本特点，充分利用信用评价体系的"资源创造"作用，进行供给侧结构性改革。在宏观制度层面，在稳定农村集体所有制的前提下，以"三权分置"为基础，继续探索建立土地使用权市场，为有效开展"两权"抵押贷款创造条件。除此之外，更为重要的是建立能够充分利用农户信息进行农户家庭信用评价的体制和机制，摆脱抵押物的束缚。首先，应支持能够低成本获得并有效利用农户信息的农村中小金融机构与社区内部的合作金融组织更多、更好、更快地发展，真正建立符合农村实际的多层次和多元化的农村金融服务体系。其次，推动农村信用体系建设，创造良好信用环境，鼓励和支持农村金融机构开展信用贷款业务。最后，加强农村数字金融基础设施建设，支持能够利用大数据降低信息获取成本和风险甄别成本的农村互联网金融的发展。

在金融机构层面，首先，应调整服务机制和产品，摆脱对实物抵押贷款的依赖，建立或进一步完善农户信用评价体系，对农户更多采用信用贷款模式。其次，积极开发和利用数字金融技术，建立农户信用大数据，降低农户信息获取和风险甄别成本，增加农户信贷供给。最后，农业价值链各参与方可借助互联合同联动，从而实现各方之间的动态信用向银行信用的转换[①]，这有利于降低信用信息获取成本和风险甄别成本，因此，金融机构应积极探索农业价值链金融服务机制，推动农村普惠金融发展。

参考文献

［1］陈斌开、李涛：《中国城镇居民家庭资产——负债现状与成因研究》，《经济研究》2011 年增 1 期。

［2］陈锡文、赵阳、陈剑波、罗丹：《中国农村制度变迁 60 年》，人民出版社 2009年版。

［3］陈志新：《供应链融资与农户信贷》，浙江大学出版社 2016 年版。

［4］董翀：《农业价值链金融的供与求：合作社与农户参与价值链融资的影响因素与效果研究》，中国农业出版社 2015 年版。

［5］甘犁、李运：《中国农村家庭金融发展报告（2014）》，西南财经大学出版社 2014年版。

［6］甘犁、尹志超、谭继军：《中国家庭金融调查报告 2014》，西南财经大学出版社2015 年版。

［7］顾淳：《家庭资产负债表结构与金融危机的关联性分析》，《经济研究导刊》2015 年第 13 期。

［8］国家统计局国民经济核算司：《中国资产负债表编制方法》，中国统计出版社 1998年版。

［9］黄盛：《推广个人资产负债表，发展消费信贷评估》，《河南金融管理干部学院学报》2001 年第 5 期。

［10］李金华：《中国国家资产负债表谱系及编制的方法论》，《管理世界》2015 年第

---

① 参见董翀（2015），第 11—12 页；陈志新（2016），第 172 页。

9 期。

[11] 李扬等：《最新国家资产负债表到底揭示了什么》，中国社会科学出版社 2015a 年版。

[12] 李扬、张晓晶、常欣：《中国国家资产负债表 2013——理论、方法与风险评估》，中国社会科学出版社 2013 年版。

[13] 李扬、张晓晶、常欣等：《中国国家资产负债表 2015——杠杆调整与风险管理》，中国社会科学出版社 2015b 年版。

[14] 李扬、张晓晶、常欣、汤铎铎、李成：《中国主权资产负债表及其风险评估（上）》，《经济研究》2012 年第 6 期。

[15] 刘向耘、牛慕鸿、杨娉：《中国居民资产负债表分析》，《金融研究》2009 年第 10 期。

[16] 沈明高、徐忠、沈艳：《中国农村金融研究：改革、转型与发展》，北京大学出版社 2014 年版。

[17] 孙同全、董翀、陈方、韩磊等：《中国农户家庭资产负债与农村普惠金融建设》，中国社会科学出版社 2017 年版。

[18] 孙元欣：《美国家庭资产统计方法和分析》，《统计研究》2006 年第 2 期。

[19] 孙元欣：《中国居民家庭资产的统计框架构想》，《统计与决策》2007 年第 3 期。

[20] 汪小亚：《农村金融改革：重点领域和基本途径》，中国金融出版社 2014 年版。

[21] 肖翔、张韶华、赵大伟：《普惠金融指标体系的国际经验与启示》，《上海金融》2013 年第 8 期。

[22] 谢平、徐忠：《新世纪以来农村金融改革研究》，中国金融出版社 2013 年版。

[23] 杨旭群：《编制一张家庭资产负债表》，《经济师》2006 年第 7 期。

[24] 章昀：《家庭资产负债表中的指标分析》，《商业文化》2008 年第 6 期。

[25] 张承惠、郑醒尘等：《中国农村金融发展报告 2014》，中国发展出版社 2015 年版。

[26] 张承惠、郑醒尘等：《中国农村金融发展报告 2015》，中国发展出版社 2016 年版。

[27] 朱玲：《贫困地区农户的收入、资产和负债》，《金融研究》1994 年第 3 期。

[28] Sarma, M., and J. Pais, "Financial Inclusion and Development", *Journal of International al Development*, Vol. 23, No. 1, 2011.

[29] Sarma, M., "Index of Financial Inclusion", Working Paper No. 215, *Indian Council for Research on International Economic Relations*, 2008.

（原文发表于《中国农村经济》2017 年第 5 期）

1978-2018

中国农村改革与发展研究 下册

农村发展研究所建所40周年纪念文集

魏后凯　闫　坤　主编

中国社会科学出版社

目　录

（上　册）

农村改革与发展的历史探索

乡镇企业与农村劳动力转移

农民合作社与产业化

农地制度与农村金融

（下　册）

农业发展与粮食安全

农村扶贫与农民福祉

财税制度与乡村治理

生态经济与环境保护

农业发展与粮食安全

中国农业发展的结构性矛盾及其政策转型

魏后凯

一 引言

改革开放以来，中国经济经历了30多年的持续快速增长，取得了有目共睹的巨大成就。按照世界银行 WDI 数据库提供的数据计算，1979—2015年，中国 GDP 年均增速达到9.7%，而同期世界经济平均增速仅有2.9%，其中，美国为2.6%，欧盟为1.9%，日本为2.1%，经合组织成员国为2.4%[①]。伴随着经济的持续快速增长，中国经济综合实力显著增强，城乡居民收入和生活水平大幅提高，中等收入阶层迅速扩大，居民消费结构不断升级，消费形态正在发生深刻变化。目前，国内消费者更加注重品质、时尚、安全、个性，智能消费、绿色消费、健康消费正成为新的趋势。更为重要的是，经过30多年的持续快速发展，中国农业综合生产能力和供给保障能力不断增强，各种农产品供应日益丰富，总体上解决了农产品总量不足的矛盾，实现了由"吃不饱"到"吃得饱"的转变，现在又开始由"吃得饱"向"吃得好、吃得健康、吃得安全"转变。

在这种新形势下，中国农业发展的主要矛盾已经由过去的总量不足转变为结构性矛盾，而供给侧的体制机制障碍则是形成这种结构性矛盾的根本原因。正因如此，2017年中央一号文件明确指出：中国农业农村发展"已进入新的历史阶段"，"农业的主要矛盾由总量不足转变为结构性矛盾"，"矛

---

① 参见 World Bank，World Development Indicators，http：//data. worldbank. org/indicator/NY. GDP. MKTP. KD. ZG? view = chart，2017.

盾的主要方面在供给侧"①。很明显，随着农业发展主要矛盾的变化，国家
农业发展战略和政策也需要及时转型。这里所讲的"转型"不同于调整，
它是指在各个领域、各个方面发生的重大变化和转折（魏后凯，2011）。农
业发展主要矛盾的变化就是这种重大的变化和转折。可以认为，当前中国农
业发展已经进入一个重要的战略和政策转型期。

近年来，学术界对中国农业发展战略转型进行了大量研究，有关农业政
策转型的文献也日渐增多。在农业政策转型方面，现有研究主要从三个视角
展开：一是阶段变迁的视角，主要是从中国经济进入新常态阶段（例如钟
真、孔祥智，2015），或者非农产业反哺农业阶段（例如朱仁友、吴国平，
1999）来探讨农业政策转型问题；二是市场竞争的视角，如陈希煌（2008）
主张中国农业政策应由过去以"提升生产力"为核心转变为以"提升竞争
力"为主轴，李周（2015）则强调要建设一个能够同其他产业竞争的现代
农业，农业政策必须转型；三是具体领域的视角，如郭玮（2003）探讨了
农业补贴政策的转型问题，这实际上是某一具体政策的调整。总之，目前学
术界对农业政策转型的研究还较薄弱，更鲜有人从农业发展主要矛盾变化的
视角来探讨农业政策转型问题。有鉴于此，本文将深入分析当前中国农业发
展面临的结构性矛盾，并在此基础上探讨过去增产导向型农业政策面临的困
境，提出新形势下中国农业政策转型的方向。

二 当前中国农业发展面临的结构性矛盾

近年来，在国家政策的有力支持下，中国农产品总量不断增长，品种日
益丰富多样，过去长期困扰国民经济发展的农产品总量不足矛盾已经得到缓
解，农产品供求由长期短缺转变为总量大体平衡，但是，受小农经济生产方
式与传统体制机制的影响和束缚，农业发展中的各种深层次结构性矛盾日益
凸显。这些结构性矛盾不仅表现在农业发展高度依赖资源消耗、基础设施和
技术装备落后、生产经营组织化程度低、部分农产品供求结构性失衡等方
面，而且体现在农业发展方式粗放、农产品质量和安全问题凸显、农业国际
竞争力不强上。迄今为止，中国"农业弱"的状况仍未得到根本改变，农

---

① 参见《中共中央国务院关于深入推进农业供给侧结构性改革加快培育农业农村发展新动能
的若干意见》，http：//politics. people. com. cn/GB/n1/2017/0205/c1001 - 29059232. html。

业大而不强、农产品多而不优的问题更加突出。从某种程度上讲，农业发展质量和效率较低、竞争力不强，本身就是一个深层次的结构性问题，它反映了绿色安全、优质高效、市场畅销的农产品发展严重滞后。下面着重从六个方面来分析当前中国农业发展面临的结构性矛盾。

1. 部门结构矛盾

首先，农林牧渔业结构变化与居民消费需求变化不相适应。一般来说，随着居民收入水平的提高和消费档次的提升，人们对肉类、奶制品、禽蛋、水产品等的需求将趋于增加。2015 年，中国居民人均消费肉类 26.2 公斤，水产品 11.2 公斤，奶类 12.1 公斤[①]；而 2014 年，世界人均消费肉及肉制品 43.2 公斤，鱼及鱼制品 20.1 公斤，奶及奶制品 109.2 公斤（FAO，2016）。中国人均肉类、水产品、奶类消费量均远低于世界平均水平，尤其是奶及奶制品人均消费量相差悬殊。这表明，未来中国林牧渔业仍有很大的发展空间和潜力。然而，近年来在城乡居民收入快速增长和消费不断升级的背景下，林牧渔业总产值在农林牧渔业总产值中所占比重却一直停滞不前，甚至出现了下降的趋势。在全国农林牧渔业总产值构成中，牧业所占比重在 2008 年之前迅速提升，之后则出现逐步下降，2015 年已下降到 29.0%，比 2008 年减少了 7.8 个百分点；而林业所占比重自改革开放以来一直在 4% 左右徘徊；渔业所占比重自 1998 年以来一直保持在 10% 左右。相反，农业所占比重在经历较长一段时期的急剧下降后，2008 年之后开始逐步回升，2015 年上升到 56.1%，7 年内提高了 6.0 个百分点（见图 1）。这反映了林牧渔业结构的变动与居民消费需求的变化趋势不相适应，既难以满足城乡居民消费升级的需要，也不利于农业增效和农民增收。其次，农产品加工业发展严重滞后，农产品的加工深度和增值程度较低。2015 年，中国农产品加工业产值与农业总产值之比由"十二五"期初的 1.7：1 提高到约 2.2：1，但仍然明显低于发达国家 3：1—4：1 的水平；全国农产品加工转化率虽然近年来提升较快，2015 年已达到 65%，但与发达国家相比仍有较大差距[②]。目前，美国农产品加工业产值与农业总产值之比已达到 3.7：1；发达国家农产品精深加工程度一般在 90% 以上，美国玉米资源利用率达到 99%（李锐等，

① 国家统计局编：《中国统计年鉴（2016）》，中国统计出版社 2016 年版。除另有说明外，本文使用的数据均来自国家统计局公开出版的各种统计年鉴。

② 参见农业部《全国农产品加工业与农村一二三产业融合发展规划（2016—2020 年）》，http：//www.moa.gov.cn/zwllm/zwdt/201611/t20161116_5365744.htm。

2015）。此外，农业服务业尤其是科技信息、金融保险、仓储物流、中介服务、疫病防治等生产性服务业发展滞后，贯穿于农业生产全过程、全方位的产前、产中和产后服务体系不健全，农业与第二、第三产业尤其是文化、旅游等产业的融合程度低，远不能适应城乡居民消费升级的需要。

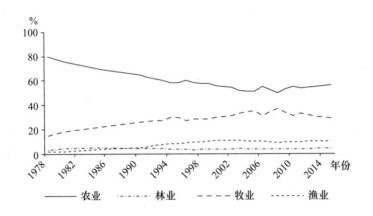

图1　中国农林牧渔业总产值结构的变化

资料来源：根据《中国统计摘要（2016）》（国家统计局编，中国统计出版社 2016 年版）中有关数据绘制。

2. 产品结构矛盾

虽然近年来农产品总量不足的矛盾已经得到缓解，但不同品种的产需矛盾呈现出差异化特征。关于当前主要农产品的结构性矛盾，一般表述为"阶段性的供过于求和供不应求并存"（陈锡文，2016）。如果把国内生产等同于供给，这种情况是存在的。但是，如果考虑到进口因素，这种表述就不够准确了。事实上，当前中国农产品结构主要表现为供过于求与生产不足并存的矛盾，国内生产的不足主要依靠进口来弥补。这具体表现在两个方面：一方面，从总体上看，一般性的中低档农产品供过于求，而绿色、安全、优质的高档农产品生产不足；另一方面，从具体品种看，玉米、小麦等农产品供过于求，而大豆、食糖、棉花、奶制品等农产品生产不足。根据农产品生产、国内消费和进口情况，并以农产品产量或产量加进口量占国内消费量的比重大于 110% 和低于 90% 作为标准，可以把主要农产品分为供过于求型、产需平衡型和生产不足型三种类型（见表1）。表1 显示，大米、蔬菜、水果、猪肉、禽肉、禽蛋、水产品、饲料等农产品处于产需平衡状态；牛羊肉则处于产需基本平衡状态，其产量还不能完全满足国内消费的需要，其中，

2015 年，牛肉产量占国内消费量的比重为 93.7%，羊肉为 95.2%。水产品进出口基本平衡，属于产品调剂的情况。玉米则属于严重的供过于求型产品，2015 年，中国玉米产量超过国内消费量 26.5%；小麦产量超过国内消费量 8.8%，如果加上进口量，则超过国内消费量 11.1%，也属于供过于求型产品。大豆、食用植物油、棉花、食糖和奶制品则属于生产不足型产品，国内消费需求的巨大缺口主要依靠进口来解决。尤其是大豆和食糖的进口依赖程度较大，2015 年进口量分别是产量的 7.77 倍和 45.5%，产量占国内消费量的比重分别只有 11.2% 和 69.9%。也就是说，目前中国大豆的国内消费有 87.2% 是依靠进口来解决的。如果这些进口大豆全部在国内生产，按 2015 年单位面积产量 119.5 公斤/亩计算，则需要消耗耕地 6.84 亿亩，约占当年全国农作物总播种面积的 27.4%。

表 1   2015 年主要农产品生产和国内消费情况   单位：万吨,%

类型	农产品	产量	进口量	消费量	出口量	产量/消费量	(产量+进口量)/消费量	进口量/产量
供过于求型	玉米	22458	473	17755	1	126.5	129.2	2.1
	小麦	13019	275	11966	20	108.8	111.1	2.1
产需平衡型	大米	14577	338	14521	29	100.4	102.7	2.3
	蔬菜	49804	24	47734	1019	104.3	104.4	0.0
	水果	27146	412	26585	423	102.1	103.7	1.5
	猪肉	5487	78	5545	20	99.0	100.4	1.4
	禽肉	1826	41	1818	48	100.4	102.7	2.2
	牛肉	700	47	747	0.5	93.7	100.0	6.7
	羊肉	441	22	463	0.3	95.2	100.0	5.0
	禽蛋	2999	0.002	2985	9.76	100.5	100.5	0.0
	水产品	6690	408	6692	406	100	106.1	6.1
	饲料	19436	—	19158	—	101.5	—	—
生产不足型	大豆	1051	8169	9364	13	11.2	98.5	777.3
	食用植物油	2660	679	3150	14	84.4	106.0	25.5
	棉花	560.5	145.2	735.7	1	76.2	95.9	25.9
	食糖	1056	481	1510	6	69.9	101.8	45.5
	奶制品	3890	1110	5010	7	77.6	99.8	28.5

资料来源：根据农业部市场预警专家委员会（2016）计算。大豆进出口数据来自《中国统计年鉴（2016）》（国家统计局编，中国统计出版社 2016 年版），产量和消费量数据来自《2015 年中国大豆行业市场数据分析》（http://www.chyxx.com/industry/201608/435295.html）。

3. 组织结构矛盾

由于人多地少和一家一户的小农生产方式，长期以来中国农业生产经营呈现出小规模、细碎化、分散化的特征。世界银行（World Bank，2007）把土地经营规模在 2 公顷及以下的农户称为"小土地所有者"（Small Holders）；而中国农户平均土地经营规模只及这一标准的1/3，被学界称为"超小规模"或"超小的土地经营者"（蔡昉，2016）。按照全国农业普查资料，1996 年，中国农户平均土地经营规模为 0.67 公顷，2006 年则下降到 0.61 公顷①。近年来，随着农村家庭承包耕地流转的不断加快，中国农业生产经营规模有了较大提高，但总体而言，过去长期形成的小规模分散经营状况并没有得到根本改变。据全国 30 个省、自治区、直辖市（不含西藏）农村经营管理情况的汇总数据，截至 2014 年底，中国仍有 96.1% 的农户经营耕地规模在 2 公顷以下，农户总数达到 2.55 亿户，小规模分散经营至今仍然是中国农业经营方式的主体（农业部经管总站体系与信息处，2015）。另据农业部农村固定观察点数据，2013 年末，中国经营土地的农户平均土地经营规模仅有 0.65 公顷，且被分为 5.1 块（顾天竹等，2017），呈现出明显的小规模分散经营、土地细碎化的特征。如果将土地经营规模小于 2 公顷、2—5 公顷、大于 5 公顷分别界定为小规模、中等规模和大规模，可以将各国土地经营规模划分为小规模主导型、中等规模主导型和大规模主导型三种类型（见表 2）。无论是发达国家还是发展中国家，都既有大规模主导型土地经营，也有小规模主导型土地经营。这表明，一国土地经营规模及其结构不仅取决于该国经济社会发展水平，还取决于其人地资源配比、历史文化传统、社会制度等因素。中国土地经营属于典型的小规模主导型，小规模土地经营者所占比重居世界前列（FAO，2015）。从表 2 中可以看出，中国小规模土地经营者所占比重高达 97.9%，而中等规模和大规模土地经营者所占比重分别只有 1.7% 和 0.4%，均远低于世界平均水平。当然，由于国情不同，中国不可能采取像美国、加拿大、阿根廷等国家那样的大规模土地经营模式，但即使在现有生产技术水平下，目前中国的土地经营规模也显得"太小"或者太过于分散了。农业生产经营规模小，产业化程度低，加上农产品质量不高，导致近年来农业生产成本居高不下，严重影响了农业效益和竞

---

① 根据《中国第二次全国农业普查资料综合提要》（国务院第二次全国农业普查领导小组办公室、中华人民共和国国家统计局编，中国统计出版社 2008 年版）公布的数据计算。

争力的提高。

表2　　　　　　　　　　　主要国家土地经营规模类型划分　　　　　　　单位:%

		土地经营规模分级（公顷）						土地经营规模分级（公顷）				
		<2	<1	1—2	2—5	>5			<2	<1	1—2	2—5	>5
世界平均		84.4	72	12.4	9.6	6.0	中等规模主导型	秘鲁	0.0	0.0	0.0	69.6	30.4
小规模主导型	中国	97.9	93.0	4.9	1.7	0.4		洪都拉斯	0.0	0.0	0.0	54.7	45.3
	巴巴多斯	97.8	95.0	2.8	1.1	1.1		波多黎各	0.0	0.0	0.0	52.7	47.3
	埃及	95.1	87.1	8.0	3.8	1.1		纳米比亚	38.9	14.4	24.5	48.9	12.2
	韩国	90.2	59.5	30.7	9.8	0.0		立陶宛	8.0	0.2	7.8	47.1	44.9
	日本	88.5	68.5	20.0	9.1	2.4	大规模主导型	加拿大	2.5	0.0	2.5	3.3	94.2
	印度尼西亚	87.6	70.8	16.8	11.0	1.4		美国	0.0	0.0	0.0	10.7	89.3
	印度	81.8	62.9	18.9	13.9	4.3		阿根廷	0.0	0.0	0.0	15.1	84.9
	菲律宾	68.1	40.1	28.0	23.5	8.4		英国	13.9	0.0	13.9	9.2	76.9
	伊朗	59.6	47.5	12.1	18.4	22.0		德国	8.0	0.0	8.0	16.9	75.1
	意大利	57.3	38.1	19.2	20.6	22.1		法国	16.8	0.0	16.8	12.3	70.9
	波兰	50.9	33.3	17.6	21.5	27.6		巴西	20.3	10.6	9.7	16.5	63.2
	泰国	42.2	19.7	22.5	37.2	20.6		智利	24.8	14.6	10.2	17.7	57.5

资料来源：FAO（2015）。

4. 技术结构矛盾

农业科技投入不足和农产品技术含量低，已经成为中国农业转型升级的重要制约因素。近年来，尽管中央高度重视农业发展，财政对农业科技的投入力度不断加大，但受国家财力的限制和体制机制的束缚，长期困扰中国农业发展的科技投入不足的状况至今仍未得到根本改观。根据联合国粮农组织提供的数据，2008年，中国农业研究与实验发展（R&D）经费投入强度（农业R&D总公共支出与农业增加值的比值）仅有0.5%，不仅低于许多发展中国家的水平，更远低于主要发达国家3%—6%的水平，如挪威为5.9%，爱尔兰为5.7%，日本为5.5%，丹麦为5.0%，德国为4.4%，澳大利亚为3.6%，法国为3.5%，加拿大为3.4%，美国为3.2%（FAO，2013）。即使避开国际比较不谈，中国农业R&D经费投入强度也远低于总的 R&D 经费投入强度。2015 年，全国研发机构 R&D 经费投入强度为 0.31%，而农业研发机构 R&D 经费投入强度只有 0.24%。农业科研投入长期不足，加上技术推广体系不完善，导致农业转型升级的科技支撑乏力。此外，农副产品综合利用程度低，60% 以上的农产品副产物和加工副产物没有得到循环、高值和梯次利用，农产品加工企业普遍规模小，创新能力不足，技术装备水平较低，比发达国家落后 20—25 年，核心设备主要依赖进口（农业部农产品加工局，2015），也严重影响了农产品质量和农业效益提升。

5. 外贸结构矛盾

由于国内外价格倒挂，主要粮食品种自 2013 年以来出现了产量、进口量、库存量"三量齐增"的局面。为了调动农民种粮的积极性，保障国家粮食安全和农民种粮收益，2004 年以来国家先后分品种实行了粮食最低收购价和重要农产品临时收储政策，并不断提高最低收购价格和临时收储价格。从 2008 年到 2014 年，小麦最低收购价格提高了 63.9%—71.0%，稻谷最低收购价格（最初为临时收储价格）提高了 74.7%—89.0%。而受全球市场需求疲软的影响，自 2012 年底起，国际市场粮价持续下跌，导致主要农产品国内价格比国际价格高 30%—50%（陈锡文，2016）。这种国内外价格倒挂现象最严重的是 2014—2015 年；2016 年，稻谷和小麦国内价格仍远高于国际价格，但玉米由于国内价格全面下跌、国际价格略有反弹，至 2017 年年初，国内价格已经低于国际价格；大豆由于国际价格较国内价格的更大幅度上涨，国内价格与国际价格的差距也在逐步缩小①。由于国内国际价格倒挂，加上政策调整滞后，导致稻谷、小麦、玉米、大豆四个主要粮食品种出现了"三量齐增"的状况（见表 3）。2013—2015 年，稻谷进口量和库存量分别增长了 51.4% 和 51.8%，小麦和玉米库存量分别增长了 98.3% 和 428.8%，大豆进口量和库存量分别增长了 40.0% 和 161.8%；2013—2014 年，玉米进口量则增加了 104.4%。之所以出现这种情况，主要是在国内国际价格倒挂的情况下，国家收储的粮食因价高而滞销，只能大规模"入库"，而粮油加工企业受价格影响则大量使用进口粮食产品，由此形成了"国产粮入库、进口粮入市"以及"国内增产、国家增储、进口增加、

① 参见《农产品供需形势分析月报（2016 年 12 月 ［大宗］)》（农业部市场预警专家委员会、农业部市场与经济信息司编），http://www.moa.gov.cn/ztzl/nybrl/rlxx/201701/t20170117_5440916.htm。

国家再增储"的不合理现象。从主要农产品库存消费比的变化看，虽然稻谷、小麦、玉米、大豆四种粮食品种的该指标都在不断提高，但问题突出的主要是玉米。2015 年，中国玉米库存消费比高达 144.6%，比 2013 年提高了 119.4 个百分点，远高于全球 21.8% 的平均水平（魏后凯、韩磊，2016）。

表3　　　　　　　　中国四种粮食品种产量、进口量和库存量变化　　　　单位：万吨，%

指标名称	稻谷					小麦				
	2012 年	2013 年	2014 年	2015 年	变化	2012 年	2013 年	2014 年	2015 年	变化
产量	17520	17509	17796	18009	2.8	9758	10402	11403	11665	19.5
进口量	350	356	342	530	51.4	290	667	181	350	20.7
年末库存量	3572	4272	4862	5423	51.8	2804	3409	4135	5560	98.3
库存消费比	20.6	24.9	27.7	30.2	9.6	22.4	29.3	35.5	48.8	26.4

指标名称	玉米					大豆				
	2012 年	2013 年	2014 年	2015 年	变化	2012 年	2013 年	2014 年	2015 年	变化
产量	17483	20308	21601	21301	21.8	1181	1275	1385	1051	17.3
进口量	270	328	552	180	104.4	5984	7035	7820	8380	40.0
年末库存量	4225	8469	16314	22341	428.8	529	871	1168	1385	161.8
库存消费比	25.2	51.7	114.0	144.6	119.4	7.1	10.9	13.1	15.0	7.9

注："变化"一栏中"库存消费比"对应的单位为百分点；玉米进口量和大豆产量对应的"变化"值是 2013—2014 年增长数值，其他为 2013—2015 年增长数值。

资料来源：根据戴化勇、钟钰（2016）中有关数据计算和整理。

6. 空间结构矛盾

受资源环境的制约和人口、经济布局的影响，近年来粮食产销的区域性矛盾也日益凸显。随着工业化和城镇化的快速推进，珠三角、长三角等经济发达地区，受比较利益的驱动，加上当时对农业保护认识不足，改革开放以来耕地面积大幅减少，粮食生产呈现萎缩态势。2015 年，广东省粮食播种面积比 1978 年高峰时下降了 50.6%，粮食产量比 1997 年高峰时下降了 30.9%；浙江省粮食播种面积和产量分别比 1984 年高峰时下降了 63.3% 和58.6%。由于粮食产量下降和消费量增加，广东、浙江等地已由过去的粮食主产区转变为粮食主销区，由此把保障国家粮食安全的重任转移到了东北和中西部地区。同时，改革开放以来，中国的粮食生产和消费空间格局也发生了重大变化，已经由过去的"南粮北调"转变为"北粮南运"，粮食生产重心不断向水资源短缺的北方地区转移。2004—2015 年间，中国粮食产量实现了"十二连增"，粮食增产的 87.9% 来自黑龙江等 13 个主产省份，其中62.5% 来自 7 个北方主产省份。中国的水资源主要分布在南方，为缓解北方尤其是京津冀地区的缺水状况，国家投入巨资修建了南水北调工程。粮食生产在现有技术水平下是一个高耗水产业，从资源配置的角度看，"北粮南运"意味着北方短缺的水资源向南方"运输"，由此形成了一种典型的资源错配。这种资源错配不仅使地区资源禀赋优势难以充分发挥，而且将通过相向调水与运粮形成隐形的"重复运输"，造成资源的严重浪费。因此，如何充分发挥资源禀赋优势，促使主要农产品生产向最适宜的地区集聚，将是深化农业供给侧结构性改革的一项重要战略任务。

三 增产导向型农业政策面临的困境

自改革开放以来，在短缺经济的大环境下，为解决总量不足和"吃不饱"的问题，中国长期把保障农产品尤其是粮食产量增长作为农业发展的一个核心战略目标，各种农业发展政策和改革措施大都围绕"保增产"目标而展开，那些能够刺激产量增长的措施得到极大的推广和应用，化肥和农药的过量使用就是一个典型的例子。在这种情况下，保障农产品尤其是粮食产量增长是第一位的，而其他目标则难以受到应有的重视。为了实现"保增产"，虽然有关部门也从供给侧入手采取了一些改革和政策措施，但这些措施并非以优化结构、提质增效为主要目标，因而不属于供给侧结构性改革的范畴，仅仅是一种单纯的供给侧改革或政策举措。可以说，在过去较长一段时期内，中国实行的是一种以"保增产"为核心目标的增产导向型农业政策。从历史的眼光看，面对短缺经济的环境，为尽快破解农产品总量不足的矛盾，当时实行这种增产导向型政策是十分必要的。这种政策有力地刺激了农产品产量增长，保障了农产品供给和国家粮食安全，促进了农业综合生产能力的提高。但是，应该看到，随着发展阶段的转变和居民消费层次的升级，中国农业发展面临的主要矛盾已经发生了重大变化，在新形势下，过去那种增产导向型政策越来越不适应经济社会发展的需要，日益暴露出诸多方面的弊端。尤其是农业增效、农民增收、农产品质量和安全问题已经成为增产导向型农业政策无法有效破解的三大难题。

（一）农业生产成本急剧攀升，降本增效成为紧迫任务

改革开放以来，中国粮食生产成本出现了两次快速上涨。第一次是1986—1996年，三种粮食品种（稻谷、小麦、玉米）每亩生产成本年均上涨16.2%，每50公斤主产品生产成本年均上涨14.6%；尤其是1994—1996年，每亩生产成本和每50公斤主产品生产成本年均分别上涨29.3%和29.5%，呈现出"飞涨"的态势（见表4）。第二次是2005—2013年，三种粮食品种每亩生产成本年均上涨10.6%，每50公斤主产品生产成本年均上涨9.6%，其上涨幅度与1986—1993年基本处于同一水平。自2014年以来，虽然单位面积和单位产量粮食生产成本上涨幅度已明显下降，但总成本和生产成本至今仍居高不下，远高于美国等发达国家的水平。2015年，中国稻谷单位产量总成本比美国高46.6%，小麦高29.7%，玉米高116.4%，大豆高110.1%①。总体上看，近年来中国粮食生产成本的快速上涨主要源于土地成本和人工成本的急剧上涨。2005—2015年间，三种粮食品种每亩生产成本年均增长8.9%，其中，物质和服务费用年均增长7.1%，人工成本年均增长11.0%，土地成本年均增长13.5%。在人工成本中，家庭用工折价年均增长11.2%，雇工费用年均增长9.2%；在土地成本中，流转地租金年均增长17.9%，自营地折租年均增长12.8%。如果以同期农林牧渔业增加值年均增长率（4.4%）和谷物生产者价格指数年均上涨率（4.8%）作为参照，可以看出，这期间粮食生产成本的上涨是过快的，均远高于农林牧渔业产出增长和谷物生产者价格指数上涨的幅度。再从成本增长的来源看，2005—2015年三种粮食品种生产总成本的增长有76.4%来源于生产成本上涨。在生产成本上涨中，物质与服务费用占32.4%；人工成本占44.0%，其中，家庭用工折价占41.2%，雇工费用占2.8%；土地成本占23.6%，其中，流转地租金占4.4%，自营地折租占19.2%。由此可见，近年来粮食生产成本的上涨有2/3以上是由人工成本和土地成本上涨推动的，而人工成本和土地成本的上涨具有较强的刚性特征。

---

① 此部分有关粮食成本收益的数据均来自历年《全国农产品成本收益资料汇编》（国家发展与改革委员会价格司编，中国统计出版社出版）。

表 4　　　　　　　　　中国三种粮食品种平均成本年均增长率　　　　　　　单位:%

平均成本	1979—1985 年	1986—1996 年			1997—2004 年	2005—2013 年	2014—2015 年
		合计	1986—1993 年	1994—1996 年			
每亩总成本	3.4	16.3	11.7	29.6	0.2	11.2	3.1
每亩生产成本	2.9	16.2	11.6	29.3	-0.5	10.6	1.6
每 50 公斤主产品总成本	-0.1	14.7	9.5	29.8	-1.1	10.2	0.5
每 50 公斤主产品生产成本	-0.6	14.6	9.4	29.5	-1.8	9.6	-0.9

资料来源: 根据《全国农产品成本收益资料汇编（2006—2016）》计算整理。

很明显, 生产成本过快上涨并居高不下, 严重影响了农民的种粮收益和农业国际竞争力。在 2011 年之前, 尽管粮食生产成本上涨幅度较大, 但由于国家实行粮食托市收购政策, 粮食销售价格提升的幅度更大, 农民的种粮收益得到了保障（郭永田、翟雪玲, 2016）。2004—2011 年, 三种粮食品种平均出售价格年均增长 9.3%, 分别比其每 50 公斤主产品总成本和生产成本年均增长率高 2.5 个和 3.3 个百分点。然而, 自 2012 年以来, 受国际粮食价格持续下跌的影响, 国内粮食价格上涨的空间日益受限, 尤其是 2015 年主要粮食品种出售价格全面下跌, 而粮食生产成本仍在继续刚性上涨, 导致成本 "地板" 日益接近甚至超过价格 "天花板", 农民种粮收益下降到 2004 年以来的最低点。与 2011 年相比, 2015 年, 三种粮食品种平均出售价格仅提高了 0.7%, 而每亩生产成本却上涨了 36.0%, 其中, 人工成本上涨了 58.0%, 土地成本上涨了 45.4%（其中, 流转地租金上涨了 105.1%）。尤其是玉米、大豆, 由于成本 "地板" 超过了价格 "天花板", 2015 年, 单位面积和单位产量的净利润均为负, 其生产已经处于全面亏损状态。

（二）长期过量使用化肥和农药, 使农产品和环境安全受到威胁

中国不仅人均耕地数量少, 而且耕地质量总体偏低, 基础地力相对不足。据农业部 2014 年全国耕地地力调查与质量评价结果, 2012 年底, 在全国 18.26 亿亩耕地中, 基础地力较差的七至十等地面积占 27.9%[1]；而据全国耕地质量等别年度更新评价成果, 在 2014 年全国耕地评定总面积中, 优

---

① 参见农业部《关于全国耕地质量等级情况的公报》, http：//www.moa.gov.cn/govpublic/ZZYGLS/201412/t20141217_ 4297895. htm。

等地仅占 2.9%，中低等地所占比重高达 70.6%，其中，低等地占 17.7%[①]。由于耕地质量和基础地力偏低，长期以来中国农产品尤其是粮食的增产高度依赖化肥、农药、除草剂等农业化学品的大量投入。其中，仅化肥施用对粮食增产的贡献率就在 40% 以上[②]。在增产导向型政策的刺激下，改革开放以来，中国化肥、农药等使用量成倍增长。1978—2015 年，全国粮食产量增长了 1.04 倍，而化肥施用量却增长了 5.81 倍，单位播种面积化肥施用量增长了 5.15 倍。同时，1990—2014 年，全国农药使用量增长了 1.47 倍，远高于同期粮食等主要农产品产量的增长幅度。目前，中国化肥、农药等使用已处于严重过量甚至"泛滥"的状况。按照农业部的数据，中国农作物化肥施用强度为 328.5 公斤/公顷，是世界平均水平的 2.7 倍[③]；而按照 FAO（2015）提供的数据，2010—2012 年，中国耕地和永久农田化肥施用强度高达 520.9 公斤/公顷，是世界平均水平的 4.2 倍。二者的估计结果存在较大差异，可能是统计范围和计算方法不同引起的。2015 年，中国化肥施用量（折纯量）达到 6022.6 万吨，约占世界化肥消费量的 1/3。如果按农作物总播种面积计算，中国化肥施用强度大约为 362.0 公斤/公顷。考虑到存在复种的情况，如果按总耕地面积计算，则中国实际的化肥施用强度平均达到 446.1 公斤/公顷，几乎比国际公认的化肥施用安全上限（225 公斤/公顷）高出 1 倍（见图 2）。事实上，自 20 世纪 90 年代以来，中国农作物的化肥施用强度就越过了安全上限，并呈现出不断增加的态势。这表明，化肥施用长期处于严重过量的状况。全国农药使用总量虽然在 2015 年已出现下降趋势，但目前使用强度仍处于较高水平。化肥、农药等农业化学品的长期过量使用，不仅导致土壤养分失衡、土壤肥力和有机质含量下降，使土壤和水环境污染问题日益突出，而且大量有毒有害物质的残留也带来了严重的安全隐患，使农产品和环境安全受到威胁。在新形势下，中国农业可持续发展面临着更加严峻的挑战，保障农产品质量和安全的任务将更加艰巨。

---

① 参见中华人民共和国国土资源部《2015 年中国国土资源公报》，http：//www.mlr.gov.cn/xwdt/jrxw/201604/t20160422_ 1403267.htm。

② 《农业部关于印发〈到 2020 年化肥使用量零增长行动方案〉和〈到 2020 年农药使用量零增长行动方案〉的通知》（农发［2015］2 号），http：//www.moa.gov.cn/zwllm/tzgg/tz/2015 03/t20150318_ 4444765.htm。

③ 同上。

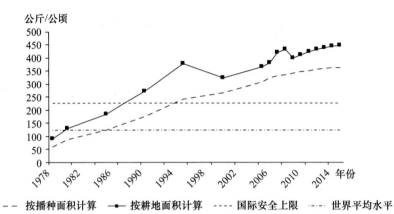

图2 中国化肥施用强度的变化

注：①2010—2012年耕地和永久农田化肥施用强度，世界平均水平为124公斤/公顷。②按1996年全国农业普查结果，全国耕地面积比上年增加36.9%；按2009年第二次全国土地调查结果，全国耕地面积又比上年增加11.2%，由此导致按耕地面积计算的化肥施用强度出现下降。

资料来源：根据历年《中国统计年鉴》和FAO（2015）中数据计算。

（三）长期困扰农业发展的"增产不增收"难题难以破解

增产导向型政策的一个重要特点，就是高度依赖化肥、农药等农业化学品的大量投入，以确保农产品产量不断增长。然而，单纯的产量不断增长并非一定会带来收入的持续增长，因为人工、土地等要素成本的上涨具有刚性特征，而大宗农产品价格则会因丰产或受进口冲击而停滞甚至下跌，这样，在成本不断攀升和价格趋稳甚至下跌的双重挤压下，如果国家的惠农政策又不能弥补成本增加或价格下跌带来的损失，那将很容易出现"增产不增收"甚至亏损的局面。通过对中国三种粮食品种产量和净利润增长的比较可以发现，1991—2015年间，有10年出现了增产增收即粮食产量和单位面积或单位产量净利润都增加的情况，有7年出现了增产减收即"增产不增收"，还有5年出现了减产减收，有2年出现了减产增收（见表5）。由此可见，自改革开放以来，农民"增产不增收"已经成为一种比较常见的现象。这种现象的产生与过去长期实行的增产导向型政策密切相关。在当前总量不足的矛盾已经解决的情况下，如果不从根本上改变过去那种单纯追求产量增长的思维定式和政策模式，并按照市场需求以提质增效为核心不断优化农产品结构，那么，就难以破解长期困扰中国农业发展的"增产不增收"难题。近年来，虽然中国农村居民收入获得了较快增长，但这种较快增长并非是主要依靠农业和农村来实现的。2014—2015年，经营净收入和财产净收入对农民增收的贡献率仅有31.4%，其中，农林牧渔业净收入的贡献率仅有15.8%。目前，农民增收越来越依靠农业和农村之外的工资性收入，尤其是外出打工的工资性收入，而过去占支配地位的家庭经营收入所占比重和增长贡献率都在急剧下降（魏后凯，2016）。显然，这种高度依赖农业和农村之外的城市导向型农民增收模式是难以持续的。从长远发展看，一方面，如果农民长期外出打工，并在城镇就业和居住，在尊重农民意愿的条件下，应该通过户籍制度改革和市民化的途径，将这部分人口转变为真正的城镇居民，其工资性收入也将统计在城镇居民收入之中；另一方面，城镇的繁荣不能以农村产业的衰败为前提，建设社会主义新农村需要农村强大产业的支撑，需要建立一种主要来源于农业和农村的农民增收长效机制，而不能将农民增收寄托在过度依赖农民大规模外出到城镇打工之上，这样只能会带来农村产业甚至整个农村的衰败。可以预见，随着大批进城务工人员在城镇安家落户并逐步实现市民化，未来农民增收将需要更多地依靠农村产业和财产性收入来支撑。

表5　　　　　1991—2015年中国三种粮食品种产量和净利润增长情况　　　单位:%

类型	年份	粮食产量	每亩净利润	每50公斤主产品净利润	类型	年份	粮食产量	每亩净利润	每50公斤主产品净利润
增产增收	1992	1.23	28.17	26.47	增产减收	1996	8.44	-30.48	-32.93
	1993	0.89	109.84	102.66		1998	3.05	-24.78	-23.93
	1995	6.65	17.40	16.92		2002	0.15	-87.67	-87.72
	2004	10.57	474.39	399.57		2005	4.00	-37.62	-35.78
	2006	5.84	26.42	23.28		2012	3.85	-32.84	-34.23
	2007	1.32	19.50	17.86		2013	2.48	-56.69	-55.99
	2009	0.83	3.20	6.59		2015	2.68	-84.33	-84.24
	2010	2.95	18.10	18.23	减产减收	1991	-1.52	-38.98	-37.29
	2011	4.71	10.38	6.03		1997	-1.11	-32.29	-32.46
	2014	0.80	71.07	61.82		1999	-0.21	-67.74	-67.80
减产增收	1994	-3.13	106.57	116.07		2000	-10.65	-112.59	-112.87
	2003	-6.00	603.91	634.38		2001	-2.03	-1324.53	-1284.09
其他	2008	5.06	0.65	-5.11		—	—	—	—

资料来源：根据《中国统计年鉴（2016）》和《全国农产品成本收益资料汇编（1992—2016）》计算。

四 新时期中国农业政策转型的方向

随着发展阶段的变化、居民收入水平的提高和消费层次的升级，中国农业发展面临的宏观环境和主要矛盾发生了重大变化。面对钢铁、水泥、电解铝、平板玻璃、船舶、房地产等诸多行业产能过剩的宏观环境，中国农业虽然不存在产能过剩的问题，但所面临的主要矛盾已经发生了重大转变，过去长期制约中国农业发展的总量不足的矛盾已经得到解决，而各种深层次的结构性矛盾开始上升为主要矛盾。这些结构性矛盾是导致中国农业竞争力较低、效益较差、质量不高以及农民增收难的根本原因。因此，要从根本上破解这些难题，就必须全面加快农业转型升级的步伐。可以说，当前中国农业发展已经进入全面转型升级的新阶段。所谓"全面"，是指在农业的不同行业、不同领域和不同层面，都存在着以提质增效为核心的转型升级问题，这种转型升级是整个农业部门或者大农业的转型升级，而不单纯是农业某一行业、某一产品、某一领域的事情；所谓"转型"，就是农业发展方式和发展模式的转变，其核心是采用现代科学技术和经营管理方法，促进传统农业加快向现代农业转变；所谓"升级"，就是根据市场需求以及农业增效、农民增收、农村增绿的需要，促进农业产业结构的升级和农业发展层次的提升。在当前新形势下，加快推进农业全面转型升级是一项重大的国家战略。正如2017年中央一号文件所指出的，要促进农业发展由过度依赖资源消耗向追求绿色生态可持续转变，由主要满足量的需求向更加注重满足质的需求转变①。实现这两个转变是当前农业全面转型升级的核心任务。

为促进农业全面转型升级，当前亟须从国家层面加快农业政策转型的步伐。如前所述，过去主要依靠化学农业支撑产量增长的增产导向型农业政策已经走到了尽头，日益暴露出诸多弊端和负面效应，亟待加快向以绿色农业为支撑、追求质量和效率的质效导向型农业政策转变。这种质效导向型政策在所面临的宏观环境、主要矛盾、政策目标、发展模式、改革方式和政策工具等方面，都与过去的增产导向型政策迥然不同（见表6）。在政策目标上，质效导向型政策以提质增效而不是单纯的产量增长为核心目标，它不仅要解

---

① 参见《中共中央国务院关于深入推进农业供给侧结构性改革加快培育农业农村发展新动能的若干意见》，http：//politics. people. com. cn/GB/n1/2017/0205/c1001 –29059232. html。

决居民"吃得好、吃得健康、吃得安全"即农产品质量和安全的问题,还要整合相关要素和资源,着力提高全要素生产率和资源配置效率。在发展模式上,要坚持农业的绿色化方向,尽快改变过去那种主要依靠化肥、农药等农用化学品支撑产量增长的化学农业模式,大力倡导和推动包括有机农业、生态农业在内的绿色农业模式,促进传统农业的绿色化改造和绿色转型。在改革方式上,必须改变过去那种以"保增产"为目标的供给侧改革方式,着重针对当前的结构性矛盾,从生产端和供给侧入手,采取供给侧结构性改革的办法,减少供给侧资源错配和无效、低效供给,扩大有效供给和中高端供给,着力提高农业供给体系的质量和效率。在政策工具上,则需要围绕降成本、提质量、增效益,实行整体配套的组合式政策,强化政府涉农资源整合和政策协调配套。很明显,只有采取这种供给侧结构性改革方式和组合式政策措施,才有可能从根本上有效破解当前农业发展面临的结构性矛盾,从而不断增强农业国际竞争力和可持续发展能力。

表6　　　　　　　　　增产导向型与质效导向型农业政策比较

	宏观环境	主要矛盾	政策目标	发展模式	改革方式	政策工具
增产导向型政策	短缺经济	总量不足	产量增长	化学农业	供给侧改革	单一政策
质效导向型政策	产能过剩	结构性矛盾	提质增效	绿色农业	供给侧结构性改革	组合式政策

农业政策转型是一项巨大的系统工程,既要保持政策的连续性和稳定性,又要体现新时期全面转型升级的目标和要求,突出政策的精准性和有效性。实行质效导向型农业政策,不仅要着眼于提高农业供给的质量和效率,有效破解农业增效难题,还要顾及农民增收和农村增绿问题,统筹协调好农业增效、农民增收、农村增绿三者之间的关系。也就是说,我们所倡导的质效导向型农业政策,既要有利于实现农业增效,也要有利于促进农民增收和农村增绿,是一种面向"三农"的"三增"政策。在农业增效方面,要着力围绕降低成本、优化结构、提高质量,深入推进农业供给侧结构性改革,从根本上改变过去那种主要依靠提高土地产出率的做法,全面激活劳动力、土地、资本、科技创新等要素,不断提高资源利用率、劳动生产率和科技进步率,依靠提高全要素生产率来增强农业国际竞争力,使农业真正成为一个具有较高经济效益和市场竞争力的产业。在农民增收方面,要着力依靠农业提质增效、农村产业振兴和财富变现,逐步建立一种有利于农民持续稳定增

收的长效机制。在当前经济社会转型时期，确保农民持续稳定增收，需要在依靠城镇化大规模减少农民的基础上，尽快改变过去那种高度依赖农民外出打工的工资性收入的城市导向型增收模式，依靠农村产业振兴和各种资源激活，逐步建立一个持续稳定、多渠道的农村导向型农民增收模式。一方面，要全面振兴农村经济尤其是农村产业，大力发展现代高效农业、农产品加工业和农村新兴服务业，促进农业产业链条的前后向延伸和农村第一、第二、第三产业的深度融合，为农民持续稳定增收提供坚实的农村产业支撑；另一方面，要依靠深化农村产权制度改革，全面激活农村各种资源，尽快打通"资源变资产，资产变资本"的渠道，实现农村资源的资产化、资本化、财富化，为农民持续稳定增收开辟新的渠道。在农村增绿方面，要充分挖掘和发挥农业的多重功能，大力发展有机农业、生态农业、休闲农业、观光农业、创意农业和景观农业，并加大农业面源污染的治理力度，分阶段、分品种、分区域推进化肥、农药使用从零增长逐步向减量使用转变，促进农业的绿色化和绿色转型。要在当前实施的化肥和农药使用量零增长行动方案的基础上，尽快研究制订并实施化肥和农药使用减量行动计划，并采取总量控制与强度控制相结合的办法，推动化肥、农药使用总量和使用强度实现"双下降"，使之逐步稳定在安全合理的适宜区间。

实行质效导向型农业政策还要正确处理政府与市场的关系。一方面，要全面激活各类主体，推进市场化改革，充分发挥市场在农业资源配置中的决定性作用。在市场经济体制下，农业结构调整是各类主体根据市场需求自主调整农业生产经营的一种市场行为。政府在推进农业结构调整的过程中，必须尊重农民和新型主体的意愿，充分发挥各类市场主体的作用，并通过规划和政策积极引导市场主体的行为，而不能过度干预甚至大包大揽，试图用政府取代市场，从而扭曲市场对资源的配置。为此，需要加快推进市场导向的农产品价格形成机制改革，逐步建立优质优价的价格机制，依靠市场导向的价格形成机制来引导广大农户、家庭农场、农民合作社、农业产业化龙头企业等主体的行为。另一方面，又要更好地发挥政府在规划引领、宏观调控、支持保护、市场监督、公共服务等方面的作用，建立符合质效导向的示范引导体系、支持保护体系、技术支撑体系、监督服务体系。在示范引导体系方面，要以农业科技园区、现代农业示范区、农业可持续发展试验示范区等为载体，积极开展特色农产品标准化生产、地膜清洁生产、农业物联网、田园综合体、农村产业融合发展等多领域的试点（验）示范，建立一批现代农业示范市、示范县、示范乡镇、示范园区，充分发挥其示范、引领和标杆作用，逐步构建一个多类型、多领域、多层次的现代农业示范体系，引导和促进农业全面转型升级。尤其是要采取分区域梯次推进的办法，鼓励那些有条件的省份率先开展现代农业强省建设，并在资金和政策上给予相应的支持，以加快实现中国由农业大国向农业强国的转变。在支持保护体系方面，要围绕提质增效和绿色转型，进一步完善农业补贴支持政策，调整农业补贴方式，增强补贴的指向性和精准性，着力加强对粮食主产区、粮食适度规模经营、耕地地力保护、绿色生态农业、农民收入等的补贴力度，切实提高农业补贴的效能。为适应农业绿色转型的需要，要加快建立农业投入品负面清单管理制度，研究制定化肥、农药减量使用支持政策，并采取财政贴息、奖励补助、税收减免等措施，对采用和推广有机肥替代化肥的行为给予相应支持。在技术支撑体系方面，要立足于优质高效、绿色安全的目标，加大农业科技资金投入，整合各方面科技创新资源，构建完善的国家农业科技创新体系、现代农业产业技术体系、良种繁育和疫病防治体系、农业技术推广体系，为推动农业全面转型升级提供强大的技术支撑。在监督服务体系方面，要立足于确保农产品质量和安全，实施国家农业品牌建设工程，进一步加强农业知识产权保护，强化农产品市场监管，建立完善的农业质量标准体系、农产品质量安全监管和全程可追溯体系。

参考文献

[1] 蔡昉：《遵循经济发展大逻辑　深化农业供给侧结构性改革》，《中国社会科学报》2016 年 11 月 16 日。

[2] 陈希煌：《全球竞争下农业政策的转型》，《农业经济问题》2008 年第 1 期。

[3] 陈锡文：《加快推进农业供给侧结构性改革　促进我国农业转型升级》，《农村工作通讯》2016 年第 24 期。

[4] 戴化勇、钟钰：《高库存背景下的粮食安全与政策改革研究》，《农村经济》2016 年第 5 期。

[5] 顾天竹、纪月清、钟甫宁：《中国农业生产的地块规模经济及其来源分析》，《中国农村经济》2017 年第 2 期。

[6] 郭玮：《农业补贴的政策转型与具体操作》，《中国农村经济》2003 年第 10 期。

[7] 郭永田、翟雪玲：《降本增效是农业供给侧结构性改革的关键》，《农村工作通讯》2016 年第 9 期。

[8] 李锐、郝庆升、高可、田欧南：《国外农产品加工业的发展经验及启示》，《黑龙江

畜牧兽医》（综合版）2015 年第 1 期。

［9］李周：《农业政策转型方向探析》，《中国国情国力》2015 年第 5 期。

［10］农业部经管总站体系与信息处：《2014 年农村家庭承包耕地流转情况》，《农村经营管理》2015 年第 6 期。

［11］农业部农产品加工局：《关于我国农产品加工业发展情况的调研报告》，《农产品市场周刊》2015 年第 23 期。

［12］农业部市场预警专家委员会：《中国农业展望报告（2016—2025）》，中国农业科学技术出版社 2016 年版。

［13］魏后凯：《论中国城市转型战略》，《城市与区域规划研究》2011 年第 1 期。

［14］魏后凯：《新常态下中国城乡一体化格局及推进战略》，《中国农村经济》2016 年第 1 期。

［15］魏后凯、韩磊：《中国农业发展的中长期展望》，《中国经济学人》2016 年第 4 期。

［16］钟真、孔祥智：《经济新常态下的中国农业政策转型》，《教学与研究》2015 年第 5 期。

［17］朱仁友、吴国平：《论我国农业政策的转型》，《天府新论》1999 年第 3 期。

［18］Food and Agriculture Organization of the United Nations（FAO），*FAO Statistical Yearbook 2013：World Food and Agriculture*，Rome：FAO，2013.

［19］Food and Agriculture Organization of the United Nations（FAO），*The State of Food and Agriculture—Social Protection and Agriculture：Breaking the Cycle of Rural Poverty*，Rome：FAO，2015.

［20］Food and Agriculture Organization of the United Nations（FAO），*Food Outlook*，http：// www. fao. org/3/a－i6198e. pdf，2016.

［21］World Bank，*World Development Report 2008：Agriculture for Development*，Washington，DC：The World Bank，2007.

（原文发表于《中国农村经济》2017 年第 5 期）

农产品成本中的活劳动要素

刘福垣

集体所有制农业经济中的产品成本核算是个"老大难"问题。农产品成本中是否包括活劳动要素，对于作为农产品成本的必要部分的人工消耗如何计算，这是经济理论界长期争论的一个问题。随着农村中各种生产责任制的建立以及各种专业户和专业联合体的涌现，农产品的商品率不断提高，农村商品货币关系有所发展，农产品成本问题又引起了人们的重视。目前正在进行的成本核算试点和成本调查中对人工费用的计算标准问题的研究，又为这个问题的解决提供了条件。下面谈谈笔者对集体所有制农业经济产品成本中活劳动要素的经济本质、核算范围、计算方法的看法。

一 农产品成本中的活劳动要素的经济本质

一些同志以集体所有制农业经济不存在工资范畴为根据，否认农产品成本中存在活劳动这一要素，否认在成本核算中计入人工费用的必要性和可能性。主张活劳动是农产品成本要素之一的同志们，也有几种不同的意见。笔者认为，这些不同的观点，来自人们对成本范畴的经济本质不同的认识。

成本这个范畴同价值、价格这些范畴一样，是商品生产和商品交换关系的理论表现。成本所反映的是相互交换产品的生产者之间的经济关系，而不是生产者内部的经济关系。成本范畴的有无，只和产品是否成为商品这件事相关，而和产品怎样生产出来无关。只要有商品生产，就有成本；只不过在不同的生产方式下，成本具有不同的历史表现形式。一些同志否认集体所有制的农业经济存在成本范畴，更不承认农产品成本中有活劳动要素，是由于忽视了一切商品生产都存在成本范畴的必然性，更忽视了在任何形式的商品生产中成本都不能不包括生产过程中耗费的生产资料价值 c 和生产过程中耗费的劳动力再生产所必需的生活资料价值 v 这两个要素。他们把成本及其要素的资本主义形式当作成本的唯一形式。另一些同志主张按劳动日分配值或农户在生产农产品的过程中实际负担的生活费用计算农产品活劳动成本，只注意成本指标的真实性，而忽视它的可比性，则是由于忽视了集体所有制经济中分配和消费方式的特点，忽视了生活基金在不同经营方式下的不同表现方式，把社员劳动日的分配值等同于工资范畴，把农户付出一定的劳动量所消耗的实际生活费用等同于必要生活费用。为了完整地、准确地把握集体所有制农业经济中统一经营和家庭分散经营条件下的农产品成本范畴，我们必须从成本在商品经济中的共性和它在社会主义合作经济中的个性两个方面，来分析农产品成本中的活劳动要素的经济本质。

（一）农产品活劳动成本是 v 的货币表现

把 $c+v$ 部分从商品价值中抽出来，并把它们的货币表现归结为成本这个经济范畴，在商品生产过程中有它的现实基础。

商品生产过程既是劳动过程和价值形成过程的统一，又是价值耗费和劳动耗费的统一。就再生产而言，不但需要实物补偿，而且需要价值补偿。成本就是商品的生产者花费在生产要素上并在价值上必须补偿的费用，在数量上等于生产者维持简单再生产的费用。成本构成中作为生产过程耗费的生产资料价值 c 的货币表现，是成本中的物化劳动要素；作为生产过程中耗费的劳动力再生产所必需的生活资料价值 v 的货币表现，是成本中的活劳动要素。

在商品生产发展的不同阶段上，由于劳动力和生产资料结合的方式不同，v 的表现形式也不同。但是，不管生产的社会形式如何，为了维持简单再生产，所有必要的耗费都必须进行补偿，包括生活资料资金耗费在内。生产过程中耗费的生活资料资金，不能因劳动者成为生产资料的主人，就不被耗费了。如果按照社会主义成本中没有活劳动成本要素的观点，我们的各个生产单位在出卖产品后，其收入只要补偿物化劳动耗费，一文不剩也是够本的了，剩余一文也算盈利了。这样，生产还能维持下去吗？所以，成本必须包括物化劳动耗费和活劳动耗费两个要素。它们是对应于生产要素中生产资料耗费和劳动力耗费而存在的。少一个成本要素，就不成其为成本，正如少一个生产要素就无法进行物质生产一样。

v 的不同的历史形式，反映了不同的生产关系，决定了不同生产方式下成本范畴的不同经济本质，并且具有不同的统计和核算形式。

马克思在论述资本主义成本范畴的特殊性时指出："把商品价值中那些只是补偿商品生产上耗费的资本价值的部分归结为成本价格这个范畴的办法"，"表示出资本主义生产的特殊性质"。① 有的同志根据马克思的这句话论证成本是资本主义的特有范畴，笔者认为这是一种误解。马克思在这里是说资本主义成本是用资本耗费来计量的，以补偿资本耗费为限，成本这个特点表现了资本主义生产的特殊性即雇佣劳动的性质。"资本家的费用是由预付资本，由他花费在生产上的价值总额构成，而不是由劳动构成，这种劳动是他没有从事过的，而且他花费在这种劳动上的无非是他为它们所支付的"②。由于劳动力成为商品，成本中的活劳动要素是劳动力价格即可变资本耗费，它与劳动力的价值即必要生活资料的价值经常背离，背离的程度取决于劳动力市场的供求关系，不管生产上耗费的劳动力的价值实际是多少，活劳动成本都以资本价值耗费为限。

小生产者不计算以 $c+v$ 为基础的统一的成本指标，但简单商品生产的成本范畴还是客观存在的，并且照样起作用。正如马克思所说，在简单商品生产条件下，"每个人都用自己的工具劳动，都自己出卖自己生产的产品，无论工具的费用或他自己从事的劳动的费用都属于他的费用。"③ 小生产者的实际成本也是以 $c+v$ 为基础的。不管小生产者计算与否，作为生产的费用已经在生产产品时耗费了。马克思在谈到小生产者的经营界限时指出："对那些拥有小块土地的农民来说……只有他在扣除实际的成本之后，付给自己的工资才是绝对的界限。只要产品的价格足以补偿他的这个工资，他就会耕种他的土地。"④ 用小生产者狭隘的眼光来看，"只有物化劳动的耗费，才是财富的让渡。"⑤ 劳动没有花费他什么，所以小生产者只把物化劳动的耗费当作实际的成本。但真正起作用的成本是"实际的成本"加"工资"之和，只不过生产的当事人没有把成本的两个组成部分归结为一个独立的指标而已。

---

① 《马克思恩格斯全集》（第25卷），人民出版社1974年版，第33页。
② 《马克思恩格斯全集》（第26卷第3册）人民出版社1972年版，第76页。
③ 同上。
④ 《马克思恩格斯全集》（第25卷），人民出版社1973年版，第908页。
⑤ 同上书，第778页。

我国目前从事家庭经营的农户已和简单商品生产条件下的小生产者不同了，他们的家庭经营只是合作经济经营方式的改变，农户和集体还有紧密的经济联系。农户在生产过程中除了支付生产和生活资金开支之外，还要向集体上缴应负担的国家税金、集体统一使用的各项提留。农户上缴部分既有实物，也有货币。每个农户都必须面向市场，都会有一部分产品是商品。因此，对农户来说，以 $c+v$ 为基础的完全成本核算也是必要的；而且集体经济也要在各承包户成本的基础上计算整个集体经济农产品的成本指标。

长期以来，我国农村生产队不计算以 $c+v$ 为基础的农产品成本，有如下三个方面的原因：第一，生产队的管理人员习惯于小生产的经营方式，受小生产传统观念影响很深，没有认识到成本核算的重要性；一些理论工作者在理论上也论证农业集体经济成本范畴不存在或不起作用。第二，对生产队来说，只有生产资料的耗费在会计账上是明确的，生活资料资金是由社员个人垫付的，必要劳动创造的价值 v 在生产队的分配方式上没有独立表现；生产队会计簿上没有补偿生活资料资金的独立开支项目，只有劳动日的实际分配额。因而，对生活资料资金耗费难以统计。第三，过去在处理国家和集体之间的关系方面，我们忽视了价值规律，不尊重生产队的自主权，也使生产队核算成本失去意义，这都属于经营思想和管理体制问题。由于生产上客观需要计算成本，因而这些不适当的东西就不能不改变。

农业生产责任制，使生产者的责、权、利统一起来，使他们更加关心生产的投入和产出的关系，也就不能不重视成本核算。在比较完善的承包制中，通过承包合同，客观上确定了承包户的计划成本；承包户为了降低实际成本以取得更大收益，也很有必要计算活劳动耗费的效益。有了生产的自主权，农户在剩余劳动力的安排上都很注意精打细算，确定投工于什么生产项目，用多少工收益最大。一些农户开始建立账簿，记录资金和劳动耗费，实行完全成本核算。有些社队还把各农户的成本资料对比分析，公布于众，从而调动了农户科学种田、降低成本的自觉性。在成本核算过程中，农户开始重视活劳动成本的核算问题。随着多种经营的发展，相当多的农民认识到了"时间就是财富"。

总而言之，我国集体所有制农业经济不管以何种方式经营，都存在着成本范畴，成本中都必然包括活劳动要素。不能像小生产者那样只把物化劳动的消耗算作成本，还必须把活劳动的消耗计入成本。

（二）集体的劳动日分配值或农户实际劳动时间内负担的生活费用不是 v 的独立表现

在统一经营条件下，生产队每个劳动日的分配值（即实际劳动报酬）是生产队在自负盈亏条件下按劳动量分配个人消费品时的计量单位；在家庭经营条件下，农户实际劳动时间内平均负担的生活费用，是农户消费水平的反映。它们都不是必要劳动创造价值的货币表现。一些同志把生产队劳动日分配值或农户实际劳动时间负担的生活费用看作是农产品成本中的活劳动要素，这仍然是从生产单位的内部关系，从分配和消费焦度看问题，并且把它们同资本主义的工资范畴和劳动力再生产费用混为一谈了。

笔者认为，在集体经营条件下的劳动日分配值和在家庭经营条件下实际劳动时间支出的生活费用，都是两种不同性质收入和支出的总和。

我国农村集体所有制农业生产单位的社员不仅是劳动者，而且是生产资料的主人，这种经济地位决定了社员无论在哪种经营方式下都是全部经营后果的承担者。集体内部的按劳分配和农户家庭的实际消费是在自负盈亏条件下进行的，生活消费额完全取决于经营的成果。它不是由生产过程中消耗的活劳动的再生产费用决定，而是根据总收入中可能用于生活消费的部分来确定的。简言之，社员分得的劳动报酬或家庭实际消费额不是根据劳动耗费确定，而是根据收入确定的。劳动报酬或家庭消费额既不保证补偿劳动力再生产费用，也不以补偿劳动力再生产费用为限。在集体经营条件下，社员分得的劳动报酬等于总收入减去生产资料资金耗费和各项提留；在家庭经营条件下，社员的实际消费额等于总收入减去生产资料资金的耗费、扩大再生产需要增加的资金、上交国家和集体的部分以及储蓄的部分。因此，作为生产资金的一部分的生活资料资金耗费，在集体统一分配方式上，在家庭消费过程中，都与其他项目混在一起，没有独立表现出来。在丰年，在经营管理水平高的单位，平均每个劳动日创造的净产值大于劳动日必要生活费用，集体可以多分给社员一些（工分值可以高一些）；在歉年，在经营管理水平不高的单位，常常是平均每个劳动日创造的净产值小于每个劳动日的必要生活费用，只能压低工分值。在家庭包干经营的情况下，因丰歉不同、经营不同，劳动时间内的实际生活费用也可以高于或低于劳动力再生产的必要费用。因此，既不能把社员分到手的部分作为劳动日分配值，也不能把农户劳动时间内实际负担的生活费用看作是必要劳动创造的价值 v 的独立表现。

在集体统一经营条件下，社员劳动日的分配值在经济本质上是两种收入的总和。一种是必要劳动创造的价值 v 的货币表现，用来补偿社员劳动力再生产费用支出；另一种是社员作为生产资料的主人得到的盈利分成或分担的亏损。我们用 $\pm m_x$（m_x 表示剩余产品的一部分）来表示分盈或分亏，那么劳动日的分配值 $p = v \pm m_x$，这两种不同性质的收入可以混入社员的钱包之中或粮仓之中，但在经济意义上是不容混淆的。在成本核算中，必须把它们区别开来。社员因补偿劳动力再生费用得到的部分，对集体来说是花费在生产要素上的开支，属于产品成本核算的范围。社员盈利分成得到的部分，不是成本范畴，而是利润范畴，不能计入成本之中。在亏损的情况下，社员劳动日分配值低于应得的劳动力再生产费用。从现象上看，集体的生活资料资金耗费没有达到劳动日的劳动力再生产费用的量；从经济本质上看，集体从给社员补偿劳动力再生产费用的生活资料资金中扣除了社员应分摊的亏损，在社员手里两种收入合在一起，劳动日分配值低于劳动力的再生产费用。这时按劳动日分配值计算成本中的活劳动要素，也不能反映劳动耗费的真实情况。

同样道理，在家庭经营条件下，农户劳动一天的实际平均消费额在经济本质上也是来源于两种收入的不同性质支出的总和：一种是必要劳动创造的价值的货币表现，用来补偿劳动力再生产费用的开支；一种是剩余劳动创造的价值的一部分，用来改善家庭生活。在亏损的情况下，如果没有储备基金，不但没有后一种开支，而且要压缩补偿劳动力再生产费用的开支。在成本核算时，由于用于改善生活水平的开支是剩余劳动创造的部分，不是生产要素上的开支，不能计入产品成本之中。在亏损情况下，虽然实际生活费用开支低于劳动力再生产费用，但仍必须按劳动力再生产费用计入成本。因为在这种情况下，是劳动力再生产费用补偿不足的问题，不等于生产中已经耗费的劳动力的生产费用就是这么多。耗费在前，补偿在后，不能以补偿定耗费。所以，对家庭经营条件下的农户来说，农产品成本中活劳动成本的核算范围仍然是必要的劳动力再生产费用，而不能以实际生活费用为准。这是生产资料和劳动力直接结合的生产方式的共同特点。

那么，是不是可以在分配和消费领域中把必要劳动和剩余劳动划分开呢？不可能。

按实际劳动报酬或实际消费水平计算农产品活劳动成本之所以错误，恰恰就在于这是从分配和消费领域来划分必要劳动和剩余劳动的界限。有些同志认为，社会主义条件下，必要劳动已经摆脱了资本主义制度下劳动力价值的狭小范围，因而必要劳动创造的价值和剩余劳动创造的价值没有什么确定的界限了，劳动日分配值就是必要劳动创造的价值的货币表现。他们主张：实际分配或消费多少，必要劳动创造的价值就是多少。这样，就把劳动力再生产费用当作没有客观标准的量。

其实，任何生产费用都不是在分配和消费领域，而是在生产领域确定的。农产品的成本之所以存在，是因为而且只是因为它在生产过程中已经作为所使用的生产资料资金和生活资料资金耗费掉了。所以，商品价值采取 $c+(v+m)$ 的形态，只是因为它首先采取了 $(c+v)+m$ 的形态。v 和 m 的分离虽然是在分配和消费领域中发生，却是在生产领域中确定的。只有确定了必要劳动，才能确定剩余劳动。必要劳动的量是由生产必要生活资料的社会必要劳动时间决定的。

劳动力再生产费用是由生产力发展的水平决定的，"在一定的国家，在一定的时期，必要生活资料的平均范围是一定的。"① 诚然，社会主义制度把人们的生活费用从劳动力再生产费用的狭小范围内解放出来，使人们领到的个人消费品的量可以"扩大到一方面为社会现有的生产力（也就是工人的劳动作为现实的社会劳动所具有的社会生产力）所许可，另一方面为个性的充分发展所必要的消费的范围"②。这是社会主义制度优越性的表现。但是，笔者认为这里所说的"必要"不是劳动力再生产的"必要"，而是作为生产资料的主人所必要的。不能把这两个"必要"混为一谈。我们这里讨论的是对生产要素劳动力再生产所必要的生活资料的范围问题，生产所必要的和生产所许可的范围是不相同的。生产所必要的，决定着劳动力再生产费用的界限；生产所许可的，决定着劳动者可能收入和可能消费多少的界限。马克思所说的在消灭资本主义之后，把工人个人消费的部分从资本主义限制下解放出来，就是说劳动者不但可以分得劳动力再生产费用 (v)，而且作为生产资料的主人还可以分到剩余产品的一部分 (m_x)。因此，劳动者在生产力许可的条件下可能消费 $v+m_x$ 这样多的生活资料，但不等于说劳动力再生产费用就是这么多。从前有的生产队劳动日分配值 $(v-m_x)$ 仅为几分钱，总不能说劳动力再生产费用就是几分钱吧！可见，从分配和消费领域来划分必要劳动和剩余劳动的界限，可以得出极其荒谬的结论来。

---

① 《马克思恩格斯全集》（第 23 卷），人民出版社 1973 年版，第 194 页。
② 《马克思恩格斯全集》（第 25 卷），人民出版社 1974 年版，第 990 页。

在成本核算过程中，不能把劳动力扩大再生产的费用和简单再生产费用混为一谈。只有简单再生产的费用，才是本发生期农产品的活劳动成本的核算范围。如果忽视了社员作为生产资料主人的经济地位，把劳动力简单再生产和扩大再生产混为一谈，把个人消费品中作为发展资料和享受资料的部分都算到劳动力简单再生产费用之中，正如资本家把本人的消费品费用计入企业成本之中一样，是不可思议的。资本家不会把自己的生活费用即企业主收入的一部分加到产品成本中去；作为生产资料的主人，社员也不应该把超过劳动力维持费用的作为盈利分成得到的收入算进产品的生产费用。

必要劳动不以劳动的社会形式为转移。自从有剩余产品以来，"必要劳动"和"剩余劳动"这一对经济范畴就已经存在了。这是从生产要素劳动力再生产的角度来划分劳动时间的科学概念。社会主义制度只是改变了剩余劳动的所有权，改变不了由生产本身决定的必要劳动和剩余劳动的划分及其客观界限。

成本只有建立在真实性的基础上，才有可比性。真实性和可比性是统一的。而只有合乎成本经济本质的费用支出才是真实的成本要素。对于产品成本的活劳动要素来说，只有作为生产要素之一的劳动力的再生产费用，才是真实的成本要素。无论是质的分析还是量的分析都证明，劳动日的分配值即所谓实际劳动报酬或社员劳动一天的实际生活费用，不是 v 的独立表现，不能作为计算农产品成本中的活劳动要素的根据。按劳动日分配值或实际生活费用计算的"农产品成本"之所以没有可比性，正是因为它不是真的成本。要准确地计算农产品成本中的活劳动要素的量，必须通过生活费用调查确定标准劳动日的必要生活费用，把 v 从分配值或实际生活费用中抽出来。

二 必要生活费用计算方法

按必要生活费用计算农产品活劳动成本，必须解决具体计算的理论问题和计算方法问题。计算的基本原则是等量的活劳动耗费要用等量货币来表现。为此，首先必须确定单位劳动耗费量所必需的劳动力再生产费用。农业中劳动量的计量单位是标准劳动日。为了保证等量劳动消耗用等量货币来表现，使各单位、各发生期成本具有可比性，必须确定标准劳动日和各地标准劳动日的必要生活费用（以下简称标准劳动日费用），使大家有一个内容统一的尺度。这样才能比较劳动量的消耗，才能核算成本。

（一）确定全年劳动力再生产费用

为了计算一个地区的标准劳动日费用，必须通过当地社员家庭生活费用调查，确定一个劳动力全年的再生产费用。社员家庭生活费用调查是一项复杂而细致的工作，实际工作部门有一套行之有效的统计办法。这里从原则上提出几个值得注意的问题。

第一，调查要分区进行，选点以中等队、户为主。中国这样大，地理气候相差悬殊，经济发展也不平衡，各地的必要生活费用是不会一致的。尺度要统一，不是说要用一个标准劳动日费用单价来度量全国各地的农产品活劳动成本，而是说它所包含的内容要统一，都是各地的必要生活费用的反映。内容统一才有可比性。相对地说，在黑龙江的高寒地区必要生活费用要高一些，在南方就低一些。同样一个劳动日，在前者必要生活费用可能是一元六角，后者可能仅为一元二角。如果生产同量农产品物质费用相等，活劳动用工量相同，那么北方的农产品成本可能较高。因此，必须分经济区来确定标准劳动日费用，用于各地的成本核算。国家有关部门为了从宏观角度研究问题，也有必要在各地标准劳动日费用的基础上确定一个统一的标准劳动日费用。

在确定调查点时，要注意代表性。实际消费水平太低，连起码的生活费用都保证不了的集体生产单位和社员户，不应选为调查点。在正常年景，上等的生活水平一般高于必要生活费用，下等的生活水平一般低于必要生活费用，而占大多数的中等的生活水平接近必要生活费用。既然我们不是确定实际平均生活费用，那么选点时，就应该选中等水平的。劳动力与人口比例也要反映当地平均水平。

第二，农民生活消费中的自给性产品也应按国家牌价计入生活费用之中。马克思指出，产品"一旦对外成为商品，由于反作用，它们在共同体内部也成为商品"[①]。农产品虽然没有完全商品化，但商品化部分受到社会必要劳动量的衡量，取得了价值形式，有了价格，比如一斤小麦可卖一角五分钱，那么，没有商品化的部分，它的主人也就认为堆在仓库里的每斤小麦都值一角五分钱。而且没有商品化的产品随时都有商品化的可能。我们在统计生活资料费用时，为了保证经济指标的统一性，对非商品化产品也应按商

---

① 《马克思恩格斯全集》（第23卷），人民出版社1973年版，第106页。

品化部分的价格来反映产品包含的劳动量。等量劳动创造的产品都应有等量的货币估价，这才能保证成本核算中的等量活劳动耗费有等量的货币表现。

第三，对调查取得的生活费用资料要进行分析和调整。调查全年劳动力再生产费用必须从调查社员实际生活费用入手，而社员的实际生活费用受实际收入水平影响很大。为了代表正常状态，必须对实际生活费用进行分析，剔除不必要的部分，调整不足的部分。这应是一个总的原则。坚持这个原则，所调查出来的资料才能反映必要生活费用；否则，就反映不了真实情况。如盖房和婚丧嫁娶方面超过当地朴素的风俗习惯的铺张浪费的开支，不属于必要生活费用的范围，都应当剔除。凡属于跨年度消费的就不能计入一年的生活费用之中，而应当合理分摊到受益年份。

第四，劳动力数要统计准确。我们确定的是劳动力的再生产费用，劳动力数不准确，平均每个劳动力负担的生活费用的误差就会很大。要把有劳动能力的人都统计在内，然后折合为标准劳动力数。有劳动能力的人，不管参加集体劳动的还是参加家庭副业劳动的，不管是承包的还是不承包的，也不管是否参加劳动，都属于统计范围。有劳动能力而不参加生产劳动的人，他的生活费用不是参加劳动的劳动力的必要生活费用，而是剩余劳动创造的价值的一部分。因此，在统计劳动力时如不把有劳动能力而不参加劳动的人统计在内，而这种人的生活费用则是统计在内的，那必然使每个劳动力平均的再生产费用虚假升高。

通过调查确定了调查点上全体典型户全年必要生活费用总额，除以全部标准劳动力数，就可以求得每一个标准劳动力全年的劳动力再生活费用。

（二）标准劳动日费用计算公式

我们把一个中等男整劳动力确定为标准劳动力，把标准劳动力在正常工作日内的中等劳动消耗（当前农业中等技术、中等强度的劳动消耗）付出的劳动量（即中等劳动定额）定为一个标准劳动日。正常工作日不能笼统定为"一天"。应该有一个统一的以小时为度的标准。这个标准客观上是存在的。

劳动时间的长短是有生理界限和社会道德界限的。马克思在《资本论》中指出："人在一个24小时的自然日内只能支出一定量的生命力。正像一匹马天天干活，每天也只能干8小时。这种力每天必须有一部分时间休息、睡觉，人还必须有一部分时间满足身体的其他需要，如：吃饭、盥洗、穿衣等。除了这种纯粹身体的界限之外，工作日的延长还碰到道德界限。工人必须有时间满足精神的和社会的需要，这种需要的范围和数量由一般的文化状况决定。因此，工作日是在身体界限和社会界限之内变动的。"[①] 在资本主义社会，工作日的长短最终由两个阶级的力量对比决定。社会主义社会劳动者自己当家做主了，可以按合理的限度来确定工作日长度了，应该是"劳动力的正常状态的维持决定工作日的界限"[②]。所谓正常状态的维持，"是这样的工作日长度和工作强度，它消耗工人一天的全部劳动力，但不损害他在第二天和以后完成同等数量劳动的能力。"[③] 农业劳动者的正常工作日长度，一般定为 8 小时比较合适。这样确定，同工业劳动消耗才有可比性。因此，我们把一个标准劳动力在一个以 8 小时为度的正常工作日内诚实地从事中等技术、中等强度的劳动的劳动量（中等劳动定额）定为一个标准劳动日。

要确定每个标准劳动日的必要生活费用，还须研究全年劳动消耗量和劳动力再生产费用耗费量之间的关系。设标准劳动日费用为 v，社员甲当年共做了 n 个标准劳动日（包括家庭副业用工），那么补偿这 n 个标准劳动日劳动消耗的再生产费用应该等于 nv。但 nv 是否就等于通过调查确定的家庭全年必要生活费用（劳动力再生产费用）W_t 呢？这是需要研究的问题。我们设劳动力所负担的平均每日家庭（不包括本人）必要生活费用为 v_1，劳动力自身休息日的消费量为 v_2，工作日的消费量为 $v_2 + \triangle v$（工作日和休息日消费量的差值，主要是劳动者本身因劳动而多吃、多磨损衣服的消费）。对一个常年劳动的人来说，工作日和休息日的消费量差别很小。实际上，节假日衣着和吃喝往往高于劳动日。所以 $\triangle v$ 一般可以忽略不计。但论证一个有争议的公式，为严密准确起见，暂时把它考虑进来为好。这样我们通过家庭必要生活费用调查得到的全年消费量 W_t 可用下式表示：

$$W_t = 365v_1 + n(v_2 + \triangle v) + (365 - n)v_2 = 365(v_1 + v_2) + n\triangle v$$

从上式可以看出，365（$v_1 + v_2$）是个定量；而标准劳动日数 n 是个变量，可以达 400 多个，也可以少到几十个。那么，多少劳动量负担 365（$v_1 + v_2$）是正常的呢？我们已经确定了正常工作日为 8 小时，也可以确定标

[①] 《马克思恩格斯全集》（第 23 卷），人民出版社 1973 年版，第 259—260 页。

[②] 同上书，第 295 页。

[③] 同上书，第 106 页。

准劳动力全年正常工作日的数量。农业劳动者全年劳动的正常工作日，我认为应和工人一样，为 306 个。标准劳动力在 306 个工作日内以中等劳动消耗付出的劳动量，就是 306 个标准劳动日。

工人和农民目前收入和消费水平不同，这是由历史上和经济上的种种原因造成的，我们目前还无力完全改变；但无论对工人还是农民来说，他们的正常劳动量都是由劳动的正常状态的维持程度决定的。农业生产的自然特点，每个劳动力平均占有土地的多少，等等，可以决定社员全年劳动的实际消耗量，但不能决定正常消耗量。正常消耗量是由劳动力消耗和恢复的生理界限和道德界限决定的。在一个自然日内正常消耗量为 8 小时，在一个自然年内正常消耗量为 306×8 小时，超过这个量便是不正常的，就要损害劳动力的再生产。因此，既然认为工人全年劳动 306 个工作日、休息 59 天是正常的，那么也应该承认农民全年劳动 306 个以 8 小时为度的工作日是正常的。在这 306 个工作日里，标准劳动力诚实地从事中等技术、中等强度的劳动的劳动量，就是 306 个标准劳动日。这样，工农之间的不同的具体劳动，才能抽象为有可比性的人类劳动，工农之间的劳动才有可比性，工业产品与农业产品才有可能等价交换。

农民一年的实际劳动量，往往超过或少于 306 个劳动日。他们在正常休息时间做工消耗的活劳动量，在生活费用上没有得到补偿。不会因为劳动者本人多劳动了几十天，他的未成年的女儿就多吃几十天的饭，他的住房就多了几十天的折旧，这部分费用没有发生。同样，也不会因为劳动者少劳动几十天，他的住房就少几十天的折旧，家属就少吃几十天的饭。因此，无论实际标准劳动日数 n 少于 306 或多于 306，在我们调查确定的全年必要生活费用 W_t 中只能包括 365（$v_1 + v_2$），不会多，也不会少。这 365（$v_1 + v_2$）只能由一年的正常劳动消耗量 306 个标准劳动日来负担。

这就很清楚了，不能简单地认为调查得到的全年必要生活费用 W_t 就等于实际支出的 n 个标准劳动日的劳动耗费的再生产费用。一般地说，W_t 不等于 nv，只是在 n 等于 306 的特殊情况下，W_t 才能等于 nv。所以，不能用公式 $v = \dfrac{W_t}{n}$ 求标准劳动日费用[①]。

---

① 苏联在 20 世纪 20 年代、60 年代曾用过这个公式。在我国最近的讨论中还有不少同志主张采用这个公式。

既然正常劳动耗费量为 306 个标准劳动日，那么，正常的情况下全年生活费用 W 应该按如下的公式来表示：

$$W = 365(v_1 + v_2) + 306 \triangle v$$

而 $W = 306v$，

所以，$v = \dfrac{365(v_1 + v_2) + 306 \triangle v}{306}$。

而一般情况下：

$$W_t = 365(v_1 + v_2) + n \triangle v$$
$$ = 365(v_1 + v_2) + 306 \triangle v + (n - 306) \triangle v$$
$$ = 306v + (n - 306) \triangle v$$

所以，$v = \dfrac{W_t}{306} - \dfrac{n - 306}{306 \triangle v}$。

这就是计算标准劳动日费用的一般公式。

如果 $\triangle v$ 在日常生活中确实存在，我们可以通过调查确定 $\triangle v$ 的大小，使用上面的公式就可以求得准确的标准劳动日费用 v。但是，$\triangle v$ 如果存在，也是一个很小的量，$\dfrac{n - 306}{306} \triangle v$ 就更小了，可以忽略不计。所以，笔者主张采用公式：

$$v = \dfrac{W_t}{306}（假定一户只有一个标准劳动力）$$

也可表达为：

$$标准劳动日费用 = \dfrac{典型户全年必要生活费用总量（元）}{306 \times 标准劳动力总数}$$

（三）标准劳动日费用的调整

通过典型调查计算出来的是一个或几个集体生产单位的标准劳动日费用。要解决一个公社、一个县或更大范围内的成本核算问题，必须根据应用范围加以调整。前提是应用的范围内每人的平均必要生活费用基本一致。这个范围和典型单位当然属于同一个地理和经济区域，所以调整的关键是人口和劳动力的比例。每个劳动力负担的人口越多，劳动力再生产费用越高，反之则越少。因此，通过典型调查计算出来的标准劳动日费用如果在不同人口构成的范围内使用，就必须调整。

例如，根据调查点的资料计算，标准劳动日费用为 1.47 元，一个劳动力负担 2.4 人，现在要采用的范围是全县，而全县一个劳动力平均负担 2.2 人，那么全县应用的标准劳动日费用 v 应这样计算：

$$v = \frac{1.47}{2.4} \times 2.2 = 1.35 \quad （元）$$

在时间范围内需要调整的是两种情况：一是必须随着价格变动及时按物价指数调整标准劳动日费用；二是根据生产力发展的情况，三五年内或者一个更长的时期内，生产力水平如果有了变化，即由于内涵上的扩大再生产，要求劳动力的培养训练费用等方面随之提高，这就要根据新的劳动力再生产水平，对劳动力再生产所必需的生活资料的范围和数量加以调整，把应该增加的费用计入。

总之，在不同空间和时间范围内标准劳动日费用是可以有差别的；因空间和时间上的不同而引起再生产费用的变化，也是有规律可循的。对于具体核算单位来说，主要是注意时间上的变化；对于计划部门来说，对时间和空间两个方面的变化都要密切注意，以便及时调整，使空间成本和时间成本保持各自的真实性和可比性。

（四）标准劳动日费用计入成本的方法

有了标准劳动日费用这个经济范畴，农产品活劳动成本核算问题就可以说是基本上解决了。计入成本的方法，在家庭经营的情况下和集体统一经营的情况下是不同的。

（1）家庭经营条件下的核算方法。

第一，要明确成本核算的主体和对象。在家庭经营条件下，农户是一个独立核算的基本生产单位，因此个别成本核算的主体是农户，计算出来的产品成本指标是户成本。我们应该把户成本和以集体为核算单位的集体成本区别开来，这种区别有重要的经济意义，它关系到成本核算在包干到户条件下的命运。明确了成本核算以户为单位，就不必区分承包地和自留地，而应统一按农户经营的农产品品种为成本对象。如棉花，不管是承包地还是自留地上的棉花，都是农户种的棉花，统一计算棉花的户成本就行了。因为在包干到户的条件下，无论是承包地还是自留地，农户是给予同等"待遇"的。

第二，要把全户参加劳动的人按集体统一的标准核定劳动力等级。那么，16 岁以下、55 岁以上的人如果经常参加农业生产劳动，这些劳动力怎么计算呢？笔者主张对 16 岁以下的按年龄段定等级，对 55 岁以上的人适当降低其原来的等级。假如一个 10 岁的小孩定为 0.4 个标准劳动力，和成年人一起参加同类劳动 4 小时，他力所能及的正常劳动消耗应折合为 0.2 个标准劳动日。应当注意：计算成本用的"标准劳动日"概念，与为收益分配而计算的"劳动日"（工分）不同。"劳动日"应当按劳动效果计算，如果一个小孩插秧和标准劳动力干得一样多，就应该与标准劳动力同样记工。从成本核算角度看问题，就要另行计算"标准劳动日"。因为劳动消耗及其费用支出与劳动的效果或效率是成反比的。有的田间作业项目，小孩往往在相同劳动强度的相同时间内比成人干得还多，这不等于生产上支出的人工费用小孩比成人多。成本是个支出范畴，它反映的是费用消耗水平。不能根据劳动成果折算费用支出。

第三，随时准确地记录各种作物的用工量，然后折合为标准劳动日数，用下述公式计算单位产品活劳动成本：

$$单位产品成本中的活劳动消耗量 = \frac{标准劳动日数 \times 标准劳动日费用}{总产量}$$

家庭经营取消了"劳动报酬""劳动日（工分）"这类范畴，使农产品的成本核算更加简单易行。

（2）统一经营条件下的核算方法。

一般把集体生产单位（例如生产队或承包小组或其他统一经营的联合体）的个别劳动日折合为标准劳动日，都利用"标准劳动工分系数"，即：

$$标准劳动工分系数 = \frac{选定的几个中等男整劳动力全年出勤天数合计 \times 10}{选定的几个中等男整劳动力全年工分合计}$$

标准劳动日 = 标准劳动工分系数 × 个别劳动日（按 10 个工分折合 1 个劳动日）

鉴于目前农村财会、统计工作水平不高和不齐，采用这种简便而又大体合理的办法是可行的。但从理论上看，这种方法还不精确，有待于改进。

在这种换算方式中，"中等男整劳动力全年出勤天数"的"一天"是没有标准的，只不过在本单位平均化罢了。各地、各单位的自然条件、土地和劳动力的比例、机械化程度、经营结构、作物布局不同，从而劳动天数不同；农忙、农闲天数比例不同；每个自然日内即使劳动强度相同工作日长度也不相同，从而各自的平均数也就不同。例如江南三熟制地区农忙和农闲没有什么明显区别，劳动天数多，劳动时间很长。上海郊区大田队一般出工310 天，菜田队出工在 330 天以上，劳动时间长达 15—16 小时的大忙天又很多。北方农闲时间长，劳动时间短，例如吉林省孤店公社，一般社员全年只能安排 255 天的农活。因此，用上述折算法求得的"标准劳动日"并不标准，没有可比性。

计算标准劳动日的时候所说的"一天"，必须有一个统一的长度标准，在这一前提下来折算才比较准确。如果按照 8 小时中等强度、中等技术水平的劳动量（工分数）来折合标准劳动日，为了求得标准劳动日 8 小时的工分量，必须确定 1 小时的工分数。各种农活同样劳动 1 小时劳动强度和技术水平是不同的。我们以中等强度、中等技术水平 1 小时的工分数为标准单位。例如，吉林省孤店公社农忙时 1 小时 2.5 个工分，一般强度为 2.2 个工分，农闲时 2 个工分。我们就按 2.2 个工分计，8 小时就是 17.6 个工分。如农忙时这个公社一天劳动 14 小时，每小时 2.5 分，共 35 个工分。用 8 小时的 17.6 个工分除 14 小时的 35 个工分得 1.989 个标准劳动日。例如一亩小麦用了 363 个工分，就折合为 20.6 个标准劳动日。目前一些地方采用的劳动定额、联产计酬形式是计时的转化形式，也不难折合为标准劳动日数。

实行联产计酬责任制的单位，有些是根据合同以产量、产值换工分，是以一定的用工量为依据的，也可以通过折算办法确定单位农产品所用的标准劳动日数。在这种情况下，社员实际用工量和集体按合同确定的实际支付量之间有了差异。作为集体生产的产品成本开支，只能以合同规定的用工量支付的数量为准；超产奖是剩余劳动创造的价值，不计入成本，应当从年终的盈利中扣除。

如果管理体制比较完善，完全可以不借助作为分配工具的劳动工分来折合标准劳动消耗，而可以直接根据各种农产品的用工量折合为标准劳动消耗。这和农户成本核算的原理是相同的。

我国关于如何计算农产品成本中的活劳动要素的讨论和理论研究已经有几十年的历史了，而真正探索如何调查和计算标准劳动日费用，实际用来计算农产品活劳动成本则才刚刚开始，资料有限，经验不足。上面的探讨还是肤浅的、不完全的。例如，对于复杂劳动和简单劳动、脑力劳动和体力劳动的标准劳动日如何折算，经营管理、科学技术等方面的劳动力再生产的必要费用如何计算，等等，尚未涉及。希望今后有更多同志做进一步的研究。

（原文发表于《中国社会科学》1983 年第 6 期）

进一步发展农产品批发市场的若干问题

张留征　张亚来　匡小东　张泉欣

我国的农产品批发市场在 1979 年就已出现，但大量兴办是在 1983 年以后。据浙江、广州、武汉、重庆一省三市统计，工商行政管理系统组建的批发市场，1979 年只有 1 处，1983 年有 39 处，1985 年第一季度发展到 207处。加上沈阳、成都、上海、天津、北京、西安、青岛、宁波等市目前至少有 284 处。这些市场若按经营范围划分，有同时经营各种农产品乃至乡镇企业产品的综合性市场和只经营单一品类（如水果、蔬菜、水产品）农产品的专业性市场两类，前者约占 44%，后者约占 56%。若按经营业务划分，可分为既搞批发又保留零售业务（或摊位）的批零兼营市场和纯批发市场两类，二者之比为 3∶1。

综观现有市场，具有以下四个特点：第一，是适应农村商品生产发展的需要，在农产品流通体制深入改革的基础上形成的一种有组织的自由流通渠道。第二，是贩运者、批发商、零售商活动的场所，自产自销农民所占比重甚低，甚至完全退出市场。第三，批发市场的辐射面大，是区域性的交易场所。第四，交易活跃，上市商品增加得很快，成交量、成交额大幅度上升。

农产品批发市场建立的时间不长，但在当前经济生活中起了重要的作用。首先，初步缓解了城市副食品供应的紧张状况，促进了市场繁荣，使城市居民日益增长的消费需求开始有所满足。其次，批发市场为生产提供信息，推进了传统农业生产结构的调整和新型产业的发展，加速了农村的分工分业。最后，批发市场密切了城乡经济联系，对我国农村商品流通体制改革，以及城市经济体制的改革都将发挥深远影响。

为了促进农产品批发市场的进一步发展，还有许多问题需要探讨。

当前，在农产品批发市场工作中存在以下问题：①基础设施建设跟不上，普遍的困难是场地狭小，设备简陋。②购销关系不稳定，影响均衡供货和开展正常的商品流通。③布点不尽合理，多数市场是在传统集散地基础上恢复组建而成的，或者是靠近车站、码头等交通咽喉地带辟地设置，发展很不平衡。

上述问题归纳起来，不外是市场本身的发展方向、促进市场发展的社会经济环境、如何发挥市场作用等问题。判断一个市场是否成熟，除了看它的辐射范围之外，还要看它内部的分工程度如何。这种分工一方面是按不同的商品分化出不同的专业市场；另一方面是在一个市场上，人流（客商）、物流（商品）、货币流、信息流的运转渠道的分化程度。这是我们考虑有关农批市场发展政策的一个基点。我们认为可以从以下几个方面促进农批市场的健康发展。

（一）处理好服务、管理和经营之间的关系，把市场服务业务从管理和交易中分离出来

目前，工商局系统的农批市场，贯彻的是"服务为主，管在其中"的政策，仅收取一定的管理费。在发展初期，这种市场的组织形式适应于商品批量小、客流分散的交易状况。随着上市交易的商品量增多，它的缺陷日益明显，尤其是不适应大批量商品交易的要求。表现在，一是由于市场没有自己的稳定盈利来源，缺乏发展资金，难以扩大市场的规模；二是市场的性质不明确，难以扩展市场的服务项目。目前把市场作为国家机关的下属单位，不允许扩展其服务项目。这种情况束缚了市场的发展，造成了市场场地狭小、设施简陋、功能不全。

为了促使农批市场进一步发展，应将市场的服务和管理分开。市场的行政管理，包括执行有关政策规定，是国家职能部门的职责；而为交易提供各种便利和服务则是一种劳务，这同管理在性质上是有区别的。实行两者分家，政企分开，把市场的多种服务业务作为一种经营项目来发展，有利于健全市场的功能。尤其是代理、推销和信息等业务，可以得到较快的发展，从而加快商品流转的速度和扩大交易范围。同时，由于市场可以盈利，有了自身积累的途径，也可以解决其发展和基建资金的问题。市场若可以得到较多的建设基金，就可以使投资分配更加符合商品流通规律的要求，避免靠行政办法分配资金的盲目性。作为经营实体的市场，在行政管理上，可以仍归工商局，但它应当是有着相当的经营自主权的独立核算单位，有权支配其完税后的利润。

（二）处理好商品经营和服务经营的关系，确保市场经营者的"中间人"的地位

一些同志不同意把市场办成经营实体的原因，主要是担心从事经营的市场会有排他性，不能给各方面的交易者提供平等的机会，最终会限制市场正常发挥作用。我们认为，应当划分商品经营和服务经营的不同性质和不同内容。如果市场的经营者全力去搞商品经营，则有可能产生排他性。但是，让市场的经营者全力去搞市场服务经营，就可以把其利益和市场的交易量结合起来。这样就可以促使市场不断地改进服务质量，广招生意。由此可见，应当限制的是市场经营者从事商品经营，而不是排斥一切经营内容。我们可以用一些政策法规的形式，规定市场经营者的法人地位，规定其从事商品经营的限额（完全禁止则不利于地区商品供求调节），以确保市场经营者处于商品交易利害之外的中间人的地位，全力发展市场服务业务。

（三）鼓励多种组织经营形式的批发市场的发展

市场的组织形式最终是由商品生产发展水平所决定的。管理、服务和经营相分离的方针只能作为农批市场的一个方向。各地区的经济发展水平不同，也应实行不同的市场建设方针。根据近几年来农批市场发展的经验教训，在发展初期，它需要借助国家机构（如工商局）的影响力和扶持；在交易规模比较大的地方，市场则要求独立发展。因此，在目前阶段，无论是服务和管理结合型，还是服务和商品经营结合型的市场，都应当受到鼓励，由市场在其发展过程中自然淘汰，自然选择合适的存在形式。

（四）提倡农批市场发展自己的商品供应基地和建立稳定的购销关系

农批市场基本上受价值规律自发调节，商品供求状况决定着价格水平。要实现市场的繁荣与稳定，必须有充足而又均衡的货源。这需要有个过程，目前应当鼓励市场自己组织货源，开拓一些与市场保持稳定供货关系的生产基地，在政策上要允许打破行政区划的界限，加强合同的管理。

（五）扩大市场辐射范围，把加强"无形市场"建设作为长远发展的方向

要想发挥农批市场诱导农业生产结构合理调整的作用，应尽可能地扩大市场的辐射面，把各地区、各种类型的批发和零售市场有机地结合在一起，形成一个畅通的市场网络。使农批市场不仅是进行交易的地盘，而且是市场内外的各种交易联系，这些联系交织在一起就形成了一个无形的市场。发达的无形市场，是我们发展农批市场的长远目标。无形市场的建设同有形市场的建设不同，不在于找地皮，盖房子，而在于创造客观的条件，使之成熟、发展。

首先，要进一步放宽长途贩运政策，支持贩运业的进一步发展。贩运是搞活流通的重要因素，也是农批市场兴衰的生命线。虽然目前长途贩运已经没有政策上的禁区，但在运输、税收制度等方面，还存在许多障碍。应当督促各地政府，想方设法解决贩运者的困难，消除不合理的税收关卡，简化买卖登记程序，稳定从事贩运活动专业户的情绪，鼓励引导贩运业向远距离、大批量的方向发展。

其次，要大力发展各种为商品交易服务的中间业务，为发展远距离交易创造条件。在农产品流通体制由以国家计划调配为主，转变为自由交易和合同交易为主后，除了运输问题外，远距离交易仍存在不少困难。一是在没有政府出面担保和组织的情况下，交易双方缺乏了解和信任，双方也没有条件直接了解对方和异地的市场情况。二是货流、客流和货币流没有条件分离，卖者必须带着商品去卖，买者必须带着钞票去买，既造成交易上的不便，又增加了流通中的风险。这类困难是使许多想进行远距离交易的客商裹足不前的重要原因。现代商业创造出了克服这种困难的办法，即发展各种为商品交易服务的中间业务，诸如合同公证、仲裁、保险、金融、货栈、商检等。通过这些中间业务，使交易者把对人的信任关系转化为对一整套制度和体系的信任关系，由一系列社会机构来担保交易者的利益安全。加上经纪人的作用，这套制度就可以使商品交易者之间不见面，不亲身验货，不亲自收货收款就能完成交易。加快了交易的速度，扩大了交易者活动的范围，为发展远距离交易创造了条件。当前主要是缺乏从事这类工作的专业人才，这就需要我们尽快着手培训有关业务人员。

（六）确保政府对农批市场的控制，充分发挥农批市场在宏观经济调节中的作用

农批市场虽然是一个独立经营的实体，但它作为商品的集散地，交易和信息的汇集点，可以在某些方面帮助政府实施宏观调节。第一，它可以迅速真实地反映商品的供求情况，作为政府进行干预以调节区域商品供求的重要依据。因此，应当建立主要农批市场定期向政府有关机构进行报告的制度，要求市场如实全面地反映主要商品的供求动态。第二，由于农批市场独立于交易双方的利益之外，它可以起到调节商品流量、流向、平抑价格的作用。各地方政府可以设立主要商品价格的平准基金，在一定限度内，交给中心批发市场，用于吞吐商品。政府应制定出台有关法规，确定市场机构使用这些基金的权限、条件和建立监督报告制度，以防止基金的滥用。第三，农批市场可以起到在销售过程中把生产者组织起来的作用。目前农业生产发展面临着如何扩大生产规模的问题。可以从流通领域入手，组织农民进行销售合作。应提倡由市场机构出面，有意识地鼓励农民进行联合上市销售产品。第四，工商行政部门应加强对农批市场的监督和管理。服务和管理分开后，工商行政部门摆脱了服务琐事的负担，集中精力在政策上对市场进行管理，监督交易的正常进行，保证农产品贸易和农批市场沿着健康的方向发展。同时，还应该鼓励国有商业企业参与农批市场上的经营活动，以平等的地位和其他交易者进行竞争。

（七）城市发展规划，应当为农批市场的发展留有位置，通盘筹划市场的建设和发展

一个功能齐全的市场应具备运输、仓储、展销和通信联络等方面的设施，而这些都要求占有相当的面积，尤其是鲜活商品交易更需要较大的场地。目前许多大中城市的农批市场，场地狭小，限制了交易规模的扩展，限制了市场服务项目的发展，是当前农批市场发展过程中亟待解决的困难。建议各地在城市规划中，保证农批市场建设的场地，为其发展创造条件。

（原文发表于《农业经济问题》1985 年第 12 期）

传统农业向现代农业过渡的世界历史进程

丁泽霁

一 什么是农业现代化

现代化是社会生产力发展的结果。一个国家要实现现代化，必须建立现代工业，实现国家工业化。由于现代化只能以现代先进的社会生产力为基础，这就规定了现代化，包括农业现代化的实质、内容和目的。

农业现代化的基础是现代工业技术在农业中的运用。当代社会生产力发展的最高水平是西方自 18 世纪以来的几次科技革命和产业革命的成果，亦即现代工业技术发展的成果。现代大机器工业技术是现代化的物质基础。现代工业技术在农业中的运用就可以使农业实现现代化。这就决定了农业现代化的基本特性：

首先，农业现代化意味着现代科学技术，主要是机械化工技术在农业中的广泛运用。人类已经取得的科技成果首先是机械和化学技术，已经实现的现代农业也首先是机械化工技术在农业中的广泛运用，即农业机械化和化学化。因此，现代农业可以叫作工业化农业，农业现代化也可以叫作农业工业化。

其次，农业现代化在经济上是物化在工业产品中的劳动在农业上的投入，并且这种物化劳动的投入逐渐超过农业自身活劳动的投入。简言之，就是以物资集约投入取代传统农业的劳动集约投入。现代农业在经济上是物资集约和技术集约的农业。

最后，由于运用现代工业技术成果于农业是农业现代化的基础，所以人们往往把农业现代化的内容归结为现代工业技术运用的若干表现，最通常的表述是农业四个化，即机械化、化学化、水利化、电气化。这样的表述，强调了农业现代化的基础在于在农业中建立起先进的物质技术基础，强调了先进的社会生产力的作用；但仅仅以采用若干具体的生产技术措施来说明农业现代化的全面的系统的内容，又是不完全的。应该说，农业现代化，可以有狭义的概念和广义的概念。

由于现代化必须建立在先进的社会生产力基础上，而这样的生产力又是由现代化大机器工业造成的，所以人们往往只注意到生产的现代化，把现代化归结为某些经济部门的生产技术变革，也把农业现代化归结为生产技术上的变革。这样就形成了现代化，包括农业现代化的狭义的概念。狭义的概念所反映的是现代化，包括农业现代化的基础，强调了先进的社会生产力的作用。

农业现代化的广义概念，则既要采用现代工业的物质技术，也要采用现代科学方法、管理方法，还要发展农村文化教育。但由于农业的特点和农村的特点，农业现代化有它独特的需要解决的问题：在搞农业机械化时要注意农业合理化问题；在实现体制现代化时要完成农业社会化；在实现人的现代化上，要使农村人口从愚昧走向文明。最后一项任务既重要，又艰巨。

二 农业现代化的特点和难点

农业现代化是整个国民经济现代化的一个部分，但是农业现代化又有自身的特点。

1. 建立现代农业既要用大机器工业的物质技术进行装备，又要按照农业生产的特点，注意保护农业生态环境，要做到农业合理化

简言之，就是在农业生产中生物因素和环境因素必须协调配合。因此，在用现代工业技术装备农业的时候，除了要考虑取得高产外，还要考虑采取合理的、保护农业生态环境的措施。

20世纪70年代，农业生态经济理论逐步形成，使人们对农业生产的特点有了进一步认识。建设生态农业作为农业现代化的一个重要内容，已经在世界范围内被广泛考虑。建设生态农业，可以使农业现代化既采用现代工业技术的成就，又注意到尊重自然规律，使农业趋于合理化。

2. 建立现代农业要使农业生产经营管理以至于整个农业生产过程和流通过程实现社会化

农业社会化包括：对分散的农业经营实行农工一体化经营，把农民联合

成合作社经营，建立代表农民的经济组织，对农民提供各种社会化服务，等等。通过各种社会化形式，把农业生产纳入社会化大生产之中。

对许多后进国家来说，由于农业现代化在起步时面临的是众多分散的小农经营，它们经营规模小、资金短缺、生产分散，不能很好地利用现代工业提供的物质技术。尤其是当整个国家进行以工业为主体的现代化建设时，国民经济对农业的需求越来越多，而分散的农业经营既不能很好地进入市场，也不易纳入国家计划。因此，在这些国家，在农业中采用现代工业提供的物质技术的同时，还必须把分散的农业经营纳入社会化大生产的轨道之中。换句话说，就是要在用现代工业技术装备农业的同时，实现农业社会化。农业社会化不但要使农业生产经营管理实现社会化，而且还要使整个农业生产过程和流通过程都实现社会化，使农业生产成为社会生产的有机组成部分。传统农业中，农业部门的生产经营是孤立的、封闭的单家独户的生产，甚至可以完全依赖土地上的产品，建立自给自足的农业经济。农业作为一个产业的这种状况与现代化格格不入，在现代化进程中必将逐步改变，逐步变成与社会经济其他部门紧密关联的生产部门。

3. 建立现代农业，必定会出现农业人口向非农业部门大转移的客观过程

原来依靠农业为生的人口占全国人口的绝大部分，如果没有农业人口向非农业部门的转移，就不可能用先进生产工具装备农业。也就是说，不可能建立现代农业。另外，由于其他新兴部门的建立或扩大又都需要大量劳动力，其来源只有从农业部门中吸收。这样就使农业现代化过程不同于其他经济部门，即随着农业现代化的进行，农业部门中的劳动力因转到其他经济部门而日趋减少；而其他经济部门则大多是随着现代化而增加其劳动力数量的。农业现代化的这个特点，叫作农村劳动力转移，亦即农村人口城市化，或城镇化。

4. 农业实现现代化的后进性

由于以上特点，又使农业现代化具有比国民经济其他部门现代化要晚的特点，表现在：

首先，农业是科学技术应用的后进部门。这是由于随着农业生产自身的发展，它越来越依赖工业给它提供的生产资料。早在铁器使用时，农业生产资料已经要依赖手工业生产了。产业革命以后，大机器工业为农业提供了许多先进的物质技术。但重大的科技新成果都是首先应用于工业、交通和军

事，然后才应用于农业。农业在科技应用上的后进性，使农业现代化晚于其他经济部门的现代化。

其次，农村是现代文明的后进地区。这是由于农业生产是古老和基本的经济部门，农村是分散的，农业劳动可以单家独户进行。因此，农村中较易保存旧的传统，农村中的文化活动较少，农村教育也相对落后于城市，农民之间的社会联系也较少。这就使农村的愚昧和不开化的状况比城市更难改变一些。

最后，农村是社会变革的后进地区。历史表明，社会制度变革，先发生在城市，以后才扩展到农村。

资本主义首先发生在城市，建立起大机器工业，并发展了城市商业、金融业。当这些资本主义企业集中在城市的时候，农村还处在前资本主义状态。欧洲主要资本主义国家在 18 世纪以前在城市中就已形成资本主义经济，到 19 世纪后半期才在农业中产生资本主义经济。日本明治维新发展的是资本主义经济，但在农业中却发展了封建性的佃农小土地经营。欧洲移民在美洲建立起资本主义工业的时候，在美洲土地上首先建立的是个体农民的小农场和奴隶制种植园。这以后才是由小农个体经济中分化出资本主义农场主。

以上关于农业中应用现代工业技术的后进性、农村文明建设的后进性、农村社会变革的后进性，都使农业现代化不同于其他经济部门，并给农业现代化带来困难。

三 世界农业现代化的道路

传统农业向现代农业过渡有着两种不同的形式：发达国家的农业现代化道路和发展中国家的农业变革之路。

西方发达国家向现代农业过渡，经历了两个方面的深刻变革：一是资本主义的大机器生产，推动了这些国家的工业化、城市化和城乡商品经济的发展，推动了现代农业的萌发和完成；二是资本主义生产方式的变革为现代农业的发展创造了社会条件。

随着近代工业的产生，大机器的普遍运用，在 18 世纪末和 19 世纪，工业化和城市化在西欧迅速发展，从而加速了城乡商品经济的发展进程，它把农民变为商品产品生产者，加强农民对货币的需要。这样，既破坏了农民家庭自给自足的自然经济，又推动了农业劳动力向工业转移和农业人口向城市流动。例如英国在18世纪60年代到19世纪40年代进行了工业化，城市人口在全国人口中的比重，在19世纪的100年间，从32%上升到78%。农村人口城市化的过程先后在各个国家出现。农村人口城市化和国家工业化，从两个方面改造着传统农业，一方面，随着城市化迅速发展，城市人口迅速增加，对肉食的消费需求因之迅速增加，加之工业生产的劳动强度大，要求补充较多的肉食，从而要求畜牧业生产增长。畜牧业的发展需要增加施用有机肥料和化学肥料，在饲草、饲料生产集约化的基础上建立集约化的畜牧业，以及为市场需求而种植多种农作物。这样就引起耕作制度和农艺技术的变革。经过多年变革，形成专业化的种植业。另一方面，推进了农业机械化。但是资本主义使用机器的目的，不是为了节省劳动力，而是为了节省劳动工资。当购置机器的费用低于雇佣工人的工资，或能够带来更多利润时，就推动了农业机械的使用。18世纪末，首先在英国使用了条播机、中耕机。美国由于劳动力缺乏，在19世纪先后推广了各种畜力农具。现代化工业为农业制造了越来越先进的农业机械，欧美各国20世纪中叶完成了农业机械化。而农业机械化的完成，标志着农业现代化的实现。

欧美各国传统农业生产方式的变革，也是由于现代农业的技术革新与因循守旧、地块零散的三圃制发生矛盾；集约化的畜牧业与公共牧场的粗放饲养发生矛盾。因此，要采用新的技术和实行集约经营，不推翻封建制度是不可能的。推翻封建制度，在农村中没有这样的社会力量。只有城市中和工业中发展起来的资产阶级才能够有力量为现代化的集约农业开辟道路。从国情出发，资产阶级用不同方式去开辟现代农业的发展道路，也可归纳为资本主义在农业发展中的三条道路。

一种是英国式的道路。早在18世纪中叶，英国资产阶级就通过地产清理、圈并土地等把独立的小农铲除干净，并消灭了公共牧场。从而既为工业提供了充裕的劳动力，推动了工业发展；又废除了三圃制，在资本主义农场上推广改良农具，逐步开始了农业现代化。

另一种是普鲁士的道路。普鲁士的农奴制改革很不彻底，农民仍处在半农奴状态，没有充分形成独立小农。因而在大部分耕地上，由原来的领主大庄园逐步转变为雇佣半农奴式雇农的资本主义大农场，并逐步在这种大农场使用现代农业技术。普鲁士的道路，不利于扩大国内市场，农业机械化进展缓慢。

还有一种是美国式道路。在西欧，法国走的也是这种道路。即通过资产阶级革命，使农民获得土地，成为小块土地的所有者。然后通过农民自身的分化，形成资本主义大农场经营，推进农业现代化。

经过 100 年左右，欧美各国通过不同道路而殊途同归，都形成以资本主义大农场为商品农产品的主要生产者；同时还有众多的家庭农场，为工业和大农场提供后备的或季节性劳动力。这些农场都逐步完成了农业生产现代化。

发展中国家的农业现代化，从实质上说，仍然需要解决像发达国家在一个世纪以前所遇到的那两个方面的问题，即实现工业化和废除封建土地制度。然而当前发展中国家所处的条件已经不同于当年资本主义发展时的条件了。这使发展中国家实现现代化遇到很大困难。但是，近半个世纪以来，发展中国家在实现现代化方面仍然取得一定成绩和经验，但也有一些教训。

发展中国家由于历史原因，有着复杂的土地制度。多数国家在独立后遇到封建土地制度阻碍社会生产力发展的问题。经过第二次世界大战后 40 多年的变革和发展，许多发展中国家资本主义农业经营已经或正在取代着封建土地经营，农村社会性质正逐渐发生着变化。

发展中国家在独立后，为发展民族经济，主要遇到三种土地制度的阻碍：一是封建的租佃制，地主把土地分成小块租给佃农耕种，收取实物地租或采取分成租制；二是封建庄园经营，由有依附关系的小农耕种，带有农奴性质；三是殖民者的大种植园。

在解决这三种土地制度上，有四种不同政策，亦即四种不同的道路。

第一种是通过土地改革（包括无偿没收地主土地和赎买地主土地两种办法），把土地转归农民所有，比较彻底地废除了封建土地制度，然后在小农分化的基础上发展资本主义农业经营（如韩国）。

第二种是通过土地改革，彻底废除封建土地制度以后，采取限制农民分化的政策（如缅甸采取巩固小农经营的政策；中国、朝鲜等采取组织农民生产合作社的政策）。

第三种是针对殖民者种植园，采取收归国有，改为国营农场或组建合作社。这属于对国内一部分土地实行国有。但也有对全国土地实行国有，分给农民耕种的（如缅甸、墨西哥），也就是上述第二种土地改革中的一种措施。

第四种是没有彻底进行土地改革（如规定土地限额，超过限额的土地由政府收买后再出售或分给农民，但是土地限额规定较高，给地主保留了较多土地）和基本没有进行土地改革，在保留较多封建关系和地主、大庄园主土地所有制的条件下，通过长期、缓慢的和平过渡，使地主经济或庄园主经济逐渐转变为资本主义农业经营。转化最快的地方是拉丁美洲，过去封建大庄园和依附于它的小农已变成资本主义大农场和独立的小农经营。在亚洲，泰国、马来西亚、印度的旁遮普邦等地，封建的地主租佃制也正向资本主义经营转化。经过长期的演变，农村中占统治地位的已经不是封建土地制度了。这一种道路是多数发展中国家正在走着的道路。

在实现工业化方面，发展中国家在摆脱了殖民统治后，都力求最大限度地发展工业，力图通过工业化来发展独立的民族经济，并以工业来改造传统农业，实现农业现代化。但由于发展中国家和发达国家处于不同的历史背景和国际环境，除少数几个国家工农业得到发展外，很多国家走上了片面重视工业、忽视甚至牺牲农业的畸形发展道路。结果导致农村极为落后，城乡差距扩大，城市失业严重，社会治安混乱等不良后果。

因而，发展中国家进行现代化过程中，应吸取以下经验教训：

第一，在实行工业化时必须有农业部门的协调同步发展，即正确处理工农业关系。

第二，在经济领域现代化的同时，必须有经济体制和组织管理的现代化。各国应根据本国实际选择经济体制和管理体制，不能照搬西方的现成制度。

第三，贯穿在经济、技术、社会、政治等各领域现代化之中的必须有人的现代化，即人的知识化和思想、观念、行为方式的现代化。

四 现代农业的完善、提高及其前景

20 世纪 60 年代以来，欧美各发达国家在实现了农业机械化的基础上，进一步完善和提高现代农业。①依靠机械化工工业提供的物质技术，创立起一整套农艺技术体系，也使农业日益依赖农机化工制品。②提出纠正现代农业畸形发展的新的农艺技术的学说和试验，例如有机农业，持续农业等。同时，保护环境和自然资源已成为社会关注的重大问题。③农业劳动生产率和土地生产率的极大提高，使众多的农业人口转移到城市。1990 年，所有发达国家平均的农业劳动力在全部劳动力中的比重已下降到 8.3%，最低的英国为 2%，美国为 2.3%。④在农业成为商品率极高的生产时，使农业成为社会化的生产。许多原来在农业生产过程中进行的作业，从农业中分离出来，成为为农业服务的行业，农业生产成为社会上许多部门共同经营的生产。⑤农业与农产品加工业紧密联系，只有经过加工与包装的农产品才能在市场竞争中站住脚，因此，农工一体化发展起来。⑥农业生产的地区分工与专业分工越来越细，形成专业化的农业生产区域与生产者。⑦农场的规模逐渐扩大，大农场成为商品农产品的主要生产者。等等。

　　值得注意的是，在新技术革命浪潮推动下，出现了当代高技术，即当代尖端性先进技术，如信息技术、生物工程技术、新能源技术、新材料技术、空间技术和海洋技术。到 21 世纪，这些技术将逐渐成熟，形成高技术产业，将会导致社会经济巨大变革。其中个别技术，现在已经比较成熟，如微电子技术，已经广泛应用于社会各部门。现在发达国家中的一部分农场在生产管理上使用了电脑。这些高技术成果广泛应用于农业，最快也是 21 世纪下半叶的事。未来的高技术农业将比现代农业有以下进步：从现在的全盘机械化进到自动化；从利用不可再生的化石能源进到利用多种可再生的新能源；从有性杂交育种进到利用遗传工程技术人工定向创造新品种；从依靠机械化工技术强化土地生产进到合理利用与保护农业自然资源；从依赖自然进到局部地由人工创造动植物的生产环境正得到持续与合理的发展。

（原文发表于《教学与研究》1995 年第 5 期）

对粮食生产保护的国际比较

邓一鸣　陈劲松

从经济发达的市场经济国家产业结构演进的历史来看，当一国演进到高度工业化阶段以后，都对农业进行保护。这是一个普遍的趋势。粮食是国民经济一切部门基本投入物，其社会效益大，比较利益低且下降速度快；粮食价格与其他农产品比较处于下降趋势；粮食市场价格波动幅度大；粮食较其他农产品自然风险和市场风险都大，粮食对流动资金的需求呈急剧增长态势，粮食产业这些独特的特点，决定了各国政府对粮食产业应该实行高度的保护政策。

一　国际粮食保护的共同趋势

尽管世界各国经济发展水平、国家规模、地理位置、自然条件等存在巨大差异，但在粮食保护上有几个共同趋势。

（一）粮食保护的四个阶段

粮食保护水平的阶段性变化与一国工业化不同发展阶段紧密相关。

（1）工业化第一阶段是对粮食产业征税阶段。在这个阶段，工业是一个弱小的幼稚产业，其扩张所需的资本大部分取自粮食产业。因为粮食产业在工业化第一阶段是主体产业，粮食产值占农业总产值 50% 以上。这时粮食价格政策是抽取粮食剩余。世界各国抽取粮食剩余的方式有两类：一类是压低粮食价格，使工业由于低成本而获得超额利润的恶化贸易条件的政策类型。如美国 1933 年以前，中国及大多数发展中国家目前的粮食价格政策，都属于这一类型。另一类是粮食高价与高土地税相结合方式，也就是粮食贸易条件改善类型。这一类型代表国家是日本。粮食高价格刺激农民增加粮食生产，增加粮食剩余。为了使粮食剩余转移到工业，日本又采取了高土地税方式。据日本经济学家估算，在1888—1902年日本通过农业高税收为工业化提供了62800万日元的高额积累，占同期非农业投资的60%[1]。总之，在工业化第一阶段，绝大多数国家对粮食产业实行挤压政策，粮食产业处于负保护阶段。

（2）工业化第二阶段是工农业平等发展阶段。在这个阶段，工业已成为国民经济的主导产业，其自身资本积累的能力大为增强，对农业剩余依赖度显著降低。在工业化第二阶段，一方面，粮食比较利益迅速下降（甚至低于其他农产品）；另一方面，工农业技术进步出现巨大差异，粮食生产技术进步比工业慢得多，从而粮食劳动生产率提高速度比工业慢。再加上在工业化第一阶段对粮食剩余的抽取，出现了粮食收入与工业收入的巨大反差。为了使农民收入和城市工人收入差距不致过大，以免影响国民经济稳定发展，处于工业化第二阶段的国家都采取了农业与工业平等发展的政策。实行贸易条件恶化政策的国家，如美国，采取粮食平价政策和增加政府对粮食的财政补贴。美国1933年批准了《农业调整法》，其目标就是要达到使农民在购买力方面与非农民有一个"平等"的农业价格。当粮食市场价格低于平价时政府保证按平价收购。在这一阶段，美国还增加对粮食生产的直接补贴。美国在1933年进入工业化第二阶段以后，涉及粮食的财政补贴在1978年达到28.76亿美元，比1933年的1.31亿美元，增长了22倍。[2]采取改善贸易条件，以农业高税收挤压农业政策的国家，如日本，在工业化第二阶段则继续改善粮食贸易条件和削减农业税收来实现工农业收入均等化。日本的农产品与工业品相对价格指数如以1880年为100，到工业化第一阶段的1937年提高到125.9，到第二阶段的1960年继续提高到169.1。日本实行农业与工业收入均等的第二个措施是大量削减农业税收。在工业化第一阶段的1878—1882年农业税为6360万日元，占总税收入的91%，到1889—1902年下降到74%。到工业化第二阶段，农业税比重下降到26%，非农业部门税收上升到74%。[3]

---

① 参见李澈《工业化不同阶段的农产品的价格政策》，《经济纵横》1994年第2期。
② 参见徐更生《美国农业政策》，中国人民大学出版社1991年版。
③ 参见［日］速水佑次郎《日本农业保护政策》，中国物价出版社1993年版，第35页。

在工业化第二阶段，农业与工业平等价格政策的实质是工业品和农产品各自取得市场均衡价格，不能过多地提高农产品尤其是粮食的价格。这一时期的主要目的是降低农产品尤其是粮食的成本。因为从世界各国工业化实践经验来看，在工业化第二阶段，它们都将工业产品积极推向世界市场。要想使工业品在世界市场上具有竞争力，低成本是首要条件。显然，农产品尤其是粮食的低成本是保证工业品低成本的基础。所以，在工业化第二阶段，粮食价格不能过分提高，政府不能将粮食价格提升到市场均衡价以上。

（3）工业化第三阶段是粮食生产保护阶段，是工业支持粮食发展阶段。在这一阶段，工业已经成熟，工业自身的剩余除完全可以支撑其进一步扩张外，还有剩余用于扶持粮食生产发展。粮食产业在工业化第三阶段，由于非粮食农产品需求弹性增大，比较利益上升，粮食比较利益迅速下降，并处于最低点，种粮收益最低。这时，政府不对粮食实行保护，将危及国家的安定。所有进入工业化第三阶段的国家都对粮食进行保护，将粮食价格提升到市场价格以上。也就是人为地制定一个目标价格，一旦实际的市场价格低于目标价格，一种办法是由政府负责收购，另一种办法是由政府支付差价补贴。

（4）工业化第四阶段是减少粮食保护阶段。这一时期工业资源开始向第三产业转移，工业比重开始下降。在工业化第三阶段，由于将粮食价格提升到市场价格以上，结果粮食供大于求，国内产生大量剩余粮食，对国民经济产生了极其不利影响：其一，财政负担不堪承受。美国自20世纪60年代进入工业化第三阶段后，美国政府给谷物的直接补贴由1963年的10.58亿美元增长到1987年的114.21亿美元，增长了10倍多。其二，支付了大量的出口补贴。美国1961—1965年农产品出口补贴是54.66亿美元，到1985年增长到311.87亿美元，增长了将近6倍。其三，限制了资源由粮食向高价值、收入弹性大的作物转移。基于上述问题，发达的市场经济国家在工业化第四阶段，都不同程度地降低了对粮食的保护。美国1958年通过了"食品安全法案"，玉米支持价格1985年每蒲式耳为3.18美元，1986年为3.03美元，1988年为2.97美元，1989年为2.88美元，1990年为2.75美元。自1982年以来，主要的发达国家粮食生产者补贴等值呈下降趋势（见表1）。1996年3月美国国会通过的《1996年联邦农业完善和改革法》（简称"新农业法"），以推行农产品的国际贸易自由化为目的，明确规定要逐步减少以至于最终取消对以粮食为主的农产品的价格补贴和农场主的收入补贴。

表1　　　　　　　　　　发达国家粮食生产者补贴等值下降趋势

项目 年份	小麦		稻米		玉米		
	澳大利亚	欧共体	美国	欧共体	美国	欧共体	美国
1982—1983	11.8	5.8	7.8	43.9	23.0	488	4.2
1983—1984	5.7	44.9	38.9	32.5	81.0	263	51.7
1984—1985	2.8	37.6	17.2	27.0	35.7	221	7.6

资料来源：根据联合国粮食组织《农产品价格政策》第171页表5.2资料整理。

（二）发达国家（地区）开始实行粮食保护时，都有大体相似的指标

尽管发达国家（地区）开始实行粮食保护的时间不同，但在人均国民生产总值、农业就业份额、产业结构几个指标上都大体相似。

表2　　　　　对粮食保护开始年代及其他经济指标的国（区）际比较

	实行粮食保护开始年份	保护率（%）	人均国民生产总值（美元）	农业就业份额(%)	产业结构（%）		
					农业	工业	服务业
美国	1933	2	1126	22	11	41	48
法国	1950	22	909	29	15	48	37
日本	1955	24	1850	33	20	35	45
韩国	1974	75	964	42	24	29	47
中国台湾省	1975	17	803	30	15	38	47
中国大陆	1995	9.5	800	50	23	48	29

注：①根据［澳］基姆·安德森《中国经济比较优势》第28页、［日］速水佑次郎《日本农业保护政策》第8页资料来算。

②据［澳］基姆·安德森估计，中国1985年人均国民生产总值达到500美元，按年平均增长率4.8%计算，到1995年达到800美元。

通过表2看出，虽然发达国家（或地区）保护粮食开始年代不同，保护率不同，但人均国民生产总值在800—1000美元，农业就业份额在30%左右；农业产值份额在20%左右；工业产值份额在40%左右；服务业产值份额在40%左右。

（三）在确定粮食保护水平上，同一类型国家（地区）大体相同

以人口和农户耕地规模为标准，可将世界粮食生产分为三种类型：美

国、加拿大、澳大利亚等的新大陆型；法国、英国、德国的欧洲型；日本、韩国、中国台湾省、中国大陆等的亚洲型。这三种类型国家（地区）由于劳动力和土地比率不同，粮食劳动生产率与土地生产率存在着巨大差别。新大陆型国家由于土地多，农业劳动力少，土地生产率很低，劳动生产率很高；亚洲型国家（地区）由于土地很稀缺，农业劳动力多，故土地生产率很高，而劳动生产率很低；欧洲型国家土地和农业劳动力处于中间状态，故土地生产率与劳动生产率都处于中等水平。由于三种类型国家（地区）粮食土地和劳动生产率存在着巨大差异，故对粮食保护水平也有高低差别（见表3）。

表3　　　　　1992 年三种类型国家（地区）粮食生产率及保护水平比较

	新大陆型国家				欧洲型国家				亚洲型国家（地区）				
	美国	加拿大	澳大利亚	平均	德国	英国	法国	平均	日本	韩国	中国台湾省	中国大陆	平均
农业人均耕地（公顷）	51.1	95.4	109.4	62.4	8.4	11.6	14.3	11.3	0.96	0.69	0.58	0.27	0.81
土地生产率（公斤/公顷）	5365	2447	1764	4271	4906	6521	6287	5903	5347	5706	5136	4431	5795
劳动生产率（公斤/人）	104264	88446	58779	97837	25311	47999	40261	35131	3106	2255	2035	2174	2655
粮食名义保护率（%）	20.2	29.2	2.8	17.4	86	54	75	72.0	420	239	57	0	239

资料来源：①根据 1992 年《中国统计年鉴》《亚洲经济和社会统计资料汇编》《世界农业信息》1992 年第 20 期有关资料计算。

②美国、加拿大、澳大利亚粮食名义保护率根据世界粮食组织编《农产品价格政策》第 171 页表 5.2 小麦、稻米、玉米三种作物平均计算。德国、法国、英国粮食名义保护率来源于［日］速水佑次郎《日本农业保护政策》第 4 页表 1-2；日本粮食名义保护率取自第 8 页表 1-3。韩国、中国台湾省义保护率取自［澳］基姆·安德森《中国经济比较优势的变化》第 28 页表 2.4。

二　各国保护粮食生产的具体做法

各国政府对粮食生产提供保护的主要目的是保持粮食生产者获得较高的

价格和稳定的收入。粮食保护项目是根据粮食生产、流通、消费特点决定的。

（一）粮食边境保护

许多国家的政府，特别是发达国家的政府，采用贸易壁垒抑制进口或给予出口补贴政策，来提高国内粮食生产者价格，保持粮食生产者获得较高的收入。我们将发达的市场经济国家分为三种类型：粮食过剩型，以美国为代表；粮食自给型，以欧共体为代表；粮食不足型，以日本为代表。

1. 美国粮食边境保护

美国是世界上最大的粮食出口国，美国政府对粮食贸易实行保护政策。一方面，1935 年通过的《农业调整法》（修正案）第 22 条规定，当总统认为某种产品进口影响到农业调整计划的执行时，可以对该种农产品实行进口限额制度或按进口产品的价值征收 50% 的关税。另一方面，美国由于实行粮食价格支持政策，国内粮食价格通常要高于国际市场价格。美国要向世界市场出口剩余粮食，减少国内粮食市场供给量，只有实行出口补贴，降低出口销售价格。美国自 1985 年宣布扩大农产品出口计划以来，到 1990 年共补贴农产品出口 102 亿美元，其中主要是粮食和饲料谷物①。

2. 欧共体粮食边境保护

欧共体从总体来看，粮食自给稍有剩余，因而对粮食进口控制较美国严一些，对欧共体内部粮食生产者保护程度较美国高一些。欧共体对粮食进口规定一个"门槛价格"，这种价格具有进口"闸门"作用。欧共体按"门槛价格"与世界市场粮食价格的差额对进口粮食征收"撇油关税"。欧共体粮食出口政策是对粮食出口商给予补贴，补贴额等于欧共体内部市场价格与世界市场价格之差。

3. 日本粮食边境保护

日本是除大米以外的其他品种粮食进口国。为了保持国内粮食生产者获得较高的收入和较高价格，也为了国家安全和缓解农民政治压力，日本实行了极其严格的边境保护。除了对粮食实行数量限制外，农林水产省食品局还控制了稻米、小麦和大麦的进口。另外，除保税饲料加工厂进口的饲料用谷物和高粱免税外，对其他方面进口谷物和高粱要征收关税。每公斤谷物征收

---

① 参见徐更生《美国农业政策》，中国人民大学出版社 1991 年版，第 259 页。

15 日元的特别关税，高粱则征收 5% 的从价税。对进口混合饲料则征收 15% 的关税加以限制。与欧共体、美国所不同的是，日本极少用出口补贴的办法向国外倾销剩余稻米。

（二）粮食价格支持

发达的市场经济国家都把粮食价格提升到市场价格以上，国内粮食价格都高于国际市场价格。如果按粮食国内自给程度分类，粮食越短缺的国家，国内粮食价格越高。我们所选取的美国、欧共体、日本三个国家，有着共同的粮食政策目标——保持粮食价格的稳定和农民收入的不断提高，保证粮食安全，保持粮食消费者得到合理价格和稳定的供应。它们使用相似的手段去达到这些目标——直接的支持、不足价格支付、出口补贴、生产补贴等，但在具体操作上又有所区别。

1. 美国

美国粮食政策目标是对农民实行价格和收入支持。为了达到这个目的，美国政府对参加限耕计划的农民实行价格支持和直接补贴两种方式。但"新农业法"已放弃了这种实行了 60 余年的政策，规定经过 7 年的过渡期，将农场主推向世界市场。

（1）价格支持。美国政府在粮食价格支持上设立了目标价格、抵押贷款价格和差价补贴。目标价格是参加限耕计划的农民无论在什么情况下都能获得的实际价格。抵押贷款价格实际上也是一种支持价格，它是将粮食作为抵押品从农产品信贷公司获得无追索权贷款的一种特殊形式的支持价格。差价补贴是目标价格、抵押贷款价格和市场价格三种价格之间的差价补贴。

（2）直接补贴。直接补贴主要是实物补贴，是对参加休耕计划的农民给予实物。如 1983 年玉米休耕计划规定，如果农民参加该计划，必须休耕 20% 的面积。在此基础上再增大休耕面积，政府按照休耕面积正常年单产量的 80% 给农民发放玉米。

2. 欧共体

欧共体内部粮食价格支持系统有目标价格、干预价格、国家收购价格、欧共体市场价格。

目标价格是欧共体粮食价格上限。它是以干预价格为基础，再加上从法国粮食过剩区洛依锐特县到粮食消费区杜伊斯堡的运费和市场费。干预价格目前是欧共体粮食价格支持政策的核心。由欧共体理事会在每个年度（7 月

1 日至次年 6 月 30 日）开始之前确定出来。以干预价格为基础，向上可以计算出目标价格，向下可以计算出国家干预收购价格。国家干预收购价格相当于干预价格的 94%。当欧共体市场价格降到国家干预收购价格以下时，进行干预性收购。因此干预收购价格相当于最低保证价格。在收购数量上没有上限限制，但有下限限制，即谷物商交售来的数量未达到一定数量时，不予收购。

3. 日本

日本政府对粮食价格支持有以下几种形式：

（1）稻米价格支持。在确定稻米价格方面采用"生产成本和收入补偿"制度。所谓生产成本与收入补偿是指大米的生产者价格。它既保证了绝大多数稻农的水稻生产收入能补偿成本消耗，又保证了稻农的收入水平能与工人相当。

（2）最低保证价格制度。对麦类，加工用的甘薯、马铃薯，政府规定了最低价格。当市场价格低于最低保证价时，政府给予收购，保证生产者有稳定的收入。当价格上涨，可能引起市场混乱时，政府就抛出这些产品。

（3）差价补贴制度。政府对大豆规定一个目标价格，当市场价格低于目标价格时，政府用现金补给目标价格与市场价格之差。

（三）粮食生产领域保护

世界各国粮食生产领域补贴，包括农业生产资料，农业固定资本，休耕、转耕补贴和政府对土地、农业科研、技术、推广等方面的投资。

1. 农业生产资料补贴

对粮食生产实行价格鼓励与对粮食生产投入物（化肥、农药等）实行补贴是两种不同的办法。一般情况是，发达的市场经济国家采取价格支持办法，而大多数发展中国家采用生产资料补贴办法。

2. 对农业资本的补贴

日本对粮食生产领域补贴最高，如 1980 年资本补贴在农业固定资本构成中的比例，日本是 41.1%、欧共体平均是 30.4%、法国是 30.5%。[①]

3. 对基础设施的补贴

日本政府对土地基础设施投资的比例特别大。1960 年在政府补贴、贷

---

① 参见［日］速水佑次郎《日本农业保护政策》，中国物价出版社 1993 年版，第 54—55 页。

款和私人基金中，政府补贴份额为 66%，到 1980 年上升到 82%。① 这就是说，在土地基础设施投资中，绝大部分是政府补贴。美国对土地投资也是巨大的。1953 年美国水土保持计划投资 1.81 亿美元，到 1989 年上升到 17.71 亿美元，增加了将近 10 倍。

（四）粮食流通领域保护

粮食流通领域补贴是指粮食从生产者手中收购起来再销售到消费者手中的过程中的各种费用补贴。如购销差价补贴、储藏补贴、稳定市场补贴、粮食进出口补贴等。

1. 购销差价补贴

日本是实行购销差价补贴的。20 世纪 60 年代，日本政府在农民政治压力下，以农民所要求的价格收购稻米。但又考虑到消费者的抵制，销售价格没有提到应该提到的高度，购销差价由政府补贴。因为日本政府考虑到通过税收收入支持农民比通过较高的消费者价格支持在政治上更要合算一些。

2. 储藏补贴

美国、欧共体、日本等都规定了粮食目标价格和最低保证价格。当市场价格低于最低保证价格时，政府进行干预性收购；超过最高限价时，即抛售粮食压低价格。粮食储藏费用一般都由政府给予补贴。

（五）粮食消费领域补贴

世界各国在消费领域还采取目标补贴政策，对低收入者实行目标补贴。美国是发达国家中实行目标补贴比较成功的国家。在 20 世纪 80 年代初美国约有 1/10 的人享受目标补贴，每人每月平均领到 40 美元左右。美国实行目标补贴之所以能够成功，是因为美国有非常完善的程序来记录居民的收入和财产，并能对其进行交叉核对。

发展中国家很难做到对收入资产方面的资料进行交叉核实，也很难建立起不断的或经常的验证程序（如美国所使用的），以便能及时撤销已经变得不符合享受补贴资格的受益人的享受权。故发展中国家多使用比较鲜明的标志来确定享受补贴的人群。例如，南亚各国将纳税人排除在外；牙买加对老年人进行补贴；哥伦比亚对孕妇和儿童进行补贴；印度以儿童体重和身高来

---

① 参见［日］速水佑次郎《日本农业保护政策》，中国物价出版社 1993 年版，第 54—55 页。

确定是否享受补贴；秘鲁确定贫困居住区为补贴对象；亚洲一些国家提出"食物补贴用于劳动"，享受补贴的人必须登记参加工作；有些发展中国家确定低质粮食为补贴对象。

（六）粮食生产信贷保护

世界各国都对粮食生产进行信贷保护，理由是：首先，粮食生产是周期长、资金周转慢、风险大、利润低的产业，商业银行及私人信贷机构不愿意向农民提供贷款，需要政府给予信贷支持。其次，随着科学技术的推广应用，各种现代化的投入空前增长，粮食生产中大规模采用化肥、农药、良种等现代化中间投入，迫使农户每年投入大量的资金，对资金需求急剧增长。

1. 日本粮食信贷保护

日本政府对粮食信贷保护是通过"制度贷款"进行的。所谓"制度贷款"，是指按照法律、政令、条例等的要求，国家、地方公共团体或相当于地方公共团体的机构成为贷款的当事者，通过利息补贴、损失补贴、债务担保以及其他类似的优惠措施进行干预的那部分贷款。"制度性贷款"由两部分组成：一部分来自农林水产信用公司的政府基金中的低息贷款；另一部分来自农业信用部门，其中贷给粮食生产者的利息由政府给予补贴。"制度贷款"属于长期低息贷款，其利率比市场利率低 1/3—2/3。

2. 美国粮食信贷保护

美国对粮食信贷保护有两种方式：一是政府提供的保证贷款。所谓保证贷款有两种，即有保证贷款和被保险的贷款。在政府提供贷款保证的条件下，一旦贷款不能如期偿还，政府允诺支付由私人信贷机构提供的本金和利息。有保证贷款利率低于商业贷款的利率。被保险的贷款与有保证贷款之间的差别在于，被保险的贷款的保险费是由借款人支付的。二是政府贷款，是由政府农产品信贷公司提供紧急贷款、灾害贷款、农场经营贷款、农村社区贷款等。

（七）粮食风险保护

粮食是典型的风险行业，为此，世界各国对粮食实行自然风险和市场风险两种保护。

1. 粮食自然风险保护

（1）粮食作物保险。粮食作物保险实际上是通过交纳保险费使自然风险在农户之间（如果有补贴，在农民与纳税者之间）进行分担风险、分摊损失的保护措施。粮食作物保险分为单一险和多重险。综合世界各国情况又可发现，政府对粮食作物保险补贴的普遍规律是：发达国家补贴多，发展中国家补贴少；多重险补贴多，单一险补贴少；强制险补贴多，自愿参加的保险补贴少。

（2）灾害救济。灾害救济形式有发放救济款、提供优惠贷款和发放实物等，其目的是使遭受自然灾害的农民恢复生产和生活。

美国 1973 年、1977 年《农业法》和 1975 年《大米生产法》规定，谷物生产者在因自然灾害而不能播种或减产时可以得到灾害补贴。1981 年和1985 年又改为只有当谷物生产者参加了耕地面积缩减计划和作物保险计划以后，才能向他们提供灾害补贴。1988 年美国政府又制订了干旱救济计划。

2. 粮食市场风险保护

粮食市场风险包括国内、国际市场风险，粮食价格波动和粮食运输、储藏、加工过程中的风险。各国政府对粮食市场风险都极为重视，并且都对处于市场风险中的粮食生产加以保护。其保护手段：一是实行粮食最低保护价制度，当市场价格降到最低保护价时，国家要么进行收购，要么进行差价补贴；二是政府负担调节储备的全部费用，国家利用储备库存吞吐调节粮食市场的供求；三是政府为粮食市场提供各种信息服务。

（原文发表于《中国农村观察》1997 年第 1 期）

国际农产品价格波动因素分析[*]

——基于时间序列的经济计量模型

胡冰川　徐　枫　董晓霞

一　引言

2008 年 4 月，由于全球粮食价格暴涨，世界银行行长罗伯特·B. 佐利克在华盛顿召开的国际货币基金组织和世界银行春季会议上说，食物价格上涨可能会使 1 亿人口陷入更深刻的贫困[1]。与此同时，联合国粮农组织（FAO）宣布，全球有 8.54 亿人面临饥饿。2008 年 6 月，国际农产品价格进一步上涨：其中，食物价格指数较之 2005 年的平均水平上涨了近 80%，而小麦、玉米、大米、大豆的价格水平较 2005 年的平均水平上涨了约 200%[2]（见图 1）。

2008 年 6 月以后，由于全球经济形势发生了巨大的变化，由美国次贷危机引发的"金融海啸"对全球经济的影响不断加大：银行破产、证券价格暴跌、企业大规模裁员已经从华尔街蔓延到全世界，并开始逐步从金融界波及产业界。全球粮食价格出现大幅度下跌：根据国际金融统计（MF-

---

* 本文受中国博士后科学基金面上项目"论食物消费结构升级与粮食价格波动"（项目编号：20080430494）、中国博士后科学基金特别资助项目"中国粮食价格的趋势研究"（项目编号：20081147）资助。本文作者真诚感谢张晓山研究员、李周研究员、杜志雄研究员、党国英研究员、李成贵研究员、张元红研究员提出的修改意见与评论；感谢廖永松副研究员、刘长全博士、靖飞博士、俞立平博士在研究方法与技术路线方面给予的建议；感谢宋海英博士、张兰博士、杨美丽博士对本文的讨论与评价；感谢其他未知名的研究人员提出的相关宝贵建议。当然，文责自负。

① http://www.worldbank.org.

② http://www.imf.org.

IFS）的数据①，2009 年 2 月，全球食物价格指数较 2008 年 6 月下降约30%，而大米、小麦、玉米、大豆价格较 2008 年 6 月的最高水平也平均下降了 35%。

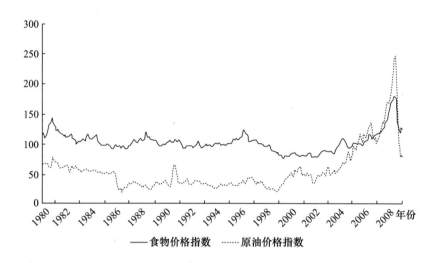

图1　国际食物价格指数与石油价格指数变动

资料来源：http：//www.imfstatistics.org/imf.

国际粮食价格从 2006 年 1 月开始到 2008 年 8 月经历了"过山车式"的变化。与此同时，全球性金融危机对中国的影响逐步显现，国内经济增长速度减缓，失业人数增加。针对严峻的形势，温家宝总理在 2009 年政府工作报告中强调，"巩固和加强农业基础地位，促进农业稳定发展和农民持续增收"，并提出具体措施，"以市场需求为导向调整农业结构"。因此，在这样的背景下，对国际农产品价格变动的影响因素进行全面分析就显得十分必要。

二　文献回顾

2007 年底，在国际粮食及其他农产品价格大幅上涨时，国内很多学者就已经开始关注这一问题，并对此次国际农产品价格上涨的原因形成了较为

---

① http：//www.imfstatistics.org/imf.

一致的共识。研究普遍认为：①农产品基本供求格局发生重大变化的最主要原因是生物质能源发展大幅提高了国际农产品需求（黄季焜、张林秀，2007①；钟甫宁，2008；李国祥，2008；税尚楠，2008）。②中国、巴西、印度等发展中国家经济的快速增长带来了全球农产品需求的增加。③石油价格上涨带来农业生产成本的增加直接促进了农产品价格上涨（李国祥，2008）。④跨国公司控制市场、国际游资参与和投机农产品贸易放大了新需求的影响（税尚楠，2008）。⑤自然灾害频发、生产周期性变动等影响农业生产特有的因素使得各国农产品供给减少，国际库存明显下降（钟甫宁，2008）。

对于2007年底开始的国内农产品价格上涨的原因，国内研究结论也较为一致。其主要观点可以归纳为②：①农业生产成本增加，包括土地租金和物质费用大幅度上涨；②由于近年来城乡居民收入明显增加，农产品消费结构升级较快，农产品需求持续快速增长；③受到国际农产品价格上涨的影响，一方面，油料、大豆、棉花价格会顺着产业链迅速变动，另一方面，国际农产品价格波动会对国内农产品价格预期产生影响；④货币溢出效应放大了农产品的涨价趋势，货币超量供给，使得货币供给与农产品的比例关系发生了变化，引起了农产品价格上涨。

国际上对农产品价格波动的研究也较为丰富。Rosen（2008）强调了食物价格上涨对依赖农产品进口的低收入国家的影响，指出需要增加国际粮食援助，同时也指出农产品价格在短期内存在不可预见性。进一步地，美国农业部经济研究局（USDA - ERS）建立了粮食安全模型，具体分析了粮食援助的数值。近期关于全球农产品市场与价格波动较为系统的论述，具有代表性的是Trostle（2008）的一篇研究报告。该报告首先分析了全球农产品供需变动的主要影响因素，对食物消费、生物质能源发展进行了重点讨论，并分析了美元汇率、贸易政策对农产品价格的影响。在此基础上，该报告指出农产品价格上涨对部分发展中国家的粮食安全带来威胁，不仅使得低收入国家增加债务负担，更使得部分国家出现政治危机；最后，该报告指出未来国际农产品市场仍然存在非常大的不确定性，农产品价格在局部地区短期内可

---

① 聂北茵：《张林秀解读近期中国农产品价格的剧烈波动》，《中国青年报》2007年8月5日。

② 黄庭满：《国内外专家认为：农产品高位运行不会引发全面通胀》，《经济参考报》2008年3月25日。

能下跌，从中长期来看，农产品价格将会持续上涨。从某种意义上讲，由于Trostle 报告为美国农业部（USDA）公布，其基本结论都与美国政府的利益相一致，值得仔细考量；但是，该报告至少系统地反映了一段时期内全球农产品市场的变动状况，有较为客观的数据作为支撑，其结论在一定程度上具有较高的参考价值。

国外学者在研究国际农产品价格波动的原因方面，关于生物质能源发展对农产品价格的影响研究颇多。Westcott（2007）详细介绍了美国生物质能源的发展战略，并指出美国生物质能源发展对玉米生产的直接影响以及对大豆等农产品生产的间接影响，并得出结论：生物质能源的发展将使美国农民收入增加，美国政府对农业的直接支付下降，美国农场的土地价格上涨；Coyle（2008）从技术角度出发，认为当前的生物质能源技术是低效率的；Tokgoz（2009）从石油价格变动对生物质能源发展的直接影响出发，讨论了生物质能源发展对欧洲农业的影响，并进一步通过对不同方案的模拟得出结论：随着石油价格上涨，生物质能源的不断发展不仅会对欧洲谷物价格产生影响，也将进一步给畜牧业和养殖业发展带来冲击。这类研究不胜枚举，无论从哪个角度或采用哪种方法，最终得出的结论都很一致：生物质能源的发展增加了农产品需求，从而提高了农产品价格。

就国际农产品价格波动的研究方法而言，国外很多学者利用计量模型进行分析，对于全球农产品价格波动的研究历史比较悠久。Van Tongeren 等（2001）从一般均衡模型的角度出发，分析了模型技术在农业政策分析以及农产品市场变动分析中的作用，尽管该文未对具体的农产品价格变动做出具体的实证研究，但从技术的角度指出了在农产品价格研究中采用模型的有效性；Benavides（2004）根据历史经验数据，采用时间序列模型对玉米和小麦价格做出分析，得出汇率、库存是影响玉米和小麦价格波动的主要因素的结论，并在此基础上进一步做出了预测。针对最新一轮的农产品价格波动，国外很多学者采用新的模型工具，得出了一些比较具体的结论：Valenzuela 等（2007）用实际的农产品价格变动检验了许多计量模型本身的有效性，得出不同模型对农产品价格波动分析各有优劣，不存在一种完美"模型"的结论；Mitra（2008）采用非线性 Cobweb 模型得出库存对粮食价格波动有着重要影响的结论。这些研究也从另一个角度说明，在国际农产品价格波动的研究方面，模型技术具有重要地位。

综上所述，对于国际农产品价格波动的命题，国内外研究既有相似之处，也存在明显差异。在研究视角方面，国内外研究都是从价格波动的原因出发进行分析，进而着重讨论农产品价格波动带来的影响，最后对未来农产品价格的长期趋势做出判断并提出相应的政策建议。而国外研究与国内部分研究的差异主要体现在两个方面：一是就研究范围而言，国外研究侧重于农产品价格波动对全球经济的影响，而国内研究侧重于国际农产品价格波动对国内经济的影响；二是就具体的技术细节而言，国外研究一般借助新的模型工具，得出了一些比较具体的结论，而国内研究以定性分析为主，得出宏观性的结论及政策建议。本文拟在国内外相关研究的基础上，定量分析各种因素对国际农产品价格波动的影响，并着重考察生物质能源发展对农产品价格波动的影响。

三 国际农产品价格波动的主要影响因素

综合国际国内相关文献，对于国际农产品价格上涨的原因，国内外主流观点基本一致。大多学者都认同：生物质能源的发展改变了农产品需求，带来了市场结构的变化，从而导致了农产品价格上涨。尽管对二者之间具体的定量关系以及具体的作用机制的研究至今还不十分充分，但是，仍然可以得出以下结论：①影响国际农产品价格在中长期波动的主要因素，或者可以称为"结构性"因素，包括人口增长、经济发展、生物质能源发展、技术进步等，特别是生物质能源的发展。此类因素从根本上改变了全球农产品市场的供求格局，改变了农产品价格的长期运行趋势，十分具有规律性。②除此之外，已有文献在很大程度上也对全球农产品价格波动做出了相应的模型分析，这些模型分析主要侧重于影响国际农产品价格波动的短期因素，例如美元贬值和市场的偶发性因素。此类因素在很大程度上具有随机性（见图2）。本文对于国际农产品价格波动的主要影响因素的分析也将从上述两个角度出发。

（一）结构性因素

就中长期影响因素而言，随着全球人口增长以及近年来的经济发展，粮食以及农产品的消费需求也有明显增长：一方面，食物本身的消费量增加，而且消费结构升级带来了饲料粮消费量增加；另一方面，以基本农产品为原

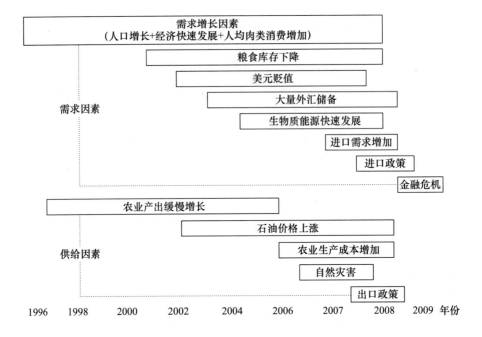

图2 农产品价格变动的理论影响因素

资料来源：Trostle（2008），后经笔者更新改进。

料的加工业的迅速发展，带来了相关农产品例如棉花、大豆、玉米需求量的快速扩张（程国强等，2008）。其中，以生物质能源发展带来的影响最为深远[1]，因为就目前的状况看，发达国家和地区（例如美国、欧盟）和农产品主要出口国（例如巴西）发展生物质能源的积极性很高，其原因在于：①在全球能源存量既定的背景下，全球能源消费增长（见表1）所带来的石油价格上涨问题日趋突出；②从贸易的角度出发，发达国家[2]并没有粮食出口的义务，也没有"养活"全世界的责任；③除了经济考虑以外，在发达国家内部，出于政治的考虑，同时为平衡其国内各利益集团的需求，发展生物质能源就成为一个很好的政策选择。

由此可见，影响农产品价格（P_{agri}）的主要结构性因素为人口增长（Pop）、经济发展（Eco）、生物质能源发展（Bio）。即：

$$P_{agri} = f(Pop, Eco, Bio) \tag{1}$$

---

[1] 这一判断目前在学界已经获得共识，可参见诸参考文献。

[2] 世界粮食贸易的格局在很大程度上是由发达国家出口到发展中国家。

表1	全球能源消费变化			单位：百万吨石油	
	石油	天然气	煤炭	核能	水电
2000 年	3558.7	2199.3	2340.4	584.5	610.4
2007 年	3952.8	2637.7	3177.5	622.0	709.2
2007 年比 2000 年增长（%）	11.1	19.9	35.8	6.4	16.2

注：为了方便加总与比较，表中所有能源消费均折算为百万吨石油。

资料来源：BP Statistical Review of World Energy, http://www.bp.com, 2008.

其中，最为重要的影响因素为生物质能源发展，而生物质能源发展的重要影响因素为石油价格（P_{oil}）。即：

$$Bio = f(P_{oil}) \tag{2}$$

同样，石油价格同时也受到人口增长与经济发展的影响。即：

$$P_{oil} = f(Pop, Eco) \tag{3}$$

结合方程（1）、方程（2）与方程（3），在本文中用石油价格作为人口增长、经济发展与生物质能源发展的一个指标（代理变量）是较为合适的，即：

$$P_{agri} = f(P_{oil}) \tag{4}$$

根据以上分析，本文的命题 I 为：由于生物质能源的发展，农业部门与能源部门的关系日趋紧密，能源价格将对农产品价格产生更为显著的影响。

（二）短期因素

对于短期影响因素，本文主要考虑美元汇率对农产品价格的影响。其原因在于：①在全球农产品贸易中，其价格都以美元表示。②美国是全球最大的农产品出口国，其国内产需变动在某种程度上会影响国际农产品价格。进一步地，如果单纯从美元对主要贸易国汇率的变动出发来分析美元汇率对全球农产品价格的影响，可能会存在偏差。这是因为：第一，由贸易条件改变带来的汇率变动对农产品价格的影响无法考虑；同时，美元对各国汇率的变动差异较大，很难具体量化这种影响。第二，汇率变动不单纯由贸易决定，并且因为国际农产品贸易合约订立的问题，汇率变动在短期内对农产品贸易的影响也相对较为有限。为了全面考虑美元汇率的影响，有必要对美元汇率的影响因素加以分析。一般来说，美元汇率主要受到美国国内货币供应量、美国国际收支状况与美国国债的影响，据此，吉姆·罗杰斯（Jim Rogers）甚至预测了国际金融危机的发生。

在短期内，国际农产品价格受到美元汇率（Ex_{usd}）的影响，可以表示为：

$$P_{agri} = \varphi(Ex_{usd}) \tag{5}$$

而美元汇率则受到美国国内货币供应量（$M2$）、美国国际收支状况（BOP）的影响，可以表示如下：

$$Ex_{usd} = \varphi(M2, BOP) \tag{6}$$

在短期内，国际农产品价格的影响因素可以表示为：

$$P_{agri} = \varphi(M2, BOP) \tag{7}$$

另外，对于农产品价格的短期波动，还有必要考虑美国国内消费者价格指数（CPI）的影响。短期影响因素方程最终可以表示为：

$$P_{agri} = \varphi(M2, BOP, CPI) \tag{8}$$

根据以上分析，本文的命题Ⅱ为：从短期的角度出发，由于全球商品价格均采用美元表示，因此，美国经济变化将对国际商品价格产生影响。

四　变量、数据与模型结果

（一）变量取值

为了验证上述命题Ⅰ和命题Ⅱ，本文以国际农产品价格为因变量，以国际石油价格、国际生物质能源发展、美国国际贸易差额①、美国国内货币供应量、美国国内消费者价格指数为自变量，通过对上述变量建模具体确认国际农产品价格与相关影响因素之间的关系。其中，国际农产品价格为国际货币基金组织（IMF）的国际食物价格指数取对数，该指数为国际粮、油、糖、肉、水果实际价格的加权平均，并以2005年月度平均水平为100②。国际石油价格采用IMF国际石油价格指数取对数，该指数为布伦特、得克萨斯与迪拜三地价格的平均，并以2005年月度平均水平为100。国际生物质能源发展情况以虚拟变量表示，根据生物质能源在全球的发展历程，本文选取以2005年1月为界限的时间虚拟变量，即2005年1月后为1，此前为0。另外，美国国内货币供应量、美国国际贸易差额、美国国内消费者价格指数

---

① 此处美国国际贸易差额取值为美国经常项目的国际收支余额。
② 国际食物价格指数可以作为反映全球农产品整体价格的重要指标。

三个变量均用来反映美国经济变化对国际农产品价格的影响。其中，美国国内货币供应量数据来自美国联邦储备委员会①，根据美国国内货币供给量取对数，并进行一阶差分，在经济上表示美国货币供应量的增速，借此考察美国货币政策对国际农产品价格的影响。美国国际贸易差额数据来自美国普查局②，贸易差额数据取绝对值后的处理方法与其货币供应量的处理方法一致，即取对数后进行一阶差分，以验证美国贸易政策对国际农产品价格的影响。美国国内消费者价格指数数据来自美国财政部③，以该指数检验美国经济总体情况对国际农产品价格的影响。

（二）数据

上述变量数据均采用 1980 年 1 月至 2009 年 2 月的月度数据，共计 350 个观测样本。由表 2 可以看出，国际食物价格指数最大值为 179.91，最小值为 75.39，均值为 103.10，标准差为 16.67，由此反映出粮食、油料、糖料、肉类、水果等农产品的国际价格在历史上波动相对较小。国际石油价格指数最大值为 248.43，最小值为 18.51，均值为 55.95，标准差为 37.20，相对于国际农产品价格而言，国际石油价格指数的波动幅度就显得非常大。美国国内货币供应量最小值为 14862 亿美元，是 1980 年 1 月数值，随后按月稳定增长，最大值为 82570 亿美元，是 2009 年 2 月数值。同样，美国的贸易逆差数据也是按月递增，最小值为 1980 年 1 月的 18.9 亿美元，最大值为 2009 年 2 月的 851.8 亿美元。美国国内消费者价格指数变动最小值为 -1.90，最大值为 1.20。

表 2　　　　　　　　　　　　数据基本统计

	均值	最大值	最小值	标准差
国际食物价格指数	103.10	179.71	75.39	16.67
国际石油价格指数	55.95	248.43	18.51	37.20
美国国内货币供应量（亿美元）	40280.90	82570.00	14862.00	17478.70
美国国际贸易差额（亿美元）	-290.20	-18.90	-851.80	222.80
美国国内消费者价格指数变动	0.24	1.20	-1.90	0.33

① http://www.federalreserve.gov.

② http://www.census.gov/.

③ http://www.ustreas.gov/.

进一步地，对除时间虚拟变量以外的各变量逐个检验了其平稳性。ADF 检验结果表明，上述变量序列均为平稳序列（见表3）。

表3 变量说明及检验

变量名	变量意义	单位	ADF 检验
$\ln(P_{argi})$	国际食物价格指数	2005 年平均为 100	平稳
$\ln(P_{oil})$	国际石油价格指数	2005 年平均为 100	平稳
D_1	时间虚拟变量	2005 年 1 月后为 1，此前为 0	——
$D(\ln(M2))$	美国国内货币供应量	十亿美元	平稳
$D(\ln(ABS(BOP)))$	美国国际贸易差额	十亿美元	平稳
CPI	美国国内消费者价格指数	%	平稳

注：ln 表示变量的自然对数，D 表示一阶差分，ABS 表示取绝对值。

（三）模型结果

基于以上变量与数据，并充分考虑研究命题的需要，本文采用普通最小二乘法（OLS）建立线性回归模型，其中，方案 1 只考虑国际石油价格变动对农产品价格波动的影响；方案 2 在方案 1 的基础上考虑了 2005 年开始发展生物质能源的影响，并采用虚拟变量与石油价格的交互效应来分析分界点前后的不同影响；方案 3 在方案 1 的基础上考虑了包括美国国内货币供应量与贸易逆差变化两个因素的影响；方案 4 在方案 3 的基础上再考虑了美国国内价格变动对国际农产品价格波动的影响；方案 5 则为全变量方案[①]。具体模型估计结果见表4。

表4 模型估计结果

	方案 1	方案 2	方案 3	方案 4	方案 5
$\ln(P_{oil})$	0.063 ***	0.073 ***	0.152 ***	0.151 ***	0.046 ***
	(3.630)	(3.521)	(10.182)	(10.121)	(2.171)
D_1	——	-2.065 ***	——	——	-2.007 ***
	——	(-7.334)	——	——	(-7.272)
$D_1 \cdot \ln(P_{oil})$	——	0.456 ***	——	——	0.449 ***
	——	(7.602)	——	——	(7.682)
$D(\ln(M2))$	——	——	-1.841	-1.567	0.819
	——	——	(-1.322)	(-1.113)	(0.793)

———————

① 当然，为了避免严重的多重共线性，没有考虑美国贸易逆差的影响。

续表

	方案 1	方案 2	方案 3	方案 4	方案 5
D（ln（ABS（BOP）））	—	—	− 0.023	− 0.031	—
	—	—	（− 0.588）	（− 0.754）	—
CPI	—	—	—	0.033	0.078 ***
	—	—	—	（1.272）	（4.301）
截距	4.389 ***	4.324 ***	4.029 ***	4.024 ***	4.396 ***
	（42.878）	（56.222）	（69.470）	（69.262）	（57.132）
残差 ADF 检验	− 13.283 ***	− 2.672 *	− 2.177	− 1.929	− 3.029 **
F	5146.475 ***	14000.560 ***	34.802 ***	26.578 ***	14600.320 ***
	（0.000）	（0.000）	（0.000）	（0.000）	（0.000）

注：＊表示在 10% 显著性水平下显著，＊＊表示在 5% 显著性水平下显著，＊＊＊表示在 1% 显著性水平下显著。括号内为 t 检验值。

由于本文采用的变量都是时间序列的平稳数据，因此，如果不采用 Granger 两步法对每个回归的残差进行平稳性检验，回归在时间序列上将有可能是伪回归，其结果不具有实际意义。根据这一方法，对 5 个模拟方案的残差进行检验，其中，方案 3 与方案 4 在 10% 的显著性水平下未能通过平稳性检验，因此予以舍弃；而可以通过平稳性检验的方案 1、方案 2 与方案 5，根据 Granger 两步法的判断，意味着变量之间存在长期稳定的关系。

方案 1、方案 2 与方案 5 的结果显示：国际石油价格变量的系数都显著为正，但随着生物质能源发展、美国经济情况等因素的加入，国际石油价格与农产品价格之间的系数发生了明显变化，在此分别加以讨论。其中，根据方案 1 的结果，如果不考虑时间虚拟变量的影响，即不考虑生物质能源的发展对农产品价格的影响，尽管石油价格与农产品价格之间存在紧密联系，但是，石油价格对农产品价格的影响有限，具体作用为，当石油价格每上涨 100% 时，农产品价格才上涨 6.3%。

进一步地，根据模拟方案 2 将 2005 年作为生物质能源发展的一个分界线，即考虑生物质能源的发展改变了国际农产品市场供求的基本结构，从而导致了全球石油价格变动对农产品价格变动产生影响，那么很明显，生物质能源的发展在很大程度上推动了国际农产品价格波动。具体而言，在 2005 年以前，油价波动对农产品价格波动的弹性为 0.07，这意味着当国际油价每上涨 100% 时，农产品价格才上涨 7%；而 2005 年以后，油价波动对农产品价格波动的弹性变为 0.07 加上交互项系数 0.46，此时，国际油价波动对国际农产品价格波动的弹性变为 0.53，这也意味石油价格每上涨 100%，国际农产品价格将上涨53%；同样，当石油价格下跌50%时，国际农产品价格也将下跌26.5%。该结论既解释了2008年6月以前全球农产品价格暴涨的动力机制，也为2008年6月以来全球农产品价格暴跌提供了一个较为合理的解释。因此，命题 I 得以验证。

根据方案5的结果，从短期看，美国国内货币供应量与国际贸易逆差均未对国际农产品价格产生显著影响，不能得出国际农产品价格波动受到美国经济变化影响这一结论①，这也与常识相悖，因此，在这一问题上争议非常大。其实，这一结论也是显而易见的。如图3和图4所示，美国国内货币供应量的变动是按照既定幅度呈现出稳定增长的状态，贸易逆差也同样呈现出一个较为稳定的增长状态。从理论上讲，如果美国政府为了刻意减轻债务负担而增加货币供应量，那么必然造成包括农产品在内的所有产品的价格上涨。如果农产品价格只涨不跌，这个观点应该具有一定解释力。但是，问题在于，2008年6月以后全球农产品价格暴跌，从这个角度则没法解释。因此，关于国际农产品价格受到美国经济状况变化影响的命题不能获得支持，即命题 II 未能获证。此外，美国国内消费者价格指数对国际农产品价格是存在影响的，但影响力较小。当美国国内消费者价格指数每增长1%时，全球农产品价格上涨0.08%，而美国国内消费者价格指数基本上都在1%的范围内波动，因此，从技术上讲，这种影响不足以带来农产品价格的大幅波动。

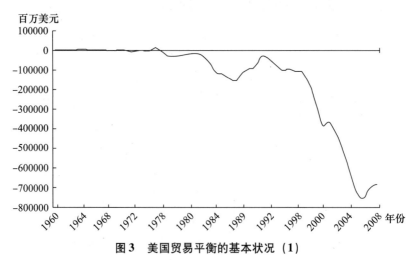

图3 美国贸易平衡的基本状况（1）

资料来源：http://www.federalreserve.gov；http://www.ustreas.gov.

---

① 在此笔者不同意有些学者关于农产品价格波动是因为受到美国政府操纵的"阴谋"这一观点。

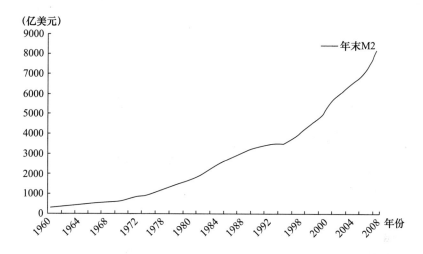

图4　美国贸易平衡的基本状况（2）

资料来源：http：//www. federalreserve. gov；http：//www. ustreas. gov.

五　主要结论与进一步研究方向

根据上述结果，可以得出如下结论：①影响国际农产品价格波动的最主要因素是由于生物质能源发展带来的全球主要农产品市场供需结构的变化；②美国国内经济变化并未对国际农产品价格波动产生影响。最后，从本研究的结论出发，仍然有几个问题需要进一步研究：①在开放贸易的条件下，国际农产品价格在长期是否收敛；②国际农产品价格的短期波动是否会被放大。同样，关于农产品价格波动的人口和收入因素在本文中都被纳入石油价格这一变量当中而未进行细致的分析，这些都是有待进一步分析的命题。

参考文献

［1］ Valenzuela, Ernesto, Hertel, Thomas W. , Keeney, Roman & Reimer, Jeffrey, "Assessing Global Computable General Equilibrium Model Validity Using Agricultural Price Volatility", *American Journal of Agricultural Economics*, Vol. 89, No. 2, 2007, pp. 383 – 397.

［2］ van Tongeren, Frank & van Meijl, Hans & Surry, Yves, "Global Models Applied to Agricultural and Trade Policies: A Review and Assessment", *Agricultural Economics*, No. 26, 2001.

［3］ Benavides, G. , *Price Volatility Forecasts for Agricultural Commodities: An Application of*

Historical Volatility Models, *Option Implied and Composite Approaches for Futures Prices of Corn and Wheat*, Central Bank of Mexico, 2004.

[4] Westcott, P. C., *Ethanol Expansion in the United States*, *How Will the Agricultural Sector Adjust*?, USDA, 2007.

[5] Trostle, R. *Global Agricultural Supply and Demand*: *Factors Contributing to the Recent Increase in Food Commodity Prices*, USDA, 2008.

[6] Tokgoz, S., *The Impact of Energy Markets on the EU Agricultural Sector*, Center for Agricultural and Rural Development, Iowa State University, 2009.

[7] Mitra, S., *A Nonlinear Cobweb Model of Agricultural Commodity Price Fluctuations*, Department of Economics, Fordham University, 2008.

[8] Rosen, S., *Rising Food Prices Intensify Food Insecurity in Developing Countries*, USDA – ERS, 2008.

[9] Coyle, W., *The Future of Bioenergys*: *A Global Perspective*, USDA – ERS, 2008.

[10] 程国强、胡冰川、徐雪高：《新一轮农产品价格上涨的影响分析》，《管理世界》2008 年第 1 期。

[11] 李国祥：《全球农产品价格上涨及其对中国农产品价格的影响》，《农业展望》2008 年第 7 期。

[12] 税尚楠：《世界农产品价格波动的新态势：动因和趋势探讨》，《农业经济问题》2008 年第 6 期。

[13] 钟甫宁：《如何看待当前国际粮食价格的上涨》，上海交通大学安泰经济与管理学院 90 周年院庆报告，2008 年。

（原文发表于《中国农村经济》2009 年第 9 期）

中国粮食价格波动分析：
基于 ARCH 类模型[*]

罗万纯　　刘　锐

一　引言

近年来，中国粮食价格频繁波动。1997—2007 年，籼稻、粳稻、小麦、大豆价格呈现相同的变化趋势，1997 年 3 月至 2003 年 9 月价格不断下跌，但从 2003 年 10 月开始价格不断上涨。玉米价格的波动与其他品种粮食价格的波动有些差异，1997 年 3 月至 2000 年 4 月不断下跌，但从 2000 年 5 月开始呈现在波动中不断上涨的变化趋势。粮食价格的频繁波动对生产者行为、消费者行为以及宏观经济都产生了重大影响，因此，了解粮食价格波动的特征对采取相应政策稳定粮食价格具有重要的现实意义。

粮食价格波动问题一直备受关注，有很多学者从不同角度进行了研究。关于粮食价格波动的特点，冯云（2008）的研究表明，粮食价格波动具有集簇性和明显的非对称性。关于粮食价格波动的影响因素，Lapp 和 Smith（1992）认为，粮食价格波动水平直接和间接受到宏观经济政策特别是货币政策的影响；钟甫宁（1995）强调了稳定的政策和统一的市场对避免粮食价格人为波动的重要性；柯炳生（1996）认为，农户的粮食储备及其市场反应行为是造成粮食价格波动的重要原因之一；谭江林、罗光强（2009）

＊　本文得到中国社会科学院重点课题"中国粮食价格预测模型比较研究"的资助。中国社会科学院农村发展研究所各位专家、学者在双周学术交流午餐会上对本文的形成提出了建设性意见，在此表示感谢。

的研究表明，通货膨胀是粮食价格波动的 Granger 原因。关于粮食价格波动产生的影响，石敏俊、王妍、朱杏珍（2009）的研究表明，能源价格和粮食价格上涨及其带来的饲料价格上涨和劳动力成本上升所导致的成本驱动效应对畜产品价格实际涨幅的影响为 44%—59%；对加工食品价格的影响较为显著，占加工食品价格实际涨幅的 74% 左右。能源价格上涨对 CPI 和物价总水平的拉动作用高于粮食价格波动的影响。受粮食价格上涨的影响，城镇居民净收益减少，农村居民净收益增加。何蒲明、黎东升（2009）认为，中国粮食产量与价格波动均较大，并且价格波动比产量波动更大，对国家粮食安全造成了不利影响；而粮食产量与粮食价格有密切的关系，粮食价格是粮食产量变化的原因。

从研究方法上来说，国外研究价格波动问题常常采用 ARCH 类模型。ARCH 类模型能准确地模拟时间序列变量的波动，使人们能更加准确地把握波动（风险）。国内应用 ARCH 类模型的研究成果也比较丰富，现有的研究成果主要集中在股票市场和期货市场方面。比如，陈千里（2002）利用 GARCH 类模型，以上证综合指数为对象，对中国股市波动进行了实证研究，并在中国股市的背景下对集簇性和不对称性的几种经济解释进行了理论分析。华仁海、仲伟俊（2003）运用 ARCH 类模型对中国期货市场中期货价格、收益、交易量、波动性相互之间的关系进行了动态分析。刘宁（2004）应用 ARCH 类模型对上海股市的波动进行了分析。唐衍伟、陈刚、张晨宏（2004）运用 ARCH 类模型对中国铜、大豆、小麦期货市场的波动和有效性进行了研究。

总的来说，关于粮食价格波动和 ARCH 类模型应用的研究成果非常丰富，为本文的研究提供了参考和借鉴。但是，现有研究还有进一步拓展的空间：一是目前关于粮食价格波动的描述性分析较多，但计量分析较少；二是利用 ARCH 类模型研究粮食价格波动的成果很少，冯云（2008）的研究没有分具体粮食品种，从实际情况看，不同粮食品种价格的波动存在差异，因而有必要细分品种来研究。为丰富和深化现有研究，本文将利用 ARCH 类模型对粮食价格的波动、波动的非对称性进行分析，主要验证以下几个问题：①粮食价格波动是否具有集簇性？②粮食市场是否有高风险高回报的特征？③粮食价格波动是否具有非对称性？在本文中，粮食品种指籼稻、粳稻、小麦、玉米、大豆；集簇性指大的价格变化往往跟随着大的价格变化，小的价格变化往往跟随着小的价格变化；非对称性指价格下跌信息引发的波动和价格上涨信息引发的波动不一样大。

二 研究方法

（一）波动分析

本文首先对价格序列和价格收益率序列进行描述性分析和单位根平稳性检验，然后设定均值方程并进行 ARCH – LM 检验，最后建立 GARCH 模型和 GARCH – M 模型。GARCH 模型主要检验波动是否具有集簇性；GARCH – M 模型主要检验粮食市场是否有高风险高回报的特征。

1. （G）ARCH 模型

自回归条件异方差（Autoregressive Conditional Heteroskedasticity，ARCH）模型由 Engle（1982）提出，由两个方程组成：

$$R_t = X' \gamma_0 + \varepsilon_t \tag{1}$$

$$h_t = \alpha_0 + \sum_{i=1}^{q} \alpha_i \varepsilon_{t-i}^2 \tag{2}$$

式（1）称为均值方程，其中，R_t 为被解释变量，在本文中表示粮食价格收益率，X 为解释变量，在本文中只包括 R_t 的滞后项；式（2）称为方差方程，其中，h_t 表示 ε_t 在 t 时刻的条件方差，在方差方程中它被定义为残差滞后项的加权平方和。式（2）中，$\alpha_0 > 0$，$\alpha_i \geq 0$，$i = 1, \cdots, n$，以确保条件方差 $h_t > 0$。$\sum_{i=1}^{q} \alpha_i \varepsilon_{t-i}^2$ 为 ARCH 项，如果 ARCH 项高度显著，说明粮食价格收益率具有显著的波动集簇性。

Bollerslev（1986）提出了式（2）的拓展形式，即广义自回归条件异方差（Generalized Autoregressive Conditional Heteroskedasticity，GARCH）模型。在 ARCH 模型的方差方程（2）中加入条件方差自身的滞后项就得到 GARCH 模型：

$$h_t = \alpha_0 + \sum_{i=1}^{q} \alpha_i \varepsilon_{t-i}^2 + \sum_{j=1}^{p} \beta_j h_{t-j} \tag{3}$$

式（3）中，$\sum_{i=1}^{q} \alpha_i \varepsilon_{t-i}^2$ 为 ARCH 项，$\sum_{j=1}^{p} \beta_j h_{t-j}$ 为 GARCH 项，q 和 p 分别为它们的滞后阶数，如果 ARCH 项和 GARCH 项都高度显著，说明粮食价格收益率具有显著的波动集簇性。为保证条件方差 h_t 非负，一般要求系数

$\alpha_i \geq 0$ 和 $\beta_j \geq 0$，但这个系数的非负性要求只是保证模型有意义的充分条件而非必要条件。GARCH 模型将波动来源划分为两部分：变量过去的波动 h_{t-j} 和外部冲击 ε_{t-i}^2，而 α_i 和 β_j 则分别反映了它们对本期波动 h_t 的作用强度。模型系数之和 $\sum_{i=1}^{q} \alpha_i + \sum_{j=1}^{p} \beta_j$ 的大小反映了波动的持续性，当它小于 1 时，说明冲击的影响会逐渐消失；当它大于 1 时，说明冲击的影响不但不会消失，反而会扩散。相对于 ARCH，GARCH 模型的优点在于：可以用较为简单的 GARCH 模型来代表一个高阶 ARCH 模型，从而使模型的识别和估计都变得比较容易。

2.（G）ARCH – M 模型

（G）ARCH – M（GARCH – in – Mean）模型由 Engle、Lilien 和 Robins (1987) 提出。在（G）ARCH 模型的均值方程（1）中加入 h_t 就转化为 (G) ARCH – M 模型：

$$R_t = X'\gamma_0 + \lambda h_t + \varepsilon_t \tag{4}$$

式（4）中，λ 是条件标准差的一个倍数，若 λ 为正数，就意味着市场参与主体因风险增加而要求更高的收益，该参数用来验证粮食市场是否有高风险高回报的特征。

（二）波动非对称性分析

本文用门槛 ARCH（Threshold ARCH，TARCH）模型和指数 GARCH (Exponential Generalized Autoregressive Conditional Heteroskedasticity, EGARCH）模型对波动的非对称性进行分析，两个模型的估计结果可以相互验证。

1. TARCH 模型

TARCH 模型由 Rabemananjara 和 Zokoian（1993）提出，其条件方差方程为：

$$h_t = \alpha_0 + \alpha_1 \varepsilon_{t-1}^2 + \beta_1 h_{t-1} + \varphi d_{t-1} \varepsilon_{t-1}^2 \tag{5}$$

式（5）中，d_{t-1} 是虚拟变量，当 $\varepsilon_{t-1} < 0$ 时，$d_{t-1} = 1$；否则，$d_{t-1} = 0$。此模型中，价格上涨信息（$\varepsilon_t \geq 0$）对条件方差的影响为 α_1，而价格下跌信息（$\varepsilon_{t-1} < 0$）的影响为 $\alpha_1 + \varphi$。如果 $\varphi \neq 0$，表明波动具有非对称性；当 $\varphi > 0$ 时，表明价格下跌信息引发的波动比价格上涨信息引发的波动大；当 $\varphi < 0$ 时，表明价格上涨信息引发的波动比价格下跌信息引发的波动大。

2. EGARCH 模型

EGARCH 模型由 Nelson（1991）提出，其条件方差方程为：

$$\ln h_t = \alpha_0 + \beta \ln h_{t-1} + \alpha \left| \frac{\varepsilon_{t-1}}{\sqrt{h_{t-1}}} \right| + \gamma \frac{\varepsilon_{t-1}}{\sqrt{h_{t-1}}} \tag{6}$$

式（6）中，价格上涨信息（$\varepsilon_{t-1} \geq 0$）对 $\ln h_t$ 的影响为 $\alpha + \gamma$，价格下跌信息（$\varepsilon_{t-1} < 0$）的影响为 $\alpha - \gamma$。如果 $\gamma \neq 0$，表明波动具有非对称性；当 $\gamma > 0$ 时，表明价格上涨信息引发的波动比价格下跌信息引发的波动大；当 $\gamma < 0$ 时，表明价格下跌信息引发的波动比价格上涨信息引发的波动大。

三　数据描述性统计分析

本文使用的是 1997 年 3 月至 2007 年 12 月的集贸市场月度价格（元/公斤）数据，数据来源于《中国农产品价格调查年鉴》（2004—2008）①。

价格收益率以相邻月份粮食价格的对数一阶差分表示，即 $R_t = \ln p^t - \ln p^{(t-1)}$，其中，$p^t$ 和 $p^{(t-1)}$ 分别表示第 t 月和第 $t-1$ 月的价格。价格收益率的描述性统计量见表 1。籼稻、粳稻、小麦、玉米、大豆价格收益率的峰度都高于正态分布的峰度值 3，说明价格收益率具有尖峰和厚尾特征；JB 正态性检验也证实了价格收益率显著异于正态分布。

本文用 Eviews3.0 来进行计量分析。

表 1　　　　　　　　　　　价格收益率基本统计量

	籼稻	粳稻	小麦	玉米	大豆
平均值	0.0015	0.0011	0.0001	0.0032	0.0022
标准差	0.0319	0.0341	0.0281	0.0310	0.0251
偏度	1.9516	1.6686	0.2095	−0.1213	1.0825
峰度	14.3531	14.2284	6.2890	4.9020	7.6186
JB 正态性检验	774.6908	737.5269	59.0869	19.7606	139.8495
观察数	129	129	129	129	129

---

① 国家统计局农村社会经济调查司：《中国农产品价格调查年鉴》（2004—2008），中国统计出版社。

从价格收益率变化图（见图1—图5）可见，籼稻、粳稻、小麦、玉米、大豆价格存在波动的集聚现象和异方差效应，为此，要对各个序列进行 ARCH – LM 检验，来判断它们是否存在异方差效应。

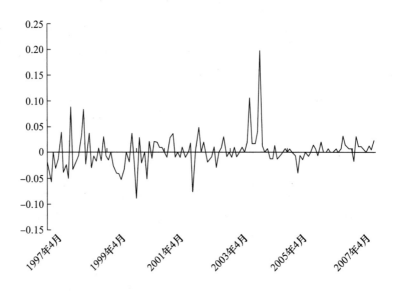

图1 籼稻价格收益率

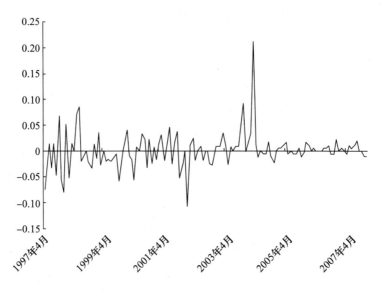

图2 粳稻价格收益率

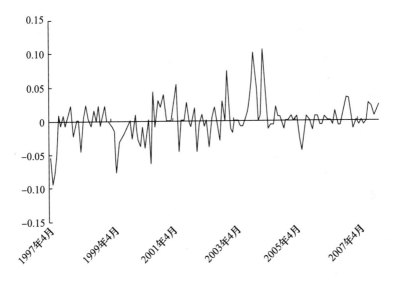

图 3　小麦价格收益率

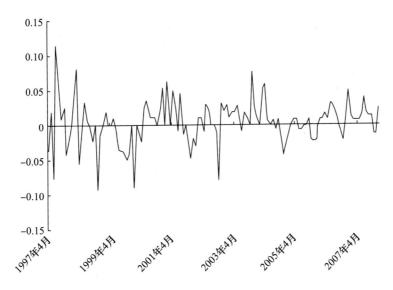

图 4　玉米价格收益率

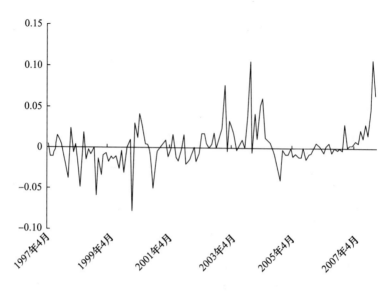

图5 大豆价格收益率

四 模型估计结果

单位根平稳性检验结果表明：价格序列都非平稳，而价格收益率序列都平稳。ARCH－LM检验结果表明：①籼稻、粳稻、大豆价格异方差效应不显著。②对小麦而言，选择滞后阶数为5阶时，检验概率P值小于5%，说明残差序列存在异方差效应。至少存在5阶的ARCH效应。这就意味着必须估计很多个参数，而这很难精确做到，可以用一个低阶的GACH模型代替，以减少待估参数个数。③对玉米而言，选择滞后阶数为1阶时，检验概率P值小于5%，说明残差序列存在异方差效应。根据ARCH－LM检验结果，本文对存在显著异方差效应的小麦和玉米市场建立ARCH类模型。

（一）小麦

小麦市场的ARCH类模型估计结果如下（见表2）：

表2 小麦市场ARCH类模型估计结果

	GARCH	GARCH－M	TARCH	EGARCH
λ	—	0.01 (0.11)	—	—

续表

	GARCH	GARCH – M	TARCH	EGARCH
R_{t-2}	0.19 (1.54)	0.21 (2.01)	0.18 (1.70)	0.18 (1.72)
α_0	0.00 (3.92)	0.00 (3.65)	0.00 (3.98)	-2.4 (-3.86)
α_1	0.19* (1.87)	0.20 (1.81)	0.35 (2.31)	—
ϕ	—	—	-0.34** (-2.09)	—
β_1	0.49*** (4.53)	0.50 (4.27)	0.46 (4.59)	—
α	—	—	—	0.23 (1.46)
γ	—	—	—	0.14* (1.71)

注：括号中的数值为 Z 统计值；* 表示在 10% 水平下显著，** 表示在 5% 水平下显著，*** 表示在 1% 水平下显著。

1. GARCH 模型估计结果

小麦价格收益率条件方差方程中，α_1 和 β_1 都在 10% 的水平下显著，表明价格收益率序列具有显著的波动集簇性。α_1 和 β_1 之和为 0.68，小于 1，因此，过去的波动对未来的影响逐渐消失。

2. GARCH – M 模型估计结果

小麦价格收益率均值方程中 λ 估计值为 0.01，但不显著，这反映了小麦市场没有高风险高回报的特征。

3. TARCH 和 EGARCH 模型估计结果

在 TARCH 模型中，ϕ 的估计值小于零，且在 5% 的水平下显著。在 EGARCH 模型中，γ 的估计值大于零，且在 10% 的水平下显著。这说明，小麦市场中价格上涨信息引发的波动比价格下跌信息引发的波动要大，小麦价格波动具有显著的非对称性。

（二）玉米

玉米市场的 ARCH 类模型估计结果如下（见表3）：

表3　　　　　　　　　　**玉米市场 ARCH 类模型估计结果**

	ARCH	ARCH – M	TARCH	EGARCH
λ	—	0.04 (0.60)	—	—
R_{t-1}	0.43 (4.08)	0.40 (3.52)	0.39 (3.51)	0.39 (4.08)
α_0	0.00 (8.38)	0.00 (8.47)	0.00 (8.70)	-7.48 (-52.02)

续表

	ARCH	ARCH – M	TARCH	EGARCH
α_1	0.43 *** （2.89）	0.38 （2.69）	0.28 （1.67）	—
ϕ	—	—	0.15 （0.61）	—
α	—	—	—	0.57 （3.04）
γ	—	—	—	− 0.12 （− 1.32）

注：括号中的数值为 Z 统计值；＊表示在 10% 水平下显著，＊＊表示在 5% 水平下显著，＊＊＊表示在 1% 水平下显著。

1. ARCH 模型估计结果

玉米价格收益率条件方差方程中 α_1 在 1% 水平下高度显著，表明玉米价格波动具有显著的集簇性。

2. ARCH – M 模型估计结果

玉米价格均值方程中 λ 估计值为 0.04，但不显著，这反映了玉米市场不存在高风险高回报的特征。

3. TARCH 和 EGARCH 模型估计结果

在 TARCH 模型中，ϕ 的估计值大于零，但不显著；在 EGARCH 模型中，γ 的估计值小于零，但不显著。这说明，玉米价格波动没有显著的非对称性。

总的来说，ARCH 类模型的估计结果表明：小麦、玉米价格波动具有显著的集簇性；小麦、玉米市场没有高风险高回报的特征；小麦价格波动具有显著的非对称性，即价格上涨信息引发的波动大于价格下跌信息引发的波动，玉米价格波动没有显著的非对称性。关于产生波动集簇性的原因，目前有两种解释：第一种是将波动与宏观经济形势联系在一起，认为信息产生过程的序列相关性导致了波动的集簇性；第二种是认为市场上存在看法不同的风险厌恶交易者，Harris 和 Raviv （1993），Shalen （1993）都提出了看法不同会产生波动集簇性的理论模型。从中国粮食市场的状况来看，笔者更倾向于第二种解释，因为中国粮食市场与宏观经济走向的联系比较弱，随着粮食市场化政策的实施，市场参与主体不断增多，人们对信息的理解方式有很大的不同，这导致价格波动集簇性的产生。对波动非对称性的解释，French、Schwert 和 Stambaugh （1987），Campell 和 Hentschel （1990）提出了波动反馈效应：在价格上涨信息的冲击下，增加的波动带来降低当期价格的效应与信息引起的价格上涨相抵消，从而使波动减小；在价格下跌信息的冲击下，增加的波动带来降低当期价格的效应与信息引起的价格下降相叠加，使波动增大。但是，粮食市场比较特殊，和股市存在较大差异，人们更关心价格上涨信息，存在"跌价无人问，涨价多头管"的现象，这导致价格上涨信息引发的波动比价格下跌信息引发的波动更大。

五 总结和讨论

本文通过对籼稻、粳稻、小麦、玉米、大豆价格波动进行分析，得出以下结论：①籼稻、粳稻、大豆价格没有显著的异方差效应。②小麦和玉米价格波动具有显著的集簇性。③小麦市场和玉米市场没有高风险高回报的特征。④小麦价格波动具有非对称性，即价格上涨信息引发的波动比价格下跌信息引发的波动大。

与现实相联系，模型估计结果表明：①小麦、玉米市场大的价格波动后面往往跟随着大的价格波动，小的价格波动后面经常跟随着小的价格波动，这说明，小麦、玉米价格波动在一定程度上是可以预测的。小的价格波动影响较小，但大的价格波动会对粮食产业发展、居民生活、宏观经济产生较大的影响，为稳定粮食市场，大的价格波动不可不防。②粮食市场没有体现出高风险高回报、低风险低回报的特征，这说明，中国粮食市场的大部分交易者在做决策时非理性因素大于理性因素，中国粮食市场有待进一步发展和完善。③对小麦市场来说，价格上涨信息引发的波动比价格下跌信息引发的波动大。为稳定小麦市场，要特别关注引起小麦价格上涨的因素并采取相应措施。

本文只是利用 ARCH 类模型对不同品种粮食价格波动问题进行了初步分析，未来的研究可以从以下几个方面进行深化：一是波动的溢出效应；二是 ARCH 类模型的修正；三是 ARCH 类模型在粮食价格预测中的应用。

参考文献

[1] 冯云：《中国粮食价格波动的实证分析》，《价格月刊》2008 年第 2 期。

[2] 钟甫宁：《稳定的政策和统一的市场对我国粮食政策的影响》，《中国农村经济》1995 年第 7 期。

[3] 柯炳生：《中国农户粮食储备及其对市场的影响》，《中国农村观察》1996 年第

6 期。

［4］谭江林、罗光强：《粮食价格波动与通货膨胀关系的实证研究》，《价格月刊》2009
年第 3 期。

［5］石敏俊、王妍、朱杏珍：《能源价格波动与粮食价格波动对城乡经济关系的影
响——基于城乡投入产出模型》，《中国农村经济》2009 年第 5 期。

［6］何蒲明、黎东升：《基于粮食安全的粮食产量和价格波动实证研究》，《农业技术经
济》2009 年第 2 期。

［7］陈千里：《中国股市波动集簇性和不对称性研究》，《湖北大学学报》（自然科学版）
2002 年第 24 卷第 3 期。

［8］华仁海、仲伟俊：《我国期货市场期货价格收益、交易量、波动性关系的动态分
析》，《统计研究》2003 年第 7 期。

［9］唐衍伟、陈刚、张晨宏：《我国期货市场的波动性与有效性——基于三大交易市场
的实证分析》，《财贸研究》2004 年第 5 期。

［10］刘宁：《对上海股票市场波动性的 ARCH 研究》，《兰州大学学报》（自然科学版）
2004 年第 40 卷第 6 期。

［11］Bollerslev, T., "Generalized Autoregressive Conditional Heteroskedasticity", *Journal of
Econometrics*, No. 31, 1986, pp. 307 – 328.

［12］Campell, J. Y. & Hentschel, L., *No News is Good News: An Asymmetric Model of Chan-
ging Volatility in Stock Returns*, Unpublished Manuscript, Princeton University, 1990.

［13］Engle, R. F., "Autoregressive Conditional Heteroskedasticity with Estimates of the Vari-
ance of U. K. Inflation", *Econometrica*, No. 50, 1982, pp. 987 – 1008.

［14］Engle, R. F., Lilien, D. M. & Robins, R. P., "Estimating Time Varying Risk Premia
in the Term Structure: The ARCH – M Model", *Econometrica*, No. 55, 1987, pp. 391 –
407.

［15］French, K. R., Schwert, G. W. & Stambaugh, R. E., "Expected Stock Returns and
Volatility", *Journal of Financial Economics*, No. 19, 1987, pp. 3 – 29.

［16］Harris, M., Raviv, A., "Differences of Opinion Make a Horse Race", *The Review of
Financial Studies*, Vol. 6, No. 3, 1993, pp. 473 – 506.

［17］Lapp, J. S. & Smith, V. H., "Aggregate Sources of Relative Price Variability among
Agricultural Commodities", *American Journal of Agricultural Economics*, No. 74, 1992,
pp. 1 – 9.

［18］Nelson, D. B., "Conditional Heteroskedasticity in Asset Returns: A New Approach",
Econometrica, No. 59, 1991, pp. 347 – 370.

［19］Rabemananjara, R. & Zakoian, J. M., "Threshold ARCH Models and Asymmetries in
Volatility", *Journal of Applied Econometrics*, No. 8, 1993, pp. 31 – 49.

[20] Shalen , C. T. , "Volume, Volatility and the Dispersion of Beliefs", *The Review of Financial Studies*, Vol. 6, No. 2, 1993, pp. 405 – 434.

（原文发表于《中国农村经济》2010 年第 4 期）

中国粮食安全状况评价与战略思考[*]

张元红　刘长全　国鲁来

　　粮食安全是全球关注的焦点问题之一。在中国，粮食安全更是关系到国计民生的头等大事，保障国家粮食安全，牵涉到经济发展、国家自立和社会稳定的大局。中国既是一个农业生产大国，也是一个粮食消费大国，中国粮食安全也会对世界粮食安全乃至国际政治经济关系产生极大影响。中国政府和领导人一直都十分重视农业生产和粮食安全。近几年来，国家主席习近平多次强调粮食安全的重要性，并且指出"我们自己的饭碗主要要装自己生产的粮食""粮食安全要靠自己""要坚持立足国内"[①]，这些观点表明了中国政府在粮食安全问题上的基本态度和战略取向。

　　近年来，虽然中国粮食生产在国家积极政策支持下实现了连续增长，但是国内粮食消耗量仍大于生产量。考虑到中国目前正处于工业化和城市化快速发展时期，加上人口持续增长和人民生活水平不断提高的现实需要，未来中国的粮食安全仍然会面临巨大压力。另外，粮食安全除了总量供求以外，还涉及分配等一系列问题。制定和完善粮食安全政策，需要对粮食安全状况进行系统、客观评价。鉴于此，本文基于国际公认的粮食安全概念与中国国情和发展阶段，设置和构建了粮食安全的评价指标体系，全流程考察了粮食生产、流通、分配和消费等环节，试图对中国粮食安全保障的现状、趋势和问题进行客观评价。

---

　　[*]　本项目由中国社会科学院创新工程资助。本文由张元红、刘长全、国鲁来执笔，杜志雄、张兴华、郜亮亮、曹斌也参与了多次讨论，为本文形成做出了重要贡献。感谢审稿人中肯的意见与建议。

　　[①]　新华网，http://news.xinhuanet.com/politics/，2013年7月22日。

一 文献评述

粮食安全概念最早于 1974 年由联合国粮农组织（FAO）提出，当时被界定为"保证任何人在任何时候都能得到为了生存和健康所需要的足够食物"。之后，粮农组织对粮食安全内涵的界定随着认识的发展不断调整。1983 年提出："粮食安全是确保所有人在任何时候既能买得到又能买得起他们所需要的基本食物。"2012 年提出："粮食安全系指所有人在任何时候都拥有获得充足、安全和富有营养的粮食来满足其积极和健康生活的膳食需要及食物喜好所需的物质和经济条件。"最新的粮食安全概念同时强调了与产出和贸易相关的供给、与购买能力相关的分配以及营养结构和稳定性等因素，并得到世界银行等国际组织与很多政府、研究机构的认可。国内学者对于粮食安全的研究，在以上基本概念的基础上加入了对中国国情的考虑，从不同侧面对粮食安全的概念进行扩展。比如，朱泽（1998）强调了粮食安全的动态性，陆慧（2008）认为粮食安全应包括数量安全、质量安全和营养价值三个方面，国家粮食局调控司（2004）提出粮食安全应包含物质保障能力、消费能力以及保障渠道和机制等方面。

基于粮食安全概念，1974 年世界粮食大会提出了粮食安全系数，即粮食结转库存至少相当于当年粮食消费量的 17% ～ 18%（其中周转储备粮占 12%，后备储备粮占 5% ～6%），其依据是库存粮食可满足两个多月的消费需求，这一比重在 17% 以上为安全，14% ～ 17% 为不安全，低于 14% 为紧急状态。从 2000 年起，世界粮食安全委员会秘书处开始综合考虑消费、健康和营养情况，并形成以最终营养状况为主的衡量指标体系，包括营养不良发生率、人均膳食热能供应及其结构、人口预期寿命、儿童死亡率以及低体重人口所占比例等。此后，联合国粮农组织主要以营养不良发生率为基础发布世界粮食安全报告，并认为如果某个国家或地区营养不良人口达到或超过 15% 就属于粮食不安全。

除了国际粮农组织的粮食安全系数，另一具有代表性的是美国农业部经济研究局对美国粮食安全状况的评估。2003 年，该研究局编制和发布了美国居民粮食安全状况报告，报告依据家庭或个人的问卷调查信息对粮食安全状况进行综合评估，问卷包括住户、成人和儿童三类共 18 个有关粮食消费条件和行为的内容（张苏平，2007）。

我国学者对粮食安全的评估多采用综合指标体系。朱泽（1998）主张从粮食总产量波动、粮食自给率、粮食储备水平和人均粮食占有量四个方面进行评价。刘景辉等（2004）的评价指标体系强调了数量安全、质量安全、时间安全、空间安全和市场安全五个方面。马九杰等（2001）从微观和宏观两个层面，将粮食安全划分为全球、国家、家庭及个人四个层次，采用供求差率、平衡指数、波动指数等指标构建了粮食安全预警体系。另外，一些学者从产业链的视角分解和构建了粮食安全指标体系，如高帆（2005）和孙复兴、黎志成（2005）等，主要包括生产、消费、流通和贸易等方面的指标。这些指标体系通常要设定各个指标的标准值，例如刘景辉等（2004）提出的各项指标下限分别为：粮食自给率为90%、年人均粮食占有量为350公斤、人均日摄取食物热值2400千卡、恩格尔系数为60%、生活无保障人口比例小于10%。在农村社会经济调查司（2005）的一项研究中，也从供给、需求、市场、库存四个方面提出了14项具体标准。

总体来说，有关中国粮食安全的研究是很丰富的，这些研究较好地体现了中国粮食安全的主要特点。但是，多数指标体系并不能充分反映国际公认的粮食安全内涵，也很少考虑远期的粮食安全前景。本文将紧密结合国际公认的粮食安全框架与中国粮食安全的特殊性，对营养摄入不足人口比重、储备率等关键指标进行重新估计，同时引入粮食安全可持续性指标，以便更加全面地反映中国粮食安全状况。

二 指标体系构建

总体来看，粮食安全的内涵随着时间推移在不断发展和深化，各个国家粮食安全的关键问题与评价标准也因人口特征、资源条件、社会结构与发展战略的差异而不同。客观评价粮食安全状况，发现制约粮食安全的短板因素，对于制定合理的粮食生产、贸易与分配政策具有重要的意义。

（一）原则、思路与框架

粮食安全指标体系应满足系统、完整、科学和可行等要求。首先，指标体系必须与粮食安全内涵一致，全面反映粮食安全状况。既要考虑生产、贸易、分配、消费环节，也要顾及资源环境与可持续性；既要考虑数量安全，也要考虑质量安全和营养需求；既能反映现状，也能评价趋势。其次，所选指标应有可获得的、权威、连续的数据来源，确保评价结果的公信力和连续性。最后，指标应尽量满足纵向的年度可比与横向的国家可比，基本指标应多数有历史数据可比，核心指标应有国际数据可比。不过，由于统计指标与统计口径的变化，以及国家间统计制度的差异，即使最简单的指标也不能确保纵向与横向的可比性，所以一些情况下使用不同的指标或者替代指标在所难免。

全面反映粮食安全状况，除了要从国际公认的粮食安全内涵出发，还需要考虑自身的切实需求。对农业资源丰富、农产品富足的国家，粮食安全的主要问题可能是分配问题和效率问题；而对于农业资源贫乏、农产品紧缺的国家，生产和供给则是最主要问题；对于一些富裕小国而言，只要外汇充足、具备足够的进口能力，即使本国不生产粮食，粮食安全也能够得到相当程度的保障；而对于中国这样一个大国，以必要自给率为基础的粮食安全是最重要的权利基础。另外，粮食安全指标体系还要能够反映中国转型时期的消费结构变化与人口流动等因素。本文所构建指标体系遵循"生产→供给→分配→消费→营养"逻辑，指标覆盖这一完整过程。另外，用自给率、产出波动率等指标对粮食安全状况的稳定性（脆弱性）、可持续性调控力进行评价。概括起来，指标体系评价的核心包括三个方面：一是要有充足、安全、富有营养的粮食；二是要有人人充分获得粮食的能力和保证个人能够购买足够粮食以满足其积极健康生活和喜好需求；三是这两者的稳定性和可靠性（见图1）。

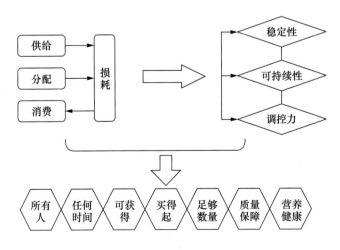

图1 粮食安全指标体系思路框架

（二）指标体系构成与指标选择

根据上述思路，本研究所构建的指标体系包括供给、分配、消费三个环节，再加上利用效率、保障结果与稳定性（脆弱性）、可持续性和调控等共计 8 个方面的 27 个指标。

（1）供给环节。供给环节首先分为实物供给量和营养价值供给量两个方面。在实物量方面，一个是国内生产量，另一个是考虑进出口和库存调节后的人均粮食供应量。就国内生产来说，广义的粮食产出应该包括粮食、肉、蛋、奶、油、菜等所有食物，为避免指标繁杂和折算困难，我们选择国内常规口径粮食（稻谷、小麦、玉米、大豆和薯类）与肉类产出这两个最重要、最具代表性的指标。它们构成了人类食物消费最基本的成分，同时也是农业生产最主要的部门。为便于比较，使用人均粮食产量和人均肉类产量。考虑进出口与库存调节之后的供应量选取的代表性指标是人均粮食供应量。在营养价值量方面，选取人日均可获得粮食热量和人日均可获得肉类热量作为代表性指标。

（2）分配环节。本研究从市场分配、政府调节和家庭配置三个角度对分配进行评价。在市场分配方面，首先是整体收入水平，收入水平提高意味着购买能力的提高，本文使用的收入指标是经价格指数平减的人均国内生产总值[1]。由于收入分配不均的存在，整体收入水平高并不能保证人人买得起粮食，仍可能有贫困人口面临买不起或消费不足的问题。为此，本研究还选取了贫困发生率指标加以补充。价格在市场配置过程中起关键性作用，我们选取了两个指标来反映价格变动对粮食安全的影响。首先是粮食的价格变动，本文选取粮食价格指数。在名义收入不变的情况下，粮食购买能力与粮价变动负相关。其次是粮食相对价格变动。有两种相对价格需要考虑，第一种影响粮食的用途，是满足食用需求还是作为工业原料，我们选取粮食价格与能源价格的比值。有研究表明，这一比值达到一定数值就会有更多的粮食被用于加工乙醇燃料，这也是近年来粮食非食用化典型代表[2]；第二种影响粮食在消费支出中的比重，我们选取的指标是粮食价格与居民消费价格的比

---

[1] 另一项可选用指标是人均居民收入，由于中国城乡居民收入分别用城镇居民可支配收入与农民人均纯收入来衡量，两个指标统计口径不同，而且不便于进行国际比较，故没有采用这项指标。

[2] 美国已有相当比例的粮食用于加工乙醇。

值，如果这一相对价格上涨过快，即使名义或实际的居民收入有所增长，居民粮食购买力仍可能会下降。此外，市场在粮食分配中还受一些设施和渠道的限制，比如交通设施、仓储设施、交易场所等。设施不完善将提高食物的损耗、流通成本和购买成本，最终降低食物的可获得性。考虑到数据可获得性和连续性，我们选取道路（铁路）密度作为衡量指标。在有关粮食安全的研究中，以道路作为衡量食物可获得性的代理指标是比较常见的，其对粮食安全的影响也得到研究确认（Powell et al.，2007；Pearce el al.，2008）。

粮食分配以市场配置为主、政府调节为辅，政府的作用主要体现在为贫困人口、低收入人群的基本生活提供兜底保障。当前，中国政府对城乡居民设有贫困线和最低收入保障标准，标准以下的人口可以获得政府的补助和扶持，提高这些标准意味着政府救助的人群和扶持力度都得到增加。因此，我们选择贫困相对标准和低保相对标准作为衡量政府分配调节作用的指标。家庭配置指与粮食安全状况相关的家庭消费结构，体现家庭层面粮食安全的保障程度，我们选取恩格尔系数来衡量。恩格尔系数降低意味着食物消费占家庭支出的比重下降，一般情况下，家庭用于保障粮食安全和基本生活的压力也随之下降。

（3）消费环节。除了数量增长，粮食消费结构改善和质量提升也是粮食安全保障程度提高的表现。在中国，南方与北方等不同地区因生活习惯等原因在食物品种构成上存在巨大的差异。不同食品在加工程度上有精加工、粗加工之分；在价格上也有高档、低档之分。但在质量方面，最核心、最具一般性的结构是动物源食品与植物源食品的比例。本文选择动物源蛋白在居民食物消费蛋白摄入总量中所占的比重，这也是国际公认的营养结构指标。

（4）利用效率。损耗发生于生产、分配、储运、加工、销售和最终消费等各个环节，损耗高低影响粮食有效供给，体现粮食的利用效率。在世界范围内，由于冷藏设施不足，产出的粮食中大约25%未能到达消费者手中，而是被产后各个环节损耗（何安华等，2013）。在中国，根据学者的研究，私营企业和个体粮食经营者收购、储存粮食的损耗一般在5%以上，农户储存阶段的损耗可能更大，据已有研究估计可能达到8%—10%（何安华等，2013）。另外，运输、加工等各个环节都有损耗。本文估算了从生产到消费的全程损耗率。

（5）保障结果。粮食安全的最终目标是居民个体层面的营养与健康，即所有人获得足够的食物。居民的营养摄入水平不是均质的，通常在一定范围内变动。当膳食热量摄入长期低于最低需求就会出现营养不良问题。最低膳食热量需求因人种、年龄、性别、体重、职业的不同而有所差异。根据国际粮农组织报告①，平均而言，中国人日均最低热量需求的参考值为 1910 千卡。目前，中国尚缺乏营养不良发生率的系统调查和统计数据。本文根据膳食热量供给水平以及热量分配不均衡状况估计膳食热量摄入不足人口的比例，用以衡量营养不良发生率。

（6）稳定性（脆弱性）。粮食安全是可靠还是脆弱，首先取决于国内粮食供给是否稳定。我们认为，可以从储备、自给和减缓产出波动三个方面来加强粮食供给的稳定性。收储和储备的投放是平抑市场波动的主要工具，因此储备率对市场稳定性和粮食安全都是重要指标。提高自给自足水平，就等于把粮食安全掌握在自己手里。国际上衡量粮食自给水平的通用指标是谷物自给率，中国更常用的是包括谷物、大豆和薯类在内的广义粮食自给率。为综合反映中国总体的粮食自给水平，本文同时使用谷物自给率和粮食自给率指标②。减缓产出波动是供给稳定性的基础，本文用总产波动率来衡量产出波动。另外，市场波动的直接体现是价格波动，我们选取国内价格波动率指标来衡量粮食市场的稳定性。

（7）可持续性。多数有关粮食安全的研究关注的是当前生产和供给，缺乏对未来可持续性的考虑，忽视了当前生产对环境和资源的破坏和影响。在可持续问题日益凸显的今天，有必要将可持续性纳入粮食安全的评价体系中。具体来说，我们考虑了资源可持续、环境可持续和经济可持续三个方面。在资源可持续性方面，我国农业和粮食生产面临的最大压力在于耕地和水资源短缺，考虑到数据可获得性，我们选取人均耕地作为这方面的代表性指标。环境可持续性方面，农业生产的影响比较广泛，现阶段最突出的问题是与化肥农药过量施用及畜禽粪污排放相关的面源污染。鉴于农药成分复杂、畜禽粪污排放数据缺乏，我们选取了化肥施用量作为代表指标。经济可持续性方面，主要是农业和粮食生产必须有合适的投入产出回报，确保农民有从事农业和粮食生产的积极性。根据经验，农产品出售价格（生产者价格）和农业生产资料价格的变化，是影响农业生产效益和农民从事粮食生产积极性的最

---

① Fao, *Methodology for the Measurement of Food Deprivation：Updating the Minimum Dietary Energy Requirements*，http：//www. fao. org/fileadmin/templates/ess/documents/food_ security_ statistics/metadata/Undernourishment_ methodology. pdf, Rome, October, 2008.

② 数据主要包括谷物和大豆。

主要因素。因此，我们使用农业投入产出相对价格变化作为代表指标。

（8）政府调控。政府对粮食安全的支持和调控，体现在生产、分配、储备、运销、技术研发与推广等多个环节，采用的措施也多种多样，如补助、补贴、配送服务、物质支持、技术支持、税费减免等，在其中选一两个方面的指标来衡量政府对粮食安全的支持与调控难免有失全面。鉴于支持与调控的力度总体上体现在财政投入上，我们选择广义的政府财政支农指标：用人均财政支农水平衡量粮食调控和支持的能力，用财政支农投入占农业产值比重衡量调控和支持的强度。

以上八个方面的指标共同构成了粮食安全评价指标体系（见表1）。

表1   **粮食安全评价指标体系构成**

一级	二级	指标
供给	实物	人均粮食产量
		人均肉类产量
		人均粮食供应量
	热量	人日均可获得粮食热量
		人日均可获得肉类热量
分配	收入	人均国内生产总值
		贫困发生率
	价格	粮食价格指数
		粮食与能源价格比
		粮食相对（CPI）价格
	可获得性	道路密度
分配	政府再分配	贫困相对标准
		低保相对标准
	家庭支出	恩格尔系数
消费	营养结构	动物性蛋白占比
利用效率	全程损耗	损耗率
保障结果	普遍安全	营养不良发生率
稳定性（脆弱性）	粮食储备	储备率
	自给水平	谷物自给率
		粮食自给率
	波动性	总产波动率
		国内价格波动率

续表

一级	二级	指标
可持续性	环境排放压力	化肥施用量
	耕地资源	人均耕地面积
	农业比较效益	农业投入产出相对价格变化
政府调控	财政支农	人均财政支农水平
		财政支农投入占农业产值比重

三　数据与方法

（一）数据来源与主要指标计算、估算方法

人口、各种粮食产量、肉类产量、粮食进出口量、居民消费量、道路密度、财政支出等基本数据来自《中国统计年鉴》《中国农村统计年鉴》等。贫困标准和贫困发生率以农村贫困数据为代表，使用的是低收入贫困标准和相应的贫困发生率，数据来自《中国农村贫困监测报告》。低保标准以城乡居民人口比重为权重，对城市居民最低生活保障标准和农村居民最低生活保障标准进行加权得到。粮食价格指数等来自《中国城市（镇）生活与价格年鉴》。

人日均可获得来自粮食的热量的计算方法为：（粮食总产量 + 粮食净进口）×粮食综合热量/（总人口×365）。其中，粮食综合热量的计算过程分为两步：①根据《中国食物成分表》，在简化品种的基础上，通过简单平均求得稻谷、小麦、玉米、大豆、薯类的平均热值（c_i）；②根据五类粮食在粮食总产中的比重（$p_i = P_i / \sum_j P_j$）计算各年度粮食的综合热值（$\sum_i (P_j \times c_i)$）。人日均可获得的来自肉类的热量的计算方法相同。

动物蛋白占比的计算分三个步骤：首先根据《中国食物成分表》获得粮食、肉、蔬菜等各类食品的蛋白含量，其中粮食是根据粮食产出结构计算得到综合蛋白含量；其次分别根据城镇居民家庭平均每人全年购买主要商品数量（数据来自《中国城市（镇）生活与价格年鉴》）与农村居民主要食品消费量（数据来自《中国农村统计年鉴》），计算城镇居民和农村居民动物蛋白摄入量占蛋白总摄入量的比重；最后根据城乡居民人口比重，加权计

算平均的动物蛋白占比。

营养不良发生率通过模拟获得。在假设热量获得（食物分配）服从对数正态分布的情况下，根据参数设定与热量供给，可以计算热量摄入低于一定标准的人口比重。对数正态分布的密度函数为：

$$f(x) = \frac{1}{\sqrt{2\pi}\sigma x} e^{\left(\frac{-(\ln(x)-\mu)^2}{2\sigma^2}\right)} \tag{1}$$

决定对数正态分布的形态和位置的参数有两个，分别是均值（μ）和方差（σ）。假设根据食物消费计算的热量均值和方差为 $E(X)$ 和 $\mathrm{var}(X)$，那么：

$$\mu = \ln(E(X)) - \frac{1}{2}\ln\left(1 + \frac{\mathrm{var}(X)}{E(X)^2}\right) \tag{2}$$

$$\sigma^2 = \ln\left(1 + \frac{\mathrm{var}(X)}{E(X)^2}\right) \tag{3}$$

然后在给定的热量摄入最低阈值下，就会有确定比例的热量摄入不足人口。该方法参照了国际粮农组织对世界各国营养不良发生率的估计，在统计原理上是可行可靠的。但是，国际粮农组织基于变异系数（CV）不变假设，且长期未能对变异系数更新，可能导致估计结果的严重偏误。本文使用中国健康与营养调查（CHNS）数据计算了热量实际摄入的均值、方差①，并得到反映热量分配的变异系数。再用人日均可获得的来自粮食的热量作为每年 $E(X)$ 的替代指标，根据以上公式可以得到当年的 σ 和 μ。

总产量、价格波动率的计算使用的是过去三年实际值与趋势值离差的变异系数。以总产量波动为例，计算过程分四步：①用 ARIMA 拟合趋势，再获得各年度人均产出的趋势值和离差（d_i）。根据数据自相关图、偏相关图和单位根检验，人均产出趋势拟合中含一阶差分以及一阶 AR 和一阶 MA 项（价格指数趋势拟合中仅含一阶 AR 项）；②计算过去三年离差绝对值的移动平均值 $ma\_d_i = \sum_{j=0}^{2}|d_{i-j}|/3$；③计算过去三年离差绝对值的标准差 $sd\_d_i = \sqrt{(\sum_{j=0}^{2}|d_{i-j}| - ma\_d_i)^2/3}$；④计算离差的变异系数。经过检验和对照分析，这一指标能够较好地反映实际波动情况。

---

① 为消除热量摄入中异常值的影响，参照朱喜等（2011）对其分布的上下 1% 水平进行缩尾调整（Winsorize）处理，即对所有小于 1% 分位数（大于 99% 分位数）的数值，令其值分别等于 1% 分位数（99% 分位数）。朱喜、史清华、盖庆恩：《要素配置扭曲与农业全要素生产率》，《经济研究》2011 年第 5 期。

　　粮食储备是根据公报的全国国有粮食企业粮食库存数，结合历年国际粮农组织发布的中国粮食平衡表①推算得到。推算结果表明（见图2），储备率在20世纪90年代末达到历史高位后出现快速下降，2005年左右又开始回升。这与其他有关专家的相关研究结论相吻合（苗齐、钟甫宁，2006）。

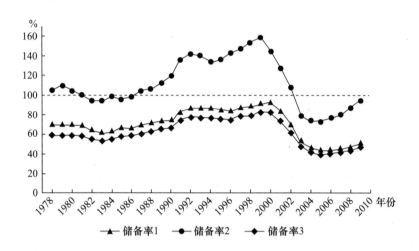

图2　1978—2010年中国粮食储备率估算

注：储备率1、2、3的基数（分母）分别是中国稻谷、小麦、大豆、玉米四种作物产出、四种作物消费和中国国家统计局粮食总产出。

　　损耗率的计算分为五个阶段：生产、收获后处理与储存、加工、流通、消费。本文依据国际粮农组织发布的损耗系数（Cederberg et al.，2011）与食物平衡表，分别计算稻谷、小麦、玉米、大豆四种农产品的损耗。从估算结果来看，中国粮食损耗率近年整体呈下降趋势。

（二）标准化、目标值与权重

　　各指标因单位差异，需要做标准化之后再加总计算指数。我们将所有指标分为正向指标与反向指标两类。正向指标增长表明粮食安全状况的改善，反之则是恶化；反向指标则相反，指标上升意味着粮食安全状况的恶化。对于正向指标，本文使用即期/基期的方法来标准化，反向指标则是基期/即

　　① 指数计算多处使用了国际粮农组织的食物平衡表，通过与中国官方发布的主要农产品产量的比较可以看出，两者之间差距较小。

期。考虑到数据的获得情况，基期设为考察时段的中间年份。

在所有指标中，一些指标属于增长指标，这类指标没有上限和下限，有可能不断增长或下降。另一些指标则可以确定合理上限、下限或期望水平，我们称为达标指标。如果只是衡量安全系数的变化情况，两类指标都可以使用。如果要明确某一时点的发展水平，则只能使用达标指标。为此，我们在每个一级指标中各选出 1—2 个二级达标指标，构建简化指数。计算时，结合专家打分结果和对各项因素重要性的判断为一级指标赋权，一级指标内各项二级指标则赋予均权重①。具体来说，供给选择的是人均粮食产量，标准设为 400 公斤，权重为 0.25；分配选择的是贫困发生率和粮食相对价格水平，两者的期望水平分别为 0 和 1，权重各为 0.1；消费选择的是动物蛋白占比，以发达国家 2005—2009 年五年的均值为标准，数据来自国际粮农组织，权重为 0.1；保障状况方面选择的是营养不良发生率，以 5% 为标准，权重 0.1；脆弱性纳入了粮食自给率、总产波动率、价格波动率和储备率四个指标，粮食自给率的标准为 95%，总产波动率与价格波动率的期望水平为 1，储备率的标准按三个月消费需求的标准设为 25%，权重分别为 0.05；可持续选择的是环境可持续指标（按农作物播种面积计算每公顷氮施用量）和经济可持续指标（以生产价格指数/生产资料价格指数计算的经济效益状况），前者标准参考相关研究设为单季最高 180 公斤/公顷，后者期望水平为 1，权重各为 0.075。人均粮食产量、粮食相对价格水平、动物蛋白占比、自给率、储备率、经济可持续等指标属于正向指标；营养不良发生率、贫困发生率、总产波动率、价格波动率、环境可持续指标等属于反向指标。任一指标得分上限为 1，强调了指标间的不可替代性和综合粮食安全的内涵，任一指标存在短板都会在指数上得到反映。

四 主要发现与判断

指数计算结果表明，近十年来中国粮食安全状况得到了明显改善，当前处在较高的水平。中国粮食安全的优势在于生产水平较高、供应比较充足、

---

① 一些类似研究中使用因子分析之类的方法获取权重，所得权重反映的实际是因子（指标）在数据变动中的份额，因此权重大小与数据的变动性有关。但是，现实中有关粮食安全的指标变动性与指标重要性并不一致，所以以因子分析法得到的权重并不能真正反映实际情况。经过试算比较，本研究最终放弃了这种看似客观的赋权方法。

粮食储备丰富、自我保障能力强以及政府积极支持，不足之处在于分配运输设施水平较低、食物结构不合理、营养质量较低、环境压力大和可持续性不足。

（一）目前中国粮食安全处于较高水平

根据计算结果，2011年中国粮食安全指数为0.924（理想目标值为1），粮食安全已经达到了较高水平（见图3）。从一些主要指标来看，2011年中国人均粮食产量424公斤，远超出人均400公斤的目标水平；贫困发生率2.8%，已经低于3%；粮食相对价格水平（食品价格指数/居民价格指数）为0.951，处于基本稳定状态；估算的营养不良人口比例为6%[①]，处于较低水平；按谷物加大豆口径计算的粮食自给率超过90%，处于较高水平；粮食储备率高于40%，更是远远超过正常储备水平。

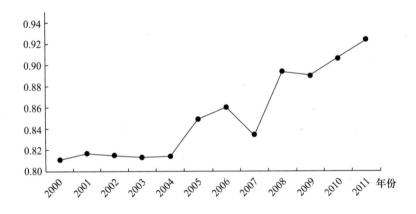

图3　2000—2011年中国粮食安全指数变化情况

根据国际粮农组织的统计数据，中国粮食安全的主要指标大都好于世界平均水平，个别指标接近甚至超过发达国家平均水平。在生产方面，中国人均食品产值比世界平均水平高出15%，食物自给率比世界平均水平高出16个百分点（也高出发达国家水平）；在食物营养供给方面，人均能量供应和蛋白供应分别比世界平均水平高8%和18%，平均膳食能量供应充足率比世界平均水平高3%；考虑分配等因素之后，最终的营养不良人口发生率也低于世

---

① 低于国际粮农组织估算的11.5%。

界平均水平。总体上，这一结论与其他相关研究是一致的。在英国经济学人智库 2013 年发布的《全球粮食安全指数报告》（The Economist Intelligence U-nit，2013）中，中国在全球 107 个参评国家中位居第 42 位，被列入"良好表现"一档，也是为数不多的粮食安全水平超越其社会富裕程度的国家之一。

（二）近年来中国粮食安全水平不断提升

从变动趋势看，近十年来中国粮食安全状况有明显改善。2003 年之前，粮食安全指数经历了缓慢、小幅的下降；2004 年以后，除了 2007 年出现短暂波动外，粮食安全状况持续改善，安全指数大幅快速提升。2003 年之前中国粮食安全指数下降的主要原因是人均粮食产量连续下滑，2007 年粮食安全指数波动的主要原因则是粮食价格出现较大波动。

从结构上看，与十年前相比，除了可持续性有所恶化以外，中国粮食安全在供给、分配、消费、营养可持续、脆弱性等方面皆有改善（见图 4）。特别是原来的短板方面——消费（营养结构）和保障结果（普遍安全）方面均有较大幅度改善。

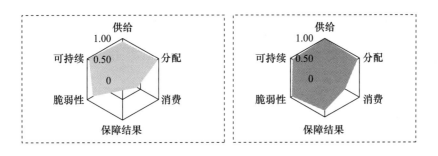

图 4　2000 年（左）和 2011 年（右）指标体系构成方面的对比

与世界平均水平和发达国家相比，中国粮食安全各方面改善进度更快一些（见图 5）。特别是在生产方面，中国粮食生产增长速度远高于世界平均水平和发达国家平均水平；在营养结构方面，中国虽然处于较低水平，但改善速度也很快。

（三）中国粮食安全具有多重优势

根据计算，中国粮食生产指标在 2006 年之后达标程度一直在 95% 以上，

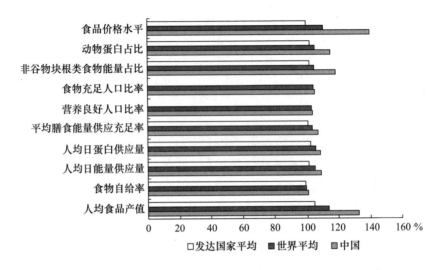

图5 中国与世界主要指标近十年来的变化（当前数值为2000年数值）

近两年已经完全达标；粮食储备指标一直保持在超标水平；粮食自给率虽然近两年有所下降，但仍然保持在较高水平。另外，在政府政策支持下，粮食价格维持在较为合理的水平，粮食生产的积极性得到了很好的维护，粮食市场保持基本稳定；贫困发生率总体持续下降，较好地保障了各层次居民的粮食和食品供给（见表2）。

表2 　　　　　2000—2011年中国粮食安全主要指标达标情况

年份	供给	分配		消费	结果	脆弱性				可持续性	
	人均粮食产量	贫困发生率	粮食相对价格水平	动物蛋白占比	营养不良发生率	自给率	总产波动率	价格波动率	储备率	环境可持续	经济可持续
2011	1.00	0.97	0.94	0.61	0.83	0.95	1.00	0.98	1.00	0.90	1.00
2010	1.00	0.97	0.92	0.54	0.72	0.95	1.00	1.00	1.00	0.91	1.00
2009	0.99	0.96	0.94	0.49	0.59	0.97	1.00	1.00	1.00	0.92	1.00
2008	1.00	0.96	0.99	0.55	0.56	0.98	1.00	1.00	1.00	0.92	0.95
2007	0.95	0.95	0.99	0.55	0.42	1.00	0.64	0.59	1.00	0.92	1.00
2006	0.95	0.94	0.99	0.55	0.42	1.00	0.76	1.00	1.00	0.94	1.00
2005	0.93	0.93	1.00	0.55	0.35	1.00	0.81	1.00	1.00	0.99	0.94
2004	0.90	0.92	0.82	0.48	0.33	1.00	1.00	0.68	1.00	1.00	1.00

续表

年份	供给	分配		消费	结果	脆弱性				可持续性	
	人均粮食产量	贫困发生率	粮食相对价格水平	动物蛋白占比	营养不良发生率	自给率	总产波动率	价格波动率	储备率	环境可持续	经济可持续
2003	0.83	0.91	0.99	0.50	0.21	1.00	0.90	1.00	1.00	1.00	1.00
2002	0.89	0.91	1.00	0.46	0.25	1.00	0.63	1.00	1.00	1.00	0.99
2001	0.89	0.90	1.00	0.44	0.27	1.00	0.68	1.00	1.00	1.00	1.00
2000	0.91	0.90	1.00	0.42	0.28	1.00	0.72	0.80	1.00	1.00	0.97

与世界平均水平相比，中国粮食安全有关指标中最突出的优势仍然是生产水平、自给率和营养供给总量。人均食品产值相当于世界平均水平的115.4%，食品自给率相当于世界平均水平的116%，人均能量供应量相当于世界平均水平的107.7%，人均蛋白供应量相当于世界平均水平的117.9%。

（四）中国粮食安全隐忧犹存

2011年中国食品营养中动物蛋白占比仅达到目标值的61%，是达标程度最差的指标。这一差距一方面反映了与收入等相关的消费水平存在差距，另一方面也与历史性的膳食习惯差别有关。另外，营养不良发生率和环境可持续指标，达标程度分别只有83%和90%，其中环境可持续指标还存在持续恶化的趋势。人均可获得热量大大超过实际需求的情况下营养不良发生率高企，表明食物分配不均仍是实现普遍粮食安全的关键制约。环境可持续指标的恶化则表明中国当前的粮食安全是建立在高投入的基础上，这同时也透支了未来粮食安全的保障能力。与世界平均水平相比，中国的铁路密度只相当于世界平均水平的78.2%，非谷物块根类食物能量占比相当于世界平均水平93.9%，动物蛋白占比相当于世界平均水平的98.5%。这些典型指标表明，从运输设施、食品结构和营养质量方面看，中国粮食安全状况仍面临不足。

五　改善粮食安全状况的政策建议

指标体系的分析揭示了中国粮食安全的基本状况、发展趋势、存在问题、优势和劣势，未来的粮食安全政策需要适当调整，在基本保持原有优势的基础上，尽量弥补缺陷。

（一）保障粮食生产能力，稳定粮食产量

中国到底需要多少粮食就可以保障基本的粮食安全，这一问题一直存在争议。2013 年中国粮食总产量达到 60193.5 万吨，这一产量已经远远超出《国家粮食安全中长期规划纲要（2008—2020 年）》中提出的远期目标[①]。粮食增长的背后是巨大的代价，包括各种经济成本和巨额财政投入。中国从 2004 年开始实行良种补贴、种粮直补、农机补贴和农资综合补贴，这四项补贴从最初的 145 亿元增加到 2012 年的 1628 亿元。另外，在 2004—2011 年中央财政对粮食主产区转移支付年均增长速度为 27.8%。从 2006 年起，开始全面实施对小麦、稻谷两大重要粮食品种的最低收购价政策，自 2008 年起，政府连续多年提高最低收购价格。保障增产的投入需求越来越大。更重要的是，持续增产付出了高昂的生态成本和可持续代价。2010 年中国化肥使用量为 5561 万吨，比 1978 年增加了 529.07%；农药使用量为 171.2 万吨，比 1978 年增加了 229.23%。目前，中国单位土地化肥使用量是世界平均水平的 4.2 倍，大大超过了国际公认的安全上限。

根据本文的评估，中国粮食安全在生产和供给方面处于较高水平，但在可持续特别是资源环境和生态可持续方面却存在显著不足。要进一步提高中国的粮食安全状况，需要取长补短，可以考虑适当降低对国内生产增长的要求。在增产和环保有冲突时，优先选择后者。但是面对人口增长、居民收入水平提高、城镇化进度加快的巨大压力，我们不能放松对粮食生产的重视程度，保障现有粮食生产能力和维持粮食产量稳定是必要的选择。保障粮食生产能力，必须继续坚持最严格的耕地保护制度和最严格的水资源保护制度，加快建设一批旱涝保收的高标准农田。同时，要积极培育专业大户、家庭农场、农民合作社等新型农业经营主体，构建有效的农业社会化服务体系，维持农业特别是粮食生产的合理收益，切实解决"谁来种地"的问题。

（二）调整食物生产结构，提高食品质量和营养水平

评估结果表明，中国粮食安全的短板是食品营养结构不合理。虽然从总

---

① 具体目标是，到 2020 年粮食和谷物生产能力应分别达到 5400 亿公斤和 4750 亿公斤，人均粮食消费量 395 公斤。

体上来看，中国人均能量供应量和蛋白供应量都高于世界平均水平，但是能量供应结构和蛋白供应结构却都比较落后，能量供应更多地来自于谷物块根类食物，蛋白供应中来自动物食品的比重较低。随着人均收入水平的不断提高、城镇化的不断加快，中国居民食品消费结构还会持续快速变化，对食品生产结构调整的要求会越来越高。这些变化会对中国的粮食安全提出更高的要求，当然也会带来更大的压力，对此，必须要有充分的认识。农业发展和粮食安全的政策重点是要更加强调生产和食物供给的结构调整。

（三）转变农业生产方式，走可持续发展道路

中国的农业资源环境问题已经成为全社会关注的焦点之一。农业资源环境问题一方面来自农业外部，城市工业和生活的废气、废水和固体废物向农村转移；另一方面，农业生产中化肥、农药、农用塑料地膜的过量使用，以及农业生产中水资源的不合理利用，也使农业生产环境日益恶化。要解决这个问题就必须转变农业生产方式，即改变过去几十年主要依赖于要素投入的增长方式，减少化肥、农药、农用塑料地膜等农业投入品的过量使用，提高农业资源利用效率，用科技进步和集约化生产方式促进农业增长。具体政策方面，要科学保护和合理利用水资源，大力发展节水增效农业；鼓励使用生物农药、高效低毒低残留农药和有机肥料；强化农膜和农药包装物回收再利用；推广规模养殖场粪污处理和再利用技术；开发和建设农作物秸秆综合利用机制。总之，在现代农业发展过程中，要树立绿色、低碳发展理念，积极发展资源节约型和环境友好型农业，不断增强农业可持续发展能力。

（四）重视需求管理，减少不合理消费和损耗

确保粮食安全，不仅要强调生产增长，还要重视消费控制和需求管理。一直以来，我们都在强调刺激生产和增加供给，但对控制不合理的消费和过度需求重视不够。中国人口占世界的22%，耕地只占世界的9%，粮食生产资源极其匮乏，在农产品消费方面，理应贯彻节俭治国的理念，但实际上，我们并没有做到节约用粮。近年来，中国粮食产出持续增长、人均热量供给大大高于需求，但营养不足问题依然存在。这意味着粮食和食物分配不公、过度消费与浪费情况比较严重。如果不对消费和需求加以引导、管理和控制，生产增长恐怕很难赶上消费增长的步伐，在粮食总体安全的基础上难以确保普遍安全，粮食安全最终目标还是难以得到保障。管理需求、减少损

耗，首先，必须严格控制粮食的非食用加工转化，改进粮食收获、储藏、运输、加工方式，尽可能地减少粮食产后损耗，提高粮食综合利用效率。其次，要进一步加强节粮宣传教育，倡导科学饮食和合理消费，减少餐饮浪费。最后，增加对低收入群体的食物补贴。

（五）适当降低储备率，减少财政压力和资源浪费

高储备是中国保障粮食安全的一大特色。按照国际经验，一个国家的粮食储备在年度总消费量的 17%—18% 即可保障基本安全。即使要确保更高保障水平，中国粮食储备率也只需保持在 30%—40%。但是，中国粮食储备远远高于这一水平，我们估计目前为年度粮食消费量的 40%—50%。储备必然会有损耗（一般估计为 2%），过量储备必然导致巨大粮食损耗。因此，应当适当减少国家粮食储备，这不仅是可行的，同时也是必要的，一方面可以有效缓解财政压力，另一方面可以减少不必要的资源浪费。

（六）合理运用全球资源，减轻国内生产压力

从我国人多、地少、水缺的资源禀赋出发，积极主动利用国际市场和国外资源是大势所趋。目前中国的谷物进口依赖率仅有 2.2%（国际粮农组织数据），远低于亚洲国家的平均水平（10%）和世界平均水平（15.7%），甚至低于一些农业资源大国和农业生产大国，适度扩大进口并不会从根本上影响中国的粮食安全。当然，中国农产品特别是粮食进口的潜力也是有限的。目前全世界粮食国际贸易量仅有 2.5 亿吨，不足中国粮食消费量的一半；全世界大米国际市场贸易量仅有 2500 万吨，不足中国国内大米消费量的 1/5。过分依靠进口来满足中国的粮食需求是不现实的。况且，中国大量进口粮食，还会导致国际市场粮价飞涨，给低收入国家的粮食安全带来不利影响。因此，扩大进口必须是适度的。扩大进口还必须是有选择的，考虑中国的资源禀赋特点，进口品种应优先选择土地资源和水资源密集产品；考虑对粮食安全和国计民生的影响程度，应主要扩大非口粮产品的进口。

参考文献

[1] Cederberg C., Sonesson U., Van Otterdijk R., Meybeck A. *Global food losses and food waste: Extent, causes and prevention*, Rome, FAO, 2011.

[2] Food and Agriculture Organization of the United Nations (FAO), *The state of food and ag-*

riculture 2013，Rome，http：//www. fao. org/publications，2013.

［3］Pearce J.，Hiscock R.，Blakely T.，Witten K.，"The contextual effects of neighbourhood access to supermarkets and convenience stores on individual fruit and vegetable consumption"，*Journal of Epidemiology and Community Health*，Vol. 62，No. 3，2008，62（3）：198 – 201.

［4］Powell L. M.，Auld M. C.，Chaloupka F. J.，O'Malley P. M.，Johnston L. D.，"Associations between access to food stores and adolescent body mass index"，*American Journal of Preventive Medicine*，2007，Vol. 33，No. 4，pp. 301 – 307.

［5］*The Economist Intelligence Unit*：*Global food security index* 2013，http：//foodsecurityindex. eiu. com/，2 July，2013.

［6］高帆：《中国粮食安全的测度：一个指标体系》，《经济理论与经济管理》2005 年第 12 期。

［7］国家粮食局调控司：《关于我国粮食安全问题的思考》，《宏观经济研究》2004 年第 9 期。

［8］何安华、刘同山、张云华：《我国粮食产后损耗及其对粮食安全的影响》，《中国物价》2013 年第 6 期。

［9］联合国粮食及农业组织（FAO）：《世界粮食不安全状况 2012》，2012 年，罗马。详见世界粮食不安全状况网站，http：//www. fao. org/publications/sofi/en。

［10］国际粮农组织（FAO）、世粮署（WFP）和农发基金（IFAD）：《世界粮食不安全状况——经济增长很有必要，但不足以加快减缓饥饿及营养不良》，罗马，2012 年。

［11］刘景辉、李立军、王志敏：《中国粮食安全指标的探讨》，《中国农业科技导报》2004 年第 6 期。

［12］陆慧：《发展中国家的粮食安全评价指标体系建立》，《国际商务论坛》2008 年第 3 期。

［13］马九杰、张象枢、顾海兵：《粮食安全衡量及预警指标体系研究》，《管理世界》2001 年第 1 期。

［14］苗齐、钟甫宁：《我国粮食储备规模的变动及其对供应和价格的影响》，《农业经济问题》2006 年第 11 期。

［15］农村社会经济调查司：《我国粮食安全评价指标体系研究》，《统计研究》2005 年第 8 期。

［16］孙复兴、黎志成：《关于构建我国粮食安全评估指标体系的思考》，《特区经济》2005 年第 4 期。

［17］张苏平：《粮食安全评估指标与方法研究综述》，《经济研究参考资料》2007 年第 13 期。

[18] 朱泽:《中国粮食安全问题:实证研究与政策选择》,湖北科学技术出版社 1998
年版。

（原文发表于《中国农村观察》2015 年第 1 期）

中国粮食市场挤压效应的成因分析[*]

翁 鸣

中国作为世界上人口最多的国家，始终把粮食安全放在一个极其重要的战略地位。2004—2014 年，中国粮食产量实现了连续 11 年增长，保证了 13.6 亿中国人的吃饭问题；但与此同时，出现了"两增一涨"新情况，即粮食进口量和库存量增加，国内粮食价格刚性上涨。从 2013 年 6 月开始，国内外粮食价格出现倒挂现象，即国内粮食批发价格高于进口粮食到岸完税价格，国内粮食市场挤压效应逐渐显现。在这样的背景下，需要科学分析国内外粮价倒挂的主要原因，解决显现的或潜在的隐患，以确保中国始终掌握粮食安全的主动权。

一 学术界对中外粮食价格变化的讨论

近年来，国内外粮食价格变化引起了学术界的关注和讨论。中国粮食进口数量总体上升；玉米等粮食品种积压严重，库存压力凸显，财政负担加重；国内粮食价格明显高于国际粮食价格，并且价差有进一步扩大的趋势。与此同时，以美国为代表的农产品出口国极力主张农产品进口关税大幅度下调，粮食进口关税下降是一个全球性大趋势。在这种情况下，中国粮食安全是否具有可持续性，粮食政策是否需要调整以及如何调整，理所当然地成为国内农经界和决策层讨论的热点话题。

一些学者阐述了自己的观点。从粮食价格比较看，国内粮价远超过国际

---

* 本文系中国社会科学院农村发展研究所创新工程项目"农产品市场与贸易"的部分研究成果。

粮价，形成了价格"天花板"，这对未来中国整个农业产业的安全构成一个非常大的威胁（陈锡文，2014）；农产品价格"天花板"封顶和生产成本"地板"抬升的挤压显现（韩俊，2015）。杜鹰认为，如果中国主要农产品价格高于关税配额外进口完税后的价格，国外农产品大量进入中国将不可避免①。

从国内外粮价倒挂的原因看，国内粮食生产成本和最低收购价抬高、国际粮食价格下跌、人民币升值和国际能源价格暴跌导致货运价格下跌，是国内外价差扩大的四大推手（陈锡文，2015）；短期内全球粮食和石油价格正在发生重要的周期性变化，特别是石油价格下跌较多，对国际农产品市场的影响非常明显（韩俊，2015）。

从粮食政策调整看，现在更应关注粮食结构和粮食生产的可持续问题，要降低资源开发强度，在粮食结构上做文章，在粮食提质增效上下功夫（程国强，2015）；未来中国粮食安全不仅取决于粮食生产数量，而且取决于粮食国际竞争力（翁鸣，2015）。

上述学术界讨论大致可归结为：由于国际粮食价格下降和国内粮食价格上涨，国内外粮食价格之间的关系发生变化，其重要特征是，国内粮食价格上限下降、下限上升，导致国内粮食市场挤压效应逐渐显现，这是中国粮食安全面临的新情况和新问题。但是，目前对中国粮食市场挤压效应的深入研究尚显不足，已有相关文献基本上以定性判断为主，有些概念缺乏学术规范。例如，中国粮食市场挤压效应的作用机理尚未得到详细的剖析；又如，国内外粮食价格"倒挂"概念比较模糊，有待于准确定义。另外，有的学者认为，应该让粮食价格上涨得快一些，快过生产成本的上升速度，并能更好地反映农业资源的稀缺程度，这才是中国今后农业政策的长期目标（马晓河，2011）。显而易见，分析中国粮食市场挤压效应产生的原因和作用机理，有助于全面把握中国粮食安全及其政策调整方向。基于这样的考虑，本文拟从国内外粮食价格变化的特点、粮食生产成本及其结构差异等方面，探究中国粮食市场挤压效应产生的主要原因，以及它们未来可能对中国形成的潜在冲击。

---

① 资料来源：凤凰网资讯（http://news.ifeng.com/a/20150307），2015 年 3 月 7 日。

二 国内外粮价变化与市场挤压效应

中国粮食产量"十一连增"的同时，粮食净进口总体上也在增长。以谷物为例，2005—2014 年，中国谷物净进口量从 389.9 万吨增加至 1874.7 万吨，10 年间增长了 380.8%。值得关注的是，现阶段中国玉米库存也达到了较高水平。粮食进口量与粮食库存量双增长，其中一个重要原因是国际粮食价格低于国内粮食价格，甚至进口玉米等的到岸完税价格低于国内玉米等的批发价格，进口粮食的价格优势成为加工和流通企业选择使用进口粮食的重要依据。

（一）国内外粮价差距呈现扩大趋势

2004—2014 年，国际小麦、大米和玉米价格走势呈现明显的波动。2008 年，全球粮食危机导致国际粮食价格上涨，粮食危机后国际粮食价格总体下跌；同期，国内粮食价格基本上呈现刚性上涨，其中略有波动，但可忽略不计（见表 1）。国内外粮食价差反映了国内外粮食价格的相对关系，粮

表 1　　　　　中国与国际市场主要粮食品种价格比较　　　单位：元/公斤

项目	2004 年	2005 年	2006 年	2007 年	2008 年	2009 年	2010 年	2011 年	2012 年	2013 年	2014 年
国际小麦	1.26	1.15	1.32	1.80	2.40	1.59	1.63	1.89	2.06	1.94	1.87
中国小麦	1.54	1.50	1.44	1.54	1.74	1.84	1.98	2.07	2.15	2.44	2.50
价差（%）	22.22	30.43	9.10	-14.43	-27.50	15.72	21.47	9.52	4.37	25.77	33.69
国际大米	1.85	2.10	2.13	2.26	4.21	4.01	3.38	3.43	3.45	3.22	2.56
中国大米	2.36	2.27	2.30	2.43	2.82	2.92	3.13	3.52	3.80	3.94	4.00
价差（%）	27.56	8.09	7.98	7.52	-33.01	-27.18	-7.39	2.62	10.14	22.36	56.25
国际玉米	0.96	0.81	0.97	1.25	1.55	1.18	1.30	1.90	1.87	1.61	1.25
中国玉米	1.25	1.22	1.30	1.53	1.62	1.63	1.89	2.16	2.29	2.26	2.33
价差（%）	30.20	50.61	34.02	22.40	4.51	38.13	45.38	13.68	22.45	40.37	86.40

注：①价差率 =［（国内粮食价格 - 国际粮食价格）/国际粮食价格］×100%；②小麦、玉米国际价格为美国海湾离岸价格，大米国际价格为曼谷离岸价格；小麦、大米、玉米国内价格为全国平均批发价格。

资料来源：小麦、大米和玉米价格数据摘自中国社会科学院农村发展研究所、国家统计局农村社会经济调查司（2015），第 89 页。

食价差值越大，表示国内粮食价格超过国际粮食价格越多。例如，2012—2014 年，玉米和大米的国内外价差呈现明显扩大的趋势（见图1）。当国内外粮食价差达到一定程度，即国内粮食价格高于进口粮食到岸完税价格时，就出现国内外粮价倒挂现象。

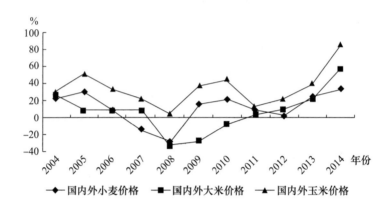

图1 中国与国际市场主要粮食价格差距

（二）国内外粮食价格倒挂现象显现

国内外粮食价格倒挂是指国内粮食价格高于进口粮食价格的现象。为了保证粮食安全，粮食进口国均设立较高的粮食进口关税，以冲抵出口国的粮食价格优势，使得国内粮食价格低于进口粮食价格。但是，如果国际粮食价格持续下降、国内粮食价格持续上升，国内粮食价格就有可能高于进口粮食价格，即发生国内外粮食价格倒挂现象。

中国主要粮食品种（小麦、玉米、大米）的进口关税有两种：一种是配额外关税，税率65%；另一种是配额内关税，税率1%。关税配额内的粮食进口是有数量限制的。2015 年，中国粮食进口关税配额量为：小麦963.6万吨，玉米720 万吨，大米532 万吨[①]。当中国主要粮食品种的国内价格高于关税配额内粮食进口价格（1%关税），但低于关税配额外粮食进口价格（65%关税）时，主要粮食品种进口按照配额内关税税率征收，且其最大进口量不超过上述配额量，这时的国内外粮食价格关系可称为国内外粮食价格

---

① 资料来源：《5 年粮食进口关税配额申领条件和分配原则》，商务部网站，http://www.mofcom.gov.cn/article/b/gl。

"相对倒挂"现象。当中国主要粮食品种的国内价格高于关税配额外粮食进口价格时，意味着关税保护的作用已经发挥到极致，可能发生国外粮食大量涌入国内市场的情况，这时的国内外粮食价格关系可称为国内外粮食价格"绝对倒挂"现象。

从中国实际情况来看，2015 年，中国不仅继续呈现国内外粮食价格"相对倒挂"现象，而且该年有的月份还出现了国内外粮食价格"绝对倒挂"现象。以广州黄埔港到港的小麦为例①，2015 年 1—12 月关税配额内美国小麦到岸完税价格、国内小麦到港价格和关税配额外美国小麦到岸完税价格三者的关系如图 2 所示。国内小麦平均到港价格低于关税配额外美国小麦平均到岸完税价格 0.12 元/公斤，高于关税配额内美国小麦平均到岸完税价格 0.98 元/公斤。值得注意的是，2015 年 5 月，国内小麦到港价格高于关税配额外美国小麦到岸完税价格 0.12 元/公斤。上述情况表明，关税配额外美国小麦到岸完税价格已经非常接近国内小麦到港价格，甚至有的月份还低于国内小麦到港价格。

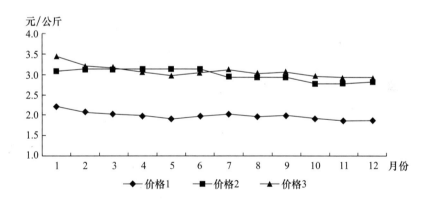

图 2　2015 年广州黄埔港国内外小麦价格比较

注：价格 1 为关税配额内美国小麦到岸完税价格；价格 2 为国内小麦到港价格；价格 3 为关税配额外美国小麦到岸完税价格。

再以广州黄埔港到港的玉米为例，2015 年 1—12 月关税配额内美国玉

---

① 为了便于在相同地点、相同时点比较，国内外小麦、玉米（见下文）价格均以运至广州黄埔港为准。资料来源：《农产品供需形势分析月报》，农业部网站，http://www.moa.gov.cn/zwllm/jcyj，2015 年 12 月。

米到岸完税价格、国内玉米到港价格和关税配额外美国玉米到岸完税价格三者的关系如图 3 所示。国内玉米平均到港价格低于关税配额外美国玉米平均到岸完税价格 0.11 元/公斤，高于关税配额内美国玉米平均到岸完税价格 0.78 元/公斤。值得注意的是，2015 年 5 月和 6 月，国内玉米到港价格分别高于关税配额外美国玉米到岸完税价格 0.19 元/公斤、0.17 元/公斤。上述情况表明，关税配额外美国玉米到岸完税价格已经非常接近国内玉米到港价格，甚至有的月份还低于国内玉米到港价格。

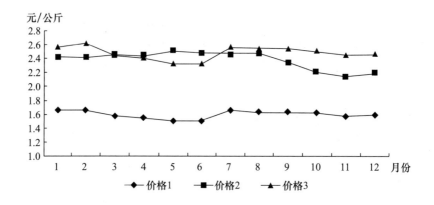

图 3　2015 年广州黄埔港国内外玉米价格比较

注：价格 1 为关税配额内美国玉米到岸完税价格；价格 2 为国内玉米到港价格；价格 3 为关税配额外美国玉米到岸完税价格。

（三）国内外粮价倒挂形成挤压效应

从价格因素看，国内粮食价格与进口粮食到岸完税价格相比，如果前者高于后者，就形成国内外粮食价格倒挂，这种粮食价格关系变化引发了中国粮食市场挤压效应。所谓粮食市场挤压效应，是由粮食价格上限（也称粮食价格"天花板"）下降与粮食价格下限（也称粮食价格"地板"）上升共同形成的。

这种粮食价格"天花板"是指由粮食进口到岸完税价格形成的国内粮食价格上升限制，主要由国外粮食离岸价（FOB）、进口国关税和国际运输成本等构成。在不考虑非关税壁垒的情况下，如果国内粮食价格超过"天花板"，将发生国外粮食大量进口的情况。粮食价格"地板"是指由粮食生产成本等形成的国内粮食价格下降限制。在一般情况下，国内粮食价格不应低于"地板",否则粮食生产者的种粮积极性就会受到严重损害,中国粮食平均批发价格可视为重要的国内粮食价格"地板"。

国际粮食价格持续走低,必然导致进口国粮食价格"天花板"不断降低,即在国际粮价下降的压力下,国内粮食价格上涨的上限随之下降,这种情况称为粮食市场"下压效应"。国内粮食生产成本和收购价格不断上涨,引发国内粮食批发价格连续上升,这种情况称为粮食市场"上挤效应"。如果在一个时期内,粮食进口国同时发生上述"下压效应"和"上挤效应",则可将它们合并称为粮食市场"挤压效应",其后果是,国内粮食价格的调整空间和粮食政策的调整空间均被压缩。挤压效应基本机理及主要影响因素见图4。

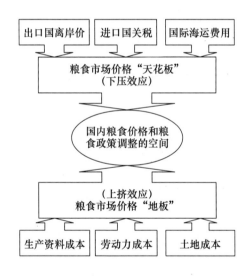

图4 粮食进口国市场挤压效应的基本机理

粮食市场挤压效应的强弱程度,主要来自关税配额外进口粮食到岸完税价格与国内粮食批发价格之间的差值,该差值与挤压效应成反比,即差值越小,挤压效应越大。差值减小为零,说明挤压效应已使关税保护作用发挥到极致。为了使挤压效应的方向与其数值的方向一致,本文用上述差值的倒数来表示挤压效应①、2012 年以来,中国主要粮食品种市场挤压效应趋于增强

---

① 挤压效应值 =1/(关税配额外进口粮食到岸完税价格 – 国内粮食批发价格)。挤压效应值越大,表示挤压强度越大;挤压效应值越小,表示挤压强度越小。

（见图5）。2013—2015 年，这种挤压效应增强尤为显著，小麦市场挤压效应值从 0.745 上升至 3.333，玉米市场挤压效应值从 0.775 上升至 3.125，大米市场挤压效应值从 0.532 上升至 3.703。当中国粮食市场挤压效应达到一定程度时，就需要对国内粮食收储政策做出相应调整，以保证国内粮食市场免受国外粮食冲击。

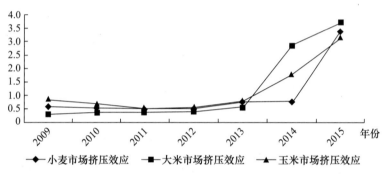

图5　中国主要粮食品种市场挤压效应状况

资料来源：农业部网站（http：//www. moa. gov. cn/zwllm/jcyj/）；中国农业信息网（http：//www. agri. cn/V20/SC/jcyj_ 1/）；中国社会科学院农村发展研究所、国家统计局农村社会经济调查司（2015）。

三　粮食市场挤压效应形成的主要原因

本文分别从中国主要粮食品种（小麦、玉米、大米）生产成本、中美主要粮食品种生产成本比较和国际海运费用三个方面，剖析国内粮食市场挤压效应形成的主要原因。

（一）中国粮食生产成本上升，收益下降

2003—2014 年，中国主要粮食品种的亩产值都呈现增长的态势（除 2005 年、2013 年外）。与 2004 年相比，2014 年粮食亩产值实际增长了 33.15%[①]；同期，每亩生产成本均比上一年增长。与 2004 年相比，2014 年

---

① 产值数据按照以 2003 年为基期的农产品生产价格指数进行平减，农产品生产价格指数来自国家统计局网站（http：//data. stats. gov. cn/easyquery）。

粮食每亩生产成本实际增长了 51.86%①。这表明，粮食每亩生产成本增长比亩产值增长更快，粮食生产成本增长较快是粮食价格上升的直接和主要原因。值得注意的是，在生产成本增长快于产值增长的情况下，自 2004 年开始，三种粮食的亩收益率呈现徘徊和下降的态势，尤其是在 2012—2014 年，三种粮食的亩收益率明显下滑（见表 2）。

表 2　　　　　　　　三种粮食每亩成本效益的变化情况　　　　　　　单位：元,%

年份 项目	2003	2004	2005	2006	2007	2008
产值	411.2	592.0	547.6	599.9	666.2	748.8
成本	377.0	395.5	425.0	444.9	481.1	562.4
收益	34.2	196.5	122.6	155.0	185.2	186.4
收益率	8.3	33.2	22.4	25.8	27.8	24.9
年份 项目	2009	2010	2011	2012	2013	2014
产值	792.8	899.8	1041.9	1104.8	1099.1	1193.4
成本	600.4	672.7	791.2	936.4	1026.2	1068.6
收益	192.4	227.2	250.8	168.4	72.9	124.8
收益率	24.3	25.3	24.1	15.2	6.6	10.5

注：成本包括物质费用、劳动用工和期间费用，期间费用包括土地承包费、管理费、销售费、财务费等；产值包括副产品产值；收益率＝收益/产值×100%。

资料来源：国家发展和改革委员会价格司编：《全国农产品成本收益资料汇编》（2009，2015），中国统计出版社。

（二）人工、土地成本是引起粮食生产总成本上升的主要因素

从成本结构来看，在中国三种主要粮食（小麦、玉米、大米）的总成本中，人工成本、土地成本、机械作业费和化肥费分别占有较大比重。2014年，人工成本、土地成本、机械作业费和化肥费分别占粮食总成本的41.81%、19.09%、12.55%、12.39%，这 4 项费用合计为 917.19 元，占总成本的85.83%（见表3、表4）。从成本增加情况来看，2004—2014 年，

① 成本数据按照以 2003 年为基期的农业生产资料价格指数进行平减，农业生产资料价格指数来源于国家统计局网站（http://data.stats.gov.cn/easyquery）。

上述 4 项费用分别实际增长了 87.35%、123.50%、151.58%、9.83%①。从总成本构成变化来看，2004—2014 年，化肥费占比从 18.06% 降至 12.39%，表明中国粮食生产中科学施肥有所加强；机械作业费占比从 7.99% 增至 12.55%，加之粮食生产中用工天数有所减少，表明中国粮食生产机械化程度不断提高，这有助于未来中国农业生产成本降低；人工成本不仅占粮食总成本的比重最大，而且其占比从 35.73% 增至 41.81%，表明人工成本增加是导致中国粮食总成本上升的主要因素之一；2014 年中国粮食总成本中，土地成本占比仅次于人工成本，2004—2014 年，该占比从 13.67% 增至 19.09%，土地成本上涨是导致中国粮食总成本上升的另一个主要因素。由此可见，在中国粮食总成本不断上升的过程中，人工成本和土地成本是两个最主要的推动因素，进而推动粮食价格上涨。

表3　　　　　　　　　　三种粮食每亩成本及分项情况　　　　　　　单位：元

项目＼年份	2004	2006	2008	2010	2011	2012	2013	2014
总成本	395.50	444.90	562.40	672.67	791.16	936.42	1026.19	1068.57
种子费	21.06	26.29	30.58	39.74	46.45	52.05	55.37	57.82
化肥费	71.44	86.81	118.50	110.94	128.27	143.40	143.31	132.42
农药农膜费	13.18	18.25	22.98	24.73	26.01	29.00	29.96	30.61
机械作业费	31.58	46.73	68.97	84.94	98.53	114.48	124.92	134.08
排灌费	15.01	16.79	16.28	19.08	23.97	21.99	23.44	25.62
人工成本	141.30	151.90	175.00	226.90	283.05	371.95	429.71	446.75
土地成本	54.07	68.25	99.62	133.28	149.73	166.19	181.36	203.94
7 种成本之和	347.64	415.02	531.93	639.61	756.01	899.06	988.07	1031.24

资料来源：国家发展和改革委员会价格司编：《全国农产品成本收益资料汇编》（2009，2015），中国统计出版社。

表4　　　　　　　　　　　　三种粮食每亩成本构成　　　　　　　　单位:%

项目＼年份	2004	2006	2008	2010	2011	2012	2013	2014
总成本	100.00	100.00	100.00	100.00	100.00	100.00	100.00	100.00
种子费	5.32	5.91	5.43	5.91	5.87	5.56	5.40	5.41

① 成本数据按照以 2004 年为基期的农业生产资料价格指数进行平减，农业生产资料价格指数来源于国家统计局网站（http://data.stats.gov.cn/easyquery）。

续表

年份 项目	2004	2006	2008	2010	2011	2012	2013	2014
化肥费	18.06	19.51	21.07	16.49	16.21	15.31	13.97	12.39
农药农膜费	3.33	4.10	4.09	3.68	3.29	3.10	2.92	2.86
机械作业费	7.99	10.50	12.26	12.63	12.45	12.23	12.17	12.55
排灌费	3.80	3.78	2.90	2.84	3.03	2.35	2.28	2.40
人工成本	35.73	34.14	31.12	33.73	35.78	39.72	41.87	41.81
土地成本	13.67	15.34	17.71	19.81	18.92	17.74	17.67	19.09
7项成本之和	87.90	93.28	94.58	95.09	95.55	96.01	96.28	96.51

注：根据表3数据计算。

（三）中美两国小麦、玉米生产成本变化对比明显

中国粮食市场挤压效应的产生，不仅源自国内粮食价格上涨，而且受到国际粮食价格下降的影响。对比分析中美两国小麦、玉米生产成本，有助于深入认识中国粮食市场挤压效应。尽管中美两国粮食生产成本分类并非完全相同，但是，中国国家发展和改革委员会价格司与美国农业部经济研究局（ERS）分别公布的统计资料，为中美小麦和玉米生产成本对比分析提供了依据和条件。

首先，从2007—2014年中美小麦生产成本比较可知（见表5、表6）：第一，美国小麦总成本及生产价格有涨有跌，呈现波动状态；而中国小麦总成本及生产价格基本上呈现出单边上涨的趋势。2007—2014年，中国小麦总成本的上升幅度远大于美国小麦，以2007年为基期，分别按照中国农业生产资料价格指数和美国CPI进行平减，前者实际上升了31.89%，后者实际下降了3.84%。第二，中国小麦总成本中人工成本占比最大，2014年该项占比高达42.61%；而美国小麦总成本中家庭劳动机会成本在2014年仅占5.37%，这是两国小麦总成本差距拉大的主要原因之一。第三，中国小麦总成本中土地成本的增长幅度远高于美国小麦总成本中土地机会成本的增长幅度，按照可比价格计算，2007—2014年，前者为55.26%，后者仅为7.02%。这是两国小麦总成本差距变大的另一个主要原因。

表5　　　　　　　　　　中国小麦成本变化情况（每50公斤）　　　　单位：元，%

项目	2007年	2008年	2009年	2010年	2011年	2012年	2013年	2014年	2014年比2007年实际增减
平均售价	75.58	82.76	92.41	99.01	103.95	108.31	117.81	120.59	29.78
总成本	58.79	62.23	73.03	81.58	89.19	105.60	119.48	110.53	31.89
种子费	4.53	4.76	5.20	6.04	6.59	7.29	7.95	7.47	15.68
化肥费	13.13	14.28	17.90	16.01	16.85	20.09	20.97	17.05	-3.95
农药农膜费	1.28	1.27	1.51	1.77	1.73	2.07	2.29	2.04	11.83
机械作业费	9.32	10.56	10.95	12.41	12.90	14.64	15.98	14.79	17.37
排灌费	3.19	2.50	3.43	3.42	4.53	3.81	4.31	4.03	-4.29
人工成本	17.33	17.15	19.26	24.16	29.00	38.07	45.92	42.61	72.48
土地成本	9.57	11.16	13.74	16.41	16.61	18.60	20.55	21.18	55.26
其余成本	0.44	0.55	1.04	1.36	0.98	1.03	1.51	1.36	116.91

资料来源：国家发展和改革委员会价格司编：《全国农产品成本收益资料汇编》（2013，2015），中国统计出版社。

表6　　　　　　　　　美国小麦成本变化情况（每50公斤）　　　　单位：元，%

项目	2007年	2008年	2009年	2010年	2011年	2012年	2013年	2014年	2014年比2007年实际增减
平均售价	73.40	100.36	68.01	59.08	87.23	88.02	80.63	72.64	-13.31
总成本	87.75	89.04	89.93	71.03	89.25	78.52	91.22	96.32	-3.84
种子费	3.65	4.95	4.91	3.06	4.18	4.38	4.70	4.83	15.92
化肥费	13.21	16.23	18.99	9.00	13.85	12.19	13.49	13.36	-11.40
农药费	3.30	2.88	3.14	3.81	4.22	3.73	4.16	4.55	20.78
机械作业费	14.73	14.36	12.03	12.28	15.51	13.35	14.92	15.75	-6.34
家庭劳动机会成本	8.42	7.12	7.40	4.43	5.11	4.47	5.08	5.37	-44.13
固定资产折旧	20.08	18.23	19.54	20.26	23.87	21.30	24.25	26.20	14.29
土地机会成本	16.28	15.12	16.90	12.93	16.28	13.75	18.62	19.89	7.02
税金与保险	2.95	2.80	3.12	1.63	1.99	1.70	1.89	2.02	-31.53
管理费	3.27	2.82	2.86	2.85	3.38	2.92	3.27	3.46	-7.31
其余成本	1.86	4.52	1.04	0.78	0.86	0.73	0.84	0.89	-58.08

注：美国小麦成本数据按照以2007年为基期的美国CPI进行平减。

资料来源：国家发展和改革委员会价格司编：《全国农产品成本收益资料汇编》（2013，2015），中国统计出版社，附录四：美国主要农产品成本收益情况；2007—2014年美国CPI数据：国际货币基金组织（IMF，http://www.imf.org/external/data.htm）。

其次，从 2007—2014 年中美玉米生产成本比较可知（见表 7、表 8）：第一，美国玉米总成本和生产价格有涨有跌，呈现波动状态；而中国玉米总成本和生产价格基本上呈现单边上涨的趋势。2007—2014 年，中国玉米总成本的上升幅度远大于美国，以 2007 年为基期，分别按照中国农业生产资料价格指数和美国 CPI 进行平减，前者实际上升了 41.03%，后者实际下降了 7.75%。第二，中国玉米总成本中人工成本占比最大，2014 年该项占比高达 47.49%；而美国玉米总成本中家庭劳动机会成本仅占 1.76%。这是两国玉米总成本差距拉大的主要原因之一。第三，中国玉米总成本中土地成本的增长幅度远高于美国玉米总成本中土地机会成本的增长幅度，按照可比价格计算，2007—2014 年，前者为 46.01%，后者仅为 7.47%。这是两国玉米总成本差距变大的另一个主要原因。

表 7　　　　　　　中国玉米成本变化情况（每 50 公斤）　　　　单位：元，%

项目	2007 年	2008 年	2009 年	2010 年	2011 年	2012 年	2013 年	2014 年	2014 年比 2007 年实际增减
平均售价	74.76	72.48	82.01	93.62	106.07	111.13	108.81	111.85	21.71
总成本	51.68	55.58	62.21	67.89	78.91	91.55	101.07	103.86	41.03
种子费	3.19	3.12	3.71	4.23	4.82	5.28	5.64	5.53	28.22
化肥费	10.48	13.19	12.69	11.97	13.71	14.50	14.56	13.05	-7.90
农药农膜费	1.25	1.36	1.46	1.55	1.69	1.80	1.94	1.97	10.60
机械作业费	4.06	4.72	5.50	6.42	7.43	8.55	9.77	10.52	81.83
排灌费	1.48	1.06	1.41	1.34	1.51	1.47	1.45	2.17	11.07
人工成本	18.91	19.35	22.23	25.96	31.29	40.44	46.65	47.49	76.17
土地成本	10.79	11.28	13.66	15.12	16.97	18.40	20.18	22.45	46.01
其余成本	1.52	1.50	1.55	1.30	1.49	1.11	0.88	0.68	-68.61

资料来源：国家发展和改革委员会价格司编：《全国农产品成本收益资料汇编》（2013，2015），中国统计出版社。

表 8　　　　　　　美国玉米成本变化情况（每 50 公斤）　　　　单位：元，%

项目	2007 年	2008 年	2009 年	2010 年	2011 年	2012 年	2013 年	2014 年	2014 年比 2007 年实际增减
平均售价	48.99	59.65	48.27	58.64	72.87	84.25	56.17	42.79	-23.48
总成本	46.51	50.30	47.11	49.90	55.08	67.28	52.84	48.98	-7.75

续表

项目	2007 年	2008 年	2009 年	2010 年	2011 年	2012 年	2013 年	2014 年	2014 年比 2007 年实际增减
种子费	5.13	5.70	6.80	7.65	7.94	9.46	7.62	7.18	22.60
化肥费	9.75	13.22	11.42	9.29	12.24	16.64	11.98	10.61	-4.68
农药费	2.55	2.39	2.43	2.47	2.47	2.89	2.23	2.08	-28.55
机械作业费	6.01	6.55	4.89	6.07	6.77	7.71	5.92	5.49	-19.98
家庭劳动机会成本	2.55	2.39	2.21	2.42	2.41	2.51	1.91	1.76	-39.54
固定资产折旧	7.31	7.25	7.02	7.91	8.12	9.90	7.57	7.06	-15.40
土地机会成本	10.18	10.40	0.01	11.70	12.63	14.78	13.10	12.49	7.47
税金与保险	0.78	0.79	0.82	0.77	0.81	0.98	0.72	0.67	-0.15
管理费	1.45	1.35	1.25	1.36	1.41	2.03	1.53	1.41	-14.82
其余成本	0.80	0.16	0.26	0.26	0.28	0.38	0.26	0.23	-74.82

注：美国玉米成本数据按照以 2007 年为基期的美国 CPI 进行平减。

资料来源：国家发展和改革委员会价格司编：《全国农产品成本收益资料汇编》（2013，2015），中国统计出版社，附录四：美国主要农产品成本收益情况；国际货币基金组织（IMF，http://www.imf.org/external/data.htm）。

（四）海运费用下降扩大了中外粮食价差

2015 年，国际石油价格大跌，导致国际粮食海运费用明显降低，进而使进口粮食到岸完税价格进一步下降。以美国墨西哥湾运至中国广州黄埔港的玉米海运费用为例，2015 年，该航线的海运费用分别是 2014 年的 68.03%、2012 年和 2013 年的 69.44%、2008 年的 30.39%（见表9），尤其是 2015 年，这条航线的海运费用仅为 2008 年的 1/3。这是因为国际海运费用不仅与石油产品价格的周期性波动有关，而且与国际粮食海运是否繁忙有关。由此可见，国际海运费用也是国内外粮食价格倒挂，进而中国粮食市场挤压效应产生的原因之一。

表9　　　　国际粮食海运费用（美国墨西哥湾至中国广州黄埔港）

单位：元/公斤

项目	2008 年	2012 年	2013 年	2014 年	2015 年
国际海运费用	0.658	0.288	0.288	0.294	0.200

资料来源：中国玉米网（http://www.yumi.com）。

四　主要结论与政策启示

（一）主要结论

中国粮食市场挤压效应是由国内外因素共同造成的。从国际因素看，在全球经济不景气的背景下，国际市场上粮食、石油等大宗商品价格走低，国际海运费用明显降低，导致进口粮食运至中国的到岸完税价格处于周期性低位阶段。从国内因素看，中国粮食生产成本持续刚性上涨，尤其是粮食生产成本中的人工成本和土地成本不断上涨，拉大了国内外粮食价格差距并成为国内外粮食价格倒挂的重要原因，最终产生了粮食市场的挤压效应。这种挤压效应的强弱程度，主要取决于关税配额外进口粮食到岸完税价格与国内粮食批发价格之间的差值，该差值与挤压效应成反比，即差值越小，挤压效应越大。

随着中国粮食市场挤压效应趋于增强，国内粮食市场面临国外粮食冲击的潜在危险也在增大。根据笔者对国内粮食贸易行业和粮食加工行业的调查分析，当关税配额外进口粮食到岸完税价格与国内粮食运至同一港口价格之间的差值达到一定程度时，在综合考虑海关通关、检验检疫等手续成本及相关风险后，企业就会选择以进口粮食替代国产粮食。假定上述中外粮食价差为 200 元/吨，并以 2015 年小麦、玉米进口到岸价格和国内小麦、玉米到港价格（广州黄埔港）为依据，选择进口关税为唯一变量时，可求得小麦、玉米进口关税税率分别为 47%、43%[①]，这是实际发挥保护作用的关税税率。计算结果表明：中国小麦、玉米配额外进口关税（税率为 65%）中，分别尚有 18 个、22 个百分点可供进一步发挥保护作用；这同时提示：未来中国小麦、玉米关税税率下调的空间非常有限，如果中国粮食市场挤压效应继续增强，进口粮食对国内市场冲击的潜在危险就会变为现实危险。

（二）政策启示

本文研究表明：中国粮食市场挤压效应产生的主要原因之一，在于国内

---

① 计算公式：国内粮食到港价格 − ［进口粮食到岸价格（1 + x%）＋增值税＋损耗＋装卸费］＝200（元/吨）。其中，x% 为实际发挥作用的关税税率。

粮食生产成本持续刚性上涨。虽然国内粮价上涨激发了中国农民种粮积极性，但在国际粮价下行的压力下，必须综合考虑国内外市场变化，调整国内粮食收储政策，这是未来中国农业政策的长期目标。解决上述挤压效应困境的关键，应将一味地强调粮食生产数量的政策导向，调整到粮食生产数量与生产效益并重的政策导向。

第一，探索不同经营主体在粮食规模化生产中降低粮食生产成本的路径。例如，一些农民专业合作社采取土地入股方式实现规模经营，而家庭农场、种植大户采取土地转租方式，前者的土地成本远低于后者。

第二，调整现有的粮食政策，改变粮价刚性上涨趋势。从改革的方向看，坚持粮食价格由市场决定，实行价格与补贴分离、福利性补贴与生产性补贴分离，生产性补贴应向粮食规模化生产倾斜，既有利于保护农民的正当利益，又有利于降低粮食生产成本。

第三，增强服务"三农"实效，有效降低粮食生产成本。要切实解决粮食价格下降与农民种粮收益之间的矛盾，包括农村产业融合发展、农业技术服务、粮价信息发布、职业农民培训、基础设施和市场建设、生产资料供给等多种途径，既降低了粮食生产成本，又不影响农民种粮积极性。

参考文献

［1］陈锡文：《中国农业发展形势及面临的挑战》，《农村经济》2015 年第 1 期。

［2］韩俊：《中国农业进入高成本时代　粮食补贴逼近承诺上线》，中国经济网，http：//finance. ifeng. com，2015 年 3 月 21 日。

［3］程国强：《中国粮食安全的真问题》，财新网，http：//opinion. caixin. com，2015 年 2 月 5 日。

［4］马晓河：《中国农业收益与生产成本变动的结构分析》，《中国农村经济》2011 年第 5 期。

［5］翁鸣：《TPP 将冲击我国农业》，《环球时报》（国际论坛版），2015 年 7 月 21 日。

［6］中国社会科学院农村发展研究所、国家统计局农村社会经济调查司：《中国农村经济形势分析与预测》（2014—2015），社会科学文献出版社 2015 年版。

（原文发表于《中国农村经济》2015 年第 11 期）

中国农业政策体系及其国际竞争力

全世文　于晓华

一　引言

农业是国民经济的基础。目前，世界上几乎所有国家都对农业发展进行了不同程度和不同类型的政策干预。从理论上讲，国家对农业进行干预的原因在于农业的"公共物品"属性，或者说，农业对国民经济的全局发展具有外部性。农业的外部性至少表现在以下几个方面：第一，粮食对于国家具有战略价值；第二，农业和农村发展在一定程度上承担着社会保障功能，对维持社会稳定具有特殊意义；第三，农业具有生态环境和社会文化功能。外部性的存在意味着自由经济体制无法实现资源在农业部门的最优配置，因此，农业领域是国家干预经济的一个传统领域。

从政策学的角度来看，任何政策的制定都是为了实现一定的目标而服务的，因此，政策设计需要以政策目标作为基础和依据，政策评估也需要以政策目标的实现程度作为标准（孔祥智，2014）。在宏观层面上，国家对农业的政策干预通常包括多重目标：保证农产品供给、稳定农产品市场与价格、推动农业可持续发展、提高农业的国际竞争力、增加农民收入（或缩小城乡收入差距）、维持农村社会稳定等。在农业发展的过程中，这些目标之间可能并不完全一致，甚至会出现矛盾。这就需要政策制定者结合特定经济发展阶段中的主要问题选择核心的政策目标。例如，在工业化的初级阶段，国家通常会以保证农产品供给作为主要政策目标，从而照顾农产品需求方的利益，选择歧视性的农民收入政策；而在工业化的后期阶段，国家会以保证农民收入作为政策出发点，选择支持性的农民收入政策。

近年来，中国的农业政策使得农业发展在取得了粮食产量持续增加和农民收入稳步上升效果的同时，也出现了一系列新的问题：粮食价格持续上涨导致国内外粮价倒挂；农业生产资料价格持续上涨挤压了农业生产的盈利空间；农业面源污染日益突出，对食品安全也造成严重威胁[①]。在中国宏观经济进入"新常态"的背景下，农业发展的政策目标也需要随之做出一定的调整，从而缓解上述问题。

本文的目标是对农业政策多重目标之间的关系进行梳理，以期为下一阶段中国农业政策体系的设计提供方向。下文首先分别讨论不同农业政策目标的现实意义和实现途径，然后，结合中国近年来的农业政策工具讨论各个政策目标的实现效果。在此基础上，对多重政策目标之间的关系进行讨论，分析中国现有的农业政策体系存在的问题及调整的方法。

二　粮食产量目标

顾名思义，粮食产量目标就是通过提供足够数量的粮食来保证国民在任何有需要的时候都能够买得起且买得到粮食。保障粮食产量的政策目标又被描述为稳定粮食供给、提高粮食自给率或保障粮食安全。自新中国成立以来，保障粮食的有效供给一直是中国农业政策的首要目标。中国在历次农业政策改革或调整的过程中，保障粮食供给的政策目标从未被淡化过。由于粮食安全是关乎国家安全和稳定的一个重大问题，因此，伴随着经济社会各方面的全面发展，保障国家粮食安全始终被政策制定者强调为"首要任务"和农业结构性改革的"基本底线"。

粮食产量取决于粮食播种面积和单位面积产量，即 $Y \equiv A \times (Y/A)$，其中，Y 表示粮食总产量(或粮食总产值)，A 表示粮食播种面积，Y/A 表示土地生产率，即单位面积的粮食产量(或产值)。那么，在等式两边同时取对数可得 $\ln Y \equiv \ln A + \ln(Y/A)$，即粮食产量的增长率等于粮食播种面积的增长率与粮食单产增长率之和。该式反映了提高粮食产量的两个基本的政策方向：一是提高粮食播种面积，二是提高单位面积的粮食产量。

粮食播种面积首先取决于耕地资源禀赋，其次取决于粮食种植和其他农

---

① 陈锡文：《中国农业发展的焦点问题》，http://rdi.cass.cn/gzsn/201509/t20150924_2648505.shtml。

作物种植的成本收益对比。就前者而言，中国在 2006 年通过的《"十一五"规划纲要》中提出了"18 亿亩耕地红线"，并在此后实施了严格的耕地保护制度。就后者而言，国家实施了一系列的措施用来提高农户的种粮积极性。例如，政府从 2004 年起在全国范围内推广实行粮食直接补贴（简称"粮食直补"）政策，该项补贴按照"谁种粮，补给谁"的原则执行。此外，从 2004 年起国家还实施了粮食最低收购价政策，通过托市收购来稳定种粮收益。从图 1 来看，上述政策的效果非常明显，耕地面积经过 2007—2008 年的短暂下降以后，从 2009 年起一直维持在 20.3 亿亩左右，处于历史较高水平。与此同时，粮食作物的播种面积从 2004 年起开始持续稳步上升，自 2006 年以来，粮食作物播种率一直在 68% 以上。

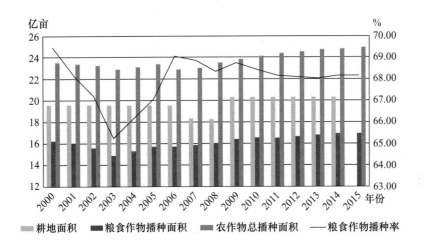

图 1　中国历年耕地面积及粮食作物播种面积

注：资料来源于国土资源部和国家统计局。

与此同时，提高粮食单产则是中国政府另一个更重要的政策着眼点。从生产函数来看，提高单位面积粮食产量的途径一靠增加生产要素的投入，主要是劳动力和资本投入，二靠技术进步。在显著的工农收入差距下，中国农业劳动力一直且将长期呈现向其他部门输出的形态。因此，增加资本投入，尤其是化肥投入，以及鼓励农业技术进步是提高粮食单产的两个主要的渠道，也是政府着力于提高粮食单产的两个主要政策方向。例如，国家从 2006 年起开始实施农资综合补贴政策，对农民购买农业生产资料（包括化肥、柴油、农药、农膜等）实行直接补贴。此外，国家还大幅鼓励农业育种、栽培、管理等方面的技术进步，2002—2004 年相继设立了大豆、小麦、玉米和水稻的良种补贴政策。

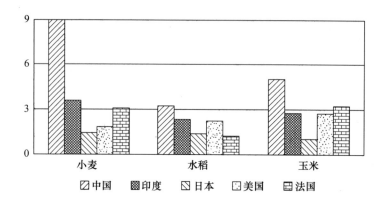

图 2　1961—2014 年不同国家三大谷物品种单位面积产量的增长倍数

注：制图所用数据根据 FAO 统计数据库中的"世界各国谷物生产数据"计算得到。

图 2 显示了中国粮食增产的显著效果：从 1961 年至 2014 年，中国通过良种培育等农业技术和增加生产要素投入使小麦、水稻和玉米三大主粮的单产分别上涨了 9.03 倍、3.25 倍和 5.06 倍，明显超过世界其他国家同期的增产效果。在上述一系列稳定粮食种植面积和提高粮食单产的政策作用下，中国粮食产量从 2003 年的 4.31 亿吨持续增长到了 2015 年的 6.21 亿吨，实现了"十二连增"。可以说，中国农业政策较好地实现了保障粮食产量的目标。

三　农民收入目标

在经济发展的初期，国家的工业化尚未起步，因此，农业政策的目标不在于农业本身，而在于为工业化提供资本原始积累，这就是工业剥夺农业的传统体制时期。此时，农民收入目标并不是首要的政策目标，而是要为保障粮食供给的政策目标服务。而当国家基本完成经济结构转型，从以传统产业为主转变为以现代产业为主以后，继续剥夺农业对于现代产业的边际贡献很低，而对传统农业和农民的损害却很严重。此时，农业发展进入了保障粮食产量目标和提高农民收入目标并举的时期。中国从 2004 年起相继出台了一系列惠农支农政策，开始高密度地强调中国经济发展进入了"工业反哺农业"的时期。

不考虑货币因素和非农收入，农民收入直接取决于农业劳动生产率。根据速水佑次郎和神门善佑（2003），劳动生产率（Y/L）、土地生产率（Y/A）和土地装备率（A/L）之间存在恒等关系：$Y/L \equiv (Y/A) \times (A/L)$，取对数可得 $\ln(Y/L) \equiv \ln(Y/A) + \ln(A/L)$。该式说明提高农业劳动生产率有两条途径：一是提高土地生产率，即提高农产品的单产；二是提高土地装备率及扩大农户的种植规模。这两条途径也反映了集约农业的两个不同的发展导向，前者通过选用良种、大量施用化肥农药、改造中低产田和实施新的农艺技术来提高单位面积产量，后者通过广泛地使用机械和电力来扩大单个劳动力经营的土地规模。

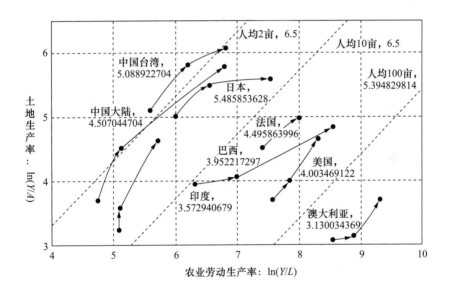

图 3　1961—2013 年农业生产率变化的国际比较

注：①图中每个国家的三个数据标记点分别为 1961 年、1980 年和 2013 年；②制图所用数据来源于 FAO 统计数据库，其中，Y 指标为各国农业总产值（以 2004—2006 年为基期），A 指标为各国可耕地及永久性耕地面积，L 指标为农村人口。

图 3 描绘了部分国家或地区农业生产率 50 余年来的增长途径。从图 3 可以看出，中国大陆农业生产率的增长速度非常快，从 1961 年到 2013 年，劳动生产率增长了 7.87 倍，仅次于巴西，明显高于世界其他国家或地区同

期的增长速度。但是，中国农业劳动力生产率的增长完全来自土地生产率的增长，土地生产率同期增长了7.95倍，远超过世界其他国家或地区。这与图2描绘的粮食单产增长效果相一致，说明一直以来中国发展集约化农业的主要政策导向是提高土地生产率，而非扩大农户的种植规模。虽然改革开放以来，农户种植规模有微小的上涨，但"农民多、规模小"的基本格局并没有发生实质变化。在耕地资源相对充裕的发达国家（法国、美国和澳大利亚），农户种植规模相对稳定①，劳动生产率的增长基本和土地生产率的增长同步。而在巴西、日本和20世纪80年代后的台湾地区，农业劳动力的增长则更加依赖农户种植规模的扩大，尤其是日本在80年代后的土地生产率基本没有增长，劳动生产率的增长几乎完全来自农户种植规模的扩大。

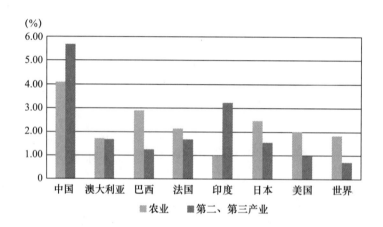

图4　1960—2015年农业和第二、第三产业劳动生产率增长率的国际比较

注：①制图所用数据来源于世界银行统计数据库，其中，农业劳动生产率基于农业增加值和农村人口计算，第二、第三产业劳动生产率基于第二、第三产业增加值和城市人口计算，增长率是指年均几何增长率；②根据可得数据，图中澳大利亚数据为1975—2015年，巴西数据为1965—2015年，印度数据为1960—2014年，日本数据为1970—2014年，美国数据为1997—2014年，世界数据为1969—2015年。

　　虽然土地生产率在过去50余年为中国农业劳动生产率贡献了将近8倍

---

　　①　但是，发达国家也经历过农户土地经营规模扩大的阶段，如图2所示，澳大利亚的种植规模扩大在1980年前后完成，欧洲和美国则更早。

的增长，使农民收入得到了明显的提高。但是，由于长期的歧视性农民收入政策，从产业间的横向对比来看，中国农业劳动生产率的增长速度明显低于第二、第三产业（见图4），后者在55年间增长了21.1倍，超过农业劳动生产率增长率两倍有余①。而同期，几乎所有发达国家和部分发展中国家（如巴西），其农业劳动生产率的增长速度都高于第二、第三产业，仅有印度的情况与中国相似，其农业劳动生产率增长率相对于第二、第三产业的差距更大。

农工之间劳动生产率增长速度的差异可以在很大程度上解释中国长期以来的城乡收入差距。根据统计局发布的数据，进入21世纪以来，城镇居民人均可支配收入与农村居民人均纯收入之比长期稳定在3∶1左右，该比例在2007—2009年达到峰值3.3∶1，此后，随着国家惠农政策的逐渐加强，缓慢减小到2015年的2.73∶1。值得注意的是，这一比值的背后还包含了两个基本事实：一是"纯收入"的统计口径大于"可支配收入"，二是工资性收入在农民收入中的占比在40%以上，且呈现明显的上升趋势。这就意味着从产业对比的角度来看，农业带来的回报远远低于第二、第三产业。这些数据说明，虽然近十年来国家财政为惠农政策投放了大量的补贴资金，但实际上，在以保障粮食产量为核心目标的政策体系下，农民的相对收入并没有提高，城乡收入差距也并未发生实质上的改变。

四　农业的国际竞争力目标

在开放经济体中，农业的国际竞争力指一国在国际市场上出售其农产品的能力，即保持农产品的贸易顺差或贸易平衡的能力。农业的国际竞争力在很大程度上反映了一国农业的综合生产能力和盈利能力。在经济发展初期，农业的国际竞争力并非中国农业发展的一个政策目标：一是因为国内的农业尚未向国际市场开放；二是因为生产资料价格和农业劳动力成本本身就处在较低的水平。而随着中国经济的不断发展，尤其是2001年中国加入世界贸易组织（WTO）以后，中国农业不断地扩大对外开放的程度，直接面临着国外优质低廉农产品的竞争，这时，提高农业的国际竞争力便成为农业产业发展的一个非常重要的政策目标。

---

① 根据世界银行的数据，中国农业劳动生产率从1960年到2015年的55年间增长了9.07倍。

根据国际贸易理论，提高农业国际竞争力的途径有两条：一是根据差异化策略生产高附加值的优质农产品，从而使农产品能够以相对较高的价格被国际市场接受。这就意味着农业生产经营需要向提高土地生产率的专业化方向发展，通过农业科技创新不断调整和优化农产品的品种，提高农产品的品质。然而，发展高附加值农业的途径具有明显的局限性。首先，虽然高附加值农产品的市场需求随着经济不断发展将会逐渐上升，但是高附加值农产品，尤其是高附加值粮食作物的市场需求量仍然有限；其次，中国的农业经济规模和现阶段的农业科技水平意味着在较长的一段时期内，高附加值农业并不能成为中国农业经济的普遍形态。

二是提供价格相对较低的标准农产品。这里的核心问题是如何在降低农产品价格的同时不损害农户的收益（农业劳动生产率）。从农户的收益函数出发，第一种方法就是降低生产成本，即降低农业生产资料（尤其是化肥农药）和农业劳动力的价格。然而，近年来，随着经济发展水平的提高，农业用工成本和农资价格呈现明显的上升趋势；而且，在粮食产量和农民收入的政策目标下，作为微观决策主体的农户，也没有激励主动减少农资使用量。此外，从上文的分析可知，即使农业生产成本有小幅的下降，土地生产率（单位土地产值）提高给农户带来的效益也十分有限。另一种方法就是扩大种植规模，用规模的扩大弥补土地生产率的下降，这也是国家当前一个主要的政策着眼点。

农业的国际竞争力之所以在当前成为中国农业发展必须关注的一个重要问题，主要是因为长期以来该问题没有得到足够的重视，而中国以保障粮食产量和农民收入为主要目标的农业政策体系反而恶化了农业的国际竞争力（党国英，2016）。尤其是，国家从 2004 年前后实施了粮食最低收购价政策，十余年来，最低收购价一直保持平稳的上升。该政策虽然有效地发挥了对粮食价格的托底作用，却也抬高了粮食的国内价格。如图 5 所示，中国大米、小麦和玉米价格近年来快速上升，并且明显地背离了国际粮食市场的价格波动。与此相对应，近年来，中国在保持粮食产量持续稳定上升的同时，三大粮食作物的进口量也快速地增加。综上来看，中国以往的农业政策体系不仅没有提高，反而降低了农业的国际竞争力。

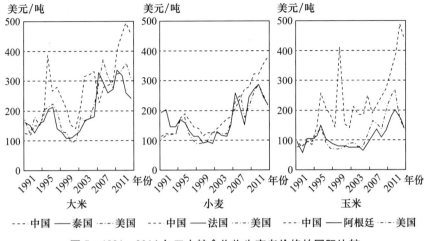

图5　1991—2014年三大粮食作物生产者价格的国际比较

资料来源：图中纵轴的单位均为"美元/吨"，FAO价格数据库。

五　农业可持续发展目标

农业可持续发展被定义为：以合理使用资源和保护生态环境的农业生产方式，通过体制变革和运用现代科技，在保持农业资源永续利用和生态不断改善的条件下，使当代人及其后代对农产品需求都能得以满足的发展（齐晓安等，2001）。通过可持续的方式生产、流通和消费农产品是未来世界经济发展中的一个必然选择。由于中国的农业资源（尤其是耕地资源和水资源）相对贫乏，因此，发展可持续农业必然是国家的一个战略目标。

从长期来看，实现了农业可持续发展意味着经济和社会发展可以与生态环境相统一。而实现这一目标的一个关键的必要条件就是农业生产技术的进步和管理科学化程度的提高（齐晓安等，2001；张军，2015）。这一条件意味着农业资源可以以一种更高效的或循环的模式被充分利用。与此相应的农业政策包括：鼓励生物工程技术和物联网技术的发展与创新；扩大科学管理技术在农业生产领域的应用；培育掌握高新科技的新型职业农民；等等。

但是，实现农业可持续发展的目标是一个长期的过程，而在此之前，决策者仍然需要面临经济发展和生态环境之间的权衡。经济发展和生态环境之间的关系也一直是学界和普通民众都关注的一个重点问题。作为一个经验证据，环境库兹涅茨曲线描述了环境质量随收入水平的上升先逐渐恶化而后逐渐改善的倒"U"形关系，并被研究者广泛证实。由于中国不同地区的经济发展水平存在显著的差异，经济发展与生态环境之间的拐点是否在全国范围内已经普遍到来尚存在争议。但是，近年来生态环境恶化的现象日益明显，对经济发展的约束作用也逐渐凸显，则是一个不争的事实。

其中，农业发展面临的资源浪费和面源污染等问题尤为突出，对农业生产和食品安全都造成了严重的影响。农业面源污染问题与落后的农业生产与管理方式直接相关，包括化肥与农药的过量与不当施用、农膜的弃置、秸秆的露天焚烧等。其中，尤以化肥的过量施用最为突出，如图 6 所示，从 1961 年到 2013 年，中国的亩均化肥施用量增长了 45 倍，仅次于印度的 69 倍，明显高于同期世界其他国家的增长幅度；由于中国施用化肥的基数较印度更大，因此，从绝对量上来看，中国亩均化肥施用量（2013 年为 21 公斤/亩）仍然显著地高于印度（2013 年为 16 公斤/亩）。但是，化肥施用量的大幅上升并未给土地生产率带来同等幅度的提高，如图 6 所示，中国同期的土地生产率仅增长了 7.95 倍。这反映了中国化肥施用的低效率，这种低效一方面来自生产资料投入的边际递减规律，另一方面来自施肥方法的非科学性。以化肥的过量投入为代表，不可持续的农业生产方式带来了一系列严峻的社会问题，正因为如此，国家才在近两年出台了一系列的政策与规划，将发展可持续农业作为了一个重要的政策目标（杜志雄、金书秦，2016）。短期来看，推广科学的农业生产与管理方式是减少农业面源污染最直接的政策途径。

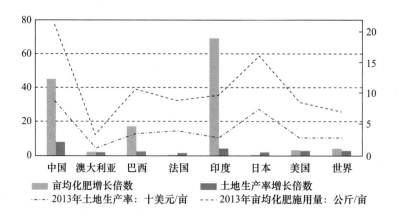

图 6　1961—2013 年不同国家化肥施用量的增长倍数

注：制图所用数据来源于 FAO 统计数据库。

微观意义上的农业生产者是国家农业政策的承载主体。对农户而言，农业的生态环境功能并非其生产决策时考虑的首要目标，而且，农户不必承担由不恰当的农业生产方式引起的社会成本。因此，政策制定者必须要设计激励相容的机制，使农户在实现收入目标的同时可以接受可持续的农业生产方式。而激励相容的政策设计必须要考虑农业经营模式的问题。在现有的小规模经营模式下，农户选择投入过量的生产资料恰恰是一种理性的最优决策：一方面，农户需要通过尽量地提高土地生产率来增加收入；另一方面，农户选择大量投入农业生产资料来替代劳动，从而通过务工获取非农收入，而且，国家出于产量目标和收入目标实行的生产资料补贴政策更进一步地加剧了生产资料的过量使用。此外，即使设计了对不当农业生产方式（例如，使用高毒农药、焚烧秸秆等）的处罚政策，该政策对大量的小规模农户而言也存在执行成本过高的问题。因此，在一定的农业科技水平下，扩大农户的经营规模在短期内是推广科学农业生产方式的一个必要条件。这首先意味着农户有条件通过规模扩大弥补因农业生产资料投入减少导致的土地生产率下降；其次农户数量的减少也意味着管理成本和培训成本的下降。

六 农业政策体系的选择

对比以上不同农业政策目标的实现路径可以发现，在现有农业科技的发展速度下，同时实现所有的政策目标实际上是不可能的。例如，为了实现粮食产量目标，在耕地资源的紧约束条件下，只能采取提高土地生产率的政策，于是，在劳动力成本持续上升的趋势下，就只能通过不断提高化肥、农药等农业生产资料的投入来提高粮食单产；这就势必会导致农业面源污染，影响到农业可持续发展的目标。又例如，为了维持农村社会稳定，农村土地过度地承担了对农民的社会保障功能，导致农地缺乏有效的流动，农业小规模经营的格局也就难以被打破，这就会影响到农民收入目标和农业的国际竞争力目标。同样地，一个政策工具也难以同时服务于所有政策目标，而且，政策工具通常是"有利有弊"的。例如，农业生产资料综合补贴政策和粮食最低收购价政策都服务于粮食产量目标和农民收入目标，但是却分别影响到了农业可持续发展目标和农业的国际竞争力目标。

正因为如此，农业政策体系的构建不得不以某一个或某几个不存在互相冲突的政策目标为核心目标，而选择核心目标需要同时结合国家的经济发展阶段、资源禀赋条件、宏观经济背景和国际市场背景。长期以来，中国的农业政策体系以保障粮食产量为核心目标，而相比之下，其他几个农业发展目标并未被重视。2004 年前后，中国开始进入"工业反哺农业"的发展阶段，农民收入目标开始受到决策层的重视，国家随之出台了一系列的惠农补贴政策。然而，即使在这一阶段，粮食产量目标的核心地位也并未发生改变。尽管财政支农的力度逐年增加，使农民的政策性转移收入快速提高，但是，在农业小规模经营的格局下，"撒胡椒面"式的补贴并没有使工农收入差距出现实质上的缩小。近年来，中国农业发展中出现的一系列问题（粮食价格倒挂、面源污染严重、食品安全问题突出等）显示了长期以粮食产量为核心目标的农业政策体系的弊端。决策层开始将农业可持续发展列为一个重要的政策目标，并开始重视农业的国际竞争力问题。但是，正如上文所述，农业发展的多重政策目标不可能同时实现，农业政策体系的构建必须要明确核心目标。从这个意义上讲，现阶段中国的农业政策体系需要从以下两个方面做出调整：

第一，转变对粮食产量目标的认识。"无农不稳，无粮则乱"的历史经验赋予了粮食安全问题在中国特殊的政治意义，因此，中国政府始终将保障粮食自给率作为核心的政策目标。传统的农业政策体系在实现粮食产量目标的同时并未有效提高农民的相对收入，而且，直接牺牲了农业的国际竞争力目标和可持续发展目标。从现阶段来看，传统农业政策提高粮食产量的边际效果越来越弱，而政策的代价却越来越大。从另一个角度来看，中国粮食自给率的下降也是一个必然的趋势。首先，伴随着收入水平持续提高和进一步的城镇化，食品消费结构升级还具有很大的空间，因此，国家对粮食的总需求量仍将保持快速的上升趋势。其次，在有限的耕地资源约束和现有的农业技术水平约束下，粮食总产量进一步增加的空间非常小。这一矛盾也是近年来中国粮食总产量持续上升而粮食进口量同样保持快速增长的原因。因此，适当地弱化粮食产量目标不仅是现阶段实现其他农业政策目标的一个必要前提，也是中国未来农业发展不得不面临的一个客观现实。

然而，弱化粮食自给率并不意味着忽视粮食产量目标的重要性。而是说，在农业资源禀赋相对稀缺的条件下，过度强化粮食产量目标必然会导致农业市场及生产要素市场的极大扭曲，而且会对其他的农业发展目标产生显著的负面影响。在粮食自给率必然下降的客观现实下，决策者必须积极主动地调整粮食产量目标。例如，国家从 2014 年开始提出"谷物基本自给，口粮绝对安全"的说法，将粮食安全目标收窄为口粮安全目标。而即使是为了实现口粮安全的目标，在当前的资源禀赋和技术水平约束下，依靠生产要素过量投入的政策导向仍然会引起严重的资源配置扭曲。事实上，国家完全可以以一种更开放的姿态将粮食安全问题置于更宏观的国家安全问题之内。伴随着经济发展水平的不断提高和综合国力的不断上升，确保国家随时可以通过贸易途径获取足够粮食的目标较国家必须客观上生产出足够多粮食的目标可能更为可取，也更加符合中国现阶段的国情。

第二，将提高农业的国际竞争力作为现阶段农业政策的核心目标。长期以来，农业国际竞争力的重要性在中国的农业政策的制定过程中被忽略或被严重低估，而事实上，农业竞争力是关乎农业发展全局的一个关键问题。首先，农业对外开放程度的扩大是一个不可避免的趋势，这就意味着如果农业长期缺乏竞争力，将直接导致国内农业产业的衰退。2001 年中国加入 WTO以后，大豆产业遭受的冲击就是一个典型案例。出于粮食安全问题的考虑，如果谷物产业受到诸如大豆产业的冲击，后果是不可想象的。其次，农业的国际竞争力目标也是实现其他农业发展目标的一个必要条件。农业的国际竞争力不仅表现为农产品在国际市场上的竞争力，更意味着农民收入的竞争力；而且，从理论上讲，在收入水平上有竞争力的农户是农业可持续发展这个长期目标的微观基础。因此，从提高农业国际竞争力的角度出发，制定明确、有效的农业产业政策是当前中国农业发展的当务之急。

根据前文的分析，为了实现农业的国际竞争力目标，首先要将扩大农户的土地经营规模作为当前的主要政策导向，将提高农业劳动生产率的途径从提高土地生产率转向提高土地装备率。近年来，国家实施了一系列的政策用来鼓励农户的土地流转和适度规模经营，例如，土地确权颁证，对种粮大户进行补贴，等等。值得注意的是，伴随着农业劳动力的外流，农民工市民化的一系列保障性政策也需要同时推进。其次要调整现有的农业补贴体系和农产品价格支持政策。这些政策正是导致近年来农业国际竞争力下降的直接原因，价格支持政策导致农产品的国内外市场价格倒挂，而包括粮食直补、农资综合补贴在内的多项补贴政策在实践中是与土地挂钩的，这就导致了土地流转成本的上升，不利于经营规模的扩大。事实上，现有的农业补贴政策从实施过程和效果上来讲更类似于福利政策，在农业产业结构调整尚未完成之前就大幅度地实施福利政策相当于照顾了"公平"而牺牲了"效率"。从中国农业发展的现状来看，产业政策必须要优先于福利政策，才有助于农业经济的长期发展。

七　总结

国家对农业的政策干预具有多重目标：保障粮食供给、增加农民收入、提高农业国际竞争力、推进农业的可持续发展、维持农村社会稳定等。实现不同的政策目标需要不同的政策工具和政策路径。在农业经济发展的过程中，多重政策目标通常难以同时实现，而且，相反的政策路径意味着某个政策目标得到实现的同时，其他政策目标反而可能会恶化。因此，国家必须结合经济发展中的主要矛盾选择某个政策目标作为核心目标，在此基础上制定农业政策体系。

中国的农业政策体系长期以来都以保障粮食产量为核心的政策目标，以提高土地生产率为主要的政策导向。这一政策体系虽然实现了粮食产量目标，却并未有效提高农民的相对收入，反而还对农业的国际竞争力目标和可持续发展目标造成了负面影响。该政策体系的负面效果在近年来逐渐凸显：国内外粮食价格倒挂、农业面源污染严重、食品安全问题突出等。因此，国家当前必须要通过调整农业政策体系来缓解和改善这些问题。

由于实现不同政策目标的路径存在冲突，当前农业政策体系调整的关键就在于适当弱化粮食产量目标。中国粮食需求将保持持续上升，而粮食产量上升的空间非常有限，因此，粮食自给率的下降是一个必须面对的客观现实。而且，为了保障粮食安全，提高粮食自给率，几乎所有的其他农业政策目标都会受到牵制。因此，弱化粮食产量目标是当前进行农业政策体系调整的一个必要前提。与此同时，下一步的政策调整应当以提高农业的国际竞争力作为核心目标，首先要取消与土地挂钩的农业补贴政策，调整农产品的价格支持政策；其次要将提高土地生产率的政策导向转变为鼓励土地适度规模经营的政策导向。

参考文献

[1] 党国英：《中国农业发展的战略失误及其矫正》，《中国农村经济》2016 年第 7 期。

[2] 杜志雄、金书秦：《中国农业政策新目标的形成与实现》，《东岳论丛》2016 年第 2 期。

[3] 孔祥智：《农业政策学》，高等教育出版社 2014 年版。

［4］齐晓安、朴晓迎等：《我国农业可持续发展对策研究》，《东北师范大学学报》2001
年第 1 期。

［5］速水佑次郎、神门善久：《农业经济论》（新版），中国农业出版社 2003 年版。

［6］张军：《农业发展的第三次浪潮》，《中国农村经济》2015 年第 5 期。

（原文发表于《改革》2016 年第 11 期）

论中国农业发展动能转换

李国祥

一 引言

2017 年中央一号文件提出要深入推进农业供给侧结构性改革，加快培育农业农村发展新动能。如何理解农业农村发展新动能？2017 年中央一号文件尽管没有像对"农业供给侧结构性改革"一样对"农业农村发展新动能"给出明确的界定，但农业农村发展新动能已经成为正式的、政策语言中的一个重要词汇。

要理解农业农村发展新动能，最好的办法是先理解发展动能。"发展动能"在中国重要政策体系中得到使用，那么，"发展动能"是否也是一个学术性概念呢？截止到 2017 年 4 月底，通过对国家哲学社会科学学术期刊数据库的检索，发现 2015 年前国内很少有文献标题包含"经济动能"和"发展动能"的。2016 年国内一些期刊开始发表标题含有"经济动能""发展动能"或"增长动能"的文章，但是，多数学者没有对"经济动能"或者"发展动能"进行界定，研究者往往把"发展动能"或者近似词汇作为一个不需要严格界定而又完全可以自明的概念。

当然，也有一些学术性论文对发展动能或者近似词汇进行了界定，例如，有学者把劳动生产率增长动能简单地界定为劳动生产率增长的驱动因素的作用方向和量能大小（朱益超，2016）。

尽管经济研究领域尚未明确地界定"发展动能"，但中国政府相关文件中有对"发展新动能"的界定。2017 年 1 月 20 日国务院办公厅公开发布的《关于创新管理优化服务培育壮大经济发展新动能加快新旧动能接续转换的意见》（国办发〔2017〕4 号）指出，"以技术创新为引领，以新技术新产业新业态新模式为核心，以知识、技术、信息、数据等新生产要素为支撑的经济发展新动能正在形成"[①]，即经济发展新动能主要是指知识等新生产要素，通过新技术、新产业、新业态、新模式推动经济发展。循着这一界定，结合经济学利益驱动基本原理，不难理解经济发展动能的内涵包括生产要素和动力机制的实现方式及条件。根据 2017 年中央一号文件精神和中国农业农村发展实际，结合农业发展历史，本文将农业发展动能界定为能够有效推动农业发展的各种力量，核心是农业发展的动力机制及其实现方式和条件。农业发展动能中最重要的是动力机制，即为实现农业发展特定目标而呈现出的主导生产要素的作用方式。

农业发展不同历史阶段，其动力机制具有不同的实现方式和条件，或者存在不同的模式。传统农业是在自然经济条件下主要依靠土地和人口劳动力增加农产品产量作为农业发展动能，这在《改造传统农业》（西奥多·舒尔茨，2006）和《农业发展的国际分析》（速水佑次郎、弗农·拉坦，2000）等专著中有详尽的分析，其中土地和劳动力被称为初始资源禀赋。政府和农业生产经营主体在市场经济条件下分别主要通过激励增加和直接增加化学投入物、机械和设施以及新种子等物化技术实现高产，或者说通过现代生产要素投入来提高土地生产率和劳动生产率这一主导动力机制，成为现代农业发展的常规动能。后现代农业（未来的农业）发展主要靠信息等新要素和生态环境通过新产业、新业态实现农业多功能作为主导动能。需要指出的是，在现实生活中人们往往并不明显区分现代农业和后现代农业，通常把两者都统称为现代农业。实际上，后现代农业发展除要靠信息和知识等新生产要素投入外，新产业、新业态、新模式可以让曾经难以在市场经济中实现价值的生态环境在农业发展中发挥极其重要的作用，这种新动能在休闲农业发展中体现得最为突出。

在中国农业发展实践中，人们越来越认识到生态环境对农业生产的影响极其明显，特别是对农产品质量安全影响更加显著。生态环境污染不仅导致农产品质量安全风险显著上升，而且使农业发展不可持续的矛盾加剧，还会影响人们的生活质量。有机农产品生产不仅对农业投入物有明确要求，对农业生产的生态环境也有要求。

[①] 参见 http://news.xinhuanet.com/politics/2017 - 01/20/c_ 1120354563. htm.

在农业发展历史上，生态环境一直属于一个难以在价格上反映的要素。特别地，现代农业发展的一个突出特征是区域化和专业化，使农业生产经营者与最终消费者的距离越来越远。在这种情况下，农业生产的生态环境是一个在价格形成中基本被忽略的要素。直到今天，生态环境也很难成为农业发展的动能。

可见，农业发展的不同历史阶段，发展动能是有明显差别的。中国农业发展新动能应该主要指后现代农业发展动能。本文所论述的农业发展动能转换，严格来说主要指中国现有农业发展动能向后现代农业发展动能的转换。在这一转换过程中，虽然包括中国现代农业发展继续补齐短板的内容，如进一步推进农业机械化和加大农业设施建设，但核心应该是通过创新体制、机制、组织和科技等来发展农业农村新产业、新业态、新模式，从而实现信息、知识及生态环境等新要素投入的市场价值。

农业供给侧结构性改革与农业发展动能转换密不可分。深入推进农业供给侧结构性改革，其中必然包含农业发展动能的转换。2017 年中央一号文件指出，推进农业供给侧结构性改革，要以体制改革和机制创新为根本途径。只有成功地构建新的农业发展动力机制，并依赖信息、知识、大数据和良好的生态环境等新要素投入，探索出具体的可以让农业生产经营者盈利更高的新产业、新业态等模式，才能从根本上促进农业供给质量不断地提高，才能确保农民增收和农产品有效供给目标的实现。转换农业发展动能，加快培育壮大农业发展新动能、改造提升农业发展传统动能，是深入推进农业供给侧结构性改革的重要着力点，是中国农业发展转型升级与结构调整优化的重要途径。

本文在简要回顾农业发展不同历史阶段动能变化并构建农业发展动能理论框架的基础上，提出现阶段中国农业发展动能是什么和为什么要转换农业发展动能，并试图通过国家统计局公布的数据或者由中国统计出版社出版的相关年鉴数据以及中央重要文件精神等加以验证，最后重点回答应如何转换中国农业发展动能。

二 以化肥、农药等现代要素投入实现高产增产是农业发展的传统动能

多年来，中国农业发展和世界其他国家一样，化肥、农药等现代要素投

入是主要驱动力量。仅从国家统计局发布的 21 世纪中国粮食生产"十二连增"期间的一些数据来看，2004—2015 年，粮食总产量由 46947.0 万吨增加到 62144.0 万吨，增长了 32.4%；同期中国化肥施用量由 4636.6 万吨增加到 6022.6 万吨，增长了 29.9%；农药使用量由 146.0 万吨增加到 178.3 万吨，增长了 22.1%；农用塑料薄膜使用量由 168.0 万吨增加到 260.4 万吨，增长了 55.0%（见表 1）。粮食持续增产和农业不断发展的同时，化肥、农药和农用塑料薄膜等现代要素使用量也在不断增长。

表1　2004—2015 年部分年份中国粮食生产与部分现代要素投入情况

	粮食			化肥施用量（万吨）	农药使用量（万吨）	农用塑料薄膜使用量（万吨）
	总产量（万吨）	播种面积（万公顷）	单产（公斤/公顷）			
2004 年	46947.0	10160.6	4620.5	4636.6	146.0	168.0
2014 年	60703.0	11272.3	5385.1	5996.4	180.7	258.0
2015 年	62144.0	11334.3	5482.8	6022.6	178.3	260.4
2015 年比 2014 年增长(%)	2.4	0.6	1.8	0.4	-1.3	0.9
2015 年比 2004 年增长(%)	32.4	11.6	18.7	29.9	22.1	55.0

资料来源：国家统计局农村社会经济调查司编：《中国农村统计年鉴》（2005，2015，2016），中国统计出版社。

毫无疑问，21 世纪粮食十二连增是多重因素作用的结果，"政策好、人努力、天帮忙"是最恰当的总结。具体来看，粮食增产的关键因素包括：在国家惠农政策作用下，农民种粮积极性得到有效保护，粮食播种面积不断扩大，2015 年比 2004 年增长了 11.6%；国家不断加大农业基础建设投资，《中国农村统计年鉴（2016）》数据显示，2004—2015 年，耕地有效灌溉面积从 5447.8 万公顷增加到 6587.3 万公顷，增长了 20.9%[1]，有效提高了抵御自然灾害的能力；农业机械化水平不断提高，有效减少了劳动力投入，避免了农村劳动力大规模转移对粮食生产的不利影响；农村土地制度改革不断深化，土地流转规模不断扩大，适度规模经营不断发展；等等。这些都对粮食连续多年增产做出了重要贡献。

---

[1]　国家统计局农村社会经济调查司：《中国农村统计年鉴（2016）》，中国统计出版社 2016 年版。

与粮食播种面积增长速度相比，粮食单产水平提高速度相对更快。2004—2015 年，粮食单产水平由每公顷 4620.5 公斤增加到 5482.8 公斤，增长了 18.7%；粮食单产水平增速高于播种面积增速 7.1 个百分点。如果说化肥、农药和农用塑料薄膜等现代要素对粮食总产量的贡献主要在粮食单产上，那么，2004—2015 年粮食单产水平提升与现代化学投入物增长高度相关。这一期间，化肥、农药和农膜增长速度普遍地明显高于粮食单产水平增长速度。

值得关注的是，随着农产品市场运行态势的变化，中国农业发展方式已经开始转变。2015 年，中国农药使用量比上年下降了 1.3%。根据《中华人民共和国 2016 年国民经济和社会发展统计公报》，2016 年，中国化肥产量也出现了减少，全年化肥产量 7128.6 万吨，比上年下降了 4.1%[①]。化肥、农药等现代农业要素投入能否持续减少从而实现农业可持续发展？这实际上是农业发展动能转换的问题。

农业发展动能不仅体现在农业关键要素投入对农业增产等方面的影响，而且在实践中要能够形成动力机制驱动人们为实现特定的目标而做出努力。中国农业发展动力机制包括政府推动和市场驱动两个方面。自 2004 年以来政府怎样推动农业发展，可以通过剖析每年中央一号文件提出的政策目标和相应的举措以及国务院《政府工作报告》等政府文件来回答；而市场力量怎样驱动农业发展，可以通过考察一些现代要素投入及农业生产经营者收益状况等来回答。

农业政策是影响农业发展的重要因素。农业政策目标及其举措是政府发展农业动能的重要反映，特别地，中央一号文件提出的农业政策目标及其举措更是推动农业发展的最重要力量。考察 2004—2017 年连续 14 个中央一号文件，不难发现，除 2004 年和 2011 年中央一号文件中没有把粮食增产作为政策目标外，其他年份都对粮食生产或者部分品种粮食生产提出了具体要求。其中，有 9 个中央一号文件对当年粮食增产提出了要求，有 8 个中央一号文件对过去一年粮食增产给予了积极评价。进一步地，自 2007 年起，有 6 个中央一号文件明确提出要提高粮食单产，配套措施包括实施粮食丰产科技工程、产粮大县奖励补助及高产创建。可见，实现农业高产增产是 2004 年以来中国多数年份农业政策的重要目标，且政府为了实现此目标采取了一

---

① 参见 http://www.stats.gov.cn/tjsj/zxfb/201702/t20170228_ 1467424. html.

系列激励和技术措施。如果将农业高产增产目标与要素投入保障措施结合起来，那么，从政府推动农业发展的视角，可以将2004年以来中国农业发展的动能模式总结为以依赖化肥、农药等现代要素投入实现农业高产增产为主导的模式。

中国农业发展动能的内涵，还可以通过研究国务院《政府工作报告》中的相关表述来概括总结。每年的国务院《政府工作报告》基本上都有相对固定的格式，包括对过去一年或者一段时间如五年的回顾，以及当年或者未来政府工作设想、部署与安排。其中，有关农业的内容是每年《政府工作报告》不可或缺的一部分。与2004年以来中央一号文件有关粮食生产方面的回顾和新的工作部署相对应，2004—2017年，每年的国务院《政府工作报告》都有对粮食生产方面工作回顾和部署的内容。简单统计的结果显示，在对过去一年的回顾部分，把粮食增产、丰产作为成就的陈述共有13次；在当年工作部署中，把粮食稳产、增产作为目标任务的有9次，明确提出要提高粮食单产的共有8次，明确提出要稳定或者扩大粮食播种面积的也有8次。

毫无疑问，在粮食价格高位运行的经济环境下，粮食增产意味着粮食生产者实现增收，意味着消费者面临的粮食高价形势即将改变。因此，在过去粮食供求关系偏紧的情况下，粮食高产增产对经济平稳发展和社会稳定的支撑作用是显而易见的。中央一号文件和《政府工作报告》把粮食高产增产作为重要目标任务之一，采取措施并配置公共资源实现粮食增产，其合理性是不容置疑的。

中国农业发展传统动能，不仅表现为政府对粮食等农产品高产增产的追求上，而且也体现在农民在农业生产过程中高度依赖化肥、农药投入实现增收等方面。受农民组织化程度低和农产品市场在很大程度上仍然属于"柠檬市场"等因素影响，中国农产品优质优价机制尚未建立。农业生产者在基本无法对农产品价格水平发挥影响力的情况下，实现增收必然要靠农产品产量的提高。

一般认为，化肥、农药的作用主要是增产，对农产品质量安全有负面影响。绿色农产品生产对化肥、农药施用有严格限定，有机农产品生产严格控制化肥、农药施用。因此，有机农产品质量安全保障水平明显高于绿色农产品。虽然中国"三品一标"农产品市场得到了发展，但是，这一市场规模仍然较小。绝大多数农业生产者为了增收，往往采用的路径是投入更多化肥、农药以实现增产。

考察自2010年以来中国农业生产过程中亩均化肥、农药费用情况，不难发现，不同农产品的亩均化肥、农药费用差异很大，其中，苹果和蔬菜生产每亩化肥、农药费用相对较高，而小麦、稻谷和玉米三种粮食和棉花生产每亩化肥、农药费用相对较低。2010—2015年，小麦、稻谷和玉米三种粮食作物亩均化肥、农药费用为100多元，介于133元至171元；棉花亩均化肥、农药费用都是200多元，介于208元至274元；蔬菜亩均化肥、农药费用都超过350元，介于359元至405元；苹果亩均化肥、农药费则大都是700多元，介于685元至791元（见表2）。

表2　　　　　　　中国部分农产品化肥、农药费用与现金收益情况　　　单位：元/亩

年份	化肥、农药费				现金收益			
	三种粮食	棉花	蔬菜	苹果	三种粮食	棉花	蔬菜	苹果
2010	133.33	208.62	359.57	685.73	551.35	1773.91	3932.18	6110.23
2011	151.66	246.44	372.45	790.71	642.24	1121.34	3996.18	5997.63
2012	169.61	265.86	392.25	722.75	655.11	1281.79	4216.47	5785.77
2013	170.28	264.18	404.09	738.43	625.34	1223.17	4934.19	5258.11
2014	159.98	266.35	371.29	776.68	710.44	747.24	4205.22	5844.76
2015	161.18	273.49	401.31	754.72	616.64	493.94	4266.39	4339.18

注：三种粮食指小麦、稻谷和玉米。

资料来源：国家发展与改革委员会价格司编：《全国农产品成本收益资料汇编（2016）》，中国统计出版社2016年版。

不同农产品生产过程中亩均化肥、农药费用为什么会出现明显差异？一个重要原因是不同农产品亩均收益的差异。三种粮食产品生产的亩均化肥、农药费用相对较低与其亩均现金收益相对较低相对应。2010—2015年，三种粮食产品亩均现金收益大都是600多元。苹果生产的亩均化肥、农药费用较高与其亩均现金收益较高相对应。2010—2015年，苹果亩均现金收益大都在5000多元。

值得说明的是，2014年，国家对新疆棉花实施了目标价格改革试点，对其他地区棉花生产实施定额补贴制度，棉花市场价格大幅度下降，每吨皮棉价格由改革前的2万元左右下降到1.3万元左右。受棉花市场价格波动影

响，棉花年亩均现金收益大幅度减少，由改革前的 1000 多元下降到 750 元以下，但是，棉花生产每亩投入的化肥、农药费有增无减。这可能与农民棉花生产中化肥、农药投入惯性有关，也与新疆棉花目标价格的差价补贴水平主要取决于其产量等因素高度相关。

化肥、农药等现代生产要素对农业生产经营者来说具有两面性。一方面，增加化肥、农药等投入，无疑会增加成本支出，对农业生产经营收益带来不利影响；另一方面，增加化肥、农药等要素投入，可能会带来产量的增加，在特定价格水平条件下会促进农业生产经营者增收。一个理性的农业生产经营者，在实践中会权衡化肥、农药等要素投入带来的两方面影响，从而逐步形成收益最大化目标下配置化肥、农药等要素投入的动力机制。在优质优价机制未能普遍有效构建的情况下，农业生产经营者投入农药、化肥等要素越多，可能盈利越高，从而进一步刺激其对盈利较高的农产品生产投入更多的农药、化肥。这种传统动力机制能否被打破？高度依赖优质优价市场机制能否被构建？

三 转换农业发展动能是深入推进农业供给侧结构性改革的必然要求

2017 年中央一号文件明确提出，要促进中国农业发展由过度依赖资源消耗向追求绿色生态可持续转变，由主要满足量的需求向更加注重满足质的需求转变。这是中国农业发展动能转换的根本方向。巩固农业供给侧结构性改革成果，从根本上破解农业结构性矛盾等难题，迫切需要转换农业发展动能。在农业发展传统动能实现的农业高产增产格局下，化肥、农药、农用塑料薄膜等农用化学品投入总体上不断增加，不仅增加了农业投入成本，也使农业化学投入品利用率偏低，导致农产品品质下降、农产品质量安全风险上升、农业面源污染问题日益突出，成为社会和公众关注的热点问题。随着中国农业供给侧结构性改革的深入推进，保护农业资源、治理农业环境突出问题、改善农业资源环境的力度将不断加大，必然要求加快转换农业发展传统动能。

农业发展的最重要功能是满足居民食品消费需求。随着中国居民生活水平的提高，居民食品消费结构正在发生显著变化。2013—2015 年，中国居民年人均粮食消费量逐年减少，由 148.7 公斤下降到 134.5 公斤；人均食用植物油和鲜菜消费量分别基本稳定在约 10 公斤和近 95 公斤；人均鲜瓜果消费量保持增长态势，由 37.8 公斤增加到 40.5 公斤；人均猪肉消费量略有增长，由 19.8 公斤增加到 20.1 公斤；人均禽类和蛋类消费量保持增长态势，分别由 7.2 公斤和 8.2 公斤增加到 8.4 公斤和 9.5 公斤；人均奶类消费量年际变化不稳定但呈现出长期增长态势，由 11.7 公斤增加到 12.1 公斤；人均水产品消费量呈现出稳定增长态势，由 10.4 公斤增加到 11.2 公斤（见表 3）。中国居民食品消费结构变化必然要求农业生产结构做出相应调整，否则农产品供需结构性矛盾将会越来越突出。

表3　　　　　　　　　　　中国居民主要食品消费量　　　　　　　单位：公斤/人

年份	粮食	食用植物油	鲜菜	鲜瓜果	猪肉	禽类	蛋类	奶类	水产品
2013	148.7	9.9	94.9	37.8	19.8	7.2	8.2	11.7	10.4
2014	141.0	9.8	94.1	38.6	20.0	8.0	8.6	12.6	10.8
2015	134.5	10.0	94.9	40.5	20.1	8.4	9.5	12.1	11.2

资料来源：国家统计局住户调查办公室编：《中国住户调查年鉴（2016）》，中国统计出版社 2016 年版。

近年来，中国部分农产品价格明显波动，粮食等大宗农产品库存消化困难，既与农业生产结构有关，又与居民食物消费结构变化有关。一方面，粮食等农产品继续不断增产或者丰产；另一方面，居民人均粮食消费量正在不断减少，而人口总规模小幅度增长无法消化新增的农产品数量，同时居民生活水平提高对农产品质量安全也提出了更高要求，这样势必导致农产品供求矛盾越来越突出。缓解中国农业发展的突出矛盾，有效转换农业发展动能显得极其迫切。

随着居民消费格局的变化，人均食品消费量趋于饱和，加上进口农产品规模不断扩大，农牧业对农民增收的贡献越来越小，农民越来越不可能依靠传统的农业发展动能增产增收。按照 2013 年起国家统计局开展的"城乡一体化住户收支与生活状况调查"新指标数据，2013—2016 年，农民人均可支配收入由 9429.6 元增加到 12363.0 元，名义增长了 31.1%，而农民家庭经营人均第一产业净收入由 2839.8 元增加到 3270.0 元，名义增长了 15.1%，农民人均可支配收入增长速度为家庭经营第一产业净收入增长速度的 2 倍。同期农民家庭经营第一产业净收入对可支配收入增长的贡献率仅为

14.7%，农民家庭经营第一产业净收入在可支配收入中的比重由 30.1% 下降到 26.4%。如果农业发展动能不能转换，未来农牧业生产对农民增收的贡献还将明显下降。这不仅会使农民增收渠道收窄，而且会影响那些高度依赖农业增收的农民家庭的生产生活，更为严重的是，还会加剧中国农业危机。

进一步分析构成农民家庭经营第一产业净收入两个主要来源农业（种植业）和牧业的净收入情况，并与相应的生产者价格波动进行对比，不难发现，2014—2016 年，无论是农民家庭经营的农业净收入，还是牧业净收入的增长，都与相应的生产者价格变动方向基本一致。2014—2016 年，以上年为 100 的农业产品生产者价格指数由 101.8 下降到 97.0，相应的农民家庭经营农业净收入比上年增长速度由 6.8% 下降到 1.2%；牧业产品生产者价格指数由 97.1 上升到 110.4，相应的农民家庭经营牧业净收入比上年增长速度由 −3.7% 上升到 17.5%（见表 4）。这表明，农业产品生产者价格和牧业产品生产者价格对农民家庭经营农业净收入和牧业净收入影响明显。这一态势可能还将持续，并可能进一步显现，意味着农业增产增收传统动能失效，需要构建新的农民家庭经营农牧业增收机制。

表 4　农民家庭经营第一产业净收入与农产品生产者价格指数情况

年份	第一产业人均净收入（元）			第一产业净收入比上年增长（%）			农产品生产者价格指数（上年 = 100）		
	第一产业	农业	牧业	第一产业	农业	牧业	总指数	农业	牧业
2013	2839.8	2160.0	460.1	—	—	—	103.2	104.3	102.4
2014	2998.6	2306.8	443.0	5.6	6.8	−3.7	99.8	101.8	97.1
2015	3153.8	2412.2	488.7	5.2	4.6	10.3	101.7	99.2	104.2
2016	3270.0	2440.0	574.0	3.7	1.2	17.5	103.4	97.0	110.4

资料来源：魏后凯、黄秉信（2017）；国家统计局农村社会经济调查司编：《中国农村统计年鉴（2016）》，中国统计出版社 2016 年版。

随着对外开放的不断扩大，农业国际化不可逆转，农产品进口对中国农业影响越来越大，特别是中国农业国际竞争力偏弱的问题更加凸显。农业国际化使中国农业生产的竞争更加激烈，不仅表现在农业生产的资源配置方面，即农业生产效率的竞争，而且也突出表现在消费领域，即消费者对农产品质量安全的更高要求和更多选择。在很多情形下，并不是国内不能够生产某些农产品而出现进口，也不完全是国内生产的农产品价格比国际市场价格高，而是进口农产品品质更高，消费者对进口农产品安全保障更加信赖。近年来粮食供给侧出现的产量不断创历史纪录、库存压力越来越大和进口规模持续扩大的"三高"现象是中国农业发展面临国际化形势的集中反映。单纯地依赖政策支持农业，不仅会违背 WTO 农业规则和中国加入世界贸易组织有关农业补贴微量允许等方面的承诺，而且实施扭曲市场的政策措施并不能从根本上解决中国农产品供求的结构性矛盾。有效应对农业国际化挑战，避免农业国际化带来国内农业萎缩，也迫切要求加快中国农业发展动能转换。

四　多措并举促进农业发展动能转换

过去中国曾长期受农产品供给偏紧和农业明显周期性波动困扰，政府一直把农业高产增产作为农业发展的首要目标，有时甚至不惜付出农业生态资源环境代价也要实现农业高产增产。农业生产者更是依靠不断增加化肥、农药、农用塑料薄膜等现代化学投入物实现增产增收。这些都是中国农业发展传统动能的典型表征。随着形势的变化，中国农业发展面临的主要矛盾已经转化。2017 年中央一号文件明确指出，粮食等阶段性供过于求是中国农业发展的主要矛盾。解决这些矛盾，根本要靠农业发展动能转换，农业发展动能升级更新。深化农业农村改革，无疑有助于催生农业发展新动能，2016年以来中央出台的推进农业供给侧结构性改革方面的相关文件无不体现着培育壮大农业发展新动能的要求。中央对发展农业的总体目标和要求已经做出了调整，如何取得突破和实效成为关键。

（一）应强化中国农业发展动能转换观念

随着农业发展进入新的历史阶段，面临的矛盾主要包括以下几个方面：资源环境承载能力接近极限而绿色生产及清洁生产广泛推行十分艰难；农产品消费升级而供给没有有效跟进；国外农产品强势进入而国内农业抵御国际市场冲击能力未能及时提升；农民增收传统路径失效而新路径又没有开辟出来。不能否认，有时农产品高产与提高农产品品质和安全保障水平具有统一性，但是，更多的情形是农产品高产与农产品品质和安全性是相互矛盾的。

2017 年中央一号文件把"增加产量与提升品质"作为亟待破解的首要矛盾。农业高产，农产品品质和安全性可能就会降低；提高农产品品质和安全性，就可能无法实现农业高产。在农产品供给充裕的情形下，当农产品高产与品质和安全性提升发生冲突时，把提高品质和安全性放在优先位置无疑是理性的。

如果继续把农业增产增效增收作为农业发展的主要目标，尽管也强调绿色发展和生态文明，强调农产品质量和食品安全，但是，由于原有技术支撑体系和农业农村工作机制的惯性影响，在农业发展的具体行动上仍然主要抓农业生产规模的扩大、单产水平的提高，这样就无法确保农业发展动能转换取得实质进展。减少化肥、农药施用，增施农家肥和有机肥，在技术上的极大可能是单产水平的下降。如果农业发展目标不调整，农业发展传统动能就会继续发挥作用，农民和农村工作者仍然不会改变依靠化肥、农药等要素投入来增产的观念。

2012 年中央一号文件明确提出要发展高产、优质、高效、生态、安全农业。虽然这一目标任务包括了单产、质量、效率、安全、生态等多方面的内容，但在实际农业生产中，人们往往更加注重单产和效率等方面的追求，特别是单产和效率方面的技术措施与质量、安全和生态方面的技术措施发生冲突时，往往是选择前者的技术措施，而放弃后者的技术措施。如肥料施用技术选择中，有助于提高单产的化肥会得到推广，而有助于改善生态环境的绿肥等并不能得到推广。

虽然 2016 年国务院《政府工作报告》在部署 2016 年政府工作时，强调要加强农业科技创新与技术推广，提出要实施化肥、农药零增长行动，同时要求深入开展粮食绿色高产高效创建，但是，根据笔者实地调研，实际工作者往往仍然按照过去粮食高产创建工作的思路和做法开展科技创新与技术推广活动。只有转变农业发展理念，才能切实转换农业发展动能。

农业高效往往被理解成更高的土地生产率、劳动生产率和其他资源或者投入物的单位产量。而事实上，农业高效不仅包括实物生产率，而且包括相对较高的经济效益。当实物生产率与经济效益出现矛盾时，市场经济条件下理应放弃对实物生产率的追求而把经济效益放在突出位置。因此，随着中国农业发展进入新的历史阶段，农业发展目标定位应为优质安全生态增收，而不应继续追求单纯的高产高效，至少在短期内确保深入推进农业供给侧结构性改革不断取得实质成效和农业发展方式转变不断取得新突破期间，暂时不宜将高产高效作为农业发展的重要目标。

（二）要改善支农公共资源配置

中国在农业供给侧结构性改革实践中，已经合并了农业"三项补贴"，对玉米收储制度和价格形成机制进行了改革。未来要在农业科技创新、资源分配方面深化改革。科技创新立项必须放弃对单产和资源利用率的过度追求，而要把农业生产经营者增收放在首位，把更好地满足消费者对农产品的需求放在突出位置，以农业科技创新引领农业发展动能转换。

要对高产创建推广项目彻底地进行改造。高产创建推广项目曾经在中国农业发展中发挥过重要作用。随着农业发展形势的变化，2015 年中国已经将"高产创建"项目变成"绿色高产高效"项目。2017 年，绿色高产高效创建仍然是国家的重点强农惠农政策措施①，不仅覆盖范围广，而且影响大，既涉及水稻、小麦和玉米等粮食作物，又兼顾到棉油糖、菜果茶等多个品种。

虽然国家已经对"高产创建"这一重要农业技术推广项目的目标进行了调整，突出强调示范推广绿色高产高效技术模式，但是，现实中各地普遍仍然基本沿袭传统做法，以高产技术推广为主导，人员配备和绩效考核等工作体系和机制与过去"高产创建"相比没有多少改变。为了真正地将农业发展动能转换落到实处，建议将"绿色高产高效"项目改变为"绿色安全优质增收"创建项目，在国家推进的重点农业技术推广项目中彻底放弃对高产的追求。政府选择的农产品推广品种，既不能主要根据种子公司的意见，又不能主要根据农业生产经营者的意见，而应该主要根据消费者的偏好，把消费者的意愿放在更加突出的位置。要加强农产品市场调研，加强消费者对农产品品质要求相关的信息收集，根据居民和加工企业对农产品品质要求选择推广的技术。

实现农业发展动能转换，必须改善粮食等重要农产品大县奖励办法。要加强各地农业生产中化肥、农药减量使用以及农作物秸秆还田等清洁生产的监测与考核，把清洁生产方面的监测指标作为粮食等生产大县获得上级公共预算的重要依据。多年来，中国逐步建立了粮食主产区利益补偿机制，对粮

---

① 参见农业部财务司《农业部 财政部发布 2017 年重点强农惠农政策》，http：//www. moa. gov. cn/zwllm/zcfg/nybgz/201703/t20170323_ 5535315. htm。

食生产大县的一般性转移支付和财政奖补力度不断加大。粮食生产大县获得的上级财政支持资金，其规模主要依据粮食产量、调出量和粮食播种面积等指标确定。建议至少在深入推进农业供给侧结构性改革实践中暂时放弃粮食产量和调出量等数量指标，重点依据粮食播种面积和清洁生产等方面情况确定上级财政对粮食生产大县的补偿力度。

实现农业发展动能转换，国家政策性收储要突出质量差别。中国实行多年的和正在实施的最低收购价格政策，虽然也有质量差价，但质量指标体系仅仅考察水分含量、杂质率等，一些地方还增加了霉变指标，但普遍没有将市场对质量要求的关键指标包含进来。例如，政策性收储的粮食拍卖时，加工企业对品种和质量的一致性要求非常严格，因为这是做品牌的基本要求。同一品牌、同一批次、同一档次的商品，质量应基本一致；否则，加工经营企业在市场上销售商品时，如果质量与价格不能很好地对应起来，就会影响到品牌的口碑和品牌价值。

（三）应加快构建优质绿色农产品价格形成机制

转换农业发展动能，必须更好地发挥市场机制的决定性作用。为此，在深入推进农业供给侧结构性改革实践中，不仅要深化粮食等收储制度改革，尽可能小地甚至不扭曲农产品市场，而且要加快构建优质绿色农产品价格形成机制，加大农产品市场治理力度，促进农产品市场走向成熟，培育壮大农业发展新动能。

自20世纪80年代中期中国农产品流通体制改革以市场化为主要方向以来，中国粮食等大宗农产品价格形成过程中政府阶段性发挥主导作用的同时，其他农产品价格形成机制基本上以自发市场调节为主。自2014年以来，中国着力推进农产品价格形成机制改革。到2016年，除核心产区小麦和稻谷价格形成受政府最低收购价政策影响外，其他农产品价格基本上都是市场自发调节。

在市场存在无数农产品供给者和需求者的情况下，农产品价格自发形成，虽然有助于发挥价格灵敏地反映并调节市场供求关系的作用，但是，也无法克服农产品市场剧烈波动和"柠檬市场"效应等弊端。2004—2016年，从粮食等大宗农产品，到猪肉等畜产品，再到大蒜和生姜等小宗农产品，市场都曾出现过剧烈波动情况。农产品市场剧烈波动虽然有时与货币供给等宏观因素有关，但根本上还是市场自发调节的必然结果。

虽然中国农产品品牌建设已经取得进展，"三品一标"农产品已经占有一定比重，但是，多数情形下农产品质量安全状况和生产过程中化学投入物状况还不能在农产品价格形成中发挥影响作用。对于多数农产品生产经营者来说，并不注重区分农产品质量安全状况和化学投入物状况；对于消费者来说，农产品质量安全状况和生产过程中化学投入物状况难以区分，对经营者的标识往往高度怀疑，信任不足。"好坏不分"和"真假难辨"，是中国多数农产品"柠檬市场"属性的反映。

如果具有"柠檬市场"属性的农产品市场运行机制不能有效改变，市场主体转换农业发展动能的力量就不足，2015年以来中国农业生产过程中呈现出的化肥、农药减量使用的态势就很难持续。一旦农产品市场供求关系趋紧，农业生产经营者通过增加化肥和农药使用量来增加产量实现增收的动力势必又将恢复，农业发展动能转换时机可能又将失去。最终能否走出农产品市场自发调节和政府强干预农产品价格形成的两难困境，直接关系到农业发展动能能否转换和农业供给侧结构性改革能否不断地取得新实效。为此，要加大农产品市场治理力度，支持农产品品牌建设，推进农村第一、第二、第三产业融合，促进农业发展动能转换。

加大农产品市场治理力度，就是要克服农产品自发市场弊端，通过法治途径确保优质绿色农产品市场健康运行。要加快中国农产品市场交易立法，成立相应执法机构，建立相应执法队伍，规范上市交易农产品的有害残留物（农药残留、重金属超标）检测、卫生状况监督、生产过程中的化学品投入、成熟程度、等级和外形以及包装标识等管理，引导农民组织和农产品加工、流通等行业组织在农产品成熟程度、等级和外观外形要求等方面设定进入市场的最低标准，对违反农产品市场交易规则的行为要加大处罚力度。

2017年中央一号文件已经在改造和提升农产品传统名优品牌和区域公用品牌建设等方面提出了要求。各地应抓紧制定品牌建设规划，整合小而散品牌，配套品牌建设支持资金，把农产品品牌建设与标准化生产基地建设和培育新型农业经营主体等融合起来推进，提高品牌建设推进现代农业发展动能转换效应。

推进农村第一、第二、第三产业融合发展，要以农业发展动能转换为核心，培育融合主体，构建新型利益联结机制，尽快形成农业生产者与农产品加工流通主体的紧密联系，让普通农户也能够分享到优质绿色农产品市场发育过程中的红利，让农产品生产者有经济动力改变对农产品质量安全和可持续发展的漠视，放弃依赖化学投入物对高产的追求，从而减少并最终避免劣质和低端农产品对优质绿色农产品市场的冲击。

（四）应加快培育农村与农业相关的新产业新业态

自传统农业向现代农业发展以来，人类在获取日益丰富农产品的同时，往往也以破坏资源环境为代价。尽管早在 20 世纪中期人类就开始反思现代农业发展方式，开展农业可持续发展实践探索，但是，在实际效果方面总体上并不理想，在农业发展提供了越来越多农产品的同时，农业资源环境恶化的势头一直没有扭转。造成这一格局的根本原因在于农业生产中大量应用化肥、农药等物化技术可以带来高产，可以不断满足人们对农产品数量和多样化的需求，而资源环境的损害又不计入成本，不影响农业生产经营者的经济效益，短期内没有影响人们对农产品日益增长的消费需求的满足。至于前现代农业阶段所出现的农产品质量下降和食品安全风险上升状况，人们要么漠视，要么无可奈何。因此，农业发展新历史阶段，让资源环境等生态要素像化肥、农药等现代要素一样对农业生产经营者效益产生立竿见影的效应，这是中国农业发展新使命。

长期以来，受人们观念以及难以找到有效途径影响，资源环境因素很难成为市场经济中微观主体发展农业的驱动力量。保护和改善资源环境似乎只是政府的责任和行为。农业生产经营主体在主观上一般都不太注重资源环境的保护和改善，也没有动力采取切实行动保护和改善资源环境。

农业供给侧结构性改革，就是要尽快把农产品有效供给与资源环境保护和改善有机地统一起来，并形成良性循环，相互促进，让资源环境等新要素能够成为生产力。资源环境好坏与农产品质量高低和食品安全状况在很大程度上具有一致性。农业资源环境良好，生产的农产品质量和食品安全状况一般也会相对较好。因此，改善和保护农业资源环境，促进农业可持续发展，就是提高农产品质量和食品安全保障水平。如何让保护和改善资源环境的农业生产经营者获得更多收益，让损害和恶化资源环境的农业生产经营者付出实际代价？这是一道难题。与农业发展紧密关联的新产业、新业态的发展给从根本上解决这道难题带来了机遇。近年来，中国各地探索将文化、生态、旅游与农业有机地融合起来，走出了一条农业发展的新路。随着人们生活水平的提高，经济支付能力的增强，人们越来越愿意在具有更高安全保障的农产品消费和休闲旅游等方面花钱。通过有机农业的发展，特别是旅游业与现代农业发展相融合，一直难以实现市场价值的优美生态环境成为农业农村发展的重要推动力量，这在过去是无法想象的。

中国近年来涌现出的新产业、新业态，除了来源于新科技成果的广泛应用外，还来源于不同领域的跨界融合。农村第一、第二、第三产业融合成为新历史阶段农业发展的重要方向。不仅如此，产业融合还与新农村建设有机地结合起来，形成了产城融合和产村融合的新模式，这在实际中一般被称为综合体。2017 年中央一号文件在总结各地经验基础上，提出要在培育宜居宜业特色村镇中，支持集循环农业、创意农业、农事体验于一体的田园综合体发展。发展与农业直接相关的新产业、新业态，创新市场经济条件下的产业盈利模式，让农业生产经营者有经济动力保护和改善资源环境，除提供优质绿色安全农产品外，还要实现农业可持续发展，通过保护和改善资源环境来实现优质绿色安全农产品生产，为提高农产品供给质量探索有效途径，这是农业发展动能转换的根本。

值得补充说明的是，传统动能驱动的农业发展存在着很多弊端，具有很多负外部效应，农业发展与生态文明建设不相符，与消费者需求不相适应，无法让农业生产经营者持续增收，无法抵御农产品国际市场冲击，这些都是加快农业发展动能转换的重要原因。当然，转换农业发展动能，让农业生产经营者减少化肥、农药等现代化学要素投入，势必影响农产品产量，可能带来粮食安全和农产品供给方面的风险。再说，如果农产品优质优价市场机制不能建立，农产品生产者就可能面临减收风险。因此，加快农业发展动能转换，也需要提高风险防范意识，要充分利用农产品供给宽松的有利时机，分阶段、分区域、分品种推进。

参考文献

[1] 速水佑次郎、弗农·拉坦：《农业发展的国际分析》，郭熙保、张进铭译，中国社会科学出版社 2000 年版。

[2] 魏后凯、黄秉信主编：《中国农村经济形势分析与预测（2016—2017）》，社会科学文献出版社 2017 年版。

[3] 西奥多·舒尔茨：《改造传统农业》，梁小民译，商务印书馆 2006 年版。

[4] 朱益超：《中国劳动生产率增长动能转换与机制创新研究》，《数量经济技术经济研究》2016 年第 9 期。

（原文发表于《中国农村经济》2017 年第 7 期）

农村扶贫与农民福祉

农业发展与贫困的缓解

刘文璞

笔者认为，改变农村贫困，不能盲目提倡"无工不富"，依靠优先发展农业而成功的实例也很多。本文中，笔者列举了一些统计资料，证明农业对农民增收的重要性。在未来发展中，贫困地区将是提供主要食品和原料的越来越重要的基地。此外，笔者还就贫困地区的农业政策谈了一些具体意见。

一 农业与农民收入

在缓解贫困的斗争中，农业因其收益低而往往被忽视。"无工不富"是一个典型的说法，把增加收入的希望完全寄托在工业发展上。不可否认，在农村发展工业，越来越多的农民将转移到非农产业的部门去，在农村居民收入结构中来自非农产业的部分越来越大，这是社会发展的一般规律。但是贫困地区，特别是贫困地区的贫困农户在借鉴发达地区的这项"发明"时，必须格外慎重。由于忽视农业，盲目发展工业而蒙受经济损失的不成功记录在贫困地区太多了。

农村改革以来，农民收入大幅度提高主要是靠农业的快速发展实现的，1978—1985 年农村贫困人口以每年 1800 万人的规模减少，首先也是得益于农业。农民收入随农业的高速增长而快速增加，也随农业的停滞而停滞。许多研究都证明，农民收入以及贫困缓解程度和农业发展之间有很高的相关性。一些贫困地区发展的成功实例也证明，把发展农业作为优先的目标易于实现区域增长和缓解贫困的效果。例如，一个地区首先集中人力、物力、财力发展农业，逐步提高其专业化水平，在形成某种产品生产的一定规模以后，再发展该种产品的加工工业，农业和工业的发展又带动商业、交通运输业、服务业等部门的发展，随之，也会带动起小城镇的发展。随着工农产品市场的扩大，又会反过来加速农业的发展，农民的贫困问题和政府财政困难的问题就比较容易地解决了。走这样的发展道路而迅速改变贫困状况的例子很多。如地处大别山区的金寨县，实行了种桑→养蚕→缫丝工业→丝绸纺织业→出口创汇这样的发展路子。陕北走的路子也类似。在农业中，依据资源首先发展了三个专业化程度很高的主导产业：烟叶、水果、养羊；在形成批量生产以后，推动了相应的加工工业的发展，形成了卷烟业、毛纺工业和水果罐头业三大工业部门，成为带动地区发展的主要力量。当然有些农产品不需要经过任何加工而直接销售给消费者。河北的张家口地区有不少农村过去很穷，近几年发展起了蔬菜大棚，成为北京蔬菜供应的重要基地之一。在这种情况下，就无须加工工业的发展了。

上述依靠优先发展农业成功的实例并不排除其他发展道路，如在有条件的地方可以直接发展某些工业部门或其他非农行业，如在某些邻近大城市或工业中心地区，在城市工业的辐射下，发展起一些直接为大工业服务的配套工业部门，或发展某些为城市和工业服务的其他非农产业部门，如建筑业、建材业等；在有特殊资源的地方（如矿产）也可以依赖开发这些资源而致富。但这样的例子总是发生在局部地区，并不是所有地区都有这样的条件，更不是所有的贫困农户都有这样的机会。山西北部煤炭资源丰富，一些县通过采煤而致富，有的甚至从全国最穷的县一跃成为全国最富县之一。但即使在这样资源异常丰富的地方，资源的分布也是极不平衡的，常常在一个县几十个乡（镇）内，有资源的仅仅是少数几个乡（镇），多数乡（镇）并无这样的优越条件。所以上述金寨、陕北的例子更具有普遍意义。对于大多数贫困地区和贫困农户而言，农业可能是其可利用的主要的甚至是唯一的资源。

农业一直是农民收入的主要来源，在农民收入增长额中，农业的贡献远大于非农产业。即使在20世纪80年代中期以后，当农村社会总产值结构中，非农产业已超过农业并以远快于农业的速度增长时，农民增收主要依赖于农业的格局也没有发生根本性改变。根据国家统计局资料制作的表1反映了1985—1992年全国和几个省（市、区）农民收入增长的形成。

表1   1985—1992 年全国和几个省（市、区）农民家庭生产性收入
　　　　增长额中农业和非农产业的贡献　　　　　　　　单位:%

	生产性纯收入增长总计	农业	非农产业
全国平均	100.0	63.1	36.9
广　东	100.0	51.7	48.3
吉　林	100.0	88.3	11.7
湖　北	100.0	74.8	25.2
湖　南	100.0	68.8	31.2
江　西	100.0	79.2	20.8
西　藏	100.0	77.7	22.3
天　津	100.0	47.2	52.8
云　南	100.0	78.9	21.1
河　北	100.0	42.1	57.9
陕　西	100.0	59.4	40.6
宁　夏	100.0	72.5	27.5
山　西	100.0	52.0	48.0
广　西	100.0	58.1	41.9

从表1可以看出，在考察期内，农民收入增加额的2/3来源于农业。还可以看出，省际的差异很明显，一般来说，经济越不发达的省份，农民收入增长对农业的依赖程度越高，经济发达、发展速度快的省（市），农民收入增长对农业的依赖程度较低。但是非农产业的贡献超过农业的省（市）不多，即使像广东这样的自改革开放以来非农产业发展获得远比全国其他地区为快的省，与人们直观的印象相反，在其农民收入的增长上，农业的贡献也大于非农产业。在观察的13个省（市、区）中〔其他省（市、区）无相关统计资料〕，在农民收入增长额中来源于非农产业的比重大于农业比重的只有天津市和河北省。天津代表了大城市郊区，在这里，在城市大工业的辐射下，工业比较发达，从产业结构看，可以说已实现了农村工业化。但不应忽视的是，即使对这些大城市郊区农民的收入增长来说，农业仍然是一个极其重要的因素。在表1中，河北的例子令人不解，这里是全国贫困人口相对集中的地区之一，经济发展水平和农民收入水平都不是处于全国前列的。但在农民收入增长中，非农产业的贡献大于农业，这似乎同一般的规律相违背。目前，尚无充分的资料予以说明。

还有一项国家统计局统计资料可用来分析农民家庭经营性纯收入的来源结构，从中也不难准确估计农业对农民增收的重要性。

表2　　　　　　1985—1992 年农民家庭经营纯收入增长额中农业、

非农产业和劳务输出的贡献　　　　　　单位:%

	农民家庭经营纯收入总计	农业	非农产业	劳务输出
全国平均	100.00	69.45	13.24	17.31
广　　东	100.00	57.60	18.37	24.04
浙　　江	100.00	45.13	28.49	26.38
吉　　林	100.00	88.30	1.63	10.07
湖　　南	100.00	72.06	16.33	11.61
西　　藏	100.00	80.50	14.46	5.03
福　　建	100.00	63.04	13.79	23.17
云　　南	100.00	75.78	4.87	19.35
河　　北	100.00	45.75	16.49	37.76
青　　海	100.00	78.94	8.41	12.65
宁　　夏	100.00	72.73	10.25	17.03

注:由于四舍五入的关系,表中数据之和可能不等于100%;下同。

　　表2反映的情况与表1基本一致,不同在于农业显得更重要了。

　　在农村社会总产值结构中,非农产业产值的比重已在1986年超过农业,从而结束了延续几千年的农村以农业为主的结构格局,标志着在改革的十几年中农村产业结构发生了历史性变化。1980年非农产业和农业的产值比为31.1∶68.9,1992年相应为64.2∶35.8;农业产值从占2/3下降到只占1/3,下降了33.1个百分点,变化是激烈的。但是农民收入的增长结构变化却与产值结构变化不一致,表现出明显的滞后性。

表3　　　　1985—1992 年农民家庭生产性收入增长额和农村社会总产值

增长额中农业与非农产业贡献的变化比较　　　　　　单位:%

农村社会总产值			农民家庭生产性收入		
增量总计	农业	非农产业	增量总计	农业	非农产业
100.0	28.7	71.3	100.0	63.1	36.9

　　从表3可以看出,不同产业对两项增长指标的影响有明显差异。在考察

期内，农村社会总产值增长主要是靠非农产业的增长实现的。与此不同，农民收入的增长却主要靠农业的增长实现，不同产业对不同指标增长的贡献份额完全颠倒过来了。这种明显的差异反映出，农业作为一个产业部门与农民收入有更高的相关性。在考察期间，表现为：农业产值每增加1元，农民从农业获得的收入可增加0.46元；而非农产业产值每增加1元，农民从非农产业获得的收入仅增加0.12元。为什么会出现这种情况？这首先同目前农业的技术基础有关，农业的有机构成比各非农产业部门低。其次同目前的经营体制有关，农业的经营主体主要是各个农户，他们经营农业的收入在扣除数量不多的国家税金和集体提留以后都转变成农民的收入；而非农产业除了负担较多的税金外，它的新增收入的大部分并不转化为农民的收入，直接转化为农民收入的部分主要是工资、福利（包括企业的和社区的），其余部分则用于企业扩大生产投资和社区各种目的的开支。

农业对减缓贫困的重要意义不仅在于它能较快地增加农民的收入，还在于这种收入能够比较均衡地分配于各种不同类型的农户。换句话说，农业为各类农户（包括居住在自然、经济、社会条件较差地区的农户和目前经济状况不好的贫困农户）提供了相对平等的增收机会。这一特点同我国农村的经济制度有关，其特点完全不同于非社会主义的发展中国家。在那里土地的分配极不均等，所以农业对农村居民增加收入的机会也是极不均等的。农业起着扩大农村居民收入差别的作用。当那些无地或少地农民（正是他们构成了农村贫困人口的绝大部分）为生活所迫而不得不转向非农产业领域时，非农产业所发挥的作用却是缓解由于土地占有导致的收入上的巨大差别。在中国农村，情况完全不同。在这里，实行的是土地等主要生产资料的社区公有制，在实行家庭联产承包责任制以后，土地等生产资料的使用权基本上也是按高度平均的原则分配到户的，在初期差别几乎是不存在的，以后随着家庭人口变动，人均占有土地的数量随之出现差别，土地使用权分配上的差别开始对农村贫困的形成产生了一定的影响，但总的来看，土地使用权极其平均的分配仍是中国农村经济结构的一个明显特点，在世界上几乎找不到第二个例子，正是这一因素决定了农民来自农业的收入比较平均，农户间的差别最小，而来自其他方面的收入呈现出较大的差别。用于表示收入差别的指标——基尼系数对不同的收入来源显示出明显的差异。根据中国社会科学院经济所"居民收入分配"课题组1988年对全国1万多农户的调查，各种收入的基尼系数为：工资0.72，非工资（包括企业分红、股金）0.49，家庭非农业收入 0.39，家庭农业收入 0.24，资产收入（包括出租土地、存款利息等）0.46，住房租金 0.23，私人转移收入及其他收入 0.44，全部收入总计 0.34。如果考察各分项收入对全部可支配收入基尼系数的贡献，还要考虑各分项收入在可支配收入总计中的比重，因为各分项收入对收入基尼系数的贡献，除了决定于各分项收入自身的不均等程度影响外，还决定于各分项收入占收入的总额的份额。如果把收入分作两部分做比较，即农业和非农业，可以看到，农业以占收入总额的 64% 形成了对收入总额基尼系数的 46.1% 的贡献。而非农产业以占收入总额 36% 的份额形成了对收入总额基尼系数的 53.9% 的贡献。结论是：农业起着缓解收入差别的作用，非农产业起着扩大收入差别的作用。

人们常用经济发展类型这一概念来分析和比较不同产业的发展对缓解贫困的影响。

关于经济发展类型对缓解贫困的影响，国务院开发办与澳大利亚某国立大学合作研究项目对广西百色地区 12 个县的调查研究结论很有意思。他们采用人均纯收入、粮食生产、农业产值、乡镇企业产值、工业产值和财政收入 6 个指标，分析它们的增长率与贫困缓解率（表示贫困人口比重的变化）关系，结果是：前三项指标与贫困缓解率呈正相关关系，表明其增长率越高，贫困缓解率也越高；后三个指标与贫困缓解率呈负相关关系，表明其增长率越高，贫困缓解率越低。各项指标相关系数以人均纯收入正相关性最高，而工业产值负相关性最高，具体如表 4 所示：

表4　　　　　　　　　　　贫困缓解率与相应指标相关系数

指标	相关系数	指标	相关系数
人均纯收入	0.712	乡镇企业产值	−0.028
粮食生产	0.535	工业产值	−0.388
农业产值	0.391	财政收入	−0.253

这项研究报告的结论是：农民收入、粮食和农业生产对贫困缓解有直接的影响，其增长率越高，贫困的缓解速度也就越快。工业产值和地方财政收入的年增长率与贫困缓解为负相关，表明地方工业与财政收入增长越快，贫困的缓解速度反而越慢。乡镇企业产值增长率指标与贫困缓解率的相关系数

只有0.028，表明乡镇企业的发展在解释百色各县贫困缓解速度差异上没有意义。工业和财政收入增长与贫困缓解率的负相关关系说明，在一个开发资金十分有限的贫困地区，工业发展与农业发展，富县与富民是相互冲突的。财政和工业的增长至少在短期内（至少三年内）不仅无助于贫困的缓解，反而会延缓贫困的缓解。因此，缓解贫困的增长类型必须把农业和粮食生产的增长而不是工业的增长放在首位，要注重提高农民的收入水平而不是财政收入水平。

这项结论无疑是正确的，但需要做进一步分析。这项结论可能更适合贫困地区发展的初期阶段。这个时期贫困地区民穷县也穷，工农业生产都十分落后，而供给的资金又是极其有限的，因此，在不同的发展目标上必然会发生冲突和矛盾。上述结论就具有重要意义。不能笼统说工业发展都不利于贫困的缓解。这也有工业增长类型的选择问题，是与农业生产密切关联的工业，还是独立于农业生产之外的工业。如农产品加工工业，会保证农业和农民收入的稳定增加，工业对缓解贫困就会有重要意义，当然这只有到经济发展的一定阶段才会出现，但绝不是不可能的。如前面介绍的那些成功实例就可以证明，如果工业与农业生产毫无关联，其发展就会与农业争资金，而影响贫困的缓解。乡镇企业为什么对农村贫困缓解影响那样弱？农村发展所的一项调查使人看到，乡镇工业与城市联系要比与农村和农业的联系密切得多。这样，乡镇企业对缓解贫困的作用往往只局限于吸收几个劳动力就业，而这种就业机会贫困农户又很难得到。

关于农业发展对缓解贫困的重要作用，从"七五"期间扶贫资金使用效果上也可以明显看得出来。5年中投入农业的扶贫资金占资金总额的40%，而受益农户和解决温饱农户占的比重都在70%以上。投入非农产业的资金以其占投放资金总额的60%，只解决了20%多的贫困户温饱问题。可见，投入非农产业的资金效益远比投入到农业部门的资金效益低。在贫困地区，由于资金和其他社会经济条件的限制，贫困农户较难有发展工商业的条件或享受工商业发展的好处。加工工业中以农产品为原料的那些部门，固然同农业有着较密切联系，但从农产品加工业中获得好处的还是那些经济条件较好、农产品有剩余的非贫困户；贫困农户因其农业商品率低而不能从加工业发展中受益。而农业却不同，几乎所有贫困农户都有可能从农业发展中受益。

二　农业生产布局变化和贫困地区发展

关于贫困地区发展战略选择，首先要着眼于社会主义市场经济体制的建立这一经济改革总目标和宏观经济环境。随着市场经济体制的完善，不仅农村商品生产会有很大发展，而且会进一步打破城乡之间、地区之间的藩篱而逐渐形成全国范围的统一市场。贫困地区原有的自然经济遗痕会被彻底消除，排除在与外界社会联系之外的半封闭状态也将被彻底打破，贫困地区会越来越多地参与到全国乃至世界市场中来。不仅他们生产的产品如此，其他生产要素也如此。借助于市场经济的杠杆，区域之间的联系会越来越密切。贫困地区在选择自己长远发展战略时要立足于自己的资源优势，面向全国市场。首先要研究的问题是在统一的全国性市场经济体系中，贫困地区将扮演一个什么样的角色，占有一个什么样的地位。贫困地区与其他区域（包括发达地区和城市）联系的加强，必然使后者对前者的经济发展发挥影响。经济发达地区过去都有发展工业的优越条件，靠近大城市和口岸、交通便利，非农业部门在历史上就有一定基础。随着工业化进程的加快，其产业结构会周期性调整，传统产业部门被现代产业部门代替，低技术部门会被高技术部门代替。新的产业部门一个个建立起来，原有的产业部门又会一个个被转移出去。首先被替代下来的产业是农业的某些部门，使这些地区的某些农业部门地位下降。造成这种情况的原因，一方面因为工业化会占用越来越多的耕地用作发展非农产业之用，原有的大量农业劳动力也会转移到非农产业，农业从拥有大量剩余劳动力的部门转为相对缺乏劳动力的部门。另一方面资金也会加速向盈利较高的非农业部门转移（在初始阶段，这些资金的相当一部分是从农业中积累的）。结果是，就全国而言，某些农业品生产的重心会从原来经济发达地区逐渐向欠发达地区和不发达地区转移。表5反映了几种主要农产品生产区域的变化。

贫困发生率高的省（区）在各类农副产品生产中的地位加强了，只有少数产品例外。其中最为明显的是桑蚕茧，但它们的生产并未显示向工业化速度较快的经济发达区域集中的趋向。全国贫困人口比重最低的7个省（市）（江苏、浙江、福建、广东、北京、天津、上海），其桑蚕茧产量占全国总产量比重下降了，说明桑蚕茧的生产在中间的经济地带得到加强。贫困

表5　1980年、1992年贫困人口比重不同的省（区、市）农副产品生产量占全国总产量比重（1）

单位：%

按贫困人口比重分组	年份	农产品																		
		粮食	油料	棉花	麻类	甘蔗	烟叶	桑蚕茧	茶叶	水果	油桐籽	油茶籽	核桃	板栗	猪牛羊肉	绵羊毛	牛奶	水产品	鲜蛋	松脂
14个贫困人口比重高的省（区、市）	1980	44.3	41.2	36.6	43.0	34.3	58.8	41.2	14.1	43.7	71.0	15.9	88.2	52.2	41.6	77.8	56.4	7.9	33.2	33.5
	1992	44.8	44.5	43.4	56.0	48.2	70.7	35.6	26.8	41.4	73.1	21.7	90.8	43.3	45.7	78.4	67.5	9.5	34.5	50.4
7个贫困人口比重居中的省（区、市）	1980	34.0	39.3	42.0	35.4	7.1	35.3	8.8	47.1	40.1	26.4	72.3	4.2	37.4	33.3	18.2	20.6	33.1	40.8	15.2
	1992	36.3	37.5	42.3	33.9	6.7	23.8	16.0	30.3	26.9	22.4	65.1	4.9	41.4	34.0	19.5	16.1	40.1	41.1	8.9
7个贫困人口比重低的省（区、市）	1980	21.7	19.5	21.4	21.4	58.6	5.9	50.0	38.8	16.2	2.6	11.8	7.6	10.4	25.1	4.0	23.0	59.0	26.0	51.3
	1992	16.9	18.0	13.8	10.1	45.1	5.5	48.4	42.9	31.7	4.5	13.2	4.3	15.2	20.3	2.1	16.4	50.4	24.4	40.7

注：按贫困人口总数占人口数比重分三个组，即比重高的组，即比重高的省，比重居中和比重低的；划分的具体方法是按1985年人均纯收入200元以下人口比重为基础，凡高于全国平均值（12.2%）的列入贫困人口比重高的省（区），共14个，即甘肃、宁夏、青海、陕西、山西、云南、广西、贵州、四川、内蒙古、河南、河北；其余14个省（市）收入200元以下人口比重都低于全国平均值，再把它们分为两组，收入200元以下人口比重低于6%的作为贫困人口比重低低的组，即上海、北京、天津、浙江、湖南、江苏、广东（含海南）、福建，共8个省（市），即吉林、辽宁、湖北、江西、山东、安徽。只有一个省做了调整，即把湖南根据以后几年数据划入贫困人口居中的组，共6个省，收入200元以下人口比重在6%—12.2%列入贫困人口比重居中的省（区、市），共7个。结果贫困发生率居中和低的省（市）各为7个。

人口比重低的经济发达地区历史上就是商品农产品生产的主要基地，今天，这一地位并没有完全动摇，它仍是一些重要农副产品的主要生产基地和商品产品的供给地，但是同10年前比较，它们的地位下降了。大宗农产品生产向欠发达地区和贫困地区逐渐缓慢转移的趋势明显可见。就提供商品农产品来说结论也是一样的。像粮、棉、油、肉、蛋这样的大宗农产品向欠发达地区和贫困地区转移的趋势最为明显。某些经济作物，如烟叶和大部分林产品，贫困地区和欠发达地区本来就有优势，现在进一步得到加强。经济发达地区农业中原有的优势部门，如甘蔗、桑蚕茧、水产品的地位也下降了。在这里，水果生产比重明显提高，这是各类农副产品中唯一的例外现象。

这种情况，可能显示出一种趋势，表明在未来的发展中，贫困地区将是提供主要食品和原料的越来越重要的基地。随经济发达地区工业化水平的提高，这一地位也会进一步加强。未来对贫困地区的挑战，并不是（至少首先不是）像人们想象的那样，是其工业的极端落后及缺乏发展的不利条件，而是农业的落后，不能适应发达地区工业化所带来的产业结构的调整对贫困地区提出的要求，即提供工业原料和食品，不仅满足自己本地区人口的食品需求，也成为向发达地区提供食品的基地。贫困地区能否承担起这项任务将受到两个重要因素的制约。

表6　　　　　　　1980年、1992年贫困人口比重不同的省（区、市）
农副产品生产量占全国总产量比重（2）　　　　　单位:%

	年份	粮食	食用植物油	肥猪	鲜蛋	水产品	棉花
14个贫困人口比重高的省（区、市）	1980	42.5	41.8	35.0	26.6	4.8	36.4
	1992	41.1	43.3	32.6	22.6	8.6	43.0
7个贫困人口比重居中的省（区、市）	1980	36.5	40.0	29.5	48.7	31.5	42.2
	1992	43.1	38.6	38.5	50.9	47.8	43.2
7个贫困人口比重低的省（区、市）	1980	21.0	18.2	35.5	20.7	63.7	21.4
	1992	15.8	18.1	28.9	26.5	43.6	13.8

一是技术上的条件。农业生产从发达地区向欠发达地区和不发达的贫困地区转移意味着从自然条件较优越的、利于农耕的地区向自然条件较差的地区转移。为了不使这种转移带来农业生产力的下降，重要的是农业生产的技术水平要随之提高，诸如培育高产、抗恶劣自然条件的品种，投资改善生产

设施等。为此，具备较高水平的农业科研和技术推广体系也十分必要。

二是经济上的障碍。通过完善、发育市场体系和改变经营方式，逐步解决农业生产效益低的问题，使农业生产像工业生产一样成为可以有较高盈利的部门。

所谓农业生产向贫困地区或经济上的中间地带转移并不是指所有农业部门，更不意味着经济发达地区农业的衰落。经济发达地区农业产值在全国农业产值比重的提高证明了这一点。经济发达地区经历的是在产业结构调整过程中，农业的部门结构也会调整，一些高值和一些经过加工具有高附加值的生产部门会得到保留发展，代替原有低值的部门。还有一些不宜长途运输或要保鲜的食品，如鲜活产品、花卉等也会在需求地附近发展起来。

三　贫困地区的农业政策

在前面的分析中我们已经论证了农业的持续发展对贫困地区和贫困人口缓解贫困有特殊重要的作用，这一结论对绝大多数贫困地区和贫困人口都适用。但是农业的作用常常被忽视，这与多种因素有关。从区域政策而言，其注意的焦点集中于效益更高非农产业的发展（其实这是一种偏见）。从宏观政策而言，其注意的焦点又集中于提供商品农产品较多的非贫困地区。事实上，即使对于提供商品农产品不多的地区和农户来说，农业的发展由于改善了食品供给带来的缓解贫困的意义也是不能忽视的。同样值得注意的一个事实是贫困地区在全国一部分商品农产品的供给中地位在加强。因此，实施一项刺激贫困地区农业发展的政策不仅对缓解贫困有重要意义，对改善农产品供给也有重要意义。

1. 改善资源分配

这里讲的资源主要指农用工业品（化肥、农机）、水利投资和能源（电力）等。这些资源的分配损害了贫困地区农业的发展。表7反映了贫困县几项农业生产指标在全国农业生产中的地位。

在表7中，分为两组指标。一类是产品产量指标。除粮食产量外，贫困县在其他产品生产上的比重都上升了。需要指出的是，在这里列的只是少数几种主要产品，在为数很多的农、林、牧、水产品生产中，有些产品贫困县过去就占有优势或绝对优势，近年来进一步加强了；有些产品生产量虽然

表7　　　　全国663个国定和省定贫困县某些农业生产指标

在全国同类指标中的地位　　　　　单位:%

	1980 年	1985 年	1987 年	1987 年比 1980 年增减
乡村人口	24.5	25.17	25.44	0.94
耕地面积	26.21	25.44	25.52	-0.69
有效灌溉面积	18.27	17.67	17.67	-0.6
化肥用量	17.31	17.09	16.96	-0.35
电用量	11.86	11.27	10.90	-0.96
农机总动力	16.36		15.26	-0.74
粮食产量	18.27	17.67	17.67	-0.6
棉花产量	7.62	8.95	9.31	1.69
油料产量	17.82	19.36	18.97	1.15
猪牛羊肉产量	21.08	22.77	23.26	2.28

不多,但其占全国总产量的比重在提高;还有些产品的生产,贫困县的地位削弱了,但这类产品不多,大量属于前两种情况。另一类指标是生产条件指标。可以看出,这类指标在贫困地区无一例外地都变坏了。可以说,贫困地区以不断恶化的生产条件,却实现了生产的较快增长(与全国平均值相比),这说明,贫困地区发展农业还是有潜力的。同时它也反映了这样一种趋势,贫困地区可能成为某些大宗农产品、畜产品、林特产品等越来越重要的生产基地。这是发达的农业区伴随工业化而出现的生产区域转移带来的结果。

但是资源主要以现时提供商品农产品的数量进行分配,使得原有的发达的农业区,投入相对较多。由于这里农业生产的集约程度已相当高,因此投入的边际效益很低,有时甚至近于零。在一些粮食亩产超过1000公斤的地区,投入1公斤化肥一般只能增产1公斤多粮食,而在西部低产地区,其增产效果是这里的四五倍。其他投入也有类似情况。因此,在保证原有农业区农业生产继续发展的前提下,适当和逐步地增加对贫困地区农业的投入可能在现有资源条件下使农业生产效益提高。

2. 加强贫困地区农业资源开发

农业资源的低度开发和低效率的开发是导致贫困地区经济发展缓慢的重要原因之一。中国"三西"地区(宁夏西海固,甘肃定西、河西)已利用的资源只及潜力的 10%—30%（张一明、童亚明）；中国贫困山区人口的大部分赖以生存的经济收入是通过利用极少量的经济资源获得的。严瑞珍提供的河北邢台吕家庄的例子既形象又典型。在这里，5% 的土地提供了 60% 的经济收入。这种自然资源结构与经济收入结构严重不协调的情况在贫困地区是普遍存在的。

一些成功的实例表明，贫困地区通过开发某种农业资源能够改变封闭的自然经济状态，形成商品农产品的生产优势，进而改变贫困面貌。这是贫困地区走出贫困的必由之路。例如前面提到的大别山某些地区形成的利用荒山种桑→养蚕→丝绸加工系列产品开发，陕北形成的种草→养羊→羊毛加工和种果树→水果运销和加工等无一例外地促进了区域经济的迅速发展，农户包括贫困农户受益很大。

这些成功实例的经验还表明，开发贫困地区农业资源应循着下列方式进行：

（1）以家庭为基本生产单位的制度不要轻易改变。贫困地区非农产业落后，大多数或绝大多数农户仍主要依赖农业为生，因此农业资源的利用必须照顾大多数农户的实际情况，不应借口资源的规模开发而把一部分农户排斥在外，这样受损的首先是贫困农户。资源的规模开发和利用固然可以带来效率，但要随着非农产业的发展，农户逐渐脱离土地而逐步实现。一般地说，目前农业资源开发的基础环节需要的只是一般的实用技术，简单的技术培训或传授就能使各家各户掌握。例如，在种桑→养蚕→丝绸产品系列开发中，种桑养蚕，这一生产环节完全可以由农户完成。

（2）向区域专业化的方向发展，即在一个地区逐渐形成一两个最有优势的产业部门，即所谓的支柱产业。农业的商品化程度是同生产的专业化程度密切相连的。实现了区域的生产专业化才能使生产具有规模效益，就可以推动农民技术水平的提高，形成有组织的产品运销以及为产品的深加工增值创造条件。

在形成区域的生产专业化过程中，政府的引导可以起很大作用，它可以通过信贷支持、技术传授、改善流通渠道和生产补贴等形式促进某些优势部门的较快发展。农户之间的示范效应也可以起很大作用，一些农户生产有了效益以后能带动其他农户。农户以一定形式组织起来，形成联结农户与市场的中介组织也能起很积极的作用。同样不可忽视的是农产品加工工业的发展。

（3）建立农产品加工企业。在生产形成了规模以后，发展该类产品的加工工业，既可以带动生产的发展，又可以增值，对加速贫困地区摆脱贫困将发挥重要作用。加工企业可以由政府部门兴办，也可以由农村集体经济组织和农民合作组织兴办，应允许和鼓励有一定经济实力的私人兴办。这些加工企业可以通过合同的形式与农户或农民组织建立长期稳定的产销关系。

当前农业资源开发面临的主要障碍是：

1. 缺乏投资来源

贫困地区进行大规模农业资源开发显然不是收入水平很低的农户单独承担得了的，也不是经常处于财政严重赤字的当地政府所能承担得了的。必须有中央和地方各级政府必要的财政支持，此外，还要从多方面筹措和吸收资金，其中包括通过联合开发、补偿贸易等形式从国内发达地区，甚至从国外引入资金。与多渠道筹资相适应，资源开发的模式也应是多种多样的。湖南怀化近年利用荒山大规模扩大水果种植，采用的模式有：党政机关示范性开发、大户开发、国有集体林场承包荒山进行开发、专业公司组织开发、合作和股份制开发等（周彬彬，1992）。

2. 缺乏服务支持系统

首先是适合于贫困地区资源开发的技术准备不足。贫困地区资源开发与常规的农业资源开发不同，需要开发特殊资源的技术研究和推广，其次贫困地区自然气候条件与现有农业区有很大差异，相互之间也有很大差异，技术的研究和推广也应有所不同。目前在这些方面都显得严重不足，集中表现在新开发的产品品种旧，产品质量低，形成开拓市场的严重障碍。贫困地区资源开发也缺乏适应各地复杂自然、经济、社会条件的开发模式和组织系统。此外，管理体制对生产发展的障碍在贫困地区比在经济发达地区表现得更为突出，亟须进行改革。更为灵活和更为开放的政策，对贫困地区资源开发也有重要意义，但恰恰在这方面远比发达地区要差。

3. 改善生态环境，减轻自然灾害

灾害与贫困紧密相连（朱玲，1994）。贫困地区与发达地区比较，自然灾害的特点是发生频率高，灾害后的恢复慢；在同一灾区易受损失的是贫困地区，而其贫困人口又首当其冲。

贫困地区不断强化的自然灾害的破坏，首先同地理环境和恶劣的自然条件有关，贫困地区多处于生态脆弱带（李周，1994）。从主观上讲，资源利用方式不当所带来的人为破坏也相当严重。由于人口过速增长，资源超载相

当普遍，贫困人口为了基本生存需要不得不毁林开荒，毁草开荒种粮食或乱砍滥伐林木以解决生活热能需要，随之导致生态环境日益恶化（在开发利用非农业资源时，也存在破坏生态环境的现象）。

为了改善生态环境，有效减轻灾害的破坏，首先，应坚决控制人口增长。在人口数量已超过资源承载潜力的地区，应向外移民；其次，加强以修建水平梯田和改善水利设施为中心内容的基本农田建设，提高耕地质量，确保贫困人口的基本生活需要。并在此基础上，把不适宜耕作的陡坡地退耕还林、还草。这样一方面可以改善生态环境；另一方面又可以增加农民经济收入，缓解对生态环境的人为破坏；改善贫困地区生态环境是一项规模宏大的系统工程，需要有各方面的积极参与，其中政府的投资和全面规划是至关重要的，像江河治理、防护林营造以及其他关系生态环境的基础设施建设都应主要依靠政府的规划和投资才能完成。

灾害和生态环境破坏有密切联系。灾害可以导致生态环境恶化，而生态环境变坏又会使灾害增加，两者常陷入恶性循环中，为了应付这种情况，建立一个有效率的救济救灾组织和制度能发挥积极作用，它无疑可以减轻灾害对生态环境破坏的程度。目前，各级政府都已建立了相应救济救灾组织，今后需要继续加强这方面的工作，不仅使因灾害陷入生活无着的灾民及时得到生活的基本保障，而且使灾害破坏的生态工程和生产条件能得到及时恢复。

4. 加强农业技术研究和推广

就整体而言，中国农业资源不十分丰富，生产的自然和经济条件更不具有明显优势。因此，今后中国农业的发展只有更多依靠技术的投入才能有出路。就贫困地区而言，这一特点就显得更为突出了。与发达地区比较，贫困地区在资源占有方面有某些优势，如宜农土地较多，但也有不少劣势，如土地质量差，自然气候恶劣，多灾，无霜期短，降水量少，甚至有一部分地区的自然条件不适宜农作物栽培。这类地区今后要发展农业，并随着发达地区工业化水平提高而使农业的某些部门逐渐转移到欠发达或不发达地区，成为某些农产品更为重要的生产基地，不能不更加依赖于技术水平的提高了。但在过去几十年中，农业技术研究和推广制度、科研力量的分布以及技术结构都以面向发达地区为主。这当然是可以理解的，因为这里在今后相当长的时期内仍然会是主要农产品的主要供给者。但这种情况使大多处于山区的贫困地区的农技研究和推广长期处于落后状况。新品种和新的栽培方法由于多在平原研制，对自然条件有差别的山区的适应性就差，其效益也就大打折扣。

由于农业技术研究和推广力量多集中于粮食、棉花、油料等这些关系重要的农产品，对山区有优势的农、林、牧产品的技术研究和推广工作长期处于被忽视的地位，有些甚至是技术研究和推广的空白，有不少历史上的名特产品栽培方法和产品品种长期没有提高，以致品种退化，质量下降，产量不高，正在失去或已经失去优势。20 世纪 80 年代，伴随农村体制改革，农村农业技术研究和推广受到一定程度的削弱，一方面原有的科研和推广体系削弱以后适应新体制的科研和推广系统未能及时建立起来，另一方面组织瘫痪，科技力量流失严重。贫困地区由于财政更困难，物质生活和工作条件更差，比发达地区受到的破坏更为严重，也更难恢复。

在加速农业科技进步方面，贫困地区面临的任务是：

（1）结合本地区优势产业和拳头产品，集中人力、物力、财力用于制约发展和提高的技术难题攻关和突破。这不仅应作为贫困地区的地方政府的一项重要任务，而且需要在更大范围内进行统筹部署，统一安排技术力量和资金。

（2）增拨资金，逐渐恢复和完善从县到村的农业技术推广网络，加速科技成果转化。

（3）农业科技体制要进行改革，使其更适应目前以家庭联产承包责任制为主要形式的农村经营体制，也更有利于调动科技人员和农民推广新技术、提高农业生产技术含量的积极性。当前，还要注意科研、教育、推广三结合体制的建立。

（4）增加科技研究和推广的资金投入，资金投入要以国家投入为主体，把科技工作主要作为政府的职能，同时吸收和开辟其他资金渠道。

（5）提高农业科技研究和推广工作水平，除了健全农村科技研究和推广组织以及增加专业技术人员以外，提高农民文化教育和技术水平是关键。当前在贫困地区开展的扫除文盲和普及小学教育的工作有重要意义。建立和完善农村技术培训体系，使学校培训和成年人的业余培训结合起来。目前农村的学校教育体制也要进行改革，除了增加和办好专门的农业技术学校以外，在普通中学的课程结构中开设农业基础、实用技术课程，使大量初高中毕业后回乡务农的学生都有一技之长。大量从事农业生产的成年农民文化水平很低，技术知识很少，常成为技术推广的死角，提高他们的文化和技术水平是当务之急。即使对于文化、技术水平较高的农民而言，由于新技术的不断出现，他们也需要有经常接受技术培训的机会。成年农民的培训至今还是一个空白，农村和农民组织可以在这方面做很多工作。

参考文献

[1] 赵人伟等：《中国居民收入分配研究》，中国社会科学出版社 1994 年版。

[2] 张一明：《乡村贫困的特征、原因和政策》，《经济开发论坛》1991 年第 5 期。

（原文发表于《中国社会科学院研究生院学报》1999 年第 5 期）

对中国扶贫战略的简评

吴国宝

本文试图使用一个新的分析框架，从横向和纵向两个视角，对中国政府
1986 年以来实施的扶贫战略进行简单的评述，并在最后提出简单的扶贫战
略改进建议。

一 分析框架

1. 广义和狭义的扶贫定义

狭义的扶贫通常是指政府和社会通过某些措施，增加具有正常劳动能力
的穷人的就业机会，提高穷人的劳动生产率，来增加穷人的可支配收入，以
达到减缓贫困的目的。广义的扶贫则指使用包括生产性和分配性的措施，直
接或间接地增加所有穷人的收入。因此，广义的扶贫包括狭义的扶贫和通过
各种社会福利政策或制度增加穷人的可支配收入两个主要方面。

2. 两种贫困类型

从扶贫战略研究的角度看，所有的贫困可以归结为两种主要类型：一种
是资源或条件制约型贫困；另一种是能力约束型贫困。前者是指由资金、土
地和基础设施等方面的原因导致的贫困，它通常表现为区域性的贫困；后者
则是指由贫困人口或贫困家庭的主要劳动力缺乏正常的体力、智力和必要的
专业技能所引起的贫困，它表现为个体贫困。这两种贫困还依各自的制约强
度形成若干亚贫困类型。如资源型贫困可再分为边际土地型的贫困和资源结
构不合理形成的贫困。在边际土地地区，私人对土地的投入形成的收益一般
很难弥补所投入的支出，不过这类地区通常又是生态脆弱地区，对它的过度
开发或直接弃之不管，都有可能引起环境的恶化。因此，从长远看政府对这

类地区进行保护性开发可以产生一定的社会生态效益。也就是说，对边际土地投入的社会收益大于私人收益。政府对边际土地的开发应属于国土开发和整治的目标。在资源结构不合理地区的贫困主要是由资金缺乏或交通、通信、能源等基础设施严重落后导致的，扶贫最好能够将区域经济开发和扶贫结合起来。具体来说，对于资金缺乏引起的贫困，主要应通过为这部分穷人提供进入资金市场的有效通道来缓解；由基础设施制约产生的贫困，需要通过改善基础设施来缓解。能力型贫困又可分为丧失劳动能力（包括体力和智力）导致的贫困和缺乏专业技能引起的贫困。一般来说，因丧失劳动能力形成的贫困户或人口主要属于社会保障或救济的对象，对这部分贫困户或人口进行开发性扶持，不可能产生好的效果。对于因缺乏专业技能形成的贫困，其出路主要在于根据需要进行技术培训。资源型贫困和能力型贫困实际上经常交错分布，形成一定的组合并对扶贫战略的设计提出不同的要求。

3. 理想的扶贫战略应满足的条件

每个国家或地区所面对的具体情况和条件都存在很大的差异，不可能存在唯一合理的扶贫模式。但通过对多种扶贫战略实施的比较和分析，理想的扶贫战略必须满足下列四个基本条件：第一，不遗漏性。它要求扶贫战略能够覆盖所有的符合贫困标准的穷人，不会有穷人被遗漏。第二，能快速启动。它要求当扶贫对象出现以后，扶贫机制可以很快启动，不会让穷人在较长时间遭受饥寒之苦。它是第一个条件在时间上的表现。第三，投入的扶贫资源能实现最高的扶贫效率，不存在制度上的浪费。这个条件应包括两个方面的内容：一是管理成本最小，二是所投入的一定的扶贫资源能帮助最多的穷人增加收入，减缓贫困。第四，不会形成受益穷人对扶贫资源的依赖，不会挫伤穷人自身为摆脱贫困进行努力的积极性。

二　中国现行的扶贫战略

首先需要指出的是，中国政府似乎从来没有正式使用过"扶贫战略"这个术语，但是从有关扶贫计划和政策中不难看出中国政府扶贫战略的基本轮廓。1986年国务院在有关文件中提出，"七五"期间贫困地区发展的基本目标是：解决大多数贫困地区人民的温饱问题（社会救济户和五保户除外），使贫困地区初步形成依靠自己力量发展商品经济的能力，逐步摆脱贫困，走向富裕。1994年中国政府制定了著名的《八七扶贫攻坚计划》，其目标是：①到 20 世纪末，使绝大多数贫困户年人均纯收入按 1990 年不变价格计算达到 500 元以上，并形成稳定解决温饱、减少返贫的基础条件。②加强基础设施，基本解决人畜饮水困难，使绝大多数贫困乡和有农贸市场、商品基地的地方通路、通电。③改变文化、教育、卫生的落后状况，普及初等教育，基本扫除青壮年文盲，开展成人职业技术教育，防治和减少地方病，把人口自然增长率控制在国家规定的范围内。该计划还提出了实现目标的基本方针："鼓励贫困地区广大干部、群众发扬自力更生艰苦奋斗的精神，在国家的扶持下，以市场需求为导向，依靠科技进步，开发利用当地资源，发展商品生产，解决温饱进而脱贫致富。"

从以上所摘录的中国政府两个有关扶贫的文件的部分内容以及其他有关的文件中①，我们可以看出，中国政府实行的是以促进贫困人口集中区域自我发展能力的提高和推动区域经济发展来实现稳定减缓和消除贫困目标的战略。这一扶贫战略具有以下几个特点：第一，它将贫困人口集中区域（实际上主要是常说的贫困县）作为扶贫的基本操作单位和工作对象；第二，强调通过实现贫困地区的经济增长来减缓贫困；第三，强调主要通过开发贫困地区的资源来实现区域经济的增长；第四，重视提高贫困人口的素质、改善基础设施和应用科学技术的作用；第五，考虑到了在缺乏基本生存条件的地区实行人口迁移和劳务输出的作用。从整体上看，中国政府实行的扶贫战略基本上可归结为发展经济学中所谓的"涓滴"（trickle down）发展战略之列。而"涓滴"战略在绝大多数发展中国家和地区的实践基本上都没有成功过。当然，中国选择类似"涓滴"战略的扶贫战略有其一定的历史和现实背景。第一，中国农村的贫困人口呈区域集中分布，分布在贫困县的贫困人口占全国农村贫困人口的 70% 左右，从这一角度看，解决中国农村的贫困与这些贫困地区的经济发展存在一定的直接关系。第二，在中国，目前尤其是确定扶贫战略的 20 世纪 80 年代中期，政府系统仍是最有力的组织系统，没有其他可供选择的替代组织出现，以地区作为扶贫的基本操作和工作单位，至少对中央政府来说是最易管理的。也许正是这一考虑使决策者感觉到中国可以采用类似"涓滴"战略的扶贫战略，因为发展中国家采用"涓滴"战略不成功的主要原因是区域经济增长所实现的利益在市场经济条件

---

① 如《贫困地区经济开发文件汇编》《中国贫困地区经济开发概要》和国务院扶贫办编辑出版的《开发与致富》期刊。

下无法自动流向穷人尤其是底层穷人，而中国有较强的政府系统，有可能通过政府的介入，使这种情况发生改变。第三，中国在较长时期内对城市规模存在很强的控制，并认为农村人口不可能较大规模地流向城市，尤其是大中城市，而且认为发达地区农村的人口也已几近饱和。从这样一种考虑出发，解决贫困问题只能主要依靠贫困地区自身的发展来实现。第四，在过去很长时间里，中国政府实行的以救济为主的扶贫方式，效果很差，而且形成穷人对国家救济的依赖，所以在确定新的扶贫战略时，一直高举开发性扶贫的大旗，并因上述三个原因选择贫困区域作为开发对象。

但是，中央政府在选择这样的扶贫战略时，似乎没有充分考虑到以下两个因素的影响：第一，实行政府机构和财政体制改革以后，地方政府的权力明显增大，地方政府的行为有可能偏离中央政府设定的目标，特别是在地方政府追求的主要目标和中央政府确定的扶贫战略目标发生抵触或冲突时，中央政府希望主要依靠政府系统来保证地区经济增长的利益主要流向目标穷人的设想可能会落空。第二，希望主要依靠政府系统来保证地区经济增长的利益主要流向目标穷人的设想同样没有充分考虑在市场体制建立和发展的情况下，如何避免政府行为与市场行为的冲突。事实上，正是由于没有充分考虑这两个因素的影响而过高估计了政府在对地区经济增长成果分配中的作用，引起了不少问题和麻烦。我们先看一看地方政府行为的影响。在贫困地区，地方财政紧张是一个长期存在的严重问题（吴国宝，1994），相当多的县不能按时按量发工资、报销差旅费和医药费，严重影响这些县工作的正常运转。在这种情况下，地方政府首先考虑的是如何增加地方财政收入，只有当减少贫困的目标与增加地方财政收入的目标能统一在同一区域经济发展战略中时，地方政府的行为才有可能与中央政府拟定的扶贫战略相吻合。可是中国过去和多数发展中国家的扶贫经验表明，发展农业和开展劳务输出是减缓绝对贫困的两个主要有效途径（周彬彬，1990；吴国宝，1994；世界银行，1990），但是它们对增加地方财政收入的直接贡献都是非常小的。因此，贫困地区的地方政府往往都倾向于选择以县办工业和乡镇企业为主要支持对象的区域经济发展战略，在许多贫困地区出现的扶贫资金只有较小一部分直接用于贫困户的情况与地方政府在地方财政紧张情况下所选择的发展战略有着密切的关系，这也使得中央政府的扶贫战略设定的方式难以奏效。另外，中央政府的扶贫战略较多地强调了政府的作用，忽视了市场在资源配置中的主体作用，既造成扶贫资源的浪费和不合理使用，也是导致银行无法完整、有效地参加到扶贫战略实施中来的一个主要原因。由地方政府干部的信息不准确或其他原因引起的扶贫资金分配不当、资金浪费或使用低效的事例,在贫困地区屡见不鲜;地方政府和银行之间在对扶贫资金使用上发生分歧的情况也时有发生。这些问题固然与扶贫管理体制有关,但扶贫战略设计中存在的问题同样应对此负责。

从样本调查和有关统计资料来看,在贫困地区,贫困的减少并没能与地区经济的增长同步变化,这从表1和表2的数据可以看出。

表1　　　　全国贫困县1989年和1994年有关统计数字

项目	1989年	1994年	1994年比1989年增减（%）
人均农村社会总产值（元）	834.03	1376.51	65.04
农民人均纯收入（元）	389.77	412.99	5.96
人均有效灌溉面积*（亩）	0.53	0.38	−28.30
人均粮食产量（公斤）	357	351	−1.68
不通公路的乡镇（%）	16.1#	2.5	−13.60
不通电的乡镇（%）	22.2#	14.4##	−7.80
全国农村贫困发生率（%）	11.4	8.7	−2.70

注：1994年的产值和收入已用农村零售物价指数调到1989年的价格水平。＊表示1994年数值为旱涝保收面积；#为1986年664个贫困县的统计数；##为贫困县不通电的村占全部村的比重。

资料来源：①《中国贫困地区经济开发概要》,农业出版社1989年版。②《中国分县农村经济统计概要（1988）》,统计出版社1991年版。③国务院扶贫开发领导小组办公室和国家统计局农调总队编：《国家重点扶持贫困县统计资料》,1995年10月。

表2　　　　1985—1992年贫困县GNP、财政收入、农民收入和贫困变化

项目	1985年	1992年	1992年比1995年增减（%）
国民生产总值（万元）	97831	134142	37.12
地方财政收入（万元）	6218	8379	34.76
农民人均纯收入（元）	245.29	263.71	7.51
贫困发生率（%）	33.84	24.55	−9.29

资料来源：全国七个样本贫困县的调查。

从表1和表2所提供的数据来看,中国政府确定的主要通过促进贫困人口集中区域的经济发展来减少贫困的扶贫战略似乎不是非常成功的。当然,在评价扶贫战略的效果时需要考虑有些扶贫措施，如基础设施改善等，需要较长的时间和必要的条件才能产生效果，因此完全以短期的效果来判断扶贫战略的得失会失之偏颇。但是，我们也不能因此就否定现行扶贫战略中存在的问题。

三　结论与建议

中国现行的扶贫战略是在特定的历史和现实背景下形成的，这是一种将扶助穷人与实现贫困地区经济发展相结合的战略，但由于它的实现过多地依靠地方政府的参与，客观上也就将扶贫置于传统的计划经济体制下去运行，导致计划体制的诸多弊端在扶贫中体现出来。而且区域开发扶贫的战略，一方面把非贫困地区的穷人排除在外，另一方面不可避免地也使贫困地区的非穷人受了益。另外，这种战略用于我们所说的边际土地地区，不仅难以取得较好的扶贫效果，而且因把本不该属于扶贫的国土开发和整治目标列入扶贫计划，无形中也减少了有限的正常扶贫资金的实际使用规模，从而影响了扶贫的进程。

根据以上的分析，对中国今后扶贫战略改进提出以下参考建议：第一，逐步实现从以区域开发扶贫为主的战略向直接瞄准贫困人口的扶贫战略转变。第二，形成包括就地开发扶贫、帮助贫困劳动力迁移和输出与配套的农村社会保障体系相结合的三轨式扶贫战略。在适宜进行就地开发扶贫的地区，主要采取区域开发和扶贫结合的方式；对于当地不能很好解决就业的地区，通过加强技术培训和其他相关的服务，帮助贫困劳动力和人口迁移出来或到外地寻找就业机会；对于丧失劳动能力的贫困户，主要通过建立有效的农村社会保障体系维持基本生活。第三，尽快将扶贫转向主要依靠市场运行的轨道上来，但考虑到扶贫工作的特殊性，应该在政府帮助提供和动员扶贫资源以及对扶贫资源使用的效益进行监督的条件下，将资源分配的中间过程交给市场去进行。在这方面，加快银行管理体制的转换和促进其他非政府中介机构的成长是两个非常重要的前提条件。第四，对边际土地贫困地区的开发和整治，应与扶贫分别处理，或者列入扶贫"特区"，由政府提供其他专门的资源、采取特殊政策来解决。

参考文献

［1］世界银行：《中国九十年代减贫战略》，华盛顿，1992 年。

［2］世界银行：《1990 年世界发展报告》，华盛顿，1990 年。

［3］吴国宝：《地方政府行为影响：预算收入、增长与脱贫目标的冲突》，《经济开发论坛》1994 年第 6 期。

［4］陈俊生：《为完成"八七扶贫攻坚计划"而努力奋斗》，《开发与致富》1994 年第 4 期。

［5］国务院贫困地区经济开发领导小组办公室：《中国贫困地区经济开发概要》，农业出版社 1989 年版。

［6］国务院贫困地区经济开发领导小组办公室：《贫困地区经济开发文件汇编》，人民出版社 1989 年版。

［7］周彬彬：《对"七五"期间扶贫基本政策的反思》，《经济开发论坛》1990 年第 12 期。

［8］Edgar Malone Hoover, *An Introduction to Regional Economics*, Alfred A. Knopf Inc., New York, 1975.

［9］Peter Hollingworth, *Australians in Poverty*, The Dominion Press, 1985.

［10］Sen Amartya, *Commodities and Capacities*, *Amsterdam*, North – Holland, 1985.

［11］Willis L. Peterson, *Principles of Economics*, Hobar Publications, 1994.

（原文发表于《中国农村经济》1996 年第 8 期）

习近平精准扶贫思想的实践深化研究[*]

檀学文　李　静

一　引言

本文主要目的是研究阐释以习近平同志为核心的党中央在精准扶贫、精准脱贫和脱贫攻坚方面的新思想新实践，重点是分析精准扶贫思想如何在实践中得到检验和深化。中共十八大以来，以习近平同志为核心的中央领导集体形成了一系列治国理政新理念、新思想、新战略。根据王伟光（2016）的总结，习近平治国理政思想以实现中华民族伟大复兴中国梦为奋斗目标，核心内容是"四个全面"战略部署[①]。其中，全面建成小康社会是建党一百周年的战略目标，是自1979年邓小平同志提出小康社会概念以来，中国共产党持续追求40年的奋斗目标（韩庆祥，2015）。全面建成小康社会是一个攸关国家综合发展的目标体系，其重要的子目标之一是实现现行标准下农村贫困人口全部脱贫、贫困县摘帽、解决区域性整体贫困问题，本文将其概括为全部脱贫目标。中国的官方扶贫始于1982年，几乎与改革开放同步。由于贫困人口基数庞大，中国历年来的扶贫目标以及成就主要通过统计上的贫困人口减少和贫困人口生活水平提高来体现。中共第十八届中央领导集体首次明确了瞄准性的全部脱贫目标，并提出相应的精准扶贫精准脱贫基本方

　*　本文为中国社会科学院马克思主义理论学科建设与理论研究工程项目"马克思主义人民福祉理论与实践研究"（课题编号：2016mgchq009）、中国社会科学院创新工程项目"精准扶贫政策演变及其实施效果评估"、中国社会科学院农村发展研究所资助项目"习近平精准扶贫思想的实践深化研究"的部分成果。本文修改过程中征求并汲取了魏后凯、吴国宝、黄承伟、潘劲的宝贵意见，但本文作者文责自负。

①　即全面建成小康社会、全面深化改革、全面依法治国、全面从严治党。

略和脱贫攻坚全面支撑方案。

精准扶贫在国际层面并非全新的概念，对应于扶贫瞄准或瞄准扶贫，既有理论探讨，也有实践应用。但是，中国的精准扶贫和其他国家的瞄准扶贫整体上有三个区别：首先，中国追求全方面精准，除了瞄准全部贫困人口，还把精准原则贯穿扶贫全过程；其次，中国在瞄准后采取以发展生产为主、多种路径并举的扶贫举措，而国外对瞄准的贫困人口多采取转移支付的扶持方式；最后，通过脱贫攻坚，中国以举国之力抓扶贫，而外国一般做不到。30 多年来，中国虽然发展迅速，但是，毕竟贫困人口规模大、分布广，不少地方生存条件恶劣。在这种情况下，不仅要实现贫困人口全部脱贫，而且还要采取符合社会主义原则、以发展生产为主要路径的扶贫方式，其可行性难免受到质疑。不过，在强大的政治决心推动下，精准扶贫实践不断走向深入，目前至少在行动层面已不再有争议。

本文的分析以"实践论"思想为指导[①]。精准扶贫思想是一套治国理政的行动理论，它不是为了解释世界，而是为了改造世界。作为基于实践的认识，刚形成的精准扶贫思想还不能被视为成熟的理论。它的发展将会由片面到完整，由浅显到深入，不断遇到和解决新的问题，不断克服难点问题。在最终完成脱贫攻坚任务时，经过再认识的过程，将会形成更加成熟的精准扶贫理论。除引言外，本文主体部分围绕四个部分展开。第二部分简要概括了精准扶贫思想提出的背景，包括扶贫形势、开发式扶贫的贡献及局限、扶贫瞄准的先导性实践以及相应的理论支撑；第三部分阐述了习近平精准扶贫思想的形成过程和基本内容，指出它由精准扶贫、精准脱贫、脱贫攻坚、"绣花功夫"四个方面组成；第四部分结合调研发现，概括了精准扶贫在初步实践中面临的问题，重点归纳了当前精准扶贫实践八个方面的主要特征，并进一步指出了精准扶贫要义未能实现或有待厘清的主要方面；第五部分从五个方面提出了进一步发展精准扶贫思想的思路。

二 习近平精准扶贫思想提出的背景

（一）巨大的减贫成效背后贫困问题依然严重

以现行扶贫标准看，改革开放以前，中国农村几乎处于完全贫困状态。

---

① 毛泽东：《实践论》，载《毛泽东选集》（第一卷），人民出版社 1991 年版。

1978 年，中国农村贫困发生率高达 97.5%。改革开放以来，随着经济的快速发展和开发式扶贫战略的实施，中国农村贫困人口逐年大幅度减少。到中共十八大召开时的 2012 年，农村贫困发生率下降到 10.2%，农村贫困人口从 7.7 亿人减少到 9899 万人。2013 年以来，随着精准扶贫战略的实施，农村贫困人口进一步快速下降，到 2016 年底减少到 4335 万人，贫困发生率下降到 4.5%（见图 1）。

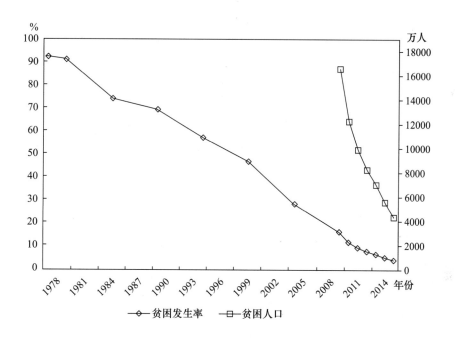

图 1　历年中国农村贫困发生率及贫困人口（2010 年标准）

资料来源：国家统计局住户调查办公室编：《中国农村贫困监测报告（2016）》，中国统计出版社 2016 年版。

尽管如此，2012 年时，中国农村贫困状况并不容乐观。首先，尽管贫困发生率下降迅速，农村贫困人口仍高达将近 1 亿，相当于同期世界贫困人口的 11.2%①。其次，农村贫困人口分布呈现局部集中、总体分散的新特征。2012 年，扶贫重点县之外和连片特困地区之外的贫困人口占全部贫困人口的比例分别为 48% 和 49%，而贫困地区（包含扶贫重点县和片区县）

————————

① 按 2012 年世界绝对贫困人口 8.809 亿计。参见 World Bank（2016）。

的贫困发生率则仍高达 23.2%，全国仍有 6 个省份贫困发生率高于 20%，一些贫困县贫困发生率超过 40%，贫困地区的经济发展、基础设施、公共服务等都还很落后，很多地区处于深度贫困状态（檀学文、谭清香，2016）。

（二）开发式扶贫难以满足全面建成小康社会的减贫目标要求

开发式扶贫是中国扶贫的基本方针，也是中国减贫事业的基本特征和经验。从 1982 年到 1994 年，目前可见的主要扶贫资金项目，如发展资金、以工代赈资金、少数民族发展资金、扶贫贴息贷款等，基本上都建立起来了。1994 年以来，国家相继颁布《国家八七扶贫攻坚计划》《中国农村扶贫开发纲要（2001—2010 年）》和《中国农村扶贫开发纲要（2011—2020 年）》（以下分别简称《纲要1》《纲要2》），开发式扶贫方针一直贯穿其中。开发式扶贫虽然同样有大量转移支付，但是与救济性、补贴性转移支付有本质差异，后者主要用于消费，而前者则鼓励开发利用当地资源、动员贫困家庭参与经济活动和培育自我发展能力。扶贫开发项目依赖的经济主体往往不是贫困户，因此，它所瞄准的是贫困区域而不是贫困户，所依靠的是直接或间接的带动效应。由此很容易理解扶贫开发项目的溢出效应以及"精英俘获"效应（邢成举、李小云，2013）。开发式扶贫的部分措施，如小额贷款、社区发展资金、社区主导型发展等，部分地解决了扶贫到户问题，但是，其覆盖范围有限。国家确立的扶贫重点县和片区县多数发展水平低，发展能力弱，带动脱贫能力差，面临后来中共中央、国务院《关于打赢脱贫攻坚战的决定》（以下简称《决定》）中提到的区域性整体贫困问题。对于区域性整体贫困以及缺少发展能力和发展机会的贫困户来说，开发式扶贫的减贫效应是递减的，继续减贫难度加大，更是无法满足全面建成小康社会的减贫目标的要求。

（三）国外及国内已有扶贫瞄准的先导性实践

精准扶贫思想在世界范围内以及中国本土都有着较长时间的先导性实践。在世界范围内，伴随着几十年的实践，贫困瞄准问题早就成为一个普遍性的实践以及学术问题。除了基础教育、公共卫生、基础设施建设等普惠性益贫措施外，大部分扶贫措施都需要瞄准扶贫对象，有影响的例子包括有条件现金或实物转移支付、就业扶贫以及扶贫小额信贷等。有条件现金转移支付项目主要在拉美、东南亚地区流行，巴西、墨西哥和菲律宾是其中的典型代表，其项目分别叫作 Bolsa Familia、Oportunidades 和 4Ps，它们都建立了自己的瞄准信息系统。这类项目通常针对有未成年子女或者孕产妇的贫困家庭，在满足一定的卫生保健、教育参与条件下，贫困家庭可以获得现金补助。在孟加拉国，除孟加拉乡村银行提供面向贫困户的小额信贷之外，另一个知名的扶贫瞄准项目——瞄准极端贫困（TUP），致力于向贫困家庭提供生产性资产和技能培训，到 2013 年，累计服务了 140 万贫困户，目前每年服务 9 万—10 万户，超过 95% 以上的贫困户可以实现贫困退出（BRAC，2015）。

中国也一直有扶贫瞄准的努力。开发式扶贫在政策层面一直提倡要将有限扶贫资源用于真正的贫困地区和贫困户，各扶贫主体也一直在探索改进扶贫瞄准的方式方法（李培林、魏后凯，2016）。20 世纪 90 年代中期，孟加拉乡村银行的扶贫小额信贷模式被引入中国，作为扶贫到户的一种具体方式（吴国宝，1998）。工作到村、扶贫到户的原则先后写入了《纲要 1》和《纲要 2》。在基层实践中，湖北省长阳县早在 2004 年就创造性地开展了农户家庭基本情况普查，建立了扶贫到户管理信息系统，登记贫困户占农村总户数的比例接近 40%[①]，其思路类似于智利、哥伦比亚建立的扶贫信息系统。2009 年以来，广东、重庆等地的地方政府开始在省级层面探索综合性精准扶贫路径。广东省实施的"规划到户、责任到人、一村一策、一户一法"的措施积累了丰富的精准扶贫经验[②]。中国从 1997 年和 2003 年起分别建立的城市和农村最低生活保障体系（低保），为识别和登记贫困人口提供了具体经验。

（四）精准扶贫思想有坚实的理论支撑

精准扶贫思想最根本的理论支撑在于中国特色社会主义理论。中国特色社会主义理论是马克思主义中国化的最新成果，以建设和发展中国特色社会主义为主题，着重回答的基本问题之一就是实现什么样的发展、怎样发展（秦刚，2013）。社会主义的本质是解放和发展生产力，最终目的是达到共

---

① 根据湖北省长阳县扶贫办提供的资料整理。

② 参见李松《重庆：确定 10 项户到人政策提高扶贫精准度》，http：//news. xinhua-net. com/politics/2012－07/07/c_ 112383535. htm；唐园结、焦宏、曹茸等《"精准扶贫"的广东先行探索》，《农民日报》2014 年 6 月 25 日。

同富裕，这体现在中国社会主义的历史任务中，就是摆脱贫困、实现温饱、小康社会建设等一系列近期目标。党的十八大以来，中央提出全面建成小康社会新的目标要求，全面脱贫成为重要的底线目标，是党和政府行为的重要指引。此外，在贫困理论中，能力贫困理论经过多年的发展已经较为成熟。森（Sen，1999）指出，贫困意味着基本能力被剥夺。这实际上可以视为对传统贫困定义的逻辑溯源，即"贫困—福祉剥夺—基本需要不能满足—能力剥夺"（王小林，2012）①。能力贫困理论可以很容易地转化为多维贫困理论，即从多个维度考察贫困现象，而不只是关注经济贫困。精准扶贫要求精准识别致贫原因并针对性地精准施策，确立了"两不愁三保障"扶贫标准，高度重视劳动参与以及教育扶贫，在很大程度上遵循了能力贫困和多维贫困的基本原理。

三 习近平精准扶贫思想的基本内容

（一）形成过程

习近平同志曾经长期在贫困落后地区基层工作，一直有深厚的扶贫情结。《摆脱贫困》一书，收录了习近平担任中共宁德地委书记期间自 1988 年 9 月至 1990 年 5 月的重要讲话、文章，提出了"弱鸟可望先飞，至贫可能先富"、扶贫先要扶志、滴水穿石、四下基层、群众路线等一系列重要扶贫思想②。1997 年，在担任福建省委副书记期间，习近平同志推动了福建和宁夏开展对口帮扶工程，在宁夏建立起闽宁村和闽宁镇③。

2012 年 12 月 29—30 日，党的十八大结束后不久，习近平总书记就前往位于"环京津贫困带"上的河北阜平县考察贫困问题，提出"脱贫致富要有针对性，要一家一户摸情况，张家长、李家短都要做到心中有数"④，这是精准扶贫思想的萌芽。2013 年 11 月 3—5 日，习近平到湖南考察，在

---

① 原文对此的表述是"森的贡献实质上是将贫困定义的逻辑进一步进行了延伸"。详见王小林（2012），第 13 页。

② 习近平：《摆脱贫困》，福建人民出版社 1992 年版。

③ 参见杜尚泽《习近平触景生情，肯定闽宁合作宝贵经验》，http://politics.people.com.cn/n1/2016/0719/c1024-28567687-3.html。

④ 国务院扶贫办编：《习近平关于扶贫开发论述摘编——实施精准扶贫、精准脱贫》，《中国扶贫》2015 年第 24 期。

花垣县十八洞村，他提出，扶贫要实事求是，因地制宜，要精准扶贫，切忌喊口号。这是他首次正式提出精准扶贫概念。当年 12 月 18 日，中办、国办印发《关于创新机制扎实推进农村扶贫开发的意见》，明确提出建立精准扶贫工作机制。2014 年，全国各地用了将近一年时间，初步识别出贫困人口并建立了建档立卡系统。2015 年 1 月 19—21 日，习近平在云南考察时提出，实施精准扶贫、精准脱贫，因乡因族制宜、因村施策、因户施法，扶到点上、扶到根上。这是他首次将精准扶贫和精准脱贫联系起来，并且提出了精准扶贫的具体做法。2015 年 6 月 18 日，习近平总书记在贵州召开部分省（区、市）扶贫攻坚与"十三五"时期经济社会发展座谈会，在会上提出了"六个精准""四个一批""三位一体"①、落实领导责任制等一系列重要观点。

2015 年 11 月 27 日，习近平在中央扶贫开发工作会议上发表长篇讲话，深刻论述了精准扶贫精准脱贫的重大理论和实践问题，标志着精准扶贫思想基本成形。两天后，《决定》公布，这可以视为对精准扶贫思想的系统化总结，确立了精准扶贫、精准脱贫的基本方略地位，解决了政治动员、全方位支撑、统一思想等关键问题。2017 年 3 月 8 日，在全国"两会"期间，习近平同志再次发表重要讲话，提出脱贫攻坚全过程都要精准，有的需要下一番"绣花功夫"，要求进一步创新和落实精准扶贫。至此，习近平同志关于精准扶贫的思想形成了一个基本完整的体系。

（二）基本内容

本文采取的"思想"定义，是客观存在反映在人的意识中经过思维活动而产生的结果或形成的观念体系。精准扶贫思想就是关于精准扶贫工作的完整观念体系，核心内容是精准扶贫、精准脱贫、脱贫攻坚和"绣花功夫"抓扶贫。精准扶贫思想由习近平同志首创并构建其基本框架体系，是他治国理政思想的重要组成部分。首先，精准扶贫思想要在党内达成共识，构成以习近平同志为核心的党中央治国理政思想的一部分；其次，该思想还将在实践检验中不断得到丰富和发展，从而也是经过全党和全国人民实践检验的治国理政思想，将成为中国特色社会主义理论的一部分。

---

① 这里，"六个精准"和"三位一体"与以后的表述是一致的；"四个一批"与后来的"五个一批"相比，未提及的是教育脱贫和生态补偿脱贫。

1. 精准扶贫:"六个精准"覆盖扶贫、脱贫全过程

"六个精准"是对扶贫精准性的界定,涵盖从扶贫到脱贫的全过程,即扶贫对象精准、项目安排精准、资金使用精准、措施到户精准、因村派人精准、脱贫成效精准。扶贫对象精准就是要找到真正的贫困人口和贫困区域,包括贫困户、贫困村和贫困县,主要通过贫困识别和建档立卡来实现。总的来说,全国识别贫困人口的方法是在总指标控制下,由基层通过民主评议来识别。项目安排精准是指各类扶贫开发项目的设计、分配要真正契合扶贫对象以及区域性致贫原因。资金使用精准是指按照贫困户需要和项目需要整合和分配不同来源的扶贫资金。措施到户精准是指扶贫项目和资金的安排能够惠及或直接落实到贫困户并且符合其实际需要。因村派人精准是指向贫困村派遣的第一书记和扶贫工作队的素质和能力能够切合贫困村实际并满足其需要。脱贫成效精准则是指扶贫措施能够针对致贫原因对症下药并取得相应效果,脱贫结果要达到扶贫收入标准以及"两不愁三保障"标准。

"六个精准"涵盖了精准扶贫三个必不可少的环节,即识别、帮扶和脱贫。首先是正确地找到需要帮扶的贫困家庭和人口,并且识别其致贫原因。如果贫困人口识别错误,则会在农村造成新的不公平;如果致贫原因识别错误,则会对帮扶措施造成影响。其次是精准帮扶,包括确定帮扶主体、帮扶项目以及资金,它们有不同的来源和运行机制,需要有机配合,其中,帮扶主体责任重大。最后是要对扶贫脱贫效果进行考核评价,帮扶要看到效果,脱贫要达到扶贫标准,而且要稳定脱贫。

2. 精准脱贫:"五个一批"囊括扶贫、脱贫各种路径

"五个一批"是对扶贫方式和脱贫路径的归纳,包括发展生产脱贫一批、易地扶贫搬迁脱贫一批、生态补偿脱贫一批、发展教育脱贫一批、社会保障兜底一批。发展生产脱贫是指通过产业发展或经济活动的开展带动贫困户脱贫致富,包括就业、经营、收益分红等各种受益形式。易地扶贫搬迁是指以异地搬迁方式扶贫,目的是克服恶劣的生态环境和资源条件的影响。生态补偿脱贫是指针对生态脆弱地区的贫困人口,将生态补偿和扶贫措施结合在一起,实现生态保护和脱贫双重目标。发展教育脱贫是指通过各种教育扶贫措施,致力于解决贫困人口文化素质低以及子女教育经济压力大等问题,短期内缓解教育致贫压力,长期内通过提高人口素质增强贫困人口的发展能力。社会保障兜底是指对那些缺少劳动就业能力或者面临无法克服的残障、大病、长期慢性病等困难的贫困人口提供低保、救助等社会保障措施,帮助

他们维持基本的生活水平。

3. 脱贫攻坚：明确扶贫目标并建立动员和保障体系

《决定》将《纲要2》和《"十三五"规划建议》中提出的扶贫开发目标结合在一起，明确了脱贫攻坚目标，即稳定实现农村贫困人口不愁吃、不愁穿，义务教育、基本医疗和住房安全有保障，实现现行标准下农村贫困人口脱贫，贫困县全部摘帽，解决区域性整体贫困，即全部脱贫目标。全部脱贫目标意味着要找到所有的贫困人口并帮助他们脱贫，这不仅进一步明确了精准扶贫、精准脱贫基本方略的含义，而且体现出脱贫攻坚所蕴含的困难程度。为此，脱贫攻坚还包含另外两方面重要内容：一是政治动员，二是强化支撑体系。《决定》开宗明义地将全部脱贫的任务称为脱贫攻坚战，表明这是中央致力于必须完成的任务，要求全社会打消疑虑，增强使命感和紧迫感，从而起到政治动员和统一思想的作用。在支撑方面，《决定》建立起三个方面的脱贫攻坚支撑体系：①领导和主体体系：在领导体制上，实行中央统筹、省负总责、市（地）县抓落实的分工工作机制，各级均由党委、政府负总责，党政一把手同为第一责任人，为贫困村选派第一书记和扶贫工作队；在扶贫体制上，构建专项扶贫、行业扶贫、社会扶贫互为补充的大扶贫格局，尤其是健全社会扶贫机制。②资源投入和政策保障体系：主要包括财政扶贫投入、金融扶贫、贫困地区及扶贫用地政策、科技和人才支撑四个方面，各方面都大大增强了投入强度。③责任制：各级党委政府分工负责，要层层签订责任书，层层落实责任制，把扶贫开发工作实绩作为选拔使用干部的重要依据，建立扶贫考核督查和社会监督机制。

4. "绣花功夫"抓扶贫：攻克重点难点问题

"绣花功夫"抓扶贫是习近平精准扶贫思想的最新发展，它将精准扶贫和脱贫攻坚有机结合，清晰地显示精准扶贫是一个实践理论，重在实现精准扶贫思路。从实际需要看，一方面要瞄准贫困地区和贫困人口的重点、难点问题，如基础设施、产业基础、观念意识、历史遗留问题等；另一方面要勇于开拓创新，克服精准扶贫中存在的体制机制障碍，如现行建档立卡填表工作量过于繁重且效果不彰，检查、评估、核查等外围工作过多影响扶贫工作的精力投入等。四川凉山州"悬崖村"的藤条木棍天梯改成钢管天梯，湖北长阳县木桥溪村"空中红旗渠"建成通水，都是扶贫实践中攻坚克难的实例①。建档立卡如何做到简洁高效，贫困户退出如何做到真实可信且无须反复检查，村级层面不同扶贫力量如何有效分工协作，不同来源的扶贫项目资金如何有效整合以适应贫困地区、贫困户的具体扶贫需求，易地扶贫搬迁户在搬迁后如何解决落户、土地和房产资源处置等问题，都是需要下"绣花功夫"加以解决的体制机制问题。

四 精准扶贫思想在中国的实践

（一）早期精准扶贫思想在实践中面临的问题

以《决定》为主要标志，精准扶贫思想基本确立，形成了较为完整的体系。它不同于一般的学理，目的就是指导实践。20 多年前就已经对所谓的完美扶贫瞄准所面临的各种障碍进行了讨论（Besley and Kanbur, 1993）。同样地，精准扶贫思想在付诸实践时也不可避免地遇到了不少问题。这些问题择其要包括：扶贫对象识别不准以及建档立卡信息不准确、不充分；由于致贫原因分析及登记不精确，以及并非所有措施都有精确的到户机制，措施到户精准难以做到；扶贫开发力量配备充足，但是专业能力、投入程度和分工协作机制未尽如人意；由于措施到户不够精准等原因，以及脱贫考核中可能存在的机制缺陷，脱贫成效也难以做到精准评价；扶贫投入增加后，转移支付性的扶贫措施进展顺利，而发展性的扶贫措施进展缓慢，相应地，贫困户的参与性和内生动力不足；兜底保障的内涵及与其他脱贫路径的逻辑关系没有厘清，容易引起误解。

（二）当前精准扶贫实践的主要特征

从 2014 年开展建档立卡工作以来，精准扶贫思想经历了 3 年多的实践检验，上述很多问题的解决办法在实践中不断调整和试验，趋于成熟完善。早期的精准扶贫思想发展成为一套在实践中执行的行动方案和体系。当前的精准扶贫实践具有以下主要特征：

---

① 前者参见《习近平：看到有关凉山州"悬崖村"的报道感到揪心》，人民网，http://sc. people. com. cn/n2/2017/0308/c379470－29824572. html，2017 年 3 月 8 日；后者根据湖北省长阳县扶贫办提供的资料整理。

1. 尽一切可能实现全部脱贫目标

其他国家扶贫瞄准的主要目的是让扶贫措施找到贫困人口，但是无法承诺让所有贫困人口脱贫。精准扶贫则是在扶贫瞄准的基础上，追求贫困人口全部脱贫，进而要用攻坚战的方式促成这个目标的实现。一般来说，扶贫瞄准主要是为了提高有限资源的扶贫效率，即有限资源扶贫效果最大化。但是，当扶贫目标变为全部脱贫时，这就意味着既定扶贫目标下资源投入最小化。"最小化"是数学语言，并不意味着数量"小"，其边际成本是递增的。在实践中，为了追求全部脱贫目标，各级政府以及社会的财力和人力投入迅速增加，成本控制被放在了次要地位，投入行为类似于农业中的"过密化"现象（黄宗智，2000）。

2. 实施政府主导、多方参与的超常社会动员

2015 年以来，中国在体制上强化了政府主导、社会参与的脱贫攻坚主体体系。这里的政府包括各级党委和人民政府。由于广泛地实行了"双组长"制，在脱贫攻坚上已经没有明确的党政分工，各自都深度卷入了扶贫开发事务，行业扶贫、东西协作、派遣第一书记和扶贫工作队，都在此列。中国的社会扶贫也有鲜明特色，包括党政机关定点扶贫、统一战线扶贫[①]、"单位包村、干部包户"的财政供养单位"双包"制度、企业和居民参与等。中国的政府扶贫和社会扶贫由于强大的党政动员，是一般发展中国家无法比拟的，这被概括为中国独特的政治优势（黄承伟，2017）。非政府组织仍然是社会扶贫的主体之一，但是在强大的党政动员体制机制下，其行动自主性与其他发展中国家相比，必然受到一些限制。

3. 采取指标控制、逆向排序方式识别贫困人口

基于以统计监测贫困发生率为基础的贫困人口规模逐层分解和控制方法，村级层面基本上采取了逆向排序的贫困人口识别方法。逆向排序识别不是设置贫困标准阈值，而是按单个或多个指标值进行排序，根据所分配的名额从低向高选择、确定贫困人口。由于县以下缺少精准的统计监测数据，贫困人口名额的分配也就难以做到准确，而分解到镇、村的规模又是指令性的，因此，逆向排序是一种权宜办法，各地识别出的贫困人口的贫困阈值无法等同。如果考虑到实际工作中存在的遗漏、优亲厚友、工作能力欠缺等因素，识别的准确性会进一步降低。为了解决这些内在因素带来的识别不准问

[①] 主要是民主党派定点扶贫和工商联主导的企业扶贫。

题，中国采取了重新核查、动态调整的方式，以逐步提高识别的准确性。这种做法具有一定的合理性，只要它能确保真正的贫困人口不被遗漏，那么，它其实是在识别一部分相对贫困人口，并且在一定程度上抹平了各地消费习惯差异导致的实际贫困标准差异①。

4. 在村级层面形成了完整的扶贫队伍

精准扶贫采取针对致贫原因分类施策的方式，这就需要在村级层面有直接面向贫困户的帮扶力量。目前，中国在贫困村的村级层面形成了村"两委"、第一书记、扶贫工作队、帮扶责任人四支扶贫力量。其中，村"两委"属于本地力量，必然要承担本村发展和社会事务管理职责，但是，多数贫困村村干部履职能力有限，因此需要外力援助。也有一些地方在村内开展社会动员，发动党员、经济能人、优秀青年等"精英"，帮助和带动贫困户。第一书记的职责是加强村党支部的组织建设和领导能力，扶贫工作队的职责是在村内直接开展扶贫工作，而帮扶责任人则应"一对一"地为贫困户提供帮助。第一书记和扶贫工作队长可能分设或者兼任；扶贫工作队员可能全部外派或者部分地由乡镇干部甚至村干部担任；帮扶责任人亦是如此。

5. 以"四到县"和资金整合推动项目安排和资金使用的精准

"六个精准"中，项目安排和资金使用是高度关联的，它们需要在村、户以及跨越村户的项目（如基础设施、扶贫产业）上实现精准。责任、权力、资金、任务"四到县"制度使得县级政府能够根据需要安排扶贫项目，并匹配相应的财政专项扶贫资金。由于财政专项扶贫资金往往不能满足扶贫任务的全部需要，中国于2016年改革财政涉农资金管理使用机制，允许贫困县以重点扶贫项目为平台，统筹整合使用财政涉农资金，并撬动金融资金和社会帮扶资金投入扶贫开发②。

---

① 现行贫困标准是根据贫困监测数据测算出来的，它假定人均纯收入水平 2300 元的贫困家庭都符合这样一个消费特征，即所购买的食品满足热量和蛋白质需要，非食品消费也都是出于基本生活需要。这个假定具有统计合理性，但是在精准识别时会有两方面的背离：一是统计误差之外的部分，根据《国家农村贫困监测调查方案（2015 年）》，在 95% 的置信度下，分县居民人均可支配收入和消费支出抽样误差基本控制在 10% 以内；二是消费习惯的区域性差异，例如有些地方注重盖房，有的地方烟酒等非营养性食品消费明显，有的地方人情消费较多等，这些支出都会明显影响基本需要的满足。允许各地适当上浮扶贫名额，并且按村逆序选择贫困户，可以在一定程度上将上述因素内部化。

② 参见《国务院办公厅关于支持贫困县开展统筹整合使用财政涉农资金试点的意见》（国办发〔2016〕22 号），http：//www. gov. cn/zhengce/content/2016 – 04/22/content_ 5066842. htm。

6. 多样化的脱贫路径最终可归结为发展生产和社会保障两大机制

经过两年多的实践，脱贫路径在"五个一批"的基础上发展出更多新形式，包括健康扶贫、资产收益扶贫、危房改造等。其中，资产收益扶贫是微观上的收益到户机制，但是从宏观上看仍然属于发展生产扶贫。另外，各条脱贫路径虽然性质迥异，但是，多数可以最终归结为发展生产和社会保障两大机制。易地搬迁、危房改造、教育和大病医疗资助、临时救助等都属于社会保障。但是，易地搬迁后需要找到新的就业或经营机会，生态保护脱贫会为贫困劳动力提供护林员之类的公益岗位，健康扶贫使一部分劳动力在康复以后重新就业，教育扶贫更是使得学生或成人在获得教育或培训资助后更好地进入劳动力市场，最终都要依靠发展生产脱贫。

7. 各地对社会保障兜底机制开展了探索

除了直接的发展生产措施和最终指向发展生产的措施，其他扶贫措施都可以归结为社会保障措施，包括低保、五保、残疾人保障等其他民政救助措施，以及教育资助和医疗费用补贴等。这些保障措施分别由民政、社保、教育、卫生等部门实施，它们与兜底保障脱贫关系如何，各地已经在自行开展探索，目前还没有明确结论。大体上说，各地基本上都根据政策文件，将"无法依靠产业和就业方式脱贫"的贫困家庭作为社会保障兜底对象。具体操作在各地大同小异，即将低保、特困人员供养、医疗救助和临时救助共同列入保障兜底范围；有的地区则将住房保障或者养老保障也列入兜底保障范围。从可得的资料看，只有湖南省专门定义了"兜底保障"，将无劳动力或者丧失劳动能力的家庭和因病、因残、因灾或意外导致的重度贫困家庭列为兜底脱贫对象，对他们给予比低保标准更高的保障条件①。

8. 以贫困退出机制保障脱贫结果的可信性和精准性

贫困识别和脱贫都是以户为单位的。精准识别要从未知的千家万户中找出符合条件的贫困户，而精准脱贫则是对已知的贫困户进行评估。虽然原则上应当对识别和脱贫采取相同标准，"一把尺子量到底"，但是，实践中主要是在脱贫评估以及返贫和新增贫困评估中采用了比较明确的标准。为了实现精准脱贫，中国建立了贫困户、贫困村和贫困县的退出机制，以收入达标

---

① 参见《湖南省人民政府办公厅关于印发〈社会保障兜底脱贫对象认定工作方案〉的通知》（湘政办发〔2016〕56 号），http：//www. hunan. gov. cn/2015xxgk/fz/zfwj/szfbgtwj/201608/t20160801_3117440. html。

和实现"两不愁三保障"为基本标准，履行民主评议、调查核实、贫困户认可、公示公告、系统销号等基本程序。为了防止可能存在的弄虚作假行为，贫困退出机制还包含第三方评估检查，第三方评估的结果用于对精准脱贫成效的评价以及对不符合脱贫标准而被脱贫情况的核查处理。2017年已经开展了第一次考核评估，对排名靠后的省份进行了约谈。

（三）精准扶贫要义未能实现或有待于厘清的主要方面

经过了3年多的实践检验，不少问题得到了解决或改进，精准扶贫工作体系隐然成形。尽管如此，这个体系仍不完美，还存在着不少值得进一步探索和改进的问题。有些问题在于实践自身需要经历探索和完善的过程；有些问题则是深层次的，表明用以指导实践的精准扶贫思想仍有待厘清或寻找实现路径。本节主要探讨后者①。

1. 现行建档立卡工作机制未能从根本上解决精准识别问题

中国贫困人口建档立卡工作只是基本上满足了精准扶贫工作的需要，将9000万贫困人口、12万个贫困村、800多个贫困县的信息录入在一个系统内，成为确定扶贫对象的直接依据。目前这个系统只是发挥了档案信息功能，不能动态地记录扶贫措施和贫困户发展状况，统计查询和分析功能薄弱。根据刘永富（2017）的披露，2015年8月至2016年6月，全国动员了近200万人开展建档立卡"回头看"，补录贫困人口807万，剔除识别不准人口929万，分别占当年建档立卡贫困人口的10.4%和9%。2017年，基于第三方评估结果，很多地方又在开展数据核实工作。这表明，在现行机制下，识别不准问题一直存在。由于需要经常更正"低级错误"，基层扶贫部门在核实、更正、填表等基础性工作上花费了太多时间。导致这些现象的原因是建档立卡系统缺乏开放性、兼容性，与公民信息系统、低保等相关工作信息系统不对接，而相关的技术手段其实都已经很成熟。更重要的是，现行建档立卡机制并没有从根本上体现精准识别的要义，因为它是在线下而不是在系统内识别的，也不是按照扶贫标准来识别的，规模分解的偏差决定着识别结果的偏差。

---

① 精准扶贫实践还面临更多问题，例如产业扶贫如何与贫困地区农业供给侧结构性改革结合，实现产业发展和带动脱贫机制的突破，尚未破解。另外需要说明的是，扶贫产业发展问题向来存在，一直是老大难问题，所以可以不看作精准扶贫思想的排他性要件，故在文中未做专门分析。

2. 县以下脱贫攻坚责权划分还不能很好地实现精准扶贫功能

脱贫攻坚责任制是为实现精准扶贫功能而建立的，它规定了中央统筹、省负总责、市县抓落实的三级分工，其中，县级党委和政府承担脱贫攻坚主体责任，党政"一把手"是第一责任人。在县以下，《决定》规定乡镇和村的职责包括：组织实施贫困村、贫困人口建档立卡和退出工作；实施县级制定的乡镇、村精准扶贫指导意见；进行政策宣传，充分调动贫困群众的主动性和创造性，把脱贫攻坚的政策措施落实到村到户到人；强化贫困村基层党建，以抓党建促脱贫攻坚。如果说大规模的扶贫项目，如基础设施建设、产业开发等，可以在县级或乡镇级实施，那么，瞄准到户的扶持措施则需要进一步在乡镇和村之间以及村内扶贫力量之间分工协作。村级的四支扶贫力量，目前还没有形成良好的分工负责机制，谁主导、谁实施、谁辅助，帮扶责任人究竟该承担什么责任以及如何与其他三支力量协作，都还是未解问题，导致在真正面对贫困户的实际困难和需求时，陷入无人负责、"绣花功夫"使不出来的困境。

3. 现行评估、核查等机制在扶贫工作中的负面效应比较明显

在完整的扶贫工作链条上，识别、登记、脱贫评估应该投入最小精力，帮扶应该投入最大精力。但是，当前实际情况却是相反的，用于实际扶贫的精力受限，乃至不能满足需要。现行扶贫脱贫评估、检查机制的主要特点是侧重于合规性，层层加码，次数频繁。在国家实施第三方评估后，各省也都搞起县级第三方评估，有的省还对脱贫户实施全覆盖的核查，忽略统计抽样的科学性；在国家实施省际交叉评估后，各省就开始搞省内县际交叉评估，甚至县里也开始搞乡镇间的交叉评估。这些评估核查大都重视形式和程序的合规性，一旦合规，便不再关注实质性内容。这就导致在贫困户那里，需要经常回答类似的程序性问题，而对其真正的生活和生产关注不足，容易引起他们反感。由于国家评估具有考核功能，各地方就相应地提前开展自查以便于为迎接国家检查积累经验或提前发现问题。殊不知减少问题最根本的办法是集中精力抓好扶贫，而不是靠事后检查纠错。

4. 贫困户退出核查机制未能体现权威性和合法性

贫困退出考察的是扶贫措施落实情况及其脱贫效果，每年涉及数百万个家庭的基本权益和福祉，因此需要有权威性和合法性。在中国，能够提供权威和法定统计数据的只有统计局调查队，其合法性由法律赋予，其权威性来源于专业性。现行贫困退出机制，虽然设计了多个机制确保其合理性，但是

在基础性的贫困户退出核查环节不具有专业性。贫困退出核查的前两个关键环节分别是村内民主评议提名、村"两委"和扶贫工作队联合调查核实。未被提名的进入不了调查程序；被提名的进入调查程序，但其调查者的专业知识和技能未必合格，毕竟他们是一个庞大的群体而又未经足够的培训。在制度层面，由村"两委"和扶贫工作队来调查和审核脱贫结果，其授权来自政策文件，法源不足。

5. 对保障兜底机制以及"五个一批"整体性的认识仍不一致

"五个一批"精准脱贫路径作为基本方略应具有完整性和内在逻辑一致性。目前看来，这种整体性尚未建立，最主要的是对其内在逻辑还未有一致看法。在"五个一批"表述中，前四个为"脱贫"，第五个为"兜底"。逻辑上讲，脱贫指贫困户摆脱贫困，他们可以不依赖帮助而获得超越贫困线的生活水平；兜底指为缺乏生计能力的贫困人口提供基本保障，他们只有依靠救助才能保持非贫困状态，离开救助就会返贫。各地扶贫实践中采取的社会保障措施已经从低保扩大到医疗救助、临时救助等广义社会保障领域，并将这些"兜底"状态视为脱贫，这意味着未对"兜底"和"脱贫"加以区分。另外，扶贫中的社会保障措施是否都具有兜底的性质，也值得商榷。大病治愈后恢复劳动能力的，受教育资助后离校参与生产劳动的，灾后重建的，都能在阶段性救助后恢复和形成劳动能力。只有针对那些永久性丧失了劳动能力的贫困人口，包括长期患大病或患慢性病无法康复的以及重度残疾人等，救助才具有兜底的性质。

五 进一步发展精准扶贫思想的思路和建议

毛泽东在《实践论》中对认识的形成和发展有精辟的论述。认识来源于实践，要从感性认识上升到理性认识，还要从理性认识回到改造世界的实践，要在实践中得到检验和发展，需要纠错，需要随着实践过程的推移发展而发展。基于这样的认识论规律，我们应当承认，精准扶贫思想和实践都是史无前例的。为了增强对实践的指导性，精准扶贫思想需要有不断发展的过程，其发展和完善应当符合三条标准：实事求是，符合客观规律；能够不走样地实践转化；内在逻辑清晰完整并逐步走向规范化和常态化。

（一）精准识别应通过基于贫困标准的"一把尺子量到底"的机制来体现

精准识别是精准扶贫所有工作的根本前提，必须具有科学性和可靠性。目前的贫困人口规模分解和逆序选择是一种权宜做法，无论是作为替代还是储备，都应当探索一种真正精准识别的"B方案"。印度尼西亚、哥伦比亚、智利等国家的相关瞄准系统（ILO，2015；Clert and Wodon，2011；World Bank，2012），以及国内广西壮族自治区实行的县级统一打分识别机制，都提供了先例。真正的精准识别机制应当有两个基本特征：一是采取单一、明确的贫困识别标准，对所有参与识别者一视同仁，而且进入和退出采取相同标准，"一把尺子量到底"；二是进行冗余登记，将当地收入或生活水平低于某个相对贫困标准比例的家庭都纳入调查和登记范围，并从中打分识别出符合标准的贫困人口。这就相当于登记相对贫困人口，从中识别绝对贫困人口，两者差异一目了然，脱贫者不必销号，返贫者直接转入。正如当前一些地方已经将部分普惠性扶贫措施惠及建档立卡贫困户之外的相对贫困户，这个扩展性系统的建立将有助于开展差异化扶贫、相对和绝对贫困评估，提升公平性、科学性和扶贫效率。

（二）完整的精准脱贫机制应包含脱贫、兜底以及未脱贫

"五个一批"脱贫路径作为帮扶方式，可以重新界定为以下四种类型：①发展生产脱贫，包括发展产业和促进就业以及资产收益脱贫；②易地搬迁脱贫，需以发展生产为条件；③资助救助脱贫，包括教育资助、医疗救助、困境儿童资助、危房改造、灾后救济等，其共同特点是针对特定原因的阶段性资助救助，随后可以恢复或形成劳动能力；④低保、五保、大病救助等兜底保障，其共同特点是需要持续的救助，取消救助即意味着恢复贫困。从结果看，以上四种方式可以归结为两种：脱贫、兜底保障。另外，为了尊重社会发展仍处于较低阶段的客观现实，精准脱贫机制中还应当包含一种"未脱贫"状态。全部脱贫不能等同于百分之百脱贫，而应指有能力、有意愿脱贫的贫困人口都应当帮助其脱贫。客观地看，脱贫攻坚期结束后的未脱贫人群至少包括返贫者以及有劳动能力的"懒人"。对于"懒人"需要社会动员，要严格限制其规模以避免"懒政"；但是，不能强迫其脱贫，要确定扶贫责任的边界。

（三）扶贫与脱贫要界定清晰的主体和客体属性

由于脱贫攻坚压力所致，扶贫主体承担了过多的帮扶责任，以致贫困户的主体责任被忽视，甚至发生扶贫官员指责贫困户不感恩、"等靠要"、不愿脱贫等情形。这意味着扶贫、脱贫的主体与客体属性在精准扶贫思想中未能清晰界定，也没有在实践中很好地体现。在扶贫工作中，政府以及社会帮扶力量是扶贫主体，贫困户是扶贫对象和脱贫主体。对后者而言，自我的发展参与是脱贫的内因，外界帮扶是外因。只有在缺乏发展能力的条件下，政府才承担助其脱贫或兜底的主体性责任。对于贫困户脱贫主体的界定符合劳动致富的社会主义价值观，也有利于弘扬"人人参与、人人尽力、人人享有"的共享发展理念。对于贫困户，一方面，要充分培育其能力并保障其发展机会[1]；另一方面，也要培养其脱贫责任主体意识，使其认识到获得帮扶不是无限权利。对于有劳动能力而不愿参加劳动的，不应承诺或要求限期脱贫，最多给予最低程度的人道主义保障；对于那些已经达到脱贫标准而不愿签字脱贫的，应设立县级复核机制，可以不经签字直接列入脱贫名单[2]。

（四）扶贫责任制要从中央与地方关系上拓展到基层

扶贫责任制是脱贫攻坚的重要保障，为体现精准扶贫思想，应覆盖扶贫全过程，即从中央与地方的关系拓展到基层。在已有的中央统筹、省负总责、市县抓落实的三级责任制的基础上，重要的是如何完善市县抓落实机制。基层扶贫责任制应体现于两个方面：一是市县、乡镇、村级三级权责关系；二是村级四支扶贫力量的权责关系。《决定》中关于县级党委政府的脱贫攻坚主体责任的描述界定了其主要职责及与基层的分工，但没有对乡镇和村的职责进行划分。实际上两者应当有所分工，乡镇应当更多地负责整体发展、组织协调、上情下达的工作，村应当更多地承担精准到村到户的工作。村级在针对村、户两级致贫原因制定对策时，凡是需要上级资源、资金、政策支持的，都可以通过乡镇向县级提出诉求，县级应当尽责地予以满足，不应令乡镇和村经常陷入无助的境地。

---

[1] 例如，让有部分劳动能力的贫困户参与公益岗位以获取资产收益分配就是一种值得鼓励的做法。

[2] 对于目前时常出现的贫困人口过度医疗现象，也应当采取相应措施，确保合理使用医疗资源。

村级承担村、户两级扶贫责任，充当"最后一千米"的关键角色，需要在四支扶贫力量间建立明确、合理的分工协作机制。具体地说，第一书记应当对村支部工作和村扶贫工作负领导责任；扶贫工作队应当直接负责各项扶贫计划的制定和政策措施的落实；在直接的扶贫措施上村"两委"应当支持和配合扶贫工作队的工作，但是同时也要认真履行社区自治、服务、发展等公共职责。贫困户帮扶责任人更多地应当发挥联系人作用：一方面通过深入沟通，帮助贫困户寻找致贫原因以及脱贫路径和思路，将整理出的思路和诉求向扶贫工作队和第一书记反馈，共同帮助寻找政策资源；另一方面也应当根据自身能力给予直接帮助。在机制设计上，前者更重要，也是精准帮扶的具体体现。

（五）基层扶贫主体作为排头兵需要赋权和赋能

任何事务都应当是责、权、能、利的统一。中国基层扶贫主体的现状是利益有限，能力有限，职责很大，但职权很小。鉴于扶贫脱贫工作都在基层开展，基层扶贫主体应当拥有更大权限。这种权限，一方面体现在扶贫工作的自主性，以及从上级得到的对扶贫资源和政策需求的尊重和满足上；另一方面体现在贫困识别和脱贫认定的权威性上。如果这种脱贫认定的权威性得到认可，那么，基层的扶贫成效在机制上就应当得到信任而不是怀疑，第三方评估就不应当具有那么大的"紧箍咒"效应，这种事后评估也不应当再占用那么大精力。当然，基层扶贫主体的权限和权威并不能凭空得来，除了要靠机制保障，更多要靠能力建设。例如，就贫困退出机制而言，在贫困户调查的关键环节上，如果采用专业调查人员或者经过充分培训的外聘调查人员，就可以避免扶贫主体既当运动员又当裁判员的逻辑矛盾。

参考文献

［1］韩庆祥：《"新三步走战略"与"四个全面"战略布局》，《唯实·现代管理》2015年第6期。

［2］黄承伟：《为全球贫困治理贡献中国方案》，《人民日报》2017年7月20日。

［3］黄宗智：《长江三角洲小农家庭与乡村发展》，中华书局2000年版。

［4］李培林、魏后凯主编：《中国扶贫开发报告2016》，社会科学文献出版社2016年版。

［5］刘永富：《全面贯彻中央决策部署坚决打赢脱贫攻坚战》，《学习时报》2017年5月5日。

［6］ 秦刚：《中国特色社会主义理论体系（最新修订版)》，中共中央党校出版社 2013 年版。

［7］ 檀学文、谭清香：《贫困县发展评价与退出策略》，载李培林、魏后凯主编《中国扶贫开发报告 2016》，社会科学文献出版社 2016 年版。

［8］ 王小林：《贫困测量：理论与方法》，社会科学文献出版社 2012 年版。

［9］ 王伟光：《马克思主义中国化的最新成果：习近平治国理政思想研究》，中国社会科学出版社 2016 年版。

［10］ 吴国宝：《农村小额信贷扶贫试验及其启示》，《改革》1998 年第 4 期。

［11］ 邢成举、李小云：《精英俘获与财政扶贫项目目标偏离的研究》，《中国行政管理》2013 年第 9 期。

［12］ Besley, T. , and R. Kanbur, "The Principles of Targeting", The World Bank PRE Working Paper Series WPS 385, 1993.

［13］ BRAC, "BRAC Bangladesh Annual Report 2014", http：//www. brac. net/sites/default/files/ar2014/BRAC – annual – report – 14. pdf, 2015.

［14］ Clert, C. , and Q. Wodon, "The Targeting of Governrnent Programs in Chile：A Quantitative and Qualitative Assessment", MPRA Paper No. 15414, http：//mpra. ub. uni – muenchen. de/15414/, 2011.

［15］ ILO, "Columbia – SISBEN：A Unified Vulnerability Assessment and Identification System for Social Assistance, Social Protection in Action：Building Social Protection Floor", http：//www. social – protection. org/gimi/gess/RessourcePDF. action? ressourrce. ressourceId = 51857, 2015.

［16］ Sen, A. , *Development as Freedom*, New York：Oxford University Press, 1999.

［17］ World Bank, "Targeting Poor and Vulnerable Households in Indonesia", http：//documents. worldbank. org/curated/en/972001468038678922/Targeting – poor – and – vulnerable – households – in – Indonesia, 2012：74.

［18］ World Bank, "Poverty and Shared Prosperity 2016：Taking on Inequality", World Bank, Washington, DC, 2016.

（原文发表于《中国农村经济》2017 年第 9 期）

对完善新型农村社会养老保险
制度若干问题的探讨[*]

崔红志

建立新农保制度是我国完善农村社会保障体系的重大部署。到 2012 年底，我国将实现新农保制度的地域全覆盖。但是，与地域全覆盖相比，如何使得更多的适龄农民参加到这一制度中是一个更重要、更艰巨的任务。为了实现这一目标任务，就需要不断完善新农保制度。本文基于实地调查，并结合有关社会保障的理论，就目前新农保制度建设中理论界和决策层较为关注六个方面的问题进行探讨。这六个方面分别是：是否应把新农保的自愿参保原则修改为强制参保、如何看待新农保制度中的捆绑政策、新农保制度是否应允许农民退保、如何看待目前新农保的保障水平、如何划分各级政府在新农保筹资中的责任、如何重构新农保经办服务体系。

实地调研的地区包括江苏省常熟市、河北省青县、河南省荥阳市和社旗县、重庆市酉阳县 5 个首批新农保试点县（市）。调研的时间为 2010 年 6—11 月。调研的内容包括对上述 5 个试点县（市）10 个乡镇、18 个行政村的405 户农户问卷调查；与农民、农民代表、村干部的深度访谈；与乡镇干部、县乡村新农保经办管理和服务机构负责同志的座谈。

一　是否应把新农保的自愿参保
原则修改为强制参保

调查发现，新农保的参保率与人口全覆盖的目标有较大差距，其中，中

＊　本文是《中国社会科学院国情调研重大项目》（2010）、中国社会科学院农村发展研究所创新工程"中国农民福利研究"的阶段性成果。

青年农民的参保率尤其低。在农户问卷调查的 917 名适龄农民中，只有 448 人参保，参保率不足 50%。参保农民的平均年龄为 42 岁，主要集中在 37—42 岁以及 55—59 岁两个年龄段；未参保农民平均年龄为 34 岁，比参保群体的平均年龄小 8 岁，主要集中在 20—30 岁。

对于农民参保率较低的现象，一种比较流行的主张是放弃新农保的自愿原则，实行强制性。并且，新农保是社会养老保险，实行强制农民参保只不过是恢复了其本来的属性。这种思路值得商榷。

1. 农民是否参保是理性选择的结果，而不是短视行为

社会保险强制性的理由之一是短视行为。农民是否存在着短视行为？应该承认，在新农保制度实施的初期，农民在是否参保缴费上的确存在着短视行为。他们不具有完全的推理和判断能力、较为准确的计算能力以及对未来的正确预见的能力，从而导致他们在不完全、不正确感知的支配下而拒绝参保缴费。但是，改变农民的短视行为正是政府以及新农保经办和管理部门的责任和义务。而且，应该相信，随着时间的推移，农民会清楚地知道其自身的利益所在，从而修改其意识和行为中的短视性，由拒绝、观望或者茫然无措转变为积极参保缴费。因此，正确的政策导向是给农民时间来权衡和思考，而不是简单机械地把农民的自愿参保修改为强制参保。

同时，尤其值得注意的是，一些年轻农民不参加缴费不仅与其理性无知无关，而且恰恰是其认真衡量后的理性选择。例如在城保对农民放开的背景下新农保远低于城保的养老金待遇及投入待遇比、新农保对基金的保值增值没有承诺、对养老关系转移续接没有出台政策。在这样的背景下，以提高参保率而强制所有农民参保缴费，既是对农民选择权利的剥夺，也是对农民利益的剥夺。

2. 农民在参保决策中是否存在道德风险和逆向选择有待证实

道德风险和逆向选择是社会保险实行强制性的理由。所谓道德风险是指一部分人会利用社会和他人的利他心和同情心，对自己的老年生活问题不负责任，寄希望于社会和他们的救助来度过晚年生活。把新农保修改为强制性就可以减少不负责的农民或懒汉农民的道德风险。

但是，对于农民是否存在这种道德风险以及风险的程度和范围还是很不清楚的，是有待展开实证研究的。就我们对农民行为的观察，我国农民从总体上看在养老问题上的道德风险几乎不存在。我国农村的社会救助基于严格的、多方面的资格限制，而并非仅仅与收入相关联（如对农村五保户、低保户认定），政府和社会并没有（或者极少）因为某人生活贫困而实施救助。至于因为信息不对称而出现的逆向选择，极少会出现在养老保险领域，因为人们在年轻时对其个人预期寿命的预测是困难的。

3. 城镇职工社会养老保险的强制性不能适用于农民

的确，发达国家的社会养老保险是强制性保险。我国城镇职工社会养老保险也是强制保险。但并不能得出新农保也应该实行强制性。

强制性之所以成为发达国家社会保险的特征与社会保险的筹资结构有关。发达国家社会及我国的城镇职工养老保险是以雇佣关系为基础的。雇佣工人社会养老保险在筹资结构上由雇主和雇佣工人共同缴费并由政府财政提供补贴。如果不实行强制性，雇主就会从利益最大化出发而不给雇佣工人缴纳社会保险费。这种强制性更主要的是针对雇主的强制。而且因为存在着雇佣关系，也使得从工资中扣减社会保险费成为可能。而新农保的筹资结构则是由农民缴费和政府补贴所构成，不存在着雇佣工人社会保险制度中的强制对象。农民是自雇者，也不可能像发达国家及我国城镇职工养老保险那样可以从工资中扣除。

发达国家社会保险及我国城镇职工社会养老保险的强制性与资金运行模式有关。发达国家早期所实行的社会养老保险制度是现收现付性质。如果不强制实施，就有可能出现资金链的断裂。我国城镇职工社会养老保险之所以不断强调扩面和参保率，在很大程度上基于其名义上的混合制而实际上的现收现付制。而在全新基础上起步的新农保则没有历史负担，其基础养老金由政府财政负担，个人账户资金则是完全积累制。即使不实行强制参保，也不会出现资金缺口的风险。

4. 坚持自愿参保仍能实现较高的参保率

坚持自愿参保是否能实现新农保制度的人口全覆盖？人口全覆盖当然是值得追求的。但如果实现这种人口全覆盖的手段不被农民接受，那么这种人口全覆盖就没有任何的实质意义。

而且，坚持自愿参保并非不能实现人口全覆盖。本项研究所调查的5个县（市）中，青县已经实现了很高的参保率。截至2010年9月30日，该县共有187152名适龄农民参保缴费，参保率达到了93.4%；这种地区个案表明，经过一段时间的积累和对影响制度适应性因素进行调整，在自愿参保的原则下仍然能够实现新农保制度的人口全覆盖。

还有必要指出的是，任何社会保险制度要想实现人口的全覆盖都是困难的，也需要很长的时间。我国城镇职工社会养老保险是强制保险，但参保率并不高。发达国家在建立社会养老保险制度过程中普遍存在较低参保率的现象。德国是世界上第一个实行社会保险制度的国家，1925 年，工伤、养老、医疗、失业四个核心险种全部都建立起来，作为法定义务，适龄人员必须参加。但是，德国雇佣工人参保率的提高呈现缓慢上升过程，在有些年份甚至下降。1925 年，德国四大核心险种的参保率为 48.8%，到 1935 年，参保率为 57.8%，在 10 年时间中只提高了 10%。直到 1981 年，参保率才超过了80%（81.8%）。

二　如何看待新农保制度中的捆绑政策

《国务院关于建立新型农村社会养老保险试点指导意见》指出，"新农保制度实施时，已年满 60 周岁、未享受城镇职工基本养老保险待遇的，不用缴费，可以按月领取基础养老金，但其符合参保条件的子女应当参保缴费"。这种把老年农民享受基础养老金与子女参保缴费之间挂钩的"捆绑缴费"被一些学者称为新农保制度的创新。但实际上，捆绑政策缺乏理论基础，并会在实施中出现很多问题。中央应在政策导向上弱化父母享受基础养老金与子女必须参保缴费之间的关联，取消父母享受基础养老金与子女必须参保缴费之间捆绑的做法，从而使普惠制的新农保能够真正落到实处，使公共财政的阳光能够照耀到试点地区的每一个老年农民，尤其使那些困难家庭不被遗忘。

1. 捆绑缴费的假设与现实情况不符

如果农村适龄参保的年轻人会为了父母享受基础养老金而参保缴费，就有可能取得老年人、子女及制度本身的多赢。也就是说，捆绑缴费机制有效发挥作用的前提性假设是：子女为了父母能够得到养老金，会主动参保缴费。但是，这一假设条件与我国农村代际关系的实际情况并不相符。目前，我国农村子女赡养父母的能力尤其是赡养意愿较低，家庭保障弱化，子女并不会为了父母享受基础养老金而参保缴费。

让已经超过 60 岁的农民直接享受养老金，涉及的是公正对待老年人的问题。现在已经超过 60 岁的农村老年人是积蓄较少、自我养老能力较低的群体。国家建立新农保制度的基本目的，正是通过政府埋单以实现农村老年人口的社会保障权，"使得农民养老不犯愁"。但是，农户问卷调查显示，未能享受养老金的老年人大约占老年人口总数的25%。造成这部分老人不能享受新农保养老金的主要原因是"有的子女没参保缴费"。另外，在捆绑缴费政策下，一些老年农民为了得到养老金被迫无奈代替子女缴纳保险费。而且，有时即使父母想为子女代缴，也会因为子女常年在外打工等较为普遍的现象而不能实现。

2. 社会保障制度中的权利与义务相对应不是捆绑缴费的理论依据

一种较为流行的观点认为，捆绑缴费政策体现了社会保险制度中的权利与义务相对应原则，世上没有绝对的权利，只有先尽到义务才能享受权利。笔者认为，用"权利与义务相对应"来解释捆绑政策的合理性值得商榷。第一，农民享受养老金的权利是一种不附加任何条件的绝对权利。第二，退一步说，即使老年农民享受基础养老金这一权利需要以其承担相应的义务为前提，也应该规定这些老年农民应承担何种义务，而不能把这一义务强加在其子女身上。权利（rights）与义务（duties）承担主体之间应该具有一致性，更何况子女的行为并不是他们的父母所能完全控制的。

3. 对捆绑缴费的效果不能过高估计

捆绑缴费政策的目的之一是促进年轻农民参保缴费以便提高参保率。但是，对这种促进作用不可高估。在被调查的已经参保的448人中，共有144人明确表示他们参保是由于或部分由于"为了父母得到养老金，被捆绑参保"，占参保人群的32.14%。从这一比例看，似乎捆绑政策在促进农民参保缴费上的贡献大约为1/3。但是，如果这些人不属于被捆绑对象，他们是否还会参保缴费？这一指标可以更加真实地检验捆绑政策的效果。问卷调查显示，如果不被捆绑，这144人中的65.3%表示仍会参保；22.2%表示不确定是否还会参保；仅有18人明确表示将不会参保，占被捆绑缴费对象的12.5%。

4. 捆绑缴费加剧了农村老年人口生存状况的差异

在捆绑缴费机制下，农村两类人群容易被排除在受益范围之外：一是极度贫困家庭中的老年人，他们的子女无力承担哪怕是最低标准的保费（每人每年100元）；二是家庭矛盾突出或子女不孝顺的老年人，他们的子女不愿或故意不参保。与其他农村老年人口相比，这两类人群对养老金的需求更加迫切但却不能从新农保制度中受益，从而加剧了农村老年人口生存状况的差异。

5. 放弃捆绑缴费有利于增加新农保的受欢迎程度，也有利于还地方政府和干部清白

捆绑政策并不是新农保制度的首创。据了解，在老农保制度陷入僵局的情况下，我国一些地方即开始探索由地方财政支持的新型老年保障制度。早在 2001 年，江苏省常熟市即规定 60 岁以上的农村老年人口可以享受养老金，但要求其子女得参保缴费。河北省青县 2008 年所实行的合作养老，更把捆绑对象拓展到子女及配偶和孙子女及配偶。之所以实行"捆绑政策"，主要原因是其所实行的地方性新农保制度属于现收现付性质。也就是说，只有较高比例的参保率，才能维持制度的运转或降低当年的财政负担。但目前所实行的新农保制度中的基础养老金主要由中央财政承担；地方政府承担的"人口补贴""出口补贴"以及管理经费等都纳入了地方财政的预算，不允许拿农民的钱抵财政应出的钱、不允许用参保农民的钱支付养老金。在这种筹资结构下，如果实行捆绑缴费政策，显而易见会出现的疑问就是：根据人头划拨的基础养老金如果不按人头发放，那剩余的资金流向何处？在实地调查中，已经有很多农民发出了这种疑问，并进行了猜想。有的农民说，这部分钱可能被领导贪污了。有的农民说，这笔钱被县里截留了。显然，捆绑缴费政策导致了农民对基层政府和干部的误解，也降低了他们对新农保制度的认可。取消捆绑缴费政策，有利于增加新农保的受欢迎程度，也有利于还地方政府和干部清白。

另外有必要提出的是，2011 年 7 月 1 日正式实施的城镇居民社会养老保险制度中并没有将老年人口享受基础养老金与子女参保缴费进行捆绑。《国务院关于开展城镇居民社会养老保险试点的指导意见》（国发〔2011〕18 号）明确指出，"城镇居民养老保险制度实施时，已年满 60 周岁，未享受职工基本养老保险待遇以及国家规定的其他养老待遇的，不用缴费，可按月领取基础养老金"。而且"有条件的地方，城镇居民养老保险应与新农保合并实施。其他地方应积极创造条件将两项制度合并实施"。在调研的 5 个县（市）中，河南省荥阳市和重庆市酉阳县的新农保制度与城镇居民的养老保险制度已经实现了一体化。笔者认为，在新农保与城镇居保已经将要一体化的背景下，仅仅为农村老年人口直接享受基础养老金而做出的限制性政策规定，有悖于城乡老年人口基本权益平等的精神。

三 新农保制度是否应允许农民退保

国务院指导意见没有就是否允许农民退保进行规定。但被调查的各试点县（市）大多规定了在参保缴费后不允许退保。例如，郑州市城乡居保实施办法指出，"参保后不能退保，只有出国（境）定居的参保人才可以退保，其个人账户总额（不含政府补贴部分）一次性退还本人"。新农保制度是否能够、是否应该允许农民退保？我们的研究证明，新农保制度能够也应该允许农民退保。新农保坚持农民自愿参保的原则。但参保自愿与退保自由之间不可分割，退保自由是自愿参保的内在要求。没有退保自由，就没有真正的参保自愿。

1. 增强储蓄性养老保险制度的资金流动性是全球性趋势

新农保制度是一种储蓄积累式的养老保险制度。影响储蓄积累式养老保险制度吸引力的一个重要因素是个人账户储蓄资金的不能流动。自20世纪90年代起，一些国家就尝试改变这种状况。其主要做法是个人账户储存的资金可以提前支取，用于住房、失业、教育、医疗等方面。提前支取有两种方式：一种是贷款，即偿还性的提前支取；另一种是不用偿还的提前支取。在老农保陷入僵局时，我国也有一些地方进行了探索，试图把个人账户资金由"死钱"变成"活钱"。其中的典型是新疆维吾尔自治区呼图壁县，经办机构允许参保农民用自己持有的或借用他人的《农村社会养老保险缴费证》作为抵押物，依据一定程序和规定到指定银行办理委托贷款。其中，贷款额度为养老保险证面值的90%，贷款利率与银行同期贷款利率相同，贷款期限为6个月到3年不等。

2. 在全新基础上起步的新农保可以实行退保自由

各地新农保制度中不能退保这一规定，是从城镇职工社会养老保险办法中移植过来的。从历史因素看，城镇职工社会养老保险实行不得退保是一种无奈的选择。因为城镇职工社会养老保险中的个人账户并没有做实。参保职工所缴纳的保费和企业缴纳的统筹被迫用于为已经退休职工发放养老金。而且，从城镇职工社会养老保险的构成看，其不仅包括个人缴费，还包括企业所缴纳的统筹。如果实行退保，企业统筹部分则不能退还。从这个意义上说，城保中的不能退保还有可能保护职工的利益。而新农保是在一张白纸的全新基础上起步，没有必要照搬城保中不能退保的做法。

3. 退保自由可以破解影响新农保适应性问题的多种因素

从实地调查看，农民收入的有限性与收入多用途之间的矛盾、农民对政府和新农保制度的信任、农民因为城镇职工养老保险待遇高而想参加城保、农民的流动性与养老保险关系转移的困难、农民担心通货膨胀等现实因素是影响农民参保缴费及选择更高缴费档次的主要因素。应该说，这些问题都是影响新农保制度适应性的深层次问题，解决起来有难度也需要时间。例如，农民收入的制约需要依靠农村的持续改革和发展以及加快公共服务均等化的进程。又如，农民想参加城保而导致的新农保适应性问题，则要求不断提高新农保的待遇。但在很长的时期内，新农保要想达到城保的保障水平是不可能的（从 2005 年开始直到 2011 年，城镇职工养老金水平连续 7 年每年上调 10%。2011 年的新增养老金大约每月就达到 100 元，远远超过 55 元的新农保最低基础养老金）。但是，新农保制度不可能等到所有外部条件完善之后再实施。而且，尤其应该看到，上述这些深层次的影响因素与参保后不能自由退保密切相关。如果实行退保自由，就可以在一定程度上解决这些困扰新农保发展及适应性的问题。例如，在农民可以自由退保的情况下，农民基于消费优先顾虑的问题就大大降低甚至不存在了。当他们参保缴费后而在教育、卫生、生产等方面急需用钱，可以通过退保而得到之前在新农保个人账户中的积蓄来应对。同理，其他几种因素均可以在自由退保的情况下而得以缓解。

4. 退保自由是保护农民利益的机制

除了上述促进农民参保缴费这一功能性作用，退保自由的重要性还在于其是一种保护农民利益的机制。当农民有了退保权之后，政府和新农保部门就面临着压力，从而被迫采取各种措施来维持新农保制度吸引力以便减少农民退保。退保自由也具有监督新农保基金安全的功能。中央要求地方政府承担新农保的个人账户做实。"人口补贴"和"出口补贴"都要纳入地方财政预算。新农保工作经费也要纳入同级财政预算，"不得从新农保基金中开支"。但是，监督地方政府的行为是比较困难的。如果允许农民自由退保，地方政府在挪用新农保基金时就多了一个层面的顾虑。

5. 退保及保险关系转移时是否应该退还和转移还个人账户中的政府补贴部分

个人账户资金的归属问题对年轻农民尤其是有外出打工意向的年轻农民的参保意愿有较大影响。其中的重要原因之一是难以退保或者在退保时不退还个人账户资金中政府补贴部分而是仅退还个人缴费部分。笔者认为，应承认农民个人账户中积累资金的私人产权。也就是说，个人账户中的个人缴费和政府补贴的资金及利息均归参保人所有。农民在因转入城保等客观原因而退保时，这些资金应该全部退还给他们，而不是仅仅退还个人缴费部分。其原因，一是政府补贴是政府在动员农民参保缴费时给农民的许诺。二是因为参保农民参保缴费的资金在存银行的过程中发生了贬值。我国很多年来的实际情况是一年期银行存款的利率远远低于农村消费品价格指数上涨的幅度。从某种程度上说，政府补贴就相当于弥补二者之间的缺口。

农民在退保和养老保险关系转移时得到个人账户中的政府补贴部分有两个方面的好处：一是有利于防止政府补贴资金的不到位；二是有利于遏制地方政府在新农保宣传发动中制定和追求不切实际的参保率。

四　如何看待目前新农保的保障水平

在所调查的 5 个县（市）中，酉阳县的基础养老金为每月 80 元，荥阳市为 65 元，社旗县为 60 元，青县为 55 元。这种保障水平是否是适宜的？较多的主张是应该给予农民国民待遇，大幅度提高农民的基础养老金水平。调查发现，目前新农保的基础养老金水平是适宜的，但应建立基础养老金的自然增长机制。

1. 现有的基础养老金水平在促进农民参缴费中发挥了基础性作用

对于农民参保缴费的直接原因，农户问卷给出了 6 个选项，分别是"为了自己得到养老金""为了父母得到养老金，被捆绑参保""新农保有政府补贴，比在银行存钱划算""干部动员要求参加""被强制要求参加"和"其他"。结果显示，在已经参保缴费的 448 人中，共选择了 560 个原因。其中共有 312 人所选的原因是"为自己将来得到养老金"，占 69.6%。这一原因占农民所选原因总数的 55.7%。这一调查结果说明，享受新农保养老金待遇是农民参保缴费的最主要动因。

2. 养老金仅仅是农民老年生活保障的一种形式

农民的福利和保障形式通常是混合的而不是单一的，社会养老保险与土地保障、家庭保障、商业保险等保障形式之间绝不是非此即彼的对立关系。从工业化国家的实践看，养老金只是老年农民生活来源的一部分，土地收益、个人储蓄性的商业保险等共同组成了老年保障的多个支柱。西方国家在将农民纳入社会保障体系的同时，也重视土地的保障作用及其他方式的保障，如采取措施帮助农民提高土地的收益，鼓励农民参加个人储蓄性质的商业保险等。国务院指导意见提出新农保的目标是"保基本"，新农保的任务目标是"与家庭养老、土地保障、社会救助等其他社会保障政策措施相配套，保障农村居民老年基本生活"。

3. 应建立新农保基础养老金的正常增长机制

尽管目前新农保的养老金水平是相对适宜的，但同时应该看到在有了新农保制度后，农民会自觉或不自觉地把养老金水平与城镇职工养老金、公务员养老金和农村教师的养老金进行对比，之后发觉受到了不公正的对待。而且，新农保的基础养老金缺乏正常的调整机制。国务院指导意见指出，"国家根据经济发展和物价变动等情况，适时调整全国新农保基础养老金的最低标准"。但"适时调整"这一笼统、模糊的表述，不利于农民在参保时形成稳定的养老金标准的预期，从而降低其参保缴费的积极性，尤其不利于促使那些距离领取养老金时限比较长的年轻人参保缴费。社会保险法提出"国家建立基本养老金正常调整机制。根据职工平均工资增长、物价上涨情况，适时提高基本养老保险待遇水平"。两相对比可以看出，新农保的基础养老金与城镇职工养老金最根本的区别在于缺乏"正常调整机制"。因此，完善新农保制度，应在稳定目前基础养老金水平的基础上，建立正常的调整机制，稳定农民对养老金标准和保障程度的预期。

五　如何划分各级政府在新农保筹资中的责任

1. 各级政府之间的财政分摊

中央政府与地方政府之间的筹资责任是比较明确的。中央财政负责中西部地区的全部和东部地区50%的基础养老金。其他责任则由地方财政承担，主要是人口补贴，高于基础养老金标准之上的出口补贴，对重度残疾人、计划生育家庭等特殊群体的优惠性补贴、新农保的经办服务体系建设费用和宣传发动经费、老农保的历史负担等，其中最主要的是人口补贴。

但是，如何界定地方政府之间的责任？我们认为，在界定地方政府之间筹资责任中，总的原则是应强化省级财政的平衡功能，尽量减少或不让乡镇财政承担筹资责任。

省级财政应加强对省内财政能力较弱地区的财政转移支付，分担更大比例的保费补贴。如果没有倾斜的财政支持政策，贫困县就缺乏动力引导农民选择更高档次的缴费标准。在省级财政的平衡方面，江苏省的做法值得借鉴。江苏省规定，即使是中央财政对国家试点县所承担的 50% 的基础养老金（即 27.5 元），也由江苏省进行统筹分配，对于人均财力超过 2000 元的县（市），省级财政不给予补贴；1000—1400 元的县（市），省财政提供每人每月 20 元的补贴；800—1000 元的县（市），省财政提供每人每年 30 元的补贴；对于 800 元以下的县（市），省财政提供每人每年 40 元的补贴。江苏省的这种办法显示了省级财政在平衡地区之间财力差异上的努力，而不是无所作为。

之所以尽量免除乡镇政府的筹资责任，主要考虑的是乡镇财政承担筹资责任的效果不好。因为新农保工作主要依靠乡镇政府的推动，而其自身的财政能力较低。如果其同时承担筹资责任，会影响其推动这一工作的积极性。

2. 中央应明确新农保隐性财政负担由谁承担

新农保制度的计发办法存在着隐性财政压力。这是因为，新农保个人账户养老金的计发办法，采取了现行城镇职工基本养老保险个人账户养老金计发系数，即个人账户养老金的月计发标准为个人账户全部储存额除以 139。按照这一办法，参保农民从 60 岁开始领取养老金，在将近 72 岁时，其个人账户中所积累的资金将全部领完。但是，我国农民在 72 岁时的平均余命为 11.86 岁，政府必须承担期间近 12 年的养老金支付。如果缺乏中央财政的支持，将很可能出现地方政府无力支付农民养老金的困难；或者导致地方政府被迫挪用当期的新农保基金，由此形成与目前城镇职工社会养老保险类似的养老金账户"空账"和"空转"。这使国家和政府对社会成员的养老支付矛盾不断积累和后移，潜藏着不可持续的风险。

这一隐性财政负担由谁承担是一个涉及新农保制度可持续性及在农村适应性的重要问题。在调研中发现，一些县（市）的新农保经办主管部门和县（市）主要领导密切关注这一问题。他们担心一旦这一责任由县（市）承担，将会给将来的本级财政造成很大的压力。基于这种担心，他们对于提高农民的参保补贴标准很谨慎，也漠视农民是否会选择较高标准的缴费档次。

笔者认为，应由省级财政承担这一隐性负担。这既是源于省级财政的能力更强，也是由于在以县（市）为单位进行试点的情况下，县（市）是新农保宣传和发动的主体。减轻其承担的压力，有助于新农保工作的开展。

3. 新老农保衔接中的债务化解问题

国务院指导意见明确规定了试点地区新农保应与老农保衔接。但各地在执行中主要由于老农保资金亏空的问题，使二者不能衔接。在被调研的几个县（市）中，社旗县的老农保仍由县民政部门管理，参保农民的个人账户积累资金约303万元。但是由于老农保从基金中提取3%的管理费等原因，目前实有资金规模只有200万元，亏空100多万元。青县老农保的参保人数共有1549人。其中2010年达到60岁的有69人。但是，青县老农保的资金被划拨到河北省沧州市两级的管理部门。姜堰市老农保资金中借款给市政府1000万元，民政局直接放贷393万元。

如果老农保参保农民个人账户积累资金的亏空问题不能得以解决，老农保的参保人就不能并入新农保。针对老农保遗留的资金亏空问题，可以实行哪一级的问题就由哪一级来解决，"谁的孩子谁抱走"。总的来看，老农保因为参保人数少，缴费水平低，相应所积累的资金规模也较少。只要有明确的政策，化解这部分历史欠债的困难并不是特别大。但如果这一问题迟迟得不到解决，就会直接损害老农保参加者的利益，也直接会影响到一般农民对政府信用及对新农保制度的怀疑。

六 如何重构新农保经办服务体系

目前学术界对于新农保经办服务体系的滞后及其重构存在着共识。国务院关于开展新农保试点意见明确指出，"试点地区要按照精简效能原则，整合现有农村社会服务资源，加强新农保经办能力建设，运用现代管理方式和政府购买服务方式，降低行政成本，提高工作效率"。那么，政府应向谁购买服务？如何购买服务？笔者的观点是，完善新农保经办体系的方向是：在对服务类型进行分类的基础上，实施政府购买服务；把宣传发动工作下沉到村，由政府向村级组织和各类社会经济组织购买服务。

1. 村级组织已经是新农保宣传和发动的主体

对于村级组织在新农保宣传和发动中的重要性，政府及新农保主管部门有清楚的认识，并且也的确把这些工作下沉到村了。但是，政府总想着村级组织是万能的，把各种任务都压下去、分解下去，但又不配置或配置很少的财力。调查发现，尽管各试点县（市）在预算中安排了相应的工作经费并依据参保人数给予相应的补贴或奖励，但在县、乡、村三级之间的分配不合理。例如，酉阳县按照每参保 1 人给予 1.7 元的补贴。但在这 1.7 元中，县级经办机构可以得到 1.2 元，乡村两级只有 0.5 元。在乡村两级的这 0.5 元经费又主要用于各乡镇经办机构的开支。由于村级组织缺乏相应的财力支持，其就缺乏从事新农保工作的积极性。如果这种状况能够得到改变，会明显地提高参保率，并降低宣传发动的成本。姜堰市俞垛镇的案例就是一个很好的证明。该镇制定了每新增参保一人，给予"一把手"奖励 12 元的奖励。在新农保工作启动后不到一个月的时间内，全镇扩面 2805 人，完成全年目标任务的 61%。到 2010 年 6 月底，该镇的累计参保率 95.8%，基本实现了适龄人口的全覆盖。这一案例表明，向村级组织购买服务具有可行性。

2. 应探索实行政府向村级组织和各种社会经济组织购买服务

政府向村级组织购买服务的对象不应仅仅局限于村委会、党支部这一正式组织，而是应扩展到农村专业合作社、非政府组织以及各类农村自组织。在被调研的几个县（市）中，青县之所以在较短的时间内以较低的成本实现了很高的参保率，所依靠的是村组干部以及农村家族长、道德会成员的力量。应该说，其他地方并不能简单复制青县模式，因为这种模式依据于其先前的农村治理结构改革及公民道德建设的成果。但是，还应该看到，我国广大农村普遍存在着多种多样的社会组织。这些社会组织中的成员因为与一般农民身份的一致性（即他们既是新农保的宣传和发动者，又是新农保的参加者）、在村民中的威望高等个人特点，更适宜从事新农保的宣传和发动工作。由这些人向农民宣传和解释新农保政策，农民会较为容易接受。

3. 向村级组织和农村各种社会经济组织购买服务有可能实现农村治理和新农保制度的双赢

我国农村民主政治滞后的一个重要原因是缺乏财务独立性。相应地，促进农村治理和民主政治的形成则需要对既有的资源配置方式进行改革。向村级组织和农村各种社会组织购买新农保服务就是对资源配置方式的改革。我们一直认为，农村社会事业的改革和发展不应成为加强传统行政管理模式的载体，而应成为完善农村治理模式的契机，以此促进农民在农村治理中的参与和农村治理模式的渐进性转变。部分基于这一角度，我们认为由政府向村级组织和农村各种社会组织购买新农保服务的方式，优于完善村级代办员制度、建立村级社会保障和公共服务平台等流行的主张。

（原文发表于《经济研究参考》2012 年第 45 期）

"小富即安"的农民：
一个幸福经济学的视角[*]

廖永松

一　引言

1978 年中国实行改革开放后，现代西方经济学的分析框架被引入国内，农民被视为与其他消费者、生产者一样的"理性人"（林毅夫，1988），在规范化、国际化和本土化的指导思想下，传统的马克思主义经济学分析方法正从现代经济学分析范式中退出，学术界出现了从事马克思主义经济学研究的学者与从事现代经济学研究的学者各说各话的现象。《中华人民共和国宪法》第一条规定"中华人民共和国是工人阶级领导的、以工农联盟为基础的人民民主专政的社会主义国家"。宪法层面上界定的工人阶级和农民阶级的政治地位，其理论基础与现代经济学的"理性人"假定之间存在本质性差异。关于农业、农村和农民问题，马克思、恩格斯、列宁和斯大林等早期马克思主义者有大量论述（张晓山等，2013）。目前，国内一些研究马克思主义理论的学者对农民阶级意识的研究，主要以经典理论为依归——特别是马克思的《路易·波拿巴的雾月十八日》①、恩格斯的《德国农民战争》②两篇文章中对农民的看法，对在自给自足的小规模农业经营方式基础上形成的

---

* 本文得到中国社会科学院马克思主义理论学科建设与理论研究项目和中国社会科学院创新工程项目"中国农民福祉研究"的支持。笔者感谢项目组成员提供的有价值的意见，特别要感谢杜志雄、陈劲松对本文修改提出的宝贵建议。当然，文责自负。

① 《马克思恩格斯文集》（第3卷），人民出版社 2009 年版。
② 《马克思恩格斯文集》（第2卷），人民出版社 2009 年版。

小农文化心态和"小富即安"的农民意识给予了严厉批评。

张琳（2012）认为，小农文化心态是指建立在农耕文化基础上、农民文化传统和传统文化相互杂糅而成的一种文化心理和态度。农民文化传统有安土重迁、循规蹈矩、崇拜权力、追求平均和稳定、安贫守道、主张群体观念的特点。小农文化心态对马克思主义中国化产生了诸多不利影响。刘永佶（2007）认为，社会存在的小农经济，集合于农民的观念，形成了小农意识。在以儒家道统为理论基础的官僚地主阶级意识形态中形成的小农意识，主要包括勤俭持家、安分守己、自私自利、只反贪官不反皇帝、平均主义和等级观念六个方面。袁银传（2000）对小农意识与中国现代化的关系进行了系统的分析，认为小农意识是小农在以自然经济为基础、家族血缘为本位的环境中形成并内化于其头脑中的认知心理、价值观念、思维方式和宗教意识的总和。郑琼现（2007）认为，小农的脆弱性使它呼唤专制和集权，小农的隔离状态使它淡漠民主，小农的安于现状使它排斥政治变革，小农的听命于天扼杀了对自由和人权的强烈需求。"小富即安"的农民意识指的是自我满足、自我平衡、自我保全，不愿改变现状、不愿冒风险、不愿努力竞争之意，包括温饱自足、比较有余和无所作为三种类型（梅祖寿，2002）。

对于农民阶级意识的认识，直接关系到社会主义中国的基本政治制度和发展方向。而综观上述相关研究，无一不是建立在经典文献之上，对当前中国农民生活观念缺乏应有的调查和有效的分析方法，这会大大弱化马克思主义有关农民的理论在实践中的指导地位，不利于马克思主义理论中国化。本文认为，农民生活观念可以用幸福经济学中的生活满意度和幸福感来刻画。满意度作为一种精神状态，是对一件事物或一种状态的主观价值评估。满意度包含满足和享受两层含义，有情感上的评价，也有对客观的认知；它在时点上表现为易失性，但在时段上存在稳定性（Veenhoven，1996）。Kahneman 和 Krueger（2006）对幸福感的测定方法进行了总结。Stutzer 和 Frey（2010）回顾了幸福感研究的最新进展。目前争论较大的问题是，调查对象所报告的生活满意度或幸福感是否有效、可比，其决定机理以及相关的政策含义是什么。经过几十年的发展，生活满意度或幸福感调查方法的有效性得到了验证（Veenhoven，1996）。对生活满意度或幸福感的调查方法有基于坎特里尔量表的生活阶梯 10 分法、Andrews 和 Withey 的 7 分法。

收入与幸福感之间的关系是一个历史话题。较早认为财富多不一定意味着幸福的西方哲学家是梭伦（冯俊科，2011）。如果按照批判"小富即安"

的逻辑，"大富"即高收入者的生活满意度、幸福感应大大高于低收入者。但是，伊斯特林（Easterlin，1974）发现，在一个国家内，收入高的人表达出更高的幸福感；可在进行国家间的比较时，至少在那些可以满足基本生活需要的国家之间，人们的幸福感并没有太大差异。Oswald（1997）通过观察多年西欧九国居民报告的幸福感发现，收入增长对居民幸福感的增加没有很大的贡献。与欧美国家居民表现出的"大富不安"相对的是中国农民表现出的"小富即安"。Knight 等（2009）利用 2002 年中国农户调查数据研究发现，即使在中国城乡差距扩大的背景下，仍有60%的农民报告他们"幸福"或者"非常幸福"。因此，重新认识居民生活满意度、幸福感的决定机理，是当前学界一个热点问题。国内学者近几年从幸福经济学的角度研究了农民生活满意度和幸福感的影响因素。例如，陈前恒等（2011）基于横截面数据探讨了中国贫困地区农村基础教育可及性与农民主观幸福感之间的关系；阮荣平等（2011）利用河南省 340 个农户的调查数据分析了宗教信仰与幸福感的关系；王鹏（2011）利用 2006 年中国综合社会调查数据考察了收入差距对居民幸福感的影响，发现二者呈倒"U"形关系；鲁元平、王韬（2011）利用世界价值观调查数据研究发现，在中国，收入不平等对居民幸福感有显著的负面影响，而且它对农村居民和低收入者幸福感的负面影响要显著大于对城市居民和高收入者的影响；檀学文（2013）初步估计了农民时间利用对其个人福祉的影响，发现农民在收入水平不高的情况下，更加追求收入增加和物质改善，将精神生活和闲暇活动放在次要地位。上述关于农民生活满意度和幸福感的研究，没有讨论农民阶级的整体意识，也没有关注到马克思主义理论对农民意识的分析方法和相关结论。因此，本文尝试利用现代幸福经济学的分析方法来研究马克思主义理论中的重大问题，无疑是有意义的。

本文结构安排如下：第一部分是引言，第二部分是样本与数据，第三部分是理论、模型与变量，第四部分是模型估计与结果解释，第五部分是结论。

二　样本与数据

（一）样本简介

根据研究目的，本文研究课题组按照经济发展水平自东向西选择了山东省邹平市和胶州市、河南省西平县和伊川县、陕西省蒲城市和绥德市三省6县（市）（以下统称为"县"）作为研究区域。2012年6月，课题组在河北省易县进行了问卷试调查；2012年8月，在三省进行了正式问卷调查。调查问卷内容包括收入、消费、就业、时间利用、教育、医疗、政治参与、养老保障等方面。为了减少调查对象回答问题的时间，作为一种尝试，本文研究所用样本框以当地统计部门住户调查样本框为参照。因山东、河南两省样本县的人口基数大于陕西省样本县的人口基数，样本框中三个省的村、户数量有所差异，其中，山东省和河南省每个样本县有10个样本村，而陕西省每个样本县只有6个样本村。此外，调查员在开展实地调查时，会遇到样本框中调查对象家里没人的情况，造成有的样本村不够10个样本户。另由于调查对象年龄或者宗教信仰等原因，他们对生活满意度回答不清或不愿意回答。综合各种因素，本文最终获得有效样本农户483个，其中，山东省178个，河南省192个，陕西省113个。需要说明的是，生活满意度、幸福感、价值观的调查问题以调查对象个体为单位，而不是以样本农户为单位，也就是一个样本农户只有一个人回答。样本农户的基本信息如表1所示。

表1　　　　　　　　　　　　**2011年样本农户的基本信息**

	山东省	河南省	陕西省
有效样本数（户）	178	192	113
常住人口（人）	3.78	4.44	4.07
人均耕地面积（亩）	1.78	1.72	1.58
年家庭人均纯收入（元）	9876	6377	5761
人均住房面积（平方米）	42	37.9	33.8

注：除特别说明，本表及本文其他数据均来自于2012年"中国农民福祉研究"项目课题组的调查。

根据国家统计局统计数据，2011年，全国农村居民人均纯收入为6977元，而三省样本农户人均纯收入最高的是山东省，达到9876元，高于全国平均水平2899元；河南省、陕西省样本农户人均纯收入分别低于全国平均水平600元和1216元。同年，全国城镇居民人均可支配收入为21810元，山东省、河南省和陕西省城镇居民人均可支配收入分别为22793元、18195元和18245元，分别是三省样本农户人均纯收入的2.31倍、2.85倍和3.17

倍。与城镇居民收入水平相比，样本农户具有"小富"的特征。此外，就土地经营数量而言，样本农户具有马克思所说的小规模经营特点，但因土地所有制和其他经济条件不同，当下中国的小规模经营农户已不同于经典理论所说的"小农"①。

本文研究课题组设计的农民生活满意度和幸福感的调查问题及其选项为："总体看，你对你的生活满意度打多少分？如果非常满意，打9—10分；比较满意，打7—8分；感觉一般，打5—6分；不满意，打3—4分；非常不满意，打1—2分。"课题组用同样的记分法请样本个体对自己的文化程度、收入水平、就业、住房、家庭、婚姻、社会地位、健康状况、村自然环境以及村干部的满意度进行主观评估。对于那些回答生活"非常满意"（9—10分）或者"非常不满意"（1—2分）的调查对象，进一步让他们开放性地回答打分非常高或非常低的原因。在调查对象回答完"你认为幸福生活最为重要的三项是什么"后（价值观调查），调查员再问他们："到目前为止，你觉得你过得幸福吗？"其选项为："如果非常幸福，打9—10分；比较幸福，打7—8分；感觉一般，打5—6分；不幸福，打3—4分；非常不幸福，打1—2分。"下面分别对三省农民生活满意度和幸福感调查状况进行简要的介绍。

（二）农民生活满意度状况

调查结果显示，虽然有29.7%的样本个体回答与城里人相比生活差一些，有43.3%的样本个体回答与城里人相比生活水平差很多，但是，他们的生活满意度确实达到了很高水平，这似乎印证了农民"小富即安"的生活态度。如表2所示，三省农民生活满意度平均达到7.32分，70.6%的样本个体对生活"比较满意"或"非常满意"，对生活"非常不满意"的只有2.3%。从区域分布来看，农民生活满意度自东向西逐步下降。经济和社会发展水平相对较高的山东省，农民生活满意度最高，平均达到了7.80分，其中，对生活"比较满意"或"非常满意"的样本个体合计占到了75.9%，而对生活"不满意"或"非常不满意"的人只占不到3%；经济

---

① 遗憾的是，《宪法》条款中关于工农联盟中"农"的具体含义没有明确界定。按恩格斯早期对农民阶级的定义，工农联盟中的"农"包括拥有一定面积耕地的自耕农和佃农。可见，经典理论中对农民阶级和农民意识的分析与当下中国农民的整体形态早已大相径庭，这也是本文一再强调的内容。

和社会发展水平处于中等程度的河南省，农民生活满意度平均为 7.20 分，其中，有 69.3% 的人对生活"比较满意"或"非常满意"，对生活"不满意"或"非常不满意"的人占 6.2%；经济和社会发展水平相对落后的陕西省，农民生活满意度最低，为 6.76 分，其中，64.6% 的人对生活"比较满意"或"非常满意"，对生活"不满意"或"非常不满意"的人所占比例合计达到了 11.5%，后一数字在三省中是最高的。

表 2 三省农民生活满意度 单位：%

省份	人数	均值	非常不满意	不满意	一般	比较满意	非常满意
山东	178	7.80	1.7	1.1	21.3	38.8	37.1
河南	192	7.20	1.0	5.2	24.5	51.6	17.7
陕西	113	6.76	5.3	6.2	23.9	51.3	13.3
合计	483	7.32	2.3	3.9	23.2	46.8	23.8

样本个体中对生活满意度打 10 分的有 72 人（见表 3），其中经济发展较快的山东省占了 65.3%，而经济发展较慢的陕西省只占 13.9%。从给生活满意度打满分的样本个体在各样本村的分布情况看，经济发展水平高的村打满分的人数多于经济发展水平低的村，特别是近几年那些经济发展快的村，打满分的人比较多。打 10 分的样本个体中，山东省邹平市和胶州市经济落后的几个村庄打满分的人很少。在河南省，打满分的样本个体集中在西平县代码为 10 的村庄，有 3 人打了满分；而伊川县打满分的样本个体比较分散，只有代码为 1 的村庄有 2 人打了满分。在陕西省，打满分的样本个体分散于各个村庄。

表 3 生活满意度为 10 分的样本个体分布情况

	三省总计	山东			河南			陕西		
		合计	邹平	胶州	合计	西平	伊川	合计	蒲城	绥德
人数（人）	72	47	29	18	15	7	8	10	3	7
百分比（%）	100	65.3	40.3	25.0	20.8	9.7	11.1	13.9	4.2	9.7

从区域发展水平上看，东部地区山东省与西部地区陕西省样本个体的生

活满意度在统计上存在显著差别。用农民生活满意度分值对省份虚拟变量进行 OLS 回归（河南省 = 1，否则 = 0；陕西省 = 1，否则 = 0），结果显示，山东省农民生活满意度平均比河南省和陕西省高出 0.605 和 1.042（见表 4 第 1 行）。

表 4　　　　　　　　　　　生活满意度和幸福感的区域差异

	常数	河南省虚拟变量	陕西省虚拟变量	F（2，480）
生活满意度	7.80***（56.03）	− 0.605**（− 3.13）	− 1.042***（− 4.66）	11.55
幸福感	7.81***（64.58）	− 0.71***（− 4.20）	− 0.89***（− 4.56）	13.29

注：** 和 *** 分别表示在 5% 和 1% 的水平上显著；括号内的数字为 t 统计值；为了表述方便，将用同样方法计算的幸福感的区域差异列在第 2 行。

（三）农民幸福感状况

幸福感与生活满意度的含义在理论上有所区别。幸福感更偏向于个体对人生长远的思考和评价，而生活满意度更偏向于个体对目前生活状态的主观感受。从调查结果看，样本个体对这两项内容的评价有所差异，但其回答结果存在显著的正相关关系。有关评价差异主要集中在自己认为"非常不幸福"或"不幸福"的两类样本个体。当描述他们的幸福感时，原来一些回答对生活"非常不满意"或"不满意"的人选择了"一般"。就一个更长的时间角度而言，感觉生活不幸福的人并不如对当前生活困难的体验来得急迫。这种现象与适应性理论是相吻合的，因为经历过生活困难的人，随着生活变好，在困难时期所感受到的生活艰辛逐渐消退，它对幸福感评价的影响减弱。与生活满意度类似，感觉生活"比较幸福"或者"非常幸福"的样本个体占到了总数的 71.22%（表 5 第 4 行后两列数字相加）。其中，山东省近 80% 的样本个体感觉"比较幸福"或者"非常幸福"；河南省有 68.23% 的样本个体感觉"比较幸福"或者"非常幸福"；陕西省有 62.83% 的样本个体感觉"比较幸福"或者"非常幸福"。可以看出，三省近一半的农民感觉"比较幸福"，有 1/5 的农民感觉"非常幸福"。而在山东省，有近 1/3 的农民感觉"非常幸福"（见表 5 第一行最后一列）。大多数农民感觉生活很幸福，这是他们真实的生活体验。幸福感的区域差异与生活满意度的区域差异相同。在经济发展水平高的山东省，样本个体报告的幸福感要高于经济发展水平低的河南省和陕西省，但在河南省与陕西省之间样本个体报告的幸福感的差异没有生活满意度差异大（见表4）。

表5			三省农民幸福感状况			单位：%	
省份	人数	幸福感均值	非常不幸福	不幸福	一般	比较幸福	非常幸福
山东	178	7.81	0.56	1.69	17.98	48.31	31.46
河南	192	7.10	1.56	1.04	29.17	52.60	15.63
陕西	113	6.93	1.77	3.54	31.86	47.79	15.04
合计	483	7.33	1.24	1.86	25.67	49.90	21.32

"幸福的家庭都是相似的，不幸的家庭却各有各的不幸。"样本个体中，对生活"非常不满意"的有11人，其中，有8人因为自己或者家人是残疾人，有1人因为夫妻关系不和，另外2人表示"没有收入来源，生活相当困难"。感觉生活"非常不幸福"的样本个体，山东省有1人，河南省有3人，陕西省有2人。他们报告的幸福感分值为1—2分，主要原因是家里有亲人（丈夫、儿子）遭受意外而死亡，给当事人的心灵带来了严重创伤；或者是夫妻关系严重不和。

三　理论、模型与变量

马克思在《路易·波拿巴的雾月十八日》一文中第一次全面分析了法国农民的阶级意识，认为分散的农民阶级缺乏阶级统一性，一定要由别人来代表[1]。恩格斯认为，农民革命要靠无产阶级的领导，只有无产阶级领导的工农联盟，才是革命的根本动力[2]。普列汉诺夫（1957）说："人的心理一部分是由经济直接决定的，另一部分是由生长在经济上的全部政治制度决定的。"总之，经典的马克思主义理论认为，农民的幸福观念植根于文化层次，是社会价值体系的重要范畴；农民的生产经营方式决定了他们的价值观念，自给自足的小规模经营方式决定着农民的生活态度和幸福感。

本文通过分析农民生活满意度或幸福感的影响因素来考察这一群体的幸

---

[1] 《马克思恩格斯文集》（第3卷），人民出版社2009年版。

[2] 《马克思恩格斯文集》（第2卷），人民出版社2009年版。

福观及行为，特别是通过观察农民收入和生活水平变化与其幸福感之间的关系来认识农民"小富即安"心态的本质内涵。借鉴 Knight 等（2009）的农民幸福感影响因素分析框架，影响农民生活满意度和幸福感的因素可归纳为以下几个方面：①基本变量，包括年龄、性别、受教育程度、婚姻状况、身体健康程度、精神状态；②经济变量，包括收入、家庭资产（住房、耐用消费品、家庭存款等）净值以及工作时间；③参照变量，包括样本个体现在生活水平与过去生活水平的比较、对未来生活水平变化的预期以及与朋友亲戚、村里其他人、村以外城里人生活的比较；④社区环境变量，包括饮用水来源、是否使用互联网、住房与硬化公路的距离、是否参与村内公共事务以及区域特征；⑤价值观变量，用样本个体主观评价幸福生活最重要的因素来表示，但该变量有可能是由性格、收入、环境等其他没有观测到的因素所决定的内生变量，需要寻找相应的工具变量来解决可能出现的内生性问题。

用函数形式来描述生活满意度或幸福感的影响因素为：

$$Happiness = f(X_1, X_2, X_3, X_4, X_5) + \varepsilon \tag{1}$$

式（1）中，$Happiness$ 表示农民生活满意度或幸福感，可为连续变量，也可为离散变量；X_1，X_2，X_3，X_4，X_5 分别代表基本变量、经济变量、参照变量、社区环境变量、价值观变量；ε 是随机扰动项。

Ferrer-i-Carbonell 和 Frijters（2004）对已有的研究文献进行了综述，将生活满意度或幸福感决定方程的参数估计方法归纳为以下两种：第一种是心理学家常用的方法，即将个体报告的生活满意度或幸福感作为基数（cardinal number），相应地采用普通最小二乘法等线性方程的参数估计方法；第二种是经济学家常用的方法，即将生活满意度或幸福感作为序数（ordinal number），设定有序 Probit 模型或有序 Logit 模型（又称比例优势模型，proportional odds model），采用极大似然估计法等非线性方程的参数估计方法。

对于有序 Logit 概率模型，被解释变量自低到高分为多个等级，其形式如下：

$$p_{ij} = \Pr(y_j = i) = \Pr(k_{i-1} < X_j\beta + \gamma \leqslant k_i) = \frac{1}{1 + \exp(-k_i + X_j\beta)} - \frac{1}{1 + \exp(-k_{i-1} + X_j\beta)} \tag{2}$$

式（2）中，p_{ij} 代表 y_j 取值为 i 的概率，y_j 代表第 j 个样本报告的生活满意度或幸福感，i 代表生活满意度或幸福感等级，X_j 代表影响第 j 个样本生活满意度或幸福感的解释变量向量，β 是待估计系数向量，γ 是假定服从 Logistic 概率分布的扰动项；k_i 为分界点（cutoff points）。利用极大似然法估计后，式（2）可用来计算解释变量对幸福感概率变动的边际效应。

对于线性模型，其形式如下所示：

$$Happiness = \alpha + \beta X + \varepsilon \tag{3}$$

式（3）中，除了 α 表示截距项外，其他变量及系数的定义与式（1）、式（2）相同。

表 6 列出了解释变量定义及描述性统计。

表 6 解释变量的定义与描述性统计

变量名称	定义	观测值个数	均值	标准差	最小值	最大值
年龄	2012 年实际年龄（岁）	477	51.13	11.40	19	84
性别	男性 =1，女性 =0	477	0.55	0.02	0	1
未婚	未婚 =1，否则 =0	477	0.04	0.01	0	1
丧偶	丧偶 =1，否则 =0	477	0.03	0.01	0	1
受教育年限	正规学历教育年限（年）	475	7.00	2.88	0	16
身体不健康	身体不健康 =1，健康 =0	475	0.33	0.02	0	1
容易感觉累	近两月容易感觉累 =1，不容易感觉累 =0	477	0.32	0.02	0	1
社会身份	不是一般群众 =1，一般群众 =0	477	0.11	0.01	0	1
调查当天的情绪为高兴	高兴 =1，否则 =0	477	0.75	0.02	0	1
调查当天的情绪为不高兴	不高兴 =1，否则 =0	477	0.02	0.006	0	1
家庭年人均纯收入	样本个体家庭 2011 年人均纯收入（万元）	458	1.33	1.45	0.075	20
人均住房面积	样本个体家庭人均住房面积（平方米）	467	42.00	30.57	4.17	200
上月工作天数	样本个体调查前一个月工作天数	477	14.59	11.49	0	31
生活与村里人相比好一些	好一些 =1，否则 =0	473	0.14	0.02	0	1
生活与村里人相比差不多	差不多 =1，否则 =0	473	0.65	0.02	0	1
生活与村里人相比差一些	差一些 =1，否则 =0	473	0.16	0.02	0	1
生活与村里人相比差很多	差很多 =1，否则 =0	473	0.03	0.01	0	1
生活与城里人相比差一些	差一些 =1，否则 =0	466	0.30	0.02	0	1
生活与城里人相比差很多	差很多 =1，否则 =0	466	0.45	0.02	0	1

变量名称	定义	观测值个数	均值	标准差	最小值	最大值
生活与5年前相比好一些	好一些＝1，否则＝0	477	0.29	0.02	0	1
生活与5年前相比差不多	差不多＝1，否则＝0	477	0.05	0.01	0	1
生活与5年前相比差一些	差一些＝1，否则＝0	477	0.02	0.01	0	1
生活与5年前相比差很多	差很多＝1，否则＝0	477	0.01	0.01	0	1
住房与硬化公路的距离	住房到硬化公路的距离（米）	475	95.34	393.78	0	7000
生活饮用水是否需人工挑	生活饮用水需人工挑＝1，不需要＝0	477	0.04	0.19	0	1
是否使用互联网	使用互联网＝1，不使用＝0	476	0.24	0.02	0	1
是否知道最近召开的村务会	不知道＝1，知道＝0	475	0.76	0.02	0	1
幸福生活家庭和睦第一重要	家庭和睦第一重要＝1，否则＝0	477	0.09	0.02	0	1
幸福生活身体健康第一重要	身体健康第一重要＝1，否则＝0	477	0.45	0.02	0	1
幸福生活运气朋友等第一重要	运气朋友等其他因素第一重要＝1，否则＝0	477	0.24	0.02	0	1
河南省	河南省＝1，否则＝0	477	0.40	0.02	0	1
陕西省	陕西省＝1，否则＝0	477	0.23	0.02	0	1

四　模型估计与结果解释

（一）模型估计

由于幸福感与生活满意度之间高度线性相关，本文仅以幸福感作为被解释变量，利用前述2012年三省调查数据对式（2）、式（3）所示的经济计量模型进行估计。参考 Ferrer‐i‐Carbonell 和 Frijters（2004）、Knight 等（2009）的估计方法，首先将幸福感分值看作连续变量，用 OLS 方法进行逐步回归；然后再将幸福感看作有序的非连续变量（分为"非常不幸福""不幸福""一般""比较幸福"和"非常幸福"五级），用有序概率模型估计各因素对幸福感的影响。所得估计结果如表7所示。表7中，回归（1）和回归（2）对应于式（3）所示的线性模型，回归（1）包含了全部基本变量和经济变量，回归（2）包含了所有解释变量和省份虚拟变量，二者都采用 OLS 方法进行估计。对式（2）所示的有序 Logit 模型估计所得结果为回归（3）。为了节约篇幅，表 7 最后一列只提供了回归（3）中各解释变量对农民幸福感从"一般"到"比较幸福"变动的边际效应。与回归（1）、回归（2）的 OLS 估计结果相比较，回归（3）中各解释变量系数估计值的符号没有太大差别，表明估计结果是稳健的。需要说明的是，回归（1）的 F 检验发现，调查当天样本个体的情绪对其幸福感的影响不具有统计显著性，因此，在回归（2）和回归（3）中没有引入这一变量。与 Kight 等（2009）的结论不同，本文发现，那些预期今后生活更好的人，其幸福感要比那些预期差的人高；但是，在进行回归分析时，由于过去生活好的人常常预期今后生活会更好，两者之间高度线性相关，因此，回归（2）、回归（3）中没有引入未来生活变化预期变量。相似的发现是，参照变量中与亲朋好友的生活水平比和与村里其他人的生活水平比这两类变量存在较强的相关性，同时引入回归方程后所得估计结果的稳定性差。利用 F 检验对模型形式进行选择，不引入与亲朋好友的生活水平比这一参照变量，回归（2）和回归（3）的参数更加稳定。

表 7 幸福方程估计结果

	回归（1）（OLS）	回归（2）（OLS）	回归（3）（有序 Logit 模型）	边际效应（从"一般"到"比较幸福"）
基本变量				
年龄	0.024 ***	0.028 ***	0.040 ***	0.002
男性	0.279 *	0.080	0.216	0.012
婚姻状况（以"已婚"为参照）				
未婚	− 0.249	− 0.049	− 0.090	− 0.006
丧偶	− 0.440 **	− 0.468 ***	− 0.671 **	− 0.036
受教育年限	0.032	0.032	0.028	0.002
身体不健康	− 0.298 *	− 0.245	− 0.320	− 0.020
容易感觉累	− 0.422 ***	− 0.206	− 0.350	− 0.023
社会身份（"不是一般群众"）	0.144			
调查当天的情绪（以"心情一般"为参照）				
不高兴	− 0.075	—	—	—

续表

	回归（1）（OLS）	回归（2）（OLS）	回归（3）（有序 Logit 模型）	边际效应（从"一般"到"比较幸福"）
高兴	0.435 **	—	—	—
经济变量				
家庭年人均纯收入（对数）	0.390 ***	0.133	0.225	0.012
人均住房面积	0.005 **	0.003	0.006	0.000
上月工作天数	− 0.017 ***	− 0.015 *	− 0.024 ***	− 0.001
参照变量				
生活与村里人相比（以"好得多"为参照）				
好一些	—	− 0.256 *	− 0.485 *	− 0.041
差不多	—	− 0.818 *	− 1.344 **	− 0.020
差一些	—	− 1.353 ***	− 2.296 **	− 0.389
差很多	—	− 1.668 **	− 2.637 ***	− 0.392
生活与城里人相比（以"差不多"为参照）				
差一些	—	− 0.179	− 0.444 *	− 0.031
差很多	—	− 0.266	− 0.574 **	− 0.034
生活与 5 年前相比（以"好得多"为参照）				
好一些	—	− 0.676 ***	− 0.742	− 0.082
差不多	—	− 0.721 **	− 0.915 ***	− 0.079
差一些	—	− 1.599 ***	− 2.553 ***	− 0.434
差很多	—	− 2.005 ***	− 2.943 ***	− 0.491
村级环境变量				
住房与硬化公路的距离	—	− 0.000	0.000	0.000
生活饮用水需人工挑	—	− 0.520	− 1.087 **	− 0.143
使用互联网	—	− 0.045	− 0.197	− 0.012
不知道最近召开的村务会	—	− 0.174	− 0.360	− 0.019
价值观变量				
幸福生活第一重要因素（以"金钱"为参照）				
幸福生活家庭和睦第一重要	—	0.615 ***	1.039 ***	0.046
幸福生活身体健康第一重要	—	0.126	0.310	0.012
幸福生活运气朋友等第一重要	—	0.257	0.650 *	0.013
省份虚拟变量（以山东省为参照）				

续表

	回归（1） （OLS）	回归（2） （OLS）	回归（3） （有序 Logit 模型）	边际效应 （从"一般"到 "比较幸福"）
河南省	—	−0.389 **	−0.434 *	−0.027
陕西省	—	−0.346 *	−0.405	−0.029
常数项	2.265 **	6.310 ***	—	—
观测值	447	441	441	—
调整的可决系数	0.154	0.354	—	—
伪 R²	—	—	0.193	—
F 检验				
F	7.760	9.290	—	—
prob > F	—	0.000	—	—
χ² 检验	—	—	—	—
χ²	—	—	191.480	—
prob > χ²	—	—	0.000	—

注：* 、** 和 *** 分别表示在 10% 、5% 和 1% 的水平上显著。

（二）结果解释

回归（1）的估计结果与 Kight 等（2009）的研究发现相似，如果不引入生活变化的参照变量，反映农民生活水平绝对状况的经济变量例如家庭年人均纯收入、人均住房面积、上月工作天数在统计上对农民幸福感会产生显著影响。收入水平高、人均住房面积大的农民幸福感强，而劳动时间多的农民幸福感低，劳动没有增加农民的幸福感。经过各种试验性分析，样本数据不能支持农民年龄与其幸福感之间倒"U"形的曲线关系，这可能与本文研究的样本个体年龄偏大有关系。F 检验结果表明，年龄和年龄平方的系数不能同时为零，但年龄对幸福感有显著的正向影响。身体不健康的样本个体的幸福感低于身体健康的样本个体；"近两个月容易感觉累"反映心理健康状况不佳的样本个体，其幸福感明显低于"近两个月不容易感觉累"的样本个体。调查当天表示"高兴"的样本个体比表示"一般"的样本个体幸福感要高。受教育年限、社会身份并不是样本个体幸福与否的决定性因素，这两个变量对其幸福感的影响都不具有统计显著性。在性别方面，男性的幸福感要高于女性。

回归（2）和回归（3）是通过逐步回归方法得到的稳定性较高的幸福方程估计结果。

1. 基本变量

在引入参照变量、村级环境变量、价值观变量和省份虚拟变量后，回归（1）中原来一些具有统计显著性的变量变得不再显著。基本变量中，年龄仍然对幸福感产生了显著的正向影响，农村老人的幸福感随着年龄的增加而增强。根据回归（2），丧偶者的幸福感比没有丧偶的已婚夫妇大约要低 0.5 分。根据回归（3），丧偶者幸福感下降的概率增加，其幸福感从"一般"下降到"不幸福"的概率增加了 3.6%。但是，其他原来具有统计显著性的基本变量，例如性别、身体不健康，在统计上变得不再显著，主要原因在于这些变量会影响到样本个体的绝对收入水平、工作时间以及参照变量中与其他人相比时的选择。与回归（1）相比，这些基本变量的影响方向没有发生变化。

2. 经济变量

经济变量中家庭年人均纯收入、人均住房面积在回归（2）和回归（3）中不再显著。收入和房产的绝对值大小对幸福感没有显著影响，说明绝对富有与幸福并不是简单的一一对应的关系。回归（2）和回归（3）中，上月工作时间对幸福感产生了显著的负向影响。进一步分析表明，本文样本个体的平均年龄为 51.1 岁，50 岁以上的有 238 人，占了样本个体总数的 50%；40 岁以上的有 386 人，占了样本个体总数的 81%。由于大量农村年轻人口外移到城市，留守在农村从事农业生产的人老龄化趋势明显。这些人 90% 的劳动时间从事农业工作。他们劳动时间越长，从劳动中得到的满足感越低，其幸福感下降是符合现实逻辑的。

3. 参照变量

回归（2）和回归（3）虽然形式不同，但其中参照变量对幸福感的影响方向基本一致，其统计特征也相似。用回归（2）分析各参照变量对幸福感影响的绝对值大小。回答生活比村里其他人"好得多"的人，幸福感值比回答"好一些""差不多""差一些"和"差很多"的人平均高出 0.256、0.818、1.353 和 1.688[①]。因为只有极个别的样本个体回答"生活与城里人

[①] 用与亲朋好友的生活水平比作解释变量，其结果和用于村里其他人的生活水平比类似。

相比好一些"或"好很多"（主要集中在离县城较近的样本村），因此，本文将27%的回答"生活与城里人相比差不多"的样本个体作为参照，那些回答"生活比城里人差一些"或"差很多"的样本个体，其幸福感有所下降，但数值很小，而且在统计上并不显著。可见，中国农民知道城乡差别较大，但他们只能接受这个现实，并不将生活改善的目标与城里人相比，而是与村里人、周围可及的人以及自己过去的生活水平相比。所调查的样本个体中，有64%的人表示"与5年前比生活变得好多了"。以此作为参照，那些回答比5年前生活变得"好一些""差不多""差一些"和"差很多"的人，幸福感平均分别要低0.676、0.721、1.599和2.005。可见，农民幸福感高的重要源泉之一是过去几年他们生活水平的不断提高。由于有序Logit模型的变量系数没有直接的经济含义，要比较解释变量影响的大小，需要计算解释变量的边际效应。限于篇幅，表7只列出了解释变量对幸福感从"一般"到"比较幸福"这个等级变化的边际效应，对农民幸福感产生了较为显著影响的参照变量有"生活比其他人差很多""生活比5年前差很多""生活比城里差很多"三类（表7最后一列）。收入的绝对水平对农民幸福感影响不大，此发现与Kight等（2009）相同。孔子说"不患寡而患不均"，分配不均是对农民幸福感影响最大的因素之一。不管是地处乡村从事农业的农民，还是在城市从事其他产业的工人，从社会心理学的角度看，人们常会将自己与身边条件相似的人进行比较，从而产生一种优越的幸福感或者不及的自卑感。此外，农民虽然生活满意度高、幸福感强，但这是基于生活得到根本保障并且在不断改善过程中而产生的心理感受。

4. 村级环境变量和省级虚拟变量

除了回归（3）中生活饮用水需人工挑会对农民幸福感产生显著的负向影响之外，回归（2）和回归（3）中其他村级环境变量（例如住房与硬化公路的距离、是否使用互联网、是否知道最近召开的村务会）对农民幸福感没有产生显著影响，表明农民对自己所居住的社区环境具有很强的适应性，村级环境不是农民幸福感的决定性因素。但是毫无疑问，村级环境会影响农民生活水平的变化。回归（2）中把处于经济相对发达地区的山东省作为参照，相比之下，处于中部地区的河南省农民、处于西部地区的陕西省农民的幸福感平均要低0.4。农民幸福感的区域差异很大程度上来自于收入差别，也有可能是自然环境、文化、制度等因素综合作用的结果。

5. 价值观变量

本文研究用"你觉得对于一个人的幸福生活来说，第一重要的因素是什么"来表示农民不同的价值观[1]。回归（2）和回归（3）的估计结果显示，将金钱作为幸福生活第一重要因素的人，其幸福感要显著低于将家庭和睦作为幸福生活第一重要因素的人。中国文化以家为本，家庭和谐可以大大提高农民的幸福感。需要说明的是，价值观变量可能是一个内生变量，特别是那些把金钱看作幸福生活第一重要因素的人，可能由于收入水平和生活水平较低，往往会高估金钱对幸福生活的价值，需要找到更好的工具变量（比如滞后期的收入、性格等）来解决可能存在的内生性问题。

五　结论

本文研究初步结果显示，年龄、收入水平、区域特点和价值观影响到农民的幸福感，但对农民幸福感最为重要的影响因素是生活水平的绝对提高以及与同村居民的横向比较（即在可比范围内的收入差距）。与伊斯特林（Easterlin，1974）的发现不同，地区收入差距在很大程度上决定着农民幸福感的区域差异，而在同一区域内部收入水平高低对农民幸福感影响较小。有意思的是，大多数农民知道与城镇居民相比，他们的生活水平要差一些或差很多，但这并不让他们对生活不满意和感到不幸福。

从这个意义上讲，中国农民存在"小富即安"的保守心态。但是，农民这种"小富即安"的生活态度来自于近些年收入水平的不断提高和生活质量的不断改善，是他们在奋斗进取中对生活的真实感受和对自身能力、环境约束所做客观评估的结果，对这一点需要在理论上进行正确的评判。实际上，中国的改革开放就肇始于安徽省凤阳县小岗村的农民，生活中大量的事实都表明，中国农民同其他公民一样，具有无限的开拓创新精神。那些通过摘引经典文献中的个别论断来批判中国农民具有"小富即安"的保守意识

---

[1] 价值观可能是一个内生变量，其本身受调查对象性格、环境、收入等其他因素的影响。在设计调查问卷时，本文研究课题组期望设计一个能初步反映农民性格特点的问题来观察其性格差异。课题组将问题设计为："当有人莫名其妙地责备你时，你会：①不理他，干自己的事；②心情不快但不表现出来；③立即表现出不快；④责备对方；⑤与对方解释沟通。"但是，调查没有取得预期的效果，这些选项不能有效识别调查对象的性格。个体性格对幸福感的影响需要通过其他调查方法来揭示。

的做法，是现实生活中的教条主义。

调查表明，除了极少部分生活极度困难的农民外，当下中国大多数农民确实很满足、很幸福，用他们的话来说，"现在国家政策好，种粮不缴税，老了还给钱，医疗有补贴"。应该说，自 2006 年中国政府全面取消农业税、加大"三农"投入以来，粮食产量稳定增加，农村经济社会面貌确实发生了很大改观，这一切都让善良的农民对政府"三农"政策心怀感激之情。在当今拜金主义盛行、物欲横流的社会潮流中，尊重农民身上所具有的知足、感恩和艰苦奋斗的优良品德，在理论上和实践中分析农民的阶级意识特性，对于正确认识"以工人阶级为领导，以工农联盟为基础的人民民主专政的社会主义国家"的基本制度，无疑具有重大的现实意义。

参考文献

[1] Veenhoven, R., "Happy Life – expectancy—A Comprehensive Measure of Quality – of – life in Nations", *Social Indicators Research*, 1996, 39 (1): 1 – 58.

[2] Kahneman, D. and Krueger, A. B., "Developments in the Measurement of Subjective Well – being", *Journal of Economic Perspective*, 2006, 20 (1): 3 – 24.

[3] Stutzer, A. and Frey, B. S., "Recent Advances in the Economics of Individual Subjective Well – being", *Social Research*, 2010, 77 (1): 679 – 714.

[4] Easterlin, R. A., "Does Economic Growth Improve the Human Lot—Some Empirical Evidence", in David, P. A. and Reder, Melvin W. (eds.), *Nations and Households in Economic Growth: Essays in Honour of Moses Abramowitz*, New York and London: Academic Press, 1974.

[5] Oswald, A. J., *Happiness and Economic Performance*, University of Warwick WP 478, http://ssrn.com/abstract = 49580, 1997.

[6] Knight, J., Song, L. and Gunatilaka, R., "Subjective Well – being and Its Determinants in Rural China", *China Economic Review*, 2009, 20 (4): 635 – 649.

[7] Ferrer – i – Carbonell, A. and Frijters, P., "How Important Is Methodology for the Estimates of the Determinants of Happiness?" *Economic Journal*, 2004, 114 (497): 641 – 659.

[8] 林毅夫：《小农与经济理性》，《农村经济与社会》1988 年第 3 期。

[9] 张晓山、王小映、廖永松等：《马克思、恩格斯、列宁和斯大林论农业、农村、农民》，中国社会科学出版社 2013 年版。

[10] 张琳：《小农文化心态的形成及其对马克思主义中国化的影响》，《哲学动态》2012 年第 2 期。

[11] 刘永佶：《小农意识——农民个体意识而非阶级的意识》，《社会科学论坛》2007年第 4 期。

[12] 袁银传：《小农意识与中国现代化》，武汉大学出版社 2000 年版。

[13] 郑琼现：《马克思小农特点论述的宪政分析》，《中山大学学报》（社会科学版）2007 年第 6 期。

[14] 梅祖寿：《试析小富即安心态》，《理论月刊》2002 年第 8 期。

[15] 冯俊科：《西方幸福论——从梭伦到费尔巴哈》，中华书局 2011 年版。

[16] 陈前恒、林海、郭沛：《贫困地区农村基础教育可及性与农民的主观幸福感》，《中国人口科学》2011 年第 5 期。

[17] 阮荣平、郑风田、刘力：《宗教信仰、宗教参与与主观福利：信教会幸福吗?》，《中国农村观察》2011 年第 2 期。

[18] 王鹏：《收入差距对中国居民主观幸福感的影响分析——基于中国综合社会调查数据的实证研究》，《中国人口科学》2011 年第 3 期。

[19] 鲁元平、王韬：《收入不平等、社会犯罪与国民幸福感——来自中国的经验证据》，《经济学》（季刊）2011 年第 4 期。

[20] 檀学文：《时间利用对个人福祉的影响初探——基于中国农民福祉抽样调查数据的经验分析》，《中国农村经济》2013 年第 10 期。

[21] ［苏］普列汉诺夫：《马克思主义的基本问题》，张仲实译，人民出版社 1957 年版。

（原文发表于《中国农村经济》2014 年第 9 期）

中国农村发展指数测评
——中国农村发展进程及地区比较

刘长全　韩　磊

一　前言

　　农村发展是中国三十多年改革开放发展奇迹的重要组成部分。特别是自2002年以来，城乡统筹、"多予、少取、放活"与新农村建设等政策方针的落实和推进，从根本上改变了国家与农民、城市与农村的"取""予"关系，也切实加快了农村发展进程。在此过程中，农村发展内涵不断丰富，农村发展目标也从单一追求经济增长向实现经济、社会、生态等共同发展转变。那么，综合考虑各方面发展目标，当前中国农村发展水平及近几年的发展趋势如何？不同地区农村发展状况及差距怎样？农村发展的短板和最主要障碍有哪些？对以上问题的分析既是对农村发展已取得成效的总结，更是多元目标下指导未来农村发展实践的必然要求。当前，2020年实现全面建成小康社会的战略部署已全面展开，继续加快农村发展是实现这一宏伟目标的关键。在此背景下，系统、客观评估农村发展进程及面临的问题更具有突出的必要性和重要的现实意义。

　　本文旨在通过构建中国农村发展指数来客观、系统地评价中国农村综合发展水平。目前，相关研究依然缺乏，现有研究主要是对农村特定方面发展水平或是对特定地区农村发展水平的评价。例如，徐勇等（2014）构造指数并基于实地调研数据分别评价了农村社会和谐、农民幸福和农民政治能力；余谦、高萍（2011），周义等（2014），徐仲安等（2014）等对农村居民福利进行了评价；国家金融信息中心指数研究院编制的中国美丽乡村

（安吉）幸福指数则是对安吉这个地区的美丽乡村建设进行评价。更多的研究是构造指数对不分城乡的区域总体发展水平进行评价，如中国发展指数（中国人民大学，2007）、中国绿色发展指数（李晓西，2010）、中国民生发展指数（北京师范大学，2015）等，这些研究对认识和指导农村发展作用很有限。本研究有助于弥补现有研究在这方面的缺失。

二 理论框架与指标体系构成

（一）理论基础

准确评价农村发展水平首先需要廓清农村发展的内涵。对农村发展内涵的认识是一个渐进过程，并体现在推动农村发展的政策实践中。政策层面，最早比较全面地对中国农村发展内涵做出概括的是中共十六届五中全会提出的社会主义新农村建设的 20 字方针，即"生产发展、生活宽裕、乡风文明、村容整洁、管理民主"。2005 年《"十一五"规划纲要建议》、2006 年中央一号文件《中共中央国务院关于推进社会主义新农村建设的若干意见》、2006 年《"十一五"规划纲要》先后提出和强调了这个社会主义新农村建设的方针。在此之后，连续十年的中央一号文件、《"十二五"规划纲要》《"十三五"规划纲要建议》也继续强调了社会主义新农村建设。

近年来，随着农村生态环境恶化与城乡二元结构和城乡公共资源配置不均衡等问题日益凸显，加强农村生态环境保护与促进城乡发展一体化得到越来越多的重视，成为推动农村全面、综合发展不可或缺的重要任务。绿色发展是五大发展理念的重要组成部分，加强农村生态环境保护与建设是绿色发展的必然要求。习近平强调，新农村建设一定要走符合农村实际的路子，农村要留得住绿水青山，系得住乡愁。2016 年中央一号文件提出，开展农村人居环境整治行动和美丽宜居乡村建设。城乡发展一体化是党的十八大提出的战略任务，党的十八届三中全会《决定》进一步强调要健全城乡发展一体化体制机制，让广大农民平等参与现代化进程、共同分享现代化成果。2015 年 4 月，中共中央政治局就健全城乡发展一体化体制机制举行集体学习，习近平在学习时指出，推进城乡发展一体化是工业化、城镇化、农业现代化发展到一定阶段的必然要求，也是落实"四个全面"战略布局的必然要求，是国家现代化的重要标志。

综合以上因素并考虑指标可获得性，中国农村发展指数将从经济发展、社会发展、生活水平、生态环境和城乡一体化 5 个维度对农村发展水平进行综合评价（见图 1）。

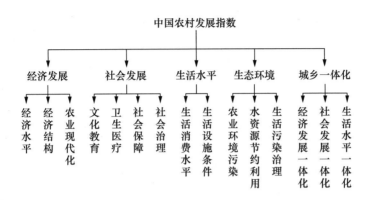

图 1　中国农村发展指数框架

（二）指标体系构成和指标选择

在以上理论框架下，本文构建了包含 5 个维度、15 个二级指标、27 个三级指标的指标体系（见表 1），具体如下：

表 1　　　　　　　中国农村发展指数指标体系构成及权重

一级指标	二级指标	三级指标	权重（主成分分析法）	权重（算术均权法）
经济发展	经济水平	农民人均可支配收入	0.054	0.068
	经济结构	工资性收入占可支配收入比重	0.023	0.067
	农业现代化	亩均农业机械动力数	0.025	0.022
		有效灌溉面积占耕地面积比重	0.034	0.022
		万元农林牧渔业增加值电力消耗	0.011	0.022
社会发展	文化教育	有线广播电视覆盖率	0.046	0.025
		中小学生均固定资产值	0.037	0.025
	卫生医疗	村卫生室专业技术人员比重	0.046	0.025
		孕产妇死亡率	0.049	0.025

一级指标	二级指标	三级指标	权重（主成分分析法）	权重（算术均权法）
社会发展	社会保障	农村社会养老保险人均支出	0.022	0.017
		新型农村合作医疗人均支出	0.032	0.017
		最低生活保障人均支出	0.039	0.017
	社会治理	村庄选举登记选民投票率	0.004	0.050
生活水平	生活消费水平	人均消费支出	0.060	0.033
		恩格尔系数	0.036	0.033
		人均教育文化娱乐支出	0.065	0.033
	生活设施条件	自来水普及率	0.036	0.033
		无害化卫生厕所普及率	0.032	0.033
		农村道路密度	0.022	0.033
生态环境	农业环境污染	万元农业增加值化学需氧量排放量	0.007	0.067
	水资源节约利用	万元农业增加值用水量	0.019	0.067
	生活污染治理	生活污水处理比例	0.046	0.033
		生活垃圾处理比例	0.048	0.033
城乡一体化	经济发展一体化	城乡居民人均可支配收入之比	0.051	0.067
	社会发展一体化	城乡最低生活保障人均支出之比	0.042	0.067
	生活水平一体化	城乡居民人均消费支出之比	0.063	0.033
		城乡居民人均教育文化娱乐支出之比	0.051	0.033

注：为使权重之和为 1，在千分之一水平上对个别指标的权重做了调整。

1. 经济发展

经济发展是农村发展过程中其他各方面发展的基础和条件，体现在经济水平提高，以非农产业发展、非农就业增长为主要特征的农村经济结构优化和农业现代化水平提高三个方面。经济水平提高的具体表现是农民收入的增长，农民人均可支配（纯）收入是衡量农民收入的常用指标。从收入角度看，农村经济结构优化表现为工资性收入在农民可支配（纯）收入中的占比不断提高。农业现代化内涵比较丰富，机械化是最重要特征之一，通过机械化可以实现劳动节约，同时机械也是现代农业技术应用的重要载体。农业机械总动力与耕地面积的比值是衡量农业机械化水平的常用指标。资源集约是现代农业的基本特征，具体可以体现在多个方面，能源集约利用与单位产出的能源消耗的下降是其中一个重要方面。本文使用单位农林牧渔业增加值的电力消耗来衡量农业的资源集约特征。农业基础设施水平提升也是农业现代化的重要内容，灌溉设施是最重要的农业基础设施，本文使用耕地面积中有效灌溉面积占比来衡量农业基础设施状况。

2. 社会发展

本文从文化教育、卫生医疗、社会保障和社会治理四个方面来衡量农村社会发展。文化教育包括文化生活和教育服务供给两个方面。其中，文化生活是生活中与物质生活相对应的重要内容，本文用有线广播电视覆盖率来反映文化生活服务的供给状况。教育是影响农村人口长期发展的关键因素，在指标上，选择反映学校设施条件的中小学生均固定资产值来衡量教育服务的供给状况。师生比是另一经常用来衡量教育服务供给水平的指标，但是，该指标面临一关键批评：在人口密度较低的山区和西北等地区师生比偏高，不能有效反映教育服务的实际水平。生均固定资产值指标在这方面明显优于师生比指标，因为在教育服务水平高的地区，教学楼等基本设施通常更好，图书资料和信息化设备等设施的供给也更加完备，会大幅提高生均固定资产值。

卫生医疗直接影响农村居民健康和生活质量。本文以农村卫生室执业（助理）医师与注册护士等专业技术人员占农村卫生室人员比重来衡量农村卫生医疗资源的供给状况。农村卫生室人员数与农村总人口的比值（每千人卫生室人员数）也是衡量农村卫生医疗资源供给的一个常用指标，但也面临与师生比同样的缺陷，执业（助理）医师与注册护士占比则不易受到人口密度的影响，更多地与发展水平有关。孕产妇死亡率反映了卫生医疗事业发展的结果，本文用县孕产妇死亡率来衡量农村卫生医疗事业发展的结果。人均医疗保健支出在一定程度上反映了农村居民在维持健康方面的投入和对卫生医疗资源的使用状况，但是落后地区也可能因为发病率高、医疗支出报销比例低而有更高的人均医疗保健支出，该指标在应用上存在一定的不足。因此，未将人均医疗保健支出纳入指标体系。

社会保障制度能够通过减缓年老、疾病等给农民经济、生活带来的冲击，起到维护农村社会稳定、保障社会公平的目的。社会保障包括社会保险和社会救助两个方面，其中，以农村居民养老保险和新型农村合作医疗为主要内容的社会保险面向所有农民，提供基本安全网络；以最低生活保障制度等为主要内容的社会救助制度面向特殊困难群体，在减少贫困、保障弱势群体基本生存权利方面作用更加突出。为衡量农村社会保障制度的发展状况，本文以农村社会养老保险人均支出，即农村社会养老保险基金支出与达到领取待遇年龄的参保人数的比值，来衡量农村社会养老保障制度的保障水平；以新型农村合作医疗人均支出，即农村合作医疗基金支出与参合人数的比值，来衡量农村医疗保障制度的保障水平；以农村最低生活保障人均支出来衡量农村最低生活保障制度的保障能力。

深化乡村治理结构改革、推进农村基层民主建设、改善农村社会管理是中国基层民主建设的体现和必然要求，也是农民物质权益和农村社会发展的保障。农民民主权利的实现是农村社会治理发展的核心，具体表现是村民自治的发展，本文以村庄选举登记选民投票率来衡量。

3. 生活水平

生活水平体现的是农村发展过程中农民福利的变化，是经济社会发展的基本落脚点。本报告从生活消费水平和生活设施条件两个方面来评价农民生活水平，其中，生活消费水平用人均生活消费支出、恩格尔系数和人均教育文化娱乐支出来衡量，生活设施条件用自来水普及率、无害化卫生厕所普及率和农村道路密度来衡量。自来水普及率反映了公共基础设施的普及状况；无害化卫生厕所普及率反映了安全、环保的卫生设施的推广情况；农村道路密度，用四级公路里程数与扣除城市建成区面积后的国土面积的比值来衡量，反映了农民对外交往、沟通的便捷性。

4. 生态环境

随着化肥、农药过量使用引起的环境污染和资源粗放利用引起的生态退化等问题日益凸显，生态环境保护与可持续发展的重要性越来越突出，成为农村发展的应有之义。本文从农业环境污染、水资源节约利用和生活污染治理三个方面来评价农村生态环境状况。在指标选择上，以万元农业增加值化学需氧量排放量来衡量农业生产的环境污染状况；以万元农业增加值用水量来衡量水资源集约节约利用状况；用对生活污水进行处理的村的比例和对生活垃圾进行处理的村的比例来衡量生活污染治理状况。

5. 城乡一体化

农村发展的根本着眼点是增进农民福祉，农民福祉首先受到以上指标反映出的农村绝对发展水平的影响，也受到本地城乡发展差距的影响，后者即是经济社会意义上的相对剥夺（Relative Deprivation）。引入城乡一体化指标可以更全面地反映农民福祉，特别是在经济社会发展水平相同的地区因城乡差距不同导致的福祉差异。此外，城乡二元结构受到地方政府政策选择的影响，引入城乡一体化指标也反映了城乡二元体制消除及其对农民福祉的影响。本文分别使用城乡居民人均可支配（纯）收入之比、城乡居民人均消费支出之比、城乡居民人均教育文化娱乐支出之比和城乡居民最低生活保障人均支出之比四个指标来衡量城乡之间在经济发展、社会发展、生活水平方面的一体化程度。

三　数据与方法

1. 数据来源和范围

各指标所用数据均来自《中国统计年鉴》《中国农村统计年鉴》《中国社会统计年鉴》《中国民政统计年鉴》《中国教育统计年鉴》《中国卫生和计划生育统计年鉴》《中国环境统计年鉴》《中国能源统计年鉴》和《中国城乡建设统计年鉴》等国家统计局或国家有关部门正式发布的统计资料。根据数据发布情况和指标可获得性，在时间上，指数覆盖 2011—2014 年；在范围上，指数覆盖 30 个省、市、自治区，西藏由于指标缺失较多暂时没有纳入，另外也不包括中国台湾、中国香港和中国澳门。

2. 部分指标说明及缺失值处理

从 2013 年起，国家统计局住户调查在调查范围、调查方法、指标口径等方面有所调整，导致部分指标的口径在 2013 年前后有稍许变化，总体来说变化较小。由于指数的计算是基于反映相对水平的标准化后的指标，指标口径的微小变化不影响地区之间相对发展水平的比较，也基本不影响对地区发展程度变化的判断。指标发生变化的具体情况是：收入指标，2013—2014 年为"农村居民人均可支配收入"，2011—2012 年为"农村居民家庭人均纯收入"；消费支出指标，2013—2014 年为"农村居民人均消费支出"和"城镇居民人均消费支出"，2011—2012 年为"农村居民家庭平均每人消费支出"和"城镇居民家庭人均现金消费支出"。

自 2012 年 8 月起，新型农村社会养老保险和城镇居民养老保险制度全覆盖工作启动，合并为城乡居民社会养老保险。农村社会养老保险指标在2012 年前后也随之调整，2011 年为"新型农村社会养老保险基金支出"与达到领取待遇年龄的参保人数的比值，2012—2014 年为"城乡居民社会养老保险基金支出"与达到领取待遇年龄的参保人数的比值。由于并轨前新型农村社会养老保险和城镇居民养老保险的待遇就基本一致，口径的变化不影响指数的计算和对发展进程的判断。

有些指标在个别年份或个别地区的个别年份存在缺失，本文主要基于这些指标在其他年份或相应地区其他年份已有数据的年均复合增长率来推算插值。具体来说：①2011 年和 2012 年各地区耕地面积根据 2008—2013 年耕地面积年均复合增长率与 2008 年耕地面积推算。②2014 年城市居民最低生活保障人均支出根据 2011—2013 年人均支出的年均增长率与 2013 年人均支出推算，同样推算的还有 2014 年山东省农村合作医疗人均支出和宁夏回族自治区农村有线广播覆盖率。③广东省农村合作医疗人均支出缺失 2013 年和2014 年的数据，根据 2012 年的同比增长率与 2012 年实际值推算。④天津市自 2009 年起实行的就是城乡一体的城乡居民基本医疗保险制度，没有单独的新型农村合作医疗保险，所以以天津的新型农村合作医疗保险人均支出指标用城镇居民基本医疗保险人均支出数据补充。⑤缺少各年度全国层面的县孕产妇死亡率，都以当年分地区的县孕产妇死亡率加权平均值替代，权重为相应年度各地区活产数。

出于不同原因对个别指标做了平滑处理，具体情况如下：①农村选举登记选民数和参加投票人数。因多数地区的村庄选举以三年为周期集中举行，这两个指标的年度间变化很大，选举年份指标数据较大而非选举年份较小或为零，因此按三年周期以两指标当年值与滞后两年值的均值来替代当年值。由于指数是两指标的比值，即投票率，如果投票率保持稳定，平滑处理不会带来实质性的改变，这样处理的目的更多在于弥补缺失值。②年度间波动较大的孕产妇死亡率、中小学在校学生数。孕产妇死亡率目前已降至以万分之一为单位的量级，这意味着个位数的死亡事件也可能导致死亡率的较大波动，据此判断医疗卫生服务水平的上升或下降会有失偏颇。人口出生率具有一定的周期性，并导致年度间在校人口的波动，而学校的固定资产值是相对稳定的，出生人口的波动就会导致生均固定资产值的波动，因此，也不能根据该值的突然上升或下降评价教育服务供给水平的变化。对这两个指标同样以指标当年值与滞后两年值的均值来替代当年值，通过这样的平滑可以更好地反映医疗卫生服务与教育服务的总体变化趋势。

3. 数据标准化

计算指数前，本文首先应用极值法将具有不同单位的各个基础指标做标准化处理。按照指标高低与农村发展程度高低的关系，所有指标可以分为正向指标和反向指标两类：正向指标值越高表明农村发展程度越高，反之则越低；反向指标则相反，指标值越高意味着农村发展程度越低。对两类指标来说，通常的标准化方法是：

正向指标：$\hat{x}_{i,t} = (x_{i,t} - \min x_{i,t})/(\max x_{i,t} - \min x_{i,t})$

反向指标：$\hat{x}_{i,t} = (\max x_{i,t} - x_{i,t})/(\max x_{i,t} - \min x_{i,t})$

其中，$\min x_{i,t}$ 和 $\max x_{i,t}$ 分别表示 t 年第 i 指标的最小值和最大值。但是，为了使各地区农村发展指数跨年度可比，参照樊纲等（2003），本文在对各年度指标做标准化时统一使用基准年（2011 年）的最大值（$\max x_{i,0}$）和最小值（$\min x_{i,0}$），则：

正向指标：$\hat{x}_{i,t} = (x_{i,t} - \min x_{i,0})/(\max x_{i,0} - \min x_{i,0})$

反向指标：$\hat{x}_{i,t} = (\max x_{i,0} - x_{i,t})/(\max x_{i,0} - \min x_{i,0})$

标准化后，基期年份各指标的最高得分为 1，最低得分为 0，其他年份各指标的得分可能高于 1 或低于 0。标准化后的指标得分经加权求和后得到总指数，基期年份的总指数在 0—1 分布，其他年份总指数可能高于 1 或低于 0。

4. 权重的确定与指数的计算

大多数多指标综合指数是基础指标的算术加权均值，确定权重是计算指数的一个关键问题。专家打分法、主成分分析法等主客观赋权法都是确定权重的常用方法，如国家统计局全面建成小康社会统计监测指标体系与中国农民状况发展报告中的农村社会和谐指数等都是用专家打分法，而国际粮农组织的食物安全指数、樊纲等（2003）的市场化相对进程指数等则是用主成分分析法。这些确定权重的方法各有优点与不足，以主成分分析法为代表的客观赋权方法的优势在于更加客观，本文选择主成分分析法来获得权重。均权也为国际上一些重要指数所采用，例如，联合国开发计划署（UNDP）创立的人类发展指数是三个一级指标的几何均权、《经济学人》发布的食品安全指数使用了算术均权。本文还将基于主成分分析法所获权重计算的指数与基于算术均权法所获权重计算的指数进行对比，来验证主成分分析法的有效性。

主成分分析法以提高主成分对方差的解释度为标准，通过原始指标的线性组合构建相互正交的主成分，进而最大限度提炼数据本身的信息。应用主成分分析法获取权重的科学性依赖于一个关键假设，即农村长期发展解释了相关指标在数值上的主要方差（Filmer and Pritchett，1998）。总体来说，这一假设是成立的，地区间发展水平的差异解释了横向的指标差异，地区发展水平的提升解释了指标的纵向变化。简言之，发展和差距都体现为指标的总方差，单个指标解释越多的方差就赋越大的权重。

遵循特征值大于1和Cattell（1966）法则，本文选定前五个主成分，以这五个主成分对方差的解释程度为权重，计算各指标在五个主成分中的系数的加权均值，所得即指标体系的权重（见表1）。在五个维度中，经济发展的总权重是0.147，社会发展的总权重是0.275，生活水平的总权重是0.251，生态环境和城乡一体化的总权重分别为0.120和0.207。就各三级指标来说，权重最高的是收入、消费及相关的城乡居民消费比和收入比等指标，表明这些指标依然是影响各地区农村发展水平、导致不同地区农村发展差距的最主要因素，从后面的分析中也将得到这一结论。

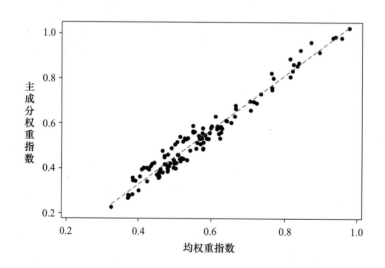

图2　依据不同权重所得指数的散点分布

全部27个三级指标的指标得分与指标权重之积的和（$\sum w_i \hat{x}_{i,t}$）即为总指数。由于总权重为1，总指数即是所有三级指标的得分的加权均值。总指数也是五个维度的得分之和，特定维度的得分是该维度上所有三级指标的指标得分与指标权重之积的和（$\sum w_i^j \hat{x}_{i,t}^j$），其中，$w_i^j$ 是 j 维度第 i 个三级指标的权重，$\hat{x}_{i,t}^j$ 是 t 年 j 维度第 i 个三级指标的得分。每个维度的总权重也是基准年该维度理论上能达到的最高得分。维度得分的变化与总指数变化的比值反映了该维度在农村发展水平变化中的贡献。但是，由于各维度的总权重不同，不同维度发展水平的差异不能直接通过维度的得分进行比较，而可以通过反映特定维度相对发展水平的维度分指数，即特定维度上所有指标的得分的加权均值 $[\sum (w_i^j \hat{x}_{i,t}^j / \sum w_i^j)]$ 来进行比较。不同维度分指数在基准年的理论最高得分都是 1。

作为对比，本文还使用通过逐级算术均权法获得的权重计算了总指数。通过两类权重所得指数的散点图可以看出（见图 2），依据两类权重计算所得的指数具有一致性。下文的分析将主要基于依据主成分分析法获得的权重计算所得的指数。

四　主要发现

（一）全国层面农村发展水平及变化

1. 全国农村发展水平稳步提高

依据主成分分析法所得权重，2014 年全国农村发展指数为 0.578（见图 3）。由于以 2011 年最高理论得分 1 为基准，该指数依然偏低，意味着农村发展仍有较大空间。2011—2014 年，全国农村发展指数呈上升趋势。与 2011 年相比，2014 年全国农村发展指数上升了 0.182，农村综合发展水平明显提高。

2. 生活水平与城乡一体化提升明显，不同维度发展失衡依然突出

2014 年，各维度中得分最高的首先是城乡一体化（0.165），其次是生活水平（0.163）、社会发展（0.121）、经济发展（0.070）和生态环境（0.060）。2011—2014 年，得分提高最多的首先是生活水平（0.072），其在总指数的增长中贡献了 39.6%；其次是城乡一体化（0.043）与社会发展（0.032），分别贡献了 23.6% 和 17.6%；最后是生态环境（0.019）与经济发展（0.016），分别贡献了 10.4% 和 8.8%。2014 年，在衡量各维度发展

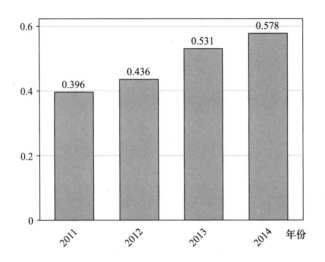

图 3　2011—2014 年全国农村发展指数

水平的维度分指数中，城乡一体化分指数最高，达到 0.796①，然后是生活水平（0.651）、生态环境（0.496）、经济发展（0.475）和社会发展（0.439）。2011—2014 年，维度分指数增长幅度最大的首先是生活水平分指数，上升了 0.287；其次是城乡一体化分指数，上升了 0.209，表明中央和地方政府在提高农民生活水平、消除城乡发展差距方面的努力取得了显著成效。如表 2 所示。2014 年，五个维度分指数的最高值与最低值的比值为 1.81，与 2011 年基本持平，这表明不同维度之间存在发展失衡问题，并且没有明显改善。

表 2　　　　　　　　2011—2014 年全国农村发展指数及维度分指数

		总指数	经济发展	社会发展	生活水平	生态环境	城乡一体化
分维度得分	2011 年	0.396	0.053	0.089	0.091	0.041	0.121
	2012 年	0.436	0.059	0.100	0.104	0.045	0.128
	2013 年	0.531	0.064	0.116	0.146	0.051	0.153
	2014 年	0.578	0.070	0.121	0.163	0.060	0.165
	2011—2014 年变化	0.182	0.016	0.032	0.072	0.019	0.043

---

① 实现程度达到 0.796 意味着比较普遍地接近于 2011 年的基准水平。但是，基准水平不是目标值，不能据此认为城乡一体化实现了 79.6%，因为指数是可以高于 1 的。

续表

		总指数	经济发展	社会发展	生活水平	生态环境	城乡一体化
维度分指数	2011 年	0.396	0.363	0.324	0.364	0.341	0.587
	2012 年	0.436	0.400	0.363	0.414	0.378	0.620
	2013 年	0.531	0.437	0.421	0.583	0.428	0.740
	2014 年	0.578	0.475	0.439	0.651	0.496	0.796
	2011—2014 年变化	0.182	0.111	0.115	0.287	0.155	0.209

（二）区域层面农村发展水平比较

1. 东部地区农村发展水平明显高于中西部和东北地区

从四大地带的农村发展指数可以看出，2014 年，农村综合发展水平最高的是东部地区，指数达到 0.798，中部、东北与西部三个地区农村发展水平比较接近，指数分别为 0.595、0.551 和 0.511，显著落后于东部地区（见图 4）。2011—2014 年，东部地区农村发展指数上升 0.191，中部和西部地区分别上升了 0.189 和 0.187，东北地区仅上升了 0.140。因为近年农村发展水平提升缓慢，东北地区的农村发展指数也从 2011 年时的仅次于东部地区落到中部地区之后。

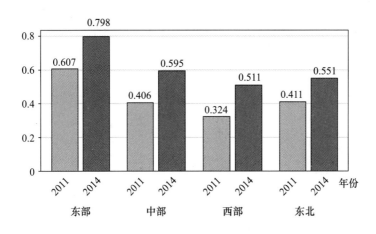

图 4　四大地带农村发展指数及变化

2. 各维度在区域间都呈现更加均衡的发展趋势

分维度来看，2014 年各维度分指数最高的都是东部地区；除了生态环境，西部地区在其他维度的分指数都是最低，生态环境维度分指数最低的是东北地区；中部地区经济发展维度分指数大幅高于西部和东北地区，东北地区又略高于西部地区；东北地区的社会发展维度分指数与生活水平维度分指数都略高于中部地区；中西部和东北地区的城乡一体化维度分指数普遍较高，与东部地区的差距较小，说明近年各地区城乡一体化水平都有明显提高，并且地区差距不大。

2011—2014 年，各维度分指数的变化没有呈现东部地区独大的局面，反映了农村发展整体上更加均衡的趋势。在经济发展、社会发展、生态环境三个维度，东部地区的分指数的上升幅度都略高于另外三个地区，特别是在社会发展维度，反映了经济发展对东部地区社会事业发展的促进作用；在生活水平维度，中部、西部和东北地区的分指数的增幅都超过东部地区，表明近年促进地区均衡发展的举措在提升这些地区居民的生活条件、生活环境等方面的作用是显著的；在城乡一体化维度，中西部地区的分指数的上升幅度都明显高于东部地区，这得益于两个地区在促进城乡一体化发展方面的体制机制改革与公共投入的增加。但是，东北地区城乡一体化维度分指数的增幅明显小于另外三个地区。

2011—2014 年，不同维度的发展对总指数增长的贡献率在四个地区有所差异（见图 5），一定程度上体现了各地区在发展需求、发展重点上的不同。首先，四个地区总指数的增长都主要来自生活水平维度得分的上升。东

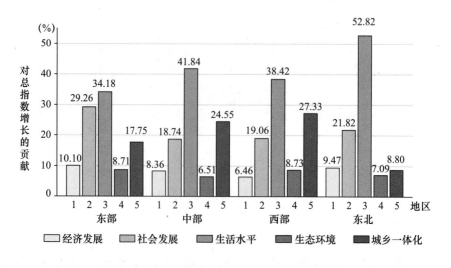

图 5　四大地带不同维度对总指数增长的贡献率

北地区生活水平维度得分上升了 0.074，对其总指数增长的贡献达到 52.8%，这在四个地区中也是最高的。在东部地区，虽然生活水平维度对总指数增长的贡献低于另外三个地区，但是也达到了 34.18%。在东部和东北地区，社会发展维度对总指数增长的贡献率仅次于生活水平维度，而在中部和西部地区贡献率仅次于生活水平维度的是城乡一体化。在四个地区，经济发展维度对总指数增长的贡献率都偏低，在西部则是最低的。

3. 中西部与东北地区面临维度间发展失衡问题，薄弱环节存在差异

在各地区内部，不同维度发展水平的差异比较明显，还没有达到均衡发展的要求。在东部地区，五个维度的发展水平相对来说更加均衡，其中分指数最高的是城乡一体化（0.936），其次是生活水平（0.864），最低的是社会发展（0.689），五个维度分指数中最高值与最低值的比值为 1.36。在中西部与东北地区，不同维度之间存在明显发展失衡，五个维度分指数中最高值与最低值的比值都远大于东部地区。在这三个地区，五个维度分指数中最高的依然都是城乡一体化和生活水平。中部和东北地区维度分指数最低的是生态环境，分别只有 0.405 和 0.294，最高值与最低值的比值分别为 2.25 和 2.96；西部地区的五个维度分指数中最低的是经济发展，最高值与最低值的比值为 2.49。如表 3 所示。从与 2011 年的比较来看，2014 年，东北地区五个维度分指数的最高值与最低值的比值有大幅下降，东部地区的降幅也比较明显，中部地区有小幅下降，而西部地区则有一定的上升。

表 3　　　　　　　　　分区域农村发展指数及维度分指数与变化

地区	指数类别	分维度得分			维度分指数		
		2011 年	2014 年	2011—2014 年变化	2011 年	2014 年	2011—2014 年变化
东部	总指数	0.607	0.798	0.190	0.607	0.798	0.190
	经济发展	0.094	0.113	0.019	0.638	0.769	0.131
	社会发展	0.134	0.189	0.056	0.486	0.689	0.203
	生活水平	0.152	0.217	0.065	0.605	0.864	0.259
	生态环境	0.068	0.085	0.017	0.569	0.707	0.138
	城乡一体化	0.160	0.194	0.034	0.773	0.936	0.163
中部	总指数	0.406	0.595	0.189	0.406	0.595	0.189
	经济发展	0.063	0.079	0.016	0.431	0.539	0.108
	社会发展	0.083	0.118	0.035	0.301	0.430	0.129

地区	指数类别	分维度得分			维度分指数		
		2011 年	2014 年	2011—2014 年变化	2011 年	2014 年	2011—2014 年变化
中部	生活水平	0.081	0.161	0.079	0.324	0.640	0.315
	生态环境	0.036	0.049	0.012	0.302	0.405	0.103
	城乡一体化	0.142	0.188	0.046	0.686	0.911	0.224
西部	总指数	0.324	0.511	0.187	0.324	0.511	0.187
	经济发展	0.035	0.047	0.012	0.235	0.317	0.082
	社会发展	0.077	0.113	0.036	0.281	0.411	0.130
	生活水平	0.072	0.143	0.072	0.285	0.571	0.286
	生态环境	0.028	0.044	0.016	0.232	0.368	0.136
	城乡一体化	0.112	0.163	0.051	0.543	0.789	0.247
东北	总指数	0.411	0.551	0.140	0.411	0.551	0.140
	经济发展	0.038	0.051	0.013	0.256	0.347	0.090
	社会发展	0.089	0.120	0.031	0.324	0.435	0.111
	生活水平	0.091	0.165	0.074	0.361	0.656	0.295
	生态环境	0.025	0.035	0.010	0.211	0.294	0.083
	城乡一体化	0.168	0.180	0.012	0.811	0.871	0.060

（三）省级层面农村发展水平比较

1. 农村发展水平普遍提高

分省（区、市）来看，2014 年农村发展指数最高的五个地区依次是上海（1.024）、浙江（0.981）、北京（0.961）、江苏（0.869）和天津（0.862），最低的五个地区依次是甘肃（0.418）、贵州（0.422）、云南（0.441）、青海（0.489）和新疆（0.506）（见图 6、表 4）。2011—2014 年，农村发展指数上升最多的五个地区依次是天津（0.284）、广西（0.263）、浙江（0.231）、内蒙古（0.225）和海南（0.223），上升最小的五个地区依次是山东（0.118）、黑龙江（0.126）、北京（0.138）、青海（0.143）、辽宁（0.145）（见图 6）。2011—2014 年，全国农村发展指数上升了 0.182，在所有省（区、市）中，农村发展指数的上升幅度超过全国平均水平的有 14 个。在农村发展指数排序变化方面，与 2011 年相比，2014 年排名下降的有 14 个省（区、市），不变的有 3 个，上升的有 13 个。排名下降最多的五个地区依次是东北三省的黑龙江、辽宁、吉林及河南与新疆，

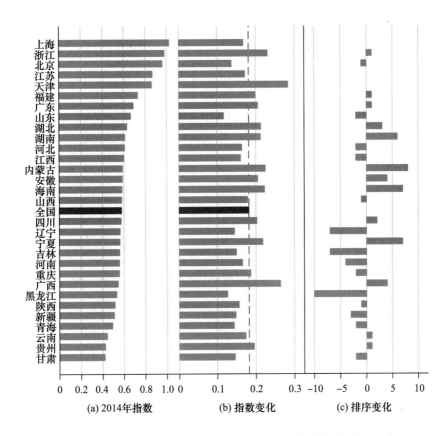

图 6　2014 年中国农村发展指数及 2011—2014 年的指数与排序变化

表 4　2011—2014 年各省（区、市）农村发展指数

	主成分权重计算的指数				分级均权重计算的指数			
	2011 年	2012 年	2013 年	2014 年	2011 年	2012 年	2013 年	2014 年
全国	0.396	0.436	0.531	0.578	0.447	0.485	0.556	0.588
北京	0.823	0.887	0.925	0.961	0.776	0.836	0.874	0.914
天津	0.578	0.68	0.801	0.862	0.57	0.667	0.777	0.847
河北	0.446	0.488	0.577	0.61	0.504	0.546	0.618	0.632
山西	0.401	0.446	0.531	0.58	0.464	0.499	0.576	0.61
内蒙古	0.364	0.402	0.54	0.589	0.389	0.419	0.51	0.548
辽宁	0.419	0.449	0.533	0.564	0.428	0.466	0.526	0.551
吉林	0.41	0.461	0.534	0.559	0.423	0.473	0.523	0.536
黑龙江	0.403	0.424	0.519	0.529	0.404	0.432	0.518	0.525
上海	0.856	0.981	0.985	1.024	0.814	0.954	0.965	0.997

	主成分权重计算的指数				分级均权重计算的指数			
	2011 年	2012 年	2013 年	2014 年	2011 年	2012 年	2013 年	2014 年
江苏	0.696	0.759	0.833	0.869	0.708	0.758	0.818	0.84
浙江	0.75	0.807	0.916	0.981	0.759	0.816	0.901	0.965
安徽	0.382	0.421	0.533	0.587	0.443	0.488	0.564	0.606
福建	0.532	0.584	0.699	0.731	0.556	0.616	0.696	0.725
江西	0.442	0.488	0.56	0.603	0.505	0.556	0.604	0.634
山东	0.547	0.579	0.631	0.665	0.568	0.607	0.655	0.665
河南	0.392	0.432	0.515	0.557	0.467	0.501	0.564	0.582
湖北	0.417	0.46	0.587	0.631	0.468	0.5	0.592	0.608
湖南	0.4	0.437	0.553	0.612	0.48	0.512	0.598	0.619
广东	0.485	0.533	0.659	0.69	0.56	0.609	0.697	0.715
广西	0.281	0.342	0.46	0.544	0.357	0.411	0.493	0.552
海南	0.361	0.403	0.537	0.584	0.444	0.484	0.565	0.601
重庆	0.37	0.424	0.532	0.556	0.452	0.504	0.586	0.581
四川	0.372	0.409	0.508	0.575	0.444	0.476	0.559	0.603
贵州	0.227	0.276	0.37	0.422	0.317	0.364	0.442	0.477
云南	0.268	0.301	0.381	0.441	0.355	0.384	0.451	0.497
陕西	0.357	0.385	0.479	0.513	0.445	0.47	0.535	0.553
甘肃	0.272	0.284	0.384	0.418	0.355	0.362	0.437	0.45
青海	0.346	0.394	0.455	0.489	0.384	0.43	0.474	0.499
宁夏	0.344	0.402	0.517	0.562	0.372	0.413	0.506	0.547
新疆	0.358	0.395	0.478	0.506	0.373	0.399	0.459	0.492

分别下降了 10 位、7 位、7 位、4 位和 3 位。排名上升最多的五个地区依次是内蒙古、宁夏、海南、湖南和安徽，分别上升了 8 位、7 位、7 位、6 位和 4 位。总体来说，农村发展指数最高的地区集中分布在东部，西部地区省（区、市）的指数普遍较低。2011—2014 年，排名上升较多的主要是中西部省（区、市），下降最多的则是东北三省。

2. 农村发展水平分布呈"两端分化、中间趋同"特征，地区间差异趋于缩小

省级层面农村发展指数的得分总体上呈"两端分化、中间趋同"的特征。具体来说，农村发展水平最高的几个地区的总指数大幅高于其他地区，并且相互之间差距也较大，农村发展水平居中的近 20 个省（区、市）的总

指数非常接近，农村发展水平最低的几个地区的总指数明显低于其他地区。2014年，农村发展水平最高的五个地区总指数的平均值为0.939，农村发展水平最低的五个地区总指数的平均值为0.455，两者之比为2.06。2011年以来，该比值趋于下降（见图7），说明地区间农村综合发展水平的差距在缩小。与2011年相比，2014年该比值下降了0.6。所有地区总指数的变异系数也表现出下降趋势（见图7），2014年变异系数为0.252，比2011年降低了0.098。

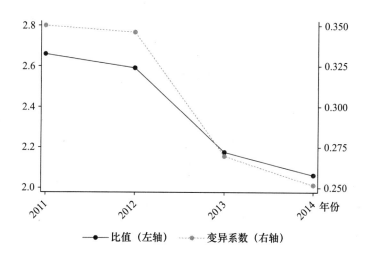

图7　2011—2014年最高五位平均得分与最低五位平均得分的比值

3. 城乡一体化维度的地区差距较小，各维度的地区差距都趋于下降

分维度来看，2014年生态环境在省级层面的地区差距最大（见图8），各地区生态环境分指数的变异系数为0.48，其次是经济发展和社会发展，两个维度分指数的变异系数分别为0.45和0.41，生活水平的地区差距较小，城乡一体化的地区差距最小，后者的分指数的变异系数只有0.12。2011—2014年，经济发展、生活水平、生态环境与城乡一体化的维度分指数的变异系数都呈下降趋势，降幅最大的是生活水平，变异系数下降了0.22。

4. 维度间发展失衡在东北与西部省份更突出，但普遍趋于缓解

根据维度分指数，城乡一体化在27个省（区、市）都是发展水平最高的维度，浙江、北京和上海三个地区发展水平最高的维度分别是生活水平或

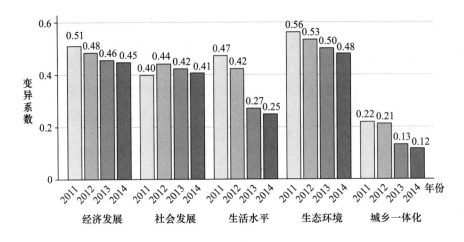

图8 分维度地区差距及变化

社会发展（见表5）。各地区在发展水平最低的维度上有所分化，在云南、吉林等8个省（区、市）五个维度分指数中最低的是经济发展，在浙江、四川、安徽等8个省（区、市）分指数中最低的则是社会发展，在北京、内蒙古、天津等13个省（区、市）分指数中最低的是生态环境，仅在上海一个地区分指数中最低的是城乡一体化。

表5　　　　　　　　**发展水平最高与最低维度的地区构成**

		发展水平最高的维度		
		社会发展	生活水平	城乡一体化
发展水平最低的维度	经济发展	—	—	云南、吉林、宁夏、广西、海南、甘肃、贵州、重庆
	社会发展	—	浙江	四川、安徽、山东、广东、江苏、江西、福建
	生态环境	北京	—	内蒙古、天津、山西、新疆、河北、河南、湖北、湖南、辽宁、陕西、青海、黑龙江
	城乡一体化	上海	—	—

根据五个维度分指数的最高值与最低值的比值来看（见图9），2014年，五个维度发展水平失衡最严重的五个地区依次是黑龙江（5.42）、内蒙古（4.20）、青海（4.19）、新疆（3.77）与甘肃（3.57），五个维度之间发展水平最协调的五个地区依次是浙江（1.30）、江苏（1.35）、北京

（1.45）、上海（1.46）和广东（1.66），失衡最严重的地区主要分布在东北与西部地区，最协调的地区则主要在东部。总体而言，2011—2014 年大多数地区五个维度的发展水平变得更加协调，在此期间，比值出现下降的地区有 17 个，上升的有 13 个。

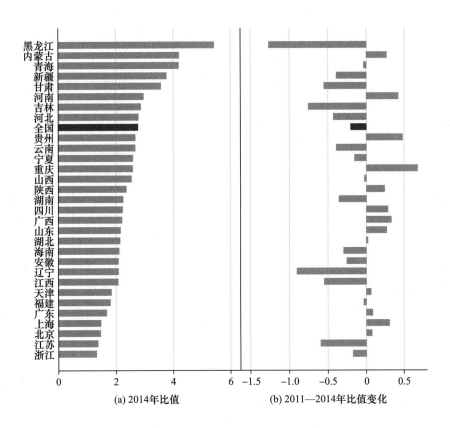

(a) 2014年比值   (b) 2011—2014年比值变化

图9　不同维度均衡发展状况的地区差异及变化

五　总结与思考

本文根据农村综合发展内涵与数据可获得性，从经济发展、社会发展、生活水平、生态环境与城乡一体化五个维度出发，构建了包括 27 个具体指标的中国农村发展指数，并用主成分分析法对各指标赋权。基于该指数，本文对 2011—2014 年全国、区域（四大地带）和省级层面的农村发展水平进行了测算与比较分析，基本发现是：①近年来，农村发展水平在全国、区域和省级三个层面都表现出稳步提高的趋势；②不同区域之间、不同省份之间的农村发展水平存在一定差距，在省份之间呈"两端分化、中间趋同"的分布特征；③除了城乡一体化，其他维度都存在较明显的地区差距；④各地区普遍面临维度间发展失衡问题，尤其是在东北与西部地区；⑤总指数和各个维度面临的地区发展差距及各地区面临的维度间发展失衡问题都趋于缓解。

全面认识农村发展内涵，从单目标地强调经济增长向多目标地强调经济、社会、生活、生态、城乡一体化等共同发展转变，是向更高层次推动中国农村发展的必然要求。在经济增速放缓、社会、生态、城乡发展失衡等问题日益突出的新常态下，进一步强调社会发展、生态环境保护与城乡一体化在农村发展中的作用，具有更加突出的必要性，是持续推动农村发展的必然选择。未来进一步推进中国农村发展，一方面要从多目标综合发展的内涵出发，多维度、多举措继续提高农村综合发展水平。另一方面要着力提高协调发展水平。首先，是促进地区之间协调发展，重点加快中西部和东北地区发展，缩小这些地区与东部地区的差距，既消除综合发展水平的地区差异，也消除各维度面临的地区发展差距；其次，是在国家层面和地区层面实现不同维度之间的协调发展，重点是加快社会与生态环境等薄弱环节的发展。

参考文献

［1］ Filmer, D. and L. Pritchett, "Estimating Wealth Effects Without Expenditure Data—Or Tears: With an Application to Educational Enrollments in States of India", World Bank Policy Research Working Papers, No. 1994, Development Economics Research Group, World Bank, Washington, DC, 1998.

［2］ 徐勇、邓大才、任璐、胡雅琼等：《中国农民状况发展报告 2013》（社会文化卷），北京大学出版社 2014 年版。

［3］ 北京师范大学科学发展观与经济可持续发展研究基地等：《2011 中国绿色发展指数报告——区域比较》，北京师范大学出版社 2011 年版。

［4］ 徐仲安、张晓林、程选等：《中国农村居民幸福指数研究》，中国财政经济出版社 2014 年版。

［5］ 余谦、高萍：《中国农村社会福利指数的构造及实测分析》，《中国农村经济》2011 年第 7 期。

［6］ 袁卫、彭非：《中国发展指数的编制研究》，《中国人民大学学报》2007 年第 2 期。

［7］周义、张莹、任宏：《考虑分布不均衡影响的中国农村社会福利测度》，《统计与决策》2014 年第 19 期。

［8］樊纲、王小鲁：《中国各地区市场化相对进程报告》，《经济研究》2003 年第 3 期。

（原文发表于《中国农村发展报告——聚焦农村全面建成小康社会》）

城乡基本公共服务均等化的犯罪治理效应
——基于 2002—2012 年省级面板数据的实证研究

张海鹏

一　研究背景

改革开放以来，中国在实现经济腾飞的同时，国内的犯罪数量和犯罪率也在不断攀升。1986 年，全国检察机关共批准逮捕各类刑事犯罪嫌疑人31.5 万，截至 2012 年这一数据已上升到 97.2 万人；刑事犯罪率也从 1986年的 0.29‰[①]上升到 2012 年的 0.72‰。特别是 2000 年以后，中国进入了被称为"第五次犯罪高峰"的新犯罪高发阶段。伴随着中国犯罪数量和犯罪率的迅速攀升，犯罪的社会成本也急剧增加。1995—2010 年，中国 9 种刑事犯罪的总成本从约 900 亿元上升至 13000 亿元，人均成本由 73 元增加到约 1000 元，犯罪总成本占 GDP 比重由 1.34% 增加到 4.02%（陈硕、刘飞，2013）。中国政府历来重视对刑事犯罪活动的打击和治理，并为此投入了数量可观的财政资金。仅在 2002 年至 2012 年期间，中国的人均公检司法支出从 96.8 元增加到 506.7 元（2005 年价格）（见图 1），大约增长了 4 倍多，远高于同期刑事犯罪率的增长速度。司法投入和刑事犯罪率都稳定增长的事实，使人们对以政府打击为主的犯罪治理政策产生了怀疑。事实上，面对社会转型期日益复杂多变的刑事犯罪新态势，传统的"压力维控型"犯罪治理模式在总体上难以适应社会发展的需要，中国的犯罪治理模式已经悄然转型，由"压力维控型"向"压力疏导型"转换（周建达，2012）。也就是

---

① 每万人中检察机关批准逮捕 2.9 人。

说，通过改善社会经济环境降低刑事犯罪率的政策开始受到重视。但是，这些政策到底能否奏效，并不是很清楚。因此，准确识别出显著影响犯罪的社会经济因素，成为学术界和政策制定者非常关心的问题。

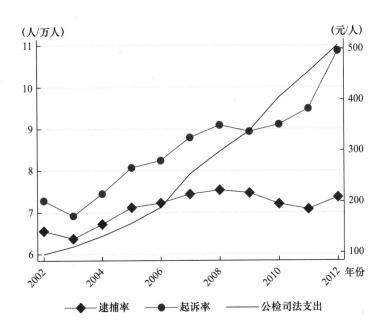

图1 中国刑事犯罪率与人均公检司法支出变化

目前比较流行的观点认为，城乡收入差距扩大和农民工进城导致的流动人口增加是中国刑事犯罪率上升的主要原因（章元等，2011）。但是，在长期的二元体制下，城乡居民除了在收入和消费等经济待遇方面存在较大差距之外，在社会保障、医疗、教育以及就业等基本公共服务方面也都存在严重的不平等。特别是对于中国这样的转型国家来说，城乡居民的基本公共服务差距还是城乡居民收入差距扩大的深层次原因。而对于流动人口增加导致刑事犯罪率的上升，普遍认为这仅仅是反映了两者表面上的数量关系，本质原因在于恶劣的劳动条件和社会福利缺失降低了他们犯罪的机会成本，从而推动了进城农民工的刑事犯罪率上升（陈刚等，2009；史普川、吴兴杰，2010；康均心、杨新红，2010）。另外，对进城农民工设置的制度障碍，加重了他们的心理负担，使得该群体中更有可能产生极端反社会行为（张丹丹等，2014）。因此，当前中国刑事犯罪最为根本的原因来自制度性不平等对于生存战略的挤压（周晓唯、冯薇，2010）。正因为如此，政策制定者和学术界都将消除城乡居民基本公共服务差距作为降低刑事犯罪率的手段之一。但是，对于缩小城乡居民基本公共服务差距到底能否降低刑事犯罪率，目前并没有得到相关实证研究的支持。基于此，定量评估城乡居民基本公共服务差距与刑事犯罪率之间的关系，对于中国犯罪治理政策的调整和完善具有比较重要的现实意义。而中国政府近年来开始推动的城乡公共服务均等化①，也为这一研究的开展提供了条件。

有鉴于此，本文利用2002—2012年的省级面板数据，就城乡居民基本公共服务均等化能否有效遏制刑事犯罪率攀升这一问题进行实证研究。本文可能的创新主要体现在以下几个方面：①将城乡不平等对刑事犯罪率影响的考察，从收入差距扩展到基本公共服务的差距，这对于中国犯罪治理政策的制定具有参考价值；②将现有研究仅限于公共服务水平变化对刑事犯罪率影响的分析框架，拓展到基本公共服务在城乡间的分配对刑事犯罪率的影响，并且考察了不同基本公共服务类型的犯罪治理效应；③通过计算对犯罪率影响因素的标准化，比较不同性质的因素在犯罪治理中的相对重要性；④采用动态面板数据模型的系统广义矩方法处理解释变量的内生性问题，使得结论更加稳健。

本文剩余部分的结构安排如下：第二部分回顾基本公共服务和与犯罪治理关系的文献；第三部分是实证策略和数据说明；第四部分是实证检验结果；第五部分是稳健性检验；第六部分是机制讨论、结论和政策启示。

二　文献回顾

Becker（1968）开创性地研究将犯罪问题纳入了经济学的分析框架之内，从而为人们理解和治理犯罪问题提供了新的视角。该理论认为，犯罪是个人理性选择的结果，只有预期收益大于成本的时候犯罪才会发生。而个人

---

①　进入21世纪以来，中国开始改变长期实行的城市倾斜战略，逐渐向城乡协调发展战略转型，并出台了一系列有利于城乡协调发展的政策。2003年，党的十六大报告提出："统筹城乡经济社会发展，建设现代农业，发展农村经济，增加农民收入，是全面建设小康社会的重大任务。"2005年，中央一号文件文件提出："要加快发展农村教育、卫生、文化等社会事业，促进农村经济社会全面发展，维护农村社会稳定。"2006年，中共十六届六中全会通过的《中共中央关于构建社会主义和谐社会若干重大问题的决定》进一步提出："完善公共财政制度，逐步实现基本公共服务均等化。"

犯罪的成本则取决于惩罚概率和严厉程度，即无论惩罚概率上升还是严厉程度增加，都将减少犯罪行为，因此该理论也被称为犯罪威慑理论（Levitt and Miles，2004）。关于惩罚概率和惩罚严厉程度对遏制犯罪的效果，现有文献已经得出基本一致的结论：惩罚严厉程度的威慑效果并不明显，惩罚概率提高则能够有效地控制犯罪（陈屹立、张卫国，2008；陈硕，2014）。而犯罪惩罚概率又和政府司法支出呈正向关系，因此政府增加司法支出通过提高对潜在罪犯的威慑效果进而减少犯罪活动。但是，司法支出和犯罪率之间存在互为因果的关系，即犯罪率的上升也会促使政府加大司法支出（Ehrlich，1973），联立性内生问题会导致估计结果的不一致。处理内生性问题的方法概括起来主要有两种：一种是寻找外生冲击作为工具变量（Levitt，1997）；另一种是利用动态面板模型，从内部挖掘有效的工具变量（Arellano and Bond，1991；Roodman，2009）。国内的相关研究（陈刚等，2010；吴一平、芮萌，2010；毛颖，2011；陈硕，2012）在克服了联立性内生问题以后，均发现政府的公检法支出并未对中国刑事犯罪率的攀升起到预期的威慑效应，不断增长的犯罪率更大程度上是转型时期的各种社会经济因素所致。

犯罪经济学认为，改善社会经济条件，提高犯罪的机会成本将会降低犯罪率。在影响犯罪率的诸多社会经济因素当中，社会歧视和不公受到了格外的关注，特别是普遍发现收入不平等对犯罪率有显著的影响（Fajnzylber et al.，1998；Chiu and Madden，1998；Kelly，2000；Fajnzylber et al.，2002；Imrohoroglu et al.，2004）。在国内，收入不平等与犯罪率的关系也是研究的重点，由于中国的城乡收入不平等对全国收入不平等做出了主要贡献（陆铭等，2005；万广华，2006），因此研究主要集中于城乡收入不平等对犯罪率的影响（胡联合等，2005；黄少安、陈屹立，2007；陈春良、易君健，2009；吴一平、芮萌，2010；章元等，2011；李殊琦、柳庆刚，2014；张向达、张家平，2015）。但是，对于正处在转型期的中国而言，城乡收入差距只反映了城乡不平等的一个方面。在长期的城乡二元分割体制下，城乡居民的差别待遇达47项之多，其中除了经济方面的不平等以外，在教育、医疗、就业、社会保障等基本公共服务方面，城乡之间存在巨大的不平等（麻泽芝、丁泽芸，1999；马晓河、方松海，2005；李雪萍、刘志昌，2008；陈萍，2014）。更重要的是，随着中国社会经济的发展，以上格局并未根本扭转，使农民陷入结构性的机会不公平状态（林光彬，2004）。如果仅仅将基本公共服务看作居民的隐性收入（李实、罗楚亮，2007），那么它们将通过扩大收入不平等降低农村潜在犯罪的机会成本，从而提高刑事犯罪率。更为重要的是，城乡基本公共服务方面的差距降低甚至剥夺了农民通过自身努力追求平等的能力。基于以上，评价城乡居民在社会保障、医疗、教育以及就业等基本公共服务方面的不平等与犯罪率的关系，才能更为全面地衡量城乡不公对犯罪率的影响。

事实上，从国外的犯罪治理实践来看，福利补贴和犯罪威慑被认为是犯罪治理的两个基本手段（陈春良，2010）。理论上，福利补贴提高意味着犯罪的机会成本增加，因此有利于降低犯罪参与（Zhang，1997），已有实证研究也支持了这一结论（Zhang，1997；Donohue and Siegelman，1998；Edlund et al.，2007；Johnson et al.，2007）。不过相关研究同时发现，旨在改善低收入群体生存条件的公共政策，其有效性敏感依赖于项目的具体实施细节（陈春良、史晋川，2011）。国内也有不少文献针对公共福利和刑事犯罪率的关系进行了实证研究（陈屹立，2007，2008；陈春良、易君健，2009；陈刚，2010；陈刚等，2010；吴一平、芮萌，2010；陈硕，2011；毛颖，2011），而且均发现公共福利水平提高有利于降低刑事犯罪率。不过，以上研究重点考察的是公共福利水平提高的犯罪治理效应，没有将中国公共服务均等化程度较低的特征放入分析当中。而且，以上研究往往是将公共福利支出作为一个整体进行考察，即采用人均福利支出或者福利支出在财政支出中的比重来衡量，而实际上教育、医疗卫生、社会保障以及劳动力市场状况对个人犯罪决策的影响机制是有差异的，整体考察的做法降低了政策制定的细致化和瞄准性。更重要的是，基本公共服务均等化的不同方面在具体实施时采用的方式也是不同的，从国外的文献来看，这也会对犯罪率产生不同的影响，因此，有必要对基本公共服务不同方面的犯罪治理效应进行考察，以期得到更加丰富的政策启示。

三 实证策略与数据说明

（一）实证策略

本文的核心是关注城乡基本公共服务均等化对刑事犯罪率的影响。根据犯罪经济学理论，犯罪率是犯罪威慑和转型时期各种社会经济因素的函数。因此，除了实证研究所关注的核心解释变量以外，还必须控制其他解释变量，以避免出现遗漏变量偏误。而以上变量很多都存在内生性问题，特别是衡量犯罪威慑的公检法支出变量与犯罪率之间具有明显的双向因果关系；同样，基本公共服务均等化变量在犯罪率决定方程中也存在内生性问题，这在实证策略中必须要得到解决。传统的处理办法是寻找合理的工具变量来克服内生性问题，但是，要同时找到公检法支出、基本公共服务均等化以及其他内生变量的工具变量，在实际操作中是非常困难的事情。此外，刑事犯罪往往是具有惯性的（Fajnzylber et al.，2002），因此还需要在控制变量中加入刑事犯罪率的滞后项，以控制刑事犯罪的惯性。为了解决以上问题，本文将采用动态面板模型进行实证分析（Arellano and Bond，1991；Blundell and Bond，1998；Roodman，2009）。动态面板模型的优势在于，利用内生变量的滞后期作为当期内生变量的工具变量，一旦能够通过有效性检验，则不再需要额外的工具变量。本文具体的计量模型设定如下：

$$Y_{r,t} = Y_{r,t-1}\beta_0 + X_{r,t}\beta_1 + Z_{r,t}\beta_2 + c_r + \lambda_t + \varepsilon_{r,t} \tag{1}$$

其中，集合 r 和 t 分别表示省份和年度；向量 $Y_{r,t}$ 是以逮捕率（或起诉率）指标衡量的犯罪率，$Y_{r,t-1}$ 是滞后一期的犯罪率；矩阵 $X_{r,t}$ 表示本文所关注的核心解释变量，即城乡基本公共服务均等化指标；矩阵 $Z_{r,t}$ 表示其他控制变量。地区固定效应 c_r 控制所有不随时间变化的地区固有特征，包括地域文化、自然条件、经济发展水平等；时间固定效应 λ_t 控制所有不随地区变化的固有差异，例如在某些时点上全国范围内的严打行动、犯罪状况固有的时间趋势等。

所有的动态面板模型都具有天然的内生性问题：由于因变量的滞后期作为解释变量而存在，模型的残差中也就包含了更早的滞后期信息，这使得模型残差项与因变量的滞后期相关。一阶差分广义矩（DIF-GMM）和系统广义矩（SYS-GMM）估计是克服动态面板模型内生性的两个主要方法。其中，DIF-GMM 的基本思路是先进行一阶差分后，利用内生变量的滞后两期（以及更早的滞后期）作为差分后对应内生变量的 IV 集。但是，一旦滞后项（IV 集）与差分项（内生变量）的相关性较弱时，DIF-GMM 同样面临弱工具变量（weak IV）问题。Blundell 和 Bond（1998）对 DIF-GMM 进行了进一步改进，即将水平方程和差分方程结合起来估计，此外还增加了一组滞后的差分变量作为水平方程相应内生变量的 IV 集，称为 SYS – GMM①。在 DIF – GMM 和 SYS – GMM 都能够通过 IV 有效性检验的前提下，SYS – GMM 的估计效率更高。因此，本文的基准回归将统一采用 SYS – GMM 进行估计，并利用 DIF – GMM 进行基准结果的稳健性检验。

（二）变量设置和数据说明

本文犯罪率决定方程的变量设置和数据说明如下：

1. 被解释变量：刑事犯罪率

如何选择合适的衡量刑事犯罪率的变量是本研究领域面临的一个难题。目前，中国有 6 个可供选择计算刑事犯罪率的指标，包括公安机关立案数、公安机关破案数、检察机关批捕数、检察机关提起公诉数、法院一审收案数以及法院终审定罪数（白建军，2010）。借鉴已有的研究文献，本文选择检察机关批捕数计算刑事犯罪率，即每万人检察机关批准逮捕人数。选择这一变量可能会面临来自三个方面的质疑：第一，犯罪黑数②是难以避免的，即便被认为最接近犯罪真实情况的公安机关立案数，据估计也不到真实发生数的一半（胡联合，2006），因此变量会存在显著的测量误差；第二，为何不选择其余 5 个指标计算犯罪率；第三，没有区分暴力犯罪和侵财犯罪，而这两者类型犯罪背后的动机是不同的（Kelly，2000）。针对第一个问题，Levitt（1998）指出，使用报案率对犯罪供给方程的弹性估计并无明显影响。而且采用面板数据时，只要报案率与实际发生率之间的比例相对稳定，那么同时控制时间和地区固定效应，还是可以得到一致估计量的（Soares，2004）。而实际上由于刑事犯罪的重大影响和公安机关的高度重视，其黑数要远远低于其他民事或者治安案件（章元等，2011）。对于第二个问题，根据中国刑法和刑事诉讼法的相关规定，"逮捕犯罪嫌疑人必须经过人民检察院的批准或人民法院决定"；同时，"除少数亲告罪可以自诉外，其他犯罪都实行公诉制度，并一律由人民检察院向有管辖权的人民法院提起"，因此选择检察机关批准逮捕数计算犯罪率是有依据的。而且陈硕（2011）经过检验发现，以上 6 个指标高度相关，无论选择哪个都不存在代表性问题。此外，本文还

---

① 理论上说，SYS – GMM 和 DIF – GMM 的基本假设一致。但是，SYS – GMM 通过拓展 IV 集，增进了内生变量与工具变量集的相关性；不仅如此，SYS – GMM 将水平方程与差分方程结合起来估计，也提高了估计效率。

② 犯罪黑数是指司法机关统计的犯罪数量和实际的犯罪数量之间的差值。

选择每万人检察机关提起公诉人数作为犯罪率的代理变量，以提高回归结果的稳健性。对于第三个问题，Fajnzylber 等（2002）认为，暴力犯罪通常伴随着侵财目的，因而没有必要对二者进行严格区分。而且随着中国刑事犯罪类型的历史性变化，暴力犯罪已经由过去的目的转变为一种手段，许多暴力犯罪在本质上是侵财性犯罪（吴鹏森，2011）。

2. 核心解释变量：城乡基本公共服务均等化

本文需要解决的另外一个问题是，确定衡量城乡基本公共服务均等化的指标。虽然学者们对纳入均等化的公共服务范围的认识有所不同，但多数主张基本公共服务的核心指标包括教育、社会保障、医疗卫生和就业（安体富、任强，2007；常修泽，2007；刘德吉，2008）。但由于实际中，无法找到合适的衡量城乡就业市场一体化的指标，因此，本文的核心解释变量包括城乡教育均等化、城乡医疗卫生均等化以及城乡社会保障均等化。而对于均等化的内涵，学术界也基本达成了共识：一是城乡居民享受公共服务的机会均等；二是城乡居民享受的公共服务在数量和质量上大体相等，即结果均等（安体富、任强，2007）。虽然普遍认为实现城乡公共服务的平均化是不可能的（王谦，2008），但是一致主张"一个国家的公民无论居住在哪个地区，都有平等享受国家最低标准的基本公共服务的权利"。基于以上原因，本文对均等化的度量采用城乡居民享受的基本公共服务水平的差异，即农村居民与城市居民某项基本公共服务水平的比值，该数值越大表明城乡均等化程度越高。具体来说：

（1）城乡教育均等化。采用城乡生均教育经费比反映，计算方法为：义务教育阶段农村人均教育经费/义务教育阶段地区平均生均教育经费。

（2）城乡医疗卫生均等化，采用城乡每千人口卫生技术人员数比反映，计算方式为：农村每千人口卫生技术人员数/城市每千人口卫生技术人员数。

（3）城乡社会保障均等化，采用城乡最低生活保障平均支出比反映，计算方法为：农村最低生活保障平均支出/城市最低生活保障平均支出。

3. 其他解释变量

根据已有文献，本文还控制了其他可能对刑事犯罪率产生影响，同时也与基本公共服务均等化可能相关的因素。

（1）司法支出。本文采用人均公检司法支出来衡量刑事犯罪的威慑效应（陈刚等，2010）。

（2）城市化率。城市化会导致刑事犯罪率的提高（Galvin，2002；王安、魏建，2013）。本文采用人口城市化率，即地区城镇人口占总人口的比重。

（3）城乡收入差距。国内外大量的实证研究结果都表明，城乡收入差距会导致刑事犯罪率的上升。本文采用城市居民人均可支配收入和农民人均纯收入之比来测度城乡收入差距。

（4）失业率。失业率上升意味着刑事犯罪的机会成本降低，犯罪参与增加，中国刑事犯罪率的上升与城市登记失业率有关（章元等，2011）。我们只能获取各省市城镇登记失业人口率，并用该指标来代理实际的失业率水平。

（5）流动人口。人口流动会导致刑事犯罪率的上升（陈刚等，2009；史晋川、吴兴杰，2010）。本文采用万人中移民数量来衡量流动人口（陈硕，2011）。

（6）经济发展水平。经济发展水平是刑事犯罪研究中必须控制的变量之一，本文采用人均 GDP 来表示。

（7）离婚率。离婚率也会对刑事犯罪率产生正的影响（刘瑞明、毛颖，2014），本文对离婚率的衡量采用的是"粗离婚率"，即每千人口中离婚的对数。

（8）性别比。人口性别比的升高对刑事犯罪率的上升有非常显著的影响（Edlund，2007；姜全保、李波，2011），本文采用男性人口与女性人口的比值来衡量性别比。

（9）人口密度。人口密度的上升也被认为是造成刑事犯罪率攀升的因素之一，本文采用每平方千米千人数来衡量。

本文使用的刑事犯罪率数据主要来自于各省人民检察院历年工作报告；其他数据来自于历年《中国统计年鉴》《中国教育经费统计年鉴》《中国卫生统计年鉴》《中国民政统计年鉴》《中国劳动统计年鉴》《全国暂住人口统计资料汇编》以及国家统计局网站。表1是本文所使用变量的描述性统计。

表1　　　　　　　　　变量统计描述

变量名称	定义和单位	均值	标准差	最小值	最大值
被解释变量					
逮捕率	人/万人	7.098	2.561	2.894	15.42
起诉率	人/万人	8.568	3.305	3.270	24.65

续表

变量名称	定义和单位	均值	标准差	最小值	最大值
核心解释变量					
社会保障均等化	农村/城市×100	34.82	12.91	3.187	73.63
医疗卫生均等化	农村/城市×100	45.49	11.70	18.98	87.58
教育均等化	农村/平均×100	90.66	9.820	58.85	130.0
其他解释变量					
城乡收入差距	城市/农村	3.034	0.588	2.055	4.759
城市化率	%	48.05	14.73	18.83	89.32
流动人口比重	人/万人	9.542	11.34	0.654	48.37
人均GDP	万元	2.724	1.783	0.440	9.125
人均公检司法支出	元/人	267.6	203.2	40.31	1159
城市登记失业率	%	3.733	0.688	1.300	6.500
离婚率	%	1.742	0.849	0.487	4.743
性别比	%	103.9	3.420	94.92	115.2
人口密度	千人/平方千米	0.420	0.589	0.008	3.754

注：样本量330，时间跨度2002—2012年。表格中的所有变量在构造时，一旦利用到收入或者经费信息，诸如城乡人均收入、生均教育经费、公检司法支出等，全部使用各省历年CPI调整到2012年。

本文还对使用的关键变量进行了相关性检验（见表2）。从表2可以看出：第一，逮捕率与起诉率显著高度相关，表明这两个指标之间可以互为代理变量。第二，城乡基本公共服务均等化的三个方面之间不存在显著相关，也就意味着关键变量之间的多重共线性较弱，一起进入回归并不会干扰各自的统计显著性，因此多重共线性不再是接下来的实证分析中所担心的问题。第三，城乡基本公共服务均等化的三个方面与逮捕率和起诉率之间均呈负相关关系，这为接下来的回归结果提供了直觉判断。

表2　　　　　　　　　　**关键变量的相关性检验**

	逮捕率	社会保障均等化	医疗卫生均等化	教育均等化	起诉率
逮捕率	1				
社会保障均等化	0.0426	1			
医疗卫生均等化	-0.2246*	-0.0679	1		

续表

	逮捕率	社会保障均等化	医疗卫生均等化	教育均等化	起诉率
教育均等化	− 0. 1732 *	− 0. 1671	− 0. 0184	1	
起诉率	0. 8132 *	0. 0988	− 0. 1350	− 0. 1100	1

注: 表中数值表示所有变量在去除时间固定效应和地区固定效应之后的相关程度, 实现步骤是: 每个变量分别对年度虚拟变量使用面板固定效应回归, 记录其回归残差值; 利用回归残差值做相关性检验。* 表示 p < 0. 05。

四 实证检验结果

本文的数据结构是 30 个省份 2002—2012 年的面板数据, 在基准回归当中, 本文的系统广义矩 (SYS – GMM) 估计将社会保障均等化、医疗卫生均等化、教育均等化、公检司法支出、流动人口比重、城乡收入差距、城市化率以及城市登记失业率均设定为内生变量; 将人均 GDP、离婚率、性别比以及人口密度视为前定变量加以控制。表 3 是 SYS – GMM 方法估计的基准回归结果。

表3 基准回归结果——系统广义矩估计 (SYS – GMM)

	(1)	(2)	(3)	(4)
	逮捕率	逮捕率	逮捕率	逮捕率
逮捕率 (滞后期)	0. 7836 ***	0. 7197 ***	0. 7268 ***	0. 7261 ***
	(16. 36)	(16. 19)	(17. 16)	(17. 10)
社会保障均等化	− 0. 0043	− 0. 0013	− 0. 0012	− 0. 0064
	(− 0. 59)	(− 0. 23)	(− 0. 21)	(− 1. 17)
医疗卫生均等化	− 0. 0250 ***	− 0. 0153 **	− 0. 0177 ***	− 0. 0159 **
	(− 3. 15)	(− 2. 34)	(− 2. 73)	(− 2. 39)
教育均等化	− 0. 0398 ***	− 0. 0286 ***	− 0. 0239 **	− 0. 0247 ***
	(− 3. 05)	(− 2. 98)	(− 2. 56)	(− 2. 61)
城乡收入差距		0. 5645 **	0. 4454 *	0. 4925 **
		(2. 19)	(1. 90)	(2. 17)
城市化率		0. 0602 ***	0. 0652 ***	0. 0565 ***
		(3. 54)	(4. 84)	(4. 10)

续表

	（1）	（2）	（3）	（4）
	逮捕率	逮捕率	逮捕率	逮捕率
流动人口比重		0.0309 ***	0.0386 ***	0.0267 **
		(3.28)	(3.77)	(2.54)
人均 GDP		− 0.2695 ***	− 0.2604 ***	− 0.2912 ***
		(− 2.68)	(− 2.75)	(− 2.91)
人均公检司法支出			− 0.0012 *	− 0.0013 **
			(− 1.86)	(− 1.99)
城市登记失业率				0.2772 **
				(2.29)
离婚率				0.2173 **
				(2.07)
性别比				− 0.0028
				(− 0.15)
人口密度				0.4341 *
				(1.93)
Order1 Prob > z	0.0197	0.0100	0.0085	0.0423
Order2 Prob > z	0.5487	0.2092	0.5458	0.4810
Sargan χ^2 (x)	17.5584	11.8281	11.8878	10.0294

注：全部回归 N = 300，由于存在变量滞后项，面板回归时损失一期观测值。所有回归模型全部控制省级固定效应和年度固定效应；常数项的估计系数略去；括号内是 t 检验值； * 表示 $p < 0.1$，** 表示 $p < 0.05$， *** 表示 $p < 0.01$；Order1、Order2 和 Sargan 检验验证了 SYS – GMM 工具变量集的有效性（Blundell and Bond, 1998）。

首先，我们关注城乡基本公共服务均等化变量对逮捕率的回归结果。从表 3 可以看出，医疗卫生均等化和教育均等化显著地降低了刑事犯罪率［模型（1）至模型（4）］。根据模型（4）的回归结果，医疗卫生均等化提高 1 个单位，即医疗卫生的城乡差距缩小 1%，会使所在省份的万人犯罪人数相应地降低 0.16 人；教育均等化提高 1 个单位，即教育均等化程度提高 1%，会使所在省份的万人犯罪人数降低 0.25 人。而社会保障均等化虽然和逮捕率也呈负相关关系，但其影响并不显著。这表明，城乡基本公共服务均等化总体上是有助于降低犯罪率的；同时，城乡基本公共服务不同领域的均等化对犯罪率的影响存在差异。

逮捕率滞后期的系数在4个回归方程中均在1%的水平上显著，这说明上一年刑事犯罪率高的地区，本年的刑事犯罪率相应也会高，刑事犯罪在中国也存在明显的累积效应。在其他控制变量中，城乡收入差距与逮捕率显著正相关，城乡居民收入差距提高1个单位会提高所在省份万人犯罪人数0.5人，与现有文献（吴一平、芮萌，2010）的结论比较接近。城市化率也在1%的显著水平上对逮捕率产生正向影响，即城市化率提高1个单位所在省份万人犯罪人数升高0.6人，这验证了城市化是造成犯罪率上升的原因之一。人均公检司法支出的系数显著为负，这表明政府的公检司法支出对于遏制刑事犯罪还是起到了积极的效果，人均公检司法支出每增加100元所在省份万人犯罪人数下降0.13人。此外，流动人口比重、离婚率、城市登记失业率和人口密度也均对逮捕率具有显著的正向影响，这说明这些因素也是推动刑事犯罪率上升的重要原因。

从公共政策制定的角度来看，我们还需要比较不同因素在犯罪治理中的相对难易程度。但是，遇到不同性质的因素时，我们是无法进行比较的。仍以模型（4）的估计结果为例，人均公检司法支出增加1个单位降低万人犯罪人数0.013人和城乡教育均等化水平增加1个单位降低万人犯罪人数0.25人，哪个因素在犯罪治理中更容易实现我们无法做出判断，因为不同性质的因素变动1个单位的"难度"是不同的。但不同因素变化一个标准差（SD），则可以认为是变化了同样的"难度"。因此，我们计算了对逮捕率影响显著的因素变化一个标准差对逮捕率的边际影响，这样就可以将不同性质的影响因素在犯罪治理中的相对难易程度进行排序。表4结果显示，在本文检验的所有对犯罪率具有显著影响的因素当中，分项来看，人均GDP首先是控制犯罪最容易实施的手段（0.1179），其次是教育均等化（0.0943），然后是医疗卫生均等化、流动人口比重、城市化率、城市登记失业率、人均公检司法支出、城乡收入差距、离婚率和人口密度。整体来看，城乡基本公共服务均等化（包括医疗卫生均等化和教育均等化）是犯罪治理中最为容易实施的因素。从城乡不平等对犯罪率的影响来看，城乡基本公共服务均等化变动一个标准差对逮捕率的边际影响，显然比城乡收入差距的边际影响更大，因此在犯罪治理中前者比后者更容易实施。而且，本文结果也再次表明犯罪威慑并不是遏制犯罪的最有效手段。

表4　　　　　　　变量标准差（SD）变化的影响评估

变量名称	估计系数	标准差（SD）	影响方向	SD 变化的边际影响
医疗卫生均等化	− 0.0159 **	5.8652	−	0.0932
教育均等化	− 0.0247 ***	3.8215	−	0.0943
城乡收入差距	0.4925 **	0.1110	+	0.0546
城市化率	0.0565 ***	1.4166	+	0.0800
流动人口比重	0.0267 **	3.2286	+	0.0862
人均 GDP	− 0.2912 ***	0.4050	−	0.1179
人均公检司法支出	− 0.0013 **	55.847	−	0.0726
城市登记失业率	0.2772 **	0.2863	+	0.0793
离婚率	0.2173 **	0.2087	+	0.0453
人口密度	0.4341 *	0.0697	+	0.0303

注：表中列出了模型（5）中显著的变量变化一个标准差（SD）对逮捕率的边际影响。在计算标准差（SD）变化幅度之前，所有变量都去除了固有时间趋势和固有地区差异（去除方法同表2）。* 表示 $p < 0.1$，** 表示 $p < 0.05$，*** 表示 $p < 0.01$。

五　稳健性检验

为了检验结果的稳健性，本文还进行了一系列稳健性检验。表5汇总了稳健性检验的结果。回归方程（1）特别控制了"严打"政策虚拟变量，同时去除年度固定效应，回归结果全部稳健。回归方程（2）使用差分广义矩（DIF – GMM）估计方法取代基准回归中的系统广义矩（SYS – GMM）估计方法，回归结果也是稳健的。在回归方程（3）中，本文利用"起诉率"指标取代"逮捕率"指标作为衡量犯罪率的代理变量，结果仍然与基准情形一致，只是估计系数的大小有所区别，"劳动市场一体化"在此显著。此外，本文还使用两个理论上有偏的估计方法对本文的实证模型进行了估计，其中回归方程（4）是混合最小二乘法（POLS）估计，该方法对因变量滞后期（即逮捕率滞后期）的估计存在向上偏误，因此存在高估的风险（0.9167）；回归方程（5）采用组间（WG）估计，该方法对因变量滞后期（即逮捕率滞后期）的估计存在向下偏误（0.6214），因此有低估的风险（Arellano and Bond，1991）。本文更倾向于相信，一致的估计值应该介于向上偏误和向下偏误之间。在本文基准回归模型（4）中，逮捕率滞后期的估计系数为 0.7261，这是符合判定要求的；而使用差分广义矩（DIF – GMM）估计方法得到逮捕率（滞后期）的估计系数为 0.5484，显然超出了这个范围。这也是本文选择系统广义矩估计（SYS – GMM）作为基准情形的原因之一。同时，在 GMM 的条件得以满足的前提下，系统广义矩估计（SYS – GMM）也被认为更有效率（Roodman，2009）。尽管回归方程（4）和回归方程（5）由于不能解决内生性问题，导致其估计系数和显著性都不具有说服力，但是将其作为范围界定的标准，却是一个有益的信息。

表5　　　　　　　　　　　稳健性检验

	(1)	(2)	(3)	(4)	(5)
	逮捕率	逮捕率	起诉率	逮捕率	逮捕率
因变量滞后期	0.6655 ***	0.5484 ***	0.7929 ***	0.9167 ***	0.6214 ***
	(16.66)	(9.27)	(17.91)	(31.76)	(11.41)
社会保障均等化	− 0.0133 ***	0.0027	− 0.0015	− 0.0083	− 0.0050
	(− 2.74)	(0.43)	(− 0.23)	(− 1.04)	(− 0.08)
医疗卫生均等化	− 0.0238 ***	− 0.0177 ***	− 0.0103 **	− 0.0143 *	− 0.0252 *
	(− 3.74)	(− 2.97)	(− 2.30)	(− 1.94)	(− 1.87)
教育均等化	− 0.0264 ***	− 0.0308 **	− 0.0310 ***	− 0.0025	− 0.0271 **
	(− 3.09)	(− 2.35)	(− 2.81)	(− 0.42)	(− 2.18)
严打政策	− 0.2002 *				
	(− 1.78)				
年度固定效应	N	Y	Y	Y	Y
估计方法	SYS – GMM	DIF – GMM	SYS – GMM	POLS	FE
理论一致性	Y	Y	Y	UP	DOWN
处理内生性	Y	Y	Y	N	N
N	300	270	300	300	300

注：表中其他控制变量同表 3、年份虚拟变量以及常数项的估计系数略去；括号内是 t 检验值；* 表示 p < 0.1，** 表示 p < 0.05，*** 表示 p < 0.01。

六　机制讨论、结论与政策启示

计量模型严格证明了变量之间的统计关系，我们结合相关文献对于影响机制进行进一步的讨论。理论上，个人既可以通过自身的努力达到别人的水平，也可以通过抢夺他人果实的手段达到与他人平等的目的。国家为了诱导个人通过自身努力获得平等，必须保证与个人能力相关的基本物品的均等分配。这些基本物品包括教育、养老保障以及医疗保障等基本公共服务（姚洋，2002）。当个人没有正常的机会或因社会歧视而缺失平等获取社会目标的机会时，他将诉诸犯罪等其他非法手段谋求利益，从而导致犯罪率的上升（Merton，1938；Daniel，2002）。长期以来，中国的教育、医疗以及社会保障民生支出处于较低水平，导致"上学难、看病难、养老难"成为困扰人们的普遍性社会问题。这些最基本生存保障的缺失，极大地降低了人们犯罪的机会成本，从而导致人们更倾向于从事犯罪活动。进一步地，中国城乡居民在基本公共服务方面存在巨大的差距，农村居民的基本公共服务水平处于更低的水平，使得农村居民具有更高的犯罪倾向，于是会更加显著地推动犯罪率的上升。

教育和健康是最重要的人力资本变量，由于直接影响个人的生存能力、经济参与能力以及财富创造能力，因此直接进入个人的犯罪参与决策。无论是受教育水平的提高，还是健康水平的提升都显著提升个人犯罪的机会成本，从而对于降低犯罪率产生正向影响。中国的"上学难、看病难"问题，对于农村居民来说表现得更为严峻。虽然近年来中国的教育经费不断增加，但是优质教育资源更加向城镇集中，农村教育质量的相对降低特别是优质师资的流失，极大地降低了农村学生的学习积极性，"读书无用论"在农村重新抬头，大量较早辍学的低龄化农村劳动力流向城市，显然意味着较低的犯罪成本。对于随迁的进城农民工子女来说，城市中歧视性的教育政策，也大大地降低了他们享受城市教育的机会，从而降低了他们的犯罪成本。现实中，另外一种情形也不得不考虑，即当教育投入不足，需要父母为子女筹集昂贵的上学费用时，无能为力的父母会铤而走险，走上通过犯罪获取收益的途径（毛颖，2001）；显然这对于农村父母来说发生的概率更高。医疗卫生服务在城乡之间的状况和教育一致，更多的优质资源集中在城市。现阶段，中国农村医疗卫生人员业务能力有限，一些农民有病特别是遇到重大疾病和疑难杂症时必须到城市看病，城市中本来就存在的"看病难"更加剧了农民进城看病的难度。当他们最基本的健康需求无法得到有效满足和保障的时候，其从事犯罪活动的机会成本就会非常低，甚至倾向于非理性的报复。从这个意义上来讲，农村居民受教育机会提高和健康需求得到保障，会显著提高他们犯罪的机会成本，从而降低刑事犯罪率。

　　社会保障是在当一个人遭受风险之后，社会为保障其生存而提供的帮助。就其对刑事犯罪率的影响而言，只有当个人丧失经济来源时其作用才会显现。相关研究表明，在其他条件相同的情况下，缺乏社会保障的外来人口相比较当地居民误入歧途或铤而走险的概率更大（郑筱婷、蓝宝江，2010）。有97.4%的上海涉案农民工子女证实，在没有经济来源时如果能得到社会救济他们将不会犯罪（蔡永彤、王婧，2010）。但是，在现行的社会保障制度下，社会保险对缴费期有过高的要求，而且统筹层次低和缺乏可携带性，从而导致的结果是，遇到金融危机时大约一半的农民工退保（张秀兰等，2009）。因此，仅仅城乡社会保障一体化水平的提高，并没有对犯罪率产生正的影响。

　　我们的研究得出了一些有意义的结论：第一，城乡基本公共服务均等化总体上有助于降低刑事犯罪率；但是，不同方面的均等化对刑事犯罪率的影响存在差异。其中，医疗卫生均等化提高1个单位会使所在省份的万人犯罪人数相应地降低0.16人；教育均等化提高1个单位会使所在省份的万人犯罪人数降低0.25人；而社会保障均等化对刑事犯罪率的影响并不显著。第二，经济发展是最容易实施的犯罪治理手段；犯罪威慑对于遏制刑事犯罪也起到了积极的作用，但不是最容易实施的手段。第三，从改善城乡不平等治理犯罪的角度，改善城乡基本公共服务均等化比缩小城乡收入差距更容易。第四，城市化率、流动人口比重、离婚率、城市登记失业率和人口密度是推动犯罪率上升的重要原因。

　　根据本文的结论，我们认为，中国对刑事犯罪行为进行直接打击虽然必不可少，但政策重点应该转向各种社会经济因素的调整。具体包括以下几个方面：①在推进中国城乡收入分配制度改革的同时，需要更加重视改善城乡基本公共服务的不平等；②不断完善农村合作医疗制度和农村教育制度的水平，提高农民医疗卫生和教育水平，利用提高农民的人力资本来降低犯罪率；③继续重视犯罪的威慑效应，提高公检司法支出的效率；④城市化率、流动人口比重以及离婚率等因素对犯罪率的影响也值得关注。

参考文献

[1] Arellano, M. and S. Bond, "Some tests of specification for panel data: Monte carlo evidence and an application to employment equations", *The Review of Economic Studies*, 1991 (58).

［2］ Becker, G. S., "Crime and punishment: An economic approach", *The Journal of Political Economy*, 1968, 76 (2).

［3］ Blundell, R., and S. Bond, "Initial conditions and moment restrictions in dynamic panel data models", *Journal of Econometrics*, 1998 (87).

［4］ Chiu and Madden, "Burglary and income inequality", *Journal of Public Economics*, 1998, 69 (1).

［5］ Edlund, L., H. Li, J. Yi, and J. Zhang, "Sex ratio and crime: Evidence from China's one – child policy", IZA Working Paper No. 3214, 2007.

［6］ Ehrlich, I., "Participation in illegitimate activities", *The Journal of Political Economy*, 1973, 81 (3).

［7］ Fajnzylber, P., D. Lederman, and N. Loayza, *Determinants of crime rates in latin america and the world: An empirical assessment*, Washington, D. C: World Bank Publications, 1998.

［8］ Fajnzylber, P., Lederman, D. and N Loayza, "Inequality and violent crime", *Journal of Law and Economics*, 2002, (45).

［9］ Galvin, Ellen B., "Crime and violence in an urbanizing word". *Journal of International Affairs*, 2002 (56).

［10］ Imrohoroglu, Ayçe, Antonio Merlo and Peter ruper, "What accounts for the decline in crime?", *International Economic Review*, 2004, 45 (3).

［11］ Kelly, M., "Inequality and crime", *The Review of Economics and Statistics*, 2000, 82 (4).

［12］ Levitt, S., "Using electoral cycles in police hiring to estimate the effect of police on crime", *American Economic Review*, 1997, 87 (3).

［13］ Levitt, S., Miles T., "Empirical study of criminal punishment. In handbook of law and economics", in A. Polinsky and Shavell (ed.), *Elsevier*, 2004.

［14］ Merton, R., "Social structure and anomie", *American Sociological Review*, 1938 (3).

［15］ Roodman, D. "How to do xtabond2: An introduction to "Difference" and "System" GMM in stata", *Stata Journal*, 2009, 9 (1).

［16］ Zhang, J., "The effect of welfare programs on criminal behavior: A theoretical and empirical analysis", *Economic Inquiry*, 1997 (1).

［17］ 安体富、任强:《公共服务均等化:理论、问题与对策》,《财贸经济》2007 年第 8 期。

［18］ 白建军:《从中国犯罪率数据看罪因、罪行与刑罚的关系》,《中国社会科学》2010 年第 2 期。

[19] 蔡永彤、王婧：《上海市外来务工人员子女犯罪问题实证研究——以社会保障制度与犯罪率的互动关系为切入点》，《中南大学学报》（社会科学版）2010 年第 4 期。

[20] 常修泽：《中国现阶段基本公共服务均等化研究》，《中共天津市委党校学报》2007 年第 2 期。

[21] 陈春良：《刑罚威慑与犯罪治理：基于我国 1979—1999 省级面板数据的实证研究》，《2010 年度（第八届）中国法经济学论坛论文集（上册）》，2010 年。

[22] 陈刚、李树、陈屹立：《人口流动对犯罪率的影响研究》，《中国人口科学》2009 年第 4 期。

[23] 陈刚、李树、陈屹立：《中国犯罪治理的财政支出偏向：选择"大棒"还是"胡萝卜"?》，《南开经济研究》2010 年第 2 期。

[24] 陈萍：《如何矫正城乡一体化政策的城市偏向——基于 1978—2012 年省级面板数据的分析》，《学术前沿》2014 年第 7 期。

[25] 陈硕：《转型期中国的犯罪治理政策：堵还是疏?》，《经济学》（季刊）2012 年第 2 期。

[26] 陈硕、刘飞：《中国转型期犯罪的社会成本估算》，《世界经济文汇》2013 年第 3 期。

[27] 陈硕、章元：《治乱无需重典：转型期中国刑事政策效果分析》，《经济学》（季刊）2014 年第 4 期。

[28] 陈屹立、张卫国：《惩罚和严打对犯罪的威慑效应：基于中国数据的实证研究》，《2008 年度（第六届）中国法经济学论坛论文集（上）》，2008 年。

[29] 姜全保、李波：《性别失衡对犯罪率的影响研究》，《公共管理学报》2011 年第 1 期。

[30] 康均心、杨新红：《城乡一体化背景下的刑事政策调适——以流动人口犯罪为研究视角》，《法学论坛》2010 年第 1 期。

[31] 李实、罗楚亮：《中国城乡居民收入差距的重新估计》，《北京大学学报》（哲学社会科学版）2007 年第 2 期。

[32] 李雪萍、刘志昌：《基本公共服务均等化的区域对比与城乡比较——以社会保障为例》，《华中师范大学学报》（人文社会科学版）2008 年第 3 期。

[33] 林光彬：《等级制度、市场经济与城乡收入差距扩大》，《管理世界》2004 年第 4 期。

[34] 刘德吉：《公共服务均等化的理念、制度因素及实现路径：文献综述》，《上海经济研究》2008 年第 4 期。

[35] 刘瑞明、毛颖：《中国转型时期的离婚与犯罪——法律经济学的解释和验证》，《世界经济文汇》2014 年第 5 期。

[36] 陆铭、陈钊、万广华：《因患寡而患不均：中国的收入差距、投资、教育和增长的

相互影响》,《经济研究》2005 年第 12 期。

[37] 麻泽芝、丁泽芸：《相对丧失论——中国流动人口犯罪的一种可能解释》,《法学研究》1999 年第 6 期。

[38] 马晓河、方松海：《我国农村公共品的供给现状、问题与对策》,《农业经济问题》2005 年第 4 期。

[39] 毛颖：《民生支出有助于减低刑事犯罪率吗？——来自中国（1995—2008）省级面板数据的证据》,《南开经济研究》2011 年第 4 期。

[40] 史晋川、吴兴杰：《我国流动人口与刑事犯罪率的实证研究：1997—2007》,《制度经济学研究》2010 年第 2 期。

[41] 万广华：《经济发展与收入不平等：方法和证据》,上海人民出版社 2006 年版。

[42] 王安、魏建：《城市化质量与刑事犯罪》,《山东大学学报》（哲学社会科学版）2013 年第 3 期。

[43] 王谦：《城乡公共服务均等化的理论思考》,《中央财经大学学报》2008 年第 8 期。

[44] 吴鹏森：《现代化与犯罪——对中国刑事犯罪数据的初步分析》,《现代化的特征与前途——第九期中国现代化研究论坛论文集》,2011 年。

[45] 吴一平、芮萌：《收入分配不平等对刑事犯罪的影响》,《经济学》（季刊）2010 年第 1 期。

[46] 姚洋：《自由公正和制度变迁》,河南人民出版社 2002 年版。

[47] 张丹丹、王也、Xin Meng、Lisa Cameron：《农民工犯罪类别的决定因素——基于监狱调查数据的实证分析》,《经济学》（季刊）2014 年第 1 期。

[48] 张向达、张家平：《我国城乡收入差距对刑事犯罪率的非线性效应研究》,《财经问题研究》2015 年第 1 期。

[49] 张秀兰等：《农民工养老保险调研报告》,人力资源和社会保障部农民工养老保险研讨会论文,2009 年。

[50] 郑筱婷、蓝宝江：《犯罪率的增长及其差异：正式与非正式社会支持和保障的视角——基于中国 1998—2006 年省际面板数据的实证研究》,《制度经济学研究》2010 年第 3 期。

[51] 周建达：《转型期我国犯罪治理模式之转换——从"压力维控型"到"压力疏导型"》,《法商研究》2012 年第 5 期。

[52] 周晓唯、冯薇：《犯罪行为制度诱因的演化博弈分析——基于我国贫困犯罪与制度性不平等的探悉》,《2010 年（第十届）中国制度经济学年会论文集》,2010 年。

（原文发表于《世界经济文汇》2017 年第 6 期）

财税制度与乡村治理

转移支付制度与县乡财政体制构建[*]

闫　坤

一　政府间转移支付的一般理论与政策选择

政府间转移支付，有时也称政府间补助或政府间赠款，是指资金从一级政府向另一级政府的转移，大多是在"经济联邦制度"中上级政府向下级政府的转移。

（一）转移支付的目的

一般意义上，财政联邦体制中政府间转移支付的目的可分为四种：第一，转移支付可用于纠正中央政府以下各级政府支付的外部性，从而提高财政决策的效率；第二，在地区或地方政府之间明确进行资源再分配；第三，用一种高效率的税收结构代替一种无效或低效的税收结构；第四，转移支付也是一种宏观经济稳定机制。

按照财政联邦主义的观点，地方政府在各个辖区之间提供公共品存在外部性，这会导致辖区政府服务决策的无效率。如果非辖区居民能从某个地方政府提供的公共品中受益，而这些受益在该政府进行服务决策时未予考虑，那么社会边际收益就会被低估，相对于该政府而言，边际成本与边际收益的均衡点所决定的公共品数量会大大低于最优数量。市场缺陷理论认为，政府存在的理由就是弥补市场失灵，外部性存在便是市场失灵的方面之一。对于

---

　*　本文为 2002 年度国家社会科学基金资助项目"我国县乡财政问题研究"的阶段性成果，该项目批准号为 02BJL013。

单个地方政府提供具有正外溢性的公共品，上级政府提供转移支付便是矫正市场缺陷的方式之一，同时也可体现财政的受益原则。转移支付所需资金来源是通过税收筹集的，受益于辖区的公共品的非居民实际上也通过上缴联邦或州税而进行了部分的支付。

经济联邦制国家转移支付的第二个目标是进行巨大的资源再分配。美国地方政府的财政收入中将近有一半来源于联邦与州政府的转移支付，政府间进行转移支付的同时，也在进行资源的再分配。各个联邦制国家基本都存在发展不平衡的问题，均等化提供公共品是联邦政府与州政府的财政目标之一，实施各地区均等化服务，就要求上级政府把资源从服务水平较高的地方配置到服务水平较低的地方。德国政府就一贯奉行这样的目标。

政府间转移支付可有效地利用上级政府的税收收入来替代下级政府的税收收入。由于州和地方辖区之间的流动性较强，由联邦或州一级政府征收某些税将会比地方更有效率。通过政府间转移支付，收入来源于全国或州，而支出用于地方，这也是所谓的收入共享。

转移支付的第四个目的在于实施宏观经济稳定计划。马斯格雷夫认为收入再分配与宏观经济稳定职能应由中央政府执行，资源配置职能应尽可能地让渡给地方。转移支付便是中央政府或州政府实施宏观经济稳定的工具之一，在经济萧条期间，巨大的转移支付会刺激投资与消费，从而带动经济的复苏；在经济过热期间，可以尽量缩减转移支付数额，这对于抑制经济波动、熨平经济周期会有很大作用。

（二）转移支付的种类

政府间转移支付可以用四个要素来表示其特点：①支付是打算用于专项服务，还是用于一般支出；②支付是按照某个公式自行分配，还是要求结合某种项目来申请；③支付款项是否要求下级政府用本级资金配套；④支付的规模是否会受到限制。具体如图1所示。

（三）转移支付的效应分析

政府间转移支付影响下级政府的财政决策，它一方面增加政府可用资源，另一方面在增加资源的同时减少了下级政府提供公共品的边际成本。前者称为收入效应，后者称为价格效应或替代效应。这两种效应都可影响辖区居民消费的公共品数量，但方式不尽相同。公共选择理论认为，政府提供公

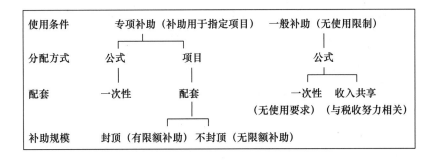

使用条件	专项补助（补助用于指定项目）	一般补助（无使用限制）

图1　转移支付的种类及特点

共品的决策是由选民的选票所决定的，而这两种效应都可直接影响选民的消费偏好，从而影响投票选择，下面具体分析各种转移支付的经济效应。

1. 不封顶配套补助

如图2所示，纵轴表示某地区的税后总收入，假设没有储蓄，那么就表示用于私人品消费的总数量，横轴代表公共品的消费量。假设上级政府对下级政府支付配套补助，其经济效应一方面为公共品相对价格的降低，其预算约束由初始的 AB 位置移动到 AR 位置，另一方面公共品价格的降低，可以使辖区居民的边际成本降低，从而相对收入增加，也就是收入效应存在，其结果是均衡点从 E_0 移动到 E_1。在 E_1 上公共品消费 G_1 大于 G_0，私人品消费 C_1 大于 C_0。

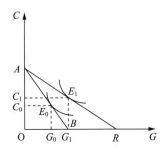

图2　不封顶配套补助的经济效应分析

2. 封顶配套补助

如图3所示，在 D 点之前上级政府对下级政府提供配套补助，D 点之后上级政府不再提供。相应地，AD 线斜率等于图2的 AR 线斜率（假设配套比率相同），DR 平行于 AB。新的均衡点 E_2 对 G 的消费 G_2 大于初始消费 G_0，但小于不封顶配套补助下的消费 G_1。图中所示 E_2 位于 DR 线上，说明地方政府对公共品的需求量大于上级政府愿意补助的数量，如果 E_2 点位于 AD 线上，即地方政府的需求量没有超过上级政府愿意提供量，那么，其效应就等同于不封顶的配套补助。

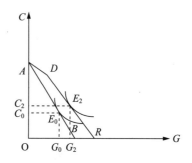

图 3　封顶配套补助的经济效应分析

3. 非配套补助

如图 4 所示，其横轴、纵轴所代表意义与图 2、图 3 相同。在这种情况下，上级政府提供一笔约定用于公共品上的固定金额的资金。图中 AH 表示非配套补助的数额。在每一社区收入的水平上，地方政府现在能比从前多购买 AH 单位的公共品，所以新的预算线移到 AHM。新的均衡点为 E_3，其对应的 $G_3 > G_0$，$C_3 > C_0$，但 $G_0G_3 < AH$，说明补助的存在产生了收入效应，地方政府一方面会将补助全部花掉，另一方面又会同时减少本身对于公共品的支出，这部分减少的支出最终会体现为减税。

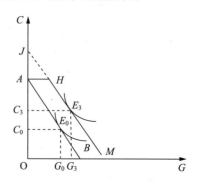

图 4　非配套补助的经济效应分析

4. 无条件的补助

无条件补助的预算约束线如图 4 所示的 JM，上级政府拨付 AH 单位的补助，其预算约束线移至 JM。与非匹配条件补助不同，无条件补助并非要求地方政府将 AH 单位补助完全用于公共品，如果地方政府提供公共品数量大于 AH，那么无条件补助与非配套补助对地方政府及其居民的行为就没有什么不同。

上面四种转移支付条件下新的均衡点所对应的公共品与私人品消费量一般都大于初始预算线的均衡点，但新的均衡点 E 所对应的私人品消费量 C 是否会小于初始均衡点的 C_0？假如替代效应也就是价格效应大于收入效应的话，那么 C 将会小于 C_0；反之，C 大于 C_0。但一般情况下，替代效应会小于收入效应，即 C 大于 C_0。"粘绳纸效应"认为，上级政府补助 1 单位货币与居民收入增加 1 单位货币的效应是不同的。政府的支出倾向大大高于居民，因此政府补助所产生的收入效应即在私人品上的花费远远低于其所想象的。所以，即使新均衡点 E 所对应的 C 大于初始均衡点 E_0 所对应的 C_0，也不会有理论模型预测的那样多。

（四）政府间转移支付的政策选择

对各类政府间转移支付的理论分析暗含了下面几个主要政策结论：①如果目的是提高下级政府用于某种指定用途的支出，不封顶的配套补助会好些。配套比率应等于非居民收益份额的配套补助，并能通过降低地方公共品的边际成本来抵消辖区的外部效应。尽管其他补助也可用于增加支出，但不封顶的配套补助能引导地方支出对补助做出最敏感的反应。②在地方政府辖区进行资源再分配，一般的一次性补助是更好的方式。这种补助针对低收入或高成本公共品的辖区，尽管这种补助会形成大量的税收减免，但如果"粘绳纸效应"存在的话，这些补助就不会形成相等的税收减免量。③一般而言，封顶配套补助与一次性分类补助应该避免。对于封顶配套补助，一旦达到临界点，就变成了一次性补助；分类式补助不会改变补助效应，除非补助比下级政府用于该项目的支出大得多。如果目标是增加或引导下级政府在某个指定用途上花钱，不封顶配套补助会更好些。

二　建立对县乡两级规范的转移支付制度

西方发达国家地方政府一级的财政收入有将近 30%—40% 来源于联邦

与州政府的转移支付，有的基层组织，如美国的学区，财政收入将近60%来源于上级政府的转移支付。在分税制体制下，转移支付在平衡各级政府财政能力、弥补地方政府财政缺口、提供均等化服务、优化各地区资源配置等方面发挥着巨大的作用。按照罗纳德·费雪的建议，如果上级政府是为了达到实现资源再分配的目的，那么无条件的一次性补助比较好；如果是为了增加地方某些方面的财政支出，不封顶的配套补助可优先考虑；一般不选择封顶的配套补助与一次性的分类补助。对于县乡两级政府而言，面对拥有8亿农民的农村，一方面担负着农村公共品供给的任务，另一方面也直接负担着某些支农支出。根据当前的县乡财政态势而言，是不可能完成这些任务的。因此，在界定县乡两级政府职能的基础上，中央与省级政府应建立起直接面对县乡政府的转移支付制度。

（一）现行转移支付存在的问题

①现行转移支付方案设计更多关注的是中央与省区两级财政，而对省级以下财政没有统一方案，具体政策设计因省而异，五花八门，缺乏规范性。②转移支付制度与分税制存在冲突。根据各省的转移支付方案设计，许多办法与分税制存在冲突与不一致。由于分税制改革很大程度上保留了地方各级政府的既得利益，而转移支付是为了实现均等化目标，政策推行事实上形成了目标冲突。③转移支付力度不够。中央1995年和1996年分别拿出20亿元与34亿元作为全国转移支付资金，分别占当年全国、地方财政缺口的2.5%和3.5%。对于经济欠发达的地区，中央的小额度加上省区的有限财力根本解决不了贫困县乡的财政问题。④没有解决国家级贫困地区的财政问题。这些地区一般都是老少边山区，大部分县乡地域广阔，人口稀少，经济落后，财政收入规模小。按照方案计算，这些地区根本得不到补助或补助甚少，有些省份采取对贫困县乡特别照顾的办法，也只是权宜之计，缺乏科学与规范性。

（二）县乡转移支付的制度构想

为了从根本上解决县乡两级的财政问题，必须建立起对县乡两级规范的转移支付制度，具体构想如下：

1. 转移支付的目标选择

转移支付制度因对象不同，往往政策目标也不尽相同，在转移支付众多目标当中，笔者认为纵向平衡和均等化是最重要的两个目标。根据前文对县乡财政形势的分析，大部分县乡财政入不敷出，财政缺口逐年扩大。对于地方政府而言，在经济发展初期，公共部门的主要职责是基础设施的建设、基本生活保障以及基本公共物品的提供。如果地方政府没有财力来完成上述任务，那么经济发展会受到阻碍，自身能力会受到质疑。在税制结构没有大的变动情况下，解决县乡财政缺口的办法只有依靠转移支付，因此纵向平衡是首当其冲的目标。随着社会的发展，人们对公共品的需求会越来越旺盛，由于地域之间差别较大，财力差别很大，公共品的政府提供相差也会很大。从国际财政的实践来看，均等化或者是它们的目标之一，或者是唯一目标。中国的具体国情是国土面积广大、地理环境与经济发展程度落差大，均等化目标应该是政府的必然选择，特别是经济发展到现在这个阶段。

2. 转移支付制度形式选择

在转移支付目标确定后，似应建立一种以一般性转移支付为重点，以有条件转移支付相配合，以特殊转移支付作为补充的复合形态。由于县乡两级财政缺口巨大，公共品提供极不均等，转移支付一方面平衡财政收入，另一方面均等各县乡的公共品提供，所以应该建立以一般性转移为重点的模式。具体到有条件转移支付和特殊转移支付，可作为中央与省区调控县乡经济发展、解决特殊情况的工具。

3. 逐步完善过渡期转移支付办法

利用公式分配转移支付资金，舍弃"基数法"是国际上的通行做法，也是我国的必然选择。参照国际的四种转移支付公式设计（马骏，1998）。我们认为考虑财政能力与财政支出需求的公式是合理选择。公式表达方式为 $TR_i = N_i - C_i - OTR_i$，其中 TR_i 是地区 i 应得转移支付额，N_i 是地区 i 的支出需求，C_i 是地区 i 的财政能力，OTR_i 代表地区 i 从中央或省区得到的其他转移支付（如专项拨款）。假设可供转移支付的资金总额为 TT，那么地区 i 实际的转移支付为：$ATR_i = (TT/\sum TR_i)TR_i$。

测量财政能力：一个地区的财政能力是指该地区自身取得财政收入的能力。测量县乡财政能力的方法有多种，许多发达国家使用主要地方税税基和标准（平均）税率来测量。计算公式为 $C_i = \sum_j B_{ij} \cdot t_j$，其中 B_{ij} 是地区 i 的第 j 个税基，t_j 是第 j 种税基所征的标准税率。利用税收来测量县乡财政能力需要精确数据和方法，笔者建议可以利用地区 GDP、地区居民总收入和地区零售总额等变量进行回归分析，选择一个解释力较强的财政能力计算公式。

测量支出需求：首先将县乡支出划为几大块，如行政管理、教育支出、医疗卫生支出、基础设施维护等。一般来讲，均等化转移支付仅包括经常性支出需求，不包括资本性项目需求。其次计算每一类支出需求，然后把这些需求相加，得到地区总需求。对每一类支出需求用如下公式计算：N_i = 测量单位 × 标准单位成本 × 调整系数，式中 i 代表第 i 个支出类别；测量单位指接受地方政府服务的受益者数量，标准单位成本是全国（或省区）第 i 类支出与全国（或省区）测量单位之商；调整系数综合了其他因素，反映某地区单位成本与全国平均单位成本的比率。

以上是笔者对县乡转移支付公式的大致设计思路，具体因素选取与系数决定还需做大量的工作，这里不再详细说明。

三 县乡财政体制的重新构建

地方财政问题本质上不是一个技术性问题，而是一个制度创新问题，但自 1994 年至今，我们一直在技术的层面上进行，即税率的增降、税种的开征与停征以及收入共享的划分等，从来没有考虑过用制度创新来解决县乡财政问题。虽然短期内技术层面的操作能解决暂时表面上的矛盾，但从长期来看，往往酝酿着更深层次、更激烈的矛盾。因此，要想从根本上解决这些问题，必须彻底改革县乡财政，重新构筑体制框架。

（一）界定县乡两级政府职能，明确划分两级政府事权

政府职能界定包括两个层面：一是中央政府与地方政府职能的界定；二是地方政府之间的职能界定，特别是县乡两级财政职能的界定。对于第一层面的划分，许多学者作了研究，我们不再详述。对于县乡政府职能的确定，我们也进行过分析。必须明确的是，县乡两级政府职能如何划分只是一个方面，另一方面还需要使这种划分能够制度化、法制化，而不能依据行政上的权力随意改变。

（二）优化地方税税种结构，确立地方税主体税种

自 1994 年以来，我国地方财政主要依赖的是农业税和农业特产税、增

值税、营业税及暂停征收的固定资产调节税等。目前对县乡财政改革仅仅停留在农业税和农业特产税上，没有考虑如何设置符合地方税要求的主体税种，我们认为，应在建立以个人所得税、营业税和农业税为主体税种的同时，逐步改革现有的税种。具体政策建议如下：

1. 房产税的改革

建议修改房产税征收办法，把纳税义务人限定为房屋所有人，规定拥有房产者一律纳税，但考虑到公平原则，可以规定一定的起征点，按照房产价值累进征收。另外，房产税的通行做法是在财产的占用、转让和收益三个环节分别征税，必须根据这三个方面的税基分别设计适用的税种。最后，由于我国土地所有权和房产所有权的主体是分开的，如果把相关的城市土地使用税和耕地占用税与房产税合并（朱振民等，2000），可能不容易操作。所以，我们建议，新的房产税同时对房产价值征收，并以附加的方式征收一笔土地使用税；耕地占用税和城镇土地使用税合并征收土地使用税，该税种不区分土地的用途（公益事业建设单列），只要使用土地，就需缴税，而如果是不动产建设，还要缴房产税附加。通过肯定居民房产的财产特征，可以弥补现行主体税种弱化带来的乡镇财政收入的下降。因此，我们建议新的房产税是针对占用环节征收的，转让收益环节可以在营业税、契税和印花税中征收，地产收益可以在所得税或营业税中征收。对动产征税因利息税的开征无须重复表述。

2. 个人所得税的改革

由于现阶段纳税意识比较低和税收征管较落后，我国个人所得税的征收在很大程度上必须依赖于源泉课税办法，也就是说客观上要求我国个人所得税采用分类税制模式；另外，我国的国民收入分配格局正在发生剧烈变化，贫富两极分化日趋严重，这就决定了我国的个人所得税要参与国民收入分配，实现社会相对公平，而这正是综合所得税的优势所在。因此，个人所得税的税制模式应该选择混合税制，发挥分类税制与综合税制的优势。

同时，应参照国际通行惯例，扩大个人所得税征税范围，将非法人公司和企业纳入个人所得税的征税范围，并对储蓄环节的利息所得一并征税。在存款实名制下可考虑对于离退休人员、小额存款户免税，从而缓解目前少数人存款比重过大的不合理分配格局，增加财政收入。在此基础上，统一税目、税率，以大口径方式综合计征税收，税率结构采用3—5级累进税率，并适当降低边际税率，在费用扣除方面综合考虑纳税人的婚姻状况、教育费用以及房屋购建等因素，改变现行"一刀切"的做法，真正体现量能纳税的原则。

（三）重新配置税权

税收是政府拥有的与征税有关的一系列权力，包括税收立法权、税收政策制定权和税收征管权三个方面。从当前分税制来看，我国的税收征管权虽然采取分权制，但税收立法权与税政权则集中在中央。对地方来讲，仅仅屠宰税、筵席税的某些税权下划给地方，这种集权的财政体制根本做不到分配公正和平等竞争，反而导致了地方财政困境。

我们认为，在税权设置上应充分考虑各地区之间的硬件差异，具体而言：①地方企业所得税、个人所得税、营业税、固定资产投资方向调节税、土地增值税和印花税等地方税种可以继续由中央控制；②对于农业税、农业特产税、资源税、土地使用税等对国民经济有重要影响的税种可以由全国人大拥有税收立法权，但税政权和征管权由地方控制。也就是说，对于这些税种全国人大规定一个浮动范围及相应的税收优惠政策，其他的地方税种全部由地方人大立法自行开征。

（四）建立民主理财的财政机制

在我们探讨公共品供给数量，公共品融资方式以及中位数选民定理或其他一些财政机制时，其前提条件之一就是假定社会存在民主的氛围与政府运作上的民主机制，如果不存在这样的民主机制，居民对于公共品的个人偏好就不会显化为社会偏好，公共品供给数量就不可能达到最优，相当于公共品筹资的税收也不可能实现平等与效率，并且居民个人效用由于民主机制的不存在也不可能实现最大化。如果没有民主理财的财政机制，探讨重构县乡财政体制就会变为空谈。自1994年至今，县级财政缺口逐渐变小而乡镇财政缺口却逐年增大，原因之一就在于集权政治体制下，上级政府有权决定与下级政府的"游戏规则"，因此一旦出现任何对自己不利的情况，如财政收不抵支，上级政府就会占有下级政府一部分财政资源，并且将一部分支出责任踢给下级政府，这种情况下自己的财政缺口缩小了，但下级政府的困难却更加严重。重构县乡财政体制，必须建立相应的民主理财机制，让地方政府居民自己通过民主的方式来决定公共品提供，居民自身也可用民主的方式来惩罚低效率的政府，并且利用民主的方式削弱公共品提供中的官僚主义。如果这样的民主理财机制存在，县乡财政存在的困难可望从根本上得以解决。

四 结论

县乡财政体制的改革，如果局限于技术层面的操作，从长期来讲是不能解决县乡财政困难的。制度上的创新要求一方面逐步建立民主的理财机制，另一方面重构县乡财政体制的新框架，明晰界定县乡两级政府事权，培育新的主体税种，下放税权并且加大转移支付力度。如果制度上的创新能够真正实行，那么县乡财政问题可望从根本上得到解决。

参考文献

[1] 周业安：《税费改革与乡镇财政民主建设》，《管理世界》2001 年第 5 期。

[2] 朱振民：《改革和完善我国地方税体系的基本思路》，载张佑才主编《财税改革纵论（五）》，经济科学出版社 2000 年版。

[3] 靳黎民等：《建立民主理财机制 摆脱县乡财政困境》，《财税与会计》2000 年第 4 期。

[4] 费雪：《州和地方财政学》，中国人民大学出版社 2000 年版。

[5] 哈维·S. 罗森：《财政学》，中国人民大学出版社 2000 年版。

[6] 布坎南：《民主财政论》，商务印书馆 1993 年版。

[7] 贾康、阎坤：《转轨中的财政制度变革》，上海远东出版社 1999 年版。

[8] 钟晓敏：《政府间转移支付论》，立信会计出版社 1998 年版。

[9] 马骏：《论转移支付》，中国财政经济出版社 1998 年版。

[10] 刘黎明：《财政转移支付的博弈分析》，中国财政经济出版社 2000 年版。

[11] 阎坤：《财政改革新论》，中国经济出版社 1999 年版。

（原文发表于《财贸经济》2004 年第 8 期）

我国乡镇制度外财政分析

孙潭镇　朱　钢

1978 年开始的农村改革，使农产品商品率大幅度提高，农民收入增加，乡镇企业异军突起，在农村组织制度方面，"大包干"生产责任制普及，农村政权建设以 1984 年以来乡镇政府和村民委员会的建立为标志走上了正规化的道路。我国农村经济格局和组织制度的上述发展给乡镇财政带了显著的变化，其特征可以概括为：

（1）1980 年开始实行的以财政"分灶吃饭"为开端的各级财政承包制的实施，使地方财政收入与地方财政支出联系在一起，给各级地方政府带来了看得见的实际利益，由此启动了在世界经济发展史中较为特殊的一种经济发展模式——地方政府主导型经济的发展。

（2）我国农村传统的财政体制是以预算内财政和预算外财政构成的制度内财政，1982 年底，我国农村虽然有两万个人民公社建立了公社一级财政，但主要采取"统收统支"的财政管理体制。随着以市场经济发展为主体所推动的地方经济的不断发展，传统财政体制所积存的各种矛盾日益加深，从而产生了应付这些矛盾的新的财政形势——制度外财政，它一诞生便在各种矛盾的催化下迅猛扩张。

在这里，我们根据我国目前地方财政运行的实际状况，将财政定义为行政当局依靠行政的强制力量，为支撑政府活动而进行的资金筹措和运用。凡乡镇政府利用行政的强制力量所筹集的无偿资金，均为该级政府的财政收入；凡出于乡镇政府各种活动的支出，均为该级政府的财政支出。根据这种广义的财政定义，我们将财政划分为制度内财政和制度外财政。前者指在现行财政管理体制下的预算内财政和预算外财政。后者指乡镇政府以各种形式筹集的自筹资金以及由此发生的政府支出。

随着农村经济的不断发展以及财政体制的不断改革，农村乡镇政府的制度外财政急剧膨胀，其增长速度已超过了制度内财政。1990 年，全国乡镇财政总收入 484 亿元，比 1986 年增长 1.1 倍，平均每年递增 20%，其中预算内收入 361 亿元，预算外收入 31 亿元，乡镇自筹资金收入 92 亿元，分别比 1986 年增长了 86%、181%、241%[①]。我们自 1990 年开始至今对我国处于不同发展水平的地区进行了典型调查。实证研究表明，制度外财政已经在整个乡镇财政中占有举足轻重的地位。如 1989 年北京市郊乡镇企业较发达的某镇全年财政总收入 6125 万元中，制度外财政收入占 77.4%，而预算内财政收入仅占 21.4%。同年浙江省某镇全年财政总收入 90.2 万元之中，制度外财政收入占 72.5%，预算内财政收入只占 27.5%。[②] 1991 年广州市郊某镇，全年财政收入 430 万元中，制度外财政收入占 91.6%，预算内收入仅占 8.4%；全年财政总支出 402.6 万元中，制度外财政支出达 91.2%。同年大连市郊某镇，制度内财政收入为 1700 余万元，而制度外财政收入超过 5000 万元。在上海市郊区某乡，1991 年财政总收入 406 万元中，制度外财政收入占 67%；财政总支出 449 万元中，制度外财政支出占 59%。即使在以农业经济为主的地区，制度外财政也占有相当比重。据我们进行的典型调查，如湖南省某镇，1991 年财政总收入 107.7 万元中，制度外财政收入占 41.3%；财政总支出 101.2 万元中，制度外财政支出占 41.7%。浙江省某乡，1989 年财政总收入 80.8 万元中，制度外财政收入占 49.8%。

鉴于制度外财政已在乡镇地方经济发展和乡镇政府功能的发挥中起着越来越重要的作用，因此，分析乡镇制度外财政的成因以及运行机制将有助于正确把握当前我国农村乡镇财政的运行规律，以便采取正确的政策，使乡镇财政在农村经济和社会发展中发挥更大的作用。

一　乡镇制度外财政的成因

我国农村乡镇制度外财政的急剧膨胀是随着改革以来农村以市场经济为主的经济发展和财政体制改革的滞后造成的矛盾尖锐化而产生的，可以从财

---

① 向才：《我国乡镇财政发展战略研究》，《财政》1992 年第 5 期。
② 孙潭镇、王朝才、姚钢、山本裕美：《中国的经济发展与农业财政》，日本亚洲经济研究所，特别海外共同研究报告书系列第 92 号，1991 年。该报告分析表明，这些乡镇预算外财政收入已很少。

政供求两方面的压力来分析。先从供给方面看：

1. 现行财政管理体制造成供给不足

我国农村乡镇财政管理体制已形成了四种基本形式：①"统收统支"体制；②"定收定支，收入上缴，超收分成，支出下拨，超支不补，结余留用"体制；③"核定收支，收支挂钩，总额分成，超收比例分成"体制；④"划分收支，核定基数，收支包干"体制。从发展来看，实行"统收统支"等收支两条线体制的乡镇逐步减少，而实行收支挂钩和包干体制的乡镇逐步增加。截至1990年底，实行后两种体制的乡镇有3.27万个，占全部乡镇财政所的60%以上。[①] 这两种体制扩大了乡镇财政的权限，调动了乡镇政府组织财政收入和节约开支的积极性。然而，由于我国农村除一部分乡镇企业发展水平较高的地区外，多数乡镇经济仍以农业为主，乡镇企业发展水平较低，因此，以工商税收为主的制度内财政收入总量少，税源不稳定。据有关材料表明，1990年，预算内财政收入在80万—100万元的乡镇有约2.5万个，10万—80万元的乡镇2.18万个，10万元以下的乡镇约占乡镇财政所总数的1/10。由于多数乡镇政府的预算内财政收入较少，故按照现行财政体制规定所获得的财政收入十分有限。

同时，在许多乡镇，虽然现行财政体制规定完成承包上交基数后的超收部分由乡镇自行支配，但同时实行"收入全部上缴，支出按核定数额下拨"等明显带有"统收统支"痕迹的办法，因此，实际可供乡镇自行支配的制度内财政收入会因各种原因而打折扣。同时，乡镇财政本级资金的使用也极为不便，加之现行财政体制的分成办法和分成比例并非由相对稳定的制度和法律所规定，受政策的变化、乡镇领导人的谈判能力以及乡镇领导对个人仕途的考虑等因素的影响，非常不稳定，从而造成了乡镇财政可支配收入并未随税收等收入的变化而有规则地变化，往往产生超收不能多得，减收却依然保持上缴基数不变。因此，制度内财政管理体制的不完善严重束缚了乡镇财政的建设和发展，诱使乡镇政府摆脱制度内财政的束缚而另辟财源。

2. 现行税收管理体制不完善诱使地方政府扩大制度外财政收入

我国的地方财政收入主要依赖于地方企业税收，由产品税、营业税和增值税构成的工商三税占了较大的比重，而上述三种税为中央与地方分成税种；同时，现行政策规定地方政府享有一定的税收减免权，因而形成了地方

---

① 《把迅速发展的我国乡镇财政再推向一个新台阶》，《财政研究资料》1991年第32期。

政府将这种分成收入转化为地方收入的利益机制，在此驱使下，地方政府充分运用手中的税收减免权，将税源留在应税经济主体中。各地的乡镇政府也通过各种途径千方百计地为乡镇企业特别是集体乡镇企业进行税收减免优惠，以使企业不交或少交税，继而再通过其他途径，如上交乡镇企业利润和管理费、集资、摊派、强制性赞助等，将税源转化为乡镇自筹资金收入。

3. 地方经济的发展扩大了制度外财政收入来源

1978 年以来我国经济体制改革中最具活力、最具特色的当推以乡镇企业为代表的地方经济的发展。1991 年，乡镇企业总产值达 11621.7 亿元，比 1979 年增长了 20 倍，年均增长 29%，以乡镇企业为代表的农村经济的迅速发展为乡镇制度外财政收入开辟了广大的财源。特别是在一些乡镇企业发达地区，乡镇政府以企业上缴利润的形式直接获取可观的制度外财政收入。

再从需求方面看，地方经济和社会自身发展的需要、人口增长、通货膨胀以及随经济发展而不断涌现出新的消费品种等因素，造成了财政支出的迅速增加。尤其是随着地方经济的高速发展，与追加公共产品的供给和处理外部经济效应有关的支出需要增长迅猛。由于公共产品的特征表现为"非排他性"（即不可能征收使用费或征收成本太高）和消费的"非竞争性"，因此，在市场经济条件下，公共产品的供应只能通过政府以财政支出方式来解决。就处理外部效应来看，在市场经济条件下，当产品或服务的社会费用和个体费用、社会有用性和个体有用性不一致时，所发生的外部效应的处理要求政府来承担。

就目前而言，我国农村乡镇公共财政需求增加的原因具体表现在以下几个方面：

①人口城镇化。随着乡镇企业和农村经济的发展，农村集镇化的发展水平有了较大提高，集镇化的发展趋势使得对社会资本类产品的需求增加，如对道路、通信设施、下水道、公园等建设的需求日益旺盛。②教育水平提高。随着农民收入水平的提高，对教育的需求日益增长。同时，由于教育的社会有用性远远大于个体有用性，因此，除农民家庭负担一部分教育费用外，政府还要负担相当比例的教育经费。③随着改革的深入和市场经济体制的逐步确立，维持社会经济生活基本框架及秩序的公共产品的需求日益增加，如立法、司法、公安、统计、资源管理和一般行政事务等。④私人资本的短缺和分散、农民的消费与储蓄偏好、农民风险投资意识的薄弱，形成了

由政府财政对乡镇经济发展进行直接投资扩张的压力。⑤乡镇领导人追求短期效益和政绩的偏好与各种"达标"等活动，导致各种非建设性费用增加。⑥现行财政制度所规定的各种费用支出范围和标准远远低于各地实际发生的需要，一些上级"开口子"又不增加财政拨款的项目，如工资补贴、粮价补贴、交通费补贴等须由乡镇追加财政支出。这些都促使乡镇寻求制度外财政的来源。

二　乡镇制度外财政收入来源及特点

目前，我国农村乡镇制度外财政收入来源主要有以下几个方面：①乡镇企业上交的利润、管理费。1991 年，我国农村乡村两级集体企业税后纯利润达284.7 亿元①，根据乡办与村办企业总收入比例推测，税后纯利润中应当有一半来自乡办企业，同时，由于瞒报等因素，实际利润远远超出统计数。乡办企业每年向乡镇政府交纳的利润和管理费构成了制度外财政的主体。此外，村办、联户办企业和个体工商户等都要向乡镇政府交纳一定数额的管理费。②乡镇统筹资金。包括乡镇政府按照国家规定征收的收入。到1990 年，由国家各部委级部门下达文件可以向农民征收的项目达 149 项之多。主要有：教育费、计划生育费、优抚费、民兵训练费、农村干部报酬补贴、社会公益事业建设费等。③各种集资、捐款收入。包括乡镇范围内企业和个人的集资、捐款，也包括在外人员、机构，如海外侨胞的捐赠等，近年来这种收入在许多地方有日益增长的趋势。④各种罚没收入。在建立、维持和运行新的经济制度和社会生活中，这种收入呈增长的趋势。

通过对一些地区的实证调查分析，我国农村乡镇制度外财政收入具有与制度内财政收入明显不同的特点。

1. 不同经济发展水平地区具有不同的制度外财政收入结构

一般说来，经济发达地区、集体经济实力较强地区，制度外财政收入不仅水平高，且收入来源相对集中。其收入主要依赖于集体乡镇企业上缴利润、管理费和乡镇统筹资金。例如，1989 年北京市某乡制度外财政收入4742.5 万元，其中乡镇企业上交收入3009.3 万元，占63.5%。1991 年广州市某镇制度外财政收入总计393.6 万元，其中来自企业收入228.2 万元，占

---

① 《中国统计年鉴（1992）》，中国统计出版社 1992 年版。

总收入的 58%；乡镇统筹资金 143 万元，占 36.4%；两项收入合计占 94.4%。1991 年大连市某镇制度外财政收入 296 万元，其中来自企业收入 165 万元，占总收入的 55.7%；乡镇统筹资金收入 92 万元，占 31.1%；两项收入合计占 86.8%。事实上，在许多集体经济发展水平较高地区，乡镇统筹资金也主要来源于村办企业的集体经济收入上交，从而更加大了制度外财政收入中来自企业收入的份额。

在经济不发达地区，制度外财政收入水平低，主要依赖直接来源于农民家庭可支配收入的乡镇统筹资金和土地承包费以及其他临时性集资、捐款等。以云南省为例，1990 年全省乡镇自筹资金收入中来自乡镇办企事业的收入约占 20%，且主要集中于少数经济发展水平较高地区；各项统筹收入一般占 75% 左右①。再以湖南省某镇为例，1991 年该镇制度外财政收入总计 44.5 万元，其中来自企业的收入 13 万元，仅占 29.2%，大大低于经济发展水平较高的乡镇同类收入的比重；乡镇统筹收入 10.6 万元，占 23.8%；各种集资、捐款收入 8 万元，占 18%；各种罚没收入 8 万元，占 18%，该镇制度外财政收入结构代表了相当一部分经济不发达地区的现状，即收入水平低、收入来源分散程度高、企业收入难以构成制度外财政收入的主体。

2. 随意性

财政收入是政府依靠行政的强制力量筹集的资金。但是，作为基层的一级政权的乡镇政府，这种行政的强制力量往往是通过行政的隶属关系来实现的，往往具有较大的随意性和主观性。就乡镇企业而言，由于许多乡镇企业是由集体投资兴办的，产权十分模糊，乡镇政府就成了企业事实上的所有者，企业领导人直接由政府任命。乡镇政府利用这一特殊身份和行政权力，不仅可以任意确定企业上缴利润和管理费的比例与标准，也可以任意向企业摊派、集资，这也是为什么目前乡镇制度外财政收入最容易从乡镇企业筹集的主要原因。就乡镇统筹等收入来说，乡镇政府是通过村合作经济组织征收的，虽然国家为防止加重农民负担，规定有一定的比例标准，但却很难约束一些乡镇政府的行为；而农民对乡镇行政组织具有强烈的依附关系，也难以对之进行约束。据农业部农村合作经济指导司对全国范围的粗略统计，1991 年能够统计到的农民支出的行政事业费、各种罚款、集资摊派等合计，人均

---

① 程映萱：《逐步完善乡镇财政建设，促进农村经济全面发展》，《云南财政研究》1991 年第 10 期。

达 13.8 元，占上年农民人均所得的 2.5%，农民直接负担的集体提留、统筹费人均 29.2 元，占上年农民人均所得的 5.3%[1]。上述负担中，除一部分由上级部门提取、村民委员会留用外，很大部分成为乡镇制度外财政收入。

3. 年际和具体收入项目上缺乏连续性和稳定性

其原因在于：第一，制度外财政收入在很大程度上取决于乡镇企业的收入状况。随着国家对乡镇企业发展的种种优惠政策的取消，企业发展所面临的市场竞争越来越激烈，各种优势逐渐丧失，因而在一个乡镇范围内，企业收入常常表现得不稳定，导致制度外财政收入的年际波动。第二，由于制度外财政收入常常根据临时性的支出需要筹措，因而在具体收入项目上缺乏连续性。

三 乡镇制度外财政支出的功能和作用

在建设社会主义市场经济体制的过程中，农村乡镇政府作为我国的基层政权组织，在农村社会经济发展中有着不可缺少的重要作用。国际经验表明，在市场经济条件下，以下几种功能必须由代表公众利益的政府来承担。

（1）供应公共产品和处理外部效应功能。政府财政的这种功能表现为在现实利益与未来利益、个体利益与社会利益之间合理配置资源，以满足全体社会成员对公共利益的最大化需求。

（2）分配功能。这一功能主要是保证全体社会成员的最低生活水平和所得分配的公平，特别是在市场机制条件下，解决由此产生的收入分配不平等问题，缩小贫富差距；它还包括实施对农业等特殊产业的保护政策，为缩小地区差别进行的地区间的所得再分配等。

（3）稳定功能。主要是通过政府对总供给与总需求的宏观管理，如货币供应量、利率、汇率、税率等的调整来维持就业水平和物价稳定，以实现宏观经济活动和社会生活的安定。

（4）促进经济增长功能。在发展中国家，主要是通过政府的投资行为来弥补资金要素不足和微观经济主体风险意识薄弱的制约，直接带动发展中地区经济的成长。

---

[1] 农业部农村合作经济指导司：《对我国农民负担状况的综合分析》，载农业部合作经济指导司编《农村合作经济》增刊，1992 年 6 月 12 日。

但是，上述的政府功能在中央与地方政府以及各级地方政府之间存在着一定的分工和偏重。一般来说，农村乡镇政府公共财政较少发挥稳定功能。就分配功能而言，在经济发达地区，农民生活水平由于乡镇企业的发展而得到极大提高，虽然在农户之间仍存在着一定的收入差别，但绝对贫困现象已基本消除，政府只需为少数五保户等提供一部分转移支付。在一些集体经济发展水平较高的乡镇，通过集体经济内部的统一分配政策限制了贫富差别的扩大，这一类地区乡镇财政的分配功能主要体现在通过以工补农政策在集体内部平衡农业与非农产业之间的收入差别；在经济不发达地区，解决农民的贫困也主要依赖于国家和上级政府的各种救济款、扶贫款等，乡镇政府无须，也无力提供更多的转移支付。就稳定功能来讲，货币的发行、利率、汇率、税率的调整等只能由中央政府进行，地方政府不可能涉足。

可是，对于供应公共产品和处理外部效应以及促进经济增长功能，由于不同区域的社会成员对不同的公共产品存在不同的偏好，对于经济、社会发展方式具有不同的选择，地方政府可以较好地掌握各种信息，依据不同的偏好和经济发展需要提供公共产品和处理外部效应，因此乡镇政府在这方面的作用尤具潜力。对我国乡镇财政现行运行状况的调查表明，制度外财政在供应公共产品、处理外部效应和促进经济增长方面已扮演着十分重要的角色。

目前，我国农村乡镇财政支出包括三大类：①发展性支出，主要包括对基础设施的投资、对乡镇企业的投资和支援农村生产支出；②行政事业费支出，主要包括乡镇政府各部门事业费和行政管理费；③社会性支出，主要包括文化、教育、卫生事业费，社会福利费等。在上述支出范围内，制度外财政与制度内财政具有明显不同的特点，从而显示出其在乡镇经济与社会发展中的积极作用。

（1）制度外财政在供应公共产品、处理外部效应方面具有鲜明的建设性特征，已成为许多乡镇公共投资的主体。目前，在我国农村乡镇一级预算内财政支出中，文化、教育、卫生事业费占有相当比例，许多乡镇高达70%以上。但其支出具有十分明显的消费性，主要用于人头费和日常支出，很难有剩余资金用于建设性投资。制度外财政则不同，其用于公共设施等基本建设的比例较高。例如，湖南省某镇最近几年来相继进行了镇人民医院门诊大楼、桥梁等的新建、扩建，耗资数百万元，除一部分由上级部门资助外，主要由该镇制度外财政解决。大连市某镇1988年投资1000万元巨额资金兴建一所中学，也主要是由该镇自筹资金解决。目前，乡镇制度外财政的公共投资主要包括校舍、医院等社会性投资以及道路、桥梁、通信等基础设施建设投资。

（2）生产性建设投资。无论是经济发达乡镇，还是经济不发达乡镇，制度内财政很少用于乡镇企业和农业生产方面的投资，但制度外财政通过其投资行为表现出明显的促进经济增长的积极作用。在经济发达乡镇，这一作用更显突出。例如，1991 年大连市郊某镇制度外财政支出中，对农业、工业的直接投资额达 169 万元，占制度外财政支出总额的 37.1%；1991 年广州市郊某镇对乡镇企业的投资额为 120.8 万元，占制度外财政支出总额的 32.9%。在我国许多乡镇，由于私人资本的极度匮乏和分散化，农民在收入水平较低情况下的强烈消费偏好以及风险投资意识的薄弱、现代金融组织的不发达，导致了农村的生产性投资的严重不足，制约了经济的发展。因此，乡镇政府通过制度外财政的集中投资，无疑对地方经济的发展起到了强大的推动作用，这已被我国一些经济发达地区的实践所证明。

（3）在供应与建立、维持、运行新秩序有关的公共产品类方面发挥了重要作用。1978 年以来，统计、司法、公安、技术质量监督和服务、乡镇企业管理、资源管理等有关经济活动规则的设定和运行的机构在全国范围内增设或得到加强，在所有新增机构设置和人员编制中，其中一部分显然与新的经济制度所赋予的政府应完成的功能和工作任务相一致。但在这方面的财政支出中，有很多由制度外财政负担。1991 年，我们对陕西省某县城关镇1978 年以来新增机构和人员的调查结果表明，新增机构和人员中，属于上述有关经济活动的公共产品范畴的新增人员在总新增人员中占94%；由国家预算内财政负担的新增人员仅占总新增人员的40%，县财政负担的占30%，其余30%则由乡镇制度外财政负担。1992 年对广州市郊某镇进行的调查表明，1978 年以来新增机构中除镇党校和镇人大办公室外，其余机构均与经济管理、法律服务、城市化后的居民生活服务与管理功能有关。在该镇，1978 年以来新增人员占乡镇干部总数的69%，其中由镇财政自筹资金聘用的干部占新增人员总数的44%。对其他不同类型地区（如大连、山东、北京、浙江、上海等地）的实证调查也显示了类似的结果。

四　结论

（1）制度外财政目前普遍存在着许多问题，其中被人们普遍批评的是对这类资金缺乏有效的制度监督和管理，容易成为乡镇领导人的"小金库"，从而成为产生违纪的"温床"。据有关材料介绍，自 1985 年开展"三大检查"以来，从查出的违纪金额分析，90% 的问题是出在这部分资金上①。但是，上面的分析已经表明，制度外财政是市场经济发展和财政体制改革滞后之间矛盾的产物，具有生产性的特点、提供公共产品和处理外部效应的特点，在地方经济与社会发展过程中具有不可忽视的重要作用，因此，不能简单地加以否定和限制。

（2）从制度外财政的支出类型来看，供应公共产品和处理外部效应的支出占主要部分。从理论上说，不同地区的地方政府可以依据本地区内社会成员对公共产品需求、处理外部效应需求的偏好来决定财政的支出行为，满足人民的需要，使社会成员的公共福利最大化，特别是区域范围相对较小的乡镇更容易做到这一点。但是，我国目前行政体制上的种种弊端、地方基层领导人的短期化行为以及其他一些因素，常常导致政府行为偏离社会成员的偏好，使资源配置扭曲，并加重企业和农民的负担。因此，如何根据社会成员的偏好和负担能力来供应公共产品和筹措处理外部效应所需的资金，是一个需认真研究和解决的问题。

（3）由于我国大多数农村乡镇企业和农村社区行政组织具有强烈的依附关系，对政府行为缺乏约束力，因此造成了制度外财政具有较大的随意性和不稳定性，在农村国民收入和农民人均收入水平有限的条件下，如果在企业、农民上交国家税金后，再对其任意施行再分配，势必会对企业和农民的经济行为产生不利影响，最终导致财政收入的减少和财政功能的减弱。对此，可供选择的改进措施之一是将现有一部分制度外财政收入项目转化为地方税收，以法律的形式使其制度化，全部留给地方政府支配。

（原文发表于《经济研究》1993 年第 9 期）

---

① 李金文等：《关于加强乡镇财政建设几个问题的思考》，《财政研究资料》1991 年第 31 期。

财税体制、乡村集体企业与农业投入

朱 钢

改革开放以来，我国农村集体经济组织的"以工补农"资金日益成为农业投入的一个极为重要的来源，它在很大程度上弥补了农户生产性投入的不足以及国家财政性支农支出的不足，是促进我国农业发展，特别是经济发达地区农业生产发展的一个不可忽视的重要因素。本文将主要分析乡村集体企业发展、国家财政税收制度及其变化与农业投入之间的关系。

一 乡村集体企业的发展以及对农业的投入

乡镇企业的迅速崛起和发展是我国农村经济改革与发展的一条主线索，而在乡镇企业发展中，乡村集体企业占有十分重要的地位（见表1、表2）。

表1　　　　　乡村集体企业在乡镇企业中的地位　　　　单位：%

年份	1985	1987	1989	1991	1993	1995
单位数	12.8	9.0	8.2	7.6	6.9	7.4
职工数	59.5	53.6	50.4	49.6	46.7	47.1
营业收入	71.2	62.2	62.1	62.2	60.4	56.1
税金总额	79.0	76.4	74.7	73.4	——	63.3
固定资产原值	——	76.9	76.8	77.6	——	71.1

资料来源：各年《中国乡镇企业年鉴》。

从表1中可以看出，虽然乡村集体企业的各项指标在全部乡镇企业中的比例有所下降，但仍占有相当比例，特别是主要经营指标比例的下降幅度远远低于单位数比例的下降幅度，并占据绝大部分。

表 2			乡村集体企业主要经济指标的增长			单位：亿元，%
	1978 年	1985 年	1990 年	1993 年	1995 年	年均增长
总收入	431.4	1827.4	5218.6	17303.9	32142.3	28.9
上缴国家税金	22.0	108.6	275.5	716.0	1301.7	27.1
其中：所得税	7.4	32.7	57.1	167.8	278.7	23.8
纯利润	88.1	171.3	232.7	1093.1	1775.1	19.3

资料来源：各年《中国乡镇企业年鉴》。

乡村企业何以在如此短的时间里得以迅速发展，一般认为有如下几种因素：

（1）联产承包责任制的广泛推行以及农副产品价格体制的改革和收购价格的大幅度提高，使农民得以摆脱几千年来对土地的强烈依附，而从事非农经营。

（2）乡村企业自身发展的特点以及市场经济机制的引入，使其能够较好地适应市场机制和竞争。

（3）国家对乡村企业所给予的财政、信贷等方面的支持。

我们认为，国家在税收上的种种优惠政策为乡村集体企业的发展提供了有利的条件，特别是在整个国民经济飞速发展对资金需求较大、资金供求极不平衡的时期，国家所实行的税收优惠政策无疑为乡村集体企业提供了发展机会和动力。

乡村集体企业从税收优惠政策中得到了大量的实惠。以所得税为例，国家对集体乡镇企业实行的是八级超额累进所得税制，最低 10%（1000 元以下），最高 55%（20 万元以上），但实际执行结果是，乡村集体企业的实际所得税税率大大低于法定所得税税率。后面我们还将结合农业投入问题，讨论乡村集体企业所得税的减免问题。

乡村集体企业的发展不仅打破了农村经济以农业为主的单一传统格局，带动了整个农村经济的发展，也为工业反哺农业提供了可观的资本积累。

我国农村实行以联产承包责任制为核心的改革以来，虽然大多数土地已承包给农户个体经营，但在乡村集体企业较为发达的地区，乡村集体仍然保持了对农业经营的一部分社会化服务功能，特别是在农业比较利益不断下降时，为农业生产提供了相当数量的资金投入，使农村产业构成和农民收入得到平衡发展。

1978—1994 年，乡村集体企业共支付职工工资 7000 多亿元，其中相当一部分转为对农业的投入，16 年来共用于补农建农资金 900 多亿元[①]，约相当于同期国家财政全部支农支出总额的 23%。如果考虑到国家财政支农支出中有相当比例用于人员开支，而"以工补农"资金主要为生产性直接投入和补贴，则乡村集体企业对农业的投入在弥补农业生产性投入不足方面的重要作用更为明显。

农业部对全国 7983 个村所做的调查表明，集体经济组织为农户提供的服务量占农户接受服务总量的比重，机耕为 56.5%、排灌为 73.4%、植保为 72.2%、种子为 58.2%、化肥为 51.1%[②]。

有关资料表明，1984—1993 年的 10 年中，江苏省乡镇企业提供的补农资金总额达 82.4 亿元，相当于同期财政支农资金的 94.5%。1990—1994 年，全省乡镇企业以工补农、以工建农筹集资金 30 亿元，高于同期中央与地方对农业基本建设和农业综合开发的投入，其主要用途是扶持粮棉生产。江苏省能够在经济调整发展的同时仍然保持农业的发展，这不能不说与乡村集体企业对农业的高投入密切相关。

乡村集体利用乡村集体企业利润或通过企业直接对农业的投入主要采取以下几种方式：

（1）补贴农民的各种社会负担，即由乡村企业的上缴利润承担全乡或全村的大部分或全部社会性开支，以及由集体统一支付农业税。

（2）直接生产投入，如直接用于农业基本建设投资（打井、修路、农田水利建设等），改善农业生产条件。

（3）为农户提供农业生产的产前、产中和产后服务，如提供机耕、机播、运输等服务，这些服务常常是无偿的或收费低廉。

乡村集体组织以企业上缴的一部分利润用于农业生产，从而能够在以乡镇企业为主导的非农经济调整发展下保持农业的稳定增长。

以下我们将重点讨论这种现象产生的制度背景、财政税收制度变迁对"以工补农"的影响并提出若干结论。

---

① 中华人民共和国农业部：《中国农业发展报告（1995）》，农业出版社 1995 年版。
② 同上。

二 "以工补农"产生的制度机制

任何新制度都是在旧制度消亡的过程中孕育而生的，"以工补农"产生的根本原因，就在于原有的农业性公共产品供应机制的不完善以及各种外部压力的存在。

改革开放以前，在人民公社体制下，主要采取以行政命令来进行大规模劳动力动员的方式提供农业性公共产品，在当时农村非农经济极不发达、农业劳动力极为丰富的情况下，人民公社这种制度安排可以充分利用大量的季节性闲置劳动力进行农业性公共产品的建设，虽然这种方式在资源的合理配置、激励机制等方面存在种种缺陷，但在当时条件下，人民公社体制在形成农业资本方面却也有它某种合理的地方（马尔科姆·吉利斯、德怀特·H.帕金斯等，1989）。

随着联产承包责任制的普遍推行和人民公社体制的瓦解，这种依靠集中动员方式来增加农业资本存量的方式也随之失去了存在的基础。但是，虽然联产承包责任制在当时较好地解决了农民的激励机制问题，却没有解决人民公社体制下就已存在的公共产品供给不足的问题，甚至产生了负面影响，一些研究已经对这一问题给出了答案（张军、何寒熙，1996）。然而，"以工补农"机制的建立在某种程度上解决了原有体制消失所带来的农业性公共产品供应不足的问题。"以工补农"制度的产生是由下述原因所决定的。

首先，联产承包责任制的实行使劳动力获得了充分的自由，新的激励机制得以建立；而人民公社体制的瓦解使得依靠集中动员方式所进行的不合理的劳动力资源配置机制（即违反受益原则来进行公共产品建设）的基础随之消失，需要建立新的农业投入机制。

其次，作为公共产品主要供给者的财政性资源的配置也不尽完善和合理。改革开放以来，我国财政体制变迁具有两个主要特点：第一，"休养生息"的政策导致财政收入（不含债务收入）占国内生产总值的比例持续下降，且下降幅度很大，由1978年的31.2%下降至1985年的22.36%。财政资源的严重匮乏导致对农业的投入能力下降。第二，改革开放以来，中央财政一再向地方放权，"分灶吃饭"体制的实行造成了地方财力与中央财力比例的失衡，在生产性财政投入方面，地方政府更多地考虑能给其带来高税收收入的产业和项目，农业投资受到忽略。

财政体制这两方面的变化给农业性公共产品的供给造成了很大影响，我们可以用两组数字来说明这一问题。

改革开放以来，农业基本建设投资占国有基本建设投资总额的比重迅速下降，在"六五"时期和"七五"时期分别仅为 5% 和 3.3%，而这一比重在"四五"时期和"五五"时期则分别为 9.8% 和 10.5%。1981—1987 年，地方财政总支出由 512.8 亿元增加到 1416.6 亿元，增长了 176.2%；同期地方财政支出占全国财政总支出的比重由 49.2% 上升到 60.5%。虽然地方财政支农支出总量在这一时期仍在增长，但支出增长速度仅为 59.6%，在地方财政总支出中的比例由 18% 下降到 10.9%。

在集中投入机制不完善的同时，农户投入也不尽如人意，在改革开放后的一段时期里，制度性变迁对农民从事农业生产的激励也仅表现在对生产的主动关心和常规性投入（化肥、农药和种子等）的增加上，而对增加农业资本存量的投入，农户既无能力，也无兴趣。

在财政资源向农业配置不足的同时，乡村集体经济特别是发达地区的集体经济组织在向农业投入上面临着极大的压力。

首先，集体经济组织面临着完成国家对主要农产品总量需求的压力。改革开放以来，虽然对农产品生产和流通体制进行了重大改革，特别是 1985 年取消了统购制度，改为合同定购和议购双轨并行的政策，使许多农产品得以自由进入市场。但是，国家为了控制一定总量的主要农产品，在执行合同定购时实际上带有较强的计划性。同时，受交通运输、地方保护主义等因素的影响以及自身的需要，许多农产品还需要在相当程度上依赖于当地解决。即使在一些发达地区，以农产品为原料的加工业在整个工业中仍占有举足轻重的地位。以 1984 年为例，江苏、浙江和山东三省的食品工业、纺织工业和皮革工业的产值占全省工业总产值的比重分别为 36.95%、37.05% 和 35.85%。因此，为了保证能给地方政府带来财政收入的这些产业原料的正常供应，地方政府也要强化集体经济组织对农业的重视。

其次，随着乡镇企业的迅速发展，在集体经济较为发达且集体经济组织在劳动力资源配置方面仍具有影响力的地区，农业和非农产业在劳动报酬、工作环境和社会地位等方面的差距在迅速扩大，这就迫使乡村集体经济组织不得不考虑去解决这些日益严重的问题。

财政性公共资源的不足、农业性公共产品供给机制不完善以及乡村集体经济组织所面临的各种压力为新的制度安排提出了要求，而国家对乡镇企业实行的税收优惠政策则为新的农业投入机制的产生提供了条件。

三　税制、税制改革与"以工补农"

我国农村乡镇企业能够在短时间内迅速崛起，在很大程度上得益于国家的税收优惠政策，这种政策的实惠体现在减免的税收为乡镇企业发展提供了资本积累，从而能够为农业提供一部分资金。

1977 年，国务院在批转财政部关于税收管理体制的规定中就已体现了国家对乡镇企业的税收优惠政策，例如，该规定指出："新办社队企业在开办初期纳税有困难的，可以减征或免征工商税、所得税一年或两年。"以后国家虽然不断对乡镇企业的税收政策进行调整，但对乡镇企业给予若干税收减免的政策未发生变化。国家对乡镇企业的税收减免以及其他一些优惠政策的主要内容有：

（1）对新办企业，在政策上需要扶持或开办初期有困难的，在一定期限内减征或免征工商、所得税。政策还允许一些企业在减免期满后还可继续享受减免的优惠。

（2）较为优惠的税前列支项目和标准。考虑到乡镇企业要承担大量的社会性支出，国家规定乡镇企业可以按计税利润总额的 10% 提取补助社会性支出，并在税前列支。除此之外，乡镇企业还有其他项目可以在税前列支。

在利用国家税收优惠政策上，一方面，由于许多新办企业可以获得减征或免征工商税、所得税的优惠，因此，一些乡村企业采取了在减免期满后将原企业中的一部分划分出去或采取其他一些办法重新成为新办企业，以此继续获得税收减免。另一方面，由于地方政府具有税收减免权（例如，县级人民政府就可以决定对乡镇企业的所得税减免），因此，一些地方特别是沿海发达地区的政府采取了"藏富于民"的政策，对乡村集体企业税收减免采取了更为积极的态度。在这种情况下，乡村集体企业在税收方面得到了大量的实惠。

从全国来说，自 1985 年以来，除个别年份外，乡村集体企业的总体税负水平在逐年下降（见表 3）。

表3   乡村企业总体税负变化

年份	1985	1986	1987	1988	1989	1990	1991	1992	1993
总收入（亿元）	1827.4	2223.6	2952.3	4232.2	4821.6	5218.6	6627.7	10145.0	17303.9
税收总额（亿元）	108.6	137.3	169.4	236.5	272.5	275.4	333.8	473.2	716.0
税收占总收入比例＊（％）	5.9	6.2	5.7	5.6	5.7	5.3	5.0	4.7	4.1

注：＊表示这里用总收入指标只是反映税负变化的大致轮廓。

资料来源：各年《中国乡镇企业年鉴》。

由于国家对乡镇企业实行了较为优惠的税收政策，乡村集体企业获得了一定的额外利润，这里仅以所得税为例进行说明（见表4）。

表4   乡村企业所得税税负变化

年份	1985	1987	1988	1989	1990	1991	1992	1993
应纳税所得额（亿元）	204.0	251.1	349.8	333.9	318.5	399.0	641.6	1093.1
每个企业应纳税所得额[a]（元）	13004.5	15865.6	21998.1	21739.6	21904.5	27675.0	42209.2	64869.4
法定适用税率（％）	35	35	35	35	35	42	42	48
应交所得税（亿元）	32.7	44.4	59.8	60.9	57.1	68.1	95.5	167.8
每个企业应交所得税（元）	2084.1	2807.1	3762.3	3964.2	3927.4	4722.9	6279.6	9957.3
每个企业应纳税额[b]（元）	3471.6	4473.0	6619.3	6528.9	6586.6	8793.5	14897.9	25307.3
每个企业应纳税税率（％）	26.7	28.2	30.1	30.0	30.1	31.8	35.3	39.0
每个企业实际纳税税率（％）	16.0	17.7	17.1	18.2	17.9	17.1	14.9	15.3
每个企业所得税减免额（元）	1387.5	1665.9	2857	2564.7	2659.2	4070.6	8618.3	15350.0
所得税减免总额（亿元）	21.8	26.4	45.4	39.4	38.6	58.7	131	258.6

续表

年份	1985	1987	1988	1989	1990	1991	1992	1993
减免额占应纳税额（%）	40.0	37.2	43.2	39.3	40.4	46.3	57.8	60.7
实际税率占应纳税税率（%）	60.0	62.8	56.8	60.7	59.5	53.8	42.2	39.2

注：a. 指全国乡村集体企业平均数，下同。b. 按八级累进税适用税率，并减去法定扣除额后计算得出。c. 1986 年数据缺失。

资料来源：根据各年《中国乡镇企业年鉴》计算。

从表4中可以看出，虽然所得税税负在年际有所波动，但总体上，其税负水平是非常低的，且减免税额在不断增加。

需要说明的是，应纳税所得额是用利润总额来代替的，由于资料的缺乏，在使用应纳税所得额时没有对税前列支的项目和营业外支出项目进行扣除。但是，即使对这些项目进行扣除，乡村集体企业来自所得税减免的利润也是非常可观的，而且相当一部分税前列支本身就来自于税收优惠政策。

此外，不可否认的是，除了国家税收优惠政策外，税收效率问题也可能是导致乡村集体企业实际税率下降的原因（盛洪，1996）。然而，税收优惠政策无疑是乡村企业实际税率下降的主导因素。

在国家税收优惠政策下，乡村集体企业才能在保证企业扩大再生产的前提下对农业提供发展资金。如果只有乡村企业的发展，而没有国家的税收优惠，企业便不可能获得额外利润；另外，如果没有国家的税收优惠政策，企业也不可能获得进一步发展所需要的资金积累，也就不可能为农业提供更多的资金，两者是相辅相成的。比如，1988 年，乡村集体企业税收总额占总收入的比例为5.6%，实际所得税税负为17.1%，而"以工补农"投入为55 亿元；1993 年，前两项指标分别降为4.1% 和15.3%，而"以工补农"支出则大幅度提高至130 亿元。

同样，我们还可以从另一个角度来说明"以工补农"与税收优惠政策之间的关系。改革开放以来，虽然地方政府对农业的投入占财政支出的比例在逐年下降，但地方政府对乡村集体企业采取的较为优惠的税收减免政策，实际上也隐含着通过企业利润的增加而增加对农业的投入，因此，对于地方政府来说，减免税也是间接对农业的投入。

另外，我国沿海地区在其经济发展过程中获得了较多的政策优惠，这其中就包括税收优惠，乡村集体企业也不例外。一项研究表明，1978—1992年，沿海地区税率下降，而利润率相对上升（简天伦，1996）。在集体乡村企业"以工补农"支出中，沿海地区占据了相当大的比例，这也说明了"以工补农"与税收优惠政策之间的关系。

乡村集体企业从税收减免上获得的利润用于"以工补农"，这是由乡村企业与社区政府或组织的特殊关系所决定的。从企业本身来说，它更愿意将由减免税所形成的利润转化为企业的生产资金或个人消费基金，企业是不愿意将利润转化成农业资本的，但企业与乡村政府或组织所具有的特殊关系，以及乡村领导人所要承担的上级任务，社区综合、平衡发展的现实需要，使得这部分利润不得不流出一部分来形成农业资本。

1994 年我国对税收体制进行了重大改革，这些改革涉及乡镇企业的许多方面，从目前来看，与乡村集体企业相关的税收体制改革的主要内容有：

（1）对生产和销售环节普遍征收增值税，且一般不准对增值税予以减免，减免权高度集中于中央。

（2）取消八级超额累进所得税税制，统一实行 33% 的所得税税率。

（3）取消按计税利润总额 10% 提取补助社会性支出的税前列支，改成减免 10% 的所得税用于社会性支出。

（4）基本上取消了对乡镇企业所得税和其他税收的减免政策。

（5）取消了"以税还贷"的政策。

税收制度改革对乡村集体企业的影响主要表现在以下几个方面：

（1）从所得税上讲，虽然名义税率大幅度下降，但实际税率有所提高。从名义税率上说，1991—1993 年，全国乡村集体企业所得税税率平均为 42%、42% 和 48%，而税改后的所得税税率只有 33%，并且为了照顾小规模企业，还实行了 27% 和 18% 两档照顾税率。但是，由于原有对乡镇企业税收优惠政策的取消，1994 年后的实际运行结果是，所得税的实际税率高于 1994 年以前。1994 年和 1995 年乡村集体企业的实际所得税税负分别为 17.1% 和 16.1%，而 1992 年和 1993 年则分别为 14.9% 和 15.3%。另外，如果将税负与"以工补农"联系起来考察就会发现，作为"以工补农"主要贡献者的沿海地区乡村集体企业，由于多数企业规模较大，因而不仅不能享受低档税率，而且实际税率大大高于全国平均水平。以浙江省和山东省为例，1995 年两省"以工补农"支出 43.6 亿元，占全国总额的 60.2%，而实际所得税税负分别为 20.2% 和 21.2%。

（2）将按计税利润总额 10% 提取社会性支出的税前列支改为减免 10% 的所得税用于社会性支出，这本身就极大地减少了支出总额，显而易见，前者支出方法的税基大大高于后者。①

（3）"以税还贷"政策的取消大大削弱了乡村企业的资金积累能力。

从前面的论述中已经看到，税收优惠政策是"以工补农"制度赖以存在的基础之一，因此，税制改革必然会对这种制度产生重大影响。1994 年以来，全国"以工补农"支出大幅度下降，1995 年仅为 72.45 亿元，比 1993 年减少了 44.3%，低于 1990 年水平。这种减少与 1994 年以来税收优惠政策改变所导致的乡村企业额外利润减少密切相关。1990—1993 年，乡村企业总收入的年平均增长率为 49.1%，低于利润的年平均增长率（50.2%）；而 1993—1995 年，利润的年平均增长率为 25.8%，大大低于总收入的年平均增长率（36.3%）。由于"以工补农"资金主要来源于企业利润，因此，利润增长速度的放慢以及企业经济效益的下降必然会影响到企业对农业的投入。

四　几点结论

（1）1994 年财政税收体制改革，特别是财政体制改革设计所要达到的一个基本目的就是要提高国家的宏观调控能力、扶持基础产业的发展。鉴于农业在我国国民经济发展中的重要地位，它理应成为国家的重点扶持对象，因此，在对 1994 年财政税收体制改革进行评价时，不能不考虑这种变迁对农业发展的影响。

（2）从目前来看，1994 年财政体制改革并没有在农业财政性投放方面建立起新的有效机制。虽然新的财政体制将农业税、农业特产税和耕地占用税划归为地方税种，但并未因此而提高地方政府对农业投入的积极性，地方政府对农业投入的比例仍在下降。同时，税制改革由于取消了乡村企业的税收优惠政策，造成企业利润的下降，影响了"以工补农"的基础。现有的减免 10% 的所得税用于社会性支出也并非是对企业的一种税收优惠，它只是将本应由政府财政负担的公共产品供应的一部分职能转由企业来完成，这

---

① 财政部财政科学研究所课题组：《财税体制改革对农业和农村经济的影响》，《中国农村观察》1997 年第 1 期。

实质上是政府公共财政职能不完善的一种表现。因此，在财政、税收体制改革后，如果在财政性支农支出所存在的问题没有得到根本性改变的同时，乡村企业由于税收优惠政策的取消而减少对"以工补农"的投入，这无疑有悖于改革的初衷。

（3）从长远看，政府财政支出和农户投入是农业投入的最主要来源，但在目前我国农业公共产品供给制度不完善的情况下，在一段时期里保持"以工补农"政策仍具有一定的必要性。

一是我国目前大多数耕地的生产条件还较差，在国家利用财政资源进行大规模农业生产条件改善工程的同时，还需要利用乡村集体组织进行小规模的农田建设；为平衡产业之间的发展，还需要对农户提供一些补贴和服务以增加农户的农业性收入。

二是从某种意义上说，乡镇企业的发展是以牺牲一部分农业为代价的（例如，大量耕地被占用），因此，需要乡镇企业给予一定的补偿。但乡镇企业上缴的税金并不能保证通过财政渠道用于本地农业发展，而以"以工补农"形式提供的投入，不仅能保证本地农业获得一定的发展资金，也能体现受益原则。

三是通过乡村企业利润的"以工补农"通过财政途径提供的农业投入，从某种程度上说，前者的效率可能要高于后者。也就是说，小规模或小范围的农业投入由乡村集体组织来进行可能更有效率。如果通过财政渠道，则可能需要经过较为复杂的决策程序或过程，且可能由于对农户偏好的不了解而造成效率损失。因此，在提供某些农业性公共产品的资源配置效率方面，乡村集体组织的"以工补农"可能要高于财政渠道。

过度的税收优惠政策必然破坏公平竞争的市场机制，从这方面说，1994年所进行的税收体制改革有利于完善的市场机制的形成，有利于企业的长期发展。但是，在目前农业投入不足的情况下，制度变迁不能以牺牲农业投入为代价，从这方面说，已进行的财政、税收体制改革又存在某些缺陷。因此，本文的目的在于提出这样一个问题，即"以工补农"是在一定的制度环境下产生的，当这个环境发生变化或不复存在时，用什么新的制度来完善它或替代它，从而能够保证我国农业持续稳定的发展。

参考文献

[1] 中华人民共和国农业部：《中国农业发展报告（1995）》，农业出版社1995年版。

［2］ 马尔科姆·吉利斯、德怀特·H. 帕金斯等：《发展经济学》，经济科学出版社 1989
年版。

［3］ 张军、何寒熙：《中国农村的公共产品供给：改革的变迁》，《改革》1996 年第
5 期。

［4］ 徐滇庆、李金艳：《中国税制改革》，中国经济出版社 1996 年版。

［5］ 财政部财政科学研究所课题组：《财税体制改革对农业和农村经济的影响》，《中国
农村观察》1997 年第 1 期。

（原文发表于《中国农村经济》1997 年第 10 期）

地方分权与乡镇财政职能

谭秋成

乡镇财政研究基本上是围绕现实中出现的迫切问题进行的。迄今为止，已有的文献分别讨论了乡镇制度外财政的成因和功能（孙潭镇、朱钢，1993；樊纲，1995）、乡镇财政在农村公共品供给中的地位（张军、何寒熙，1996）、乡镇财政管理体制（刘世定，2000）、乡镇财政在发展农业和农村教育中所起的作用（朱钢，2000）等一系列问题。目前的研究则集中在农村税费改革评价（谭秋成，2001）、乡镇财政与农民负担的关系（张军，2001）以及税费改革对乡镇财政体制可能产生的影响上（朱钢，2000）。

乡镇财政研究中这种实用主义倾向有助于了解乡镇财政运行的特征，也有助于解决乡镇财政中出现的问题。然而，过于实用的研究倾向容易使人们忽视对一些基本问题进行理论思考。例如，人们至今只是笼统地指出，乡镇财政应该为社区农民提供公共品和服务，至于何种公共品和服务，则没有做具体解释。事实上，乡镇财政有适合其辖区范围和农民需求的、特定的一些职能，而目前的乡镇财政却承担了大量应由中央或上级政府负责的事务。由于以往的研究未能正确地对乡镇财政职能进行定位，结果在评价乡镇财政收入和支出、乡镇财政管理体制、乡镇组织行政效率以及农民负担等方面失去了准则。

本文从地方分权的角度研究乡镇财政应该具有的职能。文章是这样安排的：第一部分讨论财政地方分权的理由与限度；第二部分考察我国财政分权的历史与特征；第三部分分析乡镇财政职能，解释目前乡镇财政职能偏离规范要求的原因，提出完善乡镇财政职能的建议；第四部分是结论。必须指出的是，本文更多的是从效率原则讨论中央政府和地方政府之间财政分权以及乡镇财政职能的。这一方面可以避开如何定义社会福利函数的纠缠，另一方面也更符合中国目前的现实。

一 地方财政分权：理由与限度

（一）偏好显示：公共品生产的难题

公共品是具有这样属性的一种物品：其一，消费是非竞争的，即"每个人对这种物品的消费都不会导致其他人对该物品消费的减少"（Samuelson，1954）；其二，排斥他人对该物品的消费或者在技术上不可行，或者成本极为高昂。公共品这种消费的非竞争性和非排斥性，限制甚至完全取消了市场在其生产中配置资源的功能。因为，非竞争性意味着公共品一旦被生产，增加一个消费者的边际成本为零。如果按边际收益等于边际成本这一效率原则定价，公共品应免费提供，而这将导致生产者的固定成本损失。另外，非排他性给了消费者行使机会主义的空间，通过隐瞒自己偏好，个人可减少公共品生产成本应分摊的份额。结果，供给公共品生产的资源严重不足。

公共品市场的阙如意味着由政府直接生产，或以财政预算支持生产这类物品可以增进社会福利。政府因为拥有征税方面强制的权力，可以弥补公共品资源不足的缺陷。但是，如果要使生产的公共品达到社会福利最优，政府则绕不过如何获得居民偏好的难题。关于私人物品，价格和产量由边际成本和边际收益相等确定，消费者作为价格接受者，可决定购买与否及购买多少；而公共品的效率原则是，社会的边际成本等于所有消费者的边际收益总和，任何消费者对公共品偏好的真实显示决定着公共品生产的最优产量和价格。在图 1 中，D 是居民 R_1 和 R_2 关于某项公共品偏好的需求曲线，S 是生产该项公共品的社会成本曲线，E 为均衡点。Q 是居民 R_1、R_2 消费的公共品数量，P 为公共品生产价格，它等于居民 R_1 对公共品评价 P_1 和居民 R_2 对公共品评价 P_2 之和。现在的问题是政府如何获得居民关于公共品评价的虚拟需求曲线 D_1 和 D_2 的信息，因为在消费非排斥的情况下，居民有故意扭曲自己偏好的动机。

现实中，让居民显示真实偏好的替代机制是投票表决，这是民主社会普遍采用的方式。投票可以避免政客和官僚独断并以自己偏好替代居民偏好的现象。但是，以选票表达偏好的政治市场因为联合行动中的交易成本和策略行为，很难达到用货币表达偏好的私人物品市场这样高的效率。理由如下：①投票如果选择一致通过规则，辖区内所有居民的利益都可得到保护。但是，这需要广泛动员，进行大量的协商谈判。而且，在一致性规则下，少数选民有可能借规则进行要挟，这些都将带来高昂的交易成本。②投票如果选择多数通过规则，在居民存在多峰偏好的情况下，投票将形成循环，达不成结果；在所有居民都是单峰偏好的情况下，多数通过规则最终达成的结果是中间投票人的偏好，那些远离中间投票人的居民因为投票结果不符合自己的偏好，其利益便受到了损害。投票的强制结果给部分居民带来了外部成本（Buchanan and Tullock，1962）。

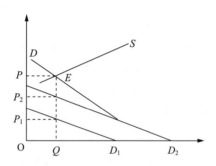

图1　偏好显示与公共品有效供给

（二）地方分权的理由

公共品生产因偏好显示困难带来高昂的交易成本和外部强制成本这一现象，因而提出了地方财政分权的问题。在较少的范围内合作可以减少讨价还价和"搭便车"行为，因此可以期望更低的决策成本和外部强制成本。事实上，在克拉克—格罗夫斯偏好显示机制中，特殊的税制设计在小范围内是可以诱使个人披露自己真实偏好的[①]。同样，科斯关于社会成本的讨论也认为，通过界定产权，在交易成本低的情况下外部性可由当事人自己谈判解决（Coase，1960）。在私人物品生产中，消费者和生产者越多，竞争越趋激烈，市场也越趋完善。人数少反而产生扭曲市场的垄断和合谋行为。公共品与之不同，人数少时每个人从公共品生产中获益较大，起的作用也更关键。个人

---

① 有关公共品偏好显示机制的综述见阎坤、王进杰（2000）。

如果故意隐瞒偏好，公共品就无法生产。结果，遭受的损失有可能超过行使机会主义获得的利益。所以，人数少在公共品生产中可以抑制"搭便车"行为（Olsen，1965）。也就是说，在公共品生产中，决策成本和外部强制成本是居民人数的减函数，这一点是实行地方财政分权最基本的理由。

给予地方政府更多的财政自主权，让居民有更多的选择机会，公共品生产决策就更容易满足居民偏好的多样性。居民因收入水平、偏好等方面的差异，对同种公共品可能有不同的需求量。如富人有可能比穷人需要更高的教育水平和更多的安全。如果公共品由集权制统一生产供应，这些差别将被抹杀，容易导致所有人福利水平下降的不利局面。图 2 中，D_1 是低收入群体对教育的需求曲线，D_2 是高收入群体的需求曲线。给定教育生产有不变的边际成本 S，低收入群体对教育的最优需求量为 Q_1，高收入群体的最优需求量为 Q_2。在财政集权情况下，教育统一限量供应 Q。Q 高于 Q_1 低于 Q_2，结果，低收入和高收入群体分别遭受三角形 ABE 和 CDE 面积的消费者剩余损失。在财政分权制中，这种普遍受损的局面是可以扭转的。不同的辖区以不同的价格提供不同数量的公共品后，居民可以选择最适合自己偏好的辖区居住（Tiebout，1956）。所以，地方财政分权成为甄别消费者类别、合理配置公共资源的一种有效机制。

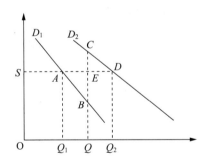

图 2　集权制下的公共品供给

地方分权的实质是，各级政府在公共品提供上就责任和权利进行分工。这种分工除了有降低决策成本和外部成本、满足偏好多样性的好处外，还可以提高公共品生产的效率。并非所有公共品的收益都能在全国范围内分配。属于俱乐部性质的公共品随着人数的增加，拥挤带来的成本将抵消生产带来的规模收益，效率原则要求这类物品在有限的范围内供给。某些地方公共品，诸如城市交通、地方治安、土地治理等，其收益主要由当地居民获得，不存在收益和成本区域外溢。根据效率和受益原则，这类物品的生产也须由当地居民提供资源。此外，相对于中央政府，地方政府更加了解辖区内居民的偏好，在公共品提供上具有信息方面的比较优势。

有必要实行地方分权的最后一个理由是，分权可部分地抑制中央政府对社会的掠夺，并激励地方政府降低成本、开展制度创新。在集权的财政体制下，中央政府垄断公共品供应后，完全可能像垄断厂商一样限量生产，索取高于社会边际成本的价格，并根据自己的偏好对不同地区实行歧视的财政支出政策。而且，集权制不能为社会提供了解公共品生产的成本和收益方面的信息，权钱交易、在职消费、官僚主义等行为更容易发生。财政分权后，一方面由于地方政府预算收入与当地经济发展密切相关，另一方面由于辖区内消费者和厂商有邻区做比照，更容易实施监督，地方政府的短期性掠夺行为将被抑制。同时地方政府也有激励开展制度创新，努力降低公共品生产成本，提供更多社会服务以吸引更多的投资者，获得更多的税收和选民支持。

（三）地方分权的问题

财政分权只有基于地方政府与中央政府之间、不同辖区地方政府之间能有效地分工合作这一前提才会发挥作用。因为下述五个方面原因，公共品和服务单一由地方政府供应同样会导致无效的资源配置。①规模经济。诸如国防、基础科学研究等一些公共品在生产技术上是规模报酬递增的，人数越多，每人均摊的成本越少，在单一辖区内生产显然是无效率的。②外部性。某些公共品在一个辖区内生产会出现收益或成本外溢。对于存在外部成本的公共品，地方由于没有考虑社会成本，其生产量容易过多；而存在外部收益的公共品却容易出现产量过少。设想一条流经多地区的河流，上游地区如果仅考虑本地利益，修建多座大型水库控制有限的水源，下游地区居民的生产生活就将遭到严重破坏。③税制效率。为了吸引投资、扩大财源，某个地方政府可能降低资本所得的税率。根据纳什均衡条件，这一行为将诱使所有地方政府进行降低税率的竞争，结果造成整个社会税制的低效率。④税收转移。在税赋能够转嫁的情况下，地方政府可能故意高征某一产品的税收，给外地居民带来负担。假设某地生产一种味觉特别的香烟，该香烟主要由辖区外居民消费且需求弹性很少，这一现象就可能发生。⑤管理成本。如果每一项公共品都根据需求规模组建一个政府部门来提供，过多的行政支出将大大抵消公共品的社会收益（费雪，2000）。

单一由地方政府供应公共品和服务的制度还可能成为收入再分配的障碍，使公平问题遭到忽视（罗森，2000）。辖区 J_1 受选民的压力决定实行就业和低收入者福利保障计划，执行计划的财政资源主要来自辖区内的资本所得税和高收入成员的个人所得税。如果辖区之间人口是自由流动的，利益差别将驱使未实行这种计划的辖区 J_2 的穷人流入，而这将导致税率的提高。结果本辖区的资本所有者和高收入成员开始流向 J_2 辖区。这种双向流动最终会迫使 J_1 辖区放弃其公共福利计划。辖区 J_1 可能改变策略，通过资格审查严格限制 J_2 穷人的流进，这样 J_1 辖区的福利项目能够继续。假定所有辖区都采取类似 J_1 的排斥政策，富裕地区的公共福利能够得以保证，而资源禀赋差、收入水平低、财政能力弱的地区穷人的福利则完全被忽视。

（四）地方分权的限度

一项公共品或服务由哪一级政府提供，关键是权衡该公共品随生产规模带来的收益和成本。换言之，地方分权的限度主要由效率原则决定。图 3 中，横轴表示某一公共品的生产规模，纵轴表示公共品规模扩大可能带来的成本和收益。R 为公共品收益曲线，T 为该物品的成本曲线。R 主要来自规模经济、外部收益以及减少外部成本增加的社会福利；T 则表示随公共品规模扩大，决策成本、拥挤成本以及外部强制成本显著增加。该项公共品最优生产规模为 N，在该点生产的边际收益等于边际成本。图 3 是关于公共品生产最优规模的一般事例。如果公共品没有规模经济，或者外部成本和收益很少，收益曲线 R 将向下转动。这时 N 点左移，公共品的生产规模趋于减少。相反，如果公共品存在显著的规模经济、外部收益或成本，收益曲线将向上转动。这时 N 点右移，要求该公共品在更大的范围内生产。

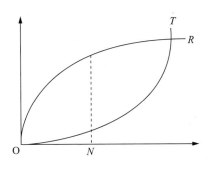

图 3　公共品最优生产规模

效率原则给出了公共品的生产规模，从而也就给出了地方分权的限度。显然，诸如国防、外交、货币发行与管理、稳定国民经济的财政政策、实施收入再分配的失业和养老保障计划、基础科学研究等一系列规模经济和外部经济显著的公共品和服务由中央政府提供是合适的。而诸如地方公共安全、城市交通、土壤治理、防洪排涝等主要是当地居民受益的公共品则应由地方政府负责组织生产。此外，居民有多种公共品和服务的需求，而辖区是历史形成的，按效率原则决定的某些公共品的生产规模可能与辖区划定的范围相冲突。然而，这并不意味着成立更多的政府部门，而是需要不同辖区之间、地方与中央政府之间、政府与私人承包商之间就提供不同性质的公共品和服务进行有效的分工合作。

二 中国财政分权：历史与特征

（一）1980 年以前：中央集权

1950—1980 年，中国财政管理体制调整频繁，总计有 11 次之多（张馨，1999），目的是协调中央与地方之间财政管理权限，激励地方政府增收节支。尽管如此，为适应当时严格的计划经济体制，这一时期在财政管理上基本上还是实行中央集权，即地方征收的绝大部分财政收入上解中央，地方需要的支出再由中央下拨。这种高度集中的财政管理体制的主要特征是：中央政府大权独揽，它决定财政收入的来源、数量和财政支出方向；地方政府则完全失去了独立的财政地位，其职责不是为地方提供公共品和服务，而是贯彻中央政府的意志。在中央集权的管理体制中，财政是超出公共品供应范围之外行事的。财政支出依存于重工业优先发展战略，首先要确保国家重点项目建设；财政收入则不局限于税收，国有企业利润、价格控制下的不等价交换是国家获得资金的另外两条重要渠道。

中央集权的财政管理体制与地方分权完全背道而驰。在这种体制下，居民对公共品和服务的需求被置于末位，地方政府的功能被扭曲，其开源节流的积极性被完全抑制。尽管当时财政收入占国内生产总值的比重非常高，但由于大量资源投放在不符合我国资源比较优势的资本密集型项目上，加上缺乏监督公共支出的合法程序，结果资源使用效率低下，浪费现象严重。在中央集权的管理体制中，交通、环境等基础设施建设落后，居民必需的公共品和服务得不到满足。

（二）1980—1993年：分级包干制

1980—1984年，全国大部分地区实行"划分收支、分级包干、五年不变"的财政包干制①。主要内容是：按行政隶属关系划分中央和地方政府之间的收支范围。其中，关税、中央所属企业利润和中央其他收入归中央财政；盐税、农牧业税、工商所得税、地方所属企业利润、地方税和其他地方收入归地方财政。经国务院批准，上划给中央部门直接管理的企业，其收入按固定比例分成，80%属中央财政，20%属地方财政。工商税作为中央和地方的调剂收入。中央财政支出包括中央的基本建设投资、中央企业的流动资金、国防战备费、对外援助、中央级事业费和行政管理费等；地方财政支出包括地方基本建设投资、地方企业的流动资金、支援农业生产、地方各项事业费、抚恤和社会救济、地方行政管理费等。以上述收支范围为基础，然后确定地方财政收支的包干基数。财政收入大于支出的地区按比例上交；财政支出大于收入的地方则获得一定比例的工商税作为调剂收入，工商税全部留下后收入仍少于支出的地方由中央财政给予定额补助。分成比例或补助数额确定后，原则上5年不变，地方多收可以多支。

"划分收支、分级包干"后来变化为"总额分成、比例包干"。各地依据财政收入总额和支出基数，划分中央和地方收入分成比例，然后实行包干。1983—1984年利改税后，国有企业由上交政府利润改为上交所得税。适应这一变化，大部分地区在1985年实行"划分税种、核定收支、分级包干"的财政体制，按新的税种重新划分中央和地方财政收支范围，确定中央和地方财政收入分成比例。1988—1990年，财政包干的方式得到进一步改革。国家对收入上交较多的江苏、北京等13个省市实行财政包干、一定3年的做法，其余地区则分别实行总额分成、收入递增包干、总额分成加增长分成、上解递增包干、定额上解、定额补助六种不同的方式（张馨，1999）。除"总额分成"外，其余各种包干方式是在原总额分成的基础上实行边际递增分成，地方政府可以从财政增收或超收中多保留收入（张馨，

---

① 例外的地区是北京、天津、上海、广东和福建。北京、天津、上海三个直辖市实行"总额分成、一年一变"的财政体制，广东和福建则分别实行"划分收支，定额上缴，五年不变""划分收支，定额补助，五年不变"的财政管理体制。

1999）。

分级包干的财政体制按行政隶属关系划分中央和地方政府的财政收支范围后，地方政府便获得了一定的财政支配权力。地方政府在确定收支基数、分成比例、补助拨款方面可以与中央政府进行谈判，它还拥有与下级政府签订财政收支承包合同的权限。所以，分级包干制破除了统收统支的财政集权制，是中国财政分权的开始。分级包干制使地方政府的财政支出与财政收入直接相关，地方政府便有充分的激励增加自己的财政收入，并按当地居民需求扩大公共品和服务供应。统计表明，1992 年与 1980 年相比，地方财政收入增长了 1.86 倍，财政支出增长了 3.58 倍。此外，为了培植财源、减轻支出压力，地方政府一方面鼓励本地发展私有制和集体所有制企业，另一方面则加大了下属国有企业产权改革的力度（张维迎、栗树和，1998；Jin，Qian and Weingast，2001）。地方政府这种市场化行为提高了整个社会的资源配置效率，加速了中国市场取向改革的进程。

但是，分级包干制属于短期合约，中央和地方政府都有行使机会主义的动机，这一制度运行的交易成本是非常高昂的。中央政府常常变更合约条款，向地方政府借款且只借不还，并有"鞭打快牛"的倾向（李实、奈特，1996）。地方政府为了确定有利于自己的收支基数、分成比例和补助拨款，则不断讨价还价、隐瞒信息，并将大量资源用于协调关系等"寻租"活动上。此外，分级包干制规定企业所得税和间接税属中央和地方政府的共享税源后，地方政府有极大的激励发展那些利润率高的加工业项目，同时设置贸易障碍以保护本地投资。这就破坏了中央政府的产业政策，并使市场遭到行政性分割。财政包干制最大的缺陷还在于，征税权力过多地集中于地方政府，结果中央政府能获得多少税收要取决于地方政府征税的努力。由于难以监督，地方政府通过修改企业承包合同或提供优惠的税收条件，将中央政府应得的税收转为自己的预算外收入。这就导致了中央财政收入的比重大幅度下降、地方财政收入的比重不断上升、地方预算外收入膨胀的现象①，严重削弱了中央政府在宏观经济方面的调控能力②。

---

① 中央政府财政收入对 GDP 的弹性在 1985—1993 年为 0.57，而同期地方政府的收入弹性是 0.72（鲍尔，2000）。1992 年，中央和地方财政收入占的比重分别为 28.1%、71.9%。

② 中央政府宏观调控能力削弱不仅是因为可支配的收入不足，而且还因为税收权力的丧失。财政分级包干制容易出现中央政策被地方政府对策化解的现象。例如中央政府为紧缩经济决定提高税率，而地方政府为了自己的利益可能通过修订企业承包合同，或者以税收优惠来进一步刺激投资。

（三）1994 年以来：分税制

1994 年，全国统一实行分税制的财政体制。分税制的原则和主要内容是："按照中央与地方政府的事权划分，合理确定各级财政的支出范围；根据事权与财权相结合的原则，将税种统一划分为中央税、地方税和中央地方共享税，并建立中央税收和地方税收体系，分设中央和地方两套税务机构分别征管；科学核定地方收支数额，逐步实行比较规范的中央财政对地方的税收返还和转移支付制度；建立和健全分级预算制度，硬化各级预算约束"。①

与包干制相比较，分税制在事权的划分上更符合公共财政原则。中央政府主要承担国防、外交、中央统管的基本建设投资等全国性公共事务；地方政府则负责本地行政管理、公共安全、基本建设、城市维护和建设、文化教育卫生等地方性公共事务。在税种划分上，分税制保证了中央政府在财政方面实施宏观调控的能力。特别是将消费税全部、增值税的 75% 划归中央收入后，地方政府争投资、忙于上短线项目的短期化行为得到抑制。税种划分、分别征管、返还和转移支付制度是分税制最关键的内容。分税制使中央政府收回了在承包制中失去的权力，重新确立了自己在财政分配上的支配地位。分税制后，中央财政收入明显递增，其所占财政总收入的比重显著上升。1999 年，中央财政收入占 51.1%，较 1992 年上升了 23 个百分点。

如何评价分税制在财政分权方面的作用？鲍尔（2000）认为："中国的分税制财政体制，实际上是一个把国家流转类税收和对利润所征税收在中央、省和省以下地方政府之间分享，再辅之以各级政府自上而下有条件的专项拨款的体制。最终进入地方政府预算的地方级税收收入取决于中央确定的税基、税率、税收征管、地方政府的收入任务和收入分享公式。"分税制增大了中央财政收入的比重，通过转移支付和专项拨款，中央政府无疑加强了对地方的控制。所以，在财政收入方面分税制较财政包干制更加集权。但是，分税制将在三方面对中国的财政分权产生长期的积极影响：①分税制通过税种明确了中央和地方的财政收入来源，消除了承包制这种短期合约中存在的大量讨价还价的现象，使财政体制更加透明；②分税制规定地方税由地方税务机构征收，促成了税收征管系统的分权；③分税制后，中央政府进一步减少了对地方支出的限制，使财政支出更加分权。

---

① 见国发〔1993〕85 号文件，该文件全称为《国务院关于实行分税制财政管理体制的决定》。

（四）中国财政分权的特征

中国幅员辽阔，经济、文化趋于多元化。因此，财政分权制较单一制能使不同地区居民的偏好更容易得到满足，并可以节省交易成本，提高财政资源的使用效率。中国财政分权从 1980 年实行的分级包干制开始，当时是试验性地将中央和地方政府管理的事务分开，让地方政府拥有一定的财政收入支配权。1994 年的分税制则进一步划分了中央和地方政府应承担的事务，明确了各自财政收入和支出的范围，同时允许地方政府设立自己的征税机构，财政分权又向前迈出了一步。尽管如此，中国目前的财政分权仍属于一种非常初级的形态。对照鲍尔（2000）列出的、衡量有效分权的十项准则，中国目前还没有一项能完全符合要求。

有效的财政分权必须明确各级政府的职责，并有相应的预算支持。分税制虽然对中央和地方政府应承担的事务及财政收支范围作了划分，但没有界定各级地方政府之间的事权和财权。结果，地方政府之间的责任和财政收支划分常常通过谈判进行，而且多属短期合约。这种事权和财权的划分方式容易产生一系列负面后果，包括：①公共品供应上或者相互推诿，或者重复建设，生产效率低下；②上级政府凭借政治权力，或者平调下级政府的财政收入，或者摊派一些行政事务；③地方政府作财政支出决策时不是考虑如何满足辖区内居民对公共品和服务的需求，而是考虑如何显示自己政绩、迎合上级政府的喜好。

有效的财政分权还必须赋予地方政府设置税种、决定税率、发行债券的权力，这样地方政府才有能力根据居民需求来提供合适的公共品和服务数量。公共品和服务在不同地区有不同的供应价格，居民也有不同的需求水平。此外，不同的公共品和服务有不同的受益范围。这就要求各地方政府有不同的财政收入水平，并能根据排他性原则分别对受益居民进行收费或征税。目前，税收立法权完全由中央政府掌握，也不允许地方政府发行公债，这不仅削弱了地方政府的职能，而且造成其对中央财政的依赖，失去了一级财政的独立地位。

有效的财政分权最关键的一点是，居民要有表达自己偏好、监督公共品生产的机制①。中国目前还没有建立居民显示偏好的有效程序，地方行政官员由上级政府任命，辖区内居民约束其行为的能力非常微弱。这就不可避免地要导致这样一些低效率事件发生：①地方财政驯服于上级政府；②公共部门决策者过分追求在职消费，渎职、假公济私现象严重；③提供的公共品常常偏离居民的意愿，甚至发生大量居民的公共品需求被忽视的现象，如目前农村地区所经历的那样。

三　乡镇财政职能

（一）乡镇财政职能：规范的要求

中国现有乡镇 4.4741 万个，平均每个乡镇拥有 16.5 个村，5322 户家庭，2.0611 万人。乡镇政府是中国行政层级组织中最底层的一级，直接面对社区农民。按分权理论规范的要求，乡镇政府与乡镇财政的职能应该是：提供适合本辖区范围内生产和农民需求的公共品和服务。这些公共品和服务包括：①具有外部性的但收益和成本不外溢本辖区的地方公共品，如公共安全、民事纠纷处理、乡村道路建设、防洪、灌溉排水、土地整治等；②外部收益或成本溢出本辖区，需要与上一级政府或其他辖区进行合作来提供的公共品或服务，如基础教育、卫生防疫、跨乡镇的公路建设、区域水土治理、环境保护等；③具有一定规模经济、收益可排他的俱乐部物品，如医疗、文化及其他一些社区福利项目。

（二）乡镇财政职能：实践中的偏离

乡镇和乡镇财政是 1983 年底国家实行政社分设、组建乡政府后获得自主地位的。之前，农村推行人民公社体制，农民生产、生活、交易的方方面面受政府严格控制，公社作为一级行政组织仅是国家意志的贯彻者，没有独立的利益和职能，公社的行政运作费用也被列入县一级财政预算。

成立乡镇政府是国家在人民公社体制被农民抛弃后重新整合农村政治、社会和经济而做出的一项制度安排，而组建乡镇财政则是为了保障乡镇政府

---

① 有效的财政分权还要求政府放弃直接组织生产、干扰市场的行为，要求建立一个合理的转移支付制度。

能有效运作。

与规范的公共财政要求相比，乡镇财政职能在实践中是有偏离的，突出表现在以下几个方面：①乡镇财政跨越公共财政的范围行事，直接组织经济或者干预农户生产，如发展乡镇企业、调整农业生产结构等。这种跨职能行事方式尽管在短时期内依靠乡村政府控制的资源和拥有的权力可获得部分财政收入，但同时也干预了市场，阻碍了私人经济的发展，引发乡镇干部与农民之间的冲突与对抗，并给乡镇财政带来了风险①。②乡镇财政承担了部分该由中央政府承担的事务，如民兵训练、优抚、计划生育、部分农业生产支出。民兵训练和优抚是为了增强国防，属于全国性公共品，而计划生育以及部分农业生产支出并不能反映农民的偏好。③乡镇在与上一级政府或中央政府合作提供公共品和服务时，其财政承担的份额太大，如农村教育、部分公路建设等。农村教育的主体是小学和初中，与大学教育不同，这种基础教育除了开发学生心智、增强其能力外，还对提高整个社会的文化素养产生积极影响，它的部分收益是社会性的。因此，农村教育的大部分支出由乡镇财政承受是不合理的②。类似的还有部分区际公路修建项目。虽然当地农民从公路建设中受益，但城市及辖区外其他居民也是主要的受益者，也应该支付部分费用。④乡镇财政对部分属于俱乐部性质的产品没有按受益原则征收使用者费，致使这些公共品和服务的财政资金不足，不能满足辖区内居民的需求。诸如医疗、文化及其他一些社会福利项目。一方面其生产具有规模经济，另一方面其消费具有排他性。对这些物品和服务，由乡镇组织生产并征收使用者费是合适的，完全由乡镇预算负担必将导致资金短缺，最终结果适得其反。

由乡镇财政职能偏离所导致的结果首先是财政支出攀升。1997 年，全国乡镇财政支出达 1441.95 亿元，较 1986 年的 156 亿元增加了 8.24 倍，年均增长速度达 22.4%，分别超出同期全国和地方财政支出年均增长速度 8.5 个和 6.9 个百分点，也超出同期乡镇财政收入年均增长速度 4.2 个百分点（张军，2000）。因为预算内收入比较固定，乡镇政府便不断寻找增加预算外收入和自筹收入的途径，通常的手段是摊派征收，向企业、银行等机构借

---

① 目前，乡村两级组织负债严重。其中部分债务便是乡村组织投资集体企业后项目亏损造成的。

② 教育目前已成为乡镇财政支出最主要的项目。在祝保平（2001）调查的安徽 10 个乡镇中，中小学教师工资占乡镇财政支出的比重平均为 44.8%，最高达 61.5%。

款，进而导致了农民负担不断加重、乡镇组织债务不断增多这一于多方不利的结局。乡镇财政职能偏离规范要求导致的另一个结果是，辖区内农民一些必需的公共品和服务得不到满足，农民的支出没有得到应有的回报。最后，在乡镇财政职能偏离、过多地承担了上级或中央政府委派的事务后，乡镇政府以此为借口追求财政预算最大化，乡镇机构也就日趋膨胀。

（三）乡镇财政职能为什么会发生偏离

乡镇和乡镇财政是在人民公社体制解体后建立的。当时，计划经济体制改革才被提上议事日程。经过多年努力，市场虽已成为目前我国资源配置的主要机制，但权力控制资源、政府参与生产、干扰市场的现象仍普遍存在。受宏观环境的影响，乡镇政府并未完全从市场领域退出，乡镇财政也就必然带有非公共财政的痕迹。尽管法律规定：乡镇政府的职责是保障本地区居民人身财产安全、社会政治权利，"执行本行政区域内的经济和社会发展规划、预算，管理本行政区域内的经济、教育、文化、体育事业和财政、民政、公安、司法行政、计划生育等行政工作"①，但乡镇政府常常超出提供公共品和服务的职责范围，直接参与生产、组织经济。

乡镇财政偏离规范的公共财政职能的主要原因则是，乡镇政府以服从上级政府而不是辖区内农民的意志为主，社区农民缺乏显示偏好、监督和评价公共品生产的可操作程序，缺乏参与公共事务决策的实际权利。在《中华人民共和国地方各级人民代表大会和地方各级人民政府组织法》中，乡镇政府的职权被规定为，"执行本级人民代表大会的决议和上级国家行政机关的决定和命令，发布决定和命令"②；并且，须"办理上级政府交办的其他事项"③。这清楚地表达了乡镇政府在行使权力和完成事务方面对上级政府的服从关系。目前，乡镇党政主要干部仍由上级任命，乡镇政府仍被纳入严格的行政等级序列。这就使得乡镇政府必须执行上级政府的意志，乡镇财政必须承担上级政府委派的事宜。由于上级或中央政府掌握的信息不充分，不

---

① 见《中华人民共和国地方各级人民代表大会和地方各级人民政府组织法》第三次修正案第六十一条第二款。

② 见《中华人民共和国地方各级人民代表大会和地方各级人民政府组织法》第三次修正案第六十一条第一款。

③ 见《中华人民共和国地方各级人民代表大会和地方各级人民政府组织法》第三次修正案第六十一条第七款。

能完全了解农民的偏好，再加上政府工作人员自身的机会主义行为，服从上级政府意志的乡镇财政所提供的公共品和服务偏离或者不能满足社区农民实际需求的现象就无法避免。

（四）完善乡镇财政职能

随着市场的完善，乡镇政府控制的资源日渐减少，组织交易的优势也逐步丧失。乡镇政府将从生产领域退出（谭秋成，1998），乡镇财政将集中于社区农民的公共事务方面。然而，要使乡镇财政提供的服务满足辖区内农民的需求，就必须在农村进行民主制度建设，让农民有表达偏好、监督公共品生产和服务的机制，使乡镇政府受社区农民约束，执行社区农民的意愿。将中央政府和地方政府，以及地方政府之间的事权划分清楚只是给了乡镇政府拒绝上级摊派事务的理由[1]。在监督成本高昂、上级政府掌握乡镇干部行政提拔机会的背景下，这种事权划分事实上无法消除上级政府对乡镇财政实施外部性，也无法消除部分政府官员"寻租"的机会主义行为，更无法保证乡镇公共品生产的效率原则。

完善乡镇财政职能还必须保障其有比较稳定的财政收入来源。乡镇财政收入由预算内收入、预算外收入和自筹资金三部分组成。其中预算内收入来自农业税、农业特产税、企业所得税、企业增值税分成等各项税收；预算外收入来自各项税收附加；自筹收入则来自乡镇企业利润上缴、行政事业性收费、乡镇统筹、土地征用费等。目前，乡镇财政收入结构的一个主要特征是，预算外收入和自筹资金占有相当高的份额。1992 年，预算外收入和自筹资金占乡镇财政收入的28.54%，超出 1986 年 11.83 个百分点。1996 年，这一比例再次上升到35.42%。这种结构变动趋势固然源于乡镇财政增大公共品和服务供应的需要（孙潭镇、朱钢，1993），源于乡镇政府不受社区农民约束，但另一个不可忽视的诱致因素是：上级政府常利用自己的政治权力平调乡镇财政，迫使乡镇政府在税收范围外寻找自己的收入来源。乡镇财政越来越倚重预算外收入和自筹资金的现象导致了财政收入不稳定、财政支出难以监督，从而也就削弱了乡镇财政的职能。

---

[1] 在 1994 年实行的分税制改革中，中央政府和地方政府在行政事权上作了更为合理的分工，但分税制并未将各级地方政府之间的事务划分清楚。

四　结论

在公共品和服务提供上，分权的限度取决于其生产规模扩大后收益和成本之间的比较。分权的优势是可以降低决策成本和外部强制成本，更好地满足不同居民的偏好和需求水平。而且，按效率和受益原则，一些公共品和服务适合在小范围内生产。但是，单一的分权将失去规模经济，导致社会收益和成本外溢，并带来税制低效、税收转移、管理成本提高等问题。有效的分权应建立在地方与中央政府之间、不同地方政府之间、政府与私人承包商之间合理的分工合作基础之上。

中国财政分权始于 1980 年实行的分级包干制，1994 年的分税制改革在此基础上推前了一步。实践表明，财政分权给了地方政府一定的财政收支自主权后，地方政府有激励增加自己的收入，扩大公共品和服务的供应，发展私人企业，加速国有企业改革的进程。目前，地方分权在中国仍处于非常初级的阶段。最明显的不足是：①各级地方政府之间的事权和财权没有划分清楚；②地方政府无权决定税率、税种，也不允许发行债务，从而也就不能有效地根据辖区实际情况决定财政收入和满足辖区居民的公共品需求；③居民没有表达自己偏好、监督公共品生产的可行程序。

乡镇财政的职能是提供适合本辖区范围生产和农民需求的公共品和服务。但是，目前的乡镇财政承担了大量应由中央和上级地方政府负责的事务。结果导致乡镇财政支出不断增加、社区农民必需的公共品和服务得不到满足、农民负担加重、乡镇机构膨胀等一系列问题。让乡镇财政恪守职能的关键是建立让社区农民表达自己偏好、监督公共品生产的民主程序，并保障乡镇财政有稳定的收入来源。

参考文献

[1] 鲍尔：《中国的财政政策——税制与中央及地方的财政关系》，中国税务出版社 2000 年版。

[2] 樊纲：《论公共收支的新规范——我国乡镇"非规范收入"若干个案的研究与思考》，《经济研究》1995 年第 6 期。

[3] 费雪：《州和地方财政学》，中国人民大学出版社 2000 年版。

[4] 李实、奈特：《中国财政承包体制的激励和再分配效应》，《经济研究》1996 年第

5 期。

[5] 刘世定:《乡镇财政收入结构和运行机制》,载马戎、刘世定、邱泽奇主编《中国乡镇组织变迁研究》,华夏出版社 2000 年版。

[6] 罗森:《财政学》,中国人民大学出版社 2000 年版。

[7] 孙潭镇、朱钢:《我国乡镇制度外财政分析》,《经济研究》1993 年第 9 期。

[8] 谭秋成:《乡镇集体企业产权结构的特征与变革》,湖南人民出版社 1998 年版。

[9] 谭秋成:《农村税费改革:放弃还是完善》,《中国农村经济》2001 年第 11 期。

[10] 阎坤、王进杰:《公共品偏好表露与税制设计研究》,《经济研究》2000 年第 10 期。

[11] 张维迎、栗树和:《地区竞争与中国国有企业的民营化》,《经济研究》1998 年第 12 期。

[12] 张军、何寒熙:《中国农村的公共品供给:改革后的变迁》,《改革》1996 年第 5 期。

[13] 张军:《农村财政建设与农村公共服务》,载朱钢、张元红、张军等《聚焦中国农村财政——格局、机理与政策选择》,山西经济出版社 2000 年版。

[14] 张馨:《中国财政体制改革的理论探索与实践创新》,载刘溶沧、赵志耘主编《中国财政理论前沿》,社会科学文献出版社 1999 年版。

[15] 祝保平:《农村税费改革试点的进展、难点及思考》,《中国农村经济》2001 年第 2 期。

[16] 朱钢:《改革以来农业财政投入与政策》,载朱钢、张元红、张军等《聚焦中国农村财政——格局、机理与政策选择》,山西经济出版社 2000 年版。

[17] Buchanan and Tullock, "The Calculus of Consent—Logical Foundations of Constitutional Democracy", Lniversity of Michigan Press, 1962.

[18] Coase, "The Problem of Social Cost", *Journal of Law and Economics*, No. 3, 1960.

[19] Jin, Qian and Weingast, "Regional Decentralization and Fiscal Incentives: Federalism, Chinese Style", Mimeo, Stanford Lniversity, 2001.

[20] Olsen, "The Logic of Collective Action", Cambridge University Press, 1965.

[21] Samuelson, "The Pure Theory of Public Expenditures", *Review of Economics and Statistics*, Vol. 36, No. 4, 1954.

[22] Tiebout, "A Pure Theory of Local Expenditures", *Journal of Political Economy*, Vol. 64, No. 5, 1956.

(原文发表于《中国农村观察》2002 年第 2 期)

乡镇财政制度缺陷与农民负担 [*]

张 军

农民负担久减不下，反而有越减越重之势，并成为影响农村发展的一个重大问题。在中央政府强力干预下，农民负担并没有得到有效抑制和根本性扭转，说明在与农民负担相关联的一些制度设计和安排上，存在明显的缺陷。这些制度缺陷如果得不到纠正，农民负担就不可能真正减轻。农民负担产生和加重的制度根源可能有许多，本文主要是从财政制度设计和安排，来分析和探讨乡镇财政发展与农民负担之间的关系。

一 农民负担及其分析

（一）农民负担现状

农民负担包括广义和狭义两个概念。广义的农民负担包括农民所承担的税收、工农产品不等价交换以及提留统筹、集资摊派等，它是与农民有关的公共产品的成本分摊。狭义的农民负担是指除税收以外的所有公共产品成本分摊。因此，人们在谈论农民负担问题时，有时候是在指狭义的农民负担概念（叶兴庆，2000），但更多的时候是指广义的农民负担概念。即使是在谈论广义的农民负担时，有些人也没有将工农业产品不等价交换列入农民负担的范畴（盛来运、孙梅君，2001）。

20世纪50年代以来，实际上我国农民的负担一直都存在，只不过由于

* 本文为"我国农村财政制度创新与政策选择"课题的阶段性研究成果。朱钢、张元红、谭秋成和阎坤对本文提出了一些富有建设性的意见，在此表示感谢。

某些原因，这些负担或者不重，或者即使加重但因为人民公社组织形式的存在，表现为集体承受，不存在边界很清晰的个人单独承担形式。1984 年，人民公社解体和家庭联产承包责任制的建立，使原先集体经济组织承担的各种费用负担，分解到家庭和个人头上，完完全全变成了现在的个人承担。在一些非农产业发展比较快、集体经济组织实力比较强大的村庄，农民或家庭通过某种生产要素的交换，比如村庄重新收回承包土地等，这些费用负担又转由集体经济组织承担。但就我国绝大多数村庄而言，集体经济组织的实力在家庭联产承包责任制实施过程中受到了极大削弱，这种负担还只能由家庭和个人承担。

20 世纪 80 年代，农民的负担实际上已经开始逐渐出现加重趋势，只不过那时人均纯收入的增长速度高于人均负担的增长速度，负担过重的问题不太突出。进入 20 世纪 90 年代，农民负担过重的问题日益突出（见图 1），甚至成为影响农村发展和稳定的社会问题，以至于中央不得不通过下发《关于切实做好减轻农民负担工作的决定》，下决心减轻农民不合理的负担。1996 年农民负担比上年增速回落 9.7 个百分点，但也仅比人均纯收入增速低 1 个百分点。1997 年，农村居民人均税费负担额为 109 元，占上年纯收入的比重为 5.1%，仍然高出中央规定 0.1 个百分点。1998 年，经中央三令五申以及通过各级政府的努力，特别是在取消了 9000 多项涉及农民的收费项目后[①]，减轻农民负担的工作取得了显著成效。1998 年以后，我国农民人均负担基本上控制在上年纯收入的 5% 以内[②]。即便如此，农民负担的总额依然较高。据已有资料表明，当前我国农民负担总额超过 1400 亿元，其中，缴纳各种税费 1143 亿元；以资代劳款 80 亿元；"三乱"收费约 200 亿元（赵阳，2001）。如果数字可靠的话，那么，农民负担已占到当年农业总产值 14106.2 亿元的 10% 左右。

（二）农民负担重在何处

根据我国现行的税费制度安排，农民应承担的合法负担包括以下三项：①从事农业生产活动应缴纳的农业税、农业特产税；②"三提五统"费用

---

① 《中国农业发展报告（1999）》，农业出版社 1999 年版，第 51 页。

② 中国社会科学院农村发展研究所、国家统计局农村社会经济调查总队：《2000—2001 年：中国农村经济形势分析与预测》，社会科学出版社 2001 年版，第 247 页。

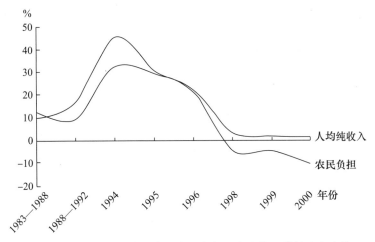

图1　1983—2000 年我国农民人均负担和人均收入增长速度比较

和农村义务工等社会负担义务费；③农民应承担符合国家有关部门规定的其他费用。实际上，这三项中的后两项收费其弹性比起第一项来说要大得多，政策界限也不好把握，往往容易造成收费对象的混淆、收费标准的扩大与提高。例如，"三提五统"中的民兵训练费用。民兵训练是国家防务的重要组成部分，无论是在战争时期还是在和平时期，它都为国家安全服务。而根据公共财政理论，国家防务属于市场根本无法提供的物品和服务，因而它属于"纯共用品"，必须由国家财政来提供和负担其支出费用①。因此，目前采取的民兵训练费由农村居民负担很难说具有合理性。不仅如此，当乡村政府和行政组织打着公共产品和服务建设的招牌时，就更容易派生出乱收费和将合法、合理收费与乱收费混淆在一起的现象。我国农民负担加重，实际上是由以上三项负担再加上乱收费、乱集资构成的，尤其是后者的影响更大（见表1）。

表1　　　　　　　　　1990—1997 年农民各项负担占农民负担总额的比重　　　　　　单位：%

项目 ＼ 年份	1990	1993	1995	1996	1997
各项农民负担合计	100.00	100.00	100.00	100.00	100.00
1. 农民税收负担	20.07	22.66	22.00	23.52	23.66
农牧业税	18.29	20.80	18.92	20.06	19.71

① 郭庆旺、赵志耘：《"公共财政论"的若干问题》，载高培勇主编《公共财政：经济学界如是说……》，经济科学出版社 2000 年版，第 120 页。

续表

项目＼年份	1990	1993	1995	1996	1997
农业特产税	1.24	1.30	2.47	2.76	3.16
屠宰税	0.54	0.56	0.62	0.70	0.79
2. 农民税外负担	79.94	77.35	78.00	76.48	76.34
上缴提留统筹	34.95	32.78	32.86	32.22	33.67
其中：村提留	18.57	17.05	16.30	15.48	16.42
乡统筹	16.38	15.73	16.56	16.74	17.25
集资摊派	9.44	10.70	13.99	14.80	12.66
义务工折款	35.55	33.87	31.15	29.46	30.01

注：由于四舍五入的关系，表中数据之和可能不等于100%；下同。

资料来源：国家税务总局农税课题组：《农民负担与农业税制改革问题》，《税务研究》2000年第4期。

如果从负担承受主体来看，那么，现阶段我国农民负担过重主要集中在"三低"（即经济发展水平低、人均纯收入水平低和产业结构层次低）的地区和农户。根据国家税务总局农税局的资料显示，1997年农民人均农村社会总产值低于3000元组的农民人均负担为115.2元，占农民人均社会总产值的比重为6.6%，而当年农民人均农村社会总产值高于1.1万元组的农民人均负担为212.8元，占农民人均农村社会总产值的比重仅为0.8%。农民人均纯收入低于500元的农户人均负担为117.9元，占当地农民人均纯收入的比重高达37.3%；农民人均纯收入3500元以上组的农户人均负担为254.9元，占当地农民人均纯收入的比重为4.9%。以农业生产为主的农户负担超过以非农产业生产为主的农户[①]。

造成农村居民税费负担不合理和加重的原因在于：现有征税、收费和公共产品建设费用分摊机制不合理，以及农村正式制度的约束力比城市缺乏刚性。而改变农村居民税费负担不合理和加重的问题，需要对有关制度的设计进行调整，或者重新设计和安排新的制度，其中，财政制度的设计和安排具有十分重要的作用。

---

① 国家税务总局农税局课题组：《农民负担与农业税制改革问题》，《税务研究》2000年第4期。

二 自筹制度缺陷：农民负担加重的财政制度根源之一

要想在逻辑上理顺乡镇财政制度建设与农民负担的关系，必须对我国乡镇财政制度的建立和历史沿革、乡镇财政管理机制的形成有一个基本的了解。因为乡镇财政与农民负担之间的关系和派生出的问题，基本上都与当初乡镇财政制度安排特别是财政自筹制度密切相关。

（一）财政自筹制度产生的背景

1953 年，政务院在《关于 1953 年度各级预算草案编制办法的通知》中，首次要求将乡镇预算列入国家财政预算范畴。乡镇财政收入列入县级财政预算后，其支出费用主要由县级财政下划和自筹两种方式解决。乡镇政府开支中的经常费用由县级财政提供，列入县级财政预算。非经常性的开支费用，则按照当年 3 月中共中央召开的全国财经会议中的规定自筹。至此，乡镇预算在纳入国家财政预算后，实行了收入全额上缴并列入县级财政预算、支出主要由上级政府下划和自筹的管理机制。自筹不仅在乡镇财政，而且在各级财政收入中占有重要地位。自 1953 年乡镇财政自筹制度确立以来，我国乡镇财政体制虽然经历过多种形式的调整和改革，但自筹作为乡镇财政的重要制度形式之一被完整地保留下来，没有受到改革的影响。之所以会出现这样的结果，其主要原因在于：

（1）弥补乡镇财政收入不足，满足乡镇政府运转的需要。计划经济体制下的重化工业优先发展战略，客观上需要财政资源的配置向经济建设主要是向重工业倾斜，因而导致中央财政支持地方财政尤其是支持乡镇财政的转移支付能力不足，不能给予乡镇财政足够的支持。例如，由于财政资源向经济建设倾斜，我国经济建设支出占财政总支出的比重曾高达 64.07%（1978年）。中央财政支出向经济建设倾斜产生的严重后果是，中央财政资源被过多地用于积累，无力对乡镇财政的运转和农村发展给予基本的财政支持，而乡镇政府的正常运转又是国家政权实现对农村控制的重要保障。为了减少中央财政对乡镇财政的转移支付压力、保证工业化发展的顺利进行，以及维持乡镇政府的正常运转需要，无论是在分税制改革之前还是在改革之后，必须在乡镇财政收入方面设计一种能够通过制度安排让乡镇财政在税收之外获得一定收入以弥补财政收入不足的制度。乡镇财政自筹就是这样一种特殊的制度安排。

（2）部分缓解中央与地方尤其是与乡镇一级政府的利益冲突和矛盾。传统的计划经济时期也好，市场经济下的分税制也罢，至少在当前，都没有改变较高比重的财政资源集中于中央政府手中的格局。较高比重的财政资源长期集中于中央政府手中，而中央政府发展经济的思路和经济建设的投资重点，未必全都符合乡镇政府的利益，如此一来，中央政府与乡镇政府就有可能在经济发展和投资方向上产生分歧。在乡镇利益得不到应有尊重的情况下，尤其是在乡镇财政没有能力为地方经济建设服务时，乡镇政府的不满情绪将会严重危害到国家行政权力的正常运转，有可能使国家行政控制缺少效率并流于形式。在现有财政制度框架下，缓解甚至化解中央政府与乡镇政府的上述利益冲突和矛盾，需要设计一种制度安排，通过制度安排给予乡镇政府在财政收支上一定的自主权和灵活性。自筹制度刚好能够满足这一要求。所以，人们看到，无论财政体制怎么改革，自筹制度始终没有被取消。

（二）自筹制度执行的结果

1. 推动了预算外资金的快速发展

乡镇财政自筹制度的确立，从制度上承认了自筹行为和自筹资金的合法地位，推动了预算外资金的发展，并使自筹资金最终成为乡镇财政的一个重要组成部分。预算外资金在我国乡镇财政结构中占据重要位置，与财政体制和政策的不断调整与变换有关。随着财政包干制的实行，我国乡镇财政收入中，预算外收入和自筹收入有了快速发展。1986—1996 年，我国乡镇财政收入中，预算外收入占总收入的比重从 1986 年的 4.99% 上升到 1996 年的 35.42%（包括自筹部分）；自筹收入也从 11.72% 上升到 21.47%（1996年，自筹资金在统计上与预算外资金合并，不再单独列出）。到 1998 年，乡镇财政收入中的自筹和统筹收入达到 337.31 亿元，占当年乡镇财政总收入的 38.78%。预算外资金的快速发展，改变了乡镇财政收入中预算内与预算外资金的比重。预算内资金占总收入的比重从 1986 年的 83.29% 下降到 1996 年的 64.58%；预算外资金占总收入的比重从 16.71% 上升到 35.42%。作为预算外资金的重要组成部分；同时，又与农民负担有着极强联系的自筹资金占总收入的比重也有了较高的增长。预算外资金、自筹资金与农民负担的增长率保持了同方向发展。

2. 财政自筹制度最终演变成政府各部门的乱收费

在现有征税制度框架和财政体制下，乡镇层面上可供用来作为财政收入的资源并不多。乡镇政府除了把企业和个体私营经济作为征税的主要对象外，还利用财政自筹的制度安排，把不易迁移的农村居民作为财政预算外收入的主要征收对象，通过收费、集资和摊派的方式，筹集财政资源。这样一来，农村居民成了乡镇财政支出的分摊者，乡镇财政收入与农民负担之间发生了直接关系。在这样的背景下，乡镇财政预算外自筹资金规模不断扩大，即政府各部门的收费不可避免地要以牺牲农民利益和增加农民负担为代价。20 世纪 80 年代，由于乡镇财政还在吃"大锅饭"，自筹部分在乡镇财政收入中的重要性还不突出；同时，农民人均纯收入的增长速度高于税费负担的增长速度，农民负担过重的问题还不太严重。到了 90 年代，乡镇财政对自筹的依赖程度日益增加，而农民人均纯收入增长速度开始放慢，农民负担过重的问题便逐渐凸显出来，成为影响农村经济和社会发展的一个重要问题①。

（三）自筹制度的缺陷

由财政自筹制度引发的乡镇政府各部门向农民集资、摊派和乱收费，说明该制度的设计不仅存在制度上的严重缺陷，而且在客观上推动了农民负担的加重。它已不能适应社会主义市场经济发展的需要。作为一项财政制度，它存在的缺陷是：自筹制度设计当初，虽然对自筹收入范围、内容和对象，以及对自筹收入的支出作了明确规定，但没有形成有效的监督和严格的管理，以致发展至今，当自筹支出范围和数额扩大时，自筹收入的范围和数额也因变化相应地扩大，演变成了目前的乱收费；自筹制度是在计划经济时期中央财政能力不足的情况下设计出的一种用以弥补乡镇财政支出和收入之间缺口、保证乡镇政府部门正常运转的制度安排；同时，也带有中央财政向乡镇财政转移矛盾的意味。目前这样一种财政制度安排，不仅没有从根本上解决乡镇财政收入不足和乡镇政府运转困难的问题，而且，还在某种程度上扭曲了政府部门的行为，阻碍了行政机构的改革。所以，自筹制度已经到了非进行改革和重新设计不可的地步。

---

① 中国社会科学院农村发展研究所、国家统计局农村社会经济调查总队：《2000—2001 年：中国农村经济形势分析与预测》，社会科学文献出版社 2001 年版，第 246 页。

三 财权和事权不对称：农民负担加重的财政制度根源之二

（一）财权上收与乡镇财政增收困难

1994 年实行的分税制是我国财政体制改革深化的产物。分税制是通过对形成财政收入主要来源的税种的划分，确立中央财政和地方财政收入的一种分配制度安排。由于这种制度安排体现了中央财政的利益，因此，在分税制实行以来，地方财政收入增长较快、中央财政收入大幅度下降的局面一度得到扭转（见表 2）。

表 2 　　　　　　　1990—2000 年中央和地方财政收入比重 　　　　　 单位：%

年份	中央财政比重	地方财政比重
1990	33.8	66.2
1991	29.8	70.2
1992	28.1	71.9
1993	22.0	78.0
1994	55.7	44.3
1995	52.2	47.8
1996	49.4	50.6
1997	48.9	51.1
1998	49.5	50.5
1999	51.1	48.9
2000	52.2	47.8

资料来源：《中国统计年鉴（2001）》，中国统计出版社 2001 年版。

中央财政状况得到根本性好转，主要是通过以下两条途径来实现的：第一，控制能够带来更多财政收入的税种，并将税种的开征权、免减税权上收。税收是财政的重要组成部分，控制税收就等于控制了财政收入。中央财政在以往的税收和财政改革中出现的财政流失，或者说财政收入从中央流向地方，都与放松税收管制有关。所以，为了增加中央财政实力，在分税制改革方案的设计和制度安排上，实现了税收收入向中央倾斜，以及对财政收入有重要贡献的税种由中央控制。第二，制定有利于中央财政收入的税收分享比例，即将更多的税收收入向上集中。为了扭转中央财政收入下降的格局，分税制改革中的中央与地方共享税的制定，也体现了向中央倾斜。例如，将中央与地方共享的增值税的分配比例定为中央占 75%、地方占 25%。通过调整分配比例，将一部分收入重新集中到中央财政手中。

对于乡镇财政来说，分税制改革的影响远不止是将一部分收入转移到中央财政。实际上，地方政府比如省级政府和县级政府为了自身财政利益的考虑，也会通过某种制度安排，将乡镇财政收入的一部分转移到省级财政和县级财政。因此，分税制改革中的财政利益分配格局的重新调整，至少从当前的情况看，不但没有充分照顾到乡镇财政的利益，反而因共享税分配比例地方低、独享税种少、税源有限，使大多数乡镇财政陷入困境，不得不通过税外收费等自筹的方式弥补财政收入的不足。

（二）事权下放与费用转移

我国乡镇财政建设仅有不到 20 年的时间，对乡镇财政建设有着重要影响的分税制改革，在推动乡镇财政发展上还存在一些需要完善和解决的重大问题。所以，当分税制导致地方财政收入向中央转移的同时，中央财政没有能力配合事权的继续下放给予地方相应的财政支持，造成了地方事权不断扩大，而财权建设没有相应跟上的中央少给钱甚至不给钱，地方也要办事甚至多办事的不对称格局。

1999 年，我国乡镇财政收入总额为 969.8 亿元，以当年全国 44741 个乡镇计算，平均每个乡镇财政收入仅有 216.75 万元[①]。乡镇政府不仅要依靠这 200 多万元的财政收入，完成中央政府下达的各项事业发展任务，还要承担领导本地区经济发展和繁荣社会与文化的重担，可谓步履维艰。

下放事权，不仅带来乡镇政府日常工作范围的扩大（可以说当前乡镇政府的工作囊括了农村经济、社会生活的方方面面），而且，为了完成这些工作和履行政府职责，必须建立机构和配备工作人员，这又推动了乡镇政府机构和工作人员数量的增加。一般情况下，我国乡镇政府的常设机构有：党委办、人大、政府办、共青团、妇联、武装部、计生办、农林办、国土城建办、财政办、民政办、文教办、宣传办、经委会、司法办等机构，以及一些

[①] 《中国财政年鉴（2000）》，中国财政杂志社 2000 年版，第 57 页。

行政事业性单位。此外，还有一些设在乡镇但不由乡镇政府领导和乡镇财政支付经费的机构，如工商、税收和公安部门。即使乡镇政府的主要领导干部都采用兼职的办法在各个部门出任部门领导，一个乡镇政府由财政供养的工作人员最少也有几十人。这部分人员的工资和行政费用开支在乡镇财政支出中居第二位。

事权下放是行政改革的需要，必须坚持和继续进行。但是，在财政能力建设没有跟上的情况下，事权下放产生的事权与财权的不对称，加重了乡镇财政的负担，形成了小财政拉不动大车的不配套格局，并迫使乡镇财政在税收制度之外寻找增加收入的渠道和来源。

乡镇政府为了弥补财政能力不足，一方面千方百计甚至不遗余力地发展政府经济。如创办所有权由政府控制的企业，通过创办企业的途径增加财政收入。但是，这条路走得并不成功。随着市场约束力度越来越强，政府办企业因产权方面存在的制度缺陷，经营艰难，难以实现政府增加财政收入的目标。另一方面只能采用集资和摊派甚至乱收费的形式，用以弥补乡镇层面上财权与事权不对称产生的财政能力不足。具体做法是，扩大和提高"三提五统"收费的标准和规模，并在"三提五统"之外，不断增设收费和集资项目，将由乡镇财政承担的事权费用，通过集资和摊派的方式部分转嫁到农村居民头上。1996年，江西农民"三提五统"之外社会各项负担为24.3元，占"三提五统"费用负担的38.2%，占当年农村居民负担总额的27.6%[1]。在情况更为严重的地区，农村居民"三提五统"之外的社会负担所占全部负担总额的比重还要高，以至于农民将其称为"头税轻，二税重，集资摊派无底洞"[2]。农村居民负担加重反映在乡镇财政收入上，就是乡镇自筹和统筹收入规模占全国乡镇财政收入的比重不断上升（见表3）。我国财政预算外收入中，来自乡镇自筹和统筹收入总额和占预算外收入比重的增加，是在预算外收入增长速度逐年下降的情况下发生的，因而更能说明乡镇财政对自筹、统筹的依赖。集资、摊派和乱收费，有利于缓解乡镇财政收入不足、政府行政经费短缺的压力。例如，民政部关于15个省、市、自治区90个乡镇行政事业人员开支来源情况的调查显示，人头经费支出总额中，

---

① 余红：《中国农民社会负担与农村发展研究》，上海财经大学出版社2000年版，第113页。
② 何开荫、孙力：《中国农村税费改革》，中国致公出版社2000年版，第27页。

有很大一部分是来自集资、摊派和乱收费的收入①。财权与事权不对称造成的乡镇财政能力不足，以及由此引发的集资、摊派和乱收费，可以说是农村居民负担加重的根本原因。

表3　　　　　　　　1996—1999年乡镇自筹和统筹资金的发展情况　　单位：亿元，%

年份	乡镇财政总收入	乡镇自筹、统筹	自筹、统筹占乡镇财政收入比重
1996	802.00	272.90	34.03
1998	869.90	337.31	38.78
1999	969.80	358.86	37.00

资料来源：《中国财政年鉴（2000）》，中国财政杂志社2000年版，第435页。

通过向农村居民收费以扩大乡镇财政自筹规模，对乡镇财政运行的影响主要表现在两个方面：第一，通过向农村居民收费，可以增加乡镇财政收入总量，弥补乡镇财政在支出方面留下的缺口；或者用来偿还乡镇政府所欠债务；甚至用来补发政府工作人员的工资，提高工作人员的福利水平等，以减轻乡镇政府在上述方面存在的压力，维持乡镇政府的基本运转。第二，在乡镇财政收入一定的情况下，将一些应该由乡镇财政承担的公共建设费用转嫁到农民头上，可以节省乡镇财政支出，在客观上起到增加乡镇财政收入的作用。这就是农民负担越减越重的真实原因和背景。所以，要想真正实现减轻农民负担，必须从政府机构改革和财政体制改革两个方面入手，建立起与事权下放配套的财政能力，否则减负就有流于形式的可能性。

四　财政错位：农民负担加重的财政制度根源之三

（一）"建设财政"的后遗症

市场经济条件下，政府的职能到底是什么？这是一个直到今天仍然没有得到很好解决的问题。在计划经济体制时期，政府作为唯一的和最大的资源

---

①　马戎、刘世定、邱泽奇主编：《中国乡镇组织变迁研究》，华夏出版社2000年版，第155页。

垄断者，不仅掌握着经济发展的生杀大权，而且政府自身就直接参与几乎所有的经济建设。因此，有人将计划经济时期的我国财政称为"生产建设财政"，并将与计划经济时期相区别的市场经济时期的财政称为"公共财政"①。应该说，随着市场经济的发展，特别是政府投资型企业逐渐从竞争性行业中退出，政府的职能以及与政府职能相一致的财政职能已经发生了根本性变化。政府的工作，从过去直接参与经济建设，转变到构造为经济建设服务的外部环境，以及满足社会对公共产品的需要上，财政也因此具有"公共财政"的性质。

尽管学术界对公共财政的定义还存在某些争论，甚至认为公共财政论的某些观点不能适用于我国 20 世纪末期乃至 21 世纪的社会主义市场经济②，但对财政职能中的公共性质，即由政府通过财政的方式解决市场经济条件下市场不能提供的公共产品，保持了较高的一致认同。根据公共财政的要求，凡是市场能干的，财政要退出；凡是市场不能干的，财政要进入③。但是，自乡镇政府取代人民公社成为农村基层政权组织以来，乡镇政府一直在参与和领导区域经济发展。受此影响，乡镇财政的错位问题十分突出。那么，为什么会出现这种现象？这种现象与农民负担之间有着何种联系呢？

乡镇政府直接参与和领导经济的主要动力，来自于财政包干体制改革赋予的利益，即在与上级政府就财政包干数额的讨价还价中获得了较大空间的财政创收自主权，以及在财政上缴任务完成之后获得的扩大自主支配财政收入的政策空间。因此，20 世纪 90 年代中期以前，乡镇政府或利用自身财力，或利用政府信用甚至不惜举债向非农行业进行大规模投资。90 年代中期以后，国内市场由卖方市场转向买方市场；特别是 1997 年以来，世界范围内的金融危机引发的全球经济衰退使产权制度存在严重缺陷的乡镇办企业发展陷入困境。这些都客观上逼迫乡镇政府从投资领域退出，政府创办的企业或严重亏损倒闭，或通过转制的形式出售，彻底切断了与政府的联系。企业虽然不复存在，但当初为创办企业和维持企业运营以政府名义积累起来的

① 高培勇：《市场经济体制与公共财政框架》，载高培勇主编《公共财政：经济学界如是说……》，经济科学出版社 2000 年版，第 3 页。
② 郭庆旺、赵志耘：《"公共财政论"的若干问题》，载高培勇主编《公共财政：经济学界如是说……》，经济科学出版社 2000 年版，第 118 页。
③ 刘尚希：《公共财政：我们一点看法》，载高培勇主编《公共财政：经济学界如是说……》，经济科学出版社 2000 年版，第 23 页。

各种债务，不可能随企业破产、转制而消亡。这部分债务已成为乡镇财政不得不扛起来的一个十分沉重的包袱。

在乡镇财政拮据的情况下，压缩财政支出或者挪用财政经费来偿还政府债务，会受到来自乡镇政府内部工作人员的抵制。虽然在大多数情况下，这种抵制很难威胁到乡镇政府的正常运转，但至少可以降低政府的办事效率。因此，尽管乡镇政府工作人员的工资经常被推迟发放，但最终还是有保障的。而且，在实行分税制后，乡镇政府工作人员享受的部分工资及福利待遇，采用的是中央给政策、地方政府自行解决的所谓"中央请客、地方买单"的形式，为了使乡镇政府工作人员的工资福利待遇能及时跟上政策，乡镇财政支出必须给予保障。仅仅依靠乡镇财政现有的收入规模，既不可能彻底还清债务，也不可能落实"中央请客、地方买单"式的福利政策。必须通过其他方式解决财政收入不足引起的支出难题。

通过某种交换，让政府各个部门得到增加收费项目和提高收费标准的权力，通过政府各部门的创收（其中一部分就是通过向农村居民集资、摊派和乱收费），就成为乡镇政府转移政府债务和落实"中央请客、地方买单"的工资和福利政策的有效和唯一选择。乡镇政府各部门实行的收费项目，不仅名目繁多，而且范围广。据不完全统计，这些收费项目主要有：治安联防费，民兵训练基地费，农村改水、改厕达标费，集资建校、建电费，挂门牌费，灶火费，草皮费，农业普查费，土葬罚款，邮电延伸费，建卫生院费，苹果评产费，计生双查费，以及订报费等①。由此可见政府债务、政府工作人员工资、福利待遇与农村居民负担加重之间的联系。

（二）公共财政不到位下的农村建设达标活动负担过重

市场经济体制下有一类产品是不可能通过市场提供的，这类产品消费的共同特征是具有很强的非排他性和非对抗性。换句话说，在这类产品的消费过程中，人们可以在不支付任何成本的情况下，获得与其他人相同的消费。这类产品消费上具有的外部性和"免费搭车"现象，使得一些私人投资者不愿意投资生产，从而产生通常所说的公共产品生产上的市场失效现象。但从经济和社会发展的过程看，公共产品又是必需品，因此，为满足社会发展

---

① 中央党校《农业与农村问题》课题组：《当前我国农业与农村改革和发展的几个重要问题》，《理论动态》第 1431 期。

需要，必须由政府在"市场失效"的情况下，政府以财政提供财力保障替代私人来从事公共产品的生产和供给，如基础性科研、基础教育、公共设施、社会基础设施以及公共服务等。政府通过财政弥补市场失效现象并解决公共产品的生产和供给问题，表明了市场经济制度下财政的重要性。

农村经济体制改革以来，农村经济和社会各项事业在财政状况逐渐好转的基础上，虽然有了长足发展，但与农村发展的实际需要依然存在相当差距。农村教育、医疗卫生、社会保障和基础设施建设等公共产品的供给，仍然远远落后于城市。缩小这些方面的差距，关键取决于财政的保障能力，尤其是乡镇财政的保障能力。

从当前乡镇财政的发展情况看，我国农村乡镇财政在保障农村公共产品供给上的能力十分有限。一方面是因为乡镇财政自身的规模比较小、实力也较弱，不具备保障能力。另一方面当前的乡镇财政不仅规模小，还存在普遍的欠债现象。受此影响，2000年安徽全省农村教育实际少投入8.5亿元（赵阳，2001）。但是，农村公共产品建设又不能不搞，特别是上级政府乃至中央政府经常发起一些全国性或区域性的达标建设项目，这些项目往往带有硬性规定，并直接关系到地方政府官员的政治前途。例如全国农村居民十分关注的农村"普九"教育。农村教育是所有人都关注的一件大事，因此对乡镇政府的压力很大。乡镇政府即使没有相应的财力来实现"普九"达标活动，也会千方百计如通过举债、集资、摊派和收费等途径，来实现农村普及义务教育。又例如，在农村小康、卫生达标和文明村社建设过程中，乡镇政府为达标，也不惜举债来完成各种公共设施和社会基础设施的建设。从中国社会科学院农村发展研究所组织的对四川乐山的调查来看，引起农民负担加重的很多重要原因都来自这些方面。农村达标的项目越多，乡镇财政能力越弱，农民的负担越重。

五　几点结论

1. 减轻农民负担需要规范政府行为

乡镇政府行为错位，是造成当前农民负担加重的很重要原因。减轻农民负担，不能光靠税费改革，还要对造成农民负担加重的根本原因之一的政府行为进行规范。首先是解决政府机构臃肿和人员庞大的问题，积极推进机构改革，规范政府行为，深化税费改革。1999年，我国农村共清退乡镇干部、教职工、村组干部 276.2 万人，仅此一项一年可减少乡镇财政支出 47.7 亿元①。其次是根据公共产品供给的原则，确定乡镇政府的职能，使其行为能够在社会主义市场经济条件下真正到位。最后是减少政府盲目推动的各项达标活动。政府推动的各项达标活动是造成农民负担加重的重要原因之一。例如，在农村推行各种形式的村庄达标活动中，村级组织因报刊增订引起的负担就已经到了不堪重负的地步。根据笔者对浙江省上虞县一个拥有 877 户人家的村庄的调查，该村每年订报刊支出 5000 元，每户平均负担 6 元钱左右。其中，《上虞日报》8 份，《绍兴日报》6 份，《浙江日报》5 份，以及各种杂志 10 份。

2. 减轻农民负担需要调整乡镇财政收入制度

自筹和统筹引发的乱收费是农民负担加重的重要根源之一。它的产生与财政自筹制度有很大关系，因此，首先必须对财政自筹制度进行调整和规范。其次是规制农村税费征收项目使乡镇财政收入来源制度化，包括取消各种不合理的收费项目，将一些收费项目通过费改税的形式保留下来作为乡镇财政固定收入。

3. 减轻农民负担需要建立与事权相适应的财政支持能力和分摊机制

事权与财权不对称，乡镇财政能力建设滞后是导致农民负担加重的一个表面原因，实质原因在于事权的划分和分摊机制建设滞后，乡镇政府超负荷地承担了一些不应由其承担的事权，形成了财政不能支持事权的格局；同时，又没有建立相应的分摊机制，所有事权集中于乡镇财政一身，乡镇财政不堪重负，只能将费用转移到农民身上。因此，在各级政府之间、在政府与农民之间，建立相应的事权划分和分摊机制尤其显得重要。

费改税以及建立规范的乡镇财政制度，确实有助于减轻农民负担。但是，我们在规制乡镇财政和减轻农民负担的过程中，也要重视因此产生的乡镇财政短时间内减收，以及由减收带来的财政运行紧张和政府债务偿还难等一系列问题，如果这些问题长时间内不能消除，乡镇财政长时间处于紧张运行状态，农民负担就有可能出现反弹。

参考文献

[1] 叶兴庆：《农民负担体制分析与改革构想》，载朱刚、张元红、张军等：《聚焦中国

---

① 中华人民共和国农业部：《2000 年中国农业发展报告》，中国农业出版社 2000 年版。

农村财政：格局、机理与政策选择》，山西经济出版社 2000 年版。

［2］盛来运、孙梅君：《减负：瞄准中低收入农民》，载中国社会科学院农村发展研究所、国家统计局农村社会经济调查总队《2000—2001 年：中国农村经济形势分析与预测》，社会科学文献出版社 2001 年版。

［3］《中国农业发展报告 1999》，农业出版社 1999 年版。

［4］中国社会科学院农村发展研究所、国家统计局农村社会经济调查总队：《2000—2001 年：中国农村经济形势分析与预测》，社会科学文献出版社 2001 年版。

［5］赵阳：《农村税费改革：包干到户以来又一次重大制度创新》，《中国农村经济》2001 年第 6 期。

［6］国家税务总局农税局课题组：《农民负担与农业税制改革问题》，《税务研究》2000 年第 4 期。

［7］高培勇主编：《公共财政：经济学界如是说……》，经济科学出版社 2000 年版。

［8］余红：《中国农民社会负担与农村发展研究》，上海财经大学出版社 2000 年版。

［9］何开荫、孙力：《中国农村税费改革》，中国致公出版社 2000 年版。

［10］全国农业普查办公室：《中国第一次农业普查资料综合提要》，中国统计出版社 1998 年版。

［11］马戎、刘世定、邱泽奇主编：《中国乡镇组织变迁研究》，华夏出版社 2000 年版。

［12］中华人民共和国农业部：《2000 年中国农业发展报告》，中国农业出版社 2000 年版。

（原文发表于《中国农村观察》2002 年第 4 期）

利益表达、法定秩序与社会习惯*

——对当代中国农民维权抗争行为取向的实证研究

于建嵘

一 社会行动取向的意义

对当代中国农民维权抗争活动的理解有两条基本路径，即行动的逻辑和行动的结构。社会行动的逻辑研究是社会行动发生和发展过程，具有动力学的意义；社会行动的结构则主要关注其内在的构成，它是界定社会行动性质的重要依据。而任何一个社会行动的内在结构都可以分为行为方式、行动技术、行动取向和行动特性等几个方面。这其中社会行动的取向不仅有关社会行动的规则体系，即行动者什么事可以做、什么事不可以做的标准；更多的则是关系到行动者为何要这样做，而不那样做这些有关行动根据的问题。马克斯·韦伯曾指出，决定社会行动（包括不为或容忍）取向的情况主要有"（1）目的合理性的，即通过对外界事物的情况和其他人的举止的期待，并利用这种期待作为'条件'或者作为'手段'，以期实现自己合乎理性所争取和考虑的作为成果的目的；（2）价值合乎理性的，即通过有意识地对一个特定的举止——伦理、美学的、宗教的或作任何其他阐释的——无条件的固有价值的纯粹信仰，不管是否取得成就；（3）情绪的尤其是感情的，即

———————

* 本文为作者主持的亚洲基金项目"中国农民维权组织的制度化建设"（No31028.200）的成果之一。感谢国家社科基金会、国家软科学基金会、福特基金会及香港乐施会支持作者对相关主题的研究；感谢哈佛大学裴宜理教授，美国卡内基基金会裴敏欣博士，香港中文大学李连江教授，香港科技大学丁学良教授，北京大学贺卫方教授提供的意见。本文是美国 OYCF 第七届年会及北京洪范研究所 2007 年纪念会的宣读论文。

由现时的情绪或感情状况；（4）传统的、由约定俗成的习惯"①。简而言之，社会"行动取向的根据可以是：（a）惯例；（b）利益；或（c）合法的秩序"②。如果我们以此来观察和分析当代中国农民的维权抗争活动，就会发现，"利益"是他们行动取向的基础，"合法"是他们行动的特点，"习惯"是他们行动的路径。显然，这既有社会现代性的内容，也有中国传统乡土社会方面的习惯，更有农民作为社会行动主体的诉求。只有理解了这些内容、习惯和诉求才能真正构筑当代中国农民维权抗争行动的全景式图画。

本文试图通过对湖南省衡阳县的农民维权抗争活动进行实证分析，来解构当代中国农民维权抗争的行动取向问题。湖南省衡阳县地处中国中部地区，属于典型的农业经济区。这个县的农民抗争精英和农民有组织抗争曾引起了中国学术界的高度重视，并影响到了中国相关的农业政策③。本文研究的资料主要是对这些农民维权抗争精英长期的跟踪访谈。

二　行动目标和利益表达

利益从来都是解释社会行动的一个关键性因素，"在'利益'这个范畴里，可以根据行动者们为了相似的预期而做出'目的合理性'取向来理解他们行动的一致性"④。那么，在维权抗争的农民看来，什么才是他们的利益呢？也就是什么样的利益才可以成为农民维权抗争的目标呢？

笔者对衡阳农民维权抗争的长期观察获得这样一种经验事实，这就是他们总是以各种方式回避"利益"这个问题，特别是对他们自己的"利益"问题更是否定的。衡阳县农民维权抗争精英彭荣俊就这样说：

> 政府那些当官的跟我说了好多好话，说给我利益。我表了这样的态，目前你跟我彭荣俊来讲这个利益，这是你政府给我的。你给我利益，没有解决农民的利益；我的利益是小事，你把农民的问题解决了，

---

① 马克斯·韦伯：《经济与社会》，商务印书馆1998年版，第56页。

② T. 帕森斯：《社会行动的结构》，张明德、夏遇南、彭刚译，译林出版社2003年版，第727页。

③ 于建嵘：《农民有组织抗争及其政治风险》，《战略与管理》2003年第3期。

④ T. 帕森斯：《社会行动的结构》，张明德、夏遇南、彭刚译，译林出版社2003年版，第728页。

我的利益由群众来给我。给我什么利益呢？从言论上、评价上我就得到
利益了，你要用经济手段来控制我彭荣俊，我心里不得含糊①。

从彭荣俊在这里所说的，笔者看到了他对于"利益"的理解。也就是
说，对彭荣俊这些维权抗争精英来说，他们行动的利益并不仅仅是"经济
利益"，而群众的"言论"及"评价"才更是他们所追求的"利益"。更为
重要地，他们一直坚持的是，他们的维权抗争行为没有私利，他们不是为了
自己，是为了大家的利益，而且是为了村民们被基层政府和干部侵害了的利
益。这有三个方面的意义：其一，这里所谓的利益是中央和上级政府赋予
的，是有政策依据的。这就决定，无论是经济方面的，还是政治方面的，只
要是中央和上级政府赋予的，就是他们的一种"利益"。其二，这些利益是
被基层政府侵害了的，是需要采取行为进行保护的。在这里，利益是与侵害
联系在一起的，由于有不法侵害，利益才显现出来。其三，由于这是政策性
和政府失范行为所产生的"利益"，也就关系到许多相同处境的村民，也就
是大家的"利益"。衡阳县农民维权抗争精英凌春伟曾经就这样说：

> 我要去维护农民的利益，我第一次上访的时候，也有些人比如那些
> 律师为我维护利益，我想他为什么有这份心为我维护利益，我也有责任
> 去维护这些人的利益②。
> 我们搞宣传就是要农民晓得哪些权益受到侵害。我告诉农民上面是
> 什么政策，还把这些政策印刷出来、通过耍灯、通过高音喇叭宣传，让
> 大家都晓得：政府又吃了我啊，老凌讲的有理啊，上面有文件啊，我们
> 也应该去告啊，不合理的我也要拒交啊！你如果不发动起来，政府就蒙
> 了这里蒙那里，干部的工作就好做。大家都晓得保护自己的权益了，干
> 部就不敢乱来了③。

如果说，凌春伟最早的维权抗争活动是有关自己在税收问题上受到不公
正的对待，是关系到自己直接的利益问题。那么，他在这里表达的则是

---

① 彭荣俊访谈录（2003 年 2 月 27 日）。
② 凌春伟访谈录（2004 年 4 月 9 日）。
③ 同上。

"农民"这个群体的利益了。而且，这种"利益"是政策赋予的，是有"文件"依据的。只是由于"政府"不讲理"吃了"农民的"利益"，才需要由这些农民利益的代言人出面来维权抗争。这不仅表明了农民维权抗争的合理性，而且也昭示了维权抗争精英行为的英雄主义色彩。另一位农民维权抗争精英凌学文就说：

> 我最初上访就不是为自己的家事，现在上访还是为了公事。我爱打抱不平，并不是为了自己私人的利益①。
>
> 为了党的政策，为了群众的利益，为了群众的政治权利，我们不会怕。我在省信访局局长那里也表明了，我宁愿死也不屈服投降②。

同为维权抗争精英的刘德法有过更明确的解释：

> 去年衡阳县对我们搞农会下了个文件，他专门拿了文件给我，最后我参加了，民政局的副局长在我那里了解，衡阳县的副县长亲自到我那里，我跟他说原来抓着我打得头破血流，我现在不怕抓第二次啊，我不怕坐牢，我还要告诉你，我也不怕死！我为落实中央政策，要支持中央对农民的好政策，我死也不怕。我是为党做工作，我不是为个人。我个人的事如果来找你政府算账，你起码还要找我一千多块钱。我从来不讲我个人的事。我在牢里坐七天，伙食我交了两百多块钱，这个是我自己出的；另外我在家里休息45天，动不得，我没找你政府讲半句，因为我是强烈要求你按党的政策办事，我没做亏心事，我不为我个人，我是为群众着想③。

可以说，刘德法在这里所说的"按党的政策办事"和"不为个人"及"为群众着想"，就是农民维权抗争精英对"利益"的最基本表达。当然，这并不是说，这些农民维权抗争精英没有自己的利益所在。曾因领导农民维权抗争而被判两年有期徒刑的洪吉发就曾明确表达过个人的目的。

---

① 凌学文访谈录（2003 年 1 月 20 日）。
② 同上。
③ 刘德法访谈录（2004 年 4 月 12 日）。

他说：

> 我作为人民群众，要求党中央和各级领导把农民负担减下来，我就放心了。我个人的要求就是，我不图名也不图利，向群众都表过态，我洪吉发是主持正义，被冤枉判了三年刑。我要求衡阳县人民政府做朵红花让我戴上，四个乡镇四个责任区全部都到，我并不要他赔钱①。

洪吉发这里的"个人的要求"并不是经济方面的，而是政治上的"平反"。事实上，在以后与基层政府的谈判过程中，县镇政府多次提出要给洪吉发一些补助费，其目的就是要他不要上访和组织农民搞宣传。但每一次都被洪吉发抵了回去，他认为，他的目的"不是钱不钱的问题，而是理清不清的问题"②。

上述的研究表明，农民维权抗争活动所指向的"利益"是以"合法赋予"为基础的。但是，这并不是说，农民的维权抗争活动会一直停留在这种"合法赋予"的"利益"上。衡阳县农民理论家陈标就这样明确地告诉笔者：

> 权利就是保护自己和维护自己的法律不受他人非法侵扰，他非法侵扰农民的利益，一切都要由他指指派派，他说了算，把农民所有的权都剥夺过去了，变成奴隶。我现在有这种想法，人字总是两画，为什么等差有万万千千？一个人的权利，民生、民主、民权，应该要平等，为什么又不能平等？这个农民出的农产品，不能按成本核算来定价，要消费者来承担这个负担。工商品按成本核算来定价，要消费者来承担负担，如果工商品不按成本核算，那工资和税金由哪个来完成？那就没办法付工资和完成税金。所以我觉得呢，要农民真正富起来，就要缩短这些差距。民富了国家才能强大，农不富，那国家还不能强大，那还是空的，如何使农民致富，那就要重视农业，要像其他兄弟一样，工农商要一视同仁，地位平等，共同上进③。

---

① 洪吉发访谈录（2003 年 1 月 28 日）。
② 洪吉发访谈录（2004 年 4 月 9 日）。
③ 陈标访谈录（2004 年 4 月 10 日）。

人的身价平等，民主民生平等，这就叫公道，不能由人说了算，卡个脑袋、卡个脖子，强迫农民接受他们的旨意，连本身的生命财产都卡在他们的手里，这些文件都是空的。受穷的根源就是，农产品根本历来没有实施具体成本核算的定价，农民不但没有报酬，连成本都赔上了，农民受穷的根源就在这里，要解决农民的根源问题①。

解决农民的根本问题，不但在生产生活以及税费等方面解决，还要真正使老百姓有自由，不受他们的束缚②。

你对国家对人民有利，使国家强大起来，老百姓强大起来，那你农民起来造反是正义的；如果你不以国家为重、以人民利益为重，那你起来造反就是无理取闹③。

这是一个农民从自身的经历中得出的思考。它也许表述得并不完美，但却代表了农民从对自己权益的保护到对权利追求的超越。可以肯定，这种根源于乡土社会的思想，其生命力要远远超越那些书斋学者们苦思出来的教条。

三 行动规则和合法秩序

从理论上来说，"合法秩序的概念则涉及行动者们认为存在着这样一种作为规范的秩序之'观念'的行动取向"④。"行为，尤其是社会行为，而且特别是一种社会关系，可能以参加者的一种合法制度存在的观念为取向。这种事情真正发生的机会应该称为有关制度的'适用'"⑤。问题是，什么才是维权抗争农民所理解的"合法秩序"呢？

在衡阳县的维权精英看来，他们进行维权抗争行为的限度就是在"法律许可的范围内"，他们无论开展宣传活动，上访报警，还是建立非正式的组织网络，都将自己的行动界定在"合法"这个边界内。但是，如果要更

---

① 陈标访谈录（2004 年 4 月 10 日）。

② 同上。

③ 同上。

④ T. 帕森斯：《社会行动的结构》，张明德、夏遇南、彭刚译，译林出版社 2003 年版，第 728 页。

⑤ 马克斯·韦伯：《经济与社会》，商务印书馆 1998 年版，第 62 页。

为深入追究的话，就会发现，衡阳县维权精英们所说的这个"合法"有着十分复杂的含义。尽管有许多研究者都发现，农民对于"法律"的认定有着某些特定的意义，但却很少有研究者详细地剖析过这些具有某些特定意义的"法律"在农民那里是如何表达的。被称为农民法学家的凌春伟说：

> 宪法和法律是一个国家的最高统治集团在自己的历史条件下与国内的被统治者，通过互相沟通、互相协调、互相妥协而达成的一种文书；它要求要互相遵守互相约束。也就是说：它是13亿多中国人在960万平方千米的土地上自由游戏的游戏规则。一旦法律失去它的约束力（大家都不遵守）即游戏规则被打破，整个国家的社会秩序就无法维持，国家对人民就会失去控制，失去控制国家也就灭亡了。如果执政的政府对自己制定的游戏规则不认真执行，使违法的人逍遥法外，使合法的权益屡遭侵犯，或依照法律规定捍卫自己的合法权益的人向违反法律规定侵犯别人权益的人斗争时，这个政府所采取的行为将表现出它是否诚信，对法律对人民的诚信将会使人民相信它是一个好政府，将会紧紧地团结在它的周围。由于人民的团结，它将形成一股强大的无坚不摧的力量，任何顽固腐朽势力在它的面前都会被卷进历史的垃圾堆；反之则会被人民所唾弃，被历史所淘汰①。

应该说，凌春伟这里对法律界定要超出我们许多专业的法律人士的理解。他对法律与政府关系的理解，正是他走向依法维权的根据所在。特别需要指出的是，笔者在衡阳县农民维权抗争精英收集的用于维权的"法律"中就发现，除了国家立法机构制定的正式法律外，中共中央、国务院和各部委的有关文件，甚至有关领导的讲话，他们都称为法律。而且，更为重要的是，他们对法律的表达和确认是有自己的方式和标准的。其中，最为重要的原则和标准就是利己原则，即他们采取和确认的法律一定是对自己有利的，起码是他们认为对自己有利的。他们在抵制地方基层政府的违法行为时，利用的是中央的政策和法律。洪吉发对法律的解释是很有意思的。

> 镇里下来乱收乱摊，群众就不肯出。我说，符合规定的那部分我们

---

① 凌春伟：《浅论教育乱收费的危害——救救孩子、救救法律》。

就出，那是中央和省市的文件原本规定的。党中央分地给我们种，我们就应该按中央的政策办事，把钱交好。但其余的部分我们就不能出，要加以制止，因为违背中央、省里和市里的政策就是违法的①。

显然，洪吉发所理解的法律，就是一切有利于减轻农民负担的文件和规定，从中央到省里和市里的政策，就是法律。这一点，在凌春伟的表达中就更为明确了。他说：

> 法律肯定是站在老百姓一边的。我是按中央政策办的，我走每一步都有法律依据，你要搞我几乎是不可能，他自己订的法律和政策，不可能说我错了②。

在这里，我们看到了法律的"公正"和"正义"就是"站在老百姓一边"。那么，如果这些规则使他们的利益受到侵害的时候，他们又是如何理解呢？这一点，洪吉发因减轻农民负担问题而被判处了三年徒刑后，对法和律的理解就发生过一些变化，这也许能说明一些问题。他曾多次表示要用自己的方式解决所受冤屈，因为法律不会还给他公道。而对这种行为是否违法，彭荣俊有过这样的评述。

> （洪吉发坐牢）出来气愤时就说要搞死某某。我说那搞不得，你是为了农友去坐牢，你就不能搞违法的事情。我就开导他，表了这样的态，老洪你搞什么都好，但不能违法，违法不要把我姓彭的牵到里头，你若听我的就按我说的去做，正确的我会支持你，错误违法的我就要制止你；现在我要控制你的活动，如果你动机不对，我就会去上告公安局。所以他不敢乱来。他能为民众去办事，没有违法，我只能给他出点子③。

但是不是说，彭荣俊就完全理解了这个"法"呢？他的行为是否有过

---

① 洪吉发访谈录（2003年1月22日）。
② 凌春伟访谈录（2004年4月9日）。
③ 彭荣俊访谈录（2002年12月29日）。

"失范"呢？李连江在研究中曾指出，"依法抗争的组织者们没有像他们最初宣示的那样，保证每个行动都要符合国家的政策和法律"①。事实上，在一定情况下，维权精英还会采取用违法对待违法的办法。彭荣俊在2003年初就曾经用"非法"的手段来对待乱收学费的学校。他说：

> 今年学费自愿部分偏高了，不把自愿部分算里面来，我们还没有偏高，整个衡阳县就是我们渣江的标准相对平稳一些，按照市里发的文件，财政局、物价局和教育局发的文件，不准把自愿部分加进去，底下就不那么搞，去年就把两本书合作一本，巧立名目，该发给学生的书他们扣押不发，寒假里做的寒假作业书在每个学生头上收了15元，按数目就收了几万元。所以根据这种情况，我就去说要把盐田多收的这部分钱退给学生家长，他们不退，这样就发生了口头争执。我和他们说不清，就把他们学校老师的摩托车扣押在我这里，我这种做法也是违法的。我现在就是一句话，我当时就说了，你摩托车不是我扣押你的，你退给农民了，合理合法的，我就原原本本、毫无损伤地还给你。所以从那天到今天有接近10天了，我还没退给他。昨天派出所的人说也不好来，学校也违了法，你也违了法，怎么来处理呀，我和学校也和气，和你也和气。他说你最好把摩托还给他，我说那不行，你们出面，现在撇开学费，多收了撇在一边，但你们出面，要他们今年不要再乱收费了，我摩托车还给他。政府这边也递了报告，学区这边也没来找过我，你来找我，顶多也是扣押我15天，如果扣押我15天，出来我就连你一起告②。

如此说来，农民在利用法律作为维权抗争武器、确定行动边界时，有时会采取一种模糊的策略，即"打擦边球"或称为"走钢丝"。肖唐镖的研究就发现，"农民向政府表达意见方式的选择，系以对政府权威和现行制度的信念为基础，这反映了他们对于党和政府的信心和价值取向。换言之，他们对政府有什么样的信念和看法，就会采取相应的行动方式。当他们对上级党

---

① 李连江、欧博文：《当代中国农民的依法抗争》，载吴国光主编《九七效应》，太平洋世纪研究所1997年版。

② 彭荣俊访谈录（2003年2月27日）。

政组织充分信任时，就往往采取'沟通性'行为。当他们对上级党政组织的信任尚未完全丧失时，就有可能实施'迫逼性'行动。如果不再相信任何一级党政组织，他们就有可能采取'敌视性'行动"①。

应该说，这一分析是很有意义的，它为我们理解农民的行动提供了一份清晰的图画。但无论我们如何界定彭荣俊等的行动，还是可以说，衡阳县农民的维权抗争活动，是以一种他们认可的"法定秩序"为前提和基础的，这一"法定秩序"，就是"中央规定的""站在老百姓一边的""对农民有利的"一切规则。这恰如凌学文所说：

> 哪里有压迫，哪里就有反抗；你越是镇压我越要反抗。因为政策是党中央给我的，不是我自己伪造的，我要用宪法和政策来保护自己，要恢复自己的政治权利，不容人家剥夺②。

四 行动路径和社会习惯

泰勒曾提出：农民之间在起义和暴动时的行为关系并不能作为一种孤立的、一次性的行为关系。恰恰相反，他们是乡村社区内世世代代连续关系中的一环。所以他们所面临的选择问题，必须作为"重复性博弈"（iterated game）的问题来分析。而农民在乡村社区内所进行的"重复性博弈"是一定会受到乡村社区本身的一些特点所影响的。在泰勒看来，"在一个相对封闭、人们世代交往、互相之间'抬头不见低头见'的乡村社区内，农民之间形成了一种'有来有往'的行为规范。这种社会行动规范是帮助农民克服'搭便车'困境的有利因素：它可以在无形之中协调农民之间的行为。既然大家在暴动或起义之后还要互相见面、互相交往，那么，有事时最好大家都积极参加。任何投机取巧式的'搭便车'行为，都会使人事后在村子里受到孤立，再也没法抬头做人"③。理论家的这些总结和解释，在衡阳县农民那里可以得到非常充分的证实。洪吉发就通过他那朴素的语言，表达过

---

① 肖唐镖：《二十年来大陆农村的政治稳定状况》，《二十一世纪》2003年4月号。
② 凌学文访谈录（2003年1月22日）。
③ 何高潮：《地主·农民·共产党》，牛津大学出版社1997年版，第16页。

与之差不多的意思。他说：

> 我把要组织大家减轻农民负担的事告诉我老婆后，她就劝我，别搞了，减负又不是为你一个人，你把钱减下来了，分到你又没有份，你又没得到群众什么好处。我那时还没坐牢，我就说，不管是否得到群众好处，人不晓得天晓得，这就是讲迷信了。我说群众的眼睛是雪亮的，我帮群众把负担减下来了，群众总会有个印象，一代传一代，子子孙孙都会记得。为人民的利益而死，死得其所，比泰山还重。我这么说，我老婆就讲，随你去搞吧，你想怎么样就怎么样。我讲了以后老婆也同意了，于是我就参加了彭荣俊的减负代表活动①。

> 我本人在牺牲一切利益，包括受到经济损失的情况下，为什么还要上访？因为我受毛泽东思想影响，生在新社会长在红旗下，党中央、省市和各级政府都有这个精神，所以我要为大家主持公道，这是我们衡阳县人民的好传统啊②。

那么，什么是"衡阳人民的好传统"呢？这在衡阳县维权抗争精英们那里绝不是泛泛而谈的东西，它有非常明确的对象。这就是他们心目中的英雄衡阳籍烈士夏明翰③。笔者多次从多位农民维权精英的口中听到过夏明翰那首震撼人心的就义诗："砍头不要紧，只要主义真，杀了夏明翰，还有后来人。"只是这中间的"夏明翰"这个名字被换成了"彭荣俊""洪吉发""凌学文"等。对笔者触动最大的是农民宣传家廖哲辉，他在讲述自己一次为了宣传党的减负政策被派出所找去谈话时的情景时说：

> 派出所的说：廖哲辉，你告乡政府，你以减负为名，你是反党为敌，乡政府奈何你不得，我派出所能奈何你，你这个钉子我就要钉服你；你说减轻农民负担，减没有减下来，农民还凑了两块钱一个人给你了，你是加重农民负担；乡政府收这些钱是入国家财政，这些人凑钱给

---

① 洪吉发访谈录（2003 年 1 月 28 日）。
② 洪吉发访谈录（2003 年 1 月 22 日）。
③ 夏明翰，衡阳县礼梓乡人。1925 年后出任中共湘区执委委员兼组织部长，并负责农运工作。1927 年起，历任武汉中央农民运动讲习所秘书，中共湖南省委常委委员，平江、浏阳特委书记和湖北省委员。1928 年农历二月二十九，在汉口余记里惨遭国民党杀害，时年 28 岁。

你是不义之财，那一户多少钱、那个组是多少、全村是多少，你这个钱要报数给我，要分文不少。在路上就一直这么说。后来出了我那个大队，派出所那个车子轮子的钢板一次就断了，走起来就挂得轰隆轰隆。他说怎么挂啊。我说是你黑了心，党的政策不落实，天地都不容许你的。他说：啊！你还讲这样的话啊！车后面有铁杆子，就将我滚到后面去，我外甥走了，就把我推到那后面去了。他翻了文件看，说怎么样怎么样，这一下钢板断了，走台源没有钢板配，要到衡阳市才有钢板配，就把我在那里关了半天。到下午天黑了，派出所给我两个苹果吃了。当时他到我那去就说，你这个组织，还有后台，你组织有哪些人，要把人员交给我。要按政策落实，拿你这些人搞死，要继续上，不停脚，要像河南省某乡一样。我当时讲，只要主义真，杀了我廖哲辉，还有后来人。你把我搞倒，还会有后来人。他说你就像夏明翰一样啊！你后来人怎么不来啊！[①]

廖哲辉在讲述这些故事时，语调是平静的。而却让我们感到有些迷茫和心痛，因为，当年夏明翰烈士说这些话的时候，面对的是"国民党反动派"，而今天衡阳农民维权精英们高呼这首诗时恰恰面对的是夏明翰烈士为之献身的政权。而且，他们赋予了这首诗基本相同的意义，这就是"为人民的利益而死，死得其所，比泰山还重"。因为，在他们看来，这种"革命传统"的政治价值，本身就赋予了他们行动的合理性，具有至高无上的道德力量。

需要特别说明的是，像衡阳县这样的"好传统"在中国的中部农村，特别是曾经的革命老区，是广泛存在的。也许我们可以将这种传统称为一种文化现象，而且这种文化表达更多地成为一种行为标准的传承。这种传承在事实上成为他们行动的一种重要的激励机制，是他们克服"搭便车"的力量所在。毫无疑问，把一种传统变成一种行为方式并将其转化成为行动者的责任，是需要许多中间环节和机制的。

---

① 廖哲辉访谈录（2003 年 6 月 14 日）。

五 结论:以法抗争与合法政治

笔者曾用"以法抗争"来解释当代中国农民的维权抗争活动。在这一解释框架里,当前农民的维权抗争是以具有明确政治信仰的农民利益代言人为核心的,通过各种方式建立了相对稳定的社会动员网络,抗争者以其他农民为诉求对象,他们认定的解决问题的主体是包括他们在内并以他们为主导的农民自己,抗争者直接挑战他们的对立面,即直接以县、乡政府为抗争对象,是一种旨在宣示和确立农民这一社会群体抽象的"合法权益"或"公民权利"的政治性抗争。笔者这里的研究再一次证明了这一点。只是需要进一步指出的是,当代中国农民的"以法抗争"无论在"利益""秩序"还是"习惯"方面,都有一个共同的特征,就是合法性。正因为如此,当代中国农民的维权抗争所表现出来的政治性,应是"合法的政治"。其政治意义在于,他们维权抗争活动的对象是县、乡政府为主体的公共权力机关;抗争目标是通过动员广大农民的参与来约束公共权力。具体来说,主要表现在如下两个方面:第一,农民维权抗争活动的对象是县、乡党政机关及官员。在 1990 年以前,我国农村群体性事件主要是民间纠纷型事件,一般是发生在农民与农民之间的因争夺资源或宗族矛盾发生的纠纷。然而,从 20世纪 90 年代开始,这样的情况就发生了一些变化。这种变化主要表现在,农民之间纠纷型群体性事件急剧下降,而针对基层政府和基层干部的群体性事件日益增多,以基层党政机关(主要是乡、镇一级)等公共权力机关以及基层党政机关在村庄的代理人作为集体行动诉诸的对象。因为在许多农民把自己的处境与中央及省市的文件进行对比后发现,县及县以下的公共权力组织和干部的行为与中央的政策要求有差距,而在他们看来,正是这种差距决定了他们受到了不公正的待遇。也正因为如此,他们才把县乡党政机关和干部作为抗争的对象。这就决定,他们并没有把整个体制作为抗争的目标,而是在认同并利用中央的合法性基础上进行抗争行动,具有体制的合法性。认识到这一点非常重要,它不仅是解读农民行动的语言体系,而且是理解农民动员机制的逻辑线索。第二,农民维权抗争的目标是通过各种方式来约束基层公共权力,以保障他们的权益。近 10 年来,中国农民维权抗争的议题一直在发生变化。但无论是有关农民税费、计划生育,还是有关学费或水费,都与基层政府的施政有关。这实际上是中部地区农民维权抗争的一个最重要特征。农民们把中央及省、市有关农民利益的文件作为标杆，以此来衡量基层政府的行为，并从中找到基层政府的施政行为与中央规定的差距，然后通过上访、宣传等方式来进行抗争，试图通过上级的权威或动员广大农民的参与来约束基层公共权力的掠夺行动，以保障他们的"权益"。约束基层公共权力而不是取而代之，这是农民维权抗争与"造反夺权"的根本性区别。它一方面表明了农民维权抗争的目的，就是"约束干部，使他们不能乱来"；另一方面又界定了干部是否"乱来"的界限，这就是"违法"与否，而且法律还是约束那些乱来干部的武器；更为重要的是，这也表明农民维权抗争只是工具性的，没有超越社会体制这一底线。

参考文献

[1] 塞缪尔·亨廷顿：《变革社会中的政治秩序》，李盛平等译，华夏出版社 1988 年版。

[2] 西摩·马丁·李普塞特：《一致与冲突》，张华青等译，上海人民出版社 1995 年版。

[3] L. 科塞：《社会冲突的功能》，孙立平等译，华夏出版社 1989 年版。

[4] 拉尔夫·达仁道夫：《现代社会冲突》，林荣远译，中国社会科学出版社 2000 年版。

[5] 詹姆斯·斯科特：《农民道义经济学：东南亚的反抗与生存》，程立显等译，译林出版社 2001 年版。

[6] 张厚安、徐勇主笔：《中国农村政治稳定与发展》，武汉大学出版社 1995 年版。

[7] 中央政法委员会研究室编：《维护社会安定调研文集》，法律出版社 2001 年版。

[8] 方江山：《非制度政治参与——以转型期中国农民为对象的分析》，人民出版社 2000 年版。

[9] 武力、郑有贵：《解决"三农"问题之路：中国共产党"三农"思想政策史》，中国经济出版社 2004 年版。

[10] 李连江、欧博文：《当代中国农民的依法抗争》，吴国光主编《九七效应》，（香港）太平洋世纪研究所 1997 年版。

[11] 郭正林：《当代中国农民集体维权行动》，《香港社会科学学报》2001 年春/夏季第 19 卷。

[12] 郭正林：《当代中国农民政治参与的程度、动机及社会效应》，《社会学研究》2003 年第 3 期。

[13] 于建嵘：《岳村政治》，商务印书馆 2001 年版。

[14] 于建嵘：《利益、权威和秩序：对村民对抗基层政府的群体性事件的分析》，《中国农村观察》2000 年第 4 期。

[15] 于建嵘：《农民有组织抗争及其政治风险》，《战略与管理》2003 年第 3 期。

[16] 于建嵘：《当前农民维权抗争活动的一个解释框架》，《社会学研究》2004 年第

2 期。

［17］阎耀军：《社会稳定的测量与群体性突发事件的预警预控系统》，《天津社会科学》
2003 年第 3 期。

［18］赵树凯：《乡村治理：组织和冲突》，中国社会科学院农村发展研究所第三届中外
农业现代化比较国际研讨会（2003）论文集，2003 年。

［19］李小雨、何赛雄、张永成：《沟通缓解了农民和基层政府的矛盾》，《乡镇论坛》
2004 年第 7 期。

［20］王晓毅：《冲突中的社会公正——当代中国农民的表达》，中国社会科学院社会学
所课题研究报告，2003 年。

（原文发表于《中国农村观察》2007 年第 6 期）

农村政治参与的行为逻辑[*]

党国英　胡冰川

　　1980年，广西壮族自治区宜山县和罗城县两地区的农民自发地组成了一种准政权性质的群众自治组织，即村民委员会，至此，人民公社化以来的生产大队的行政管理体制开始解体，此时，村委会的功能只是协助政府维护社会治安；之后，河北省、四川省等地农村也出现了类似的群众性组织，并且其功能越来越向经济、政治、文化等方面扩展（徐勇，2000）。1982年，《宪法》进一步确认了村民委员会的法律地位，为村民自治提供了法律依据。1988年6月1日，《村民委员会组织法》开始试行，之后约有60%的行政村初步实行了村民自治。1998年《村民委员会组织法》修订稿正式颁布实施后，农村基层政治从民主原则到公民行为都经历了巨大的历史跨越，这是农村实行家庭联产承包责任制后农村政治生活发生的最大变化。从1988年《村民委员会组织法》试行至今，中国绝大部分农村进行了3—4次村委会选举，选举的规范化和民主化程度有了一定的提高。在这一进程中，作为微观个体的农村居民，其参与选举投票的行为方式与逻辑究竟如何？村民自治的效果又如何？类似的问题都演化为严肃的科学命题。

一　文献回顾与研究思路

　　人类行为的经济分析（Becker，1978）强调效用最大化、市场均衡和偏

　　* 本文是张晓山主持的国家社会科学基金重大项目"社会主义新农村建设政策体系研究"（编号：06&ZD001）的阶段性研究成果。本文由胡冰川进行数据分析，模型结果的讨论由党国英执笔。

好稳定的三位一体，借此来解释经济社会中的人类行为问题。针对某种具体社会活动中的人类行为，例如政治活动中人们的行为逻辑，Verba 等提出了在美国民主政治过程中投票者的行为决定问题，即社会经济地位（Socio Economic Status，SES）模型。该模型主要分析人们的社会经济地位对其政治参与的影响。一般来说，社会经济地位的组成大致包括收入、教育、职业、家庭背景等因素。后续的实证研究将更多的因素纳入该模型。例如，Rosenstone 和 Hansen（1993）考虑了政治动员因素，认为各政党的政治动员活动导致了人们的低投票率和低政治参与率；Lien（1994）也利用 SES 模型证明了美国籍亚洲人的投票和政治参与行为与其受教育程度、收入水平、出生地等社会经济状态无关，而美国籍墨西哥人的政治参与行为则显著受这些因素的影响；Leighley（1995）在 SES 模型的基础上，进一步考察了政治动员能力对政治参与的影响，提出了改良的标准 SEM 模型，并从实证的角度列举了诸如年龄、性别、收入等因素对个人政治参与的影响。

在 SES 模型的评价方面，Davis（1983）认为，由于存在不同的社会文化特征，这些因素的影响很难具有普遍性与一致性。在实证研究中，SES 模型对政治参与行为原因的解释差异很大；重要的是，从更为一般的角度，SES 模型对于某些问题缺乏解释力。Goldstein 和 Ridout（2002）则利用年度数据通过建立选择模型证明：政治动员活动对投票率和政治参与率没有实质的影响；其结论中还指出，政治活动参与人数下降的原因至今不明。鉴于这些不足，Whiteley（1995）针对 SES 模型与经过 Leighley 改良的标准 SEM 模型（Standard Socioeconomic Model）存在的问题，用理性选择（决策）模型（Rational Choice Model，RCM）来分析人们政治参与的主要动机：政治行为活跃者的政治收益要大于其投入成本，而这也是导致党派内部存在某些活跃分子的一个基本原因。但是，该研究也承认，理性选择模型并不能解释党内活跃分子在存在政见分歧时的非理性行为。单纯就此模型而言，它在一定程度上解释了政治参与中的行为决定问题，在一定程度上对 SES 模型进行了补充。该模型解释了党派内部的政治参与行为，在很大程度上与 Olson（1972）提出的集体行为（例如党派团体行为）有着本质的区别。此外，Leighley（1995）也对 Whiteley 通过 RCM 分析政治参与的影响作出了评价。他指出，RCM 虽然可以有效地分析个人在政治参与过程中的得失，但并不能解释参与过程中的行动实施问题。就此而言，SES 模型与 RCM 是不同层面的实证模型。

就中国的村民自治而言，对其的研究历史十分久远。Hsiao（1979）的研究指出，清代帝政制度下，中国乡村治理并非由社区民众自理；相反地，大部分乡村以及复杂的地方组织皆由政府设立（例如保甲、里甲制度）。他认为，清王朝总是在通过不断加强集权来强化对臣民的监控。由于国家的监控力量难以渗透到帝国的每个角落，它被迫依靠一套"准行政"制度——利用乡民辅佐官治。这些基层准行政人员，扮演着国家代理人的角色。因此，至少在理论上，整个乡村社会的方方面面都置于政府的监控和指导之下，进而整个乡村控制制度不可避免地蜕化为例行公事，甚至演变为准行政腐败，使得帝国与乡民两蒙其害[1]。Befu（1965）对日本江户时代的研究也得出了类似结论，即在乡村治理中，政府治理起到了重要作用，并且这一情况并非日本独有，中国、锡兰（斯里兰卡）、泰国、希腊都是如此。这一研究为"政府效率学说"奠定了基础，即相对于村民自治而言，政府往往更加高效。持类似观点的还有姚洋（2002）等。

随着时代的变迁，传统的政府效率学说被逐步淡化，它所受到的反驳变得越来越多。例如，温铁军（2001）认为，无论集权还是民主，对小农的作用都不大。Cai（2003）从中国农民非农土地权益的角度入手，指出由于政府权力的不受限制以及农民群体的弱势，农民很难有效保护自身权益。因此，对于这种状况，会出现"事先"（例如"钉子户"）与"事后"（例如上网）两种不同的处理方式，往往"事先"的方式较为有效，但这一方式的实施可能会缺乏农村精英的组织。据此，他指出，村民选举应当是一种有效方式。进一步地，Cai（2003）指出，由于农村精英往往从属于政府体制，因此，村民选举的意义和效果在一定程度上被弱化。所以，未来中国农村政治中的草根精英既要能够得到农民的认可，又需要得到政府的认可。

综观现有相关研究，国外对于村民自治以及选举投票的研究往往更多地关注微观个体的行为方式与行为逻辑，并形成了一整套系统的分析模型与研究框架；而国内关于村民自治以及农村基层民主的研究，则更倾向于比较村民自治与政府管制的效率。对比来看，两类研究存在差异的根源来自于制度设计的不同。随着中国农村基层民主建设的不断推进，村民自治与政府管制效率比较的讨论得以搁置，微观主体的行为方式与行为逻辑成为一个重要的

---

[1] 本部分内容摘自丁为《控制与和解：萧公权研究乡村中国的关键词》，中国社会学网，http：//www. sociology. cass. cn，2009 年。

研究命题。

村委会选举是村民自治的一种重要方式，也是农村居民政治参与的一项重要内容。本研究以 SEM 模型为分析基础，首先分析在村委会选举中农村居民个体投票行为的决定因素。一般而言，行为分析涉及定性因变量模型，基于最大似然估计的 Logit、Probit 模型具有效率优势。不过，由于调查设计的因素，本研究的自变量也包括若干定性变量，这样，对 Logit、Probit 等类似模型结果的解释将会较为困难。为了便于解释模型结果，本研究在参照 Logit 模型结果的基础上，使用加权最小二乘法（Weighted Least Squares, WLS）来消除定性因变量模型固有的异方差问题，并利用 WLS 估计结果为解释 Logit 模型估计结果提供便利。

毫无疑问，SEM 模型为分析农村居民个体的选举投票行为提供了一个较为合理的分析框架。尽管集体行为可以是个体行为的简单加总，但集体行为的逻辑不能简单地理解为个体行为的逻辑加总。因此，本研究在分析农村居民个体参与村委会选举行为的基础上，将进一步分析乡镇层面的村委会选举投票率的影响因素，以便分析个体行为逻辑与集体行为逻辑的异同。

二 参与选举投票的影响因素：基于
农村居民个体行为的分析

（一）调查情况与样本基本特征

本文数据来自于课题组 2009 年的农户调查。调查抽样的基本思路是，首先，对全国各省（区、市）按人均 GDP 水平排序并分为 3 个层级，分别在每一层级上随机选取 1 个省（区、市），选得广东省、河南省和宁夏回族自治区；然后，在各个省（区）中，按照同样的方法随机抽取 9 个地级市，并在每个地级市中随机抽取 1 个县；接着，将每个县的乡镇按照人均地区生产总值水平排序并分为 3 个层级，在每个层级上随机抽取 1 个乡镇；进一步地，将每个乡镇下的行政村按照人均地区生产总值水平排序并分为 3 个层级，在每个层级上随机抽取 1 个行政村；最后，在每个行政村中随机抽取 20 户农户进行调查。根据上述方法，本课题组成员对 3 个省（区）9 个县

26 个乡镇 59 个行政村中的 1170 户农户进行了入户问卷调查①。样本的地区分布情况见图 1。

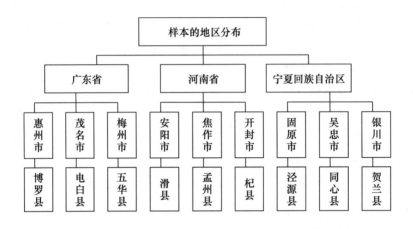

图 1　样本的地区分布情况

在全部的 1170 个样本中，本研究选取了 775 个具有完整信息的样本②。总体来看，样本的地区分布较为均匀，尽管子样本是从 1170 个样本中重新抽取的，但它们在各地区均有分布，且所占比例相差不大。其中，来源于河南省的样本占 30%，来源于宁夏回族自治区的样本占 35%，来源于广东省的样本占 35%。具体而言，样本具有以下基本特征：第一，在全部的受访样本中，约有 77% 的主要候选人参与了村委会主任竞选，只有 23% 的主要候选人没有参与。第二，从家庭年收入水平来看，年收入最少的为 – 14.1 万元，但总收入为负的只有 7 个样本，占 1%；年收入在 1000 元以下的有 89 户，占 11.5%；年收入超百万元的只有 3 个样本，占 0.4%，年收入最多的高达 181 万元；年收入在 10 万—100 万元的有 14 户，占 1.8%。全部样本 2008 年的户均收入水平为 2 万元，从整体来说，样本的家庭年收入水平相对较低。第三，从户主特征来看，①在性别方面，96% 的户主为男性，占了绝大多数；②在年龄方面，户主年龄最小的为 21 岁，最大的为 81 岁，平均年龄为 49 岁；③从婚姻状况看，绝大多数户主（96%）为已婚；④从户

---

① 因为客观原因，实际调查的农户样本数量与理论设计存在一定误差。

② 值得注意的是，由于并不容易访问到常年外出打工的农户，因此，绝大多数样本农户为常年居住在本村的农户，反映的主要是未外出打工农户的信息。

主所属民族看，81%为汉族，19%为少数民族；⑤在健康状况方面，户主健康状况均值为1.14（见表1），整体上看，户主的健康状况相对较好；⑥从受教育程度看，户主受教育程度最低的为未受过学校教育，最高为大专以上，平均受教育程度处在小学与初中之间；⑦从全年在本村居住时间来看，户主全年在本村居住时间最短的为0，最长的为全年都在村里居住，平均居住时间为338天/年；⑧从任职情况看，户主在本村的职务均值为1.75，这意味着绝大多数受访者为村民，并没有在村里担任职务；⑨在政治面貌方面，22%的户主为党员，78%的户主为群众。

（二）变量的描述性分析

Becker（1978）认为，理性人的行为不仅受经济变量的影响，同时也受到很多非经济变量的影响。据此，本研究针对中国农村居民是否参加村委会选举投票（Y）问题，选取了集体认知特征（Exp）、家庭经济特征（Eco）、户主个人特征（Cha）与地区特征（Reg）四个方面的影响因素，建立回归模型：

$$Y = \lambda(Exp, Eco, Cha, Reg) \tag{1}$$

式（1）中，反映集体认知特征的变量为主要候选人是否参与村委会主任竞选；反映家庭经济特征的变量为家庭年收入；反映户主个人特征的变量为户主的性别、年龄、婚姻状况、民族、健康状况、受教育程度、全年在本村居住时间、在本村的任职情况以及政治面貌；反映地区特征的变量为虚拟变量，以广东省为参照，预期河南省和宁夏回族自治区农村居民参加村委会选举投票的热情要低于广东省。各个变量的测量和描述性统计分析结果如表1所示。

表1 变量的测量与描述性统计分析结果

变量名称	测量及赋值	均值	标准差	预期方向
被解释变量				
农村居民是否参与村委会选举投票	不参与=0；参与=1	0.86	0.19	—
解释变量				
集体认知特征				
主要候选人是否参与村委会主任竞选	是=1，否=0	0.77	0.42	+
家庭经济特征				
家庭年收入	2008年农户所有收入的加总（元）	20695.73	99710.73	+

续表

变量名称	测量及赋值	均值	标准差	预期方向
户主的个人特征				
性别	男＝0；女＝1	0.04	0.19	？
年龄	户主的实际年龄（岁）	49.24	11.64	？
婚姻状况	单身＝0；已婚＝1	0.96	0.20	？
民族	汉族＝0；少数民族＝1	0.19	0.40	？
健康状况	健康＝1；患病有劳动能力＝2；患病无劳动能力＝3	1.14	0.42	？
受教育程度	没受过教育＝1；未上学但会读写＝2；小学＝3；初中＝4；高中＝5；中专＝6；职高＝7；大专及以上＝8	3.50	1.35	＋
全年在本村居住时间	全年实际在本村居住的时间（天/年）	338.17	75.35	＋
在本村任职情况	村干部＝1；村民代表＝2；村民＝3	1.75	0.64	－
政治面貌	中共党员＝0；群众＝1	0.78	0.42	－
地区特征				
农户所属的省份是广东省还是河南省	广东省＝0；河南省＝1	0.30	0.46	－
农户所属的省份是广东省还是宁夏回族自治区	广东省＝0；宁夏回族自治区＝1	0.35	0.48	－

注："＋"表示正向影响，"－"表示负向影响，"？"表示影响方向不确定。

（三）对估计结果的简要描述

虽然二元选择模型的估计结果较为准确，但解释估计结果的难度很大；同时，尽管 WLS 估计结果存在效率损失，但解释其估计结果较为容易。因此，本研究根据 WLS 估计结果对农村居民是否参与村委会选举投票的影响因素进行分析与解释。从模型结果（见表2）可以看出，第一，户主年龄对农村居民是否参与村委会选举投票有一定影响，户主年龄每增长10岁，其参与村委会选举投票的意愿就下降约2%。这一结果与前文的预期一致，也较容易理解。样本户主的平均年龄为49岁，年龄偏大，随着年龄的增长，户主参与村委会选举投票的意愿会相应地下降。第二，户主的健康状况对农村居民是否参与村委会选举投票的影响十分显著。在一般意义上来说，农村

表 2　　　　　农村居民参与村委会选举投票的影响因素的模型估计结果

	Logit 模型估计结果	WLS 估计结果
集体认知特征		
主要候选人是否参与村委会主任竞选	0.063	0.014
家庭经济特征		
家庭年收入	− 7.160E − 07	2.920E − 07
户主的个人特征		
性别	1.206	0.067
年龄	− 0.232	− 0.002 **
婚姻状况	0.042	− 0.047
民族	− 0.910	0.020
健康状况	0.782 **	0.067 ***
受教育程度	0.027	− 0.011
全年在本村居住时间	− 0.004 ***	− 7.000E − 04 ***
在本村任职情况	1.249	0.027
政治面貌	− 0.212	0.002
地区特征		
农户所属的省份是广东省还是河南省	− 1.664 ***	− 0.129 ***
农户所属的省份是广东省还是宁夏回族自治区	− 1.526 **	− 0.130 ***
截距项	− 4.181	0.280 ***
似然比值	43.99	—
调整后的可决系数	0.173	—
可决系数	—	0.081
F 值	—	5.15

注：*** 和 ** 分别表示变量在 1% 和 5% 的统计水平上显著。

居民的健康状况每恶化一个级别，其参与村委会选举投票的意愿就会提高
6.7%。这样看来，在现有的农村社会保障体制下，健康状况更差的户主往
往会对政治参与更加敏感。第三，户主全年在本村居住时间对其是否参与村
委会选举投票的影响十分显著，户主一年内在本村居住的时间每增加 100
天，其参与村委会选举投票的意愿会下降约 7%。这一结果与前文的预期有
所不同。第四，农村居民参与村委会选举投票的地区特征十分显著，河南省
农村居民参与村委会选举投票的意愿比广东省农村居民低 12.9%，而宁夏

回族自治区农村居民参与村委会选举投票的意愿比广东省农村居民低13%。这充分反映了社会经济发展状况对农民居民政治参与意愿的影响很大。第五，主要候选人是否参与村委会主任竞选、家庭年收入以及户主的性别、年龄、婚姻状况、受教育程度、在本村任职情况和政治面貌这些变量对农村居民是否参与村委会选举投票的影响并不显著。

三　投票率的影响因素分析：
基于乡镇层面的数据

从农户角度出发建立的实证模型主要考察的是农村居民参与村委会选举投票的个体原因与行为逻辑。为了从更高的视角、更宏观地看待村委会选举投票问题，有必要进一步在乡镇层面分析影响村委会选举投票率（指某一乡镇参与村委会选取投票的样本农户与该乡镇样本农户的比率，以下简称"投票率"）的因素。

（一）被调查乡镇的基本特征

课题组成员对26个被调查乡镇的基本情况进行了调查。由于客观原因，本研究只取得了其中25个乡镇的投票率数据、17个乡镇的人均收入数据、16个乡镇的人口和财政收入数据。从调查情况看，被调查乡镇具有以下特征：第一，从被调查乡镇2008年村委会选举投票参与情况来看，全部被调查乡镇的平均投票率为86%，投票率最低的一个乡镇为64%，最高的乡镇为100%；第二，从被调查乡镇2008年人均年收入水平来看，全部被调查乡镇人均收入的平均水平为3394元，人均收入最低的乡镇为1593元，人均收入最高的乡镇为5782元；第三，从人口规模来看，全部被调查乡镇2008年的平均人口规模为5.46万人，人口规模最小的乡镇有1.1万人，人口规模最大的乡镇有15万人；第四，从财政收入水平来看，全部被调查乡镇2008年财政收入的平均水平为1808万元，财政收入最少的乡镇为215万元，财政收入最多的乡镇为1.2亿元；第五，人均财政收入的平均水平为402元，人均财政收入的最小值为81元，最大值为1674元。

（二）变量的选择

遵循分析农村居民参与村委会选举投票的影响因素的思路，影响乡镇层面投票率的因素包括：第一，乡镇的经济发展状况，本文用乡镇人均收入水平来反映。从一般意义上说，随着乡镇经济的发展（表现为乡镇人均收入水平提高），投票率会相应提高。第二，人口规模。人口规模越大时，往往选举的组织成本会提高，有可能对投票率产生负面影响。第三，乡镇财政收入状况，本文用乡镇财政收入水平和乡镇人均财政收入水平两个变量来反映。这两个变量的影响与乡镇经济发展状况对投票率的影响类似，随着财政收入水平和人均财政收入水平的提高，投票率会相应提高。以这4个变量为自变量，利用最小二乘法建立回归模型Ⅰ。由于样本量过小（$n = 16$），为了降低自由度，并在人口规模与乡镇财政收入水平这两个变量不显著的情况下提供一个改进与对照的估计结果，本文引入仅包括人均收入和人均财政收入两个自变量的回归模型Ⅱ。

（三）模型估计结果

从模型估计结果可以看出（见表3），人均收入水平对一个乡镇的投票率有着显著的促进作用，人均收入水平每增长10%，投票率将提高1.77%。而与预期不同，乡镇人口数、乡镇财政收入和人均财政收入对乡镇层面投票率的影响并不显著。

表3 乡镇层面的投票率的影响因素的模型估计结果

	最小二乘回归模型Ⅰ	最小二乘回归模型Ⅱ
人均收入的对数值	0.177 **	0.149 *
人口的对数值	− 0.048	—
财政收入的对数值	0.009	—
人均财政收入的对数值	—	0.028
截距项	− 0.584	− 0.524
拟合优度	0.283	0.081

注：* 和 ** 分别表示变量在5%和1%的统计水平上显著。

四 模型结果的解释及延伸讨论

本文的模型估计结果虽然看似与一般性调查中的经验观察不尽一致，却有其深刻含义。因此，对本研究模型估计结果的进一步解释将有助于深化关于乡村政治治理的认识。

（一）几个主要相关关系的解释

1. 为什么家庭年收入与人均收入水平对农村居民政治参与的影响有显著不同

根据模型估计结果（见表2和表3），农户家庭年收入与农村居民的政治参与行为并无关系，而乡镇人均收入水平却对农村居民的政治参与程度有显著影响。笔者认为，这种情形正反映了人们通常忽视的政治经济关系。

政治参与热情①与一个地区的市场化程度有密切关系（党国英，1999），而一个地区的人均收入水平是反映当地市场化程度的一个重要指标。正因为如此，人均收入水平高的地区，居民的平均政治参与热情也比较高。在此次调查中，与河南省、宁夏回族自治区相比，广东省是经济发达地区，市场化程度比较高，因而农村居民的政治参与热情更高。不过，在一个地区内部，即使农户之间的收入差距很大，只要这一地区人均收入水平低，则意味着其市场化程度低；并且，政治参与热情在一个社区内部可以相互影响，因此，在社区内部收入水平不同的农村居民之间政治参与热情可以差异不大。这是在模型估计结果（见表2）中看不出家庭年收入与政治参与热情之间具有明显相关性的原因。

2. 为什么农村居民的受教育程度与其政治参与热情之间的相关性弱

模型估计结果证明了这一理论观点，即民主政治的兴起取决于社会对民主政治的需求，而不取决于居民的所谓受教育程度（党国英，1999）。

模型中的"受教育程度"是指居民的受教育年限。严格说来，受教育年限与文化素质不是一回事，后者包括了居民在生存环境中由耳濡目染所接受的文化熏陶以及对公共权威的认同能力。维护传统乡绅自治的主要因素是乡绅的道德可信度，与一般居民的受教育年限并无直接关系。在市场竞争环境下，竞争的多变性使人们有更多的可能性在相对陌生的环境中活动，传统习俗的约束作用不能满足人们处理公共事务的要求，而维护习俗的乡绅的道

---

① "政治参与热情"与上文中"参与村委会选举投票的意愿"的意思一致。对模型中的因变量"是否参与村委会选举投票"而言，取值越趋向于1，农村居民的政治参与热情越高；而取值越趋向于0，农村居民的政治参与热情越低。

德可信度在竞争环境中被认同的成本很高。因此，只有法制环境才能被人们所接受。法制环境的特点是专业化，有人专门处理法律事务。所以，对于参与村委会选举投票而言，农村居民的受教育年限并不重要。民主政治活动的技术性要求并不高，选民即使不识字也可以参加投票。

民主政治能否被推进，关键在于社会精英阶层的态度。如果社会精英阶层不认为民主政治可以增进自己的利益，它就不会获得发展。一般来说，社会精英阶层更认同竞争，认同法制。

3. 为什么户主的健康状况与其政治参与热情呈明显正相关

在目前中国农村，户主健康状况欠佳的农户，其生活水平往往较低，农村最低生活保障政策的受益者主要是这个群体。笔者在此项调查中发现，农村最低生活保障工作在农村随意性较大，农村居民对这项工作意见比较大。村干部的作风对这个群体的生活有直接影响。因此，这个群体对参与村委会选举投票的热情更高。

4. 为什么户主全年在本村居住时间与其政治参与热情呈明显负相关

模型的这一结果很有理论解构价值。户主全年在本村居住时间长，多为农业劳动者。而农业劳动者又多为老人和妇女，他们的年龄和性别与其政治参与热情之间的相关度低，而他们的职业却与其政治参与热情之间具有显著的负相关性。其主要原因是，农业生产的联系相对简单，国家政策的透明度高，村干部的行政自由裁量权对农业生产者的利益影响较小，以致他们的政治意识较弱，因此，全年在本村居住时间越长，农村居民的政治参与热情往往越低。

5. 如何认识农村居民政治参与热情的区域差别

广东省、河南省与宁夏回族自治区之间农村居民政治参与热情的差异十分明显，身处内陆地区的河南省和宁夏回族自治区的农村居民参与村委会选举投票的热情明显低于广东省的农村居民。在前文的讨论中，本文把这种差异和人均收入水平进而和市场化程度联系在一起。但更深入地看，这是一个与城市化有关的问题。在广东省农村地区的调查发现，当地的农业增加值占地区生产总值的比重很低，以农业为主的劳动力占总劳动力数量的比重也很低。在广东省，有很大比例的农户实际上已经不是真正意义上的农户。尤其是在惠州，若以在城市就业的劳动力所占比重作为反映城市化率的指标，则其城市化率达到了80%以上。所以，经济较发达地区农村居民的政治参与，实际上是城市居民的政治行为问题。这一点将在后文作进一步讨论。

（二）延伸讨论

1. 传统乡村社会能否嵌入民主政治

本项研究的结果并没有支持关于任何发展程度的社区都普遍具有民主政治参与热情的观点。笔者认为，这一结果可能暗含对"传统乡村社会很难嵌入民主政治"这一理论观点的支持（党国英，1999）。

在传统乡村社会，村容村貌的维护主要靠宗族关系发挥作用，为数不多的公共支出则依靠乡绅捐助和宗教劝慰实现，村庄内部纠纷的处置以及其他公共事务的主持仰赖各类类似于"志愿者"的乡绅。这种治理方式比民主政治治理方式成本更低。有观点认为，传统乡村社会的定义是"没有积累的社会"；相近的说法则定义传统乡村社会为自给自足的社会。在这种社会，其生产方式基本上不发生变化。相应地，其公共生活比较简单，通常按惯例习俗处理公共事务，所以很少有需要讨论的新的公共事务。大家都是习俗的接受者，所以，"一致同意"事实上就成了公共事务决策的通行原则，只是这种"一致同意"并不能真正体现和谐，因为农村居民通常以牺牲自由来服从习俗。

"少数服从多数"这一民主政治原则的应用在传统乡村显得比较奢侈。民主政治更需要在市场化社会中运用。调查表明，农民选举村干部的主要目的是想通过自己的选票影响物质利益分配，约束村干部侵吞集体财物。不过，这只反映了现代社会关系开始冲击传统乡村社会，并不意味着乡村社会有了强烈的民主政治需求。从世界历史大视野看，民主政治的规则发端于上层社会，它替代基层社会的传统规则需要漫长的时间。一个国家可以有一场民主革命，或可以有一部民主宪法，但其社会治理方式与民主政治完全可以风马牛不相及，例如印度社会大抵如此。像美国这样的国家，基层社会的改造经过了极为漫长的过程。

2. 中国乡村的现实及其对民主政治的需求

当然，现实变迁总显示为渐变的谱系，并不是与理论家的定义相一致的纯粹的结构。但理论还是有意义的：对渐变谱系的反映只是需要改变理论假设的条件，以使理论与现实保持一致。现实的中国乡村社会当然不是纯粹的传统社会，但也不是完全的市场化社会。大体可以这样认为，中国乡村社会正处于由传统乡村社会向市场化社会的过渡时期，相应地，中国乡村社会对民主政治的需求也处于增长过程之中。落后的乡村更接近于传统乡村社会，而发达地区的乡村则更接近于市场化社会，它们对民主政治的需求依次递增。统计数据表明，中国农村地区的市场化程度在改革开放以来有显著提高，西部、中部和东部的市场化程度总体上呈依次提高的态势（见表4）。

表4	农村地区的市场发展情况				单位:%
	全国	东部	中部	西部	东北
有综合市场的乡镇	68.4	78.8	73.7	59.0	69.5
其中：有年交易额超过1000万元以上综合市场的乡镇	23.9	36.9	25.9	15.7	20.2
有专业市场的乡镇	28.2	36.0	38.5	18.2	24.2
其中：有年交易额超过1000万元以上专业市场的乡镇	10.5	19.0	12.4	4.7	9.6
有农产品专业市场的乡镇	23.0	27.8	33.9	14.7	16.5
其中：有年交易额超过1000万元以上农产品专业市场的乡镇	7.6	13.4	9.4	3.3	6.4

资料来源：国家统计局：《第二次全国农业普查主要数据公报》，2008年2月21日。

更深入地看，乡村社会越发达，越容易蜕变为城市社会：其农业变成城市化分工体系的一个分支，专业农户也卷入城市经济系统，变成"城外市民"。所以，当说发达的乡村社会才有对民主政治的需求时，其实是指城市社会对民主政治的需求。换句话说，"发展乡村民主政治"这个表述其实是一个虚假的表述，应该表述为"发展城市民主政治"。一个区域，一旦它产生了对民主政治的需求，就意味着它已经是城市化的社会。也许仍然按习惯把一个地区称为"乡村社会"，但它在本质上其实已经是一个城市化的社会结构了。

事实上，在长江三角洲、珠江三角洲地区的调查中发现，那里的乡村已经高度非农化，尽管中国行政建制仍把它们看作乡村，并且使用"乡村治理"这样的政治术语来指称一类工作，但在工作内容上，这些地区的"乡村治理"和农业的关系已经不大。当然，也存在"表述的滞后"对实际工作的消极影响，甚至可以说这种影响还很大。正因为如此，才可以认为，有必要通过理论认识的深化，及时转变政治用语，以消除似是而非的政治用语的影响。

五 结论及其对政策调整的意义

本研究得到的主要结论是,中国农村地区对民主政治的需求与农村经济的市场化程度高度相关。而本文的延伸讨论则说明,乡村社会对民主政治的需求之日,也就是乡村社会的解体之时,同时也是城市社会替代乡村社会之时。这当然是一个渐进的过程,不论这个过程有多长,转变的性质将不会有变化。

本文的结论,的确在理论与政策批评上有一定颠覆性。当要求典型的乡村社会实现民主自治时,其实它并不需要民主政治;当发现它需要民主政治时,它已经是一个市场化的城市社会了。可以认为,"乡村民主治理"是一个很吊诡的表述。

这个结论当然对政策批评有启示性意义,理应避免这种尴尬:当依照大众语言在持续念叨"乡村民主治理"时,却发现在某一天,传统农业主产区的专业农户居民点收缩到不能撑得起村民委员会存在的地步,而发达地区整体转型的村庄则完全变成了城市的一部分。

本文研究结论对相关政策调整的启示是:第一,决策者应正确对待当下《村民委员会组织法》实施中的各种难题。鉴于中国乡村地区在不同程度上仍具有传统性质,且由于习俗使然,要在其中嵌入民主治理方式,的确有一定困难。对于这种困难,不能简单地将其归咎于干部不努力、群众素质差,也不要过分追求政策的完善,搞"叠床架屋"的机构设置。对现实的观察表明,相对于乡村治理,农村产权改革可能更加重要。要使村民委员会仅承担村庄的公共服务职能,把土地等集体资产的管理权完全剥离到农民或农民经济组织手中。在经济发达地区,村委会改制为居民委员会以后,公共服务可以交由政府的派出机构承担。广东省南海市和顺德市的经验证明,这种做法很有积极意义。减少干部权力的含金量,有可能吸引一些志愿者来担当基层干部,这将会极大地改变乡村社会关系。第二,决策者应树立由乡村治理向城市治理转变的观念。具体来说,要考虑将城市治理的覆盖范围扩大至全社会,不再使所谓"乡村治理"成为一个独立问题。由此出发,今后应更强调城乡基本公共服务一体化,而不是"均等化"。为适应这种转变,城市治理的方式也应该做出调整。第三,应考虑修订《城市居民委员会组织法》,使其涵盖农村居民。此法修订完成以后,可再行废止《村民委员会组织法》。

参考文献

［1］ Becker, C. S. , "The Economic Approach to Human Behavior", The University of Chicago Press, 1978.

［2］ Verba, S. , Nie, N. H. and Kim, J. , "Participation and Political Equality", Cambridge University Press, 1978.

［3］ Rosenston, S. J. and Hansen, J. M. , "Mobilization, Participation and Democracy in America", New York: Macmillan, 1993.

［4］ Lien, P. , "Ethnicity and Political Participation: A Comparison between Asian and Mexican Americans", *Political Behavior*, Vol. 16, No. 2, 1994.

［5］ Leighley, J. E. , "Attitudes, Opportunities and Incentives: A Field Essay on Political Participation", *Political Research Quarterly*, Vol. 48, No. 1, 1995.

［6］ Davis, C. L. , "Political Regimes and the Socioeconomic Resource Model of Political Mobilization: Some Venezuelan and Mexican Data", *Journal of Politics*, No. 45, 1983.

［7］ Goldstein, Kenneth M. and Ridout, Travis N. , "The Politics of Participation: Mobilization and Turnout over Time", Political Behavior, Vol. 24, No. 1, 2002.

［8］ Whiteley, P. F. , "Rational Choice and Political Participation—Eavluating the Debate", *Political Research Quarterly*, Vol. 48, No. 1, 1995.

［9］ Olsen, M. E. , "Social Participation and Voting Turnout: A Multivariate Analysis", American Sociological Review, Vol. 37, No. 3, 1972.

［10］ Hsiao, K. , "Compromise in Imperial China", University of Washington Press, 1979.

［11］ Befu, H. , "Village Autonomy and Articulation with the State: The Case of Tokugawa Japan", *The Journal of Asian Studies*, Vol. 25, No. 1, 1965.

［12］ Cai, Y. , "Collective Ownership or Cadres' Ownership? The Non – agricultural Use of Farmland in China", *The China Quarterly*, No. 175, 2003.

［13］ 徐勇:《最早的村委会诞生追记》,《炎黄春秋》2000 年第 9 期。

［14］ 姚洋:《村庄民主与全球化》,《读书》2002 年第 4 期。

［15］ 温铁军:《怎样的全球化》,《读书》2001 年第 8 期。

［16］ 党国英:《村民自治是民主政治的起点吗?》,《战略与管理》1999 年第 1 期。

（原文发表于《中国农村观察》2011 年第 3 期）

新型乡村治理之道[*]
——以移民村庄社会治理模式为例

赵 黎

一 引言

自 1987 年全国人大常委会颁布《中华人民共和国村民委员会组织法（试行）》（以下简称《村委会组织法》）以来，以村民自治为核心的乡村基层民主治理模式已经实行了 30 多年。乡村社区治理是国家治理的一个重要组成部分，这一以自主、自治为特征的治理秩序可以解决基层群众作为个体无法应对，而市场和政府也很难解决的问题（塞缪尔·鲍尔斯、赫伯特·金迪斯，2011）。在既有村庄治理结构下，村庄公共事务的决策、执行以及村民诉求的表达，可以通过以村"两委"（即村党支部和村委会）为基本载体的机制来解决。然而，在城乡一体化背景下，随着农村人口外出迁移以及农村税费体制变革，乡村治理的逻辑发生了变化。在实践中，乡村基层治理的困境逐渐展现。若干地方的实践表现出"村委会自治"取代"村民自治"，导致"村民自治失灵"。村民委员会的"民主选举、民主决策、民主管理和民主监督"的实践效果，更多地体现为村民委员会选举的民主性，而民主决策、民主管理和民主监督尚缺乏有效机制，因而引起人们对村民自治制度的质疑。

移民村的公共事务治理与可持续发展是乡村治理的一个难点。新中国成

* 本文研究得到中国社会科学院农村发展研究所课题"河南省南水北调移民村社会治理创新研究"资助，特此致谢。

立以来，大规模经济建设导致了 7000 余万非自愿移民，其中有将近 2000 万移民是因水库建设而直接迁移的原迁移民（施国庆，2010）。移民群众历经异地迁徙与安置，移民新村成为基本的社会治理单元。搬迁完成后，如何实现移民个人发展、移民之间和谐共处、移民村和迁入地相互融合，是移民村社会治理面临的关键问题。与一般村庄相比，移民村的社会治理问题显得更为复杂（De Wet，2006；Oliver - Smith，2009；Scudder，2005）。Scudder 和 Colson（1982）将移民搬迁和安置分成计划搬迁与动员、调整与适应新环境、社区建设与经济发展以及社会融合与治理转型四个阶段。Cernea（2004）总结了因水库建设项目导致的非自愿性移民过程中的社会效应与社会风险，包括伴随建设过程而出现的新兴城市效应、对（包括种植业和养殖业在内的）农业生产无法预期的冲击效应、对文化遗产以及文化性资产的破坏效应和非自愿性移民迁徙带来的贫困效应。

本文关注移民村庄社会治理模式的转型，将网络化治理这一理论引入到对移民村庄社会治理结构的重构中，并探讨新型社会治理模式对转型中乡村治理的意义。根据研究对象和研究问题，本文主要采用与利益相关者深度访谈、案例采集、焦点团体以及参与观察的方法。2016 年 8 月，笔者随课题组对河南省 11 个南水北调移民村（社区）进行了田野调查，这些移民新村分布在河南南阳、平顶山、郑州、新乡 4 个省辖市、7 个县（市、区）内①。自 2012 年 12 月以来，当地政府部门在丹江口库区和河口村水库选择 7 个省辖市 15 个县（市、区）的 18 个移民村进行加强和创新移民村社会管理试点工作（其中包括丹江口库区移民村 17 个），并于 2014 年初在全省 384 个重点移民村大面积展开，其中包括丹江口库区所有移民村。河南省加强和创新移民村社会管理的主要内容是构建村"两委"主导、"三会"（民主议事会、民主监事会、民事调解委员会）协调、社会组织（经济组织、社会服务组织等）参与的社会管理机制。田野调查将河南省移民村这一新型社会治理模式作为观察和研究对象。通过实地调查，笔者认为，河南省加强移民村社会管理的实践为理解基层党组织领导下的基层群众自治机制、在新的环境下构建与完善村民自治制度、应对乡村基层治理困境提供了一种思路。

---

① 这 7 个县（市、区）包括新郑市（郑州）、郏县（平顶山）、辉县市（新乡）以及宛城区、卧龙区、淅川县和社旗县（南阳）。

本文的基本思路是：在介绍相关文献、分析乡村治理模式从科层化治理走向网络化治理的基础上，论证网络化治理在移民村庄的有效性和适应性，解释嵌套式的组织形式与制度设计如何有效保障村民的民主议事与参与权、民主监督与决策权以及公共物品的有效供给；通过分析案例村庄，揭示新型乡村治理模式的实施在组织制度优势与适应性等方面体现出的积极效果，进而得出研究结论，提出政策启示。

二 村民自治：从科层化走向网络化治理

（一）政治国家中的乡村社会

"国家—社会"的二元范式是乡村治理研究中的一条基本路径。从历史唯物主义的观点出发，马克思揭示了国家与社会的关系及其发展趋向，并在认识"国家—社会"二元架构以及批判与超越黑格尔在国家问题上具有神秘、抽象思辨性的决定论的过程中，提出了用实践观点分析问题并强调现实性这一分析基础。与马克思的"国家—社会"理论相似，弗兰茨·奥本海（1999）在其国家理论中将"国家"定义为"通过政治手段而联系起来的人与人之间关系的总和"，而把"社会"看作是"通过经济手段而联系起来的人与人之间关系的总和"。根据这一范式，乡村治理可以看作政治国家正规机构在乡村社会如何维护其秩序。对于传统中国的乡村治理，自费孝通在20世纪三四十年代提出"官治"与"民治"相结合的"双轨政治"概念以来（费孝通，2007），学者对乡村治理形态从不同的研究视角出发，提出了丰富的理论解释，包括基于韦伯理论发展出来的"士绅模式"（韦伯，2004）、杜赞奇（2008）的"经纪模式"、项继权（2008）的"官督绅办"体制、李怀印（2008）的"非正式乡村代理人"、黄宗智（2008）的"半正式基层行政"和"简约治理"等。笔者认为，这些理论解释的共同之处，是对存在于传统中国乡村社会中制度化与非制度化平衡利益的社会机制的认识与强调，而这为理解传统中国的政治结构与社会结构的本质和关系奠定了基础。

在当代中国，学术界遵循国家与社会关系这一研究路径，在乡村基层社会治理方面做出了有益的研究，特别是将官僚体制引入对基层社会治理的分析中，以解释村级组织的运作过程与乡村治理的行为逻辑。周雪光（2013）

将"政府"从"国家"中分离出来，形成了政治国家、官僚体制与社会民众的三元分析范式，即政治国家与社会民众的关系"在很大程度上是通过官僚体制来连接和实现的"（周雪光，2014）。近年来，学者通过对中国乡村治理的观察，发现乡村社会中行政村一级作为基层政府派出机构的色彩日益浓厚。魏小换、吴长春（2013）认为，随着农村税费的取消，村级组织向以村级组织干部管理科层化、村务管理文牍化、村庄治理行政化为特征的"形式化治理方式"转型。上级政府对基层的考核出现"软指标的硬指标化"（申端锋，2007），使得村级组织处理村务与提供村庄公共品的功能和作为自治组织的性质发生了异化（魏小换、吴长春，2013）。村级组织越来越像一级政府行政机关，成为脱嵌于乡土社会的"悬浮型"组织（周飞舟，2006）。王丽惠（2015）将新一波乡村治理改革方向称为"村级治理半行政化"，指出其实质上已实现了村委会由自治组织到基层政府科层制单位以及村干部从"经纪"到官僚的转变；而之所以称为"半行政化"，是因为受到相关法律限制而"在操作中部分保留村民自治的形式"。易言之，村民自治已经变成了形式，而村级治理在实质上已经官僚化或者行政化了。欧阳静（2010）从乡（镇）村之间的支配性关系出发，认为无论农业税费征收与否，村级组织形式上的"官僚化"一直是基层行政的常态。质言之，当代中国村级组织行政化正是乡村社会治理从村民自治转向基层政府的科层制行政化管理的过程。

（二）从科层化到网络化治理：一种新型的村治实践

Considine 和 Lewis（2003）将治理分为科层化治理、公司治理、市场化治理和网络化治理四种类型。在大的治理谱系中，网络化治理组织可以表现出处于科层制组织到扁平组织之间的一种混合形态。与科层化治理所强调的严格规则和章程、高度依赖监管以及任务明确和决策程序化相对，网络化治理的特征包括在组织固定的边界和角色中力图采取弹性化的治理方式、在共同的组织文化基础上建立信任、通过联合行动达成多元合作，从而构成其治理的新理性。网络化治理是一种特殊的治理，也是一种特殊的网络（Sørensen and Torfing，2009）。在网络化治理中，政府仍然依靠外部组织，依赖各种伙伴关系、协议和同盟所组成的网络，且与其形成一种更强的合作关系（Considine and Lewis，2003）。

在公共管理领域，一方面，网络化治理被称为"协作治理"，即一个或多个政府机构将非政府组织纳入正式的、共识取向的、协商式的集体决策过程，并以制定或执行公共政策、管理公共事务或财产为目标（Ansell and Gash, 2008；Emerson et al., 2011）。换言之，网络化治理的实质是社会公共事务多元参与的治理。为了实现这一目标，需要在多元化的公共治理主体之间建立起一种合作共治的治理形态。这意味着，除按照传统的自上而下的层级结构建立纵向的权力线以外，在网络化治理中，还需要政府与形式多样的合作伙伴建立良好的横向合作关系。另一方面，这种治理体系呈现出一个具有多中心秩序的公共领域，即各个行动单位通过相互之间的协调合作，形成由多个行动中心组成的治理网络（Ostrom, 1990）。进言之，网络化治理使得实现公共目标的路径与机制发生了变化，即从层级转移到网络，从公私对立转移到公私合作，从命令控制转移到谈判劝服，从管理转移到赋能（莱斯特·萨拉蒙，2009；孙健、张智瀛，2014）。针对上述最后一点变化，有学者基于对河南省移民村社会治理模式的调查指出，国家和社会的相互赋权能有效化解移民村治理中的矛盾，而其赋权的主要原则是政府必须在制度设计上有所为，在具体事务的管理上有所不为（程熙、郑寰，2013）。

可以说，移民村的社会治理是搬迁居民在安置地村庄重新建立基层治理结构的过程。与一般村庄相比，移民村社会治理问题更为复杂。在调查过程中，笔者了解到，这些问题既有搬迁安置过程中各种遗留问题以及拆迁补偿引发的矛盾纠纷，又有移民在迁入地与迁出地之间因面临不同农业生产体系与日常生活网络而导致的不适应感与危机感。这导致一方面，原有农村社区治理方式已不能满足新型社区建设的需要，村务决策不透明或监管缺失，致使移民普遍存在抵触情绪，党群、干群关系紧张；另一方面，村集体经济薄弱，无法满足村民对公共设施维护、环境卫生、纠纷调解、社会治安等公共服务的需求，功能分割、效率低下的社会服务供给模式亟待改善。在此背景下，河南省移民村地区开始了新的乡村治理模式探索。通过实地调查，笔者发现，这一新型社会治理模式呈现出与已有文献描述的基层村治"形式化""官僚化"和"半行政化"所不同的治理形态。通过设计嵌套式的组织形式与制度安排，河南省移民村庄以"非科层化"的方式因地制宜地促成村庄内部各行动主体之间以及移民村庄与外部公共部门和私营部门之间的协作。这一新型乡村治理模式保证了基层民主参与权、议事权、决策权与监督权的实现和村庄公共物品的供给，体现出网络化治理模式所蕴含的参与性、协作性、平衡性、灵活性和包容性的治理框架。移民村庄的网络化治理通过弹性、灵活、多样的集体行动组合，体现了适应性的治理之道，为移民村社会治理的可持续性提供了制度保障。

值得指出的是，近年来，国内文献开始呈现出与本文研究发现类似的观察，例如冯川（2016）对浙东某村"联村制度"下村级治理方式的理解，以及袁立超、王三秀（2017）对"干部驻村"实践过程的研究。吴春梅、石绍成（2011）通过调查得出"具有行政性的科层控制和具有社会性的文化网络双重赋权与融合是村民自治制度下乡政村治模式的根本特征"这一论述。可以说，本文研究丰富了对中国基层村治的"非科层化"运作形态的观察。更重要的是，本文通过考察移民村这一类"非典型"村庄的新型社会治理实践，明确提出了网络化治理的制度设计形态对改善乡村治理既有的以正式化、形式化、官僚化、非人格化工具理性色彩为特征的科层化治理结构的可能。这种新型治理模式既然在"非典型"村庄得以适用，那么，其制度设计的有效性对于不存在外来移民发展与融合问题的一般村庄，也应当具有积极的参考价值与借鉴意义。

三　网络化治理的有效性：嵌套式的组织形式与制度设计

韦伯（2009）将组织划分成自治与他治、自主与他主两个维度。按照《村委会组织法》的规定，一个理想的村民自治组织应是自治与自主的：一方面，组织的领导团队是按照该组织本身的自治秩序被挑选出来的，而非由外来者任命（即"民主选举"）；另一方面，组织秩序产生于其成员自身的权威与制度安排，而非外来者制定法上的行动（即"民主决策""民主管理""民主监督"）。本文开始提到的"村民自治失灵"现象，即表明《村委会组织法》规定的基层民主制度的失效。

塞缪尔·鲍尔斯和赫伯特·金迪斯（2011）提出了制度设计与社区治理的关系，认为设计良好的制度能够促使社区、市场、政府这三种治理主体之间相互补充，而设计不佳的制度将会导致市场与政府排挤社区治理的现象。《村委会组织法》在民主议事、民主决策、民主管理、民主监督等方面的制度设计不够健全，导致村委会在公共服务供给上脱离了村民的需求而成为上一级政府的基层代理人，出现村委会的形式化治理（王丽惠，2015），村民自治变成科层制的"命令—服从"治理方式。村委会以执行上级政府的行政任务为主，缺乏为村民办事的激励，导致乡村社会出现干群关系疏远、基层组织权威下降等问题（魏小换、吴长春，2013）。当对村"两委"监督机制的制度不健全甚至制度缺失时，村委会成员的道德风险增加，扩大了办事偷懒拖拉、追求在职消费、假公济私甚至腐败等行为的空间（谭秋成，2008）。付明卫、叶静怡（2017）认为，这一制度缺失是由村集体产权界定不清和农村集体资源升值以及农村社会宗族分化导致的，是一种"资源诅咒"和"血缘诅咒"。

有效的组织与制度保障和搬迁居民的社会参与在搬迁后的安置阶段更重要（Cernea，2000）。河南省移民村新型社会治理模式体现出一种嵌套式的组织形式与制度设计，共涉及18个组织与行为个体之间的互动（见图1）。在这一网络化治理组织架构中，既有基层政府代表，即县、乡驻（包）村干部，又包括《村委会组织法》中规定的村民（代表）会议、村"两委"、村民小组等基层组织，还包括新创立的"三会"和经济、社会服务组织。这些新创立的组织将以村民为主体的乡村社会和在学者看来已失去规则之治的基层村治组织以及代表政治国家与官僚行政体制的县、乡包村领导小组结合起来，将分为3层的组织形式通过网络化制度安排相互融合、相互嵌套。在图1中，这些新的组织架构用虚线表示，以区别于已存在于现有乡村治理结构中的行为组织（个体）与关系（以实线表示）。

Ansell和Gash（2008）认为，充满协作的网络化治理应是由公共部门或者机构发起、非政府成员参与的合作，其参与不仅停留在与政府部门咨询协商阶段，还包括直接参与决策过程，合作形式是正式的，而合作目标由成员共同做出一致决策。可以看出，以村"两委"为代表的村民自治模式表现的是一种垂直的、科层化的治理结构，而以"两委""三会"为特征的嵌套式的制度设计呈现出参与性、协作性、平衡性、灵活性和包容性的治理框架结构。河南省移民村新型社会治理模式在完善民主议事、民主决策、民主管理、民主监督等方面，力图将操作、集体和法律这三个制度层次的规则结合起来（Kiser and Ostrom，1982），作为解决移民村治理问题的关键策略。"两委""三会"作为日常性的自治组织，通过一定的制度安排①为移民提供基本的权利保障，而经济组织和社会服务组织则要和自治组织一起为移民

---

① 例如，河南省移民村（社区）《民主议事会议事导则》《民主监事会监督导则》和《民事调解委员会调解导则》（以下并称"3项《导则》"）。

提供各项公共服务。河南省移民村社会治理创新主要包括两方面内容，而这两方面正是移民社会学家在对非自愿性移民社会风险的研究中特别强调的（Cernea，2000；Downing，1996）。

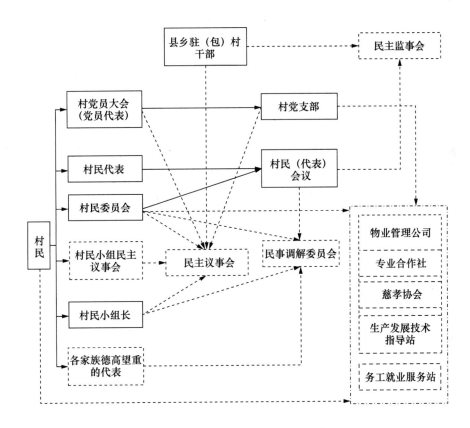

图1　移民村庄网络化治理组织架构

1. 通过构建"三会"协调社会治理

民主议事会在村民会议授权范围内行使村级自治事务参与权、议事权、决策权，讨论决定村级日常事务。一方面，在民主参与和议事权方面，民主议事会成员由各村民小组民主议事会成员、县乡驻（包）村干部、村"两委"班子、村民小组组长、党员代表及其他相关人员组成（见图1）。在中小型村庄，民主议事会成员人数至少应为20人，大型村庄为30人，其中，村组干部在议事会成员中所占比例原则上不超过50%。这体现出民主议事会成员组成的广泛性，有利于协调和平衡社区内不同阶层、不同群体之间的利益冲突，保证村民参与社区政务和社会事务。民主议事会原则上每月召开一次，但遇有重大或紧急事项时，可随时召开。这样的运行规则为保障村民参与移民村的公共生活提供了有效的平台和途径，有利于防止移民村社区公共事务管理和决策出现偏差或失误，保证潜在性问题得到及时、有效的解决。民主议事会的运行机制，特别是议题提出和审查机制比村民（代表）会议的相关规定更加灵活和行之有效。在移民村，村"两委"、村集体经济组织、党员、民主议事会成员、10 名以上年满 18 周岁的村民联名，都可以提出议题，这就为村民的利益诉求表达提供了有效机制。另一方面，在民主决策权方面，除了法律规定必须由村民会议讨论通过的事项之外，民主议事会对涉及村民切身利益和全村经济发展的事项（包括村集体大额资金的使用）具有自主决策权。民主议事会保障了"对组织权的最低限度的认可"（Ostrom，1990），保障了村集体作为一个共同体，在不违反国家法律的前提下，拥有调配和使用本村各项公共资源、自行组织生产经营与实行社会管理的权利。村民参与社会事务治理的过程，实质上就是移民社区自我管理的过程，这有利于培养和提升村民的自主组织与自主治理能力。

民主监事会主要监督村务管理、决策执行和财务收支等重大情况，其成员由村民（代表）会议选举产生，并在村"两委"领导下开展工作，每年向村民（代表）会议报告工作，并由村民（代表）会议对其成员进行信任度测评。民主监事会一般由 5 名成员组成，会议每月不少于 1 次，遇到重大或紧急事项可随时召开。村"两委"干部及其近亲属、报账员不得担任民主监事会成员，这明确了监督者和被监督者之间的职能分工，保证了议事主体与监事主体之间的相对独立性，从而增强了权力之间的制约与制衡。此外，县乡驻（包）村干部进入民主监事会（见图 1），负责监督移民村决策执行和财务收支等重大事项，通过外部监督保障了村务管理和财务收支的公开透明。

作为群众性自治组织，民事调解委员会的创立，为移民之间或者移民与村"两委"之间冲突的解决，提供了一个基于本地的、成本低廉的公共行动领域。民事调解委员会不是民主议事会的下设机构，其成员由村民（代表）会议推选产生，由村委会主任、治保主任、村民小组组长及村内德高望重的代表共 10 人左右组成（见图 1）。民事调解委员会的职责是，在当事人自愿的前提下，根据既定规则及时解决矛盾或纠纷，力求兼顾效率与公平。协调村内涉及人身损害的赔偿、协助村民追讨拖欠的务工款，以及化解婚姻家庭、邻里关系和劳资关系等方面的纠纷，都属于其职责范围。当纠纷发生后，通常先由村民小组解决，村民小组解决不了的，再由村民事调解委员会按规定程序调解。这种分级调解的程序设计，既有利于矛盾或纠纷的及时解决，又有利于减轻民事调解委员会的工作压力。

2. 通过经济管理和社会服务组织为公共事务自治和公共物品供给提供支持

移民村通过整合移民后期项目扶持资金、生产发展奖补资金和各种支农惠农资金，成立工业公司、农业公司、专业合作社和专业协会等经济组织，实现集体经济组织的多元化，使集体经济具有以市场交易规则为基础的载体，为发展壮大集体经济提供有效的组织保障，增强移民村的发展活力。同时，移民村设立物业管理公司或便民服务中心，组建务工就业服务站、生产发展技术指导站，为移民提供生产生活服务，提供公共设施养护、村容村貌整治、安保与保洁等公共服务和政策咨询与信息服务，基本实现了对移民村社区公共服务的全覆盖。大多数移民村庄还成立了慈孝协会、红白理事会、老年协会、妇联会、文体协会等群众组织，为移民提供公共文化等服务。

四　网络化治理的适应性：乡村治理模式的重构

通过对移民村庄的调查，笔者发现，移民村庄的网络化治理通过采取弹性的、灵活的、多样性的集体行动组合，更有能力保证移民村社会治理的可持续性。一个具有可持续性的治理模式必须是具有适应性特点的制度安排，具备学术界所公认的几个条件，包括有效获取信息、解决冲突、服从规则的引导、提供基础设施和为变化做准备（Ostrom，2008），可以随着组织规模、外界环境、社会系统等因素的变化而变化。在具体实践中，制度与规则的创新通常发生在持续的试错过程中，直到所有参与者都认为这一规则体系发展到了净收益远远大于净投入的程度。河南省移民村的新型社会治理方式适应移民村社会治理的特殊性、复杂性、多样性，体现了适应性的治理之道，为移民村公共事务的有序发展与社会治理的可持续提供了制度保障。

1. 获取全面、准确、优质的公共信息

随着移民从水库山区迁入平原地区，旧有的生产方式、生活习惯、社会资源等被一一解构。随着影响其经济、社会与技术发展的外部环境的不断变化，相关信息需要定期更新，以对当下的环境、机遇与挑战做出科学正确的认识和判断。河南省移民村新型社会治理方式，有助于作为当地公共资源使用者的村民与政府官员、市场与企业以及其他社会力量之间建立协作关系，对公共资源的使用和监督以及其使用者的组织状况，获得较为全面、公正的信息。依靠这一信息源，移民村各利益相关方就能够建立起相互信任、相互协商的协作关系，做出公正决策，监督决策执行，创建新的发展模式。

从信息获取渠道讲，民主议事会有利于移民村村民通过正式与非正式的途径获知有关信息、参与决策过程。根据《民主议事会议事导则》，民主议事会通过的决定，应向村民公示，公示时间通常为7天。这是村民获知有关信息的正式渠道。通过信息披露与公开，民主议事会保障了村民的知情权，为村民的民主参与权与民主监督权奠定了基础，增强了村民对移民社区领导机构的信任。此外，民主议事会还为村民提供了沟通、交流、谈议的非正式途径。村民通过非正式途径，或获知相关信息，或参与规则的制定，或提出异议，或就形成的决议、所使用的操作规则、集体选择规则等方面的不解之处与同村组的民主议事会成员讨论。这使得村民认识到自己的利益，对社区边界做出了清晰的界定，并为其积极检查和监督移民社区公共池塘资源的状况及其使用者的行为提供了可能。

案例1：南阳市淅川县C村共安置移民171户762人。搬迁后，C村申请了国家库区移民后期扶持资金，建设了投资1200万元、占地62亩的养殖小区项目。针对养殖小区的使用与分配问题，村里召开了由44人组成的民主议事会，对多种方案进行投票表决，形成了初步方案，并将此方案在村务公示栏公示。在公示期内，有村民找到民主议事会成员提出质疑，民主议事会成员与有异议的村民所在的村民小组民主议事会成员一道，对村民面对面做出解释说明，并对合理的异议备案，放到下次民主议事会召开时讨论。最终，通过这种方式，C村做出了养殖小区按照每年每平方米10元的价格出租给移民使用的决定，采取移民自愿报名、抓阄分配养殖面积的办法。

因决策过程公开、公正，这一实施方案得到了C村村民的认同。在国家资源输入和"项目制"背景下由"行政消解自治"（赵晓峰，2011）和基层治理"内卷化"（贺雪峰，2011）等带来的乡村治理困境，并没有在C村出现。像其他移民村那样，C村通过"扶持资金项目化，项目资产集体化，集体收益全民化"的发展思路，既将村集体获得的扶持资金集中使用，从而发展和壮大了集体经济，又在实施项目的同时增进了移民社区的和谐与稳定。

案例2：郑州市新郑市G村村民从淅川移民到新郑5年多来，没有交过水电费，费用一直由村集体缴纳。2016年2月，有村民提出，近年来村里租房户明显增多，且村民免费用水导致水资源严重浪费。为此，G村召开了村务民主议事会专题会议，讨论是否收取水费以及每吨应收多少。会上，各民主议事会成员献言献策。有成员提出："水电费到处都收，咱不以盈利为目的，收取成本天经地义；咱可以每季度或每半年收1次。"有成员表示："收水费与电费一块，谁不交停他电，有点制约。"还有成员建言："每家每户轮流收，不用出误工钱，人人有责任和义务，毕竟每个人都要用水。"经过充分的讨论与交流，到会的21名民主议事会成员一致认为"必须收取水费"。在"每吨应收多少"的问题上，有成员参照其他地方的做法，提出"附近几个村有收6角的，有收8角的，咱村收费不以盈利为目的，适当收取，限制浪费"的想法。经过讨论，最终做出了每吨收费8角的决定。

可以说，G村的民主议事会保证了村民的民主参与权和诉求表达权，协调了社区内移民群众与租房户的利益冲突，使本村村民感受到自己是移民村社区的主人，并保证了决议的有效性和可执行性。同时，由于清晰界定了移民这一公共资源使用群体，并且移民在整个决策过程中可以有效行使自己的知情权与参与权，展开充分的沟通与交流，从而增强了G村村民对"以每吨8角开始收取水电费"这一决策过程透明性和决策结果合法性的认可。

2. 有效解决冲突

在村庄自身内聚力不断下降的情况下，国家弱化乡村治理权使村治逐渐向形式化治理转变，导致村级组织的动员能力和组织能力下降，矛盾纠纷无法解决，农民上访增加（魏小换、吴长春，2013）。各利益相关方在权力、观念以及偏好等方面存在的差异性容易为公共选择实践带来冲突，冲突已经成为当下农村的突出问题（赵树凯，2003）。河南省南水北调移民迁居到新的环境中，具有不同利益诉求、权利主张、思维方式和价值观念的移民群众与社区组织之间，更容易产生冲突与纠纷。作为群众性自治组织，民事调解委员会的创立，为移民之间或者移民与村"两委"之间冲突的解决，提供了一个基于本地的、成本低廉的公共行动领域，有助于及时发现并控制冲突，平衡各参与方的利益诉求，从而保证村民自治有效运行。

案例3：2016年1月，南阳市社旗县X村J村民因浇田间小麦拖水管从Z村民的田地通过，不小心将Z村民的小麦地踏塌1行，两人因此发生争执。Z村民将此事告到村民委员会，陈述了对J村民的不满，提出"他浇麦时没有对我说，他就不把我的庄稼当一回事"；而J村民辩解称当时自己急于浇地，忘了对Z村民事先说明。经过民事调解委员会调解，J村民承认了错误并愿意对Z村民小麦损失进行赔偿。最终调解结果是，由J村民赔偿小麦80斤给Z村民，Z村民接受了这一结果。次月一天傍晚，两个小孩在一起玩耍时，F村民孩子手拿一根木棍不小心伤到了L村民孩子的眼睛。第二天一早，L村民到村民委员会陈述前夜发生的事情，要求F村民负责治疗其孩子的眼睛。而F村民认为，事故是发生在两个小孩玩耍的时候，伤害是无意造成的，不是打架行为产生的后果，因此，他不应该承担L村民孩子治疗的费用。该纠纷调解人是对双方家庭都很熟悉的一位德高望重的社区老干部，了解情况后，他对双方进行了耐心调解，最终意见是，F村民应对其子给他人造成的伤害负责，双方应先去治疗受伤孩子的眼睛，医疗费用由双方共同负担。两家都同意这一调解结果，并在调解工作记录案宗上签字。

从这一案例村的两件纠纷调解过程来看，将民事调解程序化，并安排固定的调解员，可以使村委会对村民之间的纠纷等各种社会矛盾做出快速有效的反应。由村主任担任民事调解委员会主任，必要时可以借助行政力量，增加调解的权威性和调解协议履行的可行性。同时，移民村邀请德高望重的家族代表参加，充分利用了农村传统及社会权威在民事调解中的作用，将村民之间通过长期交往、合作形成的信任网络纳入民事调解工作中。这增强了村民之间的沟通，减少了移民与基层政府或组织之间的正面冲突，节约了调解成本，促进了移民村庄的社会稳定。

3. 制定规则，服从规则的引导

除了正式的具体操作层面上的规则，移民村在日常社区治理与公共资源的使用与管理中，还因地制宜地制定、使用、遵循以"乡规民约"为代表的规则，构成对制度与规范的"地方化再造"（李祖佩，2016）。

案例4：郑州市新郑市G村双子户与多子户较多而宅基地较少，无法满足户户都有宅基地的要求。对此，村里多次召开民主议事会进行协商，并上报镇、市，最终做出盖多层楼集资房的决定。首先，G 村在 2015 年 10 月召开民主议事会，就多子户盖房问题进行讨论，做出"多子户不论生早生晚都可以申请报名"的决定。由于想要房子的村民众多，G 村再次召开民主议事会，就多子户的盖房与分房决议进行完善，在 2016 年 5 月对多子户报名条件做出规定，共有 7 项，即：户口须为在村农业户口；年龄在 45 周岁内；五保户不能报名；兄弟两个或多个住在一宅；两子可分 1 套，三子可分 2 套；双女户不能享受；房子只许个人居住，不许私自转让或买卖。随后，村民主议事会又做出了移民村多子户分房决议，即有资格参与的村民按照长子出生时间由长及幼的顺序在 24 户大户型和 24 户小户型中选择户型，并通过抓阄决定具体楼层。同时，G 村还商议出相应的缴费方案，即选择大户型与小户型的村民分别需交首付 9 万元和 8 万元，等主体建筑完工后，再一次性交清余款。

G 村通过这种决策方式对盖楼分房制定的分配规则和价格规定，既获得了村民认可，又保证了规则的可操作、可执行性。为保证建房质量，G 村民主议事会决定公开招标，就开标日期与投标单位资格等做出规定。在开标之后的第 3 天，村民们就在村务公示栏看到了评标结果，得知了施工第一标、第二标、监理标、设计标等中标单位。此外，在 3 项《导则》这些外部制度安排的基础上，移民村内部形成了有效的监管机制。这些规范性的保障在中国"并不规则的"乡村社会中（李祖佩，2016），是低成本且有效的。在这一过程中，G 村民主监事会就规则的制定与实施全程进行了监督，包括对中标单位选择过程的监督与资质审查。根据《民主监事会监督导则》，G 村民主议事会每次开会讨论都须有民主监事会成员列席监督，并就会议是否合规、决议是否有效做出结论，并将监督结论记录在案。可以说，在 G 村盖楼分房这些决策过程中，无论是民主议事会还是民主监事会，都不同程度地将实际操作规则、村集体的正式规约与政治国家的法律法规这三个层次的制度规则相结合，使日常性社区治理与公共资源的使用管理工作有效地运转起来。

4. 提供基础设施

没有基础设施供给与市场发展机会，大多数移民社区的发展往往只能停留在对新环境的调整与适应阶段，很难完成社会融合与治理转型（Scudder and Colson, 1982）。在安置初期，河南省移民村存在基础设施难以满足移民生产、生活需要的情况，包括生活用水困难、农田水利设施配套不完善、文体活动场所匮乏等。为此，上级政府制定了"基础工程""整治工程""美化工程"和"健身工程"这"四大工程"战略。具体到村庄内部操作层面上，移民村着重加大对包括环卫、绿化、便民服务等社会性基础设施和公共服务设施的投资，有效改善了村容村貌，为保障村民的生产生活提供了基础性条件。

案例5：南阳市宛城区 Q 村共安置库区移民 226 户 873 人，是省级"美丽乡村"建设示范村和镇级文明新村样板村。Q 村所在镇的地理位置特殊，离南阳机场近，毗邻高速公路（Q 村西距省道 103 线 3 千米），每年夏收来临之际，村里对服务夏收和布置禁烧秸秆工作都高度重视。2013 年 5 月，针对夏收工作，村"两委"在民主议事会上提出要积极组织好收割机的使用，保证在 3 天时间内把村里小麦全部收割完毕；对于没有劳动力的家庭，提出要组织相当的劳动力，帮助解决他们的燃眉之急。小麦收割完毕后，村里在布置禁烧任务时，提出"要从大局出发，积极宣传，要让老百姓知道危害，自觉不烧"，但是，"只靠自觉是不能完成任务的，我们村'两委'班子、党员，要成立执勤队"（M 村民，支部书记）。此外，执勤队的排班、施耕耙和灭火工具的准备以及应急小分队的组建也都提上了议事日程，一旦发生火情，村里可以一方面做好隔离带工作，另一方面保证村里有人能迅速赶到现场，做好应急处理工作。应急小分队由村里 10—20 个年轻人组成，这些年轻人由民主议事会成员共同推荐，"一旦有火，能动员得起来"（D 村民，村委会主任）。

民主议事会为村干部与村民之间的沟通交流提供了一个公共场域。在这一公共场域内，村干部可以就公共事务治理以及社会服务供给向村民传递信息并动员力量，村民也可以直接参与村里相关事务的运作过程。Q 村物业管理公司在这一公共场域内发挥着不可或缺的作用，在秸秆处理、清理晒场和主要道路乱堆乱放的整治、应对极端天气导致的水管破裂严重等工作中，物业管理公司与村"两委"协同合作，美化了村容村貌，保障了村民用水。

5. 适应环境的变化

河南省移民村新型社会治理机制是在旧有治理模式在移民村失效的情况下、为适应新工作形势与要求而探索的新道路。这一新型社会治理机制，既解决了公共事务管理中的权责问题，扭转了移民对村干部不信任的局面，又提高了议事效率和决策效率；既促进了村民之间以及村集体与市场、企业之间的合作，又提高了移民的生产经营技能，摆脱了移民在搬迁过程中生产技能几乎失效的状况。可以说，这些体现适应性治理之道的制度保障，形成了一个整体性治理框架。该框架中的各个组成部分一起发挥作用，保证了制度实践在适应当时、当地情景的前提下能够有效运行。

案例6：新乡市辉县市F村村民是从淅川县3个行政村搬迁过来的，虽然只有移民人口401人共95户，却有28个姓，遍布在17个村民小组中。搬迁前，这个移民新村的居民在老家基本上互不认识，大多以到水库捕鱼为生，并在自家独立居住的宅院内从事小规模的家庭畜禽养殖。2011年7月搬迁完成后，从前散居在沟沟洼洼里的村民开始相对集中居住。迁居使移民的生活空间大大压缩，他们无法再从事捕鱼和家庭养殖，原有的在散落社区中所形成的邻里关系也遭到破坏，邻里矛盾和纠纷日渐增多，乡村社会秩序变得混乱失范。失去了在库区原有的经济收入，大多数青壮年村民只能外出打工。F村在构建"三会"的基础上，开始探索生产发展新思路，通过到山东、山西以及河南其他地区考察项目，最终确定"香菇种植"这一风险较低、对生产技术和空间要求不高、人力资本瓶颈制约较小的产业。2012年2月，F村首期建成钢架香菇大棚16座，当年就实现产值46万元，纯收入27.6万元。经过4年的持续发展，如今村里已有钢架香菇大棚74座，有70多户移民成为香菇种植专业户，他们抱团成立了F村香菇生产合作社。在发展好本村香菇产业的同时，F村还开始帮扶周边非移民村庄发展香菇种植业，带动乡邻共同致富。

F村的"以发展促转型"可以代表河南省移民村迁居前后的一种典型变化，包括产业类型、生活习惯、邻里关系等方面的变迁。由于村里就及时调整产业发展模式达成了集体共识，对于F村的移民群众，原有的邻里关系因搬迁遭到破坏后，人们之间的互助和合作关系反而变得更加紧密，促进了社会融合与治理转型的实现（Scudder and Colson，1982）。

上述6个案例充分表明，河南省移民村新型社会治理模式有适应不断变化的外部环境的能力。面对乡村基层公共事务治理过程中的冲突或突发事件，这种治理方式是一种有效的乡村公共事务治理模式。更重要的是，这一治理方式将移民村公共资源的"使用者"纳入治理系统中，从而能够在外部环境不断变化的过程中，保持一定程度的适应性与回应性。这种治理弹性，既有利于满足作为公共资源"使用者"的移民对公共物品的平等需求，又有利于提高村庄公共事务治理的效率。

五 变化中的治理之道：网络化治理的启示

韦伯（2010）在对历史社会的研究中发现，国家行政本身的官僚化与民主的发展并驾齐驱，同时他强调，民主的发展应表现在作为"不定形的大众"的"民"（demos）选择行政领导人的方式，以及各个社会阶层通过"公众舆论"对行政活动的方向和内容施加影响的程度上。从这些关乎民主意义的解释出发，笔者基于对河南省移民村案例的分析，发现移民村庄的"两委"主导、"三会"协调、社会组织广泛参与的基层社会治理模式，与以前以村"两委"代表村民行使村民自治权相比，更有能力保证政治国家与基层社会的善治与民主的发展，是制度实践上的创新。通过一种网络化的制度设计，这一新型治理模式将以村民为主体的乡村社会和基层村治组织以及政治国家与官僚行政体制结合起来，将不同层级的行动主体相互嵌套，达到了科层化治理与社会自治之间的有机融合。这种新型治理网络的运行，推动了社会治理模式的转型，即从过去的政治国家对乡村社会的"线型治理模式"，转变为政治国家与乡村社会双向互动的"立体型治理模式"。

以往的治理理论通常认为存在一个最优方案，而本文分析所呈现出的社会治理模式则表明，行动者在面对新问题时，不存在一种固定的最优行动模式。在适应规则与创造规则的过程中，治理行动主体可以通过参与、议事、决策、监督等权力的运用，改变行动情景困境，扭转复杂发展局面，有效解决社区内经济与社会发展问题。这种适应性治理模式更有能力保证村庄公共事务有序发展与社会治理可持续，并为此提供了一种符合地方实际、不断演进变化、能够有效回应并践行可持续发展的策略。可以说，这种变化中的治理之道扩展了乡村治理制度选择的领域和范围，为中国全面深化农村改革、推动农村基层社会治理转型提供了新的视野与路径。

参考文献

［1］弗兰茨·奥本海：《论国家》，沈蕴芳、王燕生译，商务印书馆 1999 年版。

［2］塞缪尔·鲍尔斯、赫伯特·金迪斯：《社会资本与社区治理》，载周红云《社会资本与民主》，社会科学文献出版社 2011 年版。

［3］程熙、郑寰：《国家和社会的相互赋权：移民新村的治理之道》，《领导科学》2013 年第 10 期。

［4］杜赞奇：《文化、权力与国家：1900—1942 年的华北农村》，王福明译，江苏人民出版社 2008 年版。

［5］费孝通：《乡土中国》，上海世纪出版集团、上海人民出版社 2007 年版。

［6］冯川：《"联村制度"与利益密集型村庄的乡镇治理——以浙东 S 镇 M 村的实践为例》，《公共管理学报》2016 年第 2 期。

［7］付明卫、叶静怡：《集体资源、宗族分化与村干部监督制度缺失》，《中国农村观察》2017 年第 3 期。

［8］贺雪峰：《论乡村治理内卷化——以河南省 K 镇调查为例》，《开放时代》2011 年第 2 期。

［9］黄宗智：《集权的简约治理：中国以准官员和纠纷解决为主的半正式基层行政》，《开放时代》2008 年第 2 期。

［10］李祖佩：《分利秩序：鸽镇的项目运作与乡村治理（2007—2013）》，社会科学文献出版社 2016 年版。

［11］李怀印：《华北村治：晚清和民国时期的国家与乡村》，中华书局 2008 年版。

［12］欧阳静：《村级组织的官僚化及其逻辑》，《南京农业大学学报》（社会科学版）2010 年第 4 期。

［13］莱斯特·萨拉蒙：《新政府治理与公共行为的工具：对中国的启示》，《中国行政管理》2009 年第 11 期。

［14］申端锋：《软指标的硬指标化——关于税改后乡村组织职能转变的一个解释框架》，《甘肃社会科学》2007 年第 2 期。

［15］施国庆：《非自愿移民是世界性难题》，《瞭望新闻周刊》2010 年 9 月 19 日。

［16］孙健、张智瀛：《网络化治理：研究视角及进路》，《中国行政管理》2014 年第 8 期。

［17］谭秋成：《农村政策为什么在执行中容易走样》，《中国农村观察》2008 年第 4 期。

［18］王丽惠：《控制的自治：村级治理半行政化的形成机制与内在困境——以城乡一体化为背景的问题讨论》，《中国农村观察》2015 年第 2 期。

［19］马克斯·韦伯：《中国的宗教：儒教与道教》，康乐等译，广西师范大学出版社 2004 年版。

［20］马克斯·韦伯：《经济与社会》（第一卷），阎克文译，上海世纪出版集团、上海人民出版社 2009 年版。

［21］马克斯·韦伯：《经济与社会》（第二卷），阎克文译，上海世纪出版集团、上海

人民出版社 2010 年版。

［22］魏小换、吴长春：《形式化治理：村级组织性质的再认识》，《广东社会科学》 2013 年第 4 期。

［23］吴春梅、石绍成：《文化网络、科层控制与乡政村治——以村庄治理权力模式的变迁为分析视角》，《江汉论坛》2011 年第 3 期。

［24］项继权：《中国乡村治理的层级及其变迁》，《开放时代》2008 年第 3 期。

［25］袁立超、王三秀：《非科层化运作："干部驻村"制度的实践逻辑——基于闽东南 C 村的案例研究》，《华中科技大学学报》（社会科学版）2017 年第 3 期。

［26］赵树凯：《乡村治理：组织和冲突》，《战略与管理》2003 年第 6 期。

［27］赵晓峰：《"行政消解自治"：理解税改前后乡村治理性危机的一个视角》，《长白学刊》2011 年第 1 期。

［28］周飞舟：《从汲取型政权到"悬浮型"政权——税费改革对国家与农民关系之影响》，《社会学研究》2006 年第 3 期。

［29］周雪光：《国家治理逻辑与中国官僚体制：一个韦伯理论视角》，《开放时代》 2013 年第 3 期。

［30］周雪光：《中国国家治理及其模式：一个整体性视角》，《学术月刊》2014 年第 10 期。

［31］Ansell, C., and A. Gash, "Collaborative Governance in Theory and Practice", *Journal of Public Administration Research and Theory*, 18 (4), 2008.

［32］Cernea, M. M., "Risks, Safeguards, and Reconstruction: A Model for Population Displacement and Resettlement", in M. Cernea, and C. McDowell (eds.), *Risks and Reconstruction: The Experiences of Refugees and Resettlers*, Washington, D. C: The World Bank, 2000.

［33］Cernea, M. M., "Social Impacts and Social Risks in Hydropower Programs: Preemptive Planning and Counter – risk Measures", presented at UN Symposium on Hydropower and Sustainable Development, 27 – 29 October, Beijing, China, 2004.

［34］Considine, M., and J. M. Lewis, "Bureaucracy, Network, or Enterprise? Comparing Models of Governance in Australia, Britain, the Netherlands, and New Zealand", *Public Administration Review*, 63 (2), 2003.

［35］De Wet, C., "Risk, Complexity and Local Initiative in Forced Resettlement Outcomes", in De Wet, C. (ed.), *Development – induced Displacement: Problems, Policies and People*, New York: Bergahn Books, 2006.

［36］Downing, T. E., "Mitigating Social Impoverishment When People are Involuntarily Displaced", in C. McDowell (ed.), *Understanding Impoverishment: The Consequences of Development – induced Displacement*, Providence and Oxford: Berghahn Books, 1996.

[37] Emerson, K. , T. Nabatchi, and S. Balogh, "An Integrated Framework for Collaborative Governance", *Journal of Public Administration Research and Theory*, 22 (1), 2011.

[38] Kiser, L. , and E. Ostrom, "The Three Worlds of Action: A Metatheoretical Synthesis of Institutional Approaches", in E. Ostrom (ed.), *Strategies of Political Inquiry*, Beverly Hills: Sage, 1982.

[39] Oliver – Smith, A. , "Development – Forced Displacement and Resettlement: A Global Human Rights Crisis", in Oliver – Smith, A. (ed.), *Development & Dispossession: The Crisis of Forced Displacement and Resettlement*, Santa Fe, New Mexico: School of American Research Press, 2009.

[40] Ostrom, E. , "Governing the Commons: The Evolution of Institutions for Collective Action", New York: Cambridge University Press, 1990.

[41] Ostrom, E. , "The Challenge of Common – pool Resources", *Environment: Science and Policy for Sustainable Development*, 50 (4), 2008.

[42] Scudder, T. , "The Future of Large Dams: Dealing with Social, Environmental, Institutional and Political Costs", London: Earthscan, 2005.

[43] Scudder, T. , and E. Colson, "From Welfare to Development: A Conceptual Framework for the Analysis of Dislocated People", in Hansen, A. , and A. Oliver – Smith (eds.), *Involuntary Migration and Resettlement: The Problems and Responses of Dislocated People*, Boulder: Westview Press, 1982.

[44] Sørensen, E. , and J. Torfing, "Making Governance Networks Effective and Democratic through Metagovernance", *Public Administration*, 87 (2), 2009.

(原文发表于《中国农村观察》2017 年第 5 期)

生态经济与环境保护

论生态经济研究视野的拓展

李 周

近 20 年来，经常被年轻人问到怎样才能成为一个优秀的研究人员。简略地说，研究人员是否优秀，通常根据其论著提出和解决的问题以及在学术界产生的影响来评定。研究人员要提出高质量的问题并写出高质量的学术论著，必须具备三种能力：一是发现值得研究问题的视野；二是凝练问题、筛选变量、组织调研和处理数据的才干；三是用规范的语言、简洁的图表和精准的模型，把自己的研究过程和结论展现出来的能力。

笔者把视野列为研究人员必须具备的第一种能力的理由有三个：第一，研究成果的质量首先取决于视野的适宜性。视野狭隘、认识肤浅，得出的研究结论就会有很大的局限性；视野过宽、认识发散，则难以凝练出研究边界清晰的问题，难以避免研究方法和变量选择的随意性，也难以得出准确的结论。第二，研究潜力的开发取决于视野的适宜性。研究人员的时间和精力是有限的，能发现并解决的问题更是有限的。倘若研究人员的视野里只有凭借自身已具备的能力就可以解决的问题，那么他就难以在研究生涯中不断地把自己的研究潜力开发出来，进而不断地提升自己的研究能力。第三，学科体系的发展取决于视野的适宜性。已有学科体系的科学性具有相对性，社会科学更是如此，所以科学研究永远不会终结。学科体系的发展有渐进和突变之分，但无论是渐进还是突变，它的发展都取决于研究方法和研究材料的与时俱进，而研究方法和研究材料的与时俱进又取决于研究视野的与时俱进。就此而言，我们可以把研究视野及其演化作为识别研究人员能力的基础性指标。

要真正把研究做好，首先就要有质疑经典文献的视野，看看它的自身逻辑是否存在缺陷且有可能加以完善，而不宜采取全盘接受的态度。除了要有勇于质疑的视野外，还要有识别趋势的视野和与时俱进的视野，只有这样，才能从质疑现有理论、观点、方法或说法入手，使自己有一个好的研究起步，成长于对特定事物发展趋势的理论概括，并在不断地根据新的事实纠偏和改进理论体系的过程中走向成熟。本文试图围绕视野这个主题发表一点看法，以求教于大家。

一　勇于质疑的视野

笔者在梳理生态经济学文献时发现，有些人引用他人文献时不作任何考证，致使一些概括不够准确的内容因不断被引用而成为人们普遍接受的看法。例如，在我国生态经济学界，几乎所有人都认同《宇宙飞船经济学》一文的作者肯尼思·艾瓦特·博尔丁（Kenneth Ewart Boulding）是生态经济学或环境经济学的创始人的看法①。其实，只要花点时间读他的著述就可以发现：博尔丁是一位非常著名的经济学家，他视野宽广、著述丰硕，但对生态经济学或环境经济学的关注是有限的。

（一）博尔丁的简历

肯尼思·艾瓦特·博尔丁（1910 年 1 月 18 日至 1993 年 3 月 18 日）是一位出生于英国的美国经济学家、教育家、系统科学家和哲学家，也是一名和平活动家。他于 1928 年进入牛津大学，1931 年在凯恩斯主编的《经济学季刊》（Economic Journal）上发表了第一篇论文，1937 年他定居美国并在大学任教，1949 年获得"约翰·贝茨·克拉克奖章"（该奖两年授予一次，授予对经济思想和知识作出重大贡献的 40 岁以下的经济学家），1962 年被美国学术团体理事会评为美国十大教授之一，1968 年当选美国经济学会会长，1979 年当选为美国文理研究院院长。除了经济学外，他在政治学、社会学、哲学和社会心理学等领域也作出了重要贡献。他曾获得过诺贝尔经济学奖和诺贝尔和平奖两种奖的提名。

（二）博尔丁的学术贡献

博尔丁的第一本重要著作是他编写的经济学教材《经济分析》，这是 20

---

① 程福祜先生是国内第一个作出这个判断的学者（参见程福祜《生态经济学》，载《中国经济科学年鉴（1988）》，经济科学出版社 1989 年版，第 424—429 页）。

世纪 30 年代末他在英国 Colgate 大学担任讲师时做的工作，1941 年首次出版。到 1966 年，这本书共修订和再版四次。1989 年，博尔丁回顾这本教材时说，该书的第一版基本遵循欧文·费雪和凯恩斯的货币论。尽管那时学过凯恩斯的《就业、利息和货币通论》，但并没有真正理解它。1948 年的第二版完全遵循凯恩斯的理论。第一版是在第二次世界大战开始时出版的，卖得并不好；修订后的第二版成为美国高校使用的核心教材，并被世界上 150 多所大学采用，成为全世界的教材。与采用叙述方法阐述经济学原理不同，这本书的特色是采用分析工具把经济学原理阐述清楚。

博尔丁致力于人类和社会科学各学科关系（组织）的研究。他是演化经济学的奠基人之一，带头在经济学研究中采用演化（而不是均衡）方法。他认为经济发展与进化类似，是一个复杂性和可能性不断增加的结构发展过程。进化有基因类型变异和表型选择的区别。基因类型的表型构建过程就是"组织"。经济发展主要表现为商品生产，即商品和服务，但它起源于人的头脑中的想法，这些都是经济发展中的基因类型，也是知识增长的过程。经济学家所说的"资本"是强加在物质世界上的人类知识。因此，知识和知识的增长是经济发展的关键。投资、金融体系和经济组织与制度在某种意义上只是建立和表达知识过程的机制。

博尔丁在经济学研究中强调价值判断的重要性。他认为人有情感、爱心和奉献精神，而不是只会进行成本与收益分析的理性动物。厂商并不一定以利润最大化为唯一目标，厂商决策除了应用边际分析方法外，还会考虑到自己行为的社会意义，即社会责任。

博尔丁重视制度与组织，他认为组织是由有意识并有意志的个体组成的。爱心是人类组织发挥作用的基础，也是人的一般需求。他主张以爱心来维护正当竞争、化解对抗。组织要为爱心的形成创造有利的环境，这正是组织革命的方向。

博尔丁认为赠予在经济生活中相当重要，并会影响资源配置和收入分配。他指出，出于爱的赠予是礼品，出于恐惧的赠予是贡品，其余是市场交换行为。经济是由爱心、恐惧与交换决定的经济行为组成的。

博尔丁在 1950 年出版的《重建经济学》这本书中以资产负债表为框架分析经济行为。他认为资产最大化要求消费最小化，消费水平太高会导致资产缩减甚至自然资源枯竭，最终会形成一个没有增长、当前消费等于当前生产的静止状态。

博尔丁强调人的经济和其他行为是嵌入在一个更大的互联系统中的。要理解人的行为、经济或其他方面的结果，必须首先开发出一个科学的，包括社会、精神和物质所有维度的正确研究方法。如果社会科学的研究方法不正确，人类注定是要灭绝的。

博尔丁在《即将到来的宇宙飞船世界的经济学》（1966）这篇论文中指出，科学家设计宇宙飞船时，非常珍惜飞船空间和它所携带的装备和生活必需品，飞船中几乎没有废物，即使乘客的排泄物也经过回收、处理、净化，变成氧气、水和盐，再给乘客使用。如此循环不已，构成一个良性生态系统。他把这种封闭经济称为"太空人"经济，而把现实中追求高生产量和高消费量的开放经济称为"牛仔经济"。他认为人们欣赏艺术是为了恢复心理状态，而吃喝是为了恢复生理状态。维持特定状态的消费应该越少越好，所以衡量经济成功与否的标准不是生产和消费，而是总资本存量的性质、范围、质量和复杂性，包括这个系统中人的思维状态。他认为污染等很多问题可以通过调整税收结构来解决，并相信一旦人们必须赔偿其造成的损失，目前的污染和环境恶化大多是可以防止的。

博尔丁认为，现实世界中的能量不是来自太阳（来自其他星球的能量可以忽略不计），就是来自地球本身。依照熵的概念和热力学第二定律，化石燃料只是临时性的能源。按照目前的使用率，化石燃料将在几个世纪内耗竭。如果世界上其他国家都达到美国的能源消耗标准，加上世界人口继续增加，化石燃料的耗竭速度会更快。核能的发展会改善这个状况，但不能从根本上改变。要改变这种状况，就必须加快太阳能利用技术的改进和进行生物革命。

博尔丁认为，知识的积累是人类各种发展，尤其是经济发展的关键。例如，物质资本被战争摧毁的日本和德国，由于国民掌握的知识未被破坏，没有花多长时间就完成了物质资本的重建；而印度尼西亚这样的国家，由于国民缺乏知识，物质资本迟迟未能形成。他认为知识的增长几乎是连续的，但又非常微妙和复杂。例如，中国在16世纪时的知识积累无疑领先于欧洲，但基于知识加速增长的科学起飞却发生在欧洲。博尔丁的解释是：宽松的环境是发生突变或变革的必要条件，中国社会组织有序，独尊儒术，不具有宽

松的环境，而发展水平较低、组织较差、更加多元的欧洲具有较为宽松的
环境①。

（三）博尔丁的宇宙经济学的缺陷

博尔丁是一个非常了不起的学者，但智者千虑必有一失。

1. 地球应该模仿宇宙飞船的观点并不可取

理由有四：第一，地球这个天然飞船已在宇宙中运转了 46 亿年，并将
继续运转下去，人造宇宙飞船可运转时间与地球相比只能用一瞬间来形容；
第二，地球在浩瀚的宇宙中并不是量级很大的星球，宇宙飞船与地球相比只
能用"沧海一粟"来形容；第三，地球既有自转功能，又有公转功能，宇
宙飞船的运转功能至少目前还不及地球；第四，地球是具有演化功能的自然
生态系统，宇宙飞船是不具有演化功能的人造生态系统。

2. 宇宙飞船是封闭的循环系统的看法失之偏颇

其实，宇宙飞船所需的能量几乎都来自太阳能，它不仅具有封闭性、循
环性，还具有开放性。鉴于宇宙飞船的循环性依赖于这个开放性，所以这个
开放性绝不是可以避而不谈的。

3. 自然生态系统趋于崩溃的认识不够准确

以粗放的自然资源、生态资源利用方式不断扩大社会经济系统的量级，
最后导致社会经济系统的崩溃，实际上是地球自然生态系统制约人类这个过
于强大物种的繁衍，维持自然生态系统均衡的结果。所以，基于人类社会经
济系统的崩溃作出基于地球和生物圈的自然生态系统崩溃的推论，显然是不
适宜的。

二 识别趋势的视野

（一）以人为中心的视野局限性

人类最初很弱小，对遭遇的各种意外无所适从，不得不将自身的希冀和
尊严托付于具有超验能力的神灵。但是人类毕竟是自然生态系统中演化最快

---

① Kenneth Ewart Boulding, *The Economics of the Coming Spaceship Earth*, in H. Jarrett (ed.), *Environmental Quality in a Growing Economy*, 1966: 3 – 14.

的物种，随着其开拓自然生态系统能力的不断提高，采取了越来越多的按照自己的意图改变自然生态系统的行为。在这个过程中逐步形成了凌驾于地球或自然生态系统之上的以人为中心的意识形态，即人是关键，同技术、自然资源、资本等因素相比，人是最活跃、最重要、最宝贵的资源；人是主体，相对于自然界的万事万物，人永远处在中心和优先的位置；人是目标，人追求目标的实现程度是评价发展质量与发展水平的唯一尺度。

这里的以人为中心，实际上是以个人、少数人和当代人为中心；这里的以经济为中心，实际上是以个人、少数人和当代人的经济利益为中心；这里的以创新为中心，实际上是以解决个人、少数人和当代人的短期问题、局部问题为中心。这种缺乏总体利益、全局利益、长期利益和整个自然生态系统的视野，同无休止的占有欲望、忽略或低估有可能发生的生态风险的意识叠加在一起，一方面造成了现实中的诸多冲突，包括个体之间的冲突、群体之间的冲突、国家之间的冲突、地区之间的冲突、代际冲突、经济系统与生态系统的冲突；另一方面正在对地球和生物圈造成越来越严重的负面影响。

（二）人与自然的关系

1. 地球的演化

地球起初是一个熔融体。在长达几十亿年的地质演化中，地球总体上由热变冷，因为地球内部含有热源，所以这种变冷过程是极其缓慢的。地球内部的物质在旋转和重力作用下分异，其中较重的物质聚集到地球的中心部位，形成地核；较轻的物质悬浮于地球表层，形成地壳；介于两者之间的物质构成了地幔，由此逐渐形成地球的层圈结构。在演化过程中，地球内部的各种气体上升到地表成为新的大气圈。地球内部温度的升高则使内部结晶水汽化，气态水随着地表温度的逐渐下降而凝结，并通过降雨落到地面，在地面上形成包括海洋和江河湖泊在内的水圈。

2. 生物圈的演化

地球上的生物圈是从35亿年前生命起源后演化而来的。生物圈由生命物质、生物生成性物质和生物惰性物质三部分组成。生命物质是生物有机体的总和；生物生成性物质是有机矿物质相互作用的生成物，如煤、石油、泥炭和土壤腐殖质等；生物惰性物质是指大气低层的气体、沉积岩、黏土矿物和水。它的形成是生物界与水圈、大气圈及岩石圈（土圈）长期相互作用的结果。生物圈的存在需要四个条件：有来自太阳的充足光能，有可被生物利用的大量液态水，有适宜生命活动的温度，有生命物质所需的各种营养元素。

地球上最初出现的是由原始异养生物和原生环境构成的单极自然生态系统。20亿年前出现自养生物——蓝藻后，演化为具有自养和异养两种生物的生态系统。蓝藻通过光合作用释放出游离氧，使大气含氧量逐渐增多，氧化性大气的形成改善了生态系统演化条件。6亿多年前多细胞动物出现，完成了二级生态系统向三级生态系统的发展，形成生产者（植物）、消费者（动物）和转化者（微生物）的三级结构，奠定了生态系统演化的基本格局。

3. 人类与地球、生物圈的关系

地球表层的大气圈、水圈和岩石圈中适于生物生存的范围是生物圈，包括大气圈的底部、水圈大部和岩石圈表面。如果把地球看作一个足球，则生物圈宛如一层薄薄的球皮。地球上的生物绝大多数生存于地球陆地之上和海洋表面之下各约100米厚的范围内。如果把生物圈看作一个足球，则生物界宛如一层薄薄的球皮。人类是生物界中的一个物种，分布范围是较为有限的。如果把生物界看作一个足球，则人类也宛如一层薄薄的球皮。

在人类发展史上，确曾出现过特定人群和特定文明（例如雅玛文明）的毁灭，但它绝不是人类的毁灭。退一万步说，即使人类毁灭了，地球和生物圈也依然会存在，只是它不再适宜人类生存而已，即人类离不开地球和生物圈，而地球和生物圈离得开人类。只有这样理解人类与地球、生物圈的关系，才会清楚人类既有创造性又有寄生性，才会摒弃人类中心论和征服者的意识形态，才会将自己作为地球自然生态系统的有机组成部分。

（三）经济系统与生态系统关系

以大时间尺度衡量，经济系统与生态系统的关系表现为漫长的依赖阶段和相容阶段、短暂的相斥阶段和持续的融合阶段。它们从相斥跃迁到融合，是两个系统不断相互反馈和相互适应的结果，更是人的生态理念升华和制度创新、组织创新、技术创新、管理创新的结果。

1. 经济系统依赖生态系统阶段

人类发展伊始，只是位于生态链中端的一个物种，所消耗的生物生产量只占生物生产总量的0.1%。此时的经济系统或人类需求可以完全依赖于生态系统，这种状况延续了很长时间。

2. 经济系统与生态系统相容阶段

农业的产生与发展，逐渐打破了经济系统依赖生态系统的局面。人类发展农业旨在提高食物获取的稳定性，并减少获取食物的艰辛。人类的食物主要来自农地生态系统具有两重性：它既对很小尺度的生态系统造成毁灭性冲击，又使更大尺度的生态系统得到休养生息。最初的农业生态系统与自然生态系统有很强的相似性和相容性。虽然在经济系统与生态系统相容阶段出现了相斥现象，且相斥现象具有点的增多和量的扩张态势，但由于尚未引起质变，它们在总体上仍处于相容阶段。

3. 经济系统与生态系统相斥阶段

农耕文明时期经济系统的量级扩张极为缓慢，是经济系统与生态系统总体上保持相容性的主要原因。到了经济系统的量级随着科学发展而急剧扩张的工业文明时期，它们的相容性逐渐被打破。从供给侧看，科学技术的进步使人类利用生态系统和自然资源的能力越来越强，机械化和自动化的推进使人类的生产能力显著提升，四通八达的陆海空交通系统的形成以及产品保鲜技术和设施装备的改进，使得经济系统与生态系统在空间上的对应性越来越弱。从需求侧看，医学率先在全球推广使得婴儿死亡率显著下降，并导致人口爆炸，由此引发第一层次社会总需求增加；随着收入水平提高，人类需求越来越多，由此引发第二层次社会总需求增加；人类需求层次的提高，例如提升膳食结构和加大旅游半径，由此引发第三层次社会总需求增加。三个层次的社会总需求增加叠加在一起，对自然生态系统造成了力度越来越大的冲击。另一个原因是人类越来越热衷于创建人工生态系统。例如，城市建筑物里以灯光替代日光，以电扇、空调替代自然风等行为成为时尚，使得房屋的窗户变得可有可无；农业中化肥替代了有机肥，农药替代了作物害虫的天敌，提水灌溉替代了自流灌溉，转基因技术替代了品种选优。这些人工生态系统一方面需要投入大量资源和能源，另一方面又排放出大量废弃物。虽然该阶段仍存在局部相容甚至小尺度的融合，但从总体上看经济系统和生态系统处于相斥阶段。

4. 经济系统与生态系统融合阶段

人类绝不会容忍自己被毁灭。为了解决经济系统与生态系统相斥带来的问题，人类开始采取行动。随着参与的国家越来越多、参与的群体越来越大、采用的措施越来越强，经济系统与生态系统的关系将由相斥阶段逐步转入融合阶段。一是生产和生活生态化。它的实质是仿照生态系统具有的自我循环机制，将开放的线性生产体系改造成封闭的环型生产体系，将生产与生活相互分离的体系改造成相互融合的体系。二是经济系统与生态系统融合化。它的实质是提高它们在空间上的对应性，降低空间不对应产生的能耗与物耗。三是制度和意识生态化。这是实现前两个生态化的保障。生态经济融合有三层含义：其一是生态系统和经济系统共存、共生、共荣；其二是生态规律和经济规律同等重要，生态资本和经济资本同等重要，生态效益和经济效益同等重要；其三是充分利用生态系统与经济系统的互适性和互补性，并通过制度、组织、技术和管理创新消除它们的互斥性和互竞性。经济系统和生态系统融合是一个漫长的、积小胜为大胜的过程。

（四）融合发展的关键是开发可再生能源和保护生物多样性

生态系统和经济系统的演化机制是不同的，生态系统演化机制的内核是均衡；经济系统演化机制的内核是变革，它的实质是以科学为基础的经济体系替代以资源为基础的经济体系，使经济系统像生态系统那样，将由植物、动物、微生物构成的循环机制、优胜劣汰的竞争机制和抑制一枝独大的和谐机制有机地统一起来。它的核心是开发再生能源和保护生物多样性。

物质可以分为资源和能源两大类。根据物质不灭定律，所有资源都是可再生的，但资源的再生需要投入能源。这种分类方法的理论意义是：工农业都是利用能源生产产品和价值的过程，所不同的是农业依赖流量性能源即太阳能进行再生产，工业利用存量性能源即薪炭、煤炭、石油、天然气等进行再生产。只要能源供给具有可持续性，社会再生产和社会发展就具有可持续性。辐射到地球上的太阳能是可持续且总量足够大的，但它的能级太低，必须通过光电、光热、光磁转换使其达到化石能源可以达到的能级，且在价格上能够同化石能源竞争，方能满足经济系统的能源需求，这是实现可持续发展的一个基点。随着技术进步，越来越多原来意义上的不可再生资源都再生出来了；由于资源利用方式不当，越来越多原来意义上的可再生资源却灭绝了。所以，保护生物多样性是实现可持续发展的另一个基点。

三 与时俱进的视野

（一）中国经济发展的演进

改革以来，中国经济快速发展，经济总规模的位次不断提高。1990 年中国 GDP 总量在世界上排第 10 位；1995 年超过加拿大、西班牙和巴西，排第 7 位；2000 年超过意大利晋升到第 6 位；21 世纪的前 10 年里又依次超过法国、英国和德国；2010 年超过日本，成为世界第二大经济体。

经济总量的快速增长必然带来人均收入的快速增长。1994 年，中国人均国民总收入（GNI）为 460 美元，仍处于低收入经济体的行列。2002 年，中国人均 GNI 为 1100 美元，进入下中等收入经济体的行列。2010 年，中国人均 GNI 为 4240 美元，进入上中等收入经济体的行列。2012 年，中国人均 GNI 为 5720 美元。如果 2020 年中国人均 GNI 能在经济增长和人民币升值两个因素的共同作用下比 2012 年翻一番，中国人均 GNI 就有可能超过 12476 美元①从而跨入高收入经济体的行列。一些经济学家对中国未来人均 GDP 的预测同样是相当乐观的。例如，已故诺贝尔经济学奖得主罗伯特·福格尔预测，2040 年，按照购买力平价计算，中国 GDP 总量 123.7 万亿美元，占世界经济总量的 40%。人口按 14.6 亿计算，中国人均 GDP 将为 8.5 万美元，是世界平均水平的 2.4 倍和美国人均 GDP 的 80%②。

（二）中国生态经济实践的演进

改革开放以来，党和国家越来越重视生态问题，生态保护、生态建设和生态管理的力度越来越大。其中，第一阶段以生态保护为主，主要措施是建立各种类型的自然保护区，使典型生态系统和濒危物种得到全面保护；应用行政手段、经济手段和法律手段制止或限制破坏生态的行为，扭转生态退化趋势。第二阶段以生态建设为主，实施了天然林保护、退耕还林、退牧还草、退田还湖等一系列生态建设工程。第三阶段以培育生态文明为主，党和国家制定了建立系统完整的生态文明制度体系的战略。现在，建设人与自然和谐的社会已经成为全国人民的共同目标。

1. 问题导向

第一阶段的生态经济实践是通过生态保护实现生态平衡，并揭示现实中以牺牲生态系统服务价值为代价、片面追求短期经济效益的危害性，属于问题导向。这个阶段的主要措施是宣传生态保护、生态平衡的重要性和警示反

---

① 根据世界银行《世界发展指标 2013》的分类标准，国民总收入在 1025 美元以下为低收入国家，在 1026—4035 美元为中低收入国家，4036—12475 美元为中高收入国家，12476 美元以上为高收入国家。

② Robert W. Fogel, *Capitalism and Democracy in 2040：Forecasts and Speculations*, NBER Working Paper, No. 13184, 2007.

其道而行之的危害性。

2. 目标导向

第二阶段的生态经济实践是通过生态建设增加生态资产，并计算由此带来的生态系统服务价值的增量，属于目标导向。这个阶段的主要措施是实施天然林保护、退耕还林、退牧还草、退田还湖等生态建设工程和完善生态补偿制度。

3. 理念导向

第三阶段的生态经济实践是培育生态文明，属于理念导向。生态文明理念源于中华民族崇尚的天人和谐、天人合一的思想，源于我党确立的发展模式。党的十六大确立了生产发展、生活富裕、生态良好的文明发展道路；党的十七届四中全会将生态文明与物质文明、精神文明、政治文明、社会文明并列，形成了"五位一体"的文明体系；党的十八大报告提出，生态文明建设要融入经济建设、政治建设、文化建设、社会建设各方面和全过程，使生态文明建设涵盖了国家发展实践的方方面面。生态文明建设的一个重点是增强生态产品的生产能力。清新的空气、清洁的水源和宜人的气候等生态产品具有公共产品属性，增加它们的供给，政府必须承担很大的责任。生态文明建设的另一个重点是培育崇尚自然、热爱生态的道德情操和关爱生物、善待生命的道德良知。这种文化氛围的形成，要求每个公民都必须参与其中。

（三）生态经济学与主流经济学的差异

1. 产生的时代背景不同

主流经济学是在人类处于短缺阶段时形成的。人类在很长的时间内处于欠发达阶段，短缺是这一阶段的常态，消除短缺最为有效的手段是提高微观经营主体的积极性。为了使生产经营者获得足够的激励，微观经济学或厂商理论强调应从追求利润最大化入手优化资源配置，达到产品有效产量最大化，从而解决短缺问题。生态需求是较高层次的需求。在温饱尚未解决的情形下不可能优先考虑生态需求，此时，人与自然的均衡只能通过战争、瘟疫、计划生育等手段来恢复。生态经济学是在人类跨越短缺阶段后形成的，它倡导的是满足特定福利与福祉的产品与服务最小化，从而达到生态资本存量和生态系统服务价值最大化。主流经济学和生态经济学的实质性差异是前者追求利润和有效产出最大化，后者追求资源和生态利用最小化，而不是开放和封闭、线形和环形等形式上的差异。所以，人类面临的问题绝不是主流经济学采用封闭和循环等形式就能解决的。

2. 关注的基本问题不同

主流经济学是以个人理性、个人选择为基础的,尽管有宏观视角、全局视角和外部视角,但关注和解决的是当事人和当代人的微观问题、局部问题和内部问题。生态经济学是以人类理性、生态理性为基础的,关注的内容包括当代人和后代人的和谐、当事人和局外人的和谐、人类与其他生命体的和谐。只有认识到这一点,方能理解生态经济学家提出的中央计划经济崩溃于不让价格表达经济学的真理、自由市场经济崩溃于不让价格表达生态学的真理假设,以及以生态中心论替代经济中心论宛如用日心说替代地心说的深刻含义①。

3. 研究的核心内容不同

主流经济学的核心内容是经济系统的有效运转,所做的研究是从经济维度展开的,追求的是投入产出的边际平衡和经济效益最大化。生态经济学的核心内容是生态系统和经济系统的互适和互补,既做经济研究,也做生态研究,追求的是经济效益和生态效益的边际平衡和生态经济效益的最大化。

(四) 生态经济学家的使命

按照生态文明的要求,经济学不仅要研究人与人的关系,还要研究人和自然的关系。具体来说,生态经济学家要做好以下几方面工作:

1. 新的理论体系

现有的经济学是以人的需求为中心,专门研究人在生产生活中的经济行为的科学。这种几乎不考虑生态系统需求的经济学体系,难以统筹经济系统与生态系统的关系,难以解决现实中的生态问题。要定量分析经济系统与生态系统的相互关系和相互影响,必须构建新的经济理论体系。

2. 新的经济范畴

经济学研究空间的拓展会派生出诸如"生态产品""生态生产力"等经济范畴。生态产品是生态服务价值的载体,是人本价值、经济价值与生态价值的统一,它同农产品、工业品和服务一样,是人类生存发展所必需的。生态生产力是指自然生态系统具有的物质变换能力,是支撑可持续发

---

① 莱斯特·R. 布朗:《生态经济:有利于地球的经济构想》,林自新、戢守志等译,东方出版社 2002 年版。

展的载体。然而，现实中社会生产力的形成，有些是以生态生产力的损耗为代价的，由此造成的生物多样性锐减、资源枯竭、气候反常、自然灾害频发等已经威胁到人类自身的可持续发展。生态投资和生态补偿是形成生态产品和生态生产力的必要条件。其中，生态投资的实质是向贡献者支付其参与生态建设的机会成本，生态补偿的实质是向受损者支付其放弃经济利用的机会成本。生态产品和生态生产力具有公共品属性，它们所需的投资和补偿应当由代表公众的政府和具有社会责任的企业或非政府组织来承担。

3. 新的经济目标

按照生态文明的要求，新的经济目标应当是经济系统优化和生态系统优化的统一、GDP 持续增长和生态资产持续增长的统一、人类安全和生态安全的统一、人与人和谐与人与自然和谐的统一，而不再拘泥于当期或近期利润和 GDP 最大化。

4. 新的生产方式

社会再生除了产品再生产、资本再生产和劳动力再生产外，还包括生态产品再生产、生态资产再生产和生态生产力再生产。仿生学将由仿生物拓展到仿生态系统，即依照生物圈和生物链的原理，形成企业清洁生产、园区清洁生产和全域清洁生产三位一体的生产方式，以相互支撑、链形环形、封闭式的生产体系替代现有的相互独立、线形、开放式的生产体系。

5. 新的市场体系

营利性产业体系为个人利益、短期利益和局部利益服务，价值可以通过市场交换得以实现；生态产业体系为人类利益、长期利益和整体利益服务，价值实现途径有所不同。所以，要开拓绿色市场、实施绿色营销、培育绿色品牌，促进生态再生产与经济再生产相协调。

6. 新的核算体系

按照生态文明的要求，改革现行的只计算增加值而忽略被废弃资源的价值损失和所造成的污染损失的经济核算体系，设计具有可操作性的生态服务、生态资产核算指标，形成适合生态文明建设要求的经济核算体系，以多功能化的核算与评估体系替代单一的经济核算和评估体系，在保障生态效能不下降的前提下追求经济、生态、社会总效益最大化。

7. 新的制度体系

近年来频发的雾霾天气使亿万民众的视线转向了生态安全。我们要抓住这个有利时机，将调节人与人、人与社会关系的制度体系拓展到调节人与自然关系的制度体系，把经济人的生产经营活动和自然人的日常生计活动限定在由生态红线、资源红线和增长绿线划定的边界内，推动传统产业生态化和生态产业规模化、高端化，将生态优势充分发挥出来。

四　小结

研究人员既要看到经典文献中的方法和经验的可复制性、可延续性，也要看到它们的局限性和需要完善的地方。知识体系是不可能穷尽的，不断完善这一体系是研究人员义不容辞的责任。

研究人员的主要任务是解决现实中的具体问题。然而，解决问题、总结经验、更新学说和把握未来是一个不可分割的有机整体。虽然把握未来趋势会受到可用信息量少和不确定性大的困扰，但做好这项工作有利于减少当下的认识偏误和今后的理论纠错。

研究人员的视野通常同可获得的信息和可观察到的现象有关，其观察到的新现象越多、获得的新信息就越多，识别趋势的视野也越好。这是年轻人的优势所在，也是一代更比一代强的原因所在。

最近 30 多年来，我国的生态经济学研究取得了显著进展，但现阶段仍然是一个可以开发的"富矿"。从文献看具有作者更年轻、方法更先进、论证更规范的特征，这既是年轻的生态经济学家大有希望的标志，也是生态经济学发展大有希望的依据。现在研究生态经济的时机要显著好于前 30 年，年轻生态经济学家们应牢牢把握这个时机，瞄准目标、拓宽视野、勇于质疑、善于创新、实现超越。

参考文献

［1］ G. E. 赫钦逊等：《生物圈》，华北农业大学植物生理教研组译，科学出版社 1974 年版。

［2］ Kenneth E. Boulding, "The Economics of the Coming Spaceship Earth", in H. Jarrett (ed.), *Environmental Quality in a Growing Economy*, 1966.

［3］ 莱斯特·R. 布朗：《生态经济：有利于地球的经济构想》，林自新、戢守志等译，东方出版社 2002 年版。

［4］ 李周：《论经济系统与生态系统的关系》，《鄱阳湖学刊》2014 年第 3 期。

［5］ 林毅夫、蔡昉、李周：《中国的奇迹：发展战略与经济改革》，《格致出版社、上海三联书店、上海人民出版社 2014 年版。

［6］ 张志强、郑军卫、王天送：《地球的起源和演化》，科学出版社 2010 年版。

（原文发表于《企业经济》2018 年第 1 期）

长江有成为"第二黄河"的危险吗？

何迺维

长江有没有成为第二黄河的危险呢？这已成为近年来许多人担心和经常议论的一件大事。最近，我到四川做了一些调查，感到如不尽快制止毁林开荒和滥伐森林，长江泥沙含量会越来越大，是会像黄河那样，产生一系列严重危害的。

四川省地处长江上游，原来森林茂密，树木繁多，全省可利用的森林蓄积量仅次于黑龙江省，居全国第二位。这里气候适于植物生长，农业易获丰收。然而，近十几年来，四川省的自然环境逐渐恶化，境内的长江水也显著变蚀。重要的原因是森林不断遭受破坏。迄今为止，有些地区乱砍滥伐森林、毁林开荒的现象仍然严重存在。例如阿坝自治州现有森林面积117万多公顷，年总生长量约134万立方米，依照《森林法》颁布的年采伐量不得超过年生产量的规定，并以60%的出材率计算，每年全自治州只能采伐80万立方米的木材。可是，阿坝自治州1978年按国家计划上缴木材就达163万立方米，加上各县采伐生产和森林工业企业自用材，共达195万立方米。另外，社员自用材和烧柴消耗了约200万立方米，全自治州还为省里烧了810万斤木炭。这样，全年消耗的木材超过《森林法》规定的4倍以上。滥伐森林的结果，使全自治州多数林区森林资源枯竭。凉山自治州的情况也和阿坝自治州大致相仿，如该州的盐边林业局由于林区的森林砍光，已搬了三次家了。

严重的问题是，大部分森林被采伐后，不能及时更新，林地荒废，自然面貌恶化，曾被称为"先进企业"的翁达林业局到1975年底，累计采伐森林75480余亩，更新的树木仅占采伐面积的35%；松潘林业局1978年更新的树木成活率仅有11.5%；地处高山丘陵草原区的毛儿盖林业局自1972年以来，更新的可望成林的树木只有595亩，还不到采伐面积的1%，其他未更新的地方连草都很难长起来，极易引起沙化。由于重伐轻造或只伐不造，这些地区的许多山头都被剃光了。现在从灌县坐车沿岷江而上，沿途几百千米都成了荒山秃岭。这些地方水土极易流失。

长江上游森林资源大幅度减少，对四川省和长汉上游的自然生态影响很大。有的同志提出：阿坝、凉山、甘孜三个自治州的原始森林是庇护"天府之国"的绿色长城，对涵养长江水源关系极大，不能再继续滥伐了。可惜这个正确的意见并未引起有关部门的重视。

在三个自治州森林遭到滥伐的同时，四川盆地的树木也大量被砍。特别是毁林开荒造成了严重的损失。例如宁南县近十年毁林开荒达 6000 多亩，直到 1978 年，红星公社、六铁公社还在县主要负责干部的支持下，成百亩地毁林开荒。这种情况绝不是个别的，而是比较普遍的。过去四川盆地树木较多，木材自给有余。现在，大量砍伐的结果，已有五十多个县森林覆盖率只剩 3%—5%，缺少木材的状况严重。

由于滥伐树木，毁林开荒，使生态失去平衡，带来一系列的恶果，主要表现在两个方面：一方面使四川省的气候条件恶化，1957 年以前，四川盆地内气候尚好，近十几年来雨量逐渐减少，干旱日渐频繁。20 世纪 50 年代四川省春旱约三年一遇，现在发展到十春八旱；50 年代夏旱只有 5 次，现在几乎年年都有，已严重危及"天府之国"的农业生产。据统计，目前全省已有 46 个县降雨量下降 5%—20%，就连三年自然灾害时期没遭灾的重庆市现在也连年春旱，1978 年除了春旱外，还有伏旱和冬旱。

另一方面是加剧了水土流失。现在，四川境内许多河流的泥沙含量显著增加。例如，重庆市的主要河流平均每年淤高二三十厘米，綦江县蒲河公社黄沙水库库容 37 万立方米，自 1971 年建成以后，已被泥沙填淤十米，淤积泥沙 11 万立方米，水库即将报废，即使是江水清澈、流量很大的岷江，情况也很不妙，据都江堰观测，现在岷江水量已减少 22.5 亿立方米，使都江堰灌区受益的 27 县市的 800 万亩良田越来越受到岷江水量不足的威胁。更严重的是，四川省的水土流失，加剧了长江的泥沙含量。据长江三峡测定，每年从长江上游冲下的泥沙就达 6 亿多吨。5 月，我们途经三峡时，看到从瞿塘峡和巫峡两岸流下来的溪流瀑布都是黄色或红色的泥浆。这说明了四川境内的水土流失已经十分严重，如不迅速采取有效措施，葛洲坝水利枢纽就有重蹈三门峡覆辙的危险。

（原文发表于《光明日报》1979 年 7 月 31 日）

生态经济学为可持续发展提供理论基础

王松霈

中国的生态经济学是 1980 年由已故著名经济学家许涤新提出建立的，至今已有 22 年的发展历史。中国的生态经济学适应可持续发展的需要而产生，为可持续发展建立了自己的学科理论，22 年来为推动实现可持续发展发挥着作用，同时也在为可持续发展服务的实践中迅速发展了自己的学科本身。目前在全国范围内，生态经济的指导思想已经被各级领导广泛接受，生态经济的概念已经深入人心，成为推动我国实现可持续发展的一支巨大力量。

一 可持续发展思想的建立是生态时代的要求

可持续发展是当代指导世界和我国经济发展的一个重要指导思想，它在当代的产生不是偶然的，是人类社会发展进入了一个新时代的迫切要求。

人类社会随着生产力的发展而不断发展。从人与自然的关系来看，迄今已经经历了三个相互联系的发展阶段：

一是农业社会阶段。人类的祖先随着生产力的发展，开始懂得了饲养动物和种植植物，并使用了一些简单的农业生产工具，从而推动了农业革命，建立了农业社会。在此基础上形成了长期的农业文明，这是人类社会发展史上的一次大飞跃。但这还是人类社会发展的低级阶段，社会生产力水平比较低，人们利用自然的能力还不高，加之当时的人口不多。总的来说，人对自然界的开发利用还很不充分，对自然生态系统的伤害也不大。人与自然之间关系的基本特点是"无争"生态与经济关系的基本状况是低水平的协调。

二是工业社会阶段。以英国科学家詹姆斯·瓦特发明蒸汽机为标志，推动出现了工业革命，建立了工业社会，并且创造了灿烂的工业文明。这是人类社会发展中的又一次大飞跃。在工业社会中，科学技术高度发展，社会财富迅速增加。但是由于没有生态与经济协调发展的思想做指导，就出现了日益严重的生态经济问题，从而使经济社会不能可持续发展。这一阶段人与自然之间关系的基本特点是"对立"，生态与经济关系的基本状况是失衡。工业社会中生态与经济的基本矛盾推动着人类社会向着更高的阶段前进。

三是生态社会阶段。工业社会中生态与经济矛盾的日益尖锐化推动了社会生产力继续发展。人们清楚地看到，在工业社会中，那种只顾发展经济的需要，而不顾生态系统承载力可能的不可持续发展经济的错误方式再也不能继续下去了。因此，就推动产生了一种新的、具有更高水平的生产力——"绿色技术"。其基本特征是既有很高的生产力，又能协调人与自然的关系。它是当代新的社会生产力代表，具有广阔的发展前景，正是这种崭新的生产力，孕育和推动了一场新的革命，即生态革命。由此使人类社会进入新的生态社会。这是人类社会发展中的又一次更大的飞跃。这时人与自然之间关系的基本特点是"和谐"，生态与经济关系的基本状况是高水平的协调。这就标志着人类社会的发展已经进入了一个崭新的生态时代。可持续发展思想正是适应了生态时代的要求而产生的。

可持续发展是人类几千年来发展经济正反两个方面经验的总结，同时也为当代经济的高速、协调、持续发展指出了正确的方向。可持续发展是一个重要的经济范畴，同时也是一个生态与经济结合的范畴。对于它在当代的建立和运用，要从生态与经济结合的各种经济关系上认识它所具有的以下三个特点：

一是从人与自然的关系上认识可持续发展的和谐性。现代经济社会发展中出现的各种生态经济矛盾，从根本上来说，都是来源于人与自然之间关系的不协调。人与自然的和谐是可持续发展的基本特征。在实践中，采取各种政策措施促进实现人与自然的协调，是实施可持续发展战略的根本任务。

二是从人与人的关系上认识可持续发展的公平性。从生态经济学的观点来看，持续和公平是两个密切联系的概念。因为只有公平才能够实现持续，没有公平就不能实现持续。这就要求人们在利用自然资源发展经济的过程中，必须重视代际的公平。即今天追求高速度发展经济，不能以牺牲后代人赖以发展经济的生态系统资源为代价。

三是从目前和长远的关系上认识可持续发展的持久性。这是实施可持续发展战略的基本着眼点。可持续发展的持久性，来源于经济发展中自然资源供给的持久性和生态环境对污染容纳的持久性。其实现的基础是人们必须认识和正确对待自然资源供给能力的有限性和生态环境容纳排污能力的有限性。这也就要求，人们发展经济，必须正确处理当前发展经济的需要和长远发展经济的需要，以及取得当前经济利益和长远经济利益之间的关系。

二 生态经济学的建立与可持续发展思想的形成同步

生态经济学是一门新兴的经济科学，它由生态学和经济学交叉渗透形成。它的出现适应了生态时代实现经济社会可持续发展的迫切需要。随着世界经济的发展，20 世纪 60 年代末，生态与经济不协调的问题已经越来越明显。在我国，由于经济迅速发展和人口急剧增加，各种生态与经济不协调的问题已经明显地出现。例如农业中，种植业的用地不养地，使土地质量严重下降；林业的乱砍滥伐，使森林资源的砍伐量大于生长量；畜牧业的毁草开荒和超载过牧，造成大片草原退化、沙化；渔业的酷渔滥捕，使近海渔业资源急剧衰退；工业中的"三废"污染日益严重，并向广大农村的乡镇企业扩散。我国的水土流失已经十分严重，土地荒漠化日益加剧，酸雨、温室效应和臭氧层破坏等问题，也已经越来越多地出现等。所有这些都向人们提出了必须改变人类社会中长期以来不可持续发展经济的模式，转向采取可持续发展经济的模式。与此要求相适应，生态经济学应运而生，并表现出与世界社会、经济、科学走向生态与经济协调发展以及可持续发展共同趋势的三个同步：

（一）生态经济学的产生与世界 30 年来的环境与发展运动同步

20 世纪 60 年代末，由于世界范围内出现的人口、粮食、资源、能源和环境五大生态经济问题，人们纷纷寻找解决问题的出路。首先引发了一场以"罗马俱乐部"为代表的"悲观派"观点和以美国的赫尔曼·卡恩和朱利安·西蒙等为代表的"乐观派"观点，关于人类社会未来发展前途的大讨论。这是世界环境与发展运动的舆论准备阶段。在此基础上，联合国于1972 年在瑞典首都斯德哥尔摩召开了"人类环境会议"，把保护生态环境的意识落实到保护生态环境的实际行动中。在随后长达 20 年的保护环境行动中，各国政府和人民都作了很多努力，进行了大量保护环境的工作。但是生态环境的破坏并没有停止，人类生存的环境还在继续恶化。为此联合国于1992年又在巴西首都里约热内卢召开了联合国"环境与发展大会"。大会提出，环境保护与人类经济社会的发展密切联系、不可分割，脱离了经济的发展来保护环境也是保护不住的。因此明确提出把环境与发展密切结合起来（实际上也就是把生态与经济密切结合起来），并且提出以"可持续发展"作为世界共同发展的正确指导思想。可见，经过近30年的长期实践，从认识到行动，从"保护环境"到"环境与发展结合"（即实现生态与经济的统一）是人们在保护生态环境上认识和行动的一个重大飞跃。同时这一过程也就是生态经济学新兴学科的孕育和形成过程。两者的吻合一致，表明了生态经济学的产生与世界环境与发展运动的进程是同步的。

（二）生态经济学的产生与世界经济生态化的发展趋势同步

当代随着生态与经济矛盾的日益尖锐化，在世界范围内同时出现了一个日益明显的"经济生态化"发展趋势。这是世界经济的发展从生态与经济不协调和不可持续发展必然要走向生态与经济协调和可持续发展的规律性反映，它的表现遍及人类经济发展和经济生活的各个方面。例如在城市建设上越来越强调尊重自然，产业和产品的发展越来越强调"绿色产业"和"绿色产品"。例如汽车制造业努力发展控制尾气污染和可以使资源回收再生的"绿色汽车"；建筑业大力发展"无公害建筑""生态建筑"；建材业大力发展"绿色建材"；以及农业中的"生态农业"、商业中的"绿色市场"和"绿色包装"、出版印刷业中的"绿色出版系统"等。同时在人们生活的吃、穿、住、行、用等众多方面，如"绿色食品""生态时装""生态住宅"和城市控制发展小轿车，提倡使用自行车等，都逐渐成为人们的新时尚。而且这一"经济生态化"的发展趋势还正在迅速扩大，如绿色家居、绿色装修、绿色采暖、绿色照明、绿色家电、绿色办公室、绿色圆珠笔，以及出生植树、死亡骨灰撒海，甚至绿色大学、绿色足球、绿色"奥运"，乃至绿色警察、绿色军队等，也都已经进入了人们的经济和社会生活。这种"经济生态化"的发展趋势是当代经济发展中出现严重生态与经济不协调的情况下，客观生态经济规律推动世界经济逐渐走向可持续发展方向的明确反映。生态经济学理论的产生适应了当代解决生态与经济不协调问题和实现可持续发展的迫切要求，它的产生与这一趋势的出现也是同步的。

（三）我国生态经济学的产生与世界生态经济学的形成发展同步

生态经济学是世界性的科学，它的产生是解决世界生态与经济共同矛盾的需要。同时，各国的生态经济学结合各国的具体情况，在提出的具体时间和内容上又具有自己的特点。例如美国 20 世纪 60 年代后期，经济学家肯尼斯·鲍尔丁首先使用了"生态经济学"的概念，这是适应了美国和世界发达国家解决已经日趋明显的生态与经济矛盾的需要。我国的生态经济学研究于 1980 年开始，比美国生态经济学研究晚了 10 多年。由于我国的经济发展水平低于美国，同时我国生态经济学的提出，又由于十年动乱和"四人帮"的严重干扰，明显是被推迟了。但是从时代总体上看，各国生态经济学理论的提出和形成都是来源于同一世界的同一性质矛盾的实践。据此，我国生态经济学的提出和学科理论的形成明显与世界生态经济学理论的形成同步，也是客观必然的。

三 生态经济学为建立可持续
发展思想提供理论基础

生态经济学在生态时代条件下，与可持续发展思想同步产生，并为可持续发展思想的建立提供理论基础。对此需要看到以下两点：

（一）生态与经济协调的理论是生态经济学的核心理论

生态经济学理论是适应当代解决经济社会发展中生态与经济的不协调，并推动它们走向协调的理论。同时也由此建立了自己的整个学科理论体系。在整个生态经济学理论体系中，生态与经济协调理论是它的核心理论。具体表现在：

（1）它体现了生态时代的基本特征。人类社会从过去的农业社会走向工业社会，又走向现在的生态社会是一个不以人们的意志为转移的客观过程。生态与经济协调理论在从工业社会向生态社会转变的过程中产生，它的提出体现了生态时代人们改变经济发展中生态与经济不协调严重现状的要求，它的运行以生态社会中生态与经济不协调和实现协调的矛盾运动为动力，它的前途以实现生态社会中经济社会的可持续发展为目的。实现生态与经济协调发展和可持续发展是新的生态时代与过去时代对比的一个最基本的突出特点。由此，生态与经济协调理论体现了生态时代的基本特征，并使自己成为生态经济学的核心理论是明显的。

（2）它决定了整个生态经济学理论体系的建立和学科基本理论特色的形成。生态与经济协调理论适应新的生态时代要求而建立，以兼顾生态与经济两个方面的要求和指导实现生态与经济协调发展为基本特色。生态经济学的理论以自己的理论体系整体而存在，它有一系列的生态经济学基本理论范畴和基本原理，它们互相联系和依存；同时也分别在各个方面对生态经济发展实践起着理论指导的作用。应当看到，生态经济学的这些基本理论范畴和基本原理，对实践分别所起的具体指导作用是不尽相同的。但是它们所起的指导实践、实现生态与经济协调的基本作用又是相同的。其关键就在于它们的建立都是以"生态与经济协调"这一生态经济学基本理论为基础的，并由此赋予它们共同的理论色彩。例如它的基本理论范畴：生态经济学的研究对象"生态经济系统"，是由"生态系统"和"经济系统"两个子系统的结合与协调形成的；生态经济学作为一门新兴边缘交叉学科的性质，也是由生态学和经济学的交叉协调赋予的。它的一些基本原理，例如生态与经济双重存在的原理，生态与经济整体统一的原理，生态经济良性循环的原理和经济、生态、社会三个效益统一的原理等，也都无一不是以生态与经济的结合来构建，并以生态与经济协调作为其基本理论特色。

（二）生态与经济协调理论为可持续发展思想的建立提供理论基础

生态经济学在自己的学科理论体系中，以生态与经济协调理论作为核心理论，由此为可持续发展思想的建立提供理论基础。其作用是通过以下两个方面的关系和机制来实现的：

1. 生态与经济协调发展和经济的可持续发展是内在的统一

研究新的生态时代条件下，生态与经济协调发展和经济可持续发展两者的关系，首先应该看到，两者的存在和作用是密切关联和内在统一的。这是因为：

第一，它们提出的目的和任务是相同的。两者都是为了解决当代普遍存在的越来越严重的生态与经济不协调的问题，通过指导人们端正自己的经济思想和经济行为，使当代经济从生态与经济不协调和不可持续发展走向生态与经济协调和可持续发展。

第二，它们提出的具体着眼点和内涵侧重点则有所不同。"可持续发展"的着眼点是经济发展本身，具体是说明经济发展的动态状况和前途；其直接含义是指经济发展纵向过程的具体协调状况，强调的是在时间序列上当代人和后代人发展经济是否具有同等的生态经济条件，从而考察经济的发展在代际是否能够继续。而"生态与经济协调发展"的着眼点则是经济与生态状况之间的关系，具体是看它们的存在是否互相协调，以及它们之间具有什么样的相互影响；其含义则同时包括空间区位上的"横向"协调和时间序列上的"纵向"协调两个方面。前者通常指地区之间（包括国与国、省与省、县与县，以及一个流域上、中、下游之间）的协调；后者通常是指当代人和后代人之间，即代际的协调。然而应当看到，以上"可持续发展"和"生态与经济协调发展"的这些不同，只是在统一方向和任务下的具体差异。它们在共同的目标和任务下，其存在和作用则是完全一致和步调统一的。

2. 可持续发展的实现建立在生态与经济协调的基础上

研究新的生态时代条件下，生态与经济协调发展和经济社会可持续发展两个范畴的关系，另外也应该看到，"可持续发展"思想是以"生态与经济协调"作为理论基础而建立的。这是因为：

第一，在实际经济发展中，"生态与经济协调"是实现"可持续发展"的前提。因为只有在生态与经济实现协调的情况下，经济的发展才能够继续进行。即生态与经济协调了，经济的发展才可能持续；没有协调，就没有持续。

第二，可持续发展的实现要建立在生态与经济协调的基础上。如前所述，"生态与经济协调"包括纵向的协调和横向的协调，"可持续发展"的具体内涵也有狭义和广义两个方面。狭义的可持续发展通常是侧重强调纵向的生态与经济协调发展（有的甚至只是指过去一般经济学意义上的单纯经济本身的协调发展），而广义的可持续发展（即本来全面含义的可持续发展）则必须同时包括纵向的生态经济协调和横向的生态经济协调，而其中横向生态经济协调又总是作为纵向生态经济协调的基础而存在。由此，生态经济学（具体通过它的"生态与经济协调"核心理论）为可持续发展思想的提出提供理论基础，是十分明显的。

四　发挥生态经济学为可持续发展
实践服务的作用

生态经济学是指导实践的科学。它为可持续发展指导思想的建立提供理论基础，目的也在于为实现我国经济的可持续发展服务。我国生态经济学建立 22 年来，在指导国民经济实现可持续发展的实践中，发挥了自己的有力作用，可以举例提出以下三个主要方面：

（一）指导建立协调高效的人工生态系统

生态经济学的理论认为，人的一切经济活动都是在由生态系统和经济系统交叉渗透结合形成的生态经济系统中进行的，它是人们经济活动的实际载体。因此它的运行要受客观经济规律和客观生态平衡自然规律的双重制约。我国过去长期发展经济中所出现的各种生态经济问题，就是由于人们发展经济只顾快速经济增长的需要，而不顾生态系统承载力的可能，违反了客观生态平衡自然规律的要求造成的。因此实现我国经济的可持续发展，就必须具有生态与经济协调的意识，重视保护生态系统的平衡，把经济发展的力度和规模放在自然生态系统运行能力允许的范围内。

但是生态经济学的理论认为，人们保护自然界的生态平衡不应当是消极的。在实际经济发展中，生态平衡应该区分为积极的生态平衡和消极的生态平衡。其中有利于经济发展的生态平衡是前者，不利于经济发展的是后者。在实际经济发展中，要看到，人们为了发展经济，打破原有的生态平衡是必然的。但是就在打破原来生态平衡的同时，也就建立了一个新的生态平衡。只要这个新的生态平衡既能保持自然生态系统的正常运行，又能促进经济的发展，即能够实现经济的可持续发展，这个生态平衡就是积极的生态平衡；一般来说就应该受到支持，而不应该一味地加以反对，免得被"自然保护主义"的思想束缚住人们发展经济的手脚（自然保护区等必须坚决保护等情况除外）。

生态经济学的这些理论给了我们积极的启示，即人们一方面应该适应自然，另一方面也应该更积极地建设和利用自然。人对自然界生态平衡自然规律的作用是不能任意违反的。但是人们可以在生态经济学理论的指导下，发挥自己的主观能动性积极创造条件，建立新的人工生态系统（实际上就是生态经济系统）使之从生态与经济的结合上充分发挥作用，为人们更有效地发展经济服务。例如建设生态省、生态市、生态农业、生态工业等，都是建立协调高效的人工生态系统，它们在促进实现我国经济可持续发展上的作用是很明显的。

（二）指导建立我国资源利用的新方针

人们发展经济的实质，归根结底是利用自然资源。但是长期以来人们利用资源不能正确处理资源利用和保护的关系，就造成了对自然生态系统的破坏，从而使经济的可持续发展成为不可能。用生态经济学的理论总结长期以来人们利用自然资源正反两个方面的经验，可以看到，在处理资源利用和保护的关系上，以下两类认识和做法都是错误的：

一类是把利用和保护对立起来的认识和做法。其中有两种情况：一种是"只利用不保护"，这是过去西方国家和我国，在没有生态与经济协调理论指导下都长期采用的一种做法；另一种是"只保护不利用"，这是在人们已经有了必须保护生态环境的认识后，面对长期以来生态环境的严重破坏，又产生的另一种看法。这些看法和做法显然都是错误的。

另一类看法和做法是把利用和保护割裂开来。其中一种看法和做法是"先破坏，后治理"，另一种看法和做法是"边破坏，边治理"，显然这些也都是不对的。因为在实际经济发展中，生态环境的破坏容易，治理难。有的治理需要花费巨大的代价，有的则是根本不可能的。

以生态经济学的理论为指导，促进实现经济的可持续发展，在实际经济中正确处理资源利用和保护的关系，应当把利用和保护两者内在地结合起来。要采取"在利用中保护，在保护中利用"的新方针。这样做，就可以把对资源的保护融合在对它的利用之中，使之在利用的同时就得到保护，从而使人们对生态环境的保护防患于未然。作者在1989年承担国家民委的委托课题，提出的《热带亚热带少数民族地区生态经济协调发展问题研究报告》中已经提出了这一观点。目前这一提法已经被有关中央文件和江泽民总书记在指导工作的重要讲话中采用。

（三）指导从人与自然的关系上深化我国经济改革

党的十一届三中全会以后，我国在邓小平理论指导下，实行经济改革。20多年来，国民经济迅速发展，已经取得了举世瞩目的巨大成就。我国20

多年来经济改革的核心，是针对长期以来，特别是十年动乱期间，在经济发展中忽视乃至否定了客观经济规律的作用，从而不能取得应有经济效益的问题进行的。其基本内容是改革不适合社会生产力发展要求的生产关系和上层建筑，促进解放社会生产力，推动我国经济的快速发展。

当前世界经济的发展已经进入了生态时代，其目标是要实现经济社会的可持续发展。新的生态时代对我国经济的发展提出了新的要求，同时也赋予我国经济改革以新的任务：一方面要继续遵循客观经济规律的要求，从人与人的关系上，继续改革一切不适合社会生产力要求的生产关系和上层建筑，进一步解放被束缚的社会生产力，促进经济的发展。另一方面也要遵循客观生态平衡自然规律的要求，从人与自然的关系上，改革一切不适合自然生产力要求的生产关系和上层建筑，解放被长期束缚的自然生产力，促进经济的可持续发展。即把我国经济的进一步迅速发展，放在既符合经济规律的要求，同时也符合生态平衡自然规律的要求，从而能够最大限度地挖掘经济系统和生态系统两方面巨大潜力的基础上。这是我国在新的历史时期，运用邓小平改革理论的新拓展。

从人与自然的关系上继续深化我国经济改革，涉及我国国民经济发展的各个方面。以改革经济体制为例，20年来我国已经建立了社会主义市场经济体制，发挥了市场在配置自然资源中的基础性作用。但是，单纯经济规律指导下的社会主义市场的作用不是万能的。由于经济利益的驱动，在市场本身的运行具有明显自发性的情况下，就使得企业的"内部经济性"与"外部不经济性"的矛盾不可避免。从人与自然的关系上继续深化我国经济改革，要明确认识我国社会主义市场经济体制本身所具有的生态经济内涵。在此基础上，要通过继续改革，建立起新的、生态经济型的社会主义市场经济体制，使之既能充分发挥社会主义市场在配置自然资源中的基础性作用，同时在加强国家管理的基础上，又能尽量避免或减少各种"外部不经济性"所带来的负面影响，使经济发展中的各种生态经济问题得以避免，并使我国经济的可持续发展能够顺利实现。

参考文献

[1] 许涤新：《生态经济学》，浙江人民出版社1987年版。

[2] 王松霈：《走向21世纪的生态经济管理》，中国环境科学出版社1997年版。

[3] 余谋昌：《生态伦理学》，首都师范大学出版社1999年版。

［4］马传陈:《资源生态经济学》,山东人民出版社 1995 年版。

［5］张坤民:《可持续发展论》,中国环境科学出版社 1997 年版。

［6］国家计委、科技部:《中国 21 世纪议程——中国 21 世纪人口、环境与发展白皮书》,中国环境科学出版社 1994 年版。

［7］世界环境与发展委员会:《我们共同的未来》,世界知识出版社 1989 年版。

［8］王松霈:《中国生态经济学研究的发展与展望》,*Ecological Economics*,Spring（创刊号）1996 年。

［9］［美］朱利安·林肯·西蒙:《没有极限的增长》,四川人民出版社 1985 年版。

［10］［意］奥雷利奥·佩西:《未来的一百页——罗马俱乐部总裁的报告》（中译本）,中国展望出版社 1984 年版。

（原文发表于《中国人口·环境与资源》2003 年第 13 卷第 2 期）

习近平绿色发展新思想与农业的
绿色转型发展

于法稳

中共十八届五中全会提出了"创新、协调、绿色、开放、共享"的发展理念，成为未来中国实现可持续发展、全面建成小康社会的系统性指导原则。习近平总书记在很早之前就对绿色发展进行了论述，并逐渐形成了系统、完善、全面的"两山论"。本文从资源环境形势、农业生产中化学投入的使用以及消费者的生态需求等方面，分析了习近平总书记关于绿色发展系列论述的时代背景，探讨其绿色发展系列论述的科学内涵及重要意义，并从发展理念、水土资源保护、生产行为规范以及生产技术生态风险评估等重点领域探讨了实现农业绿色转型发展的路径。

一 习近平总书记有关绿色发展系列
论述的时代背景

（一）严峻的资源环境形势

改革开放以来，中国经济社会发展取得了举世瞩目的成就，与此同时，也付出了生态破坏、环境污染等巨大代价，水资源污染、耕地重金属污染、森林资源破坏、食品质量安全事件频繁发生，对国人的生产生活、身体健康带来了严重影响和损害。

1. 水资源形势

众所周知，中国是一个水资源短缺的国家，人均水资源量仅为世界平均水平的1/4，而且时空分布不均匀，同时水资源利用中低效、浪费现象非常普遍。不仅如此，在经济社会发展过程中，水资源污染状况也呈现出日益严重的态势。《2015 中国环境状况公报》[①] 指出，2015 年，分布在七大流域的河流、浙闽片河流、西北诸河、西南诸河及太湖、滇池和巢湖的环湖河流等 423 条河流，以及太湖、滇池和巢湖等 62 个重点湖泊（水库）的 972 个[②]地表水国控断面（点位）的监测结果不容乐观。从主要河流的水质监测结果来看，2015 年，长江、黄河、珠江、松花江、淮河、海河、辽河七大流域河流和浙闽片河流、西北诸河、西南诸河的 700 个国控断面中，Ⅰ类水质断面占 2.7%，Ⅱ类占 38.1%，Ⅲ类占 31.3%，Ⅳ类占 14.3%，Ⅴ类占 4.7%，劣Ⅴ类占 8.9%。

2. 耕地资源形势

随着工业化、城镇化的进一步推进，耕地占用呈现刚性增加，特别是对土地生产率较高的优质耕地的占用将会有增无减。根据《2015 中国环境状况公报》提供的数据，2014 年全国耕地中，优等地面积为 386.5 万公顷，占全国耕地评定总面积的 2.9%；高等地面积为 3577.6 万公顷，占 26.5%；中等地面积为 7135 万公顷，占 52.9%；低等地面积为 2394.7 万公顷，占 17.7%。由此可见，中国耕地的生态基底较为薄弱。而且，在工业化、城镇化背景下，优质耕地所占比例将会进一步下降。从长期来看，以粮食为主的中国农产品的供给将会受到严重威胁。

在耕地生态基础趋于薄弱的同时，中国耕地所面临的来自工业、农业的面源污染也日益严重，且呈现出从局部向区域、从地面向地下蔓延的立体化态势。目前中国耕地所面临的重金属污染已进入一个"集中多发期"，耕地土壤点位超标率为 19.1%，其中，轻微、轻度、中度和重度污染点位比例分别为 13.2%、2.8%、1.8% 和 1.1%[③]，这将严重影响到粮食供应为主体的农产品质量安全。

3. 森林资源形势

根据《第八次全国森林资源清查结果》[④]，中国森林资源总量持续增长，

---

① 中华人民共和国环境保护部：《2015 中国环境状况公报》，http：//www. zhb. gov. cn/gkml/hbb/qt/201606/W0201606024 13860519309. pdf。

② 其中有 5 个断面没有数据，不参与统计。

③ 中华人民共和国环境保护部、中华人民共和国土资源部：《全国土壤污染状况调查公报》，http：//www. zhb. gov. cn/gkml/hbb/qt/201404/t20140417_ 270670. htm。

④ 国家林业局：《第八次全国森林资源清查结果（2009—2013 年）》，http：//www. forestry. gov. cn。

森林质量不断提高，但同时也存在着很多问题。中国 21.63% 的森林覆盖率远低于全球 31% 的平均水平，人均森林面积也仅为世界平均水平的 1/4，人均森林蓄积量只有世界平均水平的 1/7，森林资源总量相对不足、质量不高、分布不均的状况仍没有从根本上改变。与此同时，在经济社会发展过程中，破坏森林资源的现象依然存在，严守林业生态红线面临的压力依然巨大，森林有效供给与日益增长的社会需求之间的矛盾依然突出。

4. 草地资源形势

有关资料表明，2015 年，全国草原总面积近 4 亿公顷，约占国土面积的 41.7%，是中国面积最大的陆地生态系统和生态安全屏障。北方和西部地区是天然草原的主要分布区，西部 12 省（区、市）草原面积共 3.31 亿公顷，占全国草原总面积的 84.2%；内蒙古、新疆、西藏、青海、甘肃和四川六大牧区省份，草原面积共 2.93 亿公顷，占全国草原总面积的 3/4。南方地区草原以草山、草坡为主，大多分布在山地和丘陵，面积约 0.67 亿公顷①。

从草原的空间分布来看，中国草原多分布在干旱半干旱区和高海拔地区，这些地区降水不但波动较大，而且时空分布也存在较大差异，极易受到极端气候灾害的影响，造成总产草量下降。同时，草原生态恢复还处于起步阶段，草原生态环境仍很脆弱，加之草原火灾、雪灾等自然灾害和鼠虫害等生物灾害频发，确保草原生态持续恢复的压力仍然较大。此外，城镇化、工业化进程中对草原的不合理占用现象依然存在。

（二）农业生产中化学品的过量投入

1. 化肥投入情况

有关研究表明，中国耕地面积不到世界耕地总面积的 10%，但化肥施用量接近世界总量的 1/3，而化肥综合利用率也只有 30% 左右，从而产生严重的农业面源污染。从化肥施用量来看，2005—2014 年，中国化肥施用量（折纯量）从 4766.22 万吨增加到 5995.94 万吨，增长了 25.8%；同期，中国农作物总播种面积只增长了 6.4%，粮食作物播种面积只增长了 8.1%，而粮食产量增加了 25.41%。由此可见，中国化肥施用与农作物播种面积、

---

① 农业部草原监理中心：《2015 年全国草原监测报告》，http：//www. grassland. gov. cn/grass-land – new/ ShengCheng/Article/gzdt/2016/03/01/1109487913. htm。

粮食产量之间依然没有实现脱钩。从化肥施用强度来看，上述期间呈现出明显的增加态势，从 305.53 公斤/公顷增加到 362.42 公斤/公顷，增长了 18.23%。国际公认的化肥施用安全上限是 225 公斤/公顷，而中国平均化肥施用强度是此标准的 1.61 倍[①]。

2. 农药投入情况

农药在农业生产中发挥着巨大的作用，但同时也提高了害虫和有害微生物的抗药性，从而不断增加农药使用量，最终结果是对农产品、耕地、地下水的污染。笔者根据相关统计数据估算，2005—2014 年，中国农药使用量由 145.99 万吨增加到 180.69 万吨，增加了 23.7%。如果包装按照 0.5 公斤/瓶的标准，2014 年，全国产生的农药瓶数量为 36.1 亿个！在缺乏有效的回收机制的情况下，这些包装物将进入周边水体或土壤之中，对水土造成二次污染。

（三）日益增加的生态需求

正是生态资源的破坏以及环境污染，一方面使优质生态环境的稀缺性越来越凸显，另一方面则使广大居民对良好生态的需求激增。居民对良好生态的需求包括两个层面：一是对优质安全农产品的需求；二是对优美生态环境的需求。

（1）对优质安全农产品的需求。近些年出现的三聚氰胺、毒大米、地沟油等食品安全事件，严重摧残着国人的健康，促使消费者更加关注农产品质量安全问题，千方百计购买有利于身体健康的优质安全农产品。生产优质安全农产品应该是农业生产的根本所在，是农业生产的最基本的目标。

（2）对良好生态环境的需求。随着经济社会发展和人民生活水平不断提高，国人需求发生了根本性变化，从原来的物质需求、精神需求转向更高级的生态需求，更关注自身的健康，这是人类文明程度提高的表现。国人对清洁安全的水源、清新的空气、安全的食品、优美的生态环境等的需求越来越高，生态环境在国人生活幸福指数中的地位不断提高，生态环境问题日益成为重要的民生问题，而且是越来越重要的民生问题。

"我们既要绿水青山，也要金山银山。宁要绿水青山，不要金山银山，

---

① 参见于法稳（2016）。

而且绿水青山就是金山银山。"① 习近平总书记这些绿色发展新思想，为农业的绿色转型发展指明了方向。

二 习近平有关绿色发展系列论述的科学内涵及重要意义

习近平总书记有关绿色发展的系列论述，具有丰富的科学内涵，涵盖了发展理念、发展领域、发展方式、发展路径、发展政策等各个层面。绿色发展系列论述不但是中国共产党执政理念的提升，更是在新的历史条件下马克思主义与中国实践相结合的创新；不但为中国推进生态文明建设、全面建成小康社会指明了方向，而且为全球实现可持续发展提供了范例和经验。

（一）认识的新高度：良好生态环境是最普惠的民生福祉

习近平指出："良好的生态环境是最公平的公共产品，是最普惠的民生福祉。"因此，保护好生态环境，留得住青山绿水，是关系到国人根本利益是否能得到保障，关系到中华民族能否健康延续下去的重大战略问题，更是功在当代、利在千秋的伟大事业。正如习近平总书记所提出的："要把生态环境保护放在更加突出位置，像保护眼睛一样保护生态环境，像对待生命一样对待生态环境。"2015 年 4 月，习近平在参加首都义务植树活动时指出："植树造林是实现天蓝、地绿、水净的重要途径，是最普惠的民生工程。要坚持全国动员、全民动手植树造林，努力把建设美丽中国化为人民自觉行动。"同年 5 月，习近平在浙江召开华东 7 省（市）党委主要负责同志座谈会时强调："要科学布局生产空间、生活空间、生态空间，扎实推进生态环境保护，让良好生态环境成为人民生活质量的增长点。"这是对人民群众、对子孙后代高度负责的态度，更是对中华民族高度负责的态度。

习近平在中共中央政治局第六次集体学习时强调，"生态环境保护是功在当代、利在千秋的事业"；"生态兴则文明兴，生态衰则文明衰"。习近平总书记指出："我们要构筑尊崇自然、绿色发展的生态体系。人类可以利用自然、改造自然，但归根结底是自然的一部分，必须呵护自然，不能凌驾于

---

① 参见中共中央宣传部《习近平总书记系列重要讲话读本》（2016 年版），学习出版社、人民出版社 2016 年版。本文有关习近平论述均来源于此，不再注明。

自然之上。我们要解决好工业文明带来的矛盾，以人与自然和谐相处为目标，实现世界的可持续发展和人的全面发展。"

习近平总书记的上述论述，彰显了中国共产党人对人类文明发展规律、自然规律和经济社会发展规律的深刻认识，从更高层面阐释了生态与文明之间的关系，丰富和发展了马克思主义生态观。

（二）认识的新焦点：食品安全是最大的民生问题、政治问题

习近平总书记指出："'民以食为天'，食品安全是重大的民生问题。""食品安全关系中华民族未来，能不能在食品安全上给老百姓一个满意的交代，是对我们执政能力的考验。老百姓能不能吃得安全，能不能吃得安心，已经直接关系到对执政党的信任问题，对国家的信任问题。""用最严谨的标准、最严格的监管、最严厉的处罚、最严肃的问责，确保广大人民群众舌尖上的安全。""十三五"规划也指出："实施食品安全战略，形成严密高效、社会共治的食品安全治理体系，让人民群众吃得放心。"

（三）理念的新飞跃：生态就是资源，生态就是生产力

改革开放以来，以经济建设为中心的发展战略确实推动了中国经济快速发展。但这一战略成为一些地方过度追求 GDP 的理由，特别是经济欠发达地区，全民招商成为区域发展的主旋律，导致在产业转移的同时污染的区域转移。在这个过程中，有三大主体是不负责任的：一是污染企业转出地的地方政府。它们理应对这些企业采取关停，或者进行生态化改造与提升而不是将其赶出去。二是污染产业转入地的地方政府。引进污染企业的地方政府依然以 GDP 为导向，没有对污染企业所造成的生态破坏、环境污染给予足够的关注，一些地方甚至由企业引进部门负责办理这些企业的环境评价手续，表现出 GDP 至上的功利思想。三是污染企业主。他们缺乏最基本的社会责任感，特别是生态责任感，在污染一个地方后再次污染另一个地方。正是由于这三大主体的不负责任，一些地方就无法正确处理经济发展同生态环境保护之间的关系，以资源的过度消耗、生态破坏、环境污染为代价来实现经济短期内的快速发展，导致生态环境问题越来越突出。一个地区如果长远发展的生态基础遭到破坏，实现区域可持续发展就成为一句空话。

"我们在生态环境方面欠账太多了，如果不从现在起就把这项工作紧紧抓起来，将来会付出更大的代价。"习近平总书记指出，"要正确处理好经

济发展同生态环境保护的关系，牢固树立保护生态环境就是保护生产力、改善生态环境就是发展生产力的理念"，"走生态优先、绿色发展之路，使绿水青山产生巨大生态效益、经济效益、社会效益"。"中国将落实创新、协调、绿色、开放、共享的发展理念，形成人与自然和谐发展现代化建设新格局。""生态就是资源、生态就是生产力。"习近平总书记的这些重要论述，深刻阐明了生态环境与生产力之间的关系，是对生产力理论的重大发展，饱含尊重自然、谋求人与自然和谐发展的价值理念和发展理念。只有更加重视生态环境这一生产力要素的保护与增值，更加尊重自然生态系统自身的发展规律，保护和利用好生态环境，才能更好地发展生产力，在更高层次上实现人与自然的和谐。

（四）理论的再提升：绿水青山就是金山银山

在中国经济社会发展实践中，对"两座山"之间关系的认识经过了如下三个阶段：第一阶段是用绿水青山去换金山银山，不考虑或者很少考虑环境的承载能力，一味索取资源。这种发展理念的结果是，在短期内经济快速发展的同时资源过度消耗、生态破坏以及环境污染。第二阶段是既要金山银山，也要保住绿水青山。经过第一阶段之后，经济发展和资源匮乏、环境恶化之间的矛盾开始凸显，在对传统发展模式进行反思的基础上，人们开始意识到生态环境是经济社会发展的根本，经济社会发展也开始步入与生态协调的轨道。第三阶段是认识到绿水青山可以源源不断地带来金山银山，绿水青山本身就是金山银山。这是对经济与生态关系认识的高级阶段，认识到生态优势可以变成经济优势，二者可以形成浑然一体、和谐统一的关系。

"绿色发展和可持续发展是当今世界的时代潮流，中国经济要适应新常态。同有形的物质一样，美好的环境也被承认是可贵的财富，而有限的能源、资源是人类最好的储蓄"。"生态环境优势转化为生态农业、生态工业、生态旅游等生态经济的优势，那么绿水青山也就变成了金山银山"。"我们绝不能以牺牲生态环境为代价换取经济的一时发展。我们提出了建设生态文明、建设美丽中国的战略任务，给子孙留下天蓝、地绿、水净的美好家园。"习近平总书记的这些论述，生动形象地表达了党和政府大力推进生态文明建设的鲜明态度和坚定决心。

（五）路径的新选择：绿色发展理念推动生态环境保护

绿色发展是增强一个国家综合实力和国际竞争力的必由之路，生态环境已成为一个国家和地区综合竞争力的重要组成部分。习近平强调："中国将继续承担应尽的国际义务，同世界各国深入开展生态文明领域的交流合作，推动成果分享，携手共建生态良好的地球美好家园。""坚持绿色发展，就是要坚持节约资源和保护环境的基本国策，坚持可持续发展，形成人与自然和谐发展现代化建设新格局，为全球生态安全作出新贡献。""中国一直是全球应对气候变化事业的积极参与者，目前已成为世界节能和利用新能源、可再生能源第一大国。"这些论述充分展示了中国作为一个负责任大国的历史担当。

习近平总书记的绿色发展新思想，引导中国走向了永续发展、文明发展的新道路。习近平总书记指出："生态环境是经济社会发展的基础。发展，应当是经济社会整体上的全面发展，空间上的协调发展，时间上的持续发展。""经济发展、GDP 数字的加大，不是我们追求的全部，我们还要注重社会进步、文明兴盛的指标，特别是人文指标、资源指标、环境指标；我们不仅要为今天的发展努力，更要对明天的发展负责，为今后的发展提供良好的基础和可以永续利用的资源和环境。"要"坚持节约资源和保护环境的基本国策，坚持节约优先、保护优先、自然恢复为主的方针，着力推进绿色发展、循环发展、低碳发展"。

在中国经济社会发展进入新常态的背景下，发展目标、发展方式等需要适应新形势的要求。习近平总书记指出："我们已进入新的发展阶段，现在的发展不仅仅是为了解决温饱，而是为了加快全面建设小康社会、提前基本实现现代化；不能光追求速度，而应该追求速度、质量、效益的统一；不能盲目发展，污染环境，给后人留下沉重负担，而要按照统筹人与自然和谐发展的要求，做好人口、资源、环境工作。"

（六）方式的新跨越：绿色发展应以系统论观点为指导

无论是自然生态系统，还是城市或者农村生态经济系统，都有其自身的发展规律，在推动绿色发展中，应采用系统论的观点，这样才能实现生态系统服务价值的提升。

"像北京这样的特大城市，环境治理是一项系统工程，必须作为重大民生实事紧紧抓在手上。""要按照系统工程的思路，抓好生态文明建设重点任务的落实，切实把能源资源保障好，把环境污染治理好，把生态环境建设好，为人民群众创造良好生产生活环境。"针对美丽乡村建设，习近平总书记指出："新农村建设一定要走符合农村实际的路子，遵循乡村自身发展规律，充分体现农村特点，注意乡土味道，保留乡村风貌，留得住青山绿水，记得住乡愁。经济要发展，但不能以破坏生态环境为代价。生态环境保护是一个长期任务，要久久为功。一定要把洱海保护好，让'苍山不墨千秋画，洱海无弦万古琴'的自然美景永驻人间。"

习近平总书记特别强调指出："我们要认识到，山水林田湖是一个生命共同体，人的命脉在田，田的命脉在水，水的命脉在山，山的命脉在土，土的命脉在树。""用途管制和生态修复必须遵循自然规律，由一个部门负责领土范围内所有国土空间用途管制职责，对山水林田湖进行统一保护、统一修复是十分必要的。"习近平的这些论述充分体现了系统论观点，为绿色发展指明了原则和路径。

习近平指出："中国的绿色机遇在扩大。我们要走绿色发展道路，让资源节约、环境友好成为主流的生产生活方式。我们正在推进能源生产和消费革命，优化能源结构，落实节能优先方针，推动重点领域节能。"

在推动绿色发展途径方面，习近平指出："着力扩大环境容量生态空间，加强生态环境保护合作，在已经启动大气污染防治协作机制的基础上，完善防护林建设、水资源保护、水环境治理、清洁能源使用等领域合作机制。"

（七）机制的再创新：生态文明建设的可靠保障

习近平总书记强调："在生态环境保护问题上，就是要不能越雷池一步，否则就应该受到惩罚。""你善待环境，环境是友好的；你污染环境，环境总有一天会翻脸，会毫不留情地报复你。这是自然界的规律，不以人的意志为转移。"

针对中国经济社会发展过程中出现的一系列生态环境问题，尽管国家出台了一系列耕地保护、水资源保护、环境保护制度，但在执行过程中还存在诸多问题，在一定程度上影响着生态文明建设进度。正如习近平总书记所指出的那样："只有实行最严格的制度、最严密的法治，才能为生态文明建设提供可靠保障。最重要的是要完善经济社会发展考核评价体系，把资源消耗、环境损害、生态效益等体现生态文明建设状况的指标纳入经济社会发展评价体系，使之成为推进生态文明建设的重要导向和约束。要建立责任追究制度，对那些不顾生态环境盲目决策、造成严重后果的人，必须追究其责任，而且应该终身追究。"

绿色发展的一个重要方面就是生态环境的保护、修复和建设。习近平总书记指出："要实施重大生态修复工程，增强生态产品生产能力。环境保护和治理要以解决损害群众健康的突出环境问题为重点，坚持预防为主、综合治理，强化水、大气、土壤等污染防治，着力推进重点流域和区域水污染防治，着力推进重点行业和重点区域大气污染治理。"实现绿色发展，必须创新与完善经济社会发展考核评价体系。2013 年，习近平在二十国集团领导人第八次峰会上的报告《共同维护和发展开放型世界经济》中指出："单纯依靠刺激政策和政府对经济大规模直接干预的增长，只治标、不治本，而建立在大量资源消耗、环境污染基础上的增长则更难以持久。要提高经济增长质量和效益，避免单纯以国内生产总值增长率论英雄。各国要通过积极的结构改革激发市场活力，增强经济竞争力。""在治理大气污染、解决雾霾方面作出贡献了，那就可以挂红花、当英雄。反过来，如果就是简单为了生产总值，但生态环境问题愈演愈烈，或者说面貌依旧，即便搞上去了，那也是另一种评价了。"

三 以绿色发展理念为指导，推动农业转型发展

20 世纪 80 年代初，中国农村推动改革开放，农业生产取得了举世瞩目的成就，为保障世界粮食安全作出了巨大贡献。但也必须清楚地看到农业生产巨大成就所付出的巨大生态环境代价。众所周知，中国农业生产是以化学品大量投入为基础的，最大限度地提高水土资源的产出率，由此带来了对水土资源的巨大压力，使其长期处于被"剥夺"的状态。与此同时，在快速工业化、城镇化、农业现代化进程中，水土资源遭受日益严重的污染，进而对农产品质量安全、国内消费者健康构成威胁。因此，必须在习近平绿色发展思想的指导下，推动中国农业的转型发展。农业的绿色转型发展既有利于保护水土资源、保障农产品质量安全、提高中国农产品国际竞争力，也有利于提高国人的健康水平、全面推进农村生态文明建设。

（一）立足于绿色发展理念，认识农业绿色转型发展的重要性

党中央、国务院高度重视食品安全工作，习近平总书记也为此做过专门指示，特别是广大消费者更关注自己的身体健康，更关注自己的食品安全问题。因此，需要加强科学的顶层设计，推动食品安全战略的实施，用绿色发展理念指导农业绿色转型，以确保中国农产品质量安全。要将农业绿色转型发展提升到关系中华民族自身能否延续下去的战略高度。只有这样，才能在绿色发展理念的指导下，切实转变农业生产方式，一方面保证农业生产所依赖水土资源质量的提升，另一方面确保农产品质量的安全可靠。

（二）依据绿色发展理念，厘清农业绿色转型发展的关键问题

首先，根据绿色发展理念，农业的发展目标、发展模式、发展内容以及发展机制与政策都要转变，以此推动农业走上绿色发展的轨道。

其次，应根据绿色发展理念，逐步建立起有效的监管机制，加强对生产资料生产企业的行为、农民生产行为以及农产品加工企业、市场销售商行为的监管，促使他们按照绿色发展理念进行生产，使农业生产的每个环节都符合绿色发展的要求。

最后，农业绿色转型发展涉及不同的群体，政府、企业、科技人员、农民在其中都发挥着不同的作用，因此，各主体都应该发挥其各自的功能，不能越俎代庖，更不能推卸责任，每个主体都应该确保自己的生产与管理行为符合绿色发展的要求。

（三）按照绿色发展理念的要求，加大水土资源保护力度

其一，以"三条红线"为原则，提高对农业生产的水资源保障。随着工业化、城镇化的进一步发展，以及全球气候变化所产生的影响，中国水资源、水生态、水环境将面临更加严峻的形势。要以水资源管理的"三条红线"为原则，确保农业生产对水资源的需求。为此，要以提高灌溉用水效率为着力点，明确节水的重点区域，并注重不同区域的技术开发与集成；同时，要以区域水环境保护为核心，调整产业结构，切实为粮食生产提供清洁灌溉水资源，从而实现粮食生产的数量与质量"双安全"。

其二，加强农村污水处理、污水再生利用模式及技术的研究，减少污水污染。组织不同领域的专家、实际工作者研究适应于不同区域的农村污水处

理模式与技术，以供不同区域选择。采用污水再生利用技术，使得处理后的污水满足水质标准的要求，在技术标准规范的指导下，对各种先进、经济、实用的技术进行综合与集成，采用适宜的技术路线和工艺方案，以实现污水资源化利用的目标。要尽快研究建立各类用途再生水的水质标准体系，逐步制定和完善相关技术规范和配套政策，确保健康有序地推进城市污水再生利用工作。

其三，以土地生产率为准则，确保 18 亿亩耕地红线。工业化、城镇化进程中所占用的土地都是生产率较高的耕地，但通过"占补平衡"、土地整理恢复等措施补充的耕地都是生产率极低甚至没有生产率的土地。因此，应以区域土地生产率的平均水平为标准，对通过整理后的土地进行生产率评估，然后进行折算，以确定这些土地的当量面积；其后，随着对地力的培育，逐渐进行折算。这样才能确保中国农产品的供应安全，这也是实现农业供给侧结构性改革的基础。

其四，以提高土地生产率为目标，改善耕地质量。农业可持续发展需要优质的耕地来保障。为此，需要大力推进高标准基本农田建设，改善耕地质量，提高土地生产率。

其五，以提高农产品质量为目标，加强受污染土壤的生态修复。土壤污染治理是未来耕地质量安全的重要领域。可以采取有效措施，加大受污染土壤的修复力度。例如，通过创新水质监测技术，减少污水灌溉造成的土壤污染；通过创新测土配方施肥技术，提高化肥使用率，减少化肥施用对土壤造成的污染；创新土壤污染治理技术，将植物修复技术、生物修复技术、物理修复技术以及化学修复技术进行集成，根据土壤污染的类型及程度，选择合适的集成技术；针对目前中国耕地重金属污染问题，应采取综合有效的技术措施，加大恢复治理的力度；对于小规模的污染农田，可以采用换土的办法，把城镇建设、道路建设以及其他用途占用的基本农田的表层土壤进行剥离，转移到污染农田，以提高土地的生产能力。

（四）以绿色发展理念规范农业各个生产环节的行为

首先，规范农业生产资料生产行为。依据绿色发展理念，严格要求化肥生产企业根据农业部推行的测土配方施肥工程所提供的土壤肥力信息，生产满足区域需要的肥料；加大生物农药生产技术的推广力度，从源头上杜绝剧毒农药的生产，以减少对农产品及其生产环境的污染；大力推广可降解薄膜生产技术，降低其生产成本，以减少白色污染；在饲料生产方面，杜绝铜、锌、砷等重金属元素的添加，以减少随养殖废弃物进入土壤或水体对其造成重金属污染。

其次，规范农业生产主体的行为。以绿色发展理念为指导，政府应发挥好引导、服务功能，加快制定严格的农产品质量标准体系，使产前、产中、产后的质量监督、管理都能与国际接轨；建立与完善农业社会化服务体系，提高农业生产化解自然和市场风险的能力；强化农产品质量安全检测监督，建立一支专业技术人才队伍，发挥其在农产品质量检测中的作用；企业、农民作为农业生产的直接主体，应按照农业生产技术规范进行生产，以确保农产品质量安全。

最后，应重构循环型生态农业生产体系。根据循环型生态农业原理，在规模化养殖区域，构建以农作物生产为基础的生态农业产业循环体系，实现种植业与养殖业的协调发展，使养殖业为种植业提供有机肥；逐步建设高标准农田，种植业以农作物秸秆为养殖业提供饲料，实现区域内种植、养殖、农产品加工产业之间的大循环，从而实现经济效益、社会效益和生态效益的统一；逐步减少化肥投入，进而改善土壤，提高农产品品质。

（五）依据绿色发展理念，注重农业生产技术的生态风险评估

在农业现代化进程中，农业科技发挥着越来越大的作用。随着农业科技投入的日益增加，科研人员研发的农业新技术也越来越多，但对这些农业技术存在的潜在负面影响没有给予足够的关注，由此引发了一系列食品安全事故。为此，应建立并强化农业生产技术的生态风险评估机制，以降低农业技术造成重大负面影响的风险。

参考文献

[1] 于法稳：《农业绿色转型发展：现状、展望与政策建议》，载魏后凯、杜志雄、黄秉信主编《中国农村经济形势分析与预测（2015—2016）》，社会科学文献出版社2016年版。

（原文发表于《中国农村观察》2016年第5期）

中国农村资源可持续利用的综合评价

包晓斌

农业是既有自然风险又有市场风险的产业，农村各类自然资源的人为破坏和自然损坏、退化严重，工业污染与农业自身污染叠加，既制约经济发展，也恶化了生产、生活环境。保护农村资源是各国经济发展中面临的共同问题，在我国国民经济快速发展时期尤其重要。当前，合理开发利用和保护我国丰富的农村资源，更是农村产业结构调整、农村经济稳定发展的基础。只有深入了解和分析农村资源的效能，确定构成农村资源空间体系的生态系统及其结构，确定农村资源各种组成部分的变化的影响范围及强度，才能做到合理地开发，有效地利用，切实地保护资源，促进农村的可持续发展。

一　中国农村资源可持续利用的重要意义

农村资源是指在农村地域范围内能够为人类所利用的农村自然资源和农村社会资源的总和。农村自然资源是人类可以直接从自然界获得，并用于农村生产的自然物。如地貌、土壤、地质等因素所构成的土地资源；由光、热、降水等因素构成的气候资源；由地表水和地下水构成的水资源；由动植物、微生物所构成的生物资源等。所谓农村社会经济资源是指可作为农村再生产过程中的劳动要素和劳动手段要素的资财，如农村人口、劳动力、科学技术水平、基础设施等。资源可持续利用的内涵，就是以最合理、最节约的方式开发利用和保护农村资源，充分发挥农村资源的经济功能，以满足社会日益增长的生产和生活的需要。

各种农村自然资源及其组合都是不断发展演变的，不可能静止在一定的状态下，保持固有的数量、质量和位置。单纯自然再生产的演化过程一般是缓慢而渐进的，但又一般保持着自然界各因素的平衡协调关系，而人工附加给自然资源和自然生态系统的干预，必然加快自然的演变过程，如违背自然生态平衡的规律，就会造成资源的破坏，使生态失调，从而给人类的生产活动和生活环境带来损害。农村不合理利用资源的方式，主要包括陡坡地开垦，植被破坏造成的水土流失和生物物种多样性减少，干旱、半干旱地区土地过度耕作造成的土地沙漠化等。传统的粗放型经济增长方式造成了农业自然资源短缺，人均耕地减少，农业综合生产力低下，抗灾能力较差。

农村资源的开发利用状况和水平与相应的社会历史背景密切相关。在不同的经济制度及其发展阶段上，农村资源利用有不同的模式。不同的农村资源开发利用模式，对农村经济发展可能起到促进或者延缓的作用。我国传统的利用太阳能的立体结构式农业生态系统的建设，如各种农作物的轮作、间作与套种，农林间作，药林间作等，以及利用不同种类生物群落的共生功能，建立物质能量多层利用系统，如作物秸秆的多级利用、桑基鱼塘、稻苇麻渔等生态农业类型，得到较为普遍的推广。山区综合开发的复合生态系统，是充分利用山地资源的复合生态农业类型，通常模式是林—果—茶—草—牧—渔—沼气。而农村原有的单一经营方式，违背了自然资源增值、合理开发、有效利用的客观要求，不可能做到经济发展与自然资源的最优结合。从而形成不合理的农村生态经济结构。它不仅不能合理开发和有效利用自然资源，而且单纯地向生态系统"索取"某些资源，导致这些资源短缺，并使生态系统中各生态因子的配合不协调，阻碍着生态系统与经济系统之间的物质和能量转换效率的提高，系统功能衰退，农业经济发展缓慢，生态环境恶化。这就需要在运用生态经济原则进行农村产业结构调整时，必须实行以有效保护为核心的环境资源开发战略，把增值资源、合理开发和充分利用资源有机结合起来。执行"谁开发谁保护，谁破坏谁恢复，谁利用谁补偿"的政策，依靠科技进步，挖掘资源潜力，充分利用市场机制和经济手段有效配置资源，坚持走提高资源利用效率和资源节约型发展的道路。自然资源保护与可持续利用必须体现经济效益、社会效益和环境效益相统一的原则，使资源开发、资源保护与经济建设同步发展。

二 中国农村资源可持续利用的途径

对中国而言，希望农村后世子孙能够拥有较高质量生活所需的资源，稳定人口这一目标是首先应该实现的。为了做到农村资源的可持续利用，在产品质量、利润、工资、就业机会、信息、知识等方面必须得到提高，而在浪费、污染和贫困等方面则必须减少。与此同时，通过改革造成资源浪费的不合理的管理制度，制定和完善资源政策，加强资源的经济管理和行政协调管理，以追求技术更新、效率提高和拓展市场，也是必须实现的目标。

对于可更新资源来说，应不破坏或改善资源的生产力，要加强生物多样性的保护，其中包括自然保护区的建设和珍稀动植物的移地保护；对生物资源的开发应不超过其生态系统耐性和稳定性的阈限，保持其更新能力；要大力发展在可更新资源利用中打破部门的界限，把农、林、牧、渔、工业合理配置，成为高效、低耗和无污染的经营体系，其中包括生态农业、混农林业和生态县的建设，实现可更新资源的持续利用。对不可更新资源而言，要控制资源耗竭速度。必须保护其矿山的整体性与开采条件，不失其开采能力。要制定矿山开发中的水土保持与土地复垦政策；严格执行一切矿山和开采权属国家所有的政策；制止群采资源、破坏矿山的行为。

（1）耕地资源以深度开发为主，在严格保护现有耕地的基础上，采用先进的生物技术、工程技术和经营管理等措施，通过综合治理，改造低产田、低产果园等，建立高产高效农产品生产基地，致力于提高单产，在保证粮食生产的前提下，适度开垦宜农荒地资源。各地根据资源特点积极发展多种经营，努力提高森林覆盖率，促使大量不宜耕作的陡坡地退耕还林还草，有效地控制破坏性生产。一方面要保护并加强现有森林资源的抚育更新，另一方面要加强荒山荒地的绿化造林。草地资源要保护北方草地，开发南方草地。北方草地应以保护、合理利用为主，通过合理轮牧，适度利用，控制载畜量，防止草地进一步退化。逐步开发牧区的宜农荒地，发展人工饲料生产，建立饲草料基地，以提高牲畜的质量。南方草山草坡牧业要在林牧结合下，发展小型分散的人工半人工草地，努力增加饲草畜禽。能源资源从开源和节能两方面着手，因地制宜，多能互补，多途径解决农村能源短缺问题。矿产资源一方面是加强地质勘探，寻找主要矿产后备资源基地。另一方面要加强矿产资源的综合开发和利用。

（2）建立以节地、节水为中心的集约化农业生产体系，包括发展节时、节地、节水、节能型的农业制度与农业技术，具体形式有：①创造条件发展间种、套种、复种等多熟制，充分利用作物生产季节的光热资源，以发展节时型农业。②开展林粮间作、果粮间作、林草间作等多种形式的多层次资源配置，以利用土地空间，发挥土地生态系统的综合效益，发展节地型农业。③完善工程配置，改漫灌、串灌为小畦灌溉，逐步采取管灌、喷灌、滴灌等先进的灌溉技术与灌溉制度，调整作物结构，选育耐旱品种，扩大地膜栽培等综合措施，以发展节水型农业。④有机肥与无机肥结合，采取科学的施肥制度，发展高效、长效的混合肥料与配方施肥，因地制宜地推行生态农业，促进农业内部良性循环，以发展节能性农业。

（3）建立资源节约型的乡镇工业生产体系，包括发展节能、节材、节水、节约资本等重效益、重品种、重质量的技术与制度。①要依靠科技进步对现有产业进行技术改造和技术更新，尽快实现技术和工艺的更新换代，以充分挖掘潜力，降低物耗、能耗，增加产出。企业技术改造的重点方向是节约与挖潜，要重视并加强那些能耗大的重工业采用节能新技术、新工艺和新设备；改进矿山的采、选、冶水平，提高资源、能源的利用率和资源回收率。②对煤炭、石油、木材等要加强综合利用；对伴生、共生的矿产资源要加强综合勘探、开发，以节约能源、原材料和矿产资源，减少资源的流失、浪费和环境污染。③重视工业用水的重复利用、循环利用，以减少水资源消耗，节约工业用水。④应对企业的起始规模、合理规模和最佳规模进行研究，以获得规模效益，杜绝低水平的重复建厂。⑤提倡废物利用，变废为宝，变害为利，重视二次资源的开发利用；严格执行环保法，努力实现污染物资源化。

三 中国农村资源可持续利用的评价指标体系

（一）指标选择标准

首先，要能够反映农村经济增长与资源、环境及人口的动态关系。因为农村资源环境系统是经济增长的物质基础。资源生存系统物质、能量的开发、利用和更新，不仅关系到当前农民的切身利益，也关系到农村子孙后代的永续经济利益。生态资源的过速消耗和滥用，对可持续发展是致命的。经济增长必须同时使生态环境质量不断改善，而人民生活质量的提高则包括对于环境的享受。环境要素及其运动形式本身又是资源，经济增长同环境的关系包括环境要素的组合形式及其运动形式的利用，而人口既是经济增长的必要资源，又是巨大内在经济需求的主体。因此，必须在指标体系设计时显示农村经济增长、人口增长同环境容量之间的关系，以表现人口、经济增长和环境质量的同步改善程度。

其次，要能够客观地反映农村社会发展、经济增长、技术进步、生态平衡之间的循环状况。各项社会事业的发展和人的素质的全面提高与生活质量的改善，离不开经济增长，离不开社会财富的增加；而经济增长需要技术进步，但单纯适应经济增长的技术手段，又往往使生态系统结构成分缺损，导致功能紊乱。这就需要建立既能适应社会发展，又能促进经济增长，还能协调生态平衡的技术体系。

最后，反映资源可持续利用的指标，应概念明确，数据资料易得，计算方法简便，各指标之间含义不重复。尽管由于社会经济和资源环境的现实状况极其复杂，要准确地反映它们尚有一定困难，但这些指标作为用于评价中国农村向既定的资源可持续利用的目标迈进的进展情况，却是非常必要的。

（二）指标体系的设置

根据指标选择原则，在资源利用状况、资源利用平衡、资源利用效益三个层次上列出参加预选的 29 项主要指标。

1. 资源利用状况指标

它反映资源的现状，包括：①光、热、风能利用状况；②土地总面积和耕地、林地、草地面积及其比例；③人均土地、耕地、林地、草地；④水土流失量；⑤泥沙淤积量；⑥淡水资源量；⑦水质。

2. 资源利用平衡指标

它反映利用过程的协调状况，包括：①单位资源产量的能量消耗；②废物回收率；③农作物、林木、牧草等再生资源的利用率；④资源保存率；⑤矿藏储采比；⑥土地施肥量；⑦土壤有机质含量；⑧水土流失治理面积；⑨森林蓄积量；⑩防护农田单位面积产量；⑪防护牧场单位面积载畜量。

3. 资源利用效益指标

它反映利用的后果差异，包括：①人均纯收入；②就业率；③脱贫率；④脱盲率；⑤产值结构（种植业、林业、牧业、工业等）；⑥资源开发工程的成本效益比；⑦投资回收期；⑧劳动生产率；⑨集约经营水平；⑩生产可操作性；⑪基尼系数。

这种结构层次的指标体系的优点在于它可容纳很多的指标，能较全面地反映出农村资源可持续利用的能力。同时每一个层次又是一个分指标体系，这不仅有利于从整体上研究资源可持续利用能力，又可以研究各层次内部的结构问题。

采用主成分分析方法对以上各指标进行筛选、重组、综合。主成分分析是将多个指标化为少数指标的统计方法。设有 n 个样品，每个样品测得 p 个指标，共有 np 个数据，然而指标之间往往互有影响，从 p 个指标中去找出若干个综合性的指标。假定样品 x 是 p 维随机向量，把 p 个随机变量的总方差 trV 分解为 r 个不相关的随机变量的方差之和 $\lambda_1 + \lambda_2 + \cdots + \lambda_r$，使第一主成分的方差达到最大。$(\lambda_1/trV) = \lambda_1 / (\sum_{i=1}^{r} \lambda_i)$ 表明了 λ_1 的方差在总方差中的比值，称为第一主成分的贡献率，主成分的名次是按 $\lambda_1, \cdots, \lambda_r$ 取值的大小顺序排列的。由此，可以得到具有严格独立意义的功能指标。确定出各层次的评价指标后，农村资源可持续利用的评价指标体系即已构建。

四　中国农村资源可持续利用的综合评价模型

在组建农村资源可持续利用综合评价模型之前，必须解决好两个问题：其一是不同类型指标间的可比性问题，其二是不同指标的重要性程度问题。

（一）指标的量化

在指标体系中，有部分为定性指标，可将它们分层，然后按统一分制及正向约定打分。例如，"生产可操作性"指标，可先将其分为强、较强、一般、较弱、弱五个层次，再按十分制及正向约定分别给予 10 分、8 分、6 分、3 分、1 分。对于定量指标可以按其分布范围分层。

（二）指标量纲的统一

若各指标的量纲不统一，就缺乏可比性，而且定性指标打分存在一定的主观性和不精确性。这就需要采用标准计分法，算式为：

$$ZX_i = (X_i - Xav) / \sigma_i$$

其中：X_i 为指标 i 的值；Xav 为平均值；σ_i 为标准差；ZX_i 为标准分。

该标准分值与指标分布有关，且消除了指标间的不同量纲的影响，为保证标准分值为正值，将指标标准分值用算式 $TX_i = 50 + 10ZX_i$ 改为 T 分数值，此值区间为 0—100。

（三）指标及评价层次权重的确定

指标及评价层次的隶属度是衡量指标重要性程度的标度，可作为指标因子或评价层次的权重。因此，需要将指标因子或层次作为一个模糊集处理，对指标或层次的隶属度进行分析。通过专家问卷方式，用九标度法按各指标或层次对农村资源可持续利用影响的重要性程度来打分，然后汇总，即可确定各指标或层次的隶属度。

（四）选择综合指数模型对农村资源可持续利用评价指标体系进行逐层次量化求解

$$I_r = \sum_{j=1}^m W_j I_j$$

式中：I_r 为农村资源可持续利用综合指数；W_j 为第 j 类评价层次的权重；I_j 为第 j 类评价层次的农村资源可持续利用指数；m 为评价层次数。

$$I_j = \sum_{i=1}^n W_i I_i$$

式中：W_i 为第 i 个指标因子的权重；I_i 为第 i 个指标因子量化值；n 为第 j 类评价层次中指标因子个数。

I_r 值为 0—100 连续变化值，是被评价单元在各层次的综合影响下资源生产潜力和利用价值的数值表现。I_r 值越大，资源可持续利用能力就相对越高；反之，则相对越低。

以农村县或乡镇为评价单元，运用综合指数模型，计算出各县或乡镇相应的资源可持续利用综合指数。根据计算结果和资源利用现状，可划分出不同资源利用类型的区域。通过对各区域诊断，反映出农村生态经济系统现状。在经过实地深入调查和专家咨询的基础上，进行区域资源可持续利用预测和规划，因地制宜地建立高效持续的农村资源利用区域模式，以提高农村基本资源的总体自给能力和应变能力，确保农村可持续发展战略的顺利实施。

五　中国农村资源可持续利用的综合评价模型的应用

以晋西昕水河流域为例，经过筛选后，确定 3 个层次的 17 个评价指标，建立农村资源可持续利用综合评价指标体系。最低层是指标层，中间层是表现资源可持续利用能力的侧面层，最高层是综合指数层，如图1所示。

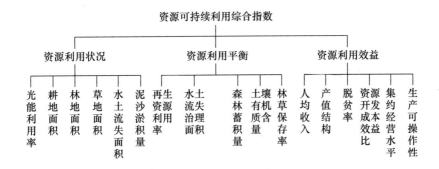

图1 昕水河流域资源可持续利用综合评价指标体系

运用上述模型对1997年晋西昕水河流域内6个县的42个乡镇进行农村资源可持续利用综合评价。计算出各乡镇的绝对综合指数。通过公式 $I_{ri}/I_{rmax}=I_{rp}$ 计算出相对综合指数 I_{rp}（$0<I_{rp}\leqslant1$）。以 I_{rp} 数值分布为主要依据，同时兼顾区域生态经济现状及自然流域特征，将流域内42个乡镇划分为三个类型区，即黄土残塬丘陵沟壑区、土石山区、河谷区。

1. 黄土残塬丘陵沟壑区

本区包括后堰、化乐等19个乡镇，面积为1866.4平方千米，占全流域的42.47%。区内耕地面积530.96平方千米，其中坡耕地为311.32平方千米，占总耕地的58.6%，林业用地为254.95平方千米，牧业用地为345.27平方千米，墚峁坡荒地为587.73平方千米，占总面积的31.49%。耕地广种薄收，种植业用地结构不合理，存在着陡坡耕地。土壤干旱、贫瘠，水土流失严重，自然灾害频繁。林草覆盖率低，林牧业用地生产力水平较低，大量墚峁坡荒地未得到充分利用。该区应以沟川地、塬面耕地为农田基本建设基地，实行缓坡农林、农果复合配置，陡坡退耕还林还牧，优化土地利用结构和林种结构，建立塬—坡—沟综合防护体系，注重资源的保护。

2. 土石山区

土石山区包括黑龙关、暑益等14个乡镇，面积为1681.3平方千米，占全流域的38.26%。本区有625.4平方千米的天然次生林分布，占总面积的37.2%，林业面积占总面积的61.8%。区内气温较低，海拔高度为1300—1500米。土壤疏松而肥沃，林业生产条件优越。自然植被类型较丰富，但是森林分布不均，林相残败，质量低下，林业内部林种结构单调，树种配置比例失调。用地管理粗放，山区垂直带谱的复合开发、分段开发不够，资源浪费严重，土地生产潜力未充分发挥出来。应加强天然次生林保护和管理，营造刺槐、油松、侧柏等人工林。重点发展水源涵养用材林和畜牧业，在中山阳坡可适当发展一些经济林。合理配置林种、树种结构，使本区在形成良好生境的同时，成为流域内主要的用材林生产基地。

3. 河谷区

河谷区包括薛关、午城等 9 个乡镇，面积为 846.6 平方千米，占全流域的 19.27%。种植业用地面积较大，占总面积的 45.86%，林牧业面积仅占 33.48%。地势平坦，海拔高度为 600—800 米。气候相对温和，农业资源丰富。水土流失轻微，土壤水肥条件及交通条件良好。粮食产量较高，但稳定性差。农田防护林和经济林的发展规模有待于扩大，其功效也需强化。因此，本区应在保证农作物高产、稳产的同时，适度发展农田林网，防治干热风等灾害。大力发展中小径材、经济林，并注重发展四旁绿化。使河谷区不仅成为流域内重要的农业生产基地，也成为典型的生态农业建设区。

参考文献

[1] 秦大河：《可持续发展战略探索》，中国环境科学出版社 1998 年版。
[2] 王松霈等：《自然资源利用与生态经济系统》，中国环境科学出版社 1992 年版。
[3] 中国科学院国情分析研究小组：《开源与节约》，科学出版社 1996 年版。
[4] 张坤民等：《可持续发展论》，中国环境科学出版社 1997 年版。
[5] 姜学民等：《生态经济学通论》，中国林业出版社 1993 年版。
[6] 黄鸿权等：《农村资源经济学》，湖北科学技术出版社 1989 年版。

（原文发表于《中国农村观察》2000 年第 4 期）

我国水灾防治对策的经济机制设计

张玉环

自传说中的大禹治水以来，中华民族就开始了与水灾斗争的历史。经过长期的艰苦奋斗，特别是在近几十年来对江河湖泊进行大规模整治之后，我国初步建成了比较完整的水灾防治体系。在过去的几年中，政府又投入巨资巩固和提高现有体系的水灾防治能力。但是，2002 年入夏以来，水灾又一次在全国各地频繁发生。在只有长江部分河段水位超过保证水位，其他六大江河水势基本平稳，而黄河、嫩江和松花江连警戒水位都未达到的情况下，到 8 月底已有 1.9 亿人（次）受灾，1500 多人死亡，直接经济损失 680 亿元[①]。惨重的灾情使水灾防治又一次成为人们关注的焦点：我国的水灾问题严重到什么程度？有没有从根本上防治水灾的可能性？在防治水灾的进程中我们已经做了哪些工作？国外有哪些经验可以借鉴？在哪些方面我国的水灾防治体系还有改进的空间？这些就是本文将要回答的问题。

一 水灾防治的紧迫性和可能性

（一）水灾防治的紧迫性

归纳起来，我国水灾防治的紧迫性主要反映在四个方面，即水灾是最严重的自然灾害、水灾发生的范围越来越广、水灾发生的频率越来越高、水灾造成的损失越来越大。

---

① 《全国近 2 亿人次遭受洪涝灾害》，新华网，2002 年 9 月 4 日。

1. 水灾是最严重的自然灾害

首先，在我国各类自然灾害中，水灾发生的频次最多。从公元前 206 年到 1949 年的 2155 年间，全国共发生较大水灾 1029 次，平均每两年一次，居各类自然灾害频率之首[①]。七大江河历史上水灾发生的频率分别为：长江和松花江约 10 年一次，黄河约 6 年一次，珠江约 5 年一次，辽河约 2 年一次，淮河和海河平均每 1.5 年一次[②]。

其次，水灾造成的损失最严重。据考证，水灾曾造成河姆渡文化迁徙和商朝五次迁都[③④]。近代最严重的 1931 年水灾及其后的饥饿和瘟疫使 300 多万人丧命，占当时全国人口总数的 1/150[⑤]。新中国成立后的前 40 余年中，各类自然灾害造成的直接经济损失总计 25000 多亿元（按 1990 年不变价计），其中水灾损失的份额超过 40%[⑥]。1991—2000 年，累计水灾造成的人口死亡和经济损失在同期自然灾害造成的人口死亡和经济损失中的份额均为 68%[⑦]。

2. 水灾发生的范围越来越大

据竺可桢先生考证，发生水灾的省份在公元 1 世纪只有河南 1 省，2—6 世纪上升到每世纪有 6 个省，7—15 世纪有 11 个省，16—19 世纪达到 16 个省[⑧]。按县数统计，1840—1949 年，全国平均每年有 250 个县遭受水灾，最严重的 1931 年有 592 个县受灾，接近当时全国总县数的 1/3[⑨]；到 1992—1997 年，年均水灾影响县数跃升至 1699 个，约占全国县（市）总数的 60%[⑩]。1950—2000 年，全国平均每年农田水灾受灾面积为 932.6 万公顷，其中前 26 年（1950—1975 年）和后 25 年（1976—2000 年）的年均值分别

---

① 这些水灾中有些是战争中"以水代兵"人为破堤造成的，但绝大多数还是自然原因所致。见陈惠源主编《江河防洪调度与决策》，武汉水利电力大学出版社 1999 年版。

② 同上。

③ 《专家认为：洪水是河姆渡文化迁徙的直接原因》，《光明日报》2000 年 8 月 17 日。

④ 邓拓：《邓拓文集》（第二卷），北京出版社 1986 年版。

⑤ 李健生主编：《中国江河防洪丛书·总论卷》，中国水利水电出版社 1999 年版。

⑥ 汪纬林等：《我国天灾综合预测研究进展》，《科技导报》1999 年第 1 期。

⑦ 根据《中国水利年鉴（1992—2001）》中的有关数据统计计算。

⑧ 邓拓：《邓拓文集》（第二卷），北京出版社 1986 年版。

⑨ 骆承政、乐嘉祥：《中国大洪水——灾害性洪水述要》，中国书店 1996 年版。

⑩ 根据《中国水利年鉴》（1992—2001）中的有关数据统计计算。需要说明的，行政区划变化也是全国总县数和水灾影响县数增加的一个原因。所以，水灾影响县数及其在全国总县数中的比例上升反映的是趋势上的变化，不完全可比。

为 696.2 万公顷和 1178.4 万公顷，后者约为前者的 1.7 倍①。

3. 水灾发生的频率越来越高

仍以竺可桢先生的考证为例，1—19 世纪的水灾频率分别为：1—6 世纪每 8.5 年一次，7—12 世纪每 2.5 年一次，13—19 世纪每年 1.5 次，其中 19 世纪为每年 4 次②。在 1840—1999 年的 160 年间，长江、黄河、海河、淮河、辽河、松花江和珠江七大江河共发生 20 年一遇以下频率的水灾 305 次，平均每年 1.9 次；其中，前 80 年（1840—1919 年）和后 80 年（1920—1999 年）的平均值分别为每年 1.7 次和 2.1 次③。

4. 水灾造成的损失越来越大

新中国成立后，我国政府开始对水灾造成的经济损失进行统计。结果表明，20 世纪 50 年代全国的水灾总损失为 1073.2 亿元，80 年代（1980—1988 年）上升到 5985.4 亿元，增加了 4.6 倍④；90 年代（1991—2000 年）进一步上升到 12614.6 亿元，比 80 年代又增加了 1.1 倍⑤。水灾总损失上升的主要原因，是单位成灾面积上的经济损失值增大。按全国平均水平计算，20 世纪 50 年代的单位成灾面积损失值为 2190 元/公顷，60 年代 3255 元/公顷，70 年代 5880 元/公顷，80 年代 12120 元/公顷，40 年间翻了两番多⑥。

（二）水灾防治的可能性

频繁且不断加剧的水灾在给经济增长和社会发展造成越来越大的负面影响的同时，也为我们了解洪水和水灾提供了素材。长期的资料积累和更多、更先进方法的应用，使我们对洪水和水灾的了解日益加深。正是这种日益加深的了解，为防治水灾提供了可能性。

---

① 根据国家防汛抗旱总指挥部办公室、水利部南京水文水资源研究所：《中国水旱灾害》（中国水利水电出版社 1997 年版）表 4-4 和《中国水利年鉴》（1992—2001）中的有关数据统计计算。

② 同上。

③ 长江上游水灾与中下游水灾分别计算，即上游与中下游同时发生水灾时，按两次计算。根据骆承政、乐嘉祥《中国大洪水——灾害性洪水述要》（中国书店 1996 年版）、《中国水灾年表（1840—1992）》和《中国水利年鉴》（1994—2000）中的有关数据统计计算。

④ 根据国家防汛抗旱总指挥部办公室、水利部南京水文水资源研究所《中国水旱灾害》（中国水利水电出版社 1997 年版）表 4-4、表 6-4 和第 485 页的有关数据统计计算。

⑤ 根据《中国水利年鉴》（1992—2001）中的有关数据统计计算。

⑥ 国家防汛抗旱总指挥部办公室、水利部南京水文水资源研究所：《中国水旱灾害》，中国水利水电出版社 1997 年版。

1. 水灾类型的确定性

除沙漠、极端干旱地区和高寒地区外，我国有 2/3 的国土面积是水灾易发区和多发区。水灾的类型有多种，其中以暴雨洪水水灾发生的面积最广、频率最高、造成的损失最严重。长江、黄河、淮河、海河、珠江、辽河和松花江七大流域中，除淮河 "75·8" 垮坝洪水外，其余的较大水灾都是由暴雨洪水引起的。

暴雨洪水有两个突出特点：一是年内分布集中。我国的暴雨洪水与季风雨带移动和台风登陆密切相关，因此主要出现在夏秋季节。二是特大洪水重复出现，几乎所有近期发生的灾害性大洪水，都可以在历史上找到雨洪特征相同或相近的实例，说明这些特大洪水可能与当地的自然条件有着某种密切的联系，因而有一定的规律可循①。

2. 洪水预报预测的准确性

尽管目前对暴雨洪水的形成机理尚无定论，成灾条件也不确定，但对它出现的地点、时间和量级的预报预测越来越准却是一个不争的事实。这种准确性源自长期的资料积累，技术和工具的改进，以及方法的进步。首先，始自商代的水文情报收集和积累使降雨径流关系和江河水沙运动规律逐步清晰，以此为基础的洪水预报和预测的准确性随之提高。其次，水文情报的收集、传递和加工整理等工作由机器自动化取代人力手工操作，速度加快、误差缩小，据此做出的洪水预报的准确性提高。最后，不同学科的科学家用多种方法预测洪水，这些方法之间互相补充、检验和印证，提高了预测结果的精确度。1998 年的长江特大洪水有 6 人用 7 种方法提前做出预测，最早的预测时间提前到 14 年。

3. 水灾发生区域的可界定性

目前，我国的主要江河都已初步形成防洪工程体系。但由于有太多的不确定因素，量级低于防洪标准的洪水也会致灾。

洪水量级是根据水文资料分析计算的，防洪标准是按照防护对象的安全需要确定的。在两者均为已知的情况下，如果发生水灾，致灾水量是可以估计的。与此同时，保护区的地表高程和地表形态也是比较稳定的。把致灾水量从低到高叠加到保护区内，得到的淹没范围就是可能的水灾发生区域。据此，防护对象就可以预先决定并采取必要的防御或躲避措施。

---

① 骆承政、乐嘉祥：《中国大洪水——灾害性洪水述要》，中国书店 1996 年版。

二　水灾防治体系的进展

在我国，由于水灾问题的严重性，水灾防治有史以来就是治国安邦的大事。毫不夸张地说，中华民族数千年来的文明史就是一部水灾防治的历史。这部历史的演进过程主要反映在水灾防治体系中技术安排、组织安排和制度安排三个层面的进展上。

（一）技术安排的进展

水灾防治体系中的技术安排是随着对水灾发生发展规律的认识和了解程度的加深而不断改进的，先后经历了躲水、防水、分水和贮水四个阶段。

在躲水阶段，人们将洪水视为猛兽，采取的是躲避的策略，主要措施是以地势较高、洪水无法到达的地方作为生活和生产空间。在防水阶段，人们发现洪水是按江河水系发生的，堤防具有约束河水的作用；同时，河床越低，河水下泄速度越快。在这种情况下，把洪水控制在河道内并尽快排入海中就成了新的水灾防治策略，相应的措施是修筑堤防（堵）、疏浚河道（疏）或两者结合。在分水阶段，人们进一步发现，堵、疏以后仍有水灾发生，原因是很多时候洪水的来量超过河道的宣泄能力，因此需要开辟新的空间暂时容纳或分泄这些多余水量。于是，水灾防治策略调整为"蓄泄兼筹，以泄为主"，主要措施是在继续修筑、加固、加高堤防和疏浚河道的基础防止自上中游的水土流失，疏浚河道只是治标措施，阻止泥沙进入河道才能从根本上解决问题，为此，把水土保持作为一项水灾防治的辅助性措施。在贮水阶段，人们意识到，以往的做法都是在降雨形成径流以后才采取行动，如果能够在此之前就把雨水拦截下来，使其滞留在植被中或渗入到土壤里，则不仅可以减轻堤防、水库、蓄洪区和分洪区（道）等工程的洪水压力，而且储蓄了宝贵的水资源。另外，人们也认识到，水灾加重的一个重要的人为因素是人类挤占了太多的水道，使原本不构成威胁的洪水也致灾。而且，因为有太多的不确定性，要从根本上消除水灾是不可能的。退而求其次，学会与洪水共存、把水灾损失降至最小更有意义。所以，这一阶段的水灾防治策略是把洪水当作资源、给洪水以空间和与洪水和谐共存。主要措施是拦蓄降水，减少径流量；保证江河有足够的过水能力，湖泊有足够的蓄水容积；调整产业结构，在地势低洼的地方发展适洪农业。总体上说，躲水、防水、分水和贮水这四个阶段的演进特征是：瞄准的问题越来越具体，应用的技术措施越来越全面，各项措施覆盖的范围越来越大。

（二）组织安排的进展

水灾防治技术措施的实施需要采取集体行动，而集体行动只有通过组织才能完成。组织包括组织机构和组织形式两项内容。我国水灾防治最早的组织机构是社区层面的群众组织，在政府出现以前就已经存在；在政府和企业出现以后，它又成为最基层的组织机构，亦即社区成员是水灾防治具体活动的主要实施者。社区组织实施的水灾防治技术措施分两种情况：一是出于社区局部水灾防治的需要；二是作为较大规模的水灾防治工作的一部分，承担上级政府布置下来的任务。前者的投入一般在社区内部按人头或地块分摊；后者的投入由早期的强制性出工逐步转变为有一定的补偿和报酬的出工。

政府组织是我国水灾防治的主要管理机构，负责宏观上的组织与协调工作，最初是在中央设立一个官职，后来演进为专门的机构，再后来又逐步构建成目前的从中央到流域再到地方的水灾防治组织体系。除行政机构外，新中国成立后，我国还逐步建立起了一套完整的防汛指挥机构。

长期以来，政府组织的水灾防治活动主要采取的是政府出资、百姓出力的传统模式，水灾防治工程的经营管理也主要由政府负责。20 世纪 70 年代末期开始进行经济体制改革以后，特别是 90 年代实施计划经济体制向社会主义市场经济体制转轨以来，企业逐步介入水灾防治活动，用市场手段建设和管理水灾防治工程，成为水灾防治组织体系中的新生力量。

（三）制度安排的进展

组织安排需要有制度规范。我国早期的水灾防治制度以行政性法规为主，比如防汛责任制度、汛情上报制度、灾情上报制度、河防制度（包括堤防岁修制度）和水灾防治的经费筹集制度等。有代表性的法律是金代的《河防令》，这也是我国现存的第一部防洪法典。

20 世纪 80 年代以来，在继承和发展原有法规的同时，政府又增订一批新的行政法规，包括《防汛条例》《河道管理条例》《水库大坝安全管理条例》《蓄滞洪区安全与建设指导纲要》以及《长江、黄河、淮河、海河防御特大洪水方案》等。与此同时，三套有关水灾防治的法律即《水法》《水土保持法》和《防洪法》相继出台，其中，《防洪法》用法律形式规范了水灾防治的各项活动，并规定了规划保留区制度、规划同意书制度和洪水影响评价报告制度，补充和加强了河道内建设管理等基本管理制度，相应地加强了水灾防治行政管理职责，使依法防洪具有可操作性。

除了上述的行政法规和法律法规，最近 20 年来，水灾防治的制度安排中还增加了有关经济法规的内容。除在《河道管理条例》中规定向水灾防治的受益单位和个人收取河道工程的建管费之外，还专门制定了水利建设基金的筹集、使用和管理办法，特大防汛补助费使用和管理办法，中央级防汛岁修经费使用管理和项目管理办法，以及蓄滞洪区运用补偿办法等；并在原有的水灾防治工程管理单位推行承包责任制，要求参与水灾防治工程建设（修复）和管理的企业实行项目法人责任制、施工单位招标投标制和施工过程监理制。

值得一提的是，针对实行家庭联产承包责任制以后，农村必要的集体活动也难以组织的情况，根据中共中央 1986 年一号文件的精神，水利部于 1988 年规定了农村水利积累工制度，适用于兴水利、除水害和水土保持等小型工程的建设和改造，以及小流域治理。2000 年农村积累工制度取消，开始实行"一事一议"，使水灾防治中劳动力的使用走向了民主化。

三　国外的水灾防治经验

发达国家的水灾防治在某些方面比我国先进，总结它们的经验对改进我国的水灾防治对策具有借鉴意义。

（一）以流域为单位防治水灾

如前所述，洪水是按河流水系发生的，水灾防治以流域为单位采取综合措施才能收到成效，因此需要流域范围的密切合作。1988 年、1993 年和 1995 年莱茵河相继发生流域性大水灾后，"莱茵河保护国际委员会"制订了"莱茵河洪水管理行动计划"，并在 1998 年得到第 12 届莱茵河流域国家部长级会议的批准。这项计划以整个莱茵河流域可持续发展为最终目标，以创建和重建良好的、可持续的水陆复合生态环境为最高原则，提出了 2000 年、2005 年和 2020 年水灾防治的阶段性目标、措施、效果和投资。其中，总额为 120 亿欧元的投资费用由德国、荷兰、法国和瑞士四国共同承担，份额分别为 71.6%、17.0%、10.3% 和 1.1%；按行业分摊，水利、农林业、自然保护和规划各部门的份额分别为55.9%、19.3%、16.6%和8.2%①。当然，这项计划的实施结果还有待观察。

（二）绘制水灾风险图

工程体系至今仍是水灾防治的基础。但工程体系的标准过高可能存在技术困难，更可能经济上不合理。而且，标准以内的洪水也难免致灾。因此，如果水灾风险区内的居住者或财产所有者能够了解他们的生命财产面临的风险，就可以提前考虑并采取必要的手段躲避或者降低这种风险。水灾风险图就提供了这种服务。美国内务部地质调查局自1959年开始确认水灾风险区，并陆续绘制了许多地区的水灾风险边界图。在20世纪60年代末推行《全国水灾保险计划》以后，水灾风险图由联邦救灾总署（Federal Emergency Management Agency）负责绘制。作为绘制保险费率图和实施洪泛区财产管理要求的基础，水灾风险图不仅要标出100年一遇洪水的可能淹没范围，还要标出可能的水位分布。目前，《全国水灾保险计划》已经为2万余个社区绘制了水灾风险图（全国有水灾风险的社区总数为2.2万个）。现有的水灾风险图大多数是由人工制作的，为了提高精确度，联邦救灾总署正致力于把这些人工图转换为数码图。

（三）开展水灾保险

为了扭转单纯依靠工程措施防治水灾所造成水灾损失越来越大、救灾款越来越多的趋势，美国于1968年出台了《全国水灾保险计划》，旨在既使受灾者得到救济，又降低政府的救灾费用。水灾保险的费率根据水灾保险费率图确定，但政府对保险的对象与额度有严格的限定。美国的水灾保险为"强制性"保险，即不向财产有水灾风险但不买保险的申请人提供联邦资助（包括所有形式的联邦政府直接援助和间接贷款）。

私营保险公司负责水灾保险的销售，但不承担水灾损失的赔付。私营保险公司将售出的保单全部转给联邦保险管理局，按保单数量获取佣金。联邦保险管理局负责保险金的统一管理和使用。据统计，至1996年4月，《全国水灾保险计划》共售出保单约342万份，平均每份支付保险金284美元，收入保险费11.4亿美元，投保总额达3496.4亿美元。水灾保险总体上做到了

---

① 王润、姜彤：《欧洲莱茵河流域洪水管理行动计划述评》，《水科学进展》2000年第2期。

收支平衡，尚有 2600 万美元的结余。保险管理局另又向财政部的借款 6.9 亿美元（法律规定的限额为 10 亿美元），以应付特大水灾的赔付①。

（四）水灾保险与洪泛区管理挂钩

据分析，造成美国水灾防治投入增加、水灾损失上涨、政府救灾负担加重的主要原因，是水灾防治工程的兴建大大激发了投资者的开发热情，而且洪泛区地价低廉，使水灾风险区的人口和资本的增长速度远远超过了水灾防治能力提高的幅度。在这样的情形下，修建防洪工程和救助灾民的做法，实际上是诱发了不合理的开发行为。

但是，加入《全国水灾保险计划》的单位是社区而非个体，理由是单个公民或企业不可能规范建筑业，某个人或企业为减少水灾损失做出的努力很可能被其他人无意识的建筑行为而削弱甚至完全破坏。因此，只有以社区作为一个整体充分采取减灾措施，才有可能降低未来的水灾损失从而减少联邦政府的救灾款，保险费也不会因为水灾风险的增加而提高。社区只有完全满足《全国水灾保险计划》提出的财产管理要求，辖区内的公民或企业才有资格购买水灾保险。如果社区自愿采取比《全国水灾保险计划》标准更高的水灾防治措施，区内居民的水灾保险费可以按规定的折降率打折。截止到 1996 年 4 月，全美共有约 1.85 万个社区参加了《全国水灾保险计划》，占有水灾风险社区总数的 87%。据联邦救灾总署估计，按照《全国水灾保险计划》最低标准修建的建筑物使每年与建筑物有关的水灾损失下降 77%②。

（五）适当发挥私营保险公司的作用

除在全国各地代售水灾保险外，美国的私营保险公司也对《全国水灾保险计划》保险范围以外的资产提供水灾保险服务。这些私营公司利用联邦救灾总署的水灾保险费率图判断水灾风险，但用自己的一套规范来计算保险费率。私营保险公司的水灾保险是全国水灾保险计划的补充，具有商业保险的性质。国家不为私营保险公司承担水灾保险的风险。为了避免亏损，保险公司会对投保企业进行严格的水灾风险评价并要求企业采取各种减灾措施。对水灾风险太大的企业，保险公司会拒绝受理，或采取再保险的措施。

---

① 程晓陶：《美国洪水保险体制的沿革与启示》，《经济科学》1998 年第 5 期。
② 同上。

四 我国水灾防治体系的经济手段补充

前面的分析表明，在长期的历史进程中，我国水灾防治体系中的技术安排日臻成熟，组织安排和制度安排在最近几十年中也取得了快速的发展。但是，受宏观背景的影响，经济手段还比较薄弱，应是我们关注的重点。

由于水灾问题的特殊性和历史的原因，水灾防治在我国一直是政府行为。但事实已经证明，完全依靠政府是不可能的；而且，在市场经济条件下，也是不必要的。相反，如果政府能够运用市场规则减少无效的资源消耗和利益冲突，充分调动水灾防治活动中微观主体的主观能动性，使其把可以利用的资源充分利用起来，甚至增加资源的投入，水灾防治的效益最大化或成本最小化是可能追求的。本文为此设计了三项梯次渐进的水灾防治机制。

（一） 协调机制

水灾防治需要以流域为单位已经是众所周知的常识。问题是在以流域为单位的水灾防治活动中，分摊到每个微观利益主体乃至每个行政辖区的投入与其所获得的收益是不对称的。在这种情况下，要求那些投入大于收益的微观利益主体或行政辖区发扬奉献精神、为了别人的利益牺牲自己是不现实的。但也应该看到，一个不容否认的事实是，就流域整体而言，水灾防治的总收益是大于总投入的。这说明，有些以流域为单位的水灾防治措施具有卡尔多改进的属性，因而存在不同微观利益主体或行政辖区之间分工合作的可能性。比如，两个相邻的微观利益主体或行政辖区在采取相同或不同的水灾防治措施时，一个收益远大于损失，另一个损失略大于收益。如果收益远大于损失的前者在它的收益大于损失的净剩余中，拿出一小部分来补偿给损失略大于收益的后者，而且前者的补偿又适当地大于后者的净损失，在这种情况下，这两个微观利益主体或行政辖区之间就不难开展合作。

这是理论上的分析。要在实践中把这个可能性诱导出来，使其变为现实，则是政府的责任。可行的做法是设立一项协调机制，使同一层面的微观利益主体之间、同级行政辖区之间有一个平等交流的平台。在这个平台上，有关的微观利益主体或行政辖区按照权利与义务对等的原则，通过协商和谈判，把承担水灾防治的责任和获得补偿的权利、把分享水灾防治成果的权利和承担补偿的义务有机地统一起来，达成共同采取集体行动的协议，最终实现以流域为单位的水灾防治结果是完全可以预期的。

（二）补偿机制

在以流域为单位的水灾防治活动中，虽然总收益大于总投入，但不是所有的措施都具有卡尔多改进的属性，可以通过协商或谈判实现"双赢或共赢"的合作，比如，水灾防治的收益由多个微观利益主体或行政辖区分享，而水灾防治的损失由一个或少数几个微观利益主体或行政辖区承担的情况，像运用分蓄洪区损失的补偿、水库调蓄洪峰时因水文情报不准确造成损失的补偿以及江河上游地区为了水土保持的目的而退耕还林还草损失的补偿，就不是通过有关微观利益主体或行政辖区之间的协商和谈判解决得了的。对于这种情况，政府需要设立一项补偿机制，对某一个或少数几个损失较大的微观利益主体或行政辖区进行经济补偿。实际上，在前面提到的几种损失补偿中，运用蓄滞洪区的补偿自划定蓄滞洪区的时候就提出来了，只因为对补偿内容、补偿资金的计算标准和补偿资金的来源等没做明确规定，补偿资金主要由中央和地方财政解决。由于财政补偿资金不足，蓄滞洪区没有得到相应的补偿，或补偿标准很低，影响了蓄滞洪区的建设和使用。

2000 年 5 月，国务院颁发了《蓄滞洪区运用补偿暂行办法》。该办法具体规定了补偿范围、补偿对象、补偿内容、补偿标准、补偿程序和方式以及补偿资金的筹措和监督使用等。从条文上看，补偿的程序是很周密的。但问题是要严格按照这个程序去做，势必工作量大且烦琐，成本太高。而且，主要由政府机构及其工作人员完成这项工作，也不符合市场经济的要求，更难免使贡献者与受益者错位。因此，这里建议的补偿机制，是借鉴美国的经验，通过跟商业保险公司建立合作关系，利用商业保险公司的网络资源，把补偿资金直接送到利益受损者手中。

（三）保险机制

即使是最完备的水灾防治体系，也只能减小水灾的频率和危害程度，而不能从根本上消灭水灾。因此，通过参加保险的形式把水灾风险转移出去，也是防治水灾的一条重要途径。虽然它不能减小水灾损失，但可使受灾地区一次性遭受的水灾损失在较大范围和较长时间内分摊，实际上增强了灾区百姓的抗灾能力；同时，在国家救济能力有限的情况下，水灾保险使投保者在灾后能及时得到补偿，有利于其尽快恢复生产、重建家园。

我国自 20 世纪 80 年代初期就开始试行水灾保险，但进展缓慢。实际上，美国过去 30 多年的水灾保险进程也是困难重重，尽管逐步形成了一套行之有效的法规与管理办法，但仍有相当大的死角。在全美百年一遇洪水的水灾风险区中，约有 40% 的居民宁肯受灾后不要联邦政府的救助，也不愿购买水灾保险①。在 1993 年密西西比河特大水灾中，估计损失额为 120 亿—160 亿美元，《全国水灾保险计划》在中西部支付的保险金才接近 3 亿美元，占总损失值的 2% 左右②；水灾毁坏建筑 4 万余间，其中只有近 1.15 间参加了水灾保险，不到 30%③。这些事实说明了水灾保险的特殊性和艰巨性。但是，美国的保险实践给我国提供了很好的借鉴。

第一，水灾风险不是一种完全可保的风险④，因而不能由商业性保险公司进行以盈利为目的的经营；只能由政府作为一种政策险经营，以解决国家财政负担过重、增长过快的问题，并保持大灾之后社会的安定。

第二，水灾保险必须具有全国性。保险的基础是大数法则，即用多个投保户的保费支付一个或少数投保户的保险金。但水灾是按流域发生的，如果水灾保险也以流域为单位经营，水灾发生以后，全部或大部分投保户都需要损失赔偿，就难以实现水灾损失分摊，保险也就失去了意义。因此，只有在全国的大范围里，才可能分散水灾风险和水灾损失的负担。

第三，把水灾保险与防洪保护区的开发管理、国家的救济和贷款等联系起来，通过水灾保险与防洪保护区的开发管理挂钩促进防洪保护区土地的合理开发利用，减少或至少不再增加水灾防治工程体系的防洪压力；通过水灾保险与国家的救济和贷款挂钩督促水灾风险区的居住者或财产所有者购买水灾保险，也就是采取工程体系之外的水灾防治措施，最终从整体上减少水灾损失。

（原文发表于《中国农村经济》2002 年第 10 期）

---

① 程晓陶：《美国洪水保险体制的沿革与启示》，《经济科学》1998 年第 5 期。

② 《洪水与美国——密西西比河的洪泛区管理》，张万宗、郝凤华等译，黄河水利出版社 1999 年版。

③ 程晓陶：《美国洪水保险体制的沿革与启示》，《经济科学》1998 年第 5 期。

④ "一种完全可保的风险应满足下列要求：①有足够多的相似的风险载体单位；②发生的损失是偶然的；③不会发生大灾难；④损失是确定的；⑤损失的概率分布是可确定的；⑥损失的潜在严重性大，但概率不高（经济可行性）。"见特瑞斯·普雷切特等《风险管理与保险》，中国社会科学出版社 1998 年版。

社区主导型草地共管模式：成效与机制

——基于社会资本视角的分析

陈秋红

一 序言

作为一种新的后发展地区的资源管理模式，自然资源共管在 20 世纪 80 年代末期开始逐渐兴起，并在近年得到了较多关注。不过，它在中国的起步较晚，国内的相关研究从 21 世纪初才开始出现。从国内现有的相关研究成果看，其内容主要集中在综述国外资源共管的思想及理论方法（例如，左停、苟天来，2005），介绍某些地区实施资源共管的做法、效果和经验（例如，张宏等，2004；罗荣淮，2004；韦惠兰、何娉，2008），分析资源共管在中国的实施现状与存在的问题（例如，黄文娟等，2008）等方面，而分析自然资源共管的内在机制的相关研究不多，且其理论基础主要为博弈理论、治理理论和集体行动理论，从社会资本视角展开的相关研究较少，将集体行动理论和社会资本理论结合在一起展开的研究则更少。同时，其研究对象主要为森林资源和自然保护区，对哈丁的"公地悲剧"中所涉及的草地（牧地）这一研究对象的相关研究略显不足。

在政府的推动下，草地共管项目目前在中国一些地区已经得到了实施，典型的项目包括"高寒牧区高效畜牧业生态工程示范与技术推广项目"①

---

① 1999—2001 年，在香港乐施会和国际山地中心的资助与支持下，兰州大学干旱农业生态国家重点实验室在甘肃省玛曲县尼玛镇和欧拉乡以各利益群体共同参与的模式实施了这一项目。

"索加地区生物多样性保护与社区生计总体共管规划项目"① "滇西北农牧区生计改良项目"② "牧区综合发展项目"③ 等。这些项目实施后在保证农牧民增收、保护草地的可持续利用、促进各个利益群体的能力建设和优势互补等方面确实起到了积极作用（晏兆莉，2006）。不过，上述这些项目都是由政府或有关机构自上而下通过行政力量干预或资金注入等方式推动、由科研机构或企业牵头实施的。在这种情况下，基层组织在实施这些项目时难免会带有一定的完成任务或追求政绩的嫌疑。即使没有这样的嫌疑，这些由外部力量主导的共管模式也与由社区主导的、内生性的共管模式有较大差异。社区主导型草地共管模式的实施成效如何？什么因素影响这一内生性制度的演进逻辑和内在机制？学术界虽然对这些问题有所研究，但从社会资本视角展开的分析很少，相关的实证研究更是不足。

鉴于此，本文引入一个基层自发的、由社区主导的草地共管（共同放牧管理）案例，在概括说明其主要特点的基础上，通过对比该嘎查（即村）与另一个处于同一地区、具有相同自然条件但实施了不同草地管理模式的嘎查的草地保护状况和牧户生计发展情况来分析其实施成效，进而试图从社会资本的视角分析其内在机制形成的影响因素，以便为其他地区进行自然资源可持续管理的实践提供参考和借鉴。

二 社会资本、集体行动与自然
资源共管：理论解释

自然资源共管是指多个组织或多个群体（包括自然资源的使用者和管理者、科研人员、环保主义者等利益群体）在既定的目标下，通过公正协商对特定地理范围或系列自然资源进行合作管理的情形和过程。在自然资源共管过程中，各利益主体需要自始至终就他们各自的责、权、利及行动措施保持沟通和协商，在遵循自然规律、关注可持续发展与共同认可有关条例和

---

① 2002—2004 年，动植物保护国际组织在青海省玉树藏族自治州治多县索加乡实施了这个由多个利益群体参与的保护规划。

② 2003—2006 年，云南省生物多样性和传统知识研究会与云南省畜牧局实施了这一项目，在云南省迪庆州小中甸镇采用参与式方法和机制实施了一系列饲料供给、牲畜繁殖和草地改良措施，在香格里拉县的拖木南和支特地区进行了草地共管试点。

③ 从 1998 年起，西藏扶贫基金会和西藏自治区扶贫基金会在西藏自治区那曲地区执行了这一项目，以共管方式对当地草地进行了管理和改良。

伦理的前提下，在实现各方自身管理利用自然资源的最终目的或最大利益的同时实现经济的可持续发展和自然资源的可持续利用（晏兆莉，2006）。在完全意义上，资源共管包括以下七个关键部分：第一，政府作为共管成员在共管中扮演着关键角色，并且，理论上，它应该以利益相关者的角色参与，而不是以受托人的身份来参与；第二，广义上而言，共管的目的不仅包括对资源的保护，还涉及对成员的权利和义务的配置；第三，在可持续的共管安排中，社区参与方（或资源使用者）需要对社区成员利用资源的时间和条件做出规定和限制；第四，在共管中，某类机构或群体能否成功行使其权利，取决于其他类机构或群体权利的行使，这些权利包括参与收集或分析有关信息和确定政策议程等；第五，理论上，在成熟的共管中，各方需平等地协商以实现合作并促进公民社会发育；第六，共管区域的排他权要得到保证；第七，完全意义上的共管更多的是基于群体的集体权利，而不是个体权利（Pinkerton，2003）。多方共同参与资源管理，参与者共同协商达成共识、共享权利和收益、共同承担相关责任，是共管的特征（左停、苟天来，2005）。从这些构成要素和特征来看，自然资源共管的实现实际上是一个集体行动问题，集体行动是自然资源共管最主要的特征。

社会资本是指与物质资本、人力资本相区别的以规范、信任和网络化为核心的从数量和质量上影响社会中相互交往的组织机构、相互关系和信念，即处于一个共同体之内的个人或组织通过与内部和外部对象的长期交往与合作互利形成的一系列认同关系，以及在这些关系背后积淀下来的历史传统、价值观念、信仰和行为范式（李惠斌、杨雪冬，2000）。社会资本对于个体之间实现合作和克服"集体行动的困境"具有重要意义。帕特南认为，造成不同区域社会治理绩效差异的原因在于一些基本的社会条件，例如公民的公共参与网络的形成、人与人之间的信任、大家共同遵守的规范等，即社会资本。"由于各种原因，在一个拥有大量社会资本存量的共同体中，生活是比较顺心的……公民参与的网络孕育了一般性交流的牢固准则，促进了社会信任的产生。这种网络有利于协调和交流，扩大声誉，因而也有利于解决集体行动的困境。"（帕特南，2000a）而且，"公民参与网络增加了人们在任何单独交易中进行欺骗的潜在成本；培育了强大的互惠规范；促进了交往，促进了有关个人品行的信息之流通"（帕特南，2000b）。因此，他强调，"走出集体行动困境的捷径之一就是大力发展社会资本"（帕特南，2001）。肯尼斯·纽顿（2000）认为，通过互惠和信任，社会资本把个人从缺乏社会良心和社会责任感的、自利的和自我中心主义的算计者转变为对社会关系有共同假设和共同利益的共同体中的一员，从而构成了将社会聚合在一起的"黏合剂"。也就是说，社会资本有利于促进社会合作。奥斯特罗姆（2003）指出，社会资本概念是理解个体如何实现合作、如何克服集体行动问题以及达到更高程度的经济绩效的核心基础。她特别强调，任何社会互动领域内的自治体系都倾向于更为有效和稳定，并不是因为基层参与本身的突出效果，而是因为在这个过程中产生和存在不同形式的社会资本（郑传贵，2007）。

对于牧场、森林等公共池塘资源而言，可持续的公共池塘资源管理的集体行动机制需遵循以下八条原则：清晰界定资源边界，占用和供应规则须适合当地的实际情况，实现集体选择权的平等性，监督涉及资源管理和占用的各方，进行分级制裁，建立成本低廉且便利的冲突解决机制，保留自主设计地方性制度的权利，实施分权制管理体系（奥斯特罗姆，2000）。对草地等自然资源的共管要形成符合这些原则的集体行动机制，社会资本在其中发挥重要作用。在社会资本的重要组成部分中，信任能促进社区资源的整合，降低交易成本；互惠不仅能增强信任，促进信息、知识等的交换与分享，还有利于人们形成长期的责任意识；相互认同和世代传递的公共规则、规范和约束可以有效地减少机会主义行为，使共管成员各方以信任的方式行动，这些被称为"博弈规则"的要素可以通过建立回报和惩罚机制直接影响共管成员或通过信息、技术建议、替代的冲突解决机制等间接帮助成员进行自我管理，从而可以使个体有信心从事集体活动；紧密的社会互动网络则能增加关系的重复和联系，进一步提高信任水平，进而有利于参与网络的稳定发展。社会资本虽然未必能对自然资源共管的集体行动机制中每一条原则的实现都发挥作用，但在整体上，社会资本有利于将自然资源共管中各方的力量整合起来，降低交易成本，有利于实现多方共同参与资源管理、共同协商达成共识、共同承担相关责任，从而提高参与各方对自然资源进行共管的集体行动能力。

三 社区主导型草地共管模式：做法与效果

（一）研究区域概况与调查说明

本文的案例区域和对比区域所在的 C 旗是一个以蒙古族为主、多民族聚居的边境少数民族牧业旗，位于世界著名的四大天然草原之一的内蒙古呼伦贝尔草原。在20世纪80年代初期，案例区域A嘎查的草地状况在全旗最差，牧民经济状况在全旗也最差。但是，2007年，该嘎查牧民人均纯收入达7335元，72.6%的牧户实现了小康，沙化草地仅占2.66%（约13.5平方千米），成为全旗草地状况最好的小康嘎查。对比区域B嘎查在20世纪80年代初期草地状况和经济状况在全旗最好，但是，2007年，该嘎查牧民人均纯收入仅3020元，51.2%的牧户是贫困户，沙化草地的比例达29.06%，成为全旗草地状况最差、经济较贫困的嘎查。案例区域A嘎查和对比区域B嘎查都分布在海拉尔河南岸的呼伦贝尔草原北部沙带附近，且都处于潜在沙质荒漠化区域。两者所处环境的自然、气候条件完全相同，而B嘎查的草地状况在20世纪80年代初还要好于A嘎查。可是，为什么在短短（相对于草地生态系统数千年的变迁而言）20多年的时间里，A嘎查能在实现牧业经济快速发展的同时改善草地状况，B嘎查的草地生态系统却发生了逆行演替，出现草地生产力、经济潜力和生态服务性能下降或丧失的情况呢？

为了解上述两个嘎查草地管理的现实情况，探究上述状况发生的原因，笔者于2007年9月在内蒙古呼伦贝尔市C旗的这两个嘎查进行了牧户生计调查和走访。走访对象为嘎查、苏木和旗的相关干部。牧户生计调查的内容包括牧民及其家庭基本情况、牧民家庭经营行为、草地利用与保护方面政策的实施情况和牧民生态意识四项。调查采用问卷填写与入户访谈相结合的方式，由研究人员与熟悉当地情况并精通汉、蒙语言的调查员配对进行，如实填写问卷。随机选取调查样本时，笔者根据各嘎查富裕户、中等户和贫困户的比例分别确定样本数量：A嘎查的样本牧户为9户，占牧户总数的12.3%，其中，贫困户2户，占样本牧户的22%，这一比例与全国第三次牧业普查中A嘎查贫困户占牧户总数的比例（20.5%）大致符合；B嘎查的样本牧户为10户，占牧户总数的11.9%，其中，贫困户5户，占样本牧户的50%，这一比例也与全国第三次牧业普查中B嘎查贫困户占牧户总数的比例（51.2%）大致符合。随机抽取的样本基本上能反映两个嘎查牧户的总体情况。

（二）研究区域的草地管理概况

在对两个嘎查进行调查后，笔者发现，导致上述状况发生的关键因素是草地管理模式的不同。在 1980 年以前，A 嘎查和 B 嘎查对草地实行的都是集体统一管理，即牲畜也由集体（嘎查或大队）统一调配与管理。1980—1983 年，嘎查集体在统一调配的前提下将草地划分为一些责任区域，2—3 户牧户在责任区域内联合放牧，年末向嘎查上交一定比例的牲畜。在 1983 年"牲畜作价，户有户养，草场①公有，承包经营"的"草畜双承包"责任制实施后，其草地管理历程分为两个阶段：①1983—1997 年，在牲畜归户而草地没有分到户的情况下，"草场公有"、牲畜私有，两个嘎查实行的都是牲畜家庭经营与草地集体管理的方式。在这一体制下，作为公共资源，两个嘎查的草地在这一时期都严重退化。在 A 嘎查，嘎查集体为尽快实现牧民脱贫致富，放任牧民过度利用草地，导致了草地的严重退化。在 1994 年左右，A 嘎查近 1/3 的草地处于退化、半退化状态。之后，A 嘎查吸取教训，对牧民利用草地的行为加强了管理与监督。②1997 年草地承包到户以后，尽管两个嘎查对草地的经营采取的都是以草地承包、牲畜私有、分散经营为主要形式的家庭经营方式，但是，在具体的管理模式上，两个嘎查存在差异：B 嘎查实施的是政府监督与牧户私人管理相结合的模式，而 A 嘎查则实施的是家庭分散经营基础上的由村委会监督的共同放牧管理，即由社区居民主导的草地共管模式。

A 嘎查在 1997 年落实"双权一制"政策②时，由于水源等地理因素的限制，不可能做到草地实际承包到户，因为海拉尔河从 A 嘎查北缘经过，要让所有牧户的家畜有机会饮到河水，就必须让所有牧户的草地有一侧靠近海拉尔河。所以，该嘎查的草地必须分成狭长的条块（一般只有 5—80 米宽，15—2500 米长）。若以这种方式实行草地承包到户管理，草地的分户管理不仅增加了单个牧户的生产经营成本（包括围栏成本、牲畜远距离活动带来的掉膘等损失以及放牧难度的增加等），而且牲畜在狭长的草地上频繁活动也容易加剧草地退化，单个牧户较难对其草地进行有效管理。因此，在听取有关专家的意见、执行国家的各项草地管理制度与政策的基础上，该嘎查的牧民集体决定，把草地名义上承包到户，各户按照其所承包的草地面积放养一定数量的牲畜，嘎查内每个牧户的牲畜可以在其他牧户名义承包的草

---

① 草场包括打草场和放牧场。

② 即落实草牧场所有权、使用权，实施草牧场有偿使用家庭联产承包责任制。此处的"草牧场"即草场，包括打草场和放牧场。

地上自由放牧，仍旧持续过去的集体利用方式。在这一管理模式下，社区集体的作用日益凸显，草地管理实际上实行的是社区主导型草地共管模式。A 嘎查实施的这一模式的主要特点可以归纳为以下三个方面：

第一，牧民、基层组织、有关技术部门多方共同参与草地管理。其中，社区牧民发挥着主导作用。不仅草地名义上分到户、实际进行集体利用的管理方式是社区牧民共同商议确定的，而且，打草场与放牧场的弹性管理、牲畜种类管理以及退化草地的生态建设规则也是牧民共同商议制定的，在实践中得到了牧民的有效执行。基层组织发挥着关键作用。嘎查领导班子工作能力强，在社区内有很高威望，他们不仅在组织牧民协商与实施相关共管规则、监督其执行情况的过程中发挥着关键作用，而且是牧民与上级政府、其他利益群体之间联络的桥梁。有关技术部门在共管中的作用则主要体现在与牧民共同对退化草地进行监测、评估和技术干预方面。

第二，在基层组织的领导下，牧民共同协商就草地共管的措施和规则达成了共识。在对草地的弹性管理方面，对于打草场，嘎查在根据气候、草地质量状况等对打草数量进行适当控制（例如，只收割 1/2 或 2/3 面积的打草场上的草料，每年的控制数量存在差异）的基础上，再根据牧户的人口数量、名义上所承包的草地面积、当年放养的牲畜羊单位总数量[①]等把打草场分到户，2000 年之前每年分一次。为保证每个牧户的打草场具有一定程度的稳定性，2001 年以后改为每 4—5 年重新划分一次。对于放牧场，其管理措施包括：①按照草地状况和每个牧户名义上所承包的草地面积约定各户的牲畜规模。具体而言，每户放养的牲畜羊单位数量与其名义上所承包的草地面积（公顷）之间的比例不能超出 3/2[②]。不过，这一约定并没有成为死规定。在雨水充足、气象条件较好的年份，牧户所放养的牲畜数量可适度增加。同时，不同的牧户根据其自身的实际经济情况，也可以放养超出其约定数量的牲畜——只要超出部分不是太多。②在嘎查统一调配下对放牧场进行划区轮牧。在 6—7 月，放牧场中的部分优质草地实行完全休牧，牲畜在其他部分放牧场放牧；7 月以后，再在这一部分经过休牧的放牧场上放牧，避免其他部分放牧场被过度利用。在牲畜种类管理方面，一方面，控制小牲畜

---

① 大小牲畜的折算比例为：5 只羊 =1 头牛。

② 例如，若一个牧户所承包的草地面积为 100 公顷，则他家饲养牲畜的合理数量为 150 只羊（单位），折合牛的数量为 30 头。

（羊）的数量，嘎查干部带头多养奶牛，在近几年奶业由于"三聚氰胺事件"影响发展受阻后，嘎查干部又引导牧民多养肉牛；另一方面，在一定区域的放牧场内将大牲畜与小牲畜合理搭配放牧，限制小牲畜在具有一定退化程度的放牧场上频繁活动。在退化草地的生态建设方面，从 1997 年起，在国家草地建设项目资金的扶持下，部分退化严重的草地①由嘎查内的牧民进行承包经营与管理。在 20 年的承包期限内，牧民需主要通过自筹资金②对严重退化的草地实行休牧等管理，待其恢复后再合理利用。

第三，限制出租草地，并在限制外来放牧牲畜种类的基础上对其收取草地利用费，草地利用的排他性能得到一定程度的保证。为防止草地租赁中承租方超载过牧、掠夺性经营等短期行为，A 嘎查不允许牧户将其名义上所承包的草地转包、租赁给他人。同时，由于草地没有围栏，A 嘎查难以阻止外来牲畜（主要为附近火车站周围居民所放养的牲畜）的进入。对此，为维护嘎查全体牧民的权益，A 嘎查对外来牲畜进行了有效管理。其管理内容包括：①对外来牲畜的种类做出限制，只准在放牧场上养牛，严禁放养对放牧场破坏较大的山羊和绵羊。②要求对外来牲畜采取集中放牧的方式，按牲畜数量收取草地利用费，并采取措施限制外来牲畜的数量。一方面，对常年在当地放牧的居民所放养的同一数量的牲畜逐年提高草地利用费的收费标准（2006 年的收费标准为 10 元/头牛，2007 年为 30 元/头牛），通过压缩外来牲畜放养的利润空间来限制其放养规模；另一方面，对新增加的牲畜（无论是常年在当地放牧的居民所增加放养的牲畜，还是新进入当地放牧的居民所放养的牲畜）收取 2 倍的草地利用费。

（三）案例区域实施草地共管的成效

A 嘎查采取社区主导型草地共管模式，取得了很好的成效，不仅改善了该嘎查的经济状况和牧民的生活状况，保护了草地资源，而且提高了当地牧民的生态意识，改善了社区治理状况。

1. 纵向比较：案例区域经济发展状况与草地状况的变化

从牧民的收入增长情况看，1996 年末，A 嘎查牧民人均纯收入不足

---

① 这部分退化严重的草地面积为 2266.67 公顷，当时该嘎查退化严重的草地总面积为 3666.67 公顷左右。

② 在 2266.67 公顷退化严重草地的围栏管理所需资金中，牧户自筹资金所占比例约为 75%，国家或地方草地植被恢复与建设项目资金所占比例约为 25%。

1000 元，远低于呼伦贝尔市全市的平均水平（1995 年，呼伦贝尔市牧民人均纯收入为 1600 元）；而到 2007 年全国第三次牧业普查时，A 嘎查牧民人均纯收入达到 7335 元，远高于全苏木（即乡镇）4516 元和全旗 4735 元的水平。1997—2007 年，A 嘎查牧民人均纯收入增长了 6 倍以上，而同一时期，B 嘎查牧民人均纯收入仅增长不到 2 倍。

从草地状况的变化情况看，1996 年，A 嘎查有 1/3 的草地处于退化、半退化状态，而到 2007 年，退化草地面积的比例已不足 3%。1996—2007 年，尽管受气候因素影响，该嘎查草地的退化情况有所反复，并不总是处于退化面积减少、退化情况好转的状态，但总体上退化草地面积与过去相比大大减少了。并且，作为 20 世纪 80 年代 C 旗草地退化最严重的区域之一，A 嘎查近几年退化草地面积要比其所在镇的其他嘎查小很多。

2. 横向比较：具有相同自然条件的案例区域与对比区域的比较

在同一个苏木政府的管理下，具有相同自然条件的两个嘎查，在不同的草地管理模式下，形成了截然不同的发展状况：A 嘎查从 20 世纪 80 年代初期当地较贫困、草地退化最严重的嘎查转变为当地拥有最好草地状况的最富裕嘎查；B 嘎查则从 20 世纪 80 年代初期最富裕的嘎查转变为当地草地退化最严重、牧民生活最贫困的嘎查。并且，A 嘎查牧民的生态意识得到了提高，村庄治理状况得到了改善。

（1）嘎查的草地得到了保护甚至改善。从调查结果看（见表 1），目前两个嘎查的草地状况差异显著。2007 年，A 嘎查平均每户有打草场 157.4 公顷，放牧场 447.4 公顷，草地被沙覆盖面积 3.7 公顷，可利用草地面积①601.1 公顷；相比之下，B 嘎查平均每户只有打草场 80.5 公顷，放牧场 309.9 公顷，草地被沙覆盖面积达 80 公顷，可利用草地面积仅 310.4 公顷。

表 1　　　　　　　2007 年两个嘎查牧户经济状况与草地状况的比较

嘎查	家庭规模（人）	羊（只）	奶牛（头）	牛犊（头）	羊意外减少（只）	马（匹）
A（平均）	4	579	15	17	102	0.3
B（平均）	4	271	9	9	36	1.6

①　可利用草地面积等于该嘎查放牧场面积加上打草场面积减去草地被沙覆盖面积。

续表

嘎查	人均毛收入（元）	棚圈面积（平方米）	棚圈初期成本（万元）	打草场面积（公顷）	放牧场面积（公顷）	严重退化草地面积（公顷）
A（平均）	11756.8	189.5	1.8	157.4	447.4	3.7
B（平均）	5968.4	56.5	0.1	80.5	309.9	80.0

（2）嘎查集体经济与牧户家庭经济得到了快速发展：第一，由于草地得到了保护甚至改善，A 嘎查因此具有了更好的资源基础，牧户的生产力水平、生活水平比 B 嘎查提高得更快。由于户均比 A 嘎查少了将近一半的可利用草地，B 嘎查牧户的生产力水平和生活水平相对更低（见表1），2007年人均纯收入比 A 嘎查少了近 60%。第二，牧户较高的经济收入促进了其对棚圈等设施的投入，抗灾能力增强。在 A 嘎查，每户平均有棚圈 189.5 平方米，建造的初期成本平均为 1.8 万元，基本上为永久性棚圈。而在 B 嘎查，每户平均仅有棚圈 56.5 平方米，建造的初期成本平均为 0.1 万元，基本上都是简易棚圈。第三，在共管模式下，通过收取草地利用费，嘎查集体经济获得了较快发展，这为嘎查的发展提供了资金，使嘎查有能力拿出部分资源帮带社区内的贫困牧户，促进共同发展。2005—2007 年，A 嘎查集体先后拿出 18 万元为 9 户贫困牧户盖起了暖棚，为 1 户特困牧户盖起了住房；并将 71 头奶牛交给 15 户贫困牧户放养，每户只需在 3 年后归还给嘎查一头 2 岁牛。

（3）牧民的生态意识得到了提高。在共管模式下，牧民参与草地管理对其自身素质提出了更高的要求。同时，在参与有关管理活动的协商和实践过程中，牧民对有关草地管理的政策法规、草地保护的科学措施等方面有了更多的了解，对他们把科学知识与传统管理经验和优良文化传承结合起来具有积极意义。总体上说（见表2），除对草地生态环境建设的态度外，实施社区主导型草地共管模式的 A 嘎查牧民的受教育程度、语言能力、对草地利用的态度都要好于实施政府监督与牧户私人管理相结合模式的 B 嘎查。虽然 B 嘎查中愿意为治沙事业进行义务劳动的牧民比例高于 A 嘎查（即对草地生态环境建设的态度好于 A 嘎查），但是，B 嘎查中众多牧民的这种意愿是在单个牧户草地管理失效从而草地退化严重的现实下被迫形成的，是一种无奈之举，且仅仅体现在意愿上；而身处草地被有效管理的 A 嘎查中的牧民，这种意愿是自发形成的，并且，由于对生态环境具有更高的满意程度，A 嘎查的牧民或许比 B 嘎查的牧民在草地生态环境保护方面具有更强的行动力。

（4）社区治理得到了改善。在社区主导型草地共管模式下，牧民的民主意识等有了较大的提高，嘎查的基层组织建设有了较大改善，从而有力地改善了社区治理。在实施社区主导型草地共管模式后，A 嘎查党支部先后被评为"自治区先进基层党组织"、呼伦贝尔盟"农村牧区'五个好'嘎查党支部"、呼伦贝尔市"先进党支部"、旗"先进党支部"以及"五个好"党支部等。

表 2　　两个嘎查接受调查牧民受教育程度、语言能力和生态意识的比较

嘎查	受教育程度（年）	语言能力	对《草原法》的了解	对草地利用的态度	对草地的责任感	对草地生态环境建设的态度	是否愿意移民
A（平均）	9.2	1.8	1.4	0.8	0.7	77.8	22.2
B（平均）	6.5	1.1	1.3	0.2	0.7	100.0	80.0

注："语言能力"指是否蒙古语、汉语兼通，只会蒙古语 =1，蒙古语、汉语兼通 =2；"对《草原法》的了解"的选项和赋值分别为：阅读过《草原法》=3，对《草原法》有点了解 =2，听说过《草原法》=1，不知道《草原法》=0；"对草地利用的态度"的具体问题是"您对'人可以对草地采取一切措施满足自己的需要'的看法"，其选项和赋值分别为：不同意 =1，大体同意 =-1，非常同意 =-2；"对草地的责任感"的具体问题是"您对'下一代会找到解决草地退化的办法，人们现在不必为草地退化过多操心'的看法"，其选项和赋值分别为：坚决反对 =2，不同意 =1，同意 =-1；以上四项的数值为两个嘎查样本牧民所做回答的平均得分。"对草地生态环境建设的态度"的具体问题是"您是否愿意为治沙事业进行义务劳动"，表中所列数据为样本牧民中愿意进行义务劳动的比例（%）；"是否愿意移民"的具体问题是"如果政府为了改善生态环境，给您提供一个在城市生活的机会并给予相应的经济补助，保证您的生活不低于当地城镇的中等生活水平，您是否愿意移民"，表中所列数据为样本牧民中愿意移民的比例（%）。

由于 A 嘎查的草地共管实践是自下而上形成的，还处于不断的探索与完善之中，因而仍存在一些尚待完善之处。例如，共管区域的排他权不能得到绝对保证，在大部分草地没有围栏的情况下，时常有周边嘎查的牧户越过边界到该嘎查的草地上放牧。不过，总体上看，实施社区主导型草地共管模式取得的成效要远远大于其所存在的问题，社区主导型草地共管模式适应了当地的自然条件和社会、经济环境，是一种具有较高效率的制度安排。

四 社会资本与草地共管:内在机制分析

草地共管实践为什么能在 A 嘎查成功? 其主要原因是, 作为社区的一种内源性力量, 社会资本在草地共管内在机制的形成中发挥了关键作用, 丰富的社会资本提高了社区的集体行动能力, 从而提高了资源管理效率。在政府监督与牧户私人管理相结合的草地共管模式下 (例如 B 嘎查), 由于社区这一主体没有参与进来, 社区内社会资本对草地可持续管理的作用难以有效发挥, 因而草地可持续管理和牧民生计发展问题也就无法从根本上得到解决。

具体来说, 社会资本对草地共管内在机制形成的作用主要表现在四个方面:

1. 传统文化等社区基础有利于形成草地共管的认同机制

法国社会学家迪尔凯姆认为, 把个体联系在一起的是社会成员共同的信仰、道德规范和价值标准, 即 "集体意识" (张敦福, 2001)。作为蒙古族, 当地的牧民有着共同的文化信仰和风俗习惯认同, 都深受巴尔虎草原文化的影响。而在巴尔虎草原文化中, 生态保护思想内容丰富、自成一体, 包括 "天人合一" 的生态本源论、遵循自然的生态实践观、万物有灵的生态价值观、敬畏自然的生态伦理观和俭约实用的生态消费观等 (王斯琴, 2007)。 "保护重于建设" 的生态思想以及强调人与自然和谐共处等思想的草原文化传统在牧民的生产、生活中刻下了深深的烙印。例如, 调查区域中, 大多数牧民每年都去 "祭敖包", 他们都崇尚自然思想, 尊称草地为 "大命", 利用牛粪作燃料, 对所饲养的牲畜极其爱惜, 有些牧民甚至情愿让牛自然老死也不愿意屠宰。在共同的思想价值理念的影响下, 牧民形成了超越个别利益的群体认同。这种 "同感" 为牧民在社会生活中采取一致行动提供了依据, 有利于增强牧民之间的凝聚力和牧民对所生存社区的依赖及归属感。基于这种普遍认同的力量, 传统文化的内在聚合力使牧民愿意通过协商形成草地共管规则, 愿意根据这些共管规则进行自我管理、自我约束和相互制约, 愿意保护共同的家园。

2. 社区制度和社区组织等社区规范有利于形成草地共管的制度安排机制

牧民与当地自然环境世代相处, 高度依赖草地, 对草地有较深的了解,在管护和利用草地方面积累了相当丰富的传统知识。牧民所拥有的这些"地方性知识"和在实践基础上形成的与当地风俗传统相融合的村规民约是对草地共管极为有用的社会资本。以村规民约为代表的社区非正式制度为草地共管规则的形成奠定了基础，不仅降低了共管规则的形成成本，而且使共管规则更容易被牧民理解和实施，使自治性规范的自我约束力大大增强，因而是维护生态环境的成本较低且有效的手段，能和其他形式的正式制度一起共同促成社区形成草地共管这一集体行动。同时，村规民约等社区非正式制度还为牧民提供了解决个体间行为冲突的非正式机制，并为彼此间的信任提供了客观的保证。

得力的领导班子为社区主导型草地共管的实施提供了组织保证。作为嘎查的群众性自治组织，嘎查的村委会班子长期稳定，领导有较强的执行力和领导能力。嘎查领导以身作则，不仅在共管实践中率先垂范，还组织牧民自筹资金对退化草地采取围封等措施进行治理。正是有了这一强有力的领导班子作为草地共管组织，牧民有效的资源需求表达机制以及牧民间的事务协商机制和纠纷解决机制等才能以更低的成本形成。

3. 民间精英担任行政领导和社区信任有利于形成草地共管的运行机制

在A嘎查，领导班子尤其是嘎查党支部书记和嘎查达（即村委会主任）既是基层行政领导，更是村中能人，在嘎查内有较高威望。A嘎查党支部书记自1991年上任以来，领导着相对稳定的行政班子，不仅积极跑项目、引资金，而且带领牧民坚持治理嘎查内的沙丘沙带。他本人不仅是呼伦贝尔市人大常委，而且先后被评为自治区"优秀党支部书记""首届全国十大杰出青年牧民"等。在他的积极争取下，A嘎查引进了国家农村电网改造工程项目资金219万元，率先在全市实施牧业输电线安装工程，牧民也由此沿着输电线实现了定居轮牧。作为在经济状况、社会资源、信息、能力等方面有优势的民间精英，他们本身就是社区稳定的中坚和凝聚人心的力量，在发展社区经济、调和社区的各种关系、调解社区的各种冲突等方面具有重要作用。同时，领导者"具有一定程度的工具性"，"在日益增长的社会资本中，领导者的作用是显而易见的"（库托，2003）。民间精英担任社区行政领导，实现了社区内民间自发机制产生的民间权威与农村社会中政治权威的统一，这有利于减少两者间的冲突，促进形成协商基础上的一致行动。嘎查能人被行政授权，实现了社区内以民间精英为主导的民间权力与通过选举产生的行政权力的有效对接，这一由下而上和由上而下的结合有利于草地共管的顺利运行。

作为社会资本的精神内核，信任能够促进社区建构起多元合作的参与网络和自治组织结构，提高社区成员的参与水平，有利于草地共管的实施。"乡土社会里从熟悉得到信任。"（费孝通，1998）经过较长期的互动和联系形成文化或价值观念的认同之后，嘎查内的牧民培育了强大的互惠规范。作为一个重复博弈的稳定群体，他们"对一种行为的规矩熟悉到不假思索时的可靠性"（费孝通，1998）使嘎查内的牧民相信自己的付出必将得到别人同样的回报。调查中有 A 嘎查的牧民说："自家饲养的牲畜数量只是偶尔超出约定的牲畜规模，不会长期超出的，别人家也不会。"牧民间互不戒备的信任有利于他们形成对共同规范的内在信任和对互惠利他行为的稳定预期，提高成员间相互合作的可能性。

4. 民间规范和社区联系有利于形成草地共管的监管机制

包括习俗、惯例等在内的民间规范，创造了一种非制度化的关系网络，任何做出违背其文化传统和公共约定规范行为的个人都会被社区其他成员所排斥。在 A 嘎查，在每户所放养牲畜的规模被约定的同时，当地并没有出台明确的相关惩戒规定。不过，调查发现，当地牧户所放养牲畜的规模基本上被控制在自家名义上所承包草地的承载力范围之内，没有超出其限定标准。究其原因，社区"存在着一种强有力地推动人们以有益于社会的方式行为而避免未来遭受报复的激励机制"（伯勒斯、基提斯，2003）。现有的民间规范已经形成了针对非合作成员的惩罚机制，可以以较低的成本促使个体遵守规则。一方面，具有强烈互惠意识的牧民会对所放养牲畜的规模大大超出其约定数量的非合作牧民形成排斥；另一方面，在当地实施的有关项目扶持和政策优惠都不会将这些非合作牧民列为参与对象，他们将被排除在受益者之外。因而，在嘎查这一共同体内，牧民会更加注重维持其在嘎查内部的地位和声誉。声誉受损的不确定性和违规的风险性，被强大的规范和密集的参与网络降到了最低（帕特南，2001）。同时，在巴尔虎草原文化的影响下，当地牧民对保护其赖以生存的草地具有强烈的责任感，无论是在实施社区主导型草地共管模式的 A 嘎查还是在实施政府监督与牧户私人管理相结合模式的 B 嘎查，牧民"对草地的责任感"一项的得分基本一致，且都比较高。70%—80% 的牧民反对把治理草地退化的责任推给下一代，认为"自己这一代就对草地的退化与沙化防治有着重大责任"，认为"若现在不开始治理，下一代将不再拥有草地，治理草地的退化与沙化刻不容缓"。因此，在草地共同放牧这一集体行动问题上，牧民一般会将牲畜规模限定在约定数量以下，即使超出，超出部分也较少，从而形成了"合作"这一良性的均衡结果。

"村庄基本上属于封闭、内聚、紧密的共同体。在这个共同体内部，农户之间存在着高频率的社会互动。"（郑传贵，2007）社区成员通过长期的互动交往"可以更多地发现其他成员的特点、近期行为和未来的可能行为。这种信息越容易得到和广泛传播，社区成员将会越有动力以一种促进集体效益的结果方式行动"（伯勒斯、基提斯，2003）。一方面，信息沟通、人际交往以及生产、生活互助能使牧民相互之间增进了解，减少草地共管实践过程中的摩擦；另一方面，在长期的互动交往中，牧民之间形成了恩惠"风水轮流转"的稳定的关系网络，"强烈的互惠动机将诱发有效的惩罚以维持团体高产出"（伯勒斯、基提斯，2003）。牧民在付出努力而得不到合理的预期收益的情况下，会愿意参与惩罚违规者，克服"搭便车"现象。这正是为什么 A 嘎查虽然没有出台明确的相关惩戒规定，但牧民仍然对违反共管规则将受到的惩罚了然于胸的原因。在个别牧民违反共管规则时，嘎查内的牧民一方面会为维护自身的利益而自觉地以疏远交往、与他人不断谈论其是非等方式对其进行惩罚，另一方面也会从这样的反例中得到警戒，从而避免自己出现违反共管规则的情况。

在社会资本促进草地共管实践的同时，由于保护了草地、促进了牧民的生计发展、改善了社区治理状况，草地共管实践也提高了 A 嘎查的社会资本水平。草地共管实践不仅促进了传统管理经验和规范等优良草原文化的传承与发扬，而且能提高牧民获取信息和接受信息的能力，他们因而能够在草地保护和利用方面进行更长远的规划，从而提高其生活满意程度、对未来预期的乐观程度和居住意愿[1]，这将进一步提高牧民保护草地生态环境、建设美好家园的行动力。

五 结论和余论

基于上述分析，本文可以得出以下两点结论：第一，草地共管是一种有

---

[1] 在 B 嘎查，在给予相应经济补助的前提下，80% 的牧民愿意移民到城镇生活；而在 A 嘎查，愿意移民的牧民比例仅仅为 22.22% 。

效的草地资源可持续管理模式。A 嘎查所实施的社区主导型草地共管模式，尽管只是对原有集体管理方式的传承与一定程度上的创新，还并不是完全意义上的共管，但即使如此，这种具有社区主导型草地共管实质内容的草地管理模式在实践中也取得了很好的成效，促进了牧民增收、草地资源的保护和社区治理的改善，提高了牧民的生态意识。第二，社会资本在草地共管机制的形成和成功实践中发挥着关键作用。传统文化等社区基础有利于形成草地共管的认同机制，社区制度和社区组织等社区规范有利于形成草地共管的制度安排机制，民间精英担任行政领导和社区信任有利于形成草地共管的运行机制，民间规范和社区联系有利于形成草地共管的监管机制。

尽管农村基层在理论上对共管理念与模式缺乏了解，但事实上，从古至今，各地区在草地管理过程中都或多或少地有着共管的实践。可以说，草地共管一定程度上是在传承原有游牧体制并采用集体管理方式的基础上对管理组织、管理手段等的改良与创新。从这个意义上说，各地区都有对草地进行集体管理的历史传统与积淀。不过，本文案例中已被实践证明成功的社区主导型草地共管模式的做法能否在其他地区即使是在附近的其他地区复制和推广呢？笔者认为，简单的复制是不可取的，推广起来也面临着诸多困难。且不说自然条件（难以改变）方面，不同地区的不同草地类型有不同的资源特性和对各项管理措施的不同响应程度，单就改善其他地区复制和推广这一模式所需要的社会条件来说，其难度都相当大。这些困难包括发展对成员形成强烈道德约束力量的社会资本，建立起强有力的社区共管组织或基层组织，实现以民间精英为主导的民间权力与通过选举产生的行政权力的有效对接，取得社区内所有成员（以户为单位）的一致同意从而形成集体行动等。因此，在草地可持续管理实践中，各地区应结合当地的草地资源特征和社会、经济、文化背景，探索并建立起适宜的草地共管模式。

虽然本文案例中社区主导型草地共管模式的某些具体做法难以在其他地区复制，但其背后所体现的内在机制仍能为其他地区探索并建立起适宜的草地共管模式提供一定的启示。制度的形成与发展都是逐步演化的过程，不可能一蹴而就，关键是要去尝试。在这一问题上，政府不可强行在各地区推行草地共管机制，更不可强推一种统一的共管模式，而应在组织支撑、政策、信贷、技术等方面给予扶持，为各地区自发进行草地管理的诱致性制度变迁和形成可持续、内源式发展的合理路径创造条件。同时，各地区尤其应重视发展社会资本，加强对民间规范的尊重、对传统文化的传承和农村"熟人社会"的建设，并推进社区自组织发展。

参考文献

[1] Pinkerton, Evelyn, *Community – based Management & Co – management*, Paper Presented to OMRN National Conference, http://www.maritimeawards.ca, 2003.

[2] 左停、苟天来：《自然保护区合作管理（共管）理论研究综述》，《绿色中国》2005年第8期。

[3] 张宏、杨新军、李邵刚：《社区共管：自然保护区资源管理模式的新突破》，《中国人口·资源与环境》2004年第3期。

[4] 罗荣淮：《以社区村民为主体的自然资源共管》，《绿色中国》2004年第10期。

[5] 韦惠兰、何娉：《森林资源社区共管问题初探——以甘肃白水江国家级自然保护区为例》，《林业经济问题》2008年第2期。

[6] 黄文娟、杨道德、张国珍：《我国自然保护区社区共管研究进展》，《湖南林业科技》2004年第1期。

[7] 晏兆莉：《牧野资源共管的理念与程序介绍》，载李向林、安迪、晏兆莉编著《天然草原共管国际研讨会论文集》，中国农业科学技术出版社2006年版。

[8] 李惠斌、杨雪冬：《社会资本与社会发展》，社会科学文献出版社2000年版。

[9] 帕特南：《独自打保龄球：美国下降的社会资本》，载李惠斌、杨雪冬主编《社会资本与社会发展》，社会科学文献出版社2000年版。

[10] 帕特南：《繁荣的社群——社会资本与公共生活》，载李惠斌、杨雪冬主编《社会资本与社会发展》，社会科学文献出版社2000年版。

[11] 帕特南：《使民主运转起来》，王列、赖海榕译，江西人民出版社2001年版。

[12] 肯尼思·纽顿：《社会资本与现代欧州民主》，载李惠斌、杨雪冬主编《社会资本与社会发展》，社会科学文献出版社2000年版。

[13] 奥斯特罗姆：《流行的狂热抑或基本概念》，载曹荣湘《走出囚徒困境》，上海三联书店2003年版。

[14] 郑传贵：《社会资本与农村社区发展——以赣东村为例》，学林出版社2007年版。

[15] 奥斯特罗姆：《公共事物的治理之道——集体行动指导的演进》，于逊达、陈旭东译，上海三联书店2000年版。

[16] 王斯琴：《内蒙古陈巴尔虎草原文化与草原生态保护研究》，中国农业科学院硕士学位论文，2007年。

[17] 库托：《领导学的新视野》，陈志刚译，载曾荣湘《走出囚徒困境——社会资本与制度分析》，上海三联书店2003年版。

[18] 费孝通：《乡土中国生育制度》，北京大学出版社1998年版。

［19］伯勒斯、基提斯：《社会资本与社区治理》，康之国译，载曾荣湘《走出囚徒困境——社会资本与制度分析》，上海三联书店 2003 年版。

（原文发表于《中国农村经济》2011 年第 5 期）

中国自然保护区给予周边农村社区了什么[*]
——基于 1998—2014 年陕西、四川和甘肃三省农户调查数据

王昌海

一　问题的提出

地球的生物资源对人类的经济和社会发展至关重要。生物多样性是对当代和后代人具有巨大价值的财富，是经济、社会持续、稳定的基础。美国杜克大学的世界著名生物学家斯图尔特·匹姆团队研究成果指出，人类活动导致物种灭绝的数量是自然淘汰数量的 1000 倍，物种灭绝速度的加快主要原因不是因为二十年来自然灭绝的速率开始加快，而是人类活动使然（Pimm et al.，2014）。作为负责任的大国，中国于 1992 年正式签署《生物多样性

　　* 本文得到中国社会科学院国情调研重大项目"陕西洋县生态保护与农村经济发展协调模式调研"、国家自然科学基金面上项目"保护与发展：社区视角下协调机制研究"（项目批准号 71373024）以及国家林业局大熊猫国际资金科学研究类项目"中国大熊猫自然保护区管理体制研究"（项目批准号 EB1416）共同资助。文章在修改过程中得到以下学者的修改意见：中国社会科学院农村发展研究所苑鹏和谭秋成两位研究员，中国社会科学院社会学所王晓毅研究员；在模型构建过程中，感谢中国社会科学院数量经济与技术经济研究所郑世林副研究员。感谢陕西周至国家级自然保护区管理局司开创先生以及陕西佛坪国家级自然保护区管理局梁启慧先生分别为本研究提供 2000 年、2001 年以及 2011 年农户调查数据；感谢中国社会科学院农村发展研究所"乡村治理第 11 次研讨会"全体学者给予的宝贵修改意见。当然，文责自负。
　　本文所涉及的保护区周边社区，定义为保护区内以及保护区实验区外围边缘 10 千米以内的农村。

保护公约》。① 建立各种类型的自然保护区是保护生物多样性最有效的途径，截至 2012 年底，中国共建立自然保护区 2669 个，占国土面积的 14.9% ，超过 12% 的世界平均水平，其中国家级自然保护区 363 个，以自然保护区为主体的生物多样性就地保护网络基本形成，取得了显著的保护成效。② 社区居民是生物多样性保护的最重要相关利益者，在我国抢救式保护过程中，他们更多被认为是威胁者，忽视了他们在保护中所承担的成本与应获得的利益，缺乏对他们行为背后成因的研究（Nepal and Spiteri，2011）。在保护政策制定中，缺乏明确对社区权利及利益保障的内容，也是当前保护区发展政策中需要完善的重要方面。现代生物多样性保护理念，强调生态效益与社会经济协调发展，也要高度关注保护文化多样性，更应重视当地社区参与保护区保护及受益于保护的过程（Bennett and Dearden，2014；Wittmayer and Büscher，2010）。保护区周边的社区居民是生物多样性资源的利用者和保护的直接执行者，其行为意识和行为方式是影响生物多样性保护效果的关键因素（Börger，2014；王昌海，2014）。为此，从社区视角分析自然保护区建设与管理过程中存在的问题、提出具有可行性的对策具有重要的现实意义，这也是本文选择研究视角的重要依据。

二　文献综述

基于生态保护与社区发展视角，如何协调二者之间的关系？国际社会学者们进行了多方面大量的研究。热点问题主要集中在以下几个方面的研究：①保护区与社区矛盾的研究。自然资源保护区在划定之前即有居民定居，即社区是先于自然保护区存在的。中国对自然保护区资源的管理一般实行强制性严格保护，在一定空间内限制了当地居民对自然资源的利用（韦惠兰等，2010）。②保护区资源管理模式的研究。社区参与式保护在经济欠发展的保护地区是一项最为有效的保护生物多样性方式（Zanetell and Knuth，2004），

---

① 《生物多样性公约》（*Convention on Biological Diversity*，CBD），是一项保护地球生物资源的国际性公约，于 1992 年 6 月 1 日由联合国环境规划署发起的政府间谈判委员会第七次会议在内罗毕通过，1992 年 6 月 5 日，由签约国在巴西里约热内卢举行的联合国环境与发展大会上签署。公约于 1993 年 12 月 29 日起正式生效。常设秘书处设在加拿大的蒙特利尔。该公约旨在保护濒临灭绝的植物和动物，最大限度地保护地球上的多种多样的生物资源，以造福于当代和子孙后代。中国于 1992 年 6 月 11 日签署该公约。

② 国家环境保护部网站，http://sts.mep.gov.cn/zrbhq/。

但 Nepal 和 Spiteri（2011）经过尼泊尔保护地区实证调查及研究后认为，参与式保护受多种因素的影响，持久性不强。③社区居民对保护区认知度的研究。社区居民认知度的研究是近几年新兴起的一个研究视角。Karanth（2012）研究了印度和尼泊尔地区 7 个国家公园当地农户对成本收益的认知，结果发现农户对收益的认知是不敏感的，而对成本的认知非常敏感，大部分农户认为由于保护生物多样性，增加了他们生活的经济成本但并没有增加他们的经济收益。④保护区周边社区经济发展研究。保护区社区经济发展的研究主要有两种模式：第一种研究是结合具体案例，着重分析某一个或者几个保护区与当地社区经济发展之间存在的诸多矛盾，并提出解决对策或者二者发展思路（Bown et al.，2013；Goldman，2003）。第二种研究通过深入详细的调查，提出在自然保护区内协调自然保护与加速社区发展的途径（Nagendra and Gokhale，2008）。这类研究的优点是结合实际案例分析，具有很强的实际指导意义。⑤探讨保护区与社区协调发展机制的研究。从全球尺度来看，保护区与保护区周边社区之间的矛盾从根本上来说是内部效益外部化的问题，即保护收益与所承担的保护成本之间的不平衡（温亚利、谢屹，2009）。目前已被有关学者普遍接受的观点是：保护区的生态及经济补偿是社区与保护区协调发展的基础（Bown et al.，2013；Spiteri and Nepal，2008）。

中国是世界上生物多样性丰富的国家之一，促进生物多样性保护与当地社区的协调发展，是目前面临的一个非常严峻的问题（国家林业局保护司，2003），探索二者之间日益加剧的冲突的缓解途径，中国政府、非政府组织以及学者都在进行着不懈的努力。世界非政府组织（WWF/GEF）加大对中国生物多样性丰富区域的资助，目的不仅是为了科学研究，更重要的是发展当地社区经济以及保护现存的生物多样性。温亚利（2003）经过多年的实践研究认为，现阶段，中国生物多样性保护事业已经到了一个岔路口，保护政策调整和创新是我国生物多样性保护所面临的最迫切任务，而社区农户的生存利益保障是保护工作中的重中之重。

国内外学者的大量研究为我们进一步研究保护与发展这一主题奠定了基础。鉴于此，延续已有研究路径，基于生计可持续性视角，以保护区周边社区农户为研究对象，本研究重点推进以下几个方面的研究：①基于同区域不同时间段样本，分析保护区周边社区 15 年的生计变化情况；②在农户生计变化的基础上考究农户对建设自然保护区的满意度及其影响因素；③根据研究结论，提出有针对性的政策建议供国家自然保护区管理部门参考。

三 研究设计、分析方法及数据描述性统计

（一）研究设计

本研究目的主要是检验自然保护区建设对周边社区的影响。保护区成立后，随着保护区严格的管理，保护效应越来越明显，比如，保护政策实施后，农户利用保护区内资源受到限制，直接导致农户生计的变化；野生动物越来越多，伤人伤畜以及损害庄稼事件有增无减，但经济补偿措施并不完善，农户保护积极性不高。这些都直接或者间接地影响着国家保护事业的发展，有待于保护政策的进一步优化。因此，本研究的主要路径如图 1 所示。

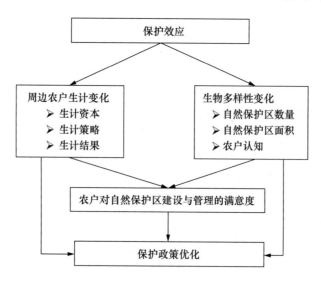

图 1 本研究的路径

本文采用的实证研究共分两部分：一是保护区周边社区农户生计变化情况；二是农户保护区周边社区农户对保护区建设与管理的满意度①及影响因

---

① 后文简称为农户满意度，即保护区周边社区农户生计资本对保护区建设与管理的满意度。此部分数据应该用第二时间段数据来分析，第二时间段农户问卷设计中加入了一条重要的认知，即农户对自然保护区建设与管理五级满意度（1 = 非常不满意；2 = 不满意；3 = 一般；4 = 满意；5 = 非常满意）。第一时间段没有此项认知。

素分析。依据间隔 15 年的一手调查数据，对陕西、四川以及甘肃三个省份有代表性的自然保护区周边社区农户生计以及保护区建设与管理情况进行分析。本研究团队保存了从 1998—2014 年的跟踪数据，分别是 1998 年、2000 年、2001 年、2011 年、2012 年、2013 年、2014 年。本研究假设时间间隔较近年份，农户生计变化不太明显，为了研究的方便，本研究把数据分为两个时间段：第一时间段（1998 年、2000 年以及 2001 年）、第二时间段（2011—2014 年）。跟踪数据一共获得有效问卷 2306 份（第一时间段 321 份以及第二时间段 1985 份）。第一时间段数据来源主要是依托国家林业局软课题以及世界自然基金会（WWF）项目联合调查数据；第二时间段数据来源主要是依托国家自然科学基金、中国社会科学院创新工程项目以及国家林业局保护司科学研究类项目，采用结构式农户问卷调查（一对一访谈）的主要方式。主要研究区域共涉及 3 个省份，包括四川（卧龙保护区、王朗保护区、唐家河保护区以及九寨沟保护区）、陕西（周至保护区、太白山保护区、佛坪保护区、长青保护区以及朱鹮保护区）、甘肃（白水江保护区）。需要说明的是，第一时间段调查因为科研经费以及调查员缺乏的限制，农户问卷调查一共获取有效问卷 321 份，涉及研究区域的王朗保护区、唐家河保护区、周至保护区、太白山保护区、佛坪保护区以及白水江保护区。第二时间段数据来自研究区域的 10 个自然保护区，每个保护区周边选取 5—10 个村子，每个村子随机选取 10—20 个农户。2011 年、2012 年、2013 年以及 2014 年四年共获得 2270 份农户问卷，除去无效问卷 285 份，最终得到有效问卷 1985 份，有效率 87.4%。每个时间段的农户问卷均选择不同社区进行。

农户问卷设计分为两大部分，第一部分农户家庭基本情况，第二部分农户对自然保护区建设的相关情况认知。1998—2014 年的农户问卷中，农户家庭基本情况设计基本相同，仅有部分略做了调整，这样是为了形成数据的连续性，方便分析。

问卷涉及的农户家庭基本情况主要内容如下：①受访农户个人基本信息，包括年龄、婚否、受教育程度、健康程度、是否村干部以及务工情况等；②家庭基本情况，包括自然资本（耕地、林地）、人力资本（家庭人口数、劳动力数量、劳动力健康程度、劳动力受教育程度）、物质资本（宅基地面积、房屋结构、牲畜数量、农机设备及生活设备价值等）、金融资本（总家庭年收入、人均纯收入、储蓄、负债等）、社会资本（参加社区组织活动次数、通信费用以及维持人际关系的红白喜事费用等)。

问卷涉及的农户对自然保护区建设认知情况主要包括：①直接影响（资源利用、土地权属、野生动物伤人伤畜、经济补偿、收入变化、生物多样性等）。②间接影响（劳动力转移、生态旅游、社区知名度、个人归属感以及生产生活基础设施建设等）。③传统习俗（少数民族传统、文化习俗影响等）。④农户对自然保护区建设与管理五级满意度（1＝非常不满意；2＝不满意；3＝一般；4＝满意；5＝非常满意）。

（二）分析方法

可持续生计分析框架：

农户生计可持续性是指一个家庭应对环境冲击和压力的能力，并在没有破坏自然资源的基础上保持或提高其生存能力（Chambers and Conway，1992）。英国国际发展部（the UK Department for International Department）开发了可持续生计分析框架及量化分析（Carney，1998），[①] 它的独到之处在于其揭示了一个理解贫困的框架，也指出了根除贫困的潜在机会，指出人们如何利用大量的财产、权利和可能的策略去追求某种生计出路的途径。可持续生计分析框架由脆弱性背景、生计资本、结构和过程转变、生计策略和生计结果五部分构成，这些组成成分以复杂的方式互相作用。

可持续生计分析框架是把农户看作在一个脆弱性的背景中生存或谋生的对象，他们也可使用一定的资本。这种环境也影响着农户的生计策略，即资本配置与使用的方式，以实现预期的成果并满足他们的生计目标。在制度和政策等因素造就的脆弱性环境中，在资本与政策和制度相互影响下，作为生计核心的资本的性质和状况，决定了采用生计策略的类型，从而导致某种生计结果，该生计结果又反作用于资本，影响资本的性质和状况（汤青等，2013）。本研究在众多学者研究的基础上（Singh and Hiremath，2010；Mahdi，et al.，2009；李小云等，2007；赵雪雁，2011），针对自然保护区周边社区特点，开发了一套保护区周边社区农户生计资本量化标准（见表1），目的是为了比较分析不同时期不同收入类型农户的生计变化情况。

---

① 由于篇幅有限，本文不再介绍 DFID 开发的生计可持续发展框架，可以参考文献：D. Carney，*Implementing a sustainable livelihood approach*，London：Department for International Development，1998.

表1 农户生计资本指标及量化标准

生计资本	量化标准	备注
1. 自然资本（N）		$N=0.5N1+0.5N2$
人均耕地面积（$N1$）（水田和旱地）（亩）	$N1\geq5$（1）；$3<N1\leq4$（0.8）；$2<N1\leq3$（0.6）；$1<N1\leq2$（0.4）；$0<N1\leq1$（0.2）；$N1=0$（0）	括号内表示标准量化值，以下指标相同
人均林地面积（$N2$）（亩）	$N2\geq10$（1）；$2<N2\leq4$（0.2）；$8<N2\leq10$（0.8）；$6<N2\leq8$（0.6）；$4<N2\leq6$（0.4）；$0<N2\leq2$（0.1）；$N2=0$（0）	
2. 人力资本（H）		$H=0.4H1+0.3H2+0.3H3$
家庭成人劳动力（$H1$）	成人劳动力占总家庭总人口比例（$H11$）：$H11>0.8$（1）；$0.6<H11\leq0.8$（0.8）；$0.4<H11\leq0.6$（0.6）；$0.2<H11\leq0.4$（0.4）；$0<H11\leq0.2$（0） 成人劳动力数量（$H12$）：$H12\geq5$（1）；4（0.8）；3（0.6）；2（0.4）；1（0.2）；0（0）	$H1=0.6H11+0.4H12$
成人劳动力受教育程度（$H2$）	大专及以上（1）；高中（0.8）；初中（0.6）；小学（0.4）；文盲（0）	
劳动力健康程度（$H3$）	非常健康（1）；比较健康（0.8）；一般（0.5）；差（0.2）；非常差（0）	
3. 物质资本（P）		$P=0.4P1+0.3P2+0.3P3$
房屋（$P1$）（元）	根据房屋结构、建造面积、使用年限等因素折算成现值（$P1$）：$P1\geq20$万（1）；15万$<P1\leq20$万（0.8）；10万$<P1\leq15$万（0.6）；5万$<P1\leq10$万（0.4）；1万$<P1\leq5$万（0.2）；$P1\leq1$万（0）	
牲畜（$P2$）（元）	根据马、牛、羊、猪等家畜数量折算成现值（$P2$）：$P2\geq10000$（1）；$5000<P2\leq10000$（0.8）；$3000<P2\leq5000$（0.6）；$1000<P2\leq3000$（0.4）；$500<P2\leq1000$（0.2）；$P2\leq500$（0）	

生计资本	量化标准	备注
生产生活设备 (P3)（元）	把农户拥有的小汽车、拖拉机、摩托车及电冰箱等生产生活设备，折旧后现值 (P3)：$P3>5$ 万（1）；3 万 $<P3\leqslant5$ 万（0.8）；1 万 $<P3\leqslant3$ 万（0.6）；$5000<P3\leqslant1$ 万（0.4）；$1000<P3\leqslant5000$（0.2）；$P3\leqslant1000$（0）	
4. 金融资本 (F)		$F=0.4F1+0.6F2$
家庭纯收入占家庭总收入比例 (F1)	$F1\geqslant0.8$（1）；$0.6<F1\leqslant0.8$（0.8）；$0.4<F1\leqslant0.6$（0.6）；$0.2<F1\leqslant0.4$（0.4）；$0<F1\leqslant0.2$（0.2）；$F1\leqslant0$（0）	
储蓄 (F2)	有（1）；没有（0）	
5. 社会资本 (S)		$S=0.4S1+0.3S2+0.3S3$
家里有村干部 (S1)	现在有（1）；过去有（0.5）；没有（0）	
维持人际关系花费占家庭收入比例 (S2)	$S2>20\%$（1）；$15\%<S2\leqslant20\%$（0.8）；$10\%<S2\leqslant15\%$（0.6）；$5\%<S2\leqslant10\%$（0.4）；$1\%<S2\leqslant5\%$（0.2）；$S2\leqslant1\%$（0）	
参与村里活动次数 (S3)	过去的一年里 (S3)：$S3\geqslant6$（1）；$S3=4—5$（0.75）；$S3=3—4$（0.5）；$S3=1—2$（0.25）；$S3=0$（0）	

（三）数据描述性统计

1. 不同时间段自然保护区周边社区农户收入来源

由于自然保护区的建设，周边社区农户的生计资本、生计策略以及生计结果都会在一定程度上发生改变（Bulte and Rondeau，2007）。生计资本的变化会直接导致生计策略的改变（Karki，2013），因此，本研究将比较分析不同收入组生计资本的变化。依据学者们已有的数据处理方式（Mahdi et al.，2009；Vedeld et al.，2012），我们把每个时间段农户人均纯收入的平均值作为分组的标准（高于均值的为高收入组，低于均值的为低收入组）。

如表2统计结果所示，第一时间段农户人均纯收入的平均值远高于第二时间段，一个可能解释为：第一时间段较多农户选择务农为主的家庭生产经营方式，即使有部分农户进入自然保护区进行挖中药材等一系列活动，但总体收入不高（人均876元）。随着自然保护区管理越来越严格，进入第二时间段，农户几乎不能再轻易进入保护区从事相关资源的采集，收入大减；但随着农户生计策略的变化，农户以非农为主的就业方式越来越多（从19.94%—54.01%），给家庭带来了另一途径的较高收入途径（3581元）。依据非农收入占农户总收入比重这重要指标，并参考农户生计策略，将农户收入来源分为纯务农、务农为主、非农为主和非农（见表2）。

表2　　　　　　1998—2014年自然保护区周边社区农户收入来源统计　单位:%，元

收入组	低收入组	年人均纯收入	高收入组		观测值
第一时间段	69.47	876	30.53		321
第二时间段	57.91	3581	42.09		1985
收入来源	纯务农	务农为主	非农为主	非农	观测值
第一时间段	48.60	26.17	19.94	4.98	321
第二时间段	13.60	23.38	54.01	9.02	1985

2. 农户满意度及主要变量统计结果

从表3a统计结果可以看出，1985个总样本中，有755个农户选择了"不满意"，所占比例最大（38.04%），有27.76%和24.58%的农户分别选择了"满意"和"一般"，其余农户选择了"非常满意"和"非常不满意"，比例分别为7.00%和2.62%。因此，总体而言，样本"不满意度"比例较高，从满意度平均值（2.98①）来看，样本农户的满意度介于"一般"和"不满意"之间，但更接近于"一般"。整体说来，保护区周边农户对自然保护区建设与管理是不满意的，这也直接说明自然保护区的建设过程中保护与发展的矛盾依然严重，管理工作有待进一步提高。那么哪些因素在影响着他们的主观选择，后文将进行重点分析。表3b统计主要变量描述性统计结果。

---

① 2.98 = （1 × 52 + 2 × 755 + 3 × 488 × + 4 × 551 + 5 × 139）÷1985。

表3 农户对自然保护区建设与管理的满意度统计结果

a 农户对自然保护区建设与管理的满意度分布情况

满意度	非常不满意	不满意	一般	满意	非常满意	观测值
总样本	52（2.62%）	755（38.04%）	488（24.58%）	551（27.76%）	139（7.00%）	1985

b 主要标准量化生计资本变量的统计结果

	变量	变量定义及赋值	均值	标准差
生计资本特征	（1）自然资本	量化标准值	0.3006	0.16032
	人均耕地面积（N1）	量化标准值	0.3766	0.21739
	人均林地面积（N2）	量化标准值	0.2252	0.24038
	（2）人力资本	量化标准值	0.5342	0.09319
	家庭成人劳动力数量（H1）	量化标准值	0.4439	0.18174
	成人劳动力受教育程度（H2）	量化标准值	0.4999	0.11931
	劳动力健康程度（H3）	量化标准值	0.6888	0.10351
	（3）物质资本	量化标准值	0.5031	0.11330
	房屋（P1）	量化标准值	0.6697	0.18262
	牲畜（P2）	量化标准值	0.3223	0.19944
	生产生活设备（P3）	量化标准值	0.4620	0.19320
	（4）金融资本	量化标准值	0.6350	0.24245
	家庭纯收入占家庭总收入比例（F1）	量化标准值	0.3586	0.18408
	储蓄（F2）	量化标准值	0.8193	0.38470
	（5）社会资本	量化标准值	0.2986	0.15217
	家里有村干部（S1）	量化标准值	0.0829	0.25017

3*b* 主要标准量化生计资本变量的统计结果

	变量	变量定义及赋值	均值	标准差
生计资本特征	维持人际关系花费占家庭收入比例（S2）	量化标准值	0.3961	0.22502
	户主参与村里活动次数（S3）	量化标准值	0.4896	0.26565
受访者特征	户主（householder）	0＝否；1＝是	0.5998	0.49006
	性别（sex）	0＝女；1＝男	0.4808	0.49976
	年龄（age）	0＝18—30；1＝31—40；2＝41—50；3＝51—60；4＝61 及以上	2.0166	1.06814
	受教育程度（education）	0＝文盲；1＝小学；2＝初中；3＝高中；4＝大专及以上	1.9168	0.74590

续表

受访者特征	村干部（leader）	0＝否；1＝是	0.0408	0.19794
	本地居住时间（local-time）	0＝10 年及以下；1＝11—20 年；2＝21—30 年；3＝31—40 年；4＝41 年及以上	3.2767	1.25617
	身体健康程度（health）	0＝非常健康；1＝比较健康；2＝一般；3＝差；4＝非常差	1.0736	0.47172
	婚姻状态（marriage）	0＝已婚；1＝未婚；2＝离异；3＝丧偶	0.0711	0.43136
	户口（hukou）			
家庭特征	收入来源（income）	0＝纯务农；1＝务农为主；2＝非农业为主；3＝非农业	2.2139	0.75170
	家庭位置（location）	0＝保护区内；1＝保护区外	0.5610	0.49639
政策特征	经济补偿（compensation）	野生动物伤人或者损害庄稼，能否得到经济补偿，0＝否；1＝是	0.5706	0.49512

3. 农户对自然保护区建设满意度分析

在农户生计资本量化分析的基础上，研究农户对自然保护区建设与管理的满意程度及其影响因素。此部分研究选取了全国有典型意义的研究区域，本研究在控制受访农户基本特征变量后，重点考究家庭生计资本对农户满意度的影响，同时分析农户所选择的生计策略。为检验理论命题，我们设定的基本计量模型为：

$$Satisfaction_i = \alpha_0 + \alpha_1 Livelihood - Assets_i + \beta X_i + \varepsilon_i$$

首先，$Satisfaction_i$ 表示农户 i 满意度的度量指标。在构建农户对自然保护区建设与管理满意度指标时，设计了以下问题："总体来看，您对周边建立自然保护区是否满意？1＝非常不满意；2＝不满意；3＝一般；4＝满意；5＝非常满意。"由于农户满意度是有序离散变量，计量方程式为有序 Probit 模型（Ordered Probit Model）。

其次，$Livelihood - Assets_i$ 代表农户家庭拥有各类量化标准生计资本，为农户满意度的核心解释变量。

最后，考虑到农户满意度还受到生计资本状况以外其他因素影响，我们在计量模型中控制了可能影响农户满意度的其他因素 X_i，包括农户是否为户主、是否村干部、性别、年龄、受教育程度、婚姻状况、健康程度以及户口状况等。此外，考虑到农户就业类型、政策因素和所在区域的社会经济环境对农户满意度也可能有影响，我们构建了相应的家庭收入来源、经济补偿以及家庭地理位置等变量（为了避免与生计资本变量的重复，在控制变量选择中，家庭变量仅选取了收入来源与家庭地理位置）。

四 研究发现与解释

（一）保护区周边农户生计资本变化

根据表 1 生计资本量化标准，我们量化了第一时间段和第二时间段的农户生计资本标准值，由图 2 可以看出，在过去 15 年的时间里，自然保护区周边社区农户自然资本从 0.53 减少到 0.30、社会资本从 0.38 减少到 0.30，二者在 1% 的水平发生了显著变化（Sig. < 0.01）；物质资本从 0.27 增加到 0.50、金融资本从 0.56 增加到 0.64，二者在 1% 的水平上发生了显著变化（Sig. < 0.01）；人力资本从 0.50 增加到 0.53，但没有显著变化（Sig. > 0.10）。

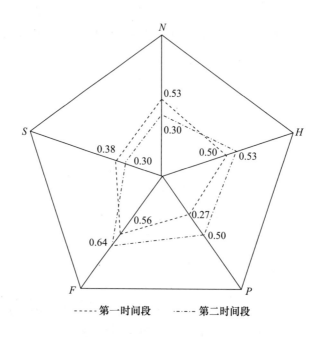

图 2　1998—2014 年自然保护区周边社区农户生计资本变化情况

我们对低收入组和高收入组的生计资本进行了两独立样本 T 检验（见表4）。在自然资本变化过程中，两个收入组人均耕地面积和人均林地面积均大幅度减少。这可解释为：自然保护区建设过程中，周边社区部分土地和林地少部分被纳入保护区（政府给予了一定的经济补偿或者置换另外一块土地）；

表4　　　　　　　　自然保护区周边社区农户生计资本标准量化结果

生计资本指标	年份	低收入组		高收入组		总样本	T 检验
		平均量化值	T 检验	平均量化值	T 检验		
1 自然资本（N）	第一时间段	0.50	− 15.35 ***	0.55	− 16.16 ***	0.53	− 16.78 ***
	第二时间段	0.29		0.31		0.30	
人均耕地面积（N1）	第一时间段	0.65	− 57.25 ***	0.63	− 52.03 ***	0.64	− 53.11 ***
	第二时间段	0.37		0.39		0.38	
人均林地面积（N2）	第一时间段	0.37	− 14.06 ***	0.50	− 66.47 ***	0.44	− 65.81 ***
	第二时间段	0.23		0.23		0.23	
2 人力资本（H）	第一时间段	0.48	0.96	0.52	2.48 *	0.50	1.70
	第二时间段	0.49		0.57		0.53	
家庭成人劳动力（H1）	第一时间段	0.39	1.11	0.47	0.08	0.43	0.34
	第二时间段	0.41		0.47		0.44	
成人劳动力受教育程度（H2）	第一时间段	0.45	0.66	0.52	1.02	0.49	0.41
	第二时间段	0.46		0.54		0.50	
劳动力健康程度（H3）	第一时间段	0.65	1.42	0.71	0.05	0.68	0.79
	第二时间段	0.67		0.71		0.69	
3 物质资本（P）	第一时间段	0.26	6.19 ***	0.28	8.15 ***	0.27	7.88 ***
	第二时间段	0.34		0.42		0.50	
房屋（P1）	第一时间段	0.36	36.17 ***	0.41	67.45 ***	0.39	50.02 ***
	第二时间段	0.57		0.76		0.67	
牲畜（P2）	第一时间段	0.56	− 33.31 ***	0.51	− 37.36 ***	0.54	− 36.87 ***
	第二时间段	0.34		0.29		0.32	
生产生活设备（P3）	第一时间段	0.21	32.46 ***	0.26	34.19 ***	0.24	37.26 ***
	第二时间段	0.43		0.49		0.46	
4 金融资本（F）	第一时间段	0.52	4.77 ***	0.60	3.54 ***	0.56	4.11 ***
	第二时间段	0.61		0.66		0.64	

续表

生计资本指标	年份	低收入组		高收入组		总样本	T 检验
		平均量化值	T 检验	平均量化值	T 检验		
家庭纯收入占家庭总收入比例 (F1)	第一时间段	0.30	3.50**	0.35	0.92	0.33	2.11*
	第二时间段	0.36		0.36		0.36	
储蓄 (F2)	第一时间段	0.65	5.43***	0.72	34.23***	0.69	23.37***
	第二时间段	0.74		0.89		0.82	
5 社会资本 (S)	第一时间段	0.36	-7.92***	0.39	-8.37***	0.38	-7.35***
	第二时间段	0.28		0.31		0.30	
家里有村干部 (S1)	第一时间段	0.06	0.04	0.09	0.05	0.08	0.01
	第二时间段	0.05		0.11		0.08	
维持人际关系花费占家庭收入比例 (S2)	第一时间段	0.32	7.14**	0.42	3.12*	0.37	2.87*
	第二时间段	0.41		0.45		0.40	
户主参与村里活动次数(S3)	第一时间段	0.84	-65.25***	0.80	-60.84***	0.82	-62.59***
	第二时间段	0.50		0.48		0.49	

注：* 表示在10%的水平上显著；** 表示在5%的水平上显著；*** 表示在1%的水平上显著。

然而土地减少的主要原因可能是由于近年来农村城镇化的影响，基础设施建设占用了较多的耕地。有学者指出，保护区与周边社区的主要矛盾之一就是存在土地的权属冲突（Kitamura and Clapp，2013）。在人力资本变化过程中，两个收入组在劳动力数量、劳动力健康程度以及劳动力受教育程度指标中，均有微弱的提升，但不明显。这可以解释为：15 年的变化过程中，当年 10 岁以下的小孩成长为劳动力；由于社会经济的发展，医疗条件有所提高，劳动力的健康程度有进一步提升，这样一来，也稍微增加了劳动力工作的时间，在一定意义上增加了家庭劳动力的数量。保护区周边社区由于地处山区且基础设施条件一直较差，加上家庭经济条件的限制，劳动力受教育程度并没有显著提升。在物质资本的变化过程中，住房条件变化非常明显（从 0.39 到 0.67），其中高收入组的住房条件有了更大的改善（从 0.41 到 0.76）；牲畜价值的降低也非常明显（从 0.54 到 0.32），这可以解释为：由于自然保护区相关政策的实施以及劳动力外出务工，极大地限制了牧业的发展，目前农户家庭仅有 1 头牛或者几只羊供家庭自用，因此牲畜数量大大减少；家庭生产生活设备有了较为明显的提升（从 0.24 到 0.46），高收入组（从 0.26 到 0.49）比低收入组（从 0.21 到 0.43）变化更为明显，由于家庭纯收入的不断增加，生产生活设备随之变化。在金融资本的变化过程中，整体上看，金融资本发生了显著的变化（p < 0.01）。"家庭纯收入占家庭总收入比例"这一指标，整体样本上具有显著变化（p < 0.10），但低收入组比高收入组变化较大且在 5% 水平上显著。这可解释为：由于资源利用受到限制，低收入组的生计方式发生了变化，大部分家庭青壮年外出务工，而高收入组家庭外出务工的人数较少，收入在一定程度上增长较慢。"储蓄"指标中，两收入组均在 1% 的显著水平上变化，但高收入组比低收入组储蓄增加更快（t = 34.23 > t = 5.43），这可以解释为：高收入组由于具有较高的经济基础，在资本积累过程中，与低收入组相比，一直具有较高的心理优越感。在社会资本的变化过程中，"家里有村干部"指标没有显著变化；"维持人际关系花费占家庭收入比例"指标在 10% 显著水平上发生了显著变化，但在低收入组发生变化更为显著（p < 0.05），这可以解释为：在农村婚丧嫁娶等习俗花费在农户收入中每年占 5%—20%，不会因家庭贫困而减少支出，为了维系人际关系，低收入组农户也不得不支出和高收入组一样的"份子钱"。"户主参与村里活动次数"指标，是社会资本中变化最为显著的指标，整体上，量化值从 0.82 减少为 0.49（t = -62.59，p < 0.01），两收入组均达到了 1% 的显著水平，差别不大。这可以解释为：由于户主外出务工，不定期参加村里活动与村民邻居沟通交流的时间就少了，有的家庭户主好几年都没参加过村里的集体活动，随着时间的推移，邻居彼此间的感情也就淡了。

（二）农户对自然保护区建设与管理满意度影响因素

表 5 汇报了保护区周边农户生计资本对自然保护区建设与管理满意度影响的回归结果。其中，模型 1 只包括生计资本各类变量，模型 2 在模型 1 的基础上加入了个人特征控制变量，模型 3 进一步控制了个人特征变量以及家庭特征变量，模型 4 是在模型 3 的基础上又控制了政策因素，即所有解释变量的回归。从模型 1 到模型 4 的回归结果可以看出，4 个回归的 Prob > chi2 = 0.000，表示模型整体显著性 p 值远低于 5%，具有显著性统计学意义。Pseudo R^2 呈现递增的趋势，均表明 4 个模型整体的解释力在逐步提高。模型 1 至模型 4 的各自变量显著性和回归系数基本保持一致，体现出较高的

模型稳健性。模型5（普通最小二乘回归）与模型4变量一致，普通最小二乘法估计结果与有序 Probit 模型的估计结果非常接近；模型检验结果显示，不存在多重共线问题，且在进一步调整控制变量后，生计资本特征的显著性基本不变，证明本研究估计结果具有较强的稳健性。

（1）核心解释变量（生计资本特征）。①模型回归结果发现，自然保护区建设过程中，自然资本的变化并没有显著影响农户满意度（p > 0.10），这不难解释，因为保护区周边耕地和林地的面积变化并不是因为自然保护区建设引起的，而是伴随区域社会经济发展，特别是伴随城镇化进程而变化的。②人力总资本能够在1%的水平上正向显著影响农户满意度（p < 0.01）。这可解释为：自然保护区建设对周边社区农户影响最为直接的是改变了其家庭的收入来源（或者说是劳动力就业方式）（Karki，2013）。保护区建设前，周边社区农户传统习惯到保护区周边挖笋、挖药材等。挖药材等一系列活动会得到较高的经济回报，但在一定程度上影响野生动物栖息地质量。建设保护区后，由于一些政策的限制，农户不能再到保护区内从事相关活动，这在一定程度上促使周边社区选择其他较高的收入方式来维持生计。劳动力数量越多的家庭越可能选择以外出务工为其家庭的主要收入来源，本文的回归结果家庭劳动力数量对农户满意度的影响是正向显著的。劳动力受教育程度越高的家庭越能显著提升其对保护区建设的满意度，这与已有文献的研究是一致的（Blore et al.，2013）。这是因为，受教育程度越高，越能让农户认知到生物多样性保护的重要性，也越可能认可周边自然保护区建设与管理工作。③物质资本是农户维持生计的关键因素。本研究发现，房屋价值以及生产生活设备价值均在1%的显著水平上正向影响农户满意度，这表明房屋以及生产生活设备的价值多少直接反映了一个农户家庭生产生活经营的好坏，生活经营好的家庭更能积极地接受保护政策的改变。牲畜价值在1%的显著水平上负向影响农户满意度。这可解释为：牲畜可以为农户带来收益或者方便生产。农户从保护区获取牲畜的食料数量是有限的，饲养牲畜越多的农户越可能对保护区建设后的政策限制感到不满意。④金融资本并没有显著影响农户满意度，从本文回归结果看，农户家庭每年纯收入的比例随着社会经济的发展并没有在显著水平上改变（见表5），这说明，保护区周边农户的收入和消费都在一定水平上同步提升；家庭储蓄的增加，在显著水平上正向影响着农户对自然保护区建设的满意度。

（2）控制变量。①受访者个人特征。户主对自然保护区建设的满意度是负向显著的。这可能解释为：保护区周边家庭户主会更多地考虑家庭未来的生计情况，保护区建设带来的直接负面影响就是野生动物数量的增加会损害周边社区的庄稼以及伤害牲畜。个人受教育程度显著正向影响着农户的满意度水平。这表明，农户对自然保护区整体认知过程中，受教育水平高的农户更能接受自然保护区的建设与管理。个人婚姻状况在1%显著水平上负向影响着农户满意度水平。已婚农户满意度更高，这表明婚姻所带来的自尊感以及和睦的家庭生活积极影响着人们对自然保护区建设的态度，然而，离异以及丧偶所带来的生活不幸，会在一定程度上让人们产生厌倦生活的情绪，对自然保护区建设带来的负面影响会多一份抱怨。②家庭特征。家庭的收入来源在1%显著水平上影响着农户满意度。以非农就业为收入来源的家庭满意度最高，其次是以外出务工等非农收入为主的家庭满意度较高，这可以解释为：保护区周边社区农户选择非农为主的就业，降低了务农所带来的收入风险（动物损害或者自然灾害），工资性收入或者第三产业所带来的较高收入维持了较稳定的生计（见图3），在农户认知里，生计的稳定性抵消了由于自然保护区建设带来的负面影响（Soltani et al.，2012）。③政策因素。经济补偿在1%显著水平上正向影响着农户满意度水平。有经济补偿的农户，特别是能及时收到补偿款的农户对自然保护区建设与管理的满意度是较高的。这也表明，对由于动物肇事引起的庄稼或者牲畜经济损失，如果能在一定程度上及时地给予周边社区补偿，这在很大程度上会缓解保护与发展的矛盾。其他控制变量对农户满意度并不存在稳定且显著的影响。

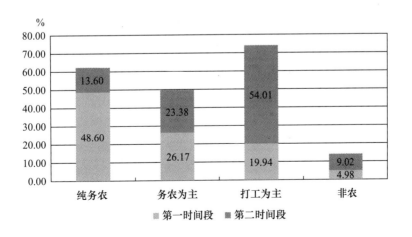

图3　1998—2014 年保护区周边社区农户家庭收入来源变化

表 5　保护区周边农户生计资本对其满意度影响的有序 Probit 模型回归结果

解释变量	有序 Probit 模型				普通最小二乘回归
	模型 1	模型 2	模型 3	模型 4	模型 5
H	11. 546 ***	10. 7720 ***	10. 5062 ***	9. 8840 ***	4. 2912 ***
	(3. 0376)	(3. 0714)	(3. 0795)	(3. 1299)	(1. 5613)
$H1$	8. 7773 ***	8. 2728 ***	8. 1785 ***	7. 5373 ***	3. 7471 ***
	(1. 2262)	(1. 2409)	(1. 2441)	(1. 2651)	(0. 6279)
$H2$	5. 3412 ***	4. 9215 ***	4. 8274 ***	4. 5127 ***	2. 1562 ***
	(0. 9416)	(0. 9529)	(0. 9555)	(0. 9717)	(0. 4842)
P	2. 0610 ***	2. 1671 ***	2. 2213 ***	1. 5004 ***	0. 5929 *
	(0. 6569)	(0. 6643)	(0. 6725)	(0. 6891)	(0. 3462)
$P1$	1. 2607 ***	1. 3628 ***	1. 3834 ***	1. 6139 ***	0. 5040 ***
	(0. 2984)	(0. 3017)	(0. 3048)	(0. 3118)	(0. 1580)
$P2$	− 0. 8400 ***	− 0. 8778 ***	− 0. 8945 ***	− 0. 7023 ***	0. 3132 ***
	(0. 2311)	(0. 2335)	(0. 2350)	(0. 2407)	(0. 1218)
$P3$	2. 7452 ***	2. 7463 ***	2. 7338 ***	2. 3796 ***	1. 2516 ***
	(0. 2080)	(0. 2109)	(0. 2167)	(0. 2230)	(0. 1097)
$F2$	0. 5311 ***	0. 4746 ***	0. 4604 ***	0. 5112 ***	0. 2758 ***
	(0. 1291)	(0. 1304)	(0. 1335)	(0. 1373)	(0. 0679)
householder		− 0. 4613 ***	− 0. 4574 ***	− 0. 4191 ***	− 0. 2416 ***
		(0. 0558)	(0. 0559)	(0. 0571)	(0. 0292)
education		0. 2754 ***	0. 2708 ***	0. 2687 ***	0. 1431 ***
		(0. 0444)	(0. 0445)	(0. 0454)	(0. 0229)
marriage		− 0. 2073 ***	− 0. 2030 ***	− 0. 1778 ***	− 0. 0760 **
		(0. 0619)	(0. 0620)	(0. 0636)	(0. 0318)
income			0. 1408 ***	0. 1487 ***	0. 0763 ***
			(0. 0394)	(0. 0404)	(0. 0204)
compensation				0. 9852 ***	0. 5215 ***
				(0. 0631)	(0. 0308)
Number of obs	1972	1972	1972	1972	1972
Prob > chi2	0. 0000	0. 0000	0. 0000	0. 0000	*Prob > F = 0. 0000*
LR chi2	*LR chi2* (18) = 1544. 55	*LR chi2* (26) = 1684. 41	*LR chi2* (28) = 1697. 28	*LR chi2* (29) = 1950. 19	*R − squared* = 0. 6556
Pseudo R²	0. 2903	0. 3166	0. 3190	0. 3666	*Adj R − squared* = 0. 6504

注：*** 、** 、* 分别表示在 1% 、5% 、10% 的水平上显著，括号内是稳健标准误；限于篇幅，本文只汇报了回归系数显著的变量，回归系数不显著的变量没有列在表中。

五 结论与政策含义

我国自然保护区建设与管理水平直接关乎生物多样性保护的效果。保护与发展这一主题一直以来是各国政府不能回避的问题，如何协调由于保护而给社区生计带来的一系列负面影响，是学者们重点探讨的问题。本文选取了四川、陕西以及甘肃三个省份自然保护区周边社区为研究对象，在两个截面时点上（第一时间段和第二时间段），对社区农户的生计状况以及农户对自然保护区建设与管理的主观满意度进行了较为系统的分析，通过农户生计资本量化，揭示了不同收入水平群体生计资本状况在时间序列上的变化以及在不同情形模式（个人特征、家庭特征以及政策特征）下，自然资本、物质资本、人力资本、金融资本以及社会资本对农户满意度的影响程度。简洁性结论如下：

第一，总体上看，五种生计资本变化不同步。自然资本标准化分数变化最大且呈显著性减少，但从自然资本减少的本质来看，自然保护区建设并不是其减少的主要因素，而城镇化背景下社会经济发展才是其根源。

第二，不同群体间（高收入组和低收入组）各类生计资本时间序列变化具有差异性，且具有同步性。自然资本、物质资本、金融资本以及社会资本在1%显著水平上变化。然而，人力资本经过15年的时间发展，却没有显著性变化，这也表明在我国自然保护区周边社区，劳动力数量不足以及医疗条件受限依然是不可回避的事实。需要说明的是，社会资本中，户主参与村里活动次数这一指标变化最为显著，户主外出务工，不能及时回家也许是指标变化的主要原因。

第三，核心解释变量中，目前能显著影响农户满意度的资本是人力资本和物质资本，其他三类资本不能显著影响农户满意度。人力资本是一个家庭中最基础的资本，人力资本的提升，特别是家庭成年劳动力数量以及受教育程度的提升，能有助于其对周边环境保护收益的判断。物质资本是维持基本生活的基础，房屋和生产生活的设备价值越高，生活的幸福感和存在感越强烈，能显著影响对自然保护区建设的满意度。储蓄作为收入存量能显著影响农户满意度。

第四，控制变量中，受访者为非户主、受教育程度较高以及已婚状态能显著正向影响其对自然保护区建设与管理的满意度，与上述变量一样，收入来源以非农就业为主以及能获得经济补偿两变量也具有同样的作用。

如果农户的基本生计没有得到保障，农户在生物多样性保护中更多关心的是自己的生存问题（Muboko and Murindagomo，2014；王昌海等，2011），本文研究的政策含义既是为了了解保护区周边农户的生计状况，同时也是为了提高保护区管理部门对自然保护区建设与管理的水平。因此，我国政府对自然保护区建设与管理的重视是值得肯定的，本文认为此研究的政策内涵应从以下两方面考虑：

第一，中国自然保护政策的反思——主动保护与被动保护的关系。首先，国家与地方政府的反思。保护经费投入不足一直是影响生物多样性保护效果的重要因素，当前我国环境保护投入占 GDP 比重不足 1%，自然保护区建设与管理经费更少。因此，要强调"制度"重要性，将构建《中华人民共和国自然保护区法》放在国家战略地位，保护经费纳入我国社会经济发展规划当中，特别是生物多样性保护经费纳入各地政府公共财政预算中，国家推动建设区域横向生态补偿制度，都将具有里程碑的意义。其次，保护区管理部门的反思。保护区管理部门在自然保护区建设与管理中到底承担着什么角色？与周边社区农户最直接面对的是基层保护管理部门，本文认为，农户一直是政策执行中的弱者，保护区管理部门不能一直把农户放在对立面上，应该在维护国家相关保护政策的同时，积极为周边农户生计水平的提升创造条件。

第二，自然保护区建设与管理要倡导农村社区参与，前提是建立一套切实可行的自然保护区利益协调机制。我国的自然保护区建设与管理离不开社区的参与，它作为一项公益型事业不仅利于当代，同时也在造福子孙后代。在全球气候变化以及我国城镇化的背景下，进一步增强各级政府决策者和公众的生物多样性保护意识，建立自然保护区有效管理评估体系，对促进生物多样性保护以及周边区域经济发展起到有力的推动作用。我国自然保护区建设走过了近 60 年的历程，在目前我国生物多样性保护转型的一个十字路口（国家公园体制建设是否可行），保护与发展正处于跷跷板的两端，双方的走向只能是平衡状态，生物多样性丰富的同时，要考虑周边社区农户的生计，外出务工并不是长久之计，因为，有劳动能力的中青年长期在外务工，一是会割断与邻里的联系与交流，二是会减弱他们回乡就业的欲望，这对我国社会的长治久安是不利的因素。因此，国家在宣传人人参与自然保护区建设的同时，要考虑周边社区的利益，如何构建一套利益协调机制，这也是国家未来重点需要考虑的事情。

本文只是一个尝试性的研究，结论和研究方法均有待完善。本文研究的一些不足：由于研究条件所限制，仅研究了森林类型的自然保护区周边社区，没有涉及其他类型保护区周边社区（如草原、湿地等）。此外，农户对自然保护区建设与管理的满意度分析中，总体上看是一个时间段的截面数据，并没有对两个时间段的影响因素做出对比分析，没有对其影响因素在时间变动中是否显著做出评估。基于以上研究未涉及的空间，均可在理论及实证方法上进一步尝试性扩展研究，这将有利于推动"保护与发展"这一主题研究有新突破。

参考文献

[1] Bennett N. J. and P. Dearden, "Why local people do not support conservation: Community perceptions of marine protected area livelihood impacts, governance and management in Thailand," *Marine Policy*, Vol. 44, 2014.

[2] Bergquist, D. A., "Sustainability and local people's participation in coastal aquaculture: Regional differences and historical experiences in Sri Lanka and the Philippines," *Environmental Management*, Vol. 40, 2007.

[3] Blore, M. L., G. Cundill and M. Mkhulisi, "Towards measuring the transaction costs of co – management in Mkambati Nature Reserve, Eastern Cape, South Africa," *Journal of Environmental Management*, Vol. 129, 2013.

[4] Börger, T., "Valuing conservation benefits of an offshore marine protected area", *Ecological Economics*, Vol. 108, No. 11, 2014.

[5] Bown, N. K., et al., "Co – management and adaptive co – management: Two modes of governance in a Honduran marine protected area," *Marine Policy*, Vol. 39, 2013.

[6] Bulte, E. and D. Rondeau, "Compensation for wildlife damages: Habitat conversion, species preservation and local welfare," *Journal of Environmental Economics and Management*, Vol. 54, 2007.

[7] Schley, L., M. Dufrene, A. Krier and A. C. Frantz, "Patterns of crop damage by wild boar (Sus scrofa) in luxembourg over a 10 – year perid," European Journal of Wildlife Research, Vol. 54, No. 4, 2008.

[8] Spiteri, A. and S. K. Nepal, "Evaluating local benefits from conservation in nepal's annapurna conservation Area," *Environmental Management*, Vol. 42, 2008.

[9] Vedeld, P., A. Jumane and G. Wapalila, et al., "Protected areas, poverty and conflicts a livelihood case study of Mikumi National Park, Tanzania," *Forest Policy and Economics*,

Vol. 21, 2012.

[10] Wittmayer, J. M. and B. Büscher, "Conserving conflict? Transfrontier conservation, development discourses and local conflict between South Africa and Lesotho," *Human Ecology*, Vol. 38, 2010.

[11] 国家林业局保护司:《中国自然保护区政策研究》,中国林业出版社 2003 年版。

[12] 李小云、董强、饶小龙等:《农户脆弱性分析方法及其本土化应用》,《中国农村经济》2007 年第 4 期。

[13] 汤青、徐勇、李扬:《黄土高原农户可持续生计评估及未来生计策略——基于陕西延安市和宁夏固原市 1076 户农户调查》,《地理科学进展》2013 年第 2 期。

[14] 王昌海:《农户生态保护态度:新发现与政策启示》,《管理世界》2014 年第 11 期。

[15] 韦惠兰、谢文斌:《自然保护区林缘社区产业发展研究》,《林业经济》2010 年第 4 期。

[16] 温亚利:《中国生物多样性保护政策的经济分析》,北京林业大学出版社 2003 年版。

[17] 赵雪雁:《生计资本对农牧民生活满意度的影响——以甘南高原为例》,《地理研究》2011 年第 4 期。

(原文发表于《管理世界》2017 年第 3 期)

后　记

本文集收录了建所 40 年以来，中国社会科学院农村发展研究所科研人员独立或以第一作者署名发表的具有代表性的学术论文，集中反映了我所的科研水平。其中，有很多研究成果对所在学科的理论创新、政策完善及法律修订产生了不同程度的影响，学术史料价值高，对今天的理论创新与改革仍具有重要参考意义。

按照农发所研究领域特色，文集共分为八个板块，每个板块由两个研究专题组成，收录的文章除首篇外，一律按照发表年限排序。这些代表性文章总体展示了农发所在农村基本经营制度改革、农业农村产业结构调整与发展方式转变、农村劳动力转移、乡镇企业制度改革与创新、农民合作社发展与农业产业化经营、农地制度建设、农村普惠金融创新、粮食安全、农村减缓贫困、农村财税制度改革、乡村治理完善，以及生态经济和可持续发展等诸多领域的理论创新探索及学术和决策咨询贡献。

本文集的征集和编撰工作由闫坤负责，苑鹏、潘劲、彭华执行，具体编辑工作由陈秋红、张丽娟、黄慧芬承担，文集入选名单和编排由文集编委会讨论确定，编撰计划、文集风格、入选原则、书名篇目、编委会组成等重大事项经所长办公会讨论通过，并由魏后凯最终审定，文集付梓出版凝聚了全所同仁的共同努力和辛勤付出。在文集编撰中，曾经在农发所任职的十三届全国人大农委主任陈锡文、国务院发展研究中心农村部原副部长谢扬等为收录当年农村发展组文章提供了重要线索和具体指导，农发所张晓山、李周、党国英、朱钢、吴国宝、刘小京等为文集重要文章的收录和目录设计等给予了热忱帮助和积极贡献，谭秋成、崔红志、于法稳、檀学文、孙同全、张海鹏、刘长全、郜亮亮等参与了在职科研人员的征稿和初审工作，刘燕生、张斌、沈翠华等同志承担了离退休和所外科研人员的征稿协调工作，张巧巧参与了文集的编务工作,在此一并表示最诚挚的谢意!衷心希望本文集的出版能够传承和发扬农发所优良学术传统,继续坚守以问题为导向、为农民做学问的独立学术精神,坚持理论联系实际、严谨、务实的研究学风,努力培养造就一支与国际接轨、具有国内一流学术水平的科研队伍,更好地促进农发所的学术进步。

编纂组

2018 年 4 月 30 日